불연 이기영 전집 제 5 권

한국불교연구

한국불교연구원

不然 李箕永 先生

간행사

한국 문화의 발자취 속에 남겨진 불교문화의 찬연한 업적에 대해서는 재삼 논의의 여지가 없을 듯하다. 그것은 종교로서 철학으로서, 그리고 문학과 예술로서 우리 선조들의 생활 속에 깊이 스며들었었다. 우리의 선조들은 불교의 가르침에 따라 인생의 의미를 물어 왔고, 우주의 신비를 캐려고 했었다. 그네들에게 있어서 불교는 지고의 가치를 지닌 보배였다고 해도 결코 지나친 표현은 아니라고 본다.

그러나 오늘날 국민들의 불교에 대한 인식은 과연 어떠한가? 골동품적 심미안에 의한 평가이거나 기껏해야 관광의 자원쯤으로 생각하는 경향이 팽배하다는 것은 매우 유감스러운 일이 아닐 수 없다.

적어도 민족의 자존심을 말하고, 우리의 '뿌리'를 말한다면, 당연히 불교문화에 대한 깊은 이해와 연구를 선행(先行)하려는 진지한 노력을 게을리 말아야 하리라고 본다. 다행히 이러한 노력의 산실로서 동국대학교 불교대학의 여러 선학들이 값진 밑거름이 되어 주었고 특히 해방 이후 여러 석학들이 불교학에 관한 주목할 만한 연구 성과를 올림으로써 우리의 불교학계는 제법 활발한 움직임을 보이고 있는 것이다.

불연(不然) 이기영(李箕永) 박사는 우리의 불교학계에서 몇 가지 주목할 만한 업적을 남긴 분으로 기억되고 있다. 첫째는 불교학의 연구태도에 있어서 사학이나 종교학 등 인접 학문과의 연계성을 강조한 면이며, 둘째로는 인도 고전어, 특히 산스크리트어나 팔리어 등을 통한 근원적인 연구의 태도이다. 셋째로는 한국불교의 거봉 원효에 관한 독창적 연구를 들 수 있다.

이번에 출판하게 된 『한국불교연구』는 이와 같은 각도에서 집필된 이박사의 노작(勞作)을 집대성한 것이다. 그분이 창립하여 오늘까지 괄목할 만한 연구 성과를 거두고 있는 한국불교연구원의 연구위원들이 주축이 되어 이 책을 출판하게 되었다.

그 분의 덕예(德譽) 밑에서 수학하였던 문인으로서 마땅히 어쭙잖은 글을 모아 회갑기념논총을 만들어 상재함이 도리인 줄 아나 힘이 미치지 못하였다. 이 책이 출판됨으로 말미암아 우리 학계의 빈 공간을 메우는 자그마한 디딤돌이 되었다면 우리의 목적은 달성된 셈이다.

불연 이기영 박사의 학문적 회향이 원만히 이루어지시기를 기원함과 동시에 더욱 정진하여 후학의 귀감이 되어 주시기를 간곡히 기원하는 바이다.

1982년 4월

불연 이기영 박사 화갑기념
『한국불교연구』 간행위원회 위원 일동 합장

◇ 하서(賀序) ◇

『한국불교연구』 간행에 붙여

인생을 살아가는 데 있어서 진정한 도반을 갖는다는 것은 정녕 즐거운 일이 아닐 수 없습니다. 향기는 멀어도 그윽함을 더해 가듯이, 뜻이 통하고 마음이 하나일 수 있는 벗을 가진 이는 행복합니다. 구태여 가깝다는 내색을 하지 않아도 다정한 도반의 음성은 늘 우리 주위에 여울져 맴돌기 마련입니다.

불연 이기영 박사는 나에게 있어 그러한 존재입니다. 비록 학문의 관심사는 서로 동떨어진 감이 없지 않지만 그 지속적인 학구(學究)의 견지와 정력적인 학술활동에 나는 선망의 염(念)을 금치 못하여 왔습니다. 나는 또한 그 분의 학문적 업적이 우리 동국대학교에서 이루어졌음을 고맙게 생각하고 있습니다. 한국불교의 거성(巨星) 원효에 관한 독창적 연구업적이나 불교교리 일반에 관한 새로운 해석 등은 그 분이 우리 학계에 남긴 값진 결실이었습니다.

이번에 출판되는 『한국불교연구』의 내용을 살펴보니 불교사상, 한국불교, 비교사상 등 여러 분야에 걸친 이박사의 노작(勞作)을 거의 망라한 듯합니다. 이것은 비단 이박사 개인의 학적(學績)이 될 뿐 아니라 우리 동국대학교, 그리고 한국 불교 학계에 길이 남을 주옥같은 성과임을 믿어 의심치 않습니다.

아울러 이번 출판을 위해 음으로 양으로 수고해 주신 간행위원회 여러분들의 노고에 치하의 뜻을 전합니다.

그 높은 학문적 덕예(德譽) 밑에서 후학 여러분들의 훌륭한 학문적 결실이 맺어지기를 아울러 기원하고, 이박사의 끊임없는 정진과 노익장을 부탁하여 마지않습니다.

1982년 3월

동국대학교 총장

황수영 합장

자서(自序)

인생이 짧다고 해야 할지 세월이 빠르다고 해야 할지, 느지막하게 학문의 길에 들어 선 저자에게는 너무나 빨리 회갑이라는 그 해가 도달한 느낌뿐입니다. 이제 겨우 공부다운 공부를 할 수 있을 듯싶은 상황입니다만 세월이 기다려 주지를 않고, 젊음이 머물러 주지를 않는군요.

조국이 전화(戰禍)로 폐허가 되어, 입을 것, 먹을 것, 살 곳이 변변치 않던 1954년 여름이었습니다. 대대로 물려받은 책들은 이북 하늘 아래 어느 불한당들의 유린하에 내버려 두고, 알몸뚱이 피난민은 어린 것 둘을 아내와 노모에게 맡기고, 차마 떠날 수 없는 유럽 유학의 길을 떠났었습니다. 그로부터 6년간(아내는 꼭 그것을 8년으로 계산하지만), 가족들에게 시킨 고생은 이루 다 말할 수가 없습니다.

돌아온 것이 1960년 4월 13일(제 생일은 양력으로 3월 17일이지만), 이날은 말하자면 제2의 생일이라 해도 과언은 아니지요. 그 때부터 꼭 22년, 그래도 연구랍시고 했다는 것, 단행본으로 이미 출간되지 않은 것들이 여기에 한데 묶인 셈입니다. 여러 잡지에 흩어져 실렸었고, 어떤 것은 이미 구하기 힘들어진 것도 있고, 또 무엇보다도 인쇄상의 미스로, 혹은 저자 자신의 실수로 꽤 많은 오자, 탈자 등 불충분한 곳이 많았었습니다. 이번에 고맙게도 제자들이 자기네 호주머니 돈을 털어 이 글들을 한 책으로 엮겠다고 하기에 다시 한 번 쭉 통독을 하면서 원전을 대조하고 잘못된 것들을 바로잡는답시고 노력을 해 보았습니다.

어떤 글은 지금 보아도 그만한 노력과 정성을 지금도 기울일 수 있을까 싶은 것도 있기는 합니다만, 어떤 것은 너무 서둘렀구나 싶은 것도 있고 부끄러울 뿐입니다. 좀더 차분히 학구(學究)에만 몰두할 수 있었더라면 하는 후회가 앞섭니다.

편집도 제작도 다 제자들이 조직한 간행위원회에서 한 것이며, 저자는 간간이 짤막한 의견만 냈을 뿐입니다. 논문들은 반드시 집필 발표된 연대순을 따르지는 않은 것 같습니다. 그래서 간혹 뒤의 것보다 앞의 것이 내용상으로 다소 앞서 있는 것이 있기도 합니다. 각 논문 말미에 적힌 발표 연대를 비교참조해 주시기 바랍니다.

회고해 보면 맨 처음에 불교에 관해서 쓴 최초의 논문이 '참회(懺悔)'에 관한 것이었는데, 그 때부터 저자의 관심은 동서양간의 비교종교적인 측면에 쏠렸다고 할까, 뭔가 서양인들의 잘못된 생각을 깨우쳐 주어야 하겠다는 생각이 문제 제기의 저변에 깔려 있었던 것이 사실이었습니다. 위의 최초의 논문은 불어로 쓰인 큰 논문이어서 여기에는 싣지 못했으나, 「불신(佛身)에 관한 연구」, 「정법은몰설(正法隱

沒說)에 관한 종합적 비판」 등은 역시 비교종교적인 관심을 갖고 읽어 주는 분을 기다리고 있는 글들입니다. 흔히 불교에 관한 논문이 어렵다, 난해하다는 평들이지만 원전의 입증과 해석 없는 어떤 연구를 연구라 하겠는가를 생각해 보셔야 하고, 또 오늘날 우리나라의 학도들이 너무나 이 분야에 대해 기초적인 공부도 안 했던 것이 사실이 아닌지도 생각해 보셔야 할 줄로 압니다.

저자가 근래에 이르러 「불교사상의 현대적 조명」과 같은 다분히 해설적 글을 쓰지 않을 수 없었던 이유는 바로 불교의 테마 자체를 불교의 술어만으로 이야기했을 때에는 그것이 '영원한 독백'으로 남고 마는 안타까운 경험이 있었기 때문에 취해진 편법이었음을 양해해 주십시오.

저자가 이 글들을 모으는 그 자체에 무슨 큰 의미를 두고자 하는 것이 아닙니다. 알아야 할 우리의 정신적 유산들, 그것을 몰랐던 시간이 너무나 오래 지나갔습니다. 서양에까지 가서 그 유산을 발굴하는 방법을 배우고 도구를 얻어 온 한국의 한 학도가 전쟁으로 중단되었던 학구의 불을 다시 당긴지 22년, 그 동안 그 나름대로 발견하고, 기뻐하고, 소개하고 싶었던 것들은 여기 모아 놓았으니 한번 보시고 기뻐하실 것이 있으면 같이 기뻐하며 자신을 가져 보자는 것뿐입니다.

그런 의미에서 이 책을 내기 위해 수고해 준 간행위원회의 제군들에게 심심한 감사를 표합니다. 그리고 그들을 도와주신 한국불교연구원 구도회 회원동지 여러분께 엎드려 배례하며 끝으로 바쁘신 중에 하서(賀書)를 써 보내 주신 외우(畏友) 황수영(黃壽永) 박사께 존경과 우정의 꽃다발을 보냅니다. 독자 여러분에게도 삼보(三寶)의 가호가 항상 충만하기를 빕니다.

1982년 4월 24일

이기영

목 차

원효의 불교사상

신라불교연구

불교사상의 현대적 조명

불교사상의 제 문제

불신(佛身)에 관한 연구

정법은몰설(正法隱沒說)에 관한 종합적 비판

불신(佛身)에 관한 연구

Ⅰ. 서언

누구든지 불전(佛典)을 읽어가는 도중에 주목되는 어휘 가운데에 불신(佛身, buddhakāya)이 있음을 상기할 것이다. 그런데 이 불신은 또 여러 가지로 달리 호칭되기도 하는 것으로 어떤 경전에서는 이신설(二身說), 그리고 또 다른 경전에서는 삼신설(三身說)을 내세우고 있는 것을 알 수 있다. 필자는 이와 같은 상이한 이론 전개에 어떤 역사적 연유가 있을 것이라고 짐작했다. 그리하여 불전에 나타나는 불신에 관한 제설(諸說)을 검토하고, 그 상호간의 관계를 검토하고, 이를 종합적으로 이해하는 것이 매우 필요하다고 생각했다. 지금까지 몇몇 사람이 이 문제에 관하여 단편적인 논의들을 한 것을 알지만, 그 전모가 드러난 것으로는 생각되지 않았고, 또 그 접근의 방법도 역사적이면서 동시에 철학적인 방법을 취한 것으로는 보이지 않았기 때문에 여기에 새삼스러이 필자 나름의 새로운 어프로치를 시도하는 것이다.

우리는 특히 불교 이외의 타종교인들로부터 부처님에 관한 질문을 받는다. 필자가 알기로는 지금까지 그러한 질문에 대하여 충분히 질문자를 만족시킬 만큼 자료가 제시되고, 그리고 불전이 가르치는 기본 교설에 위배됨이 없이 잘 해명된 예가 드물었던 것이 아닌가 생각한다. 그런 의미에서도 불신에 관한 정확한 이해는 질문자나 답변자에게 모두가 필요한 것이 되지 않을까 생각되었다.

불신에 관한 자료는 보기에 따라서는 무진장하므로 여기에서는 특히 이신설, 삼신설을 뚜렷이 주장하는 것에 한해서 그것도 몇몇 주요한 것만을 골라 그 내용을 소개하고 불신사상의 역사적 발전의 자취를 더듬으면서 여러 가지 주장을 회통적으로 이해해 보고자 하는 것이다. 시간과 지면이 이 의도를 충분히 달성하게 해 줄 것인지 다소 걱정이 없지 않으나 오로지 구도의 정성만을 기울여 보고자 하는 것이다.

Ⅱ. 불신설(佛身說), 특히 다신설(多身說)을 언급하는 주요 불전

어떠한 형태로든지 불신에 관하여 직접적으로 언급하는 불전으로서 주요한 것에는 다음과 같은 것들이 있다.

(A)
T.125 『증일아함경(增一阿含經)』
T.99 『잡아함경(雜阿含經)』
T.1545 『아비달마대비바사론(阿毘達磨大毘婆沙論)』
T.1646 『성실론(成實論)』
T.2031 『이부종륜론(異部宗輪論)』
T.1440 『살바다비니바사(薩婆多毘尼毘婆沙)』

(B)
T.1509 『대지도론(大智度論)』(Nāgārjuna), 구마라집(鳩摩羅什, 344-413) 역
T.663 『금광명경(金光明經)』 Ⅳ, 담무참(曇無讖, 385-433) 역
T.664 『합부금광명경(合部金光明經)』 Ⅰ, 담무참 역
T.665 『금광명최승왕경(金光明最勝王經)』 Ⅹ, 의정(義淨, 635-713) 역
T.670 『능가아발다라보경(楞伽阿跋多羅寶經)』 Ⅳ, 구나발타라(求那跋陀羅, 394-468)역
T.671 『입능가경(入楞伽經)』 Ⅹ, 보리유지(菩提流志, 572-727) 역
T.672 『대승입능가경(大乘入楞伽經)』 Ⅶ, 실차난다(實叉難陀, 652-710) 역
Laṅkāvatārasūtra
T.1604 『대승장엄경론(大乘莊嚴經論)』(Vasubandhu) Ⅷ, 바라파밀다라(波羅頗密多羅, 565-633) 역

T.1519 『묘법연화경우파제사(妙法蓮華經憂波提舍)』(同上) Ⅱ, 보리유지 역
T.1522 『십지경론(十地經論)』(Vasubandhu) Ⅻ, 보리유지 역
T.1592 『섭대승론(攝大乘論)』(Asaṅga) Ⅱ, 불타선다(佛陀扇多) 역(531)
T.1593 『섭대승론』(同上) Ⅲ, 진제(眞諦) 역(563)
T.1594 『섭대승론본』(同上) Ⅲ, 현장(玄奘, 602-664) 역(649)
T.1596 『섭대승론석론(釋論)』(同上) X, 달마급다(達磨笈多), 행구(行矩) 등 역(609)
Theg pa chen po bsdus pa slob dpon thogs med kyis mdzad pa rdzogs so
T.1666 『대승기신론(大乘起信論)』(Aśvaghoṣa) Ⅰ, 진제 역
T.1667 『대승기신론』(同上), 실차난다(實叉難陀, 652-710) 역
T.1530 『불지경론(佛地經論)』(Bandhuprabha) Ⅶ, 현장 역

이와 같은 불전에 관한 해제를 우리는 (B)항에 열거된 대승 경론에 한해서만 약술하기로 한다. 본 연구에서 가장 중요한 자료가 되는 것이 바로 이 문헌들이기 때문이다.

(1) 『대지도론』

『대지도론(大智度論)』은 일반적으로 『대반야바라밀다경(大般若波羅蜜多經)』으로 알려진 한역경(漢譯經)의 일부를 구성하는 범문 2만5천송(頌) 반야(Pañcaviṃśati-sāhasrikā)에 대한 주석서로서 결정적 중요성을 가지는 논서이다. 현존하는 것은 오직 구마라집(鳩摩羅什, Kumārajīva)의 한역뿐인데(402-403년 사이의 번역), 이 한역본에 의하면 『대지도론』의 저자는 나가르주나(Nāgārjuna, 龍樹)보살로 되어 있으며, 고래로 그렇게 믿어져 왔다. 다 아는 바와 같이 중관학파의 일대 전거로서 중시되어 온 문헌이며, 나가르주나는 중관학파의 창시자이다.

그러나 그는 매우 전설적인 이야기들 속에 묻혀 그 역사성이 잘 밝혀지지 않은 인물이지만, 불교사상 발전의 방향을 결정해 준 위대한 천재적 인물이었던 것은 틀림없다. 그는 중인도에서 태어나 거기에서 죽은 것으로 되어 있으나, 적지 않은 기간에 걸쳐 다른 지방에서 머물었던 것으로 생각된다. 현장(玄奘)에 의하면, 그는 서부 인도의 사상적 광명이었으며, 그의 제자들이 인도 각지에 있었다고 한다. 남부에는 아리야데바(Āryadevā)가, 북부에는 쿠마랄라타(Kumāralāta)가, 동부에는 아쉬바고샤(Aśvaghoṣa)가 탁월한 영향력을 가지고 있었다고 한다.

그러나 『대지도론』의 저자에 대한 재래의 견해는 구마라집 자신이 그 역본에 그렇게 기록함으로 말미암아 전해지게 된 것인데, 최근의 연구들에 의하면 그것은 구마라집 시대에 카슈미르나 또는 서인도에 유포되어 있던 전설에 불과한 것이며, 사

실은 이 지방에서 한 사람 또는 여러 사람의 익명인들에 의해 편찬된 것이리라는 설이 지배적이다.

앞에서도 말한 바와 같이 『대지도론』은 2만5천송 반야의 축자적 주해서이며, 그 저자들의 사상적 경향을 설일체유부(Sarvāstivādin)의 전통을 받아들여, 이것을 발전시켜 간 것이라고 판단되고 있다. 적어도 그 첫 3분의 1은 매우 풍부한 해설을 싣고 있어 대승불교의 일대백과사전이라고 말해진다. 이 논의 티베트어 역은 없다. 라모트(E. Lamotte)는 이 논의 프랑스어 역(譯)에 착수하여 그 첫 17권까지의 번역을 주해와 더불어 1944년에 발간하였다. (*그 후 라모트 교수는 이 번역사업을 속행하여 1980년까지 전 5 권의 프랑스어 역본을 간행했다.)

(2) 『금광명경』

위에서 보는 바와 같이 현재 3권의 한문 이역본(異譯本)과 티베트어 역본이 있는 이 경의 범문 단간(斷簡)이 중앙아시아에서 발견되었는데, 이에 의하면 그 범본명은 Suvarṇaprabhāsottama(金光明最勝)이다. 흔히 학자들 사이에서 이 경은 Suvarṇa-prabhāsa(金光明)라고 통칭되고 있다.

이 경의 최초의 한역은 담무참(曇無讖)에 의하여 5세기 초엽에 이루어진 4권본 『금광명경』이 그것이며, 신역(新譯)은 7세기 의정(義淨)이 번역한 『금광명최승왕경』 10권이다. 그런데 삼신(三身)에 관한 이야기가 구역(舊譯)에는 없으므로 이것을 하나의 이유로 하여 학자들은 삼신설의 성립을 5세기 후반 이후의 것이라고 말할 수밖에는 없다고 주장하고 있다.

『묘법연화경』에 있어서와 마찬가지로 여래(如來)의 수명의 무량함이 강조되고, 따라서 법신(法身)에 관한 논의가 매우 중요하게 제기되고 있는 것이 이 경의 중심 주장이다. 그러나 『법화경』에서도 그러했듯이 이 경에서도 많은 부분이 이 경 자체의 수지독송과 다라니의 중요성을 강조하는 데에 할애되어 있다. 주문(呪文)이 많고 천녀의 가호에 관한 이야기, 기타 전설이 풍부하게 수록된 이 경의 중심 사상은 역시 반야공(般若空)의 천명에 있다.

(3) 『능가경』

『능가경(楞伽經)』이란 한역 이름은 Laṅkāvatāra 또는 Saddharmalaṅkāvatāra의 음역(音譯)에서 딴 것이다. 원어의 뜻은 '랑카(Laṅkā) 섬(스리랑카)에 들어가심, 또는 강하(降下)하심'이란 말이다. 즉 라바나(Rāvaṇa)의 요청으로 부처님이 랑카 섬에 오시어 가르치신 것을 내용으로 삼고 있다. 대혜(大慧, Mahāmati) 보살의 108개 질문에 대한 해명의 형식으로 된 이 경은 9품(parivārta)으로 나뉘어 있다.

질문에 응답이 꼭 일치하지 않는 부분이 있으나, 그럼에도 불구하고 이 경은 성립시대의 교리관을 알게 하는 데 있어서 매우 중요한 의미를 지닌다. 그런데 일반적으로 이 경의 사상은 유식학파의 사상에 매우 가까운 것으로 인정되고 있다.

(4) 『섭대승론』과 『대승장엄경론』

유식학파(唯識學派, Vijñānavādin) 또는 유가학파(瑜伽學派, Yogācāra)의 개조(開祖)를 아상가(Asaṅga, 無着) 또는 마이트레야나타(Maitreyanātha, 彌勒)라고 한다.

이 후자에게는 8천송 반야(Aṣṭasāhasrikā-prajñāpāramitā)의 교설을 설명하는 가장 오래되고, 가장 중요한 문헌 중의 하나인 『Abhisamayālaṃkāra』가 있다.

그러나『섭대승론(攝大乘論, Mahāyānasaṃgraha)』과 『대승장엄경론(大乘莊嚴經論, Mahāyānasūtrālaṃkāra)』은 유식학파의 문헌이 틀림없는데, 이 중 『섭대승론』은 아상가의 저술로 알려져 있으며, 아상가는 마이트레야나타로부터 영향을 받은 것이 사실일 것이다. 『섭대승론』은 지금 한역과 티베트 역만이 남아 있을 뿐, 범어 원전은 남아 있지 않다.

아상가는 대체로 서기 4세기의 사람이라고 생각되고 있는데, 북인도 간다라의 수도인 페샤와르(Pershawar) 출신이다. 이 『섭대승론』은 그의 많은 저술 중의 하나인데, 아비달마 700권 중의 1품인 「섭대승품」을 주석한 것으로서 위에 지적한 바와 같은 다섯 가지 역본이 현존한다.

『대승장엄경론』의 범본은 1907년 실벵 레비(Sylvain Lévi)에 의해 출판된 바 있고, 곧 이어 1911년 같은 학자에 의해 프랑스어로 번역 출판되어 일찍이 서양 학계에 알려져 왔다.

이 논은 처음에 약 797개의 게송으로 되어 있었는데, 이에 산문 주해가 붙여진 것이다. 현존본에는 이 산문 주소(註疏)가 본래의 게송 중간에 삽입되어 있다. 이 게송 부분이 마이트레야나타, 아니면 아상가의 것이며, 주소는 바수반두(Vasubandhu, 世親)에 의해서 이루어진 것이라고 믿어지고 있다.

저자 및 논자로 보아 이 논은 유식유가학파에 속한다고 보는 것은 무리가 아니다. 그러나 그 내용이 아직 이론적으로 체계화되지 않은 사실에 비추어, 『유식론(唯識論)』이나 『섭대승론』보다도 시기적으로 앞선 초기 유식학파의 사상을 말해 주는 것으로 보는 것이 타당하다. 그러나 이 논이 중국에 소개된 것은 비교적 후대의 일로서, 6세기 후반에서 7세기 전반에 걸친 바라파밀다라(波羅頗蜜多羅)의 역본(T.1664)이 있을 뿐 다른 이역본도 없고, 중국이나 우리나라에서의 유포는 그다지 성하지 않았던 것이 아닌가 한다.

이 두 논의 저자로 지목되는 아상가는 바수반두의 친형인데, 그 출신 지역은 서북인도의 푸루샤푸라(Puruṣapura, 페샤와르)이다. 그 연대는 많은 논의가 거듭되었지만, 대체로 4세기의 후반이 아니었을까 하는 의견이 지배적이다. 이 두 사람은 다 처음에 소승 부파에 속해 있었는데, 아상가는 화지부(化地部, Mahīśāsaka)에, 바수반두는 『구사론(俱舍論)』을 냄으로써 유명해진 설일체유부(說一切有部, Sarvāsti-vādin)에 속해 있었다. 먼저 아상가가 대승으로 귀의하고, 그에 의하여 바수반두도 대승으로 넘어 왔다. 바수반두는 이래 많은 대승 논서를 저술하였다.

그런데 프라우발너(E. Frauwallner)는 아비달마 연구 분야에는 두 사람의 바수반두가 계속적으로 나타났음을 밝혔는데, 또 한 사람의 바수반두는 5세기의 사람이라고 한다. 지금 우리가 삼신설을 언급하는 다른 두 개의 바수반두 저술을 열거한 바 있는데, 이것들은 역시 아상가의 동생인 바수반두의 것이라고 믿어진다.

(5) 『대승기신론』

『대승기신론(大乘起信論)』의 현존본에는 위에 열거한 바와 같이 진제(眞諦) 역이라고 불리는 것과 실차난타(實叉難陀) 역이라고 불리는 두 본이 있다. 그리고 그 저자는 아쉬바고샤(馬鳴)로 되어 있다. 그러나 이에 대해서 모치즈키 신코(望月信亨)는 그 허위성을 지적하는 불권(不倦)의 주장을 한 바 있다. 그는 여러 가지 각도에서 자기주장을 입증하였는데, 지금 우리의 당면한 과제와 관련 있는 삼신설에도 언급하여 이 논이 아쉬바고샤의 저술일 수 없음을 말하였다. 곧 삼신설을 몰랐던 나가르주나 이전의 아쉬바고샤가 어떻게 발전된 삼신설을 말할 수 있었을까 하는 것인데, 이러한 그의 논의는 적지 않은 타당성이 있는 것이다.

『기신론』의 내용은 유식학파의 설과 밀접한 관련이 있으므로 역시 유식유가학파의 경론에 뒤이어 성립된 논이 아니겠는가 생각하는 것이 타당할 것이다. 이것이 과연 중국 위찬(僞撰)이냐 하는 문제, 그 역자에 관한 문제는 다시 더 연구되어야 할 문제이다. 여기서는 다만 이 논이 6세기 이래 중국을 비롯한 우리나라 등지에서 실제로 매우 존중되어 온 문헌이라는 점에서, 발전된 대승 이론의 하나의 전거로서 우리 과제 해결의 중요한 자료가 됨을 인정하는 것이다.

(6) 『불지경론』

『불지경론(佛地經論)』의 저자라고 알려진 반두프라바(Bandhuprabha, 親光)는 6-7세기 인도 교학의 중심지 날란다(Nālandā) 사원의 유식10사(師) 중의 한 사람인 다르마팔라(Dharmapāla, 護法)의 제자로 알려져 있다. 이것을 현장이 번역하였으므로 현장은 당시의 가장 참신한 노작(勞作)을 소개한 셈이 되는 것이다.

Ⅲ. 불신설의 두 가지 유형

여러 가지 불전을 섭렵 정독하는 가운데에 우리는 언어를 통해 표현된 부처님의 진리의 인간적 파악에는 몇 가지 상이한 양식이 제기되어질 수 있고 또 실제로 그렇게 되었음을 본다. 문구의 다소(多少), 논리의 정조(精粗)의 차이가 거기에 나타나는 것인데, 그런 차이점에 착안하여 전(全) 불전을 통한 불신(佛身)사상의 유형을 찾아보면 대개 둘로 나눌 수가 있다.

A. 법신(法身)·생신(生身)의 이신설(二身說)
B. 법신(法身)·보신(報身)·화신(化身) 및 자성신(自性身)·수용신(受用身)·변화신(變化身)의 삼신설(三身說)

이와 같은 유형의 발생을 우리는 시대적 발전의 결과라고 생각할 만한 근거가 있다. 그것은 무엇보다도 제 불전의 성립연대가 이른 것일수록 단순하고, 성립연대가 늦은 것일수록 정세(精細)해지고 있다는 사실로써 증명되는 것이다.

이제 위에서 말한 두 가지 유형의 불신설을 차례로 소개해 보기로 하자.

1. 법신·생신의 이신설

『증일아함경(增一阿含經』(T.125)은 아함경 중에서 불신에 관한 언급이 가장 많은 경이다. 이 경의 「서품(序品)」 제1에는 다음과 같은 게송이 있고, 그 안에 법신 또는 여래법신에 관한 언급이 있다.

(A) 一切諸法佛所印　　阿難是我法之器
若使不欲法存者　　便爲壞敗如來敎
………………　　………………
釋師出世壽極短　　肉體雖逝法身在
………………　　………………
尊者阿難作是念　　如來法身不敗壞
永存於世不斷絶　　天人得聞成道果[1)]

---

1) T.125, pp. 549c-550a.

위의 인용구에는 여래의 '肉體'와 '法身'의 두 가지 구분이 나와 있고, 그와 동류의 표현은 같은 아함의 「십불선품(十不善品)」 제48에서도 발견된다.

(B) 佛告阿難 過去諸佛滅度之後 法不久存
阿難白佛言 設如來滅度之後 正法存世 當經幾時
佛告阿難曰 我滅度之後 法當久存 迦葉佛滅度後 遺法住七日中
汝今阿難 如來弟子爲少 莫作是觀 東方弟子無數億千 南方弟子無數億千
是故阿難 當建此意 我釋迦文佛壽命極長 所以然者 肉身雖取滅度
法身存在 此是其義 當念奉行[2]

여기에서 말하는 '法身'이 『증일아함경』의 다른 부분에서는 '如來身'이라고 표현되어 있다. 그러나 그 뜻은 마찬가지다.

제36권에는

(C) 世尊告曰 我向者作是念 過去諸佛世尊取滅度時 遺法不久存於世
我復重思惟 以何方便 使我法得久存在世 如來身者 金剛之數
意欲碎此身如芥子許流布世間 使將來之世 信樂檀越不見如來形像者 取供養之.[3]

라 하였으며 또 제31, 제15, 제21 등 각권에도 다음과 같은 구절들이 있다.

(D) 阿那律曰 如來身者 眞法之身[4]
(E) 如來身者 以法爲食[5]
(F) 云何佛國境界不可思議 如來身者 爲是父母所造耶 此亦不可思議
所以然者 如來身者 淸淨無穢受諸天氣 爲是人所造耶 此亦不可思議
所以然者 以過人行 如來身者 爲是大身 此亦不可思議
所以然者 如來身者 不可造作 非諸天所及 如來壽爲短耶 此亦不可思議
所以然者 如來有四神足 如來爲長壽耶 此亦不可思議
所以然者 然復如來故 與世間周旋與善權方便相應 如來身者 不可摸則

2) T.125, p. 787b.
3) T.125, p. 751a.
4) T.125, p. 719b.
5) T.125, p. 623b.

不可言長言短 音聲亦不可法則 如來梵音 如來智慧辯才 不可思議
非世間人民之所能及 如是佛境界不可思議[6]

위에 인용한 (A)~(F)의 각 구절 속에서 여래는 '영원하게 이 세상에 살아 계신 존재'라고 강조되어 있다. (A)에 있어서 "釋師出世壽極短 肉體雖逝法身在"라고 한 것, 또 같은 (A)의 "尊者阿難作是念 如來法身不敗壞 永存於世不斷絶 天人得聞成道果"라고 한 것, 그리고 (B)의 "我釋迦文佛壽命極長 所以然者 肉身雖取滅度 法身存在"라고 한 것이 모두 육신의 수명은 짧았으나, '여래의 법신은 파괴됨이 없으며 이 세상에 영존(永存)하여 단절하지 않음'을 강조하신 것이다.

그러면 이 『증일아함』의 각 구절을 통해 본 법신의 의미는 과연 무엇일까? 『증일아함』에서는 법신을 여래신(如來身), 또는 여래법신(如來法身)이라고도 말하고 있다. 그 원어는 각각 dharmakāya, tathāgatakāya, tathāgatadharmakāya이겠지만, 이와 같은 어휘가 의미하는 내용이 과연 무엇이냐 하는 것을 이해하기는 그다지 어려운 것이 아니다. (A)는 단적으로 그것이 부처님이 가르치신 말씀 그 자체를 의미하고 있음을 알게 한다. "一切諸法佛所印 阿難是我法之器 若使不欲法存者 便爲壞敗如來教"라 하였고 또 마지막 구절에 가서는 "天人得聞成道果"라고 하고 있는 것이다. '아난(阿難)은 바로 내 법의 그릇이라' 하셨고, 법은 곧 여래의 가르침(教)임을 밝히셨고, 그 법은 영원히 사라지지 않고 이 세상에 남아 제천(諸天, deva)이나 인간들이 들을 수 있는 것이라고 하신 것이다.

(B)는 법이 '久存'이냐 '不久存'이냐 하는 데 대한 부처님과 아난과의 대화이다. 부처님은 아난에게 "我滅度之後 法當久存"이라 하시고, "너 아난아, 지금 여래의 제자가 적다는 그런 생각을 하지 말라. 동방에 제자가 무수억천이며 또한 남방에 제자가 무수억천이니라" 하셨다. 즉 여기에서 말하는 법신은 제자를 통해 이어지는 정법을 의미하고 있음이 분명하다.

(C)에 있어서도 여래신은 법과 관련이 있다. 부처님께서는 생각하시기를 어떤 방편으로 내 법이 오래도록 이 세상에 존재하게 할 수 있을까 하시고, "여래의 몸은 금강에 비(譬)할 만한 것이니, 이 몸을 개자(芥子)씨만큼이나 작게 분쇄하여 이 세상에 유포시켜 장차 내 가르침을 믿고 기뻐하는 신도들로서 여래의 형상을 보지 못한 사람들로 하여금 이를 받들어 공양케 하리라" 하셨다. 이 말 뜻을 통하여 우리가 감득할 수 있는 것은 여래신은 하나의 형상으로서 그것을 공양의 대상으로 할 수 있는 것이며, 그렇게 됨으로 말미암아 여래의 법이 이 세상에 오래 존속하게

---

6) T.125, p. 657b.

되는 것이라는 것이다. 그러므로 (C)에서 언급한 여래신의 개념은 부처님의 교법 자체보다는 더 광범위한 것에 걸치는 사변(思辨)인 듯싶다.

그러나 (D)와 (E)는 여래신이 바로 진법(眞法)의 몸이며, 법을 생명의 양식으로 하는 사실을 밝히고 있다. 물론 그 진법이 단순한 말씀 이외의 다른 것일 수도 있다.

그것을 (F)에서는 '불가사의(不可思議)한 것'이라고 선언하고 있다. 여래신은 부모소조(父母所造)가 아니다. 여래신은 청정무예(淸淨無穢)하며 제천(諸天)의 기(氣)를 받고 있다. 인소조(人所造)냐? 아니다. 인행(人行)을 초월한 대신(大身)이다. 여래신은 불가조작(不可造作)이다. 그에게는 사신족(四神足)이 있고, 이 세상 안에서 교화를 위하여는 서슴지 않고 선한 제 방편을 쓸 수 있는 능력이 있다. 여래신은 불가모칙(不可摸則)이며, 장단(長短)을 말할 수 없는 것이며, 그 음성이 역시 불가법칙(不可法則)하다. 그 음성, 즉 범음(梵音)과 그 지혜(智慧)와 변재(辯才)는 도저히 이 세상 사람들이 따라가지 못하는 불가사의한 것이다. 우리는 이 (F)에서 여래신에 관한 『증일아함』의 사변은 그 최대 한계에 달했다고 말할 수 있을 것 같다.

『잡아함경(雜阿含經)』 권24에 있는

當知 如來所說無量無邊 名句味身 亦復無量無有終極7)

이란 구절 중의 '名句味身'이란 앞서 말한 『증일아함』 중의 법신 또는 여래신과 같이 부처님의 교법을 의미하는 것이다. 여래께서 말씀하신 그 말씀의 맛(名句味)이 무량무변하고 한계가 없으시다는 뜻이다.

그러나 『잡아함』의 다른 곳에서는 보다 추상적인 의미로 법신이란 말이 쓰이고 있다.

如來之體身 法身性淸淨
彼悉能奉持 是故供養勝
法燈常存世 滅此愚癡冥
皆由從彼來 是故供養勝
如大海之水 牛跡所不容
如是佛智海 餘人不能持
唯有阿難尊 一聞悉受持

7) T.99, p. 171c.

終無忘失時 是故供養勝[8)]

그러나 이 게송 안에서도 '法身性淸淨'은 '唯有阿難尊 一聞悉受持'라 하였으니 부처님의 교법을 의미하고 있음이 분명하다.

소승 논서인 『성실론(成實論, Satyasiddhi)』에서는 부처님이 구현하신 '오품(五品)의 공덕'을 가지고 부처님의 법신을 설명하여 '오분법신(五分法身)'이라고 하고 있다. 즉 계품구족(戒品具足), 정품구족(定品具足), 혜품구족(慧品具足), 해탈품구족(解脫品具足), 해탈지견구족(解脫知見具足)의 오품법이 구족청정(具足淸淨)하다는 뜻이다.

問曰 我今知汝說成實論 汝先言前禮所應禮 所謂爲佛 何故名佛 成何功德故應禮耶
答曰 佛名自然人以一切種智 知一切法自相差別 離一切不善 集一切善 常求利益一切衆生 故名爲佛
教化所說 是名爲法
行此法者 名之爲僧
如是三寶 應禮因緣 我今當說 佛五品具足故 爲世間天人所敬
問曰 諸餘聖人 亦復有此五品功德 與佛何異
答曰 佛五品法 具足淸淨 所以者何 身等諸業 無錯謬故
戒品具足……
定品具足……
慧品具足……
解脫品具足……
解脫知見具足……[9)]

『이부종륜론(異部宗輪論)』은 부처님의 탁월한 인간성을 들어 불신을 설명하는 대중부(大衆部, Mahāsaṅghika), 일설부(一說部, Ekavyāvahārika), 설출세부(說出世部,

---

8) T.99, p. 168b.

9) T.1646, pp. 239b-240a.
오분법신에 관해서는 대승경전인 『보살영락본업경』에도 다음과 같은 언급이 있다.
"所謂五分法身 戒除形非 定無心亂 慧悟想虛 解脫無累 無累知見一切衆生無縛 爲知見解脫 故 諸法虛空無二故"(T.1485, p. 1013c).
이것을 1234에서는 無漏한 五蘊을 갖춘 법신이란 뜻으로 '無等等五蘊', asamasama pañca-skandha라고 한다. (*앞의 1234는 원 게재지에도 이렇게 되어 있으며, 확인이 불가능하여 그대로 두었음-편집자 주)

Lokottaravāda), 계윤부(鷄胤部, Gokulika)의 주장을 소개하고 있다. 이 논에서는 여래색신(如來色身)이라고 했지 법신이라고는 하지 않고 있으며, 그 주장은 제불(諸佛)의 '소설(所說)'과 '위력(威力)'과 '화유정(化有情)'하시는 능력과 그 '수량(壽量)'과 '문답(問答)의 재능'과 그 '일찰나심(一刹那心)'의 비상한 작용 등에 미치고 있다.

大衆部 一說部 說出世部 雞胤部 本宗同義者 謂四部同說
諸佛世尊皆是出世 一切如來無有漏法
諸如來語皆轉法輪 佛以一音說一切法
世尊所說無不如義 如來色身實無邊際
如來威力亦無邊際 諸佛壽量亦無邊際
佛化有情令生淨信無厭足心 佛無睡夢
如來答問不待思惟 佛一切時不說名等 常在定故 然諸有情 謂說名等歡喜踊躍
一刹那心了一切法 一刹那心相應般若知一切法
諸佛世尊盡智無生智恒常隨轉乃至般涅槃[10]

이와 같은 주장은 역시 소승다운 유론(有論)의 입장에서 이룩된 사변의 결과임을 간과할 수가 없다. 여래의 색신(rūpakāya)을 법신(dharmakāya)과 혼동하여 생각하는 잘못을 『아비달마대비바사론(阿毘達磨大毘婆沙論)』은 적절하게 비판하고 있다.

---

10) T.2031 p. 15b-c.
역시 대중부 중의 說出世部에 속한다고 자칭하는 『마하바스투(Mahāvastu, 大事)』에 나타난 佛陀觀을 보면 같은 이야기가 나오고 있다.

> 牟尼의 行住坐臥…는 出世間이다. 善逝의 그 신체는 有의 결박을 滅하는 것이며, 그것도 또 출세간이다(I.167-8).
> 正等覺者들의 肉眼의 功德의 邊際를 발견할 수는 없다.……그들의 어떤 것도 세간과 같은 일은 없으므로 大仙들의 일체는 출세간이다. 정등각자들의 그 도달한 경지도 또 同樣으로 출세간이다. 그러면서도 정등각자들의 육안의 그 色, 운동 및 정지는 다른 중생의 중생신에 있어서와 같다(I.159).

얼핏 보매 모순 되는 이론인 것 같으나, 우리는 이 所論이 『대비바사론』이 지적하는 바와 같은 큰 오류를 범하고 있다고는 생각하지 않는다. 오히려 『이부종륜론』의 표현에 오류가 있다고 해야 마땅할지도 모른다. 그 까닭은 아직 二身說로도 三身說로도 발전하지 못한 단계에서라 할지라도 『마하바스투』의 불타관은 상당히 심화되고 있음을 알 수 있기 때문이다. 특히 『마하바스투』에는 나중에 언급하는 바와 같이 후대에 와서 발전되는 應·化 또는 報·化 二身의 설과 같은 世間佛의 隨順世間의 작용을 충분히 이해하고 있다고 생각되기 때문이다. 高原信一, 「マハーヴァスットに表われた佛陀觀」, 『印度學佛教學研究』 11(1958.1), pp. 124-125 참조.

『대비바사론』은 법에 두 가지가 있다고 하여, 세속법(世俗法)과 승의법(勝義法)의 둘을 든다. 전자를 '名身等法'이며 '生長의 義가 있다'고 하고, 후자를 '究竟涅槃'이며 '生長의 義가 없는 것'이라고 말하고 있다.

> 復次法有二種 一世俗謂名身等法
> 　　　　　　 二勝義謂究竟涅槃
> 雖於勝義法無生長義 而於世俗法有生長義[11)]

그리하여 法身과 生身과를 엄격히 구분한다.

> 佛世尊定不於他受法供養 法身功德極圓滿故
> 生身必待衣食等資故 有於他受財供養……[12)]

『대비바사론』은 또한 대중부와 같은 부파의 이론가들이, 유집(有執)으로 불신에 관해서도 일방적인 실재론 같은 것을 주장하는 오류를 시정하기 위하여, 유루(有漏)·무루(無漏)의 이법(二法)을 세우는 까닭을 다음과 같이 설명하고 있다.

> 復有二法 謂有漏無漏法
> 問 何故作此論
> 答 爲欲遮遣補特伽羅 及爲顯示智殊勝故
> 爲欲遮遣補特伽羅者 謂顯唯有有漏無漏法 畢竟無實補特伽羅 及爲顯示智殊勝者
> 謂有聰慧殊勝智者
> 由此二法通達一切 此二遍攝一切法故
> 復次爲止他宗顯正理故 謂或有執 佛身無漏如大衆部[13)]

위의 답 중에서 논자는 '爲欲遮遣補特伽羅'와 '及爲顯示智殊勝'이 각각 무엇을 의미하는가를 해설하고 있다. '보특가라(補特伽羅, pudgala)를 차견(遮遣)하고자 하기 때문'이라는 말은 '실제로 어떤 실체, pudgala가 있는 것이 아니라 다만 유루·무루의 법이 있을 뿐임을 나타내기 위하여'라는 뜻이며 그렇게 함으로써 '총혜(聰慧),

---

11) T.1545, p. 153a.

12) T.1545, p. 154b.

13) T.1545, p. 391c.

수승(殊勝)한 지혜가 있을 뿐임'을 나타내려는 것이라고 하고 있다. 그리고 "이 무루와 유루의 이법(二法)은 모든 것에 통달하며, 이 이법은 일체법을 변섭(遍攝)하는 것(由此二法 通達一切 此二遍攝一切法)"이라고 한다.

그리하여 이러한 무루·유루의 이법을 가지고, 불신에 관해서 생긴 그릇된 견해, 예컨대 불신은 무루하기만 하다는 대중부의 견해와 같은 고집이 어째서 생기는가를 설명하고 있다.

이러한 집(執)이 생기는 까닭은 계경(契經, sūtra) 때문이라고 논사는 답한다.

> 問 彼何故作此執
> 答 依契經故 如契經說 苾芻當知 如來生在世間 長在世間 出世間住
> 不爲世法之所染汚彼作是說 旣言如來出世間住 不爲世法之所染汚
> 由此故知佛身無漏 爲止彼意顯佛生身無唯是有漏
> 若佛生身是無漏者便違契經 如契經說 無明所覆愛結所縛
> 愚夫智者感有識身 世尊亦是智者所攝身定應是無明愛果 是故佛身定應有漏
> 又若佛身是無漏者 無比女人不應於佛生身起愛 指鬘於佛不應生瞋
> 諸驕傲者不應生慢 鳩盧頻螺迦葉波等不應生癡
> 於佛生身旣有發起貪瞋癡慢 故知佛身定非無漏
> 問 若佛生身是有漏者 云何通彼所引契經
> 答 彼說法身故不成證14)

계경에서는 불생신(佛生身)을 무루라고 하고 있지만 그렇게 주장하는 것은 부당하며 불생신은 어디까지나 유루라고 『대비바사론』의 논사는 말한다. 계경에서 말하는 바와 같이 세존은 지자식신(智者識身)인데 우부(愚夫)나 지자(智者)나 모두 무명에 뒤덮이고 애집(愛執)과 번뇌에 결박된 자들이므로 불신도 마땅히 유루이어야 한다는 것이다. 만약에 불신이 무루라면 무비(無比)의 여인이 불생신에 애집을 일으키지 않아야 하며, 생신이신 불(佛)을 둘러싼 무리들이 진심(瞋心)이나 교오(驕傲), 어리석음을 나타내지 말아야 할 것인데, 이미 불생신을 대상으로 하여 탐·진·치·만(貪瞋癡慢)이 일어났으므로 이러한 불신은 무루하지 않는 것임을 알 수 있다고 한다(於佛生身旣有發起貪瞋癡慢 故知佛身定非無漏). 그리고 이어 불생신이 유루라면 그 계경의 말은 어떻게 이해할 것이냐 하는 의문이 생기는데, 그는 법신을 말했으므로 이야기가 성립될 수 없다고 풀이하는 것이다.

---

14) T.1545, pp. 391c-392a.

요컨대 『대비바사론』은 생신과 법신의 이신설(二身說)을 전개시킬 뿐인데, 그 법신에 관한 해명은 위에 언급한 아함경 등이 주장하는 교법 내용으로서의 법신이란 정도를 넘어선, 보다 심오한 의미를 지니고 있는 것이라고 할 수 있다. 그러나 대승의 삼신(三身)사상과 같은 것은 아직 알려지지 않음을 알 수 있다.

나가르주나(150-250경)는 대승사상 흥기의 주력군이었다고 믿어지고 있다. 그의 많은 저술 가운데에서 명확히 불신에 관하여 논의한 것은 『대지도론』에서뿐인데, 나가르주나가 이 논에서 이야기하고 있는 것도 이신(二身)사상이며 삼신(三身)사상은 아니다. 불신에 관한 언급은 『대지도론』 전편에 걸쳐 산견(散見)된다.[15)]

권9에는 다음과 같은 말이 있다.

> 復次佛有二種身
> 一者法性身
> 二者父母生身
> 是法性身 滿十方虛空無量無邊 色像端正相好莊嚴. 無量光明無量音聲
> 聽法衆亦滿虛空 (此衆亦是法性身 非生死人所得見也) 常出種種身 種種名號
> 種種生處 種種方便 度衆生 常度一切無須臾息時 如是法性身佛
> 能度十方世界衆生 受諸罪報者 是生身佛 生身佛次第說法如人法
> 以有二種佛故 受諸罪無咎[16)]

여기에서 말하는 법성신은 『대비바사론』에서 언급된 법신과 다를 리 없는 것이며, 이는 또 다른 곳에서 '진불신(眞佛身)' 또는 '진신(眞身)'이라고 하여 '상신(常身)'과 구별되는 바로 그것이다.[17)] 같은 『대지도론』은 조금 뒤떨어진 곳에서 '법신불'

15) T.1509, (권9) pp. 121c-122c, 126b, 127a; (권10) p. 131c; (권29) p. 274a; (권34) p. 313a-c; (권57) p. 467c; (권58) p. 475a; (권79) p. 619b; (권84) p. 648a; (권88) p. 683a; (권93) p. 712a-b; (권100) p. 755b.

16) T.1509, pp. 121c-122a.

17) 經 : 爾時世尊以〈常身〉示此三千大千世界一切衆生……
論 : 問曰 佛何以故 以〈常身〉示此三千大千世界中一切衆生
答曰 佛欲說摩訶般若波羅蜜 入三昧王三昧 從足下相輪光明
上至肉髻光焰大明 譬如劫盡燒時 諸須彌山王隨次燃盡 是光明遍滿三千大千世界
乃至十方恒河沙等諸佛世界 皆悉大明 衆生見者 畢至阿耨多羅三藐三菩提
是佛欲說般若波羅蜜
初神力
第二一切毛孔皆悉微笑
第三放常光明面各一丈

또는 '법신'이라는 이름으로 같은 내용의 불신에 관해 언급하고 있다.

법신 · 생신의 구분은 권29에서도 논의되고 있고 권88에서도 언급이 되어 있다.

권34에서는 "佛身無量阿僧祇種種不同"이라 하고 '색신'에 관하여 말하고 있는데 그것은 생신을 말함이 분명하다. 권10에서는 "佛身二種 一神通變化身 二父母生身"(p. 121c)이라 하였는데, 부모생신(父母生身)에 관해서는 그대로 받아들여도 좋으나, '신통변화신(神通變化身)'은 '법' 또는 '법성신'에 해당시켜 보아야 하겠지만 반드시 꼭 같은 것이라고는 생각할 수 없다. '신통변화신'에 대한 상세한 설명이 없기 때문에 정확한 이야기는 할 수가 없다. 대체로 나가르주나가 『대지도론』에서 말하는 생신에 관하여는 무슨 새로운 개념상 변화가 있었다고는 볼 수 없다. 그것은 단순히 종래의 의견의 답습이다. 문제는 『대지도론』이 말하는 '법신' 또는 '법성신' 등의 내용이 무엇이냐 하는 데에 있다. 이제 우리는 그 문제를 일단 정리하고 앞으로 나아가기로 하자.

번거롭지만, 『대지도론』에 나오는 법신 관계 설명을 다음에 열거 인용하고 그에 대한 종합적인 이해를 해보는 것이 필요하다고 생각한다.

(A) 法性身

是法性身 滿十方虛空無量無邊 色像端正相好莊嚴 無量光明無量音聲 聽法衆亦滿虛空 (此衆亦是 法性身 非生死人所得見也)

常出種種身 種種名號 種種生處 種種方便度衆生常度一切無須臾息時 如是法性身佛 能度十方世界衆生 受諸罪報者(권9, p. 121c).

(B) 法身(法身佛)

問曰 若有十方無量諸佛及諸菩薩 今此衆生多墮三惡道中 何以不來

答曰 衆生罪重故 諸佛菩薩雖來不見 又法身佛常放光明常說法 而以罪故不見不聞

第四舌相遍覆三千大千世界而笑

第五入師子遊戲三昧 三千大千世界六反震動

第六佛坐師子座 現〈最勝身〉光明色像

威德巍巍 以此神力感動衆生 其有信者皆至阿耨多羅三藐三菩提

其中疑者示〈常身〉便得信解 而各說言 今所見者是〈佛眞身〉

以佛力故此三千大千世界中人 見〈佛常身〉遠近無礙

是時三千大千世界衆生皆大歡喜言 此眞是佛身 佛初生時初成佛時初轉法輪時

皆以〈此身〉如是思惟 此是〈眞是佛身〉(T.1509, 권9, p. 122 b-c)

권70에는 "般若波羅蜜相卽是佛法相 不可思議無量無稱無等等卽是佛法相"(p. 552b)이라는 말이 있는데 역시 同軌의 설명이라고 볼 수 있다.

譬如日出盲者不見 雷霆振地 聾者不聞 如是法身常放光明常說法 衆生有無量劫罪垢厚重 不見不聞 如明鏡淨 水照面則見 垢翳不淨則無所見 如是衆生心淸淨則見佛 若心不淨則不見佛 今雖實有十方佛及諸菩 薩來度衆生 而不得見(권9, p. 126b)
復有一國有一比丘 誦阿彌陀佛經及摩訶般若波羅蜜 是人欲死時語弟子言 阿彌陀佛與彼大衆俱來 卽時動身自歸 須臾命終 命終之後弟子積薪燒之 明日灰中見舌不燒 誦阿彌陀佛經故 見佛自來 誦般若波羅蜜故 舌不可燒 此皆今世現事 如經中說諸佛菩薩來者甚多 如是處處 有人罪垢結縛 一心念佛信淨不疑必得見佛 終不虛也 以是諸因緣故 知實有十方佛 (권9, p. 127a)

(C) 法身無相

摩訶衍中三十二相業因緣者

問曰 十方諸佛及三世諸法皆無相相 今何以故說三十二相 一相尙不實 何況三十二

答曰 佛法有二種

一者 世諦

二者 第一義諦

世諦故說三十二相

第一義諦故說無相

有二種道

一者 令衆生修福道

二者 慧道

福道故說三十二相

慧道故說無相

爲生身故說三十二相

爲〈法身〉故說〈無相〉

佛身以三十二相八十隨形好 而自莊嚴法身

以十力四無所畏四無礙智十八不共法諸功德莊嚴衆生

有二種因緣

一者 福德因緣

二者 智慧因緣

欲引導福德因緣衆生故用三十二相身

欲以智慧因緣引導衆生故用法身

有二種衆生

一者 知諸法假名

二者 著名字
爲著名衆生故說無相
爲知諸法假名衆生故 說三十二相
問曰 是十力四無所畏功德 亦各有別相 云何說法身無相
答曰 一切無漏法十六行三三昧相處 故皆名無相 佛欲令衆生解故 種種分別說 說一切諸佛法 以空無相無作印故皆入如法性實際 而爲見色歡喜發道心者 現三十二相莊嚴身 (권29, p. 274a)

(D) 法性生身佛
法性生身佛者 無事不濟 無願不滿. 所以者何 於無量阿僧祇劫 積集一切善本功德 一切智慧無礙具足 爲衆聖主 諸天及大菩薩希能見者
譬如如意寶珠難見難得 若有見者所願必果
如喜見藥 其有見者衆患悉除
如轉輪聖王 人有見者無不富足
如釋提桓因 有人見者隨願悉得
如梵天王 衆生依附恐怖悉除
如人念觀世音菩薩名者 悉脫厄難 是事尙爾 何況諸佛法性生身(권34, p. 313b)

위의 (A) (B) (C) (D), 네 가지 인용구가 보여주는 법성신(法性身), 법신(法身), 법성생신(法性生身) 등 상이한 이름으로 된 불신은 어휘는 다르지만 같은 내용을 가리켜 주고 있다.

(A)의 법성신이란, 요컨대 무량한 광명이며 무량한 음성이다. 시방허공에 가득 차 무량무변하며 색상(色像)이 단정하고 상호(相好)가 장엄한데, 그 설법을 듣는 무리가 역시 허공에 가득 차 있고, 이 청법중(聽法衆)이 법성신이나 항상 여러 가지의 몸(身), 여러 가지의 명호(名號), 여러 가지의 생처(生處)와 방편을 나타내어 잠시도 쉬지 않고 일체중생을 제도한다. 이 법성신이란 보통 사람이 눈으로 볼 수 있는 바가 아니다(非生死人所得見). 그것은 신(身)이라고 했을망정 평범한 색신, 생신이 아닌 것이며, 종종신(種種身)이 나오게 되는 원천인 것이다.

(B)의 법신은 (A)의 법성신과 동일한 내용이다. 법신불은 언제나 광명을 발하고 있고 언제나 법을 설하시고 있다. '常放光明 常說法'이다. 그러나 중생은 죄가 무거운 까닭에 이러한 법신불의 광명을 보지 못하고 법신불의 설법하시는 바를 듣지도 못한다는 것이다. 이 법신불은 죄구(罪垢)에 결박된 사람의 눈에는 보이지 않지만,

일심으로 염불하고 믿음이 맑아 의심치 않으면 어디에서든지 그를 볼 수 있으며, 곳곳마다 공허하지 않은 것이라 하였다(如是處處 有人罪垢結縛 一心念佛信淨不疑 必得見佛 終不虛也).

(C)는 본래 시방 제불과 삼세 제법이 모두 무상(無相)을 상(相)으로 한다는 대승 반야의 이론에 입각하여 생신과 법신이 운위(云謂)되는 인연을 말하는 것이다. 생신으로서의 불신을 특징짓는 것을 삼십이상・팔십종호와 십력(十力)・사무소외(四無所畏)・사무애지(四無礙智)・십팔불공법(十八不共法) 등 제 공덕으로 보고, 이것은 모두 세제(世諦)로서 중생으로 하여금 복을 닦게끔 하는 까닭에, 곧 복덕인연(福德因緣)으로 그렇게 설하게 된 것이라고 말하고 있다. 이를테면 (A)와 (B)에서 말한 법신을 근원으로 하여 거기에서부터 나온 몸인 것이다. (C)에 의하면 불신은 제일의제(第一義諦)와 혜도(慧道)의 견지에서 볼 때 무상(無相)인 것이며, 그것이 바로 법신이다. 지혜의 인연으로 중생을 인도하고자 하는 까닭에 법신을 말하게 되는 것이라고 한다.

(D)는 법성생신불(法性生身佛)과 수중생우열현화불(隨衆生優劣現化佛, 또는 隨衆生現身佛)을 구별하는 색다른 설명이다. '수중생우열현화불'이란 생신을 말하는 것이라고 보아야 마땅하고, 법성생신불이란 역시 법신에 해당하는 것이라고 생각하는 것이 타당할 것 같다. 위의 (D)에서 인용한 구절 바로 위에 있는 다음과 같은 말씀들을 인용하고 이를 검토해 보면 그 이유가 드러날 것이다.

> 經 : 我得阿耨多羅三藐三菩提時 十方如恒河沙等世界中 衆生聞我名者 必得阿耨多羅三藐三菩提 欲得如是等功德者 當學般若波羅蜜
>
> 論 :
>
> 問曰 有人生値佛世在佛法中 或墮地獄者 如提婆達 俱迦利訶 多釋子等 三不善法覆心故墮地獄 此中云何言 去佛如恒河沙等世界 但聞佛名便得道耶
>
> 答曰 上已說有二種佛 一者法性生身佛 二者隨衆生優劣現化佛 爲法性生身佛故 說乃至聞名得度 爲隨衆生現身佛故 說雖共佛住 隨業因緣有墮地獄者[18)]

위의 문답의 요점은 경에서 석가모니불이 내가 무상정등각을 얻었을 때에는 내 이름만 들어도 각(覺)을 얻을 수 있었는데 너희가 지금 그러한 공덕을 얻고자 하거든 반야바라밀을 공부하라 하신 데 대해, 그 때에 부처님을 만난 자들 가운데에도 지옥에 떨어진 자가 있는데, 어떻게 이름만 들어도 득도(得道)한다는 말이냐 하는

18) T.1509, p. 313a-b.

반문이 있어 이에 대답하면서 두 가지 불(佛)을 말하기에 이른 것이다. 곧 두 가지 불이 있는데 법성생신불(法性生身佛) 때문에 경에서 말씀하시기를 그 이름만 들어도 득도한다고 운운하신 것이고, 수중생현신불(隨衆生現身佛) 때문에 부처님과 같이 그 말씀을 들으며 살았다 할지라도 각자가 지닌 업인연(業因緣)에 따라 지옥에 떨어지는 자가 있다는 것이다.

위의 문장 중에는 '上已說有二種佛'이라고 하고 있지만, 『대지도론』의 다른 부분에서 법성생신불과 수중생우열현화불의 이종신(二種身)의 구별을 말하는 곳은 여기뿐이며 다른 곳에서는 위에 든 바와 같이 법신과 생신으로 불신을 구별할 뿐이다.

법성생신불에 대해서는 (D)에 인용된 바와 같이 "無事不濟 無願不滿"이라는 설명이 있다. 그 까닭은 무량아승지겁에 걸쳐 일체의 선본공덕(善本功德)을 적집(積集)하고 일체의 지혜가 무애구족(無礙具足)한 때문이라는 것이다. 나가르주나는 그 바로 뒤에 "釋迦文佛亦是法性生身分"이라 하고 있는데, 법성생신분(法性生身分)과 법성생신은 역시 같은 것이 아니다. 법성생신분이란 법성생신의 지분(支分)이란 말이 아닐까 한다.

우리는 위의 (A) (B) (C) (D)의 네 가지 설명을 검토한 뒤, 『대지도론』에서 나가르주나는 '법신' 또는 '법성신', '법성생신' 등의 이름을 통해 반야바라밀을 강조하고자 하고 있다는 결론을 얻을 수 있다.

앞서 말한 바와 같이 (A) 법성신이나 (B) 법신이나 이 둘은 모두 언제 어디서나 "種種身 種種名號 種種生處 種種方便을 出하여 能度十方世界衆生"하는 근원적 존재며, "常放光明常說法"하는 존재인데, 이는 바로 (C)에서 보는 바와 같이 '無相한 慧'인 것이며, (D)에서 보는 바와 같이 '無事不濟 無願不滿한 用'을 지니고 있는 것이다. "제불의 모(母)는 반야바라밀이다. 그런 고로 제불은 반야바라밀에 의지하여 주(住)한다(般若波羅蜜是諸佛母 是因緣故諸佛依止般若波羅蜜住)"는 권70의 말이 바로 그것을 말해주는 것이다.

반야바라밀로부터 제불이 나온다는 설명은 다음과 같이 여러 곳에 언급되어 있다. 권70에서는

> 佛常以佛眼視是深般若波羅蜜 何以故 是深般若波羅蜜 能示世間相 十方現在諸佛亦以佛眼 常視是深般若波羅蜜 何以故 是深般若波羅蜜 能生諸佛 能與諸佛一切智 能示世間相 以是故 諸佛常以佛眼視是深般若波羅蜜……19)

19) T.1509, p. 619a-b.

이라는 경구에 대한 논 가운데서

……般若是十方諸佛母故……
般若生諸佛 諸佛從般若生……[20]

이라 하고 있다.

또 권79에서는

諸佛爲利益衆生故出世　現三十二相八十種隨形好　無量光明神足變化皆爲衆生故
第一利益衆生 無過般若波羅蜜 能盡諸苦故[21]

라고 하면서 '이익중생'에서 제일가는 것이 반야지혜의 성취임을 강조하고 있다.

권34에서는 불신이 헤아릴 수 없이 많은 모습으로 나타나 중생을 득도케 하는 사실을 다음과 같이 말하고 있는데, 이는 종종신(種種身)을 나타낸다는 법신, 법성신의 작용을 잘 말해주는 것이라고 볼 수 있다. 그리고 이 불신이란 반야바라밀 이외에 아무 것도 아닌 것이다.

復次佛身無量阿僧祇種種不同
有佛爲衆生說法令得道者
有佛放無量光明 衆生遇之而得道者
有以神通變化指示其心而得道者
有佛但現色身而得道者
有佛遍身毛孔出衆妙香 衆生聞之而得道者
有佛以食與衆生令得道者
有佛衆生但念而得道者
有佛能以一切草木之聲而作佛事 令衆生得道者
有佛衆生聞名而得道者……[22]

20) T.1509, p.549a.

21) T.1509, p.619b.

22) T.1509, p.313c.
佛身이 '無量阿僧祇種種不同'이라는 것과 관련하여 七寶樹의 음성으로써 중생을 度하시는 모습을 들어 그 이유를 설명하는 흥미로운 구절을 여기에 인용해 둔다.

우리는 위에서 삼십이상신(三十二相身)이 세제(世諦), 복덕인연(福德因緣)으로 인한 설법교화의 수단이라는 견해를 들은 바 있다. 그런데 아직도 상(相)을 취(取)하는 어리석은 사람들이 많고, 그들로 하여금 지혜를 얻도록 하게 하기 위하여 『대지도론』은 불신 곧 반야바라밀을 도처에서 강조한다.

권58에는 부처님께 공양을 드리되 그 부처님을 인간의 상(相)으로 취착(取著)하면 공덕이 적은 것이라 갈파하고, 삼십이상·팔십종호 같은 무량한 광명신통변화가 모두 반야바라밀의 힘이므로 반야바라밀을 공양함이 더욱 마땅하다고 강조한다. 본문을 인용하면 다음과 같다.

> 問曰 般若波羅蜜在佛身中 若供養一佛則供養般若波羅蜜 何以言供養十方佛 不如供養般若波羅蜜
> 答曰 供養者心 若供養佛取人相 人畢竟不可得 以取相故 福田雖大而功德薄少 供養般若波羅蜜者則 如所聞 般若中不取人相 不取法相 用是心供養故福德大 復次般若波羅蜜 是一切十方諸佛母 亦是諸佛師 諸佛得是身三十二相八十隨形好及無量光明神通變化 皆是般若波羅蜜力 以是故 供養般若波羅蜜勝 以是等因緣故 勝供養十方諸佛 非不敬佛[23]

권100에는 중생이 공양하는 불신의 상호를 둘로 구별하여 ① 三十二相八十隨形好大光明金色身과 ② 般若波羅蜜微妙甚深無形無色이라 하고, 지자(智者)만이 불신의

> 風吹七寶之樹 隨所應度而出聲者 是菩薩欲使衆生易聞法故 七寶之樹出法音聲 寶樹遍滿國土故 衆生便聞法 餘心不生但生法心
> 問曰 諸佛有無量不可思議神通力 何以不變化作無量身說法度衆生 何須樹木音聲
> 答曰 衆生甚多 若佛處處現身 衆生不信 謂爲幻化 心不敬重 有衆生從人聞法 心不開悟 若從畜 生聞法則 便信受 如本生經說 菩薩受畜生身爲人說法 人以希有故無不信受 又謂畜生心直不誑 故 有人謂畜生是有情之物 皆有欺誑 以樹木無心而有音聲則皆信受 所謂空無相無作 有佛無佛 一切 法常空 空故無相 無相故無作無起 如是等法晝夜常出 餘國土以神通力口力種種變化 此中 常自然音聲淨佛國土 佛常爲諸佛所讚大作 功德故 能得如是淨國 若聞淨國佛名則畢定作佛(권93, p. 712a-b)

『마하바스투』에도 化佛사상의 선구라고 볼 수 있는 다음과 같은 구절이 있다.

> 세존은 (人·龍·夜叉·天 등이 바치는) 日傘이 있는 그만큼 많은 불타를 化作했다. 그들은 (자기로부터) 다른 자가 (일산을 바치고 있는) 다른 세존을 보지 않았다. 그들은 각각 따로따로 생각했다. '바로 내 일산이 있는 곳에 尊者는 계시다. 善逝는 계시다. 幢과 같이 훌륭한 사람은 계시다'라고……(I.266).

23) T.1509, p. 475a.

상호를 능히 안다고 주장하여, 그 지자만이 아는 상호가 바로 미묘심심(微妙甚深) 무형무색(無形無色)의 반야바라밀임을 암시하고 있다. "부처님은 몸으로써 반야를 비유하셨다(佛以身喩般若)"고 하고, 불(佛) 재세시에는 능히 스스로 마(魔)가 들어 옴을 막을 수가 있었지만, 불멸(佛滅) 뒤에는 이 반야를 즐겨 수호해야 함을 부처님께서 아난에게 말씀하신 것이라고 한다.

> 復次 衆生見佛三十二相八十隨形好大光明 金色身多愛敬 般若波羅蜜微妙甚深無形無色 智者能知佛身相好 愚智視之皆無厭足 是故 佛以身喩般若 佛在世時能自遮魔 是故佛告阿難 我滅度後好守護般若[24]

권57에서 이야기하는 반야바라밀의 체성(體性)은 유불무불(有佛無佛)이건 상주불멸(常住不滅)이라는 견해도 법신과 생신을 구분하면서 법신 곧 반야바라밀의 상주불멸성(常住不滅性)을 강조하는 것이다.[25]

권84에는

> 供養化佛眞佛 其福不異 何以故 佛得諸法實相故 供養福無盡 化佛亦不離實相故.[26]

라고 하였는데, 여기서 말하는 '眞佛'은 역시 제법실상인 반야바라밀을 가리키는 것이라고 보아야 할 것이다. 화불(化佛)이란 진불(眞佛)의 용(用)이 아니겠는가 한다.

권88에는

> 佛有二種身 法身・生身 於二身中法身爲大 法身大所益多故[27]

라고 하여 법신의 중요성을 강조하고 있다.

이상의 서술을 통하여 『대지도론』의 불신론이 법신과 생신의 이신론(二身論)에 낙착되고 있음을 우리는 알 수가 있는데, 이 이신(二身)의 상호관계에 대한 사변

---

24) T.1509, p. 755b.
반야경을 아난에게 촉루(囑累)했다는 기사는 권 79, p.619b에도 다음과 같이 나타나 있다.
是般若波羅蜜因語言 文字章句可得其義 是故佛以般若經卷 慇懃囑累阿難.

25) 般若波羅蜜體性 有佛無佛常住不滅 (p. 467c)

26) T.1509, p. 648a.

27) T.1509, p. 683a.

(思辯)에는 확실히 그 이전의 다른 문헌에 나타나 있는 것보다 심화된 흔적이 없지 않다. 법성신(法性身)이니 법성생신(法性生身)이니 하는 새로운 용어가 생겼다는 것 자체가 그 사정을 알게 해 준다고 하겠고, 법신을 반야바라밀과 관련시켰다는 것은 『대지도론』다운 주목할 만한 결론이다.

그러나 『대지도론』에서 나가르주나는 이 법신을 단순히 어떤 정적(靜的)인 객관적 본체로 보지 않고 그것을 주관적이며 동적(動的)인 작용으로서 강조하려는 노력을 보여주었다. 나가르주나가 생각한 법신은 인간이 자기의 정화된 마음 안에서 그 마음을 통하여 보고 듣고 할 수 있는 주체적 지혜인 것이며, 그것은 신통변화력을 지니고 있는 것이다. 권10에서 이종(二種) 불신을 세우면서 "불신이 2종인데 하나는 신통변화신(神通變化身)이요, 또 하나는 부모생신(父母生身)이다"라고[28] 했을 때, 신통변화신이란 그 동적인 작용의 면에서 파악된 불신, 곧 법신의 용(用)을 의미하고 있는 것이라고 보아야 할 것이다. 필자는 여기에 바로 보다 후기에 대승 불전이 발전시키는 삼신(三身)사상이 나와야 할 필요성을 보는 것이며, 그 맹아를 보는 것이다.

2. 화신·응신(보신)·법신의 삼신설

1) 『금광명경』의 설

화신(化身)·응신(應身)·법신(法身)의 삼신설을 가장 조직적으로 체계 있게 다루

28) T.1509, p.131c.
여기서 말하는 신통변화력의 한 표현을 우리는 그 隨順世間(lokānuvartanā)이란 생각에서 보는데, 이와 같은 사상은 이미 『마하바스투』에 나타나 있었고, 또 『대반열반경』(T.374, pp. 388b-390a)과 이 『대지도론』(p. 303b)에도 그대로 들어 있는 것이다. 『마하바스투』에는 다음 같은 구절들이 나온다.

> 종종의 세계, 그 세간에 현자(佛陀)들은 隨生하며, 그런 고로 그들의 명성은 人·天과 같이 있는 세간에 널리 행해 있다(I.90).
> ……諸佛의 足은 蓮辨과 같고, 먼지가 著하지 않는데 씻고, 日輪과 같이 體에 때는 보이지 않는데 水浴하고, 입은 靑蓮華와 같이 향기를 내는데 이를 닦고, 善의 流出인 諸佛에 대해서 日光은 괴롭히지 않는데 그늘에 앉고, 병은 없는데 약초를 구하고, 飢餓가 괴롭히지 않는데 食物을 취하고, 渴이 괴롭히는 일도 없는데 음료를 마신다. 天·人의 모습과 같이 항상 덮여 있는데 여러 가지 옷을 입고, …… 善逝의 生은 交涉으로부터 생긴 것이 아닌데 부모를 표시하고, 탐욕을 떠나 있는데 一子 라훌라를 보인다. …… 무량천만겁을 거쳐 智慧究竟인 일을 얻고 있는데 幼少時를 보인다. 이는 세간에 수순한 것이다(I.168-170).

고 있는 경전에 『금광명경』이 있다.29) 이제 보귀(寶貴) 합본(合本)(T.664)의 「삼신분별품(三身分別品)」의 내용을 원문의 뜻을 따라 단락을 지으면서 서술하면 다음과 같다.30)

(1) 삼종신(三種身)

모든 여래에게는 삼종신이 있다. 그 삼종신이란 화신・응신・법신이다.31) 이와

---

29) 『金光明經』, 曇無讖 譯, T.663.
『合部金光明經』, 曇無讖 譯, 寶貴 合, T.664.
『金光明最勝王經』, 義淨 譯, T.665.

30) T.664, pp. 362-364.

31) 화신・응신・법신, 三種身의 범어 및 티베트 역은 각각 다음과 같다.

化身: nirmāṇakāya, sprul pahi sku
應身: saṃbhogakāya, loṅs spyod rdsogs paḥi sku
法身: dharmakāya, chos kyi sku

Edgerton은 dharmakāya가 팔리어로 『Dīghanikāya』에 쓰였을 때 "having a body that is or is characterized by the doctrine"(*DN* iii, 84. 24)의 뜻으로 사용되었음을 지적하고, 범어로서는 다음과 같은 네 가지 용례가 있다고 지적한다(Frank Edgerton, *Buddhist Hybrid Sanskrit Grammar and Dictionary*, vol. 2, *Dictionary*, New Haven: Yale University Press, 1953, pp. 277, 302, 580 참조).
① the mass of conditions of existence (이것은 극히 예외적인 용법이다…필자)
② rūpakāya에 상대되는 용어로서 spiritual body라고 번역할 수 있음직한 경우, 즉 physical form에 대한 spiritual form을 의미하는 경우. (이때에 Rgamey는 rūpakāya를 material body, dharmakāya를 absolute body라고 옮긴다.)
③ 삼신 중의 하나로서 역시 ②와 같이 번역될 수 있는 경우. 이 때의 삼신은 언제나 dharmakāya, saṃbhogakāya, nirmāṇakāya의 세 가지 이름으로 불린다.
④ 다른 상대되는 佛身의 이름은 들지 않지만 단독으로 ②와 같은 뜻으로 쓰이는 경우 스즈키 다이세츠가 nirmāṇakāya를 그의 『대승기신론』 영역에서 'body of transform ation'이라고 번역한 것과는 달리, Edgerton은 nirmāṇakāya를 'body of magic transformation'이라고 한다. 그는 또한 nirmāṇa(중성명사)를 팔리어의 nimmāṇa, issaranihetu(supernatural creation)와 관련시켜 그 뜻을 "magical creation, usually concrete, and used as symbol of unreality: in brief, a magic-creation is what has no material basis"라고 풀이하고 있다.
필자는 여기에 Edgerton이 즐겨 사용한 magic, magical 등의 용어가 전혀 그 종교학적 의미에 대한 배려 없이 경솔하게 사용되었다고 생각한다. nirmāṇa는 물론 nir√mā라는 동사에서 파생한 명사다. 그런데 nir-√mā는 to mete out, to measure, to build, to make out of (abl.), to form, to fabricate, to produce, to create 등의 뜻을 가진 동사이며, 거기서 파생한 명사 nirmāṇa는 따라서 measuring, forming, making,

같이 삼신을 구족하고 무상정등각을 섭수한다.

一切如來有三種身 菩薩摩訶薩皆應當知
何者爲三 一者化身 二者應身 三者法身 如是三身攝受阿耨多羅三藐三菩提[32)]

(2) 삼종신의 차별

그러면 먼저 화신(化身)이란 어떤 것이냐? 여래께서는 일찍이 일체중생을 위해서 여러 가지 수행을 원만히 성취하셨다. 그 수행력 때문에 대자재를 얻으시자, 그 자재력 때문에 중생의 생각과 중생의 행위와 그들이 놓인 여러 가지 경계에 따라서 때를 놓치지 않고, 어느 곳이나 어느 때에나 또 알맞게 행동하시고 알맞게 설법하시며 여러 가지 몸(身)을 나타내신다. 이를 일컬어 화신이라고 하는 것이다.

---

creating, creation, transformation을 의미하게 되는 것이 당연하다. (Monier-Williams, *A Sanskrit-English Dictionary*, Oxford: Clarendon Press, 1899, p. 556 참조).
Edgerton은 "a magic-creation is what has no material basis"라고 했지만, 그러한 주장은 자기가 설정한 가설에 근거해서 전반적 결론을 내리는 결과가 되며, 설사 nirmāṇa가 하나의 creation이라 하고 그것이 물질적 근거가 없는 것이라 하더라도, "A creation that has no material basis is a magic creation"이란 역은 반드시 진리는 아닌 것이다. 뿐만 아니라 nirmāṇa가 반드시 "what has no material basis"라는 것이 명확히 입증되기 전에는 그와 같은 주장을 할 수가 없을 것이다.
다른 서양 불교학자들의 역어가 오히려 더 적절한 바가 있다고 생각하는 것이다.
즉 Weller는 "wie eine übernatürliche Schöpfung des Gesetzes"라고 하였고, Lévi는 'le corps métamorphique'라고 옮겼으며, 또 Mus는 'corps d'artifice'라고 옮긴 바 있다. 티베트어 chos kyi sprul pa는 '법의 변화'란 뜻이다. Edgerton은 이 역어가 자신의 주장을 지지해 준다고 했으나 사실이 아님을 우리는 쉽게 알 수 있다.
Saṃbhogakāya를 Edgerton은 'enjoymentbody'라고 한다. Lamotte는 이것을 'le corps de jouissance' 로, Lévi는 'le corps passionnel'로, Mus는 'le corps communiel' 또는 'le corps glorieux'라고 했다. 모두 일면의 진리를 드러내는 듯하나 다소간의 오해를 불러일으킬 수 있는 역어들이라고 하겠다.
스즈키가 『기신론』 영역에서 쓴 역어를 보면 다음과 같다.

法身: Body of the Law
報身(受用身): Body of Reward, Body of Bliss
(corps de rétribution …… E. Lamotte)
應身(化身 또는 應化身): Body of Transformation

32) 義淨역의 『金光明最勝王經』 권2 「分別三身品」(이하 '義淨譯本'이라 약칭)도 대체로 번역문이 『合部金光明經』과 같으나 간혹 어휘의 차이가 있을 뿐이다. 이하 특별히 의미상 큰 차이를 가져오는 것 이외에는 摘記하지 않기로 한다.

> 云何菩薩了別化身
> 善男子 如來昔在修行地中 爲一切衆生修種種法 是諸修法至修行滿 修行力故而得自在 自在力故隨衆生心 隨衆生行 隨衆生界 多種了別 不待時 不過時 處所相應 時相應 行相應 說法相應 現種種身 是名化身

그러면 둘째로 응신(應身)이란 무엇일까? 응신이란 요컨대 삼십이상·팔십종호와 정배원광(項背圓光)을 갖추신 몸으로 나타난 것을 말한다.

그러면 그렇게 나타나시는 이유는 무엇일까? 본 경은 그 이유를 다음과 같이 열거하고 있다.

① 보살들이 통달을 얻게끔 하기 위해서,

② 진제(眞諦)로 설하여 생사와 열반이 일미(一味)라는 것을 요해(了解)하게 하기 위해서,

③ 몸을 보고 중생이 두려워함이 없이 기뻐할 수 있게끔 하기 위해서,

④ 무변(無邊)한 불법의 근본이 되기 때문에,

⑤ 여실(如實)히 여여여여지(如如如如智)에 상응하는 본원력 때문에.

> 善男子 是諸佛如來 爲諸菩薩得通達故 說於眞諦 爲通達生死涅槃一味故 身見衆生怖畏歡喜故 爲無邊佛法而作本故 如來相應如如如如智願力故 是身得現具足三十二相八十種好項背圓光 是名應身

셋째로 법신(法身)은 다름이 아니라 여여여여지(如如如如智) 그 자체이다. 그 여여여여지는 모든 장애를 제거하고 모든 선법(善法)을 갖추고자 하는 까닭에 있는 것이다.

> 善男子 云何菩薩摩訶薩了別法身
> 爲欲滅除一切諸煩惱等障 爲欲具足一切諸善法故. 惟有如如如如智 是名法身

(3) 법여여(法如如)와 여여지(如如智)

화·응·법 삼신 중 앞의 이종신(二種身)은 가명유(假名有)이고 제3신, 즉 법신만이 진유(眞有) 또는 진실유(眞實有)라고 한다. 법신이 전이신(前二身)의 근본이 되기 때문이라는 것이다.

> 前二種身 是假名有

是第三身 名爲眞有
爲前二身而作本故[33]

가명유(假名有)란 이름만 있는 속제(俗諦)의 것이라는 말이겠고, 진유(眞有) 또는 진실유(眞實有)란 진제(眞諦)의 것이라는 뜻일 것이다. 이 진유를 법여여(法如如)라고 말했고, 가명유를 여여지(如如智)라고 말하는 듯한데, 그것을 명언(明言)하는 말은 없지만 문맥상 그렇게 해석할 수밖에는 없다.

일체제불의 지혜는 구족되어 있고, 일체의 번뇌는 궁극적으로 멸진(滅盡)되어 있으며, 청정한 불지(佛地)를 얻고 있는 까닭에 일체불법은 여여할 수밖에 없다. 그렇게 법이 여여하지 않고서 무분별지(無分別智)가 있을 수 없다. 법이 여여하다는 것(法如如)은 또한 지(智)가 여여하다는 것(如如智)이 된다. 법여여와 여여지가 일체불법을 섭(攝)하고 있다고 하는 것이다.

何以故 離法如如 離無分別智 一切諸佛無有別法
何以故 一切諸佛智慧具足故 一切煩惱究竟滅盡故 得淸淨佛地故 是故 法如如・如如智攝一切佛法故

법여여는 자리익(自利益)을 말하며, 여여지는 이익타(利益他)를 말한다. 일체제불은 자리익만도 아니고 이익타만도 아니다. 일체제불은 자타를 이익하는 데 있어서 그 구경(究竟)에 달해 있다. 자타를 이익함에 있어서 자재롭게 갖가지 무변(無邊)한 용(用)을 얻는 까닭에 불법을 무량무변(無量無邊)하게 가지가지로 분별할 수 있게 되는 것이다.

復次善男子 一切諸佛利益自他至於究竟
自利益者 是法如如
利益他者 是如如智
於自他利益處 而得自在種種無邊用故 是故分別佛法無量無邊種種故

망상이 있으면 여러 가지 번뇌와 그에 따르는 업보가 말해지듯이 법여여・여여지에 의해서 가지가지의 불법, 곧 연각법이니 성문법이니 이런 것들이 설해진다. 법여여・여여지에 의해서 일체불법이 자재(自在)로서 성취된다. 이것이 제일가는

33) [義淨譯] 前二種身是假名有 此第三身是眞實有 爲前二身而作根本.

불가사의이다. 마치 허공에 그림을 그리고 장엄을 하고 하는 것이 불가사의한 것과 같이 법여여 · 여여지가 불법을 섭성(攝成)하는 것도 역시 불가사의하다.

> 善男子 譬如依妄想思惟 說種種煩惱 說種種業 說種種果報
> 依如是法如如 · 如如智 說種種佛法 說種種緣覺法 說種種聲聞法
> 依法如如依如如智 一切佛法得自在成就 是爲第一不可思議 譬如畵空作莊嚴具亦難思議 如是於法如如 · 如如智 攝成佛法亦難思議

그러면 법여여 · 여여지 이 두 가지는 분별이 없지만 자재사(自在事)를 얻는 까닭이 무엇이냐 하면, 그것은 여래께서 완전한 대열반에 드시면 그 원(願)이 자재하시기 때문에 여러 가지 하실 일이 많게 된다. 그와 같은 연고로 법여여 · 여여지는 자재사를 얻는 것이다.

> 善男子 云何法如如 · 如如智 二種無分別而得自在事
> 善男子 譬如如來已般涅槃 願自在故 種種事未盡 故如是法如如 · 如如智 而得自在事[34]

대보살이 무심정(無心定)에 들었다 하자. 그 때 그는 이전의 원력(願力)에 의해서 선정에서부터 일어나 일을 일으키는데 이와 같이 법여여 · 여여지는 분별이 없지만 자재사를 얻는 것이다.

> 復次 菩薩摩訶薩入無心定 依前願力 從禪定起事
> 如是二法 無有分別 得自在事故[35]

여기에 해와 달, 물과 거울, 광명이 있다고 하자. 그럴 때 이것 하나하나가 서로 화합하는 까닭에 그림자가 있게 되듯이 법여여 · 여여지도 그 자체는 무분별이지만 그 원(願)이 자재하고 중생이 그것을 받아들이는 기능이 있기 때문에 응 · 화 이신(二身)이 해와 달의 그림자처럼 생겨나는 것이다. 또 여기 무량무변한 수면(水面)이 있다. 광명 때문에 하늘의 그림자가 여러 가지 다른 모습을 띠게 된다. 그러나 그 하늘(空) 자체는 무상(無相)인 것이다.

---

34) 〔義淨譯〕 善男子 云何 法如如 如如智 二無分別而得自在事業成就 善男子 譬如如來入於涅槃 願自在故 種種事業皆得成就 法如如 如如智自在事成亦復如是.

35) 여기서도 義淨은 '起事'를 '起作衆事業'이라고 명시한다.

이와 같이 감화 또는 교화를 입는 무리들(受化之衆), 많은 제자들은 바로 법신의 그림자인데 원력(願力) 때문에 이들에게는 응・화 이신의 여러 가지 모습이 나타나게 되는 것이다.

그러나 법신 그 자체에는 여러 가지 상이한 모습(異相)이 있을 수가 없다.

善男子 譬如日月無有分別 亦如水鏡無有分別 光明亦無分別 三種和合故 得有影 如是法如如・如如智亦無分別 以願自在故 衆生有感故 應化二身 如日月影和合出生[36]
復次 善男子 譬如無量無邊水鏡 依於光故 空影得現種種異相 空者卽是無相
善男子 如是受化之衆 諸弟子等是法身影 以願力故 應於二身現種種相貌 於法身地無有異相

(4) 삼신과 이종(二種) 열반

모든 부처님들은 화・응 이신을 가지고 유여열반(有餘涅槃)을 설하시고, 법신을 가지고 무여열반(無餘涅槃)을 설하신다. 법신을 무여열반이라고 하는 것은 일체의 잔여(殘餘)가 궁극적으로 다했기 때문이다.

그리고 이 삼신에 의해서 무주처열반(無住處涅槃)을 설하신다. 법신을 떠나서 딴 불(佛)이 있을 수 없다. 이신(二身, 化・應)은 필경 가명(假名)이며, 염(念)이 멸하면 주(住)하는 바가 없다. 자주 출현하지만 그것은 부정(不定)한 것이기 때문에 법신을 근거로 하고 있다. 그런데 이 화・응의 이신은 열반에 주하지 아니하는 유여열반인 것이다. 즉 '不住於般涅槃'이다. 그러나 법신은 무여열반이며 일체의 여(餘)가 구경진(究竟盡)했다. 그것은 불이(不二)이다. 불이라 함은 어떠한 특수한 주처를 가지고 있지 아니하되 주하지 않는 바 없는 것을 의미한다. 그러므로 이 삼신을 가지고 무주처열반을 설하시는 것이다.

善男子 依此二身 一切諸佛有餘涅槃 依法身者 說無餘涅槃
何以故 一切餘究竟盡故 依此三身 一切諸佛 說無住處涅槃
何以故 爲二身故 不住涅槃 離於法身無有別佛
何故 二身不住涅槃 二身假名不實 念念滅不住故 數數出現 以不定故 法身不爾 是故二身 不住涅槃 法身者不二 是故不住於涅槃 依三身故說無住涅槃[37]

---

36) 이 경문의 마지막 부분에 대한 義淨의 번역은 보다 명확하게 되어 있다. "以願自在故 衆生有感 現應化身 如日月影和合出現."

37) 義淨은 '念念滅不住故'를 '念念生滅不定住故'라고 하였다.

(5) 삼신과 삼상(三相)·삼심(三心)

일체의 범부는 ① 사유분별상(思惟分別相), ② 의타기상(依他起相), ③ 성취상(成就相)의 삼상(三相) 때문에 결박되고 장애를 받기 때문에 삼신으로부터 멀리 떨어져 있으며, 삼신에 도달하지 못하고 있다. 삼상에 결박되고 지장을 받는다는 것은 이 삼상을 능히 깨닫지 못하고, 능히 멸하지 못하고, 능히 정화시키지 못함을 말한다. 그러므로 이 삼상을 능히 깨닫고, 능히 멸하고, 능히 정화하는 까닭에 제불은 삼신을 구족하는 것이다.

> 一切凡夫爲三相故 有縛有障 遠離三身 不至三身 何者爲三
> 一者 思惟分別相
> 二者 依他起相
> 三者 成就相38)
> 如是諸相 不能解故 不能滅故 不能淨故 是故不得至於三身
> 如是三相 能解 能滅 能淨 是故諸佛具足三身

또 범부들은 능히 삼심(三心)을 제거하지 못하는 까닭에 삼신(三身)으로부터 멀리 떨어져 있으며 삼신에 도달하지도 못하는 것이다. 그 삼심이란 ① 기사심(起事心), ② 의근본심(依根本心), ③ 근본심(根本心)이다. 이 삼심을 제거시킬 때에 삼신은 나타날 가능성이 생긴다. 기사심은 제복도(諸伏道)에 의해서 없앨 수 있고, 의근본심은 법단도(法斷道)에 의해서 없앨 수 있으며, 근본심은 승발도(勝拔道)에 의해서 없앨 수 있다. 기사심을 없애면 화신이 나타나고, 의근본심을 없애면 응신이 나타나며, 근본심을 없애면 법신이 나타난다. 그러므로 일체여래는 이 삼신을 구족해 가지고 있다.

> 善男子 諸凡夫人未能拔除於三心故 遠離三身不能至故 何者爲三
> 一者 起事心
> 二者 依根本心
> 三者 根本心
> 依諸伏道 起事心盡
> 依法斷道 依根本心盡
> 依勝拔道39) 根本心盡

38) 三相의 이름을 義淨은 "一者 遍計所執相 二者 依他起相 三者 成就相"이라고 한다.

起事心滅故 得顯化身
依根本心滅故 得顯應身
根本心滅故 得至法身
是故一切如來具足三身

(6) 삼신의 성격

일체제불은 제1신(身), 곧 화신으로 제불과 '동사(同事)'하고, 제2신, 곧 응신으로 제불과 '동의(同意)'하고, 제3신 곧 법신으로 제불과 '동체(同體)'이다.

초불신(初佛身), 즉 화신은 중생의 생각이 다종다양(多樣多種)하므로 여러 가지 상(相)을 나타낸다. 그러므로 이를 많다고 말한다.

제2 불신, 곧 응신은 불제자의 뜻은 하나이므로 한 가지 상만을 나타낸다. 그러므로 이를 하나라고 말한다.

제3 불신, 곧 법신은 온갖 종류의 상을 초월하고 있으며 상에 집착하는 경계가 아닌 까닭에 하나라고도 하지 않고 둘이라고도 하지 않는다.

이 제1신은 응신에 의해서 나타나고, 이 응신은 법신에 의해서 나타나며, 법신은 진실유(眞實有)로서 무의처(無依處)다. 의거하는 바가 없다는 말이다.

善男子 一切諸佛於第一身與諸佛同事
於第二身與諸佛同意
於第三身與諸佛同體
是初佛身 隨衆生意 有多種故 現種種相 是故說多
是第二佛身 弟子一意故 現一相 是故說一
是第三佛身 過一切種相 非執相境界 是故說名 不一不二
善男子 是第一身 依於應身 是故得顯
是諸應身 依於法身 故得顯現
是法身者 是眞實有 無依處故

또 이와 같은 삼신은 다음과 같은 이유들 때문에 혹은 상(常)하다고 할 수 있고 혹은 무상(無常)하다고도 할 수 있다. 화신과 응신은 각각 상(常)·무상(無常)의 두 가지 성격을 다 지니고 있지만, 법신만이 상(常)할 뿐이다.

화신은 항상 어디에서나 언제나 법륜을 돌리며 그 방편이 연면히 계속되고 끊이

---

39) 義淨은 '勝拔道'를 '最勝道'라고 번역한다.

지 않으므로 상(常)이라 할 수 있지만, 화신은 근본이 아니므로 구족(具足)의 용(用)이 나타나지를 않는다. 그러므로 이를 무상(無常)이라고 규정한다.

응신은 무시이래(無始以來)로 인간적 조건, 곧 생사의 상속(相續)이 부단(不斷)하지만 일체제불이 유독 그들만 가지는 모든 법을 능히 섭지(攝持)하기 때문에 중생이 한 사람이라도 살아남아 있는 한 그 용(用)이 또한 그치지 아니한다. 그러므로 이를 상(常)이라 할 수 있다. 그러나 응신도 역시 근본이 아닌 까닭에, 구족의 용(用)이 나타나지 않는 까닭에 무상(無常)이라고 할 수 밖에 없다.

법신은 행법(行法)이 아니기 때문에 이렇고 저렇고 하는 변이(變異)가 없으며 스스로 근본이다. 이는 마치 허공과 같다. 그러므로 이를 상(常)이라고 하는 것이다. 무분별지(無分別智), 곧 여여지(如如智)를 떠나 더 좋은 지(智)는 없고 법여여(法如如)를 떠나 더 좋은 경계는 없다. 그러므로 법여여·여여지, 곧 두 가지 여여(如如)는 동일하지도 않고 차별 있는 것도 아니다. 혜(慧)가 청정하고 멸(滅)이 청정하기 때문에 이 두 가지 청정으로 말미암아 법신은 청정을 구족하고 있는 것이다.

善男子 如是三身 以有義故 而說於常
以有義故 說於無常
化身者 恒轉法輪 處處如如[40] 方便相續不斷故 是故說常
非是本故 具足之用不顯現故 故說無常
應身者 從無始生死相續不斷 一切諸佛不共之法 能攝持故 衆生未盡
用亦不盡故[41] 是故說常 非是本故 以具足用不顯現故 故說無常
法身者 非是行法 無有異異[42] 是自本故 猶如虛空 是故說常
善男子 離無分別智 更無勝智 離法如如 無勝境界 是法如如·如如智[43]
是二種如如 如如不一不異
是故法身 慧淸淨故 滅淸淨故 是二淸淨 是故法身具足淸淨

(7) 사종신(四種身)

삼신이 상호 관련되는 견지에서 볼 때 네 가지 형태가 있다.

40) 〔義淨譯〕 隨緣.

41) 〔義淨譯〕 無盡用亦無盡.

42) 〔義淨譯〕 無有異相.

43) 〔義淨譯〕 慧如如.

① 화신이지만 응신이 아닌 몸(有化身非應身)…… 여래가 반열반(般涅槃)에 든 뒤 원(願)이 자재하기 때문에 그와 같은 원 때문에 나타나는 종종신(種種身)을 말한다.

② 응신이지만 화신이 아닌 몸(有應身非化身) …… 지전신(地前身).

③ 화신이지만 동시에 응신인 몸(有化身亦應身)…. 유여열반(有餘涅槃)에 머물러 있는 여래의 몸.

④ 화신도 아니고 응신도 아닌 몸(有非化身亦非應身)…… 여래의 법신.

復次 善男子 分別有四種身

1. 有化身非應身
2. 有應身非化身
3. 有化身亦應身
4. 有非化身亦非應身

1. 何者化身非應身 如來已般涅槃 以願自在故 如是之身 卽是化身
2. 何者應身非化身 是地前身
3. 何者化身亦應身 住有餘涅槃如來之身
4. 何者非化身非應身 是如來法身

(8) 법신은 삼매지혜

법신은 상(相)과 상처(相處)가 없는 두 가지 무소유(無所有)를 현현한다. 유(有)·무(無), 일(一)·이(二), 수(數)·비수(非數), 명(明)·암(闇) 등의 상과 상처를 세우지 않는 것이다. 또 여여지(如如智)인 법신은 비유(非有)·비무(非無), 비일(非一)·비이(非異), 비수(非數)·비비수(非非數), 비명(非明)·비암(非闇) 등의 상과 상처도 세우지 않는다. 그러므로 경계가 청정하고 지혜가 청정한 것이며 그렇다고 그 중간과 같은 것도 분별할 수가 없다. 멸도(滅道)를 근본으로 삼기 때문에 이 법신에 여래가 현현하는 것이다.

善男子 是法身者 二無所有顯現故 何者名爲二無所有 於此法身 相及相處 二皆是無 非有非無 非一非二 非數非非數 非明非闇 如是如如智 不見相及相處 不見非有非無 不見非一非異 不見非數非非數 不見非明非闇 是故 境界淸淨 智慧淸淨 不可分別 無有中間 爲滅道本故 於此法身顯現如來

요의(了義)로 말한다면 이 법신은 바로 대승(大乘)이며 여래성(如來性)이며 여래장(如來藏)이다. 이 법신에 대해서 초발심을 내서 수행하면 그 몸이 마음 안에 나타난다. 또한 불퇴지심(不退地心)이 모두 나타난다. 뿐만 아니라 일생보처심(一生補處心), 금강지심(金剛之心), 여래지심(如來之心)이 모두 다 나타나며, 무량무변한 여래의 묘법이 모두 다 나타난다. 또 이 법신에 의해서 불가사의한 마하삼매(摩訶三昧)가 나타나며 이 법신에 의해서 일체대지(一切大智)가 현현된다. 그런고로 화(化)·응(應)의 이신(二身)은 삼매에 의해서, 지혜에 의해서 현현되는 것이다.

善男子 是身因緣境界處所 果依於本難思量故 若了義說 是身卽是大乘 是如來性 是如來藏
依於此身得發初心 修行中心而得顯現 不退地心 亦皆得現 一生補處心 金剛之心 如來之心而悉顯現
無量無邊如來妙法皆悉顯現
依此法身 不可思議摩訶三昧而得顯現
依此法身 得現一切大智 是故二身 依於三昧 依於智慧而得顯現

이와 같은 법신을 그 자체에 의해서 말한다면 '상(常)'이요 '실(實)'이며, 대삼매(大三昧)에 의해서 말한다면 '낙(樂)'이요, 대지(大智)에 의해서 말한다면 '청정(淸淨)'이다. 그런 고로 여래는 상주(常住)며 자재며 안락이며 청정인 것이다.

대삼매에 의해서 일체의 선정, 수능엄삼매 등과 일체념처(一切念處), 대법념(大法念) 등과 대자대비, 일체의 다라니, 일체의 육신통, 일체 자재, 일체 법이 평등하게 수수(授受)되며, 이와 같은 모든 불법이 모두 다 출현한다.

이 대지(大智)로 인하여 부처님의 대십력(大十力), 사무소외(四無所畏), 사무애변(四無礙辯), 일백팔십불공지법(一百八十不共之法), 일체 보기 드문 불가사의법이 모두 다 현현된다. 마치 여의보주를 가지고 무량무변한 여러 가지 보배를 모두 다 나타낼 수 있듯이 이 대삼매의 보(寶)와 대지혜의 보에 의해서 무량무변한 여러 가지 부처님의 묘법의 보가 나타나는 것이다.

如此法身 依於自體說常說實[44]
依大三昧故 說於樂
依於大智故 說淸淨
是故如來 常住 自在 安樂 淸淨

44) 〔義淨譯〕 說我.

依大三昧 一切禪定 首楞嚴等
一切念處 大法念等
大慈大悲 一切陀羅尼
一切六神通 一切自在
一切法平等攝受

如是佛法皆悉出現

依此大智佛大十力四無所畏四無礙辯 一百八十不共之法 一切希有不可思議法 皆悉顯現 譬如依如意寶珠 出無量無邊種種諸寶 悉皆得現 如是依大三昧寶 依大智慧寶 出種種無量無邊 諸佛妙法之寶

이와 같이 법신은 삼매며 지혜인데 이러한 법신은 일체의 상(相)을 초월하고 있으며, 상에 집착함이 없고, 분별할 수 없으며, 상(常)도 아니고 단(斷)도 아니다. 이를 일컬어 중도(中道)라고 한다. 우리는 범용(凡庸)하게 분별을 하지만 체(體)는 분별할 것이 없다. 삼신이라고 해서 셋이란 수를 말하지만 삼체(三體)가 있는 것이 아니다. 증(增)함도 감(減)함도 없는 것이 마치 꿈이나 환각과 같다. 또한 소집(所執)도 능집(能執)도 없다. 법체(法體)는 여여할 뿐 바로 해탈처(解脫處)이다. 사생(死生)의 경계, 생사의 어둠을 넘어서 있어 일체중생이 능히 수행하지 않으면 도달할 수 없는 것이며 일체제불과 보살이 주(住)하는 곳이다.

비(譬)컨대, 어떤 사람이 금을 얻고자 여러 곳으로 찾아다니다가 금광을 발견하면 곧 그 광(鑛)을 파(破)해서 금을 가려내기 위해 노중(爐中)에 넣고 녹여서 청정한 금을 얻고 마음대로 굴려 여러 가지 장신구를 만든다. 이렇게 쓰이는 용도는 다를망정 금성(金性)은 조금도 달라지지 않는 것과 마찬가지로 불신의 본성도 또한 그러하다.

善男子 如是法身 三昧智慧 過一切相 不著於相 不可分別 非常非斷 是名中道 雖有分別 無體分別

雖有三數而無三體 不增不減猶如夢幻 亦無所執 亦無能執 法體如如 是解脫處 過死王(生)境界

越生死闇 一切衆生不能修行 所不能至 一切諸佛菩薩之所住處

善男子 譬如有人願欲得金 處處求覓 卽見金鑛 旣得見已 卽便破鑛 選擇取金以內爐中 加以銷冶 得淸淨金 隨意迴轉作諸鐶釧 種種嚴具 雖復諸用 金性不改

(9) 삼신과 3종 청정

여래지(如來地)는 번뇌와 고(苦)와 상(相), 이 세 가지가 청정한 까닭에 '극청정(極淸淨)'을 얻는다. 번뇌장(煩惱障)이 청정해진 까닭에 능히 응신을 나타내며, 업장(業障)이 청정해진 까닭에 능히 화신을 나타내며, 지장(智障)이 청정해진 까닭에 능히 법신을 나타낸다. 여기에 번뇌정(煩惱淨)은 번뇌장의 청정을, 고정(苦淨)은 업장의 청정을, 그리고 상정(相淨)은 지장의 청정을 말하는 것이 분명하다.

> 如來地者 爲三種淨故 得極淨淸
> 何者爲三 一者 煩惱淨
> 二者 苦淨
> 三者 相淨

이와 같이 여러 가지 장(障)이 청정해졌다고 하여 그 체(體)가 없다는 이야기는 될 수가 없다. 비(譬)컨대, 금광을 얻어 그것을 연야(鍊治)해서 티 없는 금을 얻었다고 하자. 그 때에 우리는 금이 없다고 하지 않는다. 또 물 속의 더러운 것들이 가라앉고 깨끗해졌다고 해서 우리는 물이 없다고 하지 않는다.

이와 같이 법신의 경우에도 본래 일어났던 번뇌가 모두 청정해졌다고 해서 체가 없다고 하지 않는다(不爲無體). 또 비(譬)컨대, 공중에 연기나 구름이나 먼지 안개 등이 모두 깨끗해졌다고 해서 우리는 그 하늘(空)이 없다고 하지 않는다(不爲無空). 그와 마찬가지로 법신에 일체의 고(苦)가 모두 멸진(滅盡)되었기 때문에 청정해졌다고 해서 체가 없다고 하지 않는다(不爲無體). 또 비(譬)컨대, 어떤 사람이 누워 잠자다가 그 몸이 큰물에 뜨게 된 꿈을 꾸었다. 손과 발을 움직여 물을 거슬러 올라가는데 해태(懈怠)한 마음이 없었기 때문에 피안에 도달할 수가 있었다. 꿈에서 깨어보니 건너야 할 이 쪽 언덕도 저 쪽 언덕도 없었다. 생사의 망상이 이미 다 없어진 뒤 각(覺)이 청정해졌다. 그렇다고 해서 우리는 각이 없다고 하지 않는다.

> 譬如有金鎔銷鍊治 旣燒打已無復塵垢 爲顯金體本淸淨故 是金淸淨不爲無金 譬如水界澄渟淸淨無復穢濁 爲顯水性淸淨 不爲無水 如是法身 煩惱本起 悉皆淸淨 是法身淸淨不爲無體 譬如空中煙雲塵霧悉皆已淨 是空淸淨 不爲無空 如是法身 一切諸苦悉皆滅盡 故說淸淨 不爲無體
> 譬如有人 於臥寐中 夢見大水流泛其身 運手動足逆流而上 以其心力不懈退故 從於此岸得至彼岸
> 夢旣覺已 不見有水彼此之岸 生死妄想旣滅盡已 是覺淸淨不爲無覺 如是法界一切

妄想不復更生 故說清淨 不爲無體 說於清淨

실로 불신은 번뇌장(煩惱障)과 업장(業障)과 지장(智障)이 다 청정한 존재다. 번뇌장이 청정한 까닭에 능히 응신을 나타내고, 업장이 청정한 까닭에 능히 화신을 나타내고, 지장이 청정한 까닭에 능히 법신을 나타낸다.

하늘에 의해서 번개가 있고 번개에 의해서 빛이 있듯이, 법신에 의해서 응신이 나타나고, 응신에 의해서 화신이 나온다. 그러므로 성(性)이 극히 청정하면 법신을 섭수(攝受)하고 지혜가 청정하면 응신을 섭수하고, 삼매가 청정하면 화신을 섭수한다. 이 세 가지 청정이 바로 법여여(法如如)며 불이여여(不異如如)며 일미여여(一味如如)며 해탈여여(解脫如如)며 구경여여(究竟如如)다. 그러므로 제불의 체는 하나이며 둘이 아니다.

復次 善男子 是法身者
煩惱障清淨故 能現應身
業障清淨故 能現化身
智障清淨故 能現法身
譬如依空出電 依電出光 如是依於法身故出應身 依於應身故出化身
是故
性極清淨 攝受法身
智慧清淨 攝受應身
三昧清淨 攝受化身
是三清淨 是法如如 是不異如如
一味如如 解脫如如 究竟如如
是故 諸佛體一不異

2)『능가경』의 설

이미 말한 바와 같이『능가경』에는 그 범문 원본과 더불어 세 개의 한역본이 남아있다. 그 세 개의 한역본은 다음과 같다.

①『능가아발다라보경(楞伽阿跋多羅寶經)』Ⅳ(4권 능가), 구나발다라(求那跋陀羅) 역(413년).
②『입능가경(入楞伽經)』Ⅹ(10권 능가), 보리유지(菩提流支) 역(513년).
③『대승입능가경(大乘入楞伽經)』Ⅶ(7권 능가), 실차난다(實叉難陀) 역

(700-704년)

우리는 이 세 개의 한역본과 일본의 오타니(大谷)대학판 범문『입능가경(Laṅkā-vatārasūtra)』를 대조해 가면서 삼신에 관한 능가경의 견해를 파악해 보려고 한다.

『능가경』은 대승불교의 모든 중요한 교의를 통일 없이 적어 놓은 메모랜덤 같은 문학적 체재를 가지고 있어, 그 내용을 사상사적인 입장에서 파악하기는 지극히 어려운 바가 있다는 것이 정평이다. 지금 우리가 당면한 불신에 관한 논의도 이 경에서는 앞서 인용한『금광명경』의 설과 같이 조직적이고 체계적인 것이 못 된다.

『10권 능가』제2권에는 다음과 같이 기록되어 있다.

이와 같이 수행하는 자는 마땅히 여환삼매(如幻三昧)를 얻으리라. 그러므로 자심(自心)이 적정(寂靜)한 경계에 들게 되고 피안경계에 도달하게 되며, 그렇게 되면 작자(作者)와 생법(生法)의 차별을 떠나게 되고 금강삼매를 얻으며, 여래신(如來身)·여래화신(如來化身)에 들어가며, 제력(諸力)이 통자재(通自在)하고 대자대비(大慈大悲)로 장엄된 몸에 들어가게 되며, 일체불국토·일체중생이 기뻐하는 바에 들어가고, 또 심(心)·의(意)·의식(意識)의 경계를 떠나 몸을 전(轉)하여 묘신(妙身)을 얻게 된다.

제 보살마하살로서 이와 같이 수행하는 사람은 반드시 여래의 무상묘신(無上妙身)을 얻는다. 보살이 여래신(如來身)을 증(證)하고자 하면 마땅히 오음(五陰)과 삼계(三界)가 심인연화합(心因緣和合)에 들어있는 상황으로부터 멀리 떠나야 하며, 생주멸(生住滅)의 허망한 분별희론(分別戱論)을 떠나야 하며, 그렇기 때문에 제법은 유심(唯心)이며 삼계는 무시이래(無始以來)로 허망(虛妄) 분별(分別) 희론(戱論) 때문에 있게 되는 것이라고 알아야 되는 것이다. 여래의 경지가 적정불생(寂靜不生)임을 관(觀)하고 내신(內身)의 성행(聖行)을 실천하며 나아가야 하는 것이다. 그렇게 되면 머지않아 '心自在無功用行究竟'을 얻을 수 있을 것인데, 중색(衆色)이 마니보(摩尼寶)에 따라서 나타나듯이 화신이 제 중생의 미진(微塵)과 같이 미세한 마음에 들게(入)되는 것이다.

大慧 如是修行者 當得如幻三昧
故入自心寂靜境界 故到彼岸境界 故離作者生法 故得金剛三昧
故入如來身 故入如來化身[45] 故入諸力通 自在大慈大悲莊嚴身[46]

45) 4권경은 '隨入如如化'라고 한다.

故入一切佛國土 故入一切衆生所樂 故離心意意識境界 故轉身得妙身故
大慧 諸菩薩摩訶薩如是修行者 必得如來無上妙身
大慧 菩薩欲證如來身者[47] 當遠離陰界入心因緣和合法故
遠離生住滅虛妄分別戱論故 諸法唯心 當知是知見三界因無始世來 虛妄分別戱論而有故 觀如來地寂靜不生故 進趣內身聖行故
大慧 汝當不久得心自在無功用究竟故 如衆色隨摩尼寶 化身入諸衆生微細心故
以入隨心地故 令諸衆生次第入地故[48]

또 여래법신이 얻어지는 경계를 『능가경』은 도솔천(兜率天)으로부터 색구경천(色究竟天)이라고 보고 있는데, 그 원문을 4권경에 의하여 인용하면 다음과 같다.

畢定捨離五法自性 諸佛如來法身智慧 善自莊嚴 超幻境界 昇一切佛刹兜率天宮乃至色究竟天宮 逮得如來常住法身[49]

그러나 이상의 단편적인 불신설(佛身說)은 법불(法佛)·화불(化佛)·보불(報佛)의 삼신을 구분하는 보다 기본적인 사상에 뿌리를 박고 있다. 『능가경』은 법불·화불·보불 삼신의 차이를 그 설법상과 관련하여 논의하고 있다. 이제 세 가지 한역과 범본의 설하는 바를 A B C로 적기(摘記)하면서 그 하나하나의 성격을 검토해 보기로 한다.

■ 4권경

---

46) 4권경은 '神通自在慈悲方便具足莊嚴'이라 하고 '身'이라고는 하지 않고 있다.

47) 〔4권경〕 欲得如來隨入身者.

48) T.671, pp. 522c-523a. Cf. 〔4권경〕 如隨衆色摩尼 隨入衆生微細之心而以化身 隨心量度諸地漸次相續建立, T.670, p. 484a. 이상 주43 이하 46까지 4권경의 인용은 T.670, pp. 483c-484a를 보라.

49) 〔4권경〕 T.670, p. 485b. 10권경의 譯文은 "得離五法自體相用 入諸佛法身體眞實行故 得如來法身善決定處 如境界所成故 一切國土從兜率天阿迦尼吒處 得如來法身故"로 되어 있는데 4권경의 역문이 보다 명확하므로 본문에서 4권경'의 역문을 인용하였다. 범문에는 다음과 같이 기록되어 있다.

pañcadharmasvabhāvagativinivṛttaṃ tathāgataṃ dharmakāyaṃ
prajñājñānasunibaddhadharmaṃ māyā(gocara)viṣayābhinivṛttaṃ
sarvabuddhakṣetra-tuṣitabhavanākaniṣṭhālayopagaṃ tathāgatakāyaṃ
pratilabheran (南條文雄刊本, p. 51)

A. 依佛

如工幻師 依草木瓦石 作種種幻起 一切衆生 若干形色 起種種妄想. 彼諸妄想 亦無眞實 如是 大慧 依緣起自性 起妄想自性 種種妄想 心種種想行事妄想 相計著習氣妄想 大慧 是爲妄想自性相生 是名依佛說法

B. 化佛

說施戒忍精進禪定及心智慧 離陰界入 解脫識相分別觀察建立 超外道見無色見

C. 法佛

• 離心自性相 自覺聖所緣境界建立施作

• 又法佛者 離攀緣所緣 離一切所作根量相滅 非諸凡夫聲聞緣覺外道計著我相所著境界 自覺聖究竟差別相建立 是故 大慧 自覺聖差別相 當勤修學 自心現見應當除滅

■ 10권경

A. 報佛

如巧幻師 依草木瓦石作種種事 依於呪術人工之力 成就一切衆生形色身分之相 名幻人像 衆生見幻種種形色 執著爲人而實無人 大慧 衆生雖見以爲是人 無實人體 大慧 因緣法體 隨心分別亦復如是 以見心相種種幻故 何以故 以執著虛妄相因分別心熏習故 大慧 是名分別虛妄體相 大慧 是名報佛說法之相

B. 應化佛

應化佛所作應佛說施戒忍精進禪定智慧故 陰界入解脫故 建立識想差別行故 說諸外道無色 三摩跋提次第相 大慧 是名應佛所作應佛說法相

C. 法佛

• 法佛說法者 離心相應體故 內證聖行境界故 大慧 是名法佛說法之相

• 復次 法佛說法者 離攀緣故 離能觀所觀故 離所作相量相故 大慧 非諸凡夫聲聞緣覺外道境界故 以諸外道執著虛妄我相故 是故 大慧 如是內身自覺修行勝相當如是學 大慧 汝當應離見 自心相以爲非實

■ 7권경

A. 法性所流佛

大慧 譬如幻師以幻術力 依草木瓦石 幻作衆生 若干色像 令其見者種種分別皆無眞實 大慧 此亦如是. 由取著境界習氣力故 於緣起性中有妄計性種種相現 是名妄計性生 大慧 是名法性所流佛說法相

B. 化佛

化佛說施戒忍進禪定智慧 蘊界處法及諸解脫諸識行相建立差別 越外道見超無色行

C. 法性佛

• 法性佛者 建立自證智所行 離心自性相

• 復次 大慧 法性佛非所攀緣一切所緣 一切所作相根量等相悉皆遠離. 非凡夫二乘及諸外道執著 我相所取境界 是故 大慧 於自證聖智勝境界相 當勤修學於自心所現分別見相 當速捨離

■ Laṅkāvatārasūtra[50)]

A. niṣyandabuddha

tadyathā tṛṇakāṣṭhagulmalatāśrayān māyāvidyāpuruṣasaṃyogāt sarvasattvarūpadhāriṇaṃ māyāpuruṣavigraham abhiniṣpannaikasattvaśarīram vividhakalpavikalpitaṃ khyāyate tathā khyāyann api mahāmate tadātmako na bhavati evam eva mahāmate paratantrasvabhāve parikalpitasvabhāve vividhavikalpacittavicitralakṣaṇaṃ khyāyate/

vastuparikalpalakṣaṇābhiniveśavāsanāt parikalpayan mahāmate parikalpita svabhāvalakṣaṇaṃ bhavati/ eṣā mahāmate niṣyanda- buddhadeśyanā/

B. nirmitanirmaṇabuddha

nirmitanirmāṇabuddhaḥ punar mahāmate dānaśiladhyānasamādhicitrapra jñājñānaskandhadhātvāyatanavimokṣavijnānagatilakṣaṇaprabhedapracāraṃ vyavasthāpayati/ tīrthyadṛṣṭyā ca rūpyasamati-kramaṇalaṣkaṇaṃ deśyati/

C. dharmatābuddha

50) *Laṅkāvatārasūtra*(南條刊本); ṣaṭtriṃśatsāhasrasarvadharmasamuccaya pp. 56-58.

dharmatābuddhaḥ punar mahāmate cittasvabhāvalakṣaṇavisaṃyuktaṃ pratyātmāryagatigocaravyavasthāṃ karoti/
…… dharmatābuddhaḥ punar mahāmate nirālamba ālambavigataṃ sarva kriyendriyapramāṇalakṣaṇavinivṛttam aviṣayaṃ bālaśrāvakapratyeka buddhatīrthakarātmakalakṣanābhiniveśābhiniviṣṭānām tasmāt tarhi mahāmate pratyātmāryagativiśeṣalakśaṇe yogaḥ karaṇīya/
svacittalakṣaṇa-dṛṣyavinivṛttidṛṣṭinā ca te bhavitavyam/

① 보불(報佛; 依佛 또는 法性所流佛, niṣyandabuddha)

원어 niṣyandabuddha는 흘러나온다는 뜻을 가진 ni-√syand에서 나온 말이기 때문에 세 가지 한역어 중 법성소류불(法性所流佛)이 축자적으로 말하면 가장 가까운 것으로 생각된다. 의불의 '依'도 그런 뜻에서 쓰였을 것이다.

의불의 '依'란 '依草木瓦石'이요 '依於呪術人工之力'이며 범어의 śrayāt인 까닭에 (곧 '依據로 하는 까닭에'), 그것 자체가 무엇의 의거가 되는 근본이라는 뜻이 아니라, 무엇인가 다른 근원을 예상하고 있는 것이다. 그리고 그 근원은 법성(法性)이라고 볼 수 있으므로 의불도 법성소류불과 같은 뜻을 가진 번역이며, 또 그것이 분별심의 과보인 까닭에 '보불(報佛)'이란 번역도 또한 이유 있는 것이라고 하겠다.

재간 있는 환사(幻師), 곧 마술사(māyāvidyāpuruṣa)가 그 환술(幻術)로(saṃyogāt) 초목와석(草木瓦石) 등을 가지고(tṛṇakāṣṭagulmalatāśrayāt)[51] 일체중생의 형색과 그 속성(sattvarūpadhāriṇaṃ)을 꾸며 한 중생신(衆生身)을 보게끔 한다(vigrahamabhiniṣpannaikasattvaśarīraṃ). 사람들이 그것을 보고 여러 가지로 분별하여 말한다(vividhakalpa-vikalpitaṃ khyāyate).

그러나 그와 같이 여러 가지로 운위되는 그 말들은 결코 진실한 체가 없는 것이다. 이와 마찬가지로 의타기자성(依他起自性)과 변계소집성(遍計所執自性)에 있어서 (paratantrasvabhāve parikalpitasvabhāve) 여러 가지 분별상(分別相)이 나타나는 것이다(vividhavikalpa-cittavicitralakṣaṇaṃ khyāyate). 그러나 실은 변계소집상(遍計所執自相)에 연유하는 습기(習氣) 때문에(parikalpalakṣaṇābhiniveśavāsanāt) 분별과 허망하게 분별되어진 자성상(自性相)이 생기는 것이다. 이것이 의불(依佛, 또는 報佛, 法性所流佛)의 설법상(說法相)이다.

우리는 이와 같은 설명에서 의불 또는 보불이란 그 현상 자체의 비실재성이 강조되고 있는 사실을 알게 된다. 그리고 그것은 변계소집상, 분별상(分別相)과 관련

51) 현재 범본에는 '瓦石'이란 말이 없는데, 그것이 의역인지 또는 다른 범본에 그러한 말이 있었는지는 잘 알 수 없다.

되어 설명되고 있음을 알 수 있다. 그것은『금광명경』에서 말하는 가명유(假名有)인 것이다.

② 화불(化佛 또는 應化佛, nirmitanirmāṇabuddha)

범어 nirmitanirmaṇabuddha는 10권경에서만 축자적으로 번역되어 있다. nirmita나 nirmāṇa는 앞서 보아 온 바와 같이 nir-√mā에서 파생된 말이며, nirmita는 그 과거분사이고, nirmāṇa는 그 현재분사다. 따라서 nirmita는 소작응(所作應)이요, nirmāṇa는 응화(應化)다. 작응(作應)된 바 있고 작응하면서 있는 불(佛), 이렇게 번역하면 그 뜻이 이해되려는지 모르겠다. 요컨대 nir-√mā는 정적(靜的)인 어떤 상태를 말하는 것도 아니요 환각적인 허구를 말하는 것도 아니라, 적극적으로 무엇인가 작용하고 있는 그것이다. 그러면 무엇을 어떻게 작용하고 있다는 말이냐 하면, 시(施)·계(戒)·인(忍)·근(勤)·정(定)·혜(慧)의 육바라밀다를 실천케 하고 있으며, 이 현실세계의 여러 가지 인간적 조건, 사회적 조건, 자연적 조건 속에 살면서 그것으로부터 해탈하는 지혜를 닦는 여러 가지 행위를 향해 그 노력을 경주하게 하고 있음을 말하는 것이다.

온(蘊, skandha), 계(界, dhātu), 처(處, āyatana)는 오온(五蘊: 色·受·想·行·識), 삼계(三界: 欲·色·無色), 육처(六處: 色·聲·香·味·觸·法) 등을 말하는데, 바로 이것은 인간과 사회와 이 세계의 현실적 조건들을 지적하는 것이다. 이들에 결박되지 않고 이로부터 자유로울 수 있는 길은 의식의 승화를 통해서 비로소 가능하다는 것이 불교의 일반적 입장이다. 그 의식의 승화 과정에 여러 가지 단계가 구분되는 것을 우리는 안다. 모든 한역은 vyavasthāpayati를 '建立差別'이라고 하였다. 물론 위의 뜻이 포함되어 있는 것은 사실이다. 그러나 vyavasthāpayati를 더 명확히 알기 위해서 우리는 그것을 'to direct towards'로 이해할 필요가 있다고 생각한다.[52)]

이 화불은 Tīrtha학파와 같은 이단사상가들의 견해나 또 물질만능주의적인 견해를 초월한 성격의 교훈(rūpyasamatikramaṇalakṣaṇaṃ)을 설하는 것이라고 한다.[53)]

③ 법불(法佛 또는 法性佛, dhamatābuddha)

52) Monier-Williams, *Sanskrit-English Dictionary*, p. 1033c 및 Edgerton, *Buddhist Hydrid Sanskrit Grammar and Dictionary*, vol. 2, p. 516 참조.

53) 10권경은 samatikramaṇalakṣaṇa를 '三摩跋提次第相'이라고 번역하고 있는데, 그것은 역자가 사용한 원문의 잘못에 기인한 것이 아니었을까 한다. samatikramaṇa를 그렇게 번역할 근거는 전혀 없기 때문이다.

범어 dharmatābuddha의 직역은 역시 법성불(法性佛)이다. 법성불이란 '마음의 자성상(自性相, cittasvabhāva-lakṣaṇa)에 의해 결박되지 않음(visaṃyuktaṃ)'을 말하며, '성행경계(聖行境界)를 스스로 내증(內證)하고 거기에 머묾(pratyāt māryagati gocara vyavasthāṃ)'을 말한다.

또 법성불은 기대고 의지할 대상으로 떠나 있으며(nirālamba ālambavi gataṃ), 모든 상대적 행위의 주체인 근(根, sarvakriyendriya)이나 주관적 판단의 상(相, pramāṇa-lakṣaṇa)이나 경계가 없으며(vinivṛttam aviṣayaṃ), 범부나 성문, 독각, 그리고 외도들이 일으키는 아상(我相, ātmalakṣana)이나 애집(愛執), 그리고 애집의 대상이 없다. 그러므로 자기 자신이 내면적으로 증오(證悟)하는 성스러운 훌륭한 수행의 상(相)을 따라(pratyātmāryagativiśeṣalakṣaṇe) 마땅히 수행을 해야 한다. 그리고 자기의 마음 속에서 상을 보는 그와 같은 견해를 없앰으로써 수행해야 할 것이라(svacittalakṣaṇadṛṣyavinivṛttidṛṣṭinā ca te bhavitavyam)고 하는 것이다.

이 말씀들은 모두 다 대혜보살(大慧菩薩, Mahāmati-bodhisattva)에 대한 부처님의 설법이란 형식으로 설해진 것이다.

3) 『묘법연화경우파제사』와 『십지경론』의 설

『묘법연화경우파제사(妙法蓮華經憂波提舍)』와 『십지경론(十地經論)』은[54] 모두 바수반두의 저술이다. 물론 논의 대상인 경전 자체의 내용에 따라 우리가 알고자 하는 주제에 대한 자료의 유무, 다과(多寡)가 결정되겠지만 이 두 논이 모두 다 삼신(三身)사상을 나타내 주고 있는 것은 부정할 수 없는 사실이다. 한문 역어는 다르지만 법·보·응의 삼신불이 있다는 공통된 견해가 피력되어 있다.

그러나 『십지경론』은

> 一切佛者有三種佛. 一應身佛 二報身佛 三法身佛[55]

이라고만 하였을 뿐 다른 설명을 우리에게 남겨 주지 않고 있다. 한편 『묘법연화경우파제사』는 삼신에 관한 이해를 돕는 간단한 언급이 있는데, 그것을 인용하면 다음과 같다.

> 示現三種佛菩提故

54) 본문 p. 19.에서 언급한 佛身說에 관한 주요 불전 참조.

55) T.1522, p. 138b.

一者 示現應佛菩提 隨所應見而爲示現 如經皆謂如來出釋氏宮去伽耶城 不遠坐於道場 得成阿耨多羅三藐三菩提故
二者 示現報佛菩提 十地行滿足得常涅槃證故 如經 善男子 我實成佛已來 無量無邊百千萬億那由他劫故
三者 示現法佛菩提 謂如來藏性淨涅槃 常恒淸凉不變等義 如經 如來如實知見三界之相次第乃至不如三界見於三界故[56)]

우리는 바수반두의 견해 중 3종 불보리(佛菩提)의 핵심적 정의만을 기억하고 앞으로 나아가기로 하자.

응불보리(應佛菩提)…응견(應見)하는 바에 따라서 나타내 보이는 것.
보불보리(報佛菩提)…십지에 걸친 수행이 원만히 구족되어서 열반이 증득된 것.
법불보리(法佛菩提)…여래장(如來藏), 성정열반(性淨涅槃)을 말하며 상항(常恒)・청량(淸凉)・불변(不變)의 뜻을 지닌 것.

4) 『섭대승론』의 설

『섭대승론』[57)]에 의하면 불신은 자성신(自性身, svābhāvikakāya), 수용신(受用身, saṃbhoga-kāya), 변화신(變化身, nirmāṇa-kāya)의 세 가지로 분별되고 있다. 이 세 가지 불신에 의해서 세 가지 공부의 결실인 단절의 탁월성(tatphalaprajñānaviśeṣa, 彼果斷殊勝)을 알게 된다.[58)]

---

56) T.1519(菩提流志 譯), p. 9b 및 T. 1520(勒那摩提共僧朗 譯), p. 18c.
T.1520의 번역은 몇몇 문자의 출입의 차이뿐 T.1519의 역문(譯文)과 같다. T.1519에서 '應佛'이라 한 것이 T.1520에서는'應化佛'로 되어 있다.

57) 현재 다음과 같은 다섯 가지 역문이 남아 있다.
① 『攝大乘論』 II, 佛陀扇多 譯(北魏, 531), T.1592.
② 『攝大乘論』 III, 眞諦 譯(陳, 563), T.1593.
③ 『攝大乘論釋論』 X, 笈多・行矩 等 譯(隋, 609), T.1596.
④ 『攝大乘論』 III, 玄奘 譯(唐, 649), T.1594.
⑤ *Theg pa chen po bsdus pa slob dpon thogs med kyis mdzad pa rdzogs so//Jina-mitra daṅ Śilendrabodhi daṅ Ye ges-sdeḥi bsgyur//* Catalogue par Cordier, 3me, partie, p. 382.
본 논문의 자료로서는 佐佐木月樵, 『漢譯四本對照 攝大乘論 附西藏譯攝大乘論』(東京國書刊行會再刊, 1959)과 Lamotte의 *La somme du grand véhicule, Mahāyāna- saṃgraha* (Louvain: Bureaux de Muséon, 1938-39)를 이용한다.

58) '彼果斷殊勝'이란 玄奘의 譯語이지만 다른 역자들은 이 '斷'을 '寂滅', '滅'이라고 하고 있으므로

그러면 이 삼신은 각각 어떻게 정의되고 어떻게 설명되고 있는가를 알아보아야 할 것이다. 그러나 본론은 그 마지막 품에서 위의 삼신의 이름을 들어 상당히 길고 깊이 있는 설명을 하고 있지만, 그 설명의 대부분은 이 논에서 특히 자성신이라고 부르는 법신에 관한 설명으로 일관되어 있으며 따로 수용신과 변화신에 관한 상세한 설명을 가하지 않고 있다. 다만 끝에 가서 수용신과 변화신이 각각 자성신과 다른 점이 무엇인가 하는 것을 간단히 지적할 따름이다.

이제 우리는 논 자체의 순서에 따라 삼신에 관한 본론의 견해를 듣고, 그 견해를 다시 우리 자신의 입장에서 재검토해 보아야 할 것이라고 생각한다.

(1) 자성신(自性身, 眞身, svābhāvikakāya, corps essential)[59]

자성신이란 제 여래의 법신(dharmakāya)이다. 일체법에 대한 자재가 근거하는 바이기 때문이다(自性身者 謂諸如來法身 一切法自在 轉所依止故: 玄奘譯)[60]

제불의 법신은 다음과 같은 열 가지 관점에서 설명된다.

Ⓐ 상(相, lakṣaṇa, caractêres)
Ⓑ 증득(證得, lābha, obtention)
Ⓒ 자재(自在, vibhutva, souverointés)
Ⓓ 의지(依止, āśraya, support)
Ⓔ 섭지(攝持, parigraha, constitution)

그 뜻의 이해가 어렵지 않을 것이라고 생각한다. Lamotte는 "la supériorité de la coupure qui est le fruit des 〔trois śikṣā〕"라고 번역하였다.

59) 自性身, 곧 svābhāvikakāya란 이름은 조금도 인위적인 것(kṛtrima)을 내포하지 않기 때문에 svābhāvika라고 불려진 것이며, 그것은 依止(āśraya)이기 때문에 身(kāya)이라고 불려진다. 사물의 본성, 즉 法性(dharmatā)은 하나의 身, 또는 그 依止이므로 법신(dharmakāya)이라고 하는 것이다. 범어로 말하면 "dharmataiva kāya iti dharmakāyaḥ athavā dharmāṇāṃ āśrayo bhavatīti dharmakāyaḥ"이다.

60) '一切法自在轉所依止'(玄奘 역)를 다른 번역에서는 각각 다음과 같이 번역하고 있다.

一切法中自在依止 (隋 역)
於一切法自在依止 (眞諦 역)
依一切法得自在 (佛陀扇多 역)

그러나 우리는 지금 '一切法自在'를 범어의 sarvadharmavibhutva(la souveraineté sur tous les dharma)로 해석하고 그 '所依止(āśraya)'라고 푸는 것이 타당하다고 생각한다. 그 이유는 논의 본문 자체에서 다시 밝혀질 것이다.

[F] 차별(差別, bhinnatva, différence)
[G] 덕(德, guṇa, qualités)
[H] 심심(甚深, gāmbhīrya, profondeurs)
[I] 염(念, anusmati, commémoration)
[J] 업(業(karman, activités)

[A] 법신에는 다섯 가지 상(相)이 있다.

① 전의(轉依, āśrayaparāvṛtti)를 그 첫째 특징으로 한다. 현장의 번역에 의하면 논의 본문은 다음과 같다.

轉依爲相 謂
轉滅一切隨雜染分依他起性故
轉得解脫一切障於法自在
轉現前淸淨分依他起性故

āśrayaparāvṛtti를 라모트 교수는 la révolution du support(所依의 轉變 또는 所依의 革命)이라고 하고 있는데. 이러한 뜻은 현장의 번역에서도 잘 나타나 있다고 생각된다. 여기 본문에서 말하는 '轉'에서는 실제로 '轉滅', '轉得解脫', '轉現前'의 세 가지 뜻이 동시에 포함되어 있는 것이라고 하겠다. 한마디로 말하여 '依'는 의타기성(依他起性, paratantrasvabhāva)이다. 의타기성의 혁명, 이것으로 특징지어지지 않는 법신을 생각할 수 없다는 것이다. 의타기성은 일체 장애로 말미암아 잡되게 물들어 있는 죽은 것이며 죽음의 원인이기도 하다. 그런데 그것을 없앰으로써, 곧 의타기성이 극복된 결과로 얻어진 것은 자재며 해탈이다. 그러나 그 자재, 해탈은 허무도 죽음도 아니라, 삶인 것이다. 곧 청정분의타기성(淸淨分依他起性, vyavadānabhāgaptatiparatantrasvabhāva)을 우리 앞에 그대로 드러내는 것이다.

② 백법소성(白法所成, 白法自體, 白淨法, 白法體, śukradharma)은 법신의 둘째 특징이다. 백법(白法)이란 청정무구한 덕성이란 말이다. 육바라밀다가 원만하게 되었으므로 이에 따라 열 가지 자재(自在)함을 얻는다는 것이다. 자재함을 얻는다(vaśitā)는 것은 마음대로(maitrise)라는 말이다. 아무런 제약도 결함도 부족도 없다는 말이다. 그 열 가지 자재는 육바라밀다와의 관련 하에 열거되고 있는데, 이를 네 개의 이역본을 대조하면서 표기하면 다음과 같다.

1	수명(壽命)의 자재	壽命	壽	命	命	āyurvaśitā	施
2	마음의 자재	心	心	心	心	cittavaśitā	
3	재물(財物)의 자재	衆具	衆具	財物	資用	pariṣkāravaśitā	
4	행위(行爲)의 자재	業	業	業	業	karmavaśitā	戒
5	출생(出生)의 자재	生	生	生	生	upapattivaśitā	
6	이해(理解)의 자재	勝解	勝解	欲樂	信	adhimuktivaśitā	忍
7	소원(所願)의 자재	願	願	願	願	praṇidhānavaśitā	勤
8	영력(靈力)의 자재	力	神力	通慧	五通所攝 如意通	ṛddhivaśitā	定
9	지식(知識)의 자재	智	智	智	智	jñānavaśitā	慧
10	법(法)의 자재	法	法	法	法	dharmavaśitā	

③ 무이(無二, advaya)를 법신은 그 셋째 특징으로 한다. 무이라는 것은 상대적이고 대립적인 어느 둘 중의 한 경계에 있지 아니하고 그것을 초월하고 그것을 성취케 한다는 말이다. 이러한 초월적 성격을 다음과 같은 세 가지로 설명한다.

첫째로 대립적인 존재와 비존재의 둘이 다 부정된 상(相)이다(bhāvābhāvā-dvaya-lakṣaṇa). 왜냐하면 일체법은 존재하지 않는 까닭이며, 또 한편 공(空)으로서 현현된 그것은 실유(實有)이기 때문이다.(有無無二爲相 由一切法無所有故 空所顯相是實有故)

둘째로 유위(有爲)·무위(無爲)의 둘이 다 부정된 특징(saṃskṛtāsaṃskṛtādva-yalakṣaṇa)을 가진다. 왜냐하면 업이나 번뇌의 소위(所爲)가 아닌 까닭이며, 또 한편 그러면서도 자재하게 유위의 모습(saṃskṛtmābhāsa)을 나타내기(pradar-śana) 때문이다.

셋째로 다원성이나 일원성의 둘이 다 부정된 특징(nānātvaikaikatvādvaya-lakṣaṇa)을 가진다. 왜냐하면 일체불의 소의(所依)는 차별적 다원성을 가지고 있지 않는 까닭이며, 또 한편 그러면서도 무량한 사람들의 정신적 사유의 상속(相續, apramāṇasaṃtāna)이 결국은 등각(等覺)에 도달(abhisaṃbudhyante)하기 때문이다.

④ 상주(常住, nitya)를 법신은 그 넷째 특징으로 한다.[61] 진여청정(眞如淸淨, tathatāviśuddhi)을 그 모습으로 하고 있기 때문이며, 본원(本願)으로부터 나온

61) 여기에는 세 가지 이유가 열거되어 있다. ① 眞如淸淨相, ② 本願所引, ③ 佛事不休息. 부처님의 本願이란 물론 무량한 중생을 제도하고 해탈케 하겠다는 것이다. 그런데 중생의 부류는 한이 없이 많다. 구제해야 할 중생이 계속 존재하는 한 佛事는 그치지 않는 것이다.

결과(pūrvapraṇidhānāvedha)이기 때문이며, 또 그 활동(kriyā)의 끝이 없기(pari-pūrṇā) 때문이다.

⑤ 불가사의(acintya), 이것은 법신의 다섯째 특징이다. 진여청정은 자기 자신의 내면적 반성을 통해 증오(證悟)되어야 하는(pratyāmavedyā) 까닭이며, 또 이 세상에는 비유할 만한 유사한 것이(loke nupamā) 없는 까닭이며, 또 그 진여청정은 사변(思辯)의 대상(tārkikagocara)이 될 수 없는 까닭이다.

Ⓑ 그러면 이와 같은 법신은 어떻게 하여 처음에 증득(證得)되는가?
현장(玄奘)은 그 대답을 다음과 같이 번역하고 있다.

謂 緣總相大乘法境無分別智及後得智
五相善修
於一切地 善集資糧
金剛喩定 破滅微細難破障故 此定無間 離一切障故 得轉依

대승법의 경계가 지니는 총체적인 성격에 대한 무분별지(無分別智, nirvikalpaka-jñāna)와 후득지(後得智, tatpṛṣṭhalabhajñāna)를 통해서, 그리고 다섯 가지의 수행을 통해서,[62] 또 모든 수행경지에 있어서의 자량(資糧)을 충분히 축적함으로써, 끝

62) 玄奘 역 『섭대승론』, 「彼修差別分」 제6과 隋譯의 「修差別勝相勝語」 제5, 眞諦 역 「入因果修差別勝相」 제5에는 다음과 같은 말이 있다('五法' 중의 괄호 안의 역어는 各譯의 순서에 따름).

修此諸地 云何可見 謂諸菩薩於地地中 修奢摩他毗鉢舍那 由五相修 何等爲五 謂
① 集總修(總集修, 集總修, 雜修)
② 無相修(無相修, 無相修, 無相修)
③ 無功用修(無功用修, 無功用修, 無功用修)
④ 熾盛修(燃然修, 熾盛修, 轉明修)
⑤ 無喜足修(無厭足修, 不知足修, 轉轉修)
如是五修 令諸菩薩成辦五果 謂
① 念念中 銷融一切麤重依止
② 離種種相 得法苑樂
③ 能正了知周遍無量無分限相大法光明
④ 順淸淨分 無所分別 無相現行
⑤ 爲令法身圓滿成辦 能正攝受後後勝因

여기에서 말하는 五法은 각각 다음과 같은 의미를 지니고 있다.
① 종합적인 修習(saṃsṛṣṭabhāvanā): 菩薩地의 각 地들을 한 흙더미로 모아 놓고, 그 땅

으로 금강과 같은 삼매, 가장 없애기 어려운 미세한 장애도 능히 파(破)할 수 있는 그 삼매의 간단(間斷) 없는 힘을 통해서 최초의 법신은 증득되는 것이다. 곧 전의(轉依)가 이루어진다.

Ⓒ 앞서 불법신은 자재하다고 한 바 있다. 그러면 어떤 자재를 말하는가? 여기에 다섯 가지 자재가 제시되고 있다. 다섯 가지 자재란 색・수・상・행・식의 오온(五蘊)이라는 소재가 근본적으로 전변(轉變)됨을 말하는 것이다.

① 전색온의(轉色蘊依, rūpaskandhaparāvṛtti)

불토(佛土, buddhakṣetra)와 몸(kāya)과 상호(相好, lakṣaṇānuvyañjana)와 무변(無邊)한 음성(音聲, anantasvara)과 보이지 않는 머리 위의 상(相, adṛṣṭamūrdha-lakṣaṇa) 등이 자재한데, 그것은 색온(色蘊)의 '혁명'을 통해서인 것이다.

② 전수온의(轉受蘊依, vedanāskandhaparāvṛtti)

수온(受蘊)의 전변을 통하여 법신은 무량(apramāṇa) 광대(viśāla)하며 아무런 죄

을 가는 것을 말한다.

② 相 없는 수습(animittabhāvanā): 모든 분별을 떠나 일체의 相이 없는 법계를 닦음을 말한다.

③ 애써 노력함이 없이 자연히 이루어지는 수습(anābhogabhāvanā).

④ 치열한 수습(uttaptabhāvanā).

⑤ 만족할 줄 모르는 수습(asaṃtuṣṭabhāvanā).

이 오법을 닦음으로써 다음과 같은 과보가 얻어진다는 것이다.

① 매 찰나에 무겁고 거친 모든 잘못의 依止處를 허물어 버린다.
(pratikṣaṇaṃ sarvadauṣṭhulyāśrayaṃ drāvayati)

② 갖가지 相들을 멸하고 法苑에서의 희열을 얻는다.
(nānātvasaṃjñāvigatiṃ ca dhamārāmaratiṃ pratilabhate)

③ 광대하고 무한한 양상을 지닌 法光明을 완전히 이해한다.
(aparicchinnākāraṃ ca sarvatas pramāṇaṃ dharmāvabhāsaṃ saṃjānīte)

④ 妄分別된 것이 아닌 청정한 表徵들이 나타난다.
(avikalpitāni cāsya viśuddhibhāgīyāni nimittāni samudācaranti)

⑤ 법신을 원만하게 하고 성취하게 하기 위하여 항상 보다 완전한 원인을 충족시킨다.
(dharmakāyapari pūribarinișpattaye ca uttarataraṃ hetusaṃparigrigrahaṃ karoti)

佐佐木月樵, 앞의 책, pp. 75-76 및 Lamotte, *La somme du grand véhicule*, t. II, pp. 204-205 참조.

과에 물들지 않은(niravadya) 지복(至福)한 주처(住處, sukhavihāra)에서 자재를 얻는 것이다.

③ 전상온의(轉想蘊依, saṃjñāskandhaparāvṛtti)

상온(想蘊)의 전변을 통하여 법신은 모든 낱말(nāma), 모든 구절(pada), 모든 문장을 다할 수 있는 자유를 얻는다.

④ 전행온의(轉行蘊依, saṃskāraskandhaparāvṛtti)

행온(行蘊)의 전변을 통하여 법신은 무엇을 나타내고(nirmāṇa, 現化, 變化, 應身, 願顯), 변역(變易)하고(pariṇāma, 改易), 대중들을 한 곳에 모아놓고(parṣatsaṃgraha), 또 백법(白法)을 내는 것이다.

⑤ 전식온의(轉識蘊依, vijñānaskandhaparāvṛtti)

식온(識蘊)의 전변을 통하여 법신은 대원경지(大圓鏡智, ādarśajñāna), 평등성지(平等性智, samatājñāna), 묘관찰지(妙觀察智, pratyavekṣaṇājñāna), 성소작지(成所作智, kṛtyānuṣṭhānajñāna)에 대한 자재를 얻는 것이다.

D 불법신은 무엇의 의지하는 바(āśraya)가 되는가? 요약해서 세 가지로 말할 수 있는데 그 세 가지란 다음과 같다.

① 여러 가지 불이 거주하는 바 의지처(nānābuddhavihāra)다.
② 법신은 여러 가지 수용신의 의지가 된다. 왜냐하면 법신은 모든 보살의 성숙(成熟, paripācana)을 보장하기 때문이다.
③ 법신은 여러 가지 변화신(nānānirmāṇakāya)의 의지가 된다. 왜냐하면 법신은 주로 모든 성문의 성숙을 보장하기 때문이다.

E 법신은 어떠한 불법 등으로 구성(攝持)되어 있느냐 하면, 다음과 같은 여섯 가지 속성으로 구성되어 있다고 답한다.

① 청정(淸淨, 淸淨攝, 淸淨類法, 淨, viśuddhi)
② 이숙(異熟, 果報攝, 果報類法, 報, vipāka)
③ 안주(安住, 樂攝, 住類法, 行, vihāra)
④ 자재(自在, 自在攝, 自在類法, 自在, vibhutva)

⑤ 언설(言說, 世流布攝, 言說類法, 假用, vyavahāra)
⑥ 발제(拔濟, 拔濟攝, 拔濟類法, 去遣, samudghāta)

F 법신을 구성하는 이 여섯 가지 속성은 본문 안에서 다음과 같은 인과관계로 설명되고 있다.

① 아뢰야식(阿賴耶識)을 전(轉)함으로써 법신이 얻어지는 까닭에,
② 색근(色根)을 전(轉)함으로써 이숙지(異熟智, vipākajñāna)가 얻어지는 까닭에,
③ 욕행(欲行) 등의 낙(樂)을 전(轉)함으로써 무량지(無量智)의 낙(樂)(apramāṇajñānavihāra)이 얻어지는 까닭에,
④ 여러 가지 이익을 목적으로 하는 행위를 전(轉)함으로써 일체 세계에서 무애신통한 지혜와 자재(sarvolokadhātuṣv apratihatam abhijñānam)가 얻어지는 까닭에,
⑤ 일체의 견문(見聞) 각지(覺知) 언설(言說) 희론(戱論)을 전(轉)함으로써 일체 유정(有情)의 마음을 기쁘게 하는 변설지(辯說智)의 자재(自在)(sarvasattvacitta saṃtoṣaṇanirdeśajñāna)가 얻어지는 까닭에,
⑥ 모든 고통과 과실의 발제(拔濟)를 전(轉)함으로써 중생의 고통과 과실을 발제하는 지혜가 얻어지는 까닭에,

법신은 이와 같은 여섯 가지 속성으로 구성되어 있음을 알아야 할 것이다.

제불 법신에는 차별이 있다고 할 수도 있고 차별이 없다고 할 수도 있다. 차별이 없다고 할 수 있는 까닭은 그 의지(依止, āśraya)와 그 의락(意樂, abhiprāya)과 그 작용(作用, karman)이 같기 때문이다. 또 차별이 있다고 할 수 있는 까닭은 한없이 많은 사람들(apramāṇakāya)이 등각(等覺, abhisaṃbud dhyante)에 도달하는 때문이다.

법신에 대한 이러한 이야기는 수용신에 대해서도 또한 해당된다. 그 의락과 업에 차별이 없으므로 제불의 수용신에는 차별이 없다고 말해야 하고, 또 한편 그 의지(依止)에는 차별이 없지 않으므로 무량한 의지의 차별이 전개되는 까닭이다.

변화신의 경우에도 수용신의 경우와 같이 말할 수가 있다.

G 그러면 법신에는 어떠한 덕성(德性, guṇa)들이 상응(相應, saṃprayukta)되어 있는가? 법신에는 지극히 청정한(pariśuddha) 다음과 같은 덕성들이 상응되어 있다.

① 사무량(四無量, apramāṇa)
② 팔해탈(八解脫, vimokṣa)
③ 팔승처(八勝處, abhibhvāyatana)
④ 십변처(十遍處, kṛtsnāyatana)
⑤ 무쟁(無諍, araṇā)
⑥ 원지(願智, praṇidhijñāna)
⑦ 사무애해(四無礙解, pratisaṃvid)
⑧ 육신통(六神通, abhijñā)
⑨ 삼십이대사상(三十二大士相, mahāpuruṣalakṣaṇa)
⑩ 팔십수호(八十隨好, anuvyañjana)
⑪ 사일체상청정(四一切相淸淨, sarvākāpariśuddhi)
⑫ 십력(十力, bala)
⑬ 사무외(四無畏, vaiśāradya)
⑭ 삼불호(三不護, arakṣya)
⑮ 삼념주(三念住, smṛtyupasthāna)
⑯ 발제습기(拔除習氣, vāsanāsamudghāta)
⑰ 무망실법(無忘失法, asaṃmoṣatā)
⑱ 대비(大悲, mahākaruṇā)
⑲ 십팔불공불법(十八不共佛法, aveṇikabuddhadharma)
⑳ 일체상묘지(一切相妙智, sarvākārajñāta)[63)]

H 제불의 법신은 깊고(gāmbhīra) 또 아주 깊다(atigāmbhīra). 그 깊고 깊은 모습들은 다음의 12가지로 설명된다.[64)]

63) 여기에 열거된 20개 항목의 술어들에 관하여는 번거로우므로 일일이 해설을 가하지 않는다. 다만 티베트 본에는 제21항에 육바라밀의 완성을 첨가하고 있음을 附記해 둔다. 『유마경』에도 이와 유사한 내용의 글이 있다.

> 佛身者卽法身也 從無量功德智慧生 從戒定慧解脫解脫知見生 從慈悲喜捨生 從布施持戒忍辱柔和勤行精進禪定解脫三昧 多聞智慧諸波羅蜜生 從方便生 從六通生 從三明生 從三十七道品生 從止觀生 從十力 四無所畏十八不共法生 從斷一切不善法集一切善法生 從眞實生 從不放逸生 從如是無量淸淨法生如來身 諸仁者 欲得佛身斷一切衆生病者 當發阿耨多羅三藐三菩提心
> (「방편품」 제2, T.475, p.539c).

64) 이 열 두 가지 甚深을 말하는 譯語에는 역자에 따라 약간의 차이가 나타나 있다. 그 중 특히 주목할 만한 것 몇 가지만을 지적해 둔다.
① 玄奘譯의 '生住業住'는 '生成業住'(隋譯 및 佛陀扇多譯), '生不住業住'(眞諦譯)로,

① 생주업주(生住業住)의 심심(甚深)(utpādapratiṣṭhākarmasthitigāmbhīrya)
② 안립수업(安立數業)의 심심(甚深)(vyavasthānasaṃkhyakarmagāmbhīrya)
③ 현등각(現等覺)의 심심(甚深)(abhisaṃbuddhagāmbhīrya)
④ 이욕(離欲)의 심심(甚深)(vairāgyaygāmbhīrya)
⑤ 단온(斷蘊)의 심심(甚深)(skandhaprahāṇagāmbhīrya)
⑥ 성숙(成熟)의 심심(甚深)(sattvaparipācanagāmbhīrya)
⑦ 현현(顯現)의 심심(甚深)(āviskaraṇagāmbhīrya)
⑧ 시현등각열반(示現等覺涅槃)의 심심(甚深)(abhisaṃbodhinirvāṇasaṃdarśana-gāmbhīrya)
⑨ 주(住)의 심심(甚深)(vihāragāmbhīrya)
⑩ 현시자체(顯示自體)의 심심(甚深)(ātmabhāvasaṃdarśanagāmbhīrya)
⑪ 단번뇌(斷煩惱)의 심심(甚深)(kleśaprahāṇagāmbhīrya)
⑫ 불가사의(不可思議)의 심심(甚深)(acintyagāmbhīrya)

이제 현장 역『섭대승론』본문의 게송에 따라 위 각항의 의미를 고찰해 보기로 하자.

① 생주업주(生住業住)의 심심(甚深)

佛無生爲生 亦無住爲住
諸事無功用 第四食爲食

불(佛)은 무생(無生)을 생(生)으로 삼고, 무주(無住, apratiṣṭhā)를 주(住)로 삼는다. 그의 행위는 노력 없이 자연히 이루어지며(anābhoga), 그는 제4의 양식(糧食, caturth-āhāra)을 그 양식(āhāra)로 삼는다.[65]

---

② 玄奘譯 및 隋譯, 眞諦譯은 모두 한결같이 '安立數業'이라 한 것을 佛陀扇多譯은 '差別算數業'이라 번역하고 있다. 이 두 가지 '甚深'을 Lamotte는 각각 'profondeur de naissance, d'établissement, d'activité et de subsistance'와 'profondeur de prise de possession, de nombre et d'activité'라고 번역하고 있다.

65) 이 게송은 태어남(utpāda), 고정적으로 머묾(pratiṣṭhā), 행함(karman), 생활함(sthiti), 이 네 가지 면에 있어서의 甚深을 말한다.
① 諸佛은 태어남이 없다. 다만 태어남 같은 것이다.
② 佛은 생사에도 열반에도 고정적으로 머무르지 않는다.
③ 그의 행위는 自然業이다. 마치 마니보주나 천상의 음악(tūrya)과 같다.

② 안립수업(安立數業)의 심심(甚深)

無異亦無量 無數量一業
不堅業堅業 諸佛具三身

불(佛)은 하나(abhinna)이다. 그러면서도 무수하다(aprameya). 그 작용은 측량할 수 없으나, 또한 하나의 작용일 뿐이다. 제불의 작용은 견고하지 않으나(adhruva), 또한 견고하다. 왜냐하면 제불은 삼신을 갖추고 있기 때문이다.[66)]

③ 현등각(現等覺)의 심심(甚深)

現等覺非有 一切覺非無
一一念無量 有非有所顯

각자(覺者, abhisaṃbuddha)는 존재하지 않는다. 그러나 모든 각자는 비(非)존재도 아니다. 찰나마다(pratikṣaṇam) 존재(bhāva)와 비존재(abhāva)로 나타나 구성되는(prabhāvita) 무량한 불(佛)이 있다.[67)]

④ 이욕(離欲)의 심심(甚深)

---

④ 양식에 네 가지가 있다. a. 부정한 사람들(모든 일에 결박되어 있는 인간)에게 필요한 양식, b. 동시에 청정하기도 하고 부정하기도 한 사람들(색계와 무색계에 태어난 사람들)에게 필요한 양식, 즉 觸・意・識 등, c. 오직 청정하기만 한 사람(아라한 등)들에게 필요한 양식, d. 넷째로 순전히 상징적인 사람(saṃdarśakamātrāśraya sthityāhāra), 즉 불세존과 같은 존재는 여러 가지 음식물을 받고 취하고 하지만, 사실은 그것을 취해야 할 육신상 필요가 있어서 하는 것이 아니다. 다만 세상에 隨順하기 위해서(lokānuvartana) 먹는다는 행위를 방편으로 취할 뿐이다. 이것을 제4의 양식이라고 한 것이다.

66) 여기에서는 安立(vyavasthāna, prise de possession), 數(saṃkhyā), 業(karman)의 甚深에 관해 말한다. '無異亦無量'이라는 구절은 安立의 甚深을 말하는 것이다. 제불의 법신은 하나다. 그러나 무수한 사람들이 정각에 이르므로 제불은 무량하다. '無數量一業'은 數의 甚深을 말하는 것이다. 제불은 무량할지 몰라도 그 업은 한 가지다.

67) 覺者가 존재하지 않는다는 이유는 pudgala나 제법이 존재하지 않는다는 데에 있다. 그러나 俗諦로 일체제불이 現等覺이라고 말하는 것이다. '有非有所顯'이란 진여(tathatā)가 有(bhāva)이며, 또 非有(abhāva)이며, 제불이 이 진여를 통해 나타난 것(prabhāvita)임을 말하는 것이다. 一切覺이 非無라 한 것은 연기 속에 절대적 본성, 곧 圓成實性(pariniṣpannasvabhāva)이 실재하기 때문이다.

非染非離染 由欲得出離
了知欲無欲 悟入欲法性

불(佛)은 염착(染著)되어(rakta) 있지 않으며, 또한 그렇다고 염착에서 벗어나(arakta) 있지도 않다. 애욕(愛欲, rāga)을 통해 불은 출리(出離, niḥsaraṇa)를 얻었고, 애욕과 무욕을 아는 까닭에 애욕의 본성(rāgadharmatā)을 깨달은 것이다.[68)]

⑤ 단온(斷蘊)의 심심(甚深)

諸佛過諸蘊 安住諸蘊中
與彼非一異 不捨而善寂

제불은 제온(諸蘊)을 초월하였으나, 또한 제온 속에 머무르고 있다. 이 제불이 머무르는 제온과 앞서 제불이 초월한 그 제온은 같은 것이 아니며, 또 다른 것도 아니다(naivān yā nānanyāḥ). 이 둘을 다 버리지 않고 제불은 이 모두를 적정(寂靜)케 한다(upaśānta).

⑥ 성숙(成熟)의 심심(甚深)[69)]

諸佛事相雜 猶如大海水
我已現當作 他利無是思

제불의 행하는 바는 동질적이다(saṃsṛta). 그것은 마치 대해의 물과 같다. 제불은 내가 이것을 했다, 이것을 한다, 이것을 할 것이다, 이렇게 말하면서 중생을 위한 봉사에 종사하지 않는다.

68) '非染非離染'이라고 한 구절에서 '非染'인 것은 쉽게 이해될 수 있는 것이다. 그러나 '非離染'이란 어째서인가? '染'이 없는데 어떻게 '離染'이 있단 말인가? '離染'은 '染'의 존재를 전제한 그 모순개념이므로 적당치 않은 말이 된다. 여기서 말하는 '離染'은 단순한 성문, 독각의 현실부정적인 열반과 같은 객관적 개념이 아니다.

69) 여기서 말하는 成熟이란 성숙케 하는 作用(l'action mûrissante)이다. 여래의 행위는 중생의 행복을 위한 행위(sattvahitasukha)이다. 그러한 제 행위들은 서로 하나의 맛(ekarasa)을 이루며 圓融한다. saṃskṛta란 그러한 성격을 말하는 것이다.

⑦ 현현(顯現)의 심심(甚深)

衆生罪不現 如月於破器
遍滿諸世間 由法光如日

불(佛)이 나타나지 않는다면 그것은 중생의 죄(sattvadoṣa) 때문이다. 마치 달이 깨진 그릇(bhagnabhājana)에 나타나지 않음과 같다.

불(佛)은 태양과 같이 그 법광(法光, dharmaprabhā)으로 전 세계에 변만(遍滿)한다.70)

⑧ 시현등각열반(示現等覺涅槃)의 심심(甚深)

或現等正覺 或涅槃如火
此未曾非有 諸佛身常故

각자(覺者)는 혹은 불과 같이 광명을 나타내고, 혹은 불과 같이 꺼진다. 불(佛)은 한 번도 비유(非有)가 아니었다. 왜냐하면 여래의 몸은 영원하기 때문이다.71)

⑨ 주(住)의 심심(甚深)

佛於非聖法 人趣及惡趣
非梵行法中 最勝自體住

비천한 법(anāryadharma)이 있는 곳에, 또 인취(人趣, manuśyagati)와 그 밖의 악취(惡趣, durgati)에, 그리고 청정범행(淸淨梵行)이 없는 그곳에, 불(佛)의 최승(最勝)한 체(體, ātman)가 머무른다.

⑩ 현시자체(顯示自體)의 심심(甚深)72)

---

70) '遍滿한다'는 말의 원어는 sarvavyāpin(pénétrer partout, to penetrate everywhere)이다.

71) 諸佛身은 영원하지만 불과 같이 어둠을 비추는 것은 선근이 성숙치 않은 중생이 있어 그들을 성숙케 하고 그들을 속히 해탈케 하기 위해서 빛을 발하는 것이요, 이미 선근이 원숙하여 해탈을 얻은 사람들 앞에서는 般涅槃을 나타내신다. 즉 아무런 할 일이 없는 것이다.

72) '自體'의 원어는 ātmabhāva이다. Lamotte는 이 말을 l'essence propre라고 번역한다. '자

佛一切處行 亦不行一處
於一切身現 非六根所行

제불은 어디에나 다 행하신다(sarvatra vicaranti). 그러나 그들은 아무 곳에도 행하지 않으신다. 그들은 도처에 나타나지만 육근(六根)으로 지각(知覺)되는 바가 아니다.

⑪ 단번뇌(斷煩惱)의 심심(甚深)

煩惱伏不滅 如毒呪所害
由惑至惑盡 證佛一切智

(제불에게는) 번뇌가 조복(hata)되어 있거나 단절(prahata)되어 있지 않다. 마치 독(毒, viṣa)이 주구(呪句, mantra)로 조복된 것과 같다. 혹(惑)으로 말미암아 혹(惑)을 없애는 일(kleśakṣaya)이 이룩되며, 불(佛)의 일체지(一切智, sarvajñāna)가 얻어지는 것이다.[73)]

⑫ 불가사의(不可思議)의 심심(甚深)[74)]

체(ātmabhāva)'란 제 여래의 영원한 법계(dharmadhātu)를 두고 하는 말이다. '諸佛은 어디에나 다 행하신다' 할 때는 제불의 後得智(pṛṣṭhalabhajñāna, le savoir 〔intuitif〕 postérieur)를 말하며, 그 행하는 대상으로서는 善, 惡, 無記, 有漏, 無漏, 有爲, 無爲 등 모든 것에 걸친다. 그러나 '아무 곳에도 행하지 않는다' 할 때는 제불의 근본지 또는 무분별지(nirvikalpakajñāna, savoir intuitif 〔fondamental〕)를 말하며, 이는 분별함이 없으므로 갖가지 대상을 향해 행함이 없는 것이다.

73) 지금 여기에서는 보살 단계에 있어서의 이야기이다. 毒이 呪句로 조복되어 무해하게 되지만, 그렇다고 아무 것도 없어지는 것은 아니다. 번뇌도 念과 智로 그 유해성은 없어지지만, 그 나머지(anumaya)가 있다. 왜 그것이 남느냐? 이것마저 전부 없앤다면 佛은 성문 등과 같이 반열반에 들어가게 될 것이기 때문이다. 번뇌의 덕택에 제불은 번뇌를 파하고 일체지를 얻을 수 있는 것이다.

74) 『섭대승론』 안에는 『大乘莊嚴經論(Mahāyānasūtrālamkāra)』의 게송을 그대로 인용한 곳이 많지만 여기에는 『中邊分別論(Madhyāntavibhaṅga)』의 게송과 꼭 같은 내용이 실려 있다. 그 범문은 다음과 같다.
kleśo bodhyaṅga āpanno mahopāyaprayoginaḥ
saṃsāro 'py upaśantyātmā tato 'cintyas tathāgataḥ

煩惱成覺分 生死爲涅槃
具大方便故 諸佛不思議

제불은 대방편을 구족하고 있으므로 번뇌가 정각의 보조수단(bodhipakṣya)이 되고, 생사가 그냥 곧 열반과 동일시된다. 그러므로 제불여래는 불가사의한 것이다.

[I] 제 보살이 불(佛)의 법신을 염(念)할 때 몇 가지 염을 가지고 그 염하는 대로 수행을 해 가야 할 것인가? 이에 다음과 같은 일곱 가지가 있다고 한다.

① 제불은 일체법에 있어서 자재하다고 염하고 그렇게 염하는 대로 수행한다. 일체 세계에 있어서 무애통(無礙通, apratighābhijñā)을 얻는 까닭이다.
② 여래의 몸은 상주(常住)하신다고 염하고 그렇게 염하는 대로 수행한다. 진여는 영원히 죄구(罪垢)로부터 벗어나 있기 때문이다.
③ 여래께서는 가장 훌륭하시며 죄과(罪過)가 없으시다. 이렇게 염하고 수행한다. 모든 번뇌장(煩惱障)과 소지장(所知障, sarvakleśajñeyāvaraṇa)의 계박(繫縛)으로부터 벗어나기 때문이다.
④ 여래께서는 공용(功用)함이 없으시다(anābhoga). 이렇게 염하고 수행한다. 공용(功用)함이 없어도 모든 불사(佛事, sarvabuddhakriya)가 쉼 없이 계속되기 때문이다.
⑤ 여래께서는 대부락(大富樂, mahābhoga)를 받으신다. 이렇게 염하고 수행한다. 청정한 불국토((pariśuddhakṣeta)는 대부락인 까닭이다.
⑥ 여래께서는 모든 염오(染汚)로부터 떠나 계신다(anupalipta). 이렇게 염하고 수행한다. 여래는 이 세상에 살아 계시지만 모든 세속의 여건에 의해 물들지 않는 까닭이다.
⑦ 여래께서는 능히 큰일을 하신다. 이렇게 염하고 수행한다. 여래는 등각(等覺), 반열반(般涅槃) 등을 나타내시어 일체 유정(有情)으로서 아직 성숙치 않은 자를 성숙케 하고(aparipakvasattvān paripācayanti), 이미 성숙한 자를 해탈케 하는 (paripakvasattvān vimocayanti) 까닭이다.

[J] 제불의 청정한 불토에는 여러 가지의 원만한 상(相)이 있다. 제불의 청정 불토에서는 요약컨대 일향정묘(一向淨妙, ekāntaśuddha)하고, 일향안락(一向安樂, ekā-ntasukha)하고, 일향무죄(一向無罪, ekāntaniravadya)하고, 일향자재(一向自在, ekāntavibhu)한 과보가 누려진다.

이러한 제불의 법계에서는 언제나 다음과 같은 일들이 이루어진다.

① 모든 중생을 고난과 재액(災厄)에서 구제하는 일
② 악취(惡趣)에 떨어지지 않게 구제하는 일
③ 그릇된 방편으로부터 구제하는 일
④ 거짓의 취합(聚合, 薩迦耶 satkāya)으로부터 구제하는 일75)
⑤ 좋지 않은 길, 곧 소승으로부터 구제하는 일

(2) 자성신과 수용신의 차이

수용신이 자성신이 아닌 원인에 다음 여섯 가지가 있다.

一 色身可見故
二 無量佛衆會差別可見故
三 隨勝解見自性不定可見故
四 別別而見自性變動可見故
五 菩薩聲聞及諸天等種種衆會間雜可見故
六 阿賴耶識與諸轉識轉依非理可見故
佛受用身卽自性身不應道理76)

---

75) kāya는 몸(corps) 또는 聚合(accumulation), sat는 그릇된, 잘못(mithyā)의 뜻이다. 이 肉身이란 취합은 그릇된 것인 까닭에 satkāya라고 부른다. 그리하여 satkāya-見(satkāyadṛṣti)이 생긴다. 곧 三界의 有漏法을 말한다.

76) 佐佐木月樵, 앞의 책, p. 109(玄奘譯).
이 부분에 해당하는 隋譯, 眞諦譯, 佛陀扇多譯은 각각 다음과 같다.

〔隋譯〕 一 色身顯示故
二 無量大衆輪中差別顯示故
三 隨彼欲樂應現自體不定顯示故
四 隨異異顯現自體變動顯示故
五 菩薩聲聞天等種種大衆和雜處和雜顯示故
六 阿黎耶識及生起識等轉依不相應顯示故
是故受用身非自性身義成.

〔眞諦譯〕 一 由色身及行身顯現故
二 由無量大集處差別顯現故
三 隨彼欲樂見顯現自性不同故
四 別異別異見自性變動顯現故
五 菩薩聲聞天等種種大集相雜和合時 相雜顯現故

① 수용신은 색신으로 나타나기 때문이다. 색신이란 곧 물질적인 인과관계의 집합체이다. 그러나 법신에는 그와 같은 물질적 외관(外觀)이 없다.

② 수용신은 무량한 제불의 집회(apramāṇabuddha-parṣanmaṇḍala)에 여러 가지 상이한 모습으로 나타난다. 법신에는 그와 같은 차별상이 없다.

③ 수용신은 중생의 승해(勝解)하는 바(adhimukti)에 따라, 이에 수응(隨應)하여 나타나며 그 성격이 일정하지 않고 부정(不定)하다. 어떤 사람에게는 한 부처님으로 나타나고, 또 다른 카테고리의 사람에게는 한 젊은이로 나타나고, 또 다른 사람에게는 어린애로 나타난다. 이와 같은 일이 법신에는 없다.

④ 여러 가지 상이한 모양으로 나타나면서 수용신은 하나의 가변성(calasvabhāva)을 띠고 있다. 수용신은 가변적이다. 같은 사람이 처음과 나중에 수용신을 다른 모습으로 본다. 법신에는 물론 그러한 일이 없다.

⑤ 수용신은 보살, 성문, 제천(deva) 등의 모임에 온갖 종류와 더불어 서로 섞여 나타난다.

⑥ 아뢰야식을 전변(轉變)하면서 법신을 증오(證悟)하고, 또 그 밖의 다른 식(識)을 전변하면서 수용신에 접할 수 있다. 이와 같이 의지(依止)하는 바를 전변하는 이치 자체가 맞지 않는다.

(3) 변화신과 자성신의 차이

변화신도 자성신은 아니다. 그러면 그 원인은 무엇인가? 이에 여덟 가지를 들고 있다.

① 諸菩薩從久遠來 得不退定 於都史多及人中生 不應道理[77]

六 阿黎耶識及生起識見轉依非道理故
是故受用身無道理成自性身

〔佛陀扇多譯〕 示現色身故
及無量佛世界中分別現故
隨信現故
不定見眞實 異種種見故
現同生事 菩薩聲聞天等種種衆雜見故
及阿梨耶識等轉身現故
唯成報身不名眞身

77) 〔隋譯〕 諸菩薩從久遠已來 得不退三摩提 於兜率天及人中生 不成故
〔眞諦譯〕 諸菩薩從久遠來 得無退三摩提 於兜率陀天道及人道中受生 不應道理
〔佛陀扇多譯〕 諸菩薩遠時得不動三昧 兜率天中人中生事不成

구원(久遠)한 세월로부터(cirāt) 물러섬이 없는 선정(禪定, acyutasamādhi)을 쌓은 보살들이 도솔천이나 인간 세계에 태어난다는 것은 도리에 맞지 않는다(ayukta). 도솔천이나 인간 세계는 모두 욕계(kāmadhātu)에 속한다. 불퇴전의 선정을 오래 닦은 뒤 욕계에 생을 얻는다는 것은 있을 수 없다는 것이다.

② 又諸菩薩從久遠來 常憶宿住 書算數印工巧論中 及於受用欲塵行中 不能正知不應道理[78]

또 오래 전부터 그의 숙주(宿住)에 대한 기억(pūrvanivāsānusmṛti)을 가지고 있는 보살이 완전히 쓰는 일(lipi), 입으로 헤아림(gaṇanā) 계산(saṃkhyā), 인쇄(mudrā), 기예(śilpa), 논(śāstra) 등과, 또 욕행(欲行)의 대상들을 수용(受用)하는 것을 알지 못한다는 것은 있을 수 없는 일이다.

③ 又諸菩薩從久遠來 已知惡說善說法教 往外道所 不應道理[79]

오래 전부터 잘못 설해진(durbhāṣita) 설법인지 잘 설해진 설법인지를 아는 보살이 외도를 찾아 간다는 것은 있을 수 없는 일이다.

④ 又諸菩薩從久遠來 已能善知三乘正道 修邪苦行 不應道理[80]

또 오래 전부터 삼승의 정도를 아는 보살이 그릇된 고행을 일삼는다는 것은 있을 수 없는 일이다.

⑤ 又諸菩薩 捨百拘胝諸贍部洲 但於一處 成等正覺 轉正法輪 不應道理[81]

---

78) 〔隋譯〕 於宿命 書算數印工巧雜論等及受用欲行中無智不成故
〔眞諦譯〕 諸菩薩從久遠來 恒憶宿住 方書算計數量印相工巧等論
行欲塵及受用欲塵中菩薩無知 不應道理
〔佛陀扇多譯〕 宿命知者 書數算印工巧論 受欲行餘事中無知不成

79) 〔隋譯〕 已知邪說正說法教而往詣外道所 不成故
〔眞諦譯〕 諸菩薩從久遠來 已識別邪正法教 往外道所事彼爲師 不應道理
〔佛陀扇多譯〕 不善說乃善說法中知已往親近外道處 不成

80) 〔隋譯〕 善知三乘道而行苦行不成故
〔眞諦譯〕 諸菩薩從久遠來 已通達三乘聖道正理 爲求道故 修虛苦行 不應道理
〔佛陀扇多譯〕 善知三乘行故 苦行不成

또 보살이 100 코티(koṭi)에 달하는 섬부주(贍部洲, jambudvīpa) 전체를 버리고 다만 한 곳에서 정각을 이룩하고 법륜을 돌린다는 일은 있을 수 없는 일이다.

⑥ 若離示現成等正覺 唯以化身 於所餘處施作佛事 卽應但於覩史多天 成等正覺[82]

만약에 보살이 정각을 나타내 보이지 않고, 도솔천 외의 도처에서 불사(佛事, buddhakriyā)를 성취하기 위하여 화신만을 이용했다면, 그는 오직 도솔천에서만은 성도를 했어야 했을 것이다.

⑦ 何不施設 遍於一切贍部洲中同時佛出 旣不施設 無教無理[83]

어째서 제불이 모든 섬부주 전체에서 동시에 태어나신다는 사실을 인정하지 않는 것일까? 그렇게 인정할 수 없게끔 하는 아무런 전승(傳承, āgama)도 이론(yukti)도 없다.

⑧ 雖有多化而不違彼無二如來出現世言 由一四洲攝世界故 如二輪王不同出世[84]

제불이 동시에 많은 응화(應化)를 한다 하더라도 이것은 저 『아함』에 말한 바 있는 두 여래가 같은 때 같은 장소에 나타나지 않는다고 하신 말씀에 위배되지 않는다. 왜냐하면 같은 세계라고 『아함』이 말할 때에 그 같은 세계란 하나의 사주(四

81) 〔隋譯〕 捨萬億閻浮洲 於一處證正覺 轉法輪 不成故
〔眞諦譯〕 諸菩薩 捨百拘胝閻浮提 於一處得無上菩提及 轉法輪 不應道理
〔佛陀扇多譯〕 捨百億閻浮提 一閻浮地中成正覺 轉輪不成

82) 〔隋譯〕 若離如是顯示證正覺等方便 其餘皆以化身作佛事者 則應於兜率天中證正覺
〔眞諦譯〕 若離顯無上菩提方便 但以化身於他方作佛事 若爾則應於兜率陀天上 成正覺
〔佛陀扇多譯〕 中間成正覺示方便 餘處應化身作佛事 彼唯兜率天中成正覺

83) 〔隋譯〕 何不於一切閻浮洲中平等佛出 旣不如是 以無阿含及道理可證
〔眞諦譯〕 若不爾 云何佛不於一切閻浮提中平等出現 若不於他方出現 無阿含及道理可證此義
〔佛陀扇多譯〕 何故不一切閻浮提中 同時成正覺事 知此知中無阿含證 復無餘義可解釋成.

84) 〔隋譯〕 與一切世界中 無二如來出世不相違以有衆多化佛故 言一世界者 是一四洲世界 如無二轉輪王並出
〔眞諦譯〕 二如來於一切世界俱現 此不相違 若許化身成多 由四天下攝一世界 如轉輪王 於一世界 或一主 或別主俱生 不應道理 諸佛亦爾
〔佛陀扇多譯〕 復無二佛同時一世界中現 有相違故 彼多化故攝取四方世間及如無二轉輪聖王 同時生故

洲, cāturdvipaka)를 말하는 것이지 하나의 천세계(千世界, sāhasradvipaka 곧 천 개의 四洲를 포함하는 세계)를 의미하지 않는 까닭이다. 『아함』에는 또 두 사람의 전륜성왕이 동시에 같은 곳에 나타나지 않는다고 했는데 그 뜻도 마찬가지이다.[85]

(4) 삼신의 상(常)·무상(無常)

佛受用身及變化身既是無常 云何經說如來身常 此二所依法身常故 又等流身及變化身以 恒受用無休廢故 數數現化不永絶故 如常受樂如常施食 如來身常 應知亦爾 由六因故諸佛世尊所現化身非畢竟住
一 所作究竟成熟有情已解脫故
二 爲令捨離不樂涅槃爲求如來常住身故
三 爲令捨離輕毁諸佛令悟甚深正法教故
四 爲令於佛深生渴仰恐數見者生厭怠故
五 令於自身發勤精進知正說者難可得故
六 爲諸有情極速成熟令自精進不捨軛故

수용신과 변화신은 무상(無常)한데, 어떻게 경은 여래신의 상(常)을 말할 수 있을까? 등류신(等流身, niṣyandakāya=saṃbhogakāya),[86] 곧 수용신과 변화신은 영원한 법신에 의거하는 까닭이며, 이 이신(二身)은 항상 끊임없이(samucchinna) 수용(受用, sambhoga)하는 까닭이며, 그 응화(應化, nirmāṇa)가 부단히 계속되는 까닭에 여래신은 상(常)한 것이다. 이를테면 여래신은 항상 지복(至福)을 누리며(sadā sukham anubhavati), 여래신은 항상 양식을 줌(sadā piṇḍaṃ prayacchati)과 같다.

제불의 응화신은 다음과 같은 여섯 가지 이유로 영원히 지속적이 아니다.

① 성숙되게끔 되어 있던 중생을 해탈케 할 때 그의 활동은 끝난 것이기 때문이며,
② 여래의 상주신(常住身, nityakāya)을 구한다는 핑계로 열반도 즐겨하지 않는 심정을 버리도록 하기 위해서이며,

---

85) *Aṇguttaranikāya*, I:10, 11을 보라.
aṭṭhānaṃ etaṃ bhikkhave anavakāso yaṃ ekissā lokadhātuyā dve arahanto sammā sambuddhā apubbaṃ acarimaṃ uppajjeyyuṃ … atthānaṃ etaṃ bhikkhave anavakāso yaṃ ekissā lokadhātuya dve rājāno cakkavattī apubbaṃ acarimaṃ uppajjeyyuṃ ….

86) niṣyandakāya를 Lamotte는 le corps d'écoulement이라고 옮기고 있다. 우리는 앞서 실차난타에 의해서 이 말이 '法性所流佛'이라고 번역된 바 있었음을 보았다.

③ 제불을 경천(輕賤)히 여기고 훼방하는 일을 없게 하며, 심심(甚深)한 정법의 가르침을 깨닫게 하기 위해서이며,

④ 불(佛)을 깊이 갈앙(渴仰)하는 마음을 일으키기 위해서이다. 불은 항상 그를 보는 사람들이 자기에게 염태(厭怠, vimānana)를 일으킬 것을 걱정한다.

⑤ 중생들이 발근정진(發勤精進)토록 하기 위해서인데, 중생은 올바로 설법하는 자(śāstṛ)가 얻기 어렵다는 것을 안다.

⑥ 중생들이 그 스스로의 정진의 멍에(dhura)를 버리지 않고 속히 성숙할 수 있도록 하기 위해서이다.[87)]

5) 『불지경론』의 설

『불지경론(佛地經論)』(親光菩薩 造, 玄奘 譯)[88)]도 자성・수용・변화의 3종 불신을 말하고 있다.

大覺是佛 具三種身 一者自性 二者受用 三者變化[89)]

그런데 이 인용구에서 보는 바와 같이 불(佛)이란 곧 대각(大覺)인 것이다. 따라서 자성・수용・변화의 3종신은 대각의 신(身)이다. 이와 같은 삼신설을 뒷받침

---

87) 본문의 隋譯, 眞諦譯은 각각 다음과 같다. 佛陀扇多譯에는 이 구절이 빠져 있다.

〔隋譯〕 受用身化身二身無常 云何言如來身常住 依止常住法身故 受用身變化身 此二身受報不捨故 數數化現故 如常受樂 如常施食 佛身常住 應如是知 有六因緣故 諸佛世尊化身不畢竟住

一 所作究竟 謂已成熟解脫衆生故
二 爲轉樂欲涅槃意 令求常住佛身故
三 爲轉於佛所起修習意 令於甚深法正說中生覺了故
四 爲生渴仰意 若數見生無厭足故
五 爲生自精進 由知說者不可得故
六 爲令得極速成熟 自起精進不捨重軛故

〔眞諦譯〕 有六種因 諸佛世尊於化身中不得永住

一 正事究竟故 由已解脫成熟衆生故
二 若已得解脫求般涅槃 爲令彼捨般涅槃意 欲求得常住佛身故
三 爲除彼於佛所有輕慢心故 爲令彼通達甚深眞如法及正說法故
四 爲令衆生於佛身 起渴仰心數見無厭足故
五 爲令彼向自身起極精進 由知正說者不可得故
六 爲令彼速得至成熟位 向自身不捨荷負極精進故

88) 『불지경론』 및 『대승기신론』의 저자 및 역자에 관해서는 본문 p.22의 해제 참조.

89) T.1530, p. 301b.

하는 말이 불경 자체 안에서 다음과 같이 언명되어 있다.

經曰 妙生當知 淸淨法界者 譬如虛空 雖遍諸色種種相中而不可說有種種相 體唯一味 如是如來淸淨法界 雖復遍至種種相類所知境界 而不可說有種種相 體唯一味[90]

경에서는 대각(大覺)이니 불(佛이)니 하는 말을 쓰지 않고 청정법계라 했지만, 그 가리키는 바는 한 가지이다. 그런데 이 청정법계는 제색종종상(諸色種種相) 중에 편(遍)해 있고, 종종상류(種種相類)의 소지경계(所知境界)이지만 실제로는 종종상(種種相)이 있다고 말할 수 없으며, 그 체(體)가 오직 일미(一味)라고 하였다. 또 경에

又如空中種種因緣展轉生起 三千大千無量世界周輪可得 而虛空界無所起作 如是如來淨法界中具無量相 諸佛衆會周輪可得 而淨法界無所起作

이라고 한 것을 논하여 다음과 같이 말하고 있다.

如來法身 雖無差別戱論色像 而受用身及變化身 由本願力自勝行力 生起種種衆相圓滿諸佛淨土 諸佛衆會差別可得 皆是淨識如是變現 種種差別非眞實有 如轉輪王由宿願力 亦爲饒益諸有情故 造作勝行生女寶等諸妙樂 具種種差別 諸佛亦爾 爲欲饒益諸有情故 造作勝行 自業增上生起種種淨國 衆會受用法樂衆具差別 但無分別與前有異[91]

6) 『대승기신론』의 설

『대승기신론』은 불신을 진여(眞如)·생멸(生滅)의 이문(二門)과 체(體)·상(相)·용(用)의 삼대(三大)로써 설명하는, '일심(一心) 곧 대승(大乘)'의 근본 주장으로부터 연역(演繹)하고 있다.

『대승기신론』의 논자는 그 주장의 근본강령을 입의분(立義分) 가운데서 다음과 같이 제시한다.

摩訶衍者 總說有二種 云何爲二

---

90) T.1530, p. 304b.

91) T.1530, pp. 308c-309a.

一者 法 二者 義
所言法者 謂衆生心 是心則攝一切世間法出世間法 依於此心 顯示摩訶衍義
何以故 是心眞如相 卽示摩訶衍體故 是心生滅因緣相 能示摩訶衍自體相用故
所言義者 則有三種 云何爲三
一者 體大 謂一切法眞如平等不增減故
二者 相大 謂如來藏具足無量性功德故
三者 用大 能生一切世間出世間善因果故
一切諸佛本所乘故 一切菩薩皆乘此法到如來地故[92]

『대승기신론』은 먼저 대승(mahāyāna, 摩訶衍)이 무엇인가를 밝히는 데 있어서 법(法) 곧 중생심(衆生心)에 관한 이야기들을 한다. 중생의 마음을 진여와 생멸의 이문(二門)으로 보는 『기신론』은 진여로서의 마음을 체(體)라고 하고 생멸하는 마음을 상(相)과 용(用)이라고 한다. 마음을 들어 대승을 설명하는 테제가 법의 설명 가운데에 제시되어 있다. 그런데 '所言義者' 이하의 문구는 그것을 다시 설명한 것으로, 중생심, 곧 진여와 생멸인연의 두 가지 상으로 설명되는 하나의 마음은 다시 체·상·용의 세 가지 면에서 그 표현이 가능함을 밝힌 것이다.

지금 『대승기신론』의 범본이 없고, 또 체·상·용의 삼대(三大)를 뚜렷이 말하는 범본 불전이 없는 까닭에 정확히 체·상·용의 삼대를 원어를 토대로 이해할 길이 없다. 그러나 앞서 『섭대승론』의 프랑스어 번역자가 체(體)를 ātman으로 복원했듯이 그것은 본질 또는 진아(眞我), 본체, 혹은 근원 등으로 해석할 수 있을 것이고, 상(相)은 nimitta 또는 lakṣaṇa(성격, 모습, 특징)로, 용(用)은 kriyā 또는 karma로 생각해 볼 수가 있을 것이다.[93]

---

92) T.1666, p. 575c.

93) '體'를 ātman으로 번역한 데 대해서는 Lamotte, La somme du grand véhicule, t. II, p. 311 참조.
『구경일승보성론』「일체중생유여래장품」 제5를 보면 게송 중에 법신과 여래장에 관해 언급하면서 "體及因果業…" 등 열 가지 카테고리를 열거하고 있다. 그 원어는 svabhāva-hetvoh phalakarma…로 되어 있는데, 이것은 體·相·用의 구분과 상통하는 일면이 있는 것이 아닌가 생각된다. 물론 여기에 相이란 말은 명확히 나와 있지 않지만, 『기신론』에서 相은 흔히 因과 果로 설명된 바 있으며, 業은 用과 같은 뜻으로 보아 합당할 것이기 때문이다. 여기서 體는 svabhāva, 業은 karma로 되어 있다. 같은 『보성론』은 빈번히 '佛所作業', '如來所有實作業', '不可思議業' 등을 말하는데, 그 때의 '業'은 대체로 kriyā(activity)로 번역되고 있으며, 때로는 karma로 되어 있기도 하다. 柏木弘雄은 體·相·用 三大의 선구가 『成唯識論』 권6(T.1585, p. 29b)의 '信'의 '心所'에 관한 설명 중 "信差別 略有三種 一 信實有 二 信有德 三 信有能"이라 한 것에 나타나 있다고 보았다. 흥미롭고 타당한 지적이라고 생각된다.

『기신론』 입의분 본문에서 체·상·용 삼대를 나누는 까닭을 말한 각 항의 설명 구절이 대체로 그러한 우리의 추측을 뒷받침해 준다.

(1) 체대(體大)

'體大'라고 한 것은 왜냐하면, 일체법이 진여평등(眞如平等)하고 증(增)함도 감(減)함도 없는 까닭이라 했다. '眞如平等不增不減'도 말하자면 성격을 말하는 언설이지만, 그것은 인언견언(因言遣言)일 뿐, 그것은 무상(無相)한 것이며 그러면서도 동시에 만상(萬相)의 근원이 된다. 이 체대에 관한 설명이 해석분에서는 다음과 같이 설명되어 있다.

> 眞如自體相者 一切凡夫聲聞緣覺菩薩諸佛 無有增減 非前際生 非後際滅 畢竟常恒94)

柏木弘雄, 「古註釋書を通して見たる起信論の先驅思想」, 『印度學佛教學硏究』 22(1963) 참조.

94) 이 부분은 『보성론』 「僧寶品」 제2의 게송의 첫 구절과 꼭 같은 내용이다.

> 佛體無前際 及無中間際 亦復無後際 寂靜自覺知…
> yo buddhatvam an-ādi-madhya-nidhanaṃ śāntaṃ
> (中村瑞隆, 『梵漢對照 究竟一乘寶性論硏究』, 東京: 山喜房佛書林, p. 12 참조.)

그 밖에도 이와 같은 내용의 설명을 가하고 있는 구절은 『보성론』의 도처에서 발견된다. 몇 가지 예를 들기로 하자.

① 如來法身名爲廣大 如法界究竟 如虛空盡未來際 (ābhiś ca tathāgato dharma dhātuparama ākāśadhātu, paryavasāno 'parāntakoṭiniṣṭha ity ucyate)
② 如來應正遍知 淸淨法身亦復如是 不動不生心 不戱論不分別 不分別無分別 不思無思 不思議 無念 寂滅寂靜 不生不滅 不可見 不可聞 不可嗅 不可嘗 不可觸 無諸相 不可覺 不可知 (evam eva manjuśris tathāgato 'rhan samyak-sambuddho nenjate na viṭhapeti na prapañcayati na vikalpa-yati/akalpo 'vikalpo' citto manasikārah śītī-bhūto' nutpādo' nirodho dṛṣṭo śruto nāghrāto' nāsvādito' spṛṣṭo' nimitto' vijñaptiko vijñapaniya ity evam-ādir upaśama- prabheda-pradeśa-nirdeśaḥ) (中村, 앞의 책, pp. 15-16).
③ 諸佛如來不生不滅寂靜不二離垢法身故 (vidhinānutpādānirodha-prabhāvitasya muner vya-vadāna-satyadvaya-virāga-dharma-kāyatvāt…) (中村, 앞의 책, pp. 37-38).
④ 佛所作業者 卽彼十力等一切諸佛法自然常作無上佛業 常不休息 常不捨離 常授諸菩薩記 (ji-nakriyā tesām eva daśa-balādinām buddha-dharmānām pratisvam anuttaraṃ karma yad aniṣṭhitam aviratam apratipraśrabdhaṃ bodhisattva; vyā-kara-ṇakathāṃ nopacchi- natti) (中村, 앞의 책, pp. 39-40).
⑤ 佛無量功德者 謂前際後際於一向染凡夫地中 常不捨離眞如法身 一切諸佛法無異無差別 此處

진여의 체는 표면상 그가 범부건 성문이건 보살이건 또는 불(佛)이건 현실적으로 어떠한 차별상이 있든 간에 본질적으로 증감함이 없으며 철두철미 영원한 것이다. 그것은 언제 시작되었다는 그 시점(始點)도 없으며 언제 끝나리라는 그 종점(終點)도 없는 것이다. 스즈키 다이세츠(鈴木大拙)는 "It was not created in the past, nor is it to be annihilated in the future; it is eternal, permanent absolute" 라고 번역하고 있다.[95] 이것이 바로 진여의 체(quintessence)인 것이다. 그것은 다른 말로 하면 부증불감(不增不減)이며 불생불멸(不生不滅)인 것이다. 우리는 여기에 상(相)이란 문자가 사용되어 있음을 보지만, 실은 진여 자체는 일체의 상대적 성격을 초월하고 있는 것임을 다시 한번 주목하지 않으면 안 될 것이다.

(2) 상대(相大)

흔히 지금까지의 『기신론』 주소가(註疏家)들은 위의 인용구를 '體大'의 설명으로 간주하고, 그 다음에 '相大'를 설명하는 문장이 뒤따른다고 보아 왔다. 곧 『기신론』 본문에 있는 다음과 같은 설명은 '相大'를 말하는 것이라고 한다.

從本已來 性自滿足一切功德 所謂自體有大智慧光明義故 偏照法界義故 眞實識知義故 自性淸淨心義故 常樂我淨義故 淸涼不變自在義故 具足如是過於恒沙不離不斷不異不思議佛法 乃至滿足 無有所少義故 名爲如來藏 亦名如來法身[96]

不可思議(tatra vimalā buddha-gunāḥ paurvāparyeṇaikānta saṃkliṣṭāyām api pṛthagjana-bhūmav avinirbhāga-dharmataya nirviśiṣṭā vidyanta ity acintyam etat-sthānam) (中村, 앞의 책, pp. 41-42).

이와 같은 법신에 관한 설명은 『유마경』 같은 데에서 보여주는 法相에 관한 이야기와 여러 가지 면에서 일치한다. 『유마경』 「제자품」 제3에는 다음과 같이 쓰여 있다.

夫說法者 當如法說
法無衆生 離衆生垢故 法無有我 離我垢故 法無壽命 離生死故 法無有人 前後際斷故
法常寂然 滅諸相故 法離於相 無所緣故 法無名字 言語斷故 法無有說 離覺觀故
法無形相 如虛空故 法無戱論 畢竟空故 法無我所 離我所故 法無分別 離諸識故
法無有比 無相待故 法不屬因 不在緣故 法同法性 入諸法故 法隨於如 無所隨故
法住實際 諸邊不動故 法無動遙 不依六塵故 法無去來 常不住故 法順空 隨無相 應無作
法離好醜 法無增損 法無生滅 法無所歸 法過眼耳鼻舌身心 法無高下 法常住不動
法離一切觀行
唯大目連 法相如是豈可說乎
夫說法者 無說無示 其聽法者 無聞無得 譬如幻士爲幻人說法…. (T.475, p. 540a)

95) D.T. Suzuki, *Awakening of Faith in the Mahayāna* (Chicago, 1900), p. 95.

'相大'란 진여의 덕상(德相)을 말하는 것이다. 진여의 자성(自性)에는 본래 무한한 공덕이 원만구족되어 있다. 『기신론』은 이미 그것을 '여실불공(如實不空)'으로 설명했고, 또 본각(本覺)과 시각(始覺), 구경각(究竟覺) 등으로 설명했고, 또 부사의업상(不思議業相)으로 설명하기도 했다. 그것을 여기에 다시 여섯 가지 표현을 빌려 모든 공덕을 구족한 모습을 나타내 보이는 것이다.

① 진여 자체에는 대지혜광명(大智慧光明)의 뜻이 있다. 무명의 어둠을 파(破)하기 때문이다.
② 그 광명이 두루 법계를 비치는 뜻(徧照法界義)이 있다.
③ 진실하게 중법(衆法)을 식지(識知)하는 뜻(眞實識知義)이 있다.
④ 미혹(迷惑)과 염오(染汚)를 떠나 자성이 청정한 마음이란 뜻(自性淸淨心義)이 있다.
⑤ 상(常)·낙(樂)·아(我)·정(淨)의 사덕(四德)이 원만히 구비되어 있음을 뜻한다(常樂我淨義).
⑥ '청량불변자재(淸凉不變自在)'를 뜻한다. '淸凉'이란 미혹의 결과로 생기는 열뇌(熱惱)가 없다는 말이며, '不變'이란 과보의 생멸이 없음을 말하며, '自在'란 업의 계박이 없음을 말한다.97)

이와 같이 항하(恒河)의 모래보다도 더 많은 무량한 공덕이 있어서 진여의 체

---

96) T.1666, p. 579a.

97) 여기에 표현된 여섯 가지 공덕에 관해서는 모든 대승 불전이 어떠한 형식으로든지 공통적으로 열거하는 것이다. 그러나 『보성론』의 표현은 지금의 이 표현과 매우 흡사한 점이 있어 『기신론』과 『보성론』의 친근 관계를 짐작케 한다. 『寶性論』「法寶品」 제3에는 다음과 같은 게송이 있는데 그 안에는 이 여섯 가지 표현 중 적어도 다섯 가지는 그대로 포함되어 있다.

> 非有亦非無 亦復非有無 亦非卽於彼 亦復不離彼 不可得思量 非聞慧境界 出離言語道 內心知淸涼 彼眞妙法日 淸淨無塵垢 大智慧光明 普照諸世間 能破諸曀障 覺觀貪瞋癡 一切煩惱等 故我今敬禮
> yo nāsan na ca san na cāpi sad-asan nānyaḥ sato nāsato śakyas tarkayituṃ nir-uktyapagataḥ pratyātmavedyaḥ śivaḥ/tasmai dharmadivākarāya vimala jñānāvabhāsatve sarvārambana-rāga-doṣatimira vyāghāta-kartra namaḥ (中村, 앞의 책, pp. 18-20)

'常樂我淨義'에 관해서는 여래법신의 四種功德果로서 "淨我樂常等 彼岸功德果(śubhātma sukha nityatva-guṇa-pāramitā phalam)"라고 하여 『보성론』「如來藏品」 제5에 廣說되고 있다. (中村, 앞의 책, pp. 57-62)

(體)를 떠남이 없이 무시이래(無始以來)로 상속(相續)되어 끊임이 없으며, 그 공덕으로 말하면 진여와 동체일미(同體一味)로서 실로 불가사의한 불소증(佛所證)의 공덕법(功德法)이다. 일체의 공덕이 다 구족되어 있고, 조금도 결여된 바 없는 고로 혹은 '여래장(如來藏)'이라 부르고 혹은 '여래법신(如來法身)'이라고도 부른다.[98] 입의분에서 "相大謂如來藏具足無量性功德故"라고 한 무량성공덕(無量性功德)이 해석분에서는 ① 大智慧光明, ② 偏照法界, ③ 眞實識知, ④ 自性淸淨心, ⑤ 常樂我淨, ⑥ 淸凉不變自在 등으로 확대 설명되고 있다. 이것은 이를테면, 부증불감(不增不減), 불생불멸(不生不滅), 필경상항(畢竟常恒)한 진여자체(眞如自體)의 상(相)이라고 하는 것이다. 그리고 이러한 무량성공덕을 지닌 진여의 마음, 양적으로 증감하거나 시간적으로 생멸함이 없이 필경 상항한 그 마음, 곧 대승을 여래장(tathāgata-garbha)이라고도 하고 여래법신이라고도 한다고 했다.

그러나 『기신론』은 심진여(心眞如)를 설명하는 가운데 진여 기체(其體)는 평등하고 일체의 상(相)을 떠나 있다고 설명한 바 있다. 그런데 여기에 그 체에 종종공덕(種種功德)이 있다는 것은 어찌된 일이냐 하는 의문이 있을 수 있다(問曰 上說眞如其體平等離一切相 云何復說體有如是種種功德). 그리하여 『기신론』 본문은 다음과 같은 해명을 한다.

> 答曰 雖實有此諸功德義 而無差別之相 等同一味 唯一眞如 此義云何 以無分別離分別相 是故無二 復以何義 得說差別 以依業識生滅相示 此云何示 以一切法本來唯心 實無於念 而有妄心 不覺起念 見諸境界 故說 無明心性不起 卽是大智

---

98) 『보성론』은 여래법신과 여래장의 관계를 이해함에 있어서 『승만경』의 다음과 같은 말뜻을 인용한다.

> 世尊 非滅法故名苦滅諦 世尊 所言苦滅者 名無始無作無起無盡 離盡常恒 淸凉不變 自性淸淨 離一切煩惱藏所纏 世尊 過於恒沙 不離不脫 不異不思議 佛法畢竟成就說 如來法身 世尊 如是 如來法身 不離煩惱藏所纏 名如來藏
> duḥkha-nirodha-nāmnā bhagavan nanādi-kāliko kṛito jāto nutpanno kṣayaḥ kṣayaḥ pagato nityo dhruvaḥ/śivaḥ śāśvataḥ prakṛitipariśuddhaḥ sarvakleśakośa-vinirmukto gaṅgāvālikā vyativṛttair avinirbhāgair acintyair buddhadharmaiḥ samanvā-gatas tathāgata-dharmakāyo deśitaḥ/ ayaṃ eva ca bhagavaṃs tathāgata-dharmakāyo vinirmukta-kleśa-kośas tathāgata-garbhaḥ sūcyate/ (中村, 앞의 책, pp. 21-22)

같은 말은 같은 책의 pp. 39-40에도 다음과 같이 나와 있다.

> 此偈明何義 眞如有雜垢者 謂眞如佛性未離諸煩惱所纏如來藏故 及遠離諸垢者 卽彼如來藏轉身到佛地 得證法身 名如來法身故

慧光明義故
若心起見則有不見之相 心性離見卽是徧照法界義故 若心有動 非眞識知 無有自性 非常非樂非我非淨 熱惱衰變 則不自在 乃至 具有過恒沙等妄染之義 對此義故 心性無動 則有過恒沙等諸淨功德相義示現 若心有起 更見前法 可念者 則有所少 如是淨法無量功德 卽是一心 更無所念 是故滿足 名爲法身如來之藏[99]

원효의 해동소(海東疏)에 의하면,[100] 이 답은 두 부분으로 나뉜다. 첫째 부분에서는 '差別之無二'를, 그리고 둘째 부분에서는 '無二之差別'을 말하는 것이다.

① 差別之無二

위에서 말한 바와 같이 진여에는 사실 대지혜광명 등의 무한한 공덕이 있다고 할지라도 진여에는 차별적인 형상이란 티끌만큼도 없다. 왜냐하면 이 세상의 모든 사물들은 하나에 유래하며 같은 맛이 있고 유일한 절대적 진여다. 이렇게 차별을 해놓고 차별이 없다고 하는 까닭은 무엇이냐 하면, 진여는 원래 무분별한 것으로 우리들 범부의 망상분별의 상을 떠나 있는 까닭이다. 그러므로 차별이 곧 무차별이요, 유상(有相)이 곧 무상(無相)이요, 현상이 곧 실재로서 둘이 아닌 것이다.

② 無二之差別

또 위에서 말한 바와 같이 진여가 무차별(無差別)이라고 한다면 어떤 의미에서 그 무차별의 차별(差別)이라고 말할 수 있느냐? 이에 대한 답은 다음과 같다.

진여가 기동(起動)해서 업식(業識)의 생멸심(生滅心)이 되고 이에 따라 여러 가지 상(相)을 야기하기에 이른다. 이와 같이 망심 위에 나타난 차별상에 대해서 진여에도 과항하사(過恒河沙)의 공덕이 있음을 나타내기 위하여 차별을 말하는 것이다. 그러면 어떻게 그 차별을 나타내느냐 하면 네 가지 방도가 있는 것이다.

① 일체법은 본래 유심(唯心)에 유래하는 바로서 차별적인 망념(妄念)이 없다. 그러나 불각(不覺) 때문에 주관적 마음이 생기고, 그 마음은 객관세계를 의식하게 된다. 우리는 이것을 무명(無明)이라고 부른다. 그러나 마음의 본성으로 말하면 온전히 순수한 것으로서 조금도 무명이 일어나지 않는다. 그와 같은 상태를 비유로 말하면 대지혜의 광명이라고 할 수가 있는 것이다.

② 만약 망심에 견(見)이 생기면 한편에 보지 못하는 상(相)이 있다. 그와는 반대

---

99) T.1666, p. 579a-b.

100) 해인사 소장 『大乘起信論疏記會本』 卷5, 第2張.

로 심성이 망견을 떠남은 변조법계(偏照法界)의 뜻이 있음을 안다.

③ 만약에 심성이 망념 때문에 기동(起動)하면 참되게 아는 바가 못 된다. 이와는 반대로 심성이 동하지 않으므로 진실식지(眞實識知)의 뜻이 있다.

④ 청정한 자성도 없고, 영원하지도 행복하지도 자재하지도 않으며, 열띤 번뇌 때문에 쇠잔(衰殘)해 있어 항상 자유롭지 못하고 더 나아가 과항하사(過恒河沙)의 망염(妄染)이 하나도 빠짐없이 다 있는 경우에 그것에 대해서 그것과는 반대로 심성에 동요가 없으면 항하사보다 더 많은 여러 청정한 공덕의 상이 나타나지 않을 수 없는 것이다.

만약에 망심이 기동하여 심외(心外)에 무엇 하나라도 망념을 일으킬 만한 것을 본다면 결함이 있게 되는 것이다. 이와 같은 청정진여법에 있어서의 무량한 공덕은 본래 일심(一心)에 구유(具有)되어 있어 다시 밖으로 구할 생각을 하지 말아야 하는 것이다. 그러므로 공덕이 원만구족함으로 이를 법신여래의 장(藏)이라고 하는 것이다.

우리는 이상의 여래장 법신에 관한 『기신론』의 설명은 요컨대 심진여(心眞如)를 지적하는 것이며, 그 지적 방법이 언어도단(言語道斷)의 체(體)의 면, 곧 이언진여(離言眞如), 그리고 무량공덕(無量功德)으로서의 상(相)의 면, 곧 의언진여(依言眞如)의 두 가지 방법으로 되어 있음을 알 수 있다.

(3) 용대(用大)

『기신론』은 '用大'를 설명하는 가운데에서 보신과 응신의 두 가지에 언급한다. 먼저 '用大'란 무슨 뜻인가를 검토해 보기로 하자. 전술한 입의분 중에서 '用大'는

能生一切世間出世間善因果故
一切諸佛本所乘故
一切菩薩皆乘此法到如來地故

라 하였다. 이와 같은 입의분의 뜻은 해석분 중에 잘 설명되어 있다.

① 眞如用者 所謂諸佛如來 本在因地 發大慈悲 修諸波羅蜜 攝化衆生
② 立大誓願 盡欲度脫等衆生界 亦不限劫數盡於未來
③ 以取一切衆生如己身故 而亦不取衆生相 此以何義 謂如實知一切衆生及與己身眞如平等無別異故
④ 以有如是大方便智 除滅無明 見本法身 自然而有不思議業種種之用 卽與眞如

等徧一切處

⑤ 又亦無有用相可得 何以故 謂諸佛如來 唯是法身智相之身 第一義諦 無有世諦境界 離於施作 但隨衆生見聞 得益故說爲用101)

용(用)이란 상(相)이나 마찬가지로 역시 하나의 결과다. 그러므로 거기에 대한 원인이 없을 수 없다. 진여의 용이 있게 되는 원인이 무엇이냐 그것을 밝히는 것이 본 항의 취지다. 원효에 의하면 그 원인으로서 세 가지가 열거되어 있다. 즉 본행(本行)과 본원(本願)과 대방편(大方便)이다. 위에 인용한 본문 중 ①이 본행(本行)을, ②가 본원(本願)을, 그리고 ③이 대방편(大方便)을 말하고 있으며, ④⑤는 이와 관련된 일반적 설명이다.

① 본행

제불여래란 말은 진여의 인격적 표현이다. 진여는 사람과 무관한 것이 아니므로 본래 인격적이 아닐 수 없다. 인간은 그 목적을 달성할 수가 없다. 그러한 선행적 노력을 본행이라고 하는 것이다. 본래 인지(因地)에 있을 때 행한 노력으로서 여기 본문에는 크게 나누어 세 가지 사실이 제시되어 있다. 대자비의 마음을 발하고, 모든 완덕(完德)을 다 닦고, 죄과(罪過)의 악보(惡報)에 얽매인 중생들을 도와 자유롭게 하기 위해서 한 사람도 버리지 않고 교화하는 이와 같은 일들을 한 까닭에 진여는 적극적으로 작용을 할 수가 있다는 것이다.

② 본원

무궁세(無窮世)에 이르는 중생섭화(衆生攝化)의 대서원을 말한다. 횡으로는 이 세상의 모든 중생을 한결같이 제도 해탈시키리라 원하고, 또 종으로는 시간에 제한을 둠이 없이 영원히 미래가 다할 때까지 그렇게 하리라 하는 원을 지녔다.

③ 대방편

그리고 일체중생에 대해서는 실로 자기 몸과 같이 생각하여 이 사람 저 사람 등 중생을 차별적으로 보지 않는 것이다. 이처럼 큰 방편은 또 없다. 그러면 이렇게 중생의 상(相)을 보지 않는 까닭은 무엇에 기인하느냐 하면, 그 제불여래는 일체중생과 자기 몸이 진여평등하여 따로 다름이 있는 것이 아니라는 사실을 잘 알고 있기 때문인 것이다. 우리는 이러한 것을 일컬어 원효가 동체대비(同體大悲)라고

101) 위의 책, 第3張.

한 것을 알고 있다.

④ 법신의 이타성

이와 같은 본행과 본원과 대방편은 무명을 제멸하고 법신을 증견(證見)하게 하는 원인이다. 법신을 증견한다는 것은 요컨대 자리(自利)의 결실이다. 그러나 제불여래는 결코 자리의 존재만은 아니다. 자리의 결실인 법신에는 이타(利他)의 용(用)이 따른다. 그 용은 자연한(anābhoga) 용이며, 불가사의한 용이다. 아무런 인위도 고의도 없이 자연히 불가사의한 업용(業用)을 일으키는 것이다. 그리고 이 업용은 진여의 체에서 나오는 용이므로 진여와 같이 일체처(一切處)에 변만(徧滿)한다.

⑤ 법신의 용의 의미

범부의 작용에는 그 상(相)이 따르게 마련이다. 그것은 변계소집상(遍計所執相)이 아니면 의타기상(依他起相)의 낙인을 받고 있다. 그러나 제불여래의 법신의 불가사의한 자연업용(自然業用)에는 상이 없다. 구태여 말하자면 그것은 원성실상(圓成實相)이다. 법신의 용에 상이 없는 이유는 법신이란 지상지신(智相之身), 곧 지혜(智慧)이고 자체(自體)이며 제일의제(第一義諦)며, 따라서 세제(世諦)의 경계가 없는 것이며, 시설조작(施設造作)을 모르는 바다. 다만 중생이 견문하는 바에 따라서 이익을 얻게끔 하는 것인 까닭이다(但隨衆生見聞 得益故說爲用). 견문을 하고 이익을 얻는 중생의 측에서 볼 때에 비로소 그것은 용이라고 불리는 것이다.

해동소는 『섭대승론』의 '譬如摩尼天鼓無思成自事'라는 구절을 인용, 그 용의 의미를 드러내 보이고 있다. 마니보주나 천상의 금고(金鼓)가 그 자체로서는 아무런 묘용(妙用)도 없으나 스스로 일을 성취함과 같다는 것이다.[102]

(4) 응신과 보신

법신을 중생은 그 견문하는 바에 따라 응신 또는 보신으로 받아들인다. 이 응신

---

102) 『보성론』 「僧寶品」의 다음과 같은 말은 『기신론』의 '用'에 관한 설명과 같은 의미를 지니고 있음을 알 수 있다.

> 及佛所作業者 同一時一切處一切時自然無分別隨順衆生心 隨順可化衆生根性不錯不謬 隨順作佛業 此處不可思議
>
> tatra jina-kriyā yugapat sarvatra sarva-kālam anābhogenāvikalpato yathāśa-yeṣu yathā-vainavikeṣu sattveṣv akṣūṇaṃ anuguṇam pravartara ity acintyam etat sthānam (中村, 앞의 책, pp. 45-46)

과 보신은 이를테면 법신의 두 가지 용으로서 중생이 본 바이다. 본문에 말하기를

> 此用有二種 云何爲二
> 一者 依分別事識 凡夫二乘心所見者 名爲應身 以不知轉識現故 見從外來 取色分齊 不能盡知故
> 二者 依於業識 謂諸菩薩 從初發意乃至菩薩究竟地心所見者 名爲報身 身有無量色 色有無量相 相有無量好 所住依果 亦有無量種種莊嚴 隨所示現 卽無有邊 不可窮盡 離分齊相 隨其所應常能住持 不毁不失 如是功德 皆因諸波羅密等無漏行熏及不思議熏之所成就 具足無量樂相 故說爲報身[103]

이 인용구에 의하면, 응신이란 범부(凡夫)·이승(二乘)의 분별사식(分別事識)에 의해서 보이게 된 바이며, 보신이란 제 보살의 업식(業識)에 의해서 보여진 바이다.

① 응신

범부·이승은 삼계(三界)가 오직 일심조(一心造)라는 유식(唯識)의 이치를 모르고 외계를 실재로 생각하는 그러한 분별사식(分別事識)을 일으키고 있다. 업식(業

103) T. 1666, pp. 579b-579c
마음이 생멸하는 인연에 관하여『기신론』의 설명을 충분히 이해하는 것은 매우 간요(肝要)하다. 여기에서는 業·轉·現·智·相續의 5식(五識)과 그 훈습에 관한 것을 본문에 따라 이해하도록 그 해당 본문만을 인용 적기해 둔다.

> 復次 生滅因緣者 所謂衆生 依心·意·意識轉故 此義云何 以依阿黎耶識 說有無明不覺而起 能見能現能取境界 起念相續 故說爲意
> 此意復有五種名 云何爲五
> 一者 名爲業識 謂無明力 不覺心動故
> 二者 名爲轉識 依於動心能見相故
> 三者 名爲現識 所謂能現一切境界 猶如明鏡現於色像 現識亦爾 隨其五塵對至卽現無有前後 以一切時任運而起常在前故
> 四者 名爲智識 謂分別染淨法故
> 五者 名爲相續識 以念相應不斷故
> 住持過去無量世等善惡之業令不失故 復能成熟現在未來苦樂等報無差違故 能令現在已經之事忽然而念 未來之事不覺妄慮……妄心熏習義有二種 云何爲二
> 一者 業識根本熏習 能受阿羅漢 辟支佛 一切菩薩生滅苦故
> 二者 增長分別事識熏習 能受凡夫業繫苦故
> 無明熏習義有二種 云何爲二
> 一者 根本熏習 以能成就業識義故
> 二者 所起見愛熏習 以能成就分別事識義故 (T.1666, pp. 577b, 578a-b)

識)으로부터 전식(轉識)이 생기고, 이 전식 위에 나타난 현식(現識)이 바로 일체의 경계로서, 응신(應身)도 결국은 현식 위에 나타난 영상(影像)에 불과함을 알지 못하고 밖으로부터 오는 것이라고 보고, 그 눈에 비치는 바 삼십이상·팔십종호 같은 형상의 구성에 집착하여 그 궁극적 의미를 알지 못하는 것이다. '取色分齊'란 물질적, 형태상의 어떤 제약을 가함을 말한다. 『기신론』의 영역자가 말하는 바와 같이 "to give a corporeal limitation"인 것이다. 이를테면 '分'은 limitation이고, '齊'는 measurement이다.[104]

응신에 관해 본문은 또 다음과 같이 말한다.

> 爲報身又爲凡夫所見者 是其麤色 隨於六道 各見不同 種種異類 非受樂相 故說爲應身

범부가 보는 바는 그 형태가 조잡하다. 육도에 따라서 각각 보는 바를 달리 한다. 그러나 이와 같이 상이한 여러 부류의 사람들이 보는 바는 열반의 낙(樂)을 수용(受用)하는 상(相)이 아니다. 그렇기 때문에 응신을 말하는 것이다.

② 보신

보신은 업식에 의해서 보여진 바이다. 원효는 말하기를[105] 십해(十解) 이상의 보살은 능히 유심(唯心)이며, 외진(外塵)이 의미하는 것임을 잘 아는 까닭에 업식에 따라 불신을 볼 수가 있다고 한다. 그리고 그 보살은 그 분제(分齊)가 사실은 무분제(無分齊)라고 아는 것이다. 그들 보살의 눈에 비치는 불신에는 무량한 형태가 있다. 그 특징이 무량무변하게 풍부하다. 그 불신이 거처하는 국토에도 무량한 가지가지의 장엄이 있다. 그 스스로 어디에나 나타나시어 보신은 무한하며 제약이 없으며, 그 응하는 바에 따라서 불력을 간직하여 조금도 손상하거나 상실함이 없다. 이와 같은 공덕은 모두 바라밀다 등 티 없이 온전한 행위의 훈습의 힘을 통해서 성취된 것이다. 그리하여 이 불신은 무량한 복덕의 속성을 다 갖추는 것이다. 그러므로 이러한 불신을 과보의 몸이라고 부르는 것이다.

또 본문은 이를 부연하여 다음과 같이 설명한다.

> 復次 初發意菩薩等所見者 以深信眞如法故 少分而見 知彼色相莊嚴等事 無來無

---

104) Suzuki, 앞의 책, p. 103.

105) 『大乘起信論疏記會本』 卷5, 第5, 6張

去離於分齊 唯依心現 不離眞如 然此菩薩 猶自分別 以未入法身位故 若得淨心 所見微妙 其用轉勝 乃至菩薩地盡 見之究竟 若離業識則無見相 以諸佛法身 無有彼此色相迭相見故[106]

초발의보살 등은 깊이 진여의 법을 믿는 까닭에 그 진여를 조금씩 볼 수가 있다. 그들은 불신을 볼 때에 그 색상(色相)이라든지 장엄 등의 일에 관해서도 이승(二乘)이 석존(釋尊)을 보는 바와 같이 카필라성 왕궁에 태어나셨다가 사라쌍수(娑羅雙樹) 밑에서 가셨다는 등, 오셨다 가셨다 하는 상을 보지 않고 완전히 분제를 떠나 오직 현식 위에 나타난 것으로서 사실은 진여와 다른 것이 아니라고 본다. 그러나 이 이전의 보살은 아직 분별지에서 벗어나지 못해 진여의 법을 완전히 깨닫지 못한 까닭에 법신 자리에 들어가지 못하고 있는 것이다. 만약 초지(初地)에서 정심(淨心)을 얻으면 어느 정도 그 소견이 미묘해지고 그 용도 또한 지전(地前) 보살보다는 나아진다. 그리하여 제10지에 이르러 비로소 진여법신을 볼 수가 있는 것이다. 만약 묘각위(妙覺位)에 달해 업식을 떠나면 전(轉)·현(現) 이식(二識)의 주객이 없으므로 볼만한 견상(見相)이 있을 수 없는 것이다. 왜냐하면 제불의 법신은 피차분별(彼此分別)의 상이 없는 까닭이다.

해동소는 『대승동성경(大乘同性經)』과 『금고경(金鼓經)』 및 『섭대승론』의 삼신설을 인용, 『기신론』의 설과 비교하면서 다음과 같이 이야기하고 있다.

『동성경』에서는 "예토의 성불을 화신이라 부르고, 정토의 성도를 보신이라고 부른다(穢土成佛名爲化身 淨土成道名報身)"라고 하고 있는데, 『금고경』에서는 "삼십이상·팔십종호 등의 상을 응신이라고 부르고, 육도(六道)의 모양에 따라서 나타나는 몸을 화신이라고 한다"라고 하고 있다. 그런데 『섭대승론』에 의하면 "지전(地前)의 보살이 보는 바를 변화신이라고 하고, 지상(地上)의 보살이 보는 바를 수용신이라고 한다"라고 하였다. 그런데 『기신론』에서는 "범부·이승의 소견(所見)인 육도 차별의 상을 응신이라고 부르고, 십해(十解) 이상의 보살이 보는 바 분제색(分齊色)을 떠난 것을 보신이라고 한다"라고 하였다. 이와 같이 차이가 있는 것은 법문이 무량하고 오직 한 갈래 길이 아닌 까닭에 여러 가지 시설(施設)한 바에 따라 모두 도리가 있는 까닭이다.

『섭대승론』에서는 지전 보살이 아직 산란한 마음으로 본 것을 분제상(分齊相)이 있다고 말한 까닭에 화신에 속하게 했고, 지금 『기신론』에서는 이 보살이 삼매 중에 본 바가 분제의 상을 떠나 있음을 밝히는 까닭에 보신에 속하게 한 것이다. 그

106) T.1509, p. 579c.

러므로 서로 다른 것이 아니다.[107]

(5) 법신과 색상

제불의 법신은 색상을 떠나 있다고 하였다. 그렇다면 색상을 떠난 그 법신이 색상을 어떻게 능히 나타낼 수 있는가? 이러한 의문이 있을 수 있다.

이에 대해서 본문은 다음과 같이 대답한다.

> 卽此法身是色體故 能現於色 所謂從本已來色心不二 以色性卽智故 色體無形 說名智身 以智性卽色 故說名法身 徧一切處 所現之色 無有分齊 隨心能示十方世界 無量菩薩 無量報身 無量莊嚴 各各差別 皆無分齊 而不相妨 此非心識分別能知 以眞如自在用義故[108]

이 법신은 바로 모든 색의 본체다. 그러므로 능히 색을 나타낼 수 있는 것이다. 말하자면 원래 색(色)과 심(心)은 둘이 아니라 하나다. 色心不二, 곧 근본적인 의미에서 말하면, 색은 생멸심, 곧 업식이 전(轉)·현(現)하면서 생긴 것이므로 색즉심(色卽心)이요, 심즉색(心卽色)이다. 물론 이 생멸심의 작용을 지(智)라고 이름 붙일 수도 있을 것이다. 색의 본성은 곧 지(智)를 떠나 있을 수 없다. 그러므로 그 색의 체는 무형(無形)으로서 지신(智身)이라고 부를 수가 있다. 또 지(智)의 본성은 곧 색을 떠나서 있을 수 없다. 그러므로 법신이 어디에든지 없는 데 없이 변만(徧滿)하다고 말한다. 이와 같이 색심(色心)이 불이(不二)이고, '色性卽智 智性卽色'인 까닭에 나타나게 될 색에도 일정한 제약과 척도가 있는 것이 아니다. 마음의 상태에 따라 능히 무한의 가능성을 보이는 것이다. 곧 이 시방세계에 무량한 보살, 무량한 보신, 무량한 장엄을 시현(示現)하되 각각 차별이 있고 하나도 획일적인 규격이 있는 것이 아니며, 그렇다고 서로 엇갈려서 하나가 다른 하나를 방해하는 바와 같은 일이 없는 것이다. 이와 같은 이치는 범부의 망상분별로써 능히 측량할 수 있는 바가 아니다. 왜냐하면 그것은 진여의 자재로운 작용인 까닭이다.

7) 『대승장엄경론』의 설

『대승장엄경론(大乘莊嚴經論)』[109]은 법신(法身, dharmakāya, dharmata, dharma-maya),

---

107) 『大乘起信論疏記會本』 卷5 第5, 6張.

108) T.1509, p. 579c.

109) 이 논문의 p. 21 해제 참조.

식신(食身, sāṃbhogikakāya, sāmbhogya), 화신(化身, nirmāṇakāya, nirmāṇikakāya)의 3종 불신을 이야기하면서 이를 사지(四智)와 대응시켜 설명하고 있다. 여기에 식신(食身)이라고 번역한 것의 원어가 위에서 보는 바와 같이 sāṃbhogika-kāya이므로,[110] 이는 수용신 또는 보신이라고 번역해도 무관한 것이기 때문에 삼신의 이름 자체에 있어서는 다른 대승 불전과 별로 다름이 없다.

본론에 의하면 불신은 ① 섭지(攝持, dhāraṇa), ② 등심(等心, samacittatā, samāśaya), ③ 개법(開法, samyagdharmaprakāśana), ④ 작사(作事, kārya karaṇa)의 네 가지 이익(artha)이 있으므로 ① 경지(鏡智, ādarśa-jñāna), ② 평등지(平等智, samatā-jñāna), ③ 관지(觀智, pratyavekṣaṇakajñāna, pratyavekṣā-jñāna), ④ 사지(事智, kārya-jñāna, kṛtyajñāna)의 사지(四智)가 차례로 일어난다고 말하고, 그 이유를 다음과 같이 지적하고 있다.

① 謂聞法攝持故
② 謂於一切衆生得自他平等故
③ 謂演說正法故
④ 謂起種種化業故

그리고 법(法)·식(食)·화(化)의 삼신을 각각 ① 법신을 경지(鏡智)에, 또 ② 법신을 평등지(平等智)에, ③ 식신(食身)을 관지(觀智)에, ④ 화신을 사지(事智)에 대응시키고 있다.

그런데 신라의 원효는 그의 『금강삼매경론』에서 역시 이 사지와 관련시켜 '귀일심원(歸一心源)'의 연기(緣起)를 설명하고 『장엄경론』과 거의 같은 이야기를 하고 있으므로, 이를 같이 배합하여 이 양자의 소설(所說)을 하나로 표기하면 별표와 같이 되는 것이다. 표 중 점선 위에 기록한 것은 원효의 소설이고, 하반부는 『대승장엄경론』의 소설이다.[111]

---

110) G.M. Nagao, Index to the Mahāyāna-sūtrālaṃkāra, part 2 (Tokyo: Nippon gakujutsu shinkokai, 1961), p. 167 이하.

111) 원효의 所說은 『金剛三昧經論』(동국대학교)에서 인용. 원효는 "性无有覺 覺則爲覺 善男子 覺知无覺 諸識則入 何以故 金剛智地解脫道斷 斷已入无住地 无有出入 心處无在決定性地 其地淸淨如淨瑠璃 性常平等 如彼大地 覺妙觀察 如慧日光 利成得本 如大法雨 入是智者 是入佛智地 入智地者諸識不生"라고 한 경문을 논하면서 다음과 같이 말하고 있다.

一心顯時 八識皆轉 故於是時 四智圓滿 所以然者 卽此一心 離闇成明 明白淸淨 无影不照 故言其地淸淨如淨瑠璃 是顯大圓鏡智之義 卽此一心 遠離二邊通達自他平等无二 故言性常平

『금강삼매경론』

1. 定智	2. 不定智	3. 涅槃智	4. 究竟智
平等性智	妙觀察智	成所作智	大圓鏡智
唯在正觀	在第六識	能現八相	唯究竟位
不作方便	方便進取	而作佛事	得此智故
故名定智	故名不定	擧最後相	於一切境
對治末那	方便道時	名涅槃智	无不窮故
我我所執	推求摧破	除滅五識	入一實義
隨觀平等	名事等相	而得此智	故名入實
故曰隨如	故曰摧破	此是義故	无境不現
	此智實通	名除電覺	名具足道
	方便正觀	謂五識	
		乍起乍滅	
		如電光故	

『대승장엄경론』

1. 鏡智…第八識轉得

鏡智緣無分(於一切境界 不作分段緣)

相續恒不斷(於一切時 常行不斷絶)

等如彼大地 是顯平等性智之義 如是一心 无所觀故 於諸法門 无不觀察 故言覺妙觀察如慧日光 是明妙觀察智之義 如是一心 无所作故 於利他事 无所不作故言 利成得本如大法雨 雨潤萬物 令成菓實 此智亦尒利他事成 令得本覺 是明成所作智之義 四智旣圓 是始覺滿也 (pp. 125-127)

또 經에 "佛言 其智无窮 略而言之 其智有四 何者爲四 一者定智 所謂隨如 二者不定智 所謂方便摧破 三者涅槃智 所謂除電覺 四者究竟智 所謂入實具足道 長者 如是四大事用 過去諸佛所說 是大橋梁 是大津濟 若化衆生應用是智"라고 한 것을 논하는 가운데에 원효는 다음과 같이 말한다.

言定智者 平等性智 唯在正觀 不作方便 故名定智 對治末那 我我所執 隨觀平等 故曰隨如 不定智者 妙觀察智 在第六識 方便進取 故名不定 方便道時 推求摧破名事等相 故曰摧破 此智實通方便正觀 但爲別定智故 略擧方便耳 涅槃智者 成所作智 能現八相 而作佛事 擧最後相 名涅槃智 除滅五識 而得此智 以是義故 名除電覺 電覺者 謂五識乍起乍滅 如電光故 究竟智者 大圓鏡智 唯究竟位 得此智故 於一切境 无不窮故 入一實義 故名入實 无境不現 名具足道 總明中言 四大事用者 用无不周故 諸佛所說者 諸佛道同故 大橋梁者 以是四智載三乘人 令到一乘之彼岸故 大津濟者用此四智 遍涉六道 示出世道 度愛河故 是故化者應 用是智也 (pp. 245-247)

『대승장엄경론』의 인용문은 T.1604, p.607a-b 참소.

不愚諸所識(了知一切境界 障永盡)
諸相不現前(於諸境界 離行相緣無分別)
鏡智諸智因
說是大智藏
餘身及餘智
像現從此起
(法身)
攝持

2. 平等智…第七識轉得
衆生平等智
修淨證菩提
不住於涅槃 以無究竟故 (由衆生無盡故 無究竟 無究竟故 不住涅槃)
大慈與大悲
是二恒無絶
衆生若有信
佛像卽現前
(法身)
等心

3. 觀智…第六識轉得
觀智識所識
恒時無有礙
此智如大藏
總持三昧依
(譬如大藏 與一切陀羅尼門 一切三昧門 而爲依止)
恒在大衆中
種種皆示現
能斷諸疑網
雨大法雨故
(食身)
開法

4. 事智…前五識轉得
事智於諸界
種種化事起
無量不思議
爲利群生故
(化身)
作事

Ⅳ. 삼신설(三身說)의 이해 — 결어

우리는 상술한 여러 불전의 검토를 통하여 모든 소승 경전은 불신에 관한 복잡한 이론을 전개하지 않고 있는 사실, 그리고 그 성립연대가 후대인 것일수록 불신에 관한 언급은 복잡해지고 있는 사실을 알았다. 우리는 본 논문에 있어서는 그와 같이 다소 다양성을 띠기 시작한 불신설에 관해서만 언급을 했고, 불신에 관한 단순한 언급밖에는 하고 있지 않는 것을 들추어내지 않았다. 실로 그러한 것을 일일이 매거(枚擧)하자면 한이 없기 때문이다. 『증일아함』, 『잡아함』이 아함 중에서는 가장 발전된 이론을 포함하고 있다는 것은 이미 주지의 사실이지만, 역시 불신에 관하여도 다른 아함에 없는 새로운 이론이 전개되어 있다. 그러나 아직도 그 불신 논의는 소박한 형태를 벗어나지 못하고 있다. 『대지도론』을 제외한 다른 불전, 곧 『대비바사론』, 『성실론』, 『이부종륜론』, 『살파다비니바사』 등은 소승경론들이지만, 『대지도론』까지를 포함하여 이 모든 불전들은 앞의 두 아함의 이론을 답습하여 약간 발전시킨 정도에 그쳤다. 그 경과에 관하여는 이미 그때그때에 언급된 바 있다.

삼신설은 분명히 대승불교의 소산이다. 대승불전 중에서도 『금광명경』, 『입능가경』의 두 경과 『섭대승론』, 『대승기신론』 등의 논서는 특히 3종 불신에 관한 이론적 해명에 주력한 불전들이며 그 밖의 몇몇 논서가 삼신의 명칭을 직접 열거하거나, 또는 직접 열거하지는 않지만 불신의 문제를 다루고 있다. 우리는 본 연구에 있어서 그 전모를 망라하여 서술하지는 못했지만, 그 가장 중요한 논의의 대요를 말해 왔다. 우리는 지금 이 여러 가지 다양한 이론들을 종합적으로 이해할 필요가 있다고 생각한다.

우리는 대승불전이 우리에게 남겨준 상술한 바와 같은 불신설, 특히 삼신설을 제 경론의 주장을 대조적으로 상호 관련지어 검토하면서 삼신설 이해의 관건은 어디까지나 법신에 관한 이해에 있으며, 나머지 이신(二身)에 관한 이해는 그것을 기초로 하여 이루어지리라는 것을 말하지 않을 수 없다. 나머지 이신에 관하여는 명칭의 차이가 먼저 눈에 띄며, 다음에 이신의 차별이 무엇에 기준을 두고 있는지, 그리고 이신의 구별은 과연 반드시 필요했던 것인지 이러한 의문들이 생긴다. 이러한 문제들을 해명하는 과제가 둘째 과제로 제기될 것이다. 셋째로 우리는 삼신으로 나뉘어 설명되어 있지만 사실 삼신은 불가분리의 관계에 있으며, 그것은 불·법·승 삼보의 대승적 의미와도 밀접한 관계가 있음을 지적하지 않으면 안 될 것이다. 우리는 이렇게 이해함으로써 불신에 관한 새로운 대승적 이념을 천명해 볼 수 있으리라고 생각하며 그것이 또한 현대의 종교상 제 문제의 해결에도 다소간 기여할 수 있었으면 하는 것이 필자의 소원인 것이다. 우리는 이제 전기(前記)한 세 가지 과제의 해결로써 이 논문의 결어로 삼고자 하는 것이다.

1. 법신에 관한 이해

(1) 법신(dharmakāya)이란 말은 불교사상사(思想史)상 상당히 오래 전부터 알려진 용어이다. 그러나 대승불교 경론에 와서 비로소 그 의미는 정립을 보기 시작했다. 초기 대승불전에 속하는 『대지도론』이 말하는 법신은 아직도 그 모호성을 벗어나지 못하고 있다.

법신이란 용어에 관해서는 법성신(法性身)이라고 한 경우가 더러 있고, 『섭대승론』이나 『불지경론』 같은 데서는 자성신(自性身, svābhāvikakāya)이라고 부르고 있는데, 이것은 다소 후대에 와서 관용적으로 법신과 병행해서 쓰이게 된 용어가 아니었든가 한다.

하나의 사물을 체·상·용의 세 가지 면에서 관찰하고 표현하는 새로운 방법을 도입한 『대승기신론』에 의하면 불신의 체(體)와 상(相)이 바로 법신을 지적하는 것으로 되어 있다. 『기신론』은 그러면서 보신과 응신을 그 용(用)으로 보고 있는 것이다. 이와 같이 법신을 불신의 가장 근원적인 체로 보는 견해는 비록 『기신론』에서 비로소 공공연히 천명된 사실이기는 하나, 상술한 다른 모든 대승 불전이 한결같이 일치된 견해를 표명하는 점이기도 하다.

법신(『섭대승론』에서는 自性身)에 관해서 가장 많은 설명을 붙이고 있는 『섭대승론』은 위에서 본 바와 같이 열 가지 면에서 법신의 의미를 천명했는데, 그 중에서 ④의지(依止)로서의 법신을 말하면서 그것은 종종(種種) 제불(諸佛)의 주처(住處, nānābuddhavihāra)이며, 제수용신(諸受用身, sambhogakāya), 제변화신(諸變化身, nirmāṇakāya)의 의지라고 명언하고 있다. 『금광명경』도 화신(化身, nirmāṇakāya)과 응신(應身, sambhogakāya)은 가명유(假名有)이지만, 법신은 진유(眞有)라고 설명하고 있다. 『대승장엄경론』도 법신을 대원경지(大圓鏡智; 『금강삼매경론』에서는 究竟智), 평등성지(平等性智; 『금강삼매경론』에서는 定智)라고 규정하면서, 특히 대원경지를 "以不動爲相 餘三智之所依止"라고 한다. 법신을 반야지혜에 해당시키면서 그 근원적 성격을 표명하는 견해는 『대지도론』에도 나와 있었다.

『대지도론』은 불신이란 반야바라밀 이외의 아무 것도 아니라 선언하고, "般若波羅蜜是諸佛母 是因緣故諸佛依止般若波羅蜜住"라 하고 있는 것이다. 『금광명경』도 법신을 '法如如如如智'라고 하는 것이 『대지도론』과 동일한 주장인데 이 경은 "依法如如如如智 一切佛法得自在成就 是爲第一不可思議"라 한다. 『능가경』은 구체적으로 그와 동일한 언명은 하지 않고 있지만, 스스로 "의지처가 없으며, 마음의 자성상(自性相)에 의해 결박되지 않음"을 말하면서 그 근원적 성격, 그 주체적 성격을 나타내 보이고 있다고 하겠다. 이 모든 논의들은 『기신론』의 주장을 명백히 뒷받침해 주는 것이라고 할 것이다. 『기신론』은 "제불법신(諸佛法身)이 색상(色相)을 떠난 것이라면 어떻게 능히 색상을 나타낼 수가 있는가?" 하는 의문에 대하여 대답하면서 "법신은 색의 체이므로 색을 나타낼 수가 있다"고 하였다. 그러므로 우리는 상술한 제 불전의 법신 논의를 통해, 첫째, 법신은 보신(또는 응신, 수용신) 및 응신(또는 화신, 변화신, 응화신)이 나타날 수 있게 되는 체임을 알 수 있다. '체'라고 한' 것은 모든 현현·작용의 모체란 말이며, 근원이란 말이다.

(2) 그러나 법신은 개념이 아니며 삼계의 어떤 물체가 아니다. 그것은 증득(證得)되어야 하는 것이며(『섭대승론』) 수행을 통해서만 나타나는 것이다. 『기신론』은 그 법신을 우리의 마음의 논리적 탐구의 결론으로서 다음과 같이 말한 바 있다. "제불여래는 본래 인지(因地)에 계실 때, 대자비를 발하고 제 바라밀을 수(修)하고 중생을 섭화(攝化)하고, 미래가 다할 때까지 일체중생을 자기 몸과 같이 생각하여 그들을 제도하겠다고 대서원을 세웠다."

그리하여 "이와 같은 대방편지가 있음으로 말미암아 무명을 제멸(除滅)하고 '본법신(本法身)'을 볼 수가 있게 되었고, 자연히 불가사의한 여러 가지 용(用)을 일으킬 수가 있게 되었다." 『대승장엄경론』이 말하는 "대원경지(大圓鏡智)는 오직 구경위(究竟位)에서 얻어지는 것이며, 일체경계로서 밝히지 못하는 것이 없으며, 일실의(一實義)에 들어갔기 때문에 '입실(入實)'이라고 하며, 경계치고 나타나지 않는 경계가 없으므로 구족도(具足道)라고 부른다"고 한 말도 같은 뜻을 이야기해 주는 것이다. 그러므로 법신은 어떤 객관적 대상이 되는 개념이나 물체나 또는 환각이나 망상이 아니라, 수행의 결과로 비로소 보여지는 것이다.

(3) 법신은 우리의 마음을 떠나 다른 곳에서 찾을 수 없다. 법신은 우리의 마음 속에서 우리의 마음을 통하여 비로소 증득될 수 있는 것이다. 이러한 사실은 『기신론』이 그 전론(全論)에서 빈틈없는 논리로써 강력히 주장하는 바이다. 『기신론』은 심진여(心眞如)의 체(體)와 상(相)을 법신이라고 했다. 그리고 그 마음을 대승 또는 여래장, 여래법신이라고 불렀던 사실을 우리는 알고 있다. 그런데 이와 꼭 같은 이야기가 『금광명경』에 뚜렷이 나타난 바 있다. 거기에서 법신은 대승이요, 여래성(如來性)이요, 여래장이라고 명언되어 있다.

『기신론』의 심진여는 본각(本覺)이며 시각(始覺)이며 구경각(究竟覺)이라고 불리듯이 각(覺)이다. 즉 지혜다. 그것은 법계를 변조하는 대지혜광명이다. 그것은 지신(智身)이다. 『대지도론』이 말하는 반야바라밀이다. 그리고 『금광명경』이 말하는 법여여(法如如)·여여지(如如智)이다. 『묘법연화경우파제사』는 법신을 "如來藏性 淨涅槃 常恒淸凉不變等義"라고 하였다. 그것은 또한 『대승장엄경론』이 말하는 경지(鏡智), 평등지(平等智)이다.

그런데 그 지혜는 다시 말하거니와 결코 어떤 대상적 객체가 아니다. 그것은 법신 자체가 지닌 본원력(本願力)을 중생이 감득(感得)하는 바에 따라서 나타나는 실존적 성격을 지니고 있다. 『기신론』은 "제불여래는 오직 법신지상지신(法身智相之身)이며, 제일의제(第一義諦)로서 세제(世諦) 경계(境界)가 없다. 시설(施設)과 조작(造作)을 떠나 있지만, 다른 중생이 견문하는 바에 따라 이익을 얻는다"고 하였던 것이다.

(4) 여래법신인 심진여는 『기신론』에서 이언진여(離言眞如)와 의언진여(依言眞如)의 두 가지로 설명되었다. 그러나 본래 언어도단(言語道斷)인 심진여는 말로써 설명한다 하더라도 인언견언(因言遣言), 곧 말로써 말을 버리게 하는 구실밖에는 하지 못한다.

우리는 (1)에서 이미 여래법신인 심진여의 이언설(離言說)의 성격에 언급한 바 있다. 『대지도론』에서도 말하는 바와 같이 법신은 무상(無相)한 것이며, "過一切種相 非執相境界"인 까닭에 "不一不二라고 부른다"(『금광명경』). 『섭대승론』이 자성신(진신, 법신)을 무이(無二), 상주(常住), 불가사의(不可思議)한 것이라고 하고, 또 심심(甚深)을 그 특징으로 설명하면서(위의 pp.71-76 참조) 무상(無生)을 상(生)으로 하고 무주(無住)를 주(住)로 한다는 등의 표현을 쓴 것이 모두 이에 해당하는 말인 것이다. 『불지경론』도 자성신은 "無差別戲論色像"이라고 잘라 말하고 있다. 『대승장엄경론』의 경지(鏡智)를 설명하는 게송과 이에 대한 주해에 다음과 같은 구절이 있었다.

鏡智緣無分～於一切境界不作分段緣
相續恒不斷～於一切時常行不斷絶
不愚諸所識～了知一切境界障永盡
諸相不現前～於諸境界 離行相緣無分別

경지, 곧 법신은 적어도 의타기성이나 변계소집성을 떠나 있다. 인연소기(因緣所起)가 아니다. 그러한 분별이 없는 것이다. 따라서 일체의 경계, 일체시(一切時)가 장애가 되지 아니한다.

우리는 이와 같은 무상(無相)·무경계(無境界)·이언설(離言說) 등으로 표현된 것을 여래법신의 그 자체를 말하는 것이라고 보고, 법신을 말하기 위하여 그것만으로는 족하지 않으므로 그 상(相)을 말해야 한다고 생각한 『기신론』의 견지는 충분히 이해될 만한 것이라고 생각한다. 『기신론』은 그러한 필요성을 확실히 밝히고 법신을 체대(體大)·상대(相大)로 나누어 설명했지만, 다른 불전들은 체·상·용 삼대(三大)의 설명법을 쓰지 않았다. 그러나 다른 설명들에도 같은 의도가 나타나 있음을 볼 수 있는 것이다. 『대지도론』도 법신을 말하면서 세제(世諦)·복도(福道)로 말하므로 삼십이상을 설하고 제일의제(第一義諦)·혜도(慧道)로 말하므로 무상(無相)을 설한다고 하였다. 이 두 가지 설명 중 그 어느 하나만 이야기 하고 만다면 법신을 올바로 설한 것이 못되는 것으로 여기고 있다. 이는 지극히 타당한 견해인 것이다.

『금광명경』도 법신을 설명하면서

爲欲滅除一切諸煩惱等障
爲欲具足一切諸善法故
惟有如如如如智

라고 한 바 있는데, 하나는 '이언진여(離言眞如)'인 체를 말하는 것이요, 또 하나는 '의언진여(依言眞如)'인 그 체의 상을 말하는 것으로 이들은 불가분리의 관계에 있음을 밝힌 것이다. 같은 경은 법여여(法如如)가 자리익(自利益)을, 여여지(如如智)가 이익타(利益他)를 나타낸 것이라고 하였지만, 이 역시 『보성론(寶性論)』이 무위(無爲)·무공용비연타각(無功用非緣他覺)은 자리의 성취를, 지혜(智慧)·대비(大悲)·역능(力能)은 이타의 성취를 말하는 것이라고 한 것과 마찬가지로 자리는 체를, 이타는 상을 나타내는 것이라고 보아야 할 것이다. 『섭대승론』은 법신의 열 가지 설명 중 그 체와 상을 나타내는 여러 가지 항목을 나열한 바 있다. ① 상(相)과 ⑦ 덕(德)

등은 그 상을 말하는 가장 두드러진 항목이다.

그러나『섭대승론』의 자성신에 관한 열 가지 항목에 걸친 설명은 자연히 자성신에만 국한되지 않고, 나머지 수용·변화의 이신(二身)과도 관련이 있는 설명으로 번지고 있다. 이것은 뒤에도 이야기될 것이지만 체·상·용의 불가분리의 관계를 이야기하는 것이라 하겠다. 법신을 체·상으로 설명하는 또 하나의 예는『대승장엄경론』에도 나타나 있다. 법신을 경지(鏡智)와 평등지(平等智)에 배(配)하고 경지로 하여금 그 체를, 그리고 평등지로 하여금 그 상을 나타내게끔 한다.『기신론』이 법신을 무량공덕장(無量功德藏)이라고 한 같은 뜻이『금광명경』에 법신의 제 공덕을 설하는 부분에도 나타나 있음을 지적하면서 우리는 법신에 관한 항을 마친다.

2. 나머지 이신(二身)에 관한 이해

1) 명칭의 차이

적어도 우리가 알 수 있는 범본과 티베트 역본을 참조하면서 삼신의 범어 명칭을 보면 대강 다음과 같은 몇 가지가 있었다.

① dharmakāya(dharmatākāya), svābhāvikakāya
② saṃbhogakāya, niṣyandakāya
③ nirmāṇakāya(nirmaṇonirmitakāya)

이것이 다음과 같이 달리 한역됨에 따라 약간의 혼동이 생겼던 것이다.

① 法身, 法身, 法佛, 法性身, 法身, 自性身.
② 報身, 應身, 報佛, 報身, 食身, 受用身.
③ 應身, 化身, 化佛, 應化身, 化身, 變化身.

법신이란 역어에 관해서는 문제가 없지만 saṃbhogakāya에 관해서는 '報身'이라고 번역하는 일이 지배적이고, nirmāṇakāya에 관해서는 '化身'이라고 번역하는 일이 지배적이다. saṃbhogakāya 대신에 niṣyandakāya라고 한 일이 한 번 있는데, 이것은 앞서도 말한 바와 같이 ni-√syand(to flow or trickle down, flow into)란 동사에서 파생한 명사로서 necessary consequence 또는 result를 뜻하는 말이므로 한역에서는 '法性所流佛'이라고 번역된 바 있었다. saṃbhogakāya의 saṃbhoga는

saṃ-√bhuj란 동사를 그 어원으로 한다. 동사 √bhuj는 to enjoy, use, possess, 특히 to enjoy a meal, eat의 뜻으로, 또 to suffer, experience, be requited or rewarded for 등의 뜻으로 『리그베다』에 그 용례가 많고, 『마하바라타』에서는 to make use of, utilize, exploit 등의 뜻으로 쓰였으며, 또 to take possession of, rule, govern의 뜻으로도 사용되었다. 그 명사형 bhoga에 saṃ이란 접두사가 붙은 것이다. saṃ은 그리스어의 συμ, 라틴어의 con이나 마찬가지로 conjunction, union ,thoroughness, intensity, completeness를 표시하는 말이다. 따라서 saṃ-bhoga를 complete enjoyment, pleasure 등으로 번역하기가 일쑤였다. 그리하여 앞서 보아 온 바와 같이 saṃbhogakāya를 'body of enjoyment'로 옮기는 것이 항례(恒例)이다. 이 말을 보신이라고 옮겼을 때 그 '보(報)'에는 '과보(果報)의 수용(受用)'이란 뜻이 담겨 있는 것이라고 보아야 하겠다. 그것을 『금광명경』이 '應身'이라고 번역한 것은 확실히 잘못이라고 보는 것이 타당하다.

nirmāṇakāya에 대해서는 이미 언급하였으므로 재론하지 않지만 이 말을 '化身', '化佛' 또는 '應身', '應化身', '變化身'이라 한 것에 우리는 이의를 제기할 필요가 없다고 생각한다.

2) 이신의 공통성과 차별성

그러면 보신·화신의 차별은 어떠한 근거 밑에서 이루어진 것일까?

우리는 이신(二身)의 차별을 말하기 전에 먼저 이신의 공통점에 관해서 이야기할 필요가 있다고 느낀다. 이신은 우선 법신에 대하여 가명유(假名有)라는 점에서 같다. 이신이 모두 법신을 의지로 하고 그로부터 나온 것이라는 점, 『기신론』식으로 말하면 이신이 다 법신의 용(用)이라는 점이 같다. 『불지경론』은 "수용·변화 이신이 본원력(本願力) 자승행력(自勝行力)으로 말미암아 종종중상(種種衆相)을 생기(生起)하고 제불정토(諸佛淨土)를 원만(圓滿)한다"고 하였다. 또 이신은 법신이 무여열반인 데 반해, 모두 유여열반이다.

그러면 법신의 용(用)인 이신(二身)은 어떻게 구별되는가가 문제다. 이에 대해서 『기신론』은 가장 뚜렷한 해명을 해주고 있다. 화신은 '분별사식(分別事識)에 의해서 범부·이승의 마음이 보는 바'며 보신은 '업식에 의해서 제 보살의 마음이 보는 바'라고 하였다. 『금광명경』은 제복도(諸伏道)에 의해서 기사심(起事心)이 다하면 화신이 나타나 제불(諸佛)과 동사(同事)하고, 법단도(法斷道)에 의해서 의근본심(依根本心)이 다하면 보신이 나타나 제불과 동의(同意)한다고 하였다.

『금광명경』이 말하는 기사심을 분별사식과 같은 것으로 보고, 그 의근본심을 업식(業識)과 같은 것으로 본다면 그 두 가지 주장은 일치한다고 할 수가 있다. 『금광명경』이 말하는 '제복도(諸伏道)'란 『기신론』의 팔식(八識) 가운데 제7식 중의 전(轉)·현(現)·지(智)·상속(相續)의 제식(諸識)과 전육식(前六識)의 수준에서 수행함과 관련이 있는 것이며, 『금광명경』의 소위 '법단도(法斷道)'란 『기신론』의 업식과 관련이 있다. 『기신론』은 중생의 망심 속의 정법(淨法)으로 말미암아 점차 본각인 심진여로 환귀(還歸)하는 과정을 정법훈습(淨法熏習) 중의 정법훈습이라고 하고, 이를 다시 구분하여 분별사식훈습(分別事識熏習: 범부·이승의 점차적인 趣向)과 의훈습(意熏習: 보살의 趣向)으로 나누어 설명하였다. 응신, 곧 화신은 범부와 이승이 분별사식을 가지고 수행할 때에 아직도 그 깨달음이 미진하여, 마치 외계로부터 오는 대상이 있는 것처럼 생각하여 취색분제(取色分齊)하기 때문에 생기는 법신의 용(用)이다. 그리고 보신은 초발의(初發意)보살에서부터 구경지(究竟地)보살에 이르기까지 제 보살이 한층 더 높은 단계에서 모든 공덕은 구족되고 아름다움의 극치가 나타나 무량한 낙(樂)의 상(相)을 구족한 과보수용(果報受用)의 신(身)을 볼 때에 이를 지칭하는 것인데, 이것이 역시 법신의 용임은 물론이며, 이 보살들에게는 낮은 단계의 분별사식은 없으나 업식이 남아 있으므로 그와 같은 상을 보게 되는 것이다. 따라서 『기신론』은 범부가 보는 화신(진제 역의 응신)이 보다 세속적인 가견(可見), 가촉(可觸), 가설적(可說的)인 성격을 지니고 있고, 보는 자에 따라 상이한 변화가 있을 수 있음에 반하여, 보신은 그와 같은 가변적 성격이 없는 것이라고 하였다.

이 점에 있어서도 『금광명경』은 같은 견해를 제시하고 있다. 곧 화신은 "隨衆生意 有多種故 現種種相 是故說多"라고 하고, 보신은 "弟子一意故 現一相 是故說一"이라고 한 것이다. 『대지도론』이나 『마하바스투』의 표현을 빌리면 화신은 '隨衆生現身佛'이다. 『묘법연화경우파제사』도 화신을 '隨所應見而爲示現'이라고 하였다.

보신을 일상(一相)이라고 한 정신은 삼십이상·팔십종호의 대사상(大士相)으로서 구체화되었는데, 많은 불전이 이에 동조하고 있고, 이를 뒤집는 반대된 견해를 발견할 수 없다. 『금광명경』은 그 일상이 삼십이상·팔십종호임을 다섯 가지 이유를 들어 이야기 하고 있는데, 이는 『대지도론』이 "福道故說三十二相", "世諦故說三十二相"이라고 한 말을 부연 발전시킨 것이다.

보신은 『묘법연화경우파제사』나 『기신론』이 지적하는 바와 같이 십지(十地)의 수행의 만족이라는 사실과도 관련되어 있다. 그런데 『섭대승론』 소설(所說)에 의하면 그러한 모든 공덕상(功德相)은 자성신(自性身)의 공덕상(功德相) 그대로이기 때문에 보신은 요컨대 '法身所流佛'이고 '等流佛'인 것이다.

『금강삼매경론』은 화신을 성소작지(成所作智)에 배(配)하고, 다음과 같이 말한다.

能現八相而作佛事 擧最後相名涅槃智 除滅五識而得此智 以是義故名除電覺 謂五識乍起乍滅 如電光故

여기에서도 우리는 화신이 분별사식과 관련이 있음을 알 수 있다. 화신은 일하는 신(身)이다. 『대승장엄경론』은 보신을 관지(觀智, 妙觀察智)에 배하고 그 특징을 개법(開法)이라고 하면서, 화신을 사지(事智), 곧 성소작지에 배하고, 그 특색을 작사(作事)에 있다고 하였다. 『대지도론』은 일찍이 법성생신불(法性生身佛)이 무사부제(無事不濟), 무원불비(無願不備)라고 했지만, 보・화 이신(二身)을 법신과 구별함을 모르던 동론(同論)으로서는 법성생신불이라는 다소 새로운 개념 아래 화신사상의 맹아를 싹트게 하고 있는 듯하다. 앞서 말한 바와 같이 『금광명경』이 일체 제불이 화신에 있어서 제불과 동사(同事)한다고 이야기하면서 법신은 동체(同體), 보신은 동의(同意), 화신은 동사(同事)를 그 특징으로 한다고 한 것은 매우 흥미 있는 지적인 것 같다.

우리는 체(體)・의(意)・사(事)를 체・상・용과도 유비(類比)시켜 볼 수가 있다고 생각하는 것이다. 이 점에 관해서는 『섭대승론』의 저자도 같은 견해를 부지불식중에 드러내고 있다. 동론(同論)에서 자성신을 열 가지 각도에서 설명하는 가운데에 ⑥ 차별(差別)의 항에 이르러 자성신에는 차별이 있다고도 할 수 있지만 차별이 없는 것이라고 말하면서, 그 '有差別'한 이유를 많은 사람들이 등각(等覺)에 도달하니까 '有差別'이라 하고, 그 '無差別'의 이유를 "의지(依止)와 의락(意樂)과 그 작용(作用)이 같은 까닭"이라고 하였다. 우리는 이 삼자가 각각 체(依止), 상(意樂), 용(作用)에 해당되는 것이라고 보고 싶은 것이다.

다시 본론으로 되돌아와 『능가경』의 화불론(化佛論)을 보자. 이 경의 화불은 적극적 감화(感化)란 일 가운데에 나타나는 불(佛)이다. 육도(六度)를 실천케 하고, 현실세계의 여러 가지 인간적 조건, 사회적 조건, 자연적 조건 속에 살면서, 그것으로부터 해탈하는 지혜를 닦는 여러 가지 행위에로 우리 인간을 이끌어 가는 불이라고 되어 있다. 자리와 이타의 성취로서의 불(佛)이 지혜와 대비와 역능을 가지고 이타의 용을 발한다는 것은 이미 『보성론』이 「불보품(佛寶品)」에서 천명한 바 있다. 화신은 곧 성소작지(成所作智), 사지(事智)다. 역시 그 화신의 대상적 객체가 아님은 두말할 것도 없다. 설사 지혜가 낮은 단계에서 주・객의 분열을 통해 실존적 변증법적인 성격을 나타낸다고는 하더라도 말이다.

3. 삼신설 전개의 의의와 그 불가분리성

삼신설이 어떻게 하여 나타나게 되었는가 하는 데 대한 상세한 역사적 경위를 밝힌다는 것은 그 전거하는 문헌의 성립사적 연구가 더 진전되지 않고서는 도저히 불가능한 일일 것이다. 불교의 문헌이 많다는 것, 그 전파 지역과 시대가 광범위하다는 것, 그러면서도 역사적 연구가 가능할 수 있는 구체적 증거가 적다는 사실은 이러한 사상이 외부의 다른 종교사상으로부터 받을 수 있는 영향에 대한 역사적 구명(究明)의 결핍과 더불어 이러한 특수한 문제에 대한 사상사적 연구를 곤란케 한다. 그러나 우리가 지금까지 제시할 수 있었던 모든 자료를 통해서 적어도 불신설의 기본형과 그 발전된 이론의 두 가지 형태 사이의 비교를 통해, 발전된 이론인 삼신설의 의의를 해명하는 일은 전혀 불가능하지는 않다고 생각한다.

한마디로 말해서 삼신설을 통하여 원시불교 내지 소승불교의 소박한 불신설이 한층 더 심각하고 세밀하게 그 진면모를 드러낸 것이 틀림없다. 어떻게 말하면 불신설의 이론적 발전은 인간의 종교적 심정의 다양한 단계성의 표현이며, 그것의 체계적 정리라고도 볼 수가 있다. 석가모니불의 육신, 곧 생신(生身) 또는 색신(色身)만을 불신이라고 생각했던 초기 불제자들이 불멸(佛滅) 후의 실의(失意) 속에서 그 남기신 교법을 법신이니 하며 존중하던 부파불교시대, 율법주의가 존중되던 시대를 거쳐 자각적이며 보다 철학적이고 사색적인 대승사상가들 특히 아상가와 바수반두 등에 의하여 삼신설로 발전된 사실은 우리에게 많은 것을 가르쳐 준다. 불신이란 이들 대승사상가에게 있어서는 단순히 석가모니의 생신이거나 그 말뜻으로서의 법신이 아니라, 우리 자신이 그 현현의 가능성을 지닌 반야지혜, 우리 마음의 진여 자체인 것이다. 그러나 대승사상가들은 그들의 종교적 경험과 사변을 통하여 그 지혜가 자비와 불가분리의 관계에 있음을 충분히 알았다. 대승불교의 이상이 일반적으로 자리·이타의 두 가지 성취로 특징지어지듯이 지(智)·비(悲)의 양자는 뗄래야 뗄 수 없는 불가분리의 관계를 지닌 것을 안 그들은 지(智)로서의 법신을 말할 때 반드시 비(悲)를 말하지 않을 수 없는 표면상 필요를 느끼게 되었던 것이다. 그리하여 사물을 체·상·용의 삼면으로 관찰하는 하나의 새로운 사유방법이 불신에게까지 적용되어 법·보·화 삼신의 명칭은 필연적으로 대두되었으며, 그것은 하나의 진리, 하나의 진실의 세 가지 면으로서 이해될 것이 기대되었던 것이다.

우리는 앞서 '보신·화신, 이 이신(二身)의 차별은 과연 절대로 필요했던 것일까' 하는 질문을 던진 일이 있다. 더 나아가 우리는 '과연 삼신(三身)의 차별적 설명은 불가피했던가?' 이렇게 물을 수도 있을 것이다. 말세의 중생이라고 불리는 범부들을 위해서라면 그것은 없어서 안 될 중대한 해명이었다고밖에 우리는 말할 수 없다. 물론 그것은 원만한 불음(佛音)을 듣고 돈오(頓悟)할 수 있는 이근(利根)의 수행인에게는 불필요한 것이었을 것이다. 그리고 또 둔근(鈍根)의 중생도 그것을 알고 나면 아무 소용도 없는 희론(戱論)에 불과하게 될 것이 사실이다. 그러나 이러한 충분한 이해에 도달하기 이전의 많은 범부·이승에게는 아직도 이 인언견언(因言遣言)의 문자들이 오해의 대상이 될 수 있는 것이 또한 사실이다.

그러므로 마지막으로 우리는 이와 같은 삼신설을 우리 선인들은 어떻게 이해했었나 하는 것을 혜원(慧遠, 523-592)과 길장(吉藏, 549-623)의 문장으로 알아보고, 삼신설에 대한 이해의 결론을 맺기로 할 것이다.

혜원은 『대승의장(大乘義章)』 제19 「삼불장(三佛章)」에서 다음과 같은 종합적 의견들을 내세웠다.

(A) 三佛皆用眞識爲體 眞識之心本隱今顯 說爲法身 卽此眞心爲緣熏發 諸功德生 說爲報佛 地經宣說莊嚴具譬 正顯此義 如來藏中眞實緣起法門之力 起種種化 說爲應佛

(B) 開眞合應以說四者 如楞伽說 一應化佛 二功德佛 三智慧佛 四如如佛 故彼經言 云何應化佛 云何功德佛 云何智慧佛 云何如如佛 四中初一 是佛應身 後三眞身 以應爲一 眞分爲三 是故名爲開眞合應 就眞三中 功德 智慧 是佛報身 報德雖多 要唯福智 福名功德 智名智慧 如如一種 是佛法身112)

그리고 길장은 그의 『법화경현론(法華經玄論)』 제9 가운데에서 다음과 같이 말한 바 있다.

若法華論明三身者 以佛性爲法身 修行顯佛性爲報身 化衆生義爲化身

若攝大乘論所明隱名如來藏 顯名爲法身 則此二皆名法身 就應身中 自開爲二 化菩薩名報身 化二乘名化身 或云 化地上名報身 化地前名化身 地論 法華論是菩提留支所說 是大智藏餘身及餘智像現從此起出 攝大乘是眞諦三藏所翻 此三部皆天親之所述作而明義有異者 或當譯人不體其意 今欲融會者 衆經及論 或二身 或三身 或四身 今總束爲四句

一合本合迹 如金光明但辨一本一迹也 故云 佛眞法身猶如虛空 應物現形如水中月

二開本開迹 如五凡夫論明有四佛 開本爲二身 一法身 二報身 法身卽佛性 報身謂

---

112) T.1851, p. 839b.

修因 滿顯出佛性 開迹爲二身 化菩薩名舍那 化二乘名釋迦也
三開本合迹 如地論 法華論所明 開本謂二身 謂佛性是法身 佛性顯爲報身
四開迹合本 如攝大乘所明 合佛性及佛性顯 皆名法身 開迹爲二 化菩薩名舍那 化二乘名釋迦 此皆經論隨義說之 悉不相違 衆師不體其意 故起諍論耳[113)]

혜원은 그 연대로 보아 진제(眞諦) 역『대승기신론』을 충분히 알고 있었음이 틀림없다. 그의 소설(所說)(A)는 분명히『능가경』,『섭대승론』,『대승기신론』의 설에 일치하는 삼신설이다. 그는 법신을 진식(眞識)의 체(體)로 보고 그로부터 훈발(熏發)되는 공덕을 보불(報佛)이라 하였고, 여래장 정법훈습(淨法熏習) 중 망심훈습(妄心熏習)을 응불(應佛)로 보고 있다. 그러면서 그는 (B)에 있어서 응화불(應化佛)·공덕불(功德佛)·지혜불(智慧佛)·여여불(如如佛)의 네 가지를 들고, 이 넷은 응신·진신의 둘로 대별할 수 있음을 말했다. 그리고 이 진신 중 공덕·지혜는 보신이라고 지칭하는 것이다. 우리는 이와 같은 그의 해명을 통해 범부들에게 있어서 가장 이해하기 힘들며 설명하기 힘든 것이 바로 보신이었다는 사실을 간취(看取)할 수 있다고 생각한다. 그 원어나 역어 자체의 차이가 가장 눈에 띄었고 그 설명에 있어서 약간의 혼선이 있었던 것은 바로 보신에 관해서였다.『대승기신론』은 심진여의 무량공덕을 여래법신의 상(相)으로 돌리면서 또 보신의 개념을 세워 이것을 역시 무량한 덕상(德相)의 신(身)으로 삼았던 것인데, 그러한『기신론』의 이론은 업식(業識)을 개재시키지 않았더라면 법신의 상(相)과 구별하는 일이 거의 불가능했을는지도 모르는 것이다. 혜원이 단순히 진신 중의 공덕·지혜를 보신이라고 한다고만 한다면, 그 설명은 극히 불충분한 것이 되는 것이다. 공덕과 지혜는 상으로 삼을 수 있는 것이 있고, 상으로 삼을 수 없는 것이 있다. 사실 상으로 삼을 수밖에 없는 법신훈발(法身熏發)의 공덕을 진신이라고 하는 것은 불합리한 것이다. 그것은 (A)에서 말한 바와 같이 보신, 곧 인간적 성격으로서, 인간성으로서, 인간적 조건 속에 나타난 공덕의 신(身), 과보의 신, 이것이 바로 보신의 정의이어야 하는 것이다.

길장이 오범부론(五凡夫論)의 소설(所說)이라고 말하는 "報身謂修因滿顯出佛性"이라고 한 말에서도 우리는 그 '修因滿'이라는 표현에서 인간적 성격, 인간적 조건, 곧 앞서 보아온『섭대승론』의 설명 중 법신이 ③자재(自在)의 색·수·상·행·식 오온(五蘊)의 전의(轉依)로써 얻어진다는 인간성과의 관련이 간파되어야 한다고 생각하는 것이다. 우리는 길장이 너무나 기계적인 삼신 이해의 태도를 가졌다고

113) T.1720, p. 437a-b.

생각한다. 그는 화신을 곧 비로자나불과 석가모니불을 설명하는 개념으로 쓰려고 한 것과 같은 느낌을 주는데, 그것은 아마 길장의 편견이 아니면 설명의 부족이리라고 생각되는 것이다. 그 이유는 상술한 제 불신설을 주의 깊이 읽은 사람은 누구나 무조건 동의할 수 없는 설명이라고 보이기 때문이다. 화신의 기본적 특징은 불법신의 대원(大願)과 중생의 유감(有感)의 상응 속에 나타난다는 것과 중생으로 하여금 일하게 하며, 중생과 더불어 동사(同事)한다는 바로 거기에 있다. 길장의 삼신관이 객관적 대상화(對象化)의 경향을 밟고 있는 것이 아닌가 하는 의구가 필자의 기우이기를 바라는 것이다.

•『佛教學報』 3・4합집(동국대학교 불교문화연구소, 1966)에 게재

정법은몰설(正法隱沒說)에 관한 종합적 비판

Ⅰ. 서언

불교에 있어서의 말세(末世)사상은 '법멸(法滅)'이니 '정(正)·상(像)·말(末) 삼시(三時)'니 혹은 '오탁악세(五濁惡世)'니 하는 용어로써 제 불전 가운데 논의되어 있다. 어떤 이는 이것을 예언적으로 이해하려 하였고, 불법의 소멸(disparition)이란 비운을 숙명적인 것으로 이해하려는 태도를 나타냈다.[1] 그런가 하면 또 다른 이는 막연히 시대는 흘러갈수록 혼탁한 것이라는 일반적 상식이 불전 속에 표현된 정도로 이해하려고 하였다.[2] 하여튼 이러한 법멸사상은 그것이 처음으로 불교사상사 위에 나타난 이래, 인도에서는 삼장(三藏)의 성립과정에서, 그리고 중국에서는 교리의 섭취과정에서 흔히 심각한 관심사가 되었던 것이 사실이다.[3] 이를테면 우리는 이러한 관심들을 통하여 불교적 시간관, 불교적 역사관의 편모를 엿볼 수가 있는

---

1) Etienne Lamotte, Histoire du bouddhisme indien: des origines à l'ère Śaka, Bibliothéque du Muséon, vol. 43 (Louvain, 1959), Ⅻ. 同書의 본 논 해당 부분은 또 다음에 抄出되어 있다. "Prophéties relatives à la disparition de la Bonne Loi," Présence du Bouddhisme (France-Asie, no. 153-157, 1959), pp. 657-668.

2) 赤沼智善,『佛教教理の研究』(名古屋: 三寶書院, 1939), pp. 541-560(「五濁と法滅の思想に就いて」) 참조.

3) 중국인들 중에서 말법사상에 가장 예민한 관심을 표한 것은 南嶽대사 慧思(515-577)이다. 그의'誓願文'(「南嶽思大禪師立誓願文」, T.1933, pp. 786b-787c)은 그의 말법의식이 얼마나 구체적이었던가를 잘 말해 준다. 그밖에 『中觀論疏』(吉藏)(T.1709,p. 18b)와 『釋淨土群疑論)』(懷感) (T.1960, p. 48 c), 『仁王護國般若波羅蜜多經疏』(良賁)(T.1709, p. 520c) 참조.

것이다.

이 인간 역사의 흐름을 각자(覺者) '고타마 샤카무니'를 중심으로 하여 그 당대와 혹은 그 전대와 후대로 구분한다면 거기에 어떤 변화들이 나타난단 말일까? 인간 역사 위에서 고타마 샤카무니는 어떤 위치를 차지한다고 보아야 할 것인가? 이런 문제가 이른바 법멸사상의 성립과정 및 그 의의를 탐구하는 가운데에 자연히 고찰될 수 있을 것이라고 생각된다. 우리 현대인들은 우리가 직접 알고자 하는 현대적 문제에 대한 직접적이며 충분한 답변을 고대의 불전들 가운데서 그대로 발견하기가 어렵다. 그러므로 우리는 새로운 각도에서 제 자료를 비판하고 분석하면서 문면(文面) 뒤에 숨은 역사적, 사상적 배경들을 들추어내어 낡은 문맥에서 새로운 의미를 발견하지 않으면 안 될 것이다.

고타마 붓다가 열반하신 후 '옳은 법(正法)'은 오래 계속되지 않는다고 하였다. 얼마 후에 '옳은 법에 비슷한 거짓 법(像法)'이 나타나 세상에 횡행하다가 또 다시 얼마 후에는 그것마저 없어지고 법멸(法滅)의 시기가 가까워진다는 것이며, 이런 시기를 '말법(末法)'의 시기라고도 하였다. 이와 같은 사상은 과연 어느 때 어떠한 사유로 발생하였으며, 어떻게 변천되어 나아갔을까? 그리하여 이 사상 자체는 무엇을 의미하며, 그 사상의 변천과정은 또한 무엇을 반영하는 것일까? 흔히 일반적으로 주지되어 있는 것 같은 이러한 문제들을 우리는 가능한 모든 자료들을 동원하여 종합적으로 정리하고 재비판하여 앞서 말한 우리의 관심을 해명하는 일조(一助)로 삼고자 한다.

우리는 이와 같은 시도에 있어서 먼저 문헌적 자료의 수집 정리로부터 시작할 것이다. 대정(大正)대장경을 통하여 이 말세적 의식이 반영된 구절을 포함하는 전(全) 불전을 색출한다.[4] 그리하여 색출된 제 자료의 내적 비판을 통하여 이 정법은몰사상의 유형을 찾아본다. 그리고 이 얻어진 유형들을 해당 불전의 성격 자체와 관련시켜 검토하고, 동일한 유형의 내용을 가진 문헌들의 성립 체계들을 고찰해 나아갈 것이다. 그렇게 하는 과정에 우리는 이 정법은몰사상 자체의 변천을 시대적으로, 그리고 지역적으로 성격지우며 파악할 수가 있을 것이다.

우리는 이 연구에 있어서 문헌의 근거 없는 사변적 의논을 삼갈 것이다. 그러나 상술한 제 과정에 있어서 우리는 문자에 집착한 좁은 견해에다 판단의 기초를 두지 않고, 원칙 탐구의 자유로운 사색에 우리의 판단의 기초를 두었음을 밝히는 바이다.

---

4) 大正新修大藏經 이외의 범어와 팔리어 불전에 관하여는 Lamotte 所說에 따랐다.

Ⅱ. 정법은몰설을 언급하는 제 불전 자료

불전들 가운데에는 정법은몰(正法隱沒)[5]에 관한 것을 주 내용으로 하는 것이 있고, 또 법멸(法滅)의 사실이 상세히 논급은 되지 않았어도 중요한 설법의 계기가 되어 있는 것이 있다. 이와 같은 불전들의 주요한 것을 들면 다음과 같다.[6]

T.26 『중아함경(中阿含經)』 임품(林品) 구담미경(瞿曇彌經) 제10
T.60 『불설구담미기과경(佛說瞿曇彌記果經)』
T.99 『잡아함경(雜阿含經)』 권25(640) 법멸진상(法滅盡相)
T.99 『잡아함경(雜阿含經)』 권32(906) 법손괴(法損壞)
T.100 『별역잡아함(別譯雜阿含)』 권6(121)
Samyuttanikāya 16, 13 *Saddhammapatirūpakaṃ*
Aṅguttaranikāya Ⅷ, 51 *Gotamī*
T.1421 『오분율(五分律)』 권29 비구니법(比丘尼法)
T.1425 『마하승기율(摩訶僧祇律)』 권30
T.1428 『사분율(四分律)』 권48 비구니건도(比丘尼揵度)
T.1428 『사분율』 권49 비구니건도(比丘尼揵度)
T.1428 『사분율』 권9 비니증(毘尼增)의 1, 3.
T.1435 『십송율(十誦律)』 제15
T.1435 『십송율』 권47 니율(尼律) 제6
T.1435 『십송율』 권49 비니증일(毘尼增一)의 2, 오법부(五法部)
T.1451 『근본설일체유부 비나야잡사(根本說一切有部毘奈耶雜事)』 권29, 30, 39.
T.1462 『선견율비바사(善見律毘婆沙)』 권18
Samantapāsādikā I.30; VI.1291
T.1463 『비니모경(毘尼母經)』 권3, 권6
T.1478 『대애도비구니경(大愛道比丘尼經)』 권2
Vinaya (Pāli) Ⅱ.256
Cullavagga X, I

---

5) '正法隱沒'이란 말이 해당 한역 삼장의 고정된 용어는 아니다. 흔히 '滅'이란 말이 많이 쓰이지만 그것에 해당하는 팔리어 및 범어는 다 같이 antaradhāna이고, 이 말은 antar+√dhā에서 온 것으로 '내부에 두다', '은닉하다', '숨기다', '숨다', '소실(消失)하다'의 뜻이므로, '隱沒'이라는 역어가 차라리 적당하다고 생각된다. 그러나 본문에서는 간단하게 '法滅'이란 용어를 편의상 많이 썼다.

6) 본고에서는 중국에서 찬술된 諸註疏를 직접적 자료로 쓰지 않았다. 그 이유는 정법은몰설에 관한 우리의 당면한 관심이 후대 중국에서의 변모를 알자는 데 있지 않기 때문이다. 이 문제는 별도로 추후에 다시 다루어져야 할 것이다.

Bhikṣunī karmavacana (斷片): C.M. Ridding et L. de la Vallée Poussin, (*BSOS* 1, 1920, pp. 124-125)

Mahāvaṃsa Ⅲ.38

Sumaṃgalavilāsini Ⅰ. 25

Atthasālinī, p. 27

T.196 『중본기경(中本起經)』

T.2027 『가섭결경(迦葉結經)』

T.2028 『가정비구설당래변경(迦丁比丘說當來變經)』

T.2029 『가전연설법몰진게(迦旃延說法沒盡偈)』

T.2030 『난제밀다라소설법주기(難提蜜多羅所說法住記)』

T.2043 『아육왕경(阿育王經)』 권6, 7 우바국인연(優婆掬因緣)

T.383 『마하마야경(摩訶摩耶經)』 권下

T.390 『불림열반기법주경(佛臨涅槃記法住經)』

T.1545 『아비달마대비바사론(阿毘達磨大毘婆沙論)』 권183

Abhidharma vibhāṣāśāstra

T.1562 『아비달마순정리론(阿毘達磨順正理論)』 권8

Abhidharmakośaśāstra Ⅷ.220

T.364 『대아미타경(大阿彌陀經)』

T.396 『불설법멸진경(佛說法滅盡經)』

T.397 『대집경(大集經)』「허공장보살품(虛空藏菩薩品)」

T.380 『대비경(大悲經)』 권1 「상주품(商主品)」 제1

T.380 『대비경』 권2 「가섭품(迦葉品)」 제5

T.380 『대비경』 권2 「지정법품(持正法品)」 제6

T.310 『대보적경(大寶積經)』 권23 「율의회(律儀會)」 제1의 2

T.310 『대보적경』 권23 「피갑장엄회(被甲莊嚴會)」 제7의 2

T.310 『대보적경』 권45 「보살장회(菩薩藏會)」 제12의 6

T.310 『대보적경』 권66 「보살견보회(菩薩見寶會)」 제16의 6

T.310 『대보적경』 권76 「보살견보회」 제16의 16

T.310 『대보적경』 권89 「마하가섭회(摩訶迦葉會)」 제23의 2

T.310 『대보적경』 권92 「발승지락회(發勝志樂會)」 제25의 1

T.310 『대보적경』 권98 「묘혜동녀회(妙慧童女會)」 제30

T.493 『대승삼취참회경(大乘三聚懺悔經)』

T.1564 『중론(中論)』「관인연품(觀因緣品)」 제1

T.220 『대반야바라밀다경』 권302 「초난문공덕품(初難聞功德品)」 제39의 6

T.1509 『대지도론(大智度論)』 권2

T.1509 『대지도론』 권34

T.673 『대승동성경(大乘同性經)』 권2
T.674 『증계대승경(證契大乘經)』 권2
T.397 『대방등대집경(大方等大集經)』 권55 「월장분(月藏分)」 제12, 「법멸진품」 제20
T.425 『현겁경(賢劫經)』 권2 「문지품(聞持品)」 제9
T.461 『불설문수사리현보장경(佛說文殊師利現寶藏經)』 권上・下
T.653 『불장경(佛藏經)』 권下 「촉루품」 제10
T.1579 『유가사지론(瑜伽師地論)』 권50
T.693 『월등삼매경(月燈三昧經)』 권1, 2, 3
T.1636 『대승집보살학론(大乘集菩薩學論)』 권7 「집이난계학품(集離難戒學品)」 제5
T.374 『대반열반경(大般涅槃經)』 권3 「수명품(壽命品)」 제1의 3
T.374 『대반열반경』 권3 「금강신품(金剛身品)」 제2
T.374 『대반열반경』 권4 「여래성품(如來性品)」 제4의 1
T.374 『대반열반경』 권6 「여래성품」 제4의 3
T.374 『대반열반경』 권9 「여래성품」 제4의 6
T.245 『인왕반야바라밀경(仁王般若波羅蜜經)』 권下 「호국경촉루품(護國經囑累品)」 제8
T.246 『인왕호국반야바라밀경』 권下 「봉지품(奉持品)」 제7
T.262 『묘법연화경(妙法蓮華經)』 권1 「방편품(方便品)」 제2
T.262 『묘법연화경』 권3 「수기품(授記品)」 제6
T.262 『묘법연화경』 권5 「안락행품(安樂行品)」 제14
T.474 『유마경(維摩經』 권上 「제자품(弟子品)」 제3
T.913 『선비요법경(禪秘要法經)』
T.839 『점찰선악업보경(占察善惡業報經)』 권上

Ⅲ. 불전에 나타난 정법은몰설의 개요
—『아비달마대비바사론』의 소론(所論)과 그 비판—

앞에서 든 제 불전들 가운데서 『아비달마대비바사론』(T.1545)의 정법(正法)의 정의와 주멸(住滅)에 관한 논은 아마도 우리의 당면과제에 대한 최초의 역사상 종합으로서 그 의의가 지대하다 할 것이다. 기원후 3세기경 이미 대승불교의 기운이 미만(彌漫)해 가던 카슈미르 지방에서 설일체유부 계통의 일군의 학자들에 의해서 성립된 일대 주석서인 이 문헌은 정법은몰설에 관한 부파불교의 의견의 대표적 결산이라고 해도 과언이 아닐 것이다.[7)]

7) '아비달마의 대주석서(Abhidharmamahāvibhāṣa)'인 본서의 한역본은 437년에서 439년에 걸쳐 佛陀跋摩(Buddhavarman)가 번역한 것(T.1546, 『阿比曇毘婆沙論』)과 본고에서 인용

이제 우리는 정법의 정의 및 정법의 주멸에 관한 예언적 성격과 사변적 성격을 같이 포함하고 있는 이 『대비바사론』 권183 정온(定蘊) 제7의 불환납식(不還納息) 제4의 10[8]을 통하여 당시까지 종합되었던 정법은몰설의 전모를 소개하고, 그것을 중심으로 하여 기타 이와 같은 계통의 제 불전의 법멸 논의의 역사적 위치를 탐구해 보고자 한다.

『대비바사론』 정온 제7의 정법은몰에 관한 설명의 목적은 논자 자신이 말하고 있는 바와 같이 그 소의(所依)로 하는 계경(契經, sūtra)의 정법 개념에 대한 보충적 설명을 가하는 데에 있다(世尊雖於處處說正法言 而不分別云何正法 契經是此論所依根本 彼所未說者 今應說之故作斯論).

그리고 논자가 계경 구절로서 인용하는 것에는 다음과 같은 것들이 있다.

① 有二補特伽羅 能住持正法 謂說者行者
② 迦葉波 當知如來所覺所說法 毘奈耶 非地界 水界 火界 風界所能滅沒 然有一類補特伽羅 當出於世 惡欲惡行成就惡法 非法說法 法說非法 非毘奈耶說毘奈耶 於毘奈耶說非毘奈耶 彼能滅我三無數劫所集正法令無有餘[9]
③ 我之正法不依牆壁柱等而住 但依行法有情相續而住

그러나 본 논의 인용문 가운데에는 아래와 같은 '毘奈耶說(비나야설)'도 있으며, 이 동일한 문구는 출전을 밝히지 않고 '如佛告阿難陀言'이라고만 한 구절 가운데에서 재차 인용되어 있다.

하는 玄奘이 번역한 것(656-659, T.1545, 『阿比曇大毘婆沙論)이 있다. 고래로 중국에서는 본서에 관하여 佛滅 후 400년 간다라의 왕 카니슈카(Kaniṣka)에 의해서 소집된 500명의 나한이 파르쉬바(Pārśva)의 주재 하에 편찬한 것이라고 전하고 있지만, 최근의 연구에 의하면 그것은 후대 카슈미르의 說一切有部계 학자들의 본서의 권위를 올리려는 야심의 소치에 불과한 것이라고 한다. 사실 본서에서는 기원후 3세기 경에 카슈미르에 파급되었던 대승불교의 영향이 현저하며, 또 본서 안에서 카니슈카를 선대의 왕이라고 하고 있으므로 본서 원본의 성립은 기원후 3세기 경의 일이 될 것이라고 한다. Louis Renou, et al., L'Inde classique, t. II (Paris: Payot, 1949), p. 445, §2133 참조. 카니슈카 왕의 연대에 관해서는 여러 가지 異論이 있으나 그 즉위 연대를 기원후 144년으로 잡는 데에는 대체로 疑義를 품을 수가 없다. 같은 책, t. I, pp. 234-236, §441-444.

8) T.1545, pp. 917b-919b.

9) 赤沼智善은 앞의 책에서 『대비바사론』 p. 917c의 "迦葉波 當知如來所覺所說法毘奈耶非地界水界火界風界所能滅沒……云云"의 구절의 出據가 不明하다고 하고 『잡아함』의 해당 부분(T.99, p. 226b-c)과의 연관을 등한시하였으나, 우리의 견해로는 『대비바사론』에서 인용한 상술 契經의 구절은 바로 『잡아함』의 것이라야 한다고 생각한다.

④ 我之正法應住千歲 或復過此 由度女人出家 便減五百[10)]

그밖에 논자가 분명히 인용구임을 밝히는 것으로 다음과 같은 '有餘師說'이 있다.

⑤ 此依若不行八尊重法密意而說 謂若度女人出家 不令行八尊重法者則 佛正法應減五百歲住 由佛令彼行八尊重法故 正法住世還滿千歲[11)]

이 인용문들 가운데 ②는 현존 계경(契經) 중 다만 『잡아함』 권32(T.99, p. 226b-c)에서밖에는 찾아볼 수 없는 것이며, ④는 모든 '비나야'에서 언급된 것이며, ⑤는 『선견율비바사』(T.1462) 권8 「비구니건도(比丘尼犍度)」에서 인용한 것임이 틀림이 없다.

경장 및 율장의 이와 같은 구절들을 인용하면서 논자는 주로 정법이 무엇이냐 하는 것과 정법은 어떻게 '주멸(住滅)'하는 것인가를 자유로이 논한다. 이러한 두 가지 문제의 해명을 이 상당히 긴 소론의 제1부로 간주한다면, 나머지 부분은 분명히 보다 구체적인 역사적 사실, 즉 '어떠한 방식으로 여래의 정법은 멸하느냐(如來正法云何滅耶)'하는 것을 문제로 삼고 있다.

논자는 먼저 '정법'을 무루(無漏)한 오근(五根), 오력(五力), 칠각지(七覺支), 팔도지(八道支, 無漏根力覺支)라고 단정하고 유루(有漏)의 근(根), 역(力), 각지(覺支), 도지(道支)도 정법이냐 하는 문제에 대한 두 가지 설을 든다. '그렇다'고 하는 이유로는 '유루의 근 등이 바로 무루의 가행(加行)이며 근본을 말하는 가운데에 가행이 이미 포함되어 있기 때문(有漏根等置無漏加行 若說根本則已攝加行故)'이라 하였으며, '아니다'라고 하는 이유로는 '유루의 법에는 과환이 있기 때문(以有漏法有過患故)'이라고 한다. 또한 '정법은 영구히 생사를 벗어나서 반열반을 얻은 것(正法者能永出生死 得般涅槃)'인데, 유루는 그렇지 않기 때문이라고도 했다. 이어 사념주(四念住), 사정단(四正斷), 사신족(四神足)이 역시 정법이라고 단정하며, 사념주에는 혜

---

10) *Aṅguttara-nikāya*(IV.278)에 있는 다음 구절이 이에 해당한다.

> Sace Ānanda nālabhissa mātugāmo tathāgatappavedite dhammavinaye agārasmā anagāriyaṃ pabbajjaṃ, ciraṭṭhitikaṃ Ānanda brahmacariyaṃ abhavissa, vassasahassam eva saddhammo tiṭṭheyya.
> Yato ca kho Ānanda mātugamo tathāgatappavedite dhammavinaye agārasmā anagāriyaṃ pabbajito, na dāni Ānanda brahmacariyaṃ ciraṭṭhitikaṃ bhavissati, pañc' eva dāni Ānanda vassasatāni saddhammo ṭhassati

11) 『善見律毘婆娑』, 「比丘尼揵度」, T.1462, pp. 796c-797a.

근(慧根), 혜력(慧力), 택법각지(擇法覺支), 정견(正見)이 들어 있고, 사정단에는 정진근(精進根), 정진력(精進力), 정진각지(精進覺支), 정근(正勤)이 들어 있으며, 사신족에는 정근(定根), 정력(定力), 정각지(定覺支), 정정(正定)이 들어 있는 것이라고 했다. 논자는 한걸음 더 나아가 이중(二重)의 정법을 든다. 하나는 경・율・론 삼장의 '명구문신(名句文身)'을 가리켜 이를 세속정법(世俗正法)이라 하고, 또 다른 하나는 앞서 말한 무루의 근, 역, 각지, 도지, 즉 성도(聖道)를 승의정법(勝義正法)이라고 한다. 이것이 『대비바사론』의 '정법'의 정의이다.

우리는 상술한 부분에서 하등의 예언적 성격을 찾아 볼 수가 없다. 우리는 다만 여기에서 대승 교설에 육박하는 상당히 발전된 사변을 발견할 뿐이다. 그러나 『대비바사론』의 논사의 관심은 이와 같은 사변에 있다기보다도 앞에 기술한 바와 같은 비나야(毘奈耶)에서 설해진 정법 주멸(住滅)에 관한 예언적 부분에 더 많이 돌려지고 있다고 하겠다. 본 논의 소의(所依)인 계경과 비나야의 앞서 든 인용구가 문제로 삼는 점도 바로 여기에 있는 것이 틀림이 없다. 그리하여 논사는 충실히 앞서 든 소의(所依)의 소설(所說)에 따라 정법 주멸(住滅)의 관건이 '설자(說者)'와 '행자(行者)'에게 있다고 가리킨다. 『대비바사론』의 논사는 행법자(行法者)에는 경전을 독송 해설하는 지교법자(持教法者)와 무루성도(無漏聖道)를 수증(修證)하는 지증법자(持證法者)의 둘을 들고, 지교자의 상속불멸이 세속정법의 구주(久住)를 보장하고 지증자(持證者)의 상속불멸이 승의정법의 구주를 보장함을 주장한다.

특히 주목할 것은 비나야에서 말한 '여인 출가'의 사실에 언급한 논사의 견해이다. 여인의 출가를 허락함으로 말미암아 응당 천년 혹은 그 이상 지속될 수 있었던 정법의 수명은 오백년으로 감축되고 말았다는 것이다. 이 부분의 원문을 인용하면 다음과 같다.

> ……謂行法者　若行正行恒如佛在世時　及如滅度未久時者　則佛正法常住於世無有滅沒　若無如是行正法者　則彼正法速疾滅沒　如佛告阿難陀言　於我善說法　毘奈耶中　若當不度女人出家者　我之正法應住千歲　或復過此　由度女人出家故　令我正法減五百歲
>
> 問 若正法住猶滿千年 何故世尊作如是說
>
> 答　此依解脫堅固密意而說　謂若不度女人出家　應經千歲　解脫堅固　而今後五百歲唯有 戒 聞 等 持堅固 非解脫者 皆是度女人出家之過失耳……[12]

12) T.1545, p. 918a.

이와 같은 기사는 후에 다시 언급할 것이지만 모든 율장에 대동소이한 형태로 나타나 있으며 한역 아함이나 팔리 니카야를 통해서는 한역 『중아함』과 『증지(增支)니카야(Aṅguttaranikāya)』에 나타나 있을 뿐이다.[13)]

이 문제에 관한 『대비바사론』의 견해에는 한 가지 모순이 있으며 그것은 법멸설 성립의 역사적, 사상적 배경을 이해하는 데에 한 중요한 의의를 가진다고 할 것이다. 먼저 행법자(行法者)에 관한 설명에서 "만약에 정행을 행하되 항상 불(佛) 재세 당시나 불 멸도 후 미구(未久)한 시대와 같이 하면 불의 정법은 세상에 상주(常住)하여 멸함이 있을 수 없다. 만약에 그와 같이 정법을 행하지 아니할 때에 그 정법은 속히 멸몰하는 것이다(若行正行 恒如佛在世時 及 如滅度未久時者 則佛正法常住於世無有滅沒 若無如是行正法者 則彼正法速疾滅沒及)"라고 해 놓고 앞에 기술한 비나야의 "若當不度女人出家者 我之正法應住千歲 或復過此 由度女人出家 故令我正法減五百歲"를 다시 강조하고 있는 것은 우리의 주목을 끈다.

위의 설명에는 하나의 불정법(佛正法) 상주(常住)의 원칙이 있고, 그것은 '恒如佛在世時及如滅度未久時者 則佛正法常住於世無有滅沒'이라는 말 가운데에 표시되어 있다. 그런데 '正法減五百歲(정법감오백세)'한다는 것이다. 그리고 그 원인은 '여인출가'라는 것이다. 그러면 여인출가는 '佛在世時(불재세시)' 및 '滅度未久時(멸도미구시)'의 정행(正行)이 아니라는 말이 되지 않겠는가? 이제 우리에게는 '여인출가'가 불 재세 당시의 일이 아니라고 할 만한 다른 충분한 증거가 없다. 그러므로 이를 불 재세시의 것으로 그대로 승인해 둔다 할지라도 난점은 남는다.

즉 여인출가가 '佛在世時' 및 '滅度未久時'의 정행이라고 한다면 어째서 이 정행이 '正法減五百歲'의 원인이 되겠는가 하는 것이다. 그러므로 여인출가의 사실을 법멸의 원인으로 내세우는 견해는 분명히 후대에 나타난 사상이라고 말할 수밖에 없다.

이상이 정법의 정의와 정법의 주멸(住滅)에 관한 『대비바사론』 전반의 내용이다.

이에 대하여 같은 논의 후반에서는 여래의 정법이 어떻게 멸몰(滅沒)하게 될 것인가 그 경과를 예언하는 부분이 나온다. 불전 가운데에는 이 부분과 대체로 내용이 일치하는 문헌들이 몇 개 있다. 이제 우리는 『대비바사론』의 소설(所說)을 소개하는 과정에 『대비바사론』 이외의 제 문헌의 내용을 비교 대조하면서 각 문헌 사이에 있는 이동(異同)을 밝히고 그 시대성들을 드러내는 데 힘쓸 것이다.

다음의 다섯 개의 문헌은 거의 동일한 내용으로 된 법멸(法滅)의 과정을 설명하는 부분을 가지고 있다.

---

13) 주12을 보라.

A. T.1545 『대비바사론(大毘婆沙論)』, 현장 역
B. T.99 『잡아함』 권25, 구나발타라(求那跋陀羅, 436-468) 역
C. T.2042 『아육왕전』 우파국다인연(優婆掬多因緣), 안법흠(安法欽, 281-306) 역(譯)
D. T.2028 『가정비구설당래변경(迦丁比丘說當來變經)』, 劉宋代(420-479) 실역(失譯)
E. T.2029 『가전연설법몰진게(迦旃延說法沒盡偈)』, 西晋代(265-316) 실역(失譯)

이상 다섯 가지 종류의 법멸에 관한 예언적 설화에 있어서는 하나의 공통된 이야기 줄거리가 있다. 즉 여래의 정법이 장차 멸몰하려 할 즈음에 인도에는 유법(有法)의 왕과 무법(無法)의 왕들이 나타난다. 유법의 왕은 동방 코샴비국에 의거하는 것으로 의견이 일치하나, 무법의 왕의 숫자에 관하여는 이왕(二王), 삼왕(三王), 사왕(四王)의 설이 있다. 무법의 왕들은 A에서는 달서(達絮, Dasyu) 및 멸려차(蔑戾車, Mleccha)의 왕이라 하고, 다른 B, C, D, E도 이름은 다르지만 모두 역사적으로 그 침략의 사실(史實)이 알려진 외래족임을 밝히고 있다.[14] 이 이민족

14) 『잡아함』(권25), T.99, p. 177c에는 '有釋迦王 耶槃那王 鉢羅婆王 兜沙羅王'의 네 왕을 들고 이들의 파괴적 역할을 다음과 같이 쓰고 있다. "西方有王 名鉢羅婆 百千眷屬 破壞塔寺 殺害比丘 北方有王 名耶槃那 百千眷屬 破壞塔寺 殺害比丘 南方有王 名釋迦 百千眷屬 破壞塔寺 殺害比丘 東方有王 名兜沙羅 百千眷屬 破壞塔寺 殺害比丘." 이 중에서 동방 왕이라는 도사라(兜沙羅)만을 제외하고 다른 세 왕에 관하여는 음역은 다르지만, 『阿育王傳』(T.2042)에도 열거되어 있다.

釋迦는 Śaka, 耶槃那는 Yavana, 鉢羅婆는 Pahlava, 兜沙羅는 Tuṣāra로서 이 諸王의 인도 來侵은 역사적 사실을 말하고 있음이 분명하다. 실제로 기원전 189년경에는 Demetrios의 Yavana(고대인들은 희랍인들을 이렇게 불렀다)가 간다라(Gandhāra)와 펀잡(Pañjab), 그리고 인더스강의 상류에 침범해 왔고, 희랍의 군대는 기원전 180-169년 사이에 다시 Apollodotos와 Menandros의 인솔 하에 중인도로 진주하여 파탈리푸트라(Pātaliputra)까지 왔다. 기원전 90년경에는 Maues의 Śaka족이 침범하여 탁실라(Taxila)의 희랍 諸王들을 驅逐하였다. 서력기원 초에 동부 이란의 태수가 된 Pahlava족의 Gondophares가 샤카족의 왕 Azes 2세를 물리치고 탁실라에 도읍하였다. 이제 A B C D E 각 문헌이 열거하는 諸王의 이름을 비교 대조하면 다음과 같다.

A. 達絮(Dasyu), 蔑戾車(Mleccha),
B. 耶槃那(Yavana), 釋迦(Śaka), 鉢羅婆(Pahlava), 兜沙羅(Tuṣāra),
C. 閻無那(Yavana), 釋拘(Śaka), 鉢羅擾(Pahlava),
D. 耶來那(Yavana), ? 楗秋(?),
E. 大秦(Roma), 安息(Parthia), 撥羅(Pahlava),

출신의 왕들이 다섯 인도를 정복하고 동방으로 침식을 해 와서 도처에서 탑파와 사원을 파괴하고 비구를 살육하고 경전을 불사르는 등의 만행을 전개했다고 한다. 그러나 동방의 왕은 이 무법의 두 왕을 사로잡아 처단하고 사방의 불도(佛徒)에 명하여 서울로 집결케 하고, 그들에 대한 정성된 공양을 드릴 것을 선언하게 될 것이라 한다. 당시 인도 비구들의 생활은 심히 타락되어 있었고 호구지책으로 출가하는 자가 많고 물질적 이해를 좇아 눈이 어두워 경전의 독송이나 세존의 교계(敎誡)를 준행(遵行)하는 자가 태무(殆無)하며(於是一切贍部洲中所有苾芻由多得利養故 及由多有先爲活命而出家故 不能精勤讀誦經典 夜則疲怠耽著睡眠 無所觀察 由此於佛所有教誡 皆悉慢緩而不遵行), 다만 법을 준행하는 자가 단 두 사람에 불과할 것이라고 한다. 그 하나는 아라한 수라타(蘇剌多, Surata)이며, 또 다른 한 명은 삼장(三藏)에 통한다는 쉬샤(室史迦, Śiṣya)[15]이다. 그리하여 정법이 멸몰하는 날이 가까이 다가온다.

B와 C는 동방 코샴비의 왕이 호법의 선언을 하기에 이르는 사정을 상당히 상세히 설명하고 있다. 그 코샴비의 왕을 '난당(難當)'(B) 또는 '난간(難看)'(C)이라고 했고, 이 왕은 불법을 파괴하려고 침입했던 외족 출신 제 왕을 물리친 마인다라서나(摩因陀羅西那, Mahendrasena? B) 또는 대군(大軍, C)의 아들로서 부왕의 죽음을 당하여 매우 상심하게 된다. 그 때에 삼장(三藏) 쉬샤(Śiṣya)가 왕을 위해 설법함에 비로소 왕은 불법에 대한 신경(信敬)의 마음을 일으키게 되는 것이다. B, C에 의하면 왕은 여러 비구들에게 묻기를 "사악왕(四惡王; B C에서는 三惡王)이 불법을 훼멸시키는 데 몇 해를 요할 것인가?" 하자, 제 비구가 대답하여 "12년이 걸릴 것이다"라고 한다는 것이며, 그러자 왕은 "내 이제 12년 동안에 오중(五衆)을 공양하겠노라"고 말하고 코샴비에서 중승(衆僧)을 공양하기에 이르렀다고 한다.

정법이 멸몰하는 날이기도 한 마지막 포살(布薩)의 날이 다가와 그 자리에서 유일한 행법자(行法者)인 삼장(三藏)과 아라한 두 사람을 중심으로 비극이 전개되는 이야기는 이 설화에서의 클라이맥스이다. D, E에는 A에서와 마찬가지로 이와 같은 이야기가 없다. 이 두 문헌은 직접 마지막 포살일의 비극적 사건을 기술하며

B에서 Tuṣāra라고 하는 것은 Tukhāra의 잘못일 것이며, 서기 50-60년경에 서북인도로 내침한 月支族 Kuṣāṇa Kujūla, Vima Kadphises와 관련이 있을 것이다. E. Lamotte, 앞의 논문, pp. 666-668.

15) 여러 가지 음역이 있으며 정확한 산스크리트 철자를 알기 어려우나, '蘇剌多'는 대환희를 의미하는 Surata라고 보는 것이 타당할 것 같고, '實史迦'는 『잡아함』, p. 9b-c, 「迦旃延說法沒盡偈」, p. 11b 이하에 의하면 Śiṣya일 것이고, 기타의 문헌에 의하면 Śiṣyika로 읽어도 무방할 것이다. 赤沼智善, 『印度佛教固有名詞辭典』(京都: 法藏館, 1931), p. 633 참조.

그 내용에도 타 문헌과의 차이가 없다. 그러나 이 비극적 사건의 이야기에 앞서 A와 B, C는 당시의 실정에 관한 두 가지 상이한 기술을 삽입시키고 있다.

A는 이 포살 날 코샴비 성내에서 왕을 비롯한 오백 명의 정신장자(淨信長者)가 동시에 오백의 승가람을 조립한다고 하고, 그 오백 명의 정신장자들은 앞서 그들이 법이 장차 멸몰할 것이라는 것을 듣고 있었으므로 서로 여러 가지 논의를 전개하는 것으로 기록하고 있다. 어떤 사람은 "불 열반 때에 법을 재가제자와 출가제자에게 부촉하셨는데, 이제 정법이 멸몰하게 된 것이 재가제자가 출가자들에게 급시(給施)를 하지 못한 까닭에서가 아니라, 당신네들 출가제자에게 정행이 없는 탓이다(佛涅槃時 以法付囑二部弟子 一者在家 二者出家 勿謂今由在家弟子不能給施諸出家人命乏短故正法滅沒 但由仁等出家弟子無正行故令正法滅)"라고 하였다. 그러나 다른 사람은 "손님 대접을 하는 데에 처음이나 마지막이나 모두 풍족한 상을 차리듯이 정법이 처음에 나타났을 때나, 후에 이제 멸하려 할 때에도 한결같이 풍후한 자연(資緣)으로 공양을 하여야 한다(如待客法初及後時 皆設豊膳 如是正法 初出現時及後將滅 皆致豊厚資緣供養)"고 하였다. 또 다른 사람은 "지금 불법이 아직 멸하지 않았으니 세상에는 무량 복전이 있다. 불법이 만약에 멸하면 세상에는 다만 유량한 복전만이 있게 되는 것이다. 우리는 아직 다행히 불법이 멸하지 않은 때에 있으므로 이제 그 때가 올 때까지 응당 해야 할 바를 해야 한다(彼作是念 乃至佛法未滅 世間猶有無量福田 佛法若滅 世間但有有量福田 我等幸因佛法未滅 當其乃時作所應作)"고 하였다. 또 다음과 같이 말하는 사람도 있었다. "석가모니께서 보살이실 때, 과거불이 혹은 자연(資緣)으로 말미암아 또 혹은 질역(疾疫)을 만남으로 말미암아 정법이 멸하는 것을 보시고 곧 발원하시기를 내가 성불을 해서 그것 때문에 법이 멸진되지 않게 하기를 원한다 하신 까닭에 법은 멸했다 하더라도 자연(資緣)은 풍후해서 머무르는 장소가 확대되었던 것이다(釋迦爲菩薩時 見過去佛或由資緣故 或由遭疾疫故 令正法滅 卽時發願 願我成佛勿由此事法滅盡故 法雖滅而資緣豊厚 住處增廣)."

이에 대하여 B, C는 서로 동일한 내용의 문체를 가진 상당히 강한 개탄적인 어조의 글을 삽입하고 있다. 그것은 당시의 타락된 교단의 양상을 설명한 글이다. 이제 그것을 C에 의해서 원문 그대로 인용하면 다음과 같다.

> 爾時衆僧多利供養飮食衣服 無有誦習讀經行道 但晝則俗話夜便睡眠 貪著利養莊嚴身體著好衣裳 當於爾時 無遠離樂 無寂靜樂 無禪定樂 無智慧樂 唯寶穢身以爲堅實 爲法作怨 非法增長法幢將傾 慢幢欲立 正法欲滅 熾然使火燒壞法輪 法海欲竭 法山欲崩 法城欲壞 欲伐法林 欲覆定慧 斷戒瓔珞與於正法作大過患 天龍夜叉

乾闥婆皆生譏嫌言 此諸衆僧不修善業 如是惡人壞滅佛法 常習諸惡 多作不吉 少有信心爲邪見壞諸善根本今悉斷滅 不畏殃咎無悲忍心 遠離眞諦拔倒法幢 不信不調好作惡業 破法經律害出家衆 好行諸惡長養憍慢 諂僞詐稱偸劫法庫 佛法滅相今悉都現 法海欲涸餘光無幾 學惡法者 無智慧者 必滅佛法 諸天不喜不加擁護 由此事故 却後七日正法當滅 諸天空中極大懊惱 發大音聲而作是言 "如來正法後七日夜因諸比丘鬪諍故滅" 時 拘舍彌有五百優婆塞 爲佛法故諫諸比丘滅其鬪諍 皆唱 怪哉 如來正法必當滅壞 法流必斷釋師子法 今則爲彼惡黨論斷[16]

보는 바와 같이 A와 B, C의 이 두 종류의 기록의 성격은 판이하다. B, C가 일방적으로 출가자에 대한 가혹할 정도의 비난을 말하고 있는데 대해서, A의 논의는 퍽 온건한 비판을 보여 준다. 교리상 견지에서 보아 A는 (1) 재가제자와 출가제자의 구별을 엄격히 하고 있기는 하나, (2) 재가자의 의무를 '급시(給施)'니 '기풍선(記豊膳)'이니 '복전'이니 하는 어휘가 말해 주는 바와 같이 재시공양에 두고 있으며, (3) 보살사상의 맹아는 보이나 그것은 아직 본생(本生)보살의 개념에 머무르고 있어 그 소설(所說)이 대승적 기운을 알기 시작한 부파불교적인 사고방식의 소산임을 여실히 말해 준다. 이에 대하여 B, C의 기록은 교리상 분명히 한걸음 발전된 것임을 알게 한다. 전반적으로 B보다도 더 잘 정리된 문맥을 가지고 있는 C는 B의 사상을 더 정확히 파악할 수 있게 하기는 하지만 그 기록에서 우리는 이 문헌들의 정확한 교리상 배경을 알기는 힘이 든다. 그러나 거기에는 일관한 출가비구에 대한 격렬한 비난이 있다. 비구들이 (1) 물질적 이익을 많이 추구하기 시작한 것, (2) '송습독경행도(誦習讀經行道)'를 하는 자가 없고 낮에는 속화(俗話, B에서는 희론), 밤에는 수면으로 나태한 생활을 보낸다는 것, (3) '탐착이양장엄신체(貪著利養莊嚴身體)'를 일삼는다는 것,[17] (4) '무비인심(無悲忍心) 원리진제(遠離眞諦)'하면서 아첨적(阿諂的)으로 기만적으로 (법을) 사칭하고 법고(法庫)에서 도적질을 한다는 것, (5) 비구들이 작당투쟁을 한다는 것이다. 하여간 이와 같은 반승려주의(anticlericalism)는 적어도 부파불교와는 무관한 초기대승 운동자들의 기맥을 나타낸다고 할 수가 있을 것이다.

포살 날 밤 가람 안에서는 모여든 모든 비구들의 설계(說戒)가 진행된다. 제중

---

16) T.2042, p. 127a-b. 인용문 중 대정신수대장경의 注記에 송・원・명 3본이 일치하게 본문과 다른 글자, 다른 용어를 쓰고 있을 때에는 3본의 설에 따라 고쳤다.

17) '貪著利養'은 물질적인 이익 추구와 관련이 있는 것이지만 여기에서는 명예나 지위나 용모에 대한 애착 갈망의 뜻이 더 많다. 몸단장에 여념이 없는 阿沙羅 비구에 대한 이야기가 C의 제6권에 길게 실려 있다. '穢身以爲堅實'이 또한 그것을 말해 주는 것이다.

(諸衆)의 상좌는 삼장 쉬샤(Siṣya)이고, 삼장은 '프라티목샤(pratimokṣa, 般羅底木叉)'를 간략히 설하기를 원한다. 그러나 아라한 수라타는 자리에서 일어나 삼장에게 예하고 프라티목샤를 광설해 주도록 부탁하는 것이다. 삼장은 이 중(衆) 중에서 누가 프라티목샤를 구행(具行)하는 자가 있어 광설을 청하는가 하고 반문한다. 아라한이 불재세시(佛在世時)의 비구들과 같이 자기가 능히 구행할 수 있는 자라고 하며 다시 광설을 바라자, 삼장의 제자는 크게 진에(瞋恚)의 마음을 일으켜 그 스승에 거슬려 그 가르침을 받지 않는 자라 질책하며 그를 살해한다. 이 때에 '승의정법(勝義正法)'은 멸몰한다는 것이다. 뒤이어 이 아라한을 경중(敬重)하던 천룡약차(天龍藥叉)는 크게 노하여 그 삼장을 죽인다.[18] 삼장이 죽음으로써 '세속정법(世俗正法)'이 또한 멸몰한다고 한다.

A는 어째서 삼장이 '프라티목샤'를 간략히 설하기를 원했는가를 말하지 않으나 B, C, D, E는 이에 대해 두 가지의 상이한 설명을 한다. B, C는 "내가 삼장에 요달(了達)하고 있지만 아직 계율만은 배우지 않았다. 하물며 다른 사람들에 있었으랴? 이제 누구를 위해 계율을 설할 것인가?"[19] 이렇게 삼장 자신이 계율에 어두움을 말하고 있는데, D, E는 삼장 자신은 배운 바가 있으나, 다른 비구중이 이를 알아듣지 못할 것이기 때문이라고 말끝을 흐리고 있다.[20]

또한 승의정법의 멸몰을 아라한의 피살과 그리고 세속정법의 멸몰을 삼장의 피살과 관련시켜서 설명하는 것은 A만이 하는 것으로 아비달마다운 사고라 할 것이다.

그리하여, 먼저 승의정법이 그리고 다음에 세속정법이 멸몰하고 난 뒤 7일이 지나도록 세상은 그것을 모르나 7일 후에 여러 가지 천변지이(天變地異)와 함께 공중에 소리 있어

---

18) A는 三藏을 누가 죽이느냐에 관해 두 가지 異說이 있음을 시사한다. 즉 하나는 아라한의 제자라는 설이고, 다른 하나는 국왕이 아라한의 무고한 죽음을 슬퍼해서 삼장을 죽인다는 설이다.

19) T.99, p. 179a에는 "時彼上座答言 閻浮提如來弟子皆來集此數有百千 如是衆中我爲上首了達三藏 尙不學戒律 況復餘者而有所學 令當爲誰而說戒律"이라 하고 있고, 한편 T.2042, p. 127c에는 "世尊十方弟子皆來集此 如此大衆我爲上座 我已到多聞彼岸而猶不能具持佛戒 今此衆中誰有持戒比丘而當說戒……"라 하고 있다.

20) T.2028, p.9a에는 "當此之時十五日夜 天大惡風暴雨 說二百五十戒中有聞者或不聞者 時諸比丘便共鬪諍大語呼 上座比丘諫衆人曰 仁等小言當用法故更勿亂語 吾用比丘法當解汝意 今閻浮提釋迦文弟子盡來會此 是會末後 今我所學更不復學 唯願默然聽我所說"이라 하고 있고, T.2029, p. 11c에는 "吾當說卿等 示有佛法律 聽我之所說 無得亂語言 計此閻浮地 沙門佛門徒 會同當共和 不宜長嫌故 有大比丘衆 其數有百千 欲得學道義 往會十五日 有大比丘衆 雖有百千數 我學設明達 卿等不能知"라 하고 있다.

> 釋迦大仙所有正法 從今永滅 更無能入正性離生 妙甘露門於斯永閉 大苦黑闇遍滿世間 更無救護將導之者[21]

라 한다.

이 대목을 C는

> 佛在世時見佛夜叉 五體投地覆面下向作是言曰 從今以後不聞佛法 不聞毘尼 不聞戒律 法橋已壞斷絕法流 法海乾竭 法山崩倒 法寺以盡 法行以絕 法藏以壞 法甘露味以竭 能說法者皆悉以滅 敎坐禪者亦復以喪[22]

이라 하고, 다음에 곧 이어 불모(佛母) 마하마야가 하늘로부터 내려와 체읍(涕泣)하며 '능지불법자(能持佛法者)'가 어디로 갔느냐 하며, '제선승법(諸善勝法)'이 모두 중생에게서 떠났음을 슬퍼하고 다시 천상으로 돌아가는 이야기를 싣고 있다. 오백 명의 우바새가 법 멸진을 듣고 성안으로부터 승방이 있는 곳으로 와 역시 비탄하면서 "何其怪哉 何其苦哉"라 울부짖는다는 것이다.[23]

B, C, D, E의 법멸 설화는 여기서 끝난다. 그러나 A만은 더 계속하여 다음 두 가지 문제를 중심으로 논의를 편다.

> (1) 何故 過去諸佛有未般涅槃正法卽滅 有於般涅槃後七日卽滅
> 今釋迦佛千歲方滅耶
> (2) 正法滅已 無得聖者耶[24]

극히 간단하게 그 답을 요약하면 (1)에 대해서는 두 가지 이유가 있다. 하나는 과거 제불의 수명은 길었고 그들의 재세 시에 수도(修道)상 구경(究竟)에 달하는 자가 많았으나, 석가모니불 시에는 수량(壽量)이 단촉(短促)되어서 불타가 열반을 하시고 난 뒤에도 미구경(未究竟)인 자가 많아 천년에 이르도록 선근을 심는 자, 성숙시키는 자, 해탈하는 자가 남게 된다는 것이다. 또 다른 하나는 과거 제불의

---

21) T.1545, p. 918c.

22) T.2042, p. 128a.

23) 이 부분에 관한 B의 기술에는 이상의 요소가 다 있으나 약간의 편찬 혹은 번역상의 착오가 있는 것 같다. D, E도 전반은 꼭 같은 내용을 전하나, 마하마야를 개입시키지는 않고 D, E의 전설의 說者인 迦丁비구의 이와 같은 예언적 전설을 토대로 한 훈계를 싣고 있다.

24) T.1545, p. 919a.

제자들은 지관(止觀)에 있어서 샤마타(Śamathaḥ, 奢摩他)를 애중(愛重)하고 계경(契經) 등 십이분교(十二分敎)를 전설(傳說)하는 것을 좋아하지 않았는데, 지금 석가모니불의 제자는 비파샤나(Vipaśyanā, 毘鉢舍那)를 좋아하여 오래 머물러 관찰하고 모두 계경 등 십이분교를 전수(傳授)하기를 즐겨하기 때문이라는 것이다.[25] (2)에 대해서는 예류과(預流果)에서 일래과(一來果)를 얻고 일래과에서 불환과(不還果)를 얻으며 불환과에서 아라한과(阿羅漢果)를 얻는 이가 있되, 순결택분(順決擇分)에서 입정성리생(入正性離生)하는 자가 없는 것이라고 하였다.

우리는 이상에서 『대비바사론』을 통하여 기원후 3세기까지 법멸설의 개요를 알았다. 그리고 정법은몰설이 예언적인 것과 훈계적인 것을 동시에 갖추고 있고, 또한 율법주의적인 요소와 사변적 요소를 구유(具有)하는 일대 종합임을 알 수 있다. 그러나 논사의 목적은 사실의 전달과 해명에 있지 직접적 훈계나 문헌 자체의 효험을 문제시하지 않는다.

우리는 이와 같은 종합이 이루어질 수 있게 한 근거자료가 된 것이 무엇이었을까를 문헌상에서 찾아보았다. 그리고 이 『대비바사론』이 인용한 전반부의 인용구들이 『잡아함』과 『중아함』 및 동 계통의 경들과 제율(諸律)이었음을 알았다.[26] 그러면 『대비바사론』 후반부의 소의(所依)는 과연 무엇일까? 논사 자신은 이에 대해 아무런 말이 없다. 그러므로 우리는 비슷한 내용의 법멸 설화를 가진 몇 개의 문헌을 『대비바사론』의 소설(所說)과 비교하여 왔던 것이다. 그 문헌들은 B 잡아함 제25권의 소설(所說)이었고, C 『아육왕전(阿育王傳)』 권6・7에 걸친 우파국다(優婆掬多)인연이었고, D 『가정비구설당래변경(迦丁比丘說當來變經)』이며, E 『가전연설법몰진게(迦旃延說法沒盡偈)』이었다. 이 네 개의 문헌 중에서 확실히 B, C는 동일한 원전에서 파생한 것이고, 그 중에서도 C의 연대는 『대비바사론』보다도 후대의 것임을 추측할 수가 있게 되었다.

한편 『잡아함』 중 법멸과 관계있는 기술이 후대의 가필이라는 데 대해서는 이미 정설이 있고 보면,[27] 이 두 문헌 B, C가 『대비바사론』의 소의가 된 것이 아니라, 오히려 『대비바사론』이 이 D, E의 반승려주의적 견해의 대담한 표명에 대한 근거가 되었다고도 볼 수가 있는 것이다. B, C는 의심할 바 없이 동일 원전에서 파생한 것이며, 그 내용은 오히려 『대비바사론』의 소론(所論)보다도 D, E의 그것에 가까운 점이 많았다. 앞에서도 언급한 바와 같이 법멸설에 관한 비관주의는 『대비

25) 위의 주 24 참조.

26) 주 9, 10, 11, 12, 13 참조.

27) 『國譯一切經』(大東出版社藏版), 阿含部, 新訂雜阿含經 解題, p. 63.

바사론』에서 보다도 B, C, D, E에서 더욱 노골적이다. 우리의 당면한 관심은 『대비바사론』과 이 네 개의 다른 문헌 사이의 시대적 선후보다도 예언적 법멸설에 관한 설자(說者)의 주관적 입장에 있다. 그런 관점에서 볼 때 이 네 개의 문헌이 시대적으로 과히 심한 선후의 차는 없다 할지라도, 또 이 네 개의 소론(所論)에는 하나의 공통된 구전(口傳)이 있어서 그것이 이와 같은 법멸설화 최고의 원천이 되었다 가정하더라도, 『대비바사론』이 나머지 네 개의 문헌에 비해서 보다 부파불교적인 성격을 띠고 있고, 다른 경전들에는 이미 반(反)부파적 기운이 반영되어 있다는 것만은 부정할 수가 없을 것이다. 그것은 『대비바사론』이 그 전반부에서 '여인출가'와 '팔중법(八重法)'과 '천세(千歲)' '오백세' 등의 정법 지속 기간 등 상당히 율법주의적인 견해를 중시하고 있는 데 비해서, 『대비바사론』 소설(所說) 후반부의 법멸설화와 동종의 설화를 가진 B, C, D, E가 일언반구도 이와 같은 사실에 언급하지 않고 있다는 것으로도 입증이 되는 것이다. 더욱이 『대비바사론』이 '여인출가'와 관련시킨 전반부의 소설(所說)에서 인용한 계경의 문구 "非法說法 法說非法 非毘奈耶說毘奈耶…" 운운의 구절을 그대로 포함하고 있는 『잡아함』 권32(906) 법손괴(法損壞)에 있어서 '여인출가'니, '팔중법' 등의 어구가 완전히 빠져 있다는 것도 경시할 수가 없는 것이다. 가령 『잡아함』의 이 부분이 역시 후대의 참입(讒入)이라면 그래도 좋다. 그런 경우에 『대비바사론』이 말하는 계경은 어디에 있는가? 현존 장경(藏經)에서 우리는 그것을 찾지 못하게 될 것이다. 그렇게 되면 정법의 은몰이 '여인출가'로부터 비롯한다고 한 주장은 그 근거로서 『중아함』(116)과 제 율장만을 가지게 될 것이며 그것의 진실성 여부에 대해서는 새로운 검토가 있어야만 하지 않겠는가 하는 의문이 생긴다. 문제는 역시 과연 법멸의 원인은 『중아함』이나 제율(諸律)이 주장하는 바와 같이 '여인출가'에 있으며, 그 설은 과연 고타마 붓다의 소설(所說)인가 하는 것이다. 만약 그것이 틀림없다면 어째서 이제 보아 온 제 문헌과 기타 거개의 대승경전이 이를 묵살하고 딴 이야기만을 늘어놓았을까? 그리고 법멸설을 에워싼 이와 같은 제율의 견해와 대승경전의 견해의 차이는 무엇을 의미하는 것일까 하는 것이다.

Ⅳ. 정법은몰 논의의 제 유형과 그 성립

앞항에서 제기된 문제를 해명하기 위하여 우리는 먼저 판단의 기초가 될 사실을 실은 자료의 정리로부터 시작할 필요가 있을 것이다. 그런데 앞서 든 제 불전에 나타난 정법은몰에 관한 논의를 통관(通觀)하여 얻어지는 결론을 먼저 말해 두면,

제 불전의 법멸 논의는 그 내용에 따라 다음과 같이 분류해 볼 수가 있는 것이다.

첫째, 예언적인 것과 훈계적인 것. 다시 말하면 정법의 은몰을 일정한 시기와 장소 및 이유에 기인하는 것으로서 예언하는 형식의 기술이 있고, 한편 그런 일정한 시간적 공간적 제약과 이유를 구체적으로 열거함이 없이 추상적으로 막연히 아무 곳 아무 때에도 적용할 수 있도록 훈계조로 기술한 것이 있다.

둘째, 율법주의적인 것이냐, 그렇지 않으면 철학적·사변적인 것이냐 하는 구별에 따라 분류해 볼 수가 있다. 뒤에 이에 관하여 상론(詳論)할 터이지만 정법은몰의 문제가 직접 승단규율과 결부되는 것으로서 형식적·율법적인 면만이 강조되고 따라서 사변적인 요소가 없거나, 있어도 천박한 내용의 것을 우리는 우선 율법주의적인 부류라고 규정해 둔다. 이러한 언급 내용은 흔히 동시에 예언적 성격을 띠는 것이 많고 법멸의 역사적 원인, 정법의 지속 기간, 정법(正法; saddharma, saddhamma)에 대체해서 들어서는 상법(像法; saddharmapratirūpaka, saddhammapatirūpaka)의 지속 기간 및 그 종국에 있을 법멸의 사적(史的) 사실의 예언 등 구체적 사실을 포함하고 있다. 이에 대해서 법멸설을 기존관념으로 간주하고 그와 같은 시기에 대처하는 입장에서 자유로운 철학적 사변을 전개한 부류의 것이 있다.

셋째, 우리의 관심사인 이 법멸사상이 경론의 전편을 통하여 중심 테마가 되어 있는 경우가 있는가 하면, 또 적어도 표면상 단순한 인용에 그친 경우가 있다.

넷째, '如來滅後 於末法中'[28]에 가지는 그 경 자체의 중요성, 효험성을 강조하는 불전이 상당한 수에 달한다. 이러한 경론들은 물론 법멸의 사실과 그것을 설명하는 불전 자체와의 관계에 무관심한 제 불전들과는 성격상 현저한 차이를 보이는 것이다.

먼저 우리의 수중에 있는 제 자료에 나타난 법멸 논의에 있어서 율법주의적인 것이라고 생각되는 사항들과 사변적이라고 생각되는 사항을 먼저 적기(摘記)하고 그것들의 제 자료별 분포상을 다음에 표기해 보기로 하자.

(1) 율법주의적인 것

① 법멸설을 여인출가와 관련시킨 것

---

28) 『법화경』, 『대지도론』을 비롯한 제 대승경론에서 흔히 사용되는 어구로서 "於後末世法欲滅時"니, 또는 "我滅度已 後時後分 後五百歲"(『대반야바라밀다경』, 권302, T.220, p. 539a)라 한다. 경의 어구가 同類의 것이며, 범문(梵文) 『법화경』의 아래와 같은 구절이 이 어구에 해당한다.

> tathāgatasya parinirvṛtasya paścime kale paścime samaye paścimāyāṃ pañcasatyāṃ saddarmavipralope vartamāne

또 Edward Conze, *Vajacchedikaprajñpāramitā* (Rome: IsMEO, 1957), pp. 30-31을 보라.

② 여인출가가 허용되지 않았을 경우에 있었을 비구들의 높은 권위가 타락된 것을 애석히 여기는 구절
③ 팔중법(八重法; 八盡壽不可越法)을 운위하는 것
④ 정법 응주(應住)의 기간을 문제 삼는 것
a. 정법 천년설
b. 정법 오백년설
c. 정법 천오백년설
d. 기타[29)]
⑤ 정법 쇠미(衰微)의 과정을 성문사과(聲聞四果)와 결부시켜 설명하는 것

(2) 사변적인 것
① 정법이 무엇이냐에 관한 철학적 반성이 표명된 것.
② ①만이 문제인 것
③ 정법 주멸(住滅)의 원인을 탐구하면서 출가비구의 타락을 강조하는 것
a. 분파투쟁
b. 이양자활(利養自活)
c. 희론(戱論)
d. 기타[30)]
④ 정법 타락의 과정을 보시(布施), 다문(多聞), 계(戒), 정(定), 해탈(解脫) 등의 실천 덕목을 배당함으로써 설명하는 것.
⑤ 오탁악세(五濁惡世)의 사상과 관련시킨 것.
⑥ 정토사상, 미래불사상과 관련시킨 것.
⑦ 정법 욕멸시(欲滅時)의 그 경 자체의 효험을 강조하는 것.

---

29) a, b, c.의 三種說 이외에 정법 應住의 기간 산정에는 다음과 같은 것들이 있다.
① 2,000년설: Bu-ston, II, pp. 103, 178; 眞諦의 所說
② 2,500년설: 『大集經』 권54, T.397, p. 363a-b 등
③ 3,000년설: 『中觀論疏』 권1, T.1824, p. 18a
④ 5,000년설과 10,000년설: *Mahāvaṃsa* Ⅲ.38; *Sumaṅgalavilāsinī* Ⅰ, p. 25; *Atthasālinī* ,p. 27 ; *Samantapāsadikā* Ⅰ, p. 30
⑤ 11,500년 또는 12,000년설: 6세기 이래 대부분의 중국 佛敎史家, 예컨대 慧思 (515-577), 吉藏(549-623), 懷感(613-681), 良賁(717-777) 등의 견해.
본고에서는 중국 所撰의 註疏를 고찰外에 두었으므로 이에 대한 논급은 하지 않을 것이지만 이와 같이 法住의 기간이 연장되는 데에 관해서는 본고 p. 139 이하를 보라.

30) 본 項에는 婬妖, 親近惡友, 의례중심적인 형식주의(예컨대 『大寶積經』, 「摩訶迦葉會」의 '唯作供養舍利之業 以香花瓔珞幡蓋燈明供養如來舍利塔廟'와 같은 것), 增上慢 등을 포함한다.

이와 같은 요소들이 앞서 든 제 자료 속에 어떻게 분포되어 있느냐 하는 것을 보면 대개 법멸설의 유형이 분명해질 것이고 거기에 따라서 법멸설의 기원과 그 변천에 관한 가설도 설정해 볼 수 있지 않는가 하는 것이다. 다음의 도표는 위에 열거한 두 가지 부류의 제 요소가 각 문헌별로 어떻게 분포되어 있는가를 보이는 것이다. 완전히 해당 요소가 있을 때에는 ○, 명확하게 표명되지는 않았지만 앞서의 각항의 사실을 암시하거나 그와 유사한 것이 있을 때에는 △를 부하였다. ◎는 '若於末世 後五百歲中 正法滅時'니 '當來末世 後五百歲'니 '於後末世五百歲中 法欲滅時'니 하여 오백세설을 기정사실로서 인정하고 있는 것을 표시한 것이다.

	A								B									
				4							3							
T.	1	2	3	a	b	c	d	5	1	2	a	b	c	d	4	5	6	7
26. 中阿含經 瞿曇彌經	○	○	○		○													
60. 瞿曇彌記果經	○	○	○		○													
99. 雜阿含 (640)											○	△	○	○				
同 (906)									○							○		
100. 別譯 雜阿含									○							○		
Aṅguttara-nikāya, V, Ⅷ									○		○	△		○				
1421. 五分律 比丘尼法	○		○															
1425. 摩訶僧祇律 권30	○		○															
1428. 四分律比丘尼揵度 권48, 49	○		○		○													
同 毘尼增一 권59									△		○							
1435. 十誦律 권15																		
同 尼律 권47	○		○						△		○							
同 毘尼增一 권49									○		○	○	△					
1451. 根本說一切有部毘奈耶雜事	○	△			○													
1462. 善見律	○			○				○	△									
1463. 毘尼母經	○	○			○										○	○		
1478. 大愛道比丘尼經	○	○	○		○													
196. 中本起經	○		○		○													
2027. 迦葉結經	○				○													
2028. 迦丁說當來變經											○	○	○	○				◎
2029. 迦丁法沒盡偈											○	○	○	○				
2030. 難提法住記							○										○	
2043. 阿育王經									○		○	○	○	○				

T.	A								B									
	1	2	3	4				5	1	2	3				4	5	6	7
				a	b	c	d				a	b	c	d				
1238. 摩訶摩耶經					○						○							
1290. 佛臨涅槃記法住經					○				○		○	○	○			○		
1545. 大毘婆沙論	○								○						○			
同上 팔리本	○				○				○						○			
1562. 順正理論					○				○				△					
1558. 俱舍論																		
396. 法滅盡經							○				○	○	○	○	△	○	○	
397. 大集虛空藏菩薩品						◎												
380. 大悲經 商主品														○			○	
同 迦葉品							○											
同 持正法品									○		○	○	○	○			○	
310. 大寶積經 2 無邊莊嚴會						◎					○	○	○	○				
同 7 被甲莊嚴會						◎												
同 12 菩薩藏會						◎			○		○	○	○	○				
同 16 菩薩見實會									○									
同 17 富樓那會												○		○	○			
同 23 摩訶迦葉會						◎					○	○		○			○	
同 25 發勝志樂會					◎				○		○	○	○	○			○	
同 30 妙慧童女會									○									
1493. 大乘三聚懺悔經					○				○									
1564. 中論 觀因緣品					◎											○		
220. 大般若經					◎				○	○						○		
1509. 大智度論 권2	○				○													
同 권34									○	○								
673. 大乘同性經									○	○	△	△	△	△		○		
674. 證契大乘經									○	○	△	△	△	△		○		
397. 大集經 月藏分					○						○	○	○	○	○			
425. 賢劫經					○										△			
461. 文殊師利現寶藏經									○	○	○	○	○	○		○		
653. 佛藏經									○		○	○	○	○		○		
1579. 瑜伽師地論									○	○	△	△	△	△				
639. 月燈三昧經									○		○	○	○	○	△	○	○	○
1636. 大乘集菩薩學品					◎				○								△	
374. 大般涅槃經							○		○	○	○	○	○	○		○	○	
245. 仁王般若經							○				△	△	△	△		○		○

T.	A								B									
	1	2	3	4				5	1	2	3				4	5	6	7
				a	b	c	d				a	b	c	d				
246. 仁王護國般若波羅蜜經							○				△	△	△	△		○		○
262. 法華經 方便品									○		△	△	△	○		○		
同 授記品									○								○	
同 安樂行品									○		○	○	○	○		○	○	○
474. 維摩經									○							○	○	
613. 禪秘要法經						○			○		○	○	○	○	○			
839. 占察經											△	△	△	△		○		○

앞에 든 도표에서 보는 바와 같이 율법주의적인 성격을 가진 법멸 논의를 전개하고 있는 문헌에는 제율(諸律), 『중아함』, 『구담미기과경(瞿曇彌記果經)』, 『중본기경(中本起經)』, 『가섭결경(迦葉結經)』 그리고 『대비바사론』이 있을 뿐이다. 그리고 나머지 다수의 경론에서는 그와 같은 사실을 도무지 발견할 수가 없다. 또한 이 비율법주의적 논의를 전개하는 문헌이 대부분 대승경전인 것은 위에 열거한 제경・율이 거의 법멸의 원인으로서의 출가비구의 타락적인 경향을 언급하고 있지 않은 사실과 함께 법멸설 발전의 자취를 이해하는 데에 매우 중대한 의의를 가지는 것이라고 하겠다. 우리는 다음 항에서 정법은몰의 원인으로서 열거된 제 사실의 의미하는 바를 따로 탐구할 것이므로 여기에서는 다만 식별된 제 유형에 속하는 문헌의 내용의 정리 및 해당 문헌들의 성립체계만을 시론(試論)할 것이다.

위의 A 종류의 제 경・율 있어서 공통적인 것은 여인출가(1)와 정법오백세(4b)와의 관련이며 그것에 약간의 이론(異論)을 표시한 것은 『선견율(善見律)』과 『대비바사론』뿐이었다. 나머지 제 사실(2, 3, 기타)에 있어서 가장 가까운 경전은 물론 『중아함』과 『구담미기과경』이며, 이 둘은 틀림없이 동일한 원본의 이역별본(異譯別本)이고, 이 두 경과 가장 친근한 관계에 있는 것은 『사분율(四分律)』 비구니건도(比丘尼揵度)와 『중본기경』이다. 『비니모경(毘尼母經)』이 『사분율』 계통이리라는 데 대해서는 일본인 학자의 설이 있었으나,[31] 법멸 논의에 있어서도 그 소론(所論)이 『사분율』 계통인 것은 분명하다. 다만 이 경이 보시(布施), 다문(多聞), 지계(持戒), 정(定), 해탈(解脫) 등의 실천 덕목을 정법오백세와 관련시켜 설명하는 것은 『대비바사론』 논사의 견해와 일치하는 것으로 『중아함』으로부터 시작하여 『대비바사론』에 이르는 상기 제 문헌이 설일체유부 계통의 소전(所傳)이라는 것, 그리고

31) 平川彰, 『律藏の硏究』(東京: 山喜房佛書林, 1960), p. 638; 小野玄妙, 『佛書解說大辭典』, 毘尼母經條.

연대적으로는 중아함, 사분율이 거의 동시의 것으로 그 시대가 소급될 것이요, 『비니모경』만이 다소 후대의 것이 아닌지 추측된다.[32] 『가섭결경』은 본래 법멸설만을 중심 테마로 삼은 경이 아니기 때문에 그 논의를 중요시할 필요는 없겠지만 대체로 『사분율』 계통의 앞서 든 제 문헌 소설(所說)을 인용한 부차적 자료라 할 것이다. 제율(諸律) 상호간의 관계로 말하면 오분율의 법멸 논의, 근본설일체유부비나야의 소론(所論)이 매우 간략한 데 비하여, 『십송율(十誦律)』에는 율법적인 요소와 더불어 사변적인 요소가 더 많으며 '상법(像法) 시의 오비법(五非法)'이니 또는 '유오법멸망(有五法滅亡)'이니 하여 출가승단 내부의 타락된 경향을 경고하는 기사가 많이 포함되어 있다.[33] 이것은 첫째로 『십송율』이 시대적으로 다른 율에 비해 더 후기의 것임을 짐작케 하고 그 시대적 양상이나 또는 해당 율사(律師)들의 주관적 견해가 반영된 것이라고 보아야 할 것이다.[34] 『선견율』은 아마 격원한 어떤 딴 지역

---

32) 『毘尼母經』은 정법 오백년을 각 백년 단위로 ① 견고해탈(堅固解脫), ② 견고정(堅固定), ③ 견고지계(堅固持戒), ④ 견고다문(堅固多聞), ⑤ 견고보시(堅固布施)와 관련시키는데, 해탈(=慧), 정, 지계, 다문(=정진), 보시의 다섯 개 덕목은 대승보살의 실천 덕목으로서 나타나는 육바라밀의 기본형으로 생각할 수가 있을 것이다. 사실 이 經과는 별도로 육바라밀사상의 발생을 史的으로 연구한 山田龍城는 계·정·혜의 아함적 세 가지 실천 덕목에, 비유문학에서 도입하는 施, 忍, 精進을 더하여 육바라밀이 성립하는 것을 과정적으로 설명한 바 있다. 山田龍城, 『大乘佛教成立論序說』(京都, 1959), pp. 137-168. 그런 의미에서 본다면 『비니모경』은 『사분율』 계통이기는 해도 그것보다 훨씬 후대의 것이 되어야만 하겠다.

33) 『십송율』이 '正法滅亡沒'의 이유로서 열거하는 二重의 五法은 다음과 같다.

> ① 有比丘無欲是名一 鈍根是名二 雖誦義句不能正受 亦不能令他解了 是名三 不能令受者有恭敬威儀 有說法者不能如法教是名四 鬪諍相言不在阿練若處 亦不愛敬阿練若處不隨…
> ② 法教隨非法教 不隨忍法隨不忍法 不敬上座無有威儀 上座不以法教授 上座說法時愁惱 令後衆生不得受學修多羅毘尼阿毘曇 上座命終已後 比丘放逸習非法失諸善法
> (T.1435, 권49, 「毘尼增」一之二 五法部, p. 358b)

또 '像法時의 五非法'이라 하여 다음과 같이 쓰고 있다.

> 佛言 正法滅像法時 有五非法在世 何等五 佛言 (1) 難提 正法滅像法時 有比丘心得小止 便謂已得聖法 是名初非法在世 (2) 難提 正法滅像法時 白衣生天 或有出家者墮惡道中 是名第二非法在世 (3) 難提 正法滅像法時 有人捨世間業出家 破戒 是名第三非法在世 (4) 難提 正法滅像法時 有破戒者多人佐助 有持戒者無人佐助 是名第四非法在世 (5) 難提 正法滅像法時 無不被罵者 乃至阿羅漢亦被他罵 是名第五非法在世
> (T.1435, 권49, 「毘尼增」一之二 五法部, p. 358c)

34) 『십송율』이 他律에 비해 후대의 것이라는데 대하여는 平川彰가 구체적으로 지적하는 몇 가지 사실이 또한 방증이 된다. 平川彰, 앞의 책, p. 633.

에서의 소설(所說)이 아니었는지 싶다.

율법주의적인 요소라고는 '五法五百歲'(4b)란 어구밖에는 찾아 볼 수 없는 나머지 문헌 중 대승적 성격이 표면화되지 않은 것은 다음의 제 문헌이라 하겠다.

T.383　『마하마야경(摩訶摩耶經)』, 蕭齊(479-502) 담경(曇景) 역
T.2028　『가정설당래변경(迦丁說當來變經)』, 유송(劉宋, 420-479)대 실역(失譯)
T.2029　『가전연설법몰진게(迦旃延說法沒盡偈)』, 서진(西晋, 265-316)대 실역
T.2043　『아육왕경(阿育王經)』, 梁扶南 승가파라(僧伽婆羅, 506-520) 역

이 네 개의 문헌을 포함하여 그 밖에 본 연구의 자료로서 열거된 제 문헌은 모두 직접적이거나 간접적이거나 정법의 은몰 내지는 멸몰이란 '당래(當來)의 변(變)'과 관계되어 있는 까닭에 우리의 고찰의 대상이 된다. 물론 이 밖에 다른 불전에서도 이 문제에 대한 언급이 없지는 않겠지만 법멸설에 관한 대승경론의 입장들을 알기 위해서는 이상의 자료로서도 충분하다고 생각하는 바이다.

그런데 우리가 고찰한 이와 같은 자료의 법멸설에 관한 언급에는 앞서도 말한 바와 같이 몇 가지 유형이 있는 것이며, 그 첫째는 법멸의 시기와 사정에 관한 구체적인 예언적 기술을 갖추고 있는 것이었다. 앞에 든 네 개의 불전이 그러하고 그 밖의 다음과 같은 문헌들이 다소간 이 범주에 속하고 있다.

T.396　『불설법멸진경(佛說法滅盡經)』, 승우록(僧祐錄, 420-479) 중 실역(失譯)
T.380　『대비경(大悲經)』, 나연제야사(那連提耶舍, 557-589) 역
T.374　『대반열반경』, 담무참(曇無讖, 385-433) 역
T.397　『대집경(大集經)』 월장분(月藏分), 담무참 역
T.425　『현겁경(賢劫經)』, 축법호(竺法護, 265-313) 역
T.2030　『난제밀다라소설법주기(難提蜜多羅所說法住記)』, 현장(玄奘) 역
T.245　『인왕반야경』, 구마라집(鳩摩羅什) 역
T.246　『인왕호국반야경』, 불공(不空) 역

앞서 든 네 개의 문헌 중에서 『가정설당래변경(迦丁說當來變經)』, 『가전연설법몰진게(迦旃延說法沒盡偈)』, 『아육왕경』의 법멸 논의에 관해서는 앞서 말한 바 있으며, 이들은 『잡아함』 권25와 『대비바사론』 후반부의 것과 동일한 내용의 것으로 『잡아함』, 『대비바사론』의 소설(所說)에 대한 대승적 분식(粉飾)이라고 보는 것이 타당할 것이다. 『마하마야경(摩訶摩耶經)』의 법멸 논의에도 후반에 이와 동일한 내용의 예

언이 들어 있으나, 이것은 매우 요약된 형식의 것으로 역시 어떤 근원적 자료에서부터의 복제라고 보아야 할 것이다.

그러나 이 『마하마야경』은 그 밖의 다른 중요한 예언적 요소들을 가지고 있다.

이 경에 의하면 세존이 멸도하시자 불모(佛母) 마하마야는 아난에게 "내 아들 실달(悉達)이 멸도에 임하여 무슨 교칙(敎勅)이 있었느냐?"고 묻는다. 아난은 대답하여 "중야(中夜)에 세존께서 비구들을 위해 교계(敎誡)를 약설(略說)하시고, 설하신 『십이부경(十二部經)』을 존자 가섭에게 부촉하시고, 또 자기에게도 그것을 선포할 것을 명하셨다"고 한다. 이 사실은 조금도 이 경의 독특한 주장은 아니다. 그러나 계속하여 "여래의 정법이 언제 멸할 것이냐(如來正法幾時當滅)?" 하고 묻는 불모의 물음에 대한 아난의 답변에는 독특한 주장이 있다.

> 我於往昔曾聞世尊說於當來法滅之後事云 佛涅槃後 摩訶迦葉共阿難結集法藏事悉畢已 摩訶迦葉於狼跡山中入滅盡定 我亦當得果證 次第隨後入般涅槃 當以正法付優婆掬多 善說法要如富樓那廣說度人 又復勸化阿輸迦王 令於佛法得堅固正信 以佛舍利廣起八萬四千諸塔 二百歲已 尸羅難陀比丘 善說法要 於閻浮提度十二億人……35)

이렇게 시작한 그의 설명은 백세에서 천오백세까지를 매 백년별로 특징을 들어 말하는 것인데, 위의 인용된 우파굽타(Upagupta, 優婆掬多)와 아쇼카 왕(阿輸迦王)의 이야기는 불멸후 백년에 이루어진 것으로 되는 것이다. 이 경이 이와 같이 아쇼카 왕의 기사를 싣고 또한 마지막 천오백세 조(條)에서 코삼비국에서 일어난 삼장(三藏)과 아라한의 비극적 살해 사건을 기술한 것, 그리고 이 사건을 마하마야와 관련시켜 설명하고 있는 것 등은 이 『마하마야경』이 『아육왕전』의 '우파국다 인연'과 밀접한 관계가 있음을 알게 한다.

이 설명에 의하면 오백세까지는 정법이 주지(住止)하는 것으로 되어 있다. 이백세에는 실라난다(Sīlānanda, 尸羅難陀) 비구가 선설법요(善說法要)하여 십이억 인을 도(度)하고, 삼백세에는 청연화안(靑蓮花眼) 비구가, 사백세에는 고무카(Gomukha, 牛口)비구가, 오백세에는 라트나데바(Ratnadeva, 寶天) 비구가 선설법요하여 각각 반억(半億) 인, 일만 인, 이만 인을 도(度)하는데, 이 오백세 후에 '八部衆生 發阿耨多羅三藐三菩提心 正法於此便就滅盡'이라 하였다.

육백년이 지나면 96종의 외도들이 사견(邪見)을 일으켜 불법을 파멸시키려 하나 아쉬바고샤(Aśvaghoṣa, 馬鳴)가 있어 이 일체 외도를 항복시킨다고 아쉬바고샤의

---

35) T.383, p. 1013b-c.

이름을 들고, 칠백년 조(條)에는 나가르주나(Nāgārjuna, 龍樹)의 이름을 들고 있다. 그러나 일전(一轉)하여 팔백년 후부터 천사백세 후에 이르는 기간을 지배하는 것은 비구들의 타락상이다.[36] 그리하여 불멸후 천오백년이 지나 불법은 멸진한다는 것이다. 불멸의 연대에도 이론이 있고 아쉬바고샤와 나가르주나의 확실한 연대가 불분명한 까닭에 여기에 주어진 제 연대의 적중 여부를 가리기는 그리 쉬운 일이 아니다. 그러나 지금까지 인도의 제 연대 중 가장 확실시되는 아육왕의 치세, 서력기원전 268-232경설[37]과 257-260년에서 237-226년경까지의 설[38]을 중심 삼아 그 때를 불멸후 100년으로 친다면 불멸연대는 370년대가 되나 현재까지 가장 유력한 설이 서기전 383년경 설과 서기전 478년 설이 있으므로 가히 수긍되는 일이다. 그렇게 된다면 아쉬바고샤와 나가르주나의 연대에 관해서도 현재의 추정과 과히 어긋나지는 않는다고 볼 수 있을 것이다.[39]

이를테면 이 경은 정법(正法) 오백년, 상법(像法) 천년설이라 하겠다. 이와 같은 연대의 이야기는 앞서 든 다른 세 문헌에는 나타나 있지 않다. 오히려 형태적으로 보면 이 『마하마야경』은 『비니모경』과 같은 계통이되 그것보다 훨씬 발전한 것이며, 이와 동류의 것에 『불임열반기법주경(佛臨涅槃記法住經)』(T.390)과 『선비요법경(禪秘要法經)』(T.613)이 있는 것이다. 『불임열반기법주경』은 정법 오백년/상법 오백년 설을 골자로 하며, 『선비요법경』은 정법 오백년/상법 천년설을 주장한다.

사실 상법 지속의 기간에 관하여 오백년설, 천년설이 있고 또 어떤 경우에는 정법과 상법의 구별 없이 법멸 시기를 천년에서 천오백년, 이천년, 이만 오천년으로까지 연장시키고 있는 경향을 보는데, 여기에는 무슨 이유가 있지 않을 수 없다. 앞에서 이미 본 바와 같이 제율(諸律)과 『중아함』 계통의 설에 의하면 정법의 멸몰이 불멸 오백년 후에 있어야 하는 것인데, 이 문헌들 속에서 상법의 개념이 분명히 드러나 있지 않은 까닭에, 정법은 일반적으로 오백년, 특수한 경우에만 천년 동안(『善見律』) 계속되는 것을 정설로 삼고 상법의 지속 기간에 관하여는 임의로 작정할 수 있는 허점이 있었다고도 할 수가 있다. 그리하여 이와 같이 잡다한 견해가 생길 수 있었다고 생각되는데, 그러면 어째서 긴 것이 있고, 짧은 것이 있느

36) 본고 제V항, p. 150 이하 참조.

37) 中村元(『インド思想史』, 東京: 岩波書店, p. 69)이 의거하는 설. cf. J. Przyluski, *La Légende de l'Empereur Aśoka* (Paris, 1923); Jules Bloch, *Les Inscriptions d'Aśoka* (Paris, 1950), etc.

38) Jean Filliozat, *L'Inde classique*, t. I, pp. 219-221, §406 "Chronologie d'Aśoka" - §408 "Fin du regne d'Aśoka."

39) 中村元, 「マウリヤ王朝の年代について」, 『東方學』 10(1955), pp. 1-16 참조.

냐 하는 의문이 생긴다. 우리는 상법의 연대가 길어진 것일수록 후대의 소설(所說)이라고 믿고 싶다. 그 이유는 불멸 시기로부터 멀어지면 멀어질수록 법멸 시기는 임박해 오므로 그것을 피하려는 의도가 생기지 않을 수 없게 되었다는 것이다. 즉 구체적으로 말하여 불멸후 오백년이라 하면 앞서의 산정방식에 의하면 서기 180년대이고, 불멸후 천년이라 하면 서기 613년대가 되고, 불멸후 천오백년이라야 서기 1180년대가 된다. 그러므로 가령 서기 300-400년대에 성립된 경전이라면 정법 멸몰 오백세설에다 상법 지속 연대를 개입시켜 법의 지속 기간을 연장시키지 않을 수 없는 심정이 생겼을 것은 무리가 아니다.

『선비요법경(禪秘要法經)』은 불 열반후 '초(初)일백세'를 지나면 다음부터는 천세에 이르기까지 해탈도를 믿는 자의 수가 점감(漸減)한다고 한다. 천년이 넘으면 '무상관(無常觀)'이 염부제 중에 유행하나 "億億千萬衆多弟子 若一若兩 修無常觀 得解脫道"라 하고, 천오백년 후에 사부중(四部衆)으로서 '무상고공 무아관(無常苦空 無我觀)을 찬탄선설(讚歎宣說)하는 자'가 있으면 그는 극심한 박해를 받고, 그렇게 될 때에 '석가모니 무상정법(無上正法)은 영몰무여(永沒無餘)'라는 것이다.[40]

이에 대하여 『불임열반기법주경』은 정법과 상법의 구별 없이 법멸 천년설을 주장한다. "我涅槃後第十百年 吾聖教中戱論堅固 我諸弟子多勤習學種種戱論 捨出世間諸佛正敎……國王大臣長者居士 於三寶所不生淨信誹謗輕毁 由是因緣令正法滅"[41]이라고 지적하면서 이 경은 불멸후 천년에 있을 교단내 부패상을 상기(詳記)한다. 이 경에 의하면 이와 같은 부패상은 돌발적인 것이 아니라 불멸후 600년 이래 점진적으로 나타난 불제자들의 타락의 결과인 것이다.

이 경이 불멸후 천년까지를 백년 단위로 ① 성법(聖法)견고, ② 적정(寂靜)견고, ③ 정행(正行)견고, ④ 원리(遠離)견고, ⑤ 법의(法義)견고 등의 제 성격으로 특징짓는 것은 말은 다르다 할지라도 『비니모경』의 설법의 형식을 따르고 있다 할 것이다.

그런데 이 세 경, 즉 Ⓐ 『마하마야경』, Ⓑ 『선비요법경』 및 Ⓒ 『불임열반기법주경』의 성립 연대가 어느 때쯤이겠는가 하는 것은 추정하기가 쉬운 것이 아니지만, 모두 서기 3세기(즉 불멸후 600년)에서 서기 5세기(즉 불멸후 800년) 사이의 것이 아닌가 생각할 수가 있다. 그 중요한 이유들로서는 다음과 같은 것들을 들 수가 있을 것이다.

(1) 세 경의 한역 연대로 보아서 가장 오래된 것은 Ⓑ로서 이것은 서기 5세기 초 구마라집(401-412)의 번역이며, 그 다음은 Ⓐ로 남제(479-502)의 담경(曇景)이 역자

40) T.613, p. 269b-c.

41) T.390, p. 1113a-c.

이고, 마지막은 Ⓒ로 이것은 652년 현장의 번역이다. 그러므로 이 경들의 성립이 652년 이후의 일이 될 수는 없다.

(2) Ⓒ의 역경이 가장 늦은 것이라고 해서 이 경이 반드시 가장 후대의 것이 될 수 없다. 왜냐하면 이 경도 Ⓐ와 마찬가지로 불멸후 백년 조(條)에 아쇼카 왕의 업적을 말하고 있으므로 그 산정방식에 의하면 이 경이 이야기하는 불멸후 천년, 즉 법멸의 시기는 서기 680년대가 되게 될 것이다. 현장의 인도 순례가 대략 서기 629년에서 서기 645년이니, 그 순례가 끝나자 얼마 후에 정법이 멸하는 것으로 된다. 상법의 이야기가 없기 때문에 그 후에는 상법-말법이 지속된다고도 볼 수 있겠으나 불멸후 육백년 이래 천년까지에 있다는 타락상 자체를 상법으로 보지 않고 또 무슨 다른 상법이 있을 수 있는지 불가해하므로 여기서 말하는 '영정법멸(令正法滅)'이란 것은 법멸 자체를 의미하는 것일 것이다. 그런 중대한 위기를 바로 목전에 둔 서기 600년대에 이와 같은 예언이 이루어진다는 것이 불가능하지는 않겠지만 예언치고는 너무 촉박된 것이 되므로, 아무래도 이 경의 성립은 이 법멸 연대보다 3세기 앞서서 있었던 것이 아닐까 한다.

(3) Ⓐ는 앞서 말한 바와 같이 불멸후 육백세에 마명(馬鳴)을, 칠백세에 용수(龍樹)의 이름을 들고 있는데, 이것을 예언이라고 보기보다는 역사적 사실을 안 후대의 작자가 예언처럼 가탁한 것이라고 보아야 옳을 것이므로, 이 경의 성립 연대는 3세기 내지 4세기보다 소급되지 못할 것이다.

(4) Ⓑ는 한역 연대로 보아서 Ⓐ보다 앞서지만 그 내용은 Ⓐ나 Ⓒ와 대동소이하므로(無常觀의 주장이 강하다) Ⓐ보다 시대적으로 다소 앞서거나 거의 동 시기의 것이라고 보아야 옳을 것이다.

그러므로 우리는 이 세 경 중에서 Ⓒ가 가장 이른 것으로 3세기 말이나 3세기 초, Ⓐ와 Ⓑ가 3세기에서 4세기 초에 걸쳐 성립한 것이라고 추정할 수가 있을 것이다.

앞서 Ⓐ와 함께 언급한 Ⓓ 『가정설당래변경(迦丁說當來變經)』, Ⓔ 『가전연설법몰진게(迦旃延說法沒盡偈)』 및 Ⓕ 『아육왕경』의 성립연대는 Ⓐ Ⓑ Ⓒ 세 경에 관한 우리의 견해와 이 Ⓓ Ⓔ Ⓕ 세 문헌의 한역 시대 및 체재, 소론(所論) 등을 고려할 때, Ⓔ가 가장 오래된 것으로 3세기 말 내지 3세기 초에는 이미 성립해 있었을 것이다. 그 게송을 바탕으로 Ⓓ의 산문경(散文經)이 성립하였을 것이며 그 연대도 3세기를 하회(下廻)하지는 않을 것이다. Ⓕ도 현존하는 형태의 것은 Ⓓ와 시대적으로 큰 차이가 없으리라고 본다.

다만 이 여섯 개의 경들이 모두 아육왕에 대한 회고적 찬탄의 뜻을 피력하나 『대비바사론』의 의견을 따르고 있지 않을 뿐더러 그것보다도 발전된 견해를 표명하고 있는 것은 특히 주목할 일이다. 『대비바사론』이 가니슈카 왕대의 성립이라는 것은 이미 정설이다. 그런데 이 여섯 개 문헌은 카니슈카 왕에 대한 일언반구의 암시도 없다. 오늘날 카니슈카 왕의 연대가 대체로 서기 2세기 내지 3세기 초로 추정되고 있으니, 이는 앞서의 Ⓐ Ⓑ Ⓒ 세 경에 의하면 불멸후 육백년에 해당하므로 바로 이 때부터 '법욕멸시(法欲滅時)'가 시작된다고 보아야 할 것이다. 그러므로 Ⓐ Ⓑ Ⓒ 및 Ⓓ Ⓔ Ⓕ의 여섯 개 문헌이 부파불교의 전성시대이기도 한 카니슈카 왕대의 일부 진보적 사상가들의 반전통적 기운의 표명이 아니었던가 생각할 수가 있는 것이다.

『불설법멸진경』은 법멸시기를 말하지 않으나, 그 내용은 분명히 예언적 성격을 띠고 있고, 그 예언의 성격은 앞서 언급한 제 경보다 훨씬 덜 구체적인 초역사적 성격을 띠기까지 한다. 이 경 안의 예언에는 다음과 같은 것들이 들어 있다.

(1) 비구 비구니의 타락. 이 안에는 앞서 든 제 경에서 열거된 모든 타락상이 다 들어 있다.

(2) "水旱不調五穀不熟 疫氣流行死亡者衆", "人民勤苦縣官計剋 不順道理皆思樂亂", 이것도 이미 앞서 든 제 문헌 중에서 부분적으로 나타났다. 여기에 인명의 단축, 특히 남자 수명의 단축을 음질(婬泆)과 결부시키는 것이 특이하다.

(3) 마치 노아의 홍수를 연상시키는 대홍수의 이야기를 들어 "호천(豪賤)을 불문하고 중생잡류가 몰익부표(沒溺浮漂)하여 식오식담(食鱉食噉)"이라 하면서 "보살(菩薩), 벽지(辟支), 나한(羅漢)만이 중마(衆魔)를 구축하고 불예중회(不預衆會)하고 복덕지지(福德之地)인 산에 들어가 수명을 연장하다가 월광(月光)이 출세(出世)하매 득상조치(得相遭値)하여 공흥오도(共興吾道)"한다고 하며, "오십이세(五十二勢)에 『수능엄경(首楞嚴經)』과 『반주삼매(般舟三昧)』가 선화멸거(先化滅去)하고 십이부경(十二部經)이 심후부멸(尋後復滅)"한다는 것이다.

(4) 이후 "수천만세가 지나 미륵(彌勒)이 세간에 당상(當上)하여 불(佛)이 되고 천하가 태평하고 독기가 소제(消除)되고, 우윤화적(雨潤和適) 오곡자무(五穀滋茂) 수목장대(樹木長大) 인장팔장(人長八丈) 개수팔만사천세(皆壽八萬四千歲) 중생득도불가칭계(衆生得度不可稱計)"라 하였다.42)

이 예언 내용에서 (3) (4)의 부분은 대승경론에만 있을 수 있는 것으로 앞서 든 역사적 사실과 관련된 예언의 내용과 아주 판이한 것이다. 여기에서는 특정한 대승경전의 수명이 문제시되어 있고, 또한 당래불(當來佛)의 구제(救濟)사상이 내포되어 있다.

우리는 이와 동류의 사상을 『대비경(大悲經)』(T.380) 「상주품(商主品)」 및 「지정

42) T.396 p.1119b. 이와 동일한 내용이 梁의 沙門 釋僧祐 撰, 『釋迦譜』 제 34에 그대로 수록되어 있다. T.2040, pp.83c-84b.

법품(持正法品)」의 내용에서,43) 『대보적경』(T.310) 「마하가섭회」, 「발승지락회(發勝志樂會)」의 소설(所說)에서,44) 『월등삼매경』(T.639),45) 『대반열반경』(T.374),46) 『묘법연화경』(T.262) 「안락행품」,47) 『점찰선악업보경』(T.839),48) 그리고 『난제밀다라소설법주기(難提蜜多羅所說法住記)』(T.2030)49) 등의 소설(所說)에서 접할 수가 있다. 물론 이상 각 문헌의 소설이 반드시 일치하지 않으며 의견의 차이는 때에 따라 현격한 바가 있지만 그 사상의 저류에, 앞서 말한 두 가지 경향이 흐르는 것만은 부정할 수가 없다. 또한 이와 같은 경전들이 몇 개의 예외(『난제밀다라소설법주기』, 『인왕반야경』, 『점찰경』)를 빼놓고는 모든 승단의 부패타락을 강조하고 있다는 것은 또한 대승불교의 교리 이해상 중대한 의의가 있다고 아니할 수 없다. 그 내용의 중요성은 고사하고 이와 같은 경전들이 부파불교적인 법멸 논의와는 상당히 상이한 색채를 띠고 있다는 것을 알아야 할 것이다. 이와 같은 사상적 비약에 다리(橋梁)를 놓는 것이 전기 여섯 개의 문헌이라고도 말할 수 있을 것 같다.

또 하나의 유형은 '법멸'의 논의 및 그 교설을 기정사실로서 인정은 하나, 역사적이건 초역사적이건 예언적 내용과는 무관하게 정법 자체에 대한 철학적 성찰을 통하여 예언사상이 자리잡을 지반을 박탈하는 냉정한 사변을 일삼는 문헌들이다. 『중론』, 『대반야경』, 『대지도론』, 그리고 『대승동성경』, 『유가사지론』 등이 이러한 부류에 속한다.

그 밖의 대승경전들 가운데에는 오탁악세 법욕멸시에 그 경 자체의 독송, 또는 그 경이 정하는 주문, 또는 특수한 주법(呪法)의 효험을 강조하는 것들이 있으나 그 교설은 일률적으로 공통된 교리를 찾기 어려운 독자성들을 가지고 있다.

또 『현겁경(賢劫經)』,50) 『난제밀다라소설법주기』,51) 『묘법연화경』 등에는 제 미래

43) 『大悲經』 「商主品」 제2, 「持正法品」 제 6, T.380, pp. 948c-949b, 955b-c.

44) 『大寶積經』 「摩訶迦葉會」 제 23의 2(北魏 月婆首那 譯), 「發勝志樂會」 제25의 2, T.310, pp. 520c, 528b.

45) 『月燈三昧經』, T.639, p. 563b.

46) 『大般涅槃經』 권3, 「金剛身品」 제 2(T.374, p. 384a)에 '阿閦佛國'에 관한 언급이 있고, 이 경의 은몰에 관하여는 권4 「如來性品」 제 4의 3(p. 398a-c)에 구체적인 언급이 있다. 이 경은 또한 佛身常住에 관한 적극적인 涅槃說을 내놓고 있어, 이것이 인격화된 神格)인 미래불 사상보다도 한걸음 발전된 형이상학적 이론으로서 법멸에 대한 危懼를 풀어 주는 것이라고 하겠다.

47) 『妙法蓮華經』 「安樂行品」, T.262 , pp. 37a-39c.

48) 『占察善惡業報經』 권상, T.839, pp. 901c-902a.

49) 『大阿羅漢難提蜜多羅所說法住記』, T.2030, p. 14a-c.

50) 『賢劫經』 「千佛興立品」, T.425, pp. 50b-58c에 보면 說者는 99如來를 들어 그 所生土地와 種性, 父, 母, 子, 侍者, 首弟子 등의 이름을 들고 2회 내지 3회로 되는 比丘衆會의 수를 들며, 그 당

불의 정법 및 상법의 지속 연대 등을 나열함으로써 법멸사상의 초기형태가 가졌던 역사적 실감이 전혀 경감되어 버리고 말았다.

V. 열거된 법멸(法滅)의 두 가지 원인과 대승의 입장

1. 여인출가

앞의 항들에서 이미 본 바와 같이 '여인출가'는 일부의 문헌들에서 법멸의 근본적 원인으로 되어 있다. 그 문헌들은 거의 다 소승의 문헌들이다. 이러한 문헌들은

시의 人壽, 法立年數를 말하고 아울러 그 여래의 舍利에 관한 사항을 열거하고 있다. 99여래 중 제4위에 能仁如來, 즉 석가모니불의 사항이 나오며, 제5위에 慈氏如來(Maitreya-tathāgata, 彌勒佛)의 사항이 나온다. 그 열거하는 숫자는 대부분 천문학적인 것이며 그 숫자의 열거에 일정한 의미가 있는 것 같지 않고 상식적인 이해가 불가능한 것이 많다. 예를 제5위 慈氏如來와 제6위 師子如來의 경우를 예로 들면 다음과 같다.
자씨여래의 소생토지는 妙意, 종성은 梵志種, 부는 梵乎, 모는 梵經, 子는 德力, 시자는 海氏, 신통 수제자는 堅精進, 지혜 수제자는 慧光이며, 사자여래의 소생토지는 華土, 종성은 君子種, 부는 勇師子, 모는 江音, 자는 大力, 시자는 善樂, 신통 수제자는 兩氏, 지혜 수제자는 慧積이다. 그리고 比丘衆會와 人壽, 法立年數를 대조 표기하면 다음과 같다.

	比丘衆會			人壽	法立年數
	1	2	3		
5. 慈氏如來	96억	94억	80억	8만4천	8만
6. 師子如來	100억	90억	98억	7만	1억

51) 『大阿羅漢難提蜜多羅所說法住記』(玄奘 譯, T.2030)는 "'如是傳聞' 佛薄迦梵般涅槃後八百年中執師子國勝軍王都 有阿羅漢名難提蜜多羅 (唐言慶友 Nandimitra)"라는 첫 구절이 말해 주는 바와 같이 상당히 후대의 것임이 틀림이 없다. 이 경의 내용은 諸苾蒭(비구)들의 "我等未知世尊釋迦牟尼無上正法當住幾時"라는 질문에 대한 難提蜜多羅의 설법으로 되어 있다. 본 경의 소설(所說, pp. 13-14)에 의하면 세존께서는 열반 시에 정법을 16대아라한에게 부촉하신다. 그들과 그 권속 1,600아라한은 여러 가지의 공양으로 불법을 유지하나, 남쪽 贍部洲에서 人壽가 10세로까지 줄어드는 사태가 나고 兵劫이 있어 불법은 잠시 멸몰하나 兵劫이 끝난 후 人壽가 백세로까지 점증하고, 이 지방 사람들은 '復樂修善'을 한다. 그리하여 여기서 人壽는 육만 세까지 올라가 "無上正法流行世間熾然無息"이라는 것이다. 그 후 人壽는 칠만 세가 되는데 그 때에 '無上正法方永滅沒'이며, 머지않아 '釋迦牟尼無上正法이 於此三千世界에 永滅不現'이라는 것이다. 그 후 '人壽量八萬歲時에는 '獨覺聖衆復皆滅度'하고, 다음에 미륵여래가 출현하여 자연과 인간계에 여러 가지 복락이 오고 聲聞衆을 위해 三會에 걸쳐 설법을 하시고 '出生死得證涅槃'케 하신다고 하며, 삼회의 會衆의 수를 든다. 즉 제1회에 96俱胝, 제2회에 94俱胝, 제3회에 92俱胝의 聲聞衆을 度한다는 것이다.

'여인으로서 얻을 수 없는 다섯 가지의 일(女人不得行五事)'을 ① 여래무소착등정각(如來無所著等正覺), ② 전륜왕, ③ 천제석, ④ 마왕, ⑤ 대범천이라고 열거하고 이와 같은 것들은 남자만이 얻을 수 있는 것이라고 하였다.52)

『불설구담미기과경(佛說瞿曇彌記果經)』이나 『중본기경(中本起經)』이 모두 이와 같은 여성의 숙명적 불운을 말한다. 이 경들은 여인이 불법률(佛法律) 안에 들어와 사문이 됨으로써 '범행자(梵行者)'(『구담미기과경』) 혹은 '불청정대도(佛淸淨大道)'(『중본기경』)가 오래 머무를 수 없게 된 것이라고 하고, 여인출가를 벼밭(稻田)이나 보리밭(麥田)에 내려진 '박우(雹雨)'(『구담미기과경』), 또는 '악로재기(惡露災氣)'(『중본기경』)에 비(譬)하고 있다. 이 '박우' 또는 '악로재기'는 무르익은(具熟, 成熟) 곡식들을 패괴(敗壞)시키고 만다는 것이다.53)

그렇기 때문에 여인으로서 '사문이 되고자 하면 죽을 때까지 유월(踰越)해서 안 되는(不得踰越當以盡壽學而行之, 『중본기경』)' 다음과 같은 여덟 개 조항, 팔경지법(八敬之法) 또는 팔중법(八重法)을 반드시 준수하여야만 한다는 것이다.54)

① 비구니는 비구로부터 구족계를 받아야 한다.55)
② 비구니는 비구를 따라서 보름마다 설계(說戒)의 예절을 받아야 한다.
③ 비구니는 비구가 없는 곳에서 수세(受歲)를 할 수 없다.56)
④ 비구니가 수세를 할 때에는 보고 들은 바에 따라서 스스로 성찰하여야 한다.57)
⑤ 비구가 허락하지 않으면 비구니는 경·율·논에 관하여 비구에게 질문을 하지 못한다. 비구가 청허할 때에만 질문을 할 수 있다.58)

---

52) 『佛說瞿曇彌記果經』, 宋 慧簡 譯, T.60, p. 858a; 『中阿含』(116) 林品 瞿曇彌經 제10, T.26, p. 606c; 『中本起經』, T.196, p. 159b.

53) T.60, p. 856c; T.26, p. 606a-b; T.196, p. 158b-c.

54) T.196, pp. 158c-159a; 『善見律毘婆沙』, T.1462, p. 796c ; 『四分律』, 比丘尼揵度의 上 제17, T.1428, p. 923a-b; 『五分律』, 제5분의 八比丘尼法, T.1421, p. 190b.

55) 『五分律』에서는 이 항목이 제4조에 와 있고 그 내용도 더 구체적이다. 즉 "式叉摩那學二歲戒已應在二部僧中受具足戒"라는 것이다. 그러므로 『중아함』의 "比丘尼當從比丘求學具足"은 이와 같은 뜻으로 해석해야 좋을 것이다.

56) 『중본기경』만은 타 문헌과 달리 "比丘僧比丘尼不得相與並居同止"라 하고 있다.

57) 『구담미기과경』은 "當與二僧 俱以三事 受歲見聞知"라 하고 있는데, 일반적으로 三事라 하면 見聞疑 三事를 가리킨다. 『오분율』은 분명히 "應從比丘衆請三事見聞疑罪"라 하고 있다.

58) 『중본기경』에는 이 제5조와 다음 제6조의 내용이 바뀌어 있고, 『중본기경』은 제5조에서 "有庶幾於道法 得問比丘僧經律之事"라고만 한다. 그리고 『오분율』은 제5, 제6조에 거의 동일한 내용 즉 제6조와 동일한 내용의 기사를 적있을 뿐 경·율·논에 관한 질문의 가능성 여부를

⑥ 비구니로서 비구에 관하여 본 것, 들은 것 의심한 것을 가지고 훼방하지 못한다. 그러나 비구는 비구니에 대해서는 그 견문의(見聞疑)를 가지고 비난할 수가 있다.[59)]

⑦ 비구니는 아직 득도(得道)를 하지 못하여 계율을 범했을 때 매 보름마다 중중(衆中)에서 머리 숙여 자회(自悔)하고 교만의 태를 버려야 한다.[60)]

⑧ 만약에 비구니로서 구족계를 받은 지 백세에 달했다 하더라도 새로 구족계를 받은 어린 비구 앞에서 엎드려 예하고 겸손히 공경하여야 한다.

이 팔경법 가운데에 승단 안에서의 여성의 종속적이며 열등한 지위는 명문화되어 있다. 우리는 다시 여인출가에 관련된 사변으로서 Ⓐ『중아함』, Ⓑ『구담미기과경』, Ⓒ『비니모경』이 지적하고 있는 여인출가로 말미암아 발생하게 될 사태, 다시 말하면 여인이 출가하지 않았더라면 있었을 사태란 것이 무엇이었던가를 말하고 나아가기로 하자. Ⓐ와 Ⓑ는 동일한 내용의 여섯 가지 조항을 열거하고 Ⓒ는 이와 다소 상이한 열 가지 조항을 든다. Ⓐ를 중심으로 하여 Ⓑ Ⓒ와 대조하면서 이 조항을 들면 다음과 같다.

만약에 여인이 정법률(正法律) 중에서 지신사가무가학도(至信捨家無家學道)할 수 없게 하였더라면

① 여러 범지거사(梵志居士)[61)]들이 그 의포(衣布)를 땅에 깔고 "정진 사문이시어, 이 위를 가사이다. 정진 사문은 행하기 어려움에도 행하시나이다. 이 긴 밤에 우리들로 하여금 요익, 안은(安隱), 쾌락을 얻게 하소서" 할 것이었다.[62)]

② 여러 범지거사들이 두발(頭髮)을 땅에 깔고 "정진 사문이시어(이하 同文)" 운운할 것이었다.[63)]

말하지 않는다. 『오분율』의 제5조는 "比丘尼不得罵比丘 不得於白衣家說比丘破戒 破威儀破見"이라 되어 있다.

59) 『오분율』은 "比丘尼不得擧比丘罪而比丘得呵比丘尼"라고 한다.

60) 『구담미기과경』은 『중본기경』의 '犯戒'를 '犯僧伽婆沙'로 '衆中'을 '當於二僧中'으로 '首過自悔以棄憍慢之態'를 '掃灑'라 하여 약간의 차이를 보인다.

61) Ⓐ가 '梵志居士'라 하는 것을 Ⓑ는 '婆羅門居士', Ⓒ는 '諸檀越'이라 하고 있다. 일반적으로 재가자를 말함을 알 수 있다.

62) Ⓒ에는 이와 꼭 같은 내용의 항목이 없으나 이와 유사한 것으로 제6항의 "諸檀越等輩見諸沙門常應恭敬心淨掃其地脫體上衣布地令沙門坐"라는 것과 제7항에 "常應脫體上衣拂比丘足上塵"이란 것이 있고 또 Ⓐ Ⓑ에 없는 "諸檀越等常應乘象馬車乘在於道側以五體投地求沙門蹈而過"도 이 세1항의 내용의 발전이라고 볼 수가 있을 것이다.

③ 여러 범지거사가 사문을 보자 여러 가지 음식을 받들고 길가에 서서 "제존(諸尊)이시어, 이 음식을 가지고 가셔서 마음대로 쓰사이다. (이하 同文)" 운운할 것이었다.64)

④ 여러 범지거사들이 정진 사문을 보고 존경하는 마음으로 부축하여 자기 집안으로 모셔가 여러 가지 재물을 희사하면서 "제존이시어, 이것을 받으시어 마음대로 쓰사이다. (이하동문)" 운운할 것이었다.65)

⑤ 이 해와 달이 대여의족(大如意足), 대위덕(大威德), 대복우(大福祐), 대위신(大威神)을 가지고 있으나 정진 사문이 가지고 있는 위신의 덕에는 아직 미치지 못할 것이다. 하물며 죽어 가는 저 여윈 이학(異學)에 있어서랴!66)

⑥ 정법이 응당 천년은 지속되었을 것이다. 이제 오백년을 잃었고 오백년만이 남아 있다.67)

여인이 출가했기 때문에 이와 같은 비구의 '위신지덕(威神之德)'이 점차 타락되어 가며 오백년 후에는 견고한 정법이 아무 것도 없게 되리라는 것이다. 우리는 이와 같은 소론(所論)의 배후에 출가중심주의자들의 감상적 비애가 숨어 있음을 간파할 수가 있다. 그러나 어째서 여인출가가 그와 같은 비애를 자아내는 제 결과를 초래하는가에 대한 설명은 어디에서도 찾아 볼 수가 없다. 여인이 출가하여 비구니가 됨으로써 비구의 타락이 야기된다는 것인지, 그렇지 않으면 여인이라는 마물(魔物)은 자연적으로 청정한 공기를 혼탁케 하는 마력이라도 가지고 있단 말인지 억지로 설명을 붙여 보아야 이러한 것 외의 다른 설명을 생각해 볼 수가 없다.

63) 이에 대해서는 Ⓒ에서도 제4항 가운데에 "常應在於路中 以髮布地求沙門蹈而過"란 구절이 있고, 또 제8항에 이와 동류의 "常應舒髮掃比丘足上塵"이란 조항을 첨가하고 있다.

64) Ⓒ는 이것을 제1항에 싣고 있다. Ⓒ가 제2항에서 "常應與衣服臥具 逆於道中 求沙門受用"이라 한 것도 Ⓐ Ⓑ에는 없으나 이와 同類의 발전이라고 보아야 할 것이다.

65) Ⓒ는 같은 내용을 제5항에 싣고 있다.

66) Ⓒ는 제9항에서 "沙門威德過於日月 況諸外道豈能正視於沙門乎"라 하고 있다.

67) Ⓒ는 그 마지막 제10항에서 이와 동일한 말을 하고, 前記한 바와 같이 정법이 지속될 오백년의 성격을 다음과 같이 말한다.

一百年中得堅固解脫
一百年中得堅固定
一百年中得堅固持戒
一百年中得堅固多聞
一百年中得堅固布施)

여인출가를 법멸의 원인으로서 내세우는 이러한 경·율의 견해에 의하면 그것이 아난의 탓이다. 그러나 만약에 고타마 붓다가 이를 직접 허락하신 것이라면 어째서 붓다 자신의 탓은 아니란 말인가? 붓다가 그와 같은 불운을 예견하면서까지 아난의 청을 들어야만 했던 이유가 '마지못해서'라면 그런 '마지못해서'가 붓다에게도 있을 수 있단 말일까? 그것은 있을 수 없는 일이다. 여인출가 문제에 관한 대가섭의 아난 규탄에는 어딘가 불분명한 데가 있다.

대승불전으로서 법멸설과 관련시켜서 여인출가에 언급한 것은 『대지도론(大智度論)』뿐이며, 그것도 어구 자체의 단순한 인용에 불과하고 아무런 설명이 없다. 『대지도론』이 이와 같이 예외적 언급을 하고 있는 이유는 이 논 자체가 설일체유부적 전통 속에서 자라난 대승론이라는 그 논 자체의 성격을 알면 쉽게 이해할 수가 있는 것이다.[68] 그 밖의 대승적 색채를 띤 문헌들이 법멸설과 관련하여 일언반구도 여인출가에 언급하지 않고 있는 사실은 분명히 여인출가와 같은 문제가 법멸의 근본 원인이라는 일부의 주장을 무의미한 것으로서 묵살한 것이라고 보아야 할 것이다. 사실 이러한 대승논자들의 입장은 법멸의 사실이 현실화한다 하더라도(물론 그것 자체가 문제이지만) 그 원인은 여인출가와 같은 데에 있는 것이 아니라, 오히려 일반적으로 출가자들의 타락에 있는 것이라고 믿고 있다. 더 나아가 대승 이론가들의 입장은 출가 수계란 사실 그것만이 '지법(持法)의 요체일까?' 하는 의심마저 품고 있는 것이다. 출가와 재가의 우열 같은 문제를 초월한 대승적 보살 이상을 머리 속에 그리고 있는 이론가들이, 여성의 출가건 남성의 출가건 출가제일주의에서 나온 어떠한 이론에도 큰 관심을 표할 리가 만무하기 때문이다.

베다문학에 있어서 벌써 여성의 지위는 극히 낮은 것이었고, 여성은 남자에 반분(半分)이며 다만 남아를 분만한다는 조건하에서만 그 존재이유가 있었다.[69] 여성 멸시의 경향은 불교나 자이나교 출현 당시에 유행하던 고행금욕주의와 더불어

---

68) 대지도론(Mahāprajñāpāramitopadeśa)』(T.1509)에 관한 해제에서 폴 드미에빌(Paul Demievile)은 다음과 같이 말하고 있다. "……이 책의 저자를 Nāgārjuna(龍樹)라고 하는 설은 이 논의 한역자인 Kumārajīva(鳩摩羅什)에게서 나온 말이다. 이와 같은 龍樹저작설은 그러나 기원후 4세기 카슈미르 지방에서 유행하던 한 전설에 불과한 것이고 실제로는 이 카슈미르 지방에서나 그렇지 않으면 인도 서북지방에서 한 이름 없는 사람에 의해서 또는 그러한 사람들의 집단에 의해서 편찬되었던 것일 것이고, 이 편찬자들은 아직도 Sarvāstivādin(설일체유부)의 전통을 계승하고 있는 사람들이었을 것이라고 하는 것이 오늘날의 일반적 정설이다."
Renou, *L'Inde classique*, t.II, p. 443, §2130.

69) Śatapatha Brāhmaṇa 5.2.1.10, 5.3.1.13, 8.7.2.3. 그 밖에 여인 멸시의 경향을 나타내는 한 예로는 "여인, Śūdra, 개, 黑烏는 虛僞이다. 이들을 보지 말라. 행복과 災禍, 광명과 암흑, 진실과 허위를 혼동치 않기 위해서"(같은 책, 14.1. 1.31)라는 구절을 들 수 있다.

더욱 뚜렷해진 것이라고 할 수 있다. 사실 대승 불전에서도 여인의 신분을 열등시하는 경향은 잠재의식으로서 남아 있다. 그러므로 일반적으로 인도인의 전통적 의식 속에 남아 있던 이와 같은 경향이 점차로 출가도덕의 이완이 표면화하고 그 전도(前途)가 우려될 무렵, 다시 말하면 정법 주멸(住滅)에 관한 반성이 나타나기 시작했을 때, 그 원인으로서 여인출가를 관련시키기에 이르렀던 것이라고 생각할 수 있는 것이다. 그러므로 여인출가를 법멸의 설과 관련시키는 것은 불설(佛說)이 될 수가 없다. 이와 같은 설은 출가 이상을 금과옥조로 삼고 그 사회적 공리(功利)에 도취해 있던 부파불교 전성시대의 산물이며, 이 사상은 출가제일주의의 미래에 나타날 암운을 예견하고 있는 것이다.

2. 상법의 횡행

상법(像法)의 어의(語義)를 『잡아함』은 상사법(相似法)이니, 상사보(相似寶)니, 상보(像寶)니 하고 있다. 그 뜻은 『Samyuttanikāya』의 Saddhammapati rupatirupakaṃ이나 범문 『화엄경』의 Saddharmapratirupakaṃ과 동일한 의미이다. 정법의 명목과 형식을 취하지 않는 외도이학(外道異學)이 상법이냐? 아니다. 상법이란 정법의 명목과 형식을 취하지만 그 내용이 상이한 사이비 정법을 말하는 것이다. 내용에 있어서 상이한 사이비 정법이란 정법의 지(持), 증(證), 설(說) 세 부문에 있어서의 사이비성을 말한다.

『아비달마순정리론(阿毘達磨順正理論)』(T.1562)은

何謂正法當住幾時 頌曰
佛正法有二 謂教證爲體
有持說行者 此便住世間70)

이라 하고 거기 대한 논을 가하고 있으며, 대소승을 통하여 제 불전이 법멸의 원인으로서 내세우는 사변적 요소의 거개는 이 세 부문으로 나뉜다.

앞서 인용한 바와 있는 『대비바사론』 및 『잡아함』의 다음 구절이 바로 상법의 양상을 설명하는 것이다.

---

70) T.1562, p. 775a.

> 當知如來所覺所說法毘奈耶 非地界水界火界 風界所能滅沒 然有一補特伽羅當出於世惡欲惡行成就惡法 非法說法 法說非法 非毘奈耶說毘奈耶 於毘奈耶說非毘奈耶 彼能滅我三無數劫所集正法令無餘[71]

『대보적경』 권78「부루나회(富樓那會)」는

> 如說行法滅故 佛法則滅[72]

이라 하고, 같은 경「마하가섭회」는

> 迦葉 於當來世後五百歲 有相似沙門 衣服形貌似像沙門 戒不相似 定不相似 慧不相似[73]

라 하고 있다.

그리고 보면 상법은 이미 불법이 아니다. 상법 지속의 기간을 오백년이니 천년이니 하는 것은 법멸의 점진성을 가리키는 것으로서 불법이 온전히 남아 있다는 것이 아니라, 불법의 명목과 형식만이 지속되는 기간을 의미한다고 보아야 옳을 것이다.

『점찰선악업보경』이

> 堅淨信菩薩言 如佛先說 若我去世 正法滅後像法向盡及入末世 如是之時 (云云)[74]

라 할 때에 말세(末世)는 또한 말법(末法)의 세대라고도 말해지지만, 이 말법이란 불법의 어느 단계가 아니라 정법의 명목과 형식마저 멸한 상태로 해석되는 것이 더욱 타당하다. 앞서 말한『잡아함』「법손괴(法損壞)」의 다음과 같은 소설(所說)이 이를 확신케 해 준다.

---

71) T.1545, p. 917c.

72) T.310, p. 449c.

73) T.310, p. 512a.

74) T.839, p. 901c.

如來正法欲滅之時 有相似像法生 相似像法出世間已 正法則滅[75]

『유가사지론』도

若於爾時像似正法當得興盛 卽於爾時 能引實義所有正法當速滅沒[76]

이라 하였다.

그러면 제 문헌들 가운데서 설명되고 있는 상법의 내용은 어떠한 것이었던가? 우리는 앞서 제 문헌에 나타난 법멸의 원인들을 열거하는 과정에 이에 대하여 간략히 언급한 바가 있다. 이제 우리는 좀더 구체적으로 법멸의 원인으로서의 상법의 내용을 밝히고, 그와 같은 소설(所說)이 나타나게 된 역사적, 사상적 배경을 고찰해 보고자 한다.

제 불전에 나타난 상법의 내용은 한 마디로 말하여 교행(敎行) 양면에서의 불제자들의 타락이다. 타락의 제 양상을 어느 것부터 먼저 시작된다고 계통지어 설명한다는 것은 너무나 도식적인 방법에 떨어지는 일이 될 것이다. 다만 몇 가지 두드러진 타락의 현상을 시간적 선후의 구별 없이 열거해 볼 수가 있을 것이다.

상법의 양상은 불제자들의 수적 증대를 예상하고 있고, 교단의 팽창확대를 예견하고 있다. 그러나 거기에는 교리상 통일이 없으며 따라서 많은 부파의 분열 대립의 모습이 보인다.

『대지도론』에는 그와 같은 부파 대립에 관하여 다음과 같이 쓰고 있다.

佛去久經流遠 法傳五百年後 多有別異 部部不同 或言五道 或言六道[77] 是狂人未來世在我法中出家 出家者五衆 受戒者有七衆 是聲聞人著聲聞法 佛法過五百歲後 各各分別有五(百)部[78]

이와 같은 분파 대립의 경향이 불멸후 오백년, 즉 서기 2세기의 말엽에는 여러 가지 폐단을 노출시키는 현상이 되었던 것을 우리는 알 수가 있다. 이러한 현상은 날이 갈수록 더 많은 폐단을 야기해 갈 수밖에 없었다.

75) T.99, p. 226c.

76) 『瑜伽師地論』 권50, 「本地分」 중 菩薩地 제15 제3 「持究竟瑜伽處建立品」, 제5의 2, T.1579, p. 575b.

77) T.1509, p. 280a.

78) T.1509, p. 503b c.

분파 대립의 현상과 관련하여 그 원인이 되고 또 그 결과가 되는 것으로 편협한 집착심, 둔근, 교만, 교단의 세속화 등을 들 수가 있다. 성문화된 경전의 편찬연구, 조직화된 교단의 수립운영, 이 모든 것은 어느 종파에 있어서든지 교조를 잃고 난 교도들의 종교생활에 불가피하며 불가결한 요소이다. 그러나 일찍이 막스 베버(Max Weber)가 정당히 지적한 바와 같이 카리스마가 상실된 인간공동체 안에서의 종교생활의 일상화・인습화란 모면될 수 없는 한 현상인 것이다. 교조를 잃은 무신론적・율법주의적인 인간공동체가 종교의 이름과 형태는 가졌지만 그 생명을 잃고 고후화(枯朽化)하는 것은 당연한 귀결이라 아니할 수 없을 것이다.

편협한 집착심이란 여러 가지 분야에 해당되었다. 법에 대한 집착, 문자에 대한 집착, 자기 부파, 자신의 이론에 대한 집착, 이양(利養), 공경, 명예에 대한 집착, 재부(財富)에 대한 집착, 이 모든 것을 제 문헌은 예외 없이 개탄하는 것이다.[79] 둔근(鈍根)이라는 지적은 『법화경』, 『중론』 등 대승 경론이 특히 강조하는 것으로 중생탁(衆生濁)의 사상과 관련이 있다. 교만(驕慢)은 이른바 증상만(增上慢)으로서 어떠한 불제자도 감히 불전에서는 가져 볼 수 없던 태도이다. 형식상・조직상에 있어서의 전통의 권위를 표방하는 자들에게서 교만은 싹트기 일쑤며 그것은 교단이 세속화하면 할수록 이에 병행하여 증대하는 것이다. 대승적 제 문헌은 불멸 후 교단의 점진적 세속화를 법멸의 중대 원인으로 간주하고 있다.

『마하마야경』은[80] 불멸후 800년(서기 3세기 후반) 조(條)에서 "諸比丘等樂好衣服縱逸嬉戲 百千人中或有一兩得道果者"라 하여 그 한 양상을 기록하고 있다. 같은 경은 계속하여 제900세 조에서는 "奴爲比丘 婢爲比丘尼"라 하였고, 제1100세 조에서는 "諸比丘等如世俗人 嫁娶行媒於大衆中毀謗毘尼"라 하였는데, 이들은 1200세 조의 "是諸比丘及比丘尼 行非梵行 若有子息 男爲比丘 女爲比丘尼"라 한 것이나, 1300세 조의 "袈裟變白不受染色"이라 한 것, 1400세 조의 "時諸四衆猶如獵師 好樂殺生賣三

79) 『四分律』 권59, 「毘尼增」一之三, T.1428, p. 1006b-c; 『十誦律』 권47, 니율(尼律)제6, T.1435, p. 345c; 『十誦律』 권49, 毘尼增一之二 五法部, T.1435, p. 358b-c; 『잡아함』, T.99, p.178b-c; 『佛說文殊師利現寶藏經』, T.461, p. 459a-b; 『佛臨涅槃記法住經』, T.390, pp. 1112c-1113c; 『禪秘要法經』, T.613, p. 269c; 『大悲經』 권2, T.380, p. 955a-c; 『月燈三昧經』 권1, T.639, p. 552b-c; 『大方等大集經』 月藏分 제12 法滅盡品, T.397, pp. 374c-378b; 『占察善惡業報經』, T.839, pp. 901c-902a; 『中論』 觀因緣品, T.1564, p. 1b-c; 『大寶積經』 권2, T.310, p. 10b; 『大寶積經』 권45 「菩薩藏會」, T.310, pp. 266a-267a; 『大寶積經』 권78 「富樓那會」, T.310, p. 445c; 『大寶積經』 권89 「摩訶迦葉會」, p. 512a-b; 『妙法蓮華經』 「方便品」 제2, T.262; 『大般涅槃經』 권3 「金剛身品」, T.374, pp. 383c-384c; 『大般涅槃經』 권4 「如來性品」 제4의 1, T.374, p. 398b; 『大般涅槃經』 권9 「如來性品」 제4의 6, T.374, pp. 417b-422b; 『仁王般若波羅蜜經』 권下, T.245, p. 833b-c.

80) T.383, pp. 1013b-1014a.

寶物" 등의 기록과 더불어 모두 교단의 세속화를 말하는 것이다. 그리하여 이 경은 불멸 1500세 후에 불법이 멸진하는 것으로 본다.

『선비요법경』[81]이 또한 "釋迦牟尼 無上正法 永沒無餘"의 시기를 1500세 후로 보고 있는 것이 이와 동류이다. 이 경도 법멸의 점진성을 말하고 있으므로 1500세 후의 조(條)에 일괄하여 설명하고 있는 상법의 내용은 불멸후 500세부터 나타나기 시작한 현상이라 보아도 좋을 것이다. 지나치게 과격한 듯한 이 경의 법멸 원인 중 "釋迦牟尼佛 雖有弟子 所著袈裟如木頭幡自然變白"이란 구절은 『마하마야경』에도 열거된 사실 중의 하나이다.

『불임열반기법주경』[82]은 불멸후 제700년 조에 '이양견고(利養堅固)'라 하여 "我諸弟子多著利養恭敬名譽 於增上學戒定慧等不勤修習)"이라 하고 있으며, 제800년 조에는 '괴쟁견고(乖爭堅固)'라 하여 제자들이 붕당을 구성하여 서로 괴쟁(乖爭)함을 말하고 있고, 또 제900년 조에서는 '사업견고(事業堅固)'라 하여 "多營俗業耕種商估通致使命以自存活 於諸如來所制學處 慢緩毁犯"이라 하였으니, 이것이 또한 모두 교단의 세속화를 말하는 것이다. 중요한 대승율로서 대승교단 초기의 시대상을 잘 반영하고 있다고 하는[83] 『불장경(佛藏經)』(구마라집 역, T.653)의 한 게송 가운데서도 "爾時惡世中 比丘心嬈動 諍訟生是非 不能得涅槃 沙門及白衣 所說無有有異 爾時我此法 與俗法無別…"이라 한다. 『대보적경』은 도처에서 상법의 양상을 신랄히 지적하고 있는데, 그 몇 가지만을 들어 보면 다음과 같다.

> 後五百歲正法滅時 當有比丘 性懷貪著 猛利貪欲映蔽惡心 樂離間語毒害於他 言詞麤獷慘勵顰蹙 住三法中 何等爲三 所謂醫道 販易 親近女人[84]

---

81) T.613, p. 269b-c.

82) T.390, p. 1113c.

83) 『國譯一切經』 經集部 3, 『佛藏經』 解題에서 二宮守人은 일찍이 본 경이 "대승율의 중요한 것"이라고 하고, 이 경이 '소승의 기성교단인이 我慢心에 사로잡혀 있는 것을 공격'하는 것이라고 단정하면서 다음과 같이 말하고 있다. "大乘僧이 발흥하려고 할 때에 小乘의 구교단이 상당히 이를 압박한 사정을 알 수 있다. 破戒比丘와 增上慢人과 不淨說法 및 貪着하는 자의 三種人을 諸法實相에서 遠離한 자라고 하고, 不淨說法者는 尼乾子의 論을 받아 世利에 貪着하는 자라고 갈파하여, 구 승단의 사람들을 오히려 外道에 가담하는 자라고 규탄, 또 '많이 공양을 얻는 고로 當疾滅'이라고 한 것도 구 승단이 세인으로부터 매우 유리한 공양을 받고 있었던 것을 察知할 수 있다. … '年少의 비구에 많은 利根이 있다'고 하고, 또 '이와 같은 사람이 한곳에 모여 같이 徒侶를 해도 人衆이 적고 세력이 약하다'고 한 것은 청년승의 微力을 가지고 감히 대승의 신 승단을 일으키려 한 정세를 想見하기에 족하다. … 菩薩승단이 聲聞승단으로부터 독립하지 않을 수 없는 까닭이 기탄없이 논해져 있다." 정곡을 얻은 해제라 하겠기에 이에 원문을 인용해 둔다.

彼愚癡人於我法中 雖得出家不解我法 捨出家行而但供養 塔廟舍利 爲自活故 爲得衣鉢 爲利養故 爲名聞故 爲此事故 供養舍利 何等名爲比丘之業[85]

『대비경(大悲經)』「지정법품(持正法品)」은 불멸도 후 북천축국의 왕도(王都)인 부가라발제(富迦羅跋帝)에서의 교단의 세속화에 관하여

諸比丘等 於諸利養增上貪求 多毁禁戒其心散亂不樂閑捨離禪樂 與諸四衆數相往來破戒違道 共諸婆羅門長者居士等 親及交通 不相敬重飮食花果迭相贈遺不依律儀無有慚愧婬彼女婦[86]

라고 쓰고 있다.

우리는 이상의 제 상법 내용이 어느 일정한 시기에 동시에 나타난 것이라고는 생각하지 않는다. 그러나 이와 같은 상법은 앞서 든 제 문헌의 설을 믿는다면 불멸후 오백세(서기 3세기) 이래 인도 사회에 나타난 역사적 현실이었음이 틀림없다. 물론 상법의 횡행을 법멸의 원인으로 드는 위의 제 문헌은 부파불교에 반대하여 나선 대승불교자들의 손으로 이루어진 것이다. 따라서 그 기술 내용에는 다소의 과장이 없을 수 없다는 것을 고려하여야 할 것이다. 그러나 이와 같은 상법에 대한 자각은 한편 대승적 각성의 다른 일면을 의미하는 것이기도 하다. 부파불교 시대서부터 전래해 온 법멸설에 대한 재검토가 대승불교 운동의 신예들에 의해 이루어졌다. 그리고 그 재검토 과정에 이 대승의 신예들은 법멸의 원인을 바로 이 교단의 타락이란 현상에서 찾기에 이르렀던 것이다.

그러면 이와 같은 법멸의 '당래변(當來變)'을 예견하는 대승불교자들의 그 당래변에 대한 태도는 어떠하였던가? 우리는 이 점을 다음 항에서 간단히 언급하려 한다.

3. 대승의 입장

법은 멸하고 말 것인가? 그렇지 않으면 이러한 법멸설에 대한 이론적 극복은 가능한가? 이것이 대승불교 이론가들에게는 일단 해결이 요구된 과제가 아닐 수 없

84) T.310, p. 10b.

85) T.310, p. 512a.

86) T.380, p. 955a.

었을 것이다. 여하한 이유에서이건 불법이 멸하고 만다는 이론은 우선 신흥의 기세가 당당한 대승이론가들이 도저히 받아들일 수 없는 것이 아닐 수 없다. 그리하여 대승이론가들은 크게 나누어 두 가지의 해결방도를 발견하였던 것이다. 하나는 당래불(當來佛)의 사상이었고, 또 하나는 정법 개념의 철학적 정의였다.

사실 앞서 말한 법멸의 세 원인은 그 근원적 계기를 석가모니불의 열반, 즉 불멸(佛滅)에 두고 있었다. 붓다가 안 계시다는 사실은 그 제자들을 혼미에 빠지게 하는 가장 큰 원인이었다. 『대보적경』 권23 「피갑장엄회(被甲莊嚴會)」 제7의 3에 기록되어 있는 바와 같이 "若於末世後五百歲正法滅時 佛及法寶及持法者三不現前이면 何能欲聞愛樂諮問할 것인가?"[87] 또 『대반열반경』 권3 「수명품」 제1의 3에서 제 비구들이 세존께 드리는 말씀 가운데에 기록되어 있는 바와 같이 불가사의한 여래경계, 불가사의한 소유제정(所有諸定), 불가사의한 소연교회(所演教誨)를 앞둔 무유지혜(無有智慧)한 제 비구에게는 여래의 상주(常住)가 절실한 요청이 아닐 수 없었던 것이다.[88]

정법의 이름과 형식을 빙자한 상법의 횡행이 거의 절망적이라고 보였을 때, 대승의 신예들은 인격화된 정법의 모습을 모색하고 '붓다'의 상주를 단정하여, 그것을 혹은 불신상주(佛身常住)의 사상으로, 혹은 당래불(當來佛)의 사상으로 표현하기에 이른다. 『불설법멸진경(佛說法滅盡經)』은 교단의 타락상에 관해 가장 통렬한 공박을 가하고 있는 경전이지만, 이 경은 법이 멸한 후 "數千萬歲 彌勒當下世間作佛 天下泰平 氣消除 雨潤和適五穀滋茂 樹木長大 人長七丈 皆壽八萬四千歲 衆生得度不可稱計"라 하고, '비참추장(悲慘惆長)'한 사부(四部) 제자들에게 모두 '무상성도의(無上聖道意)'를 발하는 희망을 주고 있다.[89] 『대보적경』도 권92 「발승지락회(發勝志樂會)」 제25의 2에서 '阿彌陀佛極樂世界功德利益'을 강조하고 "若有衆生發十種心 隨一一心專念向於阿彌陀佛 是人命終 當得往生彼佛世界" 하리라고 가르친다.[90] 미륵불의 출세를 들어 '법욕멸시'의 수행정진을 권장하는 그 밖의 다른 문헌에는 『대비경』, 『유마경』, 『미륵상생경』, 『월등삼매경』 등이 있다. 『대집경』 「월장분」, 『현겁경』, 『법화경』의 제 당래불(當來佛)의 사상은 또한 이와 같은 계통의 것이며, 보다 발전된 형태의 것이라고 생각할 수가 있다. 불신상주의 대선언으로 불교에 있어서 독보의 형이상학을 개척한 『대반열반경』은 "如來性實不永滅 是故當知是常住法不變易法"[91]이라

87) T.310, p.126c.

88) T.374, p. 379a-b.

89) T.396, p.119b.

90) T.310, p. 528b-c.

고 하면서 '발보리심'과 이 경의 서사독송(書寫讀誦)을 권장하고 있다.

이러한 경향에 대하여 『중론』에 입각한 『반야경』 계통의 제 문헌은 공(空)사상에 의한 정법 이해를 강조하면서 법멸 논의를 극복하려는 입장을 취한다. 『중론』 「관인연품」 제1의 다음 구절은 그 입장을 밝히는 것이라고 하겠다.

> 佛滅度後 後五百歲像法中 人根轉鈍 深著諸法 求十二因緣五陰十二入十八界等決定相 不知佛意但著文字 聞大乘法中說畢竟空 不知何因緣故空 卽生疑見 若都畢竟空云何 分別有罪福報應等 如是則無世諦第一義諦 取是空相而起貪著 於畢竟空中生種種過92)

문자에 착(著)하고, 공상(空相)에 착하고, 이것이 불의(佛意)를 모르는 이들의 통폐라는 것이다. 『대승동성경(大乘同性經)』도 말하는 바와 같이 '여래의 진법신(眞法身)'은 경험적 개념 유·무의 피안에서 이 유·무에 통일과 조화를 주는 원천이다.

> 如來眞法身者 無色無現無著不可見 無言說 無住處 無相 無報 無生 無滅 無譬喩 如是 善丈夫 如來不可說身 法身 智身 無等身 無等等身 毘盧遮那身 虛空身 不斷身 不壞身 無邊身 至眞身 非虛假身 無譬喩身 是名眞身93)

여래법신의 이와 같은 성격을 모르고 고타마 붓다의 반열반(般涅槃) 뒤에 성문화된 교설의 문자와 교단의 규율에만 의존하여 온 성문, 벽지불들 사이에 역사상 장래에 대한 비관주의적인 전망이 나타났다. 그러나 역사 자체는 비관적인 것도 낙관적인 것도 아니다. 요는 개개인의 경우 그가 법성(法性) 내지는 불성(佛性)을 실현하느냐 멸몰시키느냐가 문제인 것이다. 그것은 자기 안에 있는 불성을 의식하고 그것을 위한 일대 용맹정진을 실천하는 것으로만 이루어진다는 것이다. 『법화경』, 『열반경』 계통의 실천적 교훈들 속에서 우리는 허무주의와는 다른 '법욕멸시(法欲滅時)'의 산 교훈을 발견하는 것이다. 그 한 예로 『아미타경』, 『무량수경』과 같은 계통인 『대보적경』 권92 「발승지락회」의 한 구절을 인용하자. 거기에는 유신론적 기반위에 선 '공(空)'의 산 면모가 약여(躍如)하다.

---

91) T.374, p. 389b.

92) T.1564, p. 1b-c.

93) T.673, p. 651c. 同本異譯 『證契大乘經』, T.674, p. 662c.

若有衆生發十種心 隨一一心專念向於阿彌陀佛 是人命終 當得往生彼佛世界……

何等爲十
一者 於諸衆生起於大慈無損害心
二者 於諸衆生起於大悲無逼惱心
三者 於佛正法不惜身命樂守護心
四者 於一切法發生勝忍無執著心
五者 不貪利養恭敬尊重淨意樂心
六者 求佛種智於一切時無忘失心
七者 於諸衆生尊重恭敬無下劣心
八者 不著世論於菩提分生決定心
九者 種諸善根無有雜染淸淨之心
十者 於諸如來捨離諸相起隨念心[94]

Ⅵ. 결어

우리는 지금까지 몇 가지 결론을 얻기 위하여 상당히 우원(迂遠)한 길을 걷지 않으면 안 되었다. 그 가장 중요한 이유의 하나는 방대한 양에 달하는 문헌의 성립 연대 및 그 사상적 친연(親緣)관계 등이 아직 완전히 체계적으로 연구 해명되어 있지 않았다는 것이었다. 그리하여 우리는 이 지난(至難)한 과제를 부분적으로 연구 고찰하면서 정법은몰설에 관하여 언급한 제 문헌에 관한 한 어느 정도의 체계를 세워 볼 수가 있었다.

이러한 문헌들에는 ⑴『아비달마대비바사론』을 그 종합적 결론으로 하는 부파불교적인 문헌과 ⑵ 대승불교 초기의 노골적 반 부파불교의 교설을 포함한 일군의 문헌과 ⑶ 이를테면 그야말로 실대승적(實大乘的)인 초연한 입장에 선 대승문헌들의 세 부류가 있었다.

⑴은 여인출가를 정법은몰의 직접적 원인으로 내세우는 율법주의 불교의 양상을 반영한 것이었으며 다분히 비관적 결정론적인 역사관을 내포하고 있었다. 물론 그 문헌들은 어느 다른 문헌보다도 가장 오래된 전통을 가지고 있음이 틀림없다. 그리고 그 경향은 기원후 3세기『대비바사론』을 끝으로 그 이후에는 다시 운위되지

---

94) 菩提流支역, T.310, p. 528b-c.

않고 마는 것을 알았다.

(2)는 그 성립이 아마 기원후 2-3세기의 것으로 추측되었으며, 그 소설(所說)은 법멸에 대한 원인만이 '여인출가'에서 '상법(像法)의 횡행'이란 출가자들의 타락으로 바뀌었을 뿐, 그 비관주의적인 결정론적 역사관은 조금도 전자와 다른 것이 없었다. 한 가지 다른 것이 있다면 역사적 종말에 관한 비관적 의식이 더욱 심해져 있다는 것뿐일 것이다. 그 문헌들은 이와 같은 위기로부터 어떻게 하여 빠져날 것인가에 대한 명확한 비약적 해결의 단계에까지 이르지 못하고 있음을 알 수 있었다.

(3)에 이르러 그 해결은 이루어졌다고 할 수 있다. (1)과 (2)의 두 부류의 문헌들이 법멸(法滅)의 말세를 목전에 두고 불안과 비탄을 일삼을 수밖에 없는 주요한 원인은 '불멸(佛滅)'이라는 사실의 소박한 수락(受諾)과 '정법'에 대한 심오한 통찰의 결핍에 있었다고 할 것이다. 다시 말하면 그것은 정도의 차이는 있을망정 '법'과 '문자'에 대한 타착(墮著)에서부터 생긴 경향이었다. 이제 (3)에 이르러 이 두 가지 결함은 극복되는 단계에 있다. 하나는 당래불(當來佛)의 내현(來現)을 예기(豫期)하는 방향으로 나왔고, 또 하나는 정법 자체에 대한 철학적 반성으로부터 출발되었다. 이 두 가지 경향이 혼연일치되어 생각된 것이 『법화경』이나 『열반경』 등의 사상이었다고 할 것이다. 그리고 이와 같은 경향들은 기원후 2세기 이후에 성립된 것임을 알 수 있었다.

이상의 서술을 통하여 우리가 처음에 기대했던 제 과제에 대한 해명은 어떠한 방식으로 이루어졌을까? 불법의 소멸은 숙명적 비운이었던가? 아니다. 세태는 시대의 흐름과 더불어 혼탁해지는 것인가? 이에 대한 해답은 단일하지 않다. 그렇다고도 하고 그렇지 않다고도 본다. 그러나 일반적으로 세태의 점진적 혼탁함에 대한 의식은 대승의 제 문헌에서 지배적인 경향이라고 보아야 할 것이다. 각자(覺者) 고타마 샤캬무니의 역사상 위치는 절대적이었던가? 그의 위치가 지극히 중대한 바가 있는 것은 사실이지만 그 위치는 절대적이 될 수가 없었다. 그러면 미래불들은 절대적인가? 아니다. 절대적인 것이 있다면 그것은 오직 과거불과 현재불, 미래불을 통하여 일관하는, 그리고 모든 중생에 내재하는 불성, 또는 법성만이라는 것을 말할 수 있을 뿐이다.

•『佛教學報』 1집(1962)에 게재

한국불교의 전통과 특질

한국적 사유의 일전통(一傳統)
— 그 종교관에 관하여 —

Ⅰ. 서론

근래 한국의 전통이 무엇이냐 하는 데 대한 논의가 상당히 활발히 전개되고 있다. 그러나 그것은 아직도 물음에 그치고 시원한 해답을 보지 못하고 있는 것이 실정이다. 전통을 어떤 사상이나 물질적인 문화유산으로 국한시켜 이해한다면 무엇이든 그 이름 밑에 나열하지 못할 것이 없지만, 전통을 하나의 살아 있는 정신적 흐름으로 이해한다면 과연 그것이 무엇이냐 하는 것을 끄집어내기는 그리 쉬운 일이 아니다.

필자는 전통을 하나의 형체적인 것으로는 보지 않는 입장을 택한다. 그리고 또 필자는 전통을 현대의 우리들에게 하나의 창조적 미래를 개척하도록 뒷받침해 주는 어떤 긍정적인 정신적 흐름으로 이해한다. 우리는 혐오타기(嫌惡唾棄)의 염(念)을 일으키는 인습폐풍을 전통으로 보아서는 안 될 것이다. 왜냐하면 전통이란 오늘의 우리들에게 무관한 것이 아니며, 우리의 관심과 옛 조상들의 관심이 통하는 그 어떤 일관성 있는 것이어야 하며, 친근미 있는 것이어야 한다고 믿기 때문이다.

전통의 중요성에 관하여는 많이 강조되어 왔다. 이제는 전통이 중요하다면 어떠한 전통, 무엇이 그렇게 중요하겠느냐 하는 것을 하나하나 들추어 내 보아야 할 단계라고 생각된다. 필자는 한국의 불교사상사 그리고 종교사를 들추는 가운데에서 한국적 사유방식의 하나의 유형, 전통적 유형을 발견한 것과 같은 느낌을 얻었고, 그것은 하나의 멋있는 전통으로서 세계에 내놓아 볼 만한 가치라도 지니지 않았겠나 싶어서 동학제현(同學諸賢)의 질정(叱正)을 바라고자 하는 것이다. 그 사유방식의 유형은 종교를 대하는 우리나라 사람들의 사고방식에 관련된 것이다.

이 소고(小稿)는 1971년 하와이에서 열리는 한국문화에 관한 국제학술회의에서 발표할 필자의 주제 「한국의 전통적 종교관」에 관한 하나의 예비적 노트로서 정리해 보는 것이다.

Ⅱ. 원효와 의상의 경우

원효가 우리나라 사상사(思想史)상에서 가장 독창적인 사유방식을 전개한 가장 한국적인 사상가라는 데 대하여는 별로 이론(異論)이 없을 줄 안다. 그 원효가 종교라는 것(그의 경우는 불교이지만)을 어떻게 보았느냐 하는 것은 그의 모든 저술을 전부 다 인용할 필요도 없이 그의 주저 『대승기신론소』와 『대승기신론별기』, 그리고 『금강삼매경론』만 보아도 능히 알 수 있다.

불교는 불·법·승 삼보에 대해 귀의하는 것을 그 핵심으로 삼는다. 그렇다면 이 삼귀의의 의미를 원효가 어떻게 생각했느냐 하는 것을 아는 것은 그의 불교관을 아는 첩경이 된다. 원효는 그의 『대승기신론소』(이하 『기신론소』 또는 『소』라고 약칭)에서 귀명게(歸命偈)의 해의(解義)를 통해 그의 종교관을 명쾌하게 천명해 주었다. 결론부터 먼저 말하자면 원효의 불교관 내지 종교관은 다음과 같은 특징을 지니고 있다고 할 수 있는 것이다.

① 그에게 있어서 불교란 불·법·승 삼보께 대한 환귀(還歸) 내지는 귀일(歸一)이다.

② 그런데 그 불·법·승 삼보란 사실 '일심(一心)'의 외적 표현에 불과하다.

③ 그러므로 삼보에 대한 환귀 또는 귀일은 '일심에로의 환귀(還歸心源)', '일심에로의 귀일(歸一心源)' 이외의 아무 것도 아니다.

④ 이러한 견해를 현대적 용어로 바꾸어 말한다면 원효의 종교에 있어서 귀의 또는 신앙의 대상이 있다면 그것은 삼보란 외적 표현으로 파악되는 '일심'이라고 할 수 있다.

⑤ 그런데 이 '일심'은 언설을 초월한 언설의 원천으로서 인간심성의 최심층을 이루는 정신적 원리 또는 영성(靈性)이다.

⑥ 이 '일심'은 인간의 모든 의식 활동의 원천이며 인간의 모든 의식 활동은

'일심'의 본원이 본의 아닌 무명훈습(無明熏習)으로 말미암아 동요 생멸하게 된 불행한 결과라고 본다.

⑦ 그러므로 원효에 의하면 불교라는 종교는 동요하는 인간의 의식 안에서 전개되는 사건이며, 타락한 의식이 타락을 모르는 그 원천에로 복귀하고자 하는 의식 활동이라고 할 수 있고, 그 것은 단순한 의식 활동이 아니라 모든 생활 활동이 그 의식에 수반하는 행위이다.

⑧ 원효에게 있어서, 쓰인 모든 이론과 형식이 결코 무의미하고 무가치한 것은 아니지만, 종교적 이론과 형식은 또 하나의 상징, 하나의 문자에 국한된다 할지라도 절대적 본질적인 의의를 가지지 못한다. 그것은 교리에 있어서 뿐만 아니라 모든 의식에 있어서도 그러하다.

⑨ 따라서 원효에 의하면, 성문화(成文化)로 확정된 어떤 윤리원칙도 그것이 문자에 의한 형식인 이상 절대적 본질적인 것이 못되고, 언어도단(言語道斷)의 '일심'의 회복이 최대지고한 목표로 등장한다.

⑩ 이 일심의 세계는 불국토(佛國土)며 극락이며 이것은 어느 하늘에 계박된 것이 아니라 인간의 심성에 나타나 구체화되는 것이다. 그렇다고 원효의 종교세계가 단순히 지상적 인간적인 현실에 국한되는 낮은 차원의 것이라고 생각하면 잘못이다. 원효의 종교세계는 불실(不實)과 실(實)의 두 극 사이에서 전개된다.

이러한 입장은 자연히 원효로 하여금 초종파적 성격을 띠게 하고 그 흔해빠진 종교적 편파성을 극복하게 하였으며, 또 원효를 화쟁(和諍)의 권화(權化)가 되게 하고, 하나의 새로운 종교적 휴머니즘을 제시하도록 하였다.

필자는 이와 같은 원효의 종교관을 원융적(圓融的)·회통적(會通的)이라고 규정하고자 한다. 그리고 필자는 이러한 사유방식이 우리 역사상에 있어서 때로는 천박한 피상적 이해로 떨어지는 경우도 있었으나, 하나의 연면한 전통을 이루어 왔다고 믿는 것이다. 전술(前述)한 바와 같은 원효의 종교관의 특징을 간략히 입증하고 앞으로 넘어가야 하겠다.

①의 논의는 대승·소승을 막론하고 모든 불교도에게 있어서 공통적으로 인정받는 사실이다. 그러나 이 귀명삼보(歸命三寶)의 철학적 의의는 대승불교에서 특히 발전적으로 이해되었다. 대승과 소승 사이의 견해 차이는 주로 삼보의 해석에 있다. 소승불교도들이 삼보를 각각 별개의 실체적 신앙대상으로 본 것에 반하여 대승불교도들은 삼보의 객체성을 부인하지는 않지만 그것이 삼보의 본성은 될 수 없다는 사실에 더 액센트를 두고 이해하고 있다. 그 중에서도 특히 원효의 이해는

가장 심오한 경지를 보여 주는 것이다. 이 점에 관하여 원효의 말을 직접 인용하면 다음과 같다.

a. 歸命은 是能歸相이니라. 歸는 敬順義며 趣向義며, 命은 命根으로서 總御諸根하는 一身之要니, 唯命을 爲主하여 萬生이 所重하는 바 莫是爲先이라, 擧此無二之命하여 以奉無上之尊하되 表信心의 極일새 故言歸命이니라.

귀명(歸命)이란 능동적으로 환귀(還歸)하는 모습을 말한다. 귀(歸)는 경순(敬順)한다, 또는 취향(趣向)한다는 뜻이다. 또 命은 목숨의 근원으로서 인간의 모든 기관과 그 기능을 통어하는 것이며 인간이 가장 중시하는 것이다. 이 비할 바 없이 귀중한 목숨의 근원을 들어 더 할 바 없이 높은 삼보(三寶)께 대한 신심의 극을 표하는 것이다.[1)]

b. 歸命者는 還源義니 所以者는 衆生의 六根은 從一心起이다. 而背自源하여 馳散六塵임을 今擧命 總攝六情하여 還歸其本一心之源일새 故曰歸命이니 所歸一心은 卽是三寶故也니라.

뭇 생명 있는 자들의 감각적 기관은 하나인 마음을 근거로 하여 생겨난 것이지만, 그것은 도리어 그 스스로의 근원을 배반하고 뿔뿔이 흩어져 부산한 먼지를 피우기에 이르렀다. 여섯 가지 번뇌가 이로부터 나온다. 이제 목숨을 들어 이 부산한 먼지를 일으키는 번뇌의 마음을 한 곳으로 집중시켜 그 본래의 원천, 즉 하나인 마음〔一心〕으로 되돌아가는 까닭에 이를 귀명(歸命)이라고 한다. 돌아가는 바 그 하나의 마음이 바로 삼보인 것이다.[2)]

위의 a, b의 두 개의 인용구를 통하여 우리는 ① ② ③항의 주장을 입증하였다. b의 '所歸一心 卽是三寶'라고 한 것은 대단히 중요한 원효의 독창적 발언이다. 그는 또 이 '일심'과 '중생의 육근'과의 관계를 매우 흥미롭게 지적하고 있다. '衆生의 六根은 從一心起이나 而背自源하여 馳散六塵'이라고 하고 그러므로 '總攝六情하여 還歸其本一心之源'이라고 한 것은 귀명의 당위성을 말하는 것이다. 삼보의 이명(異名)일 경우 일심은 '일심지원(一心之源)' 또는 '심원(心源)'이라고 표현되는 것이 보

1) 졸저, 『元曉思想 -世界觀-』(圓音閣, 1967), p. 56 (불연전집 『원효사상』, p. 65 참조 -편집자 주, 이하 同).

2) 위의 책, p. 57 (불연전집 『원효사상』, p. 66).

다 정확하다고 할 것이다.

이제 우리는 ④ ⑤ ⑥항의 주장을 뒷받침하고 보충할 만한 원효의 말들을 인용해 보기로 하자. 그는 과연 '일심'을 무엇이라고 설명하는가? 일심은 문자 그대로 '하나인 마음'이다. 그 '하나'란 무슨 뜻이며 '마음'이란 무엇을 말하는가? 원효는 이렇게 대답한다.

a. 染淨諸法이 其性無二며 眞妄二門이 不得有異일새 故名爲一이며 此無二處에 諸法이 中實하며 不同虛空하고 性自神解일새 故名爲心이라.

모든 사물과 관념의 맑음과 흐림을 가리지만 그 본성은 둘이 아니고, 또 참됨과 거짓됨의 두 문(門)을 세우지만 진(眞)・망(妄), 염(染)・정(淨) 등이 따로 별개의 것으로 성립되지 않는다. 그러므로 하나라고 한다. 이원적, 다원적이 아닌 이 하나인 자리에 제 사물과 관념은 그 근거를 가지며 알찬 것이 되는 것이니 이 무이(無二)의 자리는 허공과 같지 아니하며 자연히 모든 것을 신비롭게 환히 아는 것을 그 본성으로 하는 까닭에 이를 불러 마음이라 한 것이다.

b. 然이나 旣無有二를 何得有一이리요 一無所有를 就誰曰心이리요 如是道理는 離言絶慮니 不知何以目之라 强號爲一心也니라.

그러나 둘이 있을 수 없는데, 어떻게 하나가 있으랴! 하나란 누구의 것도 아니란 말이다. 어찌 마음을 누구의 것이라고 하랴. 이러한 마음의 도리는 언설(言說)과 사려(思慮)를 절(絶)한 것이므로 무엇이라고 지목할 바를 몰라 구태여 일심이라고 부르는 것이다.[3)]

a, b 두 개의 인용문을 통하여 '하나의 마음'은 무소유며 도리며 이언절려(離言絶慮)의 무이처(無二處)로서 '제법이 중실(中實)해지는' 성자신해(性自神解)의 그 무엇임이 밝혀졌다. 필자는 이 낱말의 뜻을 해당 역문 속에서 옮겨 보았지만 그것을 더 부연하면 어떻게 말할 수 있는 것일까?

무소유란 『기신론』 본문에서 말하는 바와 같이 종본이래(從本以來)로 '이언설상

3) 위의 책, p. 110 (불연전집 『원효사상』, p 123). 필자는 같은 책 중의 원문 해석 중 일부를 수정했다. "우리는 諸法云云…"이라는 문장에서 '우리는'을 뺐다. 범부들의 생각으로는 그렇게 구별이 되지만, '일심'에는 그러한 차별이 없다는 뜻이 강조되기 위해서는 그렇게 수정을 할 필요가 있는 것으로 생각되었다.

(離言說相)이요 이명자상(離名字相)이요 이심연상(離心緣相)이요 필경평등(畢竟平等)하며 무유변이(無有變異) 불가파괴(不可破壞)한' 진여한 본성을 일컬음이다.[4] 또 그것은 '무유가견(無有可遣) 무유가립(無有可立)' 모든 것이 그 안에서 모조리 진(眞)하며, 모든 것이 그 안에서 모조리 여(如)한 것이다. 또 망념이 없는 것이다(離妄念). 주·객을 분별하는 생각이라면 어떤 생각이든 망념이다. '離妄念'이란 그것이 없다는 말이다. 무소유(無所有)는 하나의 부정적 표현이지만 이를 적극적, 긍정적으로 표현한 것이 도리(道理)라고도 볼 수 있다. 역시 『기신론』 본문에 '心眞如者는 卽是 一法界 大總相 法門의 體'라고 하였다. 필자는 졸저 『원효사상』」에서 일법계를 '제법의 오직 하나인 근거, 기초, 원인 또는 원리'라고 해석한 바 있다.[5] '법문의 체'라는 말이 역시 같은 의미이다. 원효는 왜 '법(法)'이라고 하느냐 하면 '궤(軌; 원리, 원칙, 기준이라는 뜻)로서 참된 이해를 낳게 하는 것(軌生眞解)'이기 때문이라 하고, 또 왜 '문(門)'이라고 하느냐 하면 '그것을 통해서 열반에 들어 갈 수 있는 것(通入涅槃)'이기 때문이라고 하고 있다. 그런데 이 법문의 체(體)가 되는 것이 진여한 마음이라고 하므로 그것은 바로 도(道)며 이(理)라고 아니할 수 없다.

그 마음(一心)은 소극적, 부정적으로 말하면 '적멸(寂滅)'이지만 적극적, 긍정적으로 말하면 '여래장(如來藏)'이다. 이것은 원효가 『능가경』의 말을 빌려 설명하는 말이다. 그는 '寂滅者는 名爲一心이요, 一心者는 名如來藏이라'고 말하면서 '적멸'은 심(心)의 진여문(眞如門)을, '여래장'은 심의 생멸문(生滅門)을 의미하는 것이라고 지적하고 있다.

적멸은 무소유의 이명(異名)이지만 그것은 일심의 무능력, 무공덕, 비인격성을 말하는 것이 아니라, 온전한 능력, 온전한 공덕, 온전한 인격성을 말하는 것이라고 보아야 한다. 그러한 연유를 원효는 여래장이라고 하는 것이다. 전술(前述)한 ④ ⑤ ⑦ 각 항에 열거된 특징이 이로써 이해될 줄 안다. 즉 일심은 그 자체가 언설을 초월한 무소유 이언설(離言說)의 정신이며, 이는 인간의 모든 의식 활동의 원천이 되고, 또 그 의식 활동은 선(善), 불선(不善)의 두 가지 경향으로 현상화되지만 이 활동은 조금도 일심의 바탕을 떠날 수가 없는 존재인 것이다.

이것을 더 부연해 주는 구절에 원효의 다음과 같은 말이 있다.

> 一心之外에 更無別法이니 但有無明으로 迷自一心하여 起諸波浪하고 流轉六道하니라. 雖起六道之浪이나 不出一心之海니 良由一心으로 動作六道하므로 故得

4) 위의 책, p. 113 (불연전집 『원효사상』, p. 125).

5) 위의 책, p. 114 (불연전집 『원효사상』, p. 128).

> 發弘濟之願이며 六道不出一心이므로 故能起同體大悲하니라.
>
> 하나인 마음 이외에 다시 무슨 다른 실재가 있는 것이 아니다. 다만 어리석어서 그 하나인 마음을 잘 모르고 방황하는 까닭에 그 고요해야 할 바다에 파랑이 일고 기복이 생기며 갖가지 평화롭지 못한 인간의 한계상황은 생겨나는 것이다. 가지각색의 물결이 일지만 그것은 영원한 마음의 바다에서의 일이다. 실로 하나인 마음의 빛이 가려짐으로 하여 여섯 갈래의 어두운 인간상이 나타나므로 널리 그들을 구제하고자 하는 원을 발할 수가 있으며, 여섯 갈래의 어두운 인간상이 그 하나인 마음 없이 나타난 것이 아니므로 일심동체의 인류애를 실천해 갈 수가 있는 것이다.[6]

이 원효의 말에서 '發弘濟之願'하고 '起同體大悲'라고 한 이 두 사실은 바로 그의 종교관의 핵심을 이루는 것이다. 널리 중생을 구제하겠다는 원을 발하고 널리 중생을 동체(同體)로 보고 대비심(大悲心)을 발하는 이 두 가지 요건 없이 종교는 성립될 수가 없다. 필자가 앞서 말한 제⑦항에서 원효에게 있어서 종교는 '동요하는 인간의 의식 안에서 전개되는 사건이며 타락한 의식이 타락을 모르는 그 원천으로 복귀하고자 하는 의식 활동'이라고 하였고, 또 '그것은 단순한 의식 활동이 아니라 모든 생활 활동이 그 의식에 수반하는 행위'라고 한 까닭이 바로 여기에 있다.

필자는 또한 원효에게 있어서, 그에 의해 씌어진 종교이론과 의식은 결코 무의미 무가치한 것이 아니지만, 궁극적으로는 하나의 상징적 의미밖에는 가지지 못한다고 하였다(⑧). 그것은 원효의 독특한 논리, 체(體)·상(相)·용(用) 삼대(三大)의 논리에 따라 이해할 수가 있다. 원효는 그의 삼보관(三寶觀)을 『기신론소』「귀명게(歸命偈)」의 해설을 통해 분명히 해 주었는데, 그 해설은 바로 이러한 주장 밑에서 이루어지고 있는 것이다.

원효는 불보(佛寶)에 관하여 '盡十方三世際에 最勝業을 하시며 徧知하시고 色이 無礙自在하시며 救世大悲하시는 者'라고 한 귀명게의 불보관(佛寶觀)을 그대로 받아들인다. 그러나 그는 불(佛)에 관한, 문자에 의한 설명은 체가 아니라 상일 수밖에 없음을 알고 있다. 이 상이 근거하는 본체는 이언절려(離言絶慮)의 일심 즉 법신이다.

필자는 원효의 종교관이 대승불교 철학을 바탕으로 하여 구축되었다고 본다. 그의 견해는 특히 『화엄경』의 사사무애(事事無礙), 이사무애(理事無礙)의 정신에 일

---

6) 위의 책, pp. 77, 78 (불연전집 『원효사상』, pp. 88, 89).

치하는 것이며, 『법화경』의 회삼귀일(會三歸一), 『열반경』의 불신상주론(佛身常住論), 『능가경』의 심식론(心識論) 같은 정신에 의해 견고해지고, 『기신론』의 일심(一心)·이문(二門)·삼대(三大)의 논리로 체계화되어 왔음을 부인할 수가 없다. 원효는 이들 경전이 가르치는 대승의 정신을 통해서, 다시 말하면 사실은 불교를 통해 배웠지만 마침내 불교라는 울타리마저도 벗어나는 초월적인 견지를 체득하고 만 것이다. 원효는 『화엄경』의 말씀을 인용, 그의 불타관 즉 그의 신앙 대상에 관한 견해를 더욱 명확하게 해 간다.

> 諸佛은 唯是 第一義身이니 永絶萬像이요 無形無聲이나 直隨機現無量色聲하나니, 猶如空谷이 無聲이나 隨呼發響이니라.
> 就佛言之하면 無音是一이요 約機論之하면 衆音非一이니라. 何意로 說言一音을 圓音者뇨 하면 良由一時一會에 異類等解하기를 隨其根性으로 各得一音하고 不聞餘聲 不亂不錯하여 顯是音의 奇特일새 故名一音이며, 音遍十方하고 隨機熟處하여 無所不聞일새 故名圓音이니라. 非謂如空遍滿無別韻曲이니, 如經言하되 隨其類音하여 普告衆生하노라 함이 斯之謂也니라.

붓다, 그는 오직 초월적 절대적 의미의 몸이다. 우리는 붓다를 몸이라고 했지만 그것은 몸 아닌 몸, 영원히 만상(萬像)을 여의어 형태와 소리가 없으나 곧 기회에 따라 무량한 육성을 나타내는 것이다. 마치 빈 골짜기에는 소리가 없지만 부르면 그에 따라 반향이 있는 것과 같다.

붓다, 자신에게 있어서는 무음(無音)이란 이 하나가 있을 뿐이다. 그러나 중생들이 듣는 기회에 비추어 말한다면 그것은 중음(衆音)이므로 하나가 아니다. 그러면 무슨 까닭에 일음(一音)이 곧 원음(圓音)이라고 하느냐 하면, 실로 그 마음가짐과 사람됨을 달리하는 중생들은 한 때 한 자리에 모여 그 소리를 듣지만 그 근성에 따라서 제각기 한 소리를 얻어 듣고 다른 소리를 듣지 못하는 것이다. 그럼에도 불구하고 혼란이나 착오가 없이 이 소리가 기특(奇特)함을 나타내므로 이를 불러 일음(一音)이라고 하는 것이다. 그리고 원음이라고 하는 것은 두루 시방에 펼쳐 있어 때가 성숙한 곳에서라면 어디에서든지 들리지 않는 곳이 없기 때문에 그렇게 부르는 것이다. 그것은 벙어리처럼 능력 없는 허공을 말하는 것이 아니며 경에서 말하고 있는 바와 같이 그 비슷한 소리로 두루 중생에게 고하고 있는 목소리이다.[7]

7) 위의 책, p. 87 (불연전집 『원효사상』, p. 98).

이 구절에서 영절만상(永絶萬像)이요 무형무성(無形無聲)인 제불의 제일의신(第一義身)이란 법신을 두고 한 말이다. 그것은 무음(無音)이라는 일음(一音)이다. 그러나 이 무음인 제일의신은 중생의 기(機)에 따라서 무량한 색성(色聲)을 나투는 본원이며 본체이다. 중생은 그 근기에 따라 각각 한 소리로만 듣는다. 그렇지만 중생이 각각 달리 듣는다고 그 본원 또는 본체인 무음의 본성이 변화증감(變化增減)되는 것은 아니다. 일음이 중음(衆音)을 낳지만 중음은 바로 이 무음이란 일음의 품속에 있다. 중생이 각기 달리 듣는 그 중음의 하나하나는 화신(化身)을 이룬다.

또 원효는 이렇게 말하고 있다.

> 就佛言之면 實有色聲이니 其音이 圓滿하여 無所不遍이며 都無宮商之異이니 何有平上之殊이리오. 無異曲일새 故名一音이며 無不遍일새 故說爲圓音이니라. 但由是圓音이 作增上緣할제 隨根差別하여 現衆多聲함이 猶如滿月이 唯一圓形이나 隨器差別하여 現多影함이니라. 當知하라, 此中道理도 亦爾니라. 如經言하되 佛以一音으로 演說法하나 衆生이 隨類로 各得解故니라.

> 붓다에게는 실로 색성(色聲)이 있다. 그 소리는 원만하여 미치지 않는 곳이 없으며 도무지 음계나 억양의 특수성이 없다. 차별적인 특수성이 없는 까닭에 일음이라 하고, 미치지 않는 곳이 없는 까닭에 원음(圓音)이라고 한다. 다만 이 원음으로 인하여 중생의 마음가짐, 사람됨의 차이에 따라 중다(衆多)한 소리가 나타나는 것이다. 마치 그것은 보름달이 오직 하나인 원형(圓形)임에도 불구하고 그를 받아들이는 그릇에 따라 여러 가지 모습으로 나타나는 것과 마찬가지이다. 경에 말씀하신 대로 붓다는 일음(一音)으로써 법을 연설하는데 중생이 그 류(類)에 따라 각각 다르게 이해함과 같은 것이다.[8]

이 구절에는 설명이 부족하여 모순이 있는 것 같이 느껴질지도 모른다. 색성이 있되 그 음이 원만하고 무소불변(無所不遍)한 것을 일음이라고도 하고 원음이라고도 한다고 했는데, 이것은 보신(報身)으로 봄이 마땅하다. 그러나 색성이 있는데 궁상지이(宮商之異)가 없고 평상지수(平上之殊)가 없다는 것은 음계나 억양이 없다는 뜻이 되고, 색성에 이 속성을 적용시킨다면 모순이 된다. 그러나 우리는 이 구절 속의 이(異)니 수(殊)니 하는 것을 어떤 일정한 변화와 곡조가 아니라 자유자재한 음성이란 뜻으로 이해한다면 보신에 대한 설명으로서 모순을 느끼지 않게끔 된다.

---

8) 위의 책, p. 88 (불연전집『원효사상』, p. 99).

원효는 또 원음을 말하면서 다음과 같이 설명한다.

> 如來는 實有衆多音聲이니 一切衆生所有言音이 莫非如來法輪聲의 攝이니, 但此佛音은 無障無礙로서 一卽一切며 一切卽一이니라. 一切卽一인 故로 名一音이며 一卽一切일새 故名圓音이니라.
>
> 붓다는 실로 중다한 음성을 가지고 있다. 모든 중생이 가지고 있는 이른바 소리란 소리는 모두 그가 돌리는 진리의 수레바퀴 소리 속에 포함되어 있지 않은 것이 없다. 다만 이 붓다의 음성은 장애가 없이 자유로운 것이어서 하나가 곧 일체요, 일체가 곧 하나인 것이다. 일체가 곧 하나인 까닭에 일음이라 하고 하나가 곧 일체인 까닭에 이를 원음이라고 하는 것이다.[9)]

우리는 이 구절에서 다시금 앞서 보아온 삼신설(三身說)에 입각한 원효의 불타관(佛陀觀)에 접한다. 여기서 말하는 '중다음성(衆多音聲)'의 '중다'는 어떤 제한된 수를 가리키는 것이 아니다. 그것은 무한한 가능성을 의미한다. 원효가 구태여 당나라 유학을 강행하지 않고 자유분방한 생활을 통해 모든 것에서 불음(佛音)을 듣고 모든 생활을 통해 불음을 전할 수 있었던 이유는 바로 이러한 종교관을 가졌기 때문이었다는 것을 우리는 확언할 수가 있다. 또 이 셋째 인용구는 우리에게 앞서 보아온 '하나의 마음(一心)'의 '하나'의 뜻을 다시 한 번 분명히 알게 하는 자료가 된다. 우리는 그 '하나'가 '무소유'며 도리며 '이언절려(離言絶慮)'의 경지임을 지적하였다. 그런데 그 하나는 곧 일체며 그 일체가 곧 하나라고 한다. 이 때 이 하나의 뜻은 초험적(超驗的)인 보편성을 떠난 어떤 것도 될 수 없다. 그것은 결코 그 숱한 것들 중의 어느 하나는 아니다. 그 초험적인 보편성을 원효는 『기신론』과 그 밖에 대승불교의 일반적 견해를 원용하여 다음과 같은 상징적 용어로 표현한다. 일심의 근본적인 모습을 다음과 같이 말하고 있다.

> ① 대지혜의 광명(大智慧光明), ② 온 세상 만물을 남김없이 비추는 것(徧照法界), ③ 있는 그대로 아는 것(眞實識知), ④ 그 본성이 맑고 깨끗한 것(自性淸淨), ⑤ 시원하고 서늘한 것(淸凉), ⑥ 변함없는 것(不變), ⑦ 스스로 존재하는 것(自在).

---

9) 同上.

소승 부파불교에서 열반을 단순히 부정적으로만 설명한 것에 익숙한 불교 이해자들에게는 실로 파격적인 언명이 아닐 수 없다. 원효의 '일심'은 바로 소승의 열반을 보다 깊이 통찰한 결과 얻어진 표현이며, 그것은 체 · 상 · 용 삼대의 논리, 즉 모든 것을 이 세 가지 면에서 보는 새로운 안목에 서지 않고서는 할 수 없는 표현이다.

우리는 지금까지 신라 초기 불교사상가 중 가장 탁월한 사상가인 원효의 종교관의 핵심적 부분을 약간 거론하였다. 우리는 그의 종교관을 밝힐 보다 많은 논의를 전개할 수 있지만, 필자의 당면과제는 한국적 사유의 한 전통을 이루는 종교에 대한 한국인의 사유방식을 논증하는 일이다. 즉 그 초월적 도리에 대한 달관된 인식과 모든 상대적 이론과 의식의 상징주의적인 이해, 회통원융(會通圓融)의 방식을 우리의 선구적 사상가들의 사상에서 논증하는 일이다. 원효의 예가 과연 다른 신라인들에게 있어서도 들어맞는지 아닌지를 그의 가장 가까운 수도(修道) 도반(道伴)이었던 의상에게서 찾아보기로 하자. 의상이 남겨 놓은 그의 사상을 알게 하는 중요한 문헌은 『화엄일승법계도(華嚴一乘法界圖)』이다.[10] 알려져 있는 바와 같이 이것은 하나의 '도(圖)'며 '인(印)'의 형식으로, 54개의 각을 이루는 210자로 된 자작 게송을 담은 것이다. 210자의 시구는 굴곡된 도형을 그리며 그 도(圖)의 중심에서 시작하여 중심에서 끝나도록 배열되어 있다. 이제 그것을 도안화하면 위와 같이 된다. 그 중심에 위치하는 두 글자는 시작이 '법'이며 끝이 '불'이다. 그 본문인 게송은 도인에 관계없이 추출하면 다음과 같다.

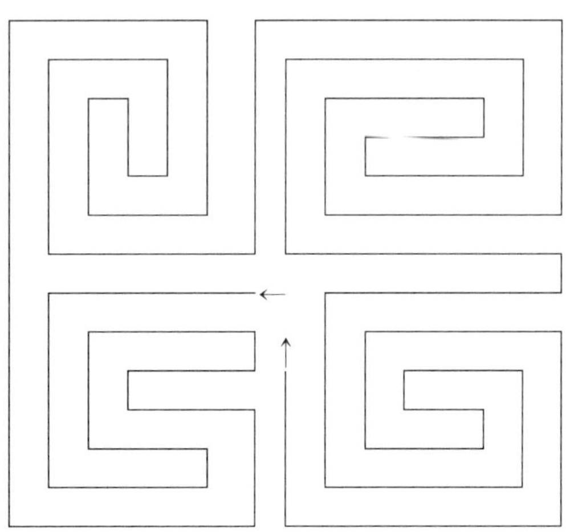

10) T.1887, p.711 이하 참조.

- 1. 約自利行
  - A 現示證分
    - 法性圓融無二相
    - 諸法不動本來寂
    - 無名無相絶一切
    - 證智所知非餘境
  - B 顯緣起分
    - ① 指緣起體
      - 眞性甚深極微妙
      - 不守自性隨緣成
    - ② 約陀羅尼理用以辨攝法分齊
      - 一中一切多中一
      - 一卽一切多卽一
    - ③ 卽事攝法分齊
      - 一微塵中含十方
      - 一切塵中亦如是
    - ④ 約世時示攝法分齊
      - 無量遠劫卽一念
      - 一念卽是無量劫
    - ⑤ 約位以彰攝法分齊
      - 九世十世互相卽
      - 仍不雜亂隔別成
    - ⑥ 總論上意
      - 初發心時便正覺
      - 生死涅槃常共和
    - 理事冥然無分別
    - 十佛普賢大人境
- 2. 約利他行
  - 能人海印三昧中
  - 繁出如意不思議
  - 雨寶益生滿虛空
  - 衆生隨器得利益
- 3. 辨修行者方便及得利益
  - 是故行者還本際
  - 叵息妄想必不得
  - 無緣善巧捉如意
  - 歸家隨分得資糧
  - 以陀羅尼無盡寶
  - 莊嚴法界實寶殿
  - 窮坐實際中道床
  - 舊來不動名爲佛

1. 법의 본성은 원융하고 차별 없는 상이다. 가지가지의 법이 있지만 그것은 본래 적(寂)한 것이니, 명(名)도 상(相)도 없고 일체를 절(絶)한 것이며 증오(證悟)한 바요, 다른 경지가 아니다.

① 진성(眞性)은 심심(甚深)하고 지극히 미묘하다. 사물은 인연에 따라 성립하는 것, 어떤 고유한 성격도 고수하지 않는다.

② 하나 안에 일체가 있고 잡다한 것들 속에 하나가 있다. 하나가 바로 일체요, 다(多)가 바로 하나다.

③ 미진(微塵) 같은 하나 속에 시방(十方)이 포함되어 있고 일체의 번뇌 망진(妄塵) 안에서 또 역시 그러하다.

④ 헤아릴 수 없는 먼 시간이 바로 일념이요, 일념이 곧 헤아릴 수 없는 시간이다. 구세(九世), 십세(十世)가 서로 밀접히 관련되어 있고 그러면서도 잡란(雜亂)됨이 없이 그 하나하나가 따로 성립한다.

⑤ 초발심 때에 곧 바로 깨닫는 것이니 생사와 열반이 언제나 공화(共和)한다.

⑥ 이(理)와 사(事)는 명연하게 분별없는 것이니 십불(十佛)과 보현(普賢)과 대인(大人)의 경지가 그것이다.

2. 능히 해인삼매 속에 들어 번거롭게 나타남이 여의(如意)하고 부사의(不思議)하니 중생을 이롭게 하는 보배(寶貝)를 비 오듯이 뿌려 허공에 가득 차며 중생이 그 그릇에 따라 이익을 얻는다.

3. 그러므로 행자(行者)는 본제(本際)에 되돌아가 번거로운 상(想)을 끊고 무연 선교(無緣善巧)하게 여의(如意)함을 얻어 집으로 돌아가매 조금씩 자량(資糧)을 얻는다. 그리하여 다라니의 무진보(無盡寶)로써 법계의 실보전(實寶殿)을 장엄하고 마침내 실제중도(實際中道)의 자리에 앉으니 옛 자리에 온 것이요 움직인 일이 없는 것, 그것을 사람들은 불(佛)이라 이름한다.

이 게송의 내용을 검토하는 사람은 누구든지 이것이 원효의 원융화쟁의 사상과 완전히 일치하는 사유방식임을 부정할 수 없을 것이다. 오늘 남아 있는 『화엄일승법계도』는 이 210자의 게송을 해설하는 문헌이며, 말미에 "華嚴宗香象大師末葉非人釋體頭法師之執筆也"라고 되어 있어 의상 자신의 해설은 아니지만 그 해설은 이 게송을 다음과 같이 과획(科劃)하고 있다.

1.약자리행(約自利行)
- A.現示證分
- B.顯緣起分
  - ① 指緣起體
  - ② 約陀羅尼理用 以辨攝法分齊

③ 卽攝事法分齊
④ 約世時示攝法分齊
⑤ 約位以彰攝法分齊
⑥ 總論上意

2. 약이타행(約利他行)

3. 변수행자방편급득이익(辨修行者方便及得利益)

이 중에서 약자리행(約自利行)과 약이타행(約利他行)의 두 가지 부분을 보면 전자는 원효의 심진여(心眞如)의 소극적, 부정적 면의 설명에 해당하고, 후자는 진여의 적극적, 긍정적 면의 설명에 해당한다고 볼 수 있다. 이것을 원효는 각각 '여실공(如實空)', '여실불공(如實不空)'이란 말로 설명한 바 있지만,[11] 결국 이 경지는 초월적, 보편적인 일심의 도리를 말하는 것이다. 의상은 '일심'이란 용어 대신에 '법성(法性)'이란 말을 쓰고 있지만, 법성이 역시 그것이요, '일념(一念)'이니 '해인삼매(海印三昧)'니 '본제(本際)'니 '가(家)'니 '실제중도상(實際中道床)'이니 하는 말들이 역시 '일심'을 말하는 것이라고 볼 수 있다. "법성원융무이상(法性圓融無二相)"이라 했고 그것은 "부동본래적(不動本來寂)"이라 했으며 "무명무상절일체(無名無相絶一切)"라 했다. 또 "일중일체다중일(一中一切多中一) 일즉일체다즉일(一卽一切多卽一)"이라 한 것은 원효의 원음(圓音)에 관한 설명에도 그대로 나와 있는 것으로 물론 이 두 신라승의 독창적 아이디어는 아니나, 적어도 이 두 사람이 모두 가장 공감을 가지고 고창하는 대승불교의 이상임에는 틀림이 없다. "생사열반상공화(生死涅槃常共和) 이사명연무분별(理事冥然無分別) 십불보현대인경(十佛普賢大人境)"이라 한 것이 이 "일중일체다중일 일즉일체다즉일"의 자각 없이 이루어지는 경지가 아닌 것이다. 필자는 여기에서 다시 한 번 신라인의 원융화쟁의 사고태도에 놀라움을 금할 수가 없는 것이다.

필자는 또한 이 게송의 내용뿐만이 아니라, 그 도인(圖印)에 대해서도 약간 언급을 하지 않을 수 없다. 이 도인은 그 자체가 일심의 상징이라고도 볼 수 있다. 그것은 사각형을 이루고 있지만 원과 마찬가지로 우주전체를 표상하며 동시에 그 핵심을 표상하는 것이다. 전기(前記)한 현존 해설서에는 다음과 같은 문답이 들어 있다.

問. 何以故依印이뇨.

11) 졸저, 『元曉思想』, p. 122 (불연전집 『원효사상』, p.136).

答. 欲表釋迦如來敎網所攝 三種世間이 從海印三昧로 繁出現顯故니라….

문: 어째서 인(印)에 의거하는 것이냐?
답: 석가여래의 교망(敎網)에 포함된 세 가지 종류의 세간(世間), 즉 기세간(器世間), 중생세간(衆生世間), 지정각세간(智正覺世間)의 셋이 해인삼매로부터 번출(繁出)하여 나타나는 것임을 표시하고자 한 까닭이다.

이 문답이 입증하는 바와 같이 이 도인은 현대말로 물질세계(器世間), 생물계(衆生世間)의 모든 것과, 현대말로는 표현키 어려운 자각적 진리의 세계(智正覺世間)가 모두 해인삼매, 즉 '일심'의 근원에서부터 나타나 옴을 표시하고 있다. 그것은 현상적인 우주와 그 근원인 spirit를 동시에 표시하는 것이다. 뿐만 아니라 그 일심은 음성이며 말의 형상도 취하는데 그것은 원효의 '원음(圓音)'의 설명 때와 마찬가지로 '일즉일체 일중일체'의 성격을 가진 것으로 여래의 음성은 일음이지만 중생의 기욕(機欲)이 같지 않아 삼승교(三乘敎)가 있게 되듯이 '多有繁廻屈曲'을 나타낸다는 것이다.
같은 해설서의 다음 문답을 인증으로 들어 두자.

問. 何故로 印文에는 唯有一道뇨.
答. 表如來一音故니라. 所謂一善巧方便일진댄 何故로 多有繁廻屈曲이뇨. 以隨衆生의 機欲이 不同故니 卽是當三乘敎니라. 何故로 一道에 無有始終이뇨. 顯示善巧無方이며 應稱法界며 十世相應圓融滿足故로 卽是義當圓敎니라. 何故로 有四面四角이뇨. 彰四攝四無量故니라. 此義는 依三乘하여 顯一乘함이니 印相如是니라.

이 법계도가 여러 줄로 그어진 것이 아니라 한 줄로 되어 있다는 사실을 해설자는 중요시하고 있다. 그래서 "왜 인문(印文)에는 오직 하나의 길(一道)만이 있느냐?"고 묻는 것이다. 여래의 일음은 여래의 '일선교방편(一善巧方便)'이다. 그리고 그 '일(一)'은 중생의 기욕에 따라 삼승교로 나타난다는 것이다. 그 '일'은 '십세(十世)에 상응하여 원융만족' 하는 것인 까닭에 '원교(圓敎)'라고 불린다고 한다.
이 주장은 원효가 법보를 설명할 때와 완전히 같은 어투이다. 원음에 대한 설명은 이미 소개한 바 있지만, 원효는 또한 법보를 설명하면서 『기신론』 권두의 「귀명게」 중 "及彼身體相 法性眞如海"란 일절을 매우 힘주어 설명한 바 있다. 법성은 진여, 즉 진(眞)=무소가견(無所可遣), 여(如)=무소가립(無所可立)이라고 하면서 그것은 바다에 비유할 수 있다고 다음과 같이 말한다.

> 眞如大海도 當知하라 亦爾니라. 永絶百非故며 苞容萬物故며 無德不備故며 無像不現故니라.
>
> 참되고 한결같은 마음의 큰 바다도 그와 같음을 알아야 할 것이다. 영원히 모든 오류를 여의었으며, 만물이 그 안에 포용되며, 덕이란 덕은 갖추어 있지 않는 것이 없고, 상(像)이란 상은 나타나지 않는 바가 없는 까닭이다.12)

원효는 바다의 네 가지 특징을 들고,

① 그것은 매우 깊은 것(甚深)
② 그것은 매우 넓고 큰 것(廣大)
③ 그것은 무궁무진한 보배를 지니는 것(百寶無窮)
④ 그것은 모든 형상과 그림자를 나타내는 것(萬像影現)

이라고 하면서 이 비유에 맞추어 일심을 묘사한 것이다.

의상의 삼승교(三乘敎)란 무궁한 백보(百寶) 중의 실례(實例)이며 만상(萬像) 중의 실례가 아니라고 할 수 있을까? 현대적으로 말하면 그것은 오로지 셋만이 아니라 '다(多)'일 수 있는 것이다. '일중일체다중일' '일즉일체다즉일'이다.

원효는 일심을 대승(大乘), 즉 '타고 갈 수레'라고도 이름 붙이는데, 원효의 그러한 견해를 가장 잘 말해주는 것이 그의 『기신론소』 및 『별기』의 대의(大意)이다.

> 然夫大乘之爲體也
> 蕭焉空寂 湛爾沖玄이니
> 玄之又玄之 豈出萬像之表며
> 寂之又寂之 猶在百家之談이니라.
> 非像表也 五眼이 不能見其軀며
> 在言裏也 四辯이 不能談其狀이니
> 欲言大矣면 入無內而莫遺이고
> 欲言微矣면 苞無外而有餘니라.

---

12) 위의 책, p. 68 (불연선집 『원효사상』, p.79).

引之於有면 一如用之而空이요
獲之於無면 萬物乘之而生이니라.
不知何以言之이나 强號之謂大乘이니라.
其體也曠兮니 其若大虛而無其私焉이요
蕩兮니 其若巨海而有至公焉이니라.
有至公故로 動靜隨成이요
無其私故로 染淨斯融이며
染淨融故로 眞俗平等이요
動靜成故로 昇降參差며
昇降差故로 感應路通이요
眞俗等故로 思議路絶이니
思議絶故로 體之者乘影響而無方이요
感應通故로 祈之者超名相而有歸이니라.
所垂影響이 非形非說 旣超名相이니 何超何歸리오.
是謂 無理之至理 不然之大然也니라.
自非杜口大士目擊丈夫면
誰能論大乘於離言이고 起深信於絶慮者哉리오.13)

필자는 여러 곳에서 원효의 불교가 '마음이 마음 안에서 마음 되고자 마음 하는 것'이라는 표현을 쓴 바 있다. 그것은 종교가 마음 밖의 어떤 다른 것과 마음의 관계가 아니라, 어두워진 마음이 밝은 마음이 되는 마음의 길이란 뜻이다. 이에 관해서는 이미 전술한 바 있다.

'動靜成故 昇降參差'라고 했을 때 그 승강(昇降)이 종교다. 또 '昇降差故 感應路通'라고 했을 때 그 감응(感應)이 종교다. 여기에 '기(祈)'라는 마음의 현상이 나타나는 것이다.

의상의 경우에도 같은 이야기가 있다.

問. 何故로 字中에 有名終耶아.

答. 約修行方便하면 顯因果不同故니라. 何故로 字中에 外屈曲이뇨. 顯三乘의 根欲이 差別不同故니라. 何故로 始終兩字를 安置當中이뇨. 表因果兩位는 法性家內의 眞實德用이며 性在中道故니라.

---

13) 위의 책, pp. 44, 45, 46 (불연전집『원효사상』, pp. 52-55).

삼승(三乘)이란 주지하는 바와 같이 성문승, 독각승, 보살승의 셋을 말한다. 이들 사이에는 교리면의 차이가 있을 뿐만 아니라 수행면의 차이도 있다. 그것들은 모두 다 대상을 향한 마음가짐을 바탕으로 하고 있다. 아직 온전한 일승, 진여한 일심이 아니라 중생심이 불심으로 가는 길들이다. 이를 테면 인과(因果)의 길이다. 여기에는 시종(始終)이 없을 수 없다. 그러므로 하나의 근본 되는 사각(四角) 안에 많은 굴곡을 그려 넣었던 것이다. 그러나 그 굴곡의 시작과 끝은 이 근본 되는 사각의 중심에 위치하고 있는 것이다. 이 시작인 인(因)과 끝인 과(果)는 법성가(法性家)내의 진실한 덕(德)의 용(用)이라는 것이다. 법계도의 해설자는 이 일심을 '일가(一家)'라고까지 표현한다.

원효는 『기신론』의 논지를 따라 일심을 본각(本覺)과 시각(始覺 또는 究竟覺)의 양면으로 제시해 주고 있다. 그 논지는 그의 『금강삼매경론』에서도 그대로 계승되어 그의 종교를 '각승(角乘)'이라고까지 명명하였다. 시각이 인(因)이라면 구경각은 과(果)이다. 그러나 그것은 본각 안에서 전개되는 '승강(昇降)의 참차(參差)'를 말하는 것이다. 의상은 '법(法)'으로부터 시작하여 '불(佛)'에 이르는 승강의 참차, 감응의 길을 말하고 있으나, 글자는 그렇다 할지라도 그 글자에 미혹하면 본체를 알지 못하게 되고 만다. 본체는 '무명진원(無名眞源)'이다. 법도 불도 이 무명진원임을 알아야 하는 것이다.

그러므로 법계도의 해설자는 다음과 같이 말한다.

> 夫大聖의 善敎는 無方이며 應機隨病함이 非一이라. 迷者는 守迹하고 不知失體니 懃而歸宗末曰하라. 故以理據敎하여 略制槃詩니라. 冀以執名之徒로 還歸無名眞源이로다.

필자는 의상이나 원효의 이와 같은 종교관이 화엄을 비롯한 대승불교 전적(典籍)의 사상에서 배워 온 것임을 부인하지 않는다. 그러나 필자는 이들 신라 통일 전후의 탁월한 사상가들이 이처럼 깊이 이 일승의 도리에 심취하게 된 것이 결코 우연한 일이라고는 생각하지 않는다. 이것은 분명히 한국인의 호흡에 가장 잘 맞는 사고방식이었기 때문이 아닌가 하는 것이다.

우리는 이 두 불교사상가를 앞질렀고 신라의 화랑들의 교육자로 알려진 원광의 이론을 알 만큼 충분한 자료가 없음을 안타까이 생각한다. 그러나 그가 불교뿐만 아니라 다른 교훈, 즉 유가(儒家)의 사상, 그리고 우리 민족 고유의 신앙에 대하여도 깊은 이해를 가졌던 사람이라고 전해지고 있는데, 그도 역시 맹목적인 외래사상 맹신가가 아니었다는 증거를 그의 화랑세속오계에서 찾을 수 있는 것은 기쁜 일이다.

事君以忠
事親以孝
交友有信
殺生有擇
臨戰無退

그의 주장에는 이미 전술(前述)한 원효, 의상 등의 정신세계와 비슷한 세계가 바탕이 되어 있었기 때문이 아닌가 생각되는 것이다.

Ⅲ. 지눌의 경우

고려 의종(毅宗) 12년 무인(1158)년에 황해도 서흥(瑞興)에서 태어나 희종(熙宗) 6년(1210)에 입적한 목우자(牧牛子) 지눌(知訥, 보조국사)은 고려조가 낳은 가장 위대한 사상가라고 꼽을 수 있다. 그에게는 오늘 남아 있는 것으로 『정혜결사문(定慧結社文)』 1권, 『수심결(修心訣)』 1권, 『원돈성불론(圓頓成佛論)』 1권, 『간화결의론(看話決疑論)』 1권, 『진심직설(眞心直說)』 1권, 『법집별행록요병입사기(法集別行錄要幷入私記)』 1권, 『화엄론절요(華嚴論節要)』 3권 등의 저술이 있다.

그의 "교학관(教學觀)은 반야의 공사상으로써 입법(立法)의 기초를 삼고 기신(起信)의 진여사상으로써 골격을 삼았으며 화엄의 성기(性起)사상으로써 그 핵심을 삼았다"고 김잉석(金芿石) 교수는 언명한 바 있지만,[14] 반야사상은 모든 대승불교의 기본이니만큼 논외로 치더라도 『기신론』과 『화엄경』의 사상은 원효와 의상에게 있어서와 마찬가지로 중요한 사상적 전거로 간주되어 왔다. 우리는 벌써 여기에 한국적 불교학풍의 하나의 전통을 발견하게 된다. 김교수는 그 논문의 서론 부분에서 한국불교의 특징을 "중국이나 일본에서와 같이 입교개종(立教開宗)의 교의(教義), 신조(信條), 안심(安心) 등이 준별되어 있지 않고 어느 종이나 경·율·논 삼장을 통해 계·정·혜 삼학을 원수(圓修)하였는데 이것이 한국불교가 가지고 있는 특이성의 하나"[15]라고 하며 계속하여 다음과 같이 지적하고 있다.

---

14) 金芿石, 「佛日 普照國師」, 『佛教學報』 2(1964), p. 27 이하 참조.

15) 위의 논문, p. 6.

> 한국불교에 있어서는 참선하는 이가 간경(看經) 염불한다고 이상할 것 없고 간경하는 이가 염불 참선한다고 소호(少毫)의 모순도 느끼지 않았다. 그러나 구경(究竟)에는 참선오입(參禪悟入)에 귀일하는 것이 역시 한국불교가 가지고 있는 특이성의 하나이다.

이것 역시 지금까지 우리가 전 항에서 보아 온 원융회통의 전통적 사고방식을 입증하는 것이다.

한국의 불교인들도 신라 말기로부터는 선문구산(禪門九山)을 세우고 분열 대립의 경향을 보였고 고려에 들어와서는 오교양종(五教兩宗)을 세워 서로 다투는 불미스러운 인습을 남긴 것이 사실이다. 그러나 그러면 그럴수록 대립과 분열의 폐해를 절감하고 화쟁 원융 회통의 절대적 가치를 고창하는 전통이 굳건히 형성되어 왔음을 부인할 수 없다. 사실 지금 우리가 본고에서 고찰하고 있는 한국인의 종교적 관용성이랄까 그 깊이 있는 직관적, 실천적인 포용력은 역사가 흐름에 따라 나타난 반동적 경향이 크면 클수록 이에 대응해서 심화되고 강조되어 온 것이다. 한국의 뜻있는 인사가 불경에 접했을 때, 제일 먼저 공명(共鳴)과 동감(同感)을 느꼈던 것은 화엄의 사사무애(事事無礙)와 이사무애(理事無礙)의 도리였고, 그것을 참으로 고맙게 여길 수 있었던 까닭은 그들 자신의 뼈저린 분열의 체험이 있고 거기서 우러난 염원이 있었기 때문이라고 할 수가 있는 것이다. 원효나 의상은 화엄의 깊은 영향 하에 살았다. 지눌의 경우도 마찬가지이다. 그는 다음과 같이 말한 바 있다.

> 余謂修心之士하니 先以祖道로 知自心本妙 不拘文字하고, 次以論文으로 辨心之體用이 是法界性相하면 則事事無礙之德과 同體大悲之功이 不爲分外矣라. 以故燕坐之暇에 每爲同學說之니라.

> 나는 마음을 닦는 이들에게 이렇게 말한다. 먼저 조도(祖道)로써 자기 자신의 마음이 본래 신묘함(神妙)을 알아 문자에 구애받지 말고 다음에는 논문(論文)으로 마음의 체와 용이 바로 법계의 성상(性相)이 됨을 알라. 그러면 사사무애의 덕과 동체대비의 공이 한결같이 이루어져 분리하거나 소외되는 일이 없다고 하겠다. 그러므로 참선을 위해 앉았다가 틈이 나면 매번 동학(同學)에게 이것을 말하는 것이다.[16)]

---

16) 위의 논문, p. 31.

여기서 말하는 '조도'란 선종 조사들의 길이란 말이며 '논문'이란 화엄론을 의미한다.[17] 이 인용구에 언명된 선교일치의 주장과 생활은 지눌의 가장 두드러진 사상적 특징을 이루는데, 원효, 의상으로부터 500년이 경과한 뒤에 지눌에 의해 그 전통이 되살아났다는 사실은 기쁘기 그지없는 일이다. 이제 참고로 지눌의 사상계통을 분명히 알게 하는 일조(一助)로 그의 주 저술 중에 지눌이 인용하는 주요 불전을 적기해보면 다음과 같다. (숫자는 인용횟수)

引用佛典 또는 佛家	結社文	修心訣	眞心直說	圓頓成佛論	看話決疑論	法集別行錄
○華嚴論	6			28	2	4
○華嚴(圓教)			3	5	3	8
清凉祖師				4	4	3
○賢首國師				7	2	
○義湘法師法界圖偈				3		2
○曉公, 元曉法師, 華嚴宗要	1			2	1	3
○華嚴略策						2
圭峰宗密禪師	1	2	1		2	16
起信論	6		6	5	1	3
永嘉眞覺大師			8	1	1	2
祖師頌, 祖師			6	1	4	3
德山大慧禪師		1		1	7	2
△般若經			3		1	1
△金剛經		1	2			2
△圓覺經	2		3		1	1
壽禪師永明唯心訣	3	1	2			6
翼眞記	1					
曹溪	1	2			1	2
禪源諸詮集	1					8
△大集經	1					
百丈和尙	1					
△十疑論註	1					

17) 위의 논문, p. 31.

引用佛典 또는 佛家	結社文	修心訣	眞心直說	圓頓成佛論	看話決疑論	法集別行錄
裵相國上密禪師狀	1		1			1
△圓覺修證儀	1					
△誌公法師大乘讚	1		1			2
△阿難	1					
△智者大師	1					
△淨名經	1		1			
法寶壇經	1		1			
△如來不思議境界經	1					
△萬善同歸集	2					1
△文殊所說般若經	1					
△飛錫和尚高聲念佛三昧寶王論	1					
△孤山智圓法師・阿彌陀經疏序	1					
△楞嚴經	1		1			
△文殊偈	1					
臨濟	1	1	1			
婆羅提尊者		1				
歸宗和尚		1				
杲禪師		1				
唯識		1				
三祖			1			
△金光明經			1			
△勝鬘經			1			
△了義經			1			
△放光般若經			1			
肇論			4			
慈恩			1			
莊生			1			
龐公			1			
灌溪			1			
大法眼			1		1	
法燈			1			

引用佛典 또는 佛家	結社文	修心訣	眞心直說	圓頓成佛論	看話決疑論	法集別行錄
魏府元華嚴			1			
洪州水潦和尙參馬祖問			1		2	
四祖			1			
傳燈			1			
英邵武				1		
△台敎					1	
普安道禪師					1	
南嶽					1	
長蘆師					1	
雲門大師					1	1
趙州					1	
馬祖					1	
韶國師					1	
佛眼禪師					1	2
林間錄						1
△天台三觀門						1
△大涅槃經						1
△拘那含佛傳法偈						1
△楞伽經						1
心要牋						1
宗鏡錄						1
圓覺疏						1

우리는 이 표를 다음과 같이 분석할 수가 있다. 이 표에 나타난 지눌의 인용 구절의 총 건수는 76건이다. 그러나 그 중에는 대다수가 단 1회 인용으로 그치고 말았거나 1회를 넘지 못하는 것이 포함되어 있다. 지눌의 대표적 저술 여섯 가지에 걸쳐서 인용횟수가 적은 것부터 그 인용된 곳을 분류해 보면 다음과 같다.

단 1회만 인용된 것…46/76
2회 이상 5회 미만의 것…12/76
5회 이상 10회 미만의 것…8/76

현수국사(賢首國師)
의상법사「법계도게(法界圖偈)」
효공(曉公), 원효법사, 화엄종요
반야경
금강경
원각경
조계(曹溪)
선원제전집(禪源諸詮集)
10회 이상 인용된 것…9/76
화엄론(華嚴論)…40
화엄…19
청량(淸涼)조사…11
기신론…21
규봉종밀(圭峰宗密)선사…22
영가진각(永嘉眞覺)대사…12
조사송(祖師頌)…14
덕산대혜(德山大慧)선사…11
수선사영명(壽禪師永明) 유심결(唯心訣)…12

5회 이상 10회 미만의 것 8종 가운데에는 두 가지를 제외하면 화엄일승사상에 직결된 경전들이다. 또 10회 이상 인용된 9종 가운데에서는 조사어록이 다수를 차지하지만 인용횟수가 많기로는 화엄경론과 『기신론』이 으뜸을 이룬다. 이로써 우리는 지눌의 사상 경향이 어디에 있는가를 분명히 알 수 있다. 이제 지눌의 말을 직접 들어 보면 그 사정이 더욱 분명해질 것이다.

지눌은 그 『정혜결사문』에서 다음과 같이 말하며 '일심'에 언급한다.

迷一心而起無邊煩惱者는 衆生也요
悟一心而起無邊妙用者는 諸佛也니
迷悟雖殊나 而要由一心則離心求佛者도 亦無有是處也다

한 마음을 미(迷)하여 변제(邊際) 없는 번뇌를 일으키는 자는 중생이요
한 마음을 깨달아 변제 없는 묘용(妙用)을 일으키는 자는 모든 부처님이니
미(迷)하고 깨달음은 비록 다르나, 요(要)가 한 마음에 말미암은 즉

마음을 여의고 불(佛)을 구한다는 것은 도리에 맞지 않는 것이다.[18]

이는 원효의 '귀명'의 정신과 조금도 다를 바가 없다. 중생과 제불에 대한 이와 같은 정의는 이미 원효가 그 『기신론소』에서 밝힌 바 있는 것이다. 지눌은 분명히 원효를 그 스승으로 삼고 있다. 그에게는 전통의 계승이란 즐거움이 엿보인다. 그는 원효의 소설(所說)을 인용하여 다음과 같이 말한다.

如諸世間에 愚夫觀行은 內計有心하고 外求諸理하야 求理彌細에 轉取外相故로 還背理去遠이 若天與地일새 所以로 終退沒하야 受無窮生死어니와 智者觀行은 與此相反하야 外忘諸理하고 內求自心하되 求心至極에 忘理都盡하야 盡忘所取하야 取心이 都滅일새 所以로 能得至無理之至理하야 畢竟無退하야 還住無住涅槃이니라. 又復小聖은 計心하되 先有生性故로 過微心으로 得心滅無하야 無智無照함이 不異空界어니와 大士는 解心하되 本無生性故로 離細想하되 不得滅無하야 眞照智在하야 證會法界하시니라.

저 모든 세간에 우부(愚夫)의 관행(觀行)은 안으로 마음이 있음을 계교(計較)하고 밖으로 모든 이치를 구하여 이(理)를 구함이 더욱 미세함에 전전하여 외상(外相)을 취하는 까닭에 도리어 이(理)를 등져서 멀기가 하늘과 땅 같을 새, 그러므로 마침내 퇴몰(退沒)하여 무궁한 생사를 받는다. 그러나 지자(智者)의 관행은 이와 반대로 밖으로 모든 이(理)를 잊고 안으로 자심(自心)을 구하되 구하는 마음이 지극함에 이(理)를 잊어버려 취할 바 대상을 잊어서 취하는 마음이 도무지 멸할 새 그러므로 능히 이(理)아닌 지극한 이(理)를 얻어서 필경에 퇴함이 없고 도리어 주(住)함이 없는 열반에 주(住)하나니라. 또 소성(小聖)은 마음을 계교하되 먼저 생기는 성이 있는 까닭에 과미(過微)한 마음으로 마음의 멸무(滅無)를 얻어서 지(智)도 없고 비춤도 없음이 공계(空界)와 다르지 않지만, 대사(大士)는 마음을 알되 본래 나는 성(性)이 없는 고로 미세한 생각을 여의되 멸무하지 아니하여 참되이 비추는 지(智)가 있어서 법계를 증(證)해 안다 하시니라.[19]

이 글은 『금강삼매경론』의 구절이지만 주관도 객관도 분열 대립시키지 않게끔

---

18) 보조국사 「結社文」 번역은 呑虛師의 것이다.

19) 보조국사 「結社文」 중에서 「元曉法師論」, pp. 8-9 인용.

된 마음자리라야 '일심'이 됨을 밝히는 것이다. 이러한 깊은 바탕은 선(禪)의 수행을 겪지 않고서는 안 될 일이다. 그러므로 한국인의 그 멋진 관용적, 회통적인 종교관은 단순한 이론이나 주관이 아니라 주·객이 쇄멸(洒滅)된 삼매경에서 드러나는 혜력(慧力)의 작용이라고 보아야 마땅하다.

지눌은 또 이렇게 쓰고 있다.

> 近來에 唯習言說者, 雖廣談法界無碍緣起나 初不返觀自心之德用하나니 旣不觀法界性相이 是自心之體用이어니 何時에 開自心情塵하여 出大千經卷이리오. 經不云乎아. 知一切法이 卽心自性하면 成就慧身하되 不由他悟라 하시고 又不云乎아. 言辭所說法은 小智妄分別이라 是故로 生障礙하야 不了於自心이라 不能了自心이어니 云何知正道리오. 彼由顚倒慧하야 增長一切惡이라 하시니.
>
> 근래에 오직 언설만을 익히는 자는 법계의 무애연기에 대해서 광담(廣談)하지만 무엇보다도 자심(自心)의 덕(德)과 용(用)을 반관(返觀)하는 일에 힘쓰지 않고 있으니 법계의 성상(性相)이 오직 자심의 체(體)와 용(用)임을 관(觀)하지 않았으니, 언제 자심의 감정의 먼지를 털고 그 숱한 경권에서 떨쳐 나올 수 있으리오. 경에 말하지 않았던가? 일체 법이 곧 심자성(心自性)임을 알면 혜신(慧身)을 성취하되 남의 덕에 깨닫는 일이 없다. 또 말하지 않았던가? 언사소설법(言辭所說法)은 소지(小智)로 하는 망분별(妄分別)이라, 그러므로 장애를 일으켜 자심을 깨닫지 못한다. 자심을 깨닫지 못하니 어찌 정도(正道)를 알 수 있으리오. 그러한 자는 전도된 지혜로 말미암아 일체의 악을 증장한다.[20]

지눌이 여기서 '자심의 체와 용'이 바로 '법계의 성상(性相)'이라고 한 것, '일체 법이 즉 심자성(心自性)'임을 알라고 한 것, '언사소설법(言辭所說法)은 소지(小智)의 망분별'이라는 것, '자심이 바로 제불의 본원(本源)'임을 깊이 믿으라는 것, 이 모든 주장에서 독자들은 이미 생소한 느낌을 가지지 않을 줄 안다. 지눌은 또 그 『수심결』에서 같은 뜻의 말을 하고 있다.

> 若欲求佛인댄 佛卽是心이라 心何遠覓이리오. 不離身中하니 色身은 是假라 有生有滅이어니와 眞心은 如空하야 不斷不變이니 故로 云하사대 百骸는 潰散하야 歸火歸風하되 一物은 長靈하여 蓋天蓋地라 하시니라. 嗟夫라. 今之人이 迷

20) 『普照法語』, p. 21(「結社文」).

來久矣라 不識自心이 是眞佛하며 不識自性이 是眞法하야 欲求法하되 而遠推諸聖하여 欲求佛하되 而不觀己心하나니 若言心外에 有佛하고 性外에 有法이라 하여 堅執此情하야 欲求佛道者인댄 縱經塵劫토록 燒身煉臂하여 敲骨出髓하며 刺血寫經하며 長坐不臥하며 一食卯齋하며 乃至轉讀一大藏敎하야 修種種苦行하야도 如蒸沙作飯하야 只益自勞爾니 但識自心하면 恒沙法門과 無量妙義를 不求而得이라.

만약 불(佛)을 구하거든 불이 바로 마음이니, 마음을 어찌 먼 데로 가서 구하리오? 몸과 떨어져 있지 않는 것이니, 형태와 물질로서의 몸, 즉 색신은 임시적인 것이고 생멸이 있는 것이지만, 진심은 허공과 같아 없어진 것도 아니며 변하는 것도 아니니, 그러므로 백해(百骸)는 뿔뿔이 흩어져 지·수·화·풍으로 되돌아가지만, 한 가지만은 오래오래 그 신령함을 유지하여 천지를 덮는 것이니라. 아, 지금 사람들은 미혹에 빠진 지가 오래서 자심이 바로 진불(眞佛)임을 알지 못하고 또 자성(自性)이 바로 진법(眞法)임을 알지 못하고, 법을 구하려 하나 그것을 멀리 저 여러 성인들의 말씀에서 구하고, 불(佛)을 구하려 하나 자기 마음을 관하지 않고 마음 밖에 불이 있다느니, 성외(性外)에 법이 있다느니 하고 말하며 고집한다. 이와 같이 불도를 구하는 자는 무수한 오랜 세월이 지나고 육신을 불사르고 팔뚝을 불태우고 골수를 두드리며 또 혹은 피로써 사경(寫經)을 하고 오래도록 앉아 눕지 않으며 하루 한 끼를 먹으며 재(齋)를 잘 지키고 심지어는 일대장교(一大藏敎)를 모조리 다 읽는 등 가진 고행을 다 해도 모래로 밥을 짓는 것과 같아 도움이란 자기를 피로하게 만들 뿐이다. 그러나 다만 자심을 알면 항하의 모래알처럼 많은 법문과 헤아릴 수 없이 많은 묘의가 다 구하지 않더라도 얻어지는 것이다.)[21]

'佛卽是心'이며 '眞心은 如空하여 不斷不變'하다고 하였다. 그리고 그 심(心)은 '長靈하여 蓋天蓋地'라 한다. 또 '自心是眞佛' '自性是眞法'이라고 강조하면서 '心外에 有佛하고 性外에 有法'이라고 견집(堅執)하면 아무리 종교적 고행과 열성과 학습을 시도해도 전혀 무용함을 선언한다. 그리고 '다만 識自心하면 恒沙法門과 無量妙義를 不求而得'이라고 했다.

우리는 이 주장 속에서 신라의 원효, 의상 등에게서 찾을 수 있던 것과 같은 '심(心)'관을 찾아 볼 수 있다. 물론 원효의 경우만큼 명쾌하고 다각적인 설명은 되어

21) 『普照法語』, p. 38(『修心訣』).

있지 못한 것이 사실이며 역시 선가(禪家)다운 한계를 보이고 있는 것은 부정하기 어렵다. 그것은 교(敎)의 경시란 현상을 나타내며 그것이 선가에게 있어서는 너무 조급히 전제되어서 안 되었지만, 하여간 원융 화쟁의 태도의 기틀이 여기에도 있음을 부인할 수 없을 것이다.

그의 『진심직설』은 중국에서 선종이 생긴 이래 최초의 조직과 체계를 갖춘 선서(禪書)로서 높이 평가되고 있다.[22] 그 안에는 '진심의 이명(異名)'이란 장이 있는데, 30종의 이명이 결국은 진심을 말함에 불과하다는 것을 이야기한다. 즉 지눌은 경에 나온 말씀을 불교(佛敎), 조사들의 가르침을 조교(祖敎)라고 칭하는데, 불교와 조교에 따라 이름 부르는 법이 다르다고 하며 불교의 이호(異號) 12종, 조교의 이호 19종을 열거하고 있다.[23]

A. 불교(佛敎)의 이호(異號)

이호(異號)	출전(出典)	소이(所以)
1. 心 地	菩薩戒	發生萬善故
2. 菩 提	般若經	與覺爲體故
3. 法 界	華嚴經	交徹融攝故
4. 如 來	金剛經	無所從來故
5. 涅 槃	般若經	衆聖所歸故
6. 如 如	金光明	眞常不變故
7. 法 身	淨名經	報化依止故
8. 眞 如	起信論	不生不滅故
9. 佛 性	涅槃經	三身本體故
10. 總 持	圓覺經	流出功德故
11. 如來藏	勝鬘經	隱覆含攝故
12. 圓 覺	了義經	破暗獨照故

B. 조교(祖敎)의 이호(異號)

이호(異號)	소이(所以)
1. 自 己	衆生本性故
2. 正 眼	鑑諸有相故

22) 金芿石, 앞의 논문, p. 34.

23) 金呑虛 述, 『普照法語』, pp. 63, 64.

이호(異號)	소이(所以)
3. 妙　心	虛 靈 寂 照 故
4. 主 人 翁	從 來 荷 負 故
5. 無 底 鉢	隨 處 生 涯 故
6. 沒 絃 琴	韻 出 今 時 故
7. 無 盡 燈	照 破 迷 情 故
8. 無 根 樹	根 蔕 堅 牢 故
9. 吹 毛 劍	截 斷 塵 根 故
10. 無 爲 國	海 晏 河 淸 故
11. 牟 尼 珠	濟 益 貧 窮 故
12. 無 鑐 鎖	關 閉 六 情 故
13. 泥　牛	
14. 木　馬	
15. 心　源	
16. 心　印	
17. 心　鏡	
18. 心　月	
19. 心　珠	

결국 우리는 여기에서 언설의 상대적 의미와 그 '진심묘체'의 무궁한 표현 가능성에 관한 전통적 주장에 접하게 된다. 이『진심직설』은『기신론』속에서 원효가 클로즈업시킨 체·상·용 삼대의 논리를 적용하여 진심의 묘체(妙體), 진심의 묘용(妙用), 진심의 체상(體相) 등을 말하고 있으나 지금은 번거로우므로 거론치 않기로 한다.

필자는 고려조의 다른 사실에서도 이러한 한국적 사유의 진면목을 드러내는 사실을 볼 수 있지만, 지눌의 경우처럼 뚜렷하지는 못하므로 그 고찰은 추후로 미루기로 한다.

Ⅳ. 함허·서산·사명

함허당(涵虛堂) 득통 기화(得通己和)는 1376년부터 1433년에 이르는 조선 초기의 고승으로 충주 사람이며 무학왕사(無學王師)를 스승으로 공부한 바 있고 오랫동안 회암사(檜巖寺)에 머물기도 했다. 그 후 공덕산(功德山) 대승사(大乘寺), 천마산(天馬山) 관음굴(觀音窟), 자모산(慈母山) 연봉사(蓮峯寺), 오대산(五臺山) 월정사(月精寺) 등지에서 수도를 하였다. 1420년(세종 2년) 함허당은 월정사에 있을 때 세종의 청을 받고 나와 대자어찰(大慈御刹)에 4년 동안 머물면서 왕의 자문에 응하기도 하였다. 그에게는 『원각소(圓覺疏)』 3권, 『반야경오가해설의(般若經五家解說誼)』 2권, 『현정론(顯正論)』 1권, 『유석질의론(儒釋質疑論)』 1권, 『반야참문(般若懺文)』 2권, 『윤관(綸貫)』 1권 등의 저술이 있는데, 필자가 함허당을 특히 본고의 주장을 입증하는 한 전형적 사상가로 내세우는 것은 그의 『현정론』과 『유석질의론』에 담긴 정신이 바로 유·불·도 삼교의 원융자재한 종합적 이해의 좋은 본보기가 되기 때문이다.

함허의 『유석질의론』은 조선의 배불숭유정책의 잘못을 시정하고 당시 사회의 교조주의적 사상풍토를 교정해 보려는 의도에서 저술된 것인데, 그 첫머리에서 함허당은 다음과 같이 언명하고 있다.

> 涵虛得通 儒釋質疑論
> 蓋聖人이 相繼하여 治世之大敎함에 有儒者焉하고 有老者焉하고 有佛者焉하나니라. 世之所謂三敎者가 是也니라. 三敎之道는 皆本乎心이나 而儒者는 攻乎迹하고 佛者는 契乎眞하고 接於其兩間하여 而爲之膠粘者는 老氏之道也니라. 何謂眞이오 何謂迹이뇨. 明之悟之를 之謂眞이며 修之治之를 之謂迹이니 迹也者는 形而後者也니 情也라 格物致知誠意正心하여 而進修德業者가 皆是也니라. 不修不治면 則無以致修身齊家治國平天下之效요 無效면 則亂矣일새 故聖人之敎莫急於斯焉이니 所以修齊而天下平者也니라. 眞也者는 形而上者也니 性也라. 其體無涯其明無始로 靈而無竭하고 妙而無爲나 窮三際 亘十方에 湛然而獨存者也니라. 佛於是也 明之悟之超極於大覺而其身也며 不可以聲色求其心也며 不可以思議及聖人之道莫大於斯焉이니 所以泝流而返其源者也니라. 其然故로 能會派以朝宗攝心以趍本爲乾坤之祖니 命於一切 夫是謂性也니라. …… 顯而可見者迹也며 妙而不可見者性也니 不可見者遠而深하고 可見者近而淺하니라. ……24)

생각건대 성인이 서로 뒤를 이어 나타나 세상을 다스리는 대교(大敎)를 펴는데 유자(儒者)가 있고 노자(老者)가 있고 불자(佛者)가 있다. 세상에서 이른바 삼

24) 『儒釋質疑論』, 卷上 第1張.

교(三敎)라는 것이 이것이다. 삼교의 도는 모두 그 본을 마음에 두고 있으나 유자는 그 적(迹)을 쫓아가고, 불자는 그 진(眞)에 계합(契合)하고, 그 둘 사이에 접해서 서로 밀접하게 연결시키는 구실을 하는 것은 노자의 도이다. 무엇을 진(眞)이라고 하고 무엇을 적(迹)이라고 하느냐? 밝히고 깨달아야 하는 것을 진(眞)이라고 하고 닦고 다스려야 할 것을 적(迹)이라고 하니, 적(迹)이란 형이하(形而下)의 것이요 정(情)이다. '격물치지 성의정심(格物致知 誠意正心)' 해서 덕업을 진수(進修)하는 것이 모두 이 부류에 속한다. 닦고 다스리지 않으면 '수신제가 치국평천하(修身齊家 治國平天下)'의 실효를 거두지 못하여 또 그 실효가 없으면 혼란해지므로 성인의 교훈치고 이보다 급한 것이 또 없는 것이다. 그러므로 수신제가해서 평천하해야 하는 것이다. 진(眞)이란 형이상의 것이며 성(性)이다. 그 본체는 한계가 없고 영원히 밝고 신령함이 그지없고 묘하여 아무 노력이 없지만 삼세제(三世際) 시방제(十方際)를 다하여 담연(湛然)하게 독존(獨存)하는 것이다. 불(佛)이 여기에서 광명을 발하고 깨달아 그 몸이 대각(大覺)의 극(極)을 이룬다. 그 마음을 구하되 소리나 형태로써 할 수는 없는 것이며 그 불가사의함과 거룩함이 이보다 더 클 수가 없는 것이다. 그러므로 유전(流轉)의 길을 멈추고 그 원천에로 되돌아가는 것이다. 그러므로 능히 여러 종파를 한 마음으로 회통하여 근본인 건곤(乾坤)의 조(祖)에로 향하는 것인데, 일체에 대해 명을 내리는 것 그것이 성(性)이다. …… 나타나 보이는 것은 적(迹)이고, 묘하여 보이지 않는 것은 성(性)이다. 보이지 않는 것은 멀고 또 깊고, 보이는 것은 가깝고 또 얕다. ……

유자(儒者), 노자(老者), 불자(佛者)의 삼교가 모두 마음을 근본으로 하고 있는 것이 같다는 말, 즉 '三敎之道는 皆本乎心'이라는 말은 두고두고 우리 역사상에서 제법 이름 있는 사상가들이 되풀이 주장해 오고 있는 사상이다. 그런데 이만큼 명확하게 그 관계, 즉 근본적인 일치성과 지말(枝末)적인 차이를 명쾌하게 말한 사상가도 드물었다고 생각한다.

儒者는 攻乎迹하고 佛者는 契乎眞하고 接於其兩間하여 而爲之膠粘者
老氏之道也니라.
迹也者는 形而後者也니 情也라.
眞也者는 形而上者也니 性也라.

'적(迹)' 또는 '정(情)'의 면에 치중한 교훈인 유가는 '格物致知 誠意正心'하여 '進

修德業'하는 이른바 수(修)와 치(治)의 면을 강조한다고 하고, '진(眞)' 또는 '성(性)'의 면에 치중한 불교는 무애한 마음의 본체, 영원한 태초부터 광명하고 신령하고 '妙而無爲하나 湛然而獨存'이라는 그 마음의 체를 깨닫는 명(明)과 오(悟)의 면을 강조한다고 보는 것이다.

같은 책의 제9장에는 또 다음과 같이 적혀 있다.

> 三敎之聖者는 各醫其民之病者也니라. 但其漸有不同耳니라. 若其善權功化之極致면 則非龍也면 而焉知龍之所爲乎이리오. 然妄意之所謂면 則儒者는 主乎心者也요 老者는 主乎氣者也며 佛者는 主乎性者也라 하니라. 天有四時하며 各有其主相承하여 以宣其令하나니 豈斯三者而獨無其主乎리오. 後之爲徒者는 未達其主之心하고 遽以排佛爲急務하나니 戚戚然爲一生之大病이니라.[25]

> 삼교의 성자는 각각 그 백성의 병을 고치는 것이다. 다만 그 순서에 차이가 있을 뿐이다. 만약 그 선권공화(善權功化)의 극치를 말하자면 용(龍)이 못되고서야 어찌 용이 하는 바를 알랴마는, 아직 망의(妄意)로 운위하는 바에 따르면 유자는 심(心)을 주로 하고 노자는 기(氣)를 주로 하고 불자는 성(性)을 주로 한다고 한다. 하늘에 사시(四時)가 있어 각각 그 주관하는 바가 있고, 서로 뒤이어 그 영(令)을 펴게 하는데, 이 삼자엔들 어찌 그 주(主)가 없으리오. 후세에 삼교의 성자의 신도가 되는 사람들이 아직 그 주 되는 길의 뜻을 알지 못하고 갑자기 불교배척을 급무로 하고 있는 것은 매우 서글픈 일로서 일생의 대병(大病)이 된다고 하겠다.

함허의 생각으로는 '심(心)'이니 '기(氣)'니 '성(性)'이니 하는 삼자는 역시 하나인 마음의 세 가지 측면으로 밖에는 생각되지 않고 있다. '성'을 원효의 '체(體)'라고 본다면, '기'는 '상(相)', '심'은 '용(用)'의 측면을 가졌다고도 볼 수 있다. 그의 다른 글을 또 인용해 보자.

> 通天下는 一道也 工變化는 一氣也 均萬物은 一理也니 然有淺奧之不同일새 故聖人之敎處三焉이니 釋曰眞空하니 擧性體而言也요 老曰谷神이니 明變化而言也요 儒曰大本이니 依事物而言也니라. 至大無我 至賾無爲 至虛無始 至靈無竭 包含衆妙 寂然不動을 爲三才之祖요 爲萬法之源일새 故曰眞空이니라. 一氣盛矣 靈妙發

25) 『儒釋質疑論』, 卷上, 第9張.

矣 乖於造化 未能無物일새 故曰谷神이니라. 物有本末 事有終始 格物致知 萬殊一理일새 故曰大本이니라 三敎雖殊나 道則一也니라. 比猶種樹也요 如地含養之謂眞空이요 如種生芽之謂谷神이요 枝葉同根之謂大本이니 根幹相資培養 后土면 則有花實之繁茂而春秋不歉矣이니라. ……26)

천하를 통하는 데는 일도(一道)가 있고 모든 변화를 일으키는 데 일기(一氣)가 있고 만물에 균등한 것에 일리(一理)가 있다. 그러나 심천(深淺)의 차가 있으므로 성인의 가르치심에 세 가지 곳이 있으니 석가는 진공(眞空)이라 했는데 그것은 성(性)·체(體)를 들어 한 말이요, 노자는 곡신(谷神)이라 했는데 그것은 변화를 밝히고자 그렇게 한 말이요, 유가는 대본(大本)이라고 했는데 그것은 사물에 의해서 말한 것이나, 지대무아(至大無我)하고 지색무위(至賾無爲)하고 지허무시(至虛無始)하고 지령무갈(至靈無竭)하며 중묘(衆妙)를 포함하여 적연(寂然)히 부동하고 삼재(三才)의 조(祖)가 되고 만법의 원(源)이 되므로 진공(眞空)이라고 한 것이다. 일기(一氣)가 성하고 영묘함이 드러나 조화에 배치됨이 티끌만큼도 없다. 그러므로 곡신(谷神)이라고 말한 것이다. 또 사물에는 본말(本末)과 시종(始終)이 있다. 격물치지하면 만 가지 특수함이 다 하나의 이(理)이므로 대본(大本)이라고 하는 것이다. 삼교가 각각 다르다 하지만 도(道)는 하나이다. 나무를 심는 일에 비한다면 씨를 받아 키우는 땅과 같은 것을 진공(眞空)이라고 할 것이요. 싹을 돋게 하는 씨와 같은 것은 곡신(谷神)이요, 가지와 잎사귀가 뿌리를 같이 하는 것은 대본(大本)이니, 뿌리와 줄기가 서로 좋은 흙에서 배양되면 꽃과 열매가 무성하게 자라 춘추에 흉년이 들이 없다.

이 구절은 결코 쉬운 대목이 아니다. 우리는 이 구절의 내용을 다음과 같이 표기해 볼 수가 있다.

釋 一道(通天下)…眞空…(擧性體而言)
(言佛者主乎性者也)(佛者契乎眞)

至大無我 包含衆妙
至賾無爲 寂然不動
至虛無始 爲三才之祖
至靈無竭 爲萬法之源
— 如地含養

26)『儒釋質疑論』, 卷下, 第1張.

老 一氣(工變化)…谷神…(明變化而言)
(老者主乎氣者也)(接於其兩間而爲之膠粘)

一氣盛矣
靈妙發矣
乖於造化
未能無物

如種生芽

儒 一理(均事物)…大本…(依事物而言)
(儒者主乎心者也)(儒者攻乎迹)

物有本末
事有終始
格物致知
萬殊一理

枝葉同根

함허는 단적으로 '三教雖殊나 道則一也'라고 하였다. 불교와 유교와 도교가 내세우는 표면적인 가르침에는 다른 바가 있지만 그 길은 하나라는 것이 그의 의견이다. 함허는 앞서 유・불・도교가 모두 마음을 근본으로 한다고 하면서, 불교는 그 마음의 참된 자리에 계합(契合)하려는 것이고, 유교는 그 마음에서 생기는 결과를 좇아가는 것이고, 도교는 그 양자를 연결시키는 성격을 가지고 있다고 하였다. 그러므로 불교는 마음의 본성을 문제시하고, 유교는 현실적인 생활에 있어서 모든 사물에 대한 고른 마음가짐을 문제시하고, 도교는 우주에 미만하여 변화를 일으키는 영묘한 기를 문제시하는 것이라고 판단하였다. 불교가 천하에 통하는 일도(一道) 즉 진공(眞空)에 합치하려는 것이라면, 유교는 만물에 균점하는 일리(一理), 즉 인간 윤리의 대본을 제시하려는 것이고, 한편 도교는 교묘한 변화를 일으키는 일기(一氣), 즉 곡신(谷神; 계곡의 은밀한 곳에 신비가 깃들어 있다고 보는 데서 나온 말, '玄妙之道'를 말한다)을 받드는 것이라고 한다. 함허는 또한 불교는 형이상학적이고 유교는 형이하학적이라고 하기도 하였다. 그렇다고 이 둘이 전혀 괴리된 교리로서 모순 대립된 교훈을 가지고 있다고는 보지 않는 것이다. 원융회통의 정신은 함허에 와서 굉장한 깊이를 가지고 우리에게 어필해 온다. 그는 유・불・도 삼교만을 그렇게 회통시키는 것이 아니라 역학(易學)마저도 녹여 버린다.

같은 『유석질의론』 하권에는 다음과 같은 구절이 있다.

> 夫易之爲道는 原於大極이나 而太極은 又本乎無極이니 無極者는 湛寂虛明하고 抱括十虛之謂也니라. 卽佛之法身是也니라. 極乎無極之中에 靈妙將發을 謂之太極이니 太極者는 含畜一眞하고 充塞六合之謂也니라. 靈妙發矣며 一氣盛矣며 謂之太初며 氣之轉旋을 謂之太始며 靈妙純眞을 謂之太素며 二氣判而淸濁分을

> 謂之兩儀며 氣淸而上者를 謂之陽이며 氣濁而下者를 謂之陰이니 卽佛之報身是也니라. 陰陽은 各分二六하여 爲二十四氣니 四六이 錯綜하여 而五行이 生乎其中矣니라 如有一顆種子니 初若混沌未分이나 然衆妙總在裏許하니 卽法身太極之體也니라. 及其萌動也 根盤于下하고 芽山于上하니 卽報身兩儀之象也니라. 上下根枝가 分擺하고 一狀氣脉이 錯綜하야 而枝葉花果生焉이니 卽佛之化身造化之用也니라. 二十四氣를 曰立春 雨水 驚蟄 春分 淸明 穀雨 立夏 小滿 芒種 夏至 小署 大暑 立秋 處暑 白露 秋分 寒露 霜降 立冬 小雪 大雪 冬至 小寒 大寒이니라. ……27)

> 무릇 역(易)의 도(道)됨은 태극(太極)에 근원을 두나, 그 태극은 또 무극(無極)을 근본으로 하고 있다. 무극은 고요하면서도 가득 차 있고 밝고 허공같이 광대하고 십허(十虛)를 다 포괄한 것을 말한다. 즉 불의 법신(法身)이 바로 그것이다. 무극 중에 극이 있어 영묘한 힘을 발할 태세에 있는 것을 태극이라고 하는데, 이 태극은 일진(一眞)을 포함하고 육합(六合)을 충색(充塞)한 것을 말한다. 영묘함이 나타나며 일기(一氣)가 성하니 이를 태초(太初)라 일컬으며, 기가 전선(轉旋)함을 태시(太始)라 일컬으며, 영묘 순진함을 태소(太素)라 일컬으며, 이기(二氣)가 드러나 청탁(淸濁)으로 나뉘는 것을 양의(兩儀)라 일컬으며, 맑고 상승하는 기를 양(陽)이라 하며 탁하고 하강하는 기를 음(陰)이라 하니 이것은 즉 불의 보신(報身)이 그것이다. 음양은 각각 2·6으로 나뉘어 또 24기(氣)를 이루니 4·6이 착종(錯綜)하여 오행(五行)이 그 안에 생긴다. 마치 한 알의 종자가 있어 처음에는 혼돈하고 미분(未分)한 것 같으나 그 안에 중묘(衆妙)함이 다 있는 것은 즉 법신태극(法身太極)의 체이다. 이것이 맹동(萌動)하기에 이르면 뿌리는 밑으로 파고들고 싹은 산 위로 오르니, 즉 이것이 보신(報身) 양의(兩儀)의 상(象)이다. 상하상지(上下根枝)가 나뉘고 일상기맥(一狀氣脉)이 착종(錯綜)하여 지엽(枝葉) 화과(花果)가 생기니 이는 곧 불의 화신(化身) 조화의 용(用)이다. 24기(氣)를 입춘, 우수 등이라고 한다. ……

함허는 법·보·화 삼신(三身)의 도리를 가지고 역학의 원리마저도 원융시켜 버리고 있다. "初若混沌未分이나 然衆妙總在裏許하니 卽法身太極之體也니라"라고 했다. 이것이 동(動)하기 시작하여 음(뿌리)과 양(싹), 양의(兩儀)를 이루는 것이 보신

27) 『儒釋質疑論』, 卷下, 第9張.

이란다. 그리고 이 뿌리와 싹이 성장하여 마침내 꽃을 피게 하고 열매를 맺게 하는 것은 화신의 용(用)이란다. 원효도 이와 같이 구체적으로 불교 이외의 다른 사상을 꼬집어서 풀이해 주지는 않았다. 물론 신라의 원효에게는 그럴 필요가 없었을 것이지만 조선의 함허에게는 그것이 절실하게 요구되어졌던 것임을 우리는 짐작하기 어렵지 않다.

이러한 회통과 원융의 정신적 태도가 불교인에게, 보다 쉽게 나타날 수 있는 까닭은 역시 불교사상 자체의 탁월성 탓으로 돌리지 않을 수 없음은 의심할 바가 없다. 그리고 그 불교도 소승이 아닌 대승불교, 그 중에서도 화엄사상에 힘입고 있음을 지적하지 않을 수 없다. 함허당도 역시 화엄을 매우 중시한 사람이다. 우리나라 사상가들이 불교를 수용함에 있어서도 이처럼 화엄의 정신을 중시했다는 데에 우리나라 사람들의 사고방식의 한 특징은 드러나는 것이다.

> 一切衆生은 具有如來智慧德相이나 但以妄想顚倒執著으로 而不證得이니 於是放光遍照十方諸佛國土하시고 召集諸大菩薩大會於菩提場中하시사 演說大方廣佛華嚴經하시고 發揮此道하시니 法身佛을 爲敎主者하여 開顯玄宗也니라. 以神通으로 以光明으로 以三昧로 以威神力으로 顯示金剛心之全妙하고 特爲衆生하야 開佛知見하사 令當機悟入妙道也니라. 然佛不自說하시고 以威神力으로 加諸菩薩로 演說是經者하여 表現大覺世尊體用코 與太易等任無爲之妙하며 施自然至德하여 普利群生也니라. 開闡大敎也 大方廣者는 大法也니 大法者는 涅槃妙心也며 金剛心也며 淸淨明妙眞心也니 此心量은 包虛空일새 故曰大方廣이니라. 佛者는 覺也니라. 花者는 悲智行願也니 覺悟眞心하고 當以悲智行願으로 莊嚴妙體하고 成無上菩提하시니라. 經敎者는 標月指也니라. 因指見月하니 可謂男兒라. 其或執指爲月하면 若何癡迷甚矣이리오.[28]

> 일체중생은 여래의 지혜와 공덕의 모습을 본래 갖추고 있으나 다만 망상과 전도된 집착으로 말미암아 이것을 깨닫지 못하고 있을 따름이다. 그래서 빛을 발하여 시방제불국토를 두루 비치시고 대보살들을 보리장(菩提場) 안으로 모아 놓으시고 대방광불화엄경을 연설하시고 이 길을 널리 보여 주시었다. 법신불을 교의 주(主)로 삼고 현묘한 종지(宗旨)를 드러내 보이신 것이다. 신통력과 광명력과 삼매력과 위신력으로 금강심의 전묘(全妙)함을 나타내 보이고 특히 중생들을 위하여 불지견(佛知見)을 열어 기(機)에 맞추어 묘도(妙道)를 깨

28) 『儒釋質疑論』, 卷上, 第22, 23張.

닫고 들어가게 하였다. 그러나 부처님께서는 스스로 설하시지 않고 위신력으로 제 보살들을 시켜 이 경을 연설케 하여 대각세존(大覺世尊)의 체와 용과 태역(太易) 등 무위자연의 도와 덕을 표현하여 두루 군생(群生)을 이롭게 하셨던 것이다. 대교(大教)를 열어 보임에 있어서 대방광(大方廣)이란 대법(大法)이니, 대법이란 열반의 묘심(妙心)이며 금강심이 그것이며, 또 청정명묘진심(淸淨明妙眞心)이 그것이다. 이 마음은 허공을 싸고 있으므로 대방광이라고 한 것이다. 불(佛)이란 각(覺)을 의미하고 화(花)란 비지행원(悲智行願)을 말하는 것이니 진심을 깨닫고 이제 비지행원으로 묘체를 장엄하고 무상보리를 이루는 것이다. 경교(經教)란 달을 가리키는 손가락이니, 손가락을 따라 달을 보니 가히 남아(男兒)라 할 수 있다. 혹 손가락이 마치 달인 양 고집하면 이보다 더한 어리석음이 또 어디에 있겠는가?)

함허는 이러한 원융회통의 묘법을 알고 있었으므로 실제적인 윤리면에 있어서도 불교와 유교를 잘 조화시켜 이해한다. 그는 불교의 오계를 유교의 인·의·예·지·신 오단(五端)에 부합시켜 다음과 같이 말한다.

戒之略有五니라.
一曰 不殺 開仁之端也요
二曰 不盜 開義之端也요
三曰 不婬 開禮之端也요
四曰 不妄 開信之端也요
五曰 不茹葷飮酒 開智之端也니라.[29)]

함허당 득통화상이 입적한 후 87년 만에 태어난 휴정(休靜) 서산(西山)대사는 본래 한학에 능통한 승려이었다. 특히 그의 시는 매우 높은 평가를 받고 있는 터이지만, 그에게는 『선교석(禪教釋)』, 『선가귀감(禪家龜鑑)』 등 중요한 저술이 있다. 1520년 안주(安州)에서 태어나 오랫동안 묘향산을 중심으로 수도한 휴정의 몰년(歿年)은 1604년인데, 파란 많은 그의 80평생은 의리와 홍제(弘濟)의 충정으로 점철되었다고 함이 마땅할 것이다. 보조국사 지눌의 선교일치의 불교관을 그대로 계승한 선가다운 활달성이 그의 모든 사유면에 자유로운 공기를 안겨 준다. 그의 제자 송운 사명(松雲泗溟)에게서와 마찬가지로 우리는 이 두 조선의 거승(巨僧)의 사유방식이

29) 『儒釋質疑論』, 卷下, 第6張.

실천면에 있어서 앞에 열거한 몇몇 선인의 위대한 회통력을 본받고 있다고 단언하는 바이다. 청허당 휴정의 『선가귀감』은 결코 독창적인 저술은 아니지만, 그 안에 실린 사상은 '禪是佛心 敎是佛語'란 근본원리에 입각하고 있다. 필자는 휴정의 사고방식에 관한 많지 않은 자료 중 가장 전형적인 시 한 편을 소개하려 한다. 『청허당집』에는 '荅恢大師十法界之問'이란 부제가 붙은 「돈교송(頓敎頌)」이란 시가 있다.

頓敎頌(荅恢大師十法界之問)

若欲見佛性　知心是佛性
若欲免三途　知心是三途
精進是釋迦　直心是彌陀
明心是文殊　圓行是普賢
慈悲是觀音　喜捨是勢至
瞋心是地獄　貪心是餓鬼
痴心是畜生　婬殺亦如是
起心是天魔　不起是陰魔
或起或不起　是名煩惱魔
然我正法中　本無如是事
請君知箇事　快提金剛刃
回光一念中　萬法皆成幻
成幻又成病　一念須放下
放下又放下　舊來天眞面30)

이 시에서 우리는 그의 사상적 특징을 찾아보자.

불성(佛性)을 보고자 하는 자는 마음이 불성임을 알라.
삼도(三途)를 면하고자 하는 자는 마음이 삼도임을 알라.
정진(精進)은 석가요, 직심(直心)은 미타요,
명심(明心)은 문수요, 원행(圓行)은 보현이요,
자비(慈悲)는 관음이요, 희사(喜捨)는 세지요,
진심(瞋心)은 지옥이요, 탐심(貪心)은 아귀요,

30) 『淸虛堂集』, p. 22.

치심(癡心)은 축생이요, 음(婬)·살(殺)도 또한 그러하니
그런 마음을 일으키면 천마(天魔)요, 안 일으키면 음마(陰魔)요,
혹은 일으키기도 하고 안 일으키기도 하면 이를 번뇌마(煩惱魔)라 한다.
그러나 우리 정법 중에는 본래 그와 같은 일이 없으니
이러한 사실을 알고 기꺼이 금강의 칼을 들라.
빛을 등진 한 생각 속에 만법이 모두 환상처럼 일어난다.
환상이 생기면 곧 그것이 병이 되는 것이니 그 한 생각을 내던져라.
내 던져라. 그리고 또 내던져라.
그러면 옛날부터의 천진한 면목이 나타 나올 것이다.

이것이 그 대의이지만, 그 핵심은 '心是佛性 心是三途'라는 대목에 있다. 정진이니 직심이니 명심이니 원행이니 자비니 희사니 진심이니 탐심이니 치심이니 이 모든 것이 마음 또는 생각 아님이 없다. 마음가짐에 따라서 석가불도 아미타불도 문수보살도 보현보살도 관음보살도 세지보살도 나타나고 지옥·아귀·축생 등의 삼도도 나타난다는 이 생각은 화엄사상을 바탕으로 『기신론』 등에 충분히 언급된 사상이다.

이 두 승장(僧將)은 대자연 속에서 불심을 읽는 것이 아무 노력 없이도 이루어지는 그만한 도력이 충분하던 위인이다.

앞서 우리는 신라의 원광이 사군이충(事君以忠), 사친이효(事親以孝), 교우이신(交友以信), 임전무퇴(臨戰無退), 살생유택(殺生有擇) 등 세속오계를 내세워 불교의 교조주의적 신봉자에게는 황당무계하다고 생각될 정도의 독창성을 발휘한 사실이 역시 불교 교리의 몰이해라기보다는 회통적인 자유로운 해석에서 나왔다는 사실을 이야기한 바 있다.

서산, 사명의 두 스님은 한국의 호국불교의 대표적 인물처럼 간주되는 분들이다. 호국불교가 언제나 좋다는 게 아니라, 불교정신을 제대로 살다가 보면 경우에 따라서는 무슨 이름과 정의를 내리고 세미나나 공청회를 해 볼 필요도 없이 저절로 호국적인 성격을 띠지 않을 수 없는 그런 추세가 생기는 법이다. 필자는 호국불교 자체를 찬양하기보다는 그렇게 자유롭게 활동할 수 있었던 우리의 선사들의 도력을 찬양해야 한다고 믿고 있다. 가령 일례로 휴정의 시 한 수를 소개해 보자. 제목은 '곡강릉(哭康陵)'이라고 되어 있다.

愛國憂宗社　山僧亦一臣
長安何處是　回望淚沾巾[31]

나라와 겨레를 사랑하고 근심하는
산승도 한 신하로소이다.
장안이 어디메나이까?
돌아볼 제 눈물이 수건을 적시나이다.

선승이 웬 센티멘털리즘이냐 할 사람이 있다면 그는 소승 성문의 무리일 것이다. '일즉일체 일체즉일'이라 했었다. 이 일거수일투족이 사실은 속된 것 같으면서도 그 전체의 하모니 속에서 영원한 가치와 생명을 발휘하는 것이다. 휴정은 이수재(李秀才)라는 유생과 가까웠는데 이 두 사람사이에는 시 문답이 많이 있었던 모양이다.

次 李秀才韻

無心雲出岩　有意鳥知還
儒釋雖云一　一忙而一閑[32]

무심한 구름이 바위틈으로 나오는데
뜻있는 새는 돌아갈 줄을 알겠지.
유교와 불교가 하나라고는 하지만
하나는 바쁘고 하나는 한가롭네.

贈 李秀才

喃喃書萬卷　論古亦論今
積學非他術　只要攝我心[33]

지루하게 만권의 책을 써서
옛날을 논하고 지금을 논하네.
학문을 쌓는 것은 다른 일 때문이 아니요

---

31) 『淸虛堂集』.

32) 『淸虛堂集』.

33) 同上.

다만 내 마음 가다듬자는 것뿐일세.

讚儒道

仲尼旣非始　伯陽安得終
寥寥天地外　乘化入無窮34)

공자님이 이미 시작이 아니니
백양(伯陽)에 어찌 끝이 있으랴.
요요한 천지 밖으로
무궁한 경지로 타고 들어가리.

V. 근대적 제 사조 속에 나타난 원융적 사고방식

원융적인 사고방식은 결코 모호한 절충주의를 의미하지 않는다. 절충주의와 원융적 사고방식의 사이에는 큰 차이가 있다. 그 차이를 특징짓는 것은 바로 다름이 아니라 '일즉일체 일체즉일'의 정신이다. 절충주의는 실재적 개체주의라고나 번역할까, 리얼리스틱한 물질주의를 전제로 한다. 무엇과 무엇을 절충하는 것이다. 갖다 붙이는 것이 절충주의이다. 거기에는 독립된 단편들의 모자이크가 있을 따름이다. 그 단편들은 동등한 자격, 동등한 가치를 주장하고 있고 그 단편의 복합체에는 하나의 병렬적 질서밖에는 없다. 원융적인 사고방식이란 그 무엇이든지 주워 모아 붙이거나 떼거나 할 수 있는 모든 단편은 그 자체가 절대적이 아니라는 사고를 바탕으로 하지 않고서는 성립이 불가능하다. '하나의 마음(一心)'이 사실은 하나라고 불리지만 그 물질적 단편과 같은 하나가 아니라는 사실을 우리는 보아 왔고 그렇기 때문에 그 하나 안에서 모든 것이 다 그 존재의미를 찾고 그 가치를 지니게끔 되는 것이었다. 그런 의미에서 원융적인 사고방식이 이해되고 보급되기 위해서는 대승불교의 교리를 배워 알거나 그렇지 않은 경우라면 천성적으로 총명한데다가 그 놓인 역사적 환경이 너무나 처참하고 가난해서 그러한 이해가 촉진되는 조건이 없이는 잘 이루어지지 않는다고 보아야 마땅하다.

불교사에서도 모든 우리나라 고승들이 반드시 이상적인 모범만을 보여준 것은

34) 同上.

아닌데 그 원인은 우선 그 개인 자신의 잘못으로 돌아가고 이에 부수하는 사회적 요인들이 곁들어지게 되는 것인 줄로 짐작된다. 불교사에서는 서투른 절충주의는 안 나타나고 말았지만 불교를 모르는 다른 사상가, 다른 종교인의 경우에는 원융회통이 아닌 절충주의가 꽤 심하게 나타났던 것을 부정할 수 없다. 그런 의미에서 한국에는 syncretism의 경향이 농후하다고 한다면 안 될 말은 아니지만, 그것은 원융회통적인 사고경향의 미숙한 표현이거나 잘못된 타락이라고 생각하는 편이 훨씬 온당한 일이라고 생각한다.

이제부터 고찰하고자 하는 근대의 제 사조 속에 있는 원융적인 사고방식은 다소 순수성이 희박한, 다시 말하면 절충주의적인 냄새가 불식되지 못한 사고방식으로 느껴진다. 다만 그것을 통해서도 한국적 사유의 한 전통은 뒷받침될 수 있을 것이라고 생각되므로 이에 대강 한 내용을 검토해 보고자 하는 것이다.

근대적 사조 속에서 필자가 택하는 것은 ① 동학의 경우와 ② 단군신앙, ③ 원불교, ④ 기타 신흥종교의 경향 등이다. 엄밀하게 말하면 시간적으로는 현대에 걸치는 것이 포함되지만 다만 개화기 이전의 사조와의 구분상 근대라는 용어를 쓰는 것이다.

1. 동학의 경우

동학(東學)이 서학(西學)에 반발해서 생겼으며 서학의 요소를 적지 않게 가미했다는 사실, 그리고 유교와 불교를 상당히 모멸적으로[35] 대하면서도 그 교훈을 많이 받아들이고 있다는 사실은 이미 상식화된 일인 줄 안다.

동학은 '한울님을 모시는(侍天主)'이라는 종교이나 최수운은 '한울님을 지극히 위하는 글(至爲天主之文)'로서 21자로 된 주문을 정성껏 송념(誦念)할 것을 가르쳤다.

> 지극한 기(氣)가 지금 저에게 충분히 내리기를 바랍니다. 그리하여 제가 한울님을 모시면 그 조화(造化)가 체득되고 한울님을 길이 잊지 않으면 만사가 깨달아집니다.[36]

그리고 '한울님을 모신다(侍天主)'라는 뜻은

---

35) 「儒道, 佛道, 累千年에 運이 역시 다 했던가…」, 『敎訓歌』.

36) 崔東熙, 「韓國近代 道敎에 있어서의 天道敎의 敎訓」, 『동국대 심포지움 論文集』, p. 155.

侍者는 內有神靈이요 外有氣化라. 各知不移者也라.

모신다는 것은 안에 신령(神靈)이 있고 밖에 기화(氣化)가 있고
각자가 깨달아서 마음에 꼭 간직하는 것이다. (『論學文』)

라고 하였다. 최동희 교수는 이 수운의 주해를 자기 나름으로 해석하여 다음의 세 가지로 요약하였다.

① 모신다는 뜻은 '안에 신령이 있다'는 뜻인데, 그 말은 무슨 말이냐 하면 '정성이 지극한 마음', '지성(至誠)'이 있다는 말이다.
② 모신다는 뜻은 '밖에 기화가 있다(外有氣化)'는 뜻인데 그것은 말하자면 '지극한 기와 화합한다'는 뜻이다. 그것은 구체적으로 이렇게 말할 수 있다. 수운은 만물을 이루고 있는 어떤 근원적인 자료를 '지극한 기'라고 보는 듯하다. 따라서 만물은 저마다 그 형태나 성질이 다르나 그 근본을 따지면 유일한 '기'로부터 구성되어 있다는 것이다. …… 이러한 근원적인 기와 잘 화합하는 것이 기화인 듯하다. 만물의 공통적인 어떤 근원과 잘 어울리고 합일하는 것이 기화라고 한다면 결국은 그것은 '모든 사물과의 적절한 관계'를 뜻한다고 볼 수 있다. 이것은 (다시 말하면) 예를 지키는 것이며 따라서 결국 경(敬)이라고 할 수 있다.
③ 모신다는 뜻은 '모든 사람이 각각 스스로 깨닫고 굳게 지켜나간다(一世主人各知不格)'는 뜻이다.

즉 천도교는 한울님을 성(誠)·경(敬)·신(信)으로 모시는 종교라는 이야기이다. 이 성·경·신은 부분적으로 유교·불교의 교리와 일치하며 추호도 배치되는 바 없고, 또 그 '기'에 관한 설명을 보면 이 역시 매우 도교적인 성격을 드러낸다. 이 '기'는 한울님과 다름이 없는 것인데, 천도교의 한울님 관은 아직 세밀한 이론적 뒷받침을 받고 있지는 못하지만 막연하게나마 불교의 '일심', '이(理)', 도자(道者)의 '무극대도(無極大道)' 등과 같은 성격의 것으로 이해되고 있는 것이다. 이제 '기'에 관한 설명을 들어 보자.

氣者는 虛靈蒼蒼하고 無事不涉하며 無事不命하나 然이나 而如形而難狀이며
如聞而難見이니 是亦渾之之一氣也니라.

> 기는 영묘하여 걷잡을 수 없으며 온갖 사물에 그 힘이 미친다. 그러나 형체가 있는 듯하면서 형용하기 어렵고 들리는 듯하면서도 보기 어려운 것이다. 이것은 전상(前相)이 갈리기 이전의 유일한 영기(靈氣)인 것이다. (『論學文』)

이것이 어찌 원효의 '일심', '대승'관과 다르랴?
또 다음과 같은 내용의 글도 있다.

> 나는 도시 믿지 말고, 한울님만 믿어서라 몸에 모셨으니 사근취원(捨近取遠)하단 말인가. (『敎訓歌』)
>
> 인·의·예·지는 옛 성인들이 가르친 덕이요, 수심정기(守心正氣)는 오직 내가 새로 정한 덕이다. (『修德文』)
>
> 그 귀신이라는 것도 나다. 이제 너에게 나의 무궁무진한 도가 미쳤으니 잘 닦고 잘 익혀라. (『論學文』)
> 만고(萬古) 없는 무극대도(無極大道), 여몽(如夢) 여각(如覺) 득도(得道)로다! (『龍潭歌』)
> 나의 도는 지금도 들어 볼 수 없고 옛날에도 들어보지 못한 내용이요, 지금도 비할 것이 없고 옛날에도 비할 것이 없는 법이다. (『論學文』)
>
> 깨닫고 보면 공자의 도도 같은 이치로 되어 있다. 공자의 도에 비하여 나의 도를 논한다면 대체로 같으나 좀 다르다. (『修德文』)

최수운은 '守心正氣'를 독창적인 사상인 것처럼 역설하지만, '守其心 正其氣'란 이미 원효가 그『금강삼매경론』에서 보다 깊은 뜻으로 강조한 바 있다.[37] 위의 인용구에서 말하고 있는 '無極大道'란 벌써 함허가 그『유석질의론』에서 언급한 바 있지 않는가? 수운의 후계자인 해월(海月) 최시형(崔時亨)은 '人乃天' '人是天'의 사상을 과감하게 펴기 시작한다.

> 모든 사람을 한울님으로 인정하라. 손님이 오거든 한울님이 오셨다고 하여라. 어린이들을 때리지 말라. 이것은 한울님을 때리는 것이다.

---

37) 『금상삼매경론』의 '存三守一'의 사상과 매우 좋은 대조가 될 것이다.

사람을 섬기기를 한울님을 섬기듯이 하여라(事人如天).
사람이 곧 한울님이요, 한울님이 곧 사람이다(人便是天 天便是人).

이것은 중생심이 곧 불(佛)이다 하는 생각에 통한다.

또 해월과 교인 손왕민(孫王民)의 문답에서 "천(天)과 심(心)과 기(氣)는 어떻게 구별되는가?"라는 질문에 대하여, 해월은 "심이 곧 천이요 곧 심이므로 심외(心外)에 천이 없고 천외(天外)에 심이 없다. 오직 대기(大氣)의 일원으로써 활동할 뿐이다"라고 대답한 것은 불교의 교리 그대로가 아니라고 하기가 아주 힘들 정도다.

천도교 창설자들의 생각에 천도교가 다른 종교 특히 유교나 불교와 다른 점이 있다고 생각한 것은 아직 그 다른 종교들의 진면목을 잘 알지 못했기 때문에 생긴 과도적 견해였다고 볼 수밖에 없다. 그것을 증명하는 것으로 천도교와 별도로 최수운의 가르침을 쫓는 수운교(水雲敎)라는 교단이 한 때 불사(佛寺)로 변할 수 있었고, 지금도 불상을 모신 법당이 있으며 불공(佛供)이 진행된다. 또 가장 신성한 의례의 장소인 '천궁(天宮)'에 금색원상(金色圓相)을 장식, 석가모니불, 단군성조, 노자, 대성공자 등을 같이 모시고 있는 사실은 앞서 말한 절충주의적인 경향을 드러내는 예이기는 하지만, 어딘가 한국인의 독특한 사고방식을 반영하고 있는 것이 아닌가 하는 것이다.

2. 단군신앙

단군신앙은 가장 오래된 민간신앙인 동시에 가장 새로운 민간신앙이기도 하다. 가장 오래라는 것은 고조선의 개국전설이 단군신앙을 반영하고 있기 때문이며, 가장 새롭다는 것은 오늘날 우리 한국에는 단군을 숭상 신앙하는 새로운 종교적 움직임이 매우 성하고 널리 그 습관이 퍼져 있기 때문이다.

최근의 이야기부터 예증삼아 적어보면 현재 계룡산을 중심으로 대전 일대 서울의 주변 산악 일대에는 많은 유사종교단체가 족생(簇生)하고 있는데 그들의 대부분은 불상과 단군초상이라는 그림과 그 밖의 산신을 표시하는 호상(虎像) 등 잡다한 화상으로 제단을 장엄하고 불교인지 무속인지 천도교인지 또는 역도(易道)인지 알 수 없는 종교행위들을 거듭해 오고 있다. 이것은 우리 한국 사람의 하나의 건전한 전통적 사고방식인 원융회통의 사유방식과는 질적으로 전혀 다른 타락된 사고방식으로 간주된다. 그러나 필자는 이들 유사종교집단이 그러한 생각을 가질 만한 근거가 단군전설이나 단군신앙의 이론의 어느 구석에 잠재해 있는 것이 아닌가 하는 생각을 해 본다. 그리하여 먼저 『삼국유사』가 전하는 단군전설의 내용을 검토하고 다음에는 현재 단군신앙의 전거가 되고 있는 『삼일신고(三一神誥)』[38]를 검토해 보고자 한다.

(1) 단군전설의 내용은 이제 새삼스럽게 여기에 이기(移記)하지 않기로 한다. 그러나 필자는 그 기록 가운데에는 몇 가지 상이한 종교적 색채가 엇갈리고 있다는 사실을 지적해야 하겠다. 우선 뚜렷한 것만 적기하더라도 다음과 같은 것들이 있다.

① 힌두교 내지 불교적 요소…환인(桓因, 帝釋)
홍익인간
풍백(風伯), 우사(雨師), 운사(雲師),
주곡(主穀), 주명(主命), 주병(主病) 등
② 고유신앙 ························ 천부인(天符印) 세 개
신단수하(神壇樹下, 神市)
환웅천왕(桓雄天王)
백악산 아사달(궁홀산)
산신
③ 토테미즘적인 요소···········일웅일호(一熊一虎) 상기우신웅(常祈于神雄)
④ 주술적 요소·····················주원유잉(呪願有孕)
신유영애일주(神遺靈艾一炷)・산이십매(蒜二十枚)
불견일광 백일변득인형(不見日光 百日便得人形)
웅구득이 식지기삼칠일 웅득여신(熊究得而 食之忌三七日 熊得女身)

이와 같은 제 요소들은 반드시 한 이야기 안에 자연히 결합되어야만 하는 필연적 성격을 띤 것은 아니다. 특히 석제환인과 홍익인간의 이상과 풍백・우사 등의 인솔(引率) 등은 분명히 불교를 통해 들어온 것이 틀림없다. 환인이란 신격은 불교 자체가 힌두교에서 받은 유산이다. 그런데 이 불교적 요소들이 순수한 고유 신앙이라고 보이는 이야기의 줄거리의 중요한 배경을 이루어 주고 있다는 사실은 주목할 만하다. 토테미즘적인 요소와 주술적 요소가 우리 민족 고유의 것인지는 알

38) 『신역삼일신고』, 대종교경종사편 위원회(등사본).

수 없지만 이러한 모든 요소들이 모순 없이 하나의 이야기를 구성하고 있다는 것은 단군전설의 구성 자체가 벌써 절충주의적인 뉘앙스를 풍기고 있다고 하겠다. 무엇보다도 단군신화에 불교적 윤식이 들어 있다는 사실은 단군신화를 민족 신앙으로서 클로즈업시킬 때에는 적지 않은 문제가 되지 않을 수 없는 것이다. 그 때 불교는 자연히 민족 신앙의 주요한 부분을 구성하게 되는 것이다.

(2)『삼일신고』

현존하는 단군신앙의 전거인『삼일신고』는 천훈(天訓: 하늘에 대한 말씀), 신훈(神訓: 한얼님에 대한 말씀), 천궁훈(天宮訓: 하늘집에 대한 말씀), 세계훈(世界訓: 누리에 대한 말씀), 진리훈(眞理訓: 진리에 대한 말씀)의 전 5장으로 되어 있다.

'하늘(天)'에 관하여『삼일신고』는 이렇게 말한다.

> 天毋(武夫切)形質 毋端倪 毋上下四方 虛虛空空 毋不在 毋不容
>
> 하늘은 허울도 바탕도 없고 처음도 끝도 없으며 위, 아래 사방도 없고 겉도 속도 다 비고 어디나 있지 않은 데가 없으며 무엇이나 싸지 않은 것이 없느니라.[39]

이 구절을 읽으며 우리는 이것이 어쩌면 원효의 '일심' '대승'론과 그렇게도 흡사한지 놀람을 금할 수 없다.

그 찬(贊)에,

> 理起一毋, 이(理)는 하나인 무(毋)에서 생기며, 體包萬有, 체는 만유를 포괄하도다. 冲虛曠漠, 텅하니 비고 아득할 따름, 擬議得否, 어디다 비겨 설명하리오.[40]

라 했는데 이것 역시 원효의 '대승'론과 같은 궤의 글이다.

한얼님은 그 위에 계시다고 한다. 한얼님이라고 번역한 '神'자는 '食隣切'이라 했으므로 '신'인데, 그 신훈(神訓)에는,

> 神在毋上一位 有大德大慧大力生天 主毋數世界 造牲牲物 纖塵毋漏 昭昭□(郎丁切)□

39)『신역삼일신고』, p. 11.

40)『신역삼일신고』, p. 12의 '體包萬有'의 번역은 잘못된 것 같아 수정하여 옮겼다.

라 하고 있다. 『신역 삼일신고』는 이를 다음과 같이 번역하고 있다.

> 한얼님은 그 위에 더 없는 으뜸 자리에 계시어 큰 힘을 가지시고 하늘을 내시며 수 없는 누리를 주관하시고 만물을 창조하시되 티끌만한 것도 빠지심이 없고 밝고도 신령하시여 감히 이름 지어 헤아릴 길이 없느니라.

『삼일신고』의 한얼님은 창조주의 성격이 강하다. 그는 사람에게나 물건에게나 삼진(三眞)을 주는데 성(性)·명(命)·정(情)이 그것이란다. 인간은 그것을 온전히 받으나 물건은 이것을 치우치게 받는다고 한다. 참된 성(眞性)에는 선(善)·악(惡)이 없고 참된 명(眞命)에는 청(淸)·탁(濁)이 없고 참된 정(眞情)에는 후(厚)·박(薄)이 없다고 한다. 이것을 '잘 보전하면 모두 참(眞)에로 돌아가 한얼님과 하나가 된다(保返眞一神)'고 한다. 여기 찬에 다음과 같은 것이 있다.

> 自一而三　　하나로 부터 셋이 되어
> 眞妄分圖　　참과 허망이 나뉘도다.
> 會三之一　　셋이 모여 하나가 되니
> 迷悟判途　　헤맴과 깨침 길이 갈리네.

이렇게 『삼일신고』의 문체와 어휘는 매우 불교적인 데가 많다. 그것은 일단 우리로 하여금 불교의 영향을 생각하게 한다. 그러나 그것은 지금 우리의 관심과는 별개의 문제다. 이름도 '삼일신고'이듯 셋과 하나의 관계가 역시 체와 상, 용의 관계로 해석될 가능성을 가진 것은 쉽게 짐작이 간다. 실제로 오늘날 단군신앙을 표방하는 신흥종교인들은 이 셋과 하나의 관계에 매우 민감한 것을 부정할 수가 없다.

Ⅵ. 결론

우리는 지금까지 한국의 사상사 위에서 종교를 보는 그 관점이 매우 원융적, 회통적인 것이어서 종파적 대립이나 각축 같은 종교적 편견을 초월한 탁월한 사유의 전통을 보여 준 원효, 의상, 지눌, 함허, 서산의 경우를 통관(通觀)하고 그와 같은 경향을 걷는 동학의 경우와 단군신앙의 경우를 고찰해 왔다. 우리는 유사한 경향이 다른 개인 또는 집단들에 의해서도 표명된 실례를 모르는 바 아니다. 예컨대 기독교 안에서의 통일교의 예라든가, 원불교의 경우, 그 밖에도 산재해 있는 개별적 경향이 이와 비슷한 길을 가고 있는 예를 적지 않게 알고 있다. 통일교는 기독교에 기원을 둔 탓인지는 몰라도 다른 모든 종교 또는 사상에 대한 관용성이 그 이름에 비해 부족한 결함이 있고 그 밖에 다른 개인적 견해에도 갖가지 시정되어야 할 오류와 편견이 아직도 발견되는 것은 사실이지만, 원불교 같은 경우는 사실 오늘날에 있어서 그 오랜 전통을 가장 잘 살린 새로운 종교적 움직임으로서 높이 평가 받아야 할 만한 것이다. 우리는 본고에서 그 문제를 다룰 지면의 여유를 가지지 못한 것을 유감으로 생각한다.

이제 우리는 한국인의 사유 패턴이 여러 가지 있을 수 있지만 그 중 가장 자부할 만한 모더니티(Modernity)와 이터니티(Eternity)를 동시에 가지는 하나의 전통을 찾는다면 함허당 득통화상이 보여준 원융한 종교관이 아니겠는가 하는 것이다. 원효와 의상이 있던 신라는 번영의 정점을 이루었다. 지눌의 고려도 성대를 누렸다. 함허는 조선의 세종대왕의 황금시대에 산 인물이다. 필자는 한국인이 분열과 대립의 명수, 당파싸움의 챔피언처럼 자조(自嘲)하는 그러한 사고방식이 전통을 이루어서는 안 된다고 생각한다. 그것은 하나의 인습이다. 그것은 하나의 타락한 집단의식에 불과하다. 그러면 그럴수록 한국의 엘리트는 영원한 가치관을 창조하여 우리 후손에게 넘겨주어야 한다. 필자는 그 멋있는 가치를 발굴하고 계승할 책임이 우리에게 부하되어 있음을 알고 이 소고를 엮어 본 것이다. 서론에서도 언급한 바와 같이 이 논고는 보다 더 세밀한 검토를 거쳐 보완되어야 하는 일종의 미정고(未定稿)다. 선배 및 동료제현의 질정과 교시가 있기를 간청해 마지않는다.

•『東方學志』 10집(연세대학교 동방학연구소, 1969)에 게재

『인왕반야경』과 호국불교
—그 본질과 역사적 전개—

Ⅰ. 서언

불교, 특히 한국의 불교를 호국불교라고 호칭하는 것은 하나의 상식처럼 되어 있다. 그러나 우리는 과연 어째서 한국의 불교가 호국불교이며, 또 그 호국불교의 내용은 과연 어떤 것인가, 경의 정신은 어떠했으며 그 실천은 어떠했는지, 그리고 또 이러한 경향은 유달리 한국 역사상에서만 나타났던지 그렇지 않으면 다른 데에서도 마찬가지였는지 이러한 문제들에 대해서는 명확한 해답을 가지고 있지 못한 것이 실정이다.

우리는 호국불교적인 경향을 조장한 경전으로서 『인왕호국반야바라밀경(仁王護國般若波羅蜜經)』, 『금광명최승왕경(金光明最勝王經)』, 기타 반야경 계통의 경전과 밀교계의 약간의 문헌이 있음을 알고 있다. 그리고 우리는 이러한 문헌들이 중국대륙과 한반도와 일본열도의 세 지역에서 다같이 존중되어온 것도 안다.

그러나 우리의 문제는 소위 호국불교의 당위적 본질이 어떤 것이어야 하느냐 하는 것과 또 그것은 역사적으로 어떻게 전개되었는가 하는 데에로 집중될 것이다. 그리하여 우리는 위의 경전 중에서 『인왕반야경』 하나만을 선택하여, 과연 이 경전이 가르치는 본질이 무엇인가 하는 것을 오늘의 입장에서 검토하기로 한다. 그리고 다시 이 경전에 의거하여 인왕도량(仁王道場)이니 백고좌강회(百高座講會)니 또는 백좌인왕대회(百座仁王大會)니 하는 것이 열리던 당대에 이 경전에 대한 이해는 어떠한 것이었는가 하는 것을 제가(諸家)의 주소(註疏)에 따라 검토한 다음, 끝으로 이 습관의 수용에 있어서 나타난 한국적 특색 같은 것이 있다면 그것은 무엇일까 하는 것을 알아보고자 하는 것이다.

Ⅱ. 『인왕반야경』의 호국사상

1. 『인왕경』의 전역(傳譯)과 주소(註疏)

신라의 원측(圓測)은 『인왕경』의 소(疏)를 지었는데, 현존하는 그 소를 보면 그가 알고 있던 『인왕경』의 한역본은 세 가지로 나타나 있고, 그의 지식은 제 목록 등에 비추어 볼 때 상당히 정확한 것임을 알 수 있다.

그는 먼저 이 경에는 광본(廣本)과 약본(略本)의 둘이 있다고 했다. 광본은 이 경 안의 「산화품(散華品)」에 "그 때에 16대국의 왕이 부처님께서 설하신 십만 억 게(偈)의 반야바라밀경을 듣고 산화(散華)공양했다"고 한 것이 있어 이로 미루어 이 경의 광본이 있음을 알겠다는 주장이다. 아마도 이것은 『대반야바라밀경』 600권과의 관련을 강조하려고 한 『인왕경』 본문의 말을 이렇게 『인왕경』의 광본으로 알아들은 것이라고 보면 좋을 것이다.

지금 우리가 검토하고자 하며 또 당시에 원측이 주소(註疏)했던 『인왕경』 자체는 약본으로 이해되고 있다. 원측은 이 약본의 범본은 한 가지이지만 한역에는 세 가지 번역이 나왔었다고 다음과 같은 세 가지 본을 들고 있다.

첫째는 진(晋)나라 때 태시(泰始) 원년(265)에 축법호(竺法護)가 번역한 『인왕반야경』,

둘째는 후진(後秦)의 홍시(弘始) 3년(401)에 구마라집(鳩摩羅什)이 번역한 『인왕호국반야바라밀경』,

셋째는 양(梁)나라 때 승성(承聖) 3년(554), 곧 신라 진흥왕 15년에 진제(眞諦)가 번역했다는 『인왕반야경』이다.

원측은 첨언하기를 이와 같이 세 본이 있었으나, 진본(晋本) 즉 첫 번째 법호 역본과 세 번째 진제 역본은 행해지지 않고 다만 그 당시에는 진(秦)의 나집(羅什, 구마라집 역본만이 통용되고 있다고 하였다. 따라서 원측의 주소는 이 나집 역본을 대본으로 삼고 있는 것이다.1)

역경사(譯經史)상 확인된 바로서는 『인왕경』의 전역(傳譯)에 다음과 같은 역본이 있었던 것으로 되어 있다.

① 267년 축법호(竺法護) 역, 『인왕반야경』 1권(失)
② 401년 구마라집(鳩摩羅什) 역, 『인왕호국반야바라밀경』 2권(存)
③ 554년 진제(眞諦) 역, 『인왕반야경』 1권(失)
④ 765년 불공(不空) 역, 『인왕호국반야바라밀경』 2권(存)

원측은 물론 그 연대로 보아 네 번째 역본인 불공 역을 알지 못한 것이 당연하다. 현존하는 역본은 ② ④ 의 두 본이며 실제로 역사상 존중되어 온 문헌도 이 두 가지에 국한되고 있는 것이다.

경전이 번역되었다는 것은 중대한 의미를 가진다. 그러나 그보다 더 중요한 의의를 가지는 것은 그것이 실제로 연구되고 보급되고 그 교훈이 실천된다는 것이다. 그 연구와 보급은 경의 강설로 나타나고 그것은 주소(註疏)라는 문헌의 출현으로서 더욱 공고해 진다.

사전(史傳)에 나타난 바에 의하면 『인왕경』이 최초로 강설된 것은 진(陳)이 멸망하기 순전(瞬前)에 그 후주(後主)의 청으로 천태대사 지의(智顗)가 585년(陳의 後主 3년, 隋의 文帝 5년)에 궁내의 태극전(太極殿, 9월)과 광택사(光宅寺, 12월)에서 두 차례에 걸쳐 강(講)한 것이다. 이것은 실로 나집(羅什)이 이 경을 번역한 401년부터 계산하면 180여 년이 지난 뒤의 일이다. 그 후 지의는 『인왕경』 신앙의 최초 최대의 고취자가 되었고, 최초의 주소가(註疏家)가 된 것이다. 지의의 이와 같은 공적은 모든 후대의 주소가 또는 주소 보급 간행자들이 한결같이 높이 평가하고 있

---

1) 此經一部 准下經文 自有兩本
 一者 廣本 故下散華品云 尒時十六大國王 聞佛所說 十萬億偈般若波羅蜜經 散華供養 故知此經亦有廣本
 二者 略本 梵本雖一 隨譯者異 乃成三本
  一者 晋時 秦(承?)始元年 月支國三藏法師 曇摩羅密 晋云法護 翻出一卷 名仁王般若
  二者 秦時 弘始三年 三藏法師 鳩摩羅什 秦言童壽 於常安西明閣逍遙園別館 翻出一本名仁王護國般若波羅蜜
  三者 梁時 承聖三年 西天竺 優禪差國 三藏法師 波羅末陀 梁云眞諦 於豫章寶田寺翻出一卷 名仁王般若經 疏有六卷
 雖有三本 晋本創初 恐不周悉 眞諦一本 隱而不行 故今且依秦時一本
(『圓測疏』, 『卍續藏經』, 卷40, p. 287下)

는 바이며, 어떤 의미에서는 지의야말로 호국적 경향을 고양한 일인자라고 해도 과언이 아닐지 모른다.

지의의 소(疏)는 3권으로 되어 있고 현존하나 다년간 중국 본토에서는 인멸(湮滅)되어 있던 것으로 믿어진다. 그의 소가 다시 중국 본토에 알려지게 된 것은 송의 신종(神宗) 원풍(元豊, 1078-1085) 초, 일본에 건너갔던 상인이 그곳에서 가져다가 사명사(四明寺)의 노승 여순(如恂)에게 전달하고 난 뒤 그 노승의 부탁으로 송조(宋朝)의 무신 조설지(晁說之)가 1112년(송 徽宗 政和 2년, 고려 睿宗7년)에 이를 간행한 후부터이다.[2] 지의(538-567)의 소는 그의 구술을 관정(灌頂)이 받아 쓴 것

---

2) • 仁王護國般若經疏序
朝請郎飛騎尉賜緋魚袋 晁說之撰
陳隋間 天台智者 遠禀龍樹 立一大教 九傳而至荊谿 荊谿後又九傳 而至新羅法融 法融傳理應 應傳瑛純 皆新羅人 以故 此教 播於日本 而海外盛矣
屬中原喪亂 典籍蕩滅 維此教是爲不可亡者亦難乎 其存也 然杲日將出而曉霞先昇 眞人應運 而文明自見 我有宋之初 此教乃漸航海 入吳越 今世所傳三大部之類是也
然 尙有留而不至與夫至而非其本眞者
仁王經疏 先至有二本 衆咸斥共僞
昔法智 旣納 日本信禪師 所寄 辟支佛髮 答其所問二十義 乃求其所謂仁王經疏 信卽授諸海舶 無何 中流大風驚濤 舶人念無以息 龍鼉之怒 遽投斯疏 以慰安之 法智乃求强記者二僧 詣信 使讀誦以歸 不幸二僧 死于日本 至元豊(1078-1085) 初海賈乃持今仁王疏三卷 來四明 於是 老僧〈如恂〉因緣得之 其文顯而旨微 言約而意廣 以秦譯爲本 義勢似觀心論疏 實章安所記 智者之說也
恂 道孤而寡偶 學古而難知 食貧而力不足 無以爲此經毫髮之重 每指而嘆曰 其來晩學 而艱如此寧封野馬而飽蠹魚 不能下几案 以視人 嗚呼 此疏 曾不得輩 行於三大部中 而匿光痊彩 猶若海外之遠歟 恂 今年七十有六歲 乃一日抱之而泣曰 殆將與吾俱滅邪 吾前日之志非也
遇嵩山 晁說之曰 曷不爲我序而流通之 說之 自顧何足以與此 亦嘗有言曰 智者若生齊梁之 前則達磨不復西來矣 盡法性 爲止觀而源流釋迦之道 囊橐達磨之旨 今方盛於越中 異日會當
周於天下 豈獨是書之不可掩哉 顧豫老不及見之爲恨 姑序其所自云尒
政和二年壬辰四月癸卯序 (『卍續藏經』, 卷40, p. 364a-b)

• 合刻仁王護國般若經疏序
昔天台智者大師 廣說諸疏 皆已廣行震旦 獨仁王一疏 流落海外 凡數百載 至宋 藉賈客之力 始還本土 亦弗克大行于世僅秘之龍藏而已 近因國運式微 災變迭至 本炤上人 深抱杞人之憂 乃鏤仁王經板印行普勸持誦 繼而爲霖上人
又謂 經義幽遠 非疏莫通 乃取天台舊疏合之 夫 此疏 傳自陳隋已 千有餘載 而若存若亡 不能大顯于世 雖老師宿學 鮮有得一見之者
今二子 乃能擧行於四海鼎沸 蒼生塗炭之秋 是知 此疏與末劫衆生 有大因緣故 龍天借其力 以流通之歟 但願人人 因疏而通經 因經而達理 則般若神力靡所不破 亦靡所不護 而佛果菩薩 且賴之成立 況國土乎 況生靈乎 或者謂治亂循環 天之所命 閉門誦經 前人敗德 今又何取於此 余謂 治亂固繇天命 天命實本人心故人心者 治亂之原也 非獨釋氏侈談……崇禎甲申年孟夏 下澣 鼓山嗣祖沙門

으로 현존본에는 각각 천태의 후학인 명의 도패(道霈)와 청의 성련(成蓮)이 경의 본문과 합각(合刻)한 형태로 남아 있다.[3)]

지의의 소(疏) 다음에는 길장(吉藏, 549-623)의 소 6권이요, 그 다음에는 우리 신라의 원측(613-696)의 소 6권이 그 뒤를 잇는다. 이 세 개의 소는 모두 다 불공(不空)의 역본이 나오기 전 나집본을 토대로 한 주소(註疏)들이었음에 반해, 네 번째 주소인 당의 양분(良賁, 717-777)의 소 7권은 불공의 번역이 나온 다음 해인 776년의 노작이다.[4)]

전술한 조설지는 "진(陳)에서 수(隋)로 넘어가는 기간에 천태 지자(智者, 智顗)가 용수(龍樹)로부터 이어 받아 일대교(一大敎)를 세웠는데, 그것은 구전(九傳)해서 형계(荊谿)에 이르렀다가 다시 구전해서 신라의 법융(法融)에게 갔고, 법융은 이응(理

元賢題于寶善丈室 (『卍續藏經』, 卷40, p. 363c-d)

• 鍥仁王般若經合疏敍

仁王般若疏 安史之亂 橫罹兵燹 中原絶其傳 至宋初 四明祖師 多方求之 卒不克獲 嘗傳于吾扶桑師授相傳而講究亦聞 豈此疏與吾邦 特有因緣邪 將吾邦之士 信道之篤 守而弗失歟…… 元祿壬午春二月下浣 天台山亮潤大雲序 (『卍續藏經』, 卷40, p. 363c)

• 會刻仁王護國般若經疏序

仁王護國般若經者 乃八部般若之結經也……
唯我天台智者大師 深愍當來 劫運漸衰 鬪諍堅固 般若緣疎
經云 若國欲亂 鬼神先亂 鬼神亂故 卽萬人亂 是諸難起 皆應受持講讀 此般若波羅蜜多
而護國法要 尤在解說此經 此大師經疏 所由作焉
惜乎 此疏盛行海東 中華失傳
昔 四明尊者 搆仁王疏而弗獲 亦猶 天台大師 拜楞嚴經而未得 先後求法 苦心有同揆歟 幸有宋老僧如恂師 得之海賈 晁說之 叙於簡端 今 龍藏雖載而講筵無聞 適天台敏老法師 應吳門諸縉紳請於戊戌冬 住報恩北寺 時値邊疆多故 臣民不安 乃於己亥春 屬成蓮演講 仁王護國般若經 求佛保安 惟成蓮所講 係當世 通行 唐 不空譯本 而大師所疏. 爲什公譯本 經文互有異同 大旨正堪補備
且龍藏本 經與疏 各自爲帙 研究維艱
爰遵天台大部之軌 華嚴三合之例 分經會疏 合鐫方冊 排科文於經前 繫疏解於經後 重加句讀
庶幾 條分縷析 開卷瞭然 成蓮 復據北藏 校勘一周……
時在 光緖二十六年荷月普門示現日 台宗後學比丘成蓮
叙於吳門報恩北寺之西齋 (『卍續藏經』, 卷40, p. 415c-d)
四明尊者(960-1028)는 知禮, 約言, 法智尊者라고도 불린다.

3) T.1705 및 『卍續藏經』, 卷40, pp. 363-415.

4) 吉藏의 疏는 T.1707 및 『卍續藏經』, 卷40, pp. 233-283; 圓測의 疏는 T.1708 및 『卍續藏經』, 卷40, pp. 284-362; 良賁의 疏는 T.1709 및 『卍續藏經』, 卷40, pp. 416, 卷41, p.44를 참조.

應)에게, 이응은 다시 영순(瑛純)에게로 전해 주었다. 이들은 모두 다 신라인이었다. 그런 까닭에 이 교가 일본에 전해졌고 해외에서 성하게 되었다. 중원(中原)에서는 상란(喪亂)이 거듭되어 전적(典籍)이 탕멸(蕩滅)하였는데, 이 교(敎)라고 망하지 않을 수가 없었다"[5]고 하고, 이어서 원풍(元豊)년간에 다시 중국에 되돌아오게 된 사실을 기록하였다.

숭정(崇禎) 갑신년(1644, 조선 인조22년)에 원현(元賢)이라는 스님이 적은 『합각인왕호국반야경소(合刻仁王護國般若經疏)』의 서(序)에도 "옛날에 천태 지자대사가 제소(諸疏)를 광설하였는데, 모두 다 진단(震旦, 중국)에서 널리 행해졌으나 유독 『인왕소(仁王疏)』 하나만이 해외에 유락(流落)하기 수백 년, 송(宋) 초에 상인의 힘으로 비로소 본토에 되돌아 왔다. 세상에 널리 행해지지 못하고 근근이 감추어져 온 까닭이 여기에 있다" 운운하고, 또 "이 소는 진(陳)·수(隋) 때부터 전해져 왔으나 천여 년 동안 있다 없다 하는 가운데, 세상에 크게 드러나지 못하고 말았다"라고 한 구절이 있는 것은 분명히 중국 본토에서는 이 소를 비롯한 다른 주소들이 크게 유행하지 않고 말았다는 사실을 말해 주는 것 같다.[6]

후대 일본인 승려의 증언이라 큰 가치는 없으나, 료쥰 다이운(亮潤大雲)은 겐로쿠(元祿) 임오(1702, 조선 숙종 28년)에 "『인왕반야』의 소는 안사(安史)의 난 때 병화를 입어 중원에서 그 자취를 감추었다. 송 초(初)에 사명(四明)조사가 다방(多方)으로 이것을 구하였으나 갑자기 구하지 못했다. 일찍이 우리나라에 전해 와서 사수상전(師授相傳)하고 강구(講究)해 왔다. 어찌 이 소가 우리나라와 특별한 인연을 가졌다고 안 하겠느냐?" 운운하였다.[7] 안사의 난은 755년부터 763년 사이에 끝나고 불공(不空)이 그 이듬해에 새로운 번역을 낸다. 그러므로 나집본을 토대로 한 앞의 다른 주소들은 이 전란의 화를 입어 중국 본토에서는 자취를 감추게 되었었는지도 모를 일이다.

합각본을 낸 청의 성련(成蓮)은 1900년(光緖 26년)에 쓴 서문에서 천태 지자대사가 이 소를 썼던 연유를 말세의 호국법요(法要)라고 생각했기 때문이라고 설명한 다음, "애석하도다. 이 소가 해동에서 성행했으나, 중화(中華)에서 실전(失傳)되었으니"[8]라고 하였다.

이러한 후대의 언급들을 빌리지 않더라도 우리는 이 소들이 중국에서는 큰 효용

---

5) 앞의 주 2의 晁說之撰, 序文 참조. 여기서 말하는 '此敎'라는 것은 반드시 천태교를 말한다고 보기 보다는 '반야의 교훈'을 지적하는 것이라고 보는 것이 더욱 타당할 것 같다.

6) 앞의 주 2「合刻仁王護國般若經疏序」 참조.

7) 앞의 주 2「鍥仁王般若經合疏序」 참조.

8) 앞의 주 2「會刻仁王護國般若經疏序」 참조.

을 발휘하지 못하였으나 한반도와 일본열도에서 매우 중요한 역할을 담당했다는 사실을 알 수 있는 것이다.

이러한 사정과 관련하여 초기의 『인왕경』 주소가들 사이에 신라의 원측이 끼어 있다는 사실은 매우 주목할 만한 일일 것 같다. 『인왕경』에 대해서 보인 그의 관심이 특히 신라인과 고려인들의 『인왕경』 신앙에 강한 촉매제 구실을 했으리라고 생각하는 것은 반드시 단순한 억측으로만 여길 수는 없을 것이다.

우리는 간난(艱難) 중에 있던 신라인이나 진인(陳人)의 눈에 비친 『인왕경』의 교훈과, 자신에 넘쳐 타력보다는 자력에 더 의뢰하던 수·당대 중국인의 눈에 비친 『인왕경』의 교훈은, 본질적으로는 같음에도 불구하고, 보는 사람의 받아들이는 태도에 따라 고마움의 도가 달랐으리라 하는 것을 짐작할 수가 있다.

2. 『인왕경』의 호국사상

1) 반야바라밀의 공덕

『인왕경』「이제품(二諦品)」 제4 말미에는 다음과 같은 일구가 있다.

大王 此經 名爲仁王問般若波羅蜜經
汝等 受持般若波羅蜜經
是經 復有無量功德 名爲護國土功德
亦名 一切國王法藥 服行無不大用
護舍宅功德 亦護一切衆生身
卽此般若波羅蜜 是護國土 如城塹牆壁刀 劍鉾楯
汝應受持 般若波羅蜜 亦復如是[9]

대왕들이여, 이 경을 『인왕문반야바라밀경』이라고 부른다.
(즉 인왕이 반야바라밀에 대해 묻는데 대해서 가르치신 경이란 뜻 -필자)
그대들은 반야바라밀경을 수지하라.
이 경은 또 헤아릴 수 없이 많은 공덕을 간직하고 있다.
그러므로 호국토(護國土) 공덕이라고도 부른다.
또 일체 국왕의 법약(法藥)이라고도 부른다.

---

9) 나집 역본, T.245, p. 829c.

받들어 행하면 큰 효용이 없을 수가 없다.
사택(舍宅)을 지키는 공덕도 일체중생의 몸을 지키는 공덕도 있다.
즉 이 반야바라밀은 국토를 지키는 것으로 성과 같고 참호와 같고 장벽과 같고 도검과 같고 모순(鉾楯)과 같다.
그대들은 마땅히 반야바라밀을 수지하기를 이와 같이 하라.

위의 말씀 가운데 마지막 구절에 이미 이 경의 근본정신은 다 요약되어 있다고 할 수 있다. 반야바라밀경의 공덕을 말하는 것은 반야바라밀의 공덕을 말하는 것이요, 그 경의 수지를 강조한 것은 반야바라밀의 수지를 강조한 것이나 다름이 없다.

반야바라밀이 불교의 핵심이라는 사실에 대하여는 누누이 해설할 필요가 없는 불법의 상식이다. 『인왕경』 그 자체 안에서만 골라서 말한다 하더라도 다음과 같은 몇 가지 대표적인 구절들이 있다.

大王 是般若波羅蜜 是諸佛菩薩 一切衆生 心識之神本也 一切國王之父母也
亦名神符 亦名辟鬼珠 亦名如意珠 亦名護國珠 亦名天地鏡 亦名龍寶神王
(T.245, p. 832c)

대왕이여, 이 반야바라밀은 제불보살과 일체중생의 심식(心識)의 신비로운 근본이다. 일체국왕의 부모이다. 또 신비로운 부호(符號)라고도 할 수 있다. 악귀를 쫓아내는 구슬이라고도 할 수 있다. 여의주라고도, 호국주(護國珠)라고도, 천지의 거울이라고도, 또 용의 보배(寶貝)인 신왕이라고도 할 수 있다.

우리는 이 구절 가운데에서 일종의 불교적 국가관이랄까, 불교적 국왕관을 엿볼 수가 있다. '제불보살'과 '일체국왕'의 사이에는 엄격한 단계와 차등이 있다. 불교의 궁극적 교훈은 인간이 훌륭한 정치가, 훌륭한 통치자, 지배자가 되라는 것이 아니라, 불·보살이 되라는 것이다. 이 불·보살 되는 길은 누구에게나 열려 있다. 그 길이 일체 국왕에 대해서는 더욱 간절히 요구되고 있다고 볼 수 있다.

『인왕호국반야바라밀경』에는 이러한 근본적인 입장이 그 밑바닥에 깔려 있다. 국왕이 나라를 지키고, 악귀를 쫓고 뜻대로 천지의 도리에 부합하는 길을 가자면 반야지혜를 완성시키고, 그것을 널리 성취시키는 길 밖에는 없다는 것, 그것을 이 구절은 말해 주고 있는 것이다.

2) 『인왕경』의 반야바라밀다

그러면 그 반야의 지혜란 어떻게 설명되는 것일까? 이에 대한 간단한 해답이 「이제품(二諦品)」 제4에 칠불게(七佛偈)라고 하여 다음과 같이 표명되어 있다.

無相第一義　無自無他作
因緣本自有　無自無他作
法性本無性　第一義空如
諸有本有法　三假集假有
無無諦實無　寂滅第一空
諸法因緣有　有無義如是
有無本自二　譬若牛二角
照解見無二　二諦常不卽
解心見不二　求二不可得
非謂二諦一　非二何可得
於解常自一　於諦常自二
通達此無二　眞入第一義
世諦幻化起　譬如虛空華
如影三手無　因緣故誑有
幻化見幻化　衆生名幻諦
幻師見幻法　諦實則皆無
名爲諸佛觀　菩薩觀亦然 (T.245, p. 829a)[10)]

10) 이 부분에 해당하는 불공(不空) 역본(T.246)의 구절은 다음과 같다. 이 둘은 서로 대조해 가면서 검토하는 것이 편리할 것 같으므로 여기에 摘記한다.

無相勝義諦　體非自他作
因緣如幻有　亦非自他作
法性本無性　勝義諦空如
諸有幻有法　三假集假有
無無諦實無　寂滅勝義空
諸法因緣有　有無義如是
有無本自二　譬如牛二角
照解見無二　二諦常不卽
解心見無二　求二不可得
非謂二諦一　一亦不可得
於解常自一　於諦常自二

앞서 제시한 제소(諸疏)들 가운데에서 이 시구를 가장 자세하게 해설하고 있는 사람은 역시 삼론(三論)의 대가인 길장이 그 으뜸이다. 그의 주소(註疏)를 중심으로 이 게송에 대해 간단한 설명을 붙이는 사족적인 작업을 생략하면 일반 독자들로부터 책망을 들을 우려가 있을 것 같아 몇 마디 부언한다.

無相第一義 無自無他作 무상(無相)이 제일의이다. 내가 지은 것도 남이 지은 것도 아니다.

"무상제일의(無相第一義)라는 진제(眞諦, 第一義諦)를 밝히는 것이다." 진제란 본질적인 이해를 말하는 것으로 세제(世諦, 世俗諦), 즉 인과관계의 현실적 양상에 대한 이해를 넘어선 깊은 각(覺)의 경지를 말한다. 연기(緣起)를 연기로서만 깨닫는 것과는 달리 연기의 진실상을 깨닫는 것을 의미한다. 이 세상만사 만상의 "실상은 유・무를 절(絶)한 것이기 때문에 무상(無相)이라고 한다. 사물로서 우리가 능히 측량할 수 없는 것을 '제일'이라고 부른 것이다." 무자무타작(無自無他作)이란 "본래 무상한 것이거늘 어찌 조작이 있으랴?" 하는 말이다.

因緣本自有 無自無他作 인연은 본래 스스로 있는 것, 내가 지은 것도 남이 지은 것도 아니다.

불공 역본에서는 이 '因緣本自有'를 '因緣如幻有'라고 번역하고 있다.[11] 인연소기(因緣所起)의 현상세계 그것은 '헛된 것으로서 존재한다'는 것이 길장의 설명이다. 그러므로 그것은 무(無)가 아니다. 그렇다고 그것은 공(空)으로서 존재하는 것인 만큼 '無自無他作'이다.

法性本無性 第一義空如 법성은 본래 무성(無性)이다. 승의제(勝義諦)로는 한결같이 텅 빈 것이다.

법성이란 무상제일의의 제법실상을 그렇게 이름붙인 것이다(길장). 제일의(第一義)를 공여(空如)라고 하는 까닭은 '의(依)하는 바도 득(得)하는 바도 없기 때문'이다(길장).

諸有本有法 三假集假有 모든 것은 거짓 존재, 삼가(三假)가 모인 거짓 존재이다.

了達此一二　眞入勝義諦
世諦幻化起　譬如虛空花
如影如毛輪　因緣故幻有
幻化見幻化　愚夫名幻諦
幻師見幻法　諦幻悉皆無
若了如是法　卽解一二義
遍於一切法　應作如是觀 (T.246, p. 839a)

11) 주10을 보라.

여기에서도 불공은 '諸有本有法'을 '諸有幻有法'이라고 고쳐서 번역하였다.[12] 인연소기법이 있기는 있다. 그러나 환유(幻有)이다. 어떤 일정한 곳에 객관적인 영구불멸의 실체가 있고, 그곳을 바탕으로 하고서 존재하는 것이 아니기 때문에 '三假集假有'이다.

無無諦實無 寂滅第一空 무를 또 무로 돌리고 보니 참된 무를 알게 된다. 적멸한 것, 제일의의 공 그것을 알게 된다.

무(無)를 또 무했다. 실로 무임을 깨닫는다. 이 구절은 지금까지의 시구를 결론짓는 것이라고 길장은 말했다.

諸法因緣有 有無義如是 제법은 인연으로 있는 것, 유무의 뜻이 이러하다.

모든 현상은 전부 인과 연에 의해 이루어진다(길장). '有無義如是'란 유・무의 뜻이 이렇다는 총결적인 언명이다.

有無本自二 譬若牛二角 유와 무가 본래 둘이다. 그러나 마치 소의 두 뿔과 같다.

있을 때에는 없는 것이 아니고 없을 때에는 있는 것이 아니므로, 유・무란 마치 소의 두 뿔과 같이 따로 있어서 하나로 뒤섞이지는 않으나, 그렇다고 아주 별개의 것으로 독립해 있는 것이 아니다. 소의 두 뿔이 하나의 머리 위에 돋아나 있는 것과 같이 유・무도 그 체는 하나이다(길장).

照解見無二 二諦常不卽 둘 아님을 지혜로 깨닫고 보니, 이제(二諦)가 언제나 양립한다.

조해(照解)란 반야의 지혜로 깨닫는 것을 말한다. '見無二'는 '見不二'라고도 했는데, 불이(不二) 또는 무이(無二)를 본다는 것은 하나라고 본다는 뜻이 아니다. 즉 둘이면서도 하나인 것과 단순히 하나이거나 둘인 것과는 전혀 다른 것이다. 세상 사람들은 지혜의 눈이 뜨이지 않을 때, 사물을 이와 같이 하나로 두루뭉술하거나 또는 완전히 별개의 것이라고 보는 잘못을 저지른다. 그렇게 보는 것은 조해가 아니다. 일제(一諦)는 물론 진제와 속제의 두 가지 이해의 방식을 말하지만, '照解見無二'하면 이제(二諦)가 또 성립되는 까닭에 '二諦常不卽'이다.

解心見不二 求二不可得 둘 아님을 마음의 눈으로 보니, 둘을 찾아도 둘이 없다.

'앞서 연(緣)에 있어서 유무를 보고, 지금 이 유무가 둘이지만 둘이 아님을 깨달은 까닭에' 이는 눈 끝으로 본 것이 아니라, 마음의 눈으로 본 것이다. 어찌 둘을 따로 있다고 하겠는가? 그러므로 '求二不可得'이다.

非謂二諦一 非二何可得 그렇다고 이제(二諦)가 하나라고 하는 것이 아니다. 그 하나도 찾을 길이 없다.

---

12) 주10을 보라.

'非二何可得'을 불공은 '一亦不可得'이라고 옮기고 있다.13) 우리는 사물을 대하는 우리의 이제(二諦)가 별개의 둘도 아니고 합해진 하나도 아님을 안다. 그러므로 이제가 하나라는 소리를 하지 않는다. 하나처럼 보이지만 어디 그 하나가 또 어떤 실체처럼 객관적으로 우리 앞에 놓여 있는 것도 아니다.

於解常自一 於諦常自二 해(解)에는 항상 그 하나뿐이나, 제(諦)에는 항상 둘이다.

길장은 '於解常自一'은 앞의 '解心見不二'에 해당하는 말이고, '於諦常自二'는 '有無本自二'에 해당하는 말이라고 한다.

通達此無二 眞入第一義 이렇듯 무이(無二)함에 통달하니 참으로 제일의에 든다.

이것은 '내외가 가지런히 다 갖추어지고 유무가 다 사라진, 의거하는 바 없고, 득하는 바 없이 평등청정하게 된 것을 밝히는 것'이라고 길장은 말한다.14)

世諦幻化起 譬如虛空華 세속제는 환상 속에 생기는 것, 허공의 꽃과 같다.

세제는 물론 세속제를 의미한다. 그것은 허광(虛誑)하고 불실(不實)하다. 마치 공화(空華)와 같다. 육안이 분명치 못하여 잘못 보고 부운(浮雲)이 번개를 일으키는 것을 바람이 불을 보내는 것이라고 보는 것이나 마찬가지이다. 비컨대 허공의 꽃이 있지 아니함과 같다.15)

如影三手無 因緣故誑有 그림자에 셋째 손이 없듯이, 인연 때문에 거짓 존재가 있다.

그림자에는 셋째 손이 없다. 인연이 없으면 다만 헛된 명칭만 있을 뿐, 그 실(實)이 없다는 뜻이다.

幻化見幻化 衆生名幻諦 환(幻)이 환을 본다. 어리석은 중생의 환제(幻諦)이다.

"중생의 체는 환이다. 또 환진(幻塵)에 물드는 것을 일컬어 환이 환을 본다고 하는 것이다."16) 이것이 길장의 설명이다. 불공은 '衆生名幻諦'를 '愚夫名幻諦'라고 하였다. 중생은 곧 우부(愚夫)이다. 우부는 오직 세속제만이 진실한 깨달음인 줄 알기 때문에 어리석다고 하는 것이다.

幻師見幻法 諦實則皆無 불보살은 환법(幻法)을 보고, 모두가 다 무(無)함을 안다.

여기서 말하는 환사(幻師)란 제불보살을 비유한 것이라고 길장은 말한다. 그들은 삼계가 다 허망한 것을 깨달은 자들이다.

名爲諸佛觀 菩薩觀亦然 이것을 부처님의 관(觀)이라 한다. 보살의 관도 또 그

---

13) 주10을 보라.

14) "內外並俱 有無雙寂 無依無得 平等淸淨", 『卍續藏經』, 卷40, p. 263a.

15) "明世諦虛誑不實 喩若空華 但誑肉眼 妄見爲有 如浮雲電 如風送火 譬如空華無所有", 同上.

16) "幻化見幻化者 衆生體 是其幻. 復染幻塵 名幻見幻也", 『卍續藏經』, 卷40, p. 263a-b.

러하다.

이렇게 이제(二諦)를 깨닫는 것을 이름 하여 제불의 관이라고 한다. 보살도 역시 그와 같이 관한다.

위의 「칠불게」는 지혜의 완성, 즉 반야바라밀의 내용이 무엇인가 하는 것을 잘 설명하고 있다. 이것이야말로 제불보살과 일체 중생의 심식(心識)의 신본(神本)이요, 일체 국왕의 부모요, 벽귀주(辟鬼珠)요, 여의주(如意珠)요, 호국주(護國珠)라는 것이다. 반야경을 존중하고 수지하라는 것은 이 경이 바로 이러한 귀중한 교훈을 간직하고 있기 때문이다. 그것은 반드시 『인왕반야경』이 아니라도 좋은 것이다. 모든 대승 경전치고 반야바라밀을 기반으로 하지 않는 경전이 없고 보면, 모든 대승 경전이 다 존중되고 수지되어야 한다는 이야기가 된다. 일례로 600권의 『대반야바라밀다경』 제1회 「결권품(結勸品)」 제79에서는 '이 경에서 설하는 심심한 반야바라밀다는 제 여래 응정등각(諸如來應正等覺)의 진생양모(眞生養母)요, 또 제 보살마하살 중의 진궤범사(眞軌範師)'라고 하면서, 그 경을 공경·청문·수지·독송하고 설해진 대로 수행하고 이취(理趣)에 따라 사유하고 서사(書寫)하여 다른 사람들을 위해 해설하라고 가르치고 있다.[17)]

3) 「호국품(護國品)」의 내용

『인왕경』이 호국의 성전(聖典)으로서 존중되게 되는 기본 이유는 위에서 말한 반야바라밀의 호국공덕에 따르는 것이다. 그러나 더 직접적으로는 이 경의 「호국품」

17) 善現 當知 由是理趣 甚深般若波羅蜜多威德殊勝 令諸菩薩 速能引得一切智智
是故 善現 若菩薩摩訶薩
欲學六種波羅蜜多 令速圓滿
欲具通達諸佛境界
欲得諸佛自在神通
欲疾證得一切智智
欲能畢竟利益安樂一切有情
應學如是甚深般若波羅蜜多
應於如是甚深般若波羅蜜多恭敬聽聞受持讀誦
究竟通利如說修行
如理思惟甚深義趣
書寫流布爲他解說
應以種種上妙花鬘 塗散等香 衣服 瓔珞 寶幢 幡蓋 伎樂 燈明 及 餘種種珍奇雜物
供養恭敬尊重讚歎
所以者何 由此所說 甚深般若波羅蜜多 是諸如來應正等覺眞生養母 是諸菩薩摩訶薩衆 眞軌範師
一切如來應正等覺 咸共尊重 恭敬讚歎 一切菩薩摩訶薩衆 無不供養 精勤修學 是爲如來眞實敎誡
(T.220, p. 1073a)

의 구체적 내용이 가장 중요한 이유가 되고 있다.

「호국품」 전편(全篇)의 원문은 나집 역본(401)과 불공 역본(765)을 대조적으로 병기하여 부록에 실어 둔다.

이 『인왕경』 「호국품」은 크게 세 부분으로 구분된다고 하겠다.[18] 첫째는 호국의 법('護國土法用' -나집, '護國法' -불공)이 어떤 것인가를 말하는 부분이요, 둘째는 옛날 일을 인용하고 이 법이 결코 헛된 것이 아님을 밝히는 부분이요, 셋째는 거듭 이 법의 중요성을 강조하면서 그 시행을 촉구하는 부분이다.

이 세 개의 부분에서 핵심을 이루는 것은 역시 그 첫 부분에 있다. 부처님이 대왕들에게 이 법을 설하기를 허락하시고, 이 법은 어떤 때에 시행하게 될 것인가를 말씀하신다. 그것은 국토에 난(亂)이 있으려 할 때라고 한다. 나집은 그 때를 '국토가 흩어지려고 할 때, 파괴와 대화재와 외적의 침입이 있어 나라가 파괴되게 될 때(當國土欲亂破壞劫燒賊來破國時)'라고 했다. 한편 불공은 '일체국토가 문란해지려 하여 갖가지 재난이 있고 외적이 와서 파괴하려 할 때(一切國土 若欲亂時 有諸災難 賊來破壞)'라고 하였다.[19]

그 때에는 마땅히 이러한 법을 쓰라는 것이다.

> 백 개의 불상, 백 개의 보살상, 백 개의 나한상[20]과 백 명의 비구중(比丘衆), 사대중(四大衆), 칠중(七衆), 즉 비구, 비구니, 우바새, 우바이를 포함한 사대

---

18) 吉藏은 이 「護國品」을 네 개의 부분으로 科文하였고, 다른 註疏에서도 그와 유사한 구분을 하였다. 吉藏의 科文은 다음과 같으나, 그 Ⅰ, Ⅱ, Ⅲ, Ⅳ의 네 부분 중, 끝의 Ⅲ, Ⅳ는 하나로 묶을 수도 있는 것이므로 필자는 크게 세 부분으로 구분해 둔다.

Ⅰ. 明 護國行法
 A. 護國行法
  (1) 勅聽許說
  (2) 明須護時節
  (3) 正明護國行法
 B. 明 七難 正壞國土 以爲所護
 C. 明 護餘臣庶等(亦名 護福)
 D. 明 護餘人八難
Ⅱ. 引昔顯今 明益非虛
Ⅲ. 勸物修行
Ⅳ. 得益
Ⅴ. 結

19) 부록의 원문 Ⅰ의 A(2) 참조.

20) 不空 譯에서는 '百羅漢像'을 말하지 않는다.

> 중과 거기에 사미, 사미니, 식차마나를 더한 칠중을 청하여서 같이 이 경을 들으라. 백 명의 법사를 청하여 반야바라밀을 강(講)하라. 백 명의 법사가 고좌에 앉아 사자후하시는 그 앞에 백 개의 등을 켜고, 백가지 향을 태우고, 백가지 빛깔의 꽃을 뿌려 삼보를 공양하는 데 쓰고, 삼의(三衣)와 기타의 집물(什物)[21]을 가지고 법사께 공양하라. 소반중식(小飯中食)도 역시 때에 따라서 바치라. 그리고 대왕들은 하루에 두 번 이 경을 강독하라. 그대들 국토 안에는 백 부(部)의 귀신[22]이 있고, 그 각 부마다 또 백 부가 있다. 이 경을 즐겨 읽으면 이 귀신들이 그대들의 국토를 지키리라.

나집의 이와 같은 번역에 대하여 불공의 번역에는 약간의 차이를 보인다.

> 그대들 제 왕은 마땅히 이 반야바라밀다를 수지 독송하라. 도량을 잘 꾸미고 백 개의 불상과 백 개의 보살상과 백 개의 사자좌를 놓고서 백 명의 법사를

---

21) 智顗는 '什物'은 三衣에다 ④ 三鉢, ⑤ 坐具, ⑥ 剃刀, ⑦ 刀子, ⑧ 漉水囊, ⑨ 針袋, ⑩ 針筒의 열 가지라고 말한다. 『卍續藏經』, 卷40, p. 403d.
그러나 圓測은 이것을 三衣十物로 해석하고 수건 등을 포함한 十三資具라고 하며 이견을 피력하고 있다. 『卍續藏經』, 卷40, p. 340c.

22) 智顗는 "외국에 『金眼仙人義經』이 있다. 그 중에 근본귀신 열이 있다"고 하고 그 이름들을 열거하였는데, 圓測은 그것을 받아 그 하나하나를 해설하고 각 신마다 10종의 眷屬을 가졌다고 한다.
① 大神…諸神을 能化한다.
② 童子神…摩醯首羅(Maheśvāra)의 아이. 밤에 仙室에 들어간다. 仙法에는 어린애를 죽이지 않는다. 仙人이 그 나이 16때에 예언하여 말하기를, 커서 大仙이 되어 꼭 죽을 것이라고 한다. 이 예언이 헛되지 않아 마혜수라가 마침내 이 아이에게 머문다. 언제나 14살 된 아이들을 그 패거리로 삼고 세상의 어린아이들에게 害를 입힌다. 그러나 나이 15세가 되면 더 이상 해를 가하지는 않는다.
③ 母神…童子의 死母이다.
④ 梵神…마혜수라이다. 얼굴에 눈이 세 개나 있다. 一切智가 있다. 만약 물건을 잃고 찾지 못했을 때에는 어린애를 데려다 그 얼굴에 대고 주문을 외운다. 그러면 새 눈이 생겨 곧 가서 물건을 찾아오고, 그 뒤에는 그 새 눈이 없어진다.
⑤ 冢頭神 또는 鷹頭神…모든 願을 방해한다. 선악의 일들을 성취하지 못하게 한다.
⑥ 龍神…貪・瞋이 많다.
⑦ 修羅神…人과 天 등을 기둥에 묶는다. 또 나쁜 健兒와 좋은 健兒의 두 건아가 있다.
⑧ 沙神…고기를 먹고 복덕이 적으며, 모래흙과 같은 몸을 가졌다.
⑨ 夜叉神…大神通이 있다.
⑩ 羅刹神…極難이라고 번역된다.
『卍續藏經』 권40, p. 340d 참조.

> 청하여 이 경을 해설하라. 그 자리들 앞에서는 갖가지 등을 밝히고, 갖가지 향을 태우며, 갖가지 꽃을 뿌리라. 널리 의복과 와구, 음식과 탕약, 방사(房舍)와 상좌(床座) 등 일체의 공양에 필요한 것을 가지고 공양하고 매일 두 번씩 이 경을 강독하라. 만약 왕과 대신과 비구니, 우바새, 우바이가 그것을 듣고 간직하며 독송하고 법대로 수행하면 재난이 곧 사라지리라. 대왕들의 제 국토 안에는 무량한 귀신이 있고, 그 귀신들에게는 또 많은 권속이 있다. 만약 그들이 이 경을 듣는다면 이 국토를 지켜 주리라.

번역상의 차이는 별로 큰 문제가 되지 않는다. 불공의 번역에 반야바라밀다의 실천을 강조하는 문구가 삽입되어 있는 것 이외에는 큰 차이가 없다.

문제는 이 반야바라밀의 실천에 중점을 두느냐, 의식(儀式)에 중점을 두느냐 하는 것이다. 우리는 적어도 역사상으로는 이 구절이 백고좌강회나 백좌인왕도량이라는 의식을 낳는 근거가 되었고, 또 이른바 반승(飯僧)이라는 고려 왕실의 그 빈번한 행사의 전거가 되기도 한 것을 알고 있다.

『인왕경』「호국품」은 이어서 국토가 파괴된다거나 문란해진다는 것이 과연 어떻게 되는 것이냐를 말하고, 이것으로부터 지키는 것(護)이 바로 호국임을 지적해 간다.

> 대왕들이여, 국토가 난(亂)할 때에는 먼저 귀신이 난하느니라. 귀신이 난하므로 만민(萬民)이 난하고, 적이 와서 나라를 겁탈하고, 백성이 망하고 목숨을 잃는다. 왕의 아들들, 그 밖의 백관이 서로 시비하고 천지에 괴변이 생기고, 28수(宿)의 별들과 해와 달이 때를 잃고 그 절도를 잃는다. 대화(大火)와 홍수와 태풍 등의 갖가지 난이 생긴다. 이러할 때에는 앞서 말한 바와 같이 이 경(『반야바라밀경』 -불공 역)을 강독(受持講說 -불공 역)해야 한다.

여기에 열거된 여러 가지 난을 경에서는 칠난(七難)이라고 계산했다.

①은 일월(日月)이 그 도(度)를 잃는 일이요, ②는 28수(宿)가 그 도를 잃는 것이요, ③은 대화(大火)요, ④는 대수(大水)요, ⑤는 대풍(大風)이요, ⑥은 한발(旱魃)이요, ⑦은 사방의 적의 내침이다. 원측은 이것을 ① 귀란(鬼亂), ② 만인란(萬人亂), ③ 적래겁국(賊來劫國), ④ 백성망상(百姓亡喪), ⑤ 군신시비(君臣是非), ⑥ 천지괴이(天地怪異), ⑦ 성수실도(星宿失度), ⑧ 일월실도(日月失度)의 팔난(八難)으로 종합하고, 수(水)·화(火)·풍(風)의 세 재난에 병렬시키고 있다.[23] 우리는 이와 같은 난

23) 『卍續藏經』, 卷40, p. 340d.

(難)과 난(亂)의 양상이 궁극적으로는 하나의 조화와 질서의 붕괴라는 특징으로 나타나고 있음을 알게 된다. 이 각 항들 가운데에는 귀신의 난과 같은 토속신앙적인 요소가 들어 있다고는 할망정, 그 모든 것이 법으로부터의 괴리, 원리원칙으로부터의 괴리현상이라는 것을 부정할 수 없다. 국토를 그러한 괴리로부터 지킨다는 것이 호국이라고 생각되고 있다. 그것을 보장하는 것이 반야바라밀이라는 것, 무집착, 무분별, 버리면서도 다 받아들이는 '지혜의 완성(般若波羅蜜)'이라고 하는 것이다.

그 반야바라밀은 중생의 호신(護身), 호복(護福)을 또한 보장한다는 것이 다음 구절의 내용이다.

> 대왕들이여, 비단 복을 지킬 뿐만 아니라, 질병과 그 밖의 고난, 형벌의 제 수단이 그 몸을 괴롭히는 일, 사중계(四重戒), 오역죄(五逆罪), 팔난(八難)의 죄, 육도(六道)에 떨어지는 죄,[24] 그러한 모든 고난에 빠지지 않기 위해서는 이 경을 강독해야 한다.

이것이 『인왕경』「호국품」의 가장 핵심적인 부분에 담긴 내용이다. 앞서도 지적했듯이 이 경의 내용은 반야의 수행에 본질을 두면서도 자칫 잘못하면 의식에만 관심을 가질 충분한 소지를 남기고 있다. 그러면 이 경의 교훈을 중시하고 교훈을 실천에 옮기도록 권장했을 중국과 신라의 주소가들은 과연 이 경에 대하여 어떠한 판단을 내려 왔던 것일까? 이것을 알고 넘어가지 않으면 안 될 것이다.

4) 지의, 길장 및 원측의 '인왕호국'관

다 아는 바와 같이 지의는 천태사상의 조사(祖師)이며, 길장은 삼론(三論)의 대성자이요, 원측은 유식(唯識)의 귀재이다. 이처럼 철학적으로는 그 기호를 달리한 세 종파의 대표적 학자들이 종파의 구애 없이 이 경을 존중했다는 것은 매우 흥미 있는 일이다. 앞의 두 사람은 중국인이지만, 원측은 신라인으로서 당토(唐土)에 머물렀던 사람이다. 그 세 사람 소(疏)를 대비 검토하는 가운데에 얻어지는 일반적인 느낌은 지의와 길장에 비해 원측은 그의 박학하고 면밀하며 이론적인 학문 경향과는 대조적으로 매우 신비적이요 타력신앙적인 취향을 드러내고 있다는 사실이다. 아마도 이것은 중국인의 합리주의적 경향과는 다른 한국인의 무속적 종교성향을 드러내는 것이라고 보아도 좋을는지 모른다.[25] 이것이 장차 고려에서 그처럼

---

24) 四重戒는 婬・盜・殺・妄, 五逆은 殺父・殺母・破僧・殺阿羅漢・出佛身血, 八難은 地獄・畜生・餓鬼・長壽天・邊地・諸根不具・邪見・不見佛을 말한다. 智顗疏, 『卍續藏經』 卷40, p. 404b 참조.

무속적 인왕도량을 성행케 한 하나의 원인이 되었는지도 모를 일이다. 이러한 문제에 대해서는 다른 기회에 재론하기로 하고 지금은 단순히 문헌에 남겨진 그들의 견해를 일별하는 것에 그치기로 하자.

세 사람은 모두가 『인왕호국반야바라밀경』이라는 경제(經題)의 '인왕호국'에 대해서 깊은 주의를 돌렸다. 가장 많은 언급을 한 사람은 지의이다. 길장과 원측은 거의 지의의 것을 답습했으나 원측은 약간의 수정을 가했으며 지의의 형이상학적 논의에 대해서는 입을 다물고 있는 것이 특징이다.[26)]

25) 우리는 원효도 『仁王經疏』를 지은 것을 알고 있는데, 그 疏가 지금 남아 있지 않아, 그의 경향을 알 수 없는 것은 유감이지만, 그의 경우에도 표면상으로는 극히 합리주의적이면서도 내면에는 깊이 심화된 신비주의경향이 있음을 우리는 잘 알고 있다. 그러나 원측의 경우에는 귀신 등의 신비력을 믿는 뿌리 깊은 신앙이 원효의 경우처럼 승화되지 않은채, 생경하게 합리주의와 공존하고 있는 것이다. 그 하나의 예로서 들 수 있는 것이 귀신에 관한 언급이다. 智顗는 극히 간단히 그 이름들만을 열거하고 외국의 전승이라고 못 박고 있는 데 반해, 원측은 그것을 장황하게 늘어놓고 설명한다. 이것은 단순한 그의 현학적 태도의 표시라고만 볼 수 없는 그의 잠재의식의 노출이라고 보아야 할 것이다. 주 22 참조.

26) A. 智顗의 疏

(1) 施恩布德 故名爲仁
統化自在 故稱爲王
仁王是能護 國土是所護 由仁王以道治國故也 若望般若 般若是能護 仁王是所護 以持般若故仁王安隱 若以王能傳法則 王是能護 般若是所護也
又 仁者 忍也 聞善不卽喜 聞惡不卽怒 能含忍於善惡 故云忍也
王者 統也 四方歸統故也
此因緣 釋約敎則
見諸法生 知生是實
見諸法滅 滅則是空 空則六塵等國
不動不轉 故三界結盡 則王安隱
此二乘所得名爲仁王 三藏意也
於凡聖同居土 而得自在
若觀諸法 色卽是空 不生不滅 如幻如化 三界煩惱 一時頓斷 住於界外 化城之中 生已度想 生安隱想 則是三乘之人 共行十地 能護方便 有餘化城之國 各得稱王 此通敎意
若觀諸法 空卽是色 色無邊故 般若等法 亦復無邊 雖復無邊而 與心不相妨礙 如函大蓋大 而無邊之法 在一心中 一一法中 具諸佛法 從於初地 乃至妙覺 分分圓滿 住蓮華臺 不動不轉 能動能轉 卽十地菩薩 住檀等六 各各爲王 此別敎意也
若觀諸法 本來不生 今則無滅 雖無生滅 生滅宛然 雙炤雙亡 契乎中道 廣大如法界 究竟若虛空 卽從初住 乃至佛地 四十二心 分分明證 中道之理 住常寂光 各得稱王 此圓敎意也
又三藏中 羅漢 支佛 煩惱盡故 得稱仁王 菩薩及 果向忍 見思未盡 但名王 不名仁也
通敎佛地 別敎妙覺 圓敎極果 各是仁王
當敎自有優劣 若非仁則是王也
若約本迹 卽三敎之仁王爲迹 圓敎之仁王爲本

'인왕(仁王)', 그것은 무엇을 말하는가?

分論本迹 則圓敎十行 能爲別敎之本 通敎佛地 卽是別敎之迹
三藏二乘 復是通敎中本展轉
當敎各有本迹 云云
觀心者 觀生滅法 見色是有 析之至空 心於色上 而得自在 此生滅觀心 仁王也
觀 色卽是空 空色自在 此無生觀心 仁王也
若觀 空卽是色 次第而入 中道正觀 此無量觀心 仁王也
若觀 色空空色 不二而二 二而無二 雙炤雙亡 此是 實相一心三觀 三觀一心 如彼天目 不縱不橫
而得自在 此圓敎觀心 仁王也 (卷上, 『卍續藏經』, 卷40, p. 369b-c)

(2) 若內若外 悉是諸佛菩薩神力能護人之國土 故名護國品
約觀 觀生滅法 護同居土 觀無生滅法 護有餘土
　　觀無量法 護果報土 觀無作法 護寂光土
又 百步鬼神 護依報國 修行般若 護正報國
又 鬼神護 護命等 (卷下, 『卍續藏經』, 卷40, p. 403b-c)

B. 吉藏의 疏

(1) 仁王 仁者 施恩布德故名爲仁　統化自在故名爲王
護國者 仁王是能護國土 是所護 由仁王如法治道 萬民適樂 國土安穩 若仁王 望般若
般若是能護 由持般若故仁王安穩 由人柄法 仁王是能護 般若是所護
(卷1, 『卍續藏經』, 卷40, p. 233b-c)

(2) 內德旣圓 外化復顯 經之威力 使國無灾民主獲安 故名爲護
所護是何 題名爲國 國者 王化封壇 名之爲國 盛辨此義 因以標名 故云護國品
問 何故 弘此經 能護國土
答 其意衆多 今略明三義 故能護國土
一者 般若是佛母 能生諸佛 今弘宣般若稱可佛心 爲佛神通之所擁護 能使七難不生
　萬民安樂
二者 大乘經 是菩薩所學 由講此經 十方菩薩 雲集此土 聽受大乘 以菩薩神通大故
　能令七難不起
三者 此大乘經 是十方護法 天龍鬼神等之 所愛敬 由講此經 天龍神等 悉來聽法 擁護國土
能除七難 灾障不起故 能護國也 (卷5, 『卍續藏經』, 卷40, p. 267a)

C. 圓測의 疏

(1) 仁王者 能請國王
仁者 忍也 善惡含忍
王者 往也 衆所歸往 故名仁王
護國者 請說所爲
般若波羅蜜經者 辨能護法

지의(智顗)는 말한다.

> 은덕을 베풀어 주므로 인(仁)이라 하고, 마음대로 다스리므로 왕이라 한다. 인왕(仁王)은 지키는 사람(能護)이요, 국토는 지켜지는 것(所護)이다. 인왕이 도로써 나라를 다스리는 까닭이다. 그러나 반야를 중심으로 생각한다면 반야가 능호요, 인왕은 소호이다. 반야를 간직하므로 인왕이 안은(安隱)하기 때문이다. 또 왕이 법을 전한다는 입장에서 말하면 왕은 능호요, 반야는 소호이다.

지의는 또 은덕을 베풀지 않거나 반야를 모르거나 배반하면 왕은 왕이로되 인왕이 아니라고도 하였다. 길장과 원측은 이 말을 그대로 인용한다. 결국 그들의 견해에 따르면 인왕의 본질은 반야에 있으며, 인왕의 호국은 곧 반야바라밀의 수호임을 알 수 있다.

지의는 '인(仁)'을 '인(忍)'이라 하였고, 다른 두 사람도 이 말을 그대로 썼다. 그러나 지의는 인(忍)의 뜻을 풀이 하면서 인(忍)이 곧 반야와 연관됨을 말하였다. 즉 그는 "선을 들어도 기뻐하는 것이 아니요, 악을 들어도 분노하는 것이 아니라, 선악을 다 능히 함인(含忍: 반야의 지혜로 받아들이는 일)하는 것이 인(忍)이다"라고 하는 것이다. 유교적 '인(仁)'의 의미가 불교를 통해 심화되고 있음을 우리는 여기에서 본다.

그러면 '왕(王)'이란 어떻게 하는 사람이냐?

지의는 왕을 '통(統)'이라고 한다. '사방이 귀통(歸統)하는 까닭'이라고 한다. 원효식으로 말하자면 환귀(還歸)의 중심 또는 근원, 즉 일심이라고 하면 좋을 것이다.

원측은 왕을 '왕(往)'이라고 하면서 뭇사람들이 귀왕(歸往)하는 바이기 때문이라고 고쳐서 말하였으나, 그 뜻에는 큰 차이가 없다.

般若名智
波羅蜜者 云到彼岸 謂由智力 到涅槃岸 云云
(卷1, 『卍續藏經』, 卷40, pp. 284d-285a)

(2) 若依本記 國土有二 一 世間 二乘凡夫
二 出世 十信至十地
賊有二 一 外 劫盜禽獸等
二 內 所謂煩惱
護有二 一 外 卽百部鬼神
二 內 所謂智慧
若內若外 悉是諸佛菩薩神力
今解 般若能護人天國土 故名護國
(卷5, 『卍續藏經』, 卷40, p. 339d)

'인왕'을 그렇게 이해한 제 주소가들은 그러면 '호국(護國)'을 어떻게 이해했을까? 그들의 호국토관은 결코 오늘날 일반적으로 유포되고 있는 '호국불교'의 호국의 의미와는 상당히 먼 보다 심오한 의미가 있음을 알게 되는 것이다.

원측은 다음과 같이 말하였다. "국토에는 두 가지가 있다. 하나는 세간국토요, 다른 하나는 출세간국토이다." 전자는 이승범부(二乘凡夫)의 세간을 말하고, 후자는 십신(十信) 내지 십지(十地), 즉 도인(道人)의 출세간을 말한다.

지의는 그의 교판에 입각하여 인왕과 호국을 풀이해 갔다. 다 아는 바와 같이 그 교판은 5시8교(五時八教)로 설명되는 것이지만 그의 『인왕경소』에서는 장(藏)·통(通)·별(別)·원(圓), 화법(化法)의 4교(四教)에 입각해서 인왕과 호국토를 판별해 간 것이다.[27] 따라서 그가 말하는 국토에는 여러 가지가 있다. ① 동거토(同居土), ② 유여토(有餘土), ③ 과보토(果報土), ④ 적광토(寂光土) 등의 네 가지 국토는 장·통·별·원의 각 교에 상응하는 국토들이다. 그의 국토관은 오늘의 상식과는 엄청난 차이가 있는 것이다.

장교(藏教)에 상응하는 국토는 ① 동거토(凡聖同居土)이다. 이것은 육관(六官)과

---

27) 五時란 ① 華嚴時, ② 鹿苑時(또는 阿含時), ③ 方等時, ④ 般若時, ⑤ 法華涅槃時이다.
여래께서 성도하신 후 삼칠일동안 보리수 밑에서 法身의 보살 등을 위해 盧舍那身을 나타내 華嚴大經을 頓說하신 것을 ① 華嚴時, 삼칠일 후 화엄의 大化를 받을 만하지 못한 사람들에게 12년 동안 방편유인을 위해 鹿苑 등에서 아함 소승의 교를 설한 것을 ② 鹿苑時, 이미 小果를 證하고 같이 法性에 들어갈 생각을 한 자를 위하여 8년 동안에 『維摩』, 『思益』, 『金光明』, 『勝鬘』 등의 경을 설하고 편협함, 적음을 물리치고 원만함, 큼을 찬양하며, 恥小慕大의 뜻을 일으키게 하는 것을 ③ 方等詩, 後 22년 동안 마하반야 皆空의 교를 설하고 대소의 집착을 다 도태 세척한 것을 ④ 般若時, 衆機가 이미 調熟됨으로써 42년 후 다시 8년 동안에 『법화경』을 설하고, 방편의 權門을 열어 一乘 진실을 드러내고, 二乘도 作佛하리라는 記를 授하는 것을 法華時, 멸도에 임해 一日一夜 『열반경』을 설하고 자세히 불성을 이야기하여 미숙한 자를 교화하고, 또 末代의 둔근한 자의 斷滅의 見을 除하기 위해 律을 도와 常을 말하는 것을 涅槃時, 이 法華時와 涅槃時를 합하여 ⑤ 法華涅槃時로 한 것이다.
八教라는 것은 化儀의 4교와 化法의 4교를 합쳐서 八教라고 하는 것이다. 化儀의 4교란 ① 頓教, 여래 成道 초에 頓히 화엄을 宣說하신 것, ② 漸教, 방편유인을 위해 淺에서 深으로 次第로 開示하신 교, ③ 秘密不定教, 여래의 가르치심이 불가사의하여 혹은 저 사람에게는 頓을 설하고 이 사람에게는 漸을 설하여,, 피차 서로 모르면서 그러나 각자에게 益이 있게 하는 것, ④ 顯露不定教, 피차가 서로 알지만 얻는 바 이익이 같지 않은 것을 말한다.
다음에 化法의 4교란 ① 三藏教, 三乘人을 위하여 각각 따로 생멸의 四諦를 밝히고 析空觀으로써 다 함께 見思의 惑을 斷하고 무여열반에 들게 하는 것, ② 通教, 또 그 三乘人에 대하여 體空無生의 四諦를 설하고 다 함께 무여열반에 들게 하는 것, ③ 別教, 오직 대보살을 위하여 무량의 四諦를 밝히고, 次第의 三觀으로써 三惑을 破하고 但中의 理를 證하게 하는 것, ④ 圓教, 또 보살을 위해서 無作의 四諦를 밝히고 圓融의 三觀으로써 三惑을 頓斷하고 不但中의 理를 證하게 하는 것을 말한다.

관련된 번뇌망상의 세계를 면치 못하기 때문에 '육진등국(六塵等國)'이라고도 한다. 범부이승들이 넘나드는 국토는 이것뿐이다. 범부는 이 국토를 지키지 못한 자들이요, 이승(二乘)의 성자는 이러한 국토를 지키는 자들이다. 이 동거토라는 국토를 어떻게 수호한다고 하는가? 생멸법을 관(觀)하기만 하면 된다고 한다. 생멸법을 관한다는 것이 어떻게 하는 것이냐? 눈앞에 보이는 일체의 것들, 그것의 존재를 분석하고 또 분석하여 그 본질의 공(空)함을 깨닫는다. 그리하여 일체의 것들을 대하되 걸림이 없는 자재를 얻는다. 이렇게 관하는 마음, 그러한 마음을 그는 인왕이라고 하는 것이다(觀心者 觀生滅法見色是有 析之至空 心於色上 而得自在 此生滅觀心 仁王也). 지의는 이와 같이 단계적으로 심화하는 관심(觀心)의 깊은 경지에 상응하는 인왕을 말하고, 그 인왕이 수호하는 네 가지 국토의 개념을 발전시킨다.

둘째 단계의 국토는 통교(通敎)에 상응하는 유여토(有餘土)이다. 이것을 지의는 '유여화성지국(有餘化城之國)'이라고도 한다. 화성(化城)이란 쉽게 말하자면 이상적 경지인 열반의 성을 두고 하는 말이다. 이 세상의 만물과 만상이 곧 공하여 생함도 멸함도 없는 환화(幻化)와 같은 것이라고 관하고, 삼계의 번뇌를 일시에 돈단(頓斷)하고 삼계(三界)의 밖에 있는 화성 안에 머무른다. 그러한 사람들은 고통의 세계를 넘어섰다는 생각, 이제는 안은(安隱)하다는 생각, 그런 기쁨에 잠기게 된다. 이러한 삼승(三乘)의 사람들은 왕이란 칭호를 받을 만하다. 이렇게 생멸이 없다고 관하는 마음, 그러한 마음이 인왕이다.

셋째 단계의 국토는 별교(別敎)에 상응하는 국토로서 이것을 지의는 과보토(果報土)라고 불렀다. 이 세상의 모든 것을 보고 '空卽是色'이라고 관한다. 색은 가없기 때문에 반야 등의 법도 역시 가없다. 그러나 가없지만 그 색은 마음에 대해 방해가 되거나 걸림이 없다. 이 가없는 법이 일심 안에 있고, 그 하나하나의 것들 안에 불법이 다 갖추어져 있다. 보살의 초지(初地)에서 묘각(妙覺)의 위(位)에 이르기까지 하나하나의 경지를 다 만족시켜가며 육바라밀에 안주하여 부동(不動)하면서도 동(動)하고 부전(不轉)하면서도 전(轉)한다. 이것은 중도정관(中道正觀)이다. 이렇게 관하는 마음을 무량관심(無量觀心)이라 한다. 이 마음이 바로 이 초지에서 묘각에 이르는 과보토를 지키는 인왕이다.

넷째 단계의 국토는 적광토(寂光土)이다. 이것은 한층 더 높은 최상의 단계이며, 최승의 국토이다. 이는 곧 불국토라고도 할 수 있다. 이러한 국토를 지키는 인왕은 어떠한 마음일까? 지의는 이렇게 말한다. 이 세상의 만법은 본래로 말하면 생긴 일이 없다. 따라서 지금 사라지는 일도 없다. 이처럼 생멸이 없지만 동시에 생멸이 완연한 것이다. 중도(中道)에 완전히 일치하여 광대하기가 법계와 같고, 구경(究竟)하기가 허공과 같다. 초주(初住)에서부터 불지(佛地)에 이르기까지 단계마다 중도의 도리를 증득하여 상적광(常寂光)에 머문다. 이러한 국토는 원교(圓教)에 상응하는 국토이다. 이 국토는 무작법(無作法)을 관하는 마음, 즉 원교관심(圓教觀心)이란 인왕에 의해서만 지켜진다는 것이다.[28]

이것이 지의의 국토관이며 그의 인왕관이며 호국관이다. 이제 그가 말하는 국토와[29] 그 호국의 인왕을 묶어서 표기해 보자.[30]

① 同居土(六塵等國, 藏教國土) ——— 生滅觀心 仁王(觀生滅法)
② 有餘土(有餘化城之國, 通教國土) —— 無生觀心 仁王(觀無生滅法)
③ 果報土(初地-妙覺, 別教國土) ——— 無量觀心 仁王(觀無量法)
④ 寂光土(初住-佛地, 圓教國土) ——— 圓教觀心 仁王(觀無作法)

앞서 원측은 국토에 두 가지가 있다고 하고 그 하나는 세간으로서 이승범부의 국토며, 또 다른 하나는 출세간으로서 십신에서 십지에 이르는 불보살의 국토라고 한 바가 있다. 이것은 지의의 4국토설을 요약한 것이라고도 보이는데, 지의의 ① 동거토를 원측은 세간으로 보고, 나머지 ② ③ ④를 출세간으로 본 것이다.

지의는 또 "백 부(部) 귀신은 의보국(依報國)을 지키고, 수행반야는 정보국(正報國)을 지킨다"고도 하였다.[31] 일반적으로 중국 불교에서 의보(依報)란 소의(所依)의 과보(果報)란 뜻이다. 정보(正報)의 대(對)이다. 의과(依果) 혹은 의보과(依報果)라고도 말한다. 즉 유정(有情)의 몸(身)이 의지하는 바(所依)되는 국토, 기세계(器世界)의 과보를 말한다. 이에 대해서 정보(正報)란 과보의 정체(正體)란 뜻으로 정과(正果)라고도 하며, 업인(業因)에 알맞게 감(感)해진 유정의 몸(身)을 말한다. 국토는 유정이 의탁하는 처소이므로 의보(依報)라고 하는데 대해서, 의탁의 주체, 즉 능의(能依)가 되는 유정 자신을 정보(正報)라고 한 것이다. 즉 의보는 국토세간, 정보는 중생세간이라고 보는 것이 일반적 견해이다.[32]

그러고 보면 앞서 지의가 구분해 보인 네 가지 국토란 각각 동시에 의보와 정보의 양면을 가지는 것으로 보아야 할 것이다. 이 때에 지의는 위의 일반적 견해와

---

28) 주 26의 A(1) 참조.

29) 주 26의 A(2) 참조.

30) 주 26의 A(1) "若約本迹" 이하 참조.

31) 百步귀신의 步는 部와 음이 통하므로 통용된 것이므로 部로 고쳐서 옮긴다.

32) 「華嚴經行願品疏鈔」 제2에 "依란 凡聖所依의 국토로서 혹은 淨, 혹은 穢하다. 正이란 凡聖能依의 佛이다. 말하자면 人夫, 남녀, 재가출가, 外道諸神, 보살 及 佛이다"라고 하였고, 또 『往生論註』 卷下에는 "중생은 別報의 體이다. 국토는 共報의 用이다"라고도 하였다.

는 달리 '의보국' 또는 '정보국'이란 명칭을 쓰는 것이다. 국토의 개념이 훨씬 넓어진 것이다. 의보만이 국토가 아니다. 객관적 기세간만이 국토가 아니다. 우리 각자가 국토요 우리 마음의 경지가 국토요, 그 마음에 상응하는 세계 또는 세간이 국토이다. 그리고 그 국토는 수평적인 단일층의 피상세계가 아니라 마음의 깊이에 따라 중첩되는 다층의 세계이다.

사람들은 자칫 잘못하면 이 피상세계, 의보국만을 국토라 생각하고, 그 나라를 지키는 군사적・정치적・경제적 메커니즘만이 호국이라고 생각하는 중대한 과오를 범할 가능성이 많다. 이러한 상식적인 피상세계만을 국토라고 생각하고 '그것을 지키는 것은 백 부(部) 귀신이다' 이렇게만 생각한다면 천태대사 지의를 비롯한 길장, 원측 등 제 주소가의 견해 및 경 자체의 정신은 잘못 이해되어 귀신을 두려워하고 귀신만을 막고자 하는 미신적 행위가 성행하게 되는 것이다. 그렇게 하는 사람들은 반야를 수행함으로써 정보(正報)의 국토를 지키는 일이 보다 간요한 것임을 망각하거나 경시하기에 이르는 것이다.

Ⅲ. 『인왕경』 신앙의 역사적 전개

1. 『인왕경』 신앙의 초기

우리는 앞서 『인왕경』의 몇 가지 역본이 나온 연대를 이야기한 바가 있다. 『인왕경』을 토대로 한 강회(講會)가 최초로 개설된 기록이 나오는 것은 585년 9월 진(陳)의 마지막 황제가 지의를 태극전으로 청하여 인왕반야백좌(仁王般若百座)를 강(講)하게 하고 칠야(七夜) 동안 천 등(燈)을 점(點)했다 하는 기사이다.[33] 이는 나집 역본이 나온 뒤 180여 년 후의 일이며, 소위 진제 역 『인왕반야경』 1권이 나왔다고 하는 554년으로부터는 30년 뒤의 일이다. 그러나 지의는 나집본을 쓰지 않았으므로 『인왕경』이 그 안에 가르쳐진 대로 실제로 중용(重用)되기까지는 오랜 침묵의 기간이 흐른 셈이다. 585년은 실로 『인왕경』 신앙의 역사에 있어서는 매우

33) 『國淸百錄』(隋 灌頂 撰) 권1, '至開陽門舍人 陳建宗等宣少主 口勅第十二 條'에는 열두 개의 구칙(口勅)이 열거되어 있다. 그 중에는 다음과 같은 기록이 들어 있다.

> 在靈曜寺 宣口勅 護國之力莫過數演 仰屈於太極殿 開大智度論題 還寺就講……
> (T.1934, p. 799c)
> 口勅 請講 國家一年舊有仁王兩集 仰屈於太極殿開講…… (同上)
> 口勅 於光宅寺 講仁王經 今欲於寺 捨身 僧得大施 敬屈講仁王經 日自欲聽聞 (同上)

기념할 만한 해이다. 이 해 12월에 진 황제는 다시 광택사로 행하여 지의가 설하는『인왕반야경』의 강(講)을 듣고 사신(捨身)을 하는 것이다. 이 때 진 황제로서는 충분히 그럴 만한 상황에 있었다. 이미 회복할 수 없을 정도로 국운은 기울어져 있었고, 수(隋)의 세력은 커가고 있었기 때문이다.[34] 그로부터 5년 뒤 수가 실질적으로 중원의 대권을 장악한 후에도 번번이 이와 같은『인왕경』강회가 열렸는지의 여부는 더 조사해 보아야 하겠지만, 적어도 사서(史書)에는 두드러진 기록이 없다.

2. 신라에서의『인왕경』신앙

신라에서는 589년에 장안에 들어갔다가 600년에 귀국하는 원광을 수위(首位)로 하는 백고좌강회(百高座講會)가 613년(진평왕 30년) 7월에 황룡사에서 최초로 개설되었다.[35] 이 모임은 우리나라에서 이루어진『인왕경』신앙의 최초의 집회로서

---

34)『佛祖統記』권6에는 다음과 같이 적혀 있다.

> 四月詔赴太極殿 開大智度論題 及仁王般若經題 還寺就講 時百座居左(諸高座法師也) 五等在右(五爵公侯伯子男也) 慧恒 慧曠 慧辯 皆奉勅難問 天子臨筵聽法 百僚莫不盡敬 時僧尼類多無業 朝議欲令策經不通者皆休道 師諫之曰 調達日誦萬言 未免淪墜 槃特唯憶一偈 乃獲四果 篤論爲道 豈關多誦 少主大說 卽停搜簡 師以靈曜偏隘 欲更求閒靜 忽夢一人 翌從嚴整 自稱冠達 請住三橋 師曰冠達 乃梁武法名 三橋卽光宅所在 少主 聞之 卽迎師居之 復下詔曰 國家舊講仁王 一年兩集 仰屈於太極殿 再演此經 是月帝幸光宅寺 舍身大施. 聽講仁王躬禮三拜云云…… (T.2035, p. 182c)

『불조통기』는 宋의 志磐의 撰으로 가장 후대의 史料이나 이는 이보다 연대적으로 앞선 唐의 道宣 撰의『속고승전』권14 및 17에 있는 기사 내용과 큰 차이가 없으며, 모두 智顗의 직제자인 隋의 灌頂이 撰한『國請百錄』권1과『天台智者大師別傳』에 전하는 바에 의거한 것으로 보면 좋을 것이다.『불조통기』권14의 기록 중에 "復下詔曰 國家舊講仁王 一年兩集"이라고 했는데, 史書에 이보다 앞서 인왕강회가 열렸다는 기록은 진(陳) 무제 3년에 나오는 "勅大內設仁王大齋 詔沙門寶瓊於重雲殿 講大昌般若經"(『불조통기』권37)이란 기록 외에는 나오지 않으므로『인왕경』「호국품」안에서 예로 引證한 故事를 지적하는 것으로 생각하면 좋을 것이다.

35) 又建福三十年癸酉秋, 隋使王世儀 至於皇龍寺 設百座道場 請諸高德說經 光最居上首 (『삼국유사』, T.2039, p. 1003a).
三十五年春 旱夏四月 降霜秋七月 隋使王世儀 至皇龍寺 設百高座 邀圓光等法師說經 (『삼국사기』권4).
時國王置百座仁王經大會 偏搜碩德 本州以名望擧進之 諸德惡其爲人 譖王不納 (『송고승전』원

그 의식이 어떻게 집행되었겠느냐 하는 것은 위에서 이미 상술한 『인왕경』「호국품」의 내용에 비추어 대강 짐작이 가는 일이다.

이 행사는 당대의 대성 원광이 새로 도입한 가장 참신한 그리고 가장 고마운 의식이며 사상이며 신앙이라고 신라인들에게 받아들여졌을 것을 의심할 필요가 없다. 신라에서는 선덕여왕이 그 즉위 5년(636, 仁平 3년) 3월에 다시 황룡사에서 백고좌를 설하고 『인왕경』을 강(講)하게 하고 승 100인을 도(度)하였다. 왕이 질환 중 의도(醫禱)가 다 무효이었기 때문이라는 것이 『삼국사기』가 전하는 그 당시의 상황이다.[36)]

아마도 『송고승전』 원효전에 나오는 "時國王置百座仁王經大會 徧搜碩德 本州以名望擧進之 諸德惡其爲人 譖王不納"이라는 사건이 있은 것이 이 때의 일인지 모른다. 인왕경대회 때에 승려의 출가를 허락하는 것이 경에 써진 의궤(儀軌)는 아니다. 그리고 '편수석덕(徧搜碩德: 널리 석덕을 찾는다)'이라고 한 것을 보면, 아직 이 당시까지만 해도 100명의 고승을 모으는 일은 그다지 용이한 일이 아니었음을 짐작하게 한다. 만약 이 때에 참말로 원효가 천거되었던 것이 사실이라고 한다면 그의 나이는 불과 20세밖에 안된다. 약관에도 불구하고 그의 명망이 이러한 사태를 낳게까지 하였던 것일까? 그것은 분명하지 않다. 또 혹은 이 때말고도 또 후에 달리 원효 재세시에 다른 백고좌강회가 열렸던 것일까? 여러 가지 추측이 가능하나 하여튼 신라에서 백고좌강회는 매우 중대한 국가적 행사가 되어 가고 있다.

이보다 약간 앞서 중국에서는 당의 태종이 조(詔)를 내려 매월 『인왕(仁王)』, 『대운(大雲)』 등의 경을 정례적으로 강하는 제도를 만들었다.[37)] 중국에서는 『인왕경』 신앙이 성하기 전부터 그와 유사한 다른 경을 중시하는 호국적인 신앙이 유행해 왔다. 『금광명경』은 그 대표적인 경전이었다. 지금 『인왕경』과 『대운경』 등이 동격으로 중시되고 매월 정기적으로 강독되게 되었다는 것은 역시 신라와는 달리 많은 경전에 대한 연구가 심화된 중국인만큼, 유독 『인왕경』이나 그러한 성격의 경만을 중시하지 않는 유연성을 보여 주고 있는 것이라고 하겠다. 중국에서는 그 이후 765년(당 대종 영태 원년)에 『인왕경』 불공역이 나오고 그 이듬해에 양분(良賁)의 소(疏) 7권이 나올 때까지, 『인왕경』이 특별히 존중되거나 『인왕경』「호국품」에 기록된 바와 같은 대규모의 대회나 특별집회가 열린 것 같은 흔적이 없다.

효전, 『금강삼매경론』 말미 부록 판본).

36) 五年三月 王疾 醫禱無效 皇龍寺設百高座 集僧講仁王經 許度僧一百人 (『삼국사기』 권5).

37) 『辨證論』(唐 法琳 撰) 권4, 『佛祖統記』 권39 참조.

3. 일본에서의 『인왕경』 신앙

일본에서 백고좌강회가 열리는 것은 서기 660년(齊明천황 6년, 신라의 무열왕 7년), 백제가 멸망하던 바로 그 해, 5월의 일이었다. 기록에는 이 해에 칙(勅)하여 백고좌 백납가사(百衲袈裟)를 만들어 인왕반야회를 설했다고 되어 있다.[38] 이 무렵 일본에는 백제의 승니(僧尼)들이 대거 그 망명처를 일본에 구하고 있던 터이므로, 그들의 영향 하에서 이와 같은 『인왕경』 신앙이 중시되게 된 것이라고 보아도 큰 잘못은 없을 것이다. 일본에서는 『금광명경』이 『인왕경』과 병행하여 거의 같은 비중으로 중시되고 강설되었다. 693년 9월에는 신라의 명승을 천하에 분견(分遣)했다는 사실이 기록되어 있고,[39] 이어서 같은 해 10월에는 『인왕경』을 백국(百國)에서 강(講)하게 하고, 또 궁중에서 『인왕경』과 『금광명최승왕경』을 강하는 항례(恒例)를 만들었다고 기록되어 있다.[40]

8세기-10세기에 이르는 기간, 특히 고려 건국 직전에 이르기까지 우리나라와 일본에서의 『인왕경』 신앙의 유포도(流布度)를 보면 적어도 기록에 나타난 바로서는 일본에서의 『인왕경』 신앙이 신라의 그것을 훨씬 능가한다는 사실을 알게 된다. 이제 『인왕경」 강회가 열린 연대만을 연표형식으로 적기해 보면 다음의 표와 같다.[41]

신라		日本	
		694.5	『금광명경』 100부를 전국에 나누어 주다.
706	성덕왕이 奉德寺에 인왕도량을 열다.	705.4	『금광명경』을 五大寺에서 읽게 하다.
		728.12	國別로 金經 10권을 나누어 주다.
		737.8	諸國에 명하여 매월 수회 金經을 읽게 하다. 천하태평 국토안녕을 위해, 궁중에서 『대반야경』, 금경을 독송케 하다.
		737.10	금경을 大極殿에서 읽게 하다.

38) 『日本書紀』 권26 ; 『三國佛法傳通緣起』 권3 ; 『元亨釋書』 권21 ;『扶桑略記』 권4.

39) 『扶桑略記』 권5.

40) 『日本書紀』 권30 ; 『扶桑略記』 권5 ;『元亨釋書』 권3.

41) 望月信亨, 불교연표 참조.

신　　　　　　　　라	日　　　　　　　本
	741.3 국별로 金光明寺, 法華寺를 짓게 하다.
	743.1 금경을 金光明寺에서 읽게 하다.
	745.5 京都의 諸寺에서 17일 동안 금경을 읽게 하다
	746.3 『인왕경』을 講하게 하고 大赦하다.
	747.5 『인왕경』을 궁중 및 諸國)에서 읽게 하다.
	748 諸國에서 安居에 금경을 講하게 하다.
	750.5 궁중 및 畿內七道에서 『인왕경』을 講하게 하다.
	753.3 東大寺에 百座를 설치하고 『인왕경』을 講하게 하다.
	760.2 인왕회를 궁중 및 東大寺에 設하다.
	806.4 東大寺 및 國分寺에 안거 때 『인왕경』 강설을 의무화하다.
	826.1 大仁王會를 高野山 慈尊院에 設하다.
	836.3 매년 每寺에 『인왕』, 『最勝』 二經을 講하게 하다.
	840.1 最勝會를 大極殿으로 옮겨 修하다.
	840.6 백좌인왕회를 궁중에 修하다.
	852.4 백좌인왕회를 궁중에 修하고 諸國에 미치게 하다
	857.4 백좌인왕회를 궁중 및 諸國에 修하다.
	858.2 백좌인왕회를 修하다.
876.2 왕이 황룡사에 幸하여 百座를 設하다.	874.閏4 金字仁王經 71부를 천하에 나누어 주다.
886 황룡사에 백좌를 설하다.	885.4. 백좌인왕회를 100所에서 修하게 하다.
887.1 황룡사에 백좌를 설하다.	
924.2 황룡사에서 百座說經을 하고 禪僧 300명을 飯하다.	927.10. 『인왕경』을 궁중에서 轉하다.

우리는 이 표를 보면서 일본에서의 『인왕경』 신앙이 얼마나 치열했는가 하는 것

을 잘 알 수가 있다. 신라에서도 그 말기에 이르러서는 갑자기 백좌도량 개설의 도(度)가 잦아지기는 했지만, 동 시기의 일본의 『인왕경』 신앙에 비하면 극히 요요(寥寥)한 형편이다. 이 기간 동안 중국에서도 형편은 마찬가지이다.

다만 우리나라의 경우에는 『인왕경』 신앙이 극성기를 이루는 것은 이제부터라는 인상을 받는 것이다. 즉 고려조에 들어서서부터는 거의 매년매월이라고 할 수 있을 정도로 번번이 호국소재(護國消災)의 도량이 열리는데, 그 도량 중에서도 인왕도량은 가장 주된 비율을 차지하기에 이르기 때문이다.

4. 고려에서의 『인왕경』 신앙

우리는 인왕도량이 이미 나말(羅末) 경애왕 때에 와서 경의 정신과는 어긋나는 성격상 변화, 또는 정신상 퇴락의 현상을 보이기 시작하였음을 알게 된다. 경애왕 즉위년(924)에 황룡사에서 열린 백좌설경(百座說經)에서는 겸해서 선승(禪僧) 삼백을 모셔다가 왕이 친히 행향치공(行香致供)하고 성찬을 베풀어 공양했다고 한다. 대규모적 반승(飯僧)의 시작이며, 백좌가 선승에게도 통하게 된 최초의 시도이다.[42] 우리는 백고좌도량이 선승에 의해서 오히려 순수화되었기를 기대하는 심정이지만, 사실은 백고좌도량이 선승을 탁화(濁化)시킨 것이 아닌가 하는 의구마저 갖게 된다.

이제 고려조 전반에 걸쳐서 극성했던 인왕도량 개설의 중요기록을 다음에 적기(摘記)해 보고자 한다.

현종	1012.5 內殿에 승을 모아 『인왕경』을 講하게 하다. 1021.4 毬庭에서 『인왕경』을 강하게 하다. 1027.10 『인왕경』을 구정에서 강하게 하다.
정종	1046.9. 내전에 백좌인왕도량을 設하다.
문종	1048.8. 會慶殿에 금광명경도량을 설하다. 1048.9 회경전에 백좌인왕도량을 설하고 궁정 및 外山名寺에서 승 3만을 飯하다. 1050.9 회경전에 백좌인왕도량을 설하다.

42) 第五十五 景哀王卽位 同光二年甲辰二月十九日 皇龍寺說百座說經 兼飯禪僧三百 大王親行香致供 此百座通禪教之始 (『삼국유사』, 권2, 경애왕).

문종	1052.6	文德殿에 백좌도량을 설하고 禱雨하다.
	1052.9	회경전에 백좌도량을 설하다.
	1064.3	회경전에 인왕도량을 설하고 승 1만을 飯하다.
	1073.3	회경전에 반야경도량을 설하다.
	1074.4	내전에 백고좌를 설하여 『인왕경』을 강하게 하다.
순종	1085.2	宋制에 따라 왕 駕幸時 『인왕경』을 봉하고 前導케 하다.
	1087.5	문덕전에 인왕도량을 설하다.
	1087.10	회경전에 백좌도량을 설하다.
	1089.10	회경전에 『인왕경』을 講하고 飯僧하다.
숙종	1096.9	회경전에 『인왕반야경』을 講하게 하고 飯僧하다.
	1097.9	회경전에 백좌도량을 설하다.
	1098.9	회경전에 인왕도량을 설하다.
	1100.7	同上
	1104.3	同上
	1105.4	大內法雲寺에 幸하여 인왕도량을 설하다.
인종	1123.10	회경전에 백좌도량을 설하다.
	1127.10	同上
	1129.11	同上
	1131.10	왕이 法王寺에 행하여 백좌도량을 설하다.
	1132.3	長樂殿에 인왕도량을 설하다.
	1133.10	백좌도량을 설하다.
	1135.10	왕이 법왕사에 행하여 백좌도량을 설하다.
	1137.9	宣慶殿에 백좌도량을 설하다.
	1139.10	同上
	1141.10	禁 중에 백좌도량을 설하다.
	1143.11	선경전에 백좌도량을 설하다.
	1144.10	同上
	1145.10	同上
	1146.10	同上
의종	1147.10	선경전에 백좌도량을 설하다.
	1149.10	同上
	1150.10	明仁殿에 인왕경도량을 설하다.
	1151.10	선경전에 백좌회를 설하다.
	1163.10	백좌회를 설하고 飯僧하다.
	1166.9	修文殿에 백좌회를 설하다.
명종	1171.10	선경전에 백고좌를 설하고 『인왕경』을 읽다.
	1174.10	天敷殿에 백고좌를 설하고 『인왕경』을 강하다.
	1175.8	明仁殿에 인왕도량을 설하다.
	1178.10	大觀殿에 인왕도량을 설하다.

명종	1179.7 명인전에 인왕도량을 설하다. 1179.11 開國寺에 백좌회를 설하다. 1181.5 명인전에 인왕도량을 설하다. 1184.10 大觀殿에 백좌인왕회를 설하다. 1190.10 同上 1193.10 내전에 백좌도량을 설하다.
신종	1201.10 구정에 백좌도량을 설하다. 1210.8 왕 法雲寺에 행하여 인왕도량을 설하다.
고종	1223.11 법운사에 인왕도량을 설하다. 1224.3 선경전에 백좌도량을 設하다. 1228.6 同上 1249.8 왕, 친히 天兵神衆도량, 인왕도량 및 화엄신중도량을 설하다. 1251.6. 내전에 인왕도량을 설하다. 1252.3 消災도량 인왕도량을 설하다. 1253.4 인왕도량 설하다. 1254.1 同上 1255.10 上內殿에 인왕도량을 설하다. 1258.10 백좌도량을 설하다.
원종	1264.1 내전에 인왕도량을 설하다. 1265.11 백좌인왕도량을 설하다. 1267.10. 同上 1268.5 내전에 인왕도량을 설하다. 1269.3 내전에 백좌인왕도량을 설하다. 1272.10 왕, 堤上宮에 행하여 백좌도량을 설하다.
충렬왕	1276.5. 本闕에 인왕도량을 설하다. 1302.2 왕, 壽寧宮에 행하여 백좌도량을 설하다.
충목왕	1345.5 康安殿에 백좌도량을 설하다.
공민왕	1354.2 인왕도량을 설하다. 1355.8 강안전에 백좌도량을 설하다. 1358.7 백좌도량을 설하여 星變을 禳하다. 1358.10 내전에 인왕도량을 설하다. 1359.10 백좌도량을 설하여 천재를 禳하다. 1361.3 강안전에 백좌도량을 설하다. 1364.7 同上 1373.4 同上
공양왕	1390.1 왕, 仁王佛을 별전에 두고 조석 예배하다.

우리는 위의 표를 보고 다음과 같은 몇 가지 사실을 알게 된다. 첫째는 고려의 제왕(諸王)만큼 불교에 의한 호국에 관심을 많이 가진 군주들은 없었다는 사실이다. 그들의 관심은 약간 천박한 무속적 취향을 띤 것이었다고 지적될는지도 모른다. 그러나 그것은 반드시 그렇게만 해석할 수도 없을 정도로 내우외환이 심해서 모든 가능한 방편을 다 써야할 만큼 절박한 사정이 있었고, 이를 극복하려는 고려 제왕(諸王)의 책임감과 신심이 일치했기 때문에 생긴 현상이라고 평가할 수도 있는 것이 사실이다.

둘째, 우리는 원실(元室)의 직접지배가 혹심하게 전개되던 14세기 전반기에 있어서는 한 번도 인왕도량이 열리지 못했다는 사실을 알게 된다. 이것은 열지 않은 것이 아니라 열지 못한 것이다. 다른 도량, 즉 단순한 소재(消災)도량이나 장경(藏經)도량, 또는 특수한 상대를 명기한 도량, 예컨대 왜적기양도량(倭賊祈禳道場)이나, 성변(星變)을 양(攘)하기 위한 도량이나, 천재를 양하기 위한 도량은 열리고 있지만 정작 고려인이 바라고 싶은 양재호국(禳災護國)을 위한 도량은 금지를 당한 상황이다.

셋째로, 이러한 사태 하에서도 감히 인왕도량을 설한 공민왕과 같은 경우를 생각하면,『인왕경』신앙은 고려에 있어서 매우 민족주의적 의식에 밀착된 신앙이었음을 알게 되는 것이다. 이것은 앞서 보아온『인왕경』「호국품」의 정신에 비추어 본다면 약간의 변질이며 탈선인 것이 사실이다. 그렇지만 그것은 변질이거나 탈선이기에 앞서, 올바른 불교정신 구현에 이르는 하나의 준비 단계이었다고도 볼 수가 있을 것이다.

넷째로 위의 표는 사실상 고려의 사실(史實)만을 적기한 고려불교의 연표로서만 그치는 것이 아니다. 왜냐하면 고려 멸망 후 조선 왕조에 들어와서는 단 한번도 이와 같은『인왕경』강회가 열린 일이 없기 때문에 이 연표는 조선 왕조까지도 해당시킬 수가 있기 때문이다.

조선시대에 와서『인왕경』신앙이 죽었다는 것은 긍정적인 의의만을 가지는 것으로는 보이지 않는다. 그것은 민족문화유산의 하나의 상실이 아닐는지, 우리는 위의 표에서 이와 같은 의문도 끄집어내 본다. 근 400년에 가까운 기간, 인왕도량 또는 백좌도량, 백고좌라는 여러 가지 이름 밑에서 반야를 되새기며 자신과 자신의 주변에 대한 평화와 안녕을 기원하고 다짐하는 모임이 일국의 지도자에 의해 어김없이 선도되어 왔다는 것은 참으로 놀라운 정신적 전통이라고 말할 수 있을 것이다.

물론 때로는 형식에 흐르고 또 때로는 미신으로 떨어지는 결함을 보였을는지도 모르지만, 우리는 한 가지 행사가 수백 년 동안 계속 되었다는 이 한 가지 사실만으로도 그 긍정적 성격을 높이 찬양해야 한다고 믿는 것이다.

Ⅳ. 결어

우리는 지금까지 크게 두 가지 면에서, 즉『인왕반야경』과 호국불교의 원리원칙과 그 실제 적용에 관한 개략을 더듬어 왔다. 첫째로 우리는 경전과 그에 대한 주소(註疏)를 통해『인왕경』이 내포하는 호국사상이란 어떤 것인가 하는 것을 검토해 보았다. 결국 우리는 호국사상 내지 호국불교란 결코 외화(外化)의 타력만을 믿는 무자각한 종교사상 또는 종교행위가 아니라, 반야바라밀의 실천을 통해 나 자신과 나 자신이 놓여 있는 사회 혹은 국토를 한 계단, 한 계단 높은 정신적 이상경(理想境)으로 바꾸어 가는 것임을 알게 되었다. 이러한 사변(思辯)은 중국의 천태대사 지의에 의해 심화되었고 길장과 원측 등에 의해 계승되었음을 또한 알게 되었다. 경의 사상적 핵심인「이제품(二諦品)」과 의식(儀式)상의 전거인「호국품(護國品)」의 정신은 각 주소가(註疏家)들에 의해 충분히 우리 앞에 밝혀졌다.

중국과 한국, 일본의 불교계에서『인왕경』은 매우 존중된 문헌이다. 그러나『인왕경』 존중의 도는 고려 왕조에서 최고에 달했고, 다음이 일본, 그 다음이 중국과 신라의 순으로 되어 왔다. 시대와 장소에 따라서『인왕경』 소설(所說)의 내용을 이해하고 수지 독송하는 데에는 심천광협(深淺廣狹)의 차이가 나타났으리라고 짐작된다. 특히 신라와 고려의 사람들이『인왕경』을 호국사상과 관련시켜 유달리 중시한 데에는 그들의 무속적 신비관과, 외침(外侵)의 간난(艱難) 속에서 자라난 민족주의적 의식이 강하게 작용한 것 같은 인상을 받았다.

나는 우리 조상들의『인왕경』 이해, 그 호국불교로서의 존중이 결코 완벽한 수준에 달했다고는 생각하지 않는다. 아직은 그것을 명확히 알 만한 자료를 풍부히 갖고 있지 못하다. 그 점은 앞으로 더욱 고찰해 보아야 할 문제이나, 대중의 불교 이해란 그 근기에 맞는 것이어야 하는 것이므로, 혹 서투른 일면을 가졌다 할망정, 그것은 하나의 예비적 단계로서 충분히 긍정적 의의를 가지는 것이다. 그러한 점에서 볼 때, 숭유배불정책하의 조선 왕실이 불교의 이와 같은 종교적 행사를 배제하고 난 뒤 과연 어떠한 대안을 우리 국민에게 제시할 수 있었던가 하는 것은 충분히 반문의 거리가 되는 것이다.

부록

나집(羅什)역 (401)

『인왕호국반야바라밀경』「호국품」제5

Ⅰ.

A(1) 爾時佛告大王 汝等善聽. 吾今正說護國土法用 汝當受持 般若波羅蜜

(2) 當國土 欲亂 破壞 劫燒 賊來 破國時

(3) 當請百佛像 百菩薩像 百羅漢像 百比丘衆 四大衆 七衆 共聽

請百法師 講般若波羅蜜

百師子吼 高座前 燃百燈 燒百和香

百種色花 以用供養三寶 三衣什物 供養法師 小飯中食 亦復以時

大王 一日二時 講讀此經

汝國土中 有百部鬼神 是一一部 復有百部樂聞是經 此諸鬼神 護汝國土

B. 大王 國土亂時 先鬼神亂

鬼神亂故 萬民亂·賊來劫國 百姓亡喪 臣君太子 王子 百官 共生是非

天地怪異 二十八宿 星道日月失時 失度.

多有賊起. 大王 若火難 水難 風難 一切諸難 亦應講讀此經. 法用如上說

C. 大王 不但護國 亦有護福. 求富貴官位七寶如意行來 求男女 求慧解名聞 求六天果報人中九品果樂

亦講此經 法用如上說

D. 大王 不但護福 亦護衆難. 若疾病 苦難 杻械枷鎖檢繫其身 破四重罪 作五逆因 作八難罪 行六道事 一切無量苦難 亦講此經 法用如上說

Ⅱ. 大王 昔日 有王 釋提桓因 爲頂生王 來上天欲滅其國時 帝釋天王 卽如七佛法用 敷

불공(不空)역 (765)

『인왕호국반야바라밀경』「호국품」제5

Ⅰ.

A(1) 爾時 世尊告 波斯匿王等 諸大國王. 諦聽諦聽 我爲汝等說護國法

(2) 一切國土 若欲亂時 有諸災難 賊來破壞

(3) 汝等諸王 應當受持 讀誦此般若波羅蜜多 嚴飾道場 置百佛像 百菩薩像 百師子座 請百法師解說此經

於諸座前 然種種燈 燒種種香 散諸雜花

廣大供養 衣服臥具 飮食湯藥 房舍床座一切供事 每日二時 講讀此經

若王大臣 比丘 比丘尼 優婆塞 優婆夷 聽受讀誦 如法修行 災難卽滅

大王 諸國土中 有無量鬼神 一一復有無量眷屬 若聞是經 護汝國土

B. 若國欲亂鬼神先亂 鬼神亂故 卽萬人亂 當有賊起 百姓喪亡

國王 大子 王子 百官 互相是非 天地變怪 日月衆星 失時失度

大火大水及大風等 是諸難起 皆應受持 講說此般若波羅蜜多

C. 若於是經 受持讀誦 一切所求官位富饒. 男女慧解行來隨意. 人天果報 皆得滿足.

D. 疾疫厄難 卽得除愈. 杻械枷鎖撿繫其身 皆得解脫 破四重戒 作五逆罪 及毁諸戒 無量過咎 悉得消滅

Ⅱ. 大王 往昔過去 釋提桓因 爲頂生王 領四軍衆 來上天宮 欲滅帝釋 時彼天王 卽依過去 諸佛敎法 敷百高座 請百法師 講讀般若波羅蜜多經 頂生卽退天衆安樂

百高座請百法師 講般若波羅蜜 頂生卽退 如滅罪經中說

大王 昔有天羅國王 有一太子 欲登王位 一名班足 太子爲外道羅陀師 受教 應取千王頭 以祭家神 自登其位 已得九百九十九王 少一王 卽北行萬里 卽得一王 名普明王 其普明王 白班足王言 願聽一日 飯食沙門 頂禮三寶 其班足王許之 一日 時 普明王 卽依過去七佛法 請百法師敷百高座 一日二時 講般若波羅蜜 八千億偈竟 其第一法師 爲普明王而說偈言

劫燒終訖 乾坤洞燃 須彌巨海
都爲灰煬 天龍福盡 於中彫喪
二儀尙殞 國有何常 生老病死
輪轉無際 事與願違 憂悲爲害
欲深禍重 瘡疣無外 三界皆苦
國有何賴 有本自無 因緣成諸
盛者必衰 實者必虛 衆生蠢蠢
都如幻居 聲響俱空 國土亦如
識神無形 仮乘四馳 無明寶象
以爲樂車 形無常主 神無常家
形神尙離 豈有國耶

爾時 法師 說此偈已 時 普明王 眷屬 得法眼空 王自證得虛空等定 聞法悟解 還至天羅國 班足王所衆中 卽告 九百九十九王言 就命時到 人人皆應誦 過去七佛 仁王問般若波羅蜜經中偈句 時班足王 問 諸王 言 皆誦何法 時 普明王 卽以上偈 答王

王聞是法 得空三昧 九百九十九王 亦聞法已皆 證三空門定 時 班足王 極大歡喜 告諸王言 我爲外道邪師 所誤 非君等過. 汝可還本國 各各 請法師 講般若波羅蜜 名味句 時班足王 以國付弟 出家爲道 證無生法忍 如十王地中說 五千國王 常誦是經 現世生報

般若波羅蜜多經. 頂生卽退天衆安樂.

大王 昔天羅國王 有一太子 名曰斑足. 登王位時 有外道師 名爲善施 與王灌頂 乃令斑足 取千王頭 以祀 塚間摩訶迦羅 大黑天神 自登王位 已得九百九十九王 唯少一王 北行萬里乃得一王 名曰普明. 其普明王 白斑足言 願聽一日禮敬三寶 飯食沙門. 斑足聞已 卽便許之. 其王乃依過去諸佛所說教法 敷百高座 請百法師 一日二時 講說般若波羅蜜多 八千億偈時 彼衆中 第一法師 爲普明王 而說偈言

劫火洞然 大千俱壞 須彌巨海
磨滅無餘 梵釋天龍 諸有情等
尙皆殄滅 何況此身 生老病死
憂悲苦惱 怨親逼迫 能與願違
愛欲結使 自作瘡疣 三界無安
國有何樂 有爲不實 從因緣起
盛衰電轉 暫有卽無 諸界趣生
隨業緣現 如影如響 一切皆空
識由業漂 乘四大起 無明愛縛
我我所生 識隨業遷 身卽無主
應知國土 幻化亦然

爾時 法師 說此偈已 時 普明王 聞法悟解證空三昧 王諸眷屬得法眼空 其王卽便 詣天羅國

諸王衆中而作是言

仁等 今者就命時到 悉應誦持 過去諸佛所說般若波羅蜜多偈 諸王聞已 亦皆悟解 得空三昧 各各誦持

時 斑足王 問諸王言

汝等 今者 皆誦何法

爾時 普明卽以上偈 答斑足王.

王聞是法 亦證空定 歡喜踊躍告諸王言

我爲外道邪師所誤 非汝等咎 汝各還國 當請法師 解說般若波羅蜜多

Ⅲ.大王 十六大國王 修護國之法 法應如是 汝當奉持 天上人中 六道衆生 皆應 受持 七佛名味句 未來世中 有無量小國王 欲護國土 亦復爾者 應請法師 說般若波羅蜜	時 斑足王 以國付弟 出家爲道 得無生法忍 大王 過去 復有五千國王 常誦此經 現生獲報
Ⅳ. 爾時 釋迦牟尼佛 說般若波羅蜜時 衆中五百億人 得入初地 復有六欲諸天子 八十萬人 得性空地 復有十八梵王 得無生忍 得無生法樂忍 復有先以學菩薩者 證一地 二地 三地 乃至十地. 復有八部阿須輪王 得十三昧門 得三三昧門 得轉鬼身 天上正受 在此會者 皆得自性信 乃至 無量空信 吾今略說天等功德 不可具盡 (T. 245 p. 830 a. b. c)	Ⅲ. 汝等十六諸大國王 修護國法應當如是 受持讀誦解說此經 若未來世 諸國王等 爲欲護國護自身者 亦應如是 受持讀誦解說此經 Ⅳ. 說是法時 無量人衆得不退轉 阿修羅等得生天上 無量無數 欲色 諸天 得無生忍 (T. 246 p. 840 a. b. c)

• 『東洋學』 5집(단국대학교 동양학연구소, 1975)에 게재

중국고대 불교와 신라불교
—원효의 불교 이해를 중심으로—

Ⅰ. 머리말

이 글을 쓰면서 필자는 많은 것을 생각하게 되었다. 아직도 사실은 생각이 무르익지는 않았지만 기한이 되었고, 또 어려운 문제들은 역시 학회에서 같이 의논하는 것이 좋을 성 싶어 미정고(未定稿)를 여기에 감히 공개하는 부끄러움을 무릅쓴다.

「한국고대문화와 인접문화와의 관계」 이런 대주제 밑에 과연 불교가 들어갈 수 있느냐 하는 문제는 깊이 생각해 볼만한 이유를 안고 있다. 불교는 인도의 산물이지만 중국에 들어와 한문으로 번역되고, 한민족에 의해 다시 생각되고, 또 북방호족들에 의해 그 나름대로 다시 생각되고 실천에 옮겨졌을 때 많은 변모를 보았다. 중국 불교 자체에 복잡한 역사적 변화의 사연이 있다. 우리의 신라불교라는 것, 그 중에 특히 원효의 불교 일부분만을 지금은 비교검토의 대상으로 삼으려 하지만, 그 신라불교란 저 중국 불교 자체가 형성의 커다란 소용돌이 속에 있던 그 변화의 순간들에서 이입된 것의 축적 내지 정리의 결실이다. 그러는 과정에 우리는 비록 한문을 학문용어로 쓰기는 했을망정 우리의 언어, 습관, 풍속, 사고방식, 행동패턴, 직관력, 종합력 등을 가진 또 하나의 다른 민족으로서 그 불교를 우리 나름대로 받아들인 것이 아니겠는가? 그래서 이 문제, 즉 불교의 문제는 저 대주제 속에 포함시킬 수 있다고 생각되기도 하였지만, 막상 실제로 사실(史實) 자체를 훑어볼 때에는 아카데믹한 분야에서나 대중적 속(俗)신앙 분야에서나 중국은 이렇고 신라는 이렇다 하고 내세울 만한 큰 차이는 발견되지 않는 것이다.

한국고대문화와 인접문화의 관계문제를 다루려 할 때 불교가 적합한 과제는 될 수 없다. 왜냐하면 이것은 방법상으로는 한국 것을 주체로 인접 이방(異邦)의 것을 객체로 하여 비교 검토하는 입장에 서게 되는데, 실제로는 불교의 경우는 인접 이방의 것을 우리가 그대로 수용을 한 것이므로 그 수용상의 변화라든가 하는 방향으로서 주(主)를 인접문화에 두지 않을 수 없다고 보는 것이 정직한 견해일 것이기 때문이다.

필자는 이 글을 쓰면서 역시 한 위대한 문화는 때와 장소를 가리지 않고 어떤 민족에게나 적용되는 것이로구나 하는 것, 즉 위대한 문화에는 국경이 없다는 것을 느끼는 동시에 결국 문화 수용의 차이는 민족과 계층, 그리고 개인의 경우에도 그 역사적 배경과 현실적 여건에 크게 영향을 입는 그 독특한 심성을 따라 나타나게 마련이라는 것을 새삼 절실히 느꼈음을 고백한다.

과연 佛以一音演說法 衆生隨類各得解요, 能人海印三昧中 繁出如意不思議 雨寶益生滿虛空 衆生隨器得利益이다.

Ⅱ. 중국고대 불교의 시기와 특성

신라불교에 영향을 끼친 중국의 고대 불교를 시기적으로 정함에 있어서 필자는 원효의 시대를 중심으로 생각하였다. 따라서 하한선은 원효의 적년(寂年) 686년이 되겠고, 상한선은 특별히 획(劃)할 수가 없지만 중국불교사의 전 시기 중 그래도 원효의 생존연대에 가까운 당 초(唐初), 수(隋), 남북조시대를 거쳐 동진(東晋)의 나집(羅什, 구마라집)까지도 고려의 대상이 되어야 할 것이라고 생각하였다.

이 시기는 도키와 다이조(常盤大定)에 의하면 중국 불교의 제2 연구시기(東晋의 나집→남북조 말, 400-580), 제3 건설시기(隋初→唐 玄宗, 580-750)의 전반에 해당하는 시기이다.[1] 이제 일단 이 시대구분에 따라 이 시기에 있었던 중요한 사실(史實)들을 상기하여 그 특성을 생각해 보기로 하자.

---

1) 그는 다음과 같은 다섯 시기로 중국불교사를 나눈다.
常盤大定, 『支那佛教の研究』(東京: 春秋社,1938) p. 3.
① 傳譯시기(前漢末 - 東晋 道安): 기원전 2-기원후 400
② 研究시기
③ 建設시기
④ 實行시기(唐 玄宗 - 北宋末): 750-1120
⑤ 繼紹시기(南宋 - 淸末): 1120-1910

제2 연구시기
(동진 나집→남북조 말, 400-579)

(1) 주요 경전의 번역

이 시기에 불교 연구의 토대를 구축해 준 사람들은 뭐니뭐니해도 역경승들이다. 나집(구마라집, 401-413)은 그 대표적이며 그 74부 384권에 달하는 그의 번역은 『대품(大品)』, 『소품(小品)』, 『금강(金剛)』, 『인왕(仁王)』 등의 반야경, 『묘법연화경(妙法蓮華經)』, 『유마경(維摩經)』, 『아미타경(阿彌陀經)』, 『범망경(梵網經)』, 『대지도론(大智度論)』, 『중론(中論)』, 『백론(百論)』, 『십이문론(十二門論)』, 『십주비비사론(十住毘婆娑論)』, 『성실론(成實論)』 등에 걸치며 가히 중국 역사를 바꿔 놓았다고 해도 과언이 아니다. 삼론(三論), 성실(成實), 천태(天台), 선(禪), 염불(念佛) 등 제종(諸宗)이 다 나집의 제자들에 의해 성립되었다.

그보다 약간 늦게 중국에 도래한 각현(覺賢, 또는 佛陀跋陀羅 Buddhabhadra, 408-429)은 『화엄경(華嚴經)』과 『마하승기율(摩訶僧祇律)』 등을 번역함으로써, 또 담무참(曇無讖, Dharmakṣema, 412-433)은 『열반경(涅槃經)』(40권본)을 번역함으로써 중국인의 불교문화 창조의 초석을 놓았다. 그 밖의 많은 역경승들이 남긴 이 시기의 업적들을 훑어보면 다음과 같다(괄호 안은 역경 활동 연대).

- 불타야사(佛陀耶舍, Buddhayaśas, 408-412): 『장아함경(長阿含經)』, 『사분율(四分律)』
- 불약다라(弗若多羅, Puṇyatara, 404-415): 『십송율(十誦律)』
- 불타집(佛陀什, Buddhajīva, 424): 『오분율(五分律)』
- 강량야사(疆良耶舍, Kālayaśas, 424-442): 『관무량수경(觀無量壽經)』
- 구나발마(求那跋摩, Guṇavarman, 424-431): 『보살선계경(菩薩善戒經)』
- 구나발타라(求那跋陀羅, Guṇabhadra, 435-468): 『잡아함경(雜阿含經)』, 『승만경(勝鬘經)』, 『앙굴마라경(央掘魔羅經)』 등 52부 134권
- 보리유지(菩提流支, Bodhiruci, 508-537): 『금강경(金剛經)』, 『대살차니건자소설경(大薩遮尼乾子所說經)』, 『부증불감경(不增不減經)』, 『입능가경(入楞伽經)』, 『심밀해탈경(深密解脫經)』, 『금강반야경론(金剛般若經論)』, 『묘법연화경우파제사(妙法蓮華經優波提舍)』, 『십지경론(十地經論)』, 『대보적경론(大寶積經論)』, 『미륵보살소문경론(彌勒菩薩所問經論)』 등
- 신제(眞諦, Paramartha, 546-569): 『섭대승론(攝大乘論)』, 『섭대승론석

(攝大乘論釋)』, 『대승기신론(大乘起信論)』, 『금광명경(金光明經)』, 『불성론(佛性論)』, 『유식론(唯識論)』, 『삼무성론(三無性論)』,『아비달마구사석론(阿毘達磨俱舍釋論)』 등 49부 142권

• 늑나마제(勒那摩提, Ratnamati, 508) : 『보성론(寶性論)』[2]

(2) 여산 혜원의 활약

여산 혜원(廬山慧遠, 334-416)은 도안(道安)의 제자로서 북으로부터 남하, 강남불교의 중심인물이 되어 30년간 산 속에 머물면서 천하를 움직인 권위를 갖고 있었다. 그의 공적으로서 가장 큰 영향을 후세에 준 것은 엄격한 지계(持戒)생활과 백련사(白蓮社)의 결사를 통한 염불정진이다. 그는 또 유교로부터 노장(老莊)으로 들어갔다가 다시 노장에서 불교로 나오는 당대 시대풍조의 선도적 구실을 했다. 그의 염불결사 백련사는 당대 승속의 일류 인물들이 망라된 가장 진지한 신앙단체이며 교단의 효시라는 점에서 주목된다. 그의 '사문불경왕자론(沙門不敬王者論)'은 북방의 국가불교와의 대비에서 북방호족의 대(對)불교태도와 좋은 대조를 이루는 남방 한민족의 세계주의적인 불교정신의 발로로서 평가되기도 한다.[3]

(3) 북위, 북주의 폐불

북방호족 출신의 제왕(諸王)은 불교정책상에 있어서도 그 태도와 이상이 달랐던 것으로 알려져 있다. 보다 과격하고 폭력적이어서 자주 불교에 대한 박해가 있었으나, 또 그렇지 않을 때에는 불교에 대한 그들의 태도와 이상이 열렬했고, 또 실제적이었다. 국가와 불교가 밀접한 관계를 유지하고 국가불교로까지 비약하는 것은 북방호족의 성격과 문화적 배경의 특수성에 기인한다고도 볼 수 있다. 북위(北魏)의 폐불(廢佛, 446)은 사원 수 3만, 승니(僧尼) 200만에 이르렀던 융성에 뒤이어 일어난 것으로, 한편으로는 한족 출신인 도교의 걸웅(傑雄) 구겸지(寇謙之)와 최호(崔浩)의 호족문화 파괴 기도의 속임수에 넘어간 결과이기도 했지만, 한편 지나친 불교 열기 속에 파생한 재정적 낭비와 타락에도 그 이유가 있었다고 보인다.

두 번째 폐불도 북방에서 일어났다. 서위(西魏)를 이은 북주(北周)의 무제가 574년 불교와 도교의 사묘(寺廟)를 왕공(王公)의 第宅으로 주고 경상(經像)을 불사르며, 삼보의 재물을 관에서 몰수, 300만의 승도를 군민으로 편입하였다.

---

2) 이하의 기술은 아래와 같은 제 문헌을 참조. 常盤大定, 앞의 책; 道端良秀, 『概說支那佛教史』(京都: 法藏館, 1939); 鎌田茂雄, 『中國佛教史』(東京: 岩波書店); 横超慧日, 『中國佛教の研究』(京都: 法藏館, 1958).

3) 道端良秀, 앞의 책, p. 46.

이 두 차례에 걸친 폐불로 인해, 북지(北地)의 불교는 거의 폐멸되고 많은 승니가 환속당하고 혹은 산림으로 도피하여 때를 기다리는 자, 분사(憤死)하는 자, 남으로 피난하는 자 등이 생겼다.

앞의 폐불은 6년, 뒤의 폐불은 5년 계속되고 불교는 다시 부흥된다. 특히 1차 폐불 이후에 부흥된 북위 불교는 여러모로 중요한 주목의 대상이 된다. 그 몇 가지 사실을 간략히 지적하기로 하자.

① 북방 제제(諸帝: 文成帝, 獻文帝, 孝文帝, 宣武帝)의 열성적인 봉불(奉佛): 문성제는 담요(曇曜)의 주(奏)를 받아들여 운강(雲崗)의 대석굴을 조성했고, 헌문제도 조상(造像)에 열성을 기울였으며, 효문제는 특히 문화 발전에 탁견이 있어 한 문화에의 동화를 기도, 불교를 연구하고 그것을 생활화해 갔다. 그는 또 문성제의 예를 따라 용문(龍門)에 대석굴을 개착케 했다. 선무제는 보리유지의 번역에 친히 필수(筆受)하는 역을 맡았고, 또 직접 『유마경』을 군신(群臣)에게 강설하기까지도 했다.

② 『화엄』, 『열반』, 『유마』, 『능가』의 제 경과 『섭대승론』, 『보성론』, 『불성론』, 『십지론』 등 제 논서 중시의 학풍

③ 담란(曇鸞, 476-542)의 정토염불

④ 달마(達磨)대사의 도래(520)와 선종의 토대 구축

(4) 남방에서의 교학연구의 융성과 선

① 열반학파…도생(道生), 혜관(慧觀), 혜엄(慧嚴), 보량(寶亮, 444-509),
승종(僧宗, 438-502)

② 성실학파…양(梁)의 3대 법사
광택사(光宅寺)의 법운(法雲)
개선사(開善寺)의 지장(智藏)
장엄사(莊嚴寺)의 승민(僧旻)

③ 삼론학파…승랑(僧朗), 승전(僧詮), 법랑(法朗)

④ 섭론학파…진제(眞諦)

⑤ 천태학파…혜사(慧思)

⑥ 선(禪)……부흡(傅翕), 보지(保誌)

이상의 제 학파는 학파라고는 했지만, 어느 한 학(學)에 역점이 주어졌을 뿐, 치우치는 일 없이 다른 모든 것을 같이 연구 강술하는 방향을 달렸다. 그리고 여기서 특히 우리가 유의해야 할 점은 이러한 교학연구의 불교는 그 청강자가 상류사회의 지식층이며, 따라서 자연히 귀속불교, 산림불교, 고답적 · 소승적 성격을 면하

기 어려웠다는 점이다.

(5) 남북조시대 민중의 불교 이해 및 신앙의 특징

교학과 선이 고원유현(高遠幽玄)한 것일 때 일반민중이 그것을 이해하게 된다는 것은 매우 어려운 일이었다고 보아야 할 것이다. 그러므로 일반 민중의 불교 이해는 삼세(三世)의 인과(因果), 권선징악의 사상 등에 머물게 되었으며, 그것이 갖가지 비유나 설화를 통해 전달되는 데 그쳤다. 그러한 상황 속에 대중은 세상의 위난을 면하기 위해 관음신앙을 갖게 되고, 사후의 왕생을 위해서는 미타신앙을 갖게 되었다. 미타신앙과 미륵신앙은 종종 혼동되었다. 이렇듯 민중이 갖는 신앙의 요청에 따라 발생한 것이 창도사(唱導師)요, 경사(經師)요, 또 재회(齋會)요, 법사(法社)였다.

(6) 궁중불교의 제 의식

남북의 제제(諸帝)는 궁중에서 법회나 강연(講筵)을 열고, 나라나 조상을 위해 기원하는 것을 항례(恒例)로 삼기 시작했다. 송의 고조는 내전에 설재(設齋)하고 효무제는 제 불회(佛會)를 열었고, 또 선제(先帝)의 기일(忌日)에는 팔관재를 설(設)했다. 북위의 태무제는 처음 불교를 신봉하고 425년에 제(帝)의 탄절(誕節)을 맞아 천하의 사원에 축수도량(祝壽道場)을 세워 폐하의 만세를 빌게 했다.

(7) 도교, 유교와의 논쟁

남북조시대에도 도교 및 유교와의 논쟁은 거듭되었다. 주요 논제는 왕자(王者) 불경(不敬)의 문제, 영혼불멸 및 인과응보의 문제 등이 유교와의 사이에서 거론되었다. 도교와의 사이에서는 도(道)·불(佛)의 우열론, 석가와 노자의 선후문제가 논의되었으며, 나아가서는 도술(道術)의 다툼으로까지 번졌다.

(8) 조사, 조탑, 도승의 성행

남북조시대의 불교 융성은 왕조의 주도하에 이루어지는 조사(造寺), 조탑(造塔), 도승(度僧)의 성행으로 나타났다. 때로는 왕공백관(王公百官), 귀족부호의 사사조영(私寺造營), 사도승(私度僧)도 행했다.

(9) 신앙단체와 활동

이 시대의 신앙단체로서는 법사(法社)나 읍사(邑社)가 있다. 주로 남방에서는 재회(齋會)를 중심으로 도속(道俗)이 모였고, 북방에서는 불상의 건립을 기연으로 조직되었다. 북방에서는 특히 조상(造像)이 성행했으며, 일족 일읍의 모든 성원이 모여 하나의 불상을 조성하고는 현세의 행복과 아울러 미래의 안락을 빌었다.

제3 건설시기 (수 초-당 현종, 580-750)

중국불교의 교학은 수에서 당의 중엽에 걸친 170년간에 건설되었다고 한다.[4] 특히 수조(隋朝, 581-617)는 30년 미만의 짧은 기간이지만 정치적으로 남북조를 합일했을 뿐만 아니라 교학의 면에서도 남북의 2대 조류를 정리 합일시킨 시기로 이해되고 있다.

(1) 수의 문제(文帝)는 불교를 국가통일의 지도원리로 삼았다. 북주(北周)의 폐불은 오히려 불교에 대한 새로운 관심을 불러 일으켜 수당(隋唐) 불교의 융성을 초래했다고도 볼 수 있다. 문제는 단순한 불교 보호가 아니라 종래의 유교 중심 정치지도원리를 불교로 바꾼 것이다. 그는 조상(造像), 수치고상(修治故像), 사경(寫經), 수치고경(修治故經) 등에 힘쓰는 한편 오악(五嶽)의 명산에 각각 불사(佛寺) 하나씩을 건립하게 했고, 또 제 주현(州縣)에도 각각 승니양사(僧尼兩寺)를 세우게 했으며, 대흥국사(大興國寺)란 동일 명칭의 관사(官寺)를 45개 주에 창설하여 출가의 자유를 주고 사경(寫經)을 권장했다. 그는 또 전후 3회에 걸쳐 자기 생일 또는 불탄일에 전국 30주에 사리탑을 세우게 하고 사리를 분송(分送), 봉안케 하였다(601, 602, 604). 이러한 사리의 분송, 입함건탑(入函建塔)은 장엄한 의식과 함께 진행되었다. 이 때에는 황제, 태자, 제왕(諸王)을 비롯한 모든 사람으로 하여금 생령(生靈)을 위해 7일간 행도참회(行道懺悔)케 하였다. 또 그 비용을 위해 일인십문(一人十文) 이하로 널리 보시를 하게 한 것은 또 많은 사람들이 이 행사에 대한 참여의식을 높이는 일조가 되었다.

다음 양제(煬帝)는 천태 지의와 사귀어 계속 불교 부흥에 힘썼으나, 그는 이미 불교쇄신의 필요성을 느끼고 있었던 것 같다.

(2) 수대의 교학은 지의의 천태종, 신행(信行)의 삼계종(三階宗, 또는 普法宗), 길장의 삼론종, 담천(曇遷)의 섭론종, 그 밖에 영유(靈裕), 담연(曇延), 정영사(淨

---

4) 常盤大定, 앞의 책, p. 7.

影寺)의 혜원(慧遠) 등에 의해 대표된다. 우리는 여기서 천태 지의의 법화 중심의 교상판석(教相判釋)과 신행의 철저한 말법의식에 입각한 보법(普法)의 불교에 특히 주목할 필요가 있다. 이들은 분명히 중국 불교의 독자적 소산이기 때문이다.

담천(542-607)은 『섭대승론』에 관심이 깊었고, 영유(518-605)는 『십지』, 『열반』, 『화엄』, 율, 『반야』, 『승만』, 『무량수』 등 제 경율(經律)에 깊은 관심을 보인 사람이요, 담연(516-588)과 혜원(523-592)도 열반학자였으며, 혜원에게도 역시 『십지』, 『화엄』, 『유마』, 『승만』, 『무량수』, 『관경(觀經)』 등에 대한 소(疏)가 있다. 또 이 때에 『대집월장(大集月藏)』, 『일장(日藏)』 등 법멸설을 수록한 문헌이 번역되었다는 것은 우리의 눈길을 끈다.

(3) 당대의 불교는 제종(諸宗)의 대성발전으로 특징지어진다. 우리는 다음에 신라의 원효에게 영향을 미쳤음직한 7세기 말(686년) 이전의 당대 제종(諸宗)에 관해 그 상황을 일별하고 가기로 하자.

① 도작과 선도의 정토교

도작(道綽, 562-645)은 원래 열반학자였으나 담란의 비문(碑文)을 보고 정토에 입교, 『관경(觀經)』을 강(講)하기 전후 200회, 칭명(稱名) 1일 7만 편에 이르렀다고 한다. 그는 소두(小豆)로써 그 수를 헤아리는 소두염불을 권장, 대중들을 교화했다.

선도(善導, 613-681)는 그의 고제(高弟)로 서방변상도(西方變相圖)를 보고 정토내에 들어와 『미타경』을 사(寫)한 것이 10만 권, 정토변상도를 그린 것이 3백 포(舖)에 달했다. 그의 제자에 회감(懷感)이 있고 또 다른 정토교가로서 가재(迦才)가 있다.

이 정토교는 수(隋)의 영유, 천태, 길장 등의 정토경전 연구의 뒤를 이어 발전한 것으로 그 밑바닥에 말법사상이 깊이 깔려 있고 심각한 죄의식이 흐르고 있다.

② 도선의 남산율종

북제의 혜광(慧光)의 계통을 이은 지수(智首, 567-635)의 제자인 도선(道宣, 596-667)은 『사분율』의 대가로서 종남산(終南山) 풍덕사에 주했으므로 남산율사(南山律師)라고 불린다. 남방에서는 『십송율』도 성행했으나, 중심은 역시 『사분율』이었다. 그의 저술 『사분율행사초(四分律行事鈔)』, 『갈마소(羯磨疏)』, 『계본소(戒本疏)』, 『십비니의초(拾毘尼義鈔)』, 『비구니의초(比丘尼義鈔)』는 율(律)의 5대부(大部)라 불렸다.

도선은 다방면에 걸친 학장(學匠)으로 현장의 역장(譯場)에 나가 역업(譯業)도 돕고 경록(經錄)도 만들었으며(大唐內典錄), 도교에 대해 불교를 선양한 『고금불도론

형(古今佛道論衡)』, 『광홍명집(廣弘明集)』 같은 것도 지었고 사학자로서도 많은 업적을 남겼다.

③ 현장과 법상종

현장(602-664)에 앞서 중국에 들어온 세친의 유식사상은 흔히 지론종(地論宗)과 섭론종(攝論宗)의 두 가지로 불리는데, 전자는 남북조의 보리유지(菩提流支)와 늑나마제(勒那摩提)에 의해 소개되었고, 후자는 진(陳)의 진제(眞諦)에 의해 전해졌다. 현장은 세 번째로 호법(護法)·계현(戒賢) 계통의 유식사상을 전하게 되었고, 그것은 제자 규기(窺基) 대에 이르러 법상종(法相宗)으로 성립되었다. 그가 입축(入竺)한 것은 629년이고 16년만인 645년에 귀국했다. 그의 소역(所譯)은 『대반야바라밀다경』 600권, 『불지경(佛地經)』, 『불지경론』, 『현양성교론(顯揚聖敎論)』, 『유가사지론』, 『유가사지론석(釋)』, 『섭대승론』, 세친과 무성(無性)의 『섭대승론석(釋)』, 『해심밀경(解深密經)』, 『변중변론(辨中邊論)』, 『유식론』, 『성유식론(成唯識論)』 등 이때부터 불교계에 막대한 영향을 미친 문헌들이다.

④ 화엄종의 두순과 지엄

『화엄경』의 연구는 일찍이 각현(覺賢)이 『화엄경』을 역출한 이래 『십지경』을 중심으로 한 북방 지론종(地論宗)의 연구로 나타났다. 두순(杜順, 557-640)은 『화엄경』을 연구하여 『법계관문(法界觀文)』의 저술을 남겼고, 그 제자 지엄(智儼, 602-668)은 제사(諸師)를 찾아 화엄을 연구하여 『화엄경수현기(華嚴經搜玄記)』, 『화엄경공목장(華嚴經孔目章)』, 『화엄오십요문답(華嚴五十要問答)』 등을 남겨 화엄종 성립의 기초를 닦았다.

⑤ 선종

양대(梁代) 보리달마에 의해 전해진 선은 혜가(慧可), 승찬(僧璨), 도신(道信), 홍인(弘忍)으로 이어지다가, 신수(神秀), 혜능(慧能)이 나옴에 이르러 선종(禪宗)으로 확립되었다. 당 말에 제종(諸宗)이 쇠퇴해질 무렵 홀로 그 위세를 펴고, 중국불교는 선종에 의해 대표되는 상황에까지 이른다. 7세기에는 아직 신수 계통의 북종선과 혜능 계통의 남종선이 다같이 성했고, 한편 우두선(牛頭禪)이란 4조 도신(580-651)의 제자 법융(法融, 594-657)의 계통도 있었다. 중국 선종의 대부분의 이름 있는 선사들은 거의 다 7세기 말 또는 8세기의 사람들이다.

⑥ 밀교

중국에 밀교를 전한 최초의 사람으로서는 동진(東晋) 초에 백시리밀다라(帛尸梨密多羅, Śrimitra, 307-355)가 있고 그 후에도 밀교 경전이 번역된 바 있으나 그것은 모두 순수한 것이 아니었다. 당대에 선무외(善無畏, Śubhakarasiṃha, 637-735), 금강지(金剛智, Vajrabodhi, 671-741), 불공(不空, Amoghavajra, 705-774) 등이 도래하면서 밀교는 본격적으로 전래된다. 그러나 이 세 사람은 각각 716년, 720년, 720년에 입국하는 까닭에 원효에게는 직접 아무런 영향도 입히지 못하고 만다.

Ⅲ. 신라불교와의 대비에서 생기는 제 문제

위의 요약에서만 보더라도 우리는 신라불교가 중국고대 불교의 제 요소들을 어떻게 수용하고 어떻게 변용했을까 하는 여러 가지 문제들을 제기할 수가 있다. 우리의 의문은 사상면에서, 즉 교리 이해의 면에서뿐만 아니라 제도면에서, 정치와의 관련면에서, 의식면에서, 예술면에서, 그리고 신앙면에서 다각도로 제기될 수가 있다.

가장 중요하다고 생각되는 몇 가지만을 예거(例擧)해 보자.

① 신라에 유입해 온 경전의 종류와 전파 시기를 종합해 보는 일

② 여산의 혜원이 시작한 정토결사인 백련사와 같은 승속의 명사가 참여한 그런 식의 공동체 운동은 신라에 없었을까?

③ 신라의 불교는 국가와의 관계에 있어서 북방호족의 불교를 닮았는가, 남방 혜원의 '사문불경왕자(沙門不敬王者)'적 태도를 닮았는가, 어느 쪽인가?

④ 우리나라 불교 신앙태도에 혹시 저 북방호족이 표시한 바와 같은 극렬성, 단순성은 없는가?

⑤ 우리 신라 불교예술의 사상적·정서적 기반은 중국고대 불교에서의 그것과 대비 검토할 필요가 많지 않은가? 특히 석굴조성의 경우에 그러하다.

⑥ 북방호족의 제왕(諸王)은 쉽게 폐불을 단행했는데, 우리나라에서 오래도록 그러한 사태가 없었던 이유는 무엇일까?

⑦ 중국에서의 제종분립(諸宗分立) 현상이 7세기 신라에서 크게 문제가 되지 않은 까닭은 무엇인가?

⑧ 신라불교도 중국 불교와 마찬가지로 귀족적, 고답적 성격을 벗어나지 못했던 것은 아닐까? 그렇지 않았다면 그 일면은 어떻게 전개되었던 것일까?

⑨ 팔관재(八關齋)니 축수도량이니 기타 궁중내 재회(齋會)의 종류와 형식 내용에 대하여 우리는 신라의 것들을 중국의 것과 대비 검토할 필요가 있다.

⑩ 남북조시대의 신앙단체인 법사(法社)나 읍사(邑社), 재회(齋會) 또는 그와 유사한 것이 신라에는 없었던 것일까?

⑪ 수조(隋朝)는 정치적 통일뿐만 아니라, 불교사상면의 정리 통일도 이룩했다고 평가된다. 그러나 제 종파가 분립할 기운은 이 시기에 성숙하였다. 오히려 멀리 떨어진 신라의 원효에게 있어서 진정한 의미의 통일과 종합은 이루어졌던 것이 아닐까?

⑫ 수의 문제가 취한 바와 같은 불교정책은 신라에서 시도된 바 없을까?

⑬ 수대의 불교는 말법불교라고 한다. 북주의 폐불이 그런 의식을 더욱 고조시켰다. 그리하여 삼계교(三階敎, 普法宗) 같은 것이 생겼고, 또 도작의 정토종이 그 말법시대 최고의 교(敎)를 자처하며 등장했다. 이러한 경향이 신라에서는 나타나지 않았는가? 원효의 경우는 어떠한가? 만약 그런 경향이 없었다면 그 이유는 무엇일까?

⑭ 교학적으로 중국 불교사가들은 중국의 기신론종(起信論宗)에 대하여 언급하면서 그것이 누구에 의해 제창되었는가를 밝히지 못하고 있다.[5] 여기서 우리는 원효의 『기신론』 발견 및 『금강삼매경론』을 통한 그 발전적 전개가 선종의 성립이란 중국불교사(佛教史)상 코페르니쿠스적 전회(轉回)를 초래한 도화선이 되었다는 사실을 주지시킬 필요가 있지 않을까?

얼핏 생각나는 것만을 적어 보았다. 이상의 문제점은 대개 두 가지로 요약된다. 즉 하나는 우리가 중국 것 중 무엇을 받아들였나 하는 것이요, 또 하나는 우리가 그 중국 것을 어떻게 변용시켰고 어떻게 비판적으로 수용했나 하는 것이다.

Ⅳ. 몇 가지 해명

1. 중국고대 불교의 제 요소와 원효

우리는 원효가 매우 좋은 시기에 태어났다고 생각한다. 원효의 생년인 617년 정축(丁丑)은 바로 당조(唐朝)가 수(隋)와 교체되는 해이다. 그리하여 그의 70평생은 당 문화 발전의 상승 무드 속에서 전개되었다.

중국에 유입된 불교로서 원효가 시대적으로 모를 수밖에 없었던 요소들이란 금강지(金剛智), 선무외(善無畏), 불공(不空) 등의 밀교와 법장(法藏) 이후 화엄종의 귀취(歸趣)와 선종의 압도적 위세 등뿐이다. 원효는 그 이외의 중국 불교 성립의

5) 常盤大定, 앞의 책, p. 6.

전 과정에서 무엇이든지 다 접할 수가 있었다. 앞서 인용한 도키와 다이조(常盤大定)의 불교사 시대구분에 맞추면 제3의 건설시기 170년(580-750) 중 전반 70년을 산 것이다.

그러므로 원효는 그 때까지 중국의 고승과 유사한 비(非)불교적 교양의 배경과 동시에 불교적 소양과 지식을 다 갖추고 있었다. 원효는 유교에서 노장철학으로, 그리고 다시 노장철학에서 불교로 넘어온 여산의 혜원을 닮은 경력을 가졌던 것이 틀림없다. 지금까지 우리는 원효가 유·불·선 삼교에 다 통해 있었다고만 알고 있었고 그렇게 말해 왔지만, 그 삼교를 알게 된 경로도 무시하지 말아야 한다고 생각한다. 실제로 원효의 저술내용을 살펴보면 노장의 요소는 매우 짙게 소화 섭취되어 있으나, 유교적 개념은 거의 그대로 이용된 일이 없다. 그것은 원효의 경우 유교는 그의 교학에서 이미 먼 거리에 밀려나 있음을 의미하는 것이다. 그가 극구 형식주의, 교조주의를 배격하는 반야적 입장, 유식적 입장, 더 나아가 여래장적 입장에 서 있는 이상, 그의 유교관은 역시 소박한 원시 유교를 존중하는 입장이었으리라고 짐작이 된다.

중국에서 도안(道安) 이전에는 격의(格義)불교가 유행했다. 승조(僧肇)는 나집의 최초의 제자로서, 노장사상을 불교 안에 흡수한 중국 불교 최초의 대사상가인데, 원효의 저술들에는 승조풍의 격조 높은 사색의 자취가 엿보인다. 그러면서도 원효가 승조를 사상적으로 능가하는 것은 그가 보다 후대인으로서 더 많은 대승불교의 경론에 접해 이를 소화시킬 수 있었던 까닭이다.

역시 원효가 여산 혜원의 유를 따라 정토교가(淨土敎家)로 남기에는 그의 시대가 너무나 폭넓은 불교철학 발전의 시대였다. 그는 용수(龍樹)·제바(提婆)의 부정법문(否定法門)과 함께 무착(無着)·세친(世親)의 긍정법문(肯定法門)을 알고 있었을 뿐만 아니라 섭론종을 거쳐 여래장사상에 접했고, 『법화』·『열반』·『유마』·『승만』·『화엄』의 일승(一乘)사상, 보살사상, 법계(法界)사상에 심취해 있었으므로, 교학적인 면으로나 실수(實修) 면에서나 원효는 혜원과는 비슷하면서도 다른 길을 가게 되었다고 생각된다.

원효의 교리 이해는 단적으로 그의 교상판석에 잘 드러나 있다.

① 삼승별교(三乘別敎)……사제경(四諦經), 연기교(緣起敎)
② 삼승통교(三乘通敎)……반야, 유식
③ 일승분교(一乘分敎)……영락(瓔珞), 범망(梵網, 여래장)
④ 일승만교(一乘滿敎)……화엄, 보현교(普賢敎)[6]

이와 같이 원효가 교상판석에 나섰다는 것은 그가 그만큼 절실히 불교사상의 체계화를 갈망했다는 것도 되지만, 또 그만큼 그의 불교 이해가 넓고 깊었다는 반증도 된다. 교상판석은 중국 불교의 독창적 산물이다. 그 첫 시도는 벌써 동진(東晋)의 도생(道生)에 비롯되지만, 그 후 중국불교사(佛教史)상 관례적으로 대표적 교판으로서 꼽히는 것이 천태 지의의 오시팔교(五時八教) 교판과 법장의 오교십종(五教十宗) 교판이다. 원효의 교판은 천태 지의의 그것보다 훨씬 공정하고 보편성 있는 것이며, 법장 등 화엄가의 교판의 선구적 근거가 되었다.

이 교판에서 보듯이 원효의 사상은 화엄철학의 우주관, 자연관, 인생관을 토대로 하여 법화의 일승론, 열반의 불성론을 원용한 『기신론』의 일심(一心)・이문(二門)・삼대(三大)의 논리로 인간심리, 사회병리, 윤리 일반, 법신의 형이상학, 보신・화신의 종교학을 수립하고 새로운 인간형 보살의 도를 현양한다. 『기신론』의 사상적 바탕에는 물론 반야와 유식의 이론이 깔려 있다. 그는 법신의 형이상학을 말하면서 삼매의 실천을 강조했고, 보신・화신의 종교학에서는 염불과 기도의 긍정적 의의를 강조했다. 그러나 그에 의하면 종교학에는 한계가 있는 것이다. 왜냐하면 보신과 화신은 그 체(體)로서의 법신의 형상과 작용에 불과했기 때문이다.

그의 윤리사상은 형식적, 폐쇄적, 출가중심주의적 색채를 완전히 불식한 보살도였으며, 보살도 중에서도 보다 선진적인 『유가계본(瑜伽戒本)』에 의한 해석을 주장하고 있었다. 그러한 의미에서 원효는 단순한 중도론자(Mādhyamika)가 아니었다. 그는 따라서 삼론(三論)학자가 아니다. 또 그는 번쇄적 유식(唯識)학자가 아니며, 따라서 어설픈 유식학 아류에 있기 쉬운 심령학적 샤머니스트(shamanist)의 면모가 없다. 그는 다만 화쟁(和諍)을 철학과 종교 및 그 생활의 이상으로 삼았으므로 중국불교사에 나타난 불교 내의 개별적 제 주장 및 제 현상들을 관용적으로 인정하는 태도를 보인 것이 사실이나 그의 화쟁의 이론에는 엄격한 시시비비의 판단이 무시되지 않고 있다.

원효는 『화엄경』을 존중했고, 이 경에 의해 화쟁의 원리를 배웠지만 화엄종가(華嚴宗家)는 아니다. 그는 중국의 어떤 종(宗)에도 속하지 않는다. 그는 『사분율』에 대한 소(疏)를 지었지만 율사(律師)로 자처해 본 일이 없다.

그는 말년에 현장의 유식학에 대해 비상한 관심을 가졌으면서도 현장과 같이 유식학을 최고지상(最高至上)의 교리로 판석하는 교판을 부정했다. 그는 오직 일심과 삼매만을 강조했다. 그리고 그것을 요익중생(饒益衆生) 쪽으로 돌릴 것을 강조한다. 그는 신라의 왕실 및 국가 지배층과 친밀한 관계를 유지했으나 아무런 관직

---

6) 表員, 『華嚴文義要決問答』 등.

도 가진 일이 없다.

고대 중국에 그와 유사한 사람이 누가 있는가? 지공(誌公)과 배도(杯度)가 그를 닮았다고 하나 그들은 학자가 아니었다. 원효는 학자이면서, 승려이면서, 거사이면서, 또 민중 속의 선지식이었다. 아마도 고대 중국의 창도사(唱導師)를 흉내냈는지도 모른다.

2. 원효와 말법사상

중국에서 말법이 도래했다는 의식을 최초로 가졌던 사람은 혜사(慧思, 515-577)이다. 그는 「입서원문(立誓願文)」이란 글을 지어 그 속에서 이미 그 시대가 말법시대에 들어 있음을 확인하고 있었다. 그러나 이 때는 아직 『대집월장경(大集月藏經)』이 역출되기 전의 일이며, 말법사상이 전 불교계에 널리 보급되어 있는 그런 상태는 아니었다. 이것이 세 차례에 걸친 법난을 겪는 동안에 남북조 말기부터는 심각하게 의식되어 마침내 수대(隋代)에 들어와서는 점차 불교도들 사이에서 문제가 되고 당대에 들어선 이후로는 아주 상식이 되다시피 했다.

말법사상이란 일찍이 원시경전인 『아함경』 등에 나타나 있던 것으로 석존 입멸 후 500년간에는 정법(正法)이 유지되지만 그 후에는 정법이 은몰(隱沒)하고 정법에 유사한 상법(像法)이 유행되다가 다시 그 후에 그 상법마저도 멸진(滅盡)하는 시대가 온다는 사상이다. 이것을 이른바 삼시(三時)라고 하는데, 그 연한에 대해서는 경전마다 약간의 이동(異同)이 있다. 또 불멸 연대를 언제로 잡느냐 하는 데 따라 이 삼시를 현실에 적용시켜 이해하는 데에는 사람에 따라 차이가 있게 마련이었다. 정(正)·상(像)·말(末) 삼시의 연한에 대하여는 ① 정법·상법 각 오백년설, ② 정법 오백년·상법 천년설, ③ 정법 천년·상법 오백년설, ④ 정법·상법 각 천년설의 네 가지가 있었다. 그 중에서도 가장 많이 유통된 설은 ③ 정법 오백년·상법 천년설이었다. 남북조시대에는 불멸 연대를 『주서이기(周書異記)』란 책에 의거, 주(周)의 목왕(穆王) 53년 임신년(기원전 949)으로 잡고 있었으므로 이 설에 의하면 552년(梁의 元帝 承聖 원년, 北齊의 文宣帝 天保 3년)쯤에는 이미 말법시대가 시작되는 계산이었다.7)

대부분의 대승경전에는 적어도 짤막하게라도 그 경이 오탁악세 또는 말겁(末劫)

7) 法上은 일찍이 고구려의 大丞相 王高德이 僧 義淵을 보내 불교 연대 및 불법 東漸 이래의 변천을 물은 데 대해 답하여 다음과 같이 말했다. "滅度已來 至今齊代武平七年(576) 凡經千四百六十五". 이 연대에 따르면 불멸후 1500년에 상당하는 해는 隋의 大業 7년(611)이 된다.

의 중생을 위해서 설한 것이라는 언급이 있다. 오탁(五濁)이란 겁탁(劫濁), 견탁(見濁), 중생탁(衆生濁), 번뇌탁(煩惱濁), 명탁(命濁)의 다섯 가지가 혼탁함을 말하는 것으로 사회정세가 혼란하면 자연히 이러한 탁악말세(濁惡末世)를 의식하게 마련이다.

북제의 대통(大統) 법상(法上) 등이 불멸 연대를 수(隋)의 대업(大業) 7년(611)부터 1,500년 전으로 결정하고, 요말(澆末)사상을 설한 『마하마야경(摩訶摩耶經)』과 『大集月藏經』 등이 역출(譯出)되자 수대에 와서 말법사상은 중국의 지도적 불교사상가들에 의해 적지 않은 관심거리가 되었다.

영유는 개황 9년(589)에 보산(寶山) 영천사(靈泉寺)에 석굴을 지어 금강성력주지나라연굴(金剛性力住持那羅延窟)이라고 부르고 굴 내의 정면에 노사나불삼존을, 그 좌우에 미타삼존과 미륵삼존을, 그리고 굴 입구 상방(上方)에는 『법화경』, 우방(右方)에는 『대집경』 「월장분(月藏分)」 중 '五五百年'의 글과 『마하마야경』 첫 부분의 글을 새겼다. 이렇게 하여 그는 정법이 멸하는 말법시에 대비한 신앙생활을 이어갔다.

그가 새긴 『대집경』 「월장분」 제10의 '五五百年'의 글은 다음과 같다.

> 於我滅後五百年中 諸比丘等 猶於我法 解脫堅固
> 次五百年中 我之正法 禪定三昧 得住堅固
> 次五百年 讀誦多聞 得住堅固
> 次五百年 於我法中 多造塔寺 得住堅固
> 次五百年 於我法中 鬪諍言頌 白法隱沒 損減堅固

보산의 이 석굴은 대주성굴(大住聖窟)이라 불렸지만, 그 밖의 굴 내외에 새겨진 신상, 불명(佛名), 경문 등을 보면 무언가 신라의 석굴 석불 조영의 의미 이해에 참고가 되지 않나 생각되는 바가 없지 않다.

굴 입구 외벽에는 우측에 나라연신상(那羅延神像), 좌측에 가비라신상(迦毘羅神像), 상방에 탄삼보게(歎三寶偈) 및 『법화경』의 자아게(自我偈)가 새겨져 있고, 외벽에는 미타삼존 선각과 소불감들, 『승만경』 「일승장」의 찬탄여래의 글, 『열반경』의 설산동자사신구법(雪山童子捨身求法)의 무상게(無常偈), 『법화경』 「분별공덕품」의 일부분, 기타 53불명(佛名), 25불명, 10불명, 그리고 참회문 등이 새겨져 있는 것이다.[8)]

---

8) 常盤大定, 「隋の靈裕と三階教の七階佛名」.

이어서 수(隋)의 정완(靜宛)은 법멸에 대비하기 위한 목적으로 방산(房山)에 석경을 새기고 그 각기(刻記)에서 다음과 같이 말한다.

> "정법 상법은 천오백여 세이다. 정관 2년(628)은 말법에 들어온 지 75재(載)이다. 미래에 불교 폐훼(廢毁)할 때 이 석경을 내놓아 세상에 유통케 한다."

그는 산상에 석실을 만들어 사벽에 경전을 새기고 나아가 따로 돌 위에 새긴 석경을 방마다 가득 채워 639년에 몰(歿)할 때까지 30년간 이 일에 종사했다.

수·당에 걸쳐 말법의식이 강했던 다른 대표적 사상가는 신행(信行)과 도작(道綽)이다. 이 두 사람은 말법시대에 알맞은 신앙을 특유하게 강조한 점에서 주목을 끈다. 신행은 불법에 삼계(三階)의 구별이 있다 하여 제3시(時)인 말법시에는 제삼계(第三階) 선진보정법(善眞普正法)을 수(修)해야 한다고 주장, 삼계종(三階宗)이라는 새로운 불교를 제창했다. 이 종은 또 삼계교, 삼계불법, 보법종(普法宗)이라고도 불린다.

신행은 주로 『대방광지장십륜경(大方廣地藏十輪經)』에 의하여, 일승 또는 삼승의 법을 수(修)하며 서로 권실(權實)을 다투는 것은 다같이 비방정법의 대죄를 짓는 것이라 하고, 말법시에는 그러한 별법(別法)을 배우지 말고, 두루 일체 불, 일체 법, 일체 승에 귀의해 일체 악을 단(斷)하고, 일체 선을 수하지 않으면 안 된다고 주장한다. 그렇게 하는 것을 보법(普法)이라고 부르는 것이다. 그가 지은 「대근기행법(對根起行法)」에 의하면 보법의 수행법은 이렇게 설명되어 있다.

> 제삼계(第三階)의 공견(空見), 유견(有見), 전도사견(顚倒邪見) 성취의 9종인(人)에 대한 대근기처출세도(對根起處出世道)를 밝히면 안으로 7단(段)이 있다.
> 첫째, 일체 불에 다 귀(歸)하고,
> 둘째, 일체 법에 다 귀하고,
> 셋째, 일체 승에 다 귀하고,
> 넷째, 일체중생을 다 도(度)하고,
> 다섯째, 일체 악을 다 단(斷)하고,
> 여섯째, 일체 선을 다 수(修)하고,
> 일곱째, 일체 선지식을 다 구(求)한다.

한편 도작은 앞서도 보아 온 바와 같이 정토교가로서 말법시의 중생에게 알맞은 것은 미타신앙밖에는 없다고 주장하고, 일심으로 칭명염불하여 그 공덕으로 미타의 구제를 받는 방법 이외에는 다른 길이 없다고 단정했다. 도작의 제자 선도는 그의 열렬한 동조자이었다.

삼계교의 신행이나 정토교의 도작 및 선도 등이 대상으로 생각한 당대의 사람들은 모두 다 사악한 사람, 선근이 없고 죄장(罪障)이 두터운 사람들뿐이었다. 오탁악세의 말법사상은 요컨대 사람들로 하여금 죄 많은 자기를 반성 참회케 하고 오로지 제불의 구제만을 희구하는 것이었다.

말법의식은 그 시대의 다른 종지(宗旨)를 가진 사상가들 사이에서도 뿌리 깊은 선입감으로 박혀 있음을 엿볼 수 있다. 율종의 대성자(大成者) 도선(道宣, 596-667) 같은 이도 그러한 말법의식 하에서 계율을 지킬 것을 강조했고, 법상종의 규기(窺基)도 말법시대이기 때문에 미륵신앙이 필요한 것이라고 고취하였다.

중국에는 일찍부터 참회의 중요성이 강조되어 왔다. 그리고 그것은 의식으로 발전되어 참법(懺法) 또는 예참(禮懺), 참의(懺儀)라는 명칭으로 불렸고, 각종 참회문, 참문이 씌어지기도 했다. 이 모두가 다 반드시 말법사상과 직접 관련이 있다고 말할 근거는 없으나, 대부분의 경우 그 의식 속에는 말법시대의 죄의식이 그 밑에 깔려 있다고 보아야 할 것 같다. 『광홍명집(廣弘明集)』 제28에 의하면 그 예가 허다한데, 삼계교의 신행의 참회문, 도작, 선도의 참회문 등은 자기비판의 절정에 달한 최대급의 자학적 표현으로 되어 있다.

원효는 이들과 거의 동시대인이다. 원효에게 또는 이 시대 신라불교에 과연 유사한 현상이 있었던 것일까? 이제부터 우리는 그것을 묻고 그 물음에 대한 해명을 시도하려 한다.

결론적으로 말해 원효에게는 그렇듯 심각한 말법의식이 없었던 것 같다. 물론 원효는 정・상・말 삼시(三時) 사상을 모를 리 없었다. 그것을 분명히 알고 있었지만, 원효와 그 시대의 신라인들은 중국에서처럼 심각하게 말법의식을 가질 만큼 처절한 폐불이나 법난을 경험한 일이 없었으며, 또 중국에서처럼 불교계의 타락현상에 접한 일은 아직은 없었다고 보아야 할 것이다. 신라는 당시 상승의 기세를 타고 긴장 속에 통일의 희망을 걸고 있을 때였다. 불교가 들어와 정착한 지 아직 100년이 채 되지 않았다. 그러나 이러한 이유 이외에 더 중요한 이유가 있다. 그것은 원효의 불교적 사색 자체가 깊은 반야사상에 뿌리를 내린 것으로, 그 철학적 신념이 굳어 조금도 동요할 만한 허점이 그에게는 없었기 때문이다.

원효가 지은 『금강삼매경론』은 그가 말법시대를 어떻게 극복해야 하는가에 대해 가지고 있던 생각을 알게 하는 하나의 자료가 된다고 생각한다. 『금강삼매경』은 중국 편찬이라고 알려져 있지만, 원효 이전에 이 경에 대해 논이나 소를 지은이는 중국에 아무도 없었던 것인데 이 경 서두에 이런 말이 있다.

> 爾時 解脫菩薩 卽從座起 合掌胡跪 而白佛言 尊者 若佛滅後 正法去世 像法住世 於末劫中 五濁衆生 多諸惡業 輪廻三界 無有出時 願佛慈悲 爲後衆生 宣說一味 決定眞實 令彼衆生 等同解脫

이 질문은 상당히 구체적인 질문이다. 『금강삼매경』 전체가 말겁(末劫) 중의 오탁중생이 해탈할 수 있게 되는 길을 가르쳐 주는 것이란 보장이 여기에 천명되어 있다. 이에 대해서 원효는 그 논에서 무엇이라 말하고 있는가를 보자.

> 像法住世 末劫中者 先廣說經 爲益正法之時 今此經者 爲化像法之節 隨時厚薄 設敎異故[9]

그는 시절의 후(厚)하고 박(薄)함에 따라 교를 설하는 것이 다르다는 것이다. 그래 지금 이 경은 상법시대의 중생이 해탈을 얻게 하는 경이라고 말한다. 원효나 『금강삼매경』 자체가 말겁 중이라고 하면서도 상법이 주세(住世)하고 있다고 한 것은 정설에서 어긋나는 설이다. 이 시대를 말법시대로 보아야 하느냐, 상법시대로 보아야 하느냐 하는 문제가 있으나, 앞의 '五濁衆生' 운운이 있으므로 이 시절은 말겁이라고 보아야 되리라 믿어진다. 그렇다면 이 『금강삼매경』이 가르치는 내용 즉 '금강삼매'야말로 말세 중생의 해탈을 보장하는 길이 된다는 이야기이다. 말세에 대응하는 원효의 방안은 신행의 그것도 아니고, 도작의 그것도 아니며, 또 도선이나 규기의 그것도 아니다.

말법사상과 긴밀한 관계가 있다고 생각할 수 있는 참회문 하나가 원효의 저술로 시 남아 있다. 우리는 양 무제가 황후 희(郗)씨를 위해 만든 자비도량참법(慈悲道場懺法)의 참회문[10]을 중국의 한 실례로 삼고 원효의 대승육정참회(大乘六情懺悔)를[11] 신라의 예로 삼아 비교해 볼 때, 양자 사이에는 현저한 차이가 있음을 알게 된다. 자비도량참법의 참회문은 다음과 같다.

> 某甲等自從無始以來 至于今日 無明所覆 愛使所纏瞋恚所縛 墮在愚網經歷三界 備涉六道 沈淪苦海不能自拔 不識往業過去因緣 或自破淨命 破他淨命 自破梵行 破他梵行 自破淨戒 破他淨戒 如是罪惡 無量無邊 今日慚愧懺悔 願乞除滅……某

---

9) 『元曉全集』(東國譯經院, 1973), p. 86.

10) T.1909, p. 927a-b.

11) 『元曉全集』, p. 371; T.1908, pp. 921a-922b.

甲等 重復苦到 五體投地 又復無始以來 至于今日 以三不善根 起四顚倒 造作五逆 行於十惡 熾然三毒 長養八苦 造八寒八熱 諸地獄因 造八萬四千 鬲子地獄因 造一切畜生因 造一切餓鬼因 造人天生老病死種種苦因 受於六道無量苦果 難可堪忍不可聞見 如是罪惡無量無邊 今日懺悔 願乞除滅

한편 원효의「대승육정참회」전문은 다음과 같다.

若依法界 始遊行者 於四威儀 無一唐遊
念諸佛 不思議德 常思實相 朽銷業障
普爲六道 無邊衆生 歸命十方 無量諸佛
諸佛不異 而亦非一 一卽一切 一切卽一
雖無所住 而無不住 雖無所爲 而無不爲
一一相好 一一毛孔 遍無邊界 盡未來際
無障無礙 無有差別 敎化衆生 無有休息
所以者何
十方三世 一塵一念 生死涅槃 無二無別
大悲般若 不取不捨 以得不共法相應故
今於此處 蓮華藏界 盧舍那佛 坐蓮花臺
放無邊光 集無量衆生 轉無所轉 大乘法輪
菩薩大衆 遍滿虛空 受無所受 大乘法樂
而今我等 同在於此 一實三寶 無過之處
不見不聞 如聾如盲 無有佛性 何爲如是
無明顚倒 妄作外塵 執我我所 造種種業
自以覆弊 不得見聞 猶如餓鬼 臨河見火
故今佛前 深生慚愧 發菩提心 誠心懺悔
我及衆生 無始以來 無明所醉 作罪無量
五逆十惡 無所不造 自作敎他 見作隨喜
如是衆罪 不可稱數 諸佛賢聖 之所證知
已作之罪 深生慚愧 所未作者 更不敢作
□此諸罪 實無所有 衆緣和合 假名爲業
卽緣無業 離緣亦無 非內非外 不在中間
過去已滅 未來未生 現在無住 故所作
以其無住 故亦無生 先有非生 先無誰生

若言本無 及與今有 二義和合 名爲生者
當本無時 卽無今有 當今有時 非有本無
先後不及 有無不合 二義無合 何處有生
合義旣壞 散亦不成 不合不散 非有非無
無時無有 對何爲無 有時無無 待誰爲有
先後有無 皆不得成 當知業性 本來無生
從本以來 不得有生 當於何處 得有無生
有生無生 俱不可得 言不可得 亦不可得
業性如是 諸佛亦爾
如經說言
譬如衆生 造作諸業 若善若惡 非內非外
如是業性 非有非無 亦復如是 本無今有
非無因生 無作無受 時節和合 故得果報
行者若能 數數思惟 如是實相 而懺悔者
四重五逆 無所能爲 猶如虛空 不爲火燒
如其放逸 無慚無愧 不能思惟 業實相者
雖無罪性 將入泥梨 猶如幻虎 還呑幻師
是故當於 十方佛前 深生慚愧 而作懺悔
作是悔時 莫以爲作 卽應思惟 懺悔實相
所悔之罪 旣無所有 云何得有 能懺悔者
能悔所悔 皆不可得 當於何處 得有悔法
於諸業障 作是悔已 亦應懺悔 六情放逸
我及衆生 無始已來 不解諸法 本來無生
妄想顚倒 計我我所 內立六情 依而生識
外作六塵 執爲實有 不知皆是 自心所作
如幻如夢 永無所有 於中橫計 男女等相
起諸煩惱 自以纏縛 長沒苦海 不求出要
靜慮之時 甚可怪哉 猶如眠時 睡蓋覆心
妄見已身 大水所漂 不知但是 夢心所作
謂實流溺 生大怖懅 未覺之時 更作異夢
謂我所見 是夢非實 心性聰故 夢內知夢
卽於其溺 不生其懅 而未能知 身臥床上
動頭搖手 勤求永覺 永覺之時 追緣前夢

水與流身 皆無所有 唯見本來 靜臥於床
長夢亦爾 無明覆心 妄作六道 流轉八苦
內因諸佛 不思議熏 外依諸佛 大悲願力
髣髴信解 我及衆生 唯寢長夢 妄計爲實
違順六塵 男女二相 並是我夢 永無實事
何所憂喜 何所貪瞋
數數思惟 如是夢觀 漸漸修得 如夢三昧
由此三昧 得無生忍 從於長夢 豁然而覺
卽知本來 永無流轉 但是一心 臥一如床
若離能如是
數數思惟 雖緣六塵 不以爲實
煩惱羞愧 不能自逸
是名大乘六情懺悔

전자는 구체적으로 '모갑(某甲)'이 지은 죄를 이 참회를 통해 제멸케 해 달라는 내용인데 반해, 후자는 '아등(我等)' 또는 '아급중생(我及衆生)'이 일반적으로 범하는 죄과를 지적하고서 그 나머지 대부분을 죄업의 무성(無性)을 타이르는 설법으로 메우고 있다. 이것은 이른바 사참(事懺)에 대한 이참(理懺)이며 무죄상(無罪相) 장엄참회(莊嚴懺悔)의 일종이다.

우리는 이와 같이 법성과 법의 실상에 대한 투철한 안목을 가진 냉정한 지혜의 소유자에게 제법의 표면적 생멸상을 보고 오염되기를 기대할 수가 없다. 원효에게 말법사상이 큰 영향을 주지 못한 가장 중대한 이유는 바로 그의 안목의 지혜로움에 있다 하겠다.

그러나 한 가지 부수적으로 지적하고 가야 할 사실이 하나 있다. 그것은 직접 말법사상에 관계되는 것은 아니나, 삼계교의 신행(信行)의 사상에는 부분적으로 원효의 사상과 일치하는 점이 있다는 사실이다. 신행이 말하는 이른바 '보법(普法)'이라는 말은 다른 사람들이 흔히 쓰지 않는 말이다. 그런데 원효는 그의 교판에서 이 말을 쓰고 있는 것이다. 신라의 표원(表員)이 지은 『화엄문의요결문답(華嚴文義要決問答)』 중에는 원효의 교판 내용이 실려 있는데, 삼승별교, 삼승통교, 일승분교, 일승만교의 네 분류를 해 놓고 이것을 설명하는 글에서 원효는 다음과 같이 말하고 있는 것이다.

三乘共學 名三乘敎

於中 未明法空 名別相教
　　通說法空 是爲通教
不共二乘 名一乘教
於中 未顯普法 名隨分教
　　窮明普法 名圓滿教
具顯如華嚴疏中[12]

여기의 '普法'이 같은 말은 아니겠는가? 의미상으로 보아서는 삼보를 일심으로 보고 중생을 다 여래장이라고 보는 원효의 입장과 다를 바가 없다. 원효의 영향을 가장 많이 받은 법장이 지은 『화엄오교장(華嚴五教章)』에서 신행은 광택사 법운의 교판, 즉 『법화경』을 일승으로 하는 사승교(四乘敎: 聲聞乘·緣覺乘·菩薩乘·大白牛車)를 2교(二敎)로 하여 일승과 삼승의 둘로 나눴는데, 이 때 일승은 화엄으로서 '보해보행(普解普行)'이라고 했다고 지적했다.[13] 연대로 보아 우리는 원효가 이 말을 신행으로부터 배운 것이 아니겠나 생각해 본다.

우리는 위에서 원효와 말법사상의 관계를 보아왔다. 다카오 기겐(高雄義堅)이 조사한 바에 따르면, 남북조로부터 수당에 걸친 불교 제가(諸家)에 대해 그들의 말법사상 수용의 태도를 알아본 결과, 정영사의 혜원, 천태 지의, 삼론의 길장, 이 세 사람은 정·상·말 삼시(三時)사상을 그대로 받아들이고 있기는 하나 그들이 말법시대에 산다는 자각은 강하지 않았다고 한다. 우리는 여기서 역시 학문의 경향이 이러한 시대의식에 크게 작용하고 있다는 사실을 발견하게 된다.

3. 원효의 중국불교 비판

원효는 『열반종요』에서 중국 열반 논사들의 의견을 광범하게 소개하고 그 득실을 말한 바 있다. 여기 원문을 제시하고 그의 화쟁론적 입장에서 행하는 중국 불교 비판의 한 모델을 익혀 보기로 하자. 그는 남토북지(南土北地)의 제사(諸師)들의 주장을 적기(摘記)한 뒤 이를 회통하면서 나아가 중국 불교가 내세울 수 있는 종합의 대가 천태 지의까지도 '以螺酌海 用管闚天(소라껍질로 바닷물을 푸고 대롱으로 하늘을 본다)'이라고 비판하고 있다.

---

12) 表員, 앞의 책.

13) 信行禪師 依此宗(光宅四乘敎) 立二教 謂一乘三乘 三乘者 卽別解別行 及三乘差別 並先習小乘 後趣大乘是也 一乘者 謂普解普行唯是一乘 亦華嚴法門及直進等是也.

第四明教迹者 昔來敎相判釋 南土諸師 多依 武都山隱士 劉虬義云, 如來一代敎說 無出頓漸

華嚴等經 是其頓教

餘名漸敎 漸敎內 有其五時14)

一 佛初成道已 爲提胃等 說五戒十善 人天教門

二 佛成道已 十二年中 宣說 三乘差別教門 未說空理

三 佛成道已 三十年中 說空無相波若 維摩思益等經 雖說三乘 同觀於空 未說一乘 破三歸一

四 佛成道已 四十年後 於八年中 說法花經 廣明一乘 破三歸一 未說衆生皆有佛性 但彰如來 壽過塵數 未來所住 復倍上數 不明佛常 是不了教

五 佛臨涅槃 說大涅槃 明諸衆生皆有佛性 法身常住 是了義經 南土諸師 多傳是義

北方師說 般若等經 皆了義 但其所宗 各不同耳

如般若經等 智惠爲宗 維摩經等 解脫爲宗

法花經者 一乘爲宗 大涅槃經 妙果爲宗

皆是大解起行德 究竟大乘了義之說 卽破前說五時教言

如大品經往生品中

諸比丘 聞說般若 讚歎檀度 遂脫三衣 以用布施

論中釋言

佛制三衣 不畜得罪 何犯戒 爲行施耶 以此在於十二年前 佛未制戒 是故不犯 是以文證 非局在於十二年後

又彼論云 須菩提 聞說法花 擧手低頭 皆成佛道 是故今問 退不退義

以是文證 般若之教 未必局在 於法花已前 破斷五時 卽爲謬異

又復若言 般若教中 不破三乘 淺化者

大品經中 舍利弗問 若都不退 定復不異 何故 得有三乘差別 不唯一乘 須菩提答 無二無三 若聞不怖 能得菩提 此與法花無三 言何別而分淺深耶

又若般若 不說佛性 淺者

涅槃經說 佛性 亦名般若波羅蜜 亦名第一義空所

般若及空 卽是佛性 何得說云 不明佛性

又大品說 眞如法性

論主釋云

14) 大正新修大藏經 중 未詳으로 되어 있던 圈內의 원문을 일단 文義를 따라 보충하여 읽는다.

法名涅槃 不戱論法性 名本分種. 如黃石金性 白石銀性 一切衆生 有涅槃性

此與佛性 有何差別 而不說故 是淺耶

又法花論云 所成壽命 復倍上數者 此文示現 如來常命

以巧方便 顯多數量 不可數知故

又言 我淨土不毁 而衆生見燒盡者 報佛如來眞淨土 第一義諦之所攝故

既顯常命 及眞淨土 而言是不了說者 不應道理

問 南北二說 何者 爲得爲失

答 若執一邊 謂一向爾者 二說皆失

若就隨分 無其義者 二說俱得

所以然者 佛說般若等諸敎意 廣大甚深 淺通復不可定限 於一邊故

又如隨時 天台智者問神人言 北立四宗 會經意不

神人答言 失多得少

又問 成實論師 立五敎稱佛意不

神人答曰 小勝四宗 猶多過失

然 天台智者 禪惠俱通 擧世所重 凡聖難測 是知佛意 深遠無限

而欲 以四宗科於經旨 亦以五時限於佛意

是猶以螺酌海 用管闚天者耳

敎迹淺深 略判如是[15)]

V. 맺는말

우리는 주제가 넓고 큼에 따라 너무나 광범위한 사항들을 다룬 느낌이 있다. 사실은 세부적인 문제들에 대한 보다 깊은 연구가 있지 않고서는 종합 자체가 무의미하게 된다고 생각한다. 지금도 사료의 결핍 때문에 필자는 어떤 사실(史實)을 해명하는 데에 간접 사료인 경의 주소(註疏)나 논서를 그 세부까지 검토해야 하는 궁색한 작업과정을 밟고 있는 실정이다.

우리의 사료가 적으면 적을수록 우리는 인접 이방의 역사적 사실들을 가능한 한 자세하게 이해해 둘 필요를 절감한다. 더욱이 불교처럼 그 유입원이 있는 우리 문

---

15) 『元曉全集』, p.50. 밑줄을 그은 부분의 내용은 天台智者대사가 잘못했다는 이야기가 아니라 南北兩土의 諸師들의 견해가 잘못되었다는 말로 이해될 수도 있을 것같이 보이나, 사실은 천태지자대사도 五時八敎의 判釋을 내리고 있는 장본인이라는 점을 감안할 때 원효의 지적은 천태에게까지 미치고 있다고 보는 것이 타당할 것이다.

화의 경우에는 거슬러 올라가 그 원천을 자세히 알아두는 것이 무엇보다도 긴급한 작업이라고 생각된다. 인접국가란 우리에게 무엇을 주고 또 때로는 받는 우리와 뗄 수 없는 상관관계를 가진 나라다. 우리는 그곳을 알고 그들과 우리와의 관계를 알기 위해 많은 투자를 해야 한다고 생각한다.

• 한국정신문화연구원 〈한국고대문화와 인접문화의 관계〉 학술대회(1980)에서 발표;
同『보고논총』 81-1(1981)에 게재

신라불교의 철학적 전개

Ⅰ. 삼국통일 이전의 신라불교

1. 신라의 불교 수용

신라의 불교 수용은 고구려나 백제의 경우와는 달리 표면상 결코 순탄하지 않았다. 호승(胡僧)의 능동적 포교의 시도가 한 번만 있었던 것이 아니라 여러 차례 있었고, 또 왕실과 지배적 위치에 있는 귀족들 사이에 있어서의 능동적 수용의 자세가 있었음에도 불구하고 신라인들은 이 외래의 종교를 민주주의적인 합의를 통해 수용하려고 애썼고 또 그렇게 되었다. 거기에는 강제도 맹종도 없었다는 특징이 있다.

신라에서 불교가 공인되기는 서기 528년 법흥왕(法興王) 즉위 15년의 일이다. 고구려에 전진(前秦)의 부견(符堅)이 승(僧) 순도(順道)로 하여금 불상과 불경을 가지고 불법을 전하게 한 때(372)로부터 약 150년이 경과한 뒤이었다. 법흥왕은 그 조카 이차돈(異次頓)이 군신(群臣)의 반대에도 불구하고 불법의 신봉은 공인되고 장려되어야 한다고 주장하다가 참형을 자청 순교한 후, 그 이적(異蹟)에 놀란 신하들의 회개로 말미암아 불법을 신라에서 널리 펼 수가 있었다.

그러나 신라 땅에 불교가 그 때까지 전혀 알려지지 않았다고는 상상할 수가 없다. 바로 이웃 고구려와 백제에서는 벌써 1세기 이상 절이 서고 중이 있어 깊든 얕든 간에 불교신앙이 있어 왔다. 그러므로 신라에서도 이 불교 공인의 역사적 사건에 앞서서 전교승(傳敎僧) 또는 외국 불교인이 다녀 갈 수가 있었을 것이다. 그러한 추측을 뒷받침해 주는 것이 묵호자(墨胡子)의 이야기이며, 아도(我道, 또는 阿道)의 이야기이다.

묵호자란 스님이 고구려로부터 신라의 일선군(一善郡, 지금의 善山)에 와서 모례(毛禮)라는 사람의 집 굴속에 숨어 살다가 들켜 나중에는 분향예불하는 법을 가르치고 그 효험을 드러내 보여 불교의 이미지를 좋게 심고 어디론가 사라져 버렸다고 한다. 이 일이 있은 연대에 관하여는 다만 눌지왕대(417-458)라고만 전해진다. 그 후 비처왕대(479-500)에는 고구려에 왔던 아도(阿道)가 시자(侍者) 3명을 데리고 다시 남하하여 신라에까지 와 모례 집에 머물다가 수년 후에 죽었는데, 시자들은 그냥 남아서 경·율을 독송하며 살았다는 것이다.

아마도 이러한 일련의 일들은 거의 틀림없는 사실이었으리라고 보아야 마땅할 것이다. 법흥왕은 불교를 다소 알고 있었다. 그보다도 순교한 이차돈은 이미 열렬한 불교신도였다. 하루아침에 그러한 순교를 능히 해낼 신도가 생기지는 않는 법이다.

고기(古記)의 말이라고 전하는 또 하나의 번안(飜案)에 의하면, 아도가 모례 집에 왔을 때 모례는 놀라서 말하기를, 앞서 정방(正方)이란 스님이 고구려로부터 왔다가 이상한 사람이라고 하여 군신이 의논 끝에 이 사람을 죽였고, 또 멸구빈(滅垢玭)라는 사람이 고구려에서 왔다가 역시 같은 일을 당했는데, 당신은 무엇을 구하려 여기에 왔느냐 빨리 들어와 숨으라 하고 밀실에 숨겨 두었다는 것이다. 여기에서는 아도가 온 연대를 양(梁)의 대통(大通) 원년(법흥왕 14년), 즉 서기 527년으로 지적하고 있다.

우리는 이러한 불확실한 기억을 적은 기록의 연대를 정확하게 가려낼 도리가 없지만, 대체로 법흥왕의 불교 공인, 이차돈의 순교가 있기 얼마 전부터 불교에 대한 신라인의 관심은 상당히 제고되어 있었다고 보아야 할 것이다.

이차돈 박염촉(朴厭髑, 혹은 居次頓이라고도 했다)의 순교 사실(史實)은 후대 신라불교의 사상 내지 교리면·조직면의 발전 이상으로 높이 평가받아야 할 숭고한 종교적 사건이었다. 신라불교는 이 한 가지 사건으로 인하여 그 시초에서부터 이미 찬란하게 빛났다.

법흥왕은 불법을 국민에게 알리고 불력에 따라 국운을 번영케 하고자 하는 생각이 간절하였다. 그러나 군신의 반대로 말미암아 왕은 그 뜻을 강요하지 않았다. 대신들은 말하기를, 근년에 흉년이 들어 백성들이 불안하고, 게다가 인병(隣兵)이 국경을 침범하여 군사가 쉴 사이 없는데, 백성들을 동원해서 쓸모없는 집을 짓는 것은 당치 않다는 것이다. 왕은 좌우의 중신(重臣)들에게 신심이 없음을 불쌍히 여기며, 이는 오로지 자기 부덕의 탓이라고 생각하고 이들을 깨닫게 할 묘법을 궁리 중이었다. 그 때 이차돈이 와서 완고하고 교만한 왕신(王臣)들을 굴복시키기 위해 자기를 단죄하여 죽이면 대성(大聖)의 가르침이라 어찌 천재이변이 없겠는가, 그렇게 되면 누가 감히 더 거역하겠는가 하고 사뢰었다. 왕이 그 불가함을 말하나 이차돈은 또 "살신성인은 대신의 대절(大節)인데, 하물며 불일(佛日)이 항구하게 밝혀지고 황도(皇圖)가 더욱 영원할진대, 죽는 날이 바로 태어나는 날이 아니겠나이까?" 하고 물었다. 왕이 크게 감격하여 "네가 비록 포의(布衣)를 입었지만 네 마음속은 비단과 같구나" 하고 염촉과 굳은 맹세를 맺었다. 이윽고 천경림(天鏡林)에 절을 짓기로 하고 왕명을 받들어 일을 시작한다는 소문이 돌았다. 왕신들은 이 소리를 듣고 크게 흥분하여 다투었다. 왕이 그 자신이 영을 내린 것이 아니라고 했다. 이차돈은 "이것은 물론 신(臣)이 한 것이나이다. 만약 이 불법을 행하면 나라가 태안(泰安)하고 경제에 유익할 것이니 국령(國令)을 어긴다 한들 무슨 죄가 되겠나이까?"라고 앞서 왕께 사뢴 대로 말했다. 군신이 말하기를 "지금 승도(僧徒)를 보건대 머리는 아이들 머리 같고 옷은 다 떨어진 옷을 입고, 하는 말은 허황하니 정상적인 도리가 아니나이다. 만약 이차돈의 말을 좇으면 뒤에 반드시 후회하시게 될 것입니다. 신(臣) 등은 사죄(死罪)를 당한다 할지라도 감히 왕명을 받들 수 없나이다" 하였다. 그 때 이차돈이 분기하여 말하기를 "지금 군신의 말은 옳지 않사옵니다. 무릇 비상한 사람에게는 뒤에 비상한 일이 있는 법이니 제가 듣기로는 불교가 매우 심오하여 행하지 않을 수가 없사옵니다. 연작(燕雀)이 어찌 홍곡(鴻鵠)의 대지(大志)를 알 수 있겠나이까?" 하였다. 왕이 "많은 사람들의 의견이 모두 결단코 반대하는 쪽으로 기울고 있는데 오직 너만이 다른 소리를 하니, 두 가지 의견에 따를 수는 없다" 하고 하리(下吏)로 하여금 이차돈의 목을 베게 하려 하자, 이차돈은 "제가 이제 법을 위해 형을 받지만 바라옵건대 의리를 일으키소서. 부처님이 신령하시면 제가 죽은 뒤에 이적(異蹟)이 있어야 마땅하옵니다" 하고 하늘을 우러러 바라보며 기도하였다. 목을 베자 머리가 날아가 금강산 꼭대기에 떨어지고, 백유(白乳)가 그 잘린 목에서 수십 장(丈)이나 솟아올랐다. 하늘이 캄캄해지며 아름다운 꽃이 비 오듯 떨어지고 땅이 크게 진동하였다. 왕과 군신(群臣)과 모든 사람들이 서로 부둥켜안고 통곡을 하였다.[1] 그 때 이차돈의 나이 26세(또는 22세)

---

1) 이 설화의 전거는 일연이 지은『삼국유사』권3, 興法 제3, 原宗興法 厭髑滅身條의 기록을 토대로 한 것이다. 이 설화의 모든 내용이 사실 그대로인지, 또는 그 기본 줄거리만이 사실인지, 또 그렇지 않으면 일본학자 今西龍가 주장하는 바와 같이 이 설화가 전적으로 신빙성 없는 가구(架構)인지 하는 문제는 여기서 자세히 논할 문제가 아니다. 우리는 이 설화의 사실성을 굳이 부정할 만한 확고한 근거도 없이 이를 부정하는 데 가담할 수가 없다. 다만 이미 한

에 불과하였다. 이 연대에 대하여는 법흥왕 15년 또는 16년설이 있으나 어느 것이 더 분명한지는 알 수가 없다.

그로부터 수년 후 법흥왕 즉위 21년에 천경림에는 신라 최초의 정사(精舍)가 세워졌다. 그 공사가 끝나자 왕은 왕위를 종제(從弟, 진흥왕)에게 물려주고 스스로 승려가 되어 법공(法空)[2]이라고 불렀다. 세상 사람들은 이 절을 대왕흥륜사(大王興輪寺)라고 하였다. 그것은 법흥대왕이 머문 곳이기 때문이다. 왕이 즉위 27년(540)에 입적하자 그를 시(諡)하여 법흥[3]이라고 하였다. 왕비도 또한 출가하여 비구니가 되었는데 왕비는 영흥사(永興寺)에 머물렀다.

이차돈이 죽은 뒤 해마다 이차돈의 기일에는 신라 사람들이 흥륜사에서 모임을 갖고 그 순교를 추모하였다. 흥륜사는 그 후에도 더 확장 또는 증축되었음이 분명한데, 이는 진흥왕 5년(544) 2월에 흥륜사가 완성되었다는 기사가 있기 때문이다.

이차돈의 순교로 신라에 불교가 공인되기는 하였지만 그 당시 신라 사람들이 불교에 관하여 어느 정도로 알고 있었나하는 것은 아직 분명치 않다. 이차돈의 말에 나타난 그 열렬하고 순수한 신념은 역시 하나의 타력신앙적인 요소를 띠고 있다고 하겠다. 군신의 입장은 정치적·행정적·경제적·군사적 실무의 입장에 서 있다. 그러나 이차돈의 입장은 정신적·종교적이다. 그리고 이차돈은 승리했다. 정신력의 우위성을 여실히 보여준 것이다.

신라에 불교가 수용됨에 있어서 이 생사 결판의 스릴이 없었더라면 신라의 불교도 고구려나 백제의 불교처럼 맥 빠진 불교가 되고 말았을 것이다.[4] 그러나 이 죽음을 통한 새로운 탄생이 신라의 불교를 영원히 빛나게 만든 것이다.

날 후대에 윤색이 가해진 설화라 할지라도 시대는 내려갈망정 하나의 철학적 의미를 깊이 담고 있는 자료라 아니할 수 없다. 여기에는 인간의 생사 문제에 대한 깊은 반성과 통찰과 확신이 뚜렷이 표명되어 있기 때문이다.

2) 法空이라는 법명이 지니는 의미, 출가의 길을 택한 왕의 태도, 여기에서 우리는 당대의 철학적 사유의 일단을 발견한다. 법공은 모든 사물의 무상함, 실체 없음을 고백하는 말로서 나아가 사물에 대한 편협한 집착을 스스로 버릴 수 있는 태도가 명시되어 있다 하겠다.

3) 法空은 법명이었다. 그의 세속적인 시호 역시 법명을 방불케 하는 法興이다. 여기에 주목할 필요가 있다.

4) 고구려나 백제의 불교를 '맥빠진 불교'라고 하는 표현은 전적으로 타당하지는 않을지도 모른다. 그러나 이 두 나라의 불교는 그 수용과정에 있어서 어떠한 격렬한 구도적 정열도 겪지 않은 정치적·외교적·군사적·실리주의적 입장이 바탕이 되어 있었다. 다시 말하면 이 두 나라의 전제적 지배자들은 그들의 자의로 도교를 도입하고 불교를 압박했다.

2. 진흥왕대(540-575)의 불교

진흥왕(眞興王)은 그 속명을 삼맥종(彡麥宗)이라고 하였다. 법흥왕과는 종제(從弟)의 관계이었다. 법흥왕이 이차돈의 죽음 이후 왕위를 물려주었을 때 삼맥종은 불과 7세의 어린애였다. 그 해가 540년인데 왕의 재위기간이 36년이므로 서기로는 575년까지가 되는 셈이다. 이 기간에 신라는 문화적으로뿐만 아니라 정치적으로도 매우 강력한 국가로 발전해 갔다. 그 영토를 확대하여 북의 고구려 땅 깊숙이 들어가 선정을 펴고 그 교화의 정신적 기반을 불교에 두었다. 그 형 원종(原宗)에게 법흥왕이란 시호를 드린 당대의 문화적 엘리트들이 이 삼맥종에게 진흥왕이란 시호를 바친 뜻을 우리는 충분히 이해할 수가 있다. 법흥왕이 불법을 일으킨 영주였다면 그 불법을 통해 진정한 민족적 흥성(興盛)을 일으킨 분이 진흥왕이다. 진흥왕 치하의 신라불교는 제도면에서와 더불어 이론면·실천면에서 중요한 진전을 보였다.

홍륜사가 완공되면서 신라인 출신의 승니(僧尼)가 배출되었다. 중국으로 건너갔던 각덕(覺德)과 명관(明觀)이 각각 549년과 565년에 돌아왔다. 각덕은 양(梁)나라에 갔다가 사신 심호(沈瑚)와 같이 불사리(佛舍利)를 가지고 왔는데, 불사리를 모시기는 이 때가 우리나라 불교사상 처음이었다.

이어 551년에는 고구려의 사문 혜량(惠亮)이 신라의 군대와 더불어 죽령을 넘어 신라의 서울로 와서 귀순하였다. 신라의 장군 거칠부 등이 고구려의 10군을 점령하였을 때 마침 혜량을 만날 수 있었고, 거칠부는 혜량의 덕망과 명성을 높이 사 혼란한 고구려에서 이 스님을 신라로 모셔 오는 데 성공한 것이다. 이미 그 당시 고구려의 사회정세는 문란해지기 시작하였고, 혜량 자신도 그 멸망이 가까움을 예측하고 있던 터이다. 혜량을 맞은 진흥왕은 그를 승통(僧統)으로 임명하고 승려의 교육 및 일반교화의 중임을 맡게 하였다. 기록에 의하면 신라에서 처음으로 백좌강회(百座講會)가 열렸고 또 팔관지법(八關之法)이 시작되었다고 한다. 백좌강회는 백 명의 고승을 모아 경전을 강(講)하는 모임인데, 이 때에 설법을 할 만한 백 명의 고승이 이미 나타났었는지는 의문이다. 아마도 혜량과 그 밖의 몇 사람이 주동이 되어 경전을 강(講)하는 일종의 연구적 모임이 아니었나 생각된다. 팔관지법이란 팔관회에 앞서 실시된 불교의식이라고 생각된다. 팔관회에 대해서는 여러 가지 연구가 있지만, 원래 '팔관(八關)'이란 아함경전에 나오는 초기 계율로서의 팔계(八戒)를 일컬음이다. 이 팔계는 모든 발달된 계율의 기간(基幹)을 이루는 것으로 그 계율을 온전히 지키는 것이 해탈·성도의 열쇠가 되는 것이며, 열반성(城)에 도달하는 관문이 되는 까닭에 그렇게 말한 것이다. 인도에서는 매월 7일마다, 그리고 나중에는 매월 7일과 15일의 2회에 걸쳐 설계(說戒) 또는 포살(布薩, Uposatha)이라는 모임이 있어서, 이 팔계의 준수 여부를 반성하고 설법을 들으며 다시는 범계(犯戒)를 하지 않기로 맹세하는 의식이 진행되었다. 이것이 확대된 연중행사는 여름 장마철 3개월에 걸쳐 열리는 안거(安居)였고, 그 안거의 중심행사도 팔계 내지는 250계에 대한 성찰을 하는 포살이었던 것이다.

양의 무제(502-549)는 포살을 하나의 국가적 행사로 중시하고 팔관재회(八關齋會)를 대대적으로 치렀다. 죄과를 없애는 모임, 즉 무차대회(無遮大會)[5]란 이름이 이 때에 채택되었었다. 필자가 생각하기로는 신라의 팔관회가 같은 뜻으로 시작되다가 점차 그 성격이 전몰자를 위한 위령제처럼 변질되고 나중에는 하나의 축제처럼 바뀌는 것이 아니었던가 하는 것이다. 『삼국사기』는 진흥왕이 572년 그 즉위 33년 10월에 전사한 사졸(士卒)을 위해 불사(佛寺)에 7일 동안에 걸친 팔관회를 열었다고 하였는데, 양 무제도 무차대회를 특별히 국가나 국민에게 어떤 불행이나 재앙이 있을 때에 크게 열고, 자기 자신이 거기에 참석하여 불전(佛前)에 참회하고 절제와 금욕적 모범을 보였던 것이다. 아마 진흥왕도 그러한 모범을 따랐던 것이 아닌가 한다.

진흥왕의 행적은 인도의 성왕(聖王) 아육왕(阿育王)의 본을 딴 점이 많다. 예컨대 정치를 하나의 보은행위라고 보았던 사실과 또 정치를 불법에 의한 교화라고 생각했던 사실, 그리고 그가 경략한 새 개척지를 순수(巡狩)하고 거기에 순수비를 세웠다는 사실 등은 불교 성왕으로서의 아육왕의 모범을 따른 것이라 하겠다. 그만큼 그 당시 신라인의 불교 이해는 상당한 수준에 달해 있었다. 불교가 신라 발전에 이바지한 공로는 지대한 바가 있다고 하겠다. 한 가지 더 특기할 사실은 562년 9월에 가야가 모반하자 왕명을 받들어 선전한 화랑에 사다함(斯多含)이란 청년이 있는데, 이 사다함이란 이름은 바로 원시불교 당시의 성자 계위(階位) 중 둘째 지위의 이름 그대로이다. 그것을 이름으로 삼았다는 사실이며, 또 그의 행적 자체가 이 계위에 합당할 만큼 모범적이었다는 사실이다.[6] 사다함 화랑은 왕이 그에게

---

5) 無遮大會의 '無遮'란 遮蔽物 또는 障碍物을 없애는 모임이란 뜻이다. 여기서 말하는 장애물은 곧 罪過이다.

6) 『아함경』에는 초기불교의 수행자가 거쳐 가는 修道의 階位를 넷으로 열거하였다. 그 가장 낮은 단계로부터 차례로 적으면 다음과 같다.

원어	음역	의역
śrotāpanna	須多洹	預流 (흐름에 들어왔다는 뜻)
sakṛdāgāmin	斯多含	一來 (한번 뒷걸음질칠 상태에 있다는 뜻)
anāgāmin	阿那含	不還 (뒷걸음질치지 않는 상태에 있다는 뜻)

상으로 준 양전(良田)과 포로 2백 구(口)를 재삼 사양하다가 왕이 이를 강행하자, 하는 수 없이 이를 받아 사람은 놓아 주고 전지(田地)는 모두 전사들에게 나누어 주는 보시의 미덕을 발휘했던 것이다.

565년(진흥왕 26년)에는 진(陳)나라로부터 불교 사절이 왔다. 양(梁)이 557년에 멸망하고 그 뒤에 한족의 정통을 이어 받은 진(陳)의 문제(文帝)가 유사(劉思)를 신라의 유학승 명관(明觀)과 동행케 하여 불교 경론 2,700여 권을 전하게 하였다.[7]

---

arahan	阿羅漢	應供 (공양 받을 만하다는 뜻)

7) 이 때에 불교 經論 2,700여 권이라고 하면 당시까지 번역되었던 불교문헌 거개가 다 망라되어 있다고 보아야 한다. 隋의 開皇 17년(597) 費長房은『歷代三寶記』를 지어 그 때까지 번역되었던 불전 총 1,076부 3,325권의 이름을 열거하고 있다. 이는 陳의 文帝가 劉思를 시켜 신라에 경전을 전해 준 557년이란 연대에 비하면 40년이 더 지난 시기의 일이다. 그 동안에 이루어진 불전의 분량을 감안한다면 劉思가 가져온 불전의 내용은 당시의 漢譯經論의 대다수를 차지한다고 보아도 무방하다. 참고로 費長房이『역대삼보기』에 기록한 바에 의해『開皇三寶錄』에 入藏된 經論의 내용을 보면 다음과 같다.

大乘修多羅	469부	1,287권
大乘毘尼	31부	54권
大乘阿毘曇	51부	245권
계	551부	1,586권
小乘修多羅	425부	1,009권
小乘毘尼	70부	352권
小乘阿毘曇	30부	378권
계	525부	1,739권
총계	1,076부	3,325권

이 안에는『大方廣佛華嚴經』60권,『大集經』60권,『涅槃經』40권,『摩訶般若波羅蜜經』40권,『放光般若』20권,『光讚般若』10권,『菩薩瓔珞經』14권,『妙法蓮華經』8권,『入楞伽經』10권,『楞伽經』4권,『道行般若』10권,『菩薩地持經』10권,『觀佛三昧海經』8권,『大薩遮尼乾子經』8권,『六度集經』8권,『金光明經』8권,『勝天王般若』7권,『勝思惟梵天所問經』6권,『思益梵天所問』4권,『大雲經』6권,『深密解脫經』5권,『央掘魔羅經』4권,『瓔珞本業經』2권,『大法鼓經』2권,『大乘同性經』2권,『般舟三昧經』2권,『阿彌陀經』2권,『無量壽經』2권,『首楞嚴經』2권,『仁王般若波羅蜜經』2권,『勝鬘經』1권,『不增不減經』1권,『金剛般若波羅蜜經』1권,『大方等如來藏經』1권,『彌勒菩薩所問經』1권,『菩薩十地經』1권,『虛空藏菩薩經』1권,『彌勒三部經』,『法界體性無分別經』2권,『法華三昧經』1권,『金剛三昧經』1권, 각종『陀羅尼經』,『菩薩戒經』8권,『梵網經』2권,『大智度論』100권,『攝大乘釋論』15권,『十地經論』12권,『十住毘婆沙經論』12권,『彌勒菩薩所問經論』10권,『大莊嚴論』10권,『菩薩善戒經』10권,『菩薩地持論』8권,『寶積經論』4권,『佛性論』4권,『寶性論』4권,『中論』4권,『金剛般若經論』3권,『中邊論』3권,『文殊師利問菩提經論』2권,『大丈夫論』2권,

이것은 신라의 불교계를 위해 매우 중대한 의의를 갖는 사건이다. 나날이 늘어가는 한역 장경의 중요한 문헌이 곧 신라인의 불교 이해를 돕게 된 것이며, 이 때부터 신라에서 본격적인 불교연구의 기틀을 잡게 된 것이다.

진흥왕은 황룡사(567)를 비롯한 기원(祇園), 실제(實際)의 2사(寺)를 세웠고(576), 또 황룡사에는 장육(丈六)의 불상을 주조해서 안치하였다.

앞서 언급한 사다함의 예도 있지만 화랑의 무리가 서로 도의(道義)를 연마하고 가락을 즐기고 산수에 노닐면서 안에서 효를 다하고 나아가서는 충성을 다하며, 묵묵히 제악(諸惡)을 짓지 않고 중선(衆善)을 봉행하는 미풍을 일으키기 시작한 것도 왕의 치하에서이다.

신라에서 불교를 공인한 첫 왕과 그의 비(妃)가 다 머리를 깎고 중이 되었다. 둘째 왕인 진흥왕 삼맥종과 그 비 역시 그 말년에 축발(祝髮)을 하고 승의를 걸친 중이 되었다. 왕의 법호를 법운(法雲)이라고 하였다. 그는 7세(540)에 즉위하여 36년간 재위하였으며, 576년에 돌아가셨으므로 43이란 젊은 나이에 아깝게도 세상을 떠난 것이다. 우리는 이렇듯 젊은 왕이 중이 되어 금계(禁戒)를 수지하고 신(身)・구(口)・의(意) 삼업(三業)을 깨끗이 하다가 죽었다는 그 정신적 자각이 신라를 크게 발전시키는 원동력이 되었다고 믿는 것이다. 우리는 진흥왕이 불교의 참정신을 그 국왕으로서의 본분에 충분히 살려, 하는 일마다 도리에 어긋남이 없는 성군이었음을 여러 가지 사실을 통해 알 수 있다. 그 스스로 출가하였다는 사실은 물론이요, 그 두 아들의 이름을 동륜(銅輪), 금륜(金輪)이라고 지은 사실, 그 외 연호를 국가의 중흥을 뜻하는 개국(開國), 또는 창생(蒼生)의 제도를 뜻하는 홍제(鴻濟)로 정했다는 사실 등은 그 좋은 실례라고 생각된다.

3. 진평왕대(579-631)의 불교

진흥왕의 뒤를 이은 진지왕(眞智王) 금륜(金輪)은 진흥왕의 둘째 아들이다. 태자 동륜(銅輪)이 요절하자 그를 대신하여 왕위를 계승한 것이다. 금륜과 동륜 등의 이름은 불적(佛籍)에 열심한 불교도 군주로 나타나 있다.[8]

『順中論』 2권, 『百論』 2권, 『遺敎經論』 1권, 『法華經論』 1권, 『業成就論』 1권, 『寶行王正論』 1권, 『唯識論』 1권, 『廻諍論』 1권, 『大乘起信論』 1권, 『發菩提心論』 2권, 『大乘優波提舍』 5권 등 중요한 대승 전적이 포함되어 있다.

8) 『仁王般若經』 卷上, 「菩薩敎化品」, 『菩薩瓔珞本業經』 卷上 「賢聖學觀品」 등에서는 四輪王을 말하면서, 鐵輪王을 十信位에, 銅輪王을 十住位에, 銀輪王을 十行位에, 金輪王을 十回向位에

그 즉위년, 즉 부왕의 몰년(歿年)에 앞서 수나라에 갔던 안홍(安弘)이 비마라(毗摩羅) 외 또 한 사람의 인도 승려와 같이 『능가경』, 『승만경』 등 중요한 대승불전과 불사리를 가지고 돌아왔다. 불교사상사를 연구하는 사람은 이 두 대승경전이 들어온 사실을 깊은 흥미를 가지고 읽지 않을 수가 없다. 이 두 경은 바로 앞으로 신라불교의 이론면의 주조(主潮)를 형성하는 중요한 전거가 되기 때문이다.

안홍법사가 그 숱한 경전 중 유달리 이 두 경을 택하였다는 것은 이 두 경에 대한 그 자신의 관심이 적지 않았음을 보여 주는 것이다. 이 두 경은 대승불교 전적 중에서도 가장 발전된 철학을 담은 것이며, 단순히 타력 의존적인 신앙서가 아닐 뿐더러 또 지나친 형식논리적인 번쇄철학의 문헌도 아니다. 교리적으로 말하면 마음의 절대성을 강조하며, 종파불교, 문자불교, 의식불교를 지양하게 하고, 실천적으로는 크게 이타적 사회참여와 내적 자기수련을 강조하는 탁월한 전적이다.[9]

진지왕이 재위 3년 만에 돌아가자 동륜의 아들 진평왕(眞平王)이 즉위하였다(579년). 진평왕대의 불교는 많은 학승의 배출로 특징지어진다. 원광(圓光, 531-630), 담

배당하였다. 이는 원래 초기 경전에서 전륜성왕이 지은 四輪의 寶를 의미했던 것에서 발전된 사상이다.

9) 『楞伽經』과 『勝鬘經』, 정확하게는 『勝鬘師子吼一乘大方便方廣經』은 前記한 『歷代三寶紀』에도 그 이름이 나온다. 『능가경』은 유식사상, 여래장사상, 아뢰야식사상 그리고 나아가 선불교에 있어서까지 중요한 所依경전으로 간주된 문헌으로서 서기 240년 이후 704년까지의 사이에 네 차례의 漢譯이 이루어졌다. 지금 安弘이 576년에 가지고 온 한역본은 세 번째의 한역본으로서 513년에 菩提流志가 번역한 것으로 흔히 十卷本이라고 불리는 가장 많이 이용된 역본임이 틀림없다. 참고로 다른 別譯本의 역자 및 한역연대와 권수를 摘記하면 다음과 같다 .

제1역 『楞伽經』, 4권, 420년경 曇無羅叉(Dharmarakṣa) 역, 현존하지 않음.
제2역 『楞伽阿跋多羅寶經』, 4권, 443년 求那跋陀羅(Guṇabhadra) 역, 현존.
제3역 『入楞伽經』, 10권, 513년 菩提流志(Bodhiruci) 역, 현존.
제4역 『大乘入楞伽經』, 7권, 700-704년 實叉難陀(Śikṣānanda) 역, 현존.
(D.T. Suzuki, *Studies in the Laṅkāvatāra Sūtra*, London: Routledge & Kegan Paul, 1968, pp. 4-7 참조.)

한편 『승만경』은 여래장사상을 강조하며 法身, 一乘의 개념을 진여한 인간심성의 근본에서 찾아 성불의 이상을 현실생활의 원만무애한 관계성취에 두고 크게 현실참여를 주장하는 경전으로서 원효를 비롯한 신라의 불교사상가들로부터 매우 존중된 문헌이다. 현재 알려진 바로는 436년에 求那跋陀羅가 번역한 단독 경과 706-713년 사이에 菩提流支가 번역한, 『大寶積經』 제48회에 삽입된 것의 두 가지가 있다. 이 밖에 北涼의 曇無讖이 번역한 것이 있었으나 이는 현존하지 않는다. 최근에 나온 이 경의 해설서로 雲井昭善, 『勝鬘經』(佛典講座 10, 大藏出版, 1976), 英譯으로 A. Wayman and H. Wayman, *The Lion's Roar of Queen Śrīmāla* (New York and London: Columbia University Press, 1974)가 있다.

육(曇育, 596년 入隋, 605년 귀국), 지명(智明, 585년 入陳, 623년 귀국), 자장(慈藏, 636년 入唐, 643년 귀국), 원효(元曉, 617-686), 의상(義湘, 650년 入唐, 671년 귀국) 등이 신라불교사뿐만 아니라 우리 민족사상사 위에 거성처럼 나타나 그 빛을 발했다.

지명은 진(陳)나라에서 18년이나 머물면서 공부하고 돌아온 고승으로, 무엇보다도 그 계행이 깨끗하기로 유명하였다. 언제나 다른 이의 덕을 찬양하고 겸허하게 자기를 낮추었다. 진평왕은 그에게 대덕(大德)의 계위를, 나중에는 대대덕(大大德)의 계위를 주어 존경하였다. 『의천록(義天錄)』에 의하면 지명은 『사분율갈마기(四分律羯磨記)』 1권을 지었다고 전하는데 현재는 남아 있지 않다. 『사분율』은 담무덕부(曇無德部, Dharmaguptaka)의 율장으로 부파불교의 소산이나, 불교가 중국에 들어온 이후 이 율에 의해 출가자의 수계 및 기타 승려범절을 율(律)하였다. 따라서 우리 신라의 승려들도 이 율을 규범으로 생활했음이 분명하다. 이 율을 『사분율』이라고 칭하는 것은 내용이 네 부분으로 나뉘어 있기 때문이다. 율 자체는 60권에 달하는 방대한 것이었으므로, 흔히 이를 요약하여 비구와 비구니에 해당하는 몇 가지 법을 발췌한 것을 갈마(羯磨) 또는 갈마기(羯磨記)라고 하여 일상적으로 사용하였다. 이러한 갈마는 중국에서도 여러 편이 번역되어 사용되었다. 대개 그 내용은 ① 제결계법(諸結界法), ② 수계법(受戒法), ③ 제제죄법(諸除罪法),④ 설계법(說戒法), ⑤ 안거법(安居法), ⑥ 자자법(自恣法), ⑦ 분의물법(分衣物法), ⑧ 작정법(作淨法), ⑨ 잡법(雜法) 등으로 대분(大分)되었다.

지명과 비견되는 이 시대의 또 다른 고승은 담육(曇育)이다. 596년에 수에 들어가 유학하고 605년에 수사(隋使) 혜문(惠文)과 같이 돌아온 담육이 어떤 분야에서 활약하였는지는 잘 알 수가 없다.

원광은 앞서 든 두 스님을 압도하는 명성을 떨친 고승이다. 기록의 내용이 일정치 않아 그 연대를 확정짓기 어려우나, 당의 『속고승전』에 의한다면 스님은 황륭사(皇隆寺, 皇龍寺?)에 오래 머물렀으며 속성은 박씨이다. 유학에 밝아 그 방면으로도 중국의 학자들을 압도할 정도였다고 한다. 25세에 해로로 금릉(金陵)에 도달하여 장엄민공(莊嚴旻公)의 강(講)을 듣고 세상의 일반 전적에 널리 통효하였다.

원광은 처음에는 승려가 아니었으나 다만 학리(學理)를 캐는 것에만 만족하지 못한 나머지 실천을 중시하여 스스로 구족계를 받고 승려가 되었다. 그는 소승경인 『성실론』에 밝았으나[10] 그것에만 만족하지 않고 『열반』, 『반야』 등에도 통하게

10) 『成實論』은 鳩摩羅什(402-412)이 번역을 낸 후 중국에서 그 연구와 강설이 성했던 것으로, 이 논을 토대로 成實宗이 생겼으며 다수의 학자가 배출되고 많은 註疏도 나왔다. 僧旻도 그 중의 한 사람이다. 이 成實宗은 三論宗과 거의 동시에 유행된 종파였는데, 이 兩宗間에는 대립

되었고, 또 명산을 찾아다니며 선정(禪定)을 쌓았다. 그는 이미 중국에 있는 동안 그 성명을 날렸으며 그의 설법은 중국 사회의 큰 관심거리가 되다시피 하였다. 마침 군(軍)이 양도(楊都)에 침입, 난병(亂兵)에게 잡혀 처형당하려 할 무렵 멀리서 바라다보던 주장(主將)이 이상한 광경을 목격하고 그를 풀어 주었다. 즉 절과 탑이 불타고 있었던 것이다. 달려가 보니 불길이라곤 찾아 볼 수 없고, 다만 탑 앞에 묶여 죽음을 기다리는 원광만이 있었다. 주장은 이 스님의 비범함을 깨닫고 그를 풀어 놓아 주었다.

원광은 본래 남중국에 오래 머물렀으나 수의 개황 9년(589)에는 북쪽으로 옮겨가 수나라 문제 앞에서 열린 『섭론(섭대승론)』 법회에도 참석하였다. 수 황실에서까지 그 이름이 높아지자 본국에서도 왕이 사신을 보내 누차 귀국할 것을 청하게 되었다. 원광이 본국으로 돌아온 것은 진평왕 22년(600)이라고 한다. 그 때부터 30년, 진평왕 52년(630) 황룡사에서 돌아갈 때까지가 그의 신라에서의 활동기간이 된다. 그가, 전하는 바와 같이 99세에 입적한 것이라면 그의 국내 활동은 60세의 고령에야 시작된 셈이다.

그가 화랑에게 준 유명한 세속오계에 관한 이야기를 『삼국사기』 열전(列傳) 제 5 귀산조(貴山條)에 의해 보면, 수나라에서 돌아온 원광은 가실사(加悉寺)라는 절에 계셨다. 귀산이 예를 갖추어 성명(誠命)으로 삼을 만한 말씀을 해 주십사 하고 사뢰었다. 원광은 말하기를

> "불계(佛戒)에는 보살계(菩薩戒)가 있어 이를 10계로 하고 있으나, 그대들은 사람의 신자(臣子)가 되어서 능히 이를 감당하지 못할까 두렵다. 지금 세속에 알맞은 5계가 있는데, 그 ①은 임금을 섬김에 충성으로써 하고, ②는 어버이를 섬김에 효도로써 하고, ③은 벗을 사귐에 신의로써 하고, ④는 싸우는 마당에 다다르면 물러남이 없게 하고, ⑤는 산 것을 죽임에는 가림이 있으라 하는 것인데, 그대들은 이를 실행함에 있어서 소홀히 함이 없도록 하라"

적인 경쟁이 생기기도 했고, 『성실론』 자체에 대하여도 大小乘論判이 활발히 제기되었다. 僧旻 등 梁의 법사들은 이 논을 『반야』, 『법화』, 『열반』의 입장에서 대승론이라고 옹호했는가 하면, 반대로 吉藏은 고구려 출신 僧朗(5-6세기)의 新三論의 계통을 받아 이 논을 소승이라고 단정했다. 그러나 원래 이 책이 三論(中論, 百論, 十二門論) 이후의 저술이고 그 영향 하에 있었음을 상기한다면, 길장의 비판은 삼론종 옹호의 의도에서 나온 것이라고 밖에는 볼 수 없다. 원광의 전기가 말하는 바가 사실이라면, 그는 『반야』, 『열반』의 두 경과 더불어 『성실』, 『섭대승』의 두 논을 중시하였으므로 梁의 법사들의 견해를 따라 이 논을 대승론이라고 보았던 것 같다. 그가 삼론을 아울러 중시하지 않은 점으로 미루어 보더라도 고구려 · 백제의 승려들의 경향과는 다소 다른 점이 있음을 간취할 수가 있다.

는 것이었다. 그리고 마지막 조항에 대하여는 또 다음과 같은 설명을 붙였다.

> "육재일(六齋日)과 봄과 여름 계절에는 산 것을 죽이지 말라는 것이니, 이는 때를 가리라는 것이다. 부리는 짐승을 죽이지 않는다는 것이니 말·소·닭·개를 말하는 것이고, 세물(細物)을 죽이지 않는다는 것이니 고기가 한 입도 못되는 것을 말하는 것이다. 이것은 물건을 가린다는 것이며 오직 소용(所用)에 따를 뿐 많이 죽이기를 바라지 말라는 것이니, 가히 세속의 착한 경계라고 말할 수 있다."

> 佛戒有菩薩戒 其別有十 若等爲人臣子 恐不能堪 今有世俗五戒, 一曰事君以忠 二曰事親以孝 三曰交友有信 四曰臨戰無退 五曰殺生有擇 若等行之 無忽 貴山等曰 他則旣受命矣 所謂殺生有擇 獨未曉也 師曰 六齋日春夏月不殺是擇時也 不殺使畜 謂馬牛鷄犬 不殺細物 謂肉不足一臠 是擇物也 此亦唯其所用 不求多殺 此是世俗之善戒也[11]

육재일이란 음력으로 1·7·14·15·21·28일을 말하는 것으로 이날은 원래 부처님 당시부터 사천왕이 인세(人世)를 돌보고 사람들의 범행(犯行)을 경계하는 날이라고 생각되어 온 날이다. 즉 재(齋)를 지켜야 하는 날이란 말이다.

원광은 보살계 사상에 입각하고 있었으므로 상당히 자유로운 계율 해석을 하고 있었음을 볼 수 있다. 그가 세속 청년들인 화랑들에게는 '보살십계'[12] 대신에 '세속오계'를 주었고, 또 608년(건복 25년)에는 왕명을 받아 수병(隋兵)을 요청하는 「걸사표(乞師表)」를 쓰기까지 하는 등 자유롭게 상대와 상황에 알맞은 도덕기준을 취할 수 있었던 것이다.

화랑 귀산(貴山)과 추항(箒項) 두 사람이 원광에게 종신지계(終身之戒)를 물었

---

11) 『삼국유사』, T.2039, pp. 1002c-1003a. 원광이 여기서 '菩薩戒其別有十'이라고 한 것을 미루어 보면, 원광은 크게 두 가지의 보살계본 가운데 『梵網經』 계통의 보살계본을 알고 있음을 시사한다. 이 점은 후에 원효가 『瑜伽論』에 입각한 보살계본을 더 중시한 것과 다른 점이다. 이 양자의 차이를 찾아보면, 후자는 전자에 비해 중계(重戒)의 수가 10에서 4로 줄었고 또 일반적으로 훨씬 더 대승적인 재가보살의 이타행면에 치중하고 있다.
자세한 것은 졸고 「元曉의 菩薩戒觀」(『東國大學校 論文集』 3·4합집, 1967 및 『佛教學報』 5, 1967)을 참조하기 바란다.

12) 『범망경』 계통의 보살계본(多羅戒本)에서 열거하는 菩薩十戒는 다음과 같다.
① 殺戒, ② 盜戒, ③ 淫戒, ④ 妄語戒, ⑤ 酤酒戒
⑥ 說四衆過戒, ⑦ 自讚毁他戒, ⑧ 慳惜加毁戒, ⑨ 瞋心不受悔戒, ⑩ 謗三寶戒

을 때 준 세속오계는 얼핏 보아서는 불교의 특성이 결여된 것 같이 보일지 모르지만, 이러한 상황윤리를 이야기할 수 있었다는 것은 벌써 그의 불교관이 깊고 넓었다는 것을 입증하는 것이다. 사군이충(事君以忠), 사친이효(事親以孝), 교우이신(交友以信), 살생유택(殺生有擇), 임전무퇴(臨戰無退)의 오계를 살펴보면 충・효・신・의・용의 유교적 도덕규범이 다 들어 있다. 어떻게 불교에 충이 있을 수 있느냐, 어떻게 불교인에게 있어서 효가 그렇게 중요하며, 더욱이 전쟁마당에서의 용기 같은 것이 강조되겠느냐? 또 불살생이면 불살생이지 왜 살생유택이냐 등의 이의를 제기할 사람이 있을지 몰라도, 반야의 근본지(根本智)를 터득하고 나서 방편지(方便智)로서 하근기의 중생을 제도하는 입장에 선 그의 교육자적인 현실주의를 우리는 절대로 낮추어 평가할 수가 없다.

이러한 실천적인 규범은 『반야경』을 토대로 '색즉시공 공즉시색(色卽是空 空卽是色)'의 이치를 알기 때문에 가능했던 것이다. 또 불신(佛身)의 상주(常住)함을 믿고 열반이 단순한 무, 또는 허무가 아니라 진실로 영원함(常), 진실로 행복함(樂), 진실로 자재함(我), 진실로 무구함(淨)이라는 것을 알고, 또 모든 중생에게 다 불성이 있기 때문에 구제의 가능성이 있다고 믿는 『열반경』의 이상을 알기 때문에 가능했던 것이다.

『섭대승론』은 대승 철학의 큰 줄거리를 10개의 장으로 나누어 설명한 책이다. 531년의 불타선다 역(佛陀扇多譯)과 563년의 진제 역(眞諦譯), 그리고 647-649년의 현장 역(玄奘譯)의 세 가지 번역이 있으나, 원광이 가지고 들어올 수 있었던 것은 앞의 두 가지였을 것이다. 그는 당시 최신의 이론을 우리나라에 도입한 것이다. 알라야(alaya)식이란 무엇인가 하는 것으로부터 시작하여 변계소집(遍計所執)・의타기(依他起)・원성실(圓成實)의 삼성(三性)을 통해 사물을 관찰하여야 함을 가르치고, 이러한 관점에서 유식을 말하고, 육바라밀, 십지(十地), 계・정・혜, 열반, 불신을 세 가지로 보는 삼신설(三身說) 등을 설명해 가는 것을 그 골자로 하고 있다.

『삼국유사』를 보면 원광은 또 『점찰경(占察經, 占察善惡業報經)』을 근거로 하는 귀계멸참(歸戒滅懺)의 법을 도입하여 우매한 군중들을 교화하는 점찰보를 조직하기도 하였는데, 이 법은 이후 우리 불교사에서 오래도록 지속되는 하나의 전통이 되기도 하였다. 점찰보(占察寶)는 『점찰경』에 의해 윤리생활에 박차를 가하고 수도에 힘쓰는 신도들의 조직이었다. 신도들이 토지를 희사하여 그 경제적 토대를 가지고 조직을 운영해 가는 제도이다. 『점찰경』은 목간(木簡)을 만들어 그 위에 죄과의 이름을 적어 넣고 이를 던져서 나온 죄과목(罪過目)을 보고 자기 죄를 참회하며 고쳐가는 것을 권장하는 상권과 모든 인간들이 그 마음의 정화에 힘써야 함을 강조하는 하권의 두 권으로 된 경이다. 하권의 내용은 『대승기신론』의 내용과 매우 흡사한 내용을 담고 있고 그 용어마저 원효가 즐겨 쓰는 용어와 비슷한 점이 많아 원효와의 관계 여부가 주목되기도 하는 경이다.

원광은 신라의 불교가 융성해지던 6-7세기에 걸쳐서 불승(佛僧)들에게는 불교수행을 올바르게 하도록 교화하고, 화랑들에게는 그들에게 알맞은 보살계를 가르쳐 주어 국가발전에 공헌케 하고, 일반 민중에게는 점찰보와 같은 조직을 통해 쉽게 일상생활의 윤리화를 이룩하도록 한 신라 최초, 아니 민족 최초의 위대한 정신적 지도자이었다고 할 수가 있을 것이다. 그에게는 원안(圓安)이란 제자가 있었는데, 그도 또한 수계참회의 공덕을 높이 현양한 지도자이었다. 당시 신라 사회에 이미 적지 않은 승려가 있고 사찰이 있었음에도 거개가 주술을 좋아하고 정법을 모르는 실정 하에서 이 두 사람은 뛰어난 여실수행자(如實修行者)였던 것이다.[13]

일본의 불경목록『나라록(奈良錄)』에 의하면 원광에게는『대방등여래장경소(大方等如來藏經疏)』1권과『여래장경사기(如來藏經私記)』3권이 있었던 모양인데, 만약 이것이 사실이라면 역시 신라불교인의 사상적 기호를 다시 한번 입증하는 것이 된다. 여래장사상은 신라의 학승들이 극히 많은 관심을 가지고 주목하고 믿어 온 도리이기 때문이다.

그의 장례는 국장으로 치러졌는데 왕과 동등한 대접을 받았다. 신라 사람들은 태사(胎死)한 애를 복인(福人)의 무덤 옆에 묻으면 자손의 대가 끊이지 않는다는 말이 있어서 앞을 다투어 원광의 무덤가에 죽은 태아를 묻으려 몰려들어 이로 말미암아 불법에 신심이 없던 사람들도 모두 이 복인을 우러러 존경하였다 한다.

진평왕 치하의 또 다른 불교적 사건은 우리 불교사(佛敎史)상의 가장 걸출한 두 사상가가 태어났다는 사실이다. 617년(진평왕 39년) 원효가 압량군(押梁郡) 불지촌(佛地村)에서 태어났고, 그보다 약 8년 늦게 의상이 태어났다. 진평왕이 돌아갈 때 원효는 아직 14세이었으며 의상은 6세에 불과하였다.

진평왕대에 백제와 고구려 두 나라의 무력적 위협은 더욱 잦았고, 특히 백제는 여러 차례 국경을 넘어 신라의 제 성을 공략해 왔으나, 원광의 세속오계의 정신을 받은 화랑들의 감투(敢鬪)로 매번 그 침공을 격퇴하고 나아가 백제 멸망의 날을 촉진시키기에 이르렀다. 고구려의 낭비성(娘臂城)을 탈취하는 데 성공한 김유신도 호국 불교의 정신을 산 장군이었다.

---

13)『삼국유사』의 圓光西學條에 나타나는 문맥을 보면, 원광이 아직 젊었을 당시에는 많은 승려들이 주술에만 전념하고 옳은 수도를 하지 않고 있었던 것이 실정인 듯하다. 경주 安逸戶長 貞孝의 집에 있는 殊異傳의 말이라고 하여 인용된 구절에 주술을 좋아하고 소란을 피워 사람들을 괴롭히는 중이 있음을 말하고 있다.

4. 통일 전야(632-668)의 신라불교

진평왕 다음 신라가 반도를 통일하기까지 632년부터 668년까지 36년 동안에는 선덕(善德王, 632-646) 및 진덕(眞德王, 647-653)의 두 여왕과 무열왕(武烈王, 654-660)의 세 왕의 치세가 전개되고, 마지막으로 문무왕(文武王)이 그 통일의 위업을 달성하였다.

선덕·진덕의 두 왕은 여왕이었으나 그 속명 자체를 인도 불교의 경전 속에 나오는 성여인(聖女人)의 이름을 본떠 지을 정도로 불교의 독신자(篤信者)이었다. 선덕여왕은 덕만(德曼)이란 이름을 가졌고 진덕여왕은 승만(勝曼)이라고 불렸는데, '勝曼'은 승만(勝鬘, Śrīmalā)과 동명으로서 대승불교의 깊은 철학을 담은 『승만경』의 주인공이며, 재가남자로서 『유마경』의 주인공이 되어 설법하는 유마(維摩)거사와 쌍벽을 이루는 재가성자이다.

선덕여왕 때에 서울에는 분황사(芬皇寺, 634)와 영묘사(靈妙寺, 635) 및 황룡사의 구층탑이 조성되었고, 무열왕 때에는 한산주(漢山州)에 장의사(壯義寺, 659)가 창건되었다. 그 밖에도 금곡사(金谷寺), 법류사(法流寺), 원녕사(元寧寺), 통도사(通度寺), 수다사(水多寺), 석남원(石南院), 압유사(鴨遊寺), 실제사(實際寺) 등의 이름이 『삼국사기』에 나타나고 있다. 문무왕 4년(664)에는 사람들이 함부로 불사에 재화와 토전을 기진(寄進)하는 것을 금할 정도였으므로, 이 시기에 신라의 불교는 국민들 사이에 보편화되어 매우 융성해 있었음을 알 수 있다. 승려의 수도 적지 않았을 것이 짐작된다. 선덕여왕 5년(634)에는 왕이 병으로 오래 누웠는데, 그 때에 백고좌강회를 황룡사에 개설하고 『인왕경』을 강하게 하고 승려 백 명을 득도(得度)케 하였다. 한꺼번에 승 백 명이 득도한다는 것은 보통 일이 아니다.[14]

또 이 기간에는 승려로서 중국으로 유학을 가는 일도 많이 있었는데 원효와 의상이 동도(同途)하여 도당(渡唐)을 꾀한 것도 이 때의 일이요, 의상은 마침내 당나라의 지엄(智儼)의 문하에 들어갔다. 명랑(明朗, 635)과 자장(慈藏, 643)이 당나라로부터 유학을 마치고 돌아와 크게 활약했다. 또 당으로 건너갔다가 다시 서역으로까지 구법을 하러 가서 귀국하지 못하고 만 승려들도 상당수에 달했다. 『해동고승전』에 의하면 아리야발마(阿離耶跋摩), 혜업(惠業), 현태(玄泰), 구본(求本), 현각(玄恪), 혜륜(惠輪), 현유(玄遊) 및 두 명의 실명승(失名僧)이 선덕여왕 치하에

14) 百高座會란 원래, 『仁王般若經』에 기술된 대로 백 명의 고승이 높은 자리에 앉아 『인왕경』을 강설하며 반야의 힘으로 나라를 지키는 의식을 진행함을 말하는 것이다. 여기에서는 백 명의 스님을 득도케 했다고 하므로 경이 정하는 바대로 진행된 의식이 아님을 알 수 있다. 이에 대해서는 원효의 행적을 말할 때 다시 언급하겠다.

서역으로 갔다고 전한다.

1) 자장

자장은 636년(선덕여왕 5년)에 입당했다가 643년(선덕여왕 12년)에 귀국, 계율에 엄하고 대승 철학에 밝은 고승이었다.

안홍(安弘)이란 사람이 지은 『동도성립기(東都成立紀)』는 지금 인멸되어 없지만 『삼국유사』가 이를 인용하는 바에 의하면, 왕은 자장의 청으로 황룡사에 구층탑을 세우고 인국(隣國)의 침략을 막고자 하는 기원의 뜻을 표하였다. 그 제1층은 일본, 제2층은 중국, 제3층은 오월(吳越), 제4층은 탁라(托羅), 제5층은 응유(鷹遊), 제6층은 말갈(靺鞨), 제7층은 단국(丹國), 제8층은 여적(女狄), 제9층은 예맥(濊貊)을 진압하려는 기원을 담은 것이었다고 한다. 당시의 사회정세를 알게 하는 자료이며, 동시에 당시 불교의 호국적인 특색을 드러내는 증거이다. 자장은 또 당나라의 의관(衣冠)제도를 받아들일 것을 권유하여 진덕여왕으로 하여금 중국의 의관제도를 채택하게끔 하였는데, 이는 역시 당시의 승려들이 일반적으로 얼마나 모화사대적(慕華事大的)이었나 하는 것을 알 수 있게 한다.

자장은 진골소판(眞骨蘇判)인 무림(茂林, 또는 武林)의 외아들이며, 천부(千部)관음을 만들어 기도하고 얻은 아들이라 한다. 그 유명(幼名)을 선종랑(善宗郎)이라고 한 것을 보면 그도 역시 화랑의 한 사람이었던 모양이다. 조실부모하고는 이 세상의 번뇌 많은 경계를 싫어하며 전원(田園)을 버려 절을 만들고 출가를 해 버렸다. 그가 만든 절이 원흥사(元興寺)이며, 홀로 유험(幽險)한 곳에 머물러 고골관(枯骨觀)을 닦았다. 그는 조그마한 방을 마련하여 둘레에 가시덩굴을 둘러치고 그 안에 앉아 참선에 몰두하였다. 움직이려 하면 가시로 찌르고, 졸지 않도록 하기 위해서는 머리를 끈으로 대들보에 잡아매어 밤을 새우며 명상에 잠겼다. 그 때 마침 궁중에서는 대신 자리가 비어 귀족 문벌 중에서 적임자를 고르게 되어 누차 자장에게 그 뜻을 전하고 나오도록 하였으나 나가지 않으므로, 왕은 만약 나와서 그 직을 맡지 않으면 참형에 처하겠다고 분부를 내리게 되었다. 그 때 자장은 이 말을 듣고 "吾寧一日持戒而死 不願百年破戒而生(내가 오히려 하루를 계를 지키다 죽을망정, 백년을 파계하고 살기를 원치 않는다)"고 다시 한번 사양을 하였다. 그리하여 하는 수 없이 왕도 그의 출가를 허락하게 되었다고 한다. 이것은 자장이 당나라로 유학을 가기 전의 일이지만 그 이후 줄곧 산중에만 있으면서 수행을 했는데, 가끔 골짜기에 나오면 그 마을 사람들이 앞을 다투어 계를 받고 그 제자가 되기를 원하였다고 한다.

자장은 일찍부터 입당(入唐) 유학하기를 소원했는데, 636년 드디어 왕의 허락을 받아 승실(僧實) 등 10여명과 같이 중국으로 건너가 청량산(淸凉山)을 찾았다. 거기에 문수보살의 대상(大像)이 있는 것을 보고 그 앞에서 기도하던 중 범게(梵偈)를 받은 바 있다. 또 경사(京師)에 들어가서는 태종의 칙사(勅使)로부터 두터운 대접을 받았으나, 도시의 번잡을 피해 다시 종남산(終南山) 운제사(雲際寺) 동쪽에 암굴을 거실삼아 거기서 3년이나 머물며 수도했다고 전한다. 그 후 다시 입경했다가 본국의 선덕여왕의 요청을 받아 장경(藏經)의 일부와 번당화개(幡幢花蓋) 등 다수를 싣고 귀국하여(643) 분황사에 머물렀다.[15]

돌아온 후 자장은 궁중에 들어가 대승론을 강하기도 하고, 황룡사에서 7일7야에 걸쳐 보살계본을 풀이하기도 하였다. 기록에 의하면 그 때까지만 해도 신라불교는 의식 및 제반 궤범이 갖추어지지 않은 점이 많았던 모양이다. 자장에 의해 계발된 조정에서는 그를 대국통(大國統)으로 임명하고 승니에 관한 일체의 규율 관리를 그에게 위임하였다. 반월(半月)마다 열리는 포살[16]을 엄격히 시행하고, 겨울과 봄에는 시험을 치러 과오를 범함이 없도록 하고, 순사(巡使)를 보내어 지방 사찰을 돌아보게 하였다. 동시에 불교의식은 장엄히 지내도록 하고 정법을 수호하는 데 전력을 기울여 불교의 일대번영을 초래하였다. 국민 중 10중 8, 9가 수계를 하여 불교도가 되었고, 축발(祝髮)을 하고 승니가 되기를 원하는 사람이 해마다 늘어났다. 통도사(通度寺)를 창건한 것이 바로 이러한 필요에서이며, 통도사는 이름 그대로 승니를 득도(得度)하는 대가람이 되고 그리하여 계단(戒壇)이 새로 마련되었던 것이다. 한편 그는 일찍이 자기 집을 바꾸어 절로 하였던 원녕사(元寧寺)를 개영(改營)하고 거기서 『화엄경』을 강하였는데, 52명의 여인이 나타나 청법(聽法)하고 증오(證悟)하였으므로 문인들이 그 수만큼의 나무를 심어 그 이적(異蹟)을 기념하였고 그 나무를 지식수(知識樹)라고 불렀다.

자장은 앞서도 말한 바와 같이 조정의 의관제도를 중국 것을 본떠서 중국의 연호를 쓰도록 하는 등 우리 문물을 중국화 시키는 일에도 앞장섰다. 우리는 이것을 반드시 잘한 일이라고는 보지 않지만, 당시로서는 불가피한 사태이었으리라고 생각한다. 그는 강릉에다 수다사(水多寺)를, 그리고 태백산에는 석남원을 지었고, 그 밖에도 10여개 소에 절과 탑 등을 세웠다.

전설에 의하면 자장은 수다사에 있을 때 꿈속에 옛날 중국의 북대(北台)에서 본 것과 꼭 같은 스님을 보았는데, 그가 말하기를 내일 저 큰 소나무 밑에서 좀 만나

---

15) 이 때에 자장은 많은 새로운 불전들을 도입했으리라고 생각되나, 대부분은 이미 들어와 있던 경전들의 新譯이었으리라고 짐작된다.

16) 布薩은 uposatha 또는 poṣadha의 음역으로 매 7일마다 또는 半月마다 계를 설하고 그 준수여부를 검토하고 이에 대한 응분의 가책을 가하는 모임이었다.

자 하므로 크게 놀라 일어났다. 이튿날 그 자리에 가 보니 과연 문수보살이 와 있었다. 법을 물으니 다시 태백산의 가시덤불 많은 골짜기에서 만나자 하고는 사라져 버렸다. 자장은 태백산으로 가 그 자리를 찾다가 큰 구렁이가 서리고 있는 나무 밑으로 가서 여기에 석남원을 세우고 문수보살이 다시 강림하기만을 기다렸다. 그 때에 한 늙은 거사가 남루한 도포를 입고 갈삼태기에 죽은 강아지를 담고 와서 자장의 시자(侍者)에게 말하기를 "자장을 보러 왔다"고 한다. 시자는 "네가 천하에 보잘 것 없는 지푸라기 같은 자인데 어찌 감히 우리 스승의 법호를 함부로 부르느냐? 네가 무엇을 하는 놈이냐? 미친 놈 아닌가?" 하고 야단을 쳤다. 늙은 거사가 "다만 너의 스승에게 가서 말하라" 하자 그 말을 전했더니 자장은 그가 누구인지 미처 알지 못하고 '아마도 미친놈일 것이다' 하여, 문인(門人)이 이를 내쫓아 버렸다. 늙은 거사는 그 말을 듣고 말하기를 "가자, 가자, 아상(我相)을 가진 녀석이 어찌 나를 볼 수 있으랴" 하며 삼태기를 뒤집어엎어 버리니 죽은 개가 변해 사자보좌로 되고, 그 늙은 거사는 방광(放光)을 타고 하늘로 올라가 버렸다. 자장은 이 말을 듣고 위의(威儀)를 갖추어 그 빛을 찾아 달려가 남령(南嶺)에 올라갔으나 이미 묘연하여 따를 도리가 없었다. 자장은 그 자리에서 목숨을 거두었다고 한다.

우리는 이 설화 속에 이미 자장에 대한 평가가 포함되어 있다고 보고자 하는데, 자장은 역시 성실하고 엄격한 율사였으나 원효와 같은 달관된 무애(無礙)의 맛을 몰랐던 종교인이었다고 할 수가 있을 것이다. 그에게는 『제경계소(諸經戒疏)』 10여 권과 『출관행법(出觀行法)』 1권이 있었다고 전하는데, 지금 남아 있지 않으며 그 내용이 특별히 독창적인 무엇을 가지고 있었다고는 생각되지 않는다.

신라가 반도를 통일하는 것은 668년(문무왕 8년)의 일이다. 선덕여왕 즉위 때에 불과 15세의 소년이었던 원효가 활발하게 활동하는 것은 진덕여왕과 무열왕, 그리고 문무왕 치하에서의 일이다. 원효는 진덕여왕 즉위년에 30세였으며, 668년 신라가 고구려를 멸망시킨 해에는 51세였다.

2) 원효

원효는 우리 민족이 한반도에 불교를 받아들인 이후에 배출된 가장 탁월한 불교사상가이다. 그는 한국에 불교를 사상적으로 토착화시킨, 이론면에서의 천재일 뿐만 아니라, 불교정신을 신라 통일의 대업에 실천적으로 발휘하게 한 위대한 교육자이기도 하였다.

그는 617년 압량군 불지촌의 율곡(栗谷) 사라수(娑羅樹) 하에서 태어났다. 속성은 설씨(薛氏)이며, 조부는 잉피공(仍皮公, 또는 赤大公)이고 부는 담날내말(談捺乃末)이다. 불지촌은 발지촌(發智村) 또는 불등을촌(佛等乙村)이라고도 불렸다고 하는데, 지금 경산군 자인면(慈仁面)의 한 언덕에는 신문왕 당시 원효가 지었다는 금당(金堂) 자리가 남아 있고, 그 밑 골짜기에는 그 아들 설총(薛聰)의 출생지라고 전하는 자리가 남아 있어, 거기가 바로 원효 자신의 출생지가 아닌가 한다.

대사의 집은 본래 이 율곡의 서남에 있었다고 한다. 그 어머니가 원효를 배고 달이 찼을 때 이 골짜기의 밤나무 밑을 지나다 갑자기 산기가 있어 집에 들어갈 사이도 없이 이 나무 밑에서 분만을 하게 되었기 때문에 이 나무를 사라수라고 한다고 전한다. 그 나무의 열매는 이상하게도 커서 이를 사라밤이라고도 부른다고 한다. 그의 유명(幼名)은 서동(誓幢) 또는 신동(新幢)이라고 전하는데, 이것은 한자 음역이고 순수한 우리말로 된 이름이 있었던 모양이다. '幢'은 '털'이라고 읽었다고 하므로 '새털'이라고 불렀는지도 모른다.

그 후 성장하여 원효는 출가하였는데, 출가 후 자기 집을 절로 만들고 초개사(初開寺)라고 이름 지었다. 당의 『고승전』에는 원효를 상주(湘州) 사람이라고 했는데, 이는 문무왕대에 있었던 행정구역 개편으로 압량군이 그 밑에 들어갔기 때문이다. 지금의 자인면은 이 압량군이 분할됨에 따라 생긴 이름이다. 그에게는 일정한 스승이 없었지만 널리 전적(典籍)을 섭렵하여 한국불교사(佛敎史)상 최대의 학자 사상가가 되었다.

원효는 요석궁의 과(寡)공주와 통하여 설총을 낳았는데, 이것이 태종대라고 하므로 이 사실은 655년에서 660년 사이, 즉 원효의 나이 39세에서 44세 사이에 일어난 일이 아니었는가 한다. 이 실계(失戒)의 사실은 원효로 하여금 더욱 위대한 사상가가 되게 한 중대한 계기가 되지 않았는가 짐작해 볼 수도 있다. 실계 후 원효는 스스로 '복성(卜性)거사' 또는 '소성(小性)거사'라고 칭하고 속인 행세를 하였다. 그가 의상과 더불어 요동(遼東)을 거쳐 당나라에 들어가 유학을 하려고 하다가 실패하고 돌아온 사실과, 또 해로로 재차 도당(渡唐)을 계획하다가 해골 물을 마시고 깨달은 바 있어 귀국한 사실은 아마도 이 사건이 있기 전의 일인 것 같다. 의상의 입당 연대를 영휘(永徽, 650-655) 초년이라고 하는 기록이 사실이라면 그렇게 밖에는 생각할 수가 없다.

원효는 우연히 한 광대가 이상한 모양을 하고 큰 표주박을 가지고 춤추는 꼴을 보고, 그 모양을 따서 노래를 지어 세상에 유포시켜 노래와 춤을 통해 부처님의 법을 무식한 대중에게까지 잘 알 수 있도록 했다고 한다. 그 노래의 골자는 『화엄경』에 나오는 '일체무애인(一切無礙人) 일도출생사(一道出生死)'라는 구절이고, 따라서 그 노래를 '무애가(無碍歌)'라고 했다고 전한다.[17]

---

17) 이상은 『삼국유사』 元曉不羈條에 기록된 것을 요약한 것이다. 이 안에는 나중에 인용하는 『송고승전』에 나오는 원효의 行狀에는 없는 요석궁 寡공주와의 이야기 등 약간의 차이가 있

분황사는 흔히 원효가 창건한 절인 양 알려져 있는데, 지금 전해지는 그 창건연대, 즉 선덕왕 3년이 정확한 것이라면 원효는 그 당시 17세밖에 안 되므로 믿기 어려운 점이 있다. 나중에 이 절에 머무른 것은 의심할 바가 없는 사실이고 여기서 원효는 『화엄경소』를 지었다.

신라에 백고좌대회 또는 백고좌강회가 열리기 시작한 것은 앞서도 말한 바와 같이 진흥왕 12년(551) 고구려 사문 혜량을 맞아서의 일이었고, 그 후 자주 이 모임이 계속 열렸던 모양이나, 그것이 정기적으로 연차적으로 열렸는지 또는 부정기적으로 열렸던 것인지는 분명히 알 수 없다. 백고좌대회는 양 무제 때에 시작되는 무차대회의 본을 딴 것으로 보면 좋을 것이다. 당의 고조도 618년 태극전에서 7일간의 무차대회를 열고 승려와 도교인 각 69명을 참석케 했다. 또 태종은 628년에 각 사찰에서 7주야에 걸쳐 건재(建齋), 행도(行道), 참회(懺悔)의 법회를 열고 전사자의 명복을 빌었다. 그 때에 많이 다루어진 경이 『인왕경』과 『대운경』 등이며, 그 목적은 국가의 안태(安泰)에 있었다.

신라에서도 기록에는 613년 7월에 수사(隋使) 왕세의(王世儀)가 신라에 왔을 때, 황룡사에 백고좌를 개설하고 원광 등을 모셔다가 설경(說經)을 했다고 한다. 또 636년(선덕여왕 5년) 3월 왕이 오래 앓고 효험이 없으므로 백고좌를 황룡사에 개설하여 『인왕경』을 강하고 승 백 명을 득도했다고 한다. 또 내려가 877년 헌강왕 3년 2월에 황룡사에서 승려들을 모아 재(齋)를 지키고 백고좌를 설하여 경을 강하고 왕이 친행(親行)했다고 한다. 이러한 기록을 보면 백고좌강회는 부정기적으로 열렸던 것이 아닌가 생각된다. 원효가 그 백고좌대회에 참석할 스님으로 추천은 되었으나 다른 스님들이 모함하여 이에 참석할 수 없었다는 기록도 남아 있다. 그 대회에서는 『인왕경』을 강했다 하므로 선덕여왕대의 대회가 아닌가 하나 그 때 원효의 나이는 19세에 불과한데, 만약 이 기록이 사실이라면 원효는 상당히 일찍이 출가하였고 또 그 재능이 놀랄 만큼 천재적이었음을 알 수 있다.

『송고승전』에는 '신라국 황룡사 원효(新羅國黃龍寺元曉)'라 하고 있으므로 원효가 신라의 대찰 황룡사에도 오래 머물렀음을 알 수 있다. 『송고승전』에는 원효의 사람됨을 다음과 같이 적고 있다.[18)]

스무 살 때 기꺼이 불법에 귀의하여 스승을 따라 그 천품의 소질을 배양하며 유행(遊行)하는 중 어디 일정한 거처가 있는 것이 아니었다. 의리에 밝고 용감하며, 또 한편으로는 글을 잘하여 웅대하고 자유자재한 풍모가 있었다. 그 인품은 굳세

으나, 이 두 개의 자료는 상호 보완적인 가치를 지니고 있다고 할 수 있겠다.

18) 『송고승전』의 「원효전」은 고려조의 雕造인 『금강삼매경론』의 판각본 말미에도 부록되어 있다. 동국대학교 간(刊) 『금강삼매경론』 영인본 참소.

고 강하였으며, 만인을 능가하여 매사에 진취적이며 뒤로 물러섬이 없었다. 계·정·혜 삼학(三學)에 널리 통달하여 그 나라에서 아무도 그를 당해낼 만한 사람이 없었다고 한다. 문의(文義)에 밝을 뿐만 아니라 그 생각이 깊었다는 것이 그를 이처럼 탁월하게 만든 원인이 된 것이다.

일찍이 의상법사와 같이 당나라에 건너가 현장삼장(玄奘三藏)과 자은법사(慈恩法師) 문하에 들어가 공부하기를 원했으나, 그 인연이 닿지 않아 단념하고 말았다.[19] 별다른 까닭도 없이 미친 사람 같은 발언도 하고 그 행적이 상도(常道)를 벗어난 점도 있었다. 거사들과 섞여 술집에도 드나들었다. 혹은 돌에 글 새기는 이들의 쇠칼과 쇠망치를 가지고 다니며 글을 새기기도 하고, 또 혹은 『화엄경』에 대한 주소(註疏)를 지어 그것을 강조하기도 하고, 또 혹은 가야금 같은 악기를 들고 사당에 가서 음악을 즐기기도 하였다. 그는 또 여염집에서 유숙(留宿)하기도 하고, 혹은 명산대천을 찾아 좌선을 하기도 하며 임의로 기회를 좇아 생활하되 도무지 어떤 일정한 틀에 박힌 생활태도가 없었다. 언젠가 국왕이 백 명의 고승대덕을 초청하여 인왕경대회를 열었을 때 상주(湘州)에서 그 명망이 높아 사람들이 원효를 천거하자 다른 스님들이 그 인품이 나쁘다고 참(譖)하여 받아들여지지 않았다.

그 후 얼마가 지난 뒤 왕의 부인이 종기를 앓게 되었는데, 아무리 좋은 의술을 다해도 도무지 효험이 없었다. 왕과 왕자와 그 밖의 신하들이 영험이 있다는 명산대천은 다 찾아다니며 기도를 드렸더니 한 무당이 말하기를, "사람을 다른 나라로 보내어 약을 구하게 하면 그 병이 곧 나을 것"이라고 하였다. 왕은 당나라에 가서 좋은 의술 있는 자를 구하도록 사신을 해로로 떠나게 하였다.

그런데 출렁거리는 바닷물결 속에서 별안간 한 늙은이가 솟아나오더니 배 위로 와 왕의 사신들을 맞아 바다 속에 있는 용궁으로 안내해 갔다. 궁전은 장엄하고 화려하였다. 용왕을 만나니 그 이름을 검해(鈐海)라 한다고 했다. 용왕은 사신을 보고 다음과 같이 말했다. "자네들 나라의 왕비는 바로 청제(靑帝)의 셋째 딸일세. 우리 궁중에 일찍부터 『금강삼매경』이란 경이 전해 오는데, 시각(始覺)과 본각(本覺)의 이각(二覺)이 다 원만하게 열린 보살행을 설명해 주는 것일세, 이제 왕비의 병을 좋은 인연 삼아 이 경을 그 나라로 보내어 유포케 하고자 할 뿐이네." 그러면

---

19) 玄奘과 慈恩(즉 窺基), 이 두 사람의 문하에 들어가려 했다는 것은 당시 원효나 의상이 대표하는 신라 불교사상계에 있어서 唯識學說에 관한 연구가 요청되고 있음을 보여주는 것이다. 그러나 의상은 직접 중국 대륙에 건너갔어도 유식을 익힌 다음 나아가 화엄을 연마하는 방향으로 갔고, 원효는 중국에 감이 없이 본국에서 이미 그들의 유식학에 通曉하고 나아가 그 교판상의 위치를 밝혀 화엄철학을 바탕으로 하는 일승여래장사상을 강조하기에 이르렀다.
졸고, 「敎判史上에 있어서의 元曉의 位置」, 李瑄根博士 古稀記念 論文集 『韓國學論叢』(형설출판사, 1974).

서 약 서른 장 가량의 종이가 뒤섞여 겹쳐진 것을 가지고 와 사신에게 주며, 용왕은 "이 경을 바다를 건너서 가지고 가자면 혹시 좋지 않은 일을 당할지도 모르겠네" 하면서 직접 칼을 가지고 와서 사신의 배를 가르고 장을 꺼내어 그 속에다 그 경(經)을 쓸어 넣고 납지(蠟紙)로 둘둘 감고 약을 바르니 그 갈라졌던 배가 전과 같아졌다. 용왕이 말하기를 "대안 성자(大安聖者)에게 부탁하여 차례로 순서를 맞추어 정리하고 그것을 책으로 매어 원효법사에게 청하여 소(疏)를 지어 강설하도록 하면 왕비의 병이 곧 나을 것은 틀림이 없네. 히말라야산의 '아가타'란 명약의 힘도 이보다 더 나을 리는 없을 것일세" 하였다.[20)]

용왕의 전송을 받고 사신은 해상으로 다시 나와 드디어 배에 올라타고 귀국하였다. 그 이야기를 들은 왕은 크게 기뻐하여 먼저 대안 성자를 불러 가져온 『금강삼매경』의 흩어진 순서를 다시 잡고 이것을 풀로 붙여 책을 매게 하였다. 대안이란 사람은 보통 사람이 아니어서 입고 다니는 옷이나 그 모양이 특이하였다. 언제나 서울 길거리에서 구리로 만든 바리를 치며 "대안! 대안!" 하고 소리 질러 노래를 했기 때문에 그렇게 부른 것이었다.

왕이 대안에게 명을 내리자 대안은 "경을 가지고 오시오. 나는 왕궁 울타리 안에는 발을 들여 놓지 않소"라고 하였다. 그리하여 가져온 경을 대안이 순서를 맞추고 8품으로 하였더니 그 문장이 모두 부처님의 뜻 그대로였다.

대안은 "이제는 어서 원효에게 강설을 하게 하시오. 다른 사람은 안 됩니다" 하였다. 이 경을 왕의 사신이 원효에게 가지고 갔을 때 원효는 그 고향 상주에 있었는데, 원효는 그 사신을 보고 다음과 같이 말하였다. "이 경은 본각과 시각, 이각(二覺)을 그 중심으로 하는 것이니 나에게 각승(角乘, 뿔소가 끄는 수레)을 준비해 주게. 그리고 책상을 그 두 각(뿔) 사이에 걸쳐 놓고 그 위에다 필연(筆硯)을 마련해 주게." 원효는 처음에서부터 끝까지 이 경에 대한 소(疏) 5권을 그 우차 위에서 지었다.[21)]

왕이 요청한 날이 임박해서 막 황룡사에서 강해(講解)를 시작하려 할 참에 박덕

---

20) 이와 같은 설화는 단순히 황당무계한 허구로만 돌릴 수 없는 많은 요소를 가지고 있다. 용궁과 용왕 등을 이 『宋高僧傳』 기록 속의 다른 요소들과 함께 역사적으로 고증하려는 움직임도 있고, 그러한 시도에는 상당히 경청할 만한 사실들이 들어 있기 때문이다. 아직은 그와 같은 시도들이 완성된 시기에 있지 않으므로 지금은 다만 그 기록을 존중하여 그대로 옮겨 적어두는 데 그친다(李鍾琦 씨의 「삼국유사』 중 多婆那國 관계 記事 답사보고를 염두에 둠).

21) 여기에 이 기록에도 매우 짙은 상징성이 포함되어 있다. '角乘'이란 '覺'과 '角'이 우리의 한자 발음으로는 같기 때문에 생긴 말이다. 角乘은 곧 覺乘, 本覺과 始覺의 二覺에 근본을 둔 乘이란 말이다. 또 원효가 이 疏를 牛車 위에서 썼다고 하는 것은 소가 곧 사람의 마음을 말하는 것이므로 사람의 마음을 바탕으로 하여 이 疏가 나왔다는 섯을 상징하는 것이다.

한 무리가 이 새로 지은 소(疏)를 훔쳐 갔으므로 원효는 하는 수 없이 왕에게 사뢰어 사흘을 더 연기하고, 다시 그 소를 지어 3권으로 만들고 이것을 약소(略疏)라 했다.

왕신(王臣)과 스님들, 그리고 일반 재속 신도들이 구름같이 법당을 둘러싼 가운데에서 원효는 위풍당당하게 그 약소에 따라 『금강삼매경』의 강해를 시작하였다. 복잡하여 알기 어려운 곳을 질서정연하게 풀이해 가는 모습을 찬양하는 소리가 하늘을 찌를 듯하였다. 원효는 또 가락조로 "옛날 백 개의 서까래를 고를 때에는 그 축에 낄 수가 없더니 오늘 아침 하나의 대들보를 가로지르는 마당에서는 나 혼자 그 역할을 하는구나" 하였다. 그 때에 명성이 높던 소위 큰스님들은 고개를 숙이고 부끄러워하는 낯을 보이며 깊이 뉘우치는 것이었다.

처음에는 원효의 행적이 뚜렷하게 드러난 어떤 규범이 되지 못하고 또 사람들을 교화하는 방법도 일정치 않았다. 어떤 때에는 받았던 밥상을 내동댕이치고 일어나 사람들을 구하기도 하고, 또 어떤 때에는 입 안에 품었던 물을 품어 불을 끄기도 했다. 혹은 한날한시에 여러 곳에 그 모양을 나타내기도 하고, 또 어떤 때에는 아무리 온 천하를 다 찾아도 그 모습을 찾지 못하겠다는 소리가 나오기도 하였다. 또 그의 교화원칙에는 중국의 괴승 배도(盃度)와 지공(誌公)의 본을 따, 돌에 글을 아로새겨 그것으로써 사람들을 제도하는 방법도 썼다. 그가 불성이나 법성을 풀이하고 알게 할 때면 조금도 분명치 않은 점이 없었다.

소(疏)에는 광(廣)・약(略) 2본이 있어 그것이 다 본토, 즉 신라에서는 유포되어 왔으나, 중국에는 다만 약본이 들어 왔을 뿐이다. 후에 경・율・논 삼장을 번역할 때에 이 약소를 논(論)으로 개칭하기에 이르렀다.

그러면 한 가지 의문이 있는데, 바다 속 용왕의 궁전에는 언제부터 이 경본이 있었는지, 이에 대해서는 옛날부터 다음과 같은 하나의 공통된 의견이 있었다.

경에 다음과 같은 말씀하시기를

> "용왕의 궁전 안에는 칠보탑이 있어 제불께서 설하신 바 모든 심오한 교의가 따로 칠보협(七寶篋) 속에 가득히 담겨 있었다고 하여, 그 중에 인연을 말씀하신 것, 총지(摠持)를 말씀하신 것, 삼매를 말씀하신 것 등이 있었다는 것이다. 이것이 실로 이 경이 세상에 함께 행해지게 된 까닭이다. 이로 말미암아 대안과 효공, 즉 원효의 신이(神異)함이 세상에 드러나게 되었고, 또 이로 말미암아 왕비의 질병이 훌륭한 가르침을 세상에 알려 줄 수 있게 한 계기가 된 것이다."

기록에는 원효가 고구려로부터 망명해서 완산주에 와 있던 보덕화상(普德和尙)을 스승으로 했다는 설이 있다. 그 밖에도 원효는 시대적으로 보아 원광법사와 자장율사로부터 불도를 배웠을 가능성이 많다. 보덕화상은 삼론종에 밝았다. 원광과 자장의 두 스님은 중국의 대석학 현장이 인도 유학 중에 중국을 다녀왔기 때문에 현장이 도입한 유식·법상 계통의 학문에는 아직 익숙지 못한 분들이었다고 볼 수 있다. 이 두 분의 관심은 계율 방면에 많이 쏠려 있었던 것이다. 앞서도 본 바와 같이 자장은 원광과 더불어 우리나라에 대승보살계 사상을 도입한 분이다. 그가 귀국했을 때 원효는 27세였다.

원효는 그 선인들보다 훨씬 진보된 보살계의 이론가요 실천가이었다. 그는 『보살계본지범요기(菩薩戒本持犯要記)』와 『범망경보살계본사기(梵網經菩薩戒本私記)』 등을 지어 새로운 윤리관을 제시하였다. 그의 『보살계본지범요기』를 보면 그 안에서는 '사자신중지충(獅子身中之虫)'이라 하여 불도를 닦는 체하고 오히려 자기 자신의 물질적 이익과 명예와 존경만을 탐구하는 무리들이 자기만 추켜올리고 남을 헐뜯는 일이 있음을 통탄하며 그들에 대한 신랄한 비판을 가하고 있다. 많은 절들이 세워지고 산중에서 제법 오랫동안 참선 수행했다고 자처하는 사람들도 나오고, 당나라 유학을 마치고 돌아온 승려들도 늘어나고 승려들의 사회적 지위가 증대됨에 따라 생긴 부작용도 이미 무시할 수 없을 정도가 되었던 모양이다.

보살계본에도 여러 가지가 있지만, 원효가 가장 존중한 것은 달마계본(達摩戒本), 즉 담무참이 번역한 계본이다. 이 계본에 의하면 ① 자찬훼타(自讚毁他: 자기를 추켜올리고 남을 훼방하는 일), ② 간석재법(慳惜財法: 재물과 진리의 보시를 아끼는 일), ③ 진불수회(瞋不受悔: 시기 질투하는 마음으로 남의 뉘우침을 받아들이지 않는 일), ④ 방란정법(謗亂正法: 올바른 진리를 비방하고 문란케 하는 일), 이 네 가지가 중대한 죄라고 간주하는 입장이 나타나 있다. 이 계본의 주장이 다른 계의 열거방식과 다른 점은 아직도 다른 계본에서 살(殺)·도(盜)·음(淫)·망어(妄語)·고주(酤酒) 등 몸으로 짓는 악업을 맨 앞에 내세우는 데 대하여, 화합을 방해하는 교만과, 도(盜)의 다른 일면이라 볼 수 있는 인색과, 간탐(慳貪), 관용의 부족과 결핍, 사견(邪見)의 소유 등 보다 기본적인 악업을 맨 앞에 내세우고 있다는 점이 특이하다. 이 계본에서는 위에 말한 네 가지 중죄(重罪)를 바라이(波羅夷, pārajika), 즉 파문죄(破門罪)에 해당하는 것으로 보고, 또 41종의 경계(輕戒) 등을 들어 그러한 행위를 범하지 말도록 경고하는 것이다. 이 41종의 경계는 요컨대 시(施, 베풀어 주는 일), 계(戒, 말과 행동을 올바로 가지는 일), 인(忍, 참고 용서하고 있는 그대로 아는 일), 근(勤, 부지런히 노력하는 일), 정(定, 마음을 산란케 하지 말고 안정시키는 일), 혜(慧, 나 자신과 내 주위의 모든 본성이 집착할 만한 대상이 되지 않음을 깨닫는 일)의 여섯 가지 완덕(完德, 바라밀다)과 보시(布施)·애어(愛語)·이행(利行)·동사(同事)의 사섭(四攝)으로 요약할 수 있는 조목들이다. 그는 보살계에 관해 다음과 같이 말하고 있다.

> 菩薩戒者 返流歸源之大津 去邪就正之要門也 然邪正之相易濫 罪福之性難分
> 何則 或內意實邪 而外迹似正
> 或表業同染 而中心淳淨
> 或有作業合少福 而致大患
> 或有心行順深遠 而違淺近
> 是以專穢道人 剋私沙門 長專似迹 以亡眞正 每剋深戒 而求淺行

> 보살계란 생사의 탁류를 거슬러 올라 일심의 본원에 되돌아가는 큰 나루로서, 사(邪)를 버리고 정(正)을 이룩하는 데 요긴한 문(門)이다. 그런데 어떤 행위가 죄냐 복이냐 하는 성격을 가르기는 곤란한 바가 있다.
> 왜냐하면 혹은 속마음은 사실상 삿된 것인데 바깥모양은 올바른 것 같이 보일 때가 있고, 혹은 겉으로 나타난 행위는 물든 것 같이 보이는데 속마음은 순정(淳淨)한 경우가 있고, 혹은 무슨 일을 했는데 그것이 다소 복된 일에 합치하는 것이었지만 그것이 오히려 큰 환난을 초래하는 수가 있고, 혹은 생각이나 행동이 깊고 먼 이상을 따라가지만 그것이 오히려 천박한 것이 되어 버리고 마는 수가 있기 때문이다.
> 그리하여 도인을 자처하는 사람이 오로지 더러움에 물들어 사문을 자처함에 그치고, 오랜 기간에 걸쳐 오직 사이비 행적을 할 뿐 참되고 올바른 일을 저버리고 번번이 깊이 지켜야 할 도리를 거슬러 천박한 짓만을 좇아 하게 된다.[22)]

원효는 고선사(高仙寺)에 있을 때, 사복(蛇福, 뱀복)이라는 사생아로 12세까지 말도 못하고 걷지도 못하던 천대꾸러기와 가장 가까운 교우관계를 맺었다. 하루는 뱀복이가 찾아와 "자네와 내가 옛날 경을 싣고 다니던 암소가 죽었으니 같이 가서 장사를 지내야겠네" 하고 말한다. 뱀복의 어머니 시체 앞에 가서 원효는 "나지 말지어다. 그 죽음이 괴롭도다. 죽지 말지어다. 그 태어남이 괴롭도다(莫生兮其死也苦, 莫死兮其生也苦)"라는 한 구절을 남겼다. 이는 곧 생사가 고(苦)임을 갈파한 명구이다. 또 장례를 지내며 그는 "지혜의 호랑이를 지혜의 숲에 묻으니 어찌 좋지

22) 『菩薩戒本持犯要記』, 『元曉全集』, pp. 179-182.

않을소냐?" 라고 했다. 원효의 그 활달한 면모를 전해 주는 좋은 자료이다.[23]

문무왕 즉위년(661)에 원효는 이미 44세였다. 그가 의상과 더불어 입당하려던 두 번째 해가 바로 이 해이다. 원효는 그해에 벌써 당에 갈 필요도 없이 이미 도에 통해 있었다. 문무왕대의 원효는 이처럼 이미 도력이 크게 서 있던 시기이다. 원효의 도력이 그처럼 앙양된 시기에, 신라에는 불교의 승려가 대서성(大書省)이라는 현관(顯官)의 직에 올라 앉아 있는 사람도 있었다. 신혜(信惠)와 의안(義安) 같은 사람들이 그 실례이다. 원효는 그러한 요직에는 맞지 않는 사람이었는지도 모른다. 너무나 자유로운 사상가이었기 때문이다.

의상이 670년에 귀국하여 보타락가산(寶陀洛伽山, 洛山)에 있을 때에는 원효도 뒤를 이어 그곳을 찾아갔다. 또 의상의 「화엄일승법계도」를 가지고 서로 토론도 한 것이 『법계도기총수록(法界圖記叢隨錄)』[24] 같은 데에 그대로 기술되어 있다.

연대는 확실치 않으나 문무왕대에 광덕(廣德)이라는 자와 엄장(嚴莊)이라는 자, 가까운 친구인 두 사람이 서로 서방정토에 왕생하기를 기약하고 있었다. 그런데 분황사의 비(婢)를 데리고 짚신삼기를 직업으로 하여 살던 광덕이 먼저 정토에 왕생을 하고 오히려 남산에 암자를 짓고 수행하던 엄장이 겉으로는 청정수행승이었으나 실은 그렇지 않아 뒤에 남아 번민을 하게 되었다. 엄장은 원효를 찾아 그로부터 징을 치면서 인간과 세상의 도리를 관하는 관법, 쟁관법(錚觀法)을 배워 수행했다는 이야기가 전해 내려오고 있다.[25] 이와 같은 설화는 원효의 인품과 사상을 알게 하는 또 다른 매우 중요한 자료가 된다. 그가 문무왕대에 거의 만인의 스승이다시피 사회의 존경을 받고 영향력이 컸음을 말하는 것이다.

원효가 결코 형식주의자가 아니라 인간의 내심의 중요성을 무엇보다도 강조하게 된 것은 경·논에 의해서 배운 것이 아니라 오히려 많은 인간 접촉의 결과로 얻어진, 실제경험을 통해서 배운 것이며, 그것을 경·논의 논리로써 뒷받침했던 것이라고 보아야 마땅할 것이다. 그는 오랫동안 많은 다른 승려들로부터의 중상과 모략을 받았던 것이 사실인 것 같다. 특히 그의 실력이 너무나 뛰어났기 때문에 그는 번번이 열린 백고좌강회에도 끼어 들어가지 못했었다. 그는 직접 국사에 참여한 일이 없다. 그러나 그의 정신적 감화력은 널리 온 국민에게 미쳤다고 해도 과언이 아닐 것이다.

그는 "若化衆生일진대 無生於化하며 不生無化하여야 其化가 大焉이니라" 하신 『금

23) 『삼국유사』 권4, 義解 제5, 蛇福不言條.

24) 『華嚴一乘法界圖記叢隨錄』, 졸역, 『한국의 불교사상』(삼성출판사 세계대사상전집 11권, 1977) 수록.

25) 『삼국유사』 권5, 感通 제7, 廣德 嚴莊條.

강삼매경』의 말씀[26]을 몸소 실천한 사람이다. 즉 "만약 누군가 중생을 교화하겠다고 한다면, 지금 내가 교화한다고 하는 그런 따위의 생각을 없애야 하고, 또 더 나아가서는 그 반대로 '교화가 어디 있어, 다 허망한 것을' 하는 그런 따위의 생각도 일으키지 말아야 한다. 그래야 그 화(化)가 큰 것이다" 하는 말씀이다. 누구를 교화하고자 하면 우선 자기 마음부터 닦아서 사심 없이 만들어야 한다는 입장이다. 그러기에 그는 언제나 일심의 근원에로 되돌아가는 일, 귀일심원(歸一心源)을 강조했고, 불・법・승 삼보께 귀명한다는 것도 바로 결국은 '귀일심원'임을 강조하고 있는 것이다.[27]

그의 이 '귀일(歸一)'의 사상은 바로 신라가 삼국을 통일하는 통일의 사상이 되었다고 볼 수 있다. 그는 대중을 그렇게 교화했을 뿐만 아니라, 국왕에게도 그러한 보이지 않는 감화를 미쳤고, 청년 엘리트들에게도 그 신념과 사기를 불어넣어 주었다.

현재 경주 서쪽에는 단석산(斷石山)이란 산이 있다.[28] 여기에 신선사(神仙寺)라는 절이 있었는데, 그 절 가까이 상인암(上人岩)이란 칼로 절단한 듯한 암벽이 있고 거기에는 많은 불보살상과 더불어 조상명(造像銘)이 남아 있다. 그곳에 조각된 미륵석상의 양식으로 보아, 그리고 조상명의 문장 단편으로 보아 이 유적은 문무왕대가 아니면 신문왕대의 것이라고 생각되는데, 전설과 같이 이곳은 분명히 화랑들의 수도장이었음을 잘 알 수가 있다. 이 조상명에는 "有昔慈藏 弟子岑珠……" 등의 문구가 있으므로 그들과의 관련도 생각되나, 어쨌든 "서로 도를 닦아 가기를 권하며, 금학비조가 와서 시곡(詩曲)을 읊는 신비경에서, 얼굴을 들고 우러러 보며 맹세하는 모습(正相勸以道 金鶴飛鳥 與來翡嘎 爲吟詩曲 仰貌誓)"이 뚜렷이 적혀 있어 불교가 그 당시 민중들이나 청년 엘리트들의 마음속에 얼마나 깊이 뿌리박고 있었나 하는 것을 알게 한다. 그들은 "만약 보주를 타고 피안에 오르면 법문이 둘이 아니요 여리유일하다(若□寶舟 超登彼岸 法門不二 如理唯一)"고 적어 놓고 있다. 이는 원효의 문투나 정신을 아주 그대로 닮은 것으로 여기에서도 살아 있는 원효 정신을 엿볼 수가 있는 것이다.

원효는 시대의 명성(明星)이요, 횃불이었다고 할 수 있다. 당시 신라 사회의 지배층과 피지배층을 막론하고 그들의 잘못을 지적하여 올바른 진로를 제시해 주었고, 당시의 인간들로 하여금 눈에 보이는 현실과 보이지 않는 영원한 실상의 의미

26) 『金剛三昧經論』「無相法品」 제2, 동국대영인본, pp. 29-30.

27) 졸저, 『元曉思想』, pp. 54-81(불연전집 『원효사상』, pp. 63-92).

28) 경북 월성군 松仙里 뒷산.

를 깨닫도록 깊은 세계관과 인생관을 제시해 준 사람이었다. 그의 『대승기신론소』 및 『별기』는 현대에까지 그 참신성을 드러내는 올바른 인생관을 담고 있고, 그의 『금강삼매경론』은 진정한 평화와 통일과 자유가 무엇이며 그것은 어떻게 하여 얻어질 수 있는가를 갈파한 위대한 신비적 체험의 서(書)이다. 그는 대승 경론 중에도 가장 대승다운 중요 경과 논인 『화엄경』, 『법화경』, 『열반경』, 『유마경』, 『반야경』, 『해심밀경』, 『대지도론』, 『유식론』, 『보성론』, 『섭대승론』 등의 종요(宗要)를 지어 방대한 불교문학의 진수를 추출하여 일반 신도들이 쉽게 이해할 수 있는 길을 터놓았다. 신라의 국왕과 귀족, 장군들과 화랑들이 모두 이 원효가 제시한 불교철학으로 그 행동과 사색을 율(律)했으리라는 것은 거의 의심할 바가 없다.[29]

원효가 44세 때에 백제가 신라의 지배하에 들어오고, 51세 때에 고구려가 문무왕의 지배 하에 들어 왔다.

Ⅱ. 통일신라기의 불교사상

통일신라기의 불교사상은 결코 단순한 동질적 성격만을 가졌다고 볼 수 없다. 669년 신라가 반도를 통일한 뒤 이 통일왕조는 936년 고려 왕조에 의해 대체될 때까지 근 250여 년의 긴 수명을 유지하지만, 이 시기에는 대개 전 100년과 후 150년으로 구분되는 두 개의 사상사적 특징을 보인다. 이 두 구분을 가령 통일신라 전기와 통일신라 후기로 이름 붙인다면 전기는 불교사상이 아직 그 건전한 발전을 계속한 시기이고, 후기는 그 사상 내용이 점차 타락 쇠퇴의 길을 달리는 시기라고 볼 수 있다.

우리는 불교사상의 성쇠와 정치정세의 흥망을 어떻게 관련지을 것인가 하는 점에 대하여 간단히 결판을 내리고자 하지는 않지만, 아무튼 이 양자 사이에는 서로 주고받은 영향이 얽혀 있는 것이 사실이다. 그러나 정치적 쇠망이 국민과 지도자의 정신자세의 해이에 비롯한다는 사실을 우리는 부정하지 못할 것이다. 나중에 정치적 혼란이 사상적 쇠퇴를 촉진시키는 것에는 이론을 제기할 필요가 없지만, 역시 정신의 해이가 정치적 혼란의 원인이 되어 먼저 작용하게 된다는 사실을 우리는 강조하지 않을 수 없다. 이것은 근거 없는 추론이 아니라, 통일신라시대의 역사 자체가 이것을 입증하는 것이다. 이제 우리는 이 시대의 불교사상의 변천상을 그 정치적 의의, 철학적 성격, 종교적 성격의 면에서 논하고자 한다.

---

29) 趙明基, 『新羅佛敎의 理念과 歷史』는 원효의 제 저술에 대한 간결한 해세를 해 놓았다.

1. 통일신라 전기(668-764)의 불교사상

1) 학풍의 개관

통일신라 시기 전기와 후기 사이에는 불교사상에 현격한 내용 차이가 드러난다. 전기 불교는 단적으로 교학(敎學)을 위주로 했다면, 후기 불교는 단적으로 선학(禪學)을 위주로 했음이 확실하다. 물론 이러한 변화에는 이웃 강대국인 중국의 영향을 고려하지 않을 수가 없지만, 그렇다 하더라도 그 변화가 너무나 뚜렷한 데에 놀라지 않을 수가 없다. 우리 불교사에서 경·논에 대한 주소(註疏)가 그대로 활발한 시기란 신라 시기밖에 없는데, 그 신라 시기의 주소도 대부분이 이 통일신라 전기의 산물이라는 것은 우리의 역사를 논하고 평가함에 있어 새로운 시사를 주는 것이라 아니할 수 없다.

우리 역사상 고려나 조선시대에 불교 경론에 대한 독자적 주석이 이루어진 예는 거의 없다. 고려 불교의 피크는 대각국사 의천의 경·논 수집 간행과 보조 지눌의 수행이고, 조선 불교의 피크는 세조조의 역경과 선조대의 서산·사명 양 대사의 호국불교 정신의 발로이었다.

우리 불교 연구사를 논하는 사람마다 열거하는 중요한 저자와 저술을 그 종류별로 표기하여 우리의 이해를 돕는 자료로 삼아 보자. 먼저 경·율·논의 이름을 놓고, 다음에 각 저술자들이 그 기본문헌에 대해 어느 만큼의 관심을 보이고 있는가를 살펴보자.

뒤의 표에 열거한 저술자들은 대체로 통일신라 전기에 속하는 대표적 저술자들이다. 이 외에도 그 전기가 잘 알려지지 않은 신방(神昉), 지인(智仁), 영인(靈因), 행달(行達), 현일(玄一), 순경(順璟), 오진(悟眞), 지통(智通), 도신(道身), 표원(表圓) 등의 승려가 각각 10부 미만의 저술을 했던 것으로 알려져 있다.

그들의 저술도 대체로 경으로는『아미타경』,『법화경』,『무량수경』,『열반경』,『범망경』,『화엄경』등, 논으로는『유식론』,『현양론(顯揚論)』,『유가론』,『인명론(因明論)』의 언저리를 맴돌며 주석을 한 것으로 나타나 있다.

우리는 도표를 통하여 몇 가지 사실을 말할 수 있다. 첫째로 통일신라 전기에는 철학적 견지에서 볼 때 불교의 전성기를 이루는 고매한 학승이 많이 배출되고 있다는 사실을 들어야 하겠다. 우리는 이 표에 나타난 인물들을 다음 시대의 인물과 비교해 흥미 있는 대조를 엿볼 수 있는 것이다.

단연 통일신라의 불교학은 원효의 독천장(獨擅場)이라 할 만큼 그 업적이 위대함을 보아야 한다. 우리는 이제 새삼스럽게 원효의 위대성에만 머물러 상론하려하지 않는다. 원효는 당나라 유학으로 남의 학문을 배워 온 사실이 없고, 또 고승

	元曉 617-686	圓測 612-696	義湘 625-702	憬興 686-692	義寂 ?	道證 692귀국	勝莊 ?-692	道倫 ?	太賢 724-764
大般若波羅蜜多經	1				3	2		2	1
金剛般若經	1	1		1	2	1		1	2
仁王般若經		1							1
般若心經	1	2							1
法華經	4			1	4			1	1
金剛三昧經	1							1	
華嚴經	3		3		1				1
勝鬘經								1	
大無量壽經	2	1		2	3				2
阿彌陀經	1	1	1	1				1	2
涅槃經	2			2	4				1
般舟三昧經	2								
彌勒經	1	1		5	1				3
維摩經	1			1				1	
大集經				1					
金光明經	1			4			1	1	2
藥師經				1				1	1
楞伽經	2								
無量義經			1						
解深密經	1	1		1					
灌頂經				1					
不增不減經	1								
梵網經	5				1		1		2
四分律	2			2				1	
菩薩瓔珞本業經	1				2				
中觀論	2								
廣百論	1	2			2				2
掌珍論	2								1
瑜伽論	2	1		1				1	1
顯揚論				1					1
唯識論	1	5		2	1	1	2	1	5
攝大乘論	2					1			2
中邊分別論	1					1			1
阿毘曇雜集論	1	1		1			1		2
寶性論	3								
因明論	1	3		1		3	1		2
判比量論	1								
大乘起信論	8			1			1		1
成實論	1								
觀所緣緣論		1							1
佛性論							1		

(이 표의 숫자는 주석서의 수를 표시한다.)

의 법통을 견지하여 권위를 부리지도 않았다. 그러나 그는 틀림없는 한국에서의 불교철학의 개척자요, 대성자이다. 일찍이 육당 최남선은 이 시기에 "불교의 진생명(眞生命)을 투철히 발양(發揚)하여, 불교의 구제적인 기능을 충분히 발휘하고 이론과 실행이 원만히 융화된 조선불교의 독특한 건립을 성취하였다"고 하고, 우리 불교가 이 때 "인도 및 서역의 서론적(緖論的) 불교, 중국의 각론적(各論的) 불교에 대하여 최후의 결론적(結論的) 불교를 건립하였다"고 하며, 이 공로를 원효에게 돌린 바 있다.[30] 이러한 평가는 우리가 전 불교사를 통하여 볼 때, 그리고 원효의 사상에 친숙하면 할수록 통감되는 사실이라는 점만을 강조하고 넘어가려 한다.

의상은 많은 저술을 남기지는 않았지만은 원효와 같이 철학, 학문과 인생의 도리를 알고 가르친 신라의 스승이었다. 그의 「화엄일승법계도」는 그 짤막한 210자의 도인(圖印) 속에 모든 불력(佛力)을 다 포함하여 신라를 융성의 길로 인도하는 데 기여하였다.[31]

통일신라시대의 불교는 철학적으로는 『화엄경』의 일승원융사상을 기조로 하고, 그것을 뒷받침 하는 이론으로서는 『반야경』, 특히 『반야이취경(般若理趣經)』과 『금강반야경(金剛般若經)』을 중시했고, 인명(因明), 유식(唯識), 유가(瑜伽)의 이론을 응용했음이 분명하였다. 『법화』와 『열반』 두 대승경의 정신은 가장 『화엄』에 밀착하는 대경인 만큼, 역시 이 시기의 모든 불교사상가들이 한결같이 중시하였다.

한편 종교적으로는 『미륵삼부경』, 『무량수경』, 『아미타경』을 중시하여 대중교화의 방편으로 삼았고, 국가안태를 위한 정치적 목적을 위해서는 일찍이 중국에서 유행한 『금광명최승왕경』과 『인왕호국반야경』이 매우 중시되어 여러 차례 백고좌강회나 팔관회에서 강설되었다.

위의 표에 나타난 사상가 중 원효 다음으로 많은 저술을 남긴 것은 경흥(憬興, 682-692)과 태현(太賢, 724-764)인데, 이 두 사람의 경향을 보면 불교연구의 방향이 원효 때에 비해 점차 번쇄적(煩瑣的)으로 되어 가고 있음을 알 수 있다. 즉 태현은 유식론에 관한 문헌을 다섯 가지나 남겼고, 『구사론』, 『인명론』에도 많은 관심을 표했다. 경흥도 유식론에 대한 관심이 많았다. 이것은 앞서 육당이 지적한 원효의 종교적 확신에 입각한 생활불교적인 면모가 점차 다시 이론 추구의 형식주의적 경향으로 바뀌고 있음을 나타내는 것 같다. 그들은 또 국왕의 요구에 순응하여 『금광명경』을 저술하였고, 불안한 대중을 위해서는 『미륵경』, 『무량수경』의 주석(註釋)에 힘을 기울이고 있는 것이다.

---

30) 崔南善, 『朝鮮佛敎』(1930) 제4장 참조.

31) 의상의 사상에 대한 詳論은 아래의 '3) 신문왕대의 불교'를 보라.

이는 역시 통일 성기(盛期) 자체 안에서도 일련의 변화 쇠퇴 현상이 나타나고 있는 징조라고 보겠다. 경흥과 태현 등의 저술까지도 포함하여 다른 승려들의 관심이 점차 종교적 감격과 생기를 잃어 가고 있는 감이 없지 않다.

위의 표에 열거하지 않은 승전(勝詮)은 현수 법장(賢首法藏)의 문하에서 수학하고 신문왕 12년(692)에 돌아온 화엄학승이었으나 저술을 남기지 않았다. 혜초(慧超)는 성덕왕대(702-732)에 당에 들어갔다가 인도까지 다녀와 유명한 기행문『왕오천축국전(往五天竺國傳)』을 지었지만 철학적인 면에서 특기할 것은 없다.

원측(圓測)은 신라의 왕손으로 진평왕 34년(612)에 태어나 15세 때에 중국으로 건너가 돌아오지 않고 말았다. 그는 어학에 능통하였고 중국에서 명성을 떨친 학승이며, 주로 이론불교에 관심을 표하였다. 도증(道證), 승장(勝莊), 자선(慈善) 등은 원측의 제자로 전해지는데, 도증은 효소왕 원년(692)에 귀국하여 왕에게 천문도(天文圖)를 바쳤다고 한다. 대현(大賢 또는 太賢)은 그의 제자이었다.

심상(審祥)은 성덕왕대에 일본으로 건너가 효성왕 4년(740)에는 금종도량(金鐘道場)에서 화엄경을 강하여 크게 명성을 떨쳤다. 심상은 1년에 20권씩 3년에 걸쳐 60화엄 전부를 강하여 주었다고 한다. 이 시기에 신라의 승려들은 일본 불교의 교학을 진흥시키는 중대한 역할을 하였다. 당시의 일본 불교는 바로 신라불교의 성격을 그대로 닮아 신라불교의 일환이나 다름이 없었다.

그러면 이제 좀더 시대를 세분하여 제 왕의 통치시대별로 불교계의 변천, 사상가의 활동에 관한 자세한 사실(史實)을 알아보기로 하자.

2) 문무왕대(661-681)의 불교

664년에는 문무왕이 재화와 전토(田土)를 함부로 불사에 바치는 것을 금할 정도로 신라 영토 안에 사찰이 많이 세워졌음을 알 수 있다. 그러나 그 이후에도 중요한 사찰들이 많이 창건되었는데, 670년에 당에서 돌아온 의상이 태백산에 부석사(浮石寺)를 지었다(676). 또 밀교의 고승 명랑의 권유로 사천왕사(四天王寺)가 낭산(狼山)에 세워지고(679), 그 밖에도 문무왕대의 역사의 무대에 오르는 사찰로서 인용사(仁容寺), 낙산의 관음굴(觀音窟), 영취사(靈鷲寺), 반고사(磻高寺) 등을 들 수가 있다. 영취사는 낭지(朗智)가 주(住)하면서『법화』를 강한 곳이며, 원효나 의상 그리고 그 제자 지통(智通)이 자주 왕래하며 가르침을 받던 명찰이다. 반고사는 원효가『초장관문(初章觀文)』,『안신사심론(安身事心論)』을 지은 곳이다. 문무왕대의 고승으로는 원효, 혜통(惠通), 신혜(信惠), 의상, 의안(義安), 명랑, 지통 등이 있었다.

낭지에 관하여는 전혀 상세한 기록이 없고 단편적인 언급만이 있어서 그 인물과 사상을 자세히 알 수 없는 것이 유감이나, 『삼국유사』에 의하면 삽양주(歃良州) 아곡현(阿曲縣)[32]에 있는 영취산에 숨어 살던 한 이승(異僧)이며, 근처의 주민들도 그 이름을 잘 모르는 스님이었던 것 같다. 그러나 항상 『법화경』을 강하고 또 신통력이 있는 스님이었던 모양이다. 나중에 의상의 제자로서 그를 도와 『추동기(錐洞記)』[33]라는 『화엄경』 주소(註疏)를 낸 지통이 아직 사미 때에 낭지를 찾아간 일이 있다. 661년의 일이다. 지통이 출가 후 얼마 되지 않은 어느 날 한 마리 새가 와서 말하기를, 신령한 독수리(靈鷲)가 낭지스님의 제자가 되었다고 한다. 그 말을 듣고 지통은 영취산을 찾아 갔다. 한 나무 아래에서 쉬고 있었는데 갑자기 이상한 사람이 나타나더니, "나는 보현보살인데, 너에게 계를 주려고 왔다" 하고는 계를 주고 나서 어디론지 사라져 버렸다. 지통은 그 마음이 활달해지고 지혜가 원만해짐을 느꼈다. 그는 길을 계속해 갔다. 도중에 한 스님을 만나 낭지스님 계신 곳을 물었더니, 왜 묻느냐 하기에 새가 와서 한 이야기를 말씀드렸다. 스님은 묵묵히 웃으며 "내가 낭지다. 이제 막 법당 앞에 한 마리 새가 와서 신성한 아이가 나를 찾아 올 것이라고 하기에 마중 나오던 참이다"라고 하였다. 그는 손을 잡고 감탄하며 말했다. "신령한 새가 너를 놀라게 하여 나에게 오게 하더니 그 새가 또 나에게 와서 너를 마중하게 하였구나. 이 얼마나 상(祥)스러운 일이냐? 산신령께서 숨어 도우신 것이다."

전하기를 그곳 산주(山主)는 변재천녀(辯才天女)라고도 하였다. 지통이 그 말을 듣고 울며 고마워하여 스님에게 엎드려 큰 절을 하였다. 그리고 스님이 이제 너에게 계를 주겠노라고 하자, 지통은 "어제 동리 입구의 나무 밑에서 보현보살을 만나 그로부터 정계(正戒)를 받았습니다"라고 했다. 낭지는 다시 한 번 감탄하며, "참 잘됐다. 너는 이미 대사(大士)로부터 온전한 계를 친히 받았구나. 나는 태어난 이래 아침저녁 지극히 높은 성자를 만나기만을 염원하고 있었으나 아직 그렇게 되지를 못하고 있는데, 너는 이미 받았구나. 나는 도저히 너에게 미치지를 못하는 존재이다" 하며 도리어 지통에게 큰 절을 하고, 그 나무를 보현수(普賢樹)라고 이름 부르기로 하였다. 지통이 "법사님은 여기에 계신 지 얼마나 오래되셨습니까?" 하고 물으니, 낭지는 "내가 여기에 처음 발을 들여 놓은 것이 법흥왕 정미세(丁未歲, 527)이다"라고 대답했다고 한다. 그러니까 지통과 낭지가 만난 661년부터 헤아리면 135

32) 歃良州는 下州, 즉 湘州라는 附記가 『삼국유사』에 적혀 있고, 이곳이 원효의 출생지와 같은 고장임을 알 수 있다.

33) 의상은 소백산 錐洞이라는 곳에 초가를 짓고 徒衆 삼천을 모아 약 90일 동안 華嚴大典을 講했다. 지통이 그 講에 따라 요지를 뽑아 2권을 만들어 『錐洞記』라고 하여 세상에 유통시켰다고 한다. 지금은 그러한 책이 아직 발견되지 않고 있다.

년 전의 일이 된다.[34)]

앞서도 언급한 바 있지만 낭지스님은 원효의 숨은 스승이었다. 원효가 반고사에 있을 때 그는 항상 낭지를 찾아 많은 것을 배웠다고 한다. 원효가 『초장관문』과 『안신사심론』을 지은 것이 그의 권고를 따라서라는 것이다. 이 두 글을 지어서 낭지스님에게 보내면서 원효는 그 글 끝머리에다가 다음과 같은 글을 붙였다.

西谷沙彌稽首禮 서쪽 골짜기의 사미가 머리 숙여 절하옵니다.
東岳上德高巖前 동악에 계신 상덕 높으신 바위 앞에
吹以細塵補鷲岳 가냘픈 먼지를 불어 영축산에 보태오며
飛以微滴投龍淵 적은 물방울을 날려 용연에 던져 보냅니다.

낭지가 살던 암자를 영취사라고 했다. 이 절은 또 혁목사(赫木寺)라고 불렸다고 하며 이 절 자리는 가섭불 당시의 사지(寺址)라고 낭지 자신이 말한 바 있다고 하는데, 이는 일찍이 신라에 전해 내려오던 신라불국토설이 여전히 강한 전통처럼 일관되고 있었음을 말해 주는 것이다.[35)]

낭지와 원효, 지통과의 긴밀한 관계가 이 정도로 나타나 있는 이상, 낭지와 의상도 역시 교제가 있었으리라는 것은 의심할 바가 없다. 이 뒤의 세 사람에게 있어서 낭지는 매우 중요한 스승 역할을 했음이 분명하다. 이들은 모두 『법화』, 『화엄』 등을 중시한 사상가들이다.

원효는 신문왕 8년(686)에 입적했는데, 그의 눈부신 활동은 문무왕대에 가장 두드러졌던 것이 아닐까 한다. 그의 전기는 앞에서 이미 언급이 되었으므로 여기서는 반복을 피하나, 그는 낭지나 대안 같은 숨은 도사(道士)들로부터 많은 영향을 받았던 것 같다.

문무왕 시대에는 밀교의 경향도 농후하였는데, 그 대표적 사상가는 혜통과 명랑이다. 그들은 밀본(密本)의 뒤를 잇는 신라 밀교의 계승자들로서 직접적으로 호국을 위해 신통력을 발휘한 것이 이채롭다.

혜통은 당에 건너가 밀교의 대가 선무외(善無畏)로부터 훈련을 받고 돌아온 사람이다. 그는 중국에서 신라 사람이라는 편견 때문에 적지 않은 푸대접도 받았으

34) 『삼국유사』 권5, 避隱 제8, 朗智乘雲條.

35) 신라인들이 신라를 불국토로 믿은 것은 신라불교의 매우 중요한 특징이다. 이 점에 관해서는 필자가 제1회 한일문화 심포지움(東京에서 1970년에 개최)에서 신라불교의 특징에 대한 발표에서 언급한 일이 있다. 『韓』 2(東京 韓國硏究院, 1972) 및 『韓日古代文化交涉史硏究』(을유문화사, 1970)에 실린 졸고 「7, 8세기 신라 및 일본의 불국토사상」을 참조.

나, 꾸준히 굴하지 않고 노력한 결과 마침내 크게 인정을 받을 수가 있었다. 무외삼장(無畏三藏)이 "변방에서 온 사람이 어찌 법기(法器)가 될 수 있겠는가?" 하고 비법을 가르쳐 주지 않으므로, 분개하여 이마를 화로에다 대었더니 천둥과 같은 요란한 소리가 나며 이마가 터졌다. 무외가 와서 이 꼴을 보고 그 갈라진 곳을 만지며 신주(神呪)를 외웠더니 곧 아물었는데, 그 자리에 '王'자 모양의 흠집이 생겼다. 그 때부터 무외는 혜통을 왕화상(王和尙)이라고 부르며 크게 존중하여 인결(印訣)을 전해 주었다. 그 때에 당 왕실의 한 공주가 병을 앓자 고종이 무외를 청하였는데, 무외는 자기 대신에 혜통을 보내어 그 병을 고치게 했다. 그 방법은 흰콩 한 말을 은그릇 안에 넣고 주문을 외우니 흰 갑옷을 입은 신병(神兵)으로 변했고, 또 검정콩 한 말을 금 그릇 안에 넣고 주문을 외우니 이번에는 검은 갑옷을 입은 신병으로 변했는데, 그 두 가지 빛깔의 신병이 합세하여 쫓아가니 갑자기 교룡(蛟龍)이 도망을 쳐버리고 병이 곧 나았더라는 것이다. 물론 여기에는 하나의 상징적 표현이 되었을 뿐이므로 보다 더 깊은 해명이 있어야 하겠지만, 밀교란 총지(摠持)의 힘이 비밀히 발하는 실천적이며 실효성 있는 도력의 적용이 중시되는 불교의 일면을 말한다.

혜통이 귀국한 것은 665년으로 보이는데, 아직 귀국하기 전 당에 있을 때 정공(鄭恭)이라는 신라의 사신이 와 혜통에게 말하기를 "스님이 쫓은 독룡이 본국에 와 그 해가 아주 심하니 와서 속히 제거해 달라"는 것이었다. 혜통은 귀국하여 용을 쫓았고, 그의 신술(神術)은 매우 널리 알려지게 되었다.[36)]

명랑은 혜통보다 약간 선배이었던 것으로 생각되며, 신유림(神遊林)을 개창하여 이웃나라의 구(寇)를 자주 물리쳤다고 한다. 그도 역시 당에 가서 공부를 하고 왔다고 하는데, 그 귀국길에 해룡(海龍)의 청으로 용궁에 들어가 비법을 전수받았다고 하며 그 값으로 황금천량을 주었다. 돌아올 때에는 관하(關下)를 잠행하여 자기 본가의 우물 밑으로 해서 솟아나왔다고 전한다. 용궁에서 비법을 배워왔다는 이야기는 비단 명랑 한 사람의 경우에만 적용되고 있는 것은 아니며, 원효의 경우에도 『금강삼매경』을 용궁에서 용왕 검해(鈐海)로부터 받아 가지고 왔다고 되어 있다. 이것은 그 경 또는 그 교나 술(術)이 비상한 가치를 가진 것임을 나타내려는 의도에서 한 것이고, 또 중국 아닌 다른 곳으로부터 수입된 것임을 의미하는 말인지도 모른다. 명랑의 어머니는 자장법사의 누이며 그 삼형제 모두가 스님이 되었는데, 장형이 국교(國敎), 차형이 의안(義安), 셋째가 명랑이다. 대서성(大書省)이 된 의안이 명랑의 형이다. 632년에 입당했다가 635년에 귀국했으므로 그의 유학은 선덕왕

---

36) 李能和, 『朝鮮佛教通史』 上篇(1918), pp. 77-79.

대의 일이다. 668년 당나라 장수 이적(李勣)이 대병을 이끌고 신라와 합세하여 고구려를 멸망시킨 뒤 잔병이 백제에 머무르고 있다가 신라를 습격하려 함을 깨닫고 군대를 동원하여 이를 막을 때 명랑을 불러다 비법을 써서 적병을 쫓아 버렸다고 한다. 그리하여 그를 신인종(神印宗)의 종조(宗祖)로 삼게 되었다.

그러나 이들은 실제적이고 비근한 병의 치료 등으로 국왕의 신임을 얻을 수는 있었지만, 크게 국민의 생활방식이나 사고방식에까지 어떤 큰 힘을 불어 넣는 그러한 역할은 담당할 수가 없었던 것이다. 아마 원효나 의상의 입장에서 보면 이러한 경향은 과히 바람직하지 못한 주술적인 풍조를 조장할 우려가 있는 것으로 보였을 것이다. 원효나 의상은 서방정토신앙마저도 감상적, 관념적으로 조장되지 않도록 하여야 한다고 생각한 사람들이기 때문이다.

3) 신문왕대(681-692)의 불교

문무왕은 죽은 뒤에도 호국의 염원을 달성하고자 자기 유해를 불태워 쇄골한 후, 해중(海中)에 장사지내기를 바랐다. 용왕이 되어 왜구의 침략을 막고 국민의 평화를 유지하겠다는 높은 뜻이었다. 이래로 호국용왕의 신앙은 신라에 매우 전형적인 한 고유신앙이 되다시피 하였다. 동해변에 감은사(感恩寺)를 세운 것은 신문왕이 즉위한 다음 해에 성고(聖考) 문무왕을 위한 뜻에서였다.

그를 문무왕이라고 시호한 것도 생각하면 문무겸전(兼全)의 신라 정신을 반영한 것이라고 할 수가 있을 것이다. 신라의 문·무 관념은 『십일면관음신주심경소(十一面觀音神呪心經疏)』에 나타나 있는 바와 같은 불타의 자(慈)·비(悲)의 이상(二相)을 표현한 것으로 봄이 마땅하고, 그것을 희(喜)·사(捨), 즉 수희(隨喜)의 정신과 반야지(般若智)에 의한 생사(生死), 염정(染淨), 청탁(淸濁)을 초월한 대관용(大寬容), 대폭소(大爆笑)의 능력을 바탕으로 하는 것임을 유의해야 할 것이다.[37]

신문왕은 682년에 동해 가운데에서 작은 바위산이 떠서 감은사로 향해오는 것을 보았다는 해관(海官) 박숙청(朴夙淸)의 보고를 받고 일관(日官) 김춘질(金春質)에게 점을 쳐 알아보게 하니, 문무왕이 해룡이 되어 삼한을 진호(鎭護)하고, 김유신이 33천(天)의 한 아들이 되어 그 대신 노릇을 하고 있는데, 이 두 성인이 덕을 합하여 호국의 보배를 내려주시려 하니 직접 해변에 가서 그것을 얻으라고 했다. 이에 왕이 감은사 앞 이견대(利見臺)에 가서 그 부산(浮山)을 보니 산세가 귀두(龜頭)와 같고 그 위에 대나무가 있는데, 낮에는 둘이 되고 밤에는 합하여 하나

37) 慧沼,『十一面神呪心經義疏』,『卍續藏經』 권37, pp. 173-181, 174-175 및 『勝鬘獅子吼一乘大方便放廣經』(求那跋陀羅記)「十受章」 제2. '불교와 현대세계'에 관한 세계불교학술회의(1976)에서 필자가 발표한 논문 「자비와 폭력」 참조.

가 되었다. 천지가 진동하고 비바람이 일어 7일이나 어둡더니 그달 16일에야 비로소 바람이 자고 물결이 잔잔해졌다. 왕이 배를 타고 그 산에 가니 용이 왕에게 검은 옥대(玉帶)를 바쳤다. 왕이 영접하여 같이 앉고 묻기를 "이 산의 대(竹)가 혹은 갈라지고 혹은 합치는 까닭이 무슨 이유인가?" 하였다. 용이 "이는 비유로 말하자면 한손으로 치면 소리가 없고, 두 손으로 치면 소리가 나는 것과 같으니, 대는 합쳐져야만 소리가 나는 법이라, 성왕(聖王)이 소리로써 천하를 다스릴 서징(瑞徵)이니 이 대를 가져다 피리를 만들어 불면 천하가 화평할 것이다. 지금 왕의 선고(先考)가 해중대룡(海中大龍)이 되고 유신(庾信)이 다시 천신이 되어, 이성(二聖)이 동심(同心)하여 무상(無上)의 대보(大寶)를 내어 나로 하여금 바치게 하였다"고 했다. 왕이 놀라고 기뻐하여 오색금채(錦彩)와 금옥(金玉)을 주고 사자를 시켜 대를 베어 가지고 나오니 산과 용이 홀연히 보이지 아니하였다. 왕이 감은사에서 자고 17일에 기림사(祇林寺) 서쪽 시냇가에 와서 수레를 멈추고 점심을 먹는데, 태자 이공(理恭, 효소왕)이 이 소식을 듣고 달려와 이 옥대를 살펴보고 그 여러 쪽이 모두 참 용(龍)임을 알았다. 그 한 쪽을 떼서 시냇물에 넣으니 곧 용이 되어 하늘로 올라가고 그 땅은 못이 되었다. 이 대를 가지고 피리를 만들어 월성 천존고(天尊庫)에 두었는데, 이 피리를 불면 적병이 물러가고, 병이 나았고, 가뭄에는 비가 오고, 비올 때는 비가 개이며, 바람이 가라앉고, 물결도 평정해지는 것이었다. 그리하여 이 피리를 '만파식적(萬波息笛)'이라고 부르기로 하고 국보로 삼았다.

이것은 『삼국유사』에 전해 내려오는 이야기이다.[38] 효소왕은 이보다 11년 후인 693년에 이 피리를 새로 책호(冊號)하여 '만만파파식(萬萬波波息)'이라 하고 더욱 지극히 존중하는 표시를 하기도 했다.

우리는 이 이야기가 사실 그대로가 아니라 할지라도, 하나의 민족적 신화처럼 대대로 이어져 기억되고 신봉되었다는 점에 적지 않은 관심을 가진다. 신문왕의 통치이상이라고 할까, 문무왕과 김유신의 유훈이라고 할 만한 하나의 정치이상이 불교적인 것과 민족적인 것의 종합 하에 선명히 표명되었다고 보아 마땅할 것이다. 그것은 다름 아닌 화합의 정신을 강조했다는 점이다. 신문왕대에도 여전히 원효는 그 원숙한 사상적 경지를 저술을 통해 남기는 학적 활동을 계속했으리라고 보인다. 의상은 소백산 추동(錐洞)에서 많은 제자들을 가르치고 있었다. 그에게는 십대제자가 있었지만 그 밖에 이름이 알려지지 않은 많은 제자들이 있었던 것이 분명하다. 그의 사상을 잘 알 수 있는 가장 중요한 저술은 그가 당에 있으면서 만든 「화엄일승법계도(華嚴一乘法界圖)」[39]이다.

---

38) 『삼국유사』 권2, 紀異 제2, 萬波息笛條.

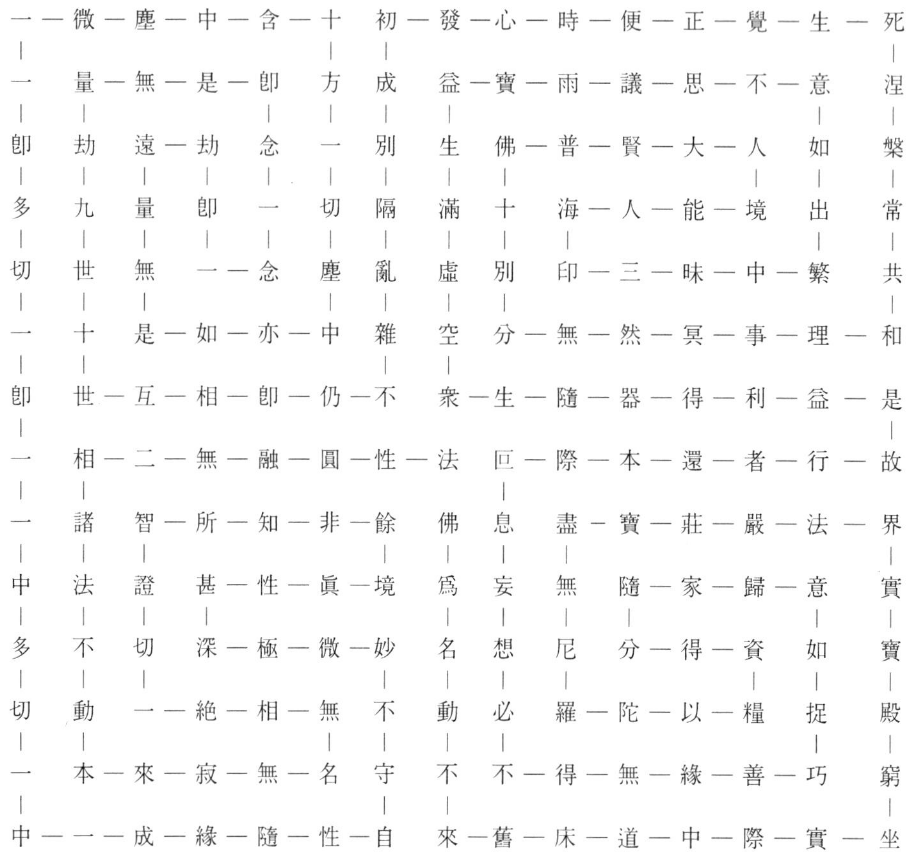

'가지가지의 아름다운 꽃으로 장엄된 나의 궁극적인 끝, 즉 하나를 타고 간 나의 끝 모양'이 어떤 것인가 하는 것을 7언 30구 210자로 된 시를 가지고 하나의 네모꼴 도인(圖印)으로 만든 것이다.

이제 「법계도」 인(印)을 자세히 보자. 의상대사 자신이 말했듯이 이 인은 사각형을 이루고 있고, 중심의 '法'자에서 시작되어 역시 같은 중심의 '佛'자에 이르기까지 54개의 각을 이루면서 210자의 시가 한 줄로 연결되어 있다. 의상은 말하기를 바탕은 희고 글자는 검고 줄은 붉다고 하였다.

어째서 인문(印文)이 외줄로 되어 있는가?

어째서 사면사각(四面四角)으로 되어 있는가?

어찌하여 시의 글자에는 시작과 끝이 있는가? 그리고 그 시작하는 글자와 끝

39) 졸고, 「華嚴一乘法界圖의 根本精神」, 『新羅伽倻文化』 4(1972) 및 졸역, 『한국의 불교사상』, pp. 241-332 참조.

글자가 중앙에 위치하는가?
또 시의 끝에는 왜 굴곡이 많은가?

이것은 의상 자신이 내놓은 질문이지만 우리 모두에게 흥미 있는 물음이 아닐 수 없다. 이제 우리는 그 자신의 대답을 함께 묶어 정리해 보자.

> 인문(印文)이 다만 하나의 길로 되어 있는 것은 '여래의 일음(一音)'을 표시하기 위한 것이다. 또 그 길이 번거롭게 많은 굴곡을 나타내고 있는 까닭은 중생의 기욕(機欲)이 같지 않기 때문이니 삼승교(三乘敎)가 이에 해당한다. 그리고 이 하나의 길에 시작과 끝이 없는 것은 여래의 선교방편(善巧方便)에는 특정한 방법이 없고 대응하는 세계에 알맞게 융통성이 있음을 나타내는 것으로 이는 원교(圓敎)에 해당한다. 사면이 사각으로 되어 있는 것은 사섭(四攝), 사무량(四無量)을 나타낸 것이다. 이 인문은 삼승에 의하여 일승(一乘)을 드러내는 의미를 가지고 있다. 또 시의 글에는 시작과 끝이 있는데, 그것은 수행방편에는 원인과 결과가 따로 있기 때문이다. 그리고 글이 많은 굴곡을 보이는 까닭은 역시 삼승의 근욕(根欲)이 꼭 같지 않고 차별이 있기 때문이다. 그리고 왜 첫 글자와 끝 글자가 중심에 와 있느냐 하면 인과(因果)의 양위(兩位)는 법성가(法性家) 내의 진실한 덕용(德用)으로서 그 성(性)이 중도(中道)에 있기 때문이다.

「화엄경 입법계품초(入法界品抄)」에 보면 다음과 같은 말씀이 있다.

> 若見諸法爲二爲三 卽犯八根本罪 不得入於一乘法界 若於諸法不生二解
> 卽得入於一乘法界故也

> 만약 이 우주와 인생의 모든 현상과 사물을 둘이다, 셋이다, 이렇게 쪼개서 생각한다면, 이는 곧 여덟 가지의 근본 죄를 범하는 결과가 되고, 일승법계에 들 수가 없다. 이 삼라만상에 두 가지 이해(理解)가 생기게 하지 않아야만 일승법계에 들 수가 있는 것이다.

의상은 위의 글에서 설명했듯이 이 『화엄경』의 깊은 도리를 그의 「일승법계도」를 통해 잘 나타내 주었다. 이제 우리는 그의 제자 법융(法融)[40]이 풀이하는 「일

40) 法融은 荊溪대사로부터 天臺의 數를 배운 신라 중기의 신라 승 3인 중 한 사람일 것이다. 理應과 純英이 그 나머지 두 사람이다. 『佛祖統記』 및 月窓居士 金大鉉, 『禪學入門』(1918) 跋 참조.

승법계도」에 대한 축자적(逐字的)인 해석을 아울러 들어 볼 필요가 있을 것이다. 법융은 一・乘・法・界・圖의 다섯 글자의 의미를 매우 참신하고 깊이 있게 다음과 같이 말한다.

> 一: '하나'라고 하는 것은 능(能)과 소(所)를 구태여 구분하여 능관(能觀) 하나가 있고, 또 소관(所觀) 하나가 있다고 하는 그러한 구분이 없는 것을 말한다. 말하자면, 자기의 신심(身心)이 제법을 총섭(總攝)하고 있다는 것을 깨달으며 능・소를 초월하여 어느 쪽에 기울어짐이 없다. ……
> 그러면 어떻게 하여 이 '하나'에 득입할 수 있는가? 지관(止觀)을 닦으면 된다. 지관이 무엇이냐? 요요(了了)하게 나누어 밝힘은 관(觀)이요, 능과 소를 떠나 오로지 분별함이 없이 부동(不動)함은 지(止)이다.
> 乘: '위의 한자리(一處)'를 능히 결정코 믿으면 이를 '승(乘)'이라 한다. 이와 같이 믿지 않으면 '승'이라 하지 않는다. 삼승(三乘)이라는 것은 진여의 법을 듣고도 능히 곧 믿지 못하고 점차로 믿으므로 십신(十信)이 있고, 또 곧 알아듣지 못하고 점차로 알아들으므로 십해(十解)가 있고, 또 나아가 곧 증(證)하지 못하고 점차로 증하므로 십증(十證)이 있듯이, 이와 같이 점차로 불과(佛果)에 이르므로 '승'이라고 부르는 것이다. '여실도(如實道)를 타고(乘)' 와서 정각을 이룬다는 것이 그 뜻이다. 일승(一乘)이라는 것은 '위의 한 자리(一處)에 대해서'란 말이고, 원신(圓信)을 일으킨다는 것이 곧 원증(圓證)을 하는 것인 까닭에 '승'이라고 부른다. 하나를 움직이면 곧 일체가 움직여짐이 바로 이 뜻이다.
> 法: 법이란 바로 내 몸과 마음이다.
> 界: 계란 곧 이 몸과 마음이 모조리 포섭하고 상대가 끊겨 전후의 끝(際)이 없는, 이 법의 마지막 끝(究竟邊際)을 의미한다.
> 圖: 도란 상(像)이다. 마치 코끼리를 모르는 사람에게 코끼리의 모양을 그려 보여주는 것과 같이, 행자(行者)는 자기의 신심(身心)이 곧 법계불인 줄을 모르고 있으므로 그에게 법계불상을 만들어 보여주는 것이다.[41]

우주와 세계를 내 안에 삼켜버렸다. 이제 나는 그 우주와 세계와 맞서는 내가 아니다. 온누리가 내 안에 있다. 미운 정 고운 정이 나를 정복하지 못한다. 천당과 지옥이 나를 유혹하거나 위협하지도 못한다. 원효대사가 그의 글에서 표명하는 이

---

41) 주 39에 언급된 졸역 참조.

러한 희열이 여기 이 「일승법계도」 안에 고스란히 그대로 나타나 있다.

1. 法性圓融無二相　법성은 원융하여 두 모습 없고
2. 諸法不動本來寂　제법은 부동하여 본래 고요해
3. 無名無相絶一切　이름도 형상도 다 넘어섰도다.
4. 證智所知非餘境　알았네, 깨달았네, 다른 경지 아닐세.
5. 眞性甚深極微妙　참얼은 깊고 깊어 미묘하도다.
6. 不守自性隨緣成　제가 어디 따로 있나 연 따라 된 것을
7. 一中一切多中一　하나 안에 일체요, 다 안에 하나
8. 一卽一切多卽一　하나가 곧 일체, 다가 곧 하나
9. 一微塵中含十方　한 티끌에 시방이 다 들어 있고
10. 一切塵中亦如是　모든 티끌이 역시 그러하도다.
11. 無量遠劫卽一念　무량한 먼 시간이 곧 일념이요
12. 一念卽是無量劫　일념이 곧 그냥 무량한 시간이다.
13. 九世十世互相卽　구세와 십세가 서로 일치하건만
14. 仍不雜亂隔別成　뒤섞임 없이 따로 간격도 있네.
15. 初發心時便正覺　초발심 때가 바로 정각의 시간
16. 生死涅槃常共和　생사와 열반이 항상 어울리고
17. 理事冥然無分別　이와 사가 명연히 무분별하니
18. 十佛普賢大人境　십불과 보현, 대인의 경지로다.
19. 能人海印三昧中　능인이 해인 삼매 속에서
20. 繁出如意不思議　여의 부사의하게 나오시어
21. 雨寶益生滿虛空　보배를 뿌려 중생 위해 허공을 채우니
22. 衆生隨器得利益　중생이 그릇 따라 이익을 얻네.
23. 是故行者還本際　그러므로 행자가 본마음을 되찾아
24. 叵息妄想必不得　망상을 끊고 다시는 얻지 않으니
25. 無緣善巧捉如意　저절로 선교하게 여의한 힘으로
26. 歸家隨分得資糧　집으로 돌아오네, 차츰 자량을 얻어
27. 以陀羅尼無盡寶　무궁무진한 다라니의 보배로
28. 莊嚴法界實寶殿　내 마지막 참 보배의 궁전을 장엄하고
29. 窮坐實際中道床　마침내 실제 중도의 자리에 앉으니
30. 舊來不動名爲佛　옛날 그 자리에 왔도다, 불이라 하네.

의상은 이 「법계도」를 그 제자들에 대한 인가(認可)의 표시로 주기를 좋아했다. 이러한 도(圖) 자체가 극히 독창적이요 한국적 사고방식의 특성을 이룬다고 볼 수 있는데, 그 까닭은 앞서 원효의 경우에도 그러했지만 상징을 통해서 깊은 뜻을 간추려 짧게 표현하기를 좋아하는 한국인의 전통을 보여 주고 있는 것이다. 명효(明皛)라는 스님도 역시 신라인인데, 그 연대는 분명치 않으나 적어도 의상보다 1세기 뒤에 「해인삼매도(海印三昧圖)」를 만들어 현재까지 전해지고 있다. 이러한 경향은 오늘까지도 살아남아 있다고 생각한다.42)

신문왕은 선고 문무왕의 유조(遺詔)에 따라 경흥을 국로(國老)로 모셨다. 경흥도 상당한 수의 저술을 남겼는데, 그에 관한 『삼국유사』의 일화를 보면, 경흥은 다소 우울한 성격의 소유자이었던 것 같다. 그 일화에 나타난 사실을 분석해 보면, 신라불교의 특질은 역시 그 활달하고 무애한 성격에 있었음을 알 수 있다. 비구니 모습을 한 성자가 '희소(喜笑)'의 덕을 가르쳤고, 십일양면모(十一樣面貌)를 하면서 배해지무(俳諧之舞)를 하여 경흥의 병을 고쳤다는 것은 매우 흥미 있는 표현일 것이다. 일본 불교의 특색을 흔히 'ねび', 'さび(체념 섞인 쓸쓸함, 적적함)' 등으로 특징짓는 것과 대조해 볼 때, 신라불교는 '배해(俳諧)의 멋', '유머러스한 멋', '喜笑'라는 명랑성이 두드러지게 나타난다.43)

신문왕대에도 봉성사(奉聖寺), 망덕사(望德寺) 등의 사찰이 건립되었다. 기록에 새로 나타나는 이 시기의 사찰들로서는 삼랑사(三郎寺), 남항사(南巷寺), 문수사(文殊寺), 흥륜사(興輪寺) 등의 이름이 있다.

692년(신문왕 12년)에 당에 들어갔던 승전(勝詮)이 돌아 왔다. 승전은 의상의 동학(同學)인 당의 현수법장의 신저(新著)인 『화엄경탐현기(華嚴經探玄記)』, 『현의장(玄義章)』, 『화엄범어(華嚴梵語)』, 『십이문론소(十二門論疏)』, 『법계무차별론소(法界無差別論疏)』 등을 가지고 와 의상에게 전했고, 그 스스로도 화엄을 강하고 『심원장(心源章)』을 지었다.

또 정확한 시기는 모르지만, 도증(道證)이라는 유학승이 당에서 돌아오면서 천문도(天文圖)를 가지고 와 왕에게 바쳤다.

또 점개(漸開)라는 스님은 흥륜사에서 육륜회(六輪會)를 베풀고자 하여 시주하기를 권하고 다녔다는 기록이 있는데, 육륜회란 『점찰경』에 의거하여 악업을 참회하고 업장을 제거하고자 하는 예식이다. 이것은 일찍이 원광법사 시기에 점찰보를 두고 귀계멸참지법(歸戒滅懺之法)이라고 하여 실시되었던 것으로 효성왕(737-741) 때

42) 졸고, 「明皛의 海印三昧圖에 대하여」, 鷺山 李殷相博士 古稀記念 『民族文化論叢』(1973) 참조.

43) 『삼국유사』 권5, 感通 제7, 憬興遇聖條.

에 다시 진표율사(眞表律師)에 의해 크게 부흥되는 참법이다. 중국이나 일본에서도 없었던 것은 아니나 우리나라에서 특히 존중된 참법(懺法)인 것 같은 느낌이 든다.

4) 효소왕·성덕왕·효성왕 삼대(692-741)의 불교

이 삼대에 걸친 약 50년 동안에는 의상이 702년에 나이 78세로 죽고, 그 제자들의 활약이 계속되었다. 한편 자장의 먼 제자인 보천(寶川), 효명(孝明)의 두 왕자가 오대산에서 보천암 등을 세워 5만 진신(眞身)을 모시고 수행했음이 드러나고, 효성왕대에는 진표가 크게 두각을 나타낸다.

앞서 보아 온 문무왕 이래의 여러 시기에서와 마찬가지로 이 시기 신라불교의 주류는 역시 원효, 의상, 자장이 닦은 길을 달려오고 있고, 밀본, 명랑, 혜통의 밀교의 흐름이 역시 불교계의 표피에 드러나 있다. 가장 존숭을 받은 불보살은 미타, 석가요, 미륵, 관음, 지장이다.

성덕왕대(702-736)에는 태종 무열왕을 위해 봉덕사(奉德寺)를 세우고 인왕도량을 열어 대사(大赦)를 했는데, 기록에 인왕도량이 나오기는 이 때가 처음이다. 인왕도량은 『금광명경』과 마찬가지로 호국불교 신앙의 소의경전인 『인왕호국반야경』을 받드는 도량인데,[44] 『인왕경』과 거의 같은 시기에 『금광명최승왕경』이 704년에 김사양(金思讓)에 의해 당으로부터 도입되었다는 것은 주목할 만한 일이다. 『금광명경』의 구역(舊譯)이 이미 신라에 도입되어 있었으리라는 것은 짐작키 어려운 일이 아니지만, 이 때까지 『금광명경』을 받드는 어떤 의식이 진행되었다는 기록이 없는 것은 아직 신라의 호국불교가 『금광명경』이나 『인왕경』을 토대로 이루어졌던 것이 아니라는 이야기가 된다.

감산사(甘山寺)의 미륵존상과 미타불상은 지금까지 현존하는데, 이 시기에는 저마다 죽은 조상의 영(靈)을 위하여 조상(造像)하는 습관이 크게 유행하기 시작한 것 같다. 감산사의 미륵상 및 미타상은 중아찬(重阿飡) 김지성(金志誠)이 그 망고(亡考), 망비(亡妃) 등을 위해서 만든 것이다. 그와 같은 경향은 점차 더욱 성행하여 경덕왕대에 이르면 불국사와 석불사 등이 김대성에 의해 건조(建造)된다.

신라에서는 피리나 거문고 등을 신성시하는 경향이 계속하여 나타났다. 효소왕 때에 국선(國仙) 부예랑(夫禮郎)이 승려 안상(安常)과 가장 가깝게 지냈는데, 693년 그 무리 천여 명을 이끌고 금란(金蘭)지방으로 출유(出遊)하여 북명(北溟)의 경계에까지 이르렀다가 도적을 만나 홀로 끌려가게 되었고, 안상은 그 뒤를 쫓다가 행방

44) 졸고, 「仁王般若經과 護國佛教」, 『東洋學』 5(1975) 참조.

불명이 되었다. 이와 때를 같이하여 나라의 보배로 소중히 여기던 신적(神笛)과 현금(玄琴)이 또한 없어져서 나라 안은 발칵 뒤집혔다. 그 일이 있은 후, 부예랑의 양친은 백율사(栢栗寺)의 관음상 앞에 와서 연일 조석으로 분향을 하며 기도를 올리는 중, 몇 달 후 갑자기 탁상에 현금(玄琴)과 신적(神笛)이 놓이고 부예랑과 안상의 두 사람이 관음상 뒤편에서 나타났다. 양친은 크게 기뻐하여 어찌된 셈인가를 물었다. 낭(郎)은 말하기를 잡혀간 이래, 그 나라의 대도구라(大都仇羅)란 집의 머슴꾼이 되어 대오라니(大烏羅尼)라는 들판에서 소를 먹이고 있었는데, 갑자기 한 스님이 나타나더니 손에 피리와 거문고를 들고 나와 위로하며 고향이 그리운가 하고 묻기에 그냥 엎드리고 말았다. 그를 따라 해안에 도달하였다. 거기서 안상을 만났는데, 그 때에 피리와 거문고를 각각 두 사람에게 주어 그 피리와 거문고를 배로 삼아 타고 여기에까지 올 수 있었다고 말했다. 나중에 부예랑은 대각간(大角干)이 되고, 그 아버지는 태대각간(太大角干), 어머니는 경정궁주(鏡井宮主), 그리고 안상은 대통(大統)이 되었다고 한다.[45]

이 『삼국유사』의 기록을 보면 피리와 거문고는 신라인에게 있어서 거의 마법적인 힘을 가진 것으로 신성시되었다는 사실이 확인된다. 또 화랑과 승려의 관계가 극히 밀접했다는 사실, 화랑도의 바탕에는 관음신앙, 미륵신앙, 지장신앙 등 다양한 불교신앙이 깔려 있었다는 사실 등을 알게끔 되는 것이다.

불교정신이 그처럼 깊고 넓게 보급되어 있던 신라에서는, 통치자인 왕과 당대의 정신적 지도자이던 승려들 사이에 극히 여유 있고 자연스러우면서도 서로 존경하는 멋있는 정이 오고갔던 사실을 특기해 두지 않으면 안 될 것이다. 그 실례가 692년 효소왕 때의 일로서 『삼국유사』에 기재되어 있다.

697년 효소왕 때의 일이다. 망덕사의 낙성회가 열리어 왕이 친히 거기에 참석하러 왔다. 그런데 한 비구가 남루한 차림으로 뜰 한 모퉁이에 서 있다가 왕에게 다가서며 "빈도(貧道)도 망덕사 재(齋)에 참여하여도 좋겠습니까?" 하니, 왕이 허락해 주었다. 거의 다 끝날 무렵에 왕이 희롱조로 말하기를, "스님은 어느 절에 주석하시오?" 하고 묻자, 스님은 "남산의 비파암(琵琶岩)입니다" 하고 대답한다. 그러자 왕은 "이제 돌아가거든 다른 사람들에게 국왕이 친공(親供)하는 재에 참가했노라 하는 소릴랑 하지 마시오" 했다. 그 말을 들은 스님은 웃으며 대답하기를 "폐하께서도 진신석가(眞身釋迦)를 공양했다는 소릴랑 아무에게도 하지 마시오" 하고는 말을 끝내자 하늘로 솟아올라 남쪽을 향해 날아가 버렸다. 왕은 크게 놀라고 부끄럽게 여겨 동쪽 언덕에 뛰어 올라가 스님이 간 방향을 향해 요배(遙拜)를 하고 사신

---

45) 『삼국유사』 권3, 塔像 제4, 栢栗寺條.

을 시켜 그를 찾으려 보냈다. 따라가 보니 남산의 참성곡(參星谷)인데 그 돌 위에 지팡이와 바리는 놓여 있었으나 스님의 모습은 보이지를 않았다. 나중에 왕은 거기 비파암 아래에 석가사(釋迦寺)를 지었다고 한다.[46] 우리는 이 기록을 보고 참으로 왕이나 스님이 다 멋있는 사람들이라는 사실을 알게 된다. 여기에 '一卽一切 一切卽一'이란 개인과 국가, 개인과 우주, 자연 사이에 있어야 할 개성 있는 자유와 조화 속의 통일을 이룩할 수 있는 정신적 바탕을 발견할 수가 있는 것이다.

효성왕대(737-741)의 고승은 진표(眞表)이다. 진표는 완산주 사람인데, 12세에 금산사(金山寺)의 숭제(崇濟)법사 강하(講下)에 들어가 사미가 되었다. 그 스승이 언젠가 말하기를 "나는 당에 들어가 선도삼장(善導三藏)에게서 수업을 했고, 그 후 중국 오대산에 들어가 문수보살로부터 오계를 받았다"고 한 일이 있었다. 그 말을 들은 진표가 "그러면 얼마 만에 계를 받았습니까?" 하고 물었더니 일년도 못되었다고 말했다. 진표는 그 후 명악(名岳)을 두루 찾아다녔고 선계산(仙溪山) 부사의암(不思議庵)에 머무르면서 신·구·의 삼업을 닦는 모진 고행을 시작했다. 겨우 삼칠일 만에 드디어 지장보살을 보고 그로부터 정계(淨戒)를 받을 수가 있었다. 그 때 나이가 23세, 740년의 일이다. 그러나 진표는 여전히 자씨보살, 즉 미륵보살을 뵙고자 했으므로, 영산사(靈山寺)에 옮겨가 거기서 계속 수행한 결과 마침내 『점찰경』 양권과 증과간자(證果簡子) 189개를 그로부터 받는 영광을 얻었다.

그 후 진표는 금산사에 머물면서 매해 단을 꾸미고 법시(法施)를 베풀었다. 『삼국유사』에는 이상과 같은 진표의 수행과정을 말하면서 『점찰경』에 관한 내용을 중국에서 진행되던 유사한 탑참(搭懺)이니 박참(撲懺)이니 하는 참법과 비교하여 설명하며 새삼스럽게 『점찰경』의 탁월성을 강조하고 있다. 『삼국유사』의 평가에 의하면, 탑참이니 박참이니 하는 것이 어떠한 내용의 것인지는 분명치 않지만 그것은 호랑이를 그리려다 개를 그린 것과 흡사한 것이라고 혹평하고 점찰참법(占察懺法)은 바로 대승참(大乘懺)임을 강조하고 있다.[47] 이러한 사실은 그동안 점찰참법에 관한 지식이 별로 없었던 시대가 있었음을 말해 주는 것으로 볼 수 있다. 진표는 이 점찰참법이 원광 때부터 전해 내려오는 것임을 알지 못한 듯하다. 경 자체를 처음 얻어 그 진위에 대한 논의들을 해 보았던 것이 사실일 것이다.

사실 『점찰선악업보경』은 현재에도 인도 소찬(所撰)이 아니라는 의견이 지배적이다. 상하 양권으로 되어 있는 이 경의 하권은 본(本)·시(始) 이각(二覺)이란 용어가 나오는 등 도저히 『기신론』 등 원효가 좋아한 제 경론과의 밀접한 관련을 배제

46) 『삼국유사』 권5, 感道 제7, 眞身受供條.

47) 『삼국유사』 권4, 義解 제5, 眞表傳簡條.

할 수 없을 정도로 문제가 되는 경이다.[48] 점을 쳐서 과거 · 현재 · 미래에 걸친 선악업보를 관찰하고 참회해 간다는 점에서 계율적인 반성이 주안이 되고 있는 것이 사실이다. 단지 점이라는 것이 문제되는데, 여기서는 그 점이 맹목적으로 점괘를 믿는 그러한 우연적인 것이 아니라, 선 · 악의 많은 종류를 적어 놓은 죽간자(竹簡子) 또는 목간자(木簡子)를 189개 만들어 놓고 그것을 던져 나오는 것을 보고 자기가 생각하여도 틀림없는 잘못을 뉘우쳐 나가는 수단으로 삼고 있는 것이기 때문에 근본적으로는 하등의 잘못이 없다. 그러나 하다보면 간혹 잘못 이해하고 주술적으로 생각하는 신도들도 나타날 수가 있었겠고 그것이 딴 방향으로 흘러갔으리라는 것은 쉽사리 짐작이 가는 것이다.

5) 경덕왕대(742-764)의 불교

경덕왕은 그 이전의 50년간을 다스린 다른 왕들에 비하면 훨씬 탁월하게 불교발전을 이룩하게 한 좋은 지도자이었다. 그는 즉위 4년(745)에 우금리(禺金里)의 한 가난한 여인이 민장사(敏藏寺)의 관음상 앞에 가서 칠일동안 기도를 드렸더니 행방불명되었던 아들 장춘(長春)이 돌아왔다는 소문을 듣고, 이 절에 전토와 재물을 시주하였다. 이 절은 민장 각간이라는 사람이 그 집을 희사해서 만든 절이었다. 장춘이 살아서 돌아오는 과정에 대한 이야기의 줄거리는 앞서 보아온 부예랑과 안상스님의 경우와 거의 꼭 같다. 꾸민 이야기가 아니면 착각, 또는 혼동이 아닌가 하는 생각도 들지만, 비슷한 일이라고 반드시 또 없으란 법도 없는 것이요, 또 한편으로는 당시의 신앙형태를 알게 하는 좋은 자료도 되므로 인용한 것이다. 이번에는 놀러갔다가 끌려간 것이 아니고, 장춘이 해상을 따라 다니던 사람이고 바다에서 배가 난파되어 널판 쪽을 타고 닿은 곳이 남중국의 오(吳)나라이었다는 것이다. 들에 나가 밭갈이를 하는데 이상한 중이 나타나 우리말로 위로하며 끌고 가기에 따라갔더니 자기를 끼고 뛰었는데 잠시 만에 우리말 소리가 들리는 고향에 왔더라는 것이다. 우리는 이 비슷한 두 개의 설화를 통해 언제나 우리나라 사람 모양을 한 스님이 나타나 이적(異蹟)을 나타내 도와준다는 줄거리에서 당시의 사람들이 지녔던 애국심, 불교 신심의 두터움에 놀라지 않을 수 없다. 나라를 그리는 마음이 불보살을 섬기는 마음과 완전히 일치하는 여기에, 신라불교가 이미 완전히 민족사상 내지는 민족신앙으로 토착화되었음을 말하는 산 증거가 있다.

왕은 이듬해 4월에 대사령(大赦令)을 내려 관용을 베풀었고, 150명에 달하는 많은 승려를 출가시켰다. 도승(度僧)과 대사(大赦)는 항상 병행되는 것이 상례이지만

48) 『점찰경』에 대한 연구로는 『佛教學報』 9집(1972)에 실린 김영태 교수의 논문이 있다.

그것은 중국의 양 무제 이래로 신심 깊은 왕이 취하는 경건한 참회의 행위였다.

충담(忠談)은 이 때의 스님으로서 〈안민가(安民歌)〉라는 향가를 남겼다. "군(君)은 아비요, 신(臣)은 사랑스런 어미시라, 민(民)을 즐거운 아해로 여기시니, 민이 은애(恩愛)를 알지로다. 구물구물 사는 물생(物生)들, 이를 먹여 다스리시니, 이 땅을 버리고 어디로 갈소냐, 나라를 지닐 줄 알지로다……. 군답게 신답게 민답게 할지면 나라는 태평하리다" 한 것은 경덕왕의 청으로 지었다고는 하나, 선정(善政)을 찬양하며 국민의 분발을 촉구한 것이다. 충담은 학승은 아니었지만 여러모로 특이한 미담을 남겨놓고 있다. 〈안민가〉도 그렇지만은 매해 중삼(重三), 즉 3월 3일과 중구(重九, 9월 9일)에는 차를 달여서 남산 삼화령의 미륵세존에게 갖다 바쳤다고 한다.

753년에는 여름에 한해(旱害)가 심했는데, 이를 걱정한 국왕이 태현(太賢)을 내정(內庭)으로 불러들여 『금광명경』을 강하고 기우를 하도록 하였다. 『금광명경』이 강설된 최초의 기록이다. 태현은 『약사경고적(藥師經古迹)』 2권, 『보살계본종요배과(菩薩戒本宗要排科)』 1권, 『범망고적기석경(梵網古迹記釋經)』 2권, 『범망고적기배과(梵網古迹記排科)』 4권, 『기신론의략내탐기(起信論義略內探記)』 1권, 『성유식론학기(成唯識論學記)』 8권 등을 남긴 학승이다.

이보다 앞서 751년에는 김대성이 발원해서 시작했던 불국사와 석불사(석굴암)의 창건공사가 끝나 신림(神琳)과 표훈(表訓) 두 스님을 모셔 각각 주지토록 하였다. 불국사의 정교한 예술성은 그 종교적 신심의 두터움과 관련시켜 생각하지 않으면 정당한 평가를 내리지 못한다. 그것은 단순한 테크닉의 정교성이 아니라 깊은 신심의 외적 표현이다. 석굴암의 조각은 더욱 그러하다. 그 모든 조각들이 다 일시에 이루어지지는 않았지만 내진(內陣)의 중요한 조각이 지니는 고도의 정신성은 바로 당시 신라인이 발휘할 수 있었던 최고의 것이었다고 할 수가 있을 것이다.49)

754년에는 왕이 법해(法海)를 불러 황룡사에서 『화엄경』을 강하게 하고 친히 가서 행향(行香)을 하였다. 같은 해에 황룡사의 종이 주조되었다. 그 다음 해에는 분황사의 약사여래동상이 주조되었다. 현재 경주 일대에는 약사여래 신앙의 흔적이 많은데, 문헌상 약사여래에 언급하는 기록이 나오는 것은 이 때가 처음이다. 이로써 분황사에는 영험 있는 천수대비와 약사여래의 두 분이 모셔지게 된 셈이다.

약사여래신앙은 『약사유리광칠불본원공덕경(藥師琉璃光七佛本願功德經)』을 근거로 하여 생긴 신앙으로 정유리(淨琉璃)세계에 나타나는 약사유리광여래는 초발심

---

49) 한국불교연구원, 『韓國의 寺刹』 2권 『石窟庵』(1974) 참조.

때부터 12대원(大願)을 한 부처님으로 되어 있다. ① 자신의 광명으로 무변계(無邊界)를 비쳐서 모든 중생이 자기와 같이 되게 하고, ② 그 광명을 보고 모든 중생이 어둠에서 벗어나 지혜롭게 모든 일을 해 나가며, ③ 그 무량무변한 방편으로 모든 중생으로 하여금 필요한 물건을 남김없이 얻게끔 하고, ④ 또 사도(邪道)를 가고 있는 자가 있으면 모두 보리의 정로(正路)에 들어서게 하고, ⑤ 모든 중생이 계율을 잘 지켜 악취(惡趣)에 떨어지는 자가 없게 하고, ⑥ 모든 불구자, 병고자(病苦者)들이 그 이름을 듣거나 지심으로 칭념(稱念)하기만 해도 불구가 고쳐지고 병이 낫게끔 하고, ⑦ 가난에 허덕이는 자는 잠깐 내 이름만 들어도 자재(資財)가 충만하고 신심(身心)이 안락해지며 마침내 보리(菩提)를 얻게끔 하고, ⑧ 여인은 여신(女身)을 버리고 대장부상(大丈夫相)을 얻어 보리에 이르게끔 하고, ⑨ 또 마구니의 그물에 얽힌 사람들이나 갖가지 사견에 사로잡힌 사람들은 모두 정견(正見)을 얻어 보살행을 익혀 보리를 얻게끔 하고, ⑩ 옥에 갇혀 형을 받고 있는 자가 그 이름을 듣고 외우기만해도 고초를 겪지 않게끔 하고, ⑪ 굶주림에 허덕이며 제 악업을 짓는 자가 그 이름을 듣고 외우기만 해도 음식을 실컷 먹고 기쁨을 누리게끔 하고, ⑫ 또 옷이 없어 추위와 더위에 고생하는 자가 그 이름을 듣고 외우기만 해도 원하는 대로의 의복과 장신구들을 얻을 수 있게 하겠다는 등이다.

약사여래는 사천왕과 팔부신상(八部神像) 및 십이지신(十二支神)을 그 권속으로 삼고 그를 지심으로 칭명염송(稱名念誦)하는 자에게 이상과 같은 여러 가지 소원을 성취시켜 주는 존재로 되어 있다. 그리하여 각처에 약사여래와 그 권속들을 새긴 동불, 석불, 석탑, 벽화 등이 많이 나타났고 이에 대한 신앙이 증대해 갔다.

그러나 신라시대의 이러한 타력신앙의 대상은 결코 어느 한 부처님이나 보살에게만 국한되는 일이 없었다. 또 어떤 한 개인이 여러 불보살을 한꺼번에 신앙하고 섬기는 경우도 허다했다. 원효의 고원(高遠)한 화쟁원융(和諍圓融)의 이치를 미처 충분히는 모른다 할지라도 막연하게나마 그 도리를 알고 있었던 것이 신라인이 아니었을까 생각된다.

같은 무렵에 강주(康州, 현 진주)의 신도 수십 명이 미타사(彌陀寺)를 창건하고 만일(萬日)을 염불수행하기로 하여 계(契)를 맺었다는 기록이 있다. 때로는 미타(아미타여래)를, 또 때로는 약사여래를, 또 때로는 미륵이나 지장보살을, 그리고 관음보살을 자유롭게 원하는 대로 선택하여 신앙하는 것이 신라시대의 일반적인 풍조이었다. 그중에도 약사, 미륵, 미타, 석가를 사방불(四方佛)로 생각하는 습관이 신라에도 있었던 것이 아닌가 생각된다. 실제로 이러한 경향은 일본에서 8세기에 백제인들에 의해 건립된 원흥사(元興寺)나 흥법사(興法寺)의 탑에 새겨진 사방불이 이와 같이 되어 있는 것에서 추리할 수가 있다.[50] 우리나라에서도 사방불에 관한 언급이 문헌상에 남아 있고, 또 실제로 사방불의 유적이 남은 곳이 몇 군데 있는데, 상술한 네 종류의 불타라고 판단해서 틀림이 없는 곳도 있다. 현재 백율사 못 미쳐 있는 사방불은 문헌상으로는 경덕왕 때에 지하에서 발굴된 것이라고 기록되어 있다. 여기에도 약사여래가 끼어 있다. 현재 경주 남산의 칠불암에는 사면석각(四面石刻) 사방불이 있는데 언제 조각된 것인지는 분명치 않으나, 동방의 불상이 약사여래인 점으로 미루어, 전술한 네 부처님으로 판단할 만한 유력한 근거가 되고 있다.

그러나 사방불이 반드시 불(佛)만이 아니고 보살을 포함했을 경우에는 앞서 보아 온 오대산의 5만 진신(眞身)과 관련된 오대산의 사대(四臺)의 주존이 동서남북으로 관음, 미타, 지장, 석가의 순으로 열거되는 경우도 있을 것이다.

하여간 『삼국유사』에 실린 경덕왕대의 불교 관계 기사를 보면 거개가 이 불보살에 대한 타력신앙에 얽힌 영험 이야기가 많아, 점차 불교가 타력신앙의 면으로 기울어져가고 있음을 알게 해 주고 있다. 한기리(漢岐里)에 사는 희명(希明)이란 여인은 분황사 좌전(左殿) 북벽화(北壁畵)의 천수관음께 빌어 눈먼 아이의 눈을 뜨게 할 수 있었다 하고, 아간(阿干) 귀진(貴珍)네 집 비(婢)였던 욱면(郁面)은 미타사에서 열심히 염불한 덕택으로 서방정토에 승천했다는 기록이 있다. 또 포천산(布川山)의 다섯 비구가 미타를 염불하고 서방을 구한 지 몇십 년 만에 홀연히 성중(聖衆)이 서쪽에서 와서 맞이하였다고도 한다.

758년에는 큰 뇌전(雷電)이 있어 불사(佛寺) 16개소에 진동이 있었고 또 760년에는 해가 둘이 나타나 오래도록 없어지지 않았으므로, 왕이 월명사(月明師)를 불러 〈도솔가(兜率歌)〉를 지어 이를 쫓아 버렸다는 기록도 있다. 〈도솔가〉는 미륵에 대한 찬가이다.

> 오늘 이에 산화(散花, 散花歌)를 불러
> 뿌리온 꽃아, 너는
> 곧은 밤의 명(命)을 부리옵기에
> 미륵좌주(彌勒座主)를 모시는구나.

꽃이 곧은 밤의 명(命)을 부린다, 그리고 미륵좌주를 모신다는 것인데, 여기에서는 미륵의 힘이 찬양되고 있는 것이다. 월명사나 충담사 등 스님들이 향가문학 개발의 선구자라는 것은 매우 의미 있는 일이라고 생각된다. 충담에 관해서는 이미

50) 졸고, 「7, 8세기 신라 및 일본에 있어서의 불국토사상」 중 '사방불의 출현' 참조(본서, pp. 638-640.).

말한 바 있지만, 월명의 〈제망매가(祭亡妹歌)〉도 문학적으로도 높이 평가받을 만한 걸작이며 그 절실한 미타신앙을 우리는 간과할 수가 없다.

> 생사 길은 예 있으매 정이이고
> 나는 간다는 말도 못 다 이르고 가느닛고?
> 어느 가을 이른 바람에 이에 저에 떨어질 잎다이
> 한 가지에 나고 가는 곳 모르온정
> 아으, 미타찰(彌陀刹)에 만나 볼라, 도닦아 기다리고!

이와 같은 타력신앙의 점고(漸高)는 한편으로는 이전에 그렇게 굳세던 자력신앙의 풍조가 점차 사라져 가고 태평성대에 따르는 나약성이 노출하기 시작했다는 증명이라고도 풀이할 수 있을 것이다. 경덕왕대의 후기에 가면 갈수록 그러한 경향은 점차 더 일반화되어 가는 느낌이다.

2. 통일신라 후기(765-916)의 불교사상

1) 정치적・사회적 배경

제36대 혜공왕(惠恭王)은 알지(閼智)를 시조로 하는 김씨 왕계의 마지막 왕이다. 제37대 선덕왕(宣德王)부터의 왕세계(王世系)를 보면 결코 단순하지 않고 복잡한 계승과정이 있었다는 것을 알 수 있다. 이제 불교사상의 변천을 보는 데에 있어서도 그러한 복잡한 왕위계승 관계는 충분히 고려되어야 할 것이다.

『삼국유사』에 나타난 설화를 보면, 혜공왕 이후 역대 국왕의 시기에는 적지 않은 정치적 혼란과 사회적 혼란이 왕들 자신의 능력 부족과 패륜배덕으로 빚어진 흔적이 엿보인다. 혜공왕은 경덕왕과 후비(後妃) 만월(滿月)왕후 사이에 태어난 태자인데 8세에 즉위하여 태후가 섭정하였으나, 도적이 벌떼와 같이 일어나 이루 막을 수 없을 정도로 사회가 문란해졌다. 왕은 항상 부녀(婦女)의 짓을 하여 비단주머니 차기를 좋아했고 도류(道流)와 함께 희롱하기를 즐기고 나라가 크게 어지러워졌다고 한다. 이 때 이래 신라 멸망까지의 기록에는 아주 불길한 징조에 관한 언급이 빈번하다. 혜공왕 초년에는 천구(天狗)가 떨어졌는데, 머리가 항아리만 하고 꼬리가 3척이나 되며, 빛은 열화와 같고 천지가 진동하였다고 한다. 또 궁중의 뜰에 두 별이 떨어졌다느니, 궁성 안에 범이 들어 왔다느니 하고 있다. 767년에는 각간 대공(大恭)의 적도(賊徒)가 일어났고, 왕도(王都) 및 오도주군(五道州郡)의 도합 96

각간이 서로 싸워 크게 어지러워졌다고 하고 있다. 779년에는 김유신의 무덤에서 선풍(旋風)이 일어나 한 장군이 말을 타고 40인 가량의 병사와 같이 죽현릉(竹現陵)으로 들어가는 모습이 보였다. 조금 후에 그 능 속에서 울부짖는 소리가 나면서 김유신의 자손이 죄 없이 살해된 것을 원망하였다. 그 이후 김공의 능을 삼산(三山)과 함께 존숭하여 제사지내고 그 서차(序次)를 오릉 위에 놓고 대묘(大廟)라고 일컬었다고 한다. 취선사(鷲仙寺)는 공의 명복을 빌기 위한 사찰이다.

혜공왕은 재위 15년 만에 내물왕의 후손인 선덕(宣德)과 김양상(金良相)에 의해 죽음을 당하고 말았다. 선덕왕도 오래 재위하지는 못하고 5년 만에 병을 얻어 죽었다. 뒤를 이은 제38대 원성왕(元聖王)은 혜공왕 때 김유신공의 망령을 달래기 위해 취선사에 갔던 김경신(金敬信)이다. 그의 왕위 계승도 순리적인 것은 아니었다. 이찬 김주원(金周元)이 상재(上宰)로 있었고 김경신이 각간으로서 차재(次宰)에 있었는데, 비밀히 북천의 천신(川神)에게 빌어 갑자기 냇물이 불어 왕으로 추대된 김주원이 냇물을 건너오지 못한 틈을 타서 왕의 자리에 앉았다.

그 후 제44대 민애왕(閔哀王) 김명(金明)은 제43대 희강왕(僖康王, 836-837)을 죽이고 자립(自立)하였다. 그는 제45대 신무왕(神武王) 우미(祐徵)의 아버지 균정(均貞)을 죽인 일이 있었는데, 결국 신무왕에 의해 살해되고 말았다. 46대 문성(文聖, 839-856), 47대 헌안(憲安, 857-860), 48대 경문(景文, 861-874) 등의 시기는 비교적 조용했던 것 같지만, 제49대 헌강왕(憲康王, 875-886) 때에는 주연(酒宴)이 잦았던 모양이다. 그때마다 귀신이 나와 춤을 추었다고 하는데, 한 귀신이 부른 노래에 '智理多都波(지혜로 나라를 다스리는 사람이 미리 알고 많이 도망쳐, 도읍이 장차 파한다는 뜻)'란 것이 있었다는 것은 의미심장한 일이다. 또 51대 진성여왕(眞聖女王, 888-897)이 들어서자 유모 부호(鳧好)부인이 그 남편 위홍(魏弘) 등 3, 4명의 총신(寵臣)과 더불어 권세를 잡고 정사를 휘둘러 도적이 벌떼와 같이 일어났다.

52대 효공왕(孝恭王, 898-912) 이후 56대 경순왕(敬順王, 927-935)에 이르는 기간에는 온통 불길한 징조만이 나타난 것처럼 기록되어 있다. 봉성사의 회랑 21간에 까치가 깃들고 참포(斬浦)의 물이 바다 물결과 3일 동안이나 서로 싸웠다고도 하며, 또 영묘사의 행랑에 까치집이 34, 까마귀집이 40이나 되었다고 한다. 경명왕(景明王, 917- 923) 때에는 사천왕사의 벽화 속의 개가 울었다고 하고, 또 사천왕사의 오방신(五方神)의 활줄이 모두 끊어지고 벽화의 개가 뛰어 나왔다 들어갔다고도 한다. 홍륜사에 큰 불이 났고, 경애왕(景哀王) 때에는 황룡사가 요동하여 서쪽으로 기울어졌다고 한다. 그러다가 935년 10월에 드디어 왕은 고려에 항복하고 왕자는 개골산으로 들어간다.

2) 불교의 변천[51]

혜공왕 때의 큰 업적은 771년에 봉덕사의 거종(巨鍾)이 완성되었다는 것이다. 그러나 그것은 결코 혜공왕 자신의 공로가 될 수는 없다. 이 종에 얽힌 전설이 사실이라면 우리는 그것을 찬양하기에 앞서 연민(憐憫)히 생각해야 할 잔혹한 처사이었다고 말할 수 있을 것이다.

『삼국유사』는 표훈 이후에는 신라에 성인(聖人)이 나지 아니하였다고 기록해 놓았다. 표훈은 혜공왕을 극히 못마땅하게 생각하였다.

이 시기의 불교는 매우 타락한 주술적 속신(俗信)과의 습합이 진했다. 벌써 불교인지 무속인지 알 수 없을 정도로 혼탁해지고 있다. 원성왕(김경신)이 각간으로서 차재(次宰)로 있을 때 꿈에 복두(幞頭)를 벗고 소립(素笠)을 쓰고 12현금(十二玄琴)을 든 채 천관사(天官寺) 우물로 들어간 꿈을 꾸었다는 이야기가 있다. 또 북천신(北天神)에게 빌어 냇물이 불게 했다는 사실, 분황사 우물에 있는 용 세 마리를 당사(唐使)가 저주하여 작은 고기로 만들었다는 이야기, 김현(金現)과 호녀(虎女)의 이야기, 여기에 얽힌 호원사(虎願寺), 헌강왕 때의 처용(處容)의 이야기, 동해의 용의 아들인 처용의 형상을 문에 붙여서 사귀(邪鬼)를 쫓았고, 또 용을 위해 망해사(望海寺)를 세웠다는 이야기, 또 왕이 포석정에 행행(行幸)했을 때 남산의 신이 나타나 어전에서 춤을 추었다는 이야기 등 귀신들에 관한 이야기, 진성여왕 때에 거타(居陁)라는 자가 해신(海神)의 자손의 간장(肝腸)을 빼먹는 늙은 중을 활로 쏘아 죽였다는 이야기, 다라니 모양으로 은어(隱語)를 만들어 진성여왕과 그 유모의 비행을 풍자한 이야기, 이러한 모든 이야기들은 불교가 이미 그 순수성을 잃고 있다는 증거가 된다.

심지(心地)가 헌덕왕대에 진표의 점찰법을 계승하여 동화사(桐華寺)에다 첨당(籤堂)을 지었지만, 그것도 실은 다분히 주술적인 것으로 변모해 가고 있었다고 보는 것이 타당할 것이다. 원성왕대에는 황룡사의 중 지해(智海)를 궁중으로 청해 50일 동안 『화엄경』을 독송케 했다. 그러나 이것은 원성왕이 경 공부를 한 것이 아니라 다만 주술적인 목적에서 독송을 시킨 것뿐이다. 이제 7세기의 원효에게서 찾을 수 있었던 그 자각적이고 주체적인 불교 이상은 도저히 찾아 볼 수 없게 되었다.

799년에는 사문 범수(梵修)가 입당했다가 신역 『후분화엄경징관의소(後分華嚴經澄觀義疏)』를 가지고 돌아왔다. 802년에는 의상이 당에서 귀국한 후 창건했다가 파락(破落)했던 해인사를 순응(順應)이 다시 재건했다. 그 뒤를 이어 이정(利貞)이 이 절을 선찰(禪刹)로 만들었다. 804년에는 혜소(慧沼, 眞鑑國師)가 입당(入唐)을 하였다.

51) 여기에 요약된 신라불교의 변천상은 모두 일연의 『삼국유사』와 김부식의 『삼국사기』를 조합하여 기술한 것임을 밝혀둔다. 일일이 그 출처를 밝히는 것은 번거로우므로 생략한다.

806년에는 불사를 새로 짓는 것을 금지하고 다만 수리하는 것만을 허가했고, 또 불사에서 쓰는 기구나 기타 복식에 금은금수(金銀錦繡)를 사용하는 것을 금했는데, 이로 미루어 보아 당시 불교생활이 얼마나 타락했었나 하는 것을 잘 알 수 있다. 불교에서 금은금수를 쓴다는 것은 계율상으로도 있을 수 없고 부처님의 근본정신에 비추어도 있을 수 없는 일이다. 당시의 불교가 왕실종교, 귀족종교로 화하고 있었음을 여실히 알게 하는 사건이다. 그와 동시에 이는 당시의 경제의 궁핍상을 입증하는 것이 된다고도 할 수가 있다.

헌강왕 때에는 불교활동이 약간 활기를 되찾았던 것같이 보인다. "이 임금이 없이는 이 신하가 없고, 이 신하가 없이는 이 공이 없다.(無是君 無是臣, 無是臣 無是功)"고 하며 이차돈의 넋을 기리는 집회가 흥륜사에서 그 기일(忌日)마다 열렸고 그 앞장을 섰던 사람이 영수선사(永秀禪師)였던 것 같다. '선사'라는 말이 『삼국유사』에 나오기는 이 사람의 경우가 처음이다. 일연은 그 말에 주(註)를 붙이며 당시에는 유가제덕(瑜伽諸德)을 모두 선사라고 불렀다고 하는데, 선사가 유가계통을 공부하는 사람 사이에서 나오기 시작했을 공산이 크다.

827년 흥덕왕 때에 고구려의 중 구덕(丘德)이 당에서 돌아오며 불경 약간함(若干函)을 가지고 왔다고 했다. 고구려가 멸망한 지 이미 160년이 되는데, 새삼 고구려 중이라고 밝힌 것은 신라의 통일이 저 멀리 북방에까지는 미치지 못했기 때문에 권외(圈外)의 인물을 이렇게 지칭하게 되었던 것이라고 보아야 할 것이다.

흥덕왕대(826-835)에는 전술한 구덕과 보요선사(普耀禪師, 海龍寺의 開祖), 당에 갔던 혜소(830년 귀환, 850년 입적) 등이 활약하고, 또 다른 승려들이 당에 파견되기도 하였다. 혜일(慧日)은 품일(品日)이라고도 기록되어 있는데, 태화(太和)년간(827-835)에 당에 건너가 명주(明州) 개국사(開國寺) 등을 거쳐 선법(禪法)을 배우고 847년에 돌아와 처음으로 교외별전(敎外別傳)의 현극지지(玄極之旨)를 전한 사람이다. 그는 굴산사(崛山寺)의 개조가 되어 굴산조사라고도 불렸다. 문성왕대(839-856)의 일이다. 이 해를 전후하여 당에서 돌아오는 스님들로서는 체징(體澄, 840년 귀국, 880년 입적), 무염(無染, 845년 귀국, 888년 입적) 등이 있다. 무염은 성주화상(聖住和尙)이라고도 불렸는데, 늘 『능가경』을 좋아했지만 그것이 조종(祖宗)이 아님을 알고 입당하여 전심(傳心)의 길에 들어섰다고 한다. 그러나 이러한 평가는 『선문보장록(禪門寶藏錄)』의 평가이므로 일방적인 편견인 것은 두말할 필요가 없다.

경문왕 때에는 황룡사의 탑이 진동하여 파락했으므로 이를 개조하여 높이 22장의 구층탑이 873년에 낙성된다. 경문왕은 국선(國仙) 출신의 유덕한 임금이었던 것 같다. 전왕(前王) 헌안(憲安)의 숙부 헌정(憲貞)의 증손이므로 아주 가까운 계보는 아니지만 왕위를 계승한 점으로 보아 덕으로 존경받았던 것 같다. 헌안이 국선화랑이던 응염(膺廉, 경문왕)을 불러 네가 사방을 다니며 무슨 이상한 일을 본 일이 없느냐 했을 때, 미행자(美行者)의 세 가지 부류를 열거했다는 것은 유명한 이야기이다.52) 경문왕은 화랑들의 훌륭한 동지적인 지지를 받은 사람이다.

「난랑비서(鸞郎碑序)」 등을 쓴 명문장가이며 유교사상가이던 최치원(崔致遠)은 경문왕 때 사람이며, 당시의 화랑운동의 재흥에 큰 자극을 준 사람으로 보인다. 그는 비단 유교에만 정통했던 것이 아니라 널리 삼교(三教)에 통달했던 사람이다. 그는 894년(진성여왕 8년) 솔가(率家)하여 가야산에 숨어 버리고 말았다. 그는 모형(母兄)인 현준(賢俊)과 정현(定玄)의 두 스님과 도우(道友)를 맺고 산중에서 일생을 마쳤다.

헌강왕은 백고좌강경회를 두 번씩이나 열었다. 아마 최치원의 권고도 있었을 것이다. 경문, 정강, 헌강 때까지만 해도 신라 성대(盛代) 문화를 재흥시키려는 일종의 르네상스의 기미가 보이는데, 그것은 주로 최치원에 의해서 주동이 되었다고 보는 것이 가능하다. 진성여왕대에 이르러 세태가 극히 악화됨에 이르러 최치원이 일선에서 물러나고, 나라는 더욱 쇠망의 기운을 보이게 된 것이 아닌가 한다.

3) 신라의 선문(禪門)

우리나라의 선도(禪道)는 당나라 선종(禪宗)의 4조 도신(道信)의 방출(傍出)인 법랑(法朗)에게서 시작된다. 법랑은 일찍이 선덕여왕 때에 당으로 들어가 도신에게서 배웠는데 그 문인(門人)에 신행(神行 또는 信行)이 있었다. 신행은 혜공왕 때에 지리산 단속사(斷俗寺)에 머물러 있다가 779년에 76세로 입적한 스님이다.

헌강왕 때인 822년에 도의(道義)가 처음으로 우리나라에 남돈(南頓)의 선(禪)을 전했는데, 『조당집(祖堂集)』에 의하면 도의는 784년(선덕왕 5년)에 입당하여, 서당(西堂)과 백장(白丈) 두 스님 밑에서 공부하고 돌아와 선도(禪道)를 펴려 하였으나, 아직 사람들이 마설(魔說)이라고 하여 그 뜻을 크게 펴지 못하고 설악산 진전사(陳田寺)에 머물러 있었다. 도의의 제자에 염거(廉居)가 있었고 그는 설악산 억성사(億聖寺)에 살았으나 그 행적은 잘 알려지지 않고 있다. 다만 그의 제자 체징(體澄)에 이르러 선문구산(禪門九山)의 하나인 가지산(迦智山)의 일파가 형성되었음을 알 수 있다. 도의와 같은 시기에 홍척(洪陟, 또는 洪眞)이 있어 서당(西堂)으로부터 법을 받았는데, 그는 실상산(實相山)의 일파를 형성, 선문구산의 다른 일문(一門)을 이루었다.

---

52) '美行者三人'이란 ① 남의 윗자리에 있을 만한 사람이 겸손하게 남의 밑에 앉은 사람, ② 豪富이면서 검소하게 옷 입은 사람, ③ 고귀한 세력가이면서 그 위엄을 보이지 않는 사람이다. 이는 당시 사회의 부조리한 성격을 반승하는 언급이라고 보아도 좋을 것이다.

홍덕왕대의 또 다른 선사로는 혜소(慧昭)가 있는데, 그는 남령(南嶺, 경남 하동군)의 기슭에 쌍계사(雙溪寺)를 세웠다. 그보다 9년 늦게 혜철(惠哲)이 역시 서당의 법을 우리나라에 전했다. 그는 처음에 부석산에서 화엄을 공부했고 입당했다가 839년에 신라에 돌아와 무주 곡성군(전남 곡성군) 동남의 동리산(桐裏山, 일명 鳳頭山)에 대안사(大安寺)를 개창하였다. 혜철 문하에서 도선국사(道詵國師), 여선사(如禪師) 등이 나왔다. 그의 일파를 동리산문이라고 한다.

신라의 승려들로서 당에 들어가 공부하는 자의 수효가 많아지자 당의 등주(登州), 문등현(文登縣), 청녕향(淸寧鄕), 지산촌(志山村, 산동성)에는 신라원(新羅院)이 새로 세워지게 되었는데, 이를 적산법화원(赤山法華院)이라고 한다. 이는 처음에 장보고가 세운 것이었는데, 겨울에는 『법화경』을 강설했고 여름에는 8권 『금광명경』을 강설했다고 한다.

혜철보다 한해 늦게 문성왕 때(840)에 체징이 당으로부터 귀환, 가지산에서 도의의 선도(禪道)를 진작했다. 그는 가지산 문파의 제3조가 되었다.

무염(無染)은 문성왕 7년(846) 중국의 마조(馬祖)의 심인(心印)을 받고 돌아왔다. 그는 헌안, 경문 두 왕으로부터 깊은 예우를 받았다. 경문왕 12년에는 왕사(王師)로 대접을 받게 되었는데 그 때에 왕이 물어 말하기를 "반야의 절경(絶境)은 경(境)이 절(絶)한 것이라 하는데 혹시 들을 만한가?" 하니, 답해서 말씀드리기를 "경(境)이 이미 절(絶)했으니, 이(理)도 또한 없습니다. 이것이 표시입니다. 묵묵히 행할 뿐입니다"라고 하였다. 그러나 무염은 찾아오는 이가 많아 번거롭다하여 도망쳐 버렸다. 그 후 상주(尙州) 심묘사(深妙寺)에 있었는데, 경문왕의 건강이 좋지 않아 근시(近侍)에게 명하여 속히 대의왕(大醫王)을 불러오라 하였다. 사신을 본 무염의 말이 재미있다. "산승의 발이 왕문(王門)에 미치는 일은 한번만이라도 너무나 많다고 합니다. 나를 아는 자는 성주(聖住)가 무주(無住)라고 말하고, 나를 모르는 자는 무염(無染)을 유염(有染)이라고 말합니다. 그러나 돌이켜 보건대 우리 임금님과는 향화(香火)의 인연이 있었으니 도리천으로 가는 일도 기(期)할 수가 있습니다"라 하고, 왕실에 들어가 약이 될 만한 말을 주고 계를 주며 그 마음을 위로하고 이튿날 곧장 성주사에 돌아왔다. 그는 「무설토론(無舌土論)」이라는 글을 지었음이 천책(天頙)의 『선문보장록(禪門寶藏錄)』에 인용됨으로써 판명되었는데, 그 안에서 불교(佛敎)와 조도(祖道)를 준별하고, 불교를 응기문(應機門)·언설문(言說門)·정예문(淨穢門)으로 나누고, 조도를 정전문(正傳門)·무설문(無說門)·부정불예문(不淨不穢門)으로 나누고 있다. 그의 일파를 성주산문이라고 한다. 성주산의 옛터는 충남 보장군 미산면에 있다.

앞서 말한 바와 같이 범일(梵日)은 문성왕 9년에 귀국, 마조 문하 감관(監官)의 법을 전했다. 그의 일파를 사굴산문(闍堀山門)이라고 한다. 사굴산은 오대산 중에 있다.

지선(智詵)은 경문왕 때에 황룡사의 구층탑을 개수한 장본인이다. 지선은 4조 도신 하의 방계에 속한다. 오늘의 문경군 희양산(曦陽山)의 일파를 형성하였다. 봉암사(鳳巖寺)가 주찰이다.

행적(行寂)은 처음에 가야산 해인사에서 화엄의 묘의(妙義)를 들었고, 또 굴산사에서 범일 밑에서 선법을 배우다가 입당, 오대산 화엄사에 이르러 문수를 배례하고 다시 성도(成都)의 정중정사(靜中精舍)에 이르러 신라 승 무상(無相)대사의 영당(影堂)을 찾고 그 후 석상 경제(石霜慶諸)의 문에 들어갔다. 헌강왕 11년(885)에 귀국, 효공왕대에는 국사로 대접을 받기까지 했다. 낭공(朗空)이라고 시호를 받았다.

순지(順之)는 헌안왕 2년에 입당해서 앙산(仰山)의 혜적(慧寂)화상의 제자가 되고 귀국할 때에 위앙종(潙仰宗)을 전했다. 행적의 동문으로 개청(開淸)이 있다. 범일(梵日, 通曉大師)의 도가 높다는 소문을 듣고 오대산으로 가 입보(入寶), 그의 심인(心印)을 받았다. 56대 경애왕 때에 국사로 예우 받았다.

• 『韓國哲學研究』 상권(한국철학회, 1977)에 게재

한국불교의 근본사상과 새로운 과제

Ⅰ. 서론

'한국불교의 근본사상과 새로운 과제'라는 제목을 앞에 놓고, 필자는 약간의 당혹을 느끼지 않을 수 없었다. 그 까닭은 이러한 과제를 다룸에 있어서 우리는 어디에 중점을 두고 이야기해야 하는가를 생각하지 않을 수 없었기 때문이다. 즉 한국불교의 근본사상에 중점을 두어야 하는가, 한국불교의 새로운 과제에 중점을 두어야 할 것인가, 그렇지 않으면 또 그 한국불교의 새로운 과제라는 것도 한국 불교계의 새로운 과제를 말한다는 것인지 또는 사상으로서의 한국불교가 현대적 여건하에서 직면한 새로운 사상적 과제를 말한다는 것인지가 분명치 않았기 때문인 것이다.

그러나 필자는 이 논제가 '전통사상과 현대 한국'이라는 제1분과 주제의 한 분야로서 다루어지도록 계획된 것을 감안하면서 필자 나름대로 다음과 같은 판단을 내리고 논지를 펴 가기로 했다. 즉 전통사상의 중요한 부분을 차지하는 한국불교는 과연 산업사회로서의 급격한 변화를 경험하는 과정에 나타나고 있는 인간의식의 제반 변화의 소용돌이 속에서 어떠한 과제를 안고 있는가를 살펴보는 것이 더욱 적절하며 시의(時宜)에 맞는 것이 되리라 하는 것이다. 필자는 이미 여러 군데에서 한국불교가 이룩해 온 가장 빛나는 사상적 성과가 무엇이었던가 하는 데 대하여 많은 언급을 해온 터이다.[1] 사실 이러한 문제를 같은 평범한 레벨에서 되풀이한다는 것은 필자로서 마음 내키는 일은 결코 아닌 것이다. 오히려 그것보다는 오늘 점차 그 폐단이 노골화하기 시작한 산업사회의 정신적 상황이란 과연 어떤 특징을 가지는 것인가를 좀 더 깊이 탐구한 다음, 그러한 상황에 비추어 한국불교가 보여준 그 근본적인 생활 이상(理想) 내지 인생에 대한 견해는 어떻게 평가되어야 마땅한가를 고찰하는 것이 더욱 의의 있는 것이 아니겠는가 하는 것이 필자의 소견이었던 것이다.

그러므로 필자는 한국불교의 근본사상에 대하여는 극히 간략한 종합적 관견(管見)만을 피력하고, 보다 많은 성찰을 산업사회 자체의 정신적 상황 쪽으로 돌려 필자 자신만의 독단적 견해에 빠짐이 없이 객관적으로 이를 평가해 보는 일에 더 힘을 기울일 필요를 느낀 것이다. 그렇게 함으로써 필자는 이러한 현대 한국의 정신적 상황에 견주어 본 한국불교의 새로운 과제를 제기할 수 있으리라고 생각한 것이다.

그리하여 본고에서는 먼저 이 서론에서 우리의 전통사상 속에서 한국불교는 어떠한 위치를 차지하고 있는가에 대하여 일반의 주의를 환기하고, 나아가 한국 불교사상에는 어떠한 사상적 조류들이 있었는가를 언급한 다음 본론에 들어가기로 한다. 필자는 본론에서 한국불교의 근본사상에 대한 비견(卑見)을 간단히 요약하고, 다음에 산업사회의 정신적 상황에 관한 서구 학자들의 견해를 살펴보면서, 그것이 현대 한국의 상황에도 부합되는 점이 있는가를 점검한 다음, 전통사상으로서의 한국불교의 근본정신의 의의를 찾아보려고 하는 것이다.

먼저 필자는 우리의 전통문화 속에서 불교가 보여준 역할에 관해 말하고자 한다. 다 아는 사실이지만 불교문화는 신라 문화와 고려 문화의 기간(基幹)으로서 심오한 철학과 탁월한 예술을 낳았고, 정치·경제의 지도이념을 구축하는 토대가 되었으며, 일반민중의 민속과 풍습 등 생활문화 전반에 걸쳐 지배적 영향을 미치면서 우리의 토착문화로서 성장해 왔다. 불행히도 숭유억불의 5백 년이 우리나라 근세에 가로 놓임으로써 불교의 영향력은 매우 감퇴되었고, 우리의 불교문화 전통은 왜곡되고 부당한 경멸을 당하는 결과가 초래되었다. 그러나 우리는 객관적으로 판단할 때 결코 1600년에 걸친 장구한 기간에 불교를 통해 우리 조상이 이룩한 고귀한 문화적 가치를 과소평가할 수가 없는 것이다.

---

1) 졸저, 『불교와 사회』; 「신라불교의 특성」, 『韓』 3(1973) 등 참조.

그러면 둘째로 한국 불교사상에는 어떠한 사상적 조류들이 있었는가를 말해야 하겠다. 어느 나라의 어떠한 종교의 경우나 다 마찬가지로 인간의 사고의 역사에는 기복(起伏)과 소장(消長)이 있는 법이며, 또 인간의 사고에는 동시대에 있어서도 엘리트와 대중들 사이에 천심(淺深)의 차이, 취향의 차이가 있는 법이다. 우리는 결코 그 모든 조류를 다 동등한 가치가 있는 것이라고 평가할 수가 없다. 근래 한국적인 고유한 것을 찾는 학자들 사이에서는 대중의 것만이 고유한 것이라거나, 또는 덜 보편적이며 덜 세계적인 것만이 한국적인 것인 양 주장하는 경향도 있다. 그들은 기이한 것, 변형적인 것만이 독창적인 것인 양 주장하기도 한다. 그러나 필자는 시대와 장소를 막론하고 언제 어디에서나 진리이며, 허구와 날조 또는 기만과 과장이 없는 불변의 진리만이 진실로 가치 있는 것이라는 관점에 서서 한국불교의 근본사상을 찾기 위해 우리 불교사상에 나타났던 조류들을 유형별로 나누어 보고자 한다. 우리 불교사상에는 다음과 같은 사상적 흐름들이 때로는 단독으로, 또 때로는 혼합하여 소장(消長)해 왔다.

① 교학적 탐구의 조류
② 교선(敎禪) 일치 또는 선교(禪敎) 일치의 조류
③ 선종(禪宗) 일변도의 조류
④ 밀교적 흐름(건전한 것과 미신적인 것을 포함)
⑤ 기복신앙의 풍조
⑥ 보살도 실천의 조류

이러한 여섯 가지 경향은 어느 나라 불교사에나 다 나타나는 공통된 조류라고 할 사람이 있을지도 모른다. 비슷한 현상은 다른 곳에서도 나타날 수 있다. 그러나 우리나라 불교사상의 신앙의 경향을 시대상과 연관시켜 고찰해 보면 다음과 같은 의미심중한 결론이 나타난다. 활기에 넘치는 건강한 사회일수록 그 사회에서는 교학적인 탐구열이 왕성하고 보살도의 실천이 크게 눈에 띄며, 교선의 일치 또는 선교의 일치를 지향하고 나아가 건전한 밀교적인 신앙 습합이나 기복적 성향까지도 포함하여 통불교적(通佛敎的)[2]인 이해를 하려는 기운이 팽배해진다. 그런가 하면 반면에 사회가 혼탁하고 질서가 문란한 시대에는 타락한 밀교적, 기복적인 미신이

2) 通佛敎라는 말은 한국 불교계에서는 매우 익숙한 관용어이나, 의외로 다른 나라 불교계의 사람들이 그 의미를 이해하지 못하는 경향이 있다. '通'이란 會通 또는 圓融會通의 준말로 一乘사상에 입각하여 불교라는 이름 밑에 광범하게 포함된 제 교설과 기타의 化儀들을 적절히 위치지으며 그 상대적 가치들을 긍정적으로 인정하는 관용적 입장을 말하는 것이다.

나, 잘못 이해된 선종에서 찾아 볼 수 있는 바와 같은 현실도피적인 기풍이 드러난다. 그리고 이러한 시대일수록 교학연구의 열(熱)은 현저하게 후퇴하고 불교 정신에 토대를 둔 창조적인 문화 활동은 위축한다.

이러한 분석은 우리로 하여금 한국불교의 사상으로서 가장 긍정적으로 평가될 수 있는 조류를 앞서 말한 활기에 넘치는 건강한 사회에 나타났던 통불교적인 이해와 보살도의 실천일 수밖에는 없다고 생각하게 한다. 이것을 필자는 교리적으로 다음과 같이 설명할 수 있다고 생각한다. 즉 우리 불교의 근본사상은 『화엄경』의 정신을 대전제로 하고 『법화』, 『열반』 등의 일승사상에 바탕을 두며, 여래장사상을 철학적 근거로 하여 보살도와 지관(止觀)을 실천하는 것이 바로 그것이라는 것이다.

그러면 과연 이러한 한국불교의 근본사상, 시대를 초월하여 긍정할 만한 우리 불교문화의 빛나는 사상적 정화(精華)는 보다 구체적으로 표현하면 어떻게 말할 수 있는 것일까? 이것을 이제 본론의 첫 부분에서 언급해 보기로 한다.

Ⅱ. 한국불교의 근본사상

불교는 우리 민족문화의 효모(酵母)이자 모체(母體)가 되어 왔다. 문화는 사람 마음의 자취이다. 마음이 맑으면 문화도 맑고, 마음이 더러우면 문화도 더럽다. 우리 민족의 마음이 가장 맑았던 때가 어느 시대일까? 나는 668년 신라가 삼국을 통일하던 전후 2백년, 특히 그 전 150년을 우리 역사상 민족의 정신이 가장 맑고 밝고 굳세던 시기였다고 본다. 그 이전과 이후에도 상당히 찬란한 민족정신의 섬광이 빛난 때가 없지 않았으나, 그 시기는 대체로 전자에 비해 짧았고 그 폭도 비교적 좁았다고 보는 것이 타당할지 모른다. 그래서 나는 여기에 불교 문화의 전통을 말함에 있어 6세기 전반에서 시작하여 8세기 전반에 이르는 근 2백 년 동안의 불교문화가 신라 통일의 정신적 전통을 보여준다고 생각하여 특히 그 몇 가지 특징을 거론할 것이다. 이것은 오늘 우리가 지향하는 산업화를 통한 민족중흥과 조국통일의 염원을 실현시키고자 하는 마당에 있어서도 적지 않은 시사(示唆)를 주리라고 생각한다.

1. 화랑도 정신

화랑도는 하나의 '도(道)'이다. 그리고 도는 생활방식(way of life)이요, 사고방식

(way of thinking)이다. 따라서 그것은 어떤 객관적인 이론체계라기 보다도 실천적인 생의 존재양식이다. 화랑도는 신라인 고유의 습속에 당시까지 신라인들에게 알려져 있던 불교와 유학, 노장(老莊)의 도, 이 3자의 핵심적 실천윤리를 다 일관하여 회통적인 것으로 섭취 흡수했다는 특징을 지닌다. 벌써 신라인들은 화랑도를 통해서 범종교적이요 범학문적이며 동시에 실천적인 한국 지성의 탁월한 전통을 남겼다.

이 화랑도의 정신에는 대승보살도의 정신이 중요한 근간이 되고 있다는 사실을 간과해서는 안 된다.[3] 즉 그 첫째 증거는 원광의 세속오계요, 그 둘째 증거는 미륵신앙이요, 그 셋째 증거는 불교적 문무관(文武觀)의 영향이다.

세속오계는 대승보살도의 고취자 원광법사가 준 교훈이다. 그 오계에는 사군이충(事君以忠), 사친이효(事親以孝), 교우이신(交友以信), 임전무퇴(臨戰無退), 살생유택(殺生有擇)의 다섯 가지 조항이 들어 있어 그 비불교성을 주장하는 사람들이 간혹 있으나, 그것은 전적으로 대승불교의 보살도 정신을 모르는 소치이다. 보살계(菩薩戒) 정신은 하나의 상황윤리적인 성격을 띤 것이며, 결코 형식윤리가 아니다. 보살에게는 충(忠)·효(孝)의 정신이 그대로 권장되며, 보살에게는 문(文)과 더불어 무(武)의 중요한 의의가 긍정되는 것이다. 보살에게는 요익유정(饒益有情)이라는 최고의 도덕적 이상이 있다. 국가의 어른도 집안의 어른도 다 유정(有情) 또는 중생의 한 부류이다. 자기도 중생인 보살은 다만 그 가야 할 길을 알고 열심히 가려고 노력 중인 자인 까닭에 그가 놓여진 연기(緣起)관계를 매번 어떻게 원만하게 이어갈까를 잘 알고 그대로 할 따름인 것이다. 임전무퇴나 살생유택도 그러한 원리에서 제기되어진 절실한 과제였던 것이다.

화랑들은 미륵보살을 그들의 스승이자 수호신으로 삼았다. 오늘날 세계미술사에서 미륵반가사유상은 그 사상성 때문에 매우 중요한 위치를 차지하고 있다. 이 미륵반가사유상은 화랑이 힘을 끌어내는 원천이었으며 미래에 희망을 거는 심벌이었고 도덕적·미적 생활의 귀감이었다. 화랑은 '자(慈, maitri)'의 덕(德)의 권화(權化)인 미륵(Maitreya)보살의 가호(加護)를 믿으며, 그의 모범을 따라 행동하려 했다. 그것은 『화엄경』「입법계품(入法界品)」에 나오는 선재동자(善財童子)가 그 순력(巡歷)의 마지막 단계에서 미륵보살을 만나 화엄세계를 보는 장면을 현실로 옮겨놓은 것이나 다를 바가 없다. 그래서 화랑은 죽음을 두려워하지 않았고, 죽으면 반드시 그의 곁에 가 태어났다가 미륵보살이 하생할 때에 다시 이 땅에 내려와 그와 더불어 성불하고 이 땅을 불국토화 한다고 믿었던 것이다.[4]

3) 졸고, 「元曉의 菩薩戒觀」, 『佛敎學報』 5(1967); 同(續), 『동국대학교 논문집』(1969) 참조.

4) 졸고, 「7, 8세기 한국과 일본의 불국토사상」, 『韓日佛敎交涉史硏究』(을유문화사, 1972).

끝으로 화랑의 문무관(文武觀)에 대해 말하자. 그 가장 현저한 실례는 문무대왕의 경우에 잘 드러나 있다고 하겠다. 문무대왕은 통일신라 실현의 주역 중의 한 사람으로서 그 자신이 화랑이었다. 그에 대한 원효대사의 영향을 우리는 결코 과소평가할 수 없다. 원효대사의 사상적 영향은 선덕, 진덕, 무열을 거쳐 문무에게까지 미친다. 그러한 영향 중 『승만부인경(勝鬘夫人經)』의 문무관, 즉 섭수(攝受)로서의 문(文)과 절복(折伏)으로서의 무(武), 자(慈)로서의 문(文)과 비(悲)로서의 무(武)의 해석은 위의 네 왕에게 한결같이 그들의 사생관을 확립하는 데 큰 도움을 주었다. 만약에 무(武)의 의미가 불교적 입장에서 정당하게 평가되지 못하는 일이 있었다면, 살생유택이나 임전무퇴가 5계 속에 들 수 있는 합당성이 없어지며 일반적으로 전쟁행위가 긍정되지 못하게 된다. 『승만부인경』에서 비로소 명확히 이러한 무(武)의 긍정적 의미가 천명되기는 하지만, 사실은 원광이 알고 있던 보살도는 원칙적으로 같은 이해를 담고 있는 것이었다.

2. '하나'를 추구하는 정신

신라의 불교 문화유산들을 보면 그 어느 것이건 '하나'를 추구하는 숭고한 정신을 나타내고 있다. 여기서 말하는 '하나'란 원효가 '귀일심원(歸一心源)'이라고 할 때의 '일심(一心)'의 '하나', 의상(義湘)이 '일즉일체다즉일 일중일체다중일(一卽一切多卽一 一中一切多中一)'이라 할 때의 '一'과 '多'의 관계와 같은 것으로 그것은 조화와 균제, 질서와 통일의 상태를 말한다.[5)]

그 숱한 신라의 석탑들이나 석굴암의 구조가 그러한 정신을 상징하고 있고, 일연이 『삼국유사』에서 소개하고 있는 오대산 신앙이라든가, 원효와 원측 등이 중시한 『해심밀경(解深密經)』의 '요익유정'의 이상이라든가 의상이 지은 「화엄일승법계도(華嚴一乘法界圖)」 등의 정신이 바로 그 '하나'의 의미를 강조하는 것들이다.

모든 탑의 중심에는 심초석이 있고, 그 가운데에는 사리공(舍利孔)이 있어서 사리가 모셔진다. 사각형의 돌 기단은 단순한 받침 이상의 상징적 의미가 주어진다. 그 모든 것에는 '하나 되는 일'을 강조하는 도덕적 의미가 부여되어 있다. 이것은 '하나'의 상징이다. 그 핵심은 마음이요, 정신의 응결체이다. 그것이 사리인 것이다. 정사각형의 기단 하나하나는 각각 사섭(四攝)이라고 불리는 보시(布施)와 애어(愛語)와 이행(利行)과 동사(同事)라는 네 가지 덕성(德性)을 상징하고 있고, 또 하나

5) 졸고, 「화엄일승법계도의 근본정신」, 『신라가야문화』 4(1972); 졸저, 『元曉思想』 참조.

그 위의 사각형은 각각 사무량심(四無量心)이라고 불리는 자(慈)·비(悲)·희(喜)·사(捨)의 무량심을 상징하고 있다. '섭(攝)'은 '하나'를 이룩하는 길을 말하는 것이요, 무량심의 '무량'은 진정한 '하나'의 동의어라고 볼 수 있다. 일심의 네 가지 측면이 자·비·희·사인 것이다. 그것은 의상대사가 모든 진리를 포괄한 진리의 표현, 즉 다라니(陀羅尼)라고 말한 '일즉다 다즉일(一卽多 多卽一) 일중다 다중일(一中多 多中一)'이 의미하는 것과 다를 바가 없다.

석굴암의 원형본진(圓形本陣)도 똑같은 정신적 의미를 간직하고 있다. 그 안의 갖가지 존상에는 가치의 계서(階序, hierarchy)가 있다. 보살과 제천(諸天)과 성문(聲聞)의 성자들 모두가 중심의 주존을 둘러싸고 제각기 자기의 위치에 서 있다. 이 모든 존상은 다 일심의 다면성을, 일심의 원천과 그 원천에서 솟아난 물줄기의 동질성과 특수성을, 그리고 전일성(全一性)과 개별성(個別性)을 보여주고 있는 것이다.[6] 의상은 『화엄일승법계도』의 시(詩)에서 다음과 같이 말하였다.

> 能人海印三昧中 繁出如意不思議 雨寶益生滿虛空 衆生隨器得利益
>
> 능력 있는 이 해인삼매에 들면 그 속에서 보통 사리분별로는 알 수 없고 말할 수 없는 자유자재한 정신력이 풍부하게 쏟아져 나와, 감로와 비가 내리듯 보배들을 허공에 가득 채우며 중생들에게 이익을 주게 되니, 중생들은 자기 그릇만큼의 이익을 얻는다.

일심이란 바로 여기서 의상이 말하는 삼매에 든 마음인 것이다. 신라인들이 추구한 '하나'는 이와 같이 그 근본이 마음의 집중에 있고, 달리 말하면 지혜의 실현에 있다. 그러나 그 내적인 '하나'의 실현은 자연히 외적인 '하나'를 초래하게 되는 것으로 그들은 믿었고, 그것을 실제로 보여주었다.[7]

3. 요익유정의 윤리

신라불교는 요익유정(饒益有情, 또는 饒益衆生)을 최고의 윤리적 덕목으로서 내세웠다. 그것은 원효대사 등이 『해심밀경』을 비롯한 대승 경론에서 특별히 주목하

---

6) 한국불교연구원, 『韓國의 寺刹』 8권 『華嚴寺』, 2권 『石窟庵』 참조.

7) 졸저, 『하나의 意味』(한국불교연구원, 1977) 참조.

고 크게 현양함으로써 신라의 삼국통일 시기를 전후하는 200년간 크게 유포되었던 윤리사상이다. 원래 대승불교의 윤리는 육바라밀다(六波羅蜜多)로 열거되는 덕목으로 요약되어 왔다. 시(施)・계(戒)・인(忍)・근(勤)・정(定)・혜(慧)의 덕목들은 시대와 사람에 따라 더욱 그 철학적 깊이를 더해 간다.

『해심밀경』, 『섭대승론(攝大乘論)』, 『유가사지론(瑜伽師地論)』, 『보살영락본업경(菩薩瓔珞本業經)』 등 유식(唯識) 내지는 여래장(如來藏)사상과 관련 있는 경론들을 주석한 원효의 관심이 가장 집중되는 대목은 '요익유정'이다. 유정이니 중생이니 하는 것을 인간의 생존양식(way of living)의 동의어로도 간주하던 당대(當代)의 불교 이해를 우리는 염두에 두어야 한다. 물론 중생과 유정은 sattva의 역어(譯語)로서 갖가지 '살아 있는 것들'을 뜻하는 원래의 의미를 상실한 것이 아니다. 그러므로 '요익유정'은 인간에게 이익을 준다는 뜻으로도 이해되고, 더 넓게는 갖가지 살아 있는 것들에게 이익을 준다는 뜻으로도 이해가 되어 온 것이다.

원효를 숭배했던 고려의 승려 일연이 그러한 사정을 몰랐을 리가 없다. 그가 설사 단군신화에 윤색을 가하지 않았다 하더라도 —그러나 윤색의 가능성은 매우 크지만— 그가 '홍익인간(弘益人間)'이란 말을 어떤 의미로 해석했겠는가 하는 것은 새삼 언급할 필요가 없는 것이다. 그리고 그 이후 적어도 불교도들은 '홍익인간'의 의미를 대승불교의 모든 기본 철학을 바탕으로 넓고 깊게 이해해 온 것이 사실이다.

'홍익인간'을 불교와 전혀 관계없는 고대 한국인의 사상이요 이상이라고 주장하는 논자들의 견해에 대하여 나는 이렇게 답하고자 한다. 대승의 '요익유정' 이상은 어떤 특정한 책의 어구에서 생긴 것이 아니라 사람의 지혜로운 마음에서 나왔다는 사실을 알아야 한다. 책에 쓰인 것은 나중 일이다. 그런 견지에서 보면 단군도 그 마음이 지혜로워졌을 때, 충분히 이러한 동일한 이상, 비슷한 이상을 내세울 수 있다는 것을 부정할 수가 없다. 그것은 그것대로 좋다. 그러나 네 개의 글자가 의미하는 내용에 관해서 깊은 해석이 없다 보면 사람들은 그 내용을 잘못 이해할 수도 있고 천박하게 이해할 수도 있다. 그러나 공백을 메우는 사색과 탐구를 거듭하는 것이 역사의 계승자들의 사명인 것이다. 우리 후손들은 설사 '홍익인간'의 이상이 단군의 것이기만 하다 하더라도 그 이상을 존중하며 더욱 그 발전을 도모해야 하는 것이다. 그런 의미에서 '홍익인간'의 이상을 '요익유정'의 근본정신에서 재해석할 필요가 있는 것이다.

앞서 말한 『해심밀경』의 육바라밀 철학에 의하면 육바라밀은 그 조반(助伴)이 되는 4항의 새로운 바라밀의 추가로 십바라밀(十波羅蜜)이 되고 그것이 골고루 원만하게 성취될 때 진여(眞如)한 일심의 근원에 도달할 수 있는 것으로 보고 있다. 그런네 시(施)・계(戒)・인(忍)・근(勤)・정(定)・혜(慧)의 매 항을 보면 세 단계로 나누어 설명이 되어 있고, 그 세 단계에는 쉽고 어려운 정도에 따라 단계적으로 덕목이 나열되어 있음을 알 수 있다.8) 가령 계(戒)의 예를 들면 첫 단계는 섭율의계(攝律儀戒)라 하여 율의(律儀)를 지키는 것을 요구하고 있다. 둘째 단계에 가서는 섭선법계(攝善法戒)라 하여 '중선(衆善)을 봉행할 것'을 권고하고 있고, 이것은 첫째 단계를 '제악(諸惡)은 막작(莫作)하라'는 뜻으로 해석할 때 그에 대조가 되는 것이다. 셋째 제일 높은 단계로서 제시된 것이 '요익유정'이다. 또 하나 다른 예를 든다면, 정(定)의 경우에도 그 첫 단계는 무분별정(無分別定)이요, 둘째 단계는 인발공덕정(引發功德定)이며, 최후의 높은 단계에서는 인발요익유정정(引發饒益有情定)을 권고하고 있다. '인발공덕'이란 자기 자신에게 훌륭한 공덕이 생기도록 한다는 자리(自利)적 의미이겠고, '인발요익유정'이란 분명히 이타행(利他行)을 강조하는 것이다. 『해심밀경』의 최고 윤리는 '요익유정'이다. 어떠한 방법으로든지 유정을 요익하지 못하는 행위라면 그것은 바라밀다, 도피안(到彼岸)이 못 되는 것이다.

바라밀다의 이상 역시 '하나'에로의 귀환임은 두 말할 필요가 없다. 원효의 '귀일심원'을 달리 표현하면 그것이 그대로 '도피안(바라밀다)'이다. 그 '귀(歸)'하는 길, 그 '도(到)'하는 길이 결국 궁극적으로는 '요익유정'이라는 것이다. 원효는 일심(一心)이면 동체(同體)라고 했다.

원효는 또 그 『금강삼매경론』에서 불각(不覺)의 상태에 있는 범부가 시각(始覺)하기 시작하여 그 생활을 바꾸어 가면 마침내 구경각(究竟覺)을 이루는데, 거기에 이르고 보니 그것은 본래 자기의 자리였음을 알게 된다고 한다. 본래가 각(覺)이었던 것이다. 그것을 본각(本覺)이라고 했는데 그 본각의 자리로 되돌아가도록 하는 것이 요익하는 일이다.9)

이러한 정신적 유산은 대대로 이어져 민족의 역량이 건전하게 성장하고 문화의 부흥이 표면화할 때마다 그 밑거름이 되어왔다. 고려의 의천(義天)과 지눌(知訥)이 그 선구적 계승자이었고, 대장경 조조(雕造)의 정신이 그 맥락을 이은 것이었으며, 조선 세종조의 기화 득통(己和得通)의 학풍이 또 그러했고, 선조대의 서산(西山)과 사명(泗溟)의 행장(行狀)에서도 그 전통을 찾아 볼 수가 있으며, 최근세의 만해 한용운(韓龍雲)의 애국적 행적에서도 그것을 발견할 수가 있다.10)

오늘 우리의 시대는 역사상 전고미증유(前古未曾有)한 경제성장의 시대이다. 우

8) 졸저, 『佛敎槪論』(한국불교연구원, 1977), p. 52 참조 (불연전집 제24권, 『불교개론강의』, 하권, p. 274).

9) 원효는 『유마경』을 매우 존중했는데, 『유마경』에 의하면 주인공 유마거사의 일생이 오직 요익중생하는 것만을 생의 목적으로 한 사람인 것이 분명히 이해될 것이다. 『維摩經』 「방편품」 참조.

10) 졸고, 「韓國的 思惟의 一傳統 -특히 그 宗敎觀에 대하여-」, 『東方學志』 10(1969) 참조.

리의 전통사상에 입각한 정신문화 계발의 제창이 그 어느 때보다도 거세게 메아리치는 이 시대의 한국인은 이 조국을 서구 산업사회가 밟은 병적인 정신상황의 전철을 되밟는 위험에서 구출해야 할 국면에 처해 있다. 과연 현대 한국 사회의 정신적 상황은 어떠한가? 선진 서구 산업사회의 병폐의 증후는 없는 것일까? 이제 우리는 그것을 검토해 보아야 할 것이다.

Ⅲ. 산업사회의 정신적 상황

우리는 현대 한국의 정세를 정신적 위기의식 없이 평가할 수가 없다. 오늘날 한국의 현실은 두 가지 이유 때문에 위기에 처하게 되어 있다. 그 하나는 어제오늘 갑자기 생긴 이유가 아니라 벌써 광복 이래 30여년의 긴 세월, 특히 6.25동란 이래 계속하여 줄곧 우리 모든 한국인에게 내려씌워지고 있는 것으로 북한 공산주의 집단에 의해 조성되어온 절박한 도전이 그것이요, 또 다른 하나는 1960년대 이래 진행된 산업화 과정에 서서히 나타나기 시작하여 점차 고정화되어 가고 있는 산업사회 특유의 정신적 타락이다.

오늘 이 학술대회에서는 전자보다는 후자와의 관련 하에서 전통문화의 가치를 평가를 해 보는 입장에 있는 듯하다. 지금도 북한괴뢰 무장간첩이 처참한 살인행위를 우리 강토 위에서 자행하는 이 마당에 우리는 결코 공산집단의 다양한 전략전술상의 공세를 경시할 수는 없다. 공산주의자들은 전통문화를 깡그리 말살시키는 전략을 짜고 각종의 전술을 쓰고 있다. 아마도 그들이 가장 두려워하는 정신자세 내지는 문화의 힘이 있다면, 앞서 말한 화랑도의 정신, '하나'를 지향하는 정신, '요익유정'의 윤리 등이 아닐까 한다. 왜냐하면 그들이 전술상 그들의 승리를 위해 필요한 것은 우리의 건전한 민족정신의 해이이며, 우리의 분열이며, 우리의 공허한 이론투쟁이며, 도덕적 타락이며, 전쟁능력마비이며, 비겁하고 용열한 생활태도이며, 사리사욕 추구풍조의 만연이며, 희망의 상실이며, 현실도피적인 사고방식의 유행이며, 문약(文弱)이며, 사생관(死生觀)의 와해며, 배금주의이며, 향락풍조의 파급 등이겠기 때문이다.

그런 의미에서 필자는 이에 열거한 갖가지 타락적인 정신상황을 극복할 수 있게 하는 가장 강력하고 확고한 힘이 우리 불교의 근본사상인 대승보살도에 입각한 생활에서 솟아날 수 있다는 그 한 가지 이유 때문에라도, 한국의 전통적 불교의 근본정신은 오늘의 모든 한국인에게 매우 중요한 의의를 가지는 것이라고 생각한다.

사람들은 산업화과정에 나타나는 여러 가지 인간정신의 변모가 위의 공산주의의 도전과는 전혀 무관한 질적으로 다른 위협이기나 한 듯이 생각할지도 모른다. 그러나 우리는 이 양자 사이의 밀접한 관계를 간과해서는 안 될 것이다. 그 까닭은 공산주의자들이 바로 이 자본주의적 생산양식의 부산물인 이 산업사회의 갖가지 병적 정신상황을 역이용하려고 호시탐탐하게 노리고 있기 때문인 것이다.

현대세계의 식자(識者)들은 벌써 몇십 년 전부터 서구사회에 나타나기 시작한 산업사회의 모순된 정신적 상황에 우려를 표명해 왔다. 나는 그들의 우려와 경고를 매우 가치 있는 경고라고 생각한다. 그들은 어느 정도 그 해결의 방안에 관해서도 올바른 지적을 해 주고 있다. 그러나 나는 서구문명의 테두리 안에서 현대세계가 성공적으로 그 산업사회의 모순을 해결하고 있다고는 생각하지 않는다. 어쩌면 그것은 서구문명으로써는 해결하기가 지극히 어려운 난제중의 난제인지도 모른다.

그러면 과연 현대의 한국 지성은 그 난제가 우리 앞에도 닥쳐 와 있다는 사실에 얼마나 예민한 것일까 하는 의구심이 없을 수 없다. 그러므로 나는 이제 몇몇 서구의 선진적 지성이 지적한 현대세계의 정신적 상황에 관한 언급을 인용하면서 우리의 실정을 반성하고 우리 나름대로 우리의 대승보살도정신은 과연 이 난제의 해결에 어떠한 공헌을 할 수 있는 것인가를 검토해 보고자 한다.

칼 야스퍼스(Karl Jaspers)는「현대의 정신적 상황」[11]이라는 글 가운데에서 현대사회의 세 가지 중요한 특징을 들었다. 그는 첫째로 기술시대의 인간 의식의 타락에 관해 말했고, 둘째로 이 시대에 특유한 '기구(機構, apparatus)에 의한 지배'의 특색이 무엇인가를 말했고, 셋째로 그는 이 시대에 있어서의 통솔의 허구성, 통솔자의 결여에 관해 언급했다. 그는 또 후에 '원자탄과 인류의 장래'에 관한 책을 내고 그 의견을 부연하였다.

루이스 멈포드(Lewis Mumford)도『인간의 변모』[12]에서 소위 후사인(後史人)의 유사한 정신적 변질에 관해 전망하였다. 나는 이 두 사람의 견해들이 모두 다 우리나라의 실정에 꼭 들어맞는다고는 생각하지 않는다. 우리 사회는 어떤 분야에서는 아직도 전근대적 요소를 많이 포함하고 있고, 일반적으로 산업화의 정도가 초보적이다. 그러나 나는 오늘 우리가 우리의 산업화과정에 나타날지 모르는 정신적 상황을 우리의 전통문화 특히 불교의 근본정신에 비추어 고찰하고 우리의 산업화가 보다 건전한 방향에서 독창적인 방법으로 이루어지는 길을 강구하자면, 있을 수 있는 모든 가능성은 다 미리 검토되어야 한다고 생각한다. 그러므로 그들의 주장에 나타

11) Karl Jaspers, Die Geistige Situation der Zeit (Berlin 1955);『現代の精神的狀況』, 飯島宗享 譯(思想社, ャスバース選集 28) 참조. 후자는『現代のエスズリ』No. 73「現代人の精神構造」에 轉載됨.

12) Lewis Mumford, *The Transformation of Man* (Happer & Brothers, 1956).

난 주요한 증후(症候)들을 추출하여 일일이 검토반성해 보고 이에 대한 불교적 입장에서의 평가와 분석을 시도하는 것은 극히 필요한 일이라고 생각한다. 우리네 불교인들은 지금까지 너무나 외부세계의 주장들에 대해서 우원(迂遠)한 상태에 있었던 것 같이 느끼기 때문이다.

1. 기술시대의 인간, 그 의식과 상황

(1) 칼 야스퍼스(Karl Jaspers)는 기술시대의 '개개의 인간은 기능으로 해소되었다'고 말하였다. 다른 말로 표현하라면 '인간존재가 보편적인 것으로 환원된다'는 것이다. 또 인간이 단순한 '평균적인 작업능력'으로 평가되며, 개개의 인간이 '자기자신의 존재'[13]가 되지 못하고 있다는 것이다. 그리하여 인간은 '획일적으로 즉물화(卽物化)'하고 '개성이 억압'되며 '인격적 참여'가 거부되는 상황에서 살게 된다는 것이다. 우리는 같은 의견을 여러 사람들의 글에서 발견한다. 오늘 이러한 견해는 하나의 상식이 되어버렸다.[14]

---

13) 여기서 야스퍼스가 말하는 '자기자신의 존재(Selbstsein)'라는 말은 반드시 대승불교, 특히 선불교에서 '진정한 자아', '無位眞人', '無依道人', '主人翁', '자기', '威音那畔人' 등으로 표현하는 자기자신과 같은 말이라고는 볼 수가 없다. 야스퍼스는 오히려 역사적 전통 속에서 현재를 사는 특수한 개성적 존재를 의미하고 있다. 그러나 야스퍼스의 사유를 보다 깊이 전개시켜 가면 마침내 선불교의 서상(叙上)한 경지에까지도 심화될 수 있을 것이다.

14) "現存在 보호를 위한 거대한 기구는 개개인을 기능으로 만들어 버리는데, 이렇게 함으로써 이 기구는 일찍이 전통으로서 인간을 감싸고 있던 실체적인 생활의 내실로부터 개개인들을 분리시키고 만다.… 인간이 각자 '자기자신의 존재가 되어 있음'으로써 충실케 되어 있던 史的 실체는 없는 것이다.… 일찍이 존재했던 것이 이제는 더 이상 유효하지 않고, 다름 아닌 현재 존재하는 것만이 유효하다. 망각이 이 현존재의 근본성격이며, 이 현존재에서는 과거나 미래에 대한 전망이 거의 단순한 현재 속에 주름잡히고 만다.… 거기에서는 사물이나 인간에 대한 애정은 소멸된다.… 인간의 척도가 평균적인 작업능력일 때에는 한 개인이 개인으로서는 어떻게 되든 상관하지 않는 것이다. 바꿀 수 없는 자란 아무도 없다.… 그 개인은 한낱 일반적인 것이지 그 사람 자신이 아니다. 자기일 것을 아예 전혀 바라지 않는 사람들, 그런 사람들은 이런 생활을 하게끔 미리 운명지어져 있다. 뿐만 아니라 그런 사람들이 우선하는 것이다. 이 세계는 庸劣한 자의 수중에 떨어지고, 운명도 등급도 본래의 인간성을 갖지 않는 사람들의 수중에 떨어지는 듯이 보인다."
"쾌락을 배우고, 기분이 언짢아지기도 하고, 또 긴장하고 피로하고, 그런 일을 되풀이하면서 그는 그의 그때그때의 기능인 것이다. 그날그날을 살면서 순간적인 노동의 작업을 마친 뒤에 목표로서 남아 있는 것은 다만 그 기구 속에서 가능한 한 最良의 지위에 오르는 것뿐이다."
"인간은 인간 자신으로서는 그 자신의 환경 속에서 과거의 기억과 미래의 예견을 통해 환경에 연결되어 살고 있다. 인간은 단녹으로 유리된 자로서가 아니라, 가정에서는 가족으로서,

(2) 이렇게 기능으로 타락한 인간은 '전통문화와의 단절', '역사적 특성의 박탈'이란 특징을 갖게 된다고 강조하고 있다. 멈포드는 한 걸음 더 나아가 기술시대의 인간은 '구(舊)세계의 종교와 문화를 파괴'하기에까지 이른다고 말한다.[15]

오늘의 일반 한국인들은 자기가 놓여진 상태, 과거와는 뭔가 많이 달라진 것 같은 자기의 생활처지에 대해서 꼬집어 그것이 무엇인지를 가려내 설명할 의식 단계에까지는 이르지 않고 있는 것 같다. 그러나 확실히 소위 근대화과정에서 인간의 보편적 기능화 현상은 두드러지게 나타나고 있으며, 그러한 분위기에 깊이 젖은 사람일수록 그 사람은 전통문화를 부정하고 그 '역사적 특성'에서 이탈해가는 경향을 보이고 있는 것이 주목된다. 그러한 전통문화로부터의 이탈이 한국에서는 서구화라는 현상으로 인식되고 있는 것 같다. 그러나 사실 알고 보면 이 때의 서구화는 현대 서구의 정신상태에 맹목적으로 추종 동화해가는 것이지, 서구 나름대로 그들이 정신문명의 꽃을 피웠던 그 장점을 취해 자주적 입장에서 비판적으로 수용하는 것과는 비슷하지도 않은 정신적 타락현상이다.

오늘 우리 사회에는 아직도 전통문화의 가치가 존중되는 풍토가 있다. 그러나 우리에게는 현대세계의 정신적 추이에 대응하는 개혁의 노력도 없이 다만 고루하고 인습적으로 종파관념, 문벌의식을 토대로 전통문화를 내세우는 바람직스럽지 못한 경향이 농후한 것이 큰 문제이다.

한 개인과 개인 사이의 교제에 있어서는 友人으로서, 하나의 '역사적인 전체'에 다 함께 속하는 국민동포로서 살고 있다. 그는 전통에 의해 자기 자신이 되는 것이며, 그 전통을 통해서만 자신의 계보의 머나먼 뿌리로 조망도 하고, 그와 그 자손의 미래에 대해 책임을 갖고 살기도 하는 것으로, 이 과거와 미래의 두 방향을 향해 멀리 내다보면서 자신의 역사성의 실체에 젖어들어 감으로써 비로소 그는 그에게 전해진 유산으로부터 그가 만들어내는 세계 속에서 본래적으로 현재적인 것이다.…"

"기술시대에 있어서의 의식과 기구의 지배는 인간을 부유하게 함으로써 인간을 좁게 만드는 것같이 보인다."

이상은 모두 야스퍼스의 지적이다.

"현대에 있어서는 인간의 성격이 결정적으로 최종적 변화를 이루기 시작하였다. 과학적 방법과 근대 기술의 비인간적 조작의 발견에 의해 냉정한 이성은 이전보다도 더 자연의 에너지를 지배할 수가 있었던 것인데, 그것이 이제는 이미 널리 인간 활동을 지배하고 있다. 이 세계에 생존하기 위해서는 인간은 자기자신을 기계에 적응시키지 않으면 안 된다. 예술가라던가, 시인, 성인(聖人), 일반 농사꾼과 같은 적합하지 않은 타입의 인간들은 사회도태에 의해 전향되든가 소멸되든가 할 것이다. 구세계의 종교와 문화에 관계있는 창조활동은 소멸하고 말 것이다. 보다 더 인간다워지는 일, 보다 깊이 인간의 성질을 탐구하는 일, 신을 탐구하는 일은 이제 기계에서 태어난 인간의 목표는 아니게 되었다." (루이스 멈포드, 『인간의 변모』)

15) 주14의 야스퍼스의 견해와 멈포드의 글을 참조하라.

(3) 야스퍼스는 기술적 시대의 인간의 의식을 '즉물주의'라고 표현했다. 그는 즉물주의적 사고방식을 가진 인간의 생활을 '본능의 무한한 영위'라고 설명하면서 다음과 같이 말하고 있다.

> 이 기술적 세계에 있어서의 내적 위세(威勢)를 사람들은 즉물주의라고 불러왔다. 사람들은 이야기의 묘미가 아니라 지식을 원하고, 의미를 찾으려 하는 것이 아니라 요령 좋게 대요(大要)를 파악하기를 원하고, 감정이 아니라 객관성을, 활동하는 갖가지 힘의 비밀이 아니라 사실 자체의 명백한 확인을 원하고 있다. 보도(報道)에 있어서 사람들은 감상을 섞지 않은 간결하고 조소(彫塑)적인 표현을 요망한다.…… 사람들은 상세한 말의 번잡성을 배척하고 사상의 골격을 요구하고 우회적인 이야기가 아니라 단도직입을 원한다.…… 기술적인 것의 자명성이 모든 사물과의 교섭을 숙달케 하고 보도의 안이성이 지식을 규격화하고 위생과 쾌적함이 육체적・성애적(性愛的) 현존재(現存在)를 일정한 틀에 넣는다. 일상거동에는 규칙성이 중요시된다. 무엇을 하든지 남들이 하는 대로 하고 눈에 띄지 않게 하려는 요구가 일체를 흡수하는 유형주의(類型主義)를 군림케 하는데, 이것은 새로운 지평에 있어서 원시시대의 그것에 필적(匹敵)하는 것이다.
>
> 즉물주의는 그와 동시에 모든 사람에게 공통적인 본능의 무한한 영위를 전개시킨다. 즉 그 본능은 양이 많고 거대한 것, 기술적인 창조, 엄청난 다수 인간의 집합에 열광하는 일로서 나타나고, 개개인의 공적, 성공, 기량에 의해 생기는 세상의 센세이션이라든가, 성애를 세련시키고 야수화하는 일이라든가, 도박 또는 목숨을 건 모험이라든가 이런 것으로 전개된다.…… 이렇게 해서 인격적 참여 없이 정서를 즉물적으로 만족시키는 일을 통해 작업기능을 확실하게 하고, 작업기능의 피로와 레크리에이션이 규정(規整)되는 것이다.

요컨대 우리는 이러한 인간을, 생각하지 않게끔 되어버린 인간, 인생의 문제를, 인생의 목적과 의미를 생각하지 않으려는 인간, 그러면서 오직 관능적 향락만을 추구하고 무한한 물질적 욕구의 충족만을 생각하는 인간이라고 바꾸어 말할 수가 있을 것이다.

위에 지적한 모든 사실들은 우리의 현실에서도 그대로 발견된다. 우리 사회의 향락주의적 풍조는 산업화의 진전과 기술의 발달, 특히 피임 및 낙태 기술의 발달, 도덕적 의식의 마비와 무관하다고 할 수가 없다.

또 한국의 현대사회에도 유형주의가 군림하고 있다. 의식주의 모든 면에서의 획일화가 아파트 생활의 보급과 소비재의 대량생산과 병행하여 점차 확대되고 있다. 도시건축물의 대형화는 물량적으로 거대한 것을 향한 현대인의 일반적 취향을 반영한다. 때때로 대중적 센세이셔널리즘의 경향이 또한 나타난다. 우리나라에서 도박은 산업사회 이전부터의 문제로 등장해 왔지만, 산업사회화 과정에서 더욱 대중들의 인기를 끌고 있는 듯이 보인다.

(4) 야스퍼스는 기술시대에 있어서 기능으로 전락한 개인들은 자연히 그 작업능력만이 중시되도록 마침내는 '연령의 평균화라는 극단적인 사태'까지도 야기하고 만다고 했다. 그는 이렇게 쓰고 있다.

> 개인이 기능으로 해소되므로 현존재는 그 '역사적 특성'이 박탈되고 마침내는 연령의 평균화라는 극단적인 사태까지 생긴다. 청년은 가장 활발한 작업능력을 갖춘, 성애적인 인생의 낙(樂)을 맛볼 수 있는 현존재로서 인생의 바람직한 전형이다. 인간이 기능으로밖에는 간주되지 않는 곳에는 인간이 젊지 않으면 안 된다.…… 그러므로 사람은 다 동년배인 것처럼 거동한다.…… 노인 스스로가 마치 청년처럼 거동하는 곳에서는 노인에 대한 외경(畏敬) 같은 것이 있을 리가 없다.

이러한 현상은 우리 사회에 깊이 침윤(浸潤)해 들어오고 있다. 기술시대가 이러한 인간의 변모를 초래함에 따라 기술시대의 기구는 그 변모한 인간들의 기구이니만큼 변모된 사회기구가 안 될 수 없다. 기술을 통한 생산의 증대만을 도모하는, 전통적 정신문화의 계발을 무시한 사회는 허다한 부조리를 낳는다. 기술과 인간과 사회의 삼자 사이에 올바른 질서 유지의 정신적 생명력이 발휘되지 않는다면, 문제는 매우 심각한 것이 되고 말 것이다.

이제 항(項)을 달리하여 잘못된 방면을 달리고 있는 '기구'가 어떠한 이유에서 생겼으며 어떻게 인간을 지배하고, 그 지배 속에서 인간은 어떻게 타락하고 있는가, 이러한 점에 대한 두 사람의 견해를 들어 보자.

2. '기구의 지배'가 가져온 부조리

(1) 멈포드는 이러한 말을 하고 있다. "인간의 개성을 억압하는 편이, 기계적 집합체에다 생명의 무수한 요인을 끌어들이는 것보다는 더 싸게 치고 또 능률적이기

도 하다." 그의 이 말은 산업생산의 효율만을 생각하는 사람들이 만들어낸 기구의 발생동기를 잘 지적했다고 생각된다. 이러한 기구는 앞서 말한 바와 같은 갖가지 의식의 변화를 인간들에게 야기하고 증대시키는 원인이 되기도 하였다. 그리하여 "이러한 균일하고 기계적인 조직은 그것을 조직할 수 있었던 그런 두뇌를 이제는 만들어내지 못하게 될 것"이라는 멈포드의 말은 정곡을 찌른 말이라고 아니할 수가 없다. 숱한 모순이 이 '기구의 지배'하에서 일어나고 있다.

(2) 이 기구의 지배는 균일성, 통일성, 획일성을 추구하는 특색을 지니고 있다고 멈포드는 말한다. "잘 길들여진 존봉자(遵奉者)나 일정한 사무밖에는 못하는 인간은 이 조직을 본래 만들어낸 바와 같은 그러한 창조적 결정을 할 수 없는 것이다." 앞서 우리는 야스퍼스가 '일체를 흡수하는 유형주의'가 군림한다고 한 것이 같은 뜻을 가지고 있다고 보아야 할 것이다.

(3) 이러한 기구 속에는 통솔자가 없다. 미국이나 일본을 생각해 보라. 대통령도 있고 수상도 있고 한데 통솔자가 없다는 것은 무슨 뜻일까? 나는 야스퍼스의 다음과 같은 구절 속에 담긴 깊은 의미를 음미해 볼 필요가 있다고 생각한다.

> 요구하는 자에게 책무를 지게 하는 진정한 명령이 있을 때에만, 그리고 또 사태를 잘 이해하는 바탕에서 생기는 진정한 복종이 있을 때에만, 그리고 필경 그 사람 자신이 되어 있는 사람들 사이에서만, 참된 세계창조적인 행동의 공동체가 성취되는 것으로서, 그 때에 통솔자는 각자의 독자적인 판단을 솔직하게 들려주는 다수의 사람들을 알고 있고, 그는 그들과 더불어 눈에 보이지 않으나 그 영혼 속에서 속삭이는 판단에 복종하려고 하는 것이다.

그는 또 이렇게 말한다.

> 기구가 번영할 수 있는 것은 자기자신으로서 자기를 자신의 세계 속에 매몰시킴으로써 자기를 거는 사람들을 결정자의 지위에 놓을 경우뿐이다.

좀더 그의 말을 들어 보기로 하자.

> 새로운 창조냐, 그렇지 않으면 몰락이냐가 문제가 되어 있는 이 현존재 질서의 전환점에 있어서는 자기 자신의 근원에 의거하여 설사 대중을 배반하고서

> 라도 조종타를 잡을 수 있는 인간이 결정권자가 된다. 이러한 인간의 가능성이 무(無)로 돌려진다고 하면, 이제는 더 이상 생각할 수도 없는 종말이 될 것이다.

야스퍼스는 이러한 통솔자가 자라날, 그리고 존재할 새로운 정신적 풍토가 아쉽다고 생각하고 있는 것 같다. 그런데 일반적 현실은 어떠한가. 그는 이렇게 말한다.

> 모든 권력의 작용은 동조할 것이 틀림없는 다수의 사람들에 의해서만 수행될 수 있다.…… 통솔자로서의 타인은 그가 자기 자신으로서의 그 무엇이 아니라, 그 배후에 있는 다수의 사람들의 대표자로서의 그 무엇이라는 것을 자각하고 있다. 그는 근본적으로 단독자 한 사람 한 사람이 그러한 것과 마찬가지로 무력하며, 대중의 의지의 평균 속에서 반향(反響)을 찾지 않으면 안 되는 것의 집행자이다. 대중의 의지로부터 버림을 받으면 그는 아무 것도 아니다. 그가 존재할 수 있는 근거는 이념으로서 측정되는 것이 아니고, 또 진실로 현재적인 초월적 존재와 관계 지워지는 것도 아니고, 인간이 다수 집합했을 경우에 현상이 되어서 행동자 그 사람에게 고유한 현실로서 지배하는 그러한 인간의 근본특질에 착안할 때 발견된다. 그러나 이러한 식의 통솔로서는 세상 형편이 구제할 수 없는 혼란에 빠진다.……

이 항(項)에 소개된 야스퍼스의 지적이 정당하다는 것은 우리의 유추와 체험을 통해 알 수가 있을 것이다. 우리는 '참된 세계창조적인 행동의 공동체가 성취'될 때에 진정한 의미의 통솔자가 필요함을 알고 있고, 그 통솔자가 어떠한 인물이어야 하는가 하는 것에 대해서도 야스퍼스와 공감할 수가 있다. '자기자신의 근원에 의거하여 설사 대중을 배반하고서라도 조종타를 잡을 수 있는 인간', 이러한 인간이 결정권자, 즉 통솔자가 되어야 한다는 것이다. 이러한 인물이 바로 종교적으로는 석가와 같은 존재이었을 것이다. 이것은 사회의 모든 구성원들을 '대중'으로 전락시켜서는 안 된다는 뜻이 포함되어 있다. 대중에게 아부하며 도도히 흐르는 인간의 야수적 본능의 탁류에 야합하여 인기를 얻는 그런 자가 통솔자나 지도자가 될 수 없음을 야스퍼스는 지적하고 있는 것이다.[16)]

---

16) 기구의 지배는 기구 속에서 자신을 선두로 가져가는 재능을 갖춘 사람들을 예뻐한다. 즉 인간의 평균적인 제 특질을 알고, 따라서 인간을 효과적으로 다루며, 자신으로서도 전문적으로 硏鑽하여 숙련가가 될 용의가 있고, 쉴 새 없이, 여념 없이 생활하여, 前進欲에 사로잡혀 밤 사이도 자지 않는 것 같은, 상황을 의식한 위에 사정없이 일을 밀고 나가는 개인들이

그러나 산업사회는 그런 통솔자를 낳지 못하게 하는 기구가 되어 가고 있다는 것이다. 이러한 현상은 우리 사회의 기구에도 나타나려 하고 있다. 부분적으로는 관료체제 속에 그러한 현상이 노출되고 있다.

(4) 이와 같은 기구는 주인 없는 조직이요, 화합이 없는 오합지중(烏合之衆)과 같은 '대중조직'일 수밖에 없다. 그러한 대중조직의 제 양상을 야스퍼스는 다음과 같이 묘사한다.

> 지배는 대중조직에서는 유령과 같이 눈에 보이지 않는 것이 된다. 사람들은 지배라는 이름이 붙는 것은 모두 폐지하려 한다. 사람들은 지배가 없으면 인간대중의 현존재도 또 존재하지 않는다는 사실에 대해서 맹목적이다. 그렇기 때문에 세상에 나타나는 것은 분열, 표면적인 얼버무림, 단속, 흥정, 계약, 타협, 투기, 사기이다. 도처에 사리(私利) 때문에 생기는 부패의 양식, 그때그때의 특유한 존재양식이 있다. 관계자는 모두 그것을 알고 있지만 침묵을 지키고 있으므로 그러한 부패는 일어나는 대로 방치된다. 한 가지 사례가 드러나면 소동이 벌어지지만, 그 소동도 곧 우연히 한 가지 징후에 부딪쳤을 뿐이라는 암담한 생각 속에 사라져 버린다.
>
> 기구 속에서 남보다 한걸음 앞서 간다는 방법이 발탁(拔擢)의 결정적 계기다. …… 외관은 그렇지 않은 듯 해놓고 지위에 올라앉는 방법이 중요하다. 먼저 우연한 사교상의 접촉 속에서 넌지시 자기의 평판이 나오게 한다. 가정(仮定)

사랑 을받는다.

또 사람에게 쉽게 접근하는 사교성이 요구된다. 사람은 설득, 아니 贈賄를 해야 한다. 추종하고 아부하고, 침묵을 지키기도 하고, 속이기도 하고, 정도를 넘지 않을 만큼은 거짓말도 하고, 꾸준히 구실을 찾고, 겉으로는 겸손한 제스처를 짓고, 임기응변으로 인정에 호소하고, 일은 상사의 기분에 맞게 하고, 우연히 그렇게 되었으면 하는 국부적인 일 이외의 다른 일에서는 결코 자주성을 보여서는 안 된다.…

일반적으로(이 기구에서) 권세의 위치를 획득하는 사람들은 인간이 자기자신이 된다는 것을 허용하지 못하는 여러 특질을 갖고 있다. 그러므로 그들은 이렇게 자기자신인 사람들에 대해서는 예리하고 민감하게 그것을 察知하고 모든 수단을 다해 배척하려 한다. 즉 그들은 이런 사람을 가리켜 거만하다든가, 이상한 사람이라든가, 고집쟁이라든가, 쓸모가 없다든가 비난하며, 이런 사람들의 업적을 불성실한 절대적 척도로 재고, 이 사람들을 인격적으로 의심하는 눈초리로 보고, 이 사람들의 행동을 선동적이라느니, 불온하다느니, 사회의 평화를 문란케 한다느니, 온당한 한계를 벗어났다느니 하고 해석한다. 자신의 자기존재를 내동댕이친 자만이 선두에 설 수 있으므로, 이렇게 해서 선두에 선 자가 자기를 추종하는 자에게 자기존재를 허락할 의사란 추호도 없다.

> 으로서의 생각을 슬그머니 입 밖에 내 놓는다. 나는 그런 것 생각하고 있지 않지만… 이라든가, 또는 별로 기대할 것은 없지만… 이라든가, 이렇게 전제해 놓고 상대방이 듣고자 하는 것을 이야기한다. 그 계략이 맞아 떨어지지 않으면 아무 말 하지 않고 침묵을 지킬 것이다.…… 사람은 이렇게도 저렇게도 해석될 수 있는 모순된 방법으로 이야기하는 습관으로 자신의 주위를 둘러싼다. 사람은 기회가 있는 대로 가능한 한 많은 관계를 가지도록 모든 사람들과 교제하고, 필요한 경우 곧 이용할 수 있도록 해 두지 않으면 안 된다. 사람들이 서로가 자기자신인 인간들끼리의 교우가 아니라, 일종의 회유적인 교제의 형식으로 서로 묵계를 한 우정의 의태(擬態)가 나타난다. 오락을 하면서도 결코 그 노름의 파괴자가 되지 않을 것, 모든 사람에게 일응(一應) 경의를 표해 둘 것, 그 반향에 확실한 성산(成算)이 있을 때에는 분개를 해 볼 것, 공동의 물질적 이익 앞에서는 그것이 아무리 나쁜 것이라도 당연한 일로 여겨 결코 문제 삼지 말 것, 이런 것이 중요한 것이다.[17]

(5) 이러한 기구의 지배 속에서 개개 인간의 노동의 의미는 '개성 형성상의 고도로 유익한 수단'이었던 것으로부터 노동하는 사람을 '비개성화, 비인간화' 하는 수단으로 바뀐다.[18]

야스퍼스는 '주동성(主動性)이 결여된 노동만을 기구는 원한다'고 말하였다.

> 기구 속에 타인의 뜻으로 편입되어 인간은 그에게 맡겨진 것만을 해가고, 무슨 결단을 내릴 필요가 생겼을 때에는 우연히 그 기능의 활동범위 내에서 행하고, 사물을 근본까지 거슬러 올라가 구명하지를 않는다. 그냥 지시대로 일을 강행한다. 다시 말하면 아무런 생각 없이 복종만 하는 체념으로써 모든 곤란이 경감된다.

---

17) "성실하게 책임을 지는 인간은 매우 드물다. 우연히 통솔자가 된 많은 사람들은 단독으로 결단할 수 없다는 태도를 취한다. 재판소, 감독기관, 위원회결의, 이 모든 것이 서로 책임을 전가한다. 그 배경에는 최후적인 것으로서 일을 선거에 의해 결단하는 것과 같이 보이는 대중으로서의 국민의 권위가 도사리고 있다. 그러나 그것은 하나의 본질로서의 대중의 지배도 아니고, 단독적 개인에게 책임지고 행위하는 자유를 주는 것도 아니며, 오히려 그것은 질서 규정의 방법으로서의 권위로서, 이 권위가 소위 '전체의 이익'으로서 신성시된다."

18) "일을 보다 고급의 개성 형성상 유익한 수단으로 보는 것이 아니라, 후사인(後史人)은 오히려 노동자를 비개성화하고, 생산, 행정상의 비개인적 과정에 쓸어 넣게끔 '조건지우고, 조정하려고' 하고 있다." (멈포드)

(6) 이와 더불어 이러한 기구의 지배 속에서는 '도시화가 촉진'되고 자연의 파괴가 격심해진다.

> 현 단계에 있어서의 도시화의 상태에서는 모든 자연 그대로의 생활공간이 붕괴되고, 그렇지 않으면 저급한 도시조직으로 그것이 변화하는 결과, 후사문화(後史文化) 이외의 모든 것이 존재하지 않게 되는 데에는 1세기도 필요하지는 않을 것이다.

이것은 멈포드의 예견이다. 그는 기술문명만이 판을 치게 될 시대를 후사시대(後史時代)라고 부르면서 인간사회의 암담한 미래상을 그려 보이고 있다.

> 후사인(後史人)의 모든 노력은 통일화의 방법으로 향한다. 본래 자연에 의해 만들어졌고, 인간의 '역사적 노력의 대부분에 의해 배가된 유기적 다양성과 대조적으로, 환경 전체는 인간단위를 구성하는 일정한 대중의 일정한 검능(檢能)을 돕기 위해 콘크리트의 고속도로와 같이 균일적이고 변화가 없는 것이 되어 있다. ……
> 만약에 종점이 획일성에 있다면, 인간이나 자연 가운데에서 손상되지 않은 상태란 하나도 없게 되어 있다. 전사인(前史人)은 이 지상에 아직 남아 있고, 차례로 인간에게 선택의 여지를 주고 있는 초원, 소택지, 삼림, 정원, 과수원, 사막, 산, 폭포, 호수와 같은 갖가지 개성을 가진 환경을 어떻게 보지(保持)하려고 할 것인가?……

> 일찍이 인간이 이처럼 자연의 속박으로부터 해방된 일이 없다. 그러나 또 인간이 이처럼 어떠한 형태에 있어서도 자기 고유의 인간적 성격을 충분히 발전시키는 데 실패하고, 그 희생이 된 일도 없다. …… 후사적 단계에 있어서의 합리주의의 궁극적인 상태는 이미 보이고 있는 이 패러독스를 더 크게 하리라는 것을 확신을 가지고 예상한다. 생활양식이 자동적이 됨에 따라, 생활 그 자체가 인간의 제어하에 들어오지 않을 뿐만 아니라, 생산과정이 합리화되면 될수록 최후의 생산물, 즉 인간 자체가 불합리해 진다.
> 한마디로 말하여 권력과 질서는 구극(究極)의 한계에 몰리면 자기파괴적 전환으로 나아간다. 즉 해체, 폭력, 정신이상, 주관적 혼란 등이다. 이러한 경향은 이미 미국에서 영화, TV, 어린이 만화 등에 나타나 있다. ……

우리는 지금까지 산업사회 또는 후사시대가 안고 있는 갖가지 병폐에 관한 많은 이야기를 들었다. 어떤 사람은 그것들을 병폐라고 보지 않고 하나의 진보라고 보며 이에 적응, 적자생존의 우위를 차지하려고 덤벼들지도 모른다. 또 어떤 사람은 그것이 인간으로서 피할 수 없는 필연적 운명이라고 생각하고 체념의 길을 걷든가, 자포자기하고 스스로 자기의 묘혈(墓穴)을 파는 어리석음을 저지를지도 모른다. 공산주의자들은 오히려 손쉬운 방법을 채택했다고도 볼 수 있을 것이다. 그들은 이미 그 지배하에 있는 인간들로부터 정신적 문화 창조의 주체로서의 개성적 인간의 자격을 강제로 박탈하고 집단 속에 파묻힌 무인격의 생산도구 내지는 침략전쟁의 요원으로서 전락시켜 버렸기 때문이다. 그들은 이미 사회의 인간화 같은 것에는 관심이 없는 것이다.

Ⅳ. 산업사회화 과정 속에서의 한국불교의 새로운 과제

현대 한국의 불교승려나 불교신도들이 의식을 하건 의식을 하지 못하건 간에 한국 사회의 산업화과정은 그 사회구성원들 간에 중대한 의식의 변화를 야기시켰다. 그것은 자연히 한국불교 자체에 대해서도 중대한 도전으로 표면화되었고, 한국의 불교인은 승속(僧俗)을 막론하고 그러한 새로운 상황을 직시할 필요가 있다. 필자는 여기에 한 사회조직 내지는 사회계층으로서의 불교의 입장을 옹호 또는 변명하는 입장에 서지 않는다. 필자가 여기서 이제부터 논하려 하는 것은 한국의 전통사상으로서의 불교, 앞서 제2장에서 언급했듯이 그러한 이상을 실현시킬 수 있었던 한국불교의 근본사상에서 우리는 과연 오늘날 이 시대의 새로운 과제를 타개할 수 있는 어떠한 이념을 발견할 수 있는지 그 여부를 묻는 것이다. 이제 제3장에서 언급한 산업사회의 정신적 상황의 제 증후에 대한 신라불교적인 입장을 밝혀 보기로 하자.

제3장에서 우리가 보아온 산업사회화 과정에 나타나는 정신적 상황의 특징들을 요약 표기해 보면 대략 다음과 같다.

1. 기술시대의 인간, 그 의식과 상황

(1) 개개 인간의 기능화 — 평균적인 작업능력화 — 인간존재의 보편화
　　획일적인 즉물화(卽物化)

개성의 억압

인격적 참여의 거부

(2) 전통문화와의 단절 — 역사적 특성의 박탈 — 구(舊)세계의 종교와 문화의 파괴

(3) 즉물주의 — 본능의 무한한 영위

지혜보다는 지식을

의미보다는 사실을

신비의 감지(感知)보다는 사실의 확인을

생명력보다는 형해화(形骸化)를

이론적 설명보다는 사상의 골격을

우회적이기보다는 단도직입적

정서의 무시

기술적인 자명성

보도(報道)의 안이성

지식의 규격화

육체적 성애(性愛)

유형주의

물량주의

센세이셔널리즘

도박과 모험

(4) 연령의 평균화

2. '기구의 지배'가 가져온 부조리

(1) 사회의 기계적 집합체화

(2) 일정한 일밖에 못하는 사무적 인간

(3) 통솔자의 결여

소위 '권력자'

— 자기 자신으로서의 그 무엇이 아니다.

— 배후에 있는 다수자의 대표로서

— 무력, 대중의 의지의 평균 속에서 반향을 찾는다.

(4) 대중조직, 그 달갑지 않은 특징

지배의 폐지를 추구, 분열, 표면적인 얼버무림, 단속, 흥정, 계약, 타협,

투기, 사기, 사리추구, 부패의 다양화, 자포자기, 우정의 의태(擬態)

(5) 노동의 의미의 전락

(6) 도시화의 촉진과 자연의 파괴

한국불교의 새로운 과제는 한마디로 말해 이러한 인간 의식의 변화, 사회적 부조리를 극복하는 위력을 발휘하는 것이라고 요약할 수가 있다. 좀더 부언을 하자면 한국불교는 우선 지난날 역사상에서 보여준 빛나는 사상적·정신적 전통을 되살려서 새로운 창조적 역량을 배양하는 것이 급선무이다. 그리하여 현대적 사견(邪見)의 새로운 격렬한 도전에 대응하여 논리적으로나 실천적으로 그 잘못을 시정하며, 나아가 어떻게 하면 저러한 사상적, 정신적, 그리고 사회조직면의 폐단 없이 산업화를 보다 효과적으로 촉진시킬 수 있을 것인가 하는 데 대한 방안을 제시해야 하는 것이다.

필자는 필자 나름대로 그 새로운 과제에 대한 이론적 해답을 가지고 있다. 그러나 주어진 주제의 제한과 지면의 제약 때문에 그것을 여기에 개진할 수 없음을 유감으로 생각한다. 한국불교의 새로운 과제란 어떻게 보면 한국의 전통사상을 연구하며 한국의 종교적·철학적 전통의 정수를 찾아 그것을 현대와 미래의 한국 사회 발전의 원동력으로 재생시켜야 할 사명을 띤 모든 학자의 새로운 과제 중의 하나라고 해도 과언이 아닐 것이다. 우리는 그 과제에 대한 해답을 제시하는 노력을 게을리 하지 않을 것이지만, 이 소고의 말미에 매우 윤곽적이기는 하더라도 그 해답의 일단을 언급해 두는 것이 후속될 논의와 해명의 편리를 위해 필요한 절차가 되리라고 생각하여 몇 마디 말을 더 첨가하려 한다.

(1) 지금까지 보아온 바와 같은 기술시대의 인간의식의 변화는 반드시 불가피한 필연적 과정은 아니다. 그것은 다분히 서구사상, 특히 르네상스 이후에 나타난 개인주의, 개체주의적인(individualistic) 사고방식, 물질주의, 향락주의, 합리주의적 사고방식의 영향 하에서 이룩된 바람직스럽지 못한 소산이라는 성격을 띠고 있다.[19] 우리는 우리의 동양적 전통문화 속에서 새로운 산업 발전의 정신적 기반을 찾아야 할 것이다. 우리의 신라불교의 전통은 개개의 인간이 그 개성과 그 기능을 충분히 존중하고 계발하면서, 전체 사회의 일원으로서 공헌하는 생활방식이 어떤 것인가를 잘 보여준 바가 있다. 『화엄경』과 그 밖의 여래장 계통의 저술들 속에 담긴 '하나가 되는 것을 이상(理想)으로 하는 철학'은 바로 그 최선의 길잡이가 된다고 할 것이다.[20]

---

19) 『西洋文化への省察』(社會思想硏究會, 1951) 참조.

앞서 보아온 바와 같은 이른바 산업사회의 정신적 상황에 관한 여러 가지 징후는 반드시 필연적인 것이라기보다는 철학의 빈곤, 참된 교육의 부재, 영도력의 결여 등, 그 사회를 이끌어가는 지도적 인간의 방황과 혼미, 태만과 타락에 더 중요한 원인이 있었다고 보는 것이 타당할 것이다. 그러한 시대적 증후들은 무엇보다도 그 사회의 지도적 인간들이 인간으로서의 완성(불교식으로 말하면 인간 성취)보다는 물질적 이익의 추구에 더 관심을 집중한 결과라고 말할 수가 있다. 그러한 인간들에게 서구의 전통사상은 효과적으로 그 의식을 개변(改變)하리 만큼 강력한 설득력을 행사하지 못했다. 또 한편으로 너무나 신(神)중심적인 서구 전통종교에 식상한 근세 서구인들은 그들의 전통종교가 제시하는 생활이상을 받아들일 만큼 강한 정의감과 인내심을 갖지 못했던 것이 아닌가 한다.

우리는 서구인이 아니다. 서구인이 아니라는 것은 서구의 전통적 문물 속에서 자라난 것이 아니라는 말이다. 근래 서구화한 동양인들 사이에서는 서구의 것을 그 자신들의 고유한 문화유산이기나 한 듯이 착각하는 경향이 나타나 온 것도 사실이나, 인간은 결코 그 역사로부터 절연된 한 개인일 수 없다는 사실을 명심하는 일은 최근 식자들 간에서 동서양을 막론하고 다시금 강조되는 중대한 사실이다.

필자는 앞서 신라불교의 이상적 인간형이 화랑이었다는 사실을 지적하였다. 그 화랑과 같은 인간형이 오늘에 산다면 그에게는 산업 발전의 역군으로서 어떠한 결격사유가 있게 되는 것일까? 그들은 즉물적 지식을 존중했지만 보다 깊은 인생의 지혜를 더욱 존중했고, 사실을 무시하지 않았을 뿐만 아니라, 사실들의 의미를 더 중시했고, 그들은 신비적 영감에 찬 영원한 생명력을 발휘했고, 양보다는 질을, 형식적 모방이나 반복보다는 창조에 더 목숨을 걸었고, 감각적 쾌락의 향유보다는 절제와 극기를 통한 품격의 향상을 기하는 사람들이었다. 그들의 인생의 목적은 요익유정(饒益有情)하는 일이었다. 그들은 역사와 사회 속에서의 그들의 현실적 위치를 알고 그 자리를 지키면서도 영원한 그들 자신의 영적 존엄성에 대한 긍지와 자부를 가지고 살았다. 만약에 이러한 사람들이 산업사회의 주도자가 된다면 어떤 잘못이 있을까?

(2) 산업사회의 '기구' 또는 조직이 갖가지 부조리한 양상을 띠게 된다는 것은 인간의 탓이지 기구나 조직 자체의 탓이 아니다. 기구나 조직이 인간을 지배한다는 것은 기구나 조직 속에 인간이 없기 때문이다. 그러므로 기구나 조직 속에서 인간이 소생되어야 하고, 참으로 지혜롭고 능력 있는 그 기구 또는 조직의 영도자

---

20) 졸고, 「調和의 原理」, 『國民倫理硏究』 4(1975).

가 나와 주어야만 한다.

선거는 그 당사자인 유권자가 진실로 인간다운 판단과 이해와 자제와 자주적 결단력을 가진 경우에만 정당한 결과를 얻을 수 있다. 대중이란 불교식 표현을 빌리면 범부중생이다. 마음이 아직 맑지 못한 까닭에 중생이다. 마음이 맑지 못하다는 것은 저러한 판단과 이해와 자제와 자주적 결단력이 준비되어 있지 않다는 말이며, 사사롭고 천박한 욕심에 의해 생각과 행동이 지배를 받는다는 말이다. 그러한 대중들에게 칼을 쥐어 준 결과가 저 통솔자 없는 기구 속의 혼란상으로 나타난 것이다.

마음이 맑은 사람, 맑아지고 있는 사람은 보살이라고 한다.[21] 사회의 엘리트는 바로 이러한 사람들이 되어야 하며, 보살 중의 가장 수준 높은 보살이 통솔자가 되어야 한다. 그런 사람이야말로 진실로 자기실현을 이룩한 창의와 활력의 무궁무진한 원천을 그 정신에서 찾는 사람이다. 그러한 통솔자는 정치도 경제도 군사도 문화도 사회적 시책도 그 모두가 다 '하나를 추구하는 정신'에서 이루어져 '요익유정'하는 행위가 되어야 한다는 사실을 아는 사람이다. 기계적 집합체로서의 사회기구를 참으로 유기적으로 만들어 피가 통하고 공감이 샘솟는 공동생명체로 만들 수 있는 사람, 그런 통솔자의 필요성을 부정하는 것은 범부중생이 관세음보살이나 불타의 권위를 말살하는 것이나 다를 바가 없는 반란이다.

여기에 전도된 가치관을 바로 잡아야 하는 요청이 생기는 것이다. 대중은 고양이가 아니다. 더더욱 한국불교는 쥐가 아니다. 대중에 의해 한국불교가 먹혀서도 안 되겠지만, 한국불교가 대중에게 방울을 달려고 애쓸 필요도 없다. 한국불교도 대중도 다 같은 일심의 공통된 바탕 위에 서 있다. 한국불교의 근본사상, 그것은 불교란 사고방식을 통해 같은 한국인이 그 깊은 마음의 원천에서 샘솟게 한 한국인의 소리인 것이요, 현대 한국의 대중, 그들은 전통의 참모습에 접할 기회를 얻지 못한 채 성급히 날아든 외래의 문물에 현혹되어 자기 자신을 발견하지 못하고 있는 똑같은 한국인인 것이다.

한국불교의 새로운 과제는 이런 전제 아래에서 해결되어져야 한다고 생각되는 것이다.

• 한국정신문화연구원 개원기념 학술회의(1978)에서 발표;
同『보고논총』 I 『민족문화의 원류』(1980)에 게재

21) 보살은 '그 길을 알고 밝게 가는 유정(覺有情, Bodhisattva)'이란 뜻이다.

한국불교연구의 현실과 과제

Ⅰ. 서언

일지사(一志社)는 한국학 진흥을 위한 희생적인 기획으로서 『한국학보』를 발간함에 있어서 한국학의 제 분야에 관한 방법론상의 반성을 시도하도록 하고, 불교학 분야에 관한 반성을 필자에게 요구해 왔다. 이는 필자로 하여금 다시 한번 종합적으로 지금까지의 한국불교연구의 현실에 세심한 검토를 가할 기회를 준 것으로서, 이제 대략적인 검토를 끝내고 기필(起筆)을 함에 있어서 깊은 감사의 뜻을 표하지 않을 수 없다. 건전한 학문적 비판의 풍토가 없는 한국에서 이러한 기회에 자타(自他)의 지난날 업적을 더듬어 보고, 격의 없는 의견을 나눌 수 있다는 것은 매우 중요한 의의를 지니는 것이 틀림없다.

이제 해방 후 30년 동안, 특히 동국대 『불교학보』를 창간한 이래 10여 년이 경과하는 동안 불교에 관한 연구는 여러 가지 각도에서 여러 사람에 의해 상당히 활발히 진행되었고, 이제는 그 논문의 수효도 100여 편에 육박하는 성과를 거두었다. 이러한 연구들은 불교학, 인도학을 전공하는 사람들에 의해서만이 아니라, 점차로 확대되어 국사학, 국문학, 철학, 종교학, 기타 다른 분야를 전공하는 사람들에 의해서도 진행되어 이제 불교연구는 상당히 활기를 띠고 있다고 해도 과언이 아닐 듯싶다.

그 연구의 동기들은 다양하나, 아마도 그 가장 두드러진 동기는 불교가 우리 민족사에 있어서 가장 중요한 정신문화의 유산을 이루고 있으며, 바야흐로 그 문화는 민족중흥의 구호 밑에 가치 있는 전통으로서 되살려져야 한다는 원망(願望)이었을 것이며, 단순한 역사 연구의 일익으로서 간과할 수 없는 중요성을 가진다는 데에 있었을 것이 틀림이 없다. 그러나 불교 일반 내지는 한국불교가 연구되어야 한다는 요청은 반드시 그러한 국내적인 요청 때문에 만은 아닐 것이다. 불교가 연구되어져야 한다는 요청은 보다 더 세계적인 안목에서도 절실한 과제가 되고 있다고 보아야 한다.

오늘 세계의 사상적 정세는 급격한 전환의 와중에 있으며, 그것은 상당히 혼돈된 형세를 보이고 있기는 하지만, 가만히 검토해 보면 이 혼돈 속에는 그래도 대강 두 가지 흐름이 있고, 그 흐름은 앞으로 더욱 뚜렷이 대립될 가능성이 내포된 채 확대되고 정착되는 과정에 있다는 느낌이 짙다. 그 두 가지 흐름이란, 하나는 유물사관적인 집단주의의 사고방식으로, 이것은 거의 확실하게 그 형태를 드러내고 있고, 또 다른 하나는 대승불교적인 사고방식인데, 이는 아직도 잡다한 명칭과 형태를 가진 채 모색의 과정에 있어 정형화되지는 않고 있지만, 그 밑바닥에서는 상당히 공통된 지반이 닦아지고 있는 실정인 것이다. 서양 철학에 나타나고 있는 실존주의적인 경향의 득세, 신·구교를 막론하고 기독교 신학에 나타나고 있는 새로운 유심적(唯心的)인 보편주의, 구미 각국의 젊은이들 사이에 만연하고 있는 새로운 종교적 취향, 이 모든 것 속에서 강한 영향력을 발휘하고 있는 것이 바로 대승불교적인 사고방식인 것이다. 이러한 시기에 불교의 연구는 여러 가지 각도에서 그 연구가 촉구되고 요청되고 있는 것이 사실이다.

필자는 불교의 연구는 비단 앞서 말한 국내적인 요구에서나, 세계적인 요구에서나, 결코 일면적이기만 할 수가 없다고 생각하는 사람이다. 필자의 생각으로는 불교의 연구가 매우 다양한 분야에서 다양한 관점에서 요청되고 있다고 믿는다. 그 다양한 분야, 다양한 관점의 예를 들자면, 다음과 같은 것들이 있을 것이다.

불교는 철학적으로 연구되도록 요청을 받고 있다. 또 그것은 종교로서 연구되기를 요청받고 있다. 그리고 더 좁게는 교리사적으로 연구되기를 요청받고 있다. 그런가 하면 불교는 역사학적, 사회학적인 입장에서의 연구가 요구되고 있고, 또 더 좁혀서 미술사, 고고학, 민속학적으로 연구될 대상으로서 등장하고 있다. 뿐만 아니라, 불교에 대한 사회과학적 요구, 정치학, 경제학, 법학, 이러한 관점에서의 연구가 결코 앞에 열거한 제 요구보다 경미하게 제기되지는 않고 있다. 불교가 언어학, 특히 국어학적인 안목에서 연구되는 것이 또 어찌 무의미하거나 불필요하다고 하겠는가? 필자는 이것이 바로 불교학자들, 아니 불교연구자들 앞에 제시된 그들이 가야 할 길이라고 생각한다.

필자는 허심탄회하게 이 길이 잘못 제시된 것인가를 다시 한번 반문하고 반성해 본다. 그러나 필자에게는 이것이 과장이라고는 조금도 생각되지를 않는 것이다. 물론 한 사람의 연구가나 학자가 가는 길은 이 수많은 길들 중의 하나의 세로(細路)일지 모른다. 그렇다 하더라도 저 많은 길들은 누군가가 반드시 가야만 하는 길이요, 만약에 어느 길이든지 아무도 안 가는 길이 남는다면 그 길로 가서 얻을 수 있는 성과는 결국 세상에 알려지지 않고 마는 불행한 결과가 올 것이 틀림이 없다고 생각되는 것이다.

이러한 전제 아래에서 우리들이 오늘까지 걸어 온 노력은 과연 어떻게 평가되는 것일까, 이제부터는 그것을 이야기해 보아야 할 시간이다. 우리의 노력은 헛수고가 아니었던가, 우리는 과연 길을 잘못 들었던 것은 아닐까, 우리에게는 낭비가 없었던가, 만약 그러한 낭비가 있었다면 그 원인은 무엇이었을까, 이러한 물음이 있다.

필자는 이 모든 문제를 다 정확하게 다룰 수 있는 자신과 용기를 가지고 있지 못하지만 자기비판의 형식으로 필자 나름대로의 대답을 적어갈 것이다. 이것은 누구를 해롭게 하자는 목적에서가 아니라, 우리 모두와 우리들의 후배에게 이익을 주자는 데에 목적을 둔 것이다. 양해 있기를 바란다.

Ⅱ. 불교연구의 광범한 요청과 우리의 현실

앞에서 제시한 불교연구의 광범한 요청 앞에서 그 요청에 응답할 우리 불교 연구자의 수는 너무나 미미하다. 최근 원광대학교가 발간한 『한국불교사상사』는 전국의 불교학 연구자들을 가능한 한 총망라해서 집필하게 하려 했던 대규모의 사업이었는데, 여기에는 25명의 이름이 나열되어 있다. 부득이한 사정 등으로 누락된 몇 명의 이름을 보태어 보더라도 현재 국내에서 연구 집필하고 있는 연구자의 수는 40명을 넘지 못할 것이다. 그중 대학에서 전임으로 있는 사람의 수는 20명이 약간 넘는 정도 밖에는 안 된다. 그리고 사실 앞으로도 그 수가 더 많이 늘리라는 가능성은 거의 없는 것이 실정이다. 그것은 불교연구를 하는 사람이 일을 할 대학 또는 연구기관의 자리가 국내에는 그것밖에 안 된다는 것을 의미한다.

수적으로 보아서 이렇듯 어려운 현실은 다른 모든 이유에 앞서 국내의 불교 연구가 앞서 말한 바와 같은 그 광범한 요청에 부응하는 성과를 내지 못하는 최대의 이유가 된다. 그리고 그나마 이 제한된 숫자의 불교학자들은 대체로 교리사적인 입장에서 재래의 불교연구방법을 쓰고 있는 사람이 대부분이므로, 불교에 대한 다른 분야에서의 연구 요청은 거의 충족되고 있지 않은 것이 실정이다.

우리나라에는 순전히 철학적인 관심에서 철학의 방법론으로 불교를 연구하는 사람이 거의 없다. 또 불교에 대한 사회학적인 연구의 방향을 취하는 사람도 없다. 그러면 사회과학적인 요구, 언어학적인, 그리고 민속학적인 안목에서의 불교 연구는 과연 이루어지고 있다고 할 것인가? 그것 역시 약간의 시도들이 있었으나 지속되지 않고 있는 느낌이다.

물론 불교의 교리를 안다는 것, 그 특수한 어휘의 의미와 그 체계의 성립과정을 안다는 것은 모든 다른 측면의 연구보다도 선행되어야 할 기초연구의 성격을 띤다고도 볼 수가 있다. 그러나 적어도 불교개론 및 불교사, 그리고 불전의 내용의 기초를 정확히 습득한 소양 있는 학자는 교리사적인 요구가 아닌 다른 측면의 연구 요청에 대해서도 충분히 성공적으로 응할 수 있는 것이 사실이다. 그런데 아마도 우리에게는 한편으로는 이러한 준비가 된 철학자, 종교학자, 사회학자, 정치학자, 경제학자, 법학자, 역사학자, 고고학자, 민속학자 등이 많지 않아서, 또 다른 한편으로는 철학, 종교, 사회학, 정치학, 경제학, 법학, 역사학, 고고학, 민속학 등의 소양이 깊은 불교학자가 많지 않아서, 이러한 다방면의 연구 요청에 대한 응답을 못하고 있는 것이 아닌지 모르겠다.

그것은 한편으로는 불교의 연구를 조계종 종립대학인 동국대학교에만 맡기고 일체 다른 국립대학이나 사립대학들에서 그러한 면에 관심을 표하거나 표하게 하지 않는 까닭이라고도 볼 수가 있는 것이다. 다행히 최근 서울대 종교학과를 거쳐 미국으로 건너가 불교학을 수학하고 계속 연구 중인 소장학도 몇 명이 있는 것은 앞으로 크게 기대되는 바이나, 그들마저 국내 학계에 발을 붙이지 못하게 된다면 이는 참으로 커다란 손실이요 불행이 될 것이다. 그러나 더욱 긴요한 것은 다른 분야의 공부를 한 사람이 불교에 접근해서 신선한 안목으로 불교의 진면목을 드러내는 것과 현재 불교학에 정진중인 소장학도들이 그 시야를 넓혀서 보다 넓은 소양을 쌓는 것이다. 그리고 또 사회와 대학이 이러한 방향으로 학자들의 시선을 돌리도록 돕는 것이 매우 긴요하다 하겠다.

Ⅲ. 고전국역에 관한 제 문제

최근 4, 5년간 불교연구는 양적으로 증대된 것이 사실이다. 필자는 그 원인의 하나를 한국 불교연구에 있어서 불가결한 고전적 자료들의 국역이 나왔다는 사실에서 찾는다. 그 중요한 몇 가지 실례는 『삼국유사』의 번역이요, 동화출판공사(同和出版公社)의 『한국사상대전집(韓國思想大全集)』의 출판이요, 대양서적(大洋書籍)의 『한국명저대전집(韓國名著大全集)』 중 불교 고전의 번역 등이 그것이다. 아무도 그러한 언급을 안 하고 있지만 이러한 고전적 자료의 국역에 힘입지 않고 씌어졌다고는 볼 수 없는 논문들이 상당한 수에 달한다. 필자 자신으로 말할 것 같으면 나는『삼국유사』의 번역본에 매우 큰 부채를 지고 있다.『삼국유사』의 번역은, 아무리 아직도 해결되어야 할 몇몇 문제되는 부분을 가지고는 있다고 하더라도, 분명히 한국불교의 연구 및 한국 고대사의 연구에 막대한 기여를 한 것이 사실이다.

필자 자신은 원효의『금강삼매경론(金剛三昧經論)』과 의상 문하인(門下人)들의『법계도기총수록(法界圖記叢髓錄)』(三省出版社에서 간행) 등을 초역(初譯)한 사람으로서 이 역서들이 충분하지는 않지만 많은 소장학자들이 이를 딛고 도약할 디딤돌은 될 것이라고 믿어 오는 터인데, 이러한 국역사업에는 사실 중대한 문제가 있다. 더욱이 이러한 사업이 정부 지원이라는 바람을 타고 부실사업이 될 가능성이 짙어지고 있는 것은 큰 문제인 것이다.

이제 이러한 고전자료 국역 사업에 관련된 몇 가지 문제를 지적하고 가기로 하자.

첫째, 고전국역 사업은 현재 대체로 잘못 진행되고 있다. 고전은 현대어로 쓰여 있지 않은 까닭에 그것을 해독하고 번역한다는 것 그 자체가 하나의 학문적 노작(勞作)이어야 한다. 물론 저술에 따라서 어떤 것은 단순한 축자역(逐字譯)으로써도 의사 전달이 되는 경우가 있지만 대부분의 경우에는 그렇지 않은 것이 적지 않다. 적어도 불교 고전에 관한 한, 그것은 대체로 단순한 축자역으로는 의미가 통하지 않는 것이 통례이다. 특히 번역의 대상이 되는 원본 자체가 역본이고 보면 이역(異譯)과의 대조를 통한 교정이 반드시 불가피한 문제로서 대두된다. 그런데 지금까지 거의 대부분의 불교 관계 고전의 국역은 한글대장경까지를 포함하여 이와 같은 학문적 방법으로 진행되지 않고 있다. 이것은 잘못된 것이다. 필자는 이와 같은 점을 벌써 한글대장경 번역사업을 처음 시작할 때부터 지적하였으나, 그러한 의견은 받아들여지지 않고 지금까지 학문적 방법에 의하지 않은 역경사업이 계속되고 있다.

둘째, 고전국역의 탈선에는 출판사의 책임이 크다. 최근에 이르러서까지 필자는 출판사의 고전 번역 청탁을 받을 때마다 앞서 설명한 실정을 다시 이야기하고 그 시행을 촉구해 왔다. 그러나 결국은 여러 가지 상업상 이해 때문에 받아들여지지 않은 채, 출판사의 요청에 굽히고 만 예가 있다. 지금 생각해 보아도 부끄러운 일이다.

그러므로 고전국역 사업은, 정부가 지원하는 경우에도 보다 학문적인 차원에서 고증을 수반하는 작업으로 전환되어야 하고, 그렇지 않은 경우에는 반드시 해설을 수반한 연구서로 출판되도록 장려되어야 할 것이다.

셋째 문제는, 현재 나와 있는 국역 가운데에는 정확하고 성실한 것도 있지만, 어떤 경우에는 지극히 불성실하고, 부정확한 것이 있다는 점이다. 일차적으로는 역자의 책임이지만 또한 출판사의 책임도 크다는 사실을 지적해야 하겠다. 역자는 그 작업이 단순한 번역이라는 의식에서 떠나 정성을 다한 노작(勞作)으로서 평가받는 상황에서 진지하게 번역사업을 추진해 가야 할 것이다. 그러나 출판사는 고전의 번역을 그렇게 중요하게는 보지 않고 있어서 문제인 것이다. 또 다른 문제도 있다. 다시 말하면, 고전소설 정도를 교정할 능력 밖에는 없거나, 그렇지 않으면 학문적인 소양이 없는 사람에게 불교문헌의 편집 교정의 책임을 맡기고 보면 그 처리를 잘못한다는 것은 너무나 당연한 이치가 되는 것이다. 그러므로 불교 고전의 국역은 앞으로도 학문적인 차원의 단행본 노작으로 다시 몇 차례씩이라도 간행이 되어야 할 운명에 처해 있다.

필자는 은사 라모트(E. Lamotte) 교수 및 그의 스승 라 발레 푸생(L. de La Vallée Poussin) 교수의 주요 업적이 한문 경전, 티베트 경전, 산스크리트 경전에 대한 프랑스역(譯)과 교정을 주축으로 하고 있는 사실을 지적하는 것이 필요하리라고 생각한다. 물론 이것은 상당히 무미건조한 작업이라고 할는지도 모른다. 그리고 요새 우리나라 사람들의 성급한 기질로서는 도저히 수행해 내기 어려운 끈기를 요구하는 작업이기도 하다. 우리에게는 이 꾸준한 끈기가 요구되는 것이다.

오늘의 우리 출판계는 아직 이런 점까지를 생각해 줄 단계에는 와 있지 못한 것일지도 모른다. 그러나 이것은 상업을 위해서가 아니라, 민족문화를 위해서 반드시 이루어져야 하는 일인 것이다.

Ⅳ. 연구와 소개의 한계에 관하여

글은 논문집에 실렸다고 해서 반드시 논문이 아니고, 글은 잡지에 실렸다고 해서 반드시 잡문이 아니다. 그와 마찬가지로 글은 쉽게 썼다고 해서 잡문이 아니고, 글은 어렵게 썼다고 해서 논문이 아니다. 여러 가지 논문집에 실린 불교연구의 글들을 훑어보면 상당히 자주 아연실색하게 되는 경우가 있다. 왜냐하면 이미 몇 차례, 같은 주제, 같은 내용의 글이 여기저기에 나왔는데 이제 또 새삼스럽게 이 이야기냐 하는 식의 소개논문이랄까, 계몽의 글이랄까 그런 것이 자주 보이기 때문인 것이다. 대체로 그러한 글들은 다른 책에서 옮긴 것이 많고, 또 자기의 의견이라고는 극히 천박한 무비판적인 찬양이나 편견을 가미하고 있을 뿐인 경우가 많다.

필자도 소개의 글, 계몽의 글은 비교적 많이 쓰는 편이다. 그러다 보니 논문으로서는 흡족하지 못한 글들을 연구지 또는 연구서에 싣게 되는 일도 없지는 않았다.

그러나 한 가지 자위하는 것은 대체로 처음 소개되는 것 아닌 사실에 대해서는 그런 일을 피했다는 사실이다.

한국불교의 고승에 관한 이야기를 하다 보면, 그 남아 있는 자료가 일정해서 대개 같은 자료를 한문에서 한글로 옮기는 단계를 피할 수가 없는 것인데, 그러다 보니 결국은 내용은 같은데 표현과 해석의 우열만이 다른 글이 나오게 마련이다. 우리는 일단 남이 이미 다룬 소재에 대해서는 반복을 해서는 안 되는데, 다만 그것을 보완한다거나 수정한다거나 할 필요가 있을 때에 한해서만 전자(前者)의 노작(勞作)에 어떤 것이 있는가를 밝히면서 자기의 소론(所論)을 전개시켜야 할 것이다. 그런데 우연의 일치는 고사하고, 분명히 의도적으로 다른 사람이 이미 같은 문제를 다루었다는 사실에 대해서는 함구 외면하고 제멋대로 장광설을 늘어놓음으로써 같은 이야기가 4-5회씩, 아니 더 빈번히 반복되어 활자화되는 경우가 생긴다.

아무리 나 개인에게는 생소한 것이고 새로운 발견이라 할지라도 이미 다른 사람이 그것을 알고 발표했을 경우에는 그 발견은 연구논문이 될 수 없다. 우리는 지금 가령 원효에 관해서 왈가왈부하면서 그것을 연구라고 하지만, 원효 자신의 입장에서 보면 퍽이나 망측한 잘못을 저지르고 있는, 참으로 잘못된 서투른 소개인지도 모른다.

연구와 소개란 오십보백보의 차이요, 그것들은 서로 불가분리의 관계에 있다 할 것이다. 좋은 소개에는 착실한 연구가 뒤따라야 하고, 착실한 연구는 또한 잘 소개될 필요성을 안고 있다. 그러나 연구도 없이 소개를 잘 할 수는 없고, 잘못된 연구를 갖고는 좋은 소개를 할 수가 없는 것이 사실이다. 연구에는 많은 자료를 충분히 올바른 방법으로 검토하고 올바른 판단을 내리는 번거롭고 고생스러운 절차가 따른다. 그런데 그것을 거치지 않고, 그냥 눈앞에 있는 한두 개의 자료를 베끼거나 옮겨서 대중 앞에 내놓는 것을 우리는 좋지 않은 의미의 소개라고 할 수 밖에 없는 것이다.

오늘날 우리 불교학계에서는 아직도 이러한 낮은 차원의 소개의 글이 한자와 불교 고유술어와 장절(章節)의 타이틀로 잘 꾸며져 연구논문처럼 점잔을 빼고 앉아 있는 모습을 볼 수가 있다. 그러한 소개의 글들은 개설서의 페이지나 메우면 될 것이고, 또 이미 그렇게 되어 있는 것을 스크랩한 것들이다. 필자는 그런 소개의 글이 덮어놓고 필요 없다거나 가치가 없다고 말하는 것이 아니다. 그것은 소개서의 일부분으로서는 충분히 설 땅이 있는 것이다. 그러나 그것이 절대로 연구논문으로 둔갑해서는 안 되는 것이다. 우리 불교연구의 초기에는 그런 논문들이 적지 않았다. 그런데 최근에도 그러한 글이 연구논문으로서 나오고 있다는 것은 좀 부끄러운 일이다.

무슨 까닭에 그러한 현상은 일어나는 것일까? 필자는 그 이유로서 두 가지 사실을 지적하려고 한다. 하나는 주관적인 오류요, 또 하나는 객관적인 여건이다. 주관적인 오류란 첫째, 작자 자신의 학문정신의 결여요, 둘째, 작자 자신의 아집편견의 탓이다. 학문정신의 결여란 자기가 모르는 사실을 알고서 더 파 보겠다는 탐구의 정신이 없다거나 희박하다는 말이다. 학문에는 세 가지 요소가 필요하다고 생각된다. 첫째는 자료를 널리 섭렵하는 것, 둘째는 그것을 면밀히 검토하고 수긍이 가는가를 생각해 보는 것, 그리고 셋째로는 그것이 현실적으로 적용되었을 때 맞는가 안 맞는가를 실험해 보는 것이다.

반면에, 학문하는 사람은 그가 모르는 것에 대해서 솔직담백해야 하는 것이다. 아직도 해방 직후 세상이 어두울 때, 외국과의 교류가 끊기고 무엇이든 표절하고 속일 수가 있었던 시대처럼 남의 책이나 글을 마구 그대로 베끼거나, 그렇지 않으면 가위질해서 여기저기 순서를 맞추어 놓는 그러한 일이 벌어지고 있다. 활자는 미묘한 힘을 가지고 있어서 어떠한 오류도 그럴싸하게 권위화해 준다.

이렇게 사람을 속이고서도 가책을 받지 않는 데에 작자의 오만과 횡포는 늘어나는 것이다. 학문하는 정신은 자기만이 다라는 생각을 안 가지는 기본자세 위에 서 있어야 한다. 그런데 아집(我執)과 아만(我慢)만이 꽉 차 있다면, 이는 도저히 학문하는 정신이라고는 말을 할 수가 없게 될 것이다. 사람은 누구나 그 의식 속에 이렇게 될 요소를 가지고 태어났다. 그러므로 처음부터 그러한 아집과 아만을 안 가진 사람은 아무도 없다. 그러나 그 잘못을 알고 그것을 고치자는 것이 바로 학문하는 정신인 것이다. 이 학문정신을 가장 강하게 고취하는 사상이 불교인데, 그것을 공부하는 사람이 이러한 정신을 안 가진대서야 말도 안 되는 일이 아닐까?

둘째로, 필자는 객관적인 여건이 있어서 그러한 좋지 않은 경향이 발생한다고 하였는데, 그것은 무엇을 말하는 것인가? 한국의 학계가 어둡고, 대학생 사회, 독자층이 어둡기 때문이다. 다시 말하면, 잘못을 하면 철추(鐵鎚)가 내려진다는 엄정한 비판의 풍토가 되어 있지 않은 까닭이다.

필자는 이러한 연구와 소개의 혼돈상태가 더 이상 지속되지 않기 위해서 필요한 최소한의 수단으로는 소개논문의 근거가 되는 기본자료들이 손쉽게 누구의 눈에도 보이고, 누구의 귀에도 들리도록 번역 출판을 하는 방법이 있다고 믿는다. 그러한 기본자료들이 한국의 학계, 언론계, 대학생 독자층의 시야 밖에 방치되어 있다는 사실이, 이와 같은 표절, 절취현상을 조장시키기 때문인 것이다. 이와 함께 제기되는 문제가 독자층의 시력(視力)을 증대시키고 시야를 넓히는 것이다. 시력의 기초는 어학력이다. 이 문제에 대해서는 더 이상 깊이 논급을 하지 않겠다.

V. 방법론상의 제 문제

오늘 한국에서의 불교연구의 요청이 어떠한 각도, 어떠한 측면에서 나오고 있는가 하는 데 대해서는 이미 앞서 언급한 바가 있다. 이 각 측면에 따라 그 연구의 방법론 문제는 각각 특이하게 제기되는 것이 사실이다. 이제 우리는 오늘 한국 안에서 진행이 되지 않고 있는 분야에서 야기될 문제들에 대해서는 잠시 언급을 회피하고, 현재 진행되고 있는 연구 분야에서 발견되는 몇 가지 문제만을 생각나는 대로 적기(摘記)해 보고자 한다.

1. 한국불교의 역사적 연구에서 나타나고 있는 몇 가지 문제

(1) 필자는 오늘 몇몇 국사학자들 사이에서, 한국사의 정치적 전개의 해명에 있어서 불교와의 연관을 살피려는 시도를 보인 사실을 매우 건설적이요, 바람직한 긍정적 경향이라고 확신한다. 이러한 시도는 벌써 오래 전에 시도되었어야 할 문제이고 상당히 만시지탄(晩時之嘆)이 있다. 지금까지의 한국사의 연구에 있어서 불교는 너무나 푸대접을 받아 왔다. 그것은 일차적으로 국사학자들의 책임이라기보다는 불교학자들의 책임일지도 모른다. 오늘날 가장 많이 읽혀지고 있고, 심지어는 모든 단계의 국민교육에 있어서 필수적인 과제로서 등장하고 있는 국사교육의 교과서이자 과시(科試)의 기본 텍스트라고 간주되고 있는 국사서(國史書)에서 불교가 다루어지고 있는 상황을 보면 그것은 너무나 명백한 사실이다. 각 시대의 역사를 서술하고 논하는 과정에 있어서 불교는 단순한 한 개의 독립 부수적인 장(章)의 성격밖에는 띠지 못하고 있다는 사실은, 실제로 그 시대에 불교가 담당했던 역사적 비중에 비해 너무나 소홀한 감이 없지 않다. 그리고 그러한 서술과 평론에서 인용된 불교 관계의 연구논문이 아직도 앞서 말한 바와 같은 학문 이하의 소개논문이 아니면 극히 부분적 사실에 대한 훈고학적 논문이 태반을 차지하고 있다는 사실은 매우 서글픈 일이다.

불교와 사회와의 연관을 추궁하는 입장에서 국사 연구가 진행되고 국사의 서술과 평론이 이루어져야 한다는 것은 사실 자체가 그러하기 때문에 앞으로의 국사 연구에 있어서는 불가결의 중요한 과제로 등장하지 않을 수가 없을 것이다. 그것은 마치 서양의 역사, 특히 서양의 중세사를 카톨리시즘과의 관계없이 이야기할 수 없는 것과 마찬가지 사정이다.

이에 대한 필자의 관견(管見)을 피력해 보기로 하자. 필자의 생각으로는 인도의 긴 시대(기원전 6세기 이래- 기원후 7세기까지)와 중국의 긴 시대(기원후 1세기이래)는 불교사상, 불교신앙의 깊은 영향 아래에서 흘러갔다. 이와 마찬가지로 우리의 역사시대(삼국, 통일신라, 고려, 그리고 조선시대에 이르기까지)도 불교의 이해 없이는 해명될 수가 없는 것이다.

불교와 사회의 관계는 별개의 두 가지 것의 유리된 관계가 아니다. 그리고 또 그 관계는 일변역(一邊域)에서의 일시적 관계가 아니다. 사회는 바로 불교에 의해서 이끌려 왔고, 한편 불교는 또한 사회 속에서 변용되면서 사회 자체를 이루어 온 것이다. 불교는 언제까지나 한낱 객관적 사상으로서 사회 또는 역사와 분리된 채 별개의 것으로 남아 온 것이 아니라, 그것은 사회를 형성한 개인들의 의식으로서 사회의 핵심이 되고 사회발전의 원동력이 되어 왔다는 사실을 망각해서는 아니 될 것이다.

어떤 사람은 역사상 불교의 위치를 어떠한 시대의 사회구성원의 정치적 욕구, 경제적 욕구의 부산물 정도로만 이해하려는 입장을 취한다. 그러나 불교는 그러한 피동적 이용물로서만 채택되었던 것이 아니라, 오히려 그 사회구성원의 의식구조에 중대한 변화를 일으킨 능동적 작용을 맡아 왔다는 사실을 간과해서는 안 되는 것이다. 그것은 때로 긍정적 효과를 내기도 했고, 또 때로는 부정적인 효과를 냈다. 필자는 국사학자들이 좀 더 이러한 사실에 눈을 돌려 볼 수는 없는가 하고 기대해 보는 것이다.

(2) 둘째로 언급하고 싶은 것은 사료(史料) 처리에 관한 문제이다. 우리 고대사의 중요한 자료이자, 그 자체가 하나의 불교사료인 『삼국유사』는 단순한 사실의 기록으로서 채용될 것이 아니라, 상징적 표현을 통한 정신적 세계, 종교적 달관의 의미가 천명된 일종의 신화요, 상징문학이라는 사실을 인식하자는 것이다.

예를 들어, 『삼국유사』에 신라인들이 그 나라에 가섭불연좌석(迦葉佛宴坐石)이 있다고 한 기록은 역사적 인물인 가섭불이 여기에 와서 앉았던 돌이 있다는 말이 아닌 것이다. 가섭불 자체가 대승불교에서는 하나의 상징적 존재이다. 그리고 연좌라는 것은 선정(禪定)에 든다는 말이다. 모든 대승 불전의 여러 장면들을 역사적인 객관적 실재로 보아서는 안 되는 그 입장과 마찬가지로, 여기 이 한 가지 사실도 고대 불교인은 이를 역사적인 객관적 실재라고 생각하지는 않았던 것이다. 이것은 마치 대승불교, 특히 신라의 불교사상가들이 이해하고 있던 불교적 견해에 의하면 불교의 천국과 지옥이 타계(他界)에 실재한다고는 보지 않았던 것과 같은 사고방식이다. 물론 이와 같은 사고방식에도 변화는 왔다. 언제까지나 꼭 같은 사고방식만을 취하는 것이 인간의 습성은 아니기 때문이다.

그러므로 우리의 『삼국유사』 이해에는 단순한 사료로서의 이해 이상의 다양한 어프로치를 통한 고구(考究)가 필요하게 되는 것이다. 이러한 논리에 따르면 지금까지 단순히 『삼국유사』에 기록된 사실만을 가지고 역사를 기술하려고 시도한 모든 논구(論究)들이 과연 그대로 좋은 것인가 하는 의문을 갖게 되는 것이다.

2. 불교의 교리 연구에서 나타나는 문제점

지금까지 이루어진 제(諸) 연구논문을 통독하면서 얻어지는 생각에 다음과 같은 것들이 있다.

(1) 무엇을 알고자 하며 무엇을 밝히려고 하는가 하는 연구자의 관심은 가능한 한 보편적인 누구나의 문제, 구도(求道)상 절실한 관심이면 더욱 좋지 않을까 하는 생각이다. 다시 말하면, 연구자의 관심은 일개 종단의 것이기보다는 민족적인 관심이면 더욱 좋겠고, 일개 종족적인 관심이기보다는 전체 인간적인, 일반적인 관심이면 더욱 좋지 않을까 하는 생각이다. 그런데 그러자면 우리의 연구방법에는 개선되어야 할 많은 문제가 생긴다. 철학적・종교적인 일반적인 지식과 이해가 깊어지고 넓어지지 않으면 안 될 것이요, 이에 따라서 불교 전적(典籍)의 해석에는 서구적인 방법이 도입될 필요가 있을 것이다. 오늘 우리 학계에 그러한 시도를 하고 있는 사람이 없지는 않으나, 우리는 아직도 경전에 끌려 다니는 경향이 더 많음을 시인해야 하겠고, 그러한 경전 연구는 아직 기초적인 작업에 불과하다는 사실을 자각하고 있어야 한다.

(2) 경전의 내용의 해석에 있어서 선결 문제로 대두되는 과제에 전문적 술어의 현대적 해명이란 과제가 있다. 과거 일본의 아네사키 마사하루(姉崎正治) 같은 사람은 이 방면의 시도를 상당히 성공적으로 해 낸 사람으로서 그의 연구는 지금도 『Encyclopaedia of Religions and Ethics』에서 그 빛을 발하고 있다. 이러한 시도는 우리나라에서도 더욱 활발하게 진행되어야 할 것이다. 이것은 모든 일반적 세계적 문제에 대한 연구와 함께 현재 한국의 문교(文敎)・문화 행정면에서 구체적으로 지원의 대상이 되지 않고 있고, 또 언론도 그것을 대수롭지 않게 취급하려는 느낌이 있어 연구자에게 상당한 희생이 강요되는 부면(部面)의 연구처럼 되어 있다. 이러한 기본적 연구가 경시되고 각론적인 한국불교에 관한 연구만이 각광을 받는다는 것은 본말전도의 감이 없지도 않다. 그리고 이러한 전문술어는 가능한 한, 모든 사

람이 알아듣기 쉬운 일반 용어를 가지고 씌어져야 한다는 생각이다.

(3) 불교의 교리 연구는 반드시 역사적인 관점에서 진행되어야 한다. 다시 말하면, 하나의 교리는 시대와 장소, 사람을 달리하는 가운데에 많은 변화를 가지고 온 것이기 때문에 모든 교설을 다 동일한 시간의 널판 위에다 올려놓고 신(新)·구(舊), 정(正)·오(誤)를 한결같이 다 신성시하는 그와 같은 맹신(盲信)의 우(愚)는 범하지 말아야 한다는 말이다. 오늘 우리 불교연구자들 간에는 아직도 이러한 폐풍(弊風)에 젖어 있는 사람들이 적지 않은 세력을 형성하고 있음을 본다.

(4) 또한 생각나는 것은 불교의 교리 연구에는 반드시 비교평가가 뒤따라야 한다는 사실이다. 한국불교 교리의 특수성, 그것이 반드시 좋은 것이기만 하지 않겠지만, 그 특수성을 알자면 중국불교 내지는 인도불교, 티베트불교, 몽고불교, 거란불교, 일본불교 등과의 비교평가를 충분히 해 보아야 할 것이다. 우리의 노력은 이런 분야에서 많은 업적을 내지 못하고 있다.

3. 불교의 미술사적·고고학적 연구의 경우

이 분야에 있어서 이제는 우리도 외형의 기술만을 일삼는 미술사와 고고학에서 탈피해야 할 시기에 이르지 않았나 생각된다. 그러자면 무엇이 필요할까? 아마도 불전의 사상, 교리의 상징적 의미를 이해하는 것이 무엇보다도 시급한 과제가 되지 않을까 한다.

4. 불교 전적(典籍)의 문헌적 연구의 경우

우리는 대장경에 수록된 모든 전적(典籍)에 대한 확고한 이해를 위한 노력을 아끼지 말아야 할 것이다. 이 문제와 관련 있는 고전국역에 관한 문제는 앞서 이미 언급하였다. 그러나 지금 여기서 새로 지적하고자 하는 것은 불교 전적에 대한 '종요(宗要)'적인 이해의 시도가 강구되어야 한다는 점이다. '종요'적인 이해란 두말할 것도 없이 원효가 우리에게 보여 준 전적 이해의 방법으로서, 중요한 경전의 종지(宗旨)의 대요를 간결하게 간추려서 기술하는 방법을 말한다. 그는 경·논 전체를 계통적 체계적으로 이해하기 위해 교상판석(敎相判釋)을 하였는데, 우리에게는 아직도 이러한 이해의 방식이 계승될 만한 가치를 지닌 것으로 남아 있다.

Ⅵ. 한국 불교사상사 연구를 위한 몇 가지 제언

앞서 언급한 바와 같이 최근 원광대학교는 송수기념논문집(頌壽紀念論文集)을 『한국불교사상사』라는 이름 밑에 묶어서 내놓았다. 시대별로 그 시대 불교사상의 개요를 요약 서술하고, 사상가들을 골라 그 각자의 사상에 관해 여러 사람들에게 나누어 청탁하여 하나의 책으로 묶은 것이다. 1,000여 면에 달하는 방대한 논문집이다.

이 밖에도 한국의 불교사상을 역사적으로 통관해 보려는 시도는 개인 또는 연구소 등에서 심심치 않게 나왔다. 불교사상사만을 다루려는 것도 있었고 다른 종교와 병행해서 엮으려는 것도 있었으나 다른 것과 병행해서 엮는 경우에도 제 종교는 따로따로 다루어졌으므로 결국에는 큰 차이가 없는 것이 되고 말았다.

최근에는 철학회가 주관해서 불교에 관심을 갖는 몇몇 연구자들이 동원이 되어 새로운 스타일의 철학사상사 중에서 불교가 다루어지리라는 이야기도 있다. 그러나 필자의 생각으로는 아직 오늘과 같은 인적 상황, 그 역량, 그 재정형편, 그 연구체제로서는 그러한 이상적인 한국사상사가 나올 수 있으리라고는 생각되지 않는다.

필자는 이제부터라도 늦지 않았으니 그러한 이상을 향한 착실한 조직적 준비작업이 진행되어야만 한다고 생각하고 있다. 그 하나는 기초교육의 확충이요, 또 다른 하나는 몇 가지 기본적인 연구태도를 시정 지양해야 한다는 것이다.

1. 기초교육의 확충(장소와 커리큘럼)

한국사상사는 고사하고라도, 한국 불교사상사를 충실하게 집필하기 위해서는 다음과 같은 몇 가지 면에 있어서는 기초교육이 먼저 추진되고 준비되어야 할 것이다. 아래에 열거하는 몇 가지 일들 가운데에는 이미 어느 정도 성과가 올라 있는 것도 있지만, 전혀 준비되거나 추진되지 않고 있는 것도 있다. 또 그 동안의 노력에도 불구하고, 어떤 일들은 실질적인 성과로서 결실이 되지 않고 만 것들도 있다.

첫째는, 기초교육의 장소를 확대하고 그 커리큘럼을 확충하며, 농도 짙은 알찬 교육을 실천하는 것이다. 앞서도 말한 바 있듯이, 우리는 한국불교의 사상사적인 연구의 장을 넓히고 그 기초를 튼튼히 하여야 한다. 그리고 그 장에서는 반드시 〈인도불교사〉, 〈인도철학사〉, 〈중국불교사〉, 〈중국철학사〉의 이수를 필수로 과(課)

하도록 하여야 한다. 뿐만 아니라 이곳에서는 종교사, 인류학, 민속학 등의 습득과 범어, 팔리어, 티베트어, 한문, 기타 현대 외국어의 습득이 실질적으로 이루어져야 하는 것이다.

뿐만 아니라 이 교육에 있어서는 한국사 연구에 관한 기본적 방법론을 체득하게 하여야 하고, 또 한국에 도입되었고 한국 역사상 중시되어 온 모든 불교전적에 대한 기본적 이해를 확대시켜 주고, 또 한국 찬술(撰述)의 제 문헌에 대한 연구와 이해를 촉진시켜 갈 필요가 있다.

둘째로, 이러한 장소와 커리큘럼의 확대와 아울러 중요한 것이 있다. 그것은 다름 아닌 이러한 여건을 구비한 국가적인 연구소를 설치하여 많은 우수한 연구원을 확보하고, 그들이 지나친 생계의 위협과 취직을 위한, 지극히 불필요하고 불합리한 경쟁과 불화에서 해방되어 오로지 연구에만 전념할 수 있게 하는 것이다. 이와 같은 연구기관이 반드시 정부주관의 것이 아니더라도 좋다고 생각하나, 아직까지 우리나라에서는 민간기업인 주도의 이와 같은 문화시설이 나올 수 있을 것 같은 기미가 안 보이고 또 불교종단이 그것을 할 수 있으리라는 전망도 흐린 만큼 불가피 정부주도형의 연구기관이 설치되는 것은 가장 바람직한 실정이 아닌가 한다.

2. 시정(是正) 지양되어야 할 몇 가지 문제

이것은 비단 한국 불교사상사를 위한 소망만은 아니다. 불교연구의 실(實)을 거두기 위해서는 어느 때, 어디에서나 선행되어야 할 연구자세로서 중요한 사항에 다음과 같은 것들이 있다.

그 첫째는 모든 연구자가 종파적 편협성을 버려야 한다는 것이다. 종파적 편협성을 가진 사람은 아무도 보편적 가치를 찾기 위한 여하한 사업에도 참여를 허용해서는 안 된다. 한국 불교사상사의 연구는 객관적 평가를 목표로 하지 않으면 안 되는 사업인 만큼, 학문의 태도를 결여한 종파주의자가 이에 개입한다는 것은 여러 가지 면에서 막대한 지장이 온다는 사실을 명심해야만 할 것이다.

둘째는 노력과 경비의 낭비가 철저히 배제되어야 한다는 사실이다. 지금까지의 연구 성과들을 보면 기초적 소개논문 정도의 글을 몇 차례씩이나 반복하면서 출판사는 출판사끼리 불필요한 경쟁을 하여 출혈하고, 개인연구자는 연구자대로 노력을 낭비한 사례가 허다하였다. 이러한 일들은 학문연구에 있어서도 하나의 planning center가 필요하다는 것을 입증하는 것이며, 이를 위해서도 종합적인 한국불교 연구의 국립기관은 반드시 필요하다고 할 것이다.

셋째로 지양되어야 할 태도는 연구자의 폐쇄적 태도와 독선적 태도이다. 오늘날 우리나라의 불교 관계 논문들을 보면 몇몇 연구자는 전혀 다른 사람의 연구 성과에는 눈도 돌리지 않고, 편협한 사시(斜視)를 일삼는 사람들이 눈에 띈다. 그러한 사람들이 혹시 손쉽게 다른 사람의 연구성과를 볼 만한 환경에 있지 않아서 그랬다면 또 모르거니와, 그렇지도 않은 상황에서 일방통행만을 한다면 이는 극히 폐쇄적이요 독선적인 경향이라고 아니할 수가 없는 것이다. 특히 우리 학자들이 외국의 불교연구에 대해서 일반적으로 어두운 실정에 있는 것은 우리 학계 자체의 폐쇄성, 독선적인 성격을 드러내는 결과도 되므로 간과할 수 없는 중대한 사실이다.

넷째로 언급해야 할 것은 정부나 기타의 연구지원기관은 나누어먹기 식인 지원을 하지 말아야 한다는 것이다. 지금까지의 지원상황은 결국 이러한 인심 쓰기 지원으로 끝나고 말았다고 해도 크게 틀리지 않는 양상을 보여 왔던 것이 사실이다. 지원기관의 행정담당자가 그 방면의 전문가가 아니고, 또 지원기관이 설치하는 심의위원회 같은 것 역시 그 방면의 전문가로 구성되지 않고 있는 상황 아래에서는 한 부문의 연구 실적이 정당하게 평가되기 어려운 것이 사실이다. 그러므로 이러한 상태에서 나누어먹기 식인 안이한 방법이 생기는 것은 당연한 일이라 하겠다. 그러므로 하나의 종합적인 연구기획센터인 연구소가 일정한 예산을 할당받고 일정한 안목 밑에서 연구를 추진한다면 위에서 말한 모든 폐단과 지금 여기에 제기된 나누어먹기 식인 지원의 지양과 같은 문제는 자연히 해결될 것이 분명하다.

끝으로 한 마디 더 부언(附言)할 일이 있다. 그것은 무책임한 일부 매명행위자(賣名行爲者)에 대한 언론기관의 동조행위가 지양되어야 한다는 문제이다. 최근 모 일간신문은 한국 불교학계의 문제를 문화기사로 다루면서 원측(圓測)에 관한 연구가 외국의 모 교수 혼자의 힘으로 완벽하게 연구된 것처럼 찬양하고 아울러 우리나라 해인사에는 산스크리트 경판(經板)이 많은데, 그 연구가 하나도 안 되고 있다고 남의 말을 인용 보도하였다. 그 방면 연구의 상황 및 해인사 소장 대장경에 관하여 잘 알고 있는 학자들 사이에서는 어떻게 이러한 기사가 나오게 되었는지, 전혀 사실과 같지 않은 이 보도에 대하여 놀라움을 표시하고 있다. 사회의 공기(公器)요, 민족문화 창달의 정안(正眼)이 되어야 할 일간신문이 이와 같은 오보(誤報)를 싣는 것은 국민의 판단을 흐리게 하고 여론을 오도하는 행위로서 마땅히 지양되어야 할 태도라 아니 할 수가 없다.

Ⅶ. 결어

우리는 지금까지 한국불교 연구의 현실을 다섯 가지 부문에 걸쳐 반성해 보고 이에서 제기되는 과제들에 어떠한 것이 있는가를 살펴보았다. 여기서 언급하지 않은 다른 분야의 문제도 있으나, 지금은 더 논급하지 않기로 한다. 필자는 여기에 하나의 이상을 제시해 보았지만, 그것이 받아들여지지 않아도 뜻을 같이 하는 사람들은 더욱 이 길을 적극적으로 가는 노력을 기울일 것이지 결코 실망하거나 좌절해서는 안 된다고 생각한다. 여기에는 상당히 많은 고언이 포함되어 있으나, 이는 한편으로는 필자 자신에 대한 채찍인 동시에 오로지 우리 학계의 발전을 위한 애정 어린 호소인 만큼 곡해 없으시기를 바라는 마음 간절하다.

•『韓國學報』 1집(일지사, 1975)에 게재

원효의 불교사상

원효의 보살계관
—『보살계본지범요기』를 중심으로—

Ⅰ.『보살계본지범요기』의 성격과 위치

원효의 윤리관(또는 계율관)을 알게 하는 자료는 반드시 율장에 대한 그의 저술들 속에서만 찾아야 하는 것이 아니다. 그의 전 저술 속에서 우리는 그의 윤리관을 알아볼 수가 있는데, 그것은 불교 자체가 윤리설만을 따로 분리해서 말하는 학문의 서구적 분업화 경향을 배격하는 원칙을 가지고 있기 때문이다. 불교도 경·율·논 삼장이니 혹은 칠분교(七分敎)니 십이분교(十二分敎)니 하여 형식상 내용상의 문헌 분류를 해 오고 있는 것은 사실이지만, 그러한 분류가 결코 그 어느 한 부류의 교훈만이 독립된 절대적 가치를 가지고 있기 때문에 취해진 분류는 아닌 것이다. 계·정·혜 삼학이나 보시·지계·인욕·정진·선정·반야의 육바라밀이나 이러한 병렬적인 제 덕목의 열거가 결코 그 중 어느 하나만의 독자적 가치를 인정하기 때문에 취해진 열거가 아니고, 그 열거된 여러 덕목들이 상호불가분리의 관계에 있음을 강조하기 위해 취해진 방법인 것과 같다.

그러므로 우리는 원효의 윤리관을 알고자 하면 원효의 모든 저술에 걸쳐, 원효가 생각한 그 모든 배경을 알아야만 하는 것이다. 그러나 지금 이 논문에서는 원효 자신이 그의 모든 사상적 바탕에서 윤리관을 자유롭게 말하는 가장 체험적이고 독창적인 에세이인 『보살계본지범요기(菩薩戒本持犯要記)』를 중심으로 그의 윤리관을 이야기하고자 하는 것이다.

원효가 율(律)에 대해서 가한 주소류(註疏類)는 여러 목록에 기록된 것으로서 다음과 같은 것들이 있다.[1]

『범망경소(梵網經疏)』 2권(義天, 諸宗, 奈良)
『범망경약소(梵網經略疏)』 1권(義天, 佛典)
○『범망경지범요기(梵網經持犯要記)』 1권(義天, 佛典, 奈良)
『범망경종요(梵網經宗要)』 1권(東域, 諸宗)
○『범망경보살계본사기(梵網經菩薩戒本私記)』 2권(蓮門, 奈良)
『사분율갈마소(四分律羯磨疏)』 4권(東域)
『사분율과(四分律科)』 3권(佛典)
『사분율행종기(四分律行宗記)』 8권(佛典)
『사분율제연기(四分律濟緣起)』 8권(佛典)
○『영락본업경소(瓔珞本業經疏)』 1 또는 2, 3권(義天, 東域, 諸宗, 佛典, 花嚴)

이 리스트에는 세 가지 원전에 대한 주소(註疏) 또는 종요(宗要) 등이 들어 있다. 즉 대승율인 『범망경』 및 『보살영락본업경』과 소승율인 『사분율』이 그 원전이 되어 있다. 그런데 이 문헌들 중 현존하는 것은 『범망경지범요기』와 『범망경보살계본사기』, 그리고 『영락본업경소』의 세 가지뿐, 『사분율』 관계 문헌은 하나도 남아 있지 않다. 특히 『사분율과』, 『사분율행종기』, 『사분율제연기』 등은 그 이름부터 원효의 명명(命名) 경향과는 판이한 점이 있으며, 많은 목록 특히 『의천록(義天錄)』이 모르는 바이어서, 확실히 그것들이 원효의 것이냐 하는 것은 매우 의심스럽다.[2] 원효의 다른 현존 저술들을 통해 볼 때 그가 단순히 소승 계율을 신봉했고 그것만을 금과옥조로 삼지 않았다는 것은 자명한 사실이므로,[3] 혹시 원효가 『사분율』을 다루었다고 하더라도 그것이 그의 윤리관의 핵심이 되었다고는 믿기 어려운 것이다.

---

1) 趙明基, 『新羅佛教의 理念과 歷史』(新太陽社, 1962), pp. 97-102 및 閔泳珪, 「新羅章疏錄長編不分卷」, 白性郁博士 頌壽記念 『佛教學論文集』(1959), pp. 347-402 참조.
〔편집자 주〕 아래에 略號로 인용된 목록은 다음과 같음.
義天… 新編諸宗教藏總錄(義天), 諸宗…「諸宗章疏」(謙順), 奈良…『奈良朝現在一切經疏目錄』, 佛典…「佛典疏鈔目錄」(興隆), 東域…『東域傳燈目錄』(永超), 蓮門…『蓮門經籍錄』(文雄), 花嚴…「華嚴宗經論章疏目錄」(凝然).

2) 이 점에 대해서는 조박사 자신도 앞의 책에서 "『사분율과』, 『사분율행종기』, 『사분율제연기』 등은 興隆撰 「佛典疏鈔目錄」에는 元曉撰이라고 하였으나 謙順撰 「諸宗章疏」와 기타 목록에는 元曉著라고 되어 있다"라고 하여 그것들이 원효의 저술이 아닐지도 모른다는 의구를 표하고 있다.

3) 예컨대 그의 주저인 『기신론소』와 『별기』 및 『금강삼매경론』에서의 계율관은 근본적으로 대승적이다. 졸저, 『元曉思想』, p. 357 이하 (불연전집 『원효사상』, p. 397 이하) 참조.

그러면 이제 우리가 다루려는 『보살계본지범요기』는 원효의 윤리서들 가운데에서 어떠한 위치를 차지하며, 어떠한 성격을 띠는 것일까?

원효의 저술은 대체로 다음과 같은 네 가지 형식으로 이루어진 것이 사실이다.

① 원전을 축자(逐字)적으로 충실하게 해석해 가는 본격적인 주석서. - 소(疏)

② 원전에 대한 축자적인 해석이 아니라 그가 특히 중요하다고 인정한 특정한 어구 또는 내용에 대한 주해(註解)를 가한 특수한 주석서. - 별기(別記), 약기(略記), 의기(義記), 사기(私記) 등.

③ 원전의 중심사상을 간명하게 추출, 종합적으로 요약한 소위 종지(宗旨)의 대요를 적은 것. - 종요(宗要), 요간(料簡) 등

④ 일정한 원전에 대한 축자적인 주석서도 아니고 종지의 대요를 적은 것도 아닌 순수하게 자기 자신의 생각을 자유롭게 기술한 에세이집. - 『십문화쟁론(十門和諍論)』, 『조복아심론(調伏我心論)』, 『유심안락도(遊心安樂道)』 등.

지금 이 『보살계본지범요기』는 위의 네 가지 분류로 말하면 그 어느 부류에도 속하지 않는 아주 독특한 부류의 것이라고 할 수 있다. 이 요기(要記)는 보살계본(菩薩戒本)을 원전으로 하는 것이 사실이다. 그러나 이 요기는 그 축자적인 주석이 아니며, 그 내용을 간명하게 요약한 종요도 아니다. 그 내용으로 보아 이 요기는 ④부류와 유사한 문헌이지만 하나의 일정한 원전이 있는 것이 그와 다른 점이다. 원효가 이 요기의 서두에서 스스로 언명한 바와 같이, 이 요기는 스스로 보살계본을 따라 실천해 가는 데 있어서 홀연히 잊어버리고 등한히 할 수도 있는 여러 문제들을 특별히 간추려 기록하여 자기자신에 대한 경고로 삼음을 목적으로 하고 있다. 그러는 가운데에 뜻을 같이 하는 구도자들이 역시 이것을 보고 판단을 내리는 데 있어 도움을 얻을 수 있다면 다행이라고 하는 것이다(爲自忽忘 撮要記別 幸同趣者 詳而取決矣).4)

원효의 저술은 모두 그것이 소(疏)건, 종요(宗要)건 궁극적으로는 자기자신의 수도(修道)상의 지침을 얻고자 하는 것을 첫째 목적으로 하여 이루어졌다. 어느 저술을 들추어 보든지 우리는 거기에서 원효 자신의 구도적 열의와 성의를 간과할 수가 없는 것이다. 그런 가운데에도 이 요기에는 이러한 성격이 가장 뚜렷이 드러나 있다고 하겠다. 이것은 이를테면 하나의 노트다. 항상 잊지 말아야 할 긴요한 요점을 적어 둔 노트인 것이다.

---

4) 『元曉大師全集』(동국대학교 불교사학연구실, 1949), 제5책 p. 1a; 『元曉全集』, p. 179b.

그러면 이 요기가 문제 삼는 보살계본이란 무엇을 두고 하는 이야기일까? 앞서 인용한 원효의 율(律) 관계 저술목록에는 『범망경지범요기(梵網經持犯要記)』라 적혀 있었는데, 그렇다면 여기서 말하는 보살계본이란 『범망경』의 보살계(菩薩戒)를 두고 한 말인가, 그렇지 않으면 다른 무엇을 가리키는 것인가를 알아보아야 할 것이다. 『범망경』을 원효가 중시한 것이 사실이고, 또 『범망경』이 '십중사십팔경계(十重四十八輕戒)'라 불리는 보살계를 문제시하는 것은 틀림없는 사실이다. 그러나 여기 이 『보살계본지범요기』의 보살계본이란 『범망경』의 그것을 두고 한 이야기가 아니다. 그 이유는 원효가 이 책에서 예를 들어 상세하게 범(犯)·무범(無犯), 복(福)·죄(罪)를 가리며 설명할 때, 초계(初戒)로서 '자찬훼타(自讚毁他)'란 조항을 들고 있는 데에서 먼저 찾아 볼 수 있다.

대승보살계를 설하는 불전으로는 다음과 같은 몇 가지 문헌이 있다.

1 『보살지지경(菩薩地持經)』 10권[5)]

'보살지지론(菩薩地持論)', '지지론(地持論)', '보살계경(菩薩戒經)'이라고도 하며, 담무참(曇無讖)이 북량(北涼)의 저거몽손(沮渠蒙遜, 재위 401-433)을 위해 역출(譯出)한 것으로, 『유가사지론』「본지분(本地分)」 중의 보살지(菩薩地, 35-50권)와 동본(同本)이다. '지지경(地持經)'이라고 불리지만, 본래는 논(論)으로서 미륵(彌勒)의 설법을 무착(無著)이 기록했다고 한다. 한역 『유가론』은 '미륵보살 조(造)'라고 전해지고 있고, 티베트역에는 '무착(無著)의 저(著)'라고 되어 있다. 이 문헌의 「계품(戒品)」 제10(권4, 5)에는 보살의 계바라밀에 관한 설명이 있는데, 여기서는 삼취정계(三聚淨戒), 즉 ① 섭율의계(攝律儀戒), ② 섭선법계(攝善法戒), ③ 섭중생계(攝衆生戒)가 언급되어 있으며, 율의계(律儀戒)로서는 칠중(七衆)의 별해탈계(別解脫戒), 즉 ① 비구계(比丘戒, 250계), ② 비구니계(比丘尼戒), ③ 정학녀계(正學女戒), ④ 사미계(沙彌戒), ⑤ 사미니계(沙彌尼戒), ⑥ 신사계(信士戒), ⑦ 신녀계(信女戒)가 열거되어 있다. 그리고 보살의 바라제목차(波羅提木叉, 별해탈계, 계본)로서는 4바라이법(波羅夷法), 42범사(犯事, 단 『유가론』 보살지에서는 43사)가 있다고 주장한다. 즉 그 4바라이법이란 ① 자찬훼타(自讚毁他), ② 간법(慳法), ③ 불수타간사(不受他諫謝), ④ 비방정법(誹謗正法)의 4종을 말하며, 42범사란 ① 삼보(三寶)를 찬탄하지 않음, ② 재물에 탐착(貪著)함, ③ 사장(師長)을 존경하지 않음 등을 비롯한 42사를 말한다. 고래로 중국과 우리나라에서는 이러한 계조(戒條)만을 뽑아 편찬한 것을 보살계본이라고 부르는 관습이 있다.

---

5) T.1581.

② 『우바새계경(優婆塞戒經)』 7권[6]

'선생경(善生經)'이라고도 하며, 북량의 담무참이 426년에 역출한 것으로 한역만이 존재한다. 선생장자(善生長者)를 위해서 대승의 재가신자(우바새)의 계를 설한 것이다. 『장아함』이나 『중아함』 등에 있는 『선생경(善生經, 六方禮經)』을 확대하고 대승적으로 개작한 경전이다. 여기에서는 재가보살이 받아야 하는 오계(五戒)와 더나아가 6중(重)·28실의(失意)의 대승 독자적인 계를 설한다. 6중법(重法)이란 ① 불살생(不殺生), ② 불투도(不偸盜), ③ 불허설(不虛說), ④ 불사음(不邪淫), ⑤ 불설사중과(不說四衆過), ⑥ 불고주(不酤酒)이다. 그리고 28실의에는 사장(師長)을 공양하지 않음, 음주, 병자를 간호하지 않음 등의 조문(條文)이 포함되어 있다. 역시 중국 불교에서 중요시된 대승계(大乘戒)이다.

③ 『범망경』 2권[7]

'사나불설보살심지계품(舍那佛說菩薩心地戒品)' 제10, '범망보살계경(梵網菩薩戒經)', '보살계본(菩薩戒本)'이라고도 한다. 구마라집 역이라고 전해져 왔으나 근래의 연구에 의하면 유송대(劉宋代, 5세기)에 중국에서 성립된 문헌으로 간주되고 있다. 상권에는 노사나불(盧舍那佛)의 설명, 십발취심(十發趣心), 십장양심(十長養心), 십금강심(十金剛心), 십지(十地)의 설명이 있고, 하권에는 「십무진장계품(十無盡藏戒品)」이 들어 있는데, 그 안에서 10중(重)·48경계(輕戒)를 설한다. 전체적으로 『화엄경』의 설명양식과 통하는 점이 있는 까닭에 옛날부터 화엄의 결경(結經)이라고 판정되고 있다.

『범망경』의 계(戒)를 흔히 '범망계'라고 부른다. 이 경에서 말하는 10중(重, 10바라이)이란 '타지옥(墮地獄)의 죄'란 뜻으로 바라이라 했고, ① 살생, ② 겁도(劫盜), ③ 무자행욕(無慈行欲), ④ 망어(妄語), ⑤ 고주(酤酒), ⑥ 담타과실(談他過失), ⑦ 자찬훼타(自讚毁他), ⑧ 간생훼욕(慳生毁辱), ⑨ 진불수사(瞋不受謝), ⑩ 훼방삼보(毁謗三寶)의 10조(條)이다. 이 10중은 앞서 말한 『보살지지경』의 4중, 『우바새계경(優婆塞戒經)』의 6중계 등으로부터 채용한 것이라고 생각되고 있다. 48경계(輕戒)에는 불경사장(不敬師長), 음주(飮酒), 식육(食肉), 식오신(食五辛), 불거교참(不擧教懺), 주불청(住不請) 기타가 들어 있다.

『보살지지경』의 유가계(瑜伽戒)가 소승의 계율을 포함한 대승계인 데 대해서 『범망경』은 대승의 독자적인 계라는 특징이 있다.

---

6) T.1488.

7) T.1484.

4 『보살영락본업경』 2권[8)]

축불념(竺佛念)의 역(譯)이라고 전해져 왔으나, 근래의 연구에 의하면 이 경은 5-6세기경에 이룩된 중국 찬술(撰述)이라고 생각되고 있다. 8품으로 나뉘어 있으며, 그 속에 보살의 계위, 수행에 관한 언급이 있다. '영락본업(瓔珞本業)'이란 화엄 계통의 용어이며, 그 밖에 여러 가지 면에서 화엄의 교상(敎相)에 일치하는 점이 많다. 특히 십신(十信)·십주(十住)·십행(十行)·십회향(十廻向)·십지(十地)·무구지(無垢地)·묘각(妙覺)의 52위를 설하는 것이 화엄과 일치한다.

여기에서도 삼취정계(三聚淨戒)가 문제인데, 8만4천의 법문을 섭선법계(攝善法戒)로, 자·비·희·사의 사무량심을 섭중생계(攝衆生戒)로, 10바라이를 섭율의계(攝律儀戒)로 한다. 이 경의 10바라이는 『범망경』의 10중계와 같으며 여기에서도 소승계는 문제시되지 않고 있다.[9)]

이상의 네 가지 율서(律書)는 한결같이 원효가 중시한 대승 율들인데, 그의 『보살계본지범요기』가 직접 어느 원전을 토대로 한 것이냐 하면 우리는 그가 '자찬훼타(自讚毁他)'를 초계(初戒)라고 한 점으로 미루어 보아 틀림없이 『보살지지경』을 토대로 하고 있다고 말하지 않을 수가 없다. 그러므로 앞서 든 저술목록에 『범망경지범요기』라고 한 것은 후대의 목록 작성자의 잘못이라고 하지 않을 수 없는 것이다.

그러나 원효는 어느 일정한 한 원전에 사로잡히는 것을 극히 배제하는 입장에 있었던 사람인 만큼 적어도 위에 열거한 모든 대승율의 정신을 집착이나 편견 없이 포괄적으로 받아들였으리라는 것은 의심할 여지가 없는 것이다. 다만 우리는 이 요기(要記)에서 그의 사고의 진실성과 심오성을 유감없이 그 자신의 직접적인 말로 들을 수 있다는 것을 기뻐하지 않으면 안 되겠다.

Ⅱ. 『보살계본지범요기』를 통해 본 원효의 보살계관

율(律)의 성문화, 율의 해설은 하나의 역사적 산물이다. 따라서 현존하는 모든 문헌화된 계율서는 시대와 장소와 편찬자의 특성을 지니고 있는 것이 사실이다.

석존(釋尊)의 직접적인 설법의 시대와 지역으로부터 떨어진 우리들은 지금까지의

---

8) T.1485

9) 이상의 몇몇 경에 대한 해제는 다음과 같은 제 문헌을 참조. 小野玄妙 編, 『佛書解說大辭典』(東京: 大東出版社, 1964); 水野弘元 監修, 『新·佛典解題事典』(東京: 春秋社), pp. 112-114; 『國譯一切經』 律部 12 등.

모든 율을 크게 소승율과 대승율로 나누는 안목을 가지게 되었다. 그리고 편찬 연대에 대해서도 상당히 근접한 해명을 해 오고 있는 것이 사실이다. 대체로 학자들은 소승적 부파들이 편(編)한 바인 『사분율(四分律)』, 『오분율(五分律)』이 서력기원전 100년부터 서력기원 전후 사이에, 『십송율(十誦律)』이 서기 초부터 후 100년경 사이에, 『마하승기율(摩訶僧祇律)』을 서기 100년부터 200년 사이에, 그리고 『유부율(有部律)』을 서기 300년부터 400년 사이에 성립된 것이라 보고 있다.[10] 이러한 율들의 특징이 출가자들의 율의(律儀)를 규제하는 것을 주목적으로 했다면, 모든 중생의 제도를 자기의 수도와 밀착시키는 보살 이상(菩薩理想)을 높이 쳐든 대승불교도들 사이에서 보다 광범한 윤리관이 제창되지 않을 수 없었다는 것은 지극히 당연한 이치다. 그러나 소승의 율이 금조(禁條)의 나열로 시종(始終)한 매우 형식주의적·조직적인 것이었다면, 대승의 율은 결코 구체적 금조의 나열로 구성되는 것이 아니라 오히려 계율의 내용 또는 정신을 탐구하고 그것을 드러내는 본질적으로 철학적인 성질을 띠고 있었다.

그리하여 대승의 윤리관은 소위 '율(律)'이란 카테고리에 들어가지 않고 오히려 '경(經)'의 부류에 포함되어야 한다고 생각되었던 것이다. 석존의 교훈의 근본적 정신을 잘 반영하는 아함과 같은 경전에서 윤리적 교훈(戒)이 다른 실천적 교훈, 즉 선정(禪定)·반야(般若) 등과 더불어 통일적으로 설해졌듯이 대승 불전에서도 같은 방법으로 윤리는 철학적·명상적 토대 없이는 논해질 수 없는 것으로 되고 마는 것이다. 모든 대승 불전이 보살의 실천도덕에 관하여 언급한다. 그러나 그 중에도 특히 보살의 실천도덕이 집중적으로 다루어지고 있는 것이 전술(前述)한 바 있는 『보살지지경』, 『범망경』, 『우바새계경』 등이었다. 특히 이 세 문헌은 다른 일반 대승 불전과는 달리 계율 조목의 열거가 있는 점, 그리고 그 수계(受戒) 및 포살(布薩)의 규정 등이 들어 있는 점 등으로 미루어 대승의 '율'이라고 불린다. 앞서 보아온 바와 같이 이 경들이 제시하는 중계(重戒)와 경계(輕戒)의 계목(戒目) 및 그 열거방식은 많은 유사점을 가지면서도 일치하는 것은 아니었다. 이제 보다 더 상세히 그 내용을 검토해 보기로 하자.

원효는 그 『요기』(보살계본지범요기)에서 보살계의 중계·경계의 열거방식에 각각 세 가지 차이가 있다고 다음과 같이 말하고 있다.

> 持犯之要 略有三門 一輕重門 二淺深門 三明究竟持犯門也
> 初門之內 有其二句 先卽總判輕重 後以別顯差別

---

10) 平川彰, 『律藏の硏究』(東京: 山喜房佛書林, 1960).

言總判者 輕重垢罪中 細論支別 頭類乃有八萬四千 括擧其要別有三類
或 四十四 如達摩戒本所說
或 四十八 如多羅戒本所判
或有 二百四十六輕 如別解脫戒經所立
此第二中 有共不共 共不共相 依文可解

重戒之中 總說有十 論其類別 亦有三種
或有 共小之重 謂前四也
或有 不共之重 謂後四也
或立 在家菩薩六重 謂十重내在前六也
此中合有 共與不共 總判輕重義類如是[11)]

이 인용구를 통해 볼 때 원효는 보살계에 관한 문헌으로서 적어도 다음과 같은 네 가지 문헌을 알고 있음을 엿볼 수 있다.

A. 달마계본(達摩戒本)
B. 다라계본(多羅戒本)
C. 별해탈계경(別解脫戒經)
D. 우바새계경(優婆塞戒經)

A. 달마계본(達摩戒本)

달마계본이라는 것은 북량의 담무참이 번역한 '보살계본경(菩薩戒本經)'을 말하는데, 이 계본은 본래 『보살지지경』 제4 「방편처계품(方便處戒品)」에 계(戒)에 자성계(自性戒), 일체계(一切戒) 등 9종의 별(別)이 있음을 설하는 중 제2 일체계(一切戒)하에 밝힌 계율조목을 초록별행(抄錄別行)한 것으로 고래로 이것을 지지계본(地持戒本)이라고 한다.[12)] 이것은 앞서도 말한 바와 같이 『유가사지론』 「본지분」 중 「보살지유가처계품(菩薩地瑜伽處戒品)」의 이역(異譯)인 『지지경(地持經)』을 토대로 하고 있으므로, 역시 유가계본(瑜伽戒本)이라고도 할 수가 있다.

이 계본에는 권수(卷首)에 귀경게(歸敬偈)를 싣고, 다음에 포살설계(布薩說戒)의 의칙(儀則)에 의하여 4바라이, 41경계(輕戒)가 열거되고[13)] 끝으로 권지문(勸

11) 『元曉大師全集』, 제5책, p. 1b; 『元曉全集』, p. 179b.

12) 水野弘元, 앞의 책, p. 112.

持文)이 붙어 있다. 이제 현존하는 계본에 따라 그 계조(戒條)를 열거하면 다음과 같다. 이것이 달마계본의 보살계다.

■ 4바라이(四波羅夷)

1. 자찬훼타(自讚毁他)
2. 간석재법(慳惜財法)
3. 진불수회(瞋不受悔)
4. 방란정법(謗亂正法)

■ 41경계(四十一輕戒)

1. 불공양삼보(不供養三寶)
2. 탐재물(貪財物)
3. 불경동법(不敬同法)
4. 불응공(不應供)
5. 불수시(不受施)
6. 불시법(不施法)
7. 불교회죄(不教悔罪)

시(施)바라밀을 장(障)

8. 부동성문(不同聲聞)
9. 주사명(住邪命)
10. 도희(掉戱)
11. 도설보살법(倒說菩薩法)
12. 불호기혐(不護譏嫌)
13. 부절복중생(不折伏衆生)

계(戒)바라밀을 장(障)

14. 진타보복(瞋打報復)
15. 불여법참사(不如法懺謝)
16. 불수참사(不受懺謝)
17. 겸한타(慊恨他)

인(忍)바라밀을 장(障)

18. 탐심축권속(貪心蓄眷屬)
19. 탐수면(貪睡眠)
20. 세론경시(世論經時)

정진(精進)바라밀을 장(障)

---

13) 이 瑜伽戒本의 戒數에 관해서는 약간의 차이가 드러나 있는데, 『瑜伽論記』 제10下에는 43계, 法藏의 『梵網經菩薩戒本疏』 제4에는 44계, 그리고 『律宗綱要』 권上에는 開會의 不同으로 43, 또는 44, 45로 하고 있다.

항목	장(障)
21. 불수사교(不受師敎)	정(定)바라밀을 장(障)
22. 수오개심(隨五蓋心)	
23. 취세선(取世禪)	
24. 훼성문법(毁聲聞法)	혜(慧)바라밀을 장(障)
25. 배대향소(背大向小)	
26. 불습학불(不習學佛)	
27. 불신심법(不信深法)	
28. 탄기훼타(歎己毁他)	
29. 교만불청법(憍慢不聽法)	
30. 경훼법사(輕毁法師)	
31. 부동사(不同事)	동사(同事)를 장(障)
32. 불간병(不看病)	
33.불간악인(不諫惡人)	애어(愛語)를 장(障)
34. 불보은(不報恩)	보시(布施)를 장(障)
35. 불위우뇌(不慰憂惱)	
36. 불시재(不施財)	
37. 불여법섭중(不如法攝衆)	
38. 불수타(不隨他)	이행(利行)을 장(障)
39. 불수희공덕(不隨喜功德)	
40. 불행위절(不行威折)	
41. 신력부절섭(神力不折攝)	

B. 다라계본(多羅戒本)

다라계본이라는 것은 『범망경』 하권을 특히 지칭하는 것인데, 이 『범망경』 하권은 '범망보살계경(梵網菩薩戒經)', '보살계본(菩薩戒本)', '보살바라제목차경(菩薩波羅提木叉經)', '범망경노사나불설보살십중사십팔경계(梵網經盧舍那佛說菩薩十重四十八輕戒)' 등으로도 불려 왔다.[14]

이 문헌에서 언급된 10중・48경계는 다음과 같다.

■ 십중(十重)

1. 살계(殺戒)

---

14) 望月信亨, 『佛敎大辭典』, 梵網經條; 『國譯一切經』 梵網經 解題 참조.

2. 도계(盜戒)
3. 음계(淫戒)
4. 망어계(妄語戒)
5. 고주계(酤酒戒)
6. 설사중과계(說四衆過戒)
7. 자찬훼타계(自讚毁他戒) (A의 4바라이-1에 해당)
8. 간석가훼계(慳惜加毁戒) (A의 4바라이-2에 해당)
9. 진심불수회계(瞋心不受悔戒) (A의 4바라이-3에 해당)
10. 방삼보계(謗三寶戒) (A의 4바라이-4에 해당)

■ 사십팔경계(四十八輕戒)
1. 불경사우계(不敬師友戒) (A의 41경계-3에 해당)
2. 음주계(飮酒戒)
3. 식육계(食肉戒)
4. 식오신계(食五辛戒)
5. 불교회죄계(不敎悔罪戒) (A의 41경계-7, 33에 해당)
6. 불공급청법계(不供給請法戒) (A의 41경계-21에 해당)
7. 불왕청법계(不往聽法戒) (A의 41경계-29에 해당)
8. 심배대승계(心背大乘戒) (A의 41경계-25에 해당)
9. 불간병계(不看病戒) (A의 41경계-32에 해당)
10. 축살구계(畜殺具戒)
11. 국사계(國使戒)
12. 판매계(販賣戒)
13. 방훼계(謗毁戒) (A의 41경계-17에 해당)
14. 방화분소계(放火焚燒戒)
15. 벽교계(僻敎戒) (A의 41경계-24에 해당)
16. 위이도설계(爲利倒說戒) (A의 41경계-11에 해당)
17. 시세걸구계(恃勢乞求戒) (A의 41경계-2에 해당)
18. 무해작사계(無解作師戒)
19. 양설계(兩舌戒)
20. 불행방구계(不行放救戒)
21. 진타보수계(瞋打報讐戒) (A의 41경계-14, 17, 34에 해당)
22 교만불청법계(憍慢不請法戒) (A의 41경계-29, 30에 해당)

23. 교만벽설계(憍慢僻說戒)
24. 불습학불계(不習學佛戒) (A의 41경계-26에 해당)
25. 불선지중계(不善知衆戒)
26. 독수이양계(獨受利養戒)
27. 수별청계(受別請戒)
28. 별청승계(別請僧戒)
29. 사명계(邪命戒) (A의 41경계-9에 해당)
30. 경리백의계(經理白衣戒)
31. 불행구속계(不行救贖戒)
32. 손해중생계(損害衆生戒)
33. 사업각관계(邪業覺觀戒)
34. 잠리보리심계(暫離菩提心戒)
35. 불발원계(不發願戒)
36. 불발서계(不發誓戒)
37. 위난유행계(冒難遊行戒)
38. 괴존비차제계(乖尊卑次第戒)
39. 불수복혜계(不修福慧戒)
40. 간택수계계(揀擇受戒戒)
41. 위리작사계(爲利作師戒)
42. 위악인설계계(爲惡人說戒戒)
43. 고기범계심계(故起犯戒心戒)
44. 불공양경전계(不供養經典戒) (A의 41경계-1에 해당)
45. 불화중생계(不化衆生戒) (A의 41경계-13에 해당)
46. 설법불여법계(說法不如法戒)
47. 비법제한계(非法制限戒)
48. 파법계(破法戒)[15]

우리는 이 B 다라계본의 제 금계(禁戒)와 A 달마계본의 조항을 비교해 볼 때, B에는 A의 여러 조항이 그대로 삽입되어 있음을 알 수 있으며, 한편 B는 A를 보다 증광(增廣)한 흔적이 있음을 알 수 있다. 중계(重戒)에 관한 한 A의 4조항은 B의 7, 8, 9, 10의 4계에 해당하는 것이며, A에는 B의 살(殺)・도(盜)・음(淫)・망어(妄

15) 달마계본과의 대조는 명료한 것에만 한하여 병기하였다. 또 李圓淨和南編, 「梵網經菩薩戒本彙解」 참조.

語)·고주(酤酒)·설사중과(說四衆過)가 고의로 생략되어 있음을 알 수 있다. 그것은 이 가장 중대한 불교의 기본적 계율의 중요성이 등한시되었다고 해석하기 보다는 그것들은 이미 상식적으로 공인된 것이라는 전제 아래 생략되었다고 보는 편이 타당하다고 생각된다. 그러나 A, B 양 계본을 대조해 보면, 그 여러 계율조항의 열거방식은 A의 것이 B보다도 훨씬 잘 정리되어 있다고 보이는 것이다. 실례로 B의 열거방식에는 중복이 많으며 마치 어떤 다른 대본을 따온 것과 같은 느낌을 풍기는 데 대해, A의 열거방식은 앞서 보아온 바와 같이 육바라밀, 사섭 등과의 관련이 정연하게 이루어지고 있으며 불필요한 반복이 없는 것이다.

C. 『별해탈계경(別解脫戒經)』

원효는 전기(前記)한 인용구에서 246경(輕)이 있다고 하였다. 이것은 출가비구가 지켜야 하는 바라제목차계(波羅提木叉戒)를 가리키는 것이다. '별해탈계경(別解脫戒經)'이란 말은 Prātimokṣasamvara(또는 Pāṭimokkhasaṃvara)의 번역으로서 '별해탈에 의한 율의'란 뜻이다. 계를 받고 따로따로 신구칠지(身口七支)의 제악(諸惡)을 해탈함을 말한다. 이것을 혹은 계율의(戒律儀), 율의계(律儀戒), 목차계(木叉戒)라고도 하고, 별해율의(別解律儀), 바라제목차율의(波羅提木叉律儀), 별해탈조복(別解脫調伏), 별해탈계(別解脫戒), 별해탈법(別解脫法), 의별해탈계(依別解脫戒), 호종해탈(護從解脫)이라고도 한다.

우리는 여기에 이 율의계의 전 조항을 열거하지는 않지만, 이 바라제목차에는 250계가 열거되는 것이 보통이다. 지금 여기에 246경이라고 한 것은 4바라이법, 즉 살(殺)·도(盜)·음(淫)·망어(妄語)의 네 가지를 중계(重戒)로서 따로 분리시키고 그 나머지만을 두고 하는 이야기이기 때문이다.

D. 『우바새계경(優婆塞戒經)』[16)]

'선생경(善生經)'이라고도 불리며, 북량의 담무참이 426년에 역출한 것이다. 한역만이 현존하며, 선생(善生)장자를 위해서 대승의 재가신자의 계를 설한 것이다. 『장아함』이나 『중아함』에 있는 「선생경(善生經)」을 확대해서 대승적으로 개작(改作)한 경전이다. 28품으로 나뉘며, 보살의 발심(發心), 입원(立願), 수학(修學), 지계(持戒), 정진(精進), 선정(禪定), 지혜(智慧) 등을 설명한다. 특히 「수지품(受持品)」에서 재가보살이 받아야 하는 오계를 말하고 다시 6중(重)·28실의(失意)라는 이 경의 독자적인 계를 보여 주고 있다. 이 6중·28실의에 관한 부분이 지금 위에 든 한 다른

16) 본 경의 내용에 대해서는 졸고, 「원효의 엘리트론」, 『正經硏究』 2월호 및 「불교사회 윤리 원론」, 『불교와 사회』, pp. 223-246 참조. T.1488, p. 1049c.

문헌의 계율관과 비교될 성질의 것이라고 본다. 이제 그 6중·28실의의 내용을 보면 다음과 같다.

■ 육중법(六重法)

1. 불살생계(不殺生戒)
2. 불투도계(不偸盜戒)
3. 불허설계(不虛說戒)
4. 불사음계(不邪淫戒)
5. 불설사중과계(不說四衆過戒)
6. 불고주계(不酤酒戒)

■ 이십팔실의죄(二十八失意罪)

1. 불능공양부모사장죄(不能供養父母師長罪)
2. 탐낙음주죄(耽樂飮酒罪)
3. 불첨병자죄(不瞻病者罪)
4. 불분여죄(不分與罪)
5. 불영장로죄(不迎長老罪)
6. 교만죄(憍慢罪)
7. 부지팔계·불공삼보죄(不持八戒·不供三寶罪)
8. 불청법죄(不聽法罪)
9. 수승구죄(受僧具罪)
10. 음수죄(飮水罪)
11. 험난독행죄(嶮難獨行罪)
12. 독숙니사죄(獨宿尼寺罪)
13. 타매노비죄(打罵奴婢罪)
14. 시잔식죄(施殘食罪)
15. 축묘리죄(畜猫狸罪)
16. 축수류죄(畜獸類罪)
17. 불저승구죄(不儲僧具罪)
18. 수전작자죄(須田作者罪)
19. 부정두칭죄(不正斗秤罪)
20. 비처시행욕죄(非處時行欲罪)
21. 불납관세죄(不納官稅罪)

22. 범국제죄(犯國制罪)
23. 신곡자용죄(新穀自用罪)
24. 자작설법죄(恣作說法罪)
25. 승전행로죄(僧前行路罪)
26. 선택부식죄(選擇付食罪)
27. 양잠죄(養蠶罪)
28. 행로병자방기죄(行路病者放棄罪)

이상의 여러 보살계본 중 원효가 그 『보살계본지범요기』에서 원본으로 삼은 것은 달마계본이다. 그는 『요기』중에서 "若明差別者면 今依達摩戒本하여 辨其性相差別이니라" 하고 "別論染不染者면 亦依本文可知凡說이니 雖然이나 一二論者는 且就初戒以示其相이니 於一讚毁에 有四差別이니라"[17] 하고 있어 분명히 이 『요기』가 달마계본을 더 중시하고 있음을 나타내 준다. 그러므로 이 『요기』만을 통해서 원효의 보살계관을 말하자면, 달마계본이 다른 계본에 비해 어떠한 특이성이 있느냐를 봄으로써 어느 정도 드러날 것이라고 생각하는 것이다.

달마계본이 보여주는 다른 계본과의 차이는 이미 다소 언급한 바 있지만 이제 다시 그 내용상 차이를 생각해 보면 다음과 같은 특징들을 들 수 있을 것이다.

(1) 달마계본의 4바라이, 41경계(輕戒)는 대승 논서의 삼취계(三聚戒)를 분석적으로 세분화한 것이라고 볼 수 있다. 4바라이는 섭율의계(攝律儀戒)에 해당되며, 41경계 중의 초(初) 30계는 섭선법계(攝善法戒)에, 후(後) 11계는 섭중생계(攝衆生戒)에 해당되는 것이라고 볼 수 있다.

(2) 달마계본의 초(初) 30계, 즉 섭선법계에 해당하는 제 조항은 시(施, 1-7), 계(戒, 8-13), 인(忍, 14-17), 근(勤, 18-20), 정(定, 21-23), 혜(慧, 24-30)의 육바라밀의 정신과 일치하는 교훈이다.

(3) 달마계본의 후(後) 11계는 섭중생계에 해당하는 것으로서, 그것은 또한 동사(同事, 31-32), 애어(愛語, 33), 보시(布施, 34-37), 이행(利行, 38-41)의 사섭법(四攝法)과 일치하는 교훈이다.

(4) 달마계본의 섭율의계관은 특히 자찬훼타(自讚毁他), 간석재법(慳惜財法), 진불수회(瞋不受悔), 방란정법(謗亂正法)의 네 가지만을 내세움으로써 형식주의적 윤리관을 넘어선 보다 더 내면적인 반성을 촉구하는 방면으로 흐르고 있다.

---

17) 『元曉全集』, p. 179 a-b.

(5) 달마계본의 소설(所說)을 다라계본의 소판(所判)과 비교해 볼 때 다라계본의 제(諸) 금계가 아직도 출가중심적인 경향을 불식하고 있지 못하는 경향이 있는데 반하여, 달마계본의 소설에서는 그러한 출가중심적인 경향이 지양되어 있음을 알 수 있다. 예컨대 다라계본에서 음(淫)이 중계(重戒)로, 고주(酤酒)·음주(飮酒)·식육(食肉)·식오신(食五辛)·국사(國使)·판매(販賣)가 경계(輕戒)로 되어 있는 것은 사실상 재가자들이 엄격히 준수하기 어려운 비현실적인 형식주의가 아직도 남아 있다고 보는 것이 마땅할 것이다.

(6) 달마계본의 제 조항은 출가나 재가에 다 공통적으로 적용될 수 있는 성격의 교훈들이다. 그러한 면에서 보면 『별해탈계경』은 출가자에게 치우쳐 있고, 『우바새계경』은 재가자에게 치우쳐 있다고 하겠다.

만약에 이러한 우리의 견해가 승인된다면 원효가 많은 계본 중에서 특히 달마계본을 중시하게 된 이유를 충분히 납득할 수가 있을 것 같다.

현존하는 원효전들이 보여주는 바와 같이 원효가 주사(酒肆)에 출입하거나, 요석궁 과공주(寡公主)와 통하여 설총을 낳은 것이 부정되지 않는 한, 그리고 원효의 심오한 사상과 순수한 심경을 말해 주는 논소들의 정신이 원효의 전 생애를 일관하는 것임이 부정되지 않는 한, 원효의 윤리관이 단순한 비구계나 우바새계 정도로 머물러 있지 않았으리라는 것은 쉽게 긍정할 수 있는 것이다.

원효는 도처에서 인간의 행동 규준을 이야기하면서 마음의 정화의 핵심적 성격에 대해 강조한 바 있다. 그는 지금 이 『보살계본지범요기』 서두에서도 다음과 같이 이야기 하고 있다.

> 菩薩戒者 返流歸源之大津 去邪就正之要門也 然邪正之相易濫 罪福之性難分
> 何則 或內意實邪 而外迹似正
> 　　或表業同染 而中心淳淨
> 　　或有作業合少福 而致大患
> 　　或有心行順深遠 而違淺近
> 是以專穢道人 剋私沙門 長專似迹 以亡眞正 每剋深戒 而求淺行
> 今將遣淺事 而全深 去似迹 而逐實 爲自忽忘 撮要記別 幸同趣者 詳而取決矣[18]

보살계(菩薩戒)란 생사의 탁류를 거슬러 올라 일심(一心)의 본원(本源)에 되돌아가는 큰 나루로서, 사(邪)를 버리고 정(正)을 이룩하는 데 요긴한 문(門)이다. 그

18) 『元曉全集』, p. 179a; T.1907, p. 918b.

런데 어떤 행위가 죄냐 복이냐 하는 성격을 가르기는 곤란한 바가 있다. 왜냐하면 혹은 속마음은 사실상 삿된 것인데, 바깥 모양은 올바른 것 같이 보일 때가 있고, 또 혹은 겉으로 나타난 행위는 물든 것 같이 보이는데, 속마음은 순정(淳淨)한 경우가 있고, 또 혹은 무슨 일을 했는데 그것이 다수 복된 일에 합치하는 것이었지만 그것이 오히려 큰 환란을 초래하는 수가 있고, 또 혹은 생각이나 행동이 깊고 먼 이상을 따라가지만 그것이 오히려 천박한 것이 되어 버리고 마는 수가 있기 때문이다. 그리하여 도인을 자처하는 사람이 오로지 더러움에 물들어 사문(沙門)을 자처함에 그치고 오랜 기간에 걸쳐 오직 사이비 행적을 할 뿐 참되고 올바른 일을 저버리고 번번이 깊이 지켜야 할 도리를 거슬러 천박한 짓만을 쫓아 하게 된다.

지금 그러한 천박한 일을 없애고 언행의 깊이를 온전하게 하며, 사이비 행적을 버리고 알찬 진실을 추구하는 데 있어서 스스로 잊어버림이 없기 위해 요점을 뽑아 따로 적는 바이니 다행히 뜻을 같이 하는 사람이 있으면 소상히 검토하여 취할 바를 취하면 좋을 것이다.

겉으로 나타나는 것이 중요한 것이 아니라 마음가짐이 중요한 것이라고 보는 원효의 생각이 충분히 드러나 있다고 할 것이다.

그러면 원효는 계율이라는 것을 어떻게 보고 있는 것일까? '返流歸源之大津이며 去邪就正之要門'이라고 정의(定義)한 그의 보살계는 이미 들은 바이지만, 그는 그의 다른 저술들 속에서 계를 다음과 같은 여러 가지 어구로 표현한 바 있는 것이다.

『범망경보살계본사기(梵網經菩薩戒本私記)』에서 첫머리의 게송 중 "戒如明日月亦如瓔珞珠 微塵菩薩衆由是成正覺"이라는 구절을 주해(註解)하면서 원효는 다음과 같이 말하고 있다.

戒如明日月者 略有三義 謂

一者 日月自體離染明淨故 亦能破他闇而於現物 戒亦如是 自體離染明淨故 能破煩惱黑法闇障 現顯佛性如來藏等物故 當於日月之義故 爲喩也

二者 日者以勢爲性 月者寒爲性 若有日而無月者 萬苗燒燋故不能生果 亦若有月而無日者 萬苗物卽腐故不能生芽 戒亦如是 若雖有攝律儀戒及攝正法戒 而無攝衆生戒者 唯有自利行而無利他行故 同於二乘而不生無上菩提豊果 若雖有攝衆生戒而無攝律儀及攝善法戒者 唯有利他而無自利行故 還同於凡夫故 不能生菩提芽也 今如具有日月故 能苗芽非腐非燋 戒亦如是 能具有三聚戒故 能不同凡夫二乘 能感得無上菩提三種之果 故以日月爲喩也

三者 日月雖離地 翱翔於空 而無著於虛空轍 戒亦如是 菩薩能持 離邊三聚戒故 能離有見故 雖顯翱翔於法性虛空 而無著於空見
日月有如是三義 當於三聚戒 具有如是三義故以日月爲喩也[19]

이제 그 대의(大意)를 말해 보면 다음과 같다.
계(戒)란 해와 달과 같다.
첫째, 해와 달 그 자체는 잡되게 물듦이 없이 그 스스로 밝고 깨끗하다. 그러면서도 바깥의 어두움을 파헤치고 어둠 속에 가려 있던 물건들을 잘 드러내 보인다. 계도 역시 그러하다. 그 자체는 잡되게 물듦이 없이 그 스스로 맑고 깨끗하여 번뇌와 죄과 등의 어두운 장애물을 파헤치고 불성(佛性), 여래장(如來藏)을 잘 드러내는 것이다.
둘째, 해는 위세(威勢)가 있다는 것이 그 특성이요, 달은 서늘하고 시원하게 한다는 것이 그 특성이다. 만약 달이 있고 해가 없으면 모든 식물은 썩어 싹이 날 수 없다. 계도 역시 그러해서 만약 섭율의계(攝律儀戒)와 섭정법계(攝正法戒)만 있고 섭중생계(攝衆生戒)가 없다고 한다면, 오로지 자리행(自利行)만 있고 이타행(利他行)은 없는 것이 되는 까닭에, 이승(二乘)과 동류(同類)가 되어 무상보리의 풍요한 결실을 얻지 못한다. 또 만약에 섭중생계가 있을지라도 섭율의계와 섭선법계가 없으면, 오직 이타행만 있고 자리행이 없게 되는 까닭에 범부나 다름이 없게 되어 보리(菩提)의 싹을 돋아나게 할 수가 없는 것이다.
지금 해와 달이 다 갖추어져 있어 능히 썩지 않고 싹이 나게 할 수 있는 것과 같이 계도 역시 삼취계(三聚戒)를 다 갖추어 가지고 있으므로 능히 범부나 이승과 같지 아니하고 무상보리의 세 가지 열매를 감득(感得)할 수 있는 것이다. 그러므로 이러한 비유를 드는 것이다.
셋째, 해와 달은 땅을 떠나 공중에 떠다니되 그렇다고 허공에 얽매이는 것이 아님과 같이 보살은 삼취계를 지키되 어느 하나에만 치우치는 일이 없고, 집착함이 없으므로 법성의 허공을 나르지만 공견(空見)에 집착함이 없는 것이다.

우리는 이 말을 통해 원효가 생각하는 계는 어디까지나 자리·이타가 겸행(兼行)되는 삼취계를 말하고 있음을 알 수가 있다. 그것을 해와 달에 비유했을 때 원효는 계의 적극적 성격과 동시에 계의 소극적 성격을 분명히 해주고 있는 것이다.

19) 『元曉全集』, p. 187a-b.

그는 같은 『범망경보살계본사기』에서 계를 영락주(瓔珞珠)에 비한 것을 다음과 같이 해명하고 있다.

> 若人雖身狀隨醜 而若以寶瓔珞嚴飾具身者得有一切人所尊敬及悕慶之德 戒亦如是雖由習不善行故 戒醜行而若能護持三聚戒者 得有諸人天所尊敬及悕慶之德故瓔珞爲喩
>
> 如瓔珞經云 六種姓菩薩 二十七賢聖中 瓔珞莊嚴其身 是義亦如是 以三聚戒五十心 菩薩及佛中爲瓔珞
>
> 言珠者 論如意珠 若人得如意珠而執於手者 隨所願心間之萬寶 無非具得戒亦如是若以信心手臻戒珠者 隨所願世出世善法 萬寶無非具得 是故以珠爲喩也
>
> 一云 上句表智慧莊嚴 下句表福德莊嚴 一云 日月喩者 表內有五分法身等德 瓔珞者 非直有내德亦能具有外色身莊嚴等德故以瓔珞爲喩也 珠者 非直有內外德 亦能有受用世出世善法寶自在德故 以珠爲喩也 微塵菩薩衆 分折大地 卽微塵數 由持戒故 旣得成正覺人數 亦同於微塵數故言微塵菩薩衆
>
> 由是成正覺者 蛇行性 雖成曲而 若入於竹管者 自成正直 衆生亦如是 從無始來由習 邪意故成不正性 然若入於三聚戒管者 自成正覺 是故言由是成正覺也 亦此三聚戒者 律儀戒者爲斷德目 攝正法戒者爲智德目 攝衆生戒者爲恩德目 此三目故得成三德果 故言由此成正覺 合三德而爲正覺菩提果故讚戒德 竟在於前[20]

이와 같은 언명(言明)에서 우리는 대강 다음과 같은 몇 가지 원효의 관점을 간추려 볼 수가 있다.

계는 모든 사람과 천(天)의 희경(悕慶)을 입을 만한 장엄(莊嚴)이 된다는 것으로, 그 내용은 『보살영락본업경』에서 말하는 바와 같이 삼취계가 중심이 된다고 보는 것이다.

계를 장엄(莊嚴)이라고 보는 데에는 두 가지 뜻이 있다. 즉 계는 지혜의 장엄인 동시에 복덕의 장엄이 된다. 전자가 자리행을, 후자가 이타행을 나타냄은 이미 상식에 속하는 일이다.

삼취계 중 율의계(律儀戒)는 단(斷)의 덕목이요, 섭정법계(攝正法戒)는 지(智)의 덕목이요, 섭중생계(攝衆生戒)는 은(恩)의 덕목이다. 이 삼덕(三德)의 과(果)를 얻으면 그것이 곧 정각을 이루는 길이다.

원효는 또 삼취계를 감로에 비(譬)하여 다음과 같이도 말한다.

---

20) 『元曉全集』, pp. 187b-188a.

甘露者 翻名不死藥也 於中有二說
一云 以所詮三聚戒法爲甘露 以能詮敎門謂由持三聚戒故
能得於無上菩提不死藥故 卽以所詮三聚戒法爲甘露
一云 以無上菩提爲甘露 以三聚戒爲門 門義有多種 一者出入義 此門義謂律儀戒及攝正法戒者 自利戒故以入爲義 若攝衆生戒者 是利他行故以出爲義
一云 以閉開二義爲門義 謂若有惡賊 爲欲人來 奪內財物時者 能令閉退 而不得入故 以閉爲義 戒亦如是 由能門止持作持二戒門故 止犯作犯 惡賊入來 爲欲奪戒財時 能令閉退故 不能入奪 故猶現義故言門
一云 以開示爲門義者 若同意善知識 入來時中 能開門而合 亦內財令發 悕望意故 卽以開示爲門義 戒亦如是 自能由持三聚戒 能內所有佛性 如來藏 本覺 乃至十地佛果 勝寶財中得見故 亦由開三聚戒門故 他衆生亦能令示佛性本覺 乃至佛果等內寶財故 以開示爲門義也[21]

감로, 즉 불사약(不死藥)은 바로 삼취계법을 두고 하는 말이라는 것이다. 그리고 삼취계는 무상보리, 즉 감로에 들기 위한 문(門)이라고 한다. 이제 그 해당 본문을 우리말로 옮겨 보자.

무상보리를 감로라고 한다. 삼취계가 그 문이 된다. 문에는 여러 가지 뜻이 있는데, 첫째는 출입(出入)의 뜻이다. 율의계와 섭정법계는 자리(自利)를 위한 계이므로 입(入)의 뜻이 있으며, 섭중생계는 이타행이므로 출(出)의 뜻이 있는 것이다.
또 문에는 개폐의 뜻이 있는데, 폐(閉)란 만약 악적(惡賊)이 사람의 재물을 빼앗고자 할 때 능히 문을 닫아 물러가게 하여 들어가지 못하게 하듯이 계는 악적이 들어와 계재(戒財)를 빼앗고자 할 때 능히 문을 닫고 물러가게 하는 뜻이 있기 때문이다.
또 개(開)란 만일 뜻을 같이 하는 선지식이 오면 문을 열어 그와 더불어 내심(內心)의 재(財)를 가지고 그 희망하는 뜻을 드러나게 하는 바와 같이 계도 역시 그러하기 때문이다. 즉 스스로 삼취계를 간직함으로 말미암아 내심에 가지고 있는 불성(佛性), 여래장(如來藏), 본각(本覺) 내지 십지불과(十地佛果)를 볼 수 있게 되기 때문인 것이며, 또 삼취계의 문을 열므로 말미암아 다른 중생이 또한 불성, 본각 내지 불과(佛果) 등 내심의 재보(財寶)를 드러내게

21) 『元曉全集』, p. 186b.

하는 까닭이다.

우리는 이상의 단편적인 원효의 술회들을 통하여 그가 수지(受持)한 보살계가 과연 어떠한 내용의 것이었는가 하는 것을 대략 짐작할 수 있게 되었다고 믿는다. 그것은 간단히 말하여 '대승(大乘), 즉 일심(一心)'이라는 그의 근본사상에 입각한 삼취정계를 그 내용으로 하는 것이었다. 그 목표는 자리행과 이타행이 결코 분리되지 않는 육바라밀의 정신을 심각하게 분석적으로 천명하되, 원시불교의 모든 교훈을 이 근본정신으로 종합 이해하는 입장을 취하였던 것이다.

우리에게는 이제 원효가 이 보살계를 어떻게 수지(受持)해 가야 한다고 생각했느냐 하는 문제가 남아 있는데, 다음에서 보기로 한다.

Ⅲ. 『보살계본지범요기』에 나타난 원효의 보살계관 세부

1. 『보살계본지범요기』의 구성

원효 자신이 구분했듯이 『요기』는 크게 세 가지 부분으로 나뉘어 있다.

(1) 무엇이 가볍고 무거운가를 가리는 부분…경중문(輕重門)
(2) 무엇이 얕고 깊은가를 가리는 부분…천심문(淺深門)
(3) 궁극적인 요점…명구경지범문(明究竟持犯門)[22]

(1) 경중문(輕重門)은 다시 총판(總判)과 별현(別顯)의 두 부분으로 나뉘는데, 그 총판에 대해서는 이미 소개한 바 있고, 별현에서는 달마계본의 초계(初戒), 즉 '자찬훼타(自讚毁他)'에 대해서 범(犯)·비범(非犯)과 염(染)·비염(非染)의 구별, 그 경중(輕重)을 말하는 세론(細論)이 전개되고 있다. 이 부분은 원효의 이 저술 안에서 양적으로나 내용상으로나 가장 중요한 부분을 차지하며, 그 해설은 현대의 우리에게 있어서도 어느 하나 뺄 만한 것이 없는 귀중한 교훈을 담고 있다고 생각된다.

(2) 천심문(淺深門)은 '자찬훼타'가 복이 되는 경우, 죄가 되는 경우, 또는 그 두 가지가 서로 겹치는 경우 등 네 가지 경우를 들어, 어떻게 하면 이 죄과(罪過)를

---

22) 『보살계본지범요기』(『元曉全集』, pp. 179-182) 첫머리에는 다음과 같이 쓰여 있다.
"持犯之要 有三門 一輕重門 二淺深門 三明究竟持犯門也 初門之內 有其二句 先則總判輕重後以別顯差別"

범하지 않을까를 고찰해 가는 것이다.

(3) 명구경지범문(明究竟持犯門)에서는 계상(戒相)을 여실히 아는 것이 궁극적으로 지범(持犯)에 있어서 중요한 일임을 강조한다. 본고의 넷째 부분『보살영락본업경』및『금강삼매경론』의 계관(戒觀)은 바로『지범요기』의 이 부분의 설명과 궤를 같이 하는 것이다.

그러면 이제 우리는『지범요기』에 나타난 원효의 보살계관은 무엇인가를 고찰해 보자.

2.『보살계본지범요기』의 내용

1) 경중문(輕重門)

원효는 경중문의 첫머리에서 경계(輕戒)의 세 가지 부류와 10중계(重戒)의 총괄적 평가를 하고 난 다음, 삼연(三緣)·사인(四因)이 있어 동일한 행위에서도 범(犯)·비범(非犯), 염(染)·비염(非染)의 차(差)가 있게 됨을 다음과 같이 말하고 있다.

> 若明差別者 今依達摩戒本 辨其性相差別文言 於有違犯 是染非染 耎中上品 應當了知 欲悲雖所作業同而犯無犯 異言有犯者 謂由四因 所犯諸事 無違犯者 謂由三緣 所作諸事 三緣是何
> ① 謂 若彼心增上誑亂
> ② 　若重苦受之所逼切
> ③ 　若未曾受淨戒律儀
> 此三無犯 通一切戒 別論無犯
> 如文廣說 於有犯中 有其二聚重內 應知耎中上品 輕中當識 是染非染 通而論之四因中
> ① 若由無知　所犯衆罪 是不染汚
> ②. 及由放逸
> ③ 若煩惱盛　所犯衆罪 是其染汚[23]
> ④ 及由輕慢

삼연(三緣)이란 위에서 보면 다음과 같은 것들이다. ① 어떤 사람의 마음이 심

23)『元曉全集』, p. 179a-b. 唐의 法藏은 그의『梵網經菩薩戒本疏』권 제 3 에서 원효의 이 주장의 일부를 그대로 自說인 양 내세우고 있다. T.1813, p. 628a-b.

한 광란상태에 있을 때, ② 아주 견디기 어려운 고통에 휩쓸려 있을 때, ③ 아직 수계(受戒)하고 율의(律儀)를 지키기로 결심을 하지 않았을 때, 이러한 세 가지 경우에는 죄과를 범한 것으로 간주해서는 안 된다고 하는 것이다.

사인(四因)이란 죄과를 범한 것은 사실이지만, 만약 다음과 같은 네 가지 원인으로 말미암아 중죄(衆罪)를 범했을 경우, 그 중죄를 범한 사람의 마음 자체를 따지고 본다면 오염된 경우와 오염되지 않은 경우의 둘로 구분될 수가 있다는 것이다. 즉 사인(四因)이란 ① 무지(無知)로 말미암아 중죄를 범한 경우, ② 방일(放逸)로 말미암아 중죄를 범한 경우, ③ 번뇌가 성(盛)해서 중죄를 범한 경우, ④ 경만(輕慢)함으로 말미암아 중죄를 범한 경우의 넷을 말한다. 이 중 처음의 둘은 오염되지 않는 경우이고, 나중의 둘은 오염되는 경우라고 하는 것이다.

이러한 염·불염의 관계를 구체적으로 자찬훼타계, 즉 달마계본의 초계(初戒)를 가지고 설명하는 것이 경중문의 나머지 중요한 과제로 되어 있다. 원효는 다음과 같이 말하고 있다.

> 於一讚毀 有四差別
> ① 若爲令彼起信心故 自讚毀他 是福非犯
> ② 若由放逸無記心故 自讚毀他 是犯非染
> ③ 若於他人有愛恚心 自讚毀他 是染非重
> ④ 若爲貪求利養恭敬 自讚毀他 是重非輕[24]

'자찬훼타'란 한 가지 사실에도 복(福)·범(犯)·염(染)·중(重)의 네 가지 차별이 있다고 하는 것이다. 복(福)은 좋은 일이라는 뜻이며, 범(犯)은 잘못을 저질렀다는 뜻이고, 염(染)은 마음으로도 잘못을 저질렀다는 뜻이며, 중(重)은 그 범(犯)하고 염(染)함이 중대하다는 뜻이다.

첫째, 어떤 사람으로 하여금 신심을 일으키게끔 하기 위해서 한 자찬훼타라면 그것은 오히려 복이 되며, 둘째, 성격이 방일해서 별로 나쁜 생각 없이 한 자탄훼타라면 그것은 잘못을 저지른 것임에는 틀림이 없지만 마음까지 악에 물들었다고는 할 수 없으며, 셋째, 어떤 사람을 특별히 미워하거나 특별히 좋아하는 마음 때문에 자찬훼타를 한 것이라면 아주 중대하지는 않지만 마음이 오염되어 있다고 하겠고, 넷째, 자찬훼타의 목적이 탐구이양공경(貪求利養恭敬)에 있다면 이것은 중대한 잘못이 된다는 것이다.

---

24) 『元曉全集』, p. 179b.

그리고 이 네 번째 중죄(重罪)에는 또 '마음가짐의 물든 정도'(由纒)와 '죄의 규모 여하에 따라'(由事) 상(上)・중(中)・연(耎: 下와 같은 뜻)의 세 가지 구별을 할 수가 있다고 다음과 같이 말하고 있다.

第四之中 有其三品 成三之由 亦有二途
① 謂由事故
② 及由纒故
由纒故者 若纒現行 非極猛利 或發慚愧 是爲耎品
雖極猛利 無慚無愧 未見爲德 猶在中品
都無慚愧 深生愛樂 見是功德 是名上品
由事故者 若毁別人 是爲耎品
若毁一衆 卽是中品
普毁衆多 乃爲上品[25]

번뇌에 물든 마음가짐의 정도에 따라서 세 가지로 구분한다고 한 것을 다시 풀어 말하면,

첫째는 중죄(重罪)이기는 하지만 그 중 경미한 것으로, 번뇌에 물든 마음가짐을 나타내기는 했으나 아주 극단하게 자기 욕심만을 추구한 것은 아니며, 혹시 부끄러운 생각을 일으키는 것을 말한다.

둘째는 아주 자기 욕심을 생각하는 마음이 강하고 또 조금도 부끄럽게 생각하는 일이 없으나 그렇게 하는 것을 덕(德)이라고는 생각하지 않는 것이다. 이는 중품(中品)의 중죄에 속한다.

셋째, 도무지 참괴(慚愧)하는 마음이 없을 뿐더러 오히려 그런 잘못에 재미를 붙여 그것을 자랑으로 삼는 일로서, 이는 중죄 중에도 가장 심한 상품(上品)의 중죄다.

한편 죄의 행위의 규모 여하에 따라서 구분되는 세 가지 차이란 다음과 같다.

첫째, 특정한 한 개인을 훼방했을 때는 연품(耎品)이다.

둘째, 일군(一群)의 집단을 훼방했을 때는 중품이다.

셋째, 두루 많은 사람들을 훼방했을 때는 상품이다. 즉 자찬훼타의 대상이 한 개인이냐, 한 집단이냐, 또는 두루 많은 사람들을 상대로 하느냐에 따라 죄의 경중에 차이가 있다는 이야기이다.

---

25) 同上.

그런데 원효는 이 상·중·연의 세 가지 부류 중 가장 무거운 죄인 두루 많은 사람을 상대로 하여 '탐구이양공경(貪求利養恭敬)'을 목적으로 중죄를 저지르는 사람들의 죄상(罪狀)도 한결같지는 않은 것으로, 불도를 잘 닦고 있는 듯이 보이지마는 사실상 마사(魔事)를 이룩하고 있는 자들이 있어 그것을 계·정·혜 삼학과 관련지어 다시 세 쌍으로 나누어 지적할 수가 있다고 말하는 것이다. 원효는 그들이 '獅子身內之虫'과 같아서 사자를 잡아먹는 일 이외에는 다른 일을 못하는 것이라고 하였다.

上品之內 罪非一端 隨其難別 略示三雙 佛法來人 多依三學 起似佛道之魔事故 猶如師子身內之虫乃食師子 餘無能故[26)]

그 첫째 쌍은 다음과 같은 자들이라고 한다.

第一雙者 依於心學 有二類虫 食滅佛法
一由貪故 二由慢故
由貪故者 如有一類 閑居靜處 離諸散亂 攝心禪門 由心澄靜 髣髴有見 或由邪神加力令識 于時由自少聞 不別邪正 又欲引致 名利恭敬 隨所見識 令他聞知 耀諸世人 咸疑是聖 此由獨揚似聖之迹 普抑諸僧 爲無可歸 以破佛法 故得重罪 是謂諸僧之大賊也 由慢故者 如有一類 長住深山 有所得心 修寂靜業 魔知彼心 可以動壞 發空中聲 讚其所行 其人由是 起自高心 普抑諸僧 住人間者 誰當稱美 你等所行 此人罪過 重於前者 是謂菩薩旃陀羅也[27)]

여기서 '제1쌍(第一雙)'이라고 한 것은 첫째 분류 중에 두 가지 종류의 사람이 있는 까닭에 그렇게 말한 것이다. 두 가지 종류의 사람, 즉 '二類虫'이란 심학(心學)을 공부하는 데 탐욕과 교만 때문에 불법(佛法)을 좀먹어버리는 자들을 말한다.

제1쌍의 첫째, 선(禪)공부를 하지만 탐욕 때문에 불법을 좀 먹어버리는 '사자몸안의 벌레'란 다음과 같은 사람을 두고 하는 이야기이다.

여기에 한 가지 부류의 사람이 있다. 고요한 곳에 한가히 거주하면서 갖가지 산란한 환경을 떠나 마음을 모아 선공부를 한다. 마음이 맑고 깨끗해짐으로

26) 同上.

27) 『元曉全集』, pp. 179c-180a.

> 말미암아 무엇인가 견득(見得)한 바가 있는 듯이 보인다. 혹은 삿된 산신(山神)이 힘을 가해 견식(見識)을 얻게끔 한다. 그 때에 그 스스로 다소 들은 바가 있으므로 사(邪)와 정(正)을 구별치 못하는 것이다. 그리하여 명리공경(名利恭敬)을 끌어 오고자 하여 자기가 견식한 바를 남들이 알아들어, 세상 사람들이 마치 그 자신을 성자(聖者)가 아닌가 하고 생각하며 찬양하게끔 한다. 이로 말미암아 사실은 성자도 아닌데 성자처럼 보게 하고, 자기의 행적을 홀로 현양하게 되고, 따라서 다른 승들을 억누르고 지향할 바를 모르게끔 한다. 이와 같이 수법(修法)을 파괴하는 까닭에 중죄를 얻는 것이다. 이를 일컬어 뭇사람들을 해치는 대적(大賊)이라고 한다."[28]

제1쌍의 둘째, 곧 심학(心學)에 있어서 불법(佛法)을 파(破)하는 둘째 부류의 사람은 교만으로 말미암아 생기는 것이다.

> 또 다른 부류의 사람은 오랫동안 깊은 산중에 머물러, 얻은 바 마음이 있어 적정업(寂靜業)을 닦는다. 마(魔)가 그 마음을 가히 움직여 파괴할 수 있음을 알고 공중에서 소리를 발(發)해 그 소행을 찬양한다. 이로 인하여 그 사람은 스스로 교만한 생각이 일어나 다른 승(僧)들을 깔보고 억누른다. '사람들 사이에서 누가 과연 너희들의 행동을 칭찬하겠는가?' 하며 우쭐댄다. 이러한 사람의 죄과는 전자보다도 더 중하니 이런 사람들을 일컬어 보살전다라(菩薩旃陀羅, Bodhisattva-caṇḍāla), 즉 겉은 보살이지만 실은 천민이나 다름없는 존재라고 하는 것이다.[29]

제2쌍은 계학(戒學)과 관련된 두 가지 부류의 사자신내지충(獅子身內之虫)이다. 즉 불도에 귀의해서 남달리 계율을 지키며 살아가겠다고 공언하고 나서기는 했지만, 혹 그릇된 계율(邪戒), 즉 의거해서는 안 될 윤리기준을 참된 것인 양 쳐들고 진리를 손상하는 죄를 범하는 경우가 있고, 혹은 올바른 윤리기준을 좇아 그 위의(威儀)에 잘못이 없지만 윤리적으로 잘못이 없다는 자부심 때문에 남을 누르고 경천(輕賤)히 여기는 잘못을 저지르는 전복위화(轉福爲禍)의 무리들이 있다는 것이다. 이 두 가지 부류의 사자신내지충을 제2쌍으로 열거한다. 원효의 말을 그대로 인용하면 이렇다.

---

28) 『元曉全集』, p. 180a.

29) 同上.

坐邪戒者 如有一類 性非質直 或承邪戒 或自邪念 不衣絲麻 不食五穀 變欲貪求利養恭敬 自揚無比 誑諸癡類 希望群愚 咸仰己德 普抑一切無異迹者 由是內以傷眞 外以亂人 傷亂之罪 莫是爲先也
坐正戒者 如有一類 性是淺近 於世大運 多慢緩時 獨正其身 威儀無缺 便起自高滰池之心 慢毁乘急戒緩之衆 此人全其不善 以毁大禁 轉福爲禍 莫斯爲甚也[30]

사계(邪戒)에 머무르는 자들이란 다음과 같은 부류의 사람들이다. 성(性)이 본래 질직(質直)하지 못해서 혹은 사계를 남으로부터 받거나, 또 혹은 스스로 사념(邪念)을 일으켜 무명이나 베옷을 걸치지 않고, 오곡만을 먹는 것이 아니라 오히려 이양(利養)과 공경(恭敬)만을 탐구(貪求)하고, 스스로 자기를 추켜올려 어리석은 무리들을 속이고 그들이 한결같이 자기의 덕을 앙모(仰慕)하게 한다. 그리고 이렇듯 남다른 행적이 없는 승(僧)들을 멸시한다. 그리하여 안으로는 진리를 손상하고 밖으로는 사람들을 혼란케 하니 그 상란(傷亂)의 죄는 그보다 더 심한 것이 없는 것이다.
정계(正戒)에 머물러 불법(佛法)을 좀먹는 자란 다음과 같은 자들이다. 그들은 본성이 천근(淺近)한 자들인데, 세상 사람들의 대세가 일반적으로 교만하고 규율이 이완되어 있을 때 제법 그 몸가짐이 바르고 위의(威儀)에 결점이 없는 자들이다. 그러므로 스스로 잘난 생각, 남을 능가한다는 생각을 하여, 교만해지고 길은 빠른 길을 가고자 하나, 행위가 미처 이에 따르지 못하는 사람들을 멸시한다. 이 사람은 소선(小善)은 잘 지키는 사람이라 하겠으나 그로 말미암아 대금(大禁)을 범하는 자들이다. 전복위화(轉福爲禍)가 이보다 더할 수는 없다.

그러나 이러한 견해에 대하여는 의문이 없을 수 없다고 원효는 생각하였다. 곧 사교(邪戒)에 머무르는 자의 죄에 대해서는 이의가 있을 수 없으나, 정계(正戒)를 지킨다는 일이 어떻게 반드시 죄가 되느냐 하는 것이다.

問 邪戒之罪 應如所說 持正戒者 何必是罪 所以然者 如有一類 內無諸纏 不觀餘人 作與不作 唯察自心 獨持正戒 如是菩薩 何由成犯[31]

30) 『元曉大師全集』, 제5책, p. 3a.

31) 『元曉全集』, p. 180a.

“안으로 번뇌가 없고 다른 사람들이야 죄를 짓건 안 짓건 돌보지 않고, 오로지 자기의 마음을 잘 살펴서 홀로 정계를 지킨다. 이러한 보살이 어째서 잘못이란 말이냐?”라고 한다. 이에 대하여 원효는 다음과 같이 대답하고 있다.

答 若無染心 不在前說 而於此人 亦當分別
① 若由獨淨 令諸世人 普於諸僧 謂非福田 利養尊重 偏歸於己者 雖順聲聞自度心戒 而逆菩薩廣大心戒 如似聲聞無常等觀 雖於淺事 是無顚倒 而於法身 卽是顚倒 當知 此中順逆亦爾
② 若由獨淨 令諸世間未信者 信者增長 普於諸僧 平等供養者 非直無犯 乃生多福
③ 然由獨淨 居雜染間 以此望得 不抑染衆 又欲令他生等敬心者 猶如頭戴日月而行而欲不却其暗者矣 自非知機大聖 尠能得其然也 以是之故 古之大賢 誡其子云 愼莫爲善 其子對曰 當爲惡乎 親言善尙莫爲 況爲惡乎[32]

만약에 마음이 더럽혀 있지 않다면 위에서 말한 사항에 해당이 되지 않는다. 그러나 정계(正戒)를 지킨다는 사람에도 다음과 같은 분류는 가능한 것이다.
① 만약 정계를 지켜 홀로 깨끗하기 때문에 세상 사람들로 하여금 두루 다른 승려들을 복전(福田)이 아니라고 말하게 하여 오직 자기에게만 이양(利養)과 존중을 돌아오게 하는 자가 있다면, 그 사람은 자기 자신의 제도(濟度)만을 꾀하는 성문계(聲聞戒)에는 순응한다 할지라도, 널리 모든 중생을 제도하지 않으면 안 되는 보살계(菩薩戒)를 거슬리는 것이 된다. 그는 성문승의 무상관(無常觀)・무아관(無我觀) 등은 제법 얻어 가진 것 같이 보인다. 그러나 피상적인 천박한 일들에 있어서는 전도(顚倒)됨이 없다 할지라도, 법신(法身)에 있어서, 즉 심오한 진리의 본법(本法)에 비추어 본다면 전도됨이 있는 것이다.
② 그 반면, 정계를 지켜 홀로 깨끗하므로 세상 사람들 중 아직 신심이 없는 사람들을 믿게끔 하고, 신심이 있는 사람들은 더욱 그 신심을 증장(增長)케 하여 두루 모든 승려들을 평등하게 공양하게 하는 자가 있다. 온전히 바람직한 일은 못 된다 하더라도 잘못을 범한 것이 아니며 안으로 많은 복을 생기게끔 한다.
③ 그러나 정계를 지키고 홀로 깨끗한 자가 잡되게 물든 마음을 가진 사람들 사이에 살면서 그 희망이 성취되었다고 물든 마음을 가진 사람들을 억누르는 일은 하지 않지만 남들로 하여금 자기에 대해 한결같이 존경하는 마음을 일으

---

32) 同上.

키도록 하려고 한다면, 그는 마치 해와 달을 그 머리에 이고 가지만 그를 둘러싸고 있는 어둠을 제거하려고 하지 않는 것과 다름이 없다. 그 자신이 매우 중요한 종교성을 가지고 있음을 알지 못하고 그 종교성을 충분히 발휘하지 못하고 있는 것이다. 그러므로 옛날의 대현(大賢)은 그 아들을 훈계하되, "삼가 선(善)을 행하지 말도록 하라"고 가르쳤던 것이다. 이에 대하여 그 아들은 "그렇다면 악(惡)을 행하라는 말씀이시옵니까?" 하고 물었다. 그 어버이가 다시 말하기를 "선도 행하지 말아야 하거늘 하물며 악을 행하란 말이겠느냐?" 했던 것이다.

불법을 좀먹는 사자신내지충(獅子身內之虫)의 제3쌍은 혜학(慧學)에 빙자한 두 가지 부류의 사람들인데, 그들은 지혜 얻는 공부를 하되 너무 많이(增益) 읽음으로 하여 지혜롭지 못하게 되었거나, 너무 적게(損減) 읽고 배움으로 하여 지혜롭지 못하게 된 자들이다. 먼저 원효의 말을 인용해 보기로 하자.

由增益者 如有一類 性是斜聽 爲勝他故廣習諸論 不解諸法 皆離言說 執有如言自性差別 爲得名利 作如是言 我得三世諸佛意說 若異此者 皆是漫說 此人於一讚毁具四顚倒 以亂佛法 故成重罪

① 謂其妄執有所得見 去佛意遠 如天與地 而謂我近佛意 是一倒也

② 佛意甚深 絶諸戱論 於一切法 都無所得 而引同己妄見 是二倒也

③ 揚此二倒之見 加於四部之上 是三倒也

④ 抑諸離邊說者 置其偏執之下 是四倒也

由損減者 如有一類 禀性狹劣 不近善友 不廣學問 偏習一分甚深經論 不解密意 如言取義 誹撥諸法 依他道理 起如是見 作如是言 三性三諦 但是教門 無所有中施設假名 如是解者 乃爲眞實 異此說者 皆是戱論 由是獨特自見 不受他言 設遇鈍根少聞之人 墮其所破 從其所言者 卽云此人神明正直 若値聰明解文義者 巧能立義不墮其破者 便言脫失 謂是心惑 未識自解味鈍 不能逐破意 謂彼心不正未及我意 此猶家狗逐兎 望不能及 便謂已超 止而顧見[33)]

너무 많이 읽고 배움으로 하여 죄를 짓는 무리란 다음과 같은 부류의 사람을 두고 하는 이야기이다. 본성이 총명한 듯하면서도 그릇되게 총명한 자이다. 그는 남을 이기겠다는 생각으로 널리 여러 논(論)을 익힌 자인데, 그는 제법이

33) 『元曉全集』, p. 180b.

모두 언설(言說)을 떠나 있음을 알지 못하고 실재론에 빠져, 쓰인 언설을 좇아 자성(自性)을 차별하고 명리(名利)를 얻은 셈으로 여긴다. 그리하여 삼세제불의 뜻과 말씀을 다 알았노라 하고, 만일 자기의 견해와 다른 것이 있으면 그것이 모두 쓸데없는 말이라고 한다. 이러한 사람은 자찬훼타계 하나를 두고 볼 때 네 가지 잘못을 함께 저질러 불법을 문란케 하고 중죄를 이룩하는 것이다. 그 네 가지 잘못(四顚倒)이란 다음과 같다.

① 득견(得見)한 바가 있다는 망령된 고집은 부처님의 뜻과는 아주 달라 천양(天壤)의 차이가 있는 것인데 내가 부처님의 뜻에 가까우니라 하는 것이다. 이것이 그 첫째 잘못이다.

② 부처님의 뜻은 매우 깊어서 온갖 희론(戱論)을 절(絶)한 것으로 이 세상만사에 도무지 거침이 없는 것이다. 그런데 이것을 자기의 망견과 동일시한다. 이것이 그 둘째 잘못이다.

③ 이러한 두 가지 잘못된 생각을 스스로 찬양하여 사부(四部)대중을 훼방한다. 이것이 그 셋째 잘못이다.

④ 유·무 두 극단에 치우치지 않는 사상가들을 억누르고 그들을 자기의 편견과 고집으로 지배하려 든다. 이것이 그 넷째 잘못이다.

그런가 하면 또 다른 부류의 사람들이 있는데, 그들은 천품본성(天稟本性)이 편협하고 졸렬하여 선지식(善知識)을 가까이 하지 않고 또 널리 학문을 하지 않고 매우 심오한 경론의 일부분만을 치우쳐 익혀 그 깊은 뜻을 이해하지 못함으로 말미암아 혜학(慧學)에 있어서 자찬훼타를 범하는 자다. 그들은 경론(經論)의 깊은 뜻을 이해하지 못하고 문구대로 알아들어 이 세상 만물이 의타(依他)의 도리에 입각해 있는 사실을 부정한다. 그리고 다음과 같은 생각, 다음과 같은 말을 함부로 하는 것이다.

"삼성삼제(三性三諦)의 도리는 다만 교문(教門)에서 말하는 것으로 사실은 일체가 무소유인데 다만 가명(假名)을 시설(施設)할 뿐이다. 이렇게 깨닫는 사람은 진실된 것이요, 만약 이와 다른 주장을 하는 사람은 모두 희론(戱論)을 일삼는 것이다."

그리하여 이러한 자기주장에만 의지하여 남의 말을 받아들이려 하지 않는다. 어쩌다가 그 이해력이 둔하고 공부도 별로 하지 않은 사람을 만나 그 사람을 설복하고 자기주장에 따라오게 했을 때에는, '아 이 사람은 신명정직(神明正直)하다'고 칭찬이 자자하지만, 어쩌다가 총명하고 경론의 글 뜻을 잘 아는 사람이 있어 그 주장하는 바가 훌륭하여 도저히 자기주장대로 꺾을 수가 없을 때면, '아, 이 사람은 마음에 미혹이 있다'고 뇌까리는 것이다. 아직 자기 자신이 우매우둔한 것을 알지 못하고, 상대방이 이 쪽 주장을 잘못했다고 할 때 그 뜻을 알아듣지 못하고, '그 사람의 마음은 부정해서 도저히 내 뜻을 알아듣지 못한다'라고 한다. 이것은 마치 집에서 기르는 개가 토끼를 쫓아가는데, 멀리 바라다보기만 할 뿐 거기에까지 가까이 이르지도 못하고서, 마치 그 토끼보다 앞서 가기나 한 듯이 착각하고 서서 뒤돌아보고 짓는 것과 같은 것이다.

계속해서 원효는 이 둘째 부류의 사람들이 두 가지 어리석음으로 말미암아 불법을 지키지 못하고 파괴하여 중죄를 짓는 것이라고 하고 있다. 즉 그 첫째는 가장 낮은 식견을 가지고 가장 높다고 주장하는 어리석음(擧下爲高愚)이요, 그 둘째는 작고 편협한 식견을 가지고 광탕무애(廣蕩無礙)한 무소의(無所依), 무소부당(無所不當)의 진리를 비방하는 어리석음(恃小誹多愚)이다.

원효의 표현이 매우 흥미로우므로 그 전문을 옮겨 보기로 하자.

> 第一愚者 此損減見 於諸見中 最在底下 亦復不如外道我見 其故何耶 此人服最深藥 變成重病 重病之狀 極似無病 是故更無醫術 能治此病 亦尠有人自覺是患 猶如根本無明極闇與般若明 其狀極似同 無能所故 俱無能所故 故彼無明最難可滅 此病難治當知亦爾 如偈說云 爲除有執故 如來說其空 若人復執空 諸佛所不化
> 又復此見由其解昧 漫起信心 若依此見 修心明利 必撥信心 墮大邪見 於無數劫受無間苦 是故菩薩 深悲餘人有隨彼 故預誡之言 一切有智同梵行者 不應共住 一切外道所起我見 雖有乖理 而無是患 如偈說云 寧起我見 如須彌山 不起空見 如毫釐許
> 由此二緣 最在底下 而其不了 起增上慢 如似最下沙彌 謂居和上之上 是謂擧下爲高愚也
> 第二愚者 然佛道廣蕩 無礙無方 永無所據 而無不當 故曰 一切他義 咸是佛義 百家之說 無所不是 八萬法門 皆可入理 而彼自少聞 專其樣狹見 同其見者 乃爲是得 異其見者 咸謂脫失 猶如有人 葦管窺天 謂諸不窺 其管內者 皆是不見蒼天者矣 是謂恃少誹多愚也[34]

첫째 어리석음에 관하여.

이러한 손감견(損減見), 곧 있는 그대로 배우지 못하고 작게 줄여서 보는 견해

---

34) 『元曉全集』, p. 180b-c.

는 모든 견해 중에서도 가장 낮은 견해이며 외도(外道)들의 아견(我見)보다도 못하다. 왜냐하면 이 사람은 가장 심오한 정신의 약을 먹고 도리어 중병의 증상을 나타냈으니, 그 중병의 증상은 무병(無病)의 상태와 너무나 흡사하다. 그러므로 이 병을 능히 고칠 만한 의술이 없는 것이며, 또 이러한 질환에 걸린 사람은 그 증상을 자각하는 이가 극히 적은 까닭이다. 근본무명으로 말미암은 최악의 암흑상은 반야지혜의 광명과 그 모습이 너무나 꼭 같아 주·객의 분별이 없이 어리벙벙한 것이다. 그런 까닭에 그 무명은 가장 없애기 어려운 것이며 그것은 난치의 병이다.

"유집(有執)을 제거하기 위해서 여래(如來)께서는 그 공(空)함을 설하셨는데, 만약 또 공(空)에 집(執)한다면 제불(諸佛)이 이를 어찌할 수가 없느니라" 하신 게송에 그 뜻이 잘 드러나 있다.

또 이러한 낮은 견해는 어느 정도 경론의 말씀을 이해했다는 것 때문에 신심을 일으키기는 하나, 이러한 낮은 견해에 의지해서 마음을 닦고 지혜를 닦아 가노라면 반드시 신심을 부정하고 대사견(大邪見)에 떨어져, 무수겁(無數劫)에 이르도록 부단한 고통을 받게 될 것이므로 보살은 깊이 다른 사람들이 그러한 낮은 견해를 가진 사람을 좇아갈까 불쌍히 여겨 미리 훈계하셨던 것이다. 즉 "모든 지혜 있고 범행(梵行)을 닦는 사람은 그러한 낮은 견해를 가진 사람과 한 자리에 있지 말아야 한다. 모든 이단사상가들이 이견(異見)을 일으키는데 그것이 도리에 어긋나는 바 있기는 하더라도 이러한 폐단은 없는 것이다"라고 하셨던 것이다.

게송에도 말씀하시기를, "차라리 아견(我見)을 일으킴이 수미산(須彌山)과 같을지언정, 추호도 공견(空見)은 일으키지 말지어다" 하였다.

이렇듯 가장 낮은 단계에 있으면서도 그것을 잘 알지 못하고 심한 만심(慢心)을 일으켜 이를테면 최하사미(最下沙彌) 같은 존재가 화상(和上) 중에도 높은 화상 중에 끼겠다고 하는 것과 같으니 이를 일컬어 거하위고우(擧下爲高愚)라 하는 것이다.

둘째 어리석음에 관하여.

불도는 광탕(廣蕩)하고 두루 거침이 없으며 미치지 않는 바가 없다. 영원히 근거하는 바가 없으며 그러면서도 들어맞지 않는 바가 없다. 그러므로 불교 밖의 모든 다른 교의가 모두 그냥 그대로 불법(佛法)이며 백가(百家)의 주장들이 다 불법 아님이 없다. 팔만법문은 모두 다 이(理)에 들어갈 성질의 것인데, 그 좁고 낮은 견해를 가진 사람은 자기가 들은 바가 적으므로 오로지 그 편협한 견해만을 가지고 자기주장과 같으면 옳다 하고 자기 주장과 다르면 늘렸다 하는 것이다. 이런 사람은 갈대 구멍으로 하늘을 보는 자가 그 갈대 구멍으로 보지 않는 자를 모두 그 푸른 하늘을 보지 못하는 사람이라고 하는 것과 같다. 이것을 일컬어 시소비다우(恃少誹多愚)라고 하는 것이다."

제3쌍에 관한 상술(上述)한 원효의 말을 달리 표현한다면, 제3쌍의 이배(二輩), 즉 증익(增益)으로 자찬훼타하는 자와 손감(損減)으로 자찬훼타하는 자란 요컨대 전자는 유(有)에 집(執)한 자, 그리고 후자는 무(無)에 집(執)한 자라고 할 수 있을 것이다. 또 전자는 교(敎)에 치우친 자, 후자는 선(禪)에 치우친 자라고도 할 수 있겠다. 그리고 이 선(禪)에 치우친 자의 그릇된 경향을 두 가지로 설명해 주었던 것이다. 원효는 이러한 유·무 두 극단에 치우치는 경향을 경고하며 그러한 잘못을 범하지 않도록 하기 위해서 그의 경중문(輕重門)에 관한 설명 끝 부분에서 상당히 긴 철학적 논의를 전개하고 있다. 그것은 나중에 본고 제4절에서 다루어질 『보살영락본업경』이나 『금강삼매경론』의 소설(所說)과 완전히 일치하는 주장이다. 원효의 윤리관의 기초가 바로 여기에 놓여 있다고 할 것이다. 우리는 일반적으로 불교 윤리 자체가, 특히 원효가 가장 올바로 지적해 주었다고 생각되는 진정한 윤리가 근본적으로 철학적 또는 형이상학적 기초가 없는, 하나의 단순한 피상적 형식주의적 행동기준으로 떨어질 수 없다는 사실을 강조하기 위해서, 원효의 말을 그대로 인용해 두어야 하겠다고 생각한다.

원효의 이 해설은 두 개의 문답형식으로 되어 있으며, 그 첫째 문답은 다음과 같다.

問如經言 譬如貧乞兒 日夜數他寶 不能如說行 多聞亦如是 又言 若有人 分別婬癡及道 是人去佛遠 猶如天與地 是知 多聞 有所得見 與乞兒近 去佛道遠 雖曰得意 而不忘言 橫求名利 甚於俗人 其墮偏執 事在灼然 令我學徒 與彼一殊 不殉名利 捐棄俗事 深信佛法 專求寂靜 唯樂隨分 修心潔行 驗知所解非邪是正 且復執有曰增 取無曰損 我所趣宗 有無俱遣 簫然無據 以爲所觀 觀狀如是 何得爲患

答逐名利者 背道向俗 其爲失理 何足可惜 堪絶世綱 將趣道方 服藥成疾 甚爲可傷 且覺自迷者 非大迷矣 知自闇者 非極闇矣 設使子之心行 不違法相 實不誹撥依他道理故 不執有 而不墮無者 子自離邊 玄會中道 不在彼類 那忽跳赴 雖然自是於中 而非於他者 還墮邊執 猶非淨智

如經偈云 不肯受他法 是名愚癡人 諸有戲論者 皆是大愚人

若依自是見 而生諸戲論 設此爲淨智 無非淨智者 設使子之見解 墮惡取空 誹撥緣有 亦撥其無 最極損減 而不自覺者 唯子最遠於道 乃還近於乞兒 如乞兒云 多寶者富 少財者貧 我無多寶 亦無少財 簫然無據故 我非貧 今子所言與彼同焉 是知

無多無少者 最極貧窮也 撥有撥無者 最極損減也
然至道昏 昏是非莫分 心行蜜蜜 得失難別 唯有宿殖善根 禀性質直 深伏我慢 近善智識者 仰依聖典 以爲心鏡 自內審觀 熟微心行 若能如是之人 幸治惡取空病向說諸佛所不化者 爲欲令彼自內驚改 是故還爲諸佛所化 以不化言 使自化故[35]

〔물음〕 경에 "가난한 거지아이가 밤낮을 가리지 않고 남이 가지고 있는 재보(財寶)를 헤아리지만 재보를 가지지 못하고 있는 바와 같이, 공부하는 사람도 많이 듣기는 하지만 들은 바와 같이 행하지 못하는 것이 그와 꼭 같다"라고 하셨다. 또 "음(婬)·노(怒)·치(癡)(탐·진·치나 같음)와 도(道)를 구별할 줄 아는 사람이 있다. 그러나 이 사람이 불(佛)이냐 하면 그 거리는 하늘과 땅처럼 현격한 차이가 있다"고도 하셨다. 이 말씀을 통해 우리는 많이 듣고 식견(識見)이 생겼다는 것은 그 거지아이와 가까울 뿐 불도와는 먼 거리에 있음을 알 수 있다. 식견이 생긴 것은 좋으나 그 주워들은 말을 잊지 않고 오로지 명리(名利)를 탐구(貪求)하는 품이 속인보다도 더하다면, 그 사람이 편협한 집념에 사로잡혀 있음이 부정할 수 없는 사실이다. 그런데, 지금 한 학도(學徒)인 내가 그러한 편협한 집념에 사로잡히지 않고, 명리에 빠져버리지 않고, 속사(俗事)를 버려 깊이 불법(佛法)을 믿고, 오로지 적정(寂靜)만을 구하여 분(分)에 따라 마음과 행동을 정화시키기를 즐긴다고 하자. 그럴 경우 우리는 그가 깨달은 바가 그릇되지 않고 바르다는 것을 알 수 있다. 또 유(有)에 집착하는 것을 증(增)이라 하고, 무(無)를 취하는 것을 손(損)이라고 하는데, 내가 중요히 여기는 것은 유·무를 다 버리고 숙연히 의거하는 바가 없기를 기하는 것이다. 이렇게 관(觀)해 나가는 데 무슨 잘못이 있을 수 있단 말인가?
〔답〕 명리를 좇는다는 것은 도(道)를 거역하고 속(俗)으로 향하는 것이니 그것은 이(理)에 맞지 않는 것이다. 어찌 그것을 안타까이 바랄 것이랴? 세속의 인과관계를 감히 끊고, 이제 도의 방향에 들어섰지만 약을 먹고 병에 걸리니 매우 슬픈 일이라 할 것이다. 그러나 스스로 자기가 미혹되어 있다는 것을 깨닫는 자는 크게 미혹되어 있는 것이 아니며, 스스로 자기 어둠 속에 있음을 아는 자는 지극히 어둔 상태에 있는 것은 아니다. 만약 그대의 생각과 행동을 법상(法相)에 위배되지 않게 하면 실로 의타(依他)의 도리, 즉 이 세상만사가 다른 것과의 인과관계 속에 계기(繼起)하고 있다는 도리를 비방하거나 배척하지 않는 까닭에 유(有)에 집(執)하지도 않고 또 무(無)에 떨어져 버리지도 않는 자라

35) 『元曉全集』, pp. 180c-181a.

할 것이다. 그대가 스스로 유・무의 두 극단을 떠나 중도(中道)에 일치하면 어찌 그런 부류 속으로 뛰어들 수 있으랴? 그러나 자기만 옳다 하고 남은 옳지 않다고 하는 자는 두 극단에 사로잡힌 상태로 가고 마는 것이므로 이는 정지(淨智)가 아닌 것이다. 경(經)에 있는 다음과 같은 게송이 그것을 입증해 준다.

"남의 법(法)을 수긍하여 받아들이지 않는 자,
이를 일컬어 어리석은 사람이라 하네,
그러나 유론(有論)에 사로잡혀 쓸데없는 논의(論議)를 펴는 자,
이를 더 큰 어리석은 자라고 하네."

만약 자기가 옳다는 견해에 의해 갖가지 희론(戱論)을 펴면, 곧 설사 그것이 정지(淨智)를 두고 한 이야기라 할지라도, 만약 그대의 견해가 잘못된 곳에 떨어져 공견(空見)을 취하여 연기(緣起)의 유・무를 한결같이 다 배격하는 입장을 취한다면 이는 곧 최극손감(最極損減)이다. 그래도 그 잘못을 깨닫지 못한다면 그는 도(道)에서 가장 멀리 떨어져 있으며 오히려 앞서 말한 바와 같은 거지아이에 가까워진 존재라 할 것이다. 보물이 많으면(多寶) 부(富)하다 하고, 재물이 적으면(少財) 빈(貧)하다 하는 그 거지아이와 다름이 없는 것이다.

나에게는 '多寶'도 없고, '少財'도 없이 숙연히 아무 것에도 의거하는 바가 없다. 그러므로 나는 가난하지 않은 것이다. 그런데 그대가 말하는 바는 저 거지의 말과 같다. 다(多)도 아니고 소(少)도 아니고 숙연히 무거(無據)하는 자는 최극빈궁(最極貧窮)이오, 이는 빈(貧)이 아닌 것이다. 그런데 유(有)도 아니고 무(無)도 아니다 하는 자는 최극손감(最極損減)이오, 빈(貧)인 것이다.

그러나 지도(至道)는 혼혼(昏昏)한 것으로 그 시비를 가릴 수가 없는 것이며, 심행(心行)은 밀밀(密密)하여 그 득실을 가리기가 어려운 것이다. 오직 부단히 선근(善根)을 심어가며 그 품성(禀性)이 질직(質直)해서 아만(我慢)을 철저히 조복(調伏)하고 선지식(善知識)을 가까이 하는 자는 성전(聖典)을 받들어 심경(心鏡)으로 삼고 스스로 마음속에 감춰 있는 미세한 움직임을 내면적으로 관찰한다. 이러한 사람이라야 다행히 공견(空見)에 사로잡힌 증세를 고칠 수가 있는 것이다.

어찌 제불(諸佛)도 화(化)하지 못하는 바 다 할 수 있으리. 그로 하여금 스스로 내심에서 크게 생각하는 바 있어 고치게끔 하는 까닭에 다시 이렇게 되면 제불의 화(化)하는 바가 되는 것이다. 불화(不化)란 말을 가지고 자화(自化)케 하는 고로 이렇게 말한 것이다.

원효는 이 제3쌍인 혜학(慧學)에 있어서의 이배(二輩)의 잘못을 지적하는 가운데에서, 특히 '손감(損減)'의 경우를 더 중시하는 입장에 서 있음을 알 수 있다. 그가 상당히 많은 분량에 달하는 설명을 이 '손감'의 경우에 관해서 전개하고 있기 때문이다. 앞서 풀어 말한 원효의 '손감'에 관한 언급을 다시 원문 그대로 그 핵심 부분만을 인용해 보면, 요컨대 혜학(慧學)에 있어서 손감(損減)함으로써 자찬훼타하는 자란 다음과 같은 자다.

> 禀性狹劣 不近善友 不廣學問偏習一分 甚深經論 不解密意 如言取義 誹撥諸法 依他道理 起如是見 作如是言 三性三諦 但是教門 無所有中 施設假名 如是解者 乃爲眞實 異此說者 皆是戲論

결국 모든 것을 부정하는 허무주의적 경향을 원효는 지탄하는 것이다. 그리고 그는 자기의 입장을 『해심밀경』과 『유가론』의 소설(所說)을 근거로 하여 입증한다.[36] 혜학(慧學)이 교문(教門)을 무시하고 온전히 이루어질 수 없다는 그의 근본 입장이 여기에 있는 것이다.

2) 천심문(淺深門)

'자찬훼타'란 한 가지 사실을 복이냐 죄냐로 평가하고 이해하는 데에 있어서도 사람에 따라 천심(淺深)의 차이가 나타날 수 있다. 자찬훼타계에 관해 다라계본에는 다음과 같은 언급이 있다.

> 常代衆生 受加毁辱 惡事自向己 好事與他人 若自讚揚己德 隱他人好事 令他受毁辱者 是爲波羅夷罪[37]

항상 중생을 대신해서 훼방과 모욕을 받아, 나쁜 일을 자기에게로 오게 하고, 좋은 일은 남에게 가도록 돌린다. 만약 자기 자신이 자기의 덕을 찬양하고 남의 좋은 일을 감추어 남으로 하여금 훼욕(毁辱)을 받게 하면 이는 바라이죄가 된다는 것이다.

원효는 이 한 문구를 깊게 깨닫는 사람이 있고 또 얕게 알아듣는 사람이 있다고 하면서 다음과 같이 하사(下士)·상사(上士)의 이해상의 차이를 이야기해 준다.

---

36) 『元曉全集』, p.181a에 실린 문답이 바로 그것이다. "若欲於此自察心病이면 依何等典最爲明鏡이뇨" 한 데 대하여 『解深密經』과 『瑜伽論』의 구절을 인용 설명하고 있다.

37) 『元曉全集』, p. 181b.

하사(下士)는 이 말을 듣고 문자 그대로 이해하여 '자훼찬타(自毁讚他)하면 이것은 반드시 복업(福業)이요, 자찬훼타(自讚毁他)하면 이것은 반드시 범죄다' 이렇게 생각한다. 이런 식으로 오직 말귀에 사로잡혀 이해하는 까닭에 그 사람은 복을 지으려 하나, 복된 행위는 적고, 죄업은 많게 마련이다. 그는 죄를 버리고자 하나 도리어 죄 하나를 제거하면서 복 셋을 제거하는 결과를 낳는 것이다. 이런 이해방식을, 천박한 식견(識見)으로 과오를 피하려 하여 짓는 잘못이라고 말하는 것이다.

그런데 상사(上士)는 위의 그 말을 듣고, 그 의취(意趣)를 탐구하여 그 말에 숨은 한 모서리를 보고 나머지 세 모서리까지 전부 다 알게 되는 것으로, 언제든지 그 한 문장을 다음과 같은 네 개의 구절로 다시 풀어서 판단해 가는 것이다. 이로 말미암아 상세하게 식별하되 지나침이 없어 복은 하나도 버리지 않고 죄는 하나도 소홀함이 없이 깊이 깨닫게 되는 것으로, 이것이야말로 올바른 식견에 입각한 이해방식이라 할 것이다.

그러면 그 네 구절이란 어떤 것이냐 하면 다음과 같다.

① 경우에 따라서는 자훼찬타(自毁讚他)가 복이 되고, 자찬훼타(自讚毁他)가 죄가 된다.
② 그러나 경우에 따라서는 자훼찬타가 죄가 되고, 자찬훼타가 복이 되는 수가 있다.
③ 또 경우에 따라서는 자훼찬타나 자찬훼타가 혹은 죄, 혹은 복이 되는 수가 있다.
④ 또 경우에 따라서는 자훼찬타도 자찬훼타도 아닌 것이 복, 또는 죄가 되는 수가 있다.

이것을 다시 풀어 말하면 이렇다.

① 중생들이 욕(辱)을 받는 것을 깊이 불쌍히 생각하여, 남이 받는 욕(辱)을 자기 자신이 받고, 한편 자기가 마땅히 받아야 할 영예를 남에게 베풀어 준다. 이는 자훼찬타를 뜻하지만 이는 바로 복이 되는 것이다. 그러나 반면에 자기가 영예를 얻고자 하여 남에게 욕(辱)을 보인다면 이는 자찬훼타를 뜻하는 것으로서 죄가 된다.

② 둘째 경우는 시대의 풍조가 일반적으로 자찬훼타하는 사람을 미워하고, 매양 스스로 자기를 낮추고 남을 찬양하는 사람을 존경함을 아는 자, 또는 내가 저 사람을 훼방하면 저 사람이 반드시 나를 책망할 것이고, 그 반면 내가 저 사람을 찬양하면 저 사람이 이번에는 나를 칭찬한다 하는 것을 아는 자로서 교묘하게 자기 자신을 높이고자 하여 자훼찬타하는 그런 따위의 경우인데, 이는 중죄가 되는 것이다.

만약 남이 고집하고 있는 이(理) 아닌 잘못된 견해를 버리게 하고, 자기가 내심으로 깨달은 바 그 도리를 남도 역시 마땅히 닦아가야 함을 알아, 이렇게 직접 불법(佛法)을 건립하고 유정(有情)을 요익(饒益)하기 위해서 자찬훼타를 한다면 이는 대복(大福)이 되는 것이다.

③ 셋째 경우에 속하는 사람에는 다음과 같은 두 가지 부류가 있는데, 그 하나는 본성이 거짓되고 흉측하여 세상 사람들을 속이고 현혹하여 남의 장점을 깎아내리고 자기 단점을 덮어 두고자, 정직하지 못하고 교만한 소리를 함부로 하여 대수롭지는 않지만 적으나마 자기가 가지고 있는 장점을 결점이라고 낮추고, 반면 남이 가지고 있는 단점은 그야말로 훌륭한 것이기나 한 듯 추켜올리며, 자기가 많은 단점을 가진 것을 자랑삼고 남이 많은 장점을 가진 것을 도리어 깎아내리는 그러한 부류의 사람이다.

또 다른 한 부류의 사람이란 본래 품성이 질박하고 정직하여 세상의 모든 사람들의 마음을 열고 옳은 길로 인도하며 선·악을 식별하며 죄를 버리고 복을 닦게끔 하고자 하는 뜻이 있는 사람이다. 그러한 사람은 바른 말 하기를 피하는 일이 없어 자기의 잘못을 보면 꼭 나무라고, 남이 착한 일 하는 것을 들으면 곧 찬탄해 마지않는다. 또 자기가 잘한 일이 있음을 알면 오히려 자부심을 가지고, 남이 잘못했음을 알면 직접 이를 가책한다.

전자는 찬양할 것을 훼방하고 깎아 내리며, 좋지 않은 잘못을 오히려 찬양하고 추켜올리는 일을 범한 사람으로서 거짓되게 아첨하며 속이는 죄를 범한 자요, 후자는 나무랄 것을 나무라고, 찬탄할 것을 찬탄하며, 스스로 자부할 것을 자부하며, 가책할 것을 가책하는 자로서, 마음이 바르고 정성스러운 복을 짓는 사람이다.

④ 넷째 경우에 해당하는 사람에도 두 가지가 있다.

첫째는 고상한 인사로서 본성이 넓고 너그럽고 신령(神靈)하고 소박하며 도무지 편견이나 고집을 모르며 화(禍)를 만나거나 복을 만나거나 한결같으며 너·나를 가려 차별함이 없는 사람이다. 그 마음가짐은 언제나 복되며 즐거워 그릇됨이 없이 노니는 까닭에 자훼찬타도 자양억피(自揚抑彼)도 하는 일이 없는 것이다.

둘째는 아주 어리석은 사람인데, 타고나기를 원래 둔하게 타고나서, 무엇이 옳고 무엇이 그른지를 아는 바 없는 숙맥이다. 즉 콩·보리도 분간하지 못하는 사람이란 말이다. 따라서 선(善)이 왜 선인가, 악(惡)이 왜 악인가를 잘 알지 못하는 것이다. 그 생각은 항상 어수룩하며 미워할 줄도 좋아할 줄도 모른다. 그러므로 스스로 겸허하게 처신하며 남을 칭찬할 줄 모르는가 하면, 또 스스로 무엇에 자부를 느끼고 남의 무엇을 그릇되다 해야 할 것인가를 모른다. 이는 아주 어리석은 자나 할 짓으로 혼돈의 죄가 되는 것이며, 전자는 아주 높은 지혜가 있는 사람으로 순박의 복이 그의 것이다.

이 네 가지 경우에 따라 죄와 복을 판단하는데, 앞의 두 경우는 ⓐ 복업(福業)이 오히려 중환(重患)이 된 경우와 ⓑ 죄행(罪行)이 오히려 대선(大善)이 된 경우이며, 뒤의 두 경우는 ⓐ 미친 소리와 정성어린 이야기에 거리가 없는 경우와 ⓑ 상지(上智)와 하우(下愚)가 밖으로는 같은 모양으로 나타날 수 있는 경우이다.

그러므로 행자(行者)가 계율을 지켜 범하지 않기 위해서 필요한 것은 오직 자기의 잘·잘못을 미세하게 고찰해야 하는 것이며, 별안간 남의 잘·잘못을 따지지를 말아야 하는 것이다. 깊이 계율을 지켜 범함이 없느냐, 그렇지 않으면 얕게 계율을 지킨답시고 하느냐 하는 마음가짐의 차이가 여기에 드러나는 것이다.[38]

3) 명구경지범문(明究竟持犯門)

셋째 부분으로서 원효가 보살계를 지범(持犯)하는 데 있어서 궁극적으로 중요하다고 생각하는 것은 '계상(戒相)을 여실히 깨닫는 것'이다. 그리고 '계상을 여실히 깨닫는다는 것'은 요컨대 유·무 이변(二邊)에 떨어지지 않아야 하는 것이며, 그렇게 함으로써 비로소 계바라밀(戒波羅蜜)은 구족된다고 하는 것이다. 사실상 계상을 여실히 깨닫는다는 것은 계바라밀을 구족하는 것 이외의 아무 것도 아니다. 이제 원효의 말을 들어 보기로 하자.

雖依如前所說法門 能識輕重之性 兼知淺深之狀 而於戒相 不如實解 於罪非罪 未

38) 下士聞之 齊言取解 自毁讚他 必是福業 自讚毁他 定爲犯罪 如是一向 隨言取故 將修其福 福行少而 罪業多 欲捨其罪 却罪一而除福三 是謂淺識持犯過也 上士聞之 掬解意趣 擧一隅 便以三隅 而變就一文 每用四句而判 由是審別無所濫故 無福而遺 無罪而辨 是謂深解持犯德也 言四句而判者 或有自毁讚他是福 自讚毁他是罪 或有自毁讚他是罪 自讚毁他是福 或有若毁讚若讚毁或罪或福 或有非毁讚非讚毁 或福或罪 第一句者 如人深愍衆生受辱 欲引他所受辱向己 推自所應受榮與他 此意自毁讚他是福 若欲自受其榮令他受辱 此意自讚毁他是罪 第二句者 如知時世風俗所習多 憎自讚毁他之人 每敬自謙揚他之士 又知毁彼彼必呰我 我若讚他他還美我 由此知故巧求自高 自毁讚他 是爲重罪 若知他人所執非理可捨 自內所解是道 應修 直欲建立佛法 饒益有情 自讚毁他 是爲大福. 第三句者 如有一類性 多誑僞 爲欲誑惑世間諸人 凌他所長 覆自所短 由此意故 作矯亂言 毁己小長爲過 讚他所短爲功 揚己多短爲德 抑他所長爲失 又有一類 稟性質直爲欲開導世間諸人 識善別惡 捨罪修福 由斯志故 直言無僻 見自惡 而必呰 聞他善而卽歎 覺己德而還褒 知彼罪而直貶 前人毁讚揚抑 直是誑諂之罪 後士呰歎褒貶 並爲忠直之福也 第四句者如有高士性 是弘懿放神苞朴 不知端兒 混禍福 而歸一 忘彼我 爲無二 其神常樂 遊是處故 亦不自毁讚他 亦不自揚抑彼. 又有下愚 稟性純朴 莫知是非 難別菽麥 不識善之爲善 不了惡之爲惡其意常昏 忘憎愛故 亦無自謙美他 復無自褒貶他 此爲下愚渾鈍之罪 彼是上智純朴之福也. 是謂四句以判罪福 依前兩句 則福業變作重患 罪行更爲大善 尋後二句 則誑語與忠談無隔 上智共下愚同迹 是知 行者持犯之要 只應微察自之得失 不可輒判他之德患 持犯淺深意趣然矣
(『元曉全集』, pp. 181b-182a)

離二邊者 不能究竟 持而無犯 不趣淸淨戒波羅蜜
其故何耶 然戒不自生 必託衆緣 故決無自相 卽緣非戒離緣無戒 除卽除離 不得中間 如是求戒 永不是有 可言自性 不成就故
而託衆緣 亦不無戒 非如兎角 無因緣故 如說戒相 罪相亦爾 如戒罪相 人相亦然
若於此中 依不是有 見都無者 雖謂無犯 而永失戒 誹撥戒之唯事相故 又於此中 依其不無 計是有者 雖曰能持 持卽是犯 違逆戒之如實相故
菩薩修戒 則不如是 雖不計有能持所持 而不誹撥戒之唯事 是故終無失戒巨過 雖不見無罪與 非罪 而不違逆戒之實相 是故永離犯戒細罪 由是巧便深智方便 永忘三輪 不墮二邊 方趣具足戒波羅蜜[39)]

앞서 말한 바와 같은 법문에 의해서 경중(輕重)의 성(性)을 알고 아울러 천심(淺深)의 상(狀)을 알 수 있게 된다 할지라도 계상(戒相)을 여실히 깨닫지 못하여 죄와 죄 아닌 것은 아직 있다·없다(有無)하는 두 가지 극단적이고 집착된 견지로 보면 온전히 보살계를 잘 지켜 조금도 범함이 없을 수 없는 것이며, 또 청정한 계바라밀을 성취하는 길에 들어서지 못한다.
그러면 그 까닭은 과연 무엇일까? 계(戒)란 그 자체로 생겨나는 것이 아니며 반드시 여러 가지 인연에 따라 거기에 알맞게 생기는 것으로서 결코 독자적이며 절대적인 형상이 없는 것이다. 그러므로 어떤 계는 그것을 낳게 한 연(緣)이 아닌 다른 연을 만나면 이미 계가 아니고, 또 그것을 낳게 하는 연을 떠나버리면 계가 무의미한 것이 되어 버리는 것이다. 그리고 어떤 계가 생기지 않을 수 없는 일정한 조건이 없어지거나, 그렇지 않으면 그러한 모든 조건들이 하나도 남김없이 다 없어지거나, 둘 중의 어느 하나가 아닌 중간의 경우가 있어 그러한 경우에 해당하는 계를 찾는다고 가정하더라도 그러한 계는 아무리 찾아야 찾을 수가 없는 것이다. 표현할 만한 자성(自性)이 성취되지 않는 까닭이다.
여러 가지 처해 있는 상황과 관련 시켜 보면 또한 계가 없는 것도 아니다. 토끼의 뿔(兎角)과 같이 인연이 없는 것이 아니므로 계상(戒相)이니 죄상(罪相)이니 하는 것이 또한 그러한 것이며 인상(人相)도 그러한 것이다.
만약 이러한 설명 가운데에서 유(有)가 아니라고 한 말을 근거로 전적으로 무(無)라고만 여긴다면 죄를 범함이 없다 할지라도 영원히 실패를 한 것이니 계의 현상적인 면을 부정한 까닭이고, 또 이 설명 중에서 무(無)가 아니라고 한

39) 『元曉全集』, p. 182a.

말을 근거로 유(有)라고 생각한다면 죄를 범함이 없이 잘 지켰다 할지라도 그것은 죄를 범한 것이 되니 그 까닭은 계의 여실한 본질에 위배되기 때문이다. 보살은 계를 지키고 익혀감에 있어서 그와 같이 하지 않는다. 그는 계상(戒相)이 있다고 생각하지는 않지만, 능히 지켜야 할 바를 지켜 계가 다만 현상이라는 사실을 배격함이 없다. 그러므로 마침내 실계(失戒)하고 거과(巨過)를 저지름이 없는 것이다. 그리고 보살은 무죄(無罪)와 비죄(非罪)란 생각을 하지 않지만, 그렇다고 계의 실상에 위배됨이 없다. 그러므로 언제나 미세한 죄라도 범함이 없이 잘 지키는 것이다. 이와 같이 교묘한 방편, 심오한 지혜의 방편으로 말미암아 영원히 삼륜(三輪)을 망각하고 유・무의 이변(二邊)에 떨어짐이 없이 계바라밀을 구족(具足)하는 방향을 취하는 것이다.

Ⅳ. 『보살영락본업경소』 및 『금강삼매경론』에 나타난 원효의 보살계관

앞의 항에서 보아 온 원효의 보살계관은 그의 『보살영락본업경소』의 서문 가운데에 다음과 같이 분명히 요약되어 있다.

原夫二諦中道 乃無可道之津
　　重玄法門 逾無可門之理
無可道故 不可以有心行
無可門故 不可以有行入
然以大海無津 汎舟楫而能渡
　　虛空無梯 翩羽翼而高翔
是知 無道之道 斯無不道
　　無門之門 則無非門
無非門故 事事皆爲入玄之門
無不道故 處處咸是歸源之路
歸源之路 甚夷而無人能行
入玄之門 泰然而無人能入
良由世間學者 着有滯無故也
着有相者 將有待之危身
　　　　趣無限之法相
　　　　數數無而已 逐名而長流

滯空無者 恃莫知之盲意
背生解之敎門
惛醉而無醒 搖首而不學
是故 如來無緣大悲 爲彼二類 令入佛道
說此兩卷 瓔珞法門
欲使長流者止 遊八不之坦路
摧七慢之高心
惛醉者悟 學六入之明門
伏五住之闇陣
於是備架福智兩檝 能渡乎佛法大海
雙運止觀二翼 高翔乎法性虛空
斯爲本業之大意也[40)]

즉 원효가 생각하는 보살계의 본질은 '無可道之律이오, 無可門之理'이다. 다시 말하면 형식적이요 상대적인 어떤 고정관념의 율(律)이나 이(理)가 아니다. 그것은 '無可門之理'라고 했듯이 어떤 특정한 교문(敎門)을 지칭하는 것이 아니다.

우리는 앞서 『보살계본지범요기』의 첫머리에서 원효가 보살계를 정의하면서 보살계란 '返流歸源 歸源之大津이오 去邪就正之要門이라'고 한 말을 기억하고 있다. 그것을 부연하기나 하듯이 원효는 지금 이 『영락본업경소』의 서문에서, "그러나 대해(大海)에는 일정한 나루가 없지만 배를 띄우고 노를 저어 능히 건너갈 수가 있으며, 또 허공에는 눈에 보이는 사다리가 없지만 날개를 치며 능히 높이 날을 수 있는 것이다(然以大海無津 汎舟楫而能渡 虛空無梯 翩羽翼而高翔)"라고 했다. 또 계속하여 그 노(舟楫)와 날개(羽翼)가 다름 아닌 복지(福智)며 지관(止觀)이라고 다음과 같이 천명하고 있는 것이다.

특정한 어떤 길이 아닌 길, 무도지도(無道之道)라고 해서 그것이 길(道) 아닌 것이 아니다. 특정한 어떤 문이 아닌 문, 무문지문(無門之門)이라고 해서 그것이 문이 아닌 것이 아니다.
그러므로 그 문은 무슨 일을 하든지 그 일이 모두 다 입현(入玄)의 문(門)이 되고, 그 길은 어느 곳에 있든지 그 곳이 모두 다 귀원(歸源)의 길이 되는 것이다. 귀원(歸源)의 길은 매우 험해서 사람이 잘 가는 자가 없고, 입현(入玄)

40) 『보살영락본업경소』 序, 『元曉全集』, pp. 131-132.

의 문은 너무나 커서 사람이 잘 들어가기 어렵다. 실로 세상에서 학문하는 자들이 유(有)·무(無) 두 극단에 사로잡혀 있기 때문인 것이다.

유(有)에 사로잡힌 자, 즉 모든 현상적 사물의 영구한 실재를 고집하는 자들은 항상 물질과 형태의 그 무엇을 대망(待望)하는 육신을 이끌고 무한한 진리의 실상을 더듬어 가는 데 급급하나, 결국은 진정한 자아를 발견치 못하고 오직 명목만을 좇아 하염없이 지루한 유전(流轉)을 계속한다. 그런가 하면 한편 무(無)에 체(滯)한 자, 즉 모든 것이 다 허망하며 실재하지 않는다고 유(有)를 부정하면서 도리어 공(空)에 집착하는 자는 알음알이를 없애야 한다고 하는 맹목적인 의견이 제일이라고 믿고 진여(眞如)한 마음으로부터 우러나오는 신해(神解)의 교문(敎門)을 배반하고, 어리석음에 취해 깰 줄을 모르고 고개를 끄덕일 뿐 공부를 안 한다. 그러므로 여래께서는 조건 없는 사랑, 무연대비(無緣大悲)로써 이러한 두 가지 부류의 사람을 불도(佛道)에 들어와 지루한 유전을 계속하고 있는 자에게는 그것을 멈추게 하고, 어리석음에 취해 있는 자에게는 이를 깨닫게 하시는 것이다. 전자에게는 팔불중도(八不中道)의 평탄대로에서 노닐게 하여 세속적인 만심(慢心)을 꺾어버리게 하고, 후자에게는 육입(六入), 즉 인간의 감관(感官)적 기능을 밝히 쓰는 길을 배우게 하고 무명으로 말미암은 번뇌의 다섯 경지를 극복하게 한다.

그리하여 복덕과 지혜, 두 개의 노를 저어 불법(佛法)의 대해를 능히 건너게 하고, 지(止)와 관(觀)의 두 날개를 조화롭게 움직여 높이 법성(法性)의 허공을 날게 한다.

원효는 이 무도지도(無道之道), 무문지문(無門之門)을 『본업경소』의 서(序) 첫머리에서 '이제중도(二諦中道), 중현법문(重玄法門)'이라고 한 바 있다. 그것과 관련시켜 볼 때 원효의 보살계는 이제중도에 입각한 복지(福智)와 지·관의 실천적 교훈을 의미하는 것임을 알 수 있게 되는 것이다.

원효는 그의 『금강삼매경론』에서도 같은 논지를 천명하고 있다. '入觀寂照行'을 내행(內行)이라 하고 '出觀化物'을 외행(外行)이라 하면서, 그 내행과 외행의 불이(不二)를 강조한

"內行者 入觀寂照行 外行者 出觀化物行 若出若入 不失中道 故言不二"

라는 말씀도 바로 전술한 바와 같은 원리를 바꾸어 말한 것에 불과한 것이다.

원효는 『금강삼매경』의

"菩薩아 如是之人은 不在二相이니 雖不出家나 不住在家故니라. 雖无法服이며 不具持波羅提木叉戒하며 不入布薩이나 能以自心으로 无爲自恣하여 而獲聖果니라. 不住二乘하고 入菩薩道하여 後當滿地에 成佛菩提니라."

라는 한 구절을 논하면서 다음과 같이 말한다.

此下大分第二에 方便勝利니 於中有四하니
一者 得果勝利요
二者 得供勝利요
三者 无患勝利요
四者 无住勝利니라.
此卽第一 得果勝利니 初中亦有四種勝利하니
一者는 離邊勝利니 不墮道俗二邊相故니 如經如是之人은 不在二相이니
雖不出家나 不住在家故니라.
二者는 自在勝利니 不爲敎門의 戒律所制요 能以自心으로 決判道理할새
蕭然无爲로되 而无不爲故니 如經雖无法服이나 乃至而獲聖果故니라.
三者는 入道勝利니 如經의 不住二乘하고 入菩薩道故며
四者는 得果勝利니 如經의 後當滿地에 成佛菩提故니라.[41]

이것은 앞서 말한 바 있는 원효의 원리적 보살계관을 구체적으로 표명하는 실례라고 보는데, 『금강삼매경』 본문의 '如是之人'은 그야말로 원효가 이상시(理想視)하는 보살의 일면모(一面貌)인 것이다. 출가다, 재가다 하는 상(相)은 집착해야 할 상이 아니다. 법복을 입었건 안 입었건, 또는 바라제목차계(波羅提木叉戒)를 구지(具持)하건 안 하건, 또는 포살(布薩)에 들어가건 안 들어가건, 그러한 형식적 사상(事相)들의 유무를 따지는 것은 앞서 말한 바와 같이 세간(世間) 학자가 착유체무(著有滯無)하는 과오 바로 그것인 것이다. "능히 자심(自心)으로 무위자자(无爲自恣)하여 성과(聖果)를 얻는 일", "이승(二乘)에 주(住)하지 않고 보살도에 들어가 나중에 수도과정이 다 찰 때 성불보리(成佛菩提)한다"는 주장, 여기에 원효의 계율관의 핵심이 있는 것이다.

논 중에서 원효가 보살의 탁월한 승리를 넷으로 나누어 이야기하는 가운데에서 우리는 이와 같은 견해가 더욱 상세하게 현시(顯示)되어 있음을 본다.

---

41) 『금강삼매경론』 影印本 卷中 「入實際品」, pp. 186-187.

그에 의하면 보살의 생활은 다음과 같아야 한다.

① 도(道)・속(俗)의 이율배반적 편견에 떨어짐이 없는 이변중도(離邊中道)의 생활이어야 한다.

② 보살의 생활의 기준은 숙연무위(蕭然无爲)한 자심(自心), 즉 『기신론』에서 말하는 청정무구(淸淨無垢)한 진여일심(眞如一心)의 결판(決判)이며, 교문(敎門)의 계율이 제(制)하는 바가 아니다.

③ 보살의 생활은 자리(自利)만을 위주로 하는 성문・독각의 단순한 현실부정적 생활이 아니라, 이타와 자리가 유리될 수 없는 참된 의미의 수도생활이어야 한다.

④ 보살의 생활은 점진적으로 완성의 길을 달리는 생활이며 반드시 궁극적으로 불과(佛果)를 얻는 생활이어야 한다.

다른 대승 경론에서와 같이 『금강삼매경』은 계라고 하면 곧 삼취계(三聚戒)를 의미하는 것이 원칙이다. 그리고 그 삼취계는 『기신론』의 본각(本覺) 및 육바라밀과 밀접한 관련 하에 설명되고 있는 것이 사실이다. 육바라밀과 본각일심(本覺一心)의 불가분리성(不可分離性)에 관해서는 이미 원효의 『기신론』 주석서들에서 확고히 신조화(信條化)되어 있었다. 그와 동일한 견해가 『금강삼매경론』에서 보다 발전된 형식으로 천명되고 있는 것이다.

> 三戒之本은 是一本覺이니 本來寂靜일새 故曰不起니라, …… 旣依本覺으로 成三戒用하니 用離威儀하며 施作相故며 无施作故니라.[42]

이러한 언명은 삼계(三戒)가 본각을 체(體)로 한 상(相)이며 용(用)이 된다는 해석을 가능케 한다. 『금강삼매경』에는 또 '四緣如順三戒具足'이라는 말이 있고 그 사연(四緣)이란,

> ① 作擇滅力取緣 攝律儀戒
> ② 本利淨根力所集起緣 攝善法戒
> ③ 本慧大悲力緣 攝衆生戒
> ④ 一覺通智力緣 順於如住[43]

라고 한다. 삼계가 구족되려면 그 사연(四緣)이 여순(如順)해야 된다는 뜻이다.

---

42) 위의 책, pp. 201-202.

43) 『금강삼매경론』 卷下 「眞性空品」, p. 202.

이것을 풀이하면서 원효는 상당히 긴 설명을 붙여 주었는데, 그 속에서도 원효는 삼계와 본각과의 관계를 사연이라는 본각의 역용(力用)을 매개로 설명한다. 원문 그대로 원효의 말을 인용하면 다음과 같다.

言四緣者 謂於一心本覺利中 具四力用 作三戒緣
一 滅依止緣
二 生依止緣
三 攝依止緣
四 離依止緣
① 滅依止者 謂本覺中 性靜功德 與諸煩惱 自性相違 以是緣成 攝律儀戒
② 生依止者 謂本覺中 性善功德 與諸善根 自性相順 以是緣成 攝善法戒
③ 攝依止者 謂本覺中 性成大悲 自性不捨 一切衆生 以是緣成 攝衆生戒
④ 離依止者 謂本覺中 性成般若 自性捨離 一切事相 以是因緣 令三聚戒
捨離事相 順如而住
前三 別緣
後一 通緣
菩薩發心 受三戒時 順本覺利 而受持故 以是四緣 具足三戒[44]

본문의 ① 作擇滅力取緣을 滅依止緣, ② 本利淨根力所集起緣을 生依止緣, ③ 本慧大悲力緣을 攝依止緣, ④ 一覺通智力緣을 離依止緣으로 줄여 표현하면서, 원효가 그 하나하나에 대해 가한 해석을 보면 다음과 같다.

① 멸의지(滅依止)라고 한 것은 다음과 같은 이유에서이다. 즉 본각 중에는 그 성(性)이 동요함이 없는 영원한 공덕으로 차 있어 번뇌망상 같은 것과 본질적으로 구별이 된다. 이러한 조건이 있으므로 섭율의계(攝律儀戒)가 성립되는 것이다.
② 생의지(生依止)라고 한 것은 다음과 같은 이유에서이다. 본각은 그 본성이 선(善) 그 자체로서 그것은 부족하게나마 중생들에게 나타나 있는 선근(善根)과 그 자성이 상순(相順)한다. 그런 까닭에 섭선법계(攝善法戒)가 성립되는 것이다.
③ 섭의지(攝依止)라고 한 것은 이러한 까닭에서이다. 본각의 본성은 대비(大

44) 위의 책, p. 203.

悲) 자체이므로 일체중생을 버리지 않는다. 그런 까닭에 섭중생계(攝衆生戒)가 성립되는 것이다.

④ 이의지(離依止)라고 한 까닭은 이렇다. 본각이 본래 반야지혜의 완성 그 자체이므로 온갖 현상적인 사상(事相)에 사로잡힘이 없다. 그러므로 삼취계(三聚戒)라고 하지만 그 삼계(三戒)로 하여금 사상에 결박됨이 없게 하고, 그저 한결같이 영원히 주(住)하는 바 없이 임하게 하는 것이다. 위의 셋은 개별적으로 나누어 본 이야기들이지만 마지막 것은 삼계에 공통되는 사연(事緣)을 이야기한 것이다. 보살이 발심을 하고 삼계를 받을 때, 본각의 총명성에 좇아 그 삼계를 수지(受持)하는 까닭에 이러한 네 가지 일로 말미암아 삼계가 구족되는 것이다.

또『금강삼매경』에

"善男子야 修空法者는 不依三界하며 不住戒相하며 淸淨无念하며 无攝无放하며 性等金剛하며 不壞三寶하며 空心不動하되 具六波羅蜜이니라."

한 것을 논하면서 원효는 다음과 같이 말하고 있다.

不依三界故로 具施度하고
不住戒相故로 具戒度하고
淸淨无念故로 具忍度하고
无攝无放故로 具精進하고
性等金剛故로 具禪定하고
不壞三寶故로 具般若하나니
何以故오 唯一觀心이 遍照可軌하고 絶諸諍論일새 故備三寶니 三寶義成일새
故言不壞니라. 唯一空心은 无別動作이나 而具六度니 故言空心不動하되
具六波羅蜜이라 하니라.[45)]

우리는 다시 여기서 원효가 얼마나 형식주의적 윤리관의 지양을 강조하느냐 하는 것을 알 수 있다. '부주계상(不住戒相)'이 바로 그것을 말한다. 그에게는 "唯一觀心으로 遍照可軌하고 絶諸諍論"하는 것보다 더 간요(肝要)한 일은 없다. 오로지

---

45)『금강삼매경론』,「無相法品」, p. 70.

한결같이 마음을 관(觀)하여 그 깊이에 도달하고 그것으로써 두루 그 자신의 생활과 그 생활의 주변을 밝히는 원칙으로 삼되, 쓸데없이 윤리규범을 왈가왈부하며 쟁론(諍論)하는 어리석음을 초월하고자 한 것, 그것이 원효의 생활태도라 하겠다. 특히 본문의 계바라밀에 관한 부분을 논한 그의 말씀 속에 계를 보는 그의 진면목이 그냥 그대로 드러나 있다.

> 經曰 至念堅固 心常无住 清淨无染 不着三界 是尸波羅蜜 論曰 愍念衆生 如視一子 故曰至念堅固 恒在世間 不住涅槃 故曰心常无住 是防二乘之非觀心 明徹不雜諸漏 故言清淨无染 遍涉六道達皆空寂故言不着三界 是止凡夫之惡 是明不住凡聖戒相 卽是上言 不住戒相 是名出世尸波羅蜜46)

경에서 "至念堅固 心常无住 清淨无染 不着三界"를 계바라밀이라고 했는데, 원효는 '중생들을 불쌍히 생각하기를 그 외아들 보듯 하는 생각'을 지념견고(至念堅固)라 한다고 했고, '항상 세간에서 일하며 열반에 고착하지 않는 마음'을 심상무주(心常无住)라 한다고 했고, 또 '이승(二乘)의 관심(觀心)하지 않는 버릇을 막고, 명철하여 어떠한 더러움에도 물들지 않음'을 청정무염(清淨无染)이라 한다고 했고, '어떠한 좋지 않은 현실적 한계상황에라도 서슴지 않고 가되, 그 어떤 상황에도 사로잡히지 않음'을 불착삼계(不着三界)라 한다고 했다. 이렇게 범부의 죄악적인 조건을 제거하지만, 범속하다 신성하다 하는 차별적인 행동평가에 집착하지 않는 것을 부주계상(不住戒相)이라 한다는 것이다.

Ⅴ. 결어

우리는 지금까지 원효가 어떠한 윤리관을 가지고 있었느냐 하는 것을 그의 현존 저술들을 통해 알아보고자 했다. 그 결과 우리는 대체로 다음과 같은 결론을 얻었다.

(1) 원효의 윤리관은 대승보살도를 중심으로 형성되어 있으며, 특히 『유가계본』에 입각한 보살계 사상을 가지고 있음이 밝혀졌다. 그리고 그 『유가계본』의 보살계는 지금까지 전래하는 어떠한 불교윤리 사상보다도 가장 현실적이며 합리적인 것이었음을 우리는 볼 수 있었으며, 특히 단순한 현실도피도 단순한 현실참여도 아닌 도(道)・속(俗) 불이(不二), 진(眞)・망(妄) 불이의 중도사상에 입각한 가장 발전된 윤

46) 위의 책, p. 72.

리사상을 그의 윤리관으로 하고 있었음을 알았다.

(2) 원효는 불교사상사 위에서 범해진 허다한 그릇된 윤리관을 시정하고 그 바른 길을 제시하는 데 있어서 모범적이요 실천적이며 감동을 주는 생명 있는 윤리관을 우리에게 전해 주고 있음을 알 수 있었다. 윤리에 관한 그의 논의는 결코 논의를 위한 논의, 페단틱(pedantic)한 공허한 희론(戱論)이 아니라, 그 자체가 하나의 수행임을 우리는 간과할 수가 없었다. 그의 모든 설명들은 일자일구(一字一句), 일단일장(一段一章)에 그 자신의 체험과 사색의 깊이가 담겨 있었으므로, 우리는 분석하고 보철(補綴)하는 따위의 소위 과학적 방법론을 그의 저술에 가할 아무런 필요도 느끼지 않을 뿐만 아니라, 오히려 그렇게 하는 것이 죄스럽게 여겨질 정도로 완벽한 서술임을 깨닫게 되었다.

(3) 원효의 놀랄 만한 일관성은 그의 전 저술에 걸쳐 감득(感得)되었다. 그의 모든 사상과 생활의 기초는 『기신론』에 있고, 그러한 『기신론』의 이론적 해명은, 보다 실천적 성격을 띤 『금강삼매경론』에서 조금도 논리성을 잃음이 없이 심오한 직관적 경지로까지 심화되었다. 그러한 기본적 바탕 위에서 인간 윤리의 구체적 문제, 특히 당시 사회의 엘리트인 구도자들의 행위와 생활 전반의 기준이 검토되어 이른바 보살계에 관한 해명의 형식으로 성문화되었던 것이다.

(4) 흔히 불교는 인간성을 존중하는 인간주의 또는 휴머니즘이라는 이야기들을 한다. 그러나 불교사상에는 불성(佛性), 열반(涅槃)의 경지를 너무나 강조한 나머지 불교를 인간성 부정, 인간성 무시의 사상 내지는 태도로 변모시킨 실례가 적지 않았다. 불교사상에서의 그 극복은 보살도의 제창으로서 이루어졌다. 원효는 그 보살도의 실천자로서 또 그 이론형성자로서 역사상 어느 누구보다도 뚜렷한 위치를 차지한다. 원효에 의하여 비로소 일관되게 불교의 휴머니즘은 모순 없이 그 탁월한 가치를 현대에 드러낼 수 있게 되었다고 믿을 만한 근거를 우리는 그의 윤리관에서 찾아보는 것이다.

・前篇은 『東國大學校 論文集』 3・4합집(1967)에, 續篇은 『佛教學報』 5집(1967)에 게재

교판사(敎判史)상에서 본 원효의 위치

Ⅰ. 교상판석의 출현과 그 의의

불교가 중국에 도입되면서 범본(梵本)의 불전이 하나씩 한역 소개되고 그 분량과 종류가 상당한 수에 달했을 때, 불교를 새로 배운 중국인들 사이에서 그 다양하고 때로는 모순되는 것 같은 설법의 내용에 접하여 그 교상(敎相)을 판석하고 화의(化儀)의 순서나 심천(深淺)에 관한 질서와 체계를 잡고 싶은 생각이 든 것은 극히 당연한 일이라고 하겠다.

그리하여 대역경승 구마라집(鳩摩羅什, 344-412)의 역경활동에 뒤이어 중국에서는 이 교상판석의 문제가 절실한 문제로서 대두되었고 여러 가지 의견들이 속출하였다. 나집(羅什) 자신은 "佛一圓音 平等無二 無思自應 機聞自殊非謂言音本陳大小"라고 하여 대소승의 구분쯤은 전제하면서도 자기 나름의 일가견이 없었으나, 당시 복잡한 정치정세 하에서도 중국의 학승들은 이 문제 해결에 진지한 노력을 경주한 흔적이 역력하다.

수대(隋代) 이전에 행해진 교상판석의 대표적 제창자로서는 양자강(揚子江)을 경계로 강남·강북으로 나누어 강남삼가(三家)·강북칠가(七家)(南三北七)를 꼽는데, 이 리스트에는 다음과 같은 사람들이 들어 있다.

- 강남의 삼가(三家)

① 호구산 급사(虎丘山 笈師)
② 종애법사(宗愛法師)와 장엄사(莊嚴山)의 승민(僧旻)
③ 정림사(定林寺)의 승유(僧柔), 혜차(慧次)와 도량사(道場寺)의 혜관(慧觀)

• 강북의 칠가(七家)

① 진(晋) 무도산(武都山) 은사(隱士) 유규(劉虯)

② 보리유지(菩提留支)

③ 광통(光統)율사 혜광(慧光), 제(齊)의 대연(大衍)법사

④ 호신사(護身寺)의 자궤대승(自軌大乘)

⑤ 기사사(耆闍寺)의 안름(安廩)

⑥ 북지(北地)의 선사(인물미상)

⑦ 북지의 선사(인물미상)

그러나 사실은 이외에도 북량(北涼)의 담무참(曇無讖, 385-433 또는 436), 동진(東晋)의 축도생(竺道生, ?-434), 양(梁)의 광택사(光宅寺) 법운(法雲, 467-530) 등이 있고, 위의 제사(諸師)의 견해는 수조(隋朝)에 인계되어 탄법사(誕法師, 연대미상), 급다삼장(笈多三藏) 등을 거쳐 천태대사 지의(智顗, 538-597)로 와서 지의 나름의 한 체계로 묶여진다. 천태 지의의 정리종합은 그 나름대로 중요한 업적이 된 것은 사실이지만, 그것으로 교상판석의 시도가 다 완결된 것은 아니었다. 당(唐) 초에 길장(吉藏, 549-623)은 다른 분류방법을 공개하였고, 도작(道綽, 562-645)은 또한 자기의 취향에 따른 다른 구분을 하였다. 진제(眞諦, ?-569)는 『금광명경』에 의하여, 현장(玄奘, 602-664)은 『해심밀경』에 의하여 각각 삼교(三教)를 내세웠고, 또 바파밀다라(波頗蜜多羅), 618-?)는 또 그대로 오교(五教)를, 강남 인법사(印法師)는 그 나름대로의 이교(二教)를, 율사 도선(道宣, 596-667)은 삼관교(三觀教)를 제창하여 우리 신라의 원효(元曉, 617-686)에 이르렀다.

원효는 ① 삼승별교(三乘別教), ② 삼승통교(三乘通教), ③ 일승분교(一乘分教), ④ 일승만교(一乘滿教)의 사교(四教)를 그의 『화엄경소』에서 구분하였으나, 『금강삼매경론』에서는 ① 정화정법(正化正法), ② 정화상법(正化像法), ③ 통화전후(通化前後), ④ 불리전후(不利前後) 등 교(教)의 네 가지 차이도 이야기하는 등 독보의 이론을 폈다.1)

---

1) 원효는 『금강삼매경』의 "願佛慈悲 爲後衆生 宣說一味 決定眞實 令彼衆生等同解脫"이란 대목의 끝 구절을 풀이하면서 다음과 같이 말하고 있다.

令彼衆生等同解脫者 令彼像法末世衆生等同一味究竟解脫 由是言之 教有四句

一 正化正法 兼利後時 謂前經等

二 正化像法 兼利前時 謂此經等

三 通化前後 謂諸餘經等

四 不利前後 除上爾所教

원효와 동시대인인 당의 규기(窺基, 632-682)는 3교8종(三教八宗)을 주장하였으며, 법장(法藏)은 원효의 이론을 기초로 5교10종(五教十宗)으로 확대하여 주장하고 화엄종의 입장에서 교판에 가장 많은 관심을 표하였다. 그러나 그의 제자 혜원(慧苑)은 오히려 그 사(師)의 설이 지나치게 세분된 것을 못마땅하게 여겨 원효의 소설(所說)에 오히려 더 가까워진 다른 주장을 하였고, 화엄종의 다른 학자들, 이통현(李通玄, ?-740), 징관(澄觀, 737-838), 종밀(宗密, 780-839) 등이 또 제각기 약간의 차이를 보이는 의견들을 내놓았다.

사실상 이와 같은 교판의 필요성은 일단 주요 불전의 한역이 다 끝난 나집(羅什) 이후 2세기, 현장의 신역(新譯)이 나오고 난 이후에는 이미 일단락이 되어 있어야 하는 것이 당연한 도리이다. 9-10세기 이후에 가서도 교판을 새로 시작해야 할 정도라면 그 불교 이해는 수준 이하의 치졸한 상태에 있거나, 그렇지 않으면 신기한 주장을 일삼아 공명을 얻는 것이 목적이 아니라면 새로운 종파를 형성하고 그 입장을 옹호하는 데 교판을 이용하려는 불순한 동기 이외의 아무런 건전한 의도도 없다고 보아야 할 것이다. 사실 송·명대에도 교판의 의견을 내놓은 예가 있고 일본에서도 신란(親鸞) 등이 그 나름의 교판을 내놓았으나, 그러한 몇몇 예는 대체로 앞서 말한 세 가지 경우의 하나로 성격지을 수가 있다.

원래 교판은 그 근거를 예컨대 『법화경』 등 대승 경전에서 언급하는 대(大)·소(小) 이승(二乘)의 별(別)이라든가 『능가(楞伽)』의 돈(頓)·점(漸), 『화엄』의 삼조(三照), 『열반』의 오미(五味), 『심밀(深密)』의 삼시(三時), 『대지도론』의 삼장(三藏)·마하연(摩訶衍)과 현로(顯露)·비밀(秘密), 『십주비바사론(十住毘婆沙論』의 난이이도(難易二道) 등 교설상의 차등을 말하는 경전의 소설(所說)에 두고 있는 것이 사실이다.

그러나 이러한 전거도 중요하지만 사실은 하나의 교판을 내놓으려면 불전 전반에 걸친 섭렵과 그에 따라 얻어진 깊고 넓은 이해 없이는 불가능한 것이다. 그런 의미에서 역사상 각양각색의 형(型)의 고승대덕들이 나타나 각기 자기 나름의 수도와 신앙의 길을 걷고 가르치다가 갔지만, 올바른 교판을 내놓을 수 있는 학승이 있었다면 우리는 서슴지 말고 그에게 불교사에서 가장 빛나는 선도적 지위를 드려야 할 것이라고 생각한다. 그런데 그 교판의 내용을 보면 위에 열거한 여러 사람의 견해가 반드시 정당하지만도 않았던 점에 문제가 있는 것 같다.

(『금강삼매경론』 고려대장경 영인본, 동국대학교, 1958, p. 27)

Ⅱ. 역대 제가(諸家)의 교상판석

짧은 지면에 상세한 서술을 할 수 없으므로 표기형식으로 제가의 의견을 먼저 소개하는 일부터 시작하자.

A. 수(隋) 이전의 제가(諸家)의 의견

(1) 담무참(曇無讖, 385-436)[2)]

① 반교(半敎: 聲聞藏)

② 만교(滿敎: 菩薩藏)

(2) 축도생(竺道生, ?-434)[3)]

① 선정법륜(善淨法輪)… 여래가 처음에 일선(一善) 내지 사공(四空)을 설하여 삼공(三空)의 예(穢)를 제거하게 함을 칭함. 소승.

② 방편법륜(方便法輪) … 만루(滿漏)의 도품(道品)으로써 두 열반을 얻게 함을 말함. 반야.

③ 진실법륜(眞實法輪) … 삼(三)의 위(僞)를 파하여 일(一)의 실(實)을 성함을 칭함. 법화.

④ 무여법륜(無餘法輪) … 상주(常住)의 묘지(妙旨)를 칭함. 열반.

(3) 호구산 급법사(笈法師, 江南三家의 1인, 전기 미상)

① 점교(漸敎)
- i 유상(有相)
- ii 무상(無相)
- iii 상주(常住)

② 돈교(頓敎)

③ 부정교(不定敎)

(4) 종애법사(宗愛法師, 江南三家의 1인, 전기 미상)

① 돈교

② 부정교

---

2) 중인도 출신으로 『涅槃經』을 특히 중시했고 '半滿二敎의 敎相'도 『열반경』에 의하여 세운 것이라고 法藏의 『華嚴經疏』 제1에서 지적하고 있다.

3) 道生은 羅什 문하 4걸의 1인. 그에게도 『열반』 중시의 경향이 뚜렷하다.

③ 점교
- i 유상교(有相教)
- ii 무상교(無相教)
- iii 법화동귀교(法華同歸教)
- iv 상주교(常住教)

(5) 혜관(慧觀, 353-423 또는 383-453, 江南三家의 1인)[4]

① 돈교 …………화엄(華嚴)

② 점교 i 초시(初時) 유상교…소승(小乘)

소설(所說)의 견유(見有)득도의 법을 가르침. 삼승각별(三乘各別)이 제(諦), 연(緣), 도(度)의 교를 수(受)하는 고로 삼승별교(三乘別教)라고도 함.

ii 제2시(時) 무상교…반야(般若)

소설의 견공(見空)득도의 법을 가르침. 삼승이 통하여 이를 수하므로 삼승통교(三乘通教)라고도 함.

iii 제3시(時) 억양교(抑揚教)…유마(維摩), 사익(思益) 등

보살을 찬양하고 성직(聲織)을 억좌(抑挫)하는 교.

iv 제4시(時) 동귀교(同歸教)…법화(法華)

회삼귀일(會三歸一)을 설함을 가르침.

v 제5시(時) 상주교(常住教)…열반(涅槃)

불성상주(佛性常住)를 설함을 가르침.

이것은 도생(道生)의 사종법륜(四種法輪)에다 화엄돈교(華嚴頓教)와 억양교(抑揚教)를 더한 것이며, 『열반경』의 오미유(五味喩)에 의한 것이다. 이 설은 일시 강남의 땅에서 유행하였으며, 승유(僧柔), 혜차(慧次), 지장(智藏), 법운(法雲) 등도 모두 이를 사용하였다.

(6) 광택사 법운(法雲, 467-530)

① 양(羊)
② 녹(鹿)
③ 우(牛)
— 삼승권교(三乘權教)

4) 慧觀은 羅什 문하 4걸 중의 1인이다. "通情은 生(道生), 融(道融)이 上首며, 精難은 觀(慧觀), 肇(僧肇)가 第一"이라 불려 왔다. 일찍이 『法華宗要』를 지었고, 「涅槃經序」, 「勝鬘經序」 등을 지었다. 위의 설은 그의 「涅槃經序」 안에서 언급한 것이다.

④ 대백우(大白牛) …실교(實敎)

(7) 보리유지(菩提流支, ?-537, 江北七家의 1인)

如來一代說法 不離一音故 如來一音 同時報萬 大小並陳 是故 聖敎雖多差別不離一音也

(8) 무도산 은사(武都山隱士) 유규(劉虬, 江北七家의 1인)[5)]

① 돈교 ……………………………………………화엄

② 점교
- i 인천교(人天敎)……………5계(五戒)
- ii 유상교(有相敎)……………4제(四諦), 12인연(十二因緣)
- iii 무상교(無相敎)……………무량의경(無量義經), 육바라밀
- iv 법화동귀교(法華同歸敎)…법화
- v 상주교(常住敎)……………열반

(9) 광통율사(光統律師) 혜광(慧光, 468-537, 江北七家의 1인)

혜광의 소설에 대하여는 문헌에 따라 약간 달리 설명되어 있으므로 일단 그대로 소개한다.

•『법화현의(法華玄義)』 제10上

① 인연종(因緣宗)…비담(毘曇)

② 가명종(假名宗)…성론(成論)

③ 광상종(誑相宗)…대품(大品), 삼론(三論)

④ 상종(常宗) … 열반, 화엄

•『일승의장(一乘義章)』 제1

① 입성종(立性宗) ② 파성종(破性宗)	소승
③ 파상종(破相宗) ④ 현실종(顯實宗)	대승

5) 劉虬는 志操와 好學으로 이름 높은 거사였다. 6세기 사람. 『注法華經』 7권을 지었고, 智顗와 吉藏이 이를 각각 『法華經文句』, 『法華玄論』 등에 자주 인용하나 현존치 않고 「無量義經序」 1편이 현존한다.

• 『대승법원의림장(大乘法苑義林章)』 제1
① 입성종…잡심(雜心)
② 파성종…성실(成實)
③ 파상종…중(中), 백(百) 등
④ 현실종 … 열반 등

• 『화엄경문의요결문답(華嚴經文義要決問答)』
① 점(漸)…爲根未熟者 先說無常 後方說常 先爲說空 後說不空
② 돈(頓)…爲根已熟者 於一法門 具足演說一切佛法 常與無常 空不空等
③ 원(圓)…爲於上達分 階佛境者 說於如來無礙解脫究竟果德圓極秘密自在法門

(10) 북제(北齊) 대연법사(大衍法師) 담은(曇隱, 전기 미상)
① 인연종(因緣宗)…경부교(經部敎)
② 가명종(假名宗)…(성실〔成實〕?)
③ 부진종(不眞宗) … 반야교(般若敎)
④ 진종(眞宗) … 화엄, 열반

(11) 북제 호신사(護身寺) 자궤(自軌, 江北七家의 1인, 전기 미상)
① 인연종
② 가명종 ─ 此上三教 同衍師說
③ 부진종
④ 진 종 …………… 謂涅槃經說佛性常住故
⑤ 법계종(法界宗) … 爲華嚴經說法界門故

(12) 기사사(耆闍寺) 안름(安廩, 504-583, 江北七家의 1인)6)
① 인연종
② 가명종 ─ 此二 同衍說(소승)
③ 부진종(또는 誑相宗) … 謂通說諸法如幻故. 반야.
④ 진종(眞宗) … 謂說諸法眞理. 법화.
⑤ 상종(常宗) … 謂說恒沙德義. 열반.
⑥ 원종(圓宗) … 謂說法界無礙德用故. 화엄 또는 대집(大集).

6) 安廩은 嵩山 少林寺 光公에게서 『十地論』을 배움. 후에 武帝의 명으로 天安에 住하면서 『화엄경』을 講하였다.

B. 수(隋) 이후 제가(諸家)의 의견

(13) 탄공(誕公, 전기미상)

① 돈교(頓敎)

② 점교(漸敎)

(14) 급다삼장(笈多三藏, 達摩笈多, ?-619)[7]

① 사제교(四諦敎) … 4아함(四阿含) 등

② 무상교(無相敎) … 제부 반야(諸部般若)

③ 법상교(法相敎) … 능가경 등

④ 관행교(觀行敎) … 화엄경

(15) 천태 지의(天台智顗, 538-597)의 오시팔교(五時八敎)

• 오시(五時)	• 화의(化儀)의 4교	• 화법(化法)의 4교
① 화엄	소승교(小乘敎)	① 삼장교(三藏敎)
② 녹원(鹿苑)	① 돈(頓)	② 통교(通敎)
③ 방등(方等)	② 점(漸)	③ 별교(別敎)
④ 반야	③ 비밀(秘密)	④ 원교(圓敎)
⑤ 법화 · 열반	④ 부정(不定)	

• 삼종교상(三種敎相)

① 근성융불융상(根性融不融相)

② 화도시종불시종상(化道始終不始終相)

③ 사제원근불원근상(師弟遠近不遠近相)

(16) 길장(549-623)의 삼법륜교(三法輪敎)

① 근본법륜교(根本法輪敎) … 卽華嚴經初成道說故

② 지말법륜교(枝末法輪敎) … 謂成道五七日後轉四諦法輪故

③ 섭말귀본법륜교(攝末歸本法輪敎) … 謂法華經如來成道三十年後說

---

7) 笈多三藏은 남인도 출신으로 隋 文帝 開皇 10년에 중국으로 건너와 長安에 住하며 『金剛能斷般若波羅蜜經』 1권, 『菩提資糧論』 6권, 『攝大乘論』 10권, 『金剛般若論』 3권 등을 譯出하였다.

(17) 도작(道綽, 562-645)

① 성도문(聖道門) … 차토입성(此土入聖)

② 정토문(淨土門) … 왕생정토(往生淨土)

(18) 진제(眞諦, ?-569)[8)]

① 전법륜교 (轉法輪教)… 謂佛成道 波羅奈鹿野苑中 爲聲聞衆 轉四諦法輪

② 조법륜교(照法輪教) … 又於成道第七年中 在舍衛國 去祇園五里 智慧江邊 諸菩薩及二乘衆 說般若等經

③ 지법륜교(持法輪教) … 又於成道三十年後 在毗舍離國 鬼王法堂 爲眞常菩薩 說解節等經

(19) 현장(玄奘, 602-664)의 삼시법륜(三時法輪)

① 사제법륜(四諦法輪) … 爲發趣聲聞乘者 創開生死涅槃因果

② 무상법륜(無相法輪) … 爲發趣菩薩乘者 鷲峯山等十六會中 說諸般若

③ 요의법륜(了義法輪) … 爲發趣一切乘者 蓮華藏等淨穢土中 說深密等

(20) 바파밀다라(波頗蜜多羅, 618-?)의 오교(五教)[9)]

① 사제교(四諦教) … 아함 등

② 무상교(無相教) … 반야 등 ─ 此上三教 同笈多說

③ 관행교(觀行教) … 화엄경

④ 안락교(安樂教) … 열반 등 … 謂涅槃經說 常樂故

⑤ 수호교(守護教) … 대집 등 … 謂大集經說 守護正法事故

(21) 강서(江西) 인법사(印法師) 등(전기 미상)의 이교(二教)

① 굴곡교(屈曲教) … 謂釋迦經 如涅槃 등

② 평등교(平等教) … 謂舍那經 如華嚴經[10)]

---

8) 이 설을 眞諦의 설이라고 주장하는 것은 圓測의 『唯識疏』에서이고, 法藏은 이것이 玄奘의 설이라고 그의 『探玄記』 제1에서 말한다. 지금은 그것을 분명히 가리지 않은 채 이대로 둔다.

9) 表員, 「華嚴經文義要決問答」.

10) 이 二教는 主, 處, 衆, 說이 異하다고 주장한다. 전자는 釋迦化身이 主인데 후자는 舍那十身이 主요, 전자는 娑婆木樹가 處인데 후자는 華藏寶樹가 處요, 전자는 地前菩薩·二乘凡夫가 衆이나 후자는 十地菩薩衆이 衆이요, 전자는 局處之說인데 후자는 通方之說이라 한다.

(22) 도선(道宣, 596-667)의 삼관교(三觀教)

① 성공교(性空教) … 소승을 위한 諸法性空無我의 교

② 상공교(相空教) … 소보살을 위한 諸法本相是空의 교

③ 유식교(唯識教)… 대보살을 위한 諸法外塵本無實의 교

C. 원효와 그 이후의 교판

(23) 원효(617-686)의 사교(四教)

① 삼승별교 (三乘別教)… 如四諦教 緣起經 등

② 삼승통교 (三乘通教)… 如般若教 深密經 등

③ 일승분교(一乘分教) … 如瓔珞及 梵網經 등

④ 일승만교(一乘滿教) … 華嚴經 普賢教

三乘共學 名三乘教 於中 未明法空 名別相教
通說法空 是爲通教
不共二乘 名一乘教 於中 未顯普法 名隨分教
窮明普法 名圓滿教[11)]

(24) 규기(窺基, 632-682)의 삼교팔종(三教八宗)

• 삼교(三教)

① 유교(有教) … 제 아함 등의 소승교

② 공교(空教) … 삼론, 반야 등

③ 중도교(中道教) … 화엄, 심밀, 법화 등

• 팔종(八宗)

① 아법구유종(我法俱有宗) … 독자부(犢子部) 등

② 유법무아종(有法無我宗) … 살바다부(薩婆多部) 등

③ 법무거래종(法無去來宗) … 대중부(大衆部) 등

④ 현통가실종(現通假實宗) … 설가부(說假部) 경부(經部) 등 및 성실론

⑤ 속망진실종(俗妄眞實宗) … 설출세부(說出世部) 등

---

11) 이 기록은 그의 『華嚴經疏』 중에 있던 것으로서 表員의 「華嚴經文義要訣問答」에 인용된 것이나 많이 散佚되고 일부만 남아 있는 현존 疏 중에는 이 글이 없다. 그리고 그의 교판에 얽힌 제 견해들은 이 짧은 글에 실을 수 없으므로 생략하지 않을 수 없다.

⑥ 제법단명종(諸法但名宗) …일설부(一說部) 등
⑦ 승의개공종(勝義皆空宗) … 반야 등 경, 중(中)·백(百) 등 논
⑧ 응리원실종(應理圓實宗) … 법화 등 경, 무착소설중도교(無著所說中道教)

(25) 법장(法藏, 643-712)의 오교십종(五教十宗)

• 오교(五教)		• 십종(十宗)
① 소승교		① 아법구유종(我法俱有宗)
		② 법유아무종(法有我無宗)
		③ 법무거래종(法無去來宗)
		④ 현통가실종(現通假實宗)
		⑤ 속망진실종(俗妄眞實宗)
		⑥ 제법단명종(諸法但名宗)
② 대승시교(始教)	…	⑦ 일체개공종(一切皆空宗)
③ 대승종교(終教)	…	⑧ 진덕불공종(眞德不空宗)
④ 대승돈교(頓教)	…	⑨ 상사구절종(相思俱絶宗)
⑤ 대승원교(圓教)	…	⑩ 원명구덕종(圓明具德宗

그는 따로 4종(四宗)의 판(判)을 내고 있어 아울러 고구(考究)할 필요가 있다.
① 유상종(有相宗, 隨相法執宗) … 소승
② 무상종(無相宗, 眞空無相宗) … 반야 및 중론
③ 법상종(法相宗, 唯諸法相宗) … 심밀(深密) 및 유가(瑜伽)
④ 실상종(實相宗, 如來藏緣起宗) … 능가, 밀엄(密嚴), 기신(起信) 보성(寶性)

(26) 정법사(靜法寺) 혜원(慧苑, 연대 미상)의 사교(四教)
① 미진이집교(迷眞異執教) …… 當異生位(외도)
② 진일분반교(眞一分半教) …… 當二乘人(소승)
③ 진일분만교(眞一分滿教) …… 當初心菩薩(得不變而未得隨緣)
④ 진구분만교(眞具分滿教) …… 當識如來藏之根器(不變隨緣二義共具)12)

12) 慧苑의 이 四教는『究竟一乘寶性論』에 의해 세워진 것으로『寶性論』제4에는 다음과 같은 구절이 있다. "有四種衆生 不識如來藏 如生盲人 一者凡夫 二者聲聞 三者辟支佛 四者初心菩薩 謂有全隱全顯 分隱分顯".

(27) 이통현(李通玄, ?-740)의 십종교(十種敎)

① 제1시(時) 소승 ············ 明純有
② 제2시 반야 ············ 破有明空
③ 제3시 해심밀경 ······ 和會空有, 明不空不有
④ 제4시 능가경 ········· 明仮卽眞
⑤ 제5시 유마경 ········· 明卽俗恒眞
⑥ 제6시 법화경 ········· 引權歸實
⑦ 제7시 열반경 ········· 諸三乘으로 하여금 捨權向實하게 함
⑧ 제8시 화엄경 ········· 刹那際에 十世를 統攝, 圓融無始宗, 前後通該
⑨ 공불공교(共不共敎) ······ 三乘等人이 同聞하나 得益이 不同함
⑩ 불공공교(不共共敎) ······ 來會의 機가 各別하나 得益이 同함

(28) 징관(澄觀, 737-833)

법장(法藏)의 십종(十宗) 중 뒤의 4종(四宗)의 이름을 바꿈.

⑦ 삼성공유(三性空有)
⑧ 진공절상(眞空絶相)
⑨ 공유무애(空有無礙)
⑩ 원융구덕(圓融具德)

(29) 종밀(宗密, 780-839)의 오교

① 인천교(人天敎) ┐
② 소승교(小乘敎) ┘ 현수(賢首, 법장)의 우법(愚法)
③ 대승법상교(大乘法相敎) ┐
④ 대승파상교(大乘破相敎) ┘ 현수의 시교(始敎)
⑤ 일승현성교(一乘顯性敎) ······ 현수의 종(終)·돈(頓)·원(圓)의 동교일승(同敎一乘)

이상은 『화엄원인론(華嚴原人論)』 소설(所說)이나 그의 『선원제전집도서(禪源諸詮集都序)』(卷上의 2)에는 다음과 같은 삼교의 주장이 있어 아울러 검토하여야 한다.

① 밀의의성설상교(密意依性說相敎)
　i 인천인과교(人天因果敎) ·············· 인천교(人天敎)

ii 설단혹멸고락교(說斷惑滅苦樂教) … 소승교(小乘教)
iii 장제파경교(將諸破境教) …………… 대승법상교(大乘法相教)
② 밀의파상현성교(密意破相顯性教) …… 대승파상교(大乘破相教)
③ 현시진심즉성교(顯示眞心卽性教) …… 일승현성교(一乘顯性教)

Ⅲ. 교판사(教判史)상에 나타난 몇 가지 특징

위에 열거한 역대 제가의 교판을 자세히 관찰해 보면 다음과 같은 몇 가지 특징을 간취할 수가 있다.

(1) 모든 교판가들은 여래 일대의 설법 내용을 대·소 이승(二乘), 성문·보살의 이장(二藏), 권(權)·실(實) 이교(二教), 반(半)·만(滿) 이교(二教), 점(漸)·돈(頓) 이교(二教), 일분(一分)·구분(具分)의 이교(二教)로 크게 둘로 나누는(二大分) 정통적인 구분에서부터 출발하고 있다. 이것은 불교가 인도로부터 중국에 소개된 시초부터 이미 알려져 있던 구분방식이었다. 다만 중국에서의 교판은 이것을 더 세분화하는 독특한 방안을 고안해 내게 된 것이다. 굴곡교(屈曲教)·평등교(平等教) 이교(二教)의 구분 같은 것은 독창적인 것이며, 점돈(漸頓)이 세분화되어 소승·점·돈·비밀(秘密)·부정(不定)·원(圓) 등으로 다단화한 것도 불교 교학의 중국적인 전개를 의미한다.

원효의 삼승·일승의 구분방식, 그리고 다시 그것을 별(別)·통(通)·분(分)·만(滿)으로 구분한 방식은 한편으로는 전거에 충실하면서도 한편으로는 불교의 중국적 전개의 조류에 순응, 자기대로의 독창성을 발휘한 구분방식이라고 할 수가 있을 것이다. 삼승, 일승의 구별은 확실히 단순한 대·소의 구분이나 성문·보살 등의 구분방식을 능가한 포괄적이며 정확한 구분방법이며, 권·실의 『법화경』적 인식수준을 넘어서서 일승의 진면목을 안 그의 안식(眼識)을 반영하는 것이다.

원효가 삼승별교·삼승통교란 표현을 쓴 것은 강남삼가(江南三家)의 하나인 혜관(慧觀)의 영향을 받은 것이 분명하고, 분교·만교란 표현을 쓴 것은 담무참(曇無讖)의 반(半)·만(滿), 또는 내려와 지의(智顗)의 장(藏)·통(通)·별(別)·원(圓)이라고 한 것을 독창적으로 개정한 것임이 틀림없을 것이다. 법장은 교리상의 다른 많은 것을 원효에게서 배웠으면서도 이 명칭은 그대로 따지 않고 도리어 지의류의 표현을 좇아 시(始)·종(終)·돈(頓)·원(圓)의 호칭을 했는데, 그의 제자 혜원은 도리어 원효의 것을 본받는 방향으로 간 것이 흥미로운 일이다.

(2) 교상(敎相)의 호칭, 그 종류 등을 중심으로 교판의 계보를 보면 지의(智顗) 이전에는 대개 두 개의 뚜렷한 계열이 엿보인다. 하나는 축도생(竺道生)을 점류(漸流)로 하는 혜광(慧光), 대연(大衍), 자궤(自軌), 안름(安廩)의 라인이고, 또 다른 하나는 급법사(笈法師)에서 종애(宗愛), 혜관(慧觀), 유규(劉규)로 내려오는 라인이다. 전자는 ① 인연(因緣), ② 가명(假名), ③ 광상(誑相) 또는 부진(不眞), ④ 상(常) 또는 진(眞)의 사종(四宗)이 골간이 되고 있고, 후자는 ① 유상(有相), ② 무상(無相), ③ 상주(常住)의 삼교(三敎)를 골간으로 하고 있는 것이다. 이 두 개의 라인은 급다(笈多)에 이르러 절충적으로 통합되는 것 같은데, 그것을 더욱 과감하게 재구성한 것이 지의이다. 다 아는 바와 같이 지의는 천태종을 창시한 사람으로서 그의 교판은 『법화』, 『열반』의 우위성을 인정하려는 주견(主見)을 반영하고 있다. 천태 지의 이후 길장(吉藏), 진제(眞諦), 현장(玄奘), 규기(窺基), 법장(法藏) 그 모두가 제각기 종파적 의도를 가진 사람이었던 만큼 지의의 경우와 마찬가지로 그들의 교판은 상당히 독창적 성격을 띠고 있고 계보가 성립되지 않는 점이 있으나, 우리는 그렇다고 그 교판들이 반드시 객관적이며 정당하다는 평가는 내릴 수가 없다고 믿는다.

오늘날 발전된 불교학의 연구 성과에 비추어 지난날 역대 교판가들이 내놓았던 의견을 검토해 보면, 지의 이전의 대부분의 경우 『화엄』의 중요성을 인정하지 않았던 교판가는 거의 없었으나, 지의 이후 전술한 제종(諸宗)의 종조(宗祖)적 입장에 있었던 사람들이 본 가장 중요한 경전은 매양 달라지고 있는 것이다. 지의는 『화엄』의 중요성을 인정하지만 실질적으로는 『법화』와 『열반』을 더 전면에 내세웠고, 길장도 『화엄』의 중요성을 인정하면서도 『법화』를 전면에 내세웠고, 현장은 『화엄』을 거론치도 않고 『해심밀경』을 앞에 놓았고, 규기는 『해심밀경』을 『법화』, 『화엄』과 동열에 놓고 있다.[13] 이러한 사정에 비추어 볼 때 '십문화쟁(十門和諍)'과 '귀일심원(歸一心源)'을 부르짖은 소성거사(小性居士) 원효의 입장은 결코 치우침이 없는 공평무사한 것이었다는 점이 다시금 분명해진다. 이제 그 점을 더 자세히 이해하기 위하여 제가의 교판에 있어서 주요경전들이 어떻게 평가되고 있는가에 대해 고찰해 보기로 하자.

(3) 제가(諸家)의 교판에 예시된 경전 이름을 그들의 열거순서에 따라 적기해 보면 다음과 같다.

---

13) 여기에 眞諦도 玄奘과 같은 주장을 한 것으로 되어 있는데, 이것은 앞서 보아온 바 있듯 이 唯識家에서 眞諦의 이름까지 써 가면서 그들 교의의 탁월성을 휜전하려 하여 조작한 것이 아니었을까 하는 의심이 있으므로 언급하지 않았다.

	1	2	3	4	5	頓 教
道生(四法輪)	小乘	般若	法華	涅槃		
慧觀(二教五時)	小乘	般若	維摩, 思益	法華	涅槃	華 嚴
劉虯(二教五時)	五戒	四諦, 十二因緣	六波羅蜜 無量義經	法華	涅槃	華 嚴
慧光(四宗)	雜心	成實	大品, 三論	涅槃, 華嚴		
大衍(四宗)	經部教		般若教	華嚴, 涅槃		
自軌(五宗)	經部教		般若教	涅槃	華嚴	
安廩(六種教)	小乘	小乘	般若	法華	涅槃	華嚴또는大集
笈多(四教)	四阿含等	般若	楞伽經等	華嚴		
智顗(五時八教)	華嚴	鹿苑	方等	般若	法華, 涅槃	
吉藏(三法輪教)	華嚴	四諦法輪	法華			
眞諦(三法輪教)	阿含	般若等經	解節等經			
玄奘(四時法輪教)	鹿林	般若	深密等			
波頗蜜多羅(五教)	阿含 등	般若等	華嚴經	涅槃等	大集等	
江南印法師(二教)	釋迦經 如 涅槃 등	舍那經如華嚴經				
元曉(四教)	四諦教, 緣起經 등	般若教, 深密經 등	瓔珞及梵網經 등	華嚴經, 普賢教		
窺基(三教八宗)	阿含 등	三論 般若 등	華嚴, 深密, 法華 등			
法藏(五教十宗)	小乘	般若 及 中論	深密及瑜伽	楞伽, 密嚴, 起信, 寶性	華嚴	
慧苑(四教)	外道	小乘	初心菩薩	如來藏之根器		
李通玄(十種教)	小乘, 般若	深密, 楞伽	維摩, 法華	涅槃, 華嚴		
宗密(五教)	因果理, 五戒, 十普, 四禪八定	我空理	唯識所變理	一切皆空理	自心卽是 本空理	

우리는 위의 표를 통하여 다음과 같은 몇 가지 문제점을 제기하게 된다.

① 도생(道生)은 왜 『화엄』을 언급하지 않았는가? 그 대답은 간단하다. 그는 아직 시기적으로 『화엄』을 충분히 검토하고 이해할 만한 시대에 살지 않았다.

② 혜관은 왜 『사익경(思益經)』을 중시하였는가? 혜관의 견해를 좇은 사람에 제법사(濟法師)와 대량(大亮)이란 전기 미상의 사람이 있다. 그러나 그 이후 『사익경』은 그렇게 크게 문제될 것이 아님이 밝혀졌다. 이상의 사실들은 초기의 교판이 아직 충분한 불전 이해 위에서 이루어지지 않았음을 입증하는 것이다.

③ 혜관이 『유마경』을 중시한 것은 이통현(李通玄)에 의하여 계승되었다. 그것은 분명히 하나의 탁견이었다.

④ 혜광(慧光)과 대연(大衍)은 『열반』과 『화엄』을 동열에 놓고 있다. 그러나 이것은 아무에게도 승인받지 못하고 말았다. 또한 그들은 한결같이 『법화』의 중요성을 간과하고 있었다. 그것이 자궤(自軌)에까지 계승되었다.

⑤ 급다(笈多)는 『능가경』을 중시하여 나중에 원효, 법장, 혜원(慧苑), 이통현 등의 지지를 받는다. 그러나 그는 『법화』, 『열반』 등을 어떻게 평가했는지 알 수 없다.

⑥ 지의는 『화엄』을 중시하는 척하면서 사실은 『법화』와 『열반』을 더욱 앞세웠으며, 길장은 『열반』을 간과하였다.

⑦ 현장의 교판은 『심밀(深密)』(해심밀경) 위주의 편파적인 것이었음이 드러났다.

⑧ 바파밀다라(波頗蜜多羅)는 『대집(大集)』의 우위성을 주장하는 편견을 노출시키고 있다.

⑨ 강남 인법사(印法師)의 교판은 너무나 『화엄』 중심적인 과장이다.

⑩ 원효의 교판의 한 특색은 『해심밀경』을 『반야경』과 동열에 놓고 그것보다도 우위에 『영락(瓔珞)』과 『범망(梵網)』 등 대승 윤리의 전거를 놓았다는 점이다. 『해심밀경』을 『반야』와 동열에 놓는 이유에 대하여는 그가 『기신론소』와 『별기』에서 이미 충분히 천명한 바가 있다.14) 그리고 마명(馬鳴)의 『기신론』은 그 소의(所依)인 『능가경(楞伽經)』, 그 동계서(同系書)인 『보성론(寶性論)』 등과 함께 그 상위에 위치하는 것임을 밝힌 바가 있다. 이것은 원효의 지대한 학적 공적이다. 그와 동시에 『영락경』, 『범망경』을 『기신론』 등 여래장사상 계통의 논서와 동등하게 중시한 것은 그가 단순한 학문적 관심에서가 아니라 불교를 실천도로서 중시하였다는 것을 입증하는 것이다. 『화엄경』을 말하면서 보현교(普賢敎)라고 명기한 것이 또한 같은 뜻을 가지는 것이다.

⑪ 규기의 교판은 『화엄』, 『심밀』, 『법화』를 한데 묶은 한 가지 사실만 보더라도 불성실한 것임을 알게 한다.

⑫ 법장 이하 중국 화엄종의 조사들은 형식적 절차를 밟지 않은 원효의 제자들이다. 그러나 그들은 종(宗)에 얽혀 스승의 본지(本旨)를 잘 소화시켜 섭취하지 못한 느낌이 든다. 법장의 5종은 『심밀』과 『유가』에 한 고위의 자리를 제공한 결

---

14) 『起信論別記』에서 원효는 다음과 같이 말하고 있다.

其爲論也 無所不立 無所不破.

如中觀論十二門論等 徧破諸執 亦破於破 而不還許能破所破 是謂往而不徧論也

其瑜伽論攝大乘等 通立深淺判於法門 而不融遣自所立法 是謂與而不奪論也

今此論者 旣智旣仁 亦玄亦博 無不立而自遣 無不破而還許 而還許者 顯彼往者往極而徧立 而自遣者 明此與者窮與而奪 是謂諸論之祖宗 羣諍之評主也 (『元曉思想』, pp. 51-52; 불연전집 『원효사상』, pp. 59-60)

과 생긴 확대일 뿐 의미가 없다. 그가 『능가』, 『밀엄(密嚴)』, 『기신』, 『보성』 등을 『영락』과 『범망』 대신에 표면에 내세운 것은 역시 실천보다도 학식에 중점을 둔 그 사람됨의 반영이라고 보아야 할 것이다. 이통현이 5교를 다시 10교로 확대한 것도 반드시 발전이라고만 할 수 없는 면이 있다. 그것은 역시 지나친 세분이며 확장이다.

Ⅳ. 교판사(教判史)상의 원효

교판사(教判史)상에 나선 최초이자 유일한 한국인, 그가 원효이다. 그는 바른 교상판석을 하기에 가장 적합한 시기에 태어나 가장 공평한 판석을 내린 세계 불교 사상사의 공로자이다. 그는 종파성을 벗어난 객관적 위치에서, 그러나 가장 깊이 불교의 진수를 체득한 입체적 입장에서 응병여약(應病與藥)하신 불타의 교법을 옳게 평가하였다. 그는 어느 특정한 하나의 경이나 율이나 논에서가 아니라 모든 사람들이 오직 자기 자신의 일심의 원천에로 환귀(還歸)하기를 염원하는 뜻에서 교판을 내렸다.

그의 교판의 기준은 ① 법이 공(空)함을 아직 깨닫지 못하고 있는가, ② 법이 공함을 설하고 있는가, ③ 보법(普法)을 아직 드러내지 못하고 있는가, ④ 보법을 아주 충분히 밝히고 있는가 하는 데에 있었다.[15] 그리고 그는 이에 따라 별상교(別相教), 통교(通教), 수분교(隨分教), 원만교(圓滿教) 등의 구별을 하였고, 사람들이 일승의 길로 들어서게 되기를 바라는 중생제도의 방편으로서 교상을 판석한 것이다. 그의 판석은 선행한 중국의 불교사상가들의 오류나 결함을 시정하는 데 도움이 되었고, 특히 중국 화엄사상가들에게는 중요한 계도적인 의의를 가지는 것이 되었다. 그러나 원효는 논쟁이나 또는 종파 형성의 이론적 준비로서 교판을 내놓은 것이 아니었다. 오히려 반대로 원효의 교판은 팔법문(八法門)의 화쟁(和諍)을 위한 데에 목적이 있었으며, 종파를 초월하여 일심의 원천에서 융회(融會)하게 하는 데에 목적이 있었던 것이다.

그리하여 원효의 교판은 한역 불전에 근거한 동양 전역에서의 불교문화, 불교예술, 불교신앙 생활 전반에 걸친 골간을 구축하는 데 있어서 중대한 기여를 했음이 틀림이 없다. 무엇보다도 『기신론』의 발굴을 비롯하여 『범망경』, 『영락경』 계통의 대승보살 윤리사상의 전파가 그의 교판에 따라 확고히 준비되었으며, 화엄적 사고방

15) 보법(普法)에 관하여는 表員의 「화엄경문의요결문답」에 긴 설명이 있는데, 요컨대 두루 모든 것과 관계를 가지되 원융무애하게 이익을 주는 생활원리를 말하는 것이다.

식이 종(宗)의 구성을 통해서건 아니건 널리 동양인들 사이에 보급된 것이 그의 명쾌한 교상판석의 덕택이라고 해야 할 것이다. 더 나아가 사변적이요, 추상적인 논의보다도 현실생활에 즉(卽)하여 심성을 함양하여 무애자재(無礙自在)한 생활태도를 가지고 살게 하는 선풍(禪風)의 조성이 또한 그 연원을 원효의 교판에서 찾아야 한다고 해도 결코 과언은 아닐 것이다. 왜냐하면 원효가 가리키는 곳은 바로 일심이었고, 그것을 지향하는 선종의 형성에 원효가 중시한 『화엄』은 중대한 초석 구실을 했던 것이 사실이기 때문이다.

• 단국대학교 주최 동양학 학술회의에서 발표; 霞城 李瑄根博士 古稀紀念『韓國學論集』(1974)에 게재

경전 인용에 나타난 원효의 독창성

Ⅰ. 서언

우리는 지금까지 원효의 현존 저술을 개별적으로 검토하면서 그 사상의 윤곽을 파악하는 노력을 계속해 왔다. 지금 시도하는 작업은 보다 광범하게 원효의 저술을 전체적으로 통관하면서 그 사상적 특성을 하나의 구체적 증거로서 더욱 선명하게 이해해 보고자 하는 목적을 가지고 있다. 그것은 필자가 오래전부터 시작은 했으나 끝을 못 맺고 있던 숙제로서 원효의 저술 속에 나타난 경전 인용의 실태를 검토해 보는 일이다.

모든 불교사상가들은 경·율·논 삼장에 대한 그 나름대로의 주소(註疏)를 다는 것을 일차적인 임무로 생각해 왔다. 그리고 그 주소에 있어서는 반드시 증의(證義)가 필요했던 것이므로 자연히 경전을 인증하는 것은 모든 주소가의 중요한 과제가 아닐 수 없었다. 수많은 불교문헌들 중에서 어느 것을 인용하느냐 하는 것은 그 주소가의 사상경향을 드러내는 결과가 된다. 그 사상경향이란 요컨대 그 사람 자신의 불교 이해의 경향이다. 어떤 사람의 사상을 알기 위해서는 그가 쓴 책을 보는 수밖에 없다. 특히 경전을 중심으로 공부한 불교사상가의 경우에는 그가 어떠한 종류의 경전에 더 많은 관심을 표시했느냐 하는 그 사실부터가 중요하다. 우리는 이 문제에 대하여 이미 개괄적이지만 앞서 언급한 바가 있다.[1)]

---

1) 졸저, 『元曉思想』 및 『금강삼매경론』 해제 참조.

원효가 가장 탁월한 교판을 내렸고 그 교판에서 『화엄경』의 정신을 가장 높이 평가하고 그 우주관, 세계관에 서서 여래장사상을 고취하고 인간의 현세적 실천윤리를 강조하였다는 사실, 그리고 이 여래장사상이 바로 반야와 유식의 두 가지 대승철학의 바탕 위에서 비로소 정립되었다는 중대한 진리를 밝힌 사실, 그리고 또 모든 교설이 비록 심천(深淺), 광협(廣狹)의 차이는 있을망정 회통적인 입장에서 이해되어야 한다고 강조한 사실은 매우 중대한 의의를 가진다.2)

우리는 이제 그의 그러한 교판에 관한 언명이 실제로 그의 저술상에 어떻게 반영되었나 하는 것을 보자는 것이다. 그리하여 우리는 현존하는 그의 저술 중 대표적인 19개 문헌에 인용된 모든 구절을 검토하고 그 인용문헌을 분류해 보고, 또 그 인용구절의 내용을 원전과 대조하여 그 원전을 확인하고, 나아가 그 내용이 원효의 사상에 얼마나 중요한 영향을 끼쳤는가 하는 것을 보자는 것이다.

물론 이러한 작업에 있어서는 인용횟수를 계산함에 있어서 공연히 반복하지 않도록 신중한 배려를 해야 할 필요가 있다. 그리고 어떤 하나의 인용이 반증을 위한 것인가, 인증을 위한 것인가를 가려야 할 필요도 생긴다. 어떠한 인용은 매우 결정적인 중요성을 띠는 것이 있고, 또 어떤 다른 인용은 부차적인 것도 있다. 이것을 일일이 도표상에 표시하면 너무나 번거로울 우려가 있다. 그것은 도표를 읽고 해석할 때에 고려할 문제이다. 그러자면 적어도 우리는 인용구를 추출해서 언제나 참조할 수 있게 해 두어야 한다. 그리하여 우리는 이 논문의 말미에 필요한 주요 인용구를 수록하기로 한다.

우리는 이 연구에서 먼저 원효의 현존 저술에 나타난 경전 인용의 전반적인 상황을 알아보고자 한다. 우리가 각 저술별로 조사한 인용문헌 및 그 인용횟수를 도표로 구성해 본다. 그 도표는 가능한 한 간략하게 그러나 의미 있게 분류되도록 할 것이다.

인용문헌의 명칭은 매번 일정하지가 않다. 그리고 원효가 인용한 문헌이 과연 현존하는가 안 하는가, 그리고 동명이본(同名異本)이 많은 경우 과연 어느 것이 원효 자신이 사용한 문헌인가를 확정할 필요도 있게 된다. 그러한 기술적인 작업도 아울러 진행해 갈 것이다.

그리고 난 뒤에 우리는 두 번째로 도표와 인용구절을 토대로 원효의 사상경향을 알아보는 작업에 들어 갈 것이다.

---

2) 졸고, 「教判史上에 있어서의 元曉의 位置」, 霞城 李瑄根博士 古稀紀念 『韓國學論集』(1974) 참조.

Ⅱ. 현존 저술에 나타난 원효의 경전 인용

1. 도표의 구성

우리는 앞서 말한 바와 같이 원효의 현존 저술 중 19개 문헌에 관해 조사해 보았다. 완본으로 남아 있는 가장 중요한 문헌은 거의 다 망라하였다. 개중에는 완본은 아니지만 중요한 부분이 남아 있는 저술도 들어 있다. 『화엄경소』와 같이 중요한 문헌이지만 그 단편밖에 없는 것은 제외했다. 그 밖에 이름만 전할 뿐 전혀 그 실물을 볼 수 없는 저술이 있다는 것은 아마도 이러한 작업에 있어서 치명적인 타격이 될는지도 모른다.

이 조사대상이 된 현존 저술 중 문제가 되는 문헌을 우리는 다음과 같이 분류해 보았다.[3)]

Ⅰ. 『대승기신론소(大乘起信論疏)』
『대승기신론별기(大乘起信論別記)』
『금강삼매경론(金剛三昧經論)』
『대혜도경종요(大慧度經宗要)』
『법화경종요(法華經宗要)』
『열반종요(涅槃宗要)』

Ⅱ. 『아미타경소(阿彌陀經疏)』
『무량수경종요(無量壽經宗要)』
『미륵상생경종요(彌勒上生經宗要)』
『유심안락도(遊心安樂道)』

Ⅲ. 『범망경보살계본사기(梵網經菩薩戒本私記)』
『보살계본지범요기(菩薩戒本持犯要記)』
『보살영락본업경소(菩薩瓔珞本業經疏)』

Ⅳ. 『이장의(二障義)』
『중변분별론소(中邊分別論疏)』
『판비양론(判比量論)』
『십문화쟁론(十門和諍論)』

---

3) 19개 조사대상 중, 전혀 문헌 인용을 안 하고 있는 「大乘六情懺悔」와 「發心修行章」은 이 리스트에서 제외하였다.

Ⅰ은 주로 원효의 세계관의 전모를 알게 하는 기본적인 언명이 들어 있다고 생각되는 문헌들이므로 일단 이렇게 하나로 묶었다.

Ⅱ는 타력신앙과 관련 있는 문헌들로서 이 문제에 관한 원효의 사상을 아는 데 도움이 된다고 생각되므로 하나로 묶었다.

Ⅲ은 여래장사상에 근거한 원효의 윤리관을 알게 하는 문헌들이다.

Ⅳ는 원효의 깊은 철학적 논의를 담은 문헌들을 엮은 것이다.

원효의 저술을 이렇게 묶어 본 까닭은 저술의 성격의 차이에 따라서 인용경전에 어떠한 차이가 나타나는가 하는 것을 알아보기 위해서이다.

다시 우리는 인용된 문헌들의 분류를 A~K로 시도하였다.

A는 『아함경』들이다.

B는 부파불교시대의 논서들이다.

이 두 가지는 원효가 그 교판에서 삼승별교(三乘別教)라고 지칭하는 속칭 소승의 문헌들이다.

C는 반야불교의 경론들이다.

D는 유식사상의 대표적 전거들이다.

이 두 가지를 원효는 삼승통교(三乘通教)라고 하여 여래장사상의 철학적 기반이 되는 것이라고 보았다.

E는 원효의 교판에 직접 구체적으로 언급은 되지 않았지만 일승을 표방하는 그 취지로 보아 유식과 반야보다는 더 높은 차원의 종교성을 지닌 것으로 간주되어 온 대승경전들이다.

우리는 F에 화엄 계통의 경・논을, 그리고 G에 여래장사상의 경전들을 묶었다. 이 대승경전들이 어떻게 활용되고 있는가를 보기 위한 것이다.

F는 원효가 그 교판에서 일승만교(一乘滿交)라고 하여 가장 높이 평가하는 경전들이요, G는 일승분교(一乘分教)라 하여 화엄보다는 낮은 차원의 사상으로 보지만 인간의 올바른 생활윤리를 제기하는 보살도사상의 기반이 되는 경론이다.

H는 계율에 관한 전적을 묶은 것이다. 여기에는 『십송율(十誦律)』과 『별해탈계경(別解脫戒經)』과 같은 출가 중심의 구족계가 포함되어 있기는 하지만 대부분이 보살계의 전거들이다.

I에는 기타의 잡다한 경・논들을 한데 묶었다. 여기에는 미타신앙과 관계되는 『무량수경』, 『아미타경』 등이 있고, 또 미륵신앙과 관계되는 문헌이 있고, 기타 잡다한 경・논이 망라되어 있다. 그러나 이 잡다한 것 같은 문헌들이 사실은 결코 잡다한 것이 아니라, 한 가지 공통된 이념을 지니고 있는 것은 놀라운 일이다. 원효는 보살도의 해명이라는 입장에서 이 경・논들을 인용하고 있는 것이다.

J는 원효 이전, 또는 원효와 동시대의 중국인 사상가들의 견해를 원효가 어떻게 평가하고 있나 하는 것을 아는 데 있어서 필요한 인용구절들이다.

끝으로 K는 원효 자신의 저술들이다. 여기에는 단연 여래장사상계의 문헌이 많다는 사실이 눈에 띈다.

2. 경전 인용의 실태

A군(群)

『아함경』이 인용된 것은 전후 4회뿐이다. 그중『기신론소』에서 인용하는『증일아함(增一阿含)』의 '聖之力 六種'에 관한 기록과『금강삼매경론』에서 인용하는『잡아함(雜阿含)』의 대공(大空)에 관한 언급, 이 둘 이외의 경우는 모두 부정적인 의미에서『아함』을 언급하고 있을 뿐이다. 원효는『대혜도경종요(大慧度經宗要)』가운데에서『중아함(中阿含)』「본업경(本業經)」에 아직 보살행이 설해 있지 않았기 때문에 지금 미륵 등에게 보살행을 광설(廣說)하기 위해서『대혜도경』을 설하게 된 것이라고 말하고 있다.

또,『법화종요(法華宗要)』에서는『아함경』이 불요의경(不了義經)이며 유상법륜(有相法輪)이라는 타사(他師)의 설을 인용하면서『아함』을 언급했을 뿐이다. 또『미륵상생경종요(彌勒上生經宗要)』에서는『상생경(上生經)』과『하생경(下生經)』,『성불경(成佛經)』의 셋 중에서『상생경』만이 보살장(菩薩藏)에 속하고 다른 둘은 성문장(聲聞藏)에 속하는데, 그 까닭은『장아함』에「성불경」이 있기 때문이라고 한다. 같은 종요에서 또 한번『아함경』에 관한 언급이 있지만 이것 역시 긍정적이라 할 수 없다. 또『판비량론(判比量論)』에서도 4아함(四阿含)에 관하여 언급하나, 이것 역시 육식교(六識敎)로서의 천박성을 입증하기 위한 인용이다.[4]

B군

이 B군의 제론(諸論)을 어떻게 원용(援用)했나 하는 것과 여기에 인용된 문헌이 현존하는 어느 문헌에 해당되는 것이냐 하는 것은 상당히 중대한 관심사가 된다.

『구사론(俱舍論)』의 인용 빈도는 극히 적다. 반면에『대법론(對法論)』은 상당한 수에 달하고 있다. 그러나 이『대법론』은『대승아비달마잡집론(大乘阿毘達磨雜集論)』을 두고 말하는 것이다. 그러므로『대법론』은 B군에 포함시키지 않았다.

---

4) 부록 '인용문구' A 참조.

그러나 『열반종요(涅槃宗要)』와 『미륵상생경종요』에서는 『구사론』이 몇 번 인용되고 있는데, 이 인용구들은 상당히 비판적으로 다루어지고 있어서 주목을 요한다.

『잡심론(雜心論)』은 『잡아비담심론(雜阿毘曇心論)』(僧伽跋摩 등 역)을 가리키며, 인용된 구절들은 그렇게 중요한 의미를 가지는 것들이 아니다.

『가전연론(迦旃延論)』은 '가퇴론(迦退論, 『열반종요』에서)' 또는 '가연경(迦延經,『기신론별기』에서)'이라고 기록되어 있다. 아마도 후자는 후대의 오기가 아닌가 생각된다. 이 논의 원명은 『아비담팔건도론(阿毗曇八犍度論』인데, 가전연자(迦旃延子, 또는 迦多衍尼子, Kātyāyana)가 지은 것이므로 그렇게 불린 설일체유부계의 논서이다. 여기서의 인용도 결코 중대한 의미를 지녔다고는 볼 수가 없다.

『성실론(成實論)』의 인용은 소승에 대한 부정적인 평가의 한 실례이다.

『파사(婆沙)』도 역시 같은 의도에서 인용되었을 뿐이다.

총괄적으로 말하자면 원효의 부파불교 논서의 인용은 부정적이요, 비판적인 입장에서의 인용이다.[5]

C군

『대혜도경종요』는 분명히 『대반야바라밀다경』의 종요(宗要)이다. 원효는 이 경을 '六百有十六分'이라 하고, 앞의 400은 초분(初分)이고, 그 초분 안에 78품이 있다고 하고 있다.[6] 그러나 현존 『대반야바라밀다경』은 600권이고 그 초회(初會)는 79품으로 되어 있어 약간의 차이가 드러나는데, 이것은 과연 무엇을 말하는 것일까?

『법화종요』나 『열반종요』에서도 『대반야경』의 이름은 인용되나 그것은 뚜렷한 구절을 인용한 것이 아니다. 원효는 『열반종요』에서 "『영락경(瓔珞經)』은 육종(六種) 영락을 종(宗)으로 하고 『대반야경』은 삼종(三種)반야를, 그리고 『열반경』은 일대(一大)열반을 종(宗)으로 하므로 그것을 제명(題名)으로 삼았다"고 하였다. 또 그는 『반야경』의 공관(空觀)으로 열반을 보아야 한다는 주장에 대해서도 언급한다.[7]

원효는 결국 600권짜리 『대반야바라밀다경』은 자주 이용하지 않았다. 그가 주로 인용한 『반야경』은 『마하반야바라밀다경』, 즉 『대품반야경』으로 불리는 나집(羅什)역 『이만오천송반야(二萬五千頌般若)』이다. 그러면 원효는 어느 정도로 『대품경』을 이용했던 것일까?

---

5) 부록 '인용문구' B 참조.

6) "此經六百有十六分 在前四百以爲初分 初分之內有七十八品", 『元曉全集』, p. 51a.

7) 『元曉全集』, p. 35a.

『기신론소』와 동 『별기』에서는 『대품경』을 열반과 진여를 밝히는 데 적극적으로 원용하고 있고, 또 『금강삼매경론』에서는 금강삼매의 뜻을 밝히는 데에, 그리고 『보살계본사기(菩薩戒本私記)』에서는 시라(尸羅, 戒)바라밀의 의미를 밝히는 데에 이 경이 원용되고 있으나, 『열반종요』에서는 교판 논의를 소개하는 곳에서 간접적으로 인용되고 있을 뿐이다.[8)]

원효는 『인왕경(仁王經)』을 『대품경』보다도 더 많이 인용하고 있다. 때로는 교판과 관계를 가진 인용도 있으나(『대혜도경』의 경우), 대부분의 인용구들은 수도(修道)의 계위와 관련된 것들이다. 그는 『기신론소』, 『별기』, 『본업경소』, 『이장의(二障義)』 등에서 "복인(伏忍)으로부터 정삼매(頂三昧)에 이르러 제일의제(第一義諦)를 비추어 본다 하더라도 그것을 견(見)이라 하지 않는다"고 하는 같은 구절을 네 차례나 인용하였다. 또 "삼현십성(三賢十聖)은 과보토(果報土)에 머무르고 오직 불(佛) 1인만이 정토에 든다"는 구절을 『무량수경종요』와 『유심안락도(遊心安樂道)』에서 꼭 같이 인용하고 있다. 원효는 다른 곳에서도 동일한 문구를 거듭하여 인용하였다. 그것은 그 문구가 그만큼 그에게 있어서 중요하게 여겨졌기 때문일 것이다.[9)]

그의 『범망경보살계본사기』에서의 언급은 『인왕경』과 『섭대승론(攝大乘論)』 사이의 표면상 다른 주장을 『유가론』으로써 회통시키는 내용의 것으로, 그의 화쟁하는 사상경향을 아는 데 있어서 매우 중요한 자료가 된다.[10)] 원효는 『유마경』을 많이 인용하지 않고 있다.

C군의 문헌 중에서 가장 즐겨 인용된 것은 『대지도론(大智度論)』이다. 원효는 분명히 『지도론』을 『유가론』과 더불어 경전을 이해하는 데 있어서 가장 중요한 관건으로 삼고 있다. 이러한 사실은 그 자신이 『기신론소』에서 언명한 문구를 통해 드러난다. 그는 "불경에 직접 의거해서는 잘 이해할 수가 없으므로 『기신론』 본문에서 무자심력(無自心力)이라고 했다"고 하고, "『지도』와 『유가』 등 논으로 말미암아 불경에서 바로 말하는 의취(義趣)를 알 수 있다"고 하였다.[11)] 그리하여 원효는 『기신론』의 경우뿐만 아니라 다른 경의 뜻을 풀이할 때에도 『지도론』을 많이 원용했고, 유가론도 많이 활용했던 것이다.

이 C군의 다른 문헌들은 극히 드물게 인용되고 있을 뿐이나 그렇다고 그 문헌들

8) 부록 B의 1을 참조할 것.

9) 부록 C의 2 (1), (2), (3), (4), (5), (6), (7)을 대조해 볼 것.

10) 부록 C의 2 (14)를 참조.

11) 부록 C의 6 (2).

의 사상이 경시되었다고는 볼 수 없다. 『광백론(廣百論)』의 경우에는 『기신론소』에서 인용된 같은 구절이 『대혜도경종요』에서도 인용되고 있다.12)

원효는 『기신론별기』의 첫머리에서 『중관론(中觀論)』과 『십이문론(十二門論)』 등을 평하여 "제집(諸執)을 두루 파(破)하고 또 파한 것 까지도 파하여 능파(能破)와 소파(所破)를 다 허락하지 않기 때문에 일방적으로 보내기만 하고 두루 미치지 않는 논"이라고 하였다. 그리고 한편 『유가론』과 『섭대승론』 등에 대하여는 "깊고 얕은 차이를 주장하고 법문을 판단하되 그냥 그 차이를 무시해 버리는 것이 아니라 자기 나름으로 주장하는 바가 있다. 이는 주기만 하고 빼앗지 않는 논이라 할 수 있다"고 하였다.13)

『중관론』 및 『십이문론』에 관해서는 『기신론별기』 '술대의(述大意)'에서 교판의 견지에서 언급되었을 뿐, 구체적으로 인용된 예는 『중관론』의 일구(一句)가 『십문화쟁론』에서, 그리고 『십이문론』의 일구가 『이장의』에서 발견되는 것뿐이다.

D군

유식계통의 문헌들이라고 볼 수 있는 D군의 경론 가운데에서 가장 많이 인용되는 것은 『유가론(瑜伽論)』 118회, 『섭대승론』 44회, 『대법론(대승아비달마잡집론)』 41회 등이다. 그러나 『현양성교론(顯揚聖教論)』과 『해심밀경(解深密經)』도 각각 14회, 13회 정도 인용되고 있는 것은 결코 적은 것이 아니다.

앞서도 말했듯이 원효의 교학에 있어서 『유가론』은 지극히 중요한 기반이 되고 있음을 우리는 다시 한번 분명히 확인하게 된다. 그의 모든 저술에 걸쳐 『유가론』은 인용되고 있다. 그러나 이처럼 『유가론』이 많이 인용되었어도 원효가 『유가론』 일변도에 치우쳐 오직 이 논의 주장만을 따르지 않고, 다른 경론과의 대조에서 나타나는 차이를 매번 어떻게 '화회(和會)' 또는 '화쟁(和諍)'할 것이냐 하는 데 주력했다는 것은 매우 주목을 요하는 것이다.14)

이 D군의 문헌 중에서 『유식론(唯識論)』이 원효에 의해서 많이 활용되지 않고 있는 사실은 무엇을 의미하는 것일까? 원효는 『유가론』이나 『섭대승론』에서 『해심밀경』이나 『유식론』과는 다른 어떤 성격을 보고 있던 것이 아닐는지 모르겠다. 아마도 그것은 전자가 가지는 보다 강한 보살행 강조의 성격 때문일 것이다.

---

12) 부록 C의 7 (1), (2).

13) "如中觀論十二門論等 遍破諸執 亦破於破而不還許 能破所破 是謂往而不遍論也 其瑜伽論攝大乘等通立深淺 判於法門 而不融遣 自所立法 是謂與而不奪論也", 『大乘起信論別記』 所引.

14) 예컨대 부록 D의 3 (10), (17), (18), (21), (47) 등을 참조.

E군

『법화경』은 『금강삼매경론』과 『열반종요』에서 중요하게 다루어지고 있는 편이다. 『금강삼매경론』에서는 『법화론』이 『금강삼매경』의 경명(經名)을 『법화경』의 이목(異目)이라고 했다고 한다.[15] 원효는 『법화경』, 『열반경』, 『금광명경』, 『법화론』의 소론(所論)을 자기가 다루는 제 경·논의 논지를 뒷받침하는 자료로 삼고 있다. 우리는 지면의 제약 때문에 본고에서는 E군 이하의 인용 문구를 부록에 수록하지 못하는 아쉬움을 갖는다. 그러므로 부득이 E군 이하의 제 문헌들에 대해서는 극히 중요하다고 인정되는 사항만을 적기하는 데 그쳐야 하겠다. 다만 원효의 『금광명경』 인용에는 몇 가지 문제가 있으므로 이것은 항을 달리하여 다시 논할 것이다.

F군

『화엄경』은 비록 인용횟수는 『유가론』 등에 비해 뒤지지만 거의 모든 저술에 인용되다시피 중시되고 있다. 특히 『보살영락본업경소』에서는 무려 20회나 인용되고 있음에 주의해야 할 것이다. 원효는 현재 『화엄경소』 잔권(殘卷)과 기타 그의 저술 속에 인용된 문구 등으로 보아 진역(晋譯) 60화엄을 주로 사용하고 있었음을 알 수가 있다.[16]

G군

『기신론』에 대한 소와 별기가 『능가경』의 세 본을 많이 인용한다는 사실은 『기신론』이 『능가경』을 소의(所依)로 하는 논이라고 보는 원효로서는 당연히 그럴 수밖에 없는 일이다. 그는 『기신론소』 및 『별기』에서 『능가경』을 세 가지 이름으로 부르고 있는데, 이는 세 가지 이역(異譯)을 지칭하는 것이다. 다만 『금강삼매경론』, 『열반종요』, 『보살계본사기』, 그리고 『본업경소』, 『이장의』 등에서는 단순히 『능가경』이라고 했는데, 그것이 정확히 무엇을 의미하는지는 좀더 검토해 보아야 한다. 주로 그가 4권경과 10권경을 많이 이용하고 있는 데 비추어 볼 때, 아마도 이 두 가지 역본을 지칭하는 것이 아닌가 한다. 4권경이란 구나발타라(求那跋陀羅) 역 『능가아발다라보경(楞伽阿跋多羅寶經)』 4권을 의미하고, 10권경이란 보리유지(菩提留支)

---

15) "如彼論中 判此經名 卽爲法華經之異目", 『高麗大藏經』 影印本(동국대학교, 1958), p. 15.

16) 그의 『華嚴疏』 殘卷은 晋譯本 「如來光明覺品」을 토대로 한 것이다. 또 『기신론별기』에 인용하는 『華嚴經』 偈는 晋譯 권7 「菩薩雲集妙勝殿上說偈品」 제10에 나오는 문구 그대로이다. 즉 "牟尼離三世 相好悉具足 於住無所住 法界悉淸淨 因緣故法生 因緣故法滅"(T.278, p. 442b)이 80화엄에서는 다음과 같이 되어 있다. "牟尼離三世 諸相悉具足 住於無所住 普遍而不動 我觀一切法 皆悉得明了"(T.279, p. 81c).

역 『입능가경(入楞伽經)』 10권을 의미한다. 그는 실차난다(實叉難陀) 역의 『대승입능가경(大乘入楞伽經)』 7권을 알지 못했었다.[17)]

G군의 문헌들 중에서 원효가 매우 중시한 경은 『승만부인경(勝鬘夫人經)』이다. 그 인용횟수도 많지만, 이 경이 원효의 모든 저술에 중대한 영향을 미치고 있다는 사실을 우리는 묵과해서는 안 된다. 이 경은 『부증불감경(不增不減經)』, 『무상의경(無上依經)』, 『기신론』, 『불성론(佛性論)』, 『보성론(寶性論)』, 『장엄론(莊嚴論)』 등과 함께 여래장사상의 바탕이 되고 있음을 우리는 이미 다 알고 있다.

『점찰선악업보경(占察善惡業報經)』은 그 하권에서 거의 『기신론』의 사상을 그대로 담고 있어 G군에 묶어 두었다. 전반적으로 우리는 이 G군의 제 문헌을 원효가 어떻게 활용하고 있는가 하는 것을 더 깊이 연구해야 할 것이다.

H군

이 군의 문헌 중 『보살영락본업경』은 가장 우리의 관심을 끄는 경이다. 실상 이것은 원효가 그의 보살윤리관을 정립하는 데 크게 기여한 대승의 율서(律書)이다. 물론 원효는 이 경의 내용테두리에 머무르지는 않았지만, 적어도 중요한 기본윤곽을 여기서 발견했음이 분명하다. 우리는 여기서 『사분율(四分律)』 등의 이름을 넣지 않았으나, 그것은 구체적으로 어느 문구를 인용한 것이 아니기 때문이며, 그렇다고 원효가 그것을 무시한 것은 아니다. 다만 그것을 구태여 인용할 필요를 느끼지 않았기 때문이라고 보아야 한다.

I군

여기에 열거된 원효 인용의 경・논 리스트는 대장경 속에서 원효가 이것들을 선택한 그 의도를 엿보게 하는 의미를 지닌다. 우리는 그 모든 경의 하나하나의 성격을 새삼스럽게 소개하지는 않을 것이다. 이 가운데에는 원효가 주석(註釋)의 기술상 원용하게끔 된 문헌도 있지만, 대부분은 그가 공명(共鳴)하는 사상의 내용 때문에 이들을 선택한 것이라고 보인다. 우리는 여기에 아직 많은 다라니경이 등장하지 않은 사실을 중시하며, 또 이 리스트에 많은 소승 경전들이 자리잡지 못한 사실도 중시한다.

J군

여기에 인용된 중국 법사들의 소설(所說)은 열반의 의미에 관련된 논의들이다.

---

17) 實叉難陀가 이 경을 번역한 것은 원효가 입적한 후인 700-704년 사이의 일이다.

그러나 우리는 이 법사들이 다 교판에 깊은 관심을 표했던 사람이라는 사실을 상기한다면 원효는 그들의 소설에도 통효하고 있었음을 추측할 수 있다.

K군

원효는 그의 주저(主著)라고도 볼 수 있는 『기신론소』와 『별기』 및 『금강삼매경론』에서, 그리고 『열반종요』에서 자세한 설이 『이장의(二障義)』 속에 있다고 언급하고 있다. 이러한 사실은 그가 얼마나 『이장의』에 힘을 기울였나 하는 것을 잘 알게 한다. 그리고 이 K군의 원효 자신의 저술 리스트에 『능가경』 관계 저술이 세 가지나 나타났다는 사실은 그가 『능가경』을 중시한 정도를 알게 한다.

Ⅲ. 경전 인용에 나타난 원효의 독창성

1. 『기신론』과 원효, 중국 주소가(註疏家)의 비교

우리는 원효가 『기신론』에 대한 획기적인 주소(註疏)를 냄에 있어서 중국의 주소가 두 사람의 저술과의 관계를 간과할 수가 없다. 그 하나는 정영사(淨影寺) 혜원(慧遠, 523-592)의 『기신론의소(起信論義疏)』 4권이요, 또 다른 하나는 법장(法藏, 643-712)의 『기신론의기(起信論義記)』 5권이다. 원효가 혜원으로부터 어떠한 영향을 받았는지 구체적인 사실은 모르지만, 원효는 적어도 『기신론』에 대한 연구를 진행하면서 혜원의 의소(義疏)를 보았으리라고 보는 것이 타당하다. 한편 원효의 『해동소(海東疏)』가 법장에게 많은 영향을 주었다는 사실은 이미 정설이다.

우리는 위의 작업에서 나타난 원효의 경전 인용의 실태를 혜원과 비교해 보고, 혜원과 원효의 차이, 원효의 독창성을 발견한다(p.449 나오는 도표를 참조할 것). 원효는 혜원이 아직도 탈피하지 못하고 있는 『성실론(成實論)』 존중의 경향에서 벗어나고 있다. 그리하여 원효는 보다 광범히 반야부 불전을 원용하였다. 특히 원효가 『인왕경』에 많은 관심을 표한 것은 특이한 일이다. 뿐만 아니라, 원효는 한걸음 나아가 D군 경전의 중요성을 발견했다. 이것은 혜원(慧遠)이 전혀 모르던 일이다. 법장은 줄곧 원효의 흉내만을 냈고, 그대로 베끼다시피 했다.

혜원이 『화엄』을 중시한 것과 원효가 그리했던 것과는 아주 같은 경향이다. 역시 이러한 원효의 사상 경향을 법장은 그대로 받아들였던 것이다. 또 혜원은 G군의 경전에서 『승만경』의 중요성을 알았으나, 『능가경』이 보다 더 중요한 『기신론』의 소의(所依)라는 사실에는 눈이 가지 않았던 것 같다.

		慧遠	元曉	法藏
A	阿含		1	1
B	俱舍論	2		
	雜心論	1		
	迦旃延論		1	1
	成實論	5		1
	婆沙論	1		
C	小品經	2		3
	大品經		2	2
	仁王經		5	3
	維摩經	1		1
	文殊般若經		1	
	大智度論	4	4	3
	廣百論		1	1
	中論		1	4
	十二門論		1	2
	般若燈釋			1
	金剛般若無著論			1
D	解深密經			1
	唯識論	1		3
	瑜伽論		9	10
	對法論		5	4
	攝大乘論		8	23
	顯揚論		1	1
	佛地經論			1
	中邊分別論		1	5
E	法華經	1		
	涅槃經	1	2	
	金光明經		6	3
F	華嚴經	4	7	11
	十地經	1	2	
	十地論	3		8
G	楞伽經	3	14	16
	勝鬘經	13	3	4
	不增不減經			4
	大乘同性經		1	
	無上依經			1
	寶性論	3	2	7
	佛性論			9
	莊嚴論			3
H	梵網經		1	
	地持經	6	1	1
	本業經		5	4

『기신론』과 『능가경』의 관계를 확고히 밝힌 공로는 역시 원효에게로 돌아가야 할 것이다. 이와 함께 『본업경』의 중요성도 비로소 원효에 의해 발견되었다 해도 과언은 아니다. 우리는 『기신론』의 주석에 있어서 나타난 이러한 원효의 독창적 식견이 사실은 그를 불교사(佛敎史)상의 귀아(鬼兒)로 만드는 소치가 되었다고 보는 것이다. 법장에게 만약 원효가 없었다면 그와 같은 식견은 생기지 않았을 것이다.[18]

2. 『금고경』 인용에 있어서 나타난 문제점

원효는 『금고경(金鼓經)』에서 주로 삼신설(三身說)에 관한 교훈을 존중했다. 얼핏 보아 그 인용횟수도 그렇게 많지는 않으므로 큰 영향을 받지 않았을 것 같으나, 가만히 검토해 보면 원효가 『금고경』에 대해 진 빚은 굉장히 많다.

그런데 한 사람이 어떠한 시기에 태어나느냐 하는 것은 매우 중요한 의미를 가지고 있다는 사실을 우리는 원효가 『금강삼매경론』 안에서 『금고경』을 인용하면서 가한 해석상 오류에서 발견한다. 원효가 아는 『금고경』은 두 가지 뿐이었다. 하나는 담무참 역 『금광명경(金光明經)』 4권이요, 또 하나는 여기에 수(隋)나라의 석보귀(釋寶貴)가 진제(眞諦) 역 몇 품을 첨가한 『합부금광명경(合部金光明經)』 8권이다. 셋째의 『금광명최승왕경(金光明最勝王經)』이 의정(義淨)에 의해서 번역된 것은 원효의 멸후 703년의 일이다. 그러므로 원효는 이 『최승왕경』을 몰랐던 것이다. 신역(新譯)을 모름으로 하여 생긴 불필요한 오해가 원효를 독창적인 사고방향으로 몰고 간 것도 사실이지만, 이것은 자신에 넘치는 원효의 태도에도 불구하고 약간 문제가 되지 않을 수 없다.

『금강삼매경론』 첫머리의 제3석(釋) 제목 하에서 원효는 삼매(三昧)를 풀이하는 가운데에, '정(定)'의 이름은 같지 않으니 여덟 가지가 있다고 하고 다음과 같은 차별이 있다고 하였다.

① 三摩呬多(等引)
② 三摩地(等持), 舊云 三摩提
③ 三摩鉢提(等至)
④ 馱演那(靜慮), 舊云 禪那, 持阿那.

---

18) 『卍續藏經』 卷71, pp. 281-309, 368-435 참조.

⑤ 奢摩他(止)

⑥ 心一境性, 舊云一心

⑦ 定

⑧ 正思[19]

그런데 여기서 원효는 어떤 사람은 삼매와 삼마제(三摩提)가 다 등지(等持)로서 다른 것을 가리키는 이름이 아니라고 하는데, 그것은 잘못이라고 단정하고 그 이유를 『금고경』의 10종정(十種定)에 관한 기록에서 발견하고 그 나름대로의 팔종정명(八種定名)의 평가를 내리는 것이다. 이것은 『금강삼매경론』 자체가 매우 중요한 원효의 저술이고, 또 그 서두의 제목풀이에서의 이야기이기 때문에 원효 자신으로서도 상당히 자신을 가지고 한 표명이라는 데에서 문제가 적지 않다. 그에 의하면 삼매(三昧)와 삼마지(三摩地) 또는 삼마제(三摩提, 等持)는 단연 다른 것이다. 그는 8종정(八種定)을 네 가지로 크게 구분하여 관협(寬狹)의 순서로 나누면 다음과 같이 된다고 하였다.

① 정(定)과 등지(等持)가 가장 관(寬)하여, 누(漏), 무루(無漏)에 다 통하고 또 삼계(三界)와 욕계(欲界)의 산란심(散亂心)에 다 통한다. 그 증거로는 육위심소(六位心所)의 별경(別境) 다섯 가운데에 삼마지가 있는데 그것을 또 정(定)이라고도 한 까닭이라고 한다.

② 심일경성(心一境性)과 삼매가 두 번째로 관(寬)하니, 욕계에 통하지만 일향산란심(一向散亂心) 중에는 통하지 않기 때문이다. 반주삼매(般舟三昧)와 욕계계9종심주(欲界繫九種心住)의 심일경성도 역시 욕계방편심에 통하기 때문이라고 한다.

③ 삼마희다(三摩呬多)와 정려(靜慮)는 협(狹)이니 전혀 욕계심에는 통하지 않기 때문이다. 오직 경안(輕安)을 취할 때에만 합윤(合潤)되는 까닭이라고 하였다.

④ 삼마발제(三摩跋提)와 사마타(奢摩他), 이 둘은 최협(最狹)하다고 한다. 사마타는 4종혜행(四種慧行) 가운데의 심일경성(心一境性)이요, 삼마발제는 공, 무상, 무원(無願)의 3삼마지에는 통하지 않는 까닭이라고 한다.[20]

그러므로 금강삼매(金剛三昧)는 두 번째로 관(寬)한 정(定)으로서 욕계에 통하지만 일향산란심에는 통하지 않는 정으로 원효는 보고 있음을 알 수 있다. 이는 보살도를 철저히 산 현실참여의 학승으로서 격에 맞는 발언이라고 아니할 수 없다. 그런 의미에서 그의 독창성을 높이 평가하여야 할 것이다. 그러나 등지(等持)

19) 『高麗大藏經』 影印本, p. 11.

20) 『高麗大藏經』 影印本, pp. 12-13.

와 삼매의 의미 차이에 관하여 원효가 『금고경』을 인용한 것에는 오류가 있다.

원효가 『금강삼매경론』에서 '『금고경』 10종정(十種定)'이라 한 것은 『합부금광명경』 권3에 있는 다음과 같은 구절에 입각한 언급이다.

善男子 菩薩摩訶薩 初發心 名妙寶起三摩提 攝受得生
第二發心 可愛住三摩提 攝受得生
第三發心 難動三摩提 攝受得生
第四發心 不退轉三昧 攝受得生
第五發心 寶華三昧 攝受得生
第六發心 日圓光焰三昧 攝受得生
第七發心 一切願如意成就三昧 攝受得生
第八發心 現在佛現前證住三昧攝受得生
第九發心 智藏三昧 攝受得生
第十發心 首楞嚴摩伽三昧 攝受得生
善男子 是名 諸菩薩摩訶薩十種發心[21]

원효는 이 글을 보고 삼마제와 삼매는 그 뜻의 차이가 있음을 강조하여 다음과 같이 말하였다.

有師說言 三昧之名 及三摩提 只是等持 非是異名 是說不然 所以者何 如金鼓經 十種定中 前三地中 名三摩提 後七地中 名爲三昧 如是二名 若同等持 何由改名 前後異說 又此二名 何由不同 若由方俗異故不同者 不應一處 俱說二名 若由傳者 前後故異者 不應一本 有此二名 如三摩提及三摩地此由前後傳者不同故其是同 灼然可見 三昧之名 與三摩提 同在一本 何由不異 是故當知 如前說也[22]

요컨대 원효의 주장은 다음과 같다.

삼매(三昧)란 이름과 삼마제(三摩提)는 다 등지(等持)로서 다른 것이 아니다. 이렇게 말하는 사람이 있지만 그 말은 옳지 않다. 왜냐하면 『금고경』 10종정(種定) 중에 전 삼지(前三地)에서는 삼마제라고 하고 후 칠지(後七地)에서는

21) 「陀羅尼最淨地品」 제6, T.664, p. 375a.

22) 『高麗大藏經』 影印本, p. 10.

삼매라고 한 것을 보아도, 이 두 가지 이름이 다 똑같이 등지(等持)라면 어째서 앞뒤에서 이름을 바꾸어 말했겠는가? 또 이 두 가지 이름이 다른 것이라면 무슨 이유로 그런 것일까? 만약 방속(方俗)이 달라서 그런 것이라면 응당 한 군데에 두 가지 이름을 쓰지는 않았을 것 아니냐? 또 그렇지 않고 전하는 사람의 시대가 달라서 그렇다면 응당 한 책 안에 이런 두 가지 이름은 있을 수가 없는 것 아니겠는가?
삼마제와 삼마지는 이것이야말로 전하는 사람의 시대가 같지 않았기 때문에 그렇게 되었지 같은 뜻인 것이 명약관화하다. 그러나 삼매와 삼마제는 같은 책 안에 있는데 왜 다르지 않다는 말인가? 그러므로 앞에 말한 바와 같음을 알아야 할 것이다.

원효는 삼매의 뜻을 이렇게 풀이하였다.

古師說言 彼名三昧 此云正思 今述此說 當文義故 謂在定時 於所緣境 審正思察故 名正思…… 今此金剛三昧 名爲正思察者 無正不正 亡思非思 但爲別於分別邪念 又不同於虛空無思 所以强號爲正思耳

이에 비해 삼마제는 등지(等持)의 뜻으로 위의 삼매보다는 더 넓은 뜻을 가진 것으로 보고 있다. 즉 그는 '等'을 "遠離惛沉掉擧之偏 故名爲等"이라 하고 "能制持心令不馳散 故名等持"며 "又定慧平等 令不相離 故名等持"라고 하면서 정(定)과 등지(等持)의 이명(二名)은 "最寬 通漏無漏亦通三界及通欲界散亂心中"이요, 심일경성(心一境性)과 삼매(三昧)의 둘은 "次寬 雖通欲界 不通一向散亂心中"이라 하였다.

위에 『금고경』의 10종정(十種定)이 십지(十地)와 관련이 있는 것은 사실이며, 원효는 『합부금광명경』에 나오는 역어의 차이를 보고 '전 삼지(三地) 중에서는 삼마제라 하였고, 후 칠지(七地) 중에서는 삼매라고 한 것'에 무슨 까닭이 있는 것이라고 믿고 있다. 그러나 오늘날 우리의 범어 지식 및 역경사(譯經史)에 관한 지식에 의하면, 삼마제와 삼매의 원어에는 하등의 차이가 없으며 다같이 samādhi가 그 원어이다. 이것은 범본에서도 증명되는 사실이며, 의정 역 『금광명최승왕경』에서도 입증이 된다. 의정 역 『최승왕경』의 해당부분은 다음과 같다. 이것을 대조해 보면 그 사정이 분명해질 것이다.

善男子 菩薩摩訶薩
最初發心 攝受能生 妙寶三摩地

第二發心 攝受能生 可愛樂三摩地
第三發心 攝受能生 難動三摩地
第四發心 攝受能生 不退轉三摩地
第五發心 攝受能生 寶花三摩地
第六發心 攝受能生 日圓光焰三摩地
第七發心 攝受能生 一切願如意成就三摩地
第八發心 攝受能生 現前證住三摩地
第九發心 攝受能生 智藏三摩地
第十發心 攝受能生 勇進三摩地
善男子 是名菩薩摩訶薩十種發心.[23]

원효는 이 의정 역을 몰랐었다. 그리하여『합부금광명경』에만 의지하다가 그와 같은 빗나간 해석을 내리고 말았던 것이다.

그의 8종정(八種定)에 대한 관협(寬狹) 평가에는 매우 깊은 통찰과 판단의 힘이 번득이는 것을 감지할 수가 있다. 그러나 그 이론적 뒷받침에는 의정 역의 출현으로 말미암아 무언가 석연치 않은 여운을 남기게 된 것이라 하겠다. 우리는『합부금광명경』에 나타난 역어의 차이가 어째서 생겼는지에 대해 단순한 오역 또는 부주의로만 돌릴 수 없는 다른 이유가 있을지도 모른다는 문제를 안고 있다. 또 적어도 지금 우리가 알고 있는 한에서는 '三昧'나 '三摩地'가 다 samādhi의 역어이지만 혹시 특수한 다른 원어가 있었는지도 알 수 없다. 만약 원효가 의정 역『최승왕경』을 볼 수 있었더라면 무엇이라고 했을까? 그것이 궁금하게 여겨진다.

Ⅳ. 결어

우리는 본고를 여기에서 일단 맺어두기로 한다. 박길진(朴吉眞) 박사 수연(壽筵)을 빛내는 학문의 향연에 학문의 입문에 불과한 글을 쓰고 채 끝내지도 못한 채, 봉정 상재(奉呈上梓)하게 된 것을 부끄럽게 생각한다. 한국불교의 연구 자체가 선배의 뜻을 기리는 소치일진대, 이 미련한 시도에도 선근(善根)이 있다 할 것이다. 가꾸고 기르는 일에 선배동학제현의 동사(同事) 있으시기를 빈다.

---

23) T.665, p. 420a.

인용문구

A

1. 『장아함(長阿含)』

上生經者 菩薩藏攝 義如前說 餘二經者 聲聞藏收 所以然者 其成佛經 出長阿含

(『彌勒上生經宗要』所引)

2. 『중아함(中阿含)』

唯中阿含本業經中佛記彌勒當得作佛 亦不說種種菩薩行 今欲爲彌勒等廣說諸菩薩行故說是經

(『大慧度經宗要』所引)

3. 『잡아함(雜阿含)』

然大空義略有五種 一者人法二空名爲大空 如雜阿含大空經說 瑜伽論中亦同是說

二者般若波羅密空名爲大空 如大涅槃經說 楞伽經中亦同是說 三者器世界空名爲大空

如解深密經說 中邊論中亦同是說 四者阿梨耶識空名爲大空 如十地論說

五者十方相空名爲大空 如智度論說 (『金剛三昧經論』所引)

4. 『증일아함(增一阿含)』

增一阿含云 凡聖之力有其六種 何等爲六 小兒以啼爲力 欲有所說 要當先啼 女人以瞋恚爲力

依瞋恚已 然後所說 沙門婆羅門以忍爲力 常念下於人 然後自陳 國王以憍慢爲力 以此豪勢而自

陳說 阿羅漢以專精爲力 而自陳說 諸佛世尊以大悲爲力 弘益衆生故 (『起信論疏』所引)

5. 4아함(四阿含)

是聖言攝次無我故 如四阿含 又八識教 契當道理 是聖教故 如六識教 如是展轉證有八識

(『判比量論』所引)

6. 아함의 교판

是法華經何教所攝 爲是了義爲不了義 有說 此經是不了義 所以然者 大分佛教有三法輪

一者 有相法輪 唯爲發趣聲聞乘者 依四諦相轉法輪故 如阿含經等

二者 無相法輪 唯爲發趣菩薩乘者 依法空性轉法輪故 如般若經等

三者 無相無上法輪 普爲發趣三乘者 依諸法空 無自性性而轉法輪無上無容故 如解深密經等

此中前二是不了義 第三法輪是眞了義 是義具如初論廣說 此法華經是第二攝 (『法華宗要』所引)

7. 『아함경(阿含經)』 및 『현우경(賢愚經)』

阿含經及賢愚經中止論八萬 (『彌勒上生經宗要』所引)

B

1. 『구사론(俱舍論)』

(1) 俱舍論中有三師說 第三師義通取音聲名句爲體 如法界品下文說言 諸師異判如是 衆生有八萬煩惱行相 謂欲瞋癡慢等差別故 爲對治此行佛世尊正說八萬法陰 如八萬法陰相 五陰中色行二陰攝 以是文證 得知評家取此第三也 雖有是說而實不然……(『涅槃宗要』所引)

(2) 彼論(俱舍論)

前文已出二師說攝陰竟 次說八萬法陰之量 一出三師義 (『涅槃宗要』所引)

(3) 俱舍論云

長極八萬 短至十歲 (『彌勒上生經宗要』所引)

(4) 俱舍論說

如是此壽長遠究竟極此八十千歲 是時諸人安坐受樂無所馳求壽八十千歲 住阿僧祇年
乃至衆生未造十惡 從起十惡集道時節壽命因此十十歲減 度一百年 卽減十歲乃至廣說
(『彌勒上生經宗要』所引)

(5) 俱舍論述餘義云

有餘師說 不破次第 於見道中 修習覺分 於見道修道中 修聖道分故 (『中邊分別論疏』所引)

2. 『잡심론(雜心論)』

(1) 答彼尊者依世俗言信經故而作是說 雜心論中亦同是說
(『涅槃宗要』所引, 無餘身界涅槃에 대한 설명)

(2) 雜心論云

彌勒菩薩 滅後生第四天 壽四千歲 一日一夜 當人間四百年 卽準人間 合五十七億六百萬歲 然後下閻浮提 成等正覺 (『彌勒上生經宗要』所引, 단순한 사실의 인증)

3. 『가전연론(迦旃延論)』

(1) 迦旃延論中

名爲心及心所念法也 (『起信論疏』所引)

(2) 心念法異者 謂煩惱數法 其相各異 如分別智相應染中 我見愛我我慢業異也
迦延經中說云 心及心所念法 (『起信論別記』所引)
迦延經은 迦旃延論의 잘못, 八犍度論第一……필자

(3) 迦退論

第三明教體者 先叙異部後顯大乘 迦退論中以名句味以爲經體. 故彼論說十二部經名何等法
答曰名身語身次第住故 若依雜心有二師說 如界品八萬法陰 皆色陰攝 以佛語之性故
有說名性者行陰攝 若准婆沙第四十卷 以音聲爲教體者 是佛陀提婆義
以名句味爲教體者 是和須蜜義 俱舍論中 又出是二 ……俱舍論中 有三師說……
(『涅槃宗要』所引)

4.『성실론(成實論)』

若依成實論宗 假名實法 二心無處 是有餘涅槃 心空及身未來不起 是無餘泥洹 身智現滅 亦非涅槃 故彼論云 二空心處滅定及無餘泥洹

(『涅槃宗要』所引, 역시 소승의 견해를 부정적으로 평가하면서 소개한 인용)

5.『파사론(婆沙論)』

(1) 如婆沙云

或有說者 有餘身涅槃界 是善 是道果 是諦攝無餘身涅槃界 是無記 非道果 非諦攝

(『涅槃宗要』所引, 소승의 견해를 소개하는 데 그친 인용)

(2) 若准婆沙第四十卷 以音聲爲教體者是佛陀提婆義 以名句味爲教體者是和須蜜義

(『涅槃宗要』所引)

(3) 婆沙論中有三師說

有說無知 有說不得 有說於定不得自在 如是三說 皆有道理 (『中邊分別論疏』所引)

C

1.『대품경(大品經)』

(1) 第三中言 本來常住入於涅槃菩提法者 如大品經言

以是智慧 斷一切結使 入無餘涅槃 元是世俗法 非第一義 何以故 空中無有滅 亦無使滅者

諸法畢竟空 卽是涅槃故 又言

何義故爲菩提 空義 是菩提義 如義 法性義 實際義 是菩提義 復次 諸法實相 不誑不異

是菩提義故 (『起信論疏』所引)

(2) 第二中言 乃至涅槃眞如之法 亦畢竟空者 如大品經云

乃至涅槃 如幻如夢 若當有法勝涅槃者 我說亦復如幻如夢故 (『起信論疏』所引)

(3) 眞如門中 所說理者 雖曰眞如 亦不可得 而亦非無 有佛無佛 性相常住 無有反異

不可破壞 於此門中 假立 眞如實際等名 如大品等諸般若經所說 (『起信論別記』所引)

(4) 如大品經云 一切法空 此空亦空 是名空空 (『起信論別記』所引)

(5) 如大品經言

云何名金剛三昧 住此三昧 能破諸三昧 彼論釋云 金剛三昧者 譬如金剛 無物不陷

此三昧亦如是 於諸法中 無不通達 令諸三昧 皆得有用……(『金剛三昧經論』所引)

(6) 大品經言

云何金剛輪三昧 住是三昧能持諸三昧分 云何如金剛三昧 住是三昧能貫達諸法 亦不見達

彼論釋言…… (『金剛三昧經論』所引)

(7) 諍處者如餘經 今欲明無諍處故 說是摩訶般若波羅蜜經

(『大慧度經宗要』所引, 교판과 관련한 언급)

(8) 或有說者依此大般若經以如來藏爲實相般若 (『大慧度經宗要』所引)

(9) 大品經云
諸法性空卽是涅槃 (『涅槃宗要』 所引)
(10) 如大品經化品言
若法有生滅相者皆是變化 若法無生無滅是非變化 所謂無誑相 涅槃是法非變化
須菩提言 如佛自說諸法平等 非聲聞作乃至非諸佛作 有佛無佛諸法性 常空性空卽是涅槃
云何言涅槃一法不如化
佛言 如是如是諸法平等乃至性空卽是涅槃
若新發意菩薩聞一切皆畢竟空乃至涅槃亦皆如化心卽驚怖
爲是新發意菩薩故分別生滅者如化不生滅者不如化
須菩提言 世尊云何令新發意菩薩知是性空
佛告須菩提 諸法先有今無耶 依是文證當知餘處說不空者皆是方便語不盡道理也
是涅槃空及佛性空十一空內何所攝者 空空所攝故說是空
唯佛所窮十八空中畢竟空故 (『涅槃宗要』 所引)
(11) 大品經往生品中
諸比丘聞說般若讚歎檀度遂脫三衣以用布施 論中釋言 佛制三衣不畜得罪 何犯戒爲行施耶
以此在於十二年前佛未制戒 是故不犯 是以文證非局在於十二年後
又彼論云 須菩提聞說法花擧手低頭皆成佛道 是故今問退不退義 以是文證般若之敎未必局在
於法花已前 破斷五時卽爲謬異 又復若言般若敎中不破三乘淺化者 (『涅槃宗要』 所引)
(12) 大品經中
舍利弗問 若都不退定復不異 何故得有三乘差別不唯一乘
須菩提答 無二無三若聞不怖能得菩提 此與法花無三言何別而分淺深耶 (『涅槃宗要』 所引)
(13) 又大品說眞如法性
論主釋云 法名涅槃不戱論法性名本分種 如黃石金性白石銀性 一切衆生有涅槃性
此與佛性有何差別而不說故是淺耶 (『涅槃宗要』 所引)
(14) 若論心者 自性淸淨故非罪性 及所防非皆無自性故非罪 雖非有而亦無故能契會中道是故
大品經云 罪不罪不可得故 是名具之尸羅波羅蜜故 (『梵網經菩薩戒本私記』 所引)
(15) 慧度經言
雖生死道長 衆生性多而生死邊如虛空 衆生性邊亦如虛空 (『十門和諍論』 所引)

2. 『인왕경(仁王經)』
(1) 六種性門 初習種性 次性種性者 位在三賢 因習所成 出本業經及仁王經 於中委悉
如一道義中廣說也 (『起信論疏』 所引)
(2) 今約無明之眠無異 故說不覺 如仁王經言
始從伏忍 至頂三昧 照第一義諦 不名爲見 所謂見者 是薩婆若故 (『起信論疏』 所引)
(3) 今紛無明之眼 無差別相故 皆是不覺 如仁王經云 始從伏忍 至等覺位 照第一義諦 不名爲見
所謂見者 唯佛如來 (『起信論別記』 所引)

(4) 如仁王經言

從習忍至頂三昧 皆名爲伏一切煩惱 而無相信滅一切煩惱 生解脫智 照第一義諦 不名爲見

所謂見者 是薩婆若 是故我昔以來常說唯佛所知見覺頂三昧 以下至於信忍

所不知不見不覺唯佛頓解 不名爲信 漸漸伏者 慧雖滅以能無生無滅

此心若滅卽累無不滅 無生無滅 乃至廣說故 (『本業經疏』 所引)

(5) 如仁王經言 從習仁(忍？) 至金剛三昧 皆悉伏斷一切煩惱 以無相信

然第一義諦 不名爲見 (『二障義』 所引)

(6) 謂金剛以還菩薩所住名果報土不名淨土 未離苦諦之果患故 唯佛所居乃名淨土

一切勞(染？)患無餘滅故 依此義故仁王經云 三賢十聖住果報 唯佛一人居淨土

一切衆生暫住報 登金剛源居淨土 (『無量壽經宗要』 所引)

(7) 仁王經言

三賢十聖住果報 唯佛一人居淨土 一切衆生暫住報 登金剛源 居淨土 (『無量壽經宗要』 所引)

(8) 信相應地者 在十解位 信根成就 無有退失 名信相應

如仁王經言

伏忍聖胎三十人 十信十止十堅心 當知此中 十向名堅 十行名止 十信解名信 入此位時

已得人空 見修煩惱 不得現行 故名爲離 (『起信論疏』 所引)

(9) 第五中言若說三界外更有衆生始起者 卽是外道經說者

如仁王經之所說故 (『起信論疏』 所引)

(10) 如仁王經云

習種性有十心 已超二乘一切善地 此習忍已前行十善菩薩 有退有進 猶如輕毛隨風東西

雖以十千劫行十正道 發菩提心 乃當入習忍位 (『起信論疏』 所引)

(11) 問 若判此經(大慧度經) 在法華後者 是說云何通 如仁王經言

爾時大衆各相謂言 大覺世尊前已爲我等大衆 二十九年說摩訶般若 金剛般若 天王問般若

光讚般若波羅蜜 今日如來 放大光明 斯作何事

答 摩訶般若 非一衆多 有在前說 有在後說 如論說言 此經二萬二千偈 大般若十萬偈

若龍王宮阿修羅宮 天宮中者 千億萬偈 乃至廣說 以是義故不相違也 (『大慧度經宗要』 所引)

(12) 仁王經云

輪王有百子及千子故 輪王者從地前至於第十地菩薩 故知在家僧菩薩者 不斷正婬非道二種

(『梵網經菩薩戒本私記』 所引)

(13) 此門中地前及地上十地皆輪王 如仁王經中乃至廣說 (『梵網經菩薩戒本私記』 所引)

(14) 問 仁王經卽十信位者如輕毛 故爲退位 不入三僧祇劫 若攝大乘論者 爲不退位

入於三僧祇數 此二文何會耶

答 若依瑜伽論 通此文者 若菩薩性人 入十信者 始入第一信時 卽得不退 若二乘性人

廻小入大者 十信位中 未入不退位亦未入於三僧祇數 到於十解位 方得入不退位

亦得入於三僧祇數 是故 仁王經者 約二乘性人 故爲退位

若攝論者 約菩薩性人 故爲不退位也 (『梵網經菩薩戒本私記』 所引)

(15) 言二諦之外 獨在無二者 人王經言 超度世諦第一義之外 爲第十一地薩云若
覺有非無法然淸淨 言世諦者 謂依他性及分別性 有無二諦 此中合爲世諦 依他性中 分別性無
所顯眞如名第一義諦 如來歸於一心之原 非有非無 無虛非實 非有爲非無爲 非差別非平等
故言二諦之外是第三諦無比無對 名無二諦 名無盡諦故 (『本業經疏』 所引)

(16) 人王經中
名三界藏 彼言一切衆生煩惱不生出三界藏 (『本業經疏』 所引)

(17) 如仁王經言
上品十善鐵輪王 中下品十善粟散王故 (『本業經疏』 所引)

(18) 如人王經八地中言
在有常修空 處空常萬化故 (『本業經疏』 所引)

(19) 如仁王經言
智慧雖起滅 以能無生無滅故 (『本業經疏』 所引)

(20) 人王經言
法性本無性 第一義空如 諸有本有法 三仮集仮有 (『本業經疏』 所引)

(21) 如人王經言
一切衆生性根本智母 卽爲薩婆若體 諸佛未來以當佛爲智母 未得爲性 已得薩婆若
三乘般若不生不滅 自性常住 一切衆生以此爲覺性故 (『本業經疏』 所引)

(22) 次三無爲者 仁王經言
於第一義諦而不二 爲法性無爲 緣理而滅一切相故 爲智緣滅無相無爲 住初忍時
未來無量生死 不由智緣而滅故 非智緣滅無相無爲 (『本業經疏』 所引)

(23) 人王經言
無無諦實無 寂滅第一空 諸法因緣有 (『本業經疏』 所引)

(24) 若論別相 無明住地 一切菩薩 所不能斷 唯佛鏡智之所頓斷 依此義故
仁王經言 唯有頓覺如來 無有漸覺諸佛 (『二障義』 所引)

(25) 言阿羅漢者 住第十地 若論具受後身義卽與七地菩薩位同 依此義故
仁王經言遠達菩薩 伏三界集因業滅 住後身中 住第七地阿羅漢位 若論外化神力等行
還在十解菩薩已下 如〈經〉言 習種性中有十種心已起 二乘一切善地故 若就心行寬狹長短
十信菩薩 亦在其上 (『二障義』 所引)

(26) 謂金剛以還 菩薩所住 名果報土 不名淨土 未離苦諦之果患故 唯佛所居乃名淨土
一切染患 無餘滅故 依此義故 仁王經云 三賢十聖住果報 唯佛一人居淨土 一切衆生蹔住報
登金剛源居淨土 (『無量壽經宗要』 所引)

(27) 梵網經中名十金剛
仁王經中名十堅心 是十廻向之異名也 (『金剛三昧經論』 所引)

3. 『유마경(維摩經)』

(1) 淨名經言

一切衆生同涅槃相不復更滅 (『涅槃宗要』 所引)

(2) 諸名雖異 所詮體一 所以說是衆多名者 爲顯諸經唯一味故

謂名我見 名如來藏者 是會 勝鬘楞伽等旨 又名爲空 名智惠者 是會 諸部般若教意

又名一乘者 是會 法花經等

又名眞解脫者 是會 維摩經等

爲顯是等諸經 異文同旨故 於一佛性 立是諸名也 (『涅槃宗要』 所引)

(3) 維摩經說

論所說者 是受用土 或言是法門父母 如維摩說 (『遊心安樂道』 所引)

4. 『문수반야경(文殊般若經)』

第二 明修止勝能 是明依前眞如三昧 能生一行等諸三昧 所言一行三昧者

如文殊般若經言 云何名一行三昧 佛言 法界一相 繫緣法界 是名一行三昧

入一行三昧者盡知恒沙諸佛法界無差別相 阿難所聞佛法 得念總持 辯才智慧 於聲聞中

雖爲最勝 猶住量數 卽有限礙 若得一行三昧諸經法門 一一分別 皆悉了知 決定無礙

晝夜常說 智慧辯才 終不斷絶 若比阿難多聞辯才 百千等分不及其一 乃至廣說

(『起信論疏』 所引)

5. 『방광경(方廣經)』

如前菩薩三寶義同 但彼未圓滿 亦非常住 今是圓極常住三寶 方廣經言 於一佛寶卽有法僧

此之謂也 (『菩薩瓔珞本業經疏』 所引)

6. 『지도론(智度論)』

(1) 如智度論云

法名涅槃 無戲論法 性名本分種 如黃石金性 白石銀性 如是一切法中有涅槃性 故言法性

(『起信論疏』 所引)

(2) 第三中言 無自心力者 値依佛經則 不能解故言無力 因於智度 瑜伽等論

方解佛經所說意趣 故言 因於廣論得解者 (『起信論疏』 所引)

(3) 智度論云

若世諦如毫釐許有實者 第一義諦亦應有實 (『起信論疏』 所引)

(4) 如智度論云

諸法實相 其餘一切 皆是魔事 (『起信論疏』 所引)

(5) 然大空義略有五種……

五者 十方相空 名爲大空 如智度論說 (『金剛三昧經論』 所引)

(6) 初攝三十七 以爲十法者 智度論云 三十七品 十法爲本 乃至廣說. 當知開十 立三十七

論其法體 唯有十法 何等爲十 謂戒・思・受・念・定・與慧・信・勤・安・捨……

(『金剛三昧經論』 所引)

(7) 如智度論云
於一佛乘開爲三分 如人分一斗米以爲三聚亦得言會三聚歸一亦得言會二聚歸
會三會二猶是一義不相違也 (『法華經宗要』 所引)
(8) 智度論說
問 阿羅漢先世因緣之所受身必應當滅 住在何處而具足佛道
答 得阿羅漢時 三界諸漏因緣盡故 更不復生三界 (『法華經宗要』 所引)
智度論文說 阿羅漢 生淨土者 是約不定種性聲聞 由是道理 亦不相違
(『法華經宗要』 所引)
(9) 如智度論云
譬如須彌山王 不以無因緣及小因緣而自動作 諸佛亦爾 不無因緣而有所說
(『涅槃宗要』 所引)
(10) 如智度論云
離空處欲乃至非想地八種欲 彼名斷 名滅 名無欲 名諦 不名斷智 不名沙門果
不名有餘涅槃 不名無餘涅槃 盡無生智非想九種結斷彼名斷名滅名無欲名諦
名斷智 名沙門果名有餘涅槃 不名無餘涅槃
阿羅漢陰界入不相續彼斷名滅名無欲名諦名斷智名沙門果名無餘涅槃
不名有餘涅槃…… (下略) (『涅槃宗要』 所引)
(11) 如智度論說云
何有餘身界涅槃
答或有說者身有二種
一者有煩惱身
二者生身
阿羅漢無煩惱身而有餘生身 依此生身得涅槃故 名有餘身界涅槃
云何無餘身界涅槃
答阿羅漢已滅四大諸根盡而入涅槃…… (『涅槃宗要』 所引)
(12) 『大智度論』
此經正是大乘之教 菩薩藏收 略以四文 而證此義
一者智度論說 聲聞藏中 無菩薩衆 猶如川流不容大海 菩薩藏中 有菩薩衆及聲聞衆
猶如大海容於衆流 (『彌勒上生經宗要』 所引)
(13) 智度論第二十四卷云
釋迦牟尼佛 與彌勒等諸菩薩 同時發心 精進力故 超越九劫
(『彌勒上生經宗要』 所引)
(14) 智度論說
起儛等事 是愛習氣 河水神等 是慢習氣 (『二障義』 所引)
(15) 如智度論說
阿毗跋致菩薩 習氣力故 受法性生身 是顯發生業義. (『二障義』 所引)

(16) 佛爲說 法華經 並廻心向大 是智度論之所判也.(『遊心安樂道』所引)

(17) 如智度說

念隨順智 緣中正住 是名念處(『中邊分別論疏』所引)

(18) 智度論云

破諸耶法 正道中行故 名正懃行(『中邊分別論疏』所引)

7.『광백론(廣百論)』

(1) 廣百論云

復次爲顯世間所執諸法皆非眞實 及顯外道所執不同 故說頌曰 有非有俱非

一非一雙泯 隨次應配屬智者達非眞(『起信論疏』所引)

(2) 如廣百論頌曰

有非有俱非 諸宗皆寂滅

於中欲興難 畢竟不能申(『大慧度經宗要』所引)

8.『중관론(中觀論)』

中觀論云

涅槃之實際及與世間際 如是二際者 無毫氂許異(『十門和諍論』所引)

9.『십이문론(十二門論)』

若論法界衆生 佛性之我 非卽蘊界處 不離蘊界處而亦得說 法界法處所攝 此義具如 十二門論

(『二障義』所引)

D.

1.『해심밀경(解深密經)』

(1) 依深密經

爲除是一是常之見(『起信論別記』所引)

(2) 此義如解深密經說 論其種子 至金剛心方乃頓斷 如離論中之所廣說(『起信論別記』所引)

(3) 解深密經中 亦言

一切聲聞獨覺菩薩皆是一妙淸淨道(『大慧度經宗要』所引, 교판과 관련된 언급)

(4) 解深密經云

一向趣寂聲聞種性補特伽羅 雖蒙諸佛施設 種種勇猛加行方便化道 終不能令當坐道場

證得無上正等菩提 何以故 由彼本來唯有下劣種性故 一向慈悲薄弱故 一向怖畏衆苦故

乃至廣說(『法華經宗要』所引, 교판과 관련된 언급)

(5) 如解深密經云

我說識所緣 唯識所現故(『無量壽經宗要』所引)

(6) 如解深密經云
如來所行 如來境界 此何差別
佛言 如來所行謂一切種 如來共有無量功德衆 莊嚴淸淨佛土 如來境界 謂一切種五界差別
所謂有情界・世界・法界・調伏界・調伏方便界
解云 此說自受用土 諸佛共有 非各別也 (『無量壽經宗要』 所引)
(7) 問 若欲於此自察心病 依何等典 最爲明鏡
答 如深密經言 若諸有情性 非質直 非質直類 雖有力能思擇廢立 而復安住自見取中
聽聞甚深密意之說 (『菩薩戒本持犯要記』 所引)
(8) 或有說者 法執分別 遍通八識 未達法空故 取相分別故 如〈深密經〉言 微細隨眠者
謂八地已上從此以去 一切煩惱不復現行 唯有所知障爲依止故 此明八地已上 唯所知障
現行不可說 此轉識所起 不與隨眠 作依止故 當知 是說阿賴耶識 微細所知障 現行不絶
(『二障義』 所引)
(9) 深密經言
一切聲聞獨覺菩薩 皆共此一妙淸淨道 皆同此一究竟淸淨故
(『二障義』 所引, 일심에 대한 설명)
(10) 如深密經言
世尊於諸地 有幾愚癡 有幾麤重爲所對治 善男子 有卄二愚癡 十一麤重 爲所對治
謂於初地 有二愚癡 云云 (『二障義』 所引)

2. 『유식론(唯識論)』
(1) 唯識論云
業熏習識內 執果生於外 何因熏習處 於中不說果 (『無量壽經宗要』 所引)
(2) 成唯識論
十 成唯識論立比量言 第八必有 俱有所依 是識性故 如六識等 (『判比量論疏』 所引)
(3) 成唯識論
十四 成唯識論爲破我法立比量言 凡諸我見 不緣實我 有所緣故 如緣餘心 我見所緣
定非實我是所緣故 如所餘法 (『判比量論疏』 所引)
(4) 唯識論云
由仙人發瞋心故 護此仙人 袖雨石雨令滅 (『梵網經菩薩戒本私記』 所引)

3. 『유가론(瑜伽論)』
(1) 瑜伽論云
此中若法大性 乃至若時大性 如是六種 皆是圓證大性之因. 圓證大性 是前六種大性之果
(『起信論疏』 所引)
(2) 因於智度瑜伽等論 方解佛經所說意趣. (『起信論疏』 所引)
(3) 如中邊論云 唯塵智名心 差別名心法 長行釋云 若了塵通相名心 取塵別相 名爲心法

瑜伽論中亦同是說 (『起信論疏』 所引)

(4) 問 瑜伽論說

諸心心法 同一所緣 不同一行相 一時俱有 一一而轉 今此中說 知相亦同 如是相違 云何和會

答 二義俱有故不相違 何者 如我見 是見性之行 其我愛者 愛性之行 如是行別名不同一行

而見愛等皆作我解 依如是義名知相同 是故二說不相違也 (『起信論疏』 所引)

(5) 問 瑜伽論說

阿梨耶識 五數相應 緣二種境 卽此論中現色不相應染 何故 此中說不相應

答 此論之意 約煩惱數 差別轉義 說名相應 現識之中 無煩惱數 依是義故 名不相應

彼新論意 約遍行數 故說相應 由是道理 亦不相違也 (『起信論疏』 所引)

(6) 故修如是四行對治

是義具如瑜伽論說 (『起信論疏』 所引, 四障을 對治하는 참회법에 관한 인용)

(7) 如瑜伽論聲聞地云

復次如是心一境性 或是奢摩他品 或是毘鉢舍那品 若於九種心住中心一境性 名奢摩他品

若於四種慧行中心一境性 名毘鉢舍那品

云何名爲九種心住 謂有苾蒭 令心內住 等住 安住 近住 調順 寂靜 最極寂靜 專住一趣

及與等持 如是名爲九種心住

云何內住 謂從外一切所緣境界 攝錄其心 繫在於內 不外散亂 故名內住

云何等住 謂卽最初 所繫縛心 其性麤動 未能令其等遍住故 次卽於此所緣境界 以相續方便

澄淨方便 挫令微細 遍攝令住 故名等住

云何安住 謂若此心雖復如是內住等住 然由失念 於外散亂 還復攝錄安置內境 故名安住

云何近住 謂彼先應如是如是親近念住 由此念故 數數作意 內住其心 不令是心 遠住於外

故名近住

云何調順 謂種種相 令心散亂 所謂五塵三毒男女等相 故彼先應取彼諸相爲過患想

由如是相增上力故 於彼諸相折挫其心不令流散 故名調順

云何寂靜 謂有種種欲恚害等諸惡尋伺 貪欲不善等諸隨煩惱 令心擾動

故彼先應取彼諸法爲過患想 由此增上力故 於彼心不流散 故名寂靜

云何最極靜 謂失念故 卽彼二種暫現行時 隨所生起 然不忍受 尋卽反吐 故名最極靜

云何名爲專住一趣 謂有加行有功用無缺無間三摩地相續而住 故名專住一趣

云何等持 謂數修數習數多修習爲因緣故 得無加行無功用任運轉道 故名等持

又如是得奢摩他者 復卽由是四種作意 方能修習毘鉢舍那 故此亦是毘鉢舍那品

云何四種毘鉢舍那 謂有苾蒭依止內心奢摩他故 於諸法中能正思擇

最極思擇 周遍尋思 周遍伺察 是名四種

云何名爲能正思擇 謂於淨行所緣境界 或於善巧所緣境界 或於善行所緣境界 能正思擇盡所有性

云何名爲最極思擇 謂卽於彼所緣境界 最極思擇如所有性

云何名爲周遍尋思 謂卽於彼所緣境界 由慧俱行 有分別作意 取彼相狀 周遍尋思

云何名爲周遍思察 謂卽於彼所緣境界 審諦推求 周遍伺察 乃至廣說 (『起信論疏』 所引)

(8) 如瑜伽論菩薩地云
此中菩薩卽於諸法無所分別 當知名止 若於諸法勝義理趣 及諸無量安立理趣
世俗妙智當知名觀 (『起信論疏』 所引)
(9) 十三住門 初種性住 種性者 無始來有非修所得義 出瑜伽及地持論 (『起信論疏』 所引)
(10) 問 如瑜伽論等 說阿梨耶識 是異熟識一向生滅 何故此論乃說 此識具含二義
答 各有所述不相違背 何者 此微細心 略有二義 若其爲業煩惱所感義邊 辨無令有一向生滅
若論根本無明所動義邊 熏靜令動 動靜一體 (『起信論別記』 所引)
(11) 瑜伽論中 亦如是說 大乘四相 (『起信論別記』 所引)
(12) 頓分別者 是能見相 自心及現等 是境界相 瑜伽論中 亦同此說 (『起信論別記』 所引)
(13) 瑜伽論說 此(阿賴耶識) 由了別 二種境故轉 (『起信論別記』 所引)
(14) 若依瑜伽論 聲塵及七種識等非其所緣 (『起信論別記』 所引)
(15) 如瑜伽言
三摩地者 謂於所緣 審正觀察 心一境性故 (『金剛三昧經論』 所引)
(16) 大空義略有五種 一者人法二空 名爲大空 如雜阿含大空經說 瑜伽論中亦同是說
(『金剛三昧經論』 所引)
(17) 若使生之與滅 皆從分別之所作者 瑜伽所說 云何而通
如彼思所成地中云 无滅他用 无自滅用
問 如衆緣有故生 亦衆緣有故滅耶
答 衆緣有故生 生已自然滅. 如是相違 云何和會
解云 因緣道理 如彼論說 唯識道理 如此經說 所以二說 皆有道理(『金剛三昧經論』 所引)
(18) 如瑜伽論三摩呬多決擇中云
滅盡等至 當言无漏 由與煩惱 不相應故 非相應故 无所緣故 非諸煩惱之所生故
是出世間 一切異生 不能行故 唯除已入 遠地菩薩 菩薩雖能起出世法 令現在前
然由方便善巧力故 不捨煩惱
案云 此中言不捨者 非究竟捨 如羅漢等 故曰不捨 非全不捨 故言不捨 於中委悉
如二障章說 (『金剛三昧經論』 所引)
(19) 瑜伽論云
於勝義上更無勝義故 (『大慧度經宗要』 所引)
(20) 瑜伽論云
若諸名言 熏習之想 所建立識 緣色等相事計爲色等性 當知此性非實物有 非勝義有
唯是遍計所執自性 當知假有 若遣名言熏習之想所建立識 如其色等相事緣離言說性
當知此性是實物有 是勝義有乃至廣說故 (『大慧度經宗要』 所引)
(21) 又瑜伽論決擇分說
問 若阿羅漢六處生起卽如是住相續不滅無有變異 更有何等異轉依性而非六處相續而轉
若更無有 異轉依者 何因緣故前後二種依止相以而今後時煩惱不轉聖道轉耶
答 諸阿羅漢實有轉依 而此依轉依淸淨眞如所顯而彼眞如與其六處異不異性俱不可說

問 又下言 無餘依中所得轉依當言是常當言無常
答 當言是常
淸淨眞如之所顯故 非緣生無生滅故
又問 於無餘依般涅槃者於色等法當言得自在當言不得耶 當言能現在前
答 當言不現在前 當言得一分能現在前 一分不現在前 謂諸如來於無餘般涅槃已能現在前
所餘不能令現在前乃至廣說 (『涅槃宗要』所引)
(22) 瑜伽論云
性種性者 六處殊勝 有如是相 從無始世 展轉傳來 法爾所得 此意新師等義 (『涅槃宗要』所引)
(23) 瑜伽論云
問 一切安住 到究竟地 菩薩智等 如來智等 有何差別
答 如明眼人 隔於輕縠覩衆色像 到究竟地菩薩妙智 於一切境 當知亦爾 如知盡(?)事業圓布衆采
唯後妙色未淨修治 已淨修治菩薩如來 二智亦爾 如明眼人 微闇見色 離闇見色 二智亦爾 如遠見色
如近見色 猶如輕翳眼 觀極淨眼觀 二智差別 當知亦爾 (『涅槃宗要』所引)
(24) 如瑜伽說
未與果當來種子相續名未來果 (『涅槃宗要』所引)
(25) 又彼論攝決擇分(瑜伽論)言
云何爲體 謂契經體略有二種 一文二義 文是所依 義是能依 云何爲文 謂有六種
一者名身
二者句身
三者語身
四者字身
五者行相
六者機請 乃至廣說 (『涅槃宗要』所引)
(26) 瑜伽論
大乘之中音聲名句及所詮義□□□□□ 雖無別體不相應行而有假立不相應行□□
句行□所攝 由是道理異彼二宗 是義具如瑜伽論說
(『涅槃宗要』所引, 여기서 말하는 彼二宗이란 『俱舍』와 『成實』을 의미함)
(27) 案云 此言淨華衆者 謂得七種淨華之衆 何等爲七 一者戒淨 二者心淨
三者見淨 四度疑淨 五道非道知見淨 六行知見淨 七行斷知見淨 於中廣說出瑜伽論
(『阿彌陀經疏』所引)
(28) 瑜伽論言
世界無量 有其二種 謂淨不淨 淸淨世界中 無那落迦 傍生餓鬼 亦無欲界色無色界
純菩薩衆於中止住 是故說名淸淨世界 已入第三地菩薩 由願力故 於彼受生
無有異生及非異生聲聞獨覺 若非異生 菩薩得生於彼 (『無量壽經宗要』所引)
(29) 瑜伽論云
相等諸物 或由不共分別爲因 或復由共分別爲因 若共分別之所起者 分別雖無 由他分別

所住持故 而不永滅 若不爾者 他之分別應無其果 彼雖不滅 得清淨者 於彼事中 正見清淨 譬如衆多修觀行者 於一事中 由定心故 種種異見可得 彼亦如是 (『無量壽經宗要』 所引)

(30) 淨土因 중 成辨因에 관하여

瑜伽論說

生那落迦 三無漏根種子成就 以此准知 亦有無漏淨土種子 (『無量壽經宗要』 所引)

(31) 瑜伽說

正定聚有二種 一者本性正定聚 二者習成正定聚

若依此而說 五種種性中 菩薩種性人 從無始時來 不作五逆及斷善根 是名本性正定聚也 (『無量壽經宗要』 所引)

(32) 如瑜伽說

若有安住下品善根而趣入者 當知下品 名有間隙 未能無間 未善清淨

若有安住中品善根而趣入者 當知中品 若有安住上品善根而趣入者

當知上品 名無間隙 已能無間 已善清淨 如是爲已趣入相

(『無量壽經宗要』 所引. 本性正定聚와 習成正定聚의 두 가지 正定聚에 대하여)

(33) 又彼論(瑜伽論)云

依此下品 順解脫分善根 婆伽梵說 若具世間上品正見 雖歷千生 不墮惡道

(『無量壽經宗要』 所引)

(34) 又彼論(瑜伽論)說

若時安住下成熟者 猶往惡趣 若中若上 不往惡趣 (『無量壽經宗要』 所引)

(35) 如瑜伽說

云何甚深難見法 謂一切法 何以故 第一甚深難見法者 所謂諸法自性 皆絶戱論 過言語道 然由言說 爲依止故 方乃可取可觀可覺 是故諸法甚深難見 是爲對治第二疑也

(『無量壽經宗要』 所引)

(36) 瑜伽論說

有漏無漏 各有五門 有漏五者

一由事故

二隨眠故

三相應故

四所緣故

五生起故

無漏五者

一離諸纏故

二隨眠斷故

三是斷滅故

四見所斷之對治自性相續解脫故

五修所斷之對治自性相續解脫故

於中委悉 如彼廣說 (『無量壽經宗要』 所引)

(37) 如瑜伽論第四卷云

四大王衆天滿足壽量 是等活大那落迦一日一夜 則以此三十日爲一月 十二月爲一歲

彼壽五百歲 如是以三十三天壽量 成黑繩壽量 以時分天壽量 成衆合壽量 以知足天壽量

成號叫壽量 以樂化天壽量成大號叫壽量 以他化自在天壽量 成燒熱壽量

(『彌勒上生經宗要』 所引)

(38) 瑜伽論云

如有一類 聞說難解空性相應 未極顯了密意趣義 (『菩薩戒本持犯要記』 所引)

(39) 瑜伽論菩薩地

云何菩薩方便所攝身語意業 謂四攝事 復何因緣唯四攝事說名方便 謂諸菩薩由是四種

於諸衆生 普能攝受 調伏成熟 除此無有若過若增 何等名爲四種方便

一 隨順方便

二 能攝方便

三 令入方便

四 隨轉方便

何以故 先以種種財物布施 饒益有情 爲欲令彼聽受所說奉教行故

次行愛語於彼彼處有愚癡者

爲欲除彼所有愚癡令無餘故 令其攝受瞻察正理 如是名爲能攝方便

若諸菩薩如彼有情受瞻察正道理已 次行利行拔彼有情 出不善處於其善處

勸導調伏安處建立 如是利行 名令入方便

若諸菩薩如是方便 令諸有情得趣入已 最後與其於正事業同共修行 令彼隨轉 由是因緣

令所化者不作是念 汝自無有圓滿淨信尸羅施惠 何賴於善 勸導於他 諫悔呵擯 與作憶念

是故菩薩同事攝事 當知是名隨轉方便 (『本業經疏』 所引)

(40) 瑜伽論云

言無虛妄故名如來 (『本業經疏』 所引)

(41) 應供者瑜伽論云 已得一切所應得義 應作世間無上福田 應爲一切恭敬法養 是故名應

三正遍知者 論云如其勝義覺諸供故名正等覺 (『本業經疏』 所引)

(42) 瑜伽論中

合此二號以爲一言 一切世間唯一丈夫 善知最勝調心方便 故名無上丈夫調御士

(『本業經疏 所引)

(43) 如〈瑜伽〉說 能破諸魔大力軍衆 具足功德名薄伽梵 (『本業經疏』 所引)

(44) 瑜伽論

今此經言身業隨智慧行等者 隨前行智慧及俱行智慧故 知三世中言有礙者 離彼不能無餘

正解之礙故 無障者 離彼不能率爾便解之著 此等具如瑜伽論說 (『本業經疏』 所引)

(45) 瑜伽論云

云何名爲七種淸淨

一 戒淸淨
二 心
三 見
四 度疑
五 道非道知見
六 行知見
七 行斷知見 (『本業經疏』 所引)

(46) 頓分別者 是能見相 自心及現等 是境界相 瑜伽論中亦同此說 (『起信論別記』 所引)

(47) 瑜伽所說云何而通 如彼思所成地中云 无滅他用无自滅用 問如衆緣有故生
亦衆緣有故滅耶 答衆緣有故生 生已自然滅 如是相違云何和會 (『金剛三昧經論』 所引)

(48) 瑜伽說
是諸菩薩普於一切二乘理趣菩提分法 皆如實知 謂於聲聞乘理趣及於大乘理趣
云何菩薩大乘理趣 菩提分法如實了知 謂諸菩薩能於其身 住修身觀 不於其身
分別有性 亦不分別一切種類都無所有 又於其身 遠離言說 自性法性如實了知乃至廣說
又言復次依空勤修念住菩薩 略於六種妄相縛中 令心解脫
何等爲六 所謂於身乃至於法發起內相 是初相縛 卽於此中 發起外相
是第二縛 卽於此中 起內外相 是第三縛 若於十方無量有情 願令解脫 修習念住 此中諸相
是第四縛 若由此故於身等境 修觀而住 此中諸相 是第五縛 卽於身等 修觀住者 此中諸相
是第六縛 乃至廣說 (『中邊分別論疏』 所引)

(49) 瑜伽論中略說六義
一者 內自有情數色 爲內身境 外非有情數色 爲外身境 他有情數色爲內外身境
緣此內身 起愛念法 名爲內受 內心內法法外與內外亦如是說
二者 根所攝 有執受色爲內身 非根所攝 無執受色爲外身 非根所攝 有執受色爲內外身
緣此三種起受心法 隨其所應 卽爲三種
三者 自內定地輕安俱色爲內身 自內不定地麤重俱色爲外身 若他輕安俱色麤重俱色爲內外身
緣此三種起受心法 卽以爲三 如前應知 乃至第六自身中 髮毛爪齒等相爲內身
他身髮毛等相爲外身 若內身變異不變異靑瘀等相 及外身變異不變異靑瘀等相
相似法性 平等法性 是爲內外身 緣此三境 起受心法 隨其所應卽三 智度論中亦六義釋內身
與前所說 大同小異 (『中邊分別論疏』 所引)

(50) 內外等三 有同喩伽 亦有異說 異說云何 謂意識相應受是內受等
五識相應受是外受等定心是內心 散心是外心等 除受餘心數法是爲內法
不相應行及無爲法是爲外法等乃至廣說 (『中邊分別論疏』 所引)

(51) 瑜伽說
當知此中於念住位 最初繫心 置所緣境 (『中邊分別論疏』 所引)

(52) 瑜伽論中通說三義 第六十二卷云
解了自性者 謂八支聖道 對治三種雜染故建立三蘊 謂對治惡行雜染故 對治諸欲雜染故

對治諸見雜染故 (『中邊分別論疏』 所引)

(53) 第四明階位者 論其行實 皆通諸位 如瑜伽說 (『中邊分別論疏』 所引)

(54) 此根力義 依瑜伽說 (『中邊分別論疏』 所引)

(55) 上來所說 出瑜伽論 是名略說正斷也 (『中邊分別論疏』 所引)

(56) 瑜伽論九十八卷云

復次由四種力 持心令定 是故建立四種神足 云何爲四

一淨意樂力 二勤務力 三心喜樂力 四正智力 當知此中由第一力 於三摩地 發生樂欲

爲證得故 修習勤務 由第二力 最初住心 令其安定 由第三力 已住定心無復散動

不令於我更復飄轉 由第四力 觀察等持 所治煩惱 於斷未斷 如實了知 (『中邊分別論疏』 所引)

(57) 言神足者 從喩立名 如瑜伽說 (『中邊分別論疏』 所引)

(58) 言斷者 如瑜伽說

初名律儀斷 第二名斷斷 由於已生惡不善法 應修律儀 令其斷滅 不應忍受故

名律儀斷 於未生惡 令不現行 爲令彼不現前 斷爲故斷 名爲斷斷 三者名修斷

四名防護斷 由於善法 數修數習先所未得能定現前 能有所斷 故名修斷

由於已得諸善法中 遠離放逸 修習圓滿 防護已生能有所斷故 名防護斷(『中邊分別論疏』 所引)

(59) 菩薩地決擇中說

云何菩薩於身住修身觀 謂於相身 修環觀眞如身故 云何念住 爲守護念 爲於境無染

爲安住所緣故 爲守護念者 說言先守護念 若常委念爲於境無染者 謂如說言

念守護心行來等住不住 取其相不取隨好 乃至廣說 (『中邊分別論疏』 所引)

(60) 如瑜伽說

譬如有人 欲以其火作火所作 爲求火故 下安乾木 上施攢燧 精勤策勵 勇猛攢求

於下木上 最初生煖 (『中邊分別論疏』 所引)

(61) 瑜伽論

對因分別 列名字者 依〈瑜伽說〉 一異熟果 (中邊分別論疏 所引)

(62) 瑜伽論

此餘諸因所得之果 多分入於增上果攝 如瑜伽論 思所成決擇中說 (『中邊分別論疏』 所引)

(63) 瑜伽論第二十八卷云

修奢摩他時 修習心品上下想 修毗鉢舍那時 修習觀品前後想 上下想者 謂觀察此身

如其所住 如其所願 上從頂上 下至足下 種種雜類不淨充滿 謂此身中所有種種髮毛爪齒

(『中邊分別論疏』 所引)

(64) 瑜伽說

又此八法三蘊所攝 如瑜伽說 此中正見正思惟正精進 慧蘊所攝 正語正業正命

戒蘊所攝 正念正定 定蘊所攝故 (『中邊分別論疏』 所引)

(65) 瑜伽論第九十八卷云

若有苾蒭 依淨意樂及猛利欲 爲欲證得最勝通慧 從諸如來及佛弟子 殷重恭敬 聽聞正法

從聞無間漸次證得勝三摩地 是名欲增上三摩地 復有苾蒭如所聞法 如所得法 起大功用

發大精進 或正爲他宣說開示 或以勝妙意詞讀誦 從此無間漸次因緣能隨獲 得勝三摩地
是名勤增上三摩地 復有苾蒭於諸賢善三摩地相 善取思惟 觀靑瘀等 乃至骨鏁以爲邊際
由此所緣 次第生起勝三摩地 是名心增上三摩地 復有苾蒭 如所聞法 如所得法 獨處空閑
思惟籌量 審諦觀察 由此因緣 漸次生起勝三摩地 是名觀增 上三摩地 乃至廣說
(『中邊分別論疏』 所引)
(66) 瑜伽論
及信方便而得定者 彼時合說名四 瑜伽論中 不名八種斷行 雖彼不立斷行之名
而其行相此彼不異 故言此等卽彼等也 (『中邊分別論疏』 所引)
(67) 瑜伽論云
世界無量 有其二種 謂淨不淨 淸淨世界中 無那落迦傍生餓鬼
亦非欲界色無色界純菩薩衆於中止住是故說名淸淨世界 已入第三地菩薩
由願力故 於彼受生 無有異生 及非異生聲聞獨覺 若非異生菩薩得生於彼 (『遊心安樂道』 所引)
(68) 依瑜伽論(起信論)
正定二 一本性正定 二習成正定
五種性中 菩薩性人 不依五逆 及斷善根 是名本生正定聚也 其二乘性 及不定性 得作五逆
及斷善根 斷善根時 名邪定聚 卽是彼人 續善根後 未趣入時 爲不定聚 已趣入時 則有三品
本來上根而趣入者 卽作正定 中根至煖 下根至頂 各作正定 餘屬本定 若是不定種性之人
直向大乘而入趣者 修行信心 逕一萬劫 信心成就 方爲正定 如起信論 卽明此義
(『遊心安樂道』 所引)
(69) 如瑜伽論說
云何甚深難見之法 謂一切法 何以故 第一甚深難見法者 所謂諸法自性 絶諸戱論 過言說道
然由言說爲依止故 方乃可取可觀可覺 是故諸法甚深難見 (『遊心安樂道』 所引)
(70) 瑜伽論云
若諸有情於佛所說甚深空性相應經典不解密意 於是經中 說一切法 皆無自性 皆無有事
無生無滅 說一切法 皆等虛空 皆如幻夢 彼聞是已 心生驚怖 誹謗此典 (『十門和諍論』 所引)

4. 『대법론(對法論)』
(1) 如對法論云
由與七種大性相應 故名大乘
何等爲七
一 境大性 以菩薩道緣百千等無量諸經廣大敎法爲境界故
二 行大性 正行一切自利利他廣大行故
三 智大性 了知廣大補特伽羅法無我故
四 精進大性 於三大劫阿僧祇耶方便勤修無量難行行故
五 方便善巧大性 不住生死及涅槃故
六 證得大性 得如來諸力無畏不共佛法等無量無數大功德故

七 業大性 窮生死際示現一切成菩提等建立廣大諸佛事故 (『起信論疏』 所引)
(2) 對法論云
業大性者 窮生死際 示現一切成菩提等 建立廣大諸佛事故 (『起信論疏』 所引)
(3) 對法論云
究竟道者 謂金剛喩定 此有二種 謂方便道攝 無間道攝 (『起信論疏』 所引, '滿足方便者 是方便道 一念相應者 是無間道'라고 한 所論을 입증하기 위한 인용)
(4) 對法論十種分別中言
第一 相分別者 謂身所居處所受用義 彼復如其次第 以諸色根器世界色等境界爲相
第二 相顯現分別者 謂六識身及意 如前所說取相而顯現故 此中五識 唯現色等五塵 意識及意 通現色根及器世界色等境界 設使末那不緣色根器世界等 則能現分別唯應取六識 而言及意 故知通緣也 (『起信論疏』 所引; 枝末不覺을 설명하는 가운데에 第七末那 非但緣識亦緣六塵이라 한 것을 해명하기 위해 인용)
(5) 如對法論云
究竟道者 謂金剛喩定 此有二種 謂方便道攝 無間道攝 (『起信論別記』 所引)
(6) 如對法論諦品中云
繫有四種 謂貪欲身繫 瞋恚身繫 戒禁取身繫 此實執取身繫 以能障礙定意性身 故名爲繫 所以者何 由此能障定心自性之身 故名爲繫 非障色身 何以故 能爲四種心亂因故 謂由貪愛財物等爲因 令心散亂於鬪諍事 不正行爲因 令心散亂 於難行戒禁苦惱爲因令心散亂 不如正理推求境界爲因令心散亂 由彼依止各別見故 於所知境 不如正理 種種推度 妄生執著 謂唯此眞餘竝愚妄 由此爲因令心散動 於何散動 謂於定心 如實智見故(『金剛三昧經論』 所引)
(7) 對法輪言
中衆生意樂 樂樂者 如爲不定種性者 捨離下劣意樂故 記大聲聞當得作佛 又說一乘 更無第二 (『法華經宗要』 所引; 『법화경』이 不了義經이라는 有師說에서 引證으로 언급된 것을 재인용한 것)
(8) 阿毘達磨云
是隨衆生意樂而說 非是直說眞實道理 修多羅者 以文爲勝阿毘達磨以理爲勝 (『法華經宗要』 所引; 전자의 경우와 같음)
(9) 對法論文說一乘敎爲方便者 是述三乘權敎之意而非究竟道理之說 如彼執三乘者說云 十五有漏□無記者 是約麤相境界而說 非是究竟眞實道理 是故當知彼對法論 或有述於方便敎文 由是道理不相違也 (『法華經宗要』 所引; 『對法論』의 글을 그대로 인용한 것이 아니라 임의로 그 뜻을 취한 것임)
(10) 如對法說
云何於身隨身觀 謂分別 別影像身 □□□身平等 隨觀於身境 隨觀身相似性故 名於身隨身觀 由隨觀察影像身門 審諦觀察本質身故 (『中邊分別論』 所引; 修觀을 설명하기 위해 인용. 이 이 구절 앞에서 다음과 같이 말함. "云何修觀 或者隨身 或言修身 言隨身者 隨本質身 觀影像身 名隨身觀")

(11) 至金剛心 方乃頓斷 如離論中之所廣說(『起信論別記』所引; 明治2年刊 日皇都書林 校正本 別記에서는 이 離論을 雜集論, 阿毘達磨集論으로 보고 있음)
(12) 第三念住助伴者 與彼相應諸心法 及彼爲首 所發果等 如對法說(『中邊分別論疏』所引)
(13) 第五明念住修果者 如對法說(『中邊分別論疏』所引)
(14) 如對法說
所有色身 皆行苦相 麤重所顯故(『中邊分別論疏』所引)
(15) 對法論云
從下中品解脫分善 有可退義 唯退現行 非退習氣故
又此論中 約四正懃四如意足 以說下解脫分種子(『中邊分別論疏』所引)
(16) 第四中言起放捨心放流相續者 欲明捨位有初中後 如對法論說(『中邊分別論疏』所引)
(17) 信增上時 立解脫分 慧增上時 立決擇分 如對法論云 於諦增上法 淨信勝解相
是順解脫分 卽於此法 諦察法忍相 是順決擇分(『中邊分別論疏』所引)
(18) 對法論云
念者是所依支 由繫念故 令諸善法皆不忘失 擇法者是自體支 是覺自相故 精進者是出離支
由此勢力 能到所到故 喜者是利益支 由此勢力 身調適故 安定捨者 是不染汚支 由此不染汚故
(『中邊分別論疏』所引)
(19) 對法論說
正語正業正命 是令他信支(『中邊分別論疏』所引)
(20) 對法說云
正精進者 是淨煩惱鄣支 由此永斷一切結故 正念者是淨隨煩惱鄣支 由此不忘失
正止擧相等永 不容受汎掉等隨煩惱故 正定者 能淨最勝功德鄣支 由此引發神通等
無量勝功德故(『中邊分別論疏』所引)
(21) 第六辨諸門者 如是七法皆有五門 如對法說 復以一切菩提分法無有差別
皆由五門而得建立 謂所緣故(『中邊分別論疏』所引)

5.『섭대승론(攝大乘論)』
(1) 攝大乘中破器爲喩
明有奢摩他乃得見佛者(『起信論疏』所引)
(2) 攝大乘顯現甚深中言
由失故尊不現 如月相於破器
釋曰 諸佛於世間不顯現 而世間說諸佛身常住云何不顯現 譬如於破器中水不得住
水不住故於破器中實有月不得顯現 如是諸衆生 無奢摩他軟滑相續 但有過失相續於彼實有諸
佛亦不顯現 水譬奢摩他軟滑性故(『起信論疏』所引)
(3) 攝大乘論云
諸菩薩在十信位中 修大乘未堅固 多厭怖生死 慈悲衆生心猶劣薄 喜欲捨大乘本願修小乘道
故言欲修行小乘(『起信論疏』所引)

(4) 攝論中爲說
在前散心所見有分齊相 故屬化身(『起信論疏』 所引)
(5) 攝論說
地前所見 名變化身 地上所見 名受用身(『起信論疏』 所引)
(6) 攝大乘說
要具四義 方得受熏 故言常法不能受熏(『起信論疏』 所引)
(7) 攝論云
意識緣三世及非三世境 是則可知此識所緣境不可知故(『起信論疏』 所引)
(8) 攝論云
猶如虛空 遍一切色際 無生住滅變異 如來智亦爾 遍一切所知 無倒無變異故(『起信論疏』 所引)
(9) 如攝論說
三性相望 不異非不異 應如是說
若能解此三性 不一不異義者 百家之諍 無所不和也(『起信論別記』 所引)
(10) 攝論云
本旣常住 末依於本 相續恒在 乃至廣說(『起信論別記』 所引)
(11) 故知此性是密藏義
佛性論中名秘密義 攝大乘論名爲藏義 義同言異(『金剛三昧經論』 所引)
(12) 法身之生此界爲性
攝大乘中亦名生義 佛性論中名至得義(『金剛三昧經論』 所引)
(13) 如是衆生不出一界 皆用一界爲種類故 攝大乘論名體類義 佛性論中名自性義
(『金剛三昧經論』 所引)
(14) 攝論云
若佛果是無分別智所顯離分別 衆生云何得作衆生利益事 如理無倒爲顯無功用作事
故重說偈言 譬摩尼天鼓無思成自事 如是不分別種種佛事成
解云 若依是義無因緣而有所說 又復得言 無因緣故亦無所說(『涅槃宗要』 所引)
(15) 攝大乘論云
三身所顯無上菩提 旣說三身 皆是菩提(『涅槃宗要』 所引)
(16) 如攝論云
諸煩惱惑滅名無住處涅槃 故卽此涅槃不通凡住 故亦名不同相涅槃(『涅槃宗要』 所引)
(17) 如攝論云
煩惱業滅故言卽無種子 此顯有餘涅槃
果報悉滅故言一切皆盡 此顯無餘涅槃(『涅槃宗要』 所引)
(18) 如攝論云
如緣覺不觀衆生利益事住無餘涅槃 菩薩卽不如 是住波若波羅蜜不捨衆生利益事
般涅槃亦有餘亦無餘 於法身是無餘 於應身是有餘 故言離住無餘涅槃 以不應彼處故
(『涅槃宗要』 所引)

(19) 攝大乘說

法身爲二身本 本覺常住 未來依於本相續恒在 如恒受樂如恒施食 二身常住應如是知

(『涅槃宗要』所引)

(20) 攝大乘說

法身五 於中言第三有爲無爲無二爲相 非惑業雜所生故 由得自在能顯有爲相故

釋曰 一切有爲法皆從惑業生 法身不從惑業生 故非有爲 法身由得自在能數數顯有爲相

謂應化 二身故 非無爲是明法身雖非惑業所生有爲而非凝然無動作物也

又報常家雖樂常住而其常義亦有不足意 謂始有功德不遍於前位故 若此功德有所不遍

卽於法界 有所不證 若於法界無所不證卽等法性無所不遍 (『涅槃宗要』所引)

(21) 攝大乘云

爲顯異人功德故立自性身 依止自性身起福德智惠二行 二行所得之果 謂淨土及法樂

能受用二果故名受用身 (『涅槃宗要』所引)

(22) 攝大乘論云

復次 受用如是淨土 一向淨 一向樂 一向無失 一向自在

釋曰 恒無雜穢 故言一向淨 但受妙樂 無苦無捨 故言一向樂 唯是實善 無惡無記

故言一向無失 一切事悉不觀餘緣 皆由自心成 故言一向自在 復次 依大淨說一向淨

依大樂說一向樂 依大常說一向無失 依大我說一向自在 (『無量壽經宗要』所引)

(23) 攝大乘云

若淨土中 無諸怖畏 六根所受用法悉具有 又非唯是有 一切所受用具 最勝無等

是如來福德智慧 行圓滿因 感如來勝報依止處 是故最勝 (『無量壽經宗要』所引)

(24) 攝大乘云

出出世善法 功能所生起

釋曰 二乘善名出世 從八地以上 乃至佛地 名出出世 出世法 名世法對治 出出世法

爲出世法對治 功能以四緣爲相 從出出世善法功能 生起此淨土故 不以集諦爲因

乃至廣說故(『無量壽經宗要』所引)

(25) 如攝論說

菩薩及如來唯識智 無相無功用 故言淸淨離一切障 無有退失 故言自在 此唯識智

爲淨土體故 不以苦諦爲體 乃至廣說故 (『無量壽經宗要』所引)

(26) 攝大乘論中

有三復次

一者 若從他得戒名爲受 若自心得戒名持 解云 若他者 先不受人 始受 故爲受

若自心得戒 過去中先持戒人 方得 以自心得戒 故名持也

二者 先得名爲受 後持名爲持

三者 修持戒行名之爲受 (『梵網經菩薩戒本私記』所引)

(27) 言心種者 攝大乘論云

一者 以信心爲種子 由此信心故 得成佛果故 由此心故 能對治闡提不信障

若論位者 約十信位也
二者 以般若爲母故 能對治外道著我障 此卽十解也
三者 以禪定爲胎故 能對治聲聞衆苦障 此卽約十行位也
四者 以大悲爲乳母故 能對治緣覺捨心障 此卽十廻向位也 (『梵網經菩薩戒本私記』所引)
(28) 如攝論云
若無下無明諸行不生 若無修道無明諸行 不熟者 是明分別 我見相應無明 能發惣報 引業
境界愛等相應無明能所如彼業 令成生業 (『二障義』所引)
(29) 攝大乘論
如是 所知障體其相云何 或有說者 法執無明 唯在第六第七二識不通餘識 推求性故
法愛恚等 非見所攝不推求者亦通五識 如攝論說 能遍計心唯意識故 一切不通
阿賴耶識 如瑜伽說 (『二障義』所引)
(30) 攝論言
無記者 是不可記極香臭義故 又復此識 雖无所薰 而自前後相生相續 未得對治 終無斷絶
旣無隔滅 何得薰習 若無所薰卽有失者 種子無薰 應念念失 而此種子 雖無所薰 前後相續
無隔絶故 雖念念滅 非念念失 此識法執 (『二障義』所引)
(31) 攝論曰
由唯發願是別時意 故知三福十六觀七日念佛等那別時也 (『遊心安樂道』所引)
(32) 攝大乘論
問 如攝大乘論釋作別時意 豈不是破耶
答〈彼論〉所明 有別時 有不別時 若唯空發願卽是別時 若行願兼修非是別時
(『遊心安樂道』所引)
(33) 攝論
勝品修者 是八聖道 進入修道 勝於上品故 彼論名爲上上修也 (『中邊分別論疏』所引)
(34) 攝論
上品修者 是七覺分 始入出世上於世間故 彼論名爲勝智修也 (『中邊分別論疏』所引)
(35) 攝論
密合修者 卽是五力 行與理合 能勝煩惱故 言智到境一家故者 釋密合義 彼論名爲相應修也
(『中邊分別論疏』所引)
(36) 攝論
上事者修 卽是五根 爲起上位 五力事能故 彼論名爲後行修也 (『中邊分別論疏』所引)
(37) 攝論
熟治修者 四如意足 體是靜慮 成就治道故 彼論名爲治成修也 (『中邊分別論疏』所引)
(38) 攝論
令薄修者 是四正懃 懃修二善 薄二惡故 彼論名爲損減修也 (『中邊分別論疏』所引)
(39) 攝論
覺悟修者 是四念處 體是智慧 離無明故 攝論說 此名顯示修 除無明闇 顯了境故

(『中邊分別論疏』所引)
(40) 攝論
初發修者 是凡夫位 如前頌言 隨不倒有倒故 彼論名爲初際修也(『中邊分別論疏』所引)
(41) 攝論
中行修者 有學聖位 如前頌言 隨顚倒不倒故 彼論名爲中際修也 (『中邊分別論疏』所引)
(42) 攝論
最後修者 無學聖位 如前頌言 無倒無隨倒故 彼論名爲後際修也 (『中邊分別論疏』所引)
(43) 攝論
九 無性攝論爲成第八對彼小乘立二比量 謂八識教 (『判比量論疏』所引)

6. 『현양성교론(顯揚聖教論)』
(1) 顯揚論云
大乘性者 謂菩薩乘與七大性 共相應故 說名大乘
云何爲七
一 法大性 謂十二分教中菩薩藏所攝方便廣大之教
二 發心大性 謂已發無上正等覺心
三 勝解大性 謂於前所說法大性境起勝信解
四 意樂大性 謂已超過勝解行地 入淨勝意樂地
五 資糧大性 成就福智二種大資糧故 能證無上正等菩提
六 時大性 謂三大劫阿僧企耶時能證無上正等菩提
七 成滿大性 謂卽無上正等菩提自體所成滿菩提自體 比餘成滿自體尙無與等
(『起信論疏』所引)
(2) 顯揚說
謂律儀色 不律儀色 及定自在所生色故且就一門立爲五十 如是五十是眞實惡
(『金剛三昧經論』所引)
(3) 顯揚論云
所依者謂四種依 廣說如經
一 依法不依衆生 謂若法是如來所說 或弟子說十二分教 隨學隨聽不衆生所行行學 亦不隨轉
二 依義不依文 謂若法非餘詞者 所造綺文字句 唯能顯了 獨法淸淨 鮮白梵行於此法中
恭敬信解 非於能顯顚倒梵行 及不顯了梵行 但飾詞者 所造綺文字句
三 依了義經不依不了義經 謂於如來所說相似甚深空性相應隨順諸緣緣起法中 不妄執著
如言淺義亦不住自內見取心 唯勸尋究顯了義經
四 依智不依識 謂不唯聽聞而生知足 便不進修法隨法行 然爲盡諸漏 勸求自內證眞諦智故
(『本業經疏』所引)
(4) 顯揚論云
永害(?)隨眠說煩惱斷故三約通別定所斷者 一往而言通別 二執皆是所斷窮而說之其別相

惑正是所斷亦爲所治 如斷病本亦名治病故 通相法執 唯是所治 而非所斷由其
亦解亦解執非一向惑故 唯修治令得清淨喩如治不淨鏡令成明淨 但名治鏡不言斷鏡故
四就時世定所斷者 此中先簌 三世後定所斷若欲究竟顯諸三世相 略以九句明其差別 其九是何
一過去過去 二過去未來 三過去現在 四未來過去 五未來現在 六未來未來 七現在未來
八現在過去 九現在現在(『二障義』所引)

(5) 顯揚論云

未來現在煩惱可斷 永害隨眠名煩惱斷故 雖依此門說如是斷 而求此斷亦不可得
何以故 治道生時望彼隨眠 未來現在爲有爲無 若猶是有卽非所斷 若已是無卽無可斷
若彼未來現在二由斷故 後無者卽彼未來現在未斷之前 是有唯是一念未來現在
先有後無不應道理 一刹那頃無前後故(『二障義』所引)

(6) 顯揚論云

斷所從者 謂從所緣境斷諸煩惱 於所緣境斷煩惱已 諸相應法亦復隨斷 若依心王
言生離相應縛 後離所縛 依此義故〈瑜伽論〉說 復次 從相應及所緣故 煩惱可斷
(『二障義』所引)

(7) 顯揚論

所以然者 無漏意識 必有無漏不共所依故 如顯揚論云 意者 謂從阿賴耶識種子所生還緣
彼識我癡我愛我我所執我慢相應 或翻彼相應於一切時 持擧爲行 或平等爲行
無彼俱轉了別爲性 如薄伽梵說 內意處不懷 外法處現前 及彼所生作意
正起如是所生意識得生故 瑜伽論說(『二障義』所引)

(8) 顯揚論云

除衆生執現起纒故 覺法實性永斷法執 法執斷時 當知 亦斷衆生執隨眠 瑜伽論中 亦同此說
(『二障義』所引)

(9) 顯揚論云

妄想者亦名八種分別 如顯揚論云 頌曰 分別有八種 能生於三事 分別體應知 三界心心法
論曰八種分別者
一自性分別 謂於色等想事 分別色等所有自性
二差別分別者 謂卽於色等想事起諸分別 謂此有色 此無色有見無見等 以自性分別爲依處故
分別種種差別之義
三總執分別 謂卽於色等總事所立我及有情 命者生者等 假想施說所引分別
由攝積聚多法總執爲因分別轉故 又於舍軍林等 想事所立舍等假想施設所引尋思
四我分別 謂若事有漏有取長時數習我執 所取由數習邪執自見處事爲緣所起虛妄分別
五我所分別 謂若事有取乃至我所執所取等爲所起分別
六愛分別者 謂緣淨妙可意事境分別
七不愛分別
八愛不愛俱相違分別(『二障義』所引)

(10) 顯揚論云

復次於依他起自體中有二種遍計所執 自體分別 謂隨緣覺及隨眠數習 習氣隨眠 (『二障義』 所引)

(11) 顯揚論云

意者 謂從阿賴耶識種子所生 還緣彼識我癡我愛我我所執我慢相應故 其我見中有二種緣 一緣自依止 二緣他依止 末那所起 唯有初緣意識之中 具二種緣 緣自我見有二種起 謂分別起及任運起末那有緩意識具二 如瑜伽說 (『二障義』 所引)

(12) 此上三句顯唯守護 已所得善令倍修令增長令廣大者 如其次第 不唯於彼生知足故 生欲等句 皆如前說 此義廣如顯揚論說 (『中邊分別論疏』 所引)

(13) 顯揚論云

云何唯現在世 非般涅槃法 不應理故 謂不應言於現在世 雖非般涅槃法於餘生中 復可轉爲般涅槃法 何以故 無般涅槃種性法故

又若於此生先已積集順解脫分(?) 善根何故不名般涅槃法 若於此生都未積集 云何後生能般涅槃 是故定有非般涅槃 種性有情 瑜伽論中亦同此說

(『十門和諍論』 所引)

7. 『불지경(佛地經)』

佛地經說 大圓鏡智能起一切衆生諸善法影 (『起信論別記』 所引)

8. 『중변분별론(中邊分別論)』

(1) 中邊論云 唯塵智名心 差別名心法 長行釋云 若了塵通相名心 取塵別相名爲心法 瑜伽論中亦同是說 (『起信論疏』 所引)

(2) 『中邊論』

欲明現起諸法 皆是本識所現 離識之外更無別法 (『起信論別記』 所引)

(3)若依中邊論及楞伽經 則習氣等非此識境 若依瑜伽論 聲塵及七種識等 非其所緣 (『起信論別記』 所引)

(4) 中邊論云

此識所取四種境界 謂塵根我及識所攝 所取旣無 能緣本識 亦爾得生 (『起信論別記』 所引)

		A				B					C										D							
		1. 長阿含經	2. 中阿含經	3. 雜阿含經	4. 增一阿含經	1. 俱舍論	2. 雜心論	3. 迦旃延論	4. 成實論	5. 婆娑論	1. 大般若經	2. 大品經	3. 仁王經	4. 維摩經	5. 文殊般若經	6. 方廣經	7. 大智度論	8. 廣百論	9. 中論	10. 十二門論	1. 解深密經	2. 唯識論	3. 瑜伽論	4. 對法論	5. 攝大乘論	6. 顯揚聖教論	7. 佛地經論	8. 中邊分別論
I	起信疏				1			1				2	5		1		4	1					9	5	8	1		1
	起信別記							1				2	1						1	1	2		7	2	3		1	3
	金剛三昧經論			1								2	1				2						4	1	3	1		1
	大慧度經宗要		1								1	2	1					1			2		2		1			
	法華宗要		1								1						3				1		1	4				
	涅槃宗要					2	2	1	1	2	2	5		2			3						6	1	8			
II	阿彌陀經疏																				1		1		1			
	無量壽經宗要												1								2	1	9		4			
	彌勒上生經宗要	1	1			2	1										2						1					
	遊心安樂道												1	1			1						3		2			
III	菩薩戒本私記										1	1	3									1			7			
	持犯要記																				1		1					
	本業經疏												10			1							7			1		
IV	二障義												4				2			1	3		46	12	3	8		1
	中邊分別論疏					1				1							20						21	14	1	2		
	十門和諍論																				1					1		
	判比量論		1																			2			1			
計		1	4	1	1	5	3	3	1	3	5	14	27	3	1	1	37	2	1	2	13	4	118	39	42	14	1	6

E				F					G												H								
1, 法華經	2, 涅槃經	3, 金光明經	4, 法華論	1, 華嚴經	2, 十地經	3, 十地論	4, 十住斷結經	5, 十住毘婆娑論	1, 楞伽經	2, 四卷經	3, 十卷經	4, 大乘同性經	5, 勝鬘夫人經	6, 不增不減經	7, 無上依經	8, 占察善惡業報經	9, 大乘起信論	10, 佛性論	11, 寶性論	12, 大乘莊嚴經論	1, 梵網經	2, 菩薩地持經	3, 菩薩瓔珞本業經	4, 優婆塞戒經	5, 十誦律	6, 薩婆多論	7, 別解脫戒經	8, 達摩戒本	9, 多羅戒本
	2	6	1	7	2				3	5	6	2	2								1	1	5						
	2			3						17	16		1							1									
5	4		1	3		2				2			2				6	3	1				7						
2		1		3									1					2	1										
	1	1	3	2									1						2										
3		2	3	2		1				5			5	1		1	5	2				1	1						
																							1						
				1									1	1			3		2				2						
1				2			1														1								
1				1													3	1											
1	5	2		4						1			1									4	4	2	1	1			
																											1	2	2
	4			20	2	1	1			1					4		1	1											
	1			3		1		1		2			6				4	1	5										
																								2					
13	19	12	8	51	4	5	2	1	3	55		2	20	2	4	1	22	10	11	1	2	6	20	4	1	1	1	2	2

		I																										
		1, 大集經	2, 彌勒所問經	3, 二夜經	4, 薩遮尼犍子經	5, 寶雲經	6, 大雲密藏經	7, 請僧福田經	8, 觀無量壽經	9 阿彌陀經	10 鼓音聲王陀羅尼經	11 觀佛三昧海經	12 賢愚經	13 賢劫經	14 賢劫定意經	15 彌勒成佛經	16 彌勒上生經	17 一切智光明仙人經	18 金剛力士經	19 觀藥王藥上經	20 佛本行經	21 因果經	22 十號經	23 法集經	24 大悲經	25, 大寶積經	26 央掘魔羅經	27 不空羂索陀羅尼經
I	起信疏	3	1																					1				
	起信別記																											
	金剛三昧經論		1																									
	大慧度經宗要			1																								
	法華宗要				2	2	1																		1			
	涅槃宗要			1	1			1																				
II	阿彌陀經疏										4																	
	無量壽經宗要		1		1				3		1																	
	彌勒上生經宗要											1	3	4	1	1		1	1	1	1	1						
	遊心安樂道		3							1	1						1											1
III	菩薩戒本私記																											
	持犯要記																											
	本業經疏													1									1		1		1	
IV	二障義		1																									
	中邊分別論疏																											
	十門和諍論																											
	判比量論																											
	計	3	7	2	4	2	1	1	3	1	6	1	3	5	1	1	1	1	1	1	1	1	1	1	2	1	1	1

									J													
29. 虛空藏菩薩經	30. 大方等陀羅尼經	31. 菩薩處胎經	32. 往生論	33. 禪經	34. 九十六外道經	35. 外道大有經	36. 新論	37. 集量論	1. 肇法師	2. 梁武簫焉天子	3. 光宅雲法師	4. 天台智者說	5. 北方師說	6. 南土劉虯	7. 莊嚴寺旻法師	8. 白馬寺愛法師	9. 二障義	10. 不增不減經疏	11. 楞伽宗要	12. 楞伽經疏	13 楞伽經料簡	14 一道章
1				1	1		1										1	1	1			
								2									1					
																	1					
										1	1	1	1	1	1	1	1		1	1		
			1																			
	1	2																				
			2																			
	1																					
						1																
1	2	2	3	1	1	1	1	2	1	1	1	1	1	1	1	1	4	1	2	1	1	1

・朴吉眞博士 古稀記念論叢『韓國佛教思想史』(원광대학교, 1975)에 게재

원효의 실상반야관(實相般若觀)

I

반야(般若)에 대한 원효의 소견이 집약적으로 표명된 곳은 아무래도 『대혜도경종요(大慧度經宗要)』라고 보아야 좋을 것이다. 필자는 원효가 이 저술에서 매우 중요한 하나의 주장을 내세우고 있는 사실에 대해서 동학제현(同學諸賢)의 관심을 유발하고 질정(叱正)을 받고자 이 소론(小論)을 초(草)한다.

반야의 해석사(解釋史)를 보건대, 일찍이 승조(僧肇)는 그 『조론(肇論)』에서 반야무명(般若無名)을 설한 바 있었으나 반야를 몇 가지 관점에 따라 구분하는 설명방법은 취한 바 없었다. 이를 나누어 설명한 이로서는 천태 지의(天台智顗)가 그 효시인 듯 보인다. 지의는 그 『금광명현의(金光明玄義)』에서 반야는 원상(圓常)의 대각(大覺)인데, 일각(一覺)에 삼덕(三德)이 있다 하고 ① 실상반야(實相般若)와 ② 관조반야(觀照般若), 그리고 ③ 방편반야(方便般若)의 셋을 들었다.[1] 실상반야는 반야의 이체(理體)로서 본래 중생에 갖춰져 있으며, 일체허망한 상을 떠난 반야의 실성(實性)이며 소증(所證)의 이체(理體)라 하고, 관조반야는 그 실상을 관조하는 실지(實智)요, 방편반야는 제법을 분별하는 권지(權智)라고 해석했다.

그 후 중국에서 반야를 이와 같이 분류해서 설명한 이로 이름이 알려진 사람들 가운데에는 화엄종의 현수 법장(賢首法藏, 643-712)이 있다. 그는 반야를 ① 실상, ② 관조, ③ 문자(文字)의 셋으로 나누고, 각각 ①을 소관진성(所觀眞性), ②를 능관묘혜(能觀妙慧), ③을 전상지교(詮上之敎)를 말하는 것이라고 한 바가 있다.[2]

법상종의 자은 규기(慈恩窺基, 632-682)는 위의 세 가지에다가 경계(境界)와 권속(眷屬)의 둘을 더 보태 다섯 가지로 늘렸다. 이러한 규기의 견해는 중국 밀교의 조(祖) 불공(不空)의 제자인 양분(良賁, 717-777)에 의해 주목되었고 소개되었으나,[3] 그 자신은 불공 역 『인왕호국반야바라밀경(仁王護國般若波羅密經)』「관

---

1) 『金光明玄義』 上, T.1783.

2) 『般若心經略疏』, T.1712, p. 552.

3) "明此經者 題云般若 卽以爲宗 觀如來品 別明三種 實相 觀照 及 以文字 慈恩三藏 更加二種 境界眷屬 通前五法 般若性故 般若相故 般若因故 般若境故 般若伴故", T.1709, p. 432.

여래품(觀如來品)」의 설명을 따라 실상·관조·문자의 세 가지 구분에 만족했었다. 더 찾아보면 중국에서의 반야 해석사에 다른 사실(史實)들이 나타날지 모르겠으나, 현재 두드러지게 눈에 띄는 것은 이런 정도이다.

그런데 필자는 이런 중국 불교사상가들의 반야관(般若觀)에는 원효의 영향이 지대한데, 그것이 밝혀져 있지 않다는 사실을 말해야 하겠다. 또 원효의 반야관에는 아주 심오한 탁견이 독창적으로 주장되고 있어서 그 점을 널리 내외에 현양해야 한다는 필요성을 절감하게 된 것이다.

II

사실 현수 법장은 다른 경우에도 그렇지만 이 반야의 해석에 있어서도 원효의 설을 그대로 계승 답습하고 있다. 원효는 『대혜도경종요』의 제2 '경의 종지(宗旨)를 드러내는 부분'의 서두에서 문자반야, 실상반야, 관조반야[4]의 셋을 열거하고, 문자는 능전교(能詮敎)요, 뒤의 둘은 소전교(所詮敎)라고 하면서 실상반야와 관조반야에 관한 것을 중점적으로 설명했다.

그는 실상반야의 상(相)을 설명하는 데 있어서 다섯 가지 설이 있다고 전제하고 일일이 그 소론(所論)을 요약했다. 그런데 이 다섯 가지 설 가운데 첫 네 가지 설은 『광백론(廣百論)』에 나오는 게송[5]을 뒷받침하는 네 가지 주장으로서 통설(通說)에 속하는 것이다. 즉 ① 유(有), ② 공(空), ③ 역유역공(亦有亦空), ④ 비유비공(非有非空)의 4구 중 그 어느 하나를 제법의 실상에 대한 자기의 주장으로서 내세우는 경우들을 열거하고 있다.

이 네 가지 설을 원효의 말을 빌려 간단히 요약하면 다음과 같다.

① 유(有): 유가론자(瑜伽論者)들의 주장처럼 삼성(三性) 중의 진여가 바로 실상으로서 그것은 승의(勝義)의 유(有)다.

② 공(空): 의타기성(依他起性)도 진여도 다 공한 것이 제법의 실상이다. 색·수·상·행·식이 모두 무소유(無所有) 불가득(不可得)이다. 『반야경』에 근거한 소론(所論)이다.

③ 역유역공(亦有亦空): 의타기성은 유(有)이기도 하고 공(空)이기도 하다. 세

---

4) 般若는 波若로 쓰는 일이 있다. 그 밖에도 班若, 鉢若, 般羅若, 鉢剌若, 鉢羅枳孃, 般賴若, 波賴若, 鉢腎禳, 波羅禳 등으로 音記되었다. 원어는 팔리어로 pañna, 산스크리트어로 prajñā.

5) "有非有俱非　諸宗皆寂滅 於中欲興難　畢竟不能申", 『元曉全集』, p. 52b.

속이므로 유, 승의이므로 공이다. 공이 곧 진여이나 진여는 불공이다. 『반야경』과 『유가론』을 인증(引證)으로 삼는다.

④ 비진비속(非眞非俗) 비유비공(非有非空): 이제(二諦)의 법문은 다만 가설(假說)한 것일 뿐 실상이 아니다. 그러니 진(眞)이 아니요 속(俗)이 아니며, 유(有)가 아니요 공(空)이 아닌 것, 이것이 제법의 실상이다. 역시 여기의 인증에도 『반야경』과 『유가론』이 쓰인다.

이상의 네 가지 설을 열거하고 원효는 그 특유의 화쟁론을 편다. "위의 제사(諸師)의 소설(所說) 중 어느 것이 옳은가?" 이렇게 의문을 제기한 뒤, 그는 항상 그렇게 하듯이 "제사의 설은 모두 다 옳다. 왜냐하면 모두 다 성전(聖典)을 근거로 한 것으로 성전은 서로 위배되지 않기 때문이다. 제법의 실상은 제 희론(戲論)을 여의었다. 도무지 어느 것만 옳은 것이 없으며, 또 어느 것도 옳지 않은 것이 없기 때문이다"라고 회통을 해 버린다.

이러한 원효의 회통적인 이해방법도 원효란 사상가의 특성을 말해 주는 중요한 의의를 가지는 것이기는 하나, 이 소론(小論)에서 필자가 특히 강조하고자 하는 것은 다섯 번째로 내놓은 견해의 중요성에 대해서이다.

Ⅲ

원효는 실상반야를 설명하는 다섯 번째 견해로서 『대반야경』 「이취분(理趣分)」의 한 구절을 인용하고 여래장(如來藏)이야말로 실상반야라는 감동적인 선언을 하는 것이다. 여기서 필자가 구태여 감동적이라는 표현을 쓰는 것은, 이 주장이 인도적(人道的) 자비의 따스함을 풍기는 주장이기 때문이다. 우리는 원효의 사상적 특징이 여래장 이론에 입각한 요익중생(饒益衆生)과 귀일심원(歸一心源)을 강조하는 데 있음을 알고 있다. 그러한 우리로서는 원효가 반야를 여래장과의 관련 아래에서 대단히 강하고 광범하게, 그리고 확고하게 설명하고 있는 것을 보고, 원효 사상의 진면목을 본 것과 같은 느낌을 금치 못하는 것이다.

원효는 흔히 자기자신의 주장을 다른 사람들의 주장과 병렬적으로 내놓을 때 맨 끝에 가서 제기하는 경우가 많은데, 여기서도 '혹유설자(或有說者)'라고 하면서 위의 네 가지 상식적 주장과는 다른 상당히 특이한 주장을 위의 네 가지 주장에 할애한 것보다 더 많은 말과 성의를 기울여 맨 끝에 강조하고 있다.

여기서 원효가 인용하는 자기 주장의 증거는 앞서 말한 바와 같이 『대반야경』의

「이취분」 중 한 구절이 중심이며, 또 『보성론(寶性論)』의 한 구절을 원용(援用)하고, 이 『보성론』의 인용구 가운데에는 『승만경(勝鬘經)』의 어구가 들어 있다. 또 한편 간접적으로는 『섭대승론(攝大乘論)』과 『불성론(佛性論)』의 소설(所說)을 인증으로 쓰고 있다. 이 경·논들은 원효가 가장 존중하는 전거들로서 이러한 전거의 제시 자체에서 벌써 우리는 이 다섯 번째 주장이 원효 자신의 주장임을 알게 되는 것이다.[6)]

"여래장이 바로 실상반야다. 거꾸로 실상반야란 다름 아닌 여래장이다."

원효는 이렇게 주장한다. 아직까지 여래장을 실상반야 또는 반야와 동의어로서 해석한 사람이 없었다. 위의 「이취분」 등 인용문 안에서도 뚜렷이 그 둘 사이의 관계를 명언한 대목이 없다. 아니 그것을 뚜렷이 발견한 이가 없었다 해야 마땅할 것이다. 그런데 원효는 그것을 불쑥 이야기해 버린 것이다. 이 점이 바로 이 소론(小論)에서 원효 사상의 특징으로서 지적하고자 하는 점이다.

Ⅳ

『대반야바라밀다경』 「이취분」의 글로서 원효가 인용한 문구는 다음과 같다.

爾時 世尊 復依一切住持藏法如來之相 爲諸菩薩 宣說般若波羅蜜多
一切有情住持遍滿甚深理趣勝藏法門
謂 一切有情皆如來藏 普賢菩薩自體遍故
　一切有情皆金剛藏 以金剛藏所灌灑故
　一切有情皆正法藏 皆隨正語轉故
　一切有情皆妙業藏 一切事業加行依故
佛說 如是住持甚深理趣勝藏法已 告金剛手菩薩云 若有得聞如是遍滿波若理趣勝藏法門 信解受持讀誦修習 則能通達勝藏法性藏 速證無上正等菩提[7)]

그때에 세존께서 또 일체주지장법여래지상(一切住持藏法如來之相)에 의하여

6) 졸고, 「經典引用에 나타난 元曉의 獨創性」, 崇山 朴吉眞 博士 華甲記念『韓國佛敎思想史』, pp. 177 223.

7) 『元曉全集』, p. 52b.

제 보살들에게 반야바라밀다, 즉 일체 유정이 주지(住持)하고 변만(遍滿)하는 심심(甚深)한 이취(理趣)요, 승장(勝藏)의 법문을 선설(宣說)하시었다.

말씀하시기를,

일체유정은 다 여래장(如來藏)이다. 보현보살의 자체(自體)가 변(遍)한 까닭이다.

일체유정은 다 금강장(金剛藏)이다. 금강장이 쏟아져 내려 깨끗이 한 바이기 때문이다.

일체유정이 다 정법장(正法藏)이다. 모두 다 정어(正語)를 따라서 전(轉)하기 때문이다.

일체유정이 다 묘업장(妙業藏)이다. 일체의 사업이 가행(加行)되는 의지(依止)이기 때문이다.

불(佛)께서 이와 같이 일체 유정이 주지(住持)하는 심심(甚深)한 이취, 승장의 법을 설하신 뒤, 금강수(金剛手)보살에게 말씀하셨다. 만약 이와 같은 변만반야이취승장(遍滿波若理趣勝藏)법문을 듣고 신해(信解)하고 수지(受持)하고 독송(讀誦)하고 수습(修習)할 수 있는 사람이 있다면, 그는 능히 승장(勝藏), 법성장(法性藏)에 통달해서 무상정등보리(無上正等菩提)를 속증(速證)하리라.

위의 글의 핵심적인 내용은 '일체 유정이 모두 다 여래장이요, 금강장이요, 정법장이며 묘업장이다'라고 한 데에 있다. 이역동본(異譯同本)인 보리유지(菩提流志) 역의 『실상반야바라밀경』에도 '일체중생은 곧 여래장이요, 금강장이요, 정법장이요, 묘업장이다'라고 되어 있어 용어마저도 같다.

원효에게는 '일체 중생이 여래장이다' 하는 이 말이 가장 심각하게 들리는 것이다. 우리는 일찍이 교판사(教判史)상에서의 원효의 위치를 말할 때,[8] 그가 일승만교(一乘滿教)로서 『화엄경』의 가르침을 최고최심(最高最深)의 교(教)로 치고, 여래장사상을 일승분교(一乘分教)라 하여 그 다음에 놓고 있음을 말한 바 있다. 그때 그는 사제(四諦)・연기(緣起)의 교를 삼승별교(三乘別教), 반야・유식의 교를 삼승통교(三乘通教)라 하여 일승의 경지에 와 있지 못함을 갈파한 바가 있다. 실제로 원효는 일승과 삼승이 모두 다 이치에 어긋나지 않는 것이라고는 보나, 그 교훈이 나오게 된 때와 장소와 상대에 따라 삼승에는 자연히 어쩔 수 없는 한계가 있음을 보여준 것이다. 일승의 경우 분교(分教)와 만교(滿教)의 차이는 분교가 보다 인도주의적인 입장에서 인간 제도(濟度)의 문제를 강조한 것이라면, 만교는 우주적인 보다 높은 차원에서의 제법간의 무애(無礙)의 관계를 천명한 데에 있다.

8) 졸고, 「教判史上에서 본 원효의 위치」, 霞城 李瑄根 博士 古稀紀念 論文集 『韓國學論叢』, p. 509.

그리하여 원효의 불교는 일승이며, 일승 중에서도 실천적으로는 여래장사상을 바탕으로 중생(sattva)의 보살(bodhi-sattva)화를 추구하는 것이었다. sattva와 bodhi-sattva는 다같이 '살아 있는 것'을 의미하는 sattva(중생, 유정)이다. 그러나 sattva란 말 이외에 bodhi-sattva란 표현을 쓰게 된 것은 '깨닫고 제대로 살아가고 있는 존재'를 의미하게 하기 위해서이다. bodhi가 깨달음이란 뜻이므로 bodhi-sattva는 중생은 중생이지만 '깨달은 중생'이라는 말이 된다.

원효가 이해하는 바에 의하면, 지옥, 아귀, 축생, 수라, 인, 천의 육악도(六惡道)가 바로 중생이다. 원효는 이 육악도를 '생존의 방식' 또는 '생활의 양식'(way of life) 정도로 생각한다. 만약에 이 여섯 가지 도(gati)가 따로따로 어떤 고정된 실체로서 일정한 공간과 시간 속에 객관적으로 존재한다고 생각하면, 그것은 근본적으로 잘못이라고 원효는 본다. 원효에 의하면 그것은 찰나찰나에 변하는 우리들 심성에 따라 나타나는 생활의 양태일 뿐이다. 인간은 언제나 인(人)의 위치에 있게끔 보장된 것이 아니라 나머지 악도를 부단히 왕래한다. 그것을 원효는 윤회라 하는 것이다. 그러나 인간에게는 이 중생의 윤회의 사이클에 맹목적으로 얽매인 부자유의 상태에서 과감히 벗어난 다음, '깨달은 중생'의 길을 택해, 스스로 자유롭게 선택하여 이 중생의 윤회의 사이클 속에 다시 뛰어 들어 그 악순환을 막는, 질적으로 다른 생을 누릴 수 있는 가능성이 주어져 있다.

그것을 가능케 하는 것이 우리 안에 있는데, 그것이 바로 여래장(tathāgata-garbha, 여래의 씨올)이라고 그는 보는 것이다. garbha는 씨올을 의미한다. 그것은 생명의 핵이다. 그 씨올 속에는 한 나무의 아름다운 모습과 위대한 기능이 아직은 감추어져 있어서, 좋은 인연을 만나면 그 습성에 따라 자기를 완성하고 남에게 이익을 주는 훌륭한 공덕을 간직하고 있다. 그것이 garbha요, 장(藏)이다.

'여래(如來)'란 있어야 될 상태에 왔다는 뜻, 해야 할 일을 하게 됐다는 뜻이다. 그렇게 된 대표적인 존재가 붓다(Buddha, 覺者)라 보고 여래라 했던 것이다. 마음이 자유로우니 행동이 자유로운 존재가 여래이다. 먹는 것, 입는 것, 자는 것, 생각과 말과 일, 그 모든 것이 여여한 상태, 거기에 왔다는 말이다. 여여란 tatha(such)이다. 그것은 so and so요, as it is라고 번역되듯이 우선 무애한 상태이어야 하고, 또 자비에 넘치는 상태이어야 한다고 생각되어 왔다.

원효는 그것을 알고 모든 중생이 다 여래장이라는 확신을 갖고 살았고, 그것을 알리는 데 열중하였다. 지금 『반야경』의 종요(宗要)를 쓰면서 그 경을 한낱 삼승의 통교로서 머물게 하지 않고, 여래장사상의 경전으로서 해석을 하려고 하는 데에 원효사상의 독창성이 있다. 그렇게 하기 위해 「이취분(理趣分)」의 문구를 인용한다. 그러나 이 「이취분」은 틀림없이 후대의 작품으로 이미 다분히 밀교적 영향이 적지 않게 스며 있다. 이러한 텍스트를 택한 바로 이 점에서 우리는 원효사상의 특징을 본다.

「이취분」의 인용문에서는 여래장의 동의어로서 금강장이니, 정법장이니, 묘업장이니 하는 말이 사용되었다. 「이취분」의 보다 짙은 밀교화 과정에서 나왔으리라고 생각되는 금강지(金剛智) 역의 『금강정유가이취반야경(金剛頂瑜伽理趣般若經)』의 같은 부분에서는 여래장을 평등성(平等性), 금강장을 제일의성(第一義性), 정법장을 법성(法性), 묘업장을 업용성(業用性)이라고 보다 추상화해서 말하고 있다.

그러면 원효 자신은 무엇이라고 해석하는가를 보자.

첫째 '일체 유정이 모두다 여래장이니, 보현보살의 자체(自體)가 변(遍)한 까닭이다'라고 한 것에 대해 원효는 크게 관심을 돌린다.

원효의 말을 그대로 옮기면 다음과 같다. "이 보살(보현보살)은 일체 유정이 오직 하나의 법계며 따로 유정이 없다고 생각한다. 이런 도리를 오랜 기간 훈수(熏修)함으로 말미암아 자기 마음(慈心)이 바뀌고 변하여 모든 유정에게 미쳐, 모든 유정이 자기 자체가 되어 버렸다. 이와 같이 보살의 수분관심(隨分觀心)이 이미 이러하거늘 하물며 제 여래(諸如來)의 원만관심(圓滿觀心)이야 더 말할 나위가 있겠는가. 그러므로 모든 유정은 여래장의 섭하는 바(所攝)이며, 그래서 여래장이라 이름 부른다." 이것이 이 문장의 해석이다.

『불성론(佛性論)』에 말씀하신 바와 같이 "일체중생은 다 여래의 지혜 안에 있다. 모두 다 여래께서 섭지(攝持)하는 바 되어 있는 까닭이다. 소섭중생(所攝衆生)을 여래장이라 설하기도 하고, 여래의 소섭(所攝)을 여래장이라 하기도 하는 때문이다."

둘째 '금강장', 셋째 '정법장', 넷째 '묘업장' 등에 대한 원효의 설명을 보면 이러한 표현들은 부수적으로 여래장의 기능면을 강조한 것으로 이해하고 있는 듯하다.

'금강장'에 관해서 원효는 다음과 같이 말했다. "불지소유(佛地所有) 대원경지(大圓鏡智) 상응의 정식(淨識)이 섭(攝)하는 바이다. 종자(種子)가 변이(變異)하여 제 유정이 되었다. 등류과(等流果)라는 말을 쓰기 때문에 관쇄(灌灑)된 바라고 한 것이다." 등류과란 동류의 인(因)이 동류의 과(果)를 낳는 것을 등류(等流)라 하고, 과성(果性)이 인성(因性)과 동류의 것으로 유출되므로 등류과라고 한다. 지혜나 선정 등 마음의 움직임을 물에 비유하거나 그 흐름에 비유한 예에 따라 여기서도 관쇄(내려 뿌려지고 씻겨 깨끗해진다)라는 말이 사용된 것이다. 중생의 좋은 본질이 지적되고 있는 것이다. 원효가 자주 말하는 일심의 근원, 또는 원천이란 말이 역시 이 금강과 같은 대원경지(大圓鏡智)라고 해도 좋을 것이다.

셋째 '정법장'에 대하여는 '제 유정이 모두다 정법이다'라고 한다. "보현보살이 변(變)해 제 유정이 되었다. 그 때에 제 유정이 다 자기 스스로 정어(正語)에 따라

변이하여 생했기 때문이다"라고 한다.

이 점에 대해서는 좀더 자세한 설명이 있었으면 하는 아쉬움이 있으나, 그렇다고 이해가 안 되는 것은 아니다. 요컨대 이것은 말과 관련이 있다. '금강장'이 생각과 관련이 있다면 이 '정법장'은 말과, 그리고 '묘업장'은 일과 관련이 있다. 결국, 생각과 말과 일에 관련을 지어 그 모든 훌륭한 공덕이 다 여래장에서 나옴을 천명한 것으로 이해된다.

끝으로 '묘업장'에 관해서는 본문에서 '일체 사업을 가행(加行)하는 의(依)이기 때문이다'라고 하였다. 보리유지의 이역(異譯)에서는 "선교한 묘업이 운위(運爲)되는 바이기 때문이다"라고 하고 있다. 원효는 "여래장 그 자체 안에서 훈습력(熏習力)이 있기 때문에 고(苦)를 피하고 낙(樂)을 구하려는 두 가지 일을 제 중생이 일으키는 것이다. 모든 선한 일(事業)을 힘써 일으키려는(加行) 선한 마음이 다 이 힘 때문에 생긴다"라고 말한다.

「이취분」의 인용문에 관한 해석에서 원효는 『보성론(寶性論)』의 한 구절을 또 중요한 인증으로 삼고 있다. 이 『보성론』의 구절을 검토하기 전에 먼저 한 가지만 더 이야기해 두어야 할 요점이 있다. 즉 그것은 이와 같은 여래장이 어째서 실상반야가 되느냐 하는 점이다. 그 열쇠는 「이취분」 인용문 중 서(序) 부분의 "依一切住持藏法如來之相"과 "宣說般若波羅蜜多一切有情住持遍滿甚深理趣勝藏法門"이란 두 구절에 있다고 생각된다. 이 두 구절은 그 의미가 좀 애매한 곳이 없지 않다. 그러므로 참고삼아 동본이역(同本異譯) A B C 세 본에 나타난 이동(異同)을 검토해 보면 다음과 같다.[9)]

A　一切住持藏法如來之相
　　一切有情住持遍滿甚深理趣勝藏法門

B　一切如來爲衆生依怙相
　　一切衆生依怙 實相般若波羅蜜法門

C　一切如來住平等相
　　一切法最勝平等性 甚深般若波羅蜜多理趣法門

여기에 현존 「이취분」 주석 중 대표적인 규기의 『대반야바라밀다경반야이취분

9) 세 본을 각각 다음과 같이 A B C로 약칭한다.

A. 『大般若波羅蜜多經』「理趣分」

B. 『實相般若波羅蜜多經』

C. 『金剛頂瑜伽理趣經』

술찬(大般若波羅蜜多經般若理趣分述贊)[10]의 주석을 참고로 하면서 위의 글을 풀어보면, '一切住持藏法如來之相'이란 '주지장법(住持藏法)하고 있는 일체여래의 상(相)'이란 뜻으로 봄이 타당할 것 같다. 규기는 '주지장법'이란 어구만을 해석하면서, '주지(住持)'란 모든 유정이 무시이래(無始以來)로 여래장에 의해 주(住)한다는 뜻이요, 또 여래장이 모든 유정에게 주한다는 뜻이라 하고 있다. 또 '장법(藏法)'에 대해서는 "여래장을 말한다. 즉 무위(無爲) 중에 무변불공덕(無邊佛功德)을 함용(含容)하기 때문에 장(藏)이라고 한다"고 말하고 있다.[11] B에 의하면 '일체 여래가 중생의 의호(依怙)가 되고 있는 상(相)'이라 번역하였고, C에서는 '일체 여래가 평등에 주(住)하는 상(相)'이라 하였다. 이렇게 볼 때 첫 구절의 뜻은 대강 일체 유정이 여래장이요, 여래장이 일체 유정이라는 상(相)을 의미한다고 보아 무방할 것이다.

그런데 그 법문의 이름이 B에 의하면 '실상반야바라밀법문'이다. 그것을 C는 '심심반야바라밀다이취법문(甚深般若波羅蜜多理趣法門)'이라 했고, 또 A는 변만심심이취승장법문(遍滿甚深理趣勝藏法門)이라고 하고 있는 것이다. A만 볼 때에는 이 법문이 직접 실상반야와 무슨 관계가 있는가를 알기 어렵게 되어 있는 것이 사실이나, B C를 아울러 검토할 때 이 법문은 바로 실상반야바라밀법문임이 드러난다.

V

원효는『보성론』의 다음과 같은 게송과 그 게송에 대한 장행석(長行釋)을 인용하면서 그 자신의 '실상반야 즉 여래장설'을 다시 한번 강력히 뒷받침한다. 그가 인용하는『보성론』의 해당구절은 다음과 같다.

a. 無始世來性 作諸法依止
依性有諸道 及證涅槃果
長行釋言 此偈明何義

b. 無始世來性者
如經說云 諸佛如來 依如來藏 說諸衆生 無本際不可得知

c. 所言性者

---

10) T.1695.

11) T.1695, p. 58a.

如聖者勝鬘經云 世尊 如來藏者 是法界藏 出世間法身藏 出世間上上藏 自性清淨法身藏 自性清淨如來藏[12]

『보성론』 범본에 의하면 이 부분의 원문은 다음과 같다. 원문과의 대조는 원효가 인증하는 문장의 의미를 정확히 파악하는 데 있어서 많은 도움을 주므로 여기에 병기해 둔다.

a. anādi-kāliko dhātuḥ
sarva-dharma-samāśrayaḥ/
tasmin sati gatiḥ sarvā
nirvāṇādhigams 'pi ca//
b. yat tathāgata-garbham evādhikṛitya bhagavatā pūrva-koṭir na prajñāyata iti de śitaṃ prajñaptam
c. yo 'yam bhagavaṃs tathāgata-garbho
lokottara-garbhaḥ prakṛiti-pariśuddha-garbha iti/

필자는 이것을 다음과 같이 옮겨 본다.

a. 무시세(無始世) 이래의 성(性, dhātu)이
제법의 의지(依止, āśraya)가 된다.
그 성으로부터 제도(諸道, sarvāgatiḥ)가 있다.
그리고 또 열반의 과(果)도.
산문으로 풀이해 말하기를 이 게송이 무슨 뜻을 가지는가?
b. 무시세래(無始世來)의 성(dhātu)이란
경에 "제불여래는 여래장에 의하여 '제 중생은 알 수 있을 만한 본제(本際, pūrva-koṭi)[13]가 없다'고 설하신" 그대로이기 때문이며,
c. 성(性)이란
『성자승만경(聖者勝鬘經)』에 "세존이시어, 여래장은 곧 법계장(法界藏)이요, 출세간법신장(出世間法身藏)이요, 출세간상상장(出世間上上藏)이요, 자성청정법신장(自性淸淨法身藏)이며, 자성청정여래장(自性淸淨如來藏)이

12) 『元曉全集』, p. 52 b.

13) 前際라고도 하며 어느 시작의 시간을 말한다.

나이다" 하신 바와 같기 때문이다.[14)]

사족이 될지 모르지만 여기에 약간의 어구해석을 가하면서 필자의 견해를 보탠다. 성(性), 즉 dhātu는 layer, stratum, elementary sphere, essential ingredient of the body 등의 뜻을 갖고 있다. 이를테면 바탕이다. 그것에 의하여 제법(諸法)과 제도(諸道)가 있다. 또 그것에 의하여 열반이란 과(果)도 실현된다. 열반의 과란 다름 아닌 여래다. 제도란 물론 육악도(六惡道)를 말한다. 보살도도 그 도(道)이기는 하나 이미 질적으로 다른 도이다.

그런데 이 성은 영원한 현존이어서 언제 생했다 멸하는 것이 아니다. 그러므로 이 성은 무시무종(無始無終)이라 하며, 또 전제(前際)도 후제(後際)도 없다고 하는 것이다. 이것을 출세간장(出世間藏, lokottara-garbha)이라고 하는 것이 그러한 이유 때문이다. 세간이란 시간과 공간에 얽매인 상황을 말하는 것이며, 그것을 벗어났고 뛰쳐나왔으므로 이를 출세간이라 한 것이다. 자성청정(自性淸淨, prakṛti-pariśuddha)이라 한 것도 같은 뜻이다. prakṛti란 흔히 어떤 고정불변한 fundamental form, nature, origin 등을 의미하는 것으로 번역되고 있으나, 보다 더 적절한 역어는 property, properness라고 필자는 말한다. 그런 고유성이 없다는 뜻이 자성청정의 뜻이다.

필자는 앞서도 말한 바 있지만 원효가 말하는 일심지원(一心之願)은 바로 이 성(性)이라고 보는 것이다. 그러므로 그의 귀일심원의 이상은 실상반야로의 귀일(歸一)이라 해도 좋은 것이며, 또 원효가 말하는 귀명(歸命)이 역시 실상반야로의 귀일이라 해도 틀림이 없는 것이다. 한 마디 덧붙이면 그것은 요익중생의 온전한 실천 없이는 달성될 수 없는 이상이라는 점이다.

•『精神文化』 6호(1980)에 게재

14) 범본의 C에는 如來藏(tathāgatagarbha), 出世間藏(lokottaragarbha), 自性淸淨藏(prakṛitipari -śuddhagarbha)만이 열거되어 있어 한역과 약간의 차이가 있다.

원효의 미륵신앙

신라 화랑들의 미륵신앙이 어떤 성격의 것이었느냐를 알기 위해서 우리는 원효의 미륵신앙관을 알아보기로 한다.

원효가 미륵신앙을 어떻게 보았느냐 하는 것을 알자면 무엇보다도 그의 현존 저술 『미륵상생경종요(彌勒上生經宗要)』를 자세히 검토하는 수밖에는 없다. 그의 저술목록에는 또 다른 미륵 관계 저술이 있었던 것으로 되어 있으나, 우선은 현존 『상생경종요』만으로도 그의 사상의 일단을 규지(窺知)할 수가 있다.

Ⅰ. 원효의 미륵사상 일반

필자는 오랫동안 우리 신라인들이 가졌던 미륵신앙 내지는 미륵사상이 무엇이었는가 하는 것보다 '구체적으로 미륵반가사유상이 나타내는 사상적 배경은 무엇이었을까?' 이런 물음에 대해 필자 나름대로의 주장을 온전히 뒷받침할 만한 구체적 증거들을 풍부히 가지고 있지 못함을 안타까이 생각해 왔다. 아직도 큰 진전은 없는 셈이지만, 그런대로 원효의 이 저술을 검토하고 나서 필자는 어느 정도의 이해 진전이 이뤄진 것으로 생각하고 그 일단을 소개해 두려는 것이다.

원효의 『미륵상생경종요』 첫머리에 실린 대의(大意)는 일반적으로 원효가 미륵보살이란 존재를 어떻게 보았는지, 또 이 경을 어떻게 평가하고 있는지, 미륵신앙의 내용을 어떻게 이해했었는지 하는 것을 알게 해 준다. 그는 대의의 대부분을 미륵신앙의 대상인 미륵보살이 누구인가를 이야기하는 데 충당하고 있다. 그리고 그 표현은 한 마디로 말해 찬탄의 극치임에 놀라움을 금치 못한다. 이제 번거롭지만 그 원문을 인용해 보자.

蓋聞彌勒菩薩之爲人也
　遠近莫量
　深淺莫測
　無始無終
　非心非色
天地不能載其功
宇宙不能容其德
　八聖未嘗窺其迹
　七辯無足談其極
　窈窈冥冥 非言非默者乎
然不周之山之高 其跡可跋
　朝夕之池之深 其疆可涉
是知 至人之玄 猶有可尋之跡
　　玄德之邃 非無可度之行
　今隨跡疆之 近蹤
　誠論始終之 遠趣
言其始也
　感慈定之光熾
　發廣度之道心
　浴八解之淸流
　息七覺之苑林
　四等之情 等閏四生
　三明之慧 明導三界
論其終也
　度苦海於法雲
　發等覺於長夢
　却二障之重闇
　照四智之明鏡
　乘六通之寶車
　遊八極之曠野
　千應萬化之術事
　啻百億之滅哉

미륵보살의 사람됨에 관해 듣건대
원근(遠近)을 측량할 수 없고
심천(深淺)을 헤아릴 수 없으며
시작도 끝도 없고
심(心)도 색(色)도 아니라
천지가 그 공(功)을 싣지 못하며
우주가 그 덕(德)을 넣지 못하니
팔성(八聖)도 아직 그 자취를 못 보았고
칠변(七辯)도 그 극을 말하기 족하지 않아
요요명명(窈窈冥冥)하니,
입을 열어도 입을 닫아도 형용할 수 없어라.
그러하도다,
부주산(不周山)이 높다 해도 그 자취는 밟을 수 있고
조석지(朝夕池)가 깊다 해도 그 지역은 건널 수 있으나
그러므로 아노라,
지인(至人)의 현(玄)은 그래도 찾을 만한 자취가 있고,
현덕(玄德)의 요(遼)는 가도(可度)할 수 있는 행(行)이 없지 않도다.
지금 발자취를 따라 가니
　그 발자국이 가까운 데 있고,
진실로 시종(始終)을 논하자니
　그 가는 곳이 멀고 멀더라.
그 시작으로 말하면
　자정(慈定)의 광치(光熾)에 감(感)하여
　광도(廣度)의 도심(道心)을 발(發)하고
　팔해(八解)의 청류(淸流)에 욕(浴)하고
　칠각(七覺)의 원림(苑林)에 식(息)하며
　사등(四等)의 정(情)으로 사생(四生)을 등윤(等閏)하고
　삼명(三明)의 혜(慧)로 삼계(三界)를 명도(明導)하도다.
그 끝으로 말하면
　법운(法雲)을 타고 고해(苦海)를 넘어
　장몽(長夢)에서 등각(等覺)을 발하고
　이장(二障)의 중암(重闇)을 물리치어
　사지(四智)의 명경(明鏡)을 비치며

> 육통(六通)의 보차(寶車)를 타고
> 팔극(八極)의 광야(曠野)에 노니니
> 천응만화(千應萬化)의 술사(術事)가
> 어찌 백억의 멸(滅) 뿐이겠는가?

우리는 이 대의의 화려하고도 장엄한 표현을 통해 원효가 미륵보살에 대해 가지는 경외와 숭앙의 도(度)가 지극 지대함을 잘 알 수가 있다.

그는 또 미륵보살에 관해 이렇게 설명하고 있다.

> 미륵보살은 번역하면 자씨각사(慈氏覺士)니 현겁(賢劫) 천불 중의 제5여래로서 불사불(弗沙佛) 당시에 먼저 자정(慈定)을 익히고, 그 마음을 훈수(熏修)하여 마침내 상성(常性)을 이룩하였다. 이 때 이래 매양 자씨라 이름 부르게 되었고 그렇게 하여 성불에까지 이르렀다. 그래서 이런 이름을 갖게 된 것이다.

우리는 여기서 미륵보살이 '자정(慈定)을 익혔다'는 말과 '마음을 훈수(熏修)했다'는 말에 특별히 유의하고자 한다. 미륵보살이 닦은 선정을 자정이라고 한 것, 그리고 이 보살이 주로 마음을 닦는 일에 전념했다고 강조하고 있는 사실은 나중에 언급할 것이지만 이 경의 종치(宗致)가 관행인과(觀行因果)를 말하는 데 있다는 사실과 아울러 미륵신앙이 단순한 타력신앙이 아니라는 점을 나타내 주는 것이라고 생각한다.

한편 원효는 미륵보살의 나라인 도솔천과 그 도솔천에 상생(上生)하는 연고 등에 관하여 다음과 같이 말하고 있다.

> 도솔타(兜率陀)란 번역하면 지족(知足)이다. 욕계(欲界) 육천(六天) 중의 제4천이다. 밑의 삼천(三天)은 욕정이 무겁고, 위의 이천(二天)에는 부일심(浮逸心)이 많다. 이 제4천에는 욕(欲)이 경미하며, 비침비유(非沈非浮, 과욕에 침잠함이 없고 부일함이 없음)하며, 번뇌망상에 방일함이 없다. 그러므로 지족이라고 말한다. 갖가지 수용구(受用具, 일용자구)를 애써 얻으려 노력함이 없고 수념자연(隨念自然, 염하는 바에 따라 저절로 이뤄짐)하므로 천(天)이라고 한다. 보살이 인(人)의 경지에서 천(天)으로 오르므로 상생(上生)이라 부르고, 행자(行者)가 정려사찰(靜慮思察)하는 것을 일컬어 관(觀)이라 한다. 금구(金口, 부처님 입)를 열어, 옥구(玉句)를 말씀하시어 법우(法雨)를 흡족하게 뿌려 땅을 적시어 성불(成佛)의 씨앗으로 하여금 꽃을 피게 하고 열매를 맺게 함을

> 일컬어 불설(佛說)이라 한다. 만약 누구든지 이 경을 수지(受持)하고 저 천을 관찰하면 곧 능히 묘락(妙樂)의 정처(淨處)에 태어나, 자씨의 지인(至人)의 뒤를 이어 무퇴(無退)의 성계(聖階)에 올라, 죽음의 범진(凡塵, 뭇 더러움)을 여읜다.

그리하여 원효는 이 경을 '권물수관(勸物修觀)의 진전(眞典)'이라고 규정짓는 것이다. 이 점에 관하여는 경의 종치를 말하는 자리에서 다시 거듭 상세하게 다음과 같이 설명을 한다. 이 설명은 역시 원효의 미륵신앙의 성격을 아는 데 있어서 중요한 도움을 준다. 이 문제를 우리는 항을 달리하여 설명하기로 하자.

Ⅱ. 원효가 본 『미륵상생경』의 관행(觀行)

원효는 이 『상생경』의 종(宗)은 바로 관행인과에 있다고 한다.

> 此經正以觀行因果而爲其宗

그리고 이 경의 의치(意致)는 사람들로 하여금 생천(生天)하여 영원히 퇴전(退轉)함이 없게 하려는 데에 있다고 한다.

> 令人生天 永無退轉 以爲意致

그러면 관(觀)이란 무엇인가? 이에 대해 원효는 두 가지의 관을 말한다. 첫째는 그 천(天)의 의보장엄(依報莊嚴)을 관하는 것이요, 둘째는 보살의 정보(正報)가 수승(殊勝)함을 관하는 것이다.[1] 그에게 있어서 관(觀)은 물론 삼매에 통한다. 그러므로 그는 "전념관찰(專念觀察)하는 까닭에 삼매라 한다"고 하는데, 이 삼매를 그는 수혜(修慧)가 아니고 다만 문혜(聞慧)와 사혜(思慧)에 속하는 것이라고 보았다. 그리고 이런 삼매이기 때문에 이를 전광삼매(電光三昧)라고 할 따름이라 하고, 이 삼매는 경안(輕安)함이 없어 욕계의 인(因)이 될 뿐이라고 한다. 이것은 원효가 이 『미륵상생경』의 관을 보다 대중적인 것으로 보고 있음을 알게 하는 것이다.

원효는 또 행(行)에 관해서도 세 가지 종류를 들어 다음과 같이 말한다.

---

1) 依報와 正報.

그 첫째는 미륵보살의 대자(大慈)란 이름을 듣고 경외하는 마음으로 앞서 지은 죄를 참회하는 행이요, 그 둘째는 자씨(慈氏)란 이름을 듣고 이 이름이 표시하는 덕을 우러러 받들고 믿는 앙신행(仰信行)이요, 그 셋째는 소탑(掃塔) 도지(塗地) 향화(香華) 공양 등의 여러 사업을 행하는 일이라고 한다.

원효가 지니고 있던 미륵신앙에 바탕을 둔 관행(觀行)의 구체적 내용을 우리는 여기서 발견한다. 미륵상의 조상(造像) 같은 사실을 여기에 관련시켜 생각해 보면 당시 신라의 미륵신앙이 어떤 것이었나 하는 것을 잘 알 수가 있을 것이다.

원효는 이러한 관(觀)과 행(行)이 합쳐 하나의 뿌리가 되었을 때 다음과 같은 네 가지 결과가 생긴다고 하였다.

첫째, 싹이 돋고 줄기가 땅위로 뻗어 난다(牙莖離土之果).
둘째, 꽃과 잎이 무성해지고 서늘한 그늘을 이룬다(華葉蔭凉之果).
셋째, 아름다운 꽃이 활짝 핀다(妙華開敷之果).
넷째, 훌륭한 열매가 주렁주렁 맺힌다(芳菓成就之果).

그런데 이 네 가지는 다음과 같은 사실을 비유로 말한 것이다. 첫째 비유는 앞서 지은 모든 죄들을 다 없앤다는 뜻이요, 둘째 비유는 삼도(三途)의 변지(邊地)와 사견(邪見)에 떨어지지 않는다는 뜻이요, 셋째 비유는 도솔천의 의정이보(依正二報)를 얻음을 말하는 것이며, 넷째 비유는 무상도(無上道)에 올라 불퇴전(不退轉)하게 됨을 말하는 것이다.

그런데 원효는 관행을 닦는 일이 비단 『상생경』에서만 강조되는 것으로는 보지 않고 있다. 그는 『미륵하생경』과 『미륵성불경(彌勒成佛經)』까지 합쳐 미륵삼부경(彌勒三部經)과 『관불삼매해경(觀佛三昧海經)』 및 『대방등다라니경(大方等陀羅尼經)』까지를 인용 비교하면서 그 이동(異同)을 말하기도 하였다. 이 역시 미륵신앙과 관련된 원효의 관행에 대한 이해를 아는 데 있어서 중요한 자료가 된다.

원효는 관행을 닦는 자들에 상·중·하 삼품의 차이가 있음을 말하고, 이들을 다 미륵과 관련시켜 이야기하고 있다.

첫째, 상품의 사람이란 『관불삼매해경』과 『대방등다라니경』이 설하는 것으로, 혹은 관불삼매를 닦거나 혹은 참회행법에 의하거나 하는 방법이다. 그렇게 하면 미륵을 볼 수가 있는데, 그 마음의 우열에 따라 그 형(形)의 대소를 본다는 것이다.

둘째, 중품의 사람이 닦는 관행은 『상생경』에서 말하는 것으로, 혹은 관불삼매(觀佛三昧)를 닦거나 혹은 갖가지 정업(淨業)을 지어 가는 것이다. 이렇게 하면 이 몸을 버린 후, 도솔천에 태어나 미륵을 볼 수 있고, 불퇴전의 경지에 이른다는 것이다.

셋째, 하품의 사람이 닦는 관행은 시(施)·계(戒) 등 갖가지 선업(善業)을 닦아 가기로 발원하고 미륵 보기를 원하면 이 몸을 버린 후 업을 따라 생을 받고, 나아가 미륵이 성도하기에 이르면 그 때 세존의 삼회(三會)를 보고 거기서 득도하게 된다는 것으로, 이는 『하생』·『성불』 두 경의 설이라는 것이다.

원효는 분명히 『상생경』을 보살장(菩薩藏)에 속하는 것이라 하고, 나머지 『성불』·『하생』의 두 경을 성문장(聲聞藏)의 소섭(所攝)이라고 못 박고 있다.[2] 그러나 원효는 『성불』·『하생』의 두 경을 무조건 경시하지는 않았다. 그는 이와 같이 말하고 있다.

> 위의 두 경은 보살장이 아니다. 그러나 바느질을 할 때에는 작은 바늘이 필요한 것이니, 긴 창이 있다 한들 무슨 소용이 있는가? 비를 피하자면 작은 우산〔小蓋〕이 소용된다. 저 넓은 하늘을 다 덮는 것이 있다 한들 소용이 없다. 그러므로 작다고 가벼이 여겨서는 안 된다. 그 근성의 대소에 따라서 모두 다 진귀한 것이다.

이러한 원효의 견해에 접하면서 필자는 이러한 의문을 가져 본다. 그러면 원효는 당대의 화랑들에게 어느 경에 따라 관행을 닦으라고 권고했었을까 하는 것이다.

위의 세 가지 부류의 경전들이 대상으로 삼는 상품, 중품, 하품인들의 공통된 염원에는 '미륵을 본다(得見)'는 조항이 들어 있다. 상품인은 즉시에 '득견(得見)'할 수 있는 사람들이요, 중품인은 죽은 뒤에 도솔천에 올라서 '득견'하는 사람들이요, 하품인은 그 원(願)을 갖고 죽은 후 다시 수생(受生)했다가 미륵이 성도할 때에 볼 수 있는 사람들이다.

우리는 『삼국유사』 등에서 화랑이 미륵을 섬기는 갖가지 모습을 보았지만, 그 중에는 이 세 가지 부류에 해당한다고 생각되는 경우가 다 있었다고 기억한다. 그 중에서도 화랑들은 상품인 또는 중품인의 양태를 보이는 경향과 경우가 더 많았다고 생각된다. 관행을 닦는 방법에 있어서 상·중·하 삼품인(三品人) 간의 차이는 상·중 이품인(二品人)은 다 관불(觀佛)삼매를 닦는 것으로 되어 있는데, 하품인의 경우에는 그것이 없다. 그리고 상품과 중품의 차이는 상품인이 참회행법을 하는 것으로 되어 있는데, 중품인에게는 그것이 없고, 제 정업(淨業)을 짓는다는 정도의 언급이 있을 뿐이다. 우리는 중품인의 제 정업을 짓는 일이나, 하품인의 시(施)·

2) 『元曉全集』, p. 66 a.

계(戒) 등 종종 선업을 닦는 일이 상품인에게나 중품인에게서 배제된다고는 생각할 수 없다. 이것은 다 근본으로 갖춘 위에 관불삼매를 수(修)하고 참회행법을 행했던 것이라고 보아야 한다. 이 두 가지 일은 화랑들에게 있어서 매우 중요한 수련의 내용이었다고 생각한다. 그리고 이것을 위해 수많은 조상(造像), 조탑(造塔)이 이루어졌고, 또 산중암벽에 미륵반가사유상 등의 조각이 번번이 새겨지게 되었던 것이라고 생각할 수가 있다. 여기서 필자는 화랑들을 원효는 적어도 중품지인(中品之人), 상품지인(上品之人) 정도로 생각하고 있었다는 잠정적인 결론을 내려두고자 한다.

이런 탐구의 과정에서 필자는 또 하나의 다른 의문을 제기해 보았다. 그것은 다름 아닌 우리 신라에서 그렇게 크게 존중되었고 사랑받았던 고도의 예술성을 지닌 미륵반가사유상의 사상적 배경 내지 경전적인 근거는 과연 무엇이었을까 하는 난문이다. 이 문제의 핵심은 어째서 미륵보살이 반가(半跏)며 사유상(思惟像)으로 구성되게 되었느냐 하는 것이다. 『미륵삼부경』의 내용에는 반드시 반가좌이어야 하고 사유상이어야 할 아무런 근거도 없는 것이 아니냐? 물론 이런 문제는 중국 또는 인도까지 거슬러 올라가 제기되어야 할 문제이기도 하다. 왜냐하면 신라의 반가사유상의 패턴이 이미 선행시대에 그 지역들에 있었기 때문이다. 그러나 그 유행의 규모가 앞서 보아 온 바와 같이 중국의 북위(北魏)시대에 와서 더 확대되었고, 신라시대에 접어들면서 더 보편화되었다는 사실을 무시해서는 안 된다. 혹 북위시대의 조상의 근거가 신라시대에 와서 달라질 수도 있는 것이 아닌가? 아니, 북위시대나 신라시대의 조상 근거가 혹 동일한 형의 것은 아니었을지 이러한 의문들이 잇닿는다.

이런 문제들에 대한 필자의 관견(管見)을 말해 보려고 하는 것이다. 우리는 도안(道安)이 미륵신앙 고취의 선구자였음을 알고 있다. 그 도안이 어떤 경전적인 근거를 가지고 미륵신앙을 가졌었을까 하는 데 대해 조사해 보니, 지금까지의 연구결과로는 『미륵보살소문본원경(彌勒菩薩所問本願經)』이라는 사실이 알려졌다.[3] 이것은 매우 중요한 의의를 가진다. 왜냐하면 이 경전은 불(佛)과 미륵보살과 아난 삼자간의 대화형식으로 되어 있는데, 그에 따르면 미륵은 불보다도 42겁이나 먼저 보리심을 발했으면서도 네 가지 일(四事) 때문에 성불을 하지 않고 있다는 것이다. 그 네 가지 일이 매우 시사적이다.[4] 그것은 요컨대 국토를 정화 수호하

---

3) 玉城康四郎, 『中國佛教思想の形成』 제1권중 제5장 「道安の佛教」, pp. 504-529.

4) 竺法護 역, 『彌勒菩薩所問本願經』의 同本異譯으로 당의 菩提流支 역, 『大寶積經』 「彌勒菩薩所問會」 제42가 있다. 여기서 말하는 四事란 다음의 넷이다. ① 淨國土, ② 護國土, ③ 淨一切, ④ 護一切 (T.349, p. 188b). 이것을 『大寶積經』에서는 다음의 넷으로 열거한다. ① 攝取衆生, ② 莊嚴衆生, ③ 攝取佛國, ④ 莊嚴佛國 (T.310, p. 629c).

고, 중생을 정화 수호하는 일로 되어 있다. 이것은 단적으로 미륵보살의 본원(本願)이라고 보아 마땅한 것이다. 이것 때문에 미륵보살은 성불을 늦춰 왔다. 그런데 이 미륵보살에게 불(佛)은 어떤 실천행을 권하고 있느냐 하면, 이른바 10종행(十種行)의 실천을 권고하는 것이다. 이것을 요약하면

① 충분히 성숙한 보리심을 발할 것
② 지관쌍운(止觀雙運)
③ 이타(利他)의 대비(大悲)를 성취하고, 공(空)에 철저하며, 분별 교만심을 일으키지 말 것
④ 계(戒)에 안주해서 의심을 없애고, 공적(空寂)을 즐기며, 부동(不動)의 정견(正見)을 일으킬 것
⑤ 공법(空法)에 머물러, 타인의 장단을 보지 말고, 항상 자신을 반성하며, 정법을 즐기고, 타인을 요익(饒益)하기를 염원할 것
⑥ 탐・진・치 삼독을 떠나 항상 추어(麤語)를 버리고 생각을 비울 것
⑦ 칠각지(七覺支)
⑧ 팔성도(八聖道)
⑨ 아홉 가지 선정
⑩ 열 가지 삼매

등이다.

필자는 이러한 『미륵보살소문본원경』의 내용은 충분히 북위(北魏) 불자의 한 중요한 이상으로서 그 국가주의적 성격에 일치될 수 있었을 것이 틀림없다고 보는 것이다. 필자는 이 북위 불교의 전통을 신라가 받아들였다고 본다. 이 수용과정에서 신라는 시대가 내려 온 만큼 그 시대변천에 따른 경전 수용상의 새로운 진전의 영향 아래 원광, 자장, 원효에 이르는 신라 불교사상가들의 새로운 탐구의 소산으로 화엄적인 사유방식을 도입하게 되었다. 마침내는 화랑도의 불교화가 아울러 진행되고 이에 미륵보살에 관한 다양한 신앙형식과 사상이 혼합적으로 채택되기에 이르렀다고 생각하는 것이다. 신라 불교는 북위 불교 못지않은 국가주의적 색채를 농후하게 지녔다.

원효는 그러한 신라 불교의 이념수립의 지주(支柱)로서 무엇보다도 『화엄경』을 존중한 사람이었다. 그리하여 원효는 그의 『미륵상생경종요』에서도 『화엄』의 근본정신을 그 해석의 밑바닥에 깔고 있다. 그가 상품지인(上品之人)이 의기하는 수관불삼매(修觀佛三昧)의 소의(所依)로 삼은 『관불삼매해경』도 『화엄경』계

(系)의 경전이다.

원효는 또 이 『상생경종요』의 제5 「명생신처소(明生身處所)」의 첫 인용문으로서 또 『화엄경』 「입법계품」 중의 한 구를 거론한다. 필자는 여기에 위에서 언급한 제 문제 해결의 열쇠가 숨어 있지 않나 생각하는 것이다. 원효가 인용하는 「입법계품」의 일절은 다음과 같다.

> 미륵보살이 선재동자에게 말했다. 나는 이 염부제 남계(南界)의 마리국(摩離國) 내의 구제(拘提) 마을의 한 바라문가 종성(種姓) 중에서 태어났다. 저들의 교만심을 없애려 했기 때문이다. 그리고 부모와 친속(親屬)을 화도(化度)하려 했기 때문이다. 여기서 목숨이 다하면 도솔천에 태어난다. 거기의 제천(諸天)을 화도(化度)하려 하기 때문이다.

이 내용은 『현우경(賢愚經)』이나 『상생경』의 내용과는 다른 부분이 있다. 그것을 원효는 개의치 않는다. 그는 "대성(大聖)의 분신(分身)은 기(機)에 따라 달리 보이며 그 태어나는 장소가 다를 수 있다. 조금도 이상하게 생각할 필요가 없다"고 하며 이를 회통(會通)해 버리는 것이다. 다시 말해서 원효는 그 자질구레한 『미륵삼부경』의 지엽말단적인 세부 사실들에 크게 집착하기보다는 그 큰 줄거리를 알고 믿고 실천하는 것을 더 중시하는 것이다. 그러므로 그는 「입법계품」 속의 미륵보살, 선재동자의 스승으로서의 미륵보살에 더 큰 의의를 부여하는 듯하다. 화랑과 미륵보살과의 관계, 그것이 어쩌면 이 선재동자와 미륵보살과의 관계의 신라적 버전(version)은 아닌지? 필자는 이 문제를 더 깊이 고찰해 볼 필요가 있음을 느끼고 있다.

원효의 『열반종요』에 대하여

『열반종요(涅槃宗要)』는 『대반열반경』의 종요이다. 이 문헌은 그 다루고 있는 원전과 원효 자신의 연구내용으로 보아 원효의 저술 중에서도 매우 중요한 자리를 차지하는 저술이다. 이제 그 내용구성을 보면 다음과 같다.

1. 약술대의(略述大意: 대의를 약술함)
2. 광개분별(廣開分別 : 널리 분별 설명함)
   1) 설경인연(說經因緣 : 경을 설하게 된 인연)
   2) 판경종(辨經宗 : 경의 종지를 밝힘)
      A 열반문(涅槃門)
         ① 명의문(名義門) ② 체상문(體相門) ③ 통국문(通局門)
         ④ 이멸문(二滅門) ⑤ 삼사문(三事門) ⑥ 사덕문(四德門)
      B 불성문(佛性門)
         ① 출체문(出體門) ② 인과문(因果門) ③ 견성문(見性門)
         ④ 유무문(有無門) ⑤ 삼세문(三世門) ⑥ 회통문(會通門)
   3) 명교체(明敎體 : 교의 체를 밝힘)
   4) 명교적(明敎迹 : 교의 적을 밝힘)

우리는 여기서 이 저술의 전 내용을 상세히 서술하기보다는 이 저술이 갖고 있는 철학사상의 개요를 설명하는 데 주안을 두고 몇 가지 요점만을 간추려 설명하는 데 그치려 한다.

Ⅰ. 대의(大意)

원효의 다른 저술에서와 마찬가지로 대의는 그의 근본사상을 아는 데 있어서 중요한 자료가 된다. 그런 관점에서 일단 우리는 그 원문을 번역과 함께 먼저 소개한다.

1. 原夫涅槃之爲道也
   無道而無非道 無住而無非住
2. 是知其道至近至遠
   證斯道者彌寂彌喧

   彌喧之故 普震八聲遍虛空而不息
   彌寂之故 遠離十相同眞際而湛然

   由至遠故 隨教逝之 綿歷千劫而不臻
   由至近故 忘言尋之 不過一念而自會也

3. 今是經者 斯乃 佛法之大海 方等之秘藏
   其爲教也 難可測量 良由 曠蕩無涯 甚深無底
   以無底故 無所不窮 以無涯故 無所不該

   統衆典之部分 歸萬流之一味
   開佛意之至公 和百家之異諍

   遂使 擾擾四生 僉歸 無二之實性
   　　夢夢長睡 並到 大覺之極果

   極果之大覺也 體實性而亡心
   實性之無二也 混眞妄而爲一

   既無二也 何得有一
   眞妄混也 孰爲其實

斯則 理智都亡 名義斯絶
是謂 涅槃之玄旨也

但以諸佛證而不住
無所不應 無所不說 是謂 涅槃之至敎也

玄旨亡而不嘗寂
至敎說而未嘗言 是謂理敎之一味也

4. 爾乃 聽滿字者 咸蒙毛孔之益
   求半偈者 不顧骨髓之摧
   造逆罪者 信是經而能滅
   斷善根者 依玆敎而還生之矣

5. 所言大般涅槃經者 若也具存西域之音 應謂摩訶般涅槃那
此土譯之言大滅度
欲明如來所證道 體周無外
　　用遍有情
　　廣苞遠濟
　　莫是爲先
　　依莫先義
　　故名爲大
大體大用無二無別
旣無彼岸可到
何有此岸可離
無所離故 無所不離 乃爲大滅
無所到故 無所不到 方是大度
以是義故 名大滅度
所言經者 大聖格言 貫十方而一揆
　　歷千代而莫二
法而且常 故名爲經

1. 무릇 열반의 도라 함은
도(道)가 없으되 도 아님이 없으며

주(住)함이 없으되 주하지 아니함도 없으니

2. 이로써 아노라 그 도는 지극히 가깝고 지극히 머나니
이 도를 증한 자 더욱 적(寂)하고 더욱 훤(暄)하도다.
더욱 훤하매 두루 팔성(八聲)이 진동해 허공을 꿰뚫고 쉼이 없으며
더욱 적하매 멀리 십상(十相)을 여의고 진제에 일치해 담연하도다.

지극히 먼 고로 교(敎)를 따라 가면
천겁을 면력(綿歷)해도 가서 닿는 바 없고
지극히 가까우매 말을 잊고 찾아 가되
일념(一念)도 못 되어 저절로 만나느니라.

3. 지금 이 경은 곧 불법(佛法)의 대해(大海)요 방등(方等)의 비장(秘藏)이니
그 교는 측량하기 어렵도다.
실로 광탕무애(曠蕩無涯)하고 심심무저(甚深無底)하니
무저(無底)하므로 살피지 못하는 바 없고
무애(無涯)하므로 해당치 않는 바 없도다.

중전(衆典)의 부분을 다 모아
만류(萬流)의 일미(一味)로 돌아가며
불의(佛意)의 지공(至公)함을 열어
백가(百家)의 이론(異論)을 화(和)하고

마침내 분주한 사생(四生)을 무이(無二)의 실성(實性)으로 다 돌아가게 하고
꿈꾸며 긴 잠에 든 자들을 대각 극과(極果)에 다 이르게 하니라.

극과(極果)의 대각(大覺)이라 실성을 체(體)하고 망심(亡心)하며
실성의 무이(無二)라 진망(眞妄)을 섞어 하나로 하니

이미 무이(無二)라 어찌 하나가 있으랴
진망(眞妄)을 섞으니 누가 실(實)이라 하랴.

그러므로 이(理)와 지(智)가 다 사라지고 이름과 뜻이 없어지니

이를 일컬어 열반의 현지(玄旨)라 하고

다만 제불(諸佛)이 증(證)하지만 주(住)하지 않으니
응하지 않는 바 없고
설하지 못하는 바 없어
이를 일컬어 열반의 지교(至教)라 하나니

현지(玄旨)가 사라졌으나 아직 고요한 일 없으며
지교를 설했으나 아직 말한 일 없도다.
이를 일컬어 이교(理教)의 일미라 하느니라.

4. 그러므로
만자(滿字)를 듣는 자 다 모공(毛孔)의 이익을 입고
반게(半偈)를 구하는 자 골수(骨髓)의 최(摧)도 돌보지 않으며
역죄(逆罪)를 지은 자 이 경(經)을 믿고 능히 없애며
선근(善根)을 끊은 자 이 교(教)를 통해 환생하느니라.

5. 대반열반경은 서역의 음을 다 갖춰 말하면 '마하반야니르바나'라 할지나
이 땅에서 역(譯)하여 대멸도(大滅度)라 하나니

여래소증(如來所證)의 도(道)가
체(體), 두루 미쳐 남음이 없고
용(用), 두루 미쳐 유정(有情)에 이르니
널리 감싸고 멀리 제도함이 이보다 더 앞섬이 없도다.
앞섬이 없다는 뜻으로 '대(大)'라 부르노라.

대체(大體)와 대용(大用)은 둘이 아니고 다른 것이 아니요
이미 도달해야 할 피안(彼岸)이 없거늘
어찌 떠나야 할 차안(此岸)이 있으랴.

떠나는 바 없으며 떠나지 않는 바 없어
이를 대멸(大滅)이라 하고
가 닿는 바 없으매 가 닿지 못하는 바 없어

이를 대도(大度)라 하며
이러한 뜻에서 대멸도(大滅度)라 하느니라.
경(經)이라 함은 대성(大聖)의 격언이
시방을 일관하여 한결같고
천대(千代)를 겪더라도 둘이 아니요
법(法)이 언제나 영원하니 그러므로 경이라 하니라.

이 대의의 문구들에 대해 필자는 특수한 어구의 주석을 제외하고는 일일이 여기서 해설을 가하려 하지 않는다. 위의 글은 그 문체 면에서도 상당히 높은 문학성을 갖고 있어서 그 방면의 고구(考究)가 요청되는 터이지만 우리의 당면한 문제는 원효의 철학 사상이므로 그의 열반관(涅槃觀), 그의 불성관(佛性觀)을 이해하는데 필요할 경우 다음 항목에서 수시로 이에 언급하는 것으로 만족하려 한다.

Ⅱ. 경의 종지(宗旨)

원효는 이 종요 제2 변경종(辨經宗) 부분에서 『열반경』의 종지에 관한 자기 견해를 밝히기에 앞서 '혹유설자(或有說者)'라 하여 몇몇 사람의 설을 인용한다. 그 주요한 설은 다음과 같은 네 가지이다.

A. 四種大義 爲此經宗
一者 大涅槃圓極妙果 具足三事及與四德
二者 一切衆生悉有佛性 煩惱覆故不能見
三者 三寶佛性同體無二
四者 闡提 謗法 執性二乘 悉當作佛

B. 當常 現常二果爲宗
所謂 一切衆生悉有佛性 是顯當常
如來所證 大般涅槃 是明現常

C. 圓極一果 爲是經宗

D. 諸佛秘藏 無二實性 以爲經宗

A에서는 이 경의 종지를 다음의 네 가지로 보고 있다고 했다. 즉

① 대열반은 원극묘과(圓極妙果)로서 삼사(三事: 법신・반야・해탈)와 사덕(四德: 상・낙・아・정)을 다 갖추고 있다는 것,

② 일체중생은 다 불성을 갖고 있으나 번뇌가 뒤덮고 있어서 볼 수 없을 뿐이라는 것,

③ 삼보와 불성은 동체무이(同體無二)라는 것,

④ 천제(闡提)나 방법(謗法)하는 자 및 어떤 일정한 성(性)에 집착하는 이승(二乘)도 다 앞으로 작불(作佛)할 수 있다는 것이다.

B에서는 당상(當常)과 현상(現常)의 이과(二果)가 이 경의 종(宗)이라 하고 있다. 그리고 이 이과(二果)를 각각 당상은 일체중생이 다 불성을 갖고 있다는 말이 나타내 보이듯, 일체중생을 가리키는 것이오, 현상은 증득된 대반열반을 가리키는 것이라고 하였다. 원효 자신이 당상과 현상의 어의를 설명하지 않았지만, 그것은 상(常)이 당래(當來)할 것이냐, 현존하느냐 하는 데 따라 붙여진 명칭이라고 보면 좋을 것이다. 이때의 상은 앞서 말한 사덕(四德) 중의 하나인 상을 의미하는 것으로 볼 수 있다.

C에서는 원극일과(圓極一果)가 경의 종(宗)이라 한다.

D는 이 경의 종(宗)을 제불 비장(秘藏)의 무이실성(無二實性)이라고 하고 있다.

위의 네 가지 설은 우리가 보기에도 서로 상충되는 아무런 모순도 없다. 오히려 이 설들은 '대열반'의 의미를 설명하는 데 있어서 서로 보완적인 성격을 띠고 있을 따름이다.

원효는 이 네 가지 주장을 모순 없이 조화롭게 받아들이면서 완전히 화쟁(和諍)의 입장을 취하여 그 모두의 타당성을 인정한다. 그리하여 그는 다음과 같이 그 자신의 독특한 문체와 논리로 자신의 종합적 의견을 말한다.

> 如是實性 離相離性故 於諸門 無障無礙
> 離相故 不垢不淨 非因非果 不一不異 非有非無
> 離性故 亦染亦淨 爲因爲果 亦一亦異 爲有爲無
> 爲染淨故 或名衆生 或名生死 亦名如來 亦名法身
> 爲因果故 或名佛性 名如來藏 或名菩提 名大涅槃
> 乃至 爲有無故 名爲二諦非有非無故 名爲中道
> 由非一故 能當諸門 由非異故 諸門一味

如是 無二秘藏 以爲是經宗旨

이와 같은 실성(實性)은 이상이성(離相離性)이기 때문에 제문(諸門)에 있어서 무장무애(無障無礙)하다.
이상(離相)이므로 불구부정(不垢不淨) 비인비과(非因非果)며, 또 불일불이(不一不異)요 비유비무이다.
이성(離性)이므로 역염역정(亦染亦淨) 위인위과(爲因爲果)며, 또 역일역이(亦一亦異)하고 위유위무(爲有爲無)라 한다.
염정(染淨)하므로 혹은 중생이라고 부르고 생사라 하며, 또 여래다, 법신이라 한다.
인과(因果)가 되므로 혹은 불성이라 부르고, 여래장이라 하고, 또 보리다, 대열반이라 한다.
나아가 유도 되고 무도 되므로 이제(二諦)라 하고, 유도 아니오, 무도 아니므로 중도(中道)라 부른다.
비일(非一)이므로 능히 제문(諸門)에 해당하고, 비이(非異)이므로 제 문이 일미이다.
이와 같은 무이비장(無二秘藏)을 이 경의 종지(宗旨)로 한다.

우리는 이 구절을 읽으며 다시 한번 원효의 모든 대의에 나타나는 같은 논리, 같은 문체에 접한다.

위의 문구에는 A와 같은 몇 쌍의 상대적 개념들이 있다(左). 그런데 이것은 B와 같이 모두 지양되어야 한다는 것이다(右).

A
- 垢(染) — 淨 → 不垢不淨, 亦染亦淨
- 一 — 異 → 不一不異, 亦一亦異
- 有 — 無 → 非有非無(中道), 爲有爲無(二諦)
- 因 — 果 → 非因非果, 爲因爲果

B (→ 오른쪽 열)

C
- 중생 ＝ 여래
- 생사 ＝ 법신
- 불성 ＝ 보리
- 여래장 ＝ 대열반

그리하여 얻어지는 결론이 C가 된다는 것이다.

이상(離相), 이성(離性)이란 A의 대립적 양상이나 상대적 속성에 집착하지 않고 이를 초월한 경지를 말하는 것이다. 그것을 무이(無二)의 실성(實性)이라고 한 것이다. B의 불구부정(不垢不淨), 불일불이(不一不異), 비유비무(非有非無), 비인비과(非因非果) 등의 표현은 그러한 집착의 포기를 의미한다. 그것이 바로 대의 속에서 언급한 무도(無道)요, 무주(無住, 또는 부주)이다. 이 집착의 포기를 통하여 비로소 역염역정(亦染亦淨), 역일역이(亦一亦異), 위유위무(爲有爲無), 위인위과(爲因爲果)가 가능한 것이다. 이것을 대의에서는 무비도(無非道), 무비주(無非住)라고 했던 것이다.

위에서 말한 삼보(三寶)건, 천제(闡提)건, 방법(謗法)이건, 집성이승(執性二乘)이건 이들은 A의 상대적 대립적 범주 중 어느 한 편에 머물러 있는 상(相)이거나 성(性)이다. 그리고 이것들은 과거에 염정(染淨)이나 인과(因果)의 어느 한 범주에 묶인 것으로 이해되어 왔다. 그리고 도무지 그 상대적 범주에서 헤어나지 못한 채 남아 있는 경우가 많았다. 그것이 소승적 이해방식이었다. 그것을 반야바라밀다로 극복하고 나니 여기에는 이제(二諦)가 있으나 그 대립이 없고, 중도(中道)가 있으나 그 초월적 중도를 통해 유무가 나오는 결과가 나타나게 되었던 것이다. 우리는 앞서 이야기한 대의에서 원효가 '統衆典之部分 歸萬流之一味, 開佛意之至公和百家之異諍'이라고 『대반열반경』의 역할을 강조한 사실을 알고 있다. 이는 『열반경』이 화쟁의 원리를 밝히고 있음을 지적한 것이지만, 그 화쟁의 근거는 바로 다름 아닌 이 중도의 입장에 있음을 우리는 알게 되는 것이다.

Ⅲ. 불성(佛性)

위에서 본 바와 같이 『열반경』을 통하여 원효가 크게 심화할 수 있었던 것은 불성과 열반에 관한 이해였다. 바로 전 항의 네 가지 의견에 나타난 주요한 개념도 바로 이 둘로 요약될 수가 있다. 원효는 그 종요에서 이 두 가지 문제에 관해 매우 다각적 검토와 분석을 가했다. 그러나 우리는 여기에서 그 전부를 다 소개할 수는 없으므로 그 기본적인 입장만을 알 수 있도록 몇 가지 논의만을 요약 개진하고자 한다.

먼저 불성에 관한 그의 설명을 들어 보기로 하자.

원효는 옛날부터 내려오는 백가(百家)의 해석이 있지만 요약하면 다음과 같은 여섯 가지를 넘지 못한다고 하고, 육사(六師)의 설을 먼저 열거 설명한다. 그리고 이 제사(諸師)의 설의 시비를 말한 다음, 이를 총괄적으로 평가 종합한다. 이 역시 원효 특유의 화쟁의 한 패턴이라 볼 수가 있을 것이다.

원효가 열거하는 육사(六師)의 설을 먼저 소개해 보자.

제1사(第一師)는 말하기를 당유불과(當有佛果)가 불성의 체(體)라고 한다. (當有佛果 爲佛性體)

이것은 중국의 백마사 애법사(愛法師)가 도생(道生, 355-434)[1)]의 설을 계승하여 주장한 설이라고 한다. '당유불과'란 '당과(當果)'라고도 표현되는데 그것은 '未來有(미래에 있게 될 것)', '未來佛性力因緣故遂生善根(미래의 불성력 인연 때문에 마침내 선근을 생기게 하는 것)'이기 때문에 그렇게 불려진 것이다.

제2사(第二師)는 말하기를 현유중생(現有衆生)이 불성의 체라고 한다. (現有衆生 爲佛性體)

이것은 장엄사(莊嚴寺) 민법사(旻法師)의 주장이라고 한다. 원효는 이렇게 말하고 있다. "중생의 용(用)이 무엇이냐 하면 심법(心法)을 다 다스리는 것이요, 중생의 의(義)가 무엇이냐 하니 처처(處處)에 생을 받는 것을 의미한다. 이와 같이 마음을 다스리는 주인공은 반드시 대각을 이룰 것이다." 중생이 그냥 그대로 불성의 체가 된다는 설이다.

제3사(第三師)는 말한다. 중생의 마음은 목석과 달라 반드시 고(苦)를 싫어하고 낙(樂)을 추구하는 성(性)을 갖고 있다. 이러한 성이 있는 까닭에 만행(萬行)을 닦고, 무상보리의 행복한 결과로 마침내 돌아간다. 그러므로 심성이 정인(正因)의 체다.

1) 羅什 문하로 江南에서 활약. 6권 『열반경』을 연구. 경에는 설해지지 않았던 闡提成佛說을 주창. 이것 때문에 크게 배척받았으나 나중에 北本 『열반경』이 전래된 뒤 그 속에 같은 설이 설해 있어 그 탁견에 사람들은 경탄해 마지않았다. 悉有佛性說과 頓悟成佛說 등 독창적인 주장을 하였다.

이것을 원효는 양(梁)의 광택사(光宅寺) 법운(法雲)법사[2]의 주장이라고 했다. 마음이 곧 불성이란 말이다.

> 제4사(第四師)는 말한다. 마음에는 사라지지 않는 신령한 성(性)이 있다. 이와 같은 심신(心神)이 이미 몸 안에 있다. 이것이 곧 목석 등 비정한 물건과 다른 점이다. 이로 말미암아 능히 대각의 과(果)를 이루므로 심신이 바로 정인(正因)의 체이다.

이것은 양(梁)나라 무제(武帝)의 주장이다. 여기서 비정의 물건이라고 한 것은 기와장이나 돌과 같은 것을 말한다 하였다.

> 제5사(第五師)는 말하기를 아뢰야식(阿賴耶識) 법이종자(法爾種子)가 불성의 체라고 한다.

이것을 원효는 '신사(新師) 등의 의(義)'라고 하였는데, 이는 당시 유식법상의 학(學)을 새로 도입해 일대선풍을 일으켰던 현장 및 그 제자 규기 등을 말하는 것이리라 생각한다.

> 제6사(第六師)는 아마라식(阿摩羅識) 진여해성(眞如解性)이 불성의 체라고 한다.

이 제6사가 누구인지는 아무런 언급이 없다. 추측컨대 이는 원효 자기 자신이 본래 주장해 온 설이 아닐까 한다. 그 이유는 원효가 『기신론소』에서 『보성론(寶性論)』을 근거로 제9식으로 아마라식(阿摩羅識)을 열거한 일이 있는데다가 지금 여기에서도 『보성론』의 구절을 근거로 제시하고 있기 때문이다.

이상에서 우리는 육사(六師)의 설을 다 들어 보았다. 그러면 원효는 이것을 어떻게 판단하는가? 그는 자신의 시비판단(是非判斷), 판시비(判是非)를 총설과 분

---

2) 『법화』를 좋아해 그 疏를 지었다.이를 세칭 光宅疏라 한다. 그는 『법화경』「비유품」에 따라 四乘教를 세웠다. ① 羊車(성문승), ② 鹿車(연각승), ③ 牛車(소승보살), ④ 大白牛車(대승보살). 이는 三乘教 외에 별도로 純大의 一乘教가 있음을 밝히는 것으로 天台 華嚴諸大乘의 기초를 열었다.

별 두 부분으로 나누어 말하고 있다.

먼저 총설에서 그는 다음과 같이 말했다.

> 이 제사(諸師)의 설은 모두가 다 옳고, 모두 다 틀렸다. 왜냐하면 불성이란 그런 것이 아니지만 또 그렇지 않은 것도 아니기 때문이다(佛性非然 非不然故). 그런 것이 아니므로(以非然故) 제설(諸說)이 다 틀렸고, 그렇지 않은 것도 아니기 때문에(非不然故) 제의(諸義)가 다 옳다. 그 주장의 내용이 무엇인가 하니 육사(六師)의 소설(所說)은 두 가지를 벗어나지 못한다. 첫 번째 하나는 '당유지과(當有之果)'를 지적했고, 나머지 다섯은 다 '영유지인(今有之因)'에 의거해 말했다. 이 뒤의 다섯도 또 두 가지로 나누어 볼 수 있는데, 맨 뒤의 것(제6)은 진제(眞諦)에 있고, 앞의 넷(제2, 3, 4, 5)은 속제(俗諦)를 따르고 있다.
>
> 속제의 네 가지 설은 인(人)·법(法) 둘의 범주를 벗어나지 못한다. 제2는 인(人)을 거론했고 제3, 4, 5는 법(法)에 근거를 두고 있다.[3)]
>
> 법에 근거해서 말한 세 가지(제3, 4, 5)는 기복(起伏)에 불과하다. 뒤의 하나인 제5는 종자(種子)이고, 앞의 둘인 제3, 4는 상심(上心, 표면에 나타난 마음)이다. 상심 안에서 뜻에 따라 달리 설했을 뿐이다. 그러나 불성의 체는 바로 일심이다. 일심의 성은 멀리 제변(諸邊, 극단)을 떠나 있다. 멀리 제변을 떠나 있기 때문에 도무지 해당되는 데가 없다(都無所當). 해당되는 데가 없으므로 해당되지 않는 데가 없다. 그러므로 마음 자체를 두고 논한다면 마음(心)은 인도 아니고 과도 아니며(非因非果), 진도 아니고 속도 아니며(非眞非俗), 인도 아니고 법도 아니며(非人非法), 기도 아니고 복도 아니다(非起非伏). 그러나 이것을 만약 연(緣)으로 따져 논한다면 마음은 기가 되고 복이 되고(爲起爲伏), 법이 되고 인이 되고(作法作人), 속이 되고 진이 되고(爲俗爲眞), 인이 되고 과가 된다(作因作果).
>
> 그러므로 그렇지 않다(非然)고 했고, 그렇지 않은 것도 아니라(非不然)고 한 것이다. 따라서 제 설은 다 틀렸고, 또 다 옳다.

여기에 필자는 다른 군더더기를 말할 필요가 없다고 생각한다. 이 마지막 부분은 역시 그의 모든 노래의 refrain이다. 다음 그의 분별설은 완전히 『기신론』 철학에 입각한 해석이다. 이번에는 거꾸로 제6사의 설에서부터 차례로 그 주장들을

---

3) ② 現有衆生 爲佛性體, ③ 心性爲正因體, ④ 心神爲正因體, ⑤ 法爾種子爲佛性體.

철학적으로 위치짓는다. 그 본문 자체가 너무나 명백하므로 우리는 본문을 그대로 옮기는 것이 최선의 방법이라고 생각한다.

총설하면 위와 같지만 이를 분별하면 다음과 같다.

(1) 일심에는 다음과 같은 두 가지 의미가 있다. 첫째는 불염이염(不染而染: 물들지 않은 것이지만 물드는 것 같은 것)이요, 둘째는 염이불염(染而不染: 물든 듯하지만 물들지 않은 것)이다. 염이불염이기 때문에 일미적정(一味寂靜)하고, 불염이염(不染而染)이기 때문에 유전육도(流轉六道: 육악도를 유전)한다.

『열반경』 본문 가운데에 이렇게 말하고 있다. "일미의 약은 그 흘러가는 곳에 따라 갖가지 맛을 가진다. 그러나 그 진미는 산에 남아 있다."

『부인경(승만부인경)』에서는 이렇게 말한다. "자성청정심(自性清淨心)은 요지(了知)하기 어렵다. 그 마음이 번뇌에 물들어 있을 때 이는 역시 요지하기 어렵다."

『기신론』 가운데에서 광범하게 이런 의미가 설명되어 있다. 이것이 진제삼장(眞諦三藏)[4] 뜻이다.

제6사의 설은 진여불성을 말한 것으로 물든 듯하지만 물들지 않은 것(染而不染門)을 가리키는 것이다.

(2) 이보다 앞의 제5, 4, 3, 2, 1의 다섯 가지 주장은 다 염문(染門)에 있다. 왜냐하면 수염지심(隨染之心: 경우에 따라 물드는 마음)은 한 가지 고정된 성(性)을 고수하는 것이 아니라, 연(緣)따라 다른 과(果)를 반드시 낳기 마련이다. 어떤 결과를 낳는 이런 성은 훈습(熏習)으로 말미암아 성립되는 것이 아니다. 그러므로 이것을 법이종자(法爾種子)라고 말한다. 제5사의 설이 이에 해당한다.

(3) 또 이와 같은 수염지심은 나아가 생멸하는 의식의 자리들(生滅識位)을 전전하게 되나, 그렇지만 항상 신해지성(神解之性)을 잃지 않는다. 이 신해지성을 잃지 않음으로 말미암아 마침내 일심의 근원으로 돌아간다. 이것이 제4사의 주장이다.

(4) 또 수염(隨染) 생멸하는 마음은 안에 있는 훈습력으로 두 가지 일을 일으킨다. 이를테면 고(苦)는 싫어하고 낙(樂)은 즐겨 구하는 능동적인 원인이 된다. 이것을 근본으로 하여 장차 극과에 도달한다(此爲本當至極果). 제3사의 주장이 이에 해당한다.

---

4) 『起信論』의 역자.

(5) 이와 같이 일심이 수염해서 전전할 때 가서 닿는 곳이 어디냐에 따라 갖가지 일들을 다 잘 다스리고 처처에 수생(受生)한다. 그래서 중생(衆生)[5]이란 이름이 생긴다. 제2사의 설이 이에 일치한다.

(6) 이와 같은 중생은 본각(本覺)이 전전하는 바로서 반드시 장차 대각지과(大覺之果)에 도달할 것이기 때문에 지금 미래에 나타날 것이라는 뜻에서 당과(當果)라고 말하는 것이다. 제1사의 뜻이 여기에 있다.

그러므로 육사(六師)의 소설(所說)은 모두 다 불성의 실체를 다 드러내지는 못했다 할지라도 각각 그 문(門: 각도, 입장)에 따라서 설함으로써 그 의미를 드러낼 수 있었다. 그러므로 『열반경』의 한 구절이 이야기하고 있듯이, 저 장님들이 각각 코끼리 모습을 설명하는 것과 같다. 비록 그 실(實)을 얻지는 못했더라도 코끼리를 말하지 않은 것은 아니다. 불성을 말하는 것도 이와 같다. 위의 여섯 가지 법이 그냥 그대로 불성은 아니지만, 그렇다고 위의 여섯 가지 법과는 전혀 다른 무관한 것도 아니다. 그러니 위의 육사의 설이 역시 옳기는 옳다는 것을 알아야 할 것이다.

5) 여기에 현존 활자본에는 '受生'이라고 되어 있으나 이는 '衆生'이 옳을 것이다. 바로 다음 구절 첫 머리에 '如是衆生'이라고 한 것에 주목할 필요가 있다.

원효사상의 현대적 이해

사상의 한국학

한국학이 무엇이냐에 대한 논의는 지금까지도 꽤 많이 관심 있는 사람들 사이에서 활발히 진행되었고, 앞으로도 끊임없이 같은 논의, 비슷한 토론들이 진행될 것으로 생각된다. 누구든지 처음 한국학이란 낱말 또는 개념 앞에 직면해서 그 내용에 대한 해명 내지는 이해를 요청받게 되는 사람이라면 한 번쯤은 자기 나름대로 생각을 정리하지 않을 수 없는 것이 한국학 정의 문제이다 .

특히 근래 이 문제에 대해서 한편으로는 한국사나 한국어문학, 한국의 전통사상 등 한국의 전통문화에 관해 연구하는 전문학자들과 또 다른 한편으로는 현대 한국의 사회와 문화에 대한 학문적 관심이 있는 사회과학도나 서양의 인문과학의 어느 특수 분야를 전공하는 학자들이 양자 사이에서 약간의 견해 차이가 있어 불필요한 불협화음이 일고 있는 듯한 인상이 짙다.

좀 속되게 말하면 한국학이란 한국에 관한 학문일 터인데 어째서 오늘의 한국의 제반문제(비단 인문과학의 영역에만 국한할 것이 아니라 사회과학적, 자연과학적 제반문제도 포함)에 관한 학문이 한국학의 범주에 속하지 않는다는 말이냐, 국사학자나 국어국문학자, 전통사상이나 예술의 연구자들만이 한국학 분야의 연구자로 간주되어서는 안 되며 현대한국의 사회, 문화를 다루는 모든 분야의 학자가 다 한국학 분야의 연구자로 인정되어야 한다는 의견이 나와 한국학의 개념에 적지 않은 혼선이 나타나고 있는 것이 실정이다.

이와 같은 혼선은 불가피한 현상이었다고 볼 수도 있지만 본질적으로는 낭비적이요, 불필요한 현상이라 해야 마땅하다고 필자는 생각하고 있다. 왜냐하면 이 두 가지 주장의 이면에 숨은 우려들은 다 합당하지만, 그렇다고 그 우려들 때문에 어느 한쪽 주장이 배제되거나 어느 한쪽 주장만이 군림해선 안 되는 이치가 있기 때문이다. 필자는 양측의 우려를 다음과 같이 이해하고 있다.

첫째 우리의 지난날 역사의 발자취를 연구하는 사람들, 즉 국사학자나 국어국문학자, 고고학, 미술사, 철학사, 종교사, 사회사, 교육사, 서지학 등 제 분야의 학자들로서는 무엇보다도 시급하고 무엇보다도 기본적인 연구가 사료(史料)의 개발과 분석이라고 생각되고 있다. 반면에 현대한국의 정치, 경제, 사회, 문화(종교・철학・예술・교육)에 관한 학문적 관심을 생명으로 삼는 학자들로서는 무언가 시급히 어떤 현실적인 결론을 도출해서 현실에 적용시키려는 것이 최대의 관심사가 되고 있다. 이러한 경우 후자는 전자의 지지부진한 연구상황이나 연구성과가 우려스럽고, 한편 전자는 후자의 성급한 결론 추구가 확실한 사적 고증이나 사실(史實) 확정의 고려 없이 진행되는 것이 우려스러운 것이다.

필자가 이러한 두 가지 주장이 서로 상충되어 어느 하나를 배제 내지는 지배하려는 듯한 대립이 본질적으로 낭비적이요 불필요한 것이라고 말하는 까닭은 원래 이 두 가지 우려는 적어도 한국학 연구자에게 있어서는 완전히 해소되어 있어야 하는 것이 원칙이기 때문이다. 사실의 확정, 적어도 그것이 가설의 단계에 머무른다 할지라도 그것 없이 어떤 현실적 또는 미래지향적 결론이나 결론적 해석을 도출한다는 것은 사실무근의 낭설을 퍼뜨릴 가능성이 짙으며, 또 현실적, 미래지향적 안목이 없이 단순히 지엽말단적인 고증이나 훈고(訓詁)로 시간과 정력을 소모한다는 것은 이 역시 우리의 현실로서는 너무나 우원(迂遠)한 학문방식이 될 가능성이 짙은 것이다.

한국학의 양태

지금은 종교, 철학 등 사상 분야에 국한시켜 이 분야에서의 한국학이 어떤 양태의 것이어야 하겠는가를 말해보기로 하자. 필자는 일단 사상에 관한 한국학을 우리나라 사상가가 역사에 남긴 사상적 업적을 발굴 정리하여 연구자 자신의 현대적 입장에서 이를 해결・비판・부연하는 것이라고 이해하는 것이 좋다고 생각한다.

물론 그렇게 함에 있어서는 연구자에게 다음의 두 가지 조건의 구비가 다 요청된다. 즉 첫째는 연구대상이 되는 역사적 사상가의 저술의 내용을 충분히 이해할 만한 자료 처리의 능력이 있어야 하며, 아울러 그 내용을 역사적으로 평가하여 위치지울 만한 역사적 식견이 있어야 하고, 둘째로는 그 연구대상이 되는 사상가가 표방하는 사상이 현대적으로는 어떤 의미를 가지는 것인가 하는 것을 세계의 사상사적 조류에 견주어 해명할 수 있는 현대적 지식과 능력을 갖춰야 한다는 것이다.

이러한 두 가지 조건이 일시에 원만히 갖추어가기란 지극히 어려운 문제라 하지 않을 수가 없을 것이다. 그러나 이 두 가지 조건 중 무엇보다도 가장 중요한 것이 원 자료(原資料)의 처리능력이라고 하는 것에는 이론의 여지가 없을 것이다.

원 자료는 비단 문헌에만 국한되는 것이 아니라 그 속에는 고고학적・미술사적 자료, 민속학 자료까지도 포함된다. 그리고 그러한 원 자료의 처리에 있어서는 결코 우리나라 것에 대한 지식만 있어서 되는 것이 아니라, 널리 관련 인접지역에 대한 동류의 자료 및 인접과학이 성취한 지식 등에까지 시야가 넓어져 있지 않으면 안 된다.

가령 원효의 사상을 연구하고자 하는데, 원효가 남긴 저술을 정확히 읽고 이해하는 능력이 준비되어 있지 않은 상태에서 남의 번역에만 의존해야 하는 상태라면 어떻게 무슨 확실한 연구가 가능하다 하겠는가? 원효에 대한 저술의 정확한 이해에는 충분한 불교한문의 실력과 아울러 원효에게 (있는) 독특한 노장철학적인 어휘 및 수사법에 익숙할 필요가 있다. 뿐만 아니라 그 한문 불교용어나 논리적 구성의 이해에는 인도철학 인도불교의 용어와 의미 및 논리, 그리고 그 사상의 역사적 배경 등을 아는 것이 절대적으로 요구된다. 게다가 또 필요한 것이 얼마든지 있다. 서지학적인 연구, 고고학・미술사적인 연구, 정치사・경제사・사회사적인 연구가 원효와 그 작품과, 그 시대의 제 사실(史實)을 해명하는 데 동원되어야 한다. 다른 전문가들이 안 해 준 것으로서 필요하다면 사상의 연구자 자신이 그 어떤 분야의 탐구를 직접 해야 될 경우도 있다. 사상의 연구를 궁극적인 주목표로 한다 하더라도, 그 연구자는 꽤 빈번히 다른 세부적인 사실의 구명에 골똘하지 않을 수 없는 상황이 생기는 것이다. 그러면서 또 항상 전통사상의 연구자는 사상사의 현대적 추세를 주시하면서 현대에 대한 관심을 소홀히 하지 말아야 한다.

원효사상 연구

원효사상 연구에 있어서의 필자 개인의 태도를 말하자면 궁극적으로 필자는 원효의 사상이 오늘과 내일의 우리 한국인, 나아가서는 전체 인류에게 어떤 구체적 의미를 갖는가를 밝혀보는 것이 소망이라 할 수 있다. 필자는 벌써 오래 전부터 원효가 오늘날 우리들에게 굉장히 중대한 의미를 갖는 사상가라는 것을 의식하고 있다. 그러나 필자는 그것을 현대적으로 구체화하고 체계화해서 현대적 지성의 구미에 알맞게 제시하는 일을 쉽게 추진시키지 못해 왔다. 그것은 앞서 말한 바와 같은 다방면의 연구에 있어서 미비하고 부족한 것이 많았던 때문이기도 하다.

원효의 사상은 물론 불교의 사상이요, 대승불교를 바탕으로 한 사상이다. 그렇지만 거기에는 노장사상이 깊숙하게 밑에 깔려 있으며, 또 매우 독창성을 지닌, 이른바 위찬경론(僞撰經論)들을 중시한 사상이므로 불교사상사 일반 위에서도 상당히 독보적 지위에 있는 것이 사실이다. 그의 출현과 그의 개척적인 업적 때문에 중국불교 자체가 새로운 길을 걷는 결과가 나타났다고 해도 과언이 아니다. 한 예로 『기신론』과 『화엄경』을 중시하는 경향이 중국불교에 도입된 것은 바로 원효에 의해서 비로소 시작된다고 해도 좋다. 그리고 이 경향은 불교를 단순한 관념론적 위치에서 심오한 심리학적 통찰과 우주론적 관찰에 입각한 사회윤리적인 실천철학으로 바꿔놓는 위업을 남기기도 한 것이다. 그의 사상은 신라의 정치적, 경제적 문화 적응성(適應性)과 무관하지 않았으며, 또 당대의 그것과도 결코 무연(無緣)하지 않았다.

이러한 모든 문제를 밝히는 데 있어서 사용되어야 할 학문적 방법론이 무엇인가? 이 문제를 너무 경솔하고 단순하게 생각해서는 안 된다고 생각한다. 필자는 그 기본이 어쩔 수 없이 불교학적일 수밖에는 없다고 생각한다. 불교를 대상으로 하는 문헌학, 역사학, 기타 역사보조학이 이에 동원된다. 그러나 원효사상의 연구는 불교학의 범주에만 머물러서는 안 된다. 필자는 종교학과 철학, 사회과학 등 다방면의 접근을 통해 불교학적 연구성과가 재조명, 재해석될 필요가 있다고 생각하고 있다.

사상의 한국학은 다른 사상가의 연구의 경우에도 이에 준하는 방법론을 채택해야 할 것으로 생각된다.

앞으로 필자는 이러한 입장에 서서 각도를 새로이 하여 원효사상의 이해에 임해보려고 한다.

정치의 목적과 의미

원효에게 있어서 정치란 어떤 목적과 의미를 갖는 것일까? 이 물음에 답하기 위하여 우리는 무엇보다도 원효가 갖고 있던 인생의 목적과 의미에 대한 견해를 생각하지 않을 수가 없다. 왜냐하면 정치란 결국 이 인생행위의 한 중요한 국면이 아닐 수 없기 때문이다.

원효는 인간은 맹목적으로 그냥 태어났으니까 그대로 먹고 입고 사는 그런 생을 살아서는 안 된다고 생각하고 있다. 원효는 그러한 맹목적 인생관을 반드시 극복되어야 하는 부정적 사고방식이라고 생각하는 것이다. 그러한 기본적 신념은 원효로 하여금 인간들을 단순한 육도중생의 상태에서 깨달은 중생, 즉 보살(菩薩)의 생으로 끌어올리는 일을 무엇보다도 가치 있는 일로 생각하게 하였다. 그리하여 원효에 의하면 모든 인간생활의 국면이 다 이러한 철학적 자각에 의해 뒷받침되는 중생의 보살화, 나아가서는 불화(佛化)로 귀착되고, 따라서 이 세상이 중생의 세간에서 정각(正覺)의 세간으로 바뀌게 하는 생활이 되어야 한다는 것이다. 불교에서 일반적으로 생의 궁극적 목표로 생각되었던 열반이나 성불의 이상은 결코 현실의 생과 현실의 세계를 부정한 타계(他界)로의 이행(移行)이나 도피와는 비슷하지도 않는 현실적 생의 질적 변화, 현실세계의 결함과 오류의 시정을 통한 현실세계의 이상화 내지는 정법화 이외의 아무 것도 아니었다. 그러므로 원효는 그러한 목적을 향해 노력하는 이상적 인간형인 보살의 생활을 모든 인간이 함께 누리게 되는 것을 무엇보다도 간절히 소원하였다. 한마디로 말해 그러한 인간의 생활이상을 원효는 귀일심원(歸一心源)과 이익중생(利益衆生)이란 두 가지 표현으로 표방해 왔다. 이것은 원효의 정치이상 그 자체라고 해도 틀리지 않는다.

중생은 비록 지옥(地獄), 아귀(餓鬼), 축생(畜生), 수라(修羅), 인(人), 천(天)과 같은 좋지 않은 생활상을 전개하면서 세간과 국토를 어지럽게 만들고 있는 실정이기는 하나, 모두가 다 불성(佛性)을 가진 존재, 여래의 이상적 생을 구현할 수 있는 일심의 존재이다. 그런 만큼 설사 현실적으로 지금 그 가능성과 일체성(一切性)을 자각하고 있지 못한 상태에 있을지라도, 그러한 자각을 유발하고 조장시켜 간다면 그 노력 여하에 따라 반드시 현실생활의 양상을 근본적으로 변혁시키는 것은 불가능하지 않다고 보는 낙관주의가 원효사상의 밑바닥에 견고히 자리잡고 있다.

국토(國土)·인왕(仁王)·호국(護國)

그러나 원효는 결코 오늘날 흔히 불교 일반에 대해 오해하고 있는 바와 같은 개념주의나 미신적 사고방식과는 다른 사고방식을 갖고 있었다. 원효가 생각하는 국토란 하나의 추상적 개념이 아니다. 그리고 또 그가 중시하는 인왕이란 결코 어떤 특정한 제도적 지위가 아니다. 나아가 그가 생각한 호국 역시 주술적, 미신적 의미를 띠고 있는 것이 아니다. 그에 의하면 국토는 중생들의 생활공간이요 생활영역이다. 한 인간의 살아 있는 몸이 그냥 국토요, 인간들이 구성하는 공동체로서의 가정이나 사회가 국토이다. 아무도, 그리고 아무 것도 그 구성인 또는 구성요소를 소외함이 없이 망라된 우주자연 속의 공동체 그것이 국토이다. 그때 그 국토를 훌륭한 질서와 조화로운 공동체로 이끄는 힘, 즉 맑고 밝고 바르고 굳건하며 지혜롭고 자비로운 정신의 힘, 즉 일심이 올바른 지배자, 바람직스러운 통치자, 즉 인왕이다. 국왕의 지위에 있다고 해서 그냥 그대로 어떤 사람이 인왕인 것은 아니라고 보는 것이 원효의 생각이다. 그러므로 그에 의하면 어떤 사람은 인왕이 될 수도 있고, 되지 못하고 마는 수도 있는 것이다. 가끔 역사상에는 불교를 형식적으로 신봉하고 불사를 행하기만 하면 그것이 그대로 호국이 된다고 생각한 사례가 많았다. 그것은 잘못된 불교 이해였으며 오히려 그것은 불교라기보다는 미신적 속신앙(俗信仰)의 태도였다.

원효는 한 개인이나 공동체의 현실생활상이 오랜 인습적 심성과 자각 없는 타성의 난무가 빚은 결과로서 오탁악세(五濁惡世)라고 불릴 만큼 혼탁하고 추악한 상태에 있다는 견해를 갖고 있었다. 이것은 『법화경』을 비롯한 대승 경전들에 일찍이 지적된 바였다. 중국의 경우 어떤 사람들은 이것을 매우 비관적으로 과장하여 받아들여 말세를 개탄하고 현실도피적인 인생관을 편 예도 있었다. 그러나 원효는 현실의 이러한 부정적 면모를 직시하면서도 과감하게 이를 개혁하는 노력을 밀고 갔고 그렇게 사람들을 가르쳤다. 말하자면 원효는 역사의 탁류를 막고 그것을 정화하면서 역사의 흐름을 창조적인 방향으로 돌리려 한 것이다.

그것은 신라불국토 실현이라는 신화를 낳게 한 것이다.

섭(攝)의 정신

원효의 정치이념은 '섭(攝)'의 정신에 있다고도 할 수가 있을 것이다. 그것이 때로는 '화쟁(和諍)'이라고 표현되기도 하였으나, 결국은 '하나'를 이룩하고자 하는 것이 그 본 뜻이었다. 필자는 그 '하나'를 실현시키려는 이상을 '무애연기(無礙緣起)'의 실현이라고 바꾸어 말해도 좋다고 생각한다. 그것을 필자는 harmonious inte- gration이라고도 표현해 볼 수 있다고 생각한다. '원융무애(圓融無礙)'란 말을 의식하고 번역해 본 말이다. 이것이 열반이다.

원효는 『열반종요』에서 열반을 해탈(解脫)과 반야(般若)와 법신(法身)의 셋이 우열 없이 모두 다 중요하게 조화를 이루며 성취된 상태라고 말했다. 이것은 『열반경』 자체의 언명이기도 하지만, 우리는 원효가 이것을 특별히 힘주어 말할 때 그에게는 다음과 같은 현실적 이해가 있었다고 해석하는 것이 좋다. 즉 해탈이란 내적・외적 구속이나 속박으로부터의 자유를 말하는 것이요, 반야란 현실과 이상을 보는 자각적 안목이 확립되어 있음을 말하는 것이요, 끝으로 법신이란 현실적 생의 숱한 다양성, 특이성에도 불구하고 많은 공동체 소속원이 내면적 동질성을 인식한 가운데에 동체성(同體性)을 회복해 가지고 있다는 뜻이다. 다시 부연하면 법신의 실현은 동체성의 구현이며, 반야는 현실의 상관관계 그 실상을 알고 그 상관관계의 이상화를 도모하는 방법을 알고, 나아가 현실의 이상화를 이룩하는 정신력의 터득을 의미하며, 그리고 해탈은 자유로운 주체성의 회복을 의미한다고 할 수 있을 것이다.

이렇게 볼 때 원효는 정치도 포함하여 모든 인간행위의 궁극적 목표가 한 사람도, 하나의 사물도 예외 없이 그 모든 능력과 지혜를 그 모두가 구성하는 대공동체의 유기적 조화와 질서라는 방향으로 돌려, 제각기 그 보람을 찾아가도록 하는 데 있다고 보는 것이다. 우리는 그것을 원효가 가장 중시하는 말, '일중일체 일체중일(一中一切 一切中一) 일즉일체 일체즉일(一卽一切, 一切卽一)'이나 '섭수중생(攝受衆生) 성취중생(成就衆生) 이익중생(利益衆生)', '귀일심원(歸一心源)'이라는 여러 낱말을 통해 확인할 수가 있는 것이다. "큰 하나 안에는 작은 많은 하나들이 의미 있게 모여 있다. 그런데 그 작은 하나들 안에는 큰 하나가 이루어져 있는 것이다. 큰 하나라 하지만 그것은 곧 저 많은 작은 하나 그 모두요, 그 작은 많은 하나들은 곧 저 큰 하나가 아닌가." 이 말은 다시 『화엄경』의 육상(六相)의 도리로 설명이 보태진다. 즉 한 국토가 바람직스러운 이상적 국토로 현실화되려면 그 국토를 구성하는 모든 구성분자들이 제각기 그 개별성이 존중되고, 그 개별적인 구성분자들은 또 제각기 그 특이한 개성을 충분히 신장하면서 언제나 전 국토의 동질성과 완전성을 위해 자기를 희생하며 참여하는 자세가 이루어져야 한다는 것이다. 이것이 섭(攝)의 참 모습이다.

원효의 수행

원효의 정치이상은 이렇듯 모든 중생이 그 생의 가치와 의미를 성취하도록 하여 그 중생들이 이룩하는 상관관계, 즉 연기(緣起)를 무애(無礙)한 것으로 만드는 데에 있는 것이다.

원효는 『승만경』의 정신을 따라 문(文)과 무(武)의 의미를 정의하는 주목할 만한 공적을 남겼다. 즉 그는 문을 섭수(攝受)의 의미로 받아들여 선의(善意)의 중생을 이익되게 하는 방편으로 여겼고, 무를 절복(折伏)의 의미로 받아들여 악의(惡意)의 중생을 이익되게 하는 방편으로 여겼다. 절복은 문자 그대로 그 악의를 꺾어 조복(調伏), 즉 조화 있는 자세로 되돌아가게 함을 의미한다.

원효는 수행이란 결코 좁은 종교적 의미로만 국한시켜 생각하지 않는다. 사실 원효의 입장에서는 옳게 사는 생활이 곧 종교이지, 의·식·주의 생활과 종교가 유리되어 본 일이 없다. 어떻게 보면 종교와 정치의 분리와 같은 논의는 서양세계가 만들어낸 오해된 서구적 종교관의 편협성 아래에서만 생길 수 있는 발상이 아니었던가 생각되기도 한다. 수행이란 하나가 되고자 하는 끊임없는 자기극복과 진실한 자아완성의 노력을 의미한다. 수행 없이 올바른 정치의 구현은 있을 수 없다는 것을 우리는 다시금 원효로부터 배워야 하지 않을까?

원효의 경제윤리

원효의 근본사상이 '귀일심원'과 '이익중생'이란 두 가지 낱말로 요약된다는 사실에 대하여는 이미 앞서 설명한 바가 있다. 원효는 정치의 근본도 이 근본목적에 부합하는 하나의 방편이라고 보았다는 것을 이미 지적하였다. 이제 우리는 그 밖의 다른 인간 사회활동도 역시 같은 방식으로 이해해야 한다는 것을 말하려고 한다.

경제활동을 우리는 말을 바꾸어 의·식·주의 자료를 생산, 분배, 향유하는 행위라고 표현할 수가 있을 것이다. 물론 원효가 활동했던 7세기의 신라 사회는 오늘날 우리가 사는 이 시대처럼 복잡하고 발달된 생산활동과 분배 및 향유의 방식을 경험하지 못한 시대였다. 따라서 그로부터 우리는 이 복잡한 산업사회의 경제활동에 대한 미세한 부분에까지 미치는 구체적 교훈을 얻어낼 수는 없다. 그러나 오늘 우리 현대인은 원효로부터 바람직한 경제활동의 대원칙을 배울 수가 있으며 그 대원칙을 오늘 이 산업사회 관용(慣用)의 경제형태가 갖는 기본철학에 견주어 그 성격을 조명해 보는 것은 가능하다. 이는 또 반드시 해 보아야 하는 당위적 과제라고도 생각된다.

필자는 원효가 극히 중요시한 여래장사상의 경전, 『승만부인경』의 다음 한 구절은 그의 경제이상을 아는 가장 중요한 관건이 된다고 생각한다.

승만부인(勝鬘夫人)은 왕비의 신분으로서 소승의 열심한 신자이다가 새로 대승불교의 가르침에 접하여 대승보살의 길을 천명한 새 불교이념의 홍포자(弘布者)이다. 7세기 신라사회에서 승만부인은 유마거사와 함께 당시 사회지도층의 따뜻한 흠숭(欽崇)과 존경을 받았다. 그것은 오로지 원효의 활동 덕분이라고도 말할 수 있다. 우리는 진덕여왕이 즉위 전부터 그 이름을 승만이라고 부른 사실을 안다. 그 명명(命名)의 배후에는 원효의 영향이 있음을 간과해서는 안 된다. 승만부인은 열 가지 큰 서원(誓願)을 세웠는데, 그 여섯 번째 원(願)에서 부인은 이렇게 말한다.

> "저는 오늘부터 보리(菩提)를 얻는 날까지 저 자신을 위해서 재물을 받거나 축적하지 않겠으며 제가 받는 모든 재물은 모조리 가난하고 고통 중에 있는 중생을 성숙(成熟)시키기 위해서만 쓰겠습니다."

유마거사의 이념

일찍이 유마거사(維摩居士)는 역시 재가자로서, 즉 직업을 갖고 생산에 종사하면서 가족과 이웃과 공동생활을 이룩하는 자로서 보살의 생의 목적과 자세를 다음과 같은 문구로 표현해 새로운 불교의 진면모를 제시한 일이 있다.

> "보살은 중생을 위하는 까닭에 생사에 들어간다. 생사가 있으면 곧 병이 있는 법. 만약 중생의 병이 나으면 보살의 병도 낫는다. 그러나 중생이 아프면 보살도 아픈 것이다."

여기서 말하는 '생사'란 '열반'에 대치되는 말로서 세속적 생활을 의미하는 말이다. 이것은 '생로병사'의 준말로 이해될 수도 있다. 그것은 사람이 그를 둘러싼 많은 사람들과 그들에게 주어진 자연적인 여건들 속에서 서로 뗄 수 없는 상호의존관계를 갖고 사는 유한한 생을 말한다. 대승보살도(大乘菩薩道)란 단적으로 이러한 유한한 인간 상호간의 관계를 마찰과 대립 내지는 모순의 관계에서 원만한 융통자재의 관계로 바꾸는 길을 말한다. 이 모순의 관계를 '생사'라 한다면 이 자재(自在)의 관계, 무애(無礙)의 관계를 '열반'이라고 보는 것이 대승불교의 기본정신이다. 그런 견지에서 볼 때 보살은 끊임없이 모순대립의 관계를 원융무애의 관계로 바꾸려고 노력하는 존재이다. 그는 이러한 변화를 반드시 이룩하고야 말겠다는 서원의 소유자이다. 이 원(願)이 곧 그의 생의 주체적 추진력이다. 그는 결코 어쩔 수 없이 끌려가며 피동적으로 자기의 본능과 주위 환경의 노예처럼 사는 존재가 아니다.

이러한 보살 이상을 사는 두 사람 사이에는 공통된 철학이 없을 수가 없다. 승만부인은 재물의 수축(受蓄), 받고 모으는 일을 빈고중생(貧苦衆生)의 성숙이라는 데에 두었다. 그는 분명히 말한다. 그것은 자기 자신을 위해서 하는 일이 아니라고 했다. 유마거사더러 말하게 한다면 그것은 빈고중생의 아픔이 바로 내 아픔이니 당연한 일이라고 했을 것이다.

원효의 윤리적 교훈

필자는 원효의 경제이상의 ABC가 바로 여기에 있다고 생각한다. 원효는 이를테면 중생이 그 생을 성숙시키는 데 있어서 재물을 결코 과소평가하지 않고 있는 것이다. 그러나 동시에 그는 결코 재물의 가치를 과대평가도 하지 않는다. 그에 의하면 인간은 재물을 위해서 태어나 오직 잘 먹고 입고 자고 놀다가 죽는 존재가 될 것이 아니라, 그 재물을 이용해 자기 혼자만이 아니라 그 공동생활체 전체가 모순과 대립 없이 조화와 질서 속에 아무도 소외의 아픔을 느끼며 사는 일 없도록 일하는 보람된 존재가 되어야 마땅하다고 보는 것이다.

이러한 그의 이론을 뒷받침하는 것으로 필자는 역시 그가 중시한 『해심밀경(解心密經)』의 십바라밀다(十波羅蜜多) 설명 중 한 부분을 지적하고자 한다. 십바라밀다란 보살의 실천도(實踐道)를 가장 웅변으로 말해 주고 있는 윤리적 교훈이지만, 그 첫째 조항인 보시의 덕을 설명하는 가운데 이 경은 재물의 보시를 법의 보시보다도 한층 더 중요한 것으로 강조하고 있다. 옛 소승적 불교에서는 재물의 보시란 재가신자가 출가비구·비구니에게 바치는 의·식·주 등 실생활의 기본적 필수물질을 공여하는 것, 또는 향(香), 촉(燭), 화초 등을 존경의 뜻으로 기진(寄進)하는 것으로 국한시켜 설명해 왔다. 그리고 이 보시는 법시(法施), 즉 법(좁은 의미의 불교교리)을 출가승려들이 재가신도들에게 가르쳐 주는 것보다도 한층 낮은 의미밖에는 없는 것으로 간주해 왔다. 이제 대승불교 경전인 『해심밀경』은 혁명적인 선언을 하는 것이다.

『해심밀경』은 법시의 뜻도 확대 해석하여 법을 비단 소승적 교리에 국한시키지 않고, 온누리에 가득 찬 진리의 의미로 해석했을 뿐만 아니라, 나아가 그러한 법시는 그것으로써 온전한 것이 아니라 반드시 재시(財施)에 의해 보완되어야 하고, 한걸음 더 나아가 그 재시는 무외시(無畏施)로까지 발전 심화되지 않으면 안 된다고 강조하는 것이다. 무외시란 간단히 말하여 두려움 없음(無畏)을 보장해 주는 것을 의미한다. 필자는 그것을 평화와 안녕, 상호신뢰의 달성 등으로 이해하려 한다. 그것은 또 앞서 말한 바 있는 인간 공동생활체(원효에게 있어서 그것은 참된 승가僧伽 그 자체이지만)의 원만한 실현이라고 할 수도 있다.

경제이상과 결론

우리의 작은 경험에 의하더라도 진리를 이론으로서 가르치는 일은 가난한 제자들에게 물질적·경제적 도움을 주는 일에 비하면 훨씬 쉬운 일임을 알고 있다. 더 나아가 사람들에게 물심양면으로 안정과 평화를 얻도록 하는 일이 얼마나 어려운 일인가를 우리는 체험을 통해 알고 있다.

원효만한 위대한 능력과 지혜를 갖춘 사람이 방대한 전적을 섭렵하다가 『해심밀경』의 이 대목에 이르러 회심의 미소를 지었으리라 하는 것은 불을 보듯 분명한 일이다. 그는 이를 그대로 그의 이익중생의 중요한 지침으로 삼았을 것이 틀림없다. 이제 원효와 더불어 불교는 생산하는 불교, 중생을 먹이고 입히고, 평안히 잠들게 하면서 그 생의 의미를 충실하게 하는 불교로 탈바꿈하는 것이다.

그러나 우리는 원효의 경제이상을 이해함에 있어서 다음과 같은 사실들을 망각하거나 간과해서는 안 된다고 생각한다. 그에 의하면 물론 사람은 생활에 필요한 물자를 생산해야 한다. 승려도 예외는 아니라고 생각한다. 그러나 그것은 많이 생산하는 데 의의가 있는 것이 아니다. 또 그 생산에 있어서는 수단방법을 가리지 않아도 좋다는 것이 아니다. 또한 분배가 오직 개인의 이윤추구만을 목적으로 이루어져도 좋다는 것도 아니다.

원효는 그가 또한 중시했고 당시의 모든 지도자에게 제시했던 보살행(菩薩行)의 규범서인 보살계본(菩薩戒本)에서 몇 가지 중요한 경고를 하고 있다. 이 계본에는 네 가지 중죄로서, 이를 범하면 지도자 대열에서 소외될 수밖에 없는 조항들 중 두 번째 조항에서 재물의 보시와 법의 보시에 있어서 인색하지 말아야 함을 경고한다. 그리고 그는 나아가 그 뒤에 열거하는 41개조항의 경고 가운데에서 두 번째로 재물을 탐내지 말라고 강조하고, 다시 아홉 번째에서 그릇된 방법으로 재물을 모으거나 그릇된 방법으로 생활유지를 꾀하지 말라고 경고하고 있다. 그리고 나아가 이 계본은 올바른 공동생활체 구현을 위해 경제적 면에서 고려함직한 많은 교훈을 담고 있다. 생산 및 경영의 질과 능률의 향상과 관련지을 수 있는 허다한 교훈이 그 속에 있다.

필자는 이러한 원효의 경제이념 속에서 7세기 신라의 번영과 평화와 문화적 융성의 비결을 본다.

•『週刊讀書』(1981.8)에 「韓國의 思想」 상 · 중 · 하 3회로 연재

원효의 입장에서 본 야스퍼스의 das Umgreifende

I

1883년 독일에서 출생한 현대 실존주의 철학의 선구자 칼 야스퍼스(Karl. Jaspers)는 여러 서양철학의 선배들로부터 많은 영향을 받아 온 것으로 지적되고 있다.[1] 그는 특히 칸트와 키에르케고르, 니체의 영향을 받았다고 하고, 또 후설의 기술적(記述的) 현상학에서 배운 것이 많으며, 또 그의 종교사상에는 플로티누스, 브루노, 스피노자 및 쉘링의 영향이 컸다고 한다. 그러나 그가 1909년 하이델베르크에서 의학박사 학위를 받고, 일차대전 후 심리학에서 철학으로 대전환을 함에 있어서는 딜타이의 영향이 컸고, 나아가 막스 베버를 그의 스승으로 삼은 후에는 보다 더 동양의 철학 내지 종교에서 심대한 감화를 입은 것을 무시해서는 안 될 것이다. 그의 스승 막스 베버는 동양의 종교 및 철학에 대하여 매우 부정적 태도로 임한 사람이었지만, 그와는 반대로 야스퍼스는 오히려 동양의 사상에서 매우 긍정적인 교훈을 발견한 것이 틀림이 없는 것이다.

그러한 동양적 영향의 자취는 그의 학설의 여러 가지 점에서 지적을 하는 것이 가능하겠지만, 그러한 사실들을 정확히 이해하고 설명하기 위해서는 무엇보다도 비판자 자신이 동양사상을 잘 아는 사람이 아니면 안 된다는 것은 그의 철학을 말함에 있어서 제일 먼저 지적되어야 할 사실이라고 생각되는 것이다.

필자는 오래전부터 그러한 문제들에 관심을 표명해 온 터이지만 특히 지금 학생들의 요청에 의하여 그의 사상 중 가장 중요한 주장인 'das Umgreifende'에 관한 논의가 우리 원효의 사상과 매우 유사한 면을 가지고 있음을 간략히 소개해 보려고 하는 것이다. 그러나 주어진 지면의 제약이 있고, 또 이 문제를 본격적으로 논의하기에는 필자에게 너무나 시간이 촉박하므로 여기에는 그 윤곽만을 제시하는 데 그치게 된 것을 유감으로 생각하는 바이다.

---

1) Peter Koestenbaum, "Karl Jaspers"(*The Encyclopedia of Philosophy*, ed. Paul Edwards)와 Mikel Dufrenne et Paul Ricoeur, *Karl Jaspers et la Philosophie de l'Existence* (Édition du Seuil, 1947).

II

야스퍼스는 das Umgreifende의 문제를 우주, 자연 및 인생에 있어서 가장 근원적인 존재가 무엇인가를 탐구하는 주·객의 분열 내지는 대립을 통해서는 그것을 파악하거나 이해할 수가 없음을 간파한 결과, 주관과 객관의 대립분열 이전의 직관적이고 신비적인 체험이 없이는 그것을 파악하거나 이해할 수 없다는 관점에서 이러한 주장을 내세우고 있다.

das Umgreifende를 우리가 어떻게 번역할 것인가 하는 것은 결코 쉬운 과제가 아닌 것 같다. 종래 그것은 우리나라나 일본에서 '포괄자(包括者)'라고 번역되어 왔다. 그러나 우리는 이 번역에 있어서 '者'라는 글자에서 적지 않은 괴리감을 느끼게 됨을 부정할 수가 없다. '者'는 das Umgreifende를 하나의 명사 내지는 실체로 인식하게 할 가능성이 있기 때문이다. 시험 삼아 다른 외국인들의 번역을 보면 그 사정을 잘 알 수가 있는 것이다. 이 말은 프랑스어로 l'Englobant이라고 번역되었고,[2] 영어로는 the Comprehensive나 또는 Encompassing이라고 번역되었는데,[3] 우리는 여기에서 이 역어들이 한결같이 현재분사나 형용사의 형식을 취하고 있음을 알게 되는 것이다. 필자는 이 말이 원효의 '일심(一心)'과 매우 밀접한 공통성을 지닌 어휘라고 생각하고 있다. 사실 나는 원효의 '일심'도 명사로서 이해될 성질의 것이 아니라 하나의 생생한 직관적 지혜의 형용으로 보는 것이 타당하다고 생각하고 있는데, 이 점에 있어서 야스퍼스의 철학 내지 형이상학은 단순한 개념에 의한 논리체계의 형해(形骸)가 아니라는 원효와의 공통성을 지니게 되는 것이다.

야스퍼스는 우주, 자연, 인생의 궁극적 실체를 탐구한 많은 선배 철학자들의 주장을 비판하면서, 그것을 혹은 물이다, 불이다, 무한자이다, 원자이다, 또는 물질이다, 생명이다, 또는 정신이다, 이렇게 주장한 모든 사람들의 견해가 결국은 '부분적인 진리'에 불과하며, "만약 그것 어느 하나만이 유일하다고 주장하거나, 그 하나에서 파생하는 기본개념을 가지고 모든 존재하는 것을 설명하려고 한다면 잘못이 된다"는 사실을 역설하고 있다.[4] 그는 일체의 객관화, 대상화(objectivation)로써는 나 자신도 이 우주, 자연, 인생의 본원도 알 수가 없게 되며, 그렇게 해서 얻어진 개념은 결코 존재의 실상이 될 수 없음을 강조한다.

---

2) Jeanne Hersch가 낸 佛譯, *Introduction à la Philosophie* (Plon 出版社).

3) Peter Koestenbaum의 번역, 앞의 글.

4) Hersch, pp. 32-33.

그는 이러한 자신의 주장을 설명하면서 쇼펜하우어의 말을 인용 뒷받침하고 있다. 그는 쇼펜하우어가 말했듯이 '주관 없는 객관은 존재하지 않으며, 객관 없는 주관은 존재하지 않는 것'[5]이라고 말한다. 그러면서 그는 이러한 본원적 존재의 실상을 하나의 신비로 돌리면서 "분명히 전체로서의 존재는 객관일 수도 없는 것이며, 이러한 주·객 분열(Subjekt-Objekt Spaltung) 속에 나타나는 것은 그것들을 포괄하는 그 무엇(das Umgreifende)일 수밖에 없다"고 말하는 것이다.

이제 잠간 야스퍼스가 das Umgreifende를 설명하는 몇 마디 말들을 들어보기로 하자.

> 존재 그 자체가 대상이 될 수 없음은 자명하다. 나에게 대상이 되는 그 모든 것은 이 Umgreifende로부터 나에게 오는 것이며, 내가 주관으로서 등장하는 것은 바로 이 Umgreifende의 내오(內奧)에서부터이다. 대상이라는 것은 나에게 있어서 정의되어진 한 존재이다. 나의 의식에 있어서 Umgreifende는 알 수 없는 것으로 남는다.…… Umgreifende는 그 자체로서 대상이 되는 것이 아니라, 나와 그 대상과의 분열 대립 속에 나타나는 것이다.
> Umgreifende 그 자체는 전적으로 Umgreifende로 남아 있으면서 갖가지 대상들의 출현을 통해 항상 빛을 발하며 빛을 주는 배경으로 남는 것이다.[6]

우리는 여기에서 원효가 『기신론』을 주석하면서 강조하는 '일심'의 실상에 관한 설명을 상기할 필요가 있다. 이제 인용을 줄이면서 '일심'의 의미를 간략히 간추려 보자. '일심'은 원효에게 있어서 하나의 개념이 아니며, 대상이 아니지만 나와 나를 둘러싸는 모든 것이 거기서부터 나오는 이 모든 것의 근원이다.[7] 이 점에 있어서 원효의 '일심'은 야스퍼스(Jaspers)의 Umgreifende와 다를 바가 없다. 야스퍼스는 '내가 주관으로서 등장하는 것이 바로 이 Umgreifende의 내오(內奧)에서부터'라고 했는데 원효의 '일심'은 역시 '나'라는 의식을 낳는 근원이라는 점에서 같은 의미를 지닌다. 원효에게 있어서 '일심'은 주·객 미분(未分)의 근원적이자 포괄적인

---

5) "Comme l'a dit Schopenhauer, il n'y a ni objet sans sujet, ni sujet sans objet": "쇼펜하우어가 말했듯이 주관 없는 객관은 존재하지 않으며, 객관 없는 주관은 존재하지 않는 것이다."
야스퍼스의 『哲學入門』 佛譯, *Introduction à la philosophie* (Paris, 1965), p. 34 참조.

6) 위의 책, p. 34.

7) 원효는 이 포괄적이요, 근원적이며 불가분리적인 성격을 강조하기 위하여 '一'이라는 표현을 썼고, 또 때로는 그것을 '大'로써 대체하기도 했던 것이다. 졸저, 『元曉思想』 참조.

이해의 내용을 말하는 것이지만, '일심'은 또한 근본무명의 작용에 의하여 주·객의 분열을 이루는 원천이 되기도 한다. 그것을 원효는 무명업상(無明業相)과 능견상(能見相), 경계상(境界相), 삼세(三細)로 설명하였는데, 이 능견상 또는 전식(轉識)과 경계상 또는 현식(現識)이 주관과 객관을 의미하는 말임은 이미 주지된 사실이다.

야스퍼스는 Umgreifende를 "나의 의식에 있어서 알 수 없는 것으로 남는다"고 하였다. 물론 원효의 경우에도 '일심'의 원천이 제7식, 즉 자아의식이나, 전6식(前六識), 즉 객관세계를 대립적으로 의식하는 데 그치는 그러한 의식들에 의하여 알려질 수 있는 것은 아니다. 야스퍼스는 Umgreifende가 "나와 그 대상과의 분열 대립 속에 나타난다"고 했고, 그것을 더 부연하여 Umgreifende는 "갖가지 대상들의 출현을 통해 항상 빛을 발하며 빛을 주는 배경으로 남는다"고 하였다. 이는 Umgreifende가 결코 주객대립의 현상 그 자체가 아니라, 그 현상의 근원을 이루는 배경이라고 한 점에서 '일심'이 모든 대립현상 그 자체가 아니라, 그것의 바탕에 깔린 영원한 실상, 즉 진여라고 보는 원효의 견해와 동궤(同軌)를 달리는 관점임을 볼 수가 있을 것이다.[8)]

야스퍼스는 'Umgreifende에 관해 직접 철학을 한다는 것은 존재 자체에 파고드는 것이라고 해야 할 것'이라고 하였다. 이는 '일심'이 결코 분별지의 인식의 대상이 될 수 없고, 다만 무분별지, 직관적 통찰 삼매에 의한 주·객 원융의 지혜로써만 이해될 수 있다고 한 것을 답습하고 있는 견해인 것이다.

야스퍼스는 이 문제에 대해 언급하면서 다음과 같이 말한다.

> 우리는 항상 주·객의 분열 대립 속에 있다. 우리는 Umgreifende를 밖에서는 볼 수가 없다. 그리고 일단 우리가 Umgreifende를 명명하기만 하면, 우리는 그것을 하나의 대상으로 만들고 마는데, 그것도 매우 적절하지 못한 방식으로 그렇게 하는 것이다.[9)]

원효는 '일심의 원천(一心之源)'을 이름 붙일 수 없는 언어도단(言語道斷)의 저편에 있고, 언설이나 우리의 사유로는 파악될 수 없는 것이라고 했다. 원효는 그것을 억지로 설명상의 필요로 잠시 그렇게 불러 본 것이라고 말했던 것이다.

야스퍼스는 그의 Umgreifende를 때에 따라 '하나'라고 부르기도 하고, 또 때에

8) 이러한 문제들에 대해서는 원효의 『대승기신론소』나 『금강삼매경론』의 도처에서 강조하는 사실이다. 구태여 그 인용 처소를 밝히지 않는다.

9) Jaspers, *Introduction à la philosophie*, p. 38.

따라서는 '근원(Ursprung)'이라고 하기도 한다. 물론 그는 이것을 종래의 형이상학의 용어인 '존재(Sein)'라고 부를 때도 있고 '하나님'이라고 부를 때도 있다. 여기에 키에르케고르나 그 밖에 일반적 기독교의 영향이 결코 지워지지 않은 사실이 엿보인다.

그러나 그의 Umgreifende는 종래의 토마스(Thomas)철학적인 존재론을 이미 탈피한 보다 대승불교적인 견해에로 접근해 오고 있음을 지적해야 할 것이다.[10] 야스퍼스의 이 '하나' 또는 '하나님' 혹은 '존재'에 대한 접근 및 이해의 방법은 결코 다른 기독교철학자들의 경우처럼 성서에 대한 신앙이란 선입감에서 오고 있지 않고, 또 결코 다른 사람들처럼 연역적인 논리의 구사에 있지 아니하다.

야스퍼스는 자기 자신에 대한 통찰과 자기를 비롯한 모든 사물의 현실적인 존재의 양식에 대한 통찰을 통해 이 모든 것을 포괄, 포용, 보다 더 불교적인 용어를 쓰면 일체를 융섭(融攝)하는 영원한 법, das Umgreifende를 알 수 있게 된다고 보았다.[11]

> 주・객의 분열은 우리들에게 그 자체로 여러 가지 의미를 가진 것으로 나타난다. 주・객의 분열 현상은 내가 객관적인 현실들을 바라보는 이성(Verstand)인가, 그렇지 않으면 내가 그 주위환경에 사로잡힌 한 살아 있는 존재인가, 또 그렇지 않으면 하나님을 향하고 있는 하나의 실존(Existenz)인가 하는 데 따라서 근본적으로 다르다.[12]

야스퍼스는 이러한 전제에서 Umgreifende에 대한 세 가지 접근방법이 가능함을 지적하고 있다. 즉 그는 융섭의 주체인 Umgreifende에 의해서 융섭되어진 상태에 세 가지 양식이 있으므로, 그 세 가지 양식에 따라서 비로소 Umgreifende는 이해될 수 있다는 것이다. 그 세 가지란 다음과 같다.

① 일반적으로 양심이라고 표현되는 이성, 그것을 통해서 우리는 모두가 동일하다.
② 살고 있는 주체, 이것으로 인해 우리 각자는 한 특정한 개인이 된다.
③ 실존, 그것을 통해서 우리들이 우리의 역사성 안에서 참으로 우리 자신일

---

10) 이러한 사실에 대하여 서양의 논평가들은 아무런 시사도 주지 않는다.

11) 여기서 필자는 '包括'이라는 말보다는 '攝'이라는 글자가 더 알맞은 말일 것 같아 '圓融無礙한 攝'이란 의미로 '融攝'이라고 해 본 것이다.

12) 야스퍼스, 『哲學入門』, p. 37.

수 있다.[13)]

이러한 그의 견해를 더 분명히 이해하기 위해서는 많은 말들, 많은 설명이 필요하겠지만 몇 마디만을 더 보태어 보기로 하자. 코스턴봄(Peter Koestenbaum)은 das Umgreifende(the encompassing)가 적어도 세 가지 모드(modes)로 나타난다고 하고, 그 세 가지를,

ⓐ the total encompassing of the world(세계전체)
ⓑ the encompassing that is the empirical world of ordinary and scientific experience(일상적 과학적 경험의 세계)
ⓒ the encompassing that is one's own self(자기 자신)

이라고 했다.[14)] 이 말들은 앞서 인용한 야스퍼스 자신의 표현과는 꼭 같지 않지만, 위의 ①이 아래의 ⓒ에 해당되고 위의 ②가 아래의 ⓑ에, 그리고 위의 ③이 아래의 ⓐ에 해당된다고도 볼 수 있다. 코스턴봄은 계속해서 이렇게 말하고 있다.

> 어떤 의미에서는 나와 세계는 the encompassing과 동일하다. the encompassing 안에서는 주관과 객관 사이의 대립이 소멸된다. 이 둘이 다 같은 encompassing의 현현(顯現)인 까닭이다. …… the encompassing은 모든 존재이며 또 동시에 존재 안에서의 모든 차별상(differentiations)이다. 이와 같이 the encompassing은 관념론, 유물론, 실증론, 자연론을 넘어선다. 왜냐하면 모든 형이상학적 위치는 the encompassing 안에서의 사건들이지만, 결코 그 encompassing을 제한하지 못하는 까닭이다. 그러므로 야스퍼스의 견해로서는 하나님, 그 불가사의한 것(das Undenkbare)은 루돌프 오토(Rudolf Otto)의 '절대타자(絶對他者)'가 되는 것이다. 나는 나 자신인 the encompassing을 개념적으로 파악할 수가 없다. 그와 마찬가지로 세계는 반드시 하나의 환상이 아니다. 왜냐하면 그 세계야말로 the encompassing이 나에게 도달할 수 있는 유일한 언어이기 때문이다. 이 궁극적인 encompassing은 나라는 '극(極, the I-pole)'과 대상이라는 '경험의 극(the object-pole of experience)'을 다 함께 포괄한다.[15)]

---

13) 위의 책, p. 38.

14) Koestenbaum, p. 257.

야스퍼스는 앞서 말한 세 가지 융섭되어진 양식에 관해 또 다음과 같이 말했다.

> 우리는 이성(entendement)으로서 가해적(可解的)인 모든 것을 문제 삼는다. 그리고 우리는 물론 가능한 한 모든 것에 관한 하나의 이해를 얻게 된다. 그러나 그것은 언제나 제한된 대상에 관해서이다.
> 우리는 우리를 둘러싸고 있는 환경에 사로 잡혀 살고 있는 존재〔衆生〕로서 우리의 감각기관의 도움을 받아 지각하며, 생생한 체험을 통해서 현실화되는 것들에 예속되고 있다. 이것이 우리에게 있어서 현존하는 현실이며, 그것은 어떤 일반지식으로도 감축될 수 없는 것이다.
> 우리는 실존(Existenz)으로서 하나님, 초험적인 것(Transzendenz)과의 관련 속에 있다. 그리고 그 관련은 기호(Chiffres) 또는 상징들이 된 제 사물의 언어를 통해서 이루어진다. 이 기호로 표현된 의미는 우리의 이성에게 있어서나, 우리의 감각에 있어서는 아무런 실체도 못 가지는 것이다. 하나님은 우리가 실존하고 있다는 그러한 상황 아래에서만 객관적인 실체를 가지는 것으로서, 그 실체는 실제적이요, 논리적이요, 또 그렇지 않으면 감각적인 대상이라는 그런 시야와는 전적으로 다른 시야에 속하고 있다.[16]

이러한 야스퍼스 자신의 표현은 앞서 인용한 야스퍼스의 생각이 코스턴봄의 세 가지 모드처럼 그렇게 단순하지만은 않은 미묘한 내용을 담고 있음을 나타내 준다. 과연 야스퍼스 자신도 "Umgreifende를 존재 자체로서 생각했을 때에 그것은 초월적인 것(하나님)이 아니면 세계라는 이름을 취하게 된다"고 하였지만, 또 그는 한편 "Umgreifende가 '우리 자신이라고 생각될 때에는 살고 있는 주체, 양심, 정신 그리고 실존'이라고 불린다"[17]고 하고 있어, 코스턴봄의 표현이 약간 지나치게 단순화된 것임을 알게 한다.

필자는 이 야스퍼스의 Umgreifende관(觀)이 매우 동양적인 사고방식에 접근해 있음을 본다. 물론 그의 선구자는 쇼펜하우어겠지만 나아가 그의 사상은 『우파니샤드』나 대승불교의 사유방식에서 많은 영향을 받고 있음을 부인할 수가 없는 것이다. 브라만(Brahman)과 아트만(Ātman)의 불이성(不二性, advaita)이라든가, '心佛衆生 是三無差別'이라고 한 『화엄경』의 정신에 입각해서 제창된 진속무이

---

15) 同上.

16) 야스퍼스, 『哲學入門』, p. 38.

17) 위의 책, p. 39.

(眞俗無二)의 관점이 여기에는 유감없이 반영되어 있다. 사실 이러한 사상들은 원효사상의 바탕이 되고 있는 것이다. 야스퍼스는 원효의 저술들과 그 사상의 핵심을 직접 읽고 배운 일은 없어도 간접적으로 인도철학을 공부했고, 대승불교 특히 용수(龍樹)의 저술을 탐독함으로써 기본적으로 원효의 사상에 가까이 접근하게 된 결과를 가져 온 것이다.

대승불교 철학 전체가 그러하듯이 원효도 그의 세계관, 인생관, 불타관, 진리관, 역사관을 어떤 교조(敎條)에 따라서 연역하는 철학방식은 취하지 않았던 것이다. 원효에게 그 방대한 대승불교의 철학적 문헌이 눈앞에 있었던 것은 사실이지만, 그는 결코 이 문헌에 담긴 말들이나 표현이 세계와 인생과 역사의 궁극적인 진리거나 절대적 근거라고는 보지 않았던 것이다. 다만 그 쓰인 말과 표현은 어디까지나 하나의 기호요, 상징의 의미밖에는 가지지 않는다. 그에게 있어서 중요한 것은 어떻게 주·객 대립의 분별적 사고방식과 행동양식을 초월하는 주객융합, 자타무이(自他無二)의 삼매를 실현시켜, 나아가 거기서 나오는 지혜로써 현실의 대립을 극복할 것이냐 하는 것이었다. 그리고 원효는 그 과제를 성취하고 그 성취한 경지를 말해왔던 것이다. 그는 서양인들의 표현을 빌리면 신비가(神秘家, Mystik, my- stique)라고 불러 마땅하다.

야스퍼스의 Umgreifende는 이러한 신비적 체험 없이는 이해될 수가 없는 것이다. 야스퍼스의 다음과 같은 고백이 그 사정을 뒷받침해 준다.

> 지금까지 설명한 근본적인 철학적 방법은 모든 대상들이 존재 그 자체이기 때문에 우리를 그 대상에 매달리게 하는 모든 대립관계를 단절시키는 것이다. 이러한 사실로부터 우리는 신비주의의 의미를 이해할 수가 있게 된다.
> 수천 년 전부터 중국에서, 인도에서, 서양에서 철학자들은 비록 표현은 달랐지만 어디서나 언제나 유사한 일들을 말해 왔다. 그들은 말하기를 인간은 주관과 객관의 분열대립을 그 대립이 완전히 무너질 때까지 그것을 극복할 수가 있다고 한다. 그렇게 하여 인간은 모든 객관성을 없애 버리고 나라는 의식을 죽여 버린다. 그러나 그 때에 그 인간에게는 절대적인 존재가 열린다.
> 그렇게 깨달았을 때, 다른 어떤 것보다도 깊은 무궁무진한 하나의 의미에 대한 자각이 나타나게끔 된다. 그러나 이러한 자각을 겪은 사람에게 있어서 주관과 객관의 이와 같은 합일은 참된 깨달음으로 나타나는 것이다. 그리고 주·객 분열에 머물러 있는 의식은 오히려 깊은 잠[睡眠]이 된다.[18]

---

18) 위의 책, p. 39.

야스퍼스는 여기에서 깨달음을 말하고 있다. 원효가 말한 바와 같이 '일심'은 진여와 생멸의 두 가지 차원에서 파악되지만, 그 영원한 실상, 진여는 '본각(本覺)' 그 자체로서 언제부터 생긴 것도 아니며 언제 끝나는 것도 아니고, 어디서부터 온 것도 아니며 어디로 가는 것도 아니다. 그것은 모든 생명 있는 존재, 생각이 있는 존재, 살아 있는 존재의 진정한 나이다.

그러나 이 세계 안에서 그를 둘러싸고 있는 다른 것들과의 관련 속에서 생멸 동요하게끔 태어난 우리 인간들은 실은 그 자신의 내오(內奧)에 그 삶의 본원(本源), 그 사유와 행동의 본원인 '나'를 모르고 '나' 아닌 '나', 꿈속의 '나'를 '참 나'라고 착각하고 사는 가련한 존재들이라고 보았다. 그러한 상태의 나를 불각(不覺)의 나, 미망에 빠져 있는 나라고 보았다. 그러한 나인 인간은 그래도 경우에 따라, 심지어는 큰 잘못을 저지르고, 또는 큰 재앙을 만나고, 또 때로는 훌륭한 행운을 만나고, 그 마음의 감동이 생기면 그 본연의 '참 나'를 깨닫고 크게 각성을 한다고 하였다. 그것을 시각(始覺)이라고 이름 불렀다. 이 시각은 아직 온전한 각(覺)이 못 될 수가 있지만, 잘 가꾸고 추진시켜 가면 마침내는 본각의 그 원상(原狀)에 복귀하는 것이 가능한, 우리 마음 안의 본각이 발동하여 본각으로 향하는 마음 이외의 다른 아무 것도 아니라고 설명하였다. 그 동일한 본각의 작용을 원효는 그 시초의 단계에서 시각이라고 했고, 그 궁극적인 완성의 단계에서 구경각(究竟覺)이라고 이름 붙이는 것이다. 구경각은 결국 본각으로 되돌아 온 성취된 시각(始覺)인 것이다.

야스퍼스는 나를 죽인다는 표현을 썼다. 또 모든 객관성을 없앤다는 말을 하기도 했다. 그 때에 질적으로 전혀 다른 광명, 무궁무진한 깊은 하나의 의미가 '자각(自覺)'된다고 했다. 그것은 원효의 경우에도 꼭 같이 표현된다. 시각의 사위(四位)가 있다. 제1위는 행동과 말로 범하는 모든 과오를 뉘우치는 불각위(不覺位)이고, 제2위는 마음속의 탐(貪)·진(瞋)·치(癡)·만(慢)·의(疑)·견(見)을 극복하는 상사각위(相似覺位)이고, 제3위는 아애(我愛)·아치(我癡)·아만(我慢)·아견(我見)이라고 표현되는 그릇된 자아의식을 극복하는 수분각위(隨分覺位)이고, 제4위, 즉 마지막 구경각위(究竟覺位)는 바로 그러한 그릇된 자아의식의 근원인 업식(業識)과 전식(轉識)과 현식(現識)의 오염된 심층의 의식마저도 극복한 그 자리에 나타난다고 하는 것이다.

III

야스퍼스는 Umgreifende가 드러난 실례로서 플로티누스의 경우를 들어 그의 다음과 같은 말을 인용한다.

> 자주 나는 몸의 몽롱한 꿈의 상태에서 떠나, 나 자신을 깨닫고 놀라운 아름다움을 명상한다. 그 때 나는 그 어느 때 보다도 가장 강하게 보다 나은 세계, 보다 고상한 세계에 속함을 믿는다. 그 때 나는 내 안에서 가장 힘찬 가장 찬란한 생명이 약동함을 느낀다. 그리고 그 때 나는 신성(神性)에 일치한 것을 느낀다.[19]

이러한 인용은 야스퍼스 사상의 정서적인 일면을 엿보게 하는 자료가 되기도 하지만, 사실은 바로 이 점이 원효나 대승불교 수행자들의 보다 높은 경지에까지는 미치지 못하는 서구 사상가의 한 측면의 노정(露呈)이 아닌지 모르겠다. 왜냐하면 여기에는 아직도 감정에의 도취라는 잔재가 남아 있기 때문인 것이다. 결국 감정에의 도취는 매우 흔히 앞서 말한 자아의식의 소멸이 온전치 않으며, 또한 업(業)·전(轉)·현(現)의 미세한 의식이 그대로 살아 있는 경우가 많은 까닭이다.

야스퍼스는 사실 진여(眞如) 또는 여여(如如)라고 불리는 '일심'의 경지[20]를 충분히 그리고 정확히 알고 있지는 못했던 것이 아닐는지? 그렇다면 그 원인은 과연 어디에 있었다고 보아야 옳을는지 그것이 문제이다. 그는 결국 언어도단의 경지를 언어로써 설명하려는 철학적 입장에 서서 여전히 논리를 구사한 결과, 결국은 남의 실례를 들어 그것을 서술 전달하는 역할밖에는 못한 것이 아닐까 하는 것이 우리의 인상인 것이다.

필자는 아직 야스퍼스의 사상의 전모를 샅샅이 검토하면서 오랜 연구를 거듭하지는 못했으므로 이 문제에 대해 더 이상 구체적인 논의를 거듭할 의사는 없으나, 하여간 서양사상사 위에 하나의 획기적인 사유전환을 일으킨 그의 공로에도 불구하고 그의 Umgreifende에 관한 사상에는 원효에게서 배워 보충 또는 수정해야 할 몇 가지 공백이 엿보이는 것이다. 이제 우리는 단편적으로 그러한 몇 가지 사실을 지적함으로써 이 소론(小論)을 마치려고 한다.

첫째, 야스퍼스는 Umgreifende를 이야기함에 있어서, 주·객 분열이라는 바람직스럽지 않은 현상이 무엇 때문에 생겨났는가에 대한 언급이 없다. 원효는 단적으로 그것을 무명업(無明業)의 소치로 돌렸다. 원효는 야스퍼스와는 달리 '일심'의 문제를 생각하면서 이른바 형이상학적인 입장에서 사유를 시작한 것이 아니라, 인

19) 위의 책, p. 40.

20) 이 경지는 특히 원효가 중시한 『金光明經』「三身分別品」의 法如如, 如如智의 관념을 상기하면 좋을 것이다.

간사회의 부조리, 인간심성의 오염에서 온 인간의 도덕적 타락의 해결에 그 주안을 두었던 까닭에 같은 주·객 분열의 바람직스럽지 못한 현상에 대해 공통적인 발견을 이룩하면서도 그 원인을 밝히고 그 치유책을 제기할 수가 있었던 것이다. 이에 비해 야스퍼스는 너무나 형이상학적인 관심이 앞서 있어서 그 해명을 하지 못했거나, 하지 않고 말았다는 약점을 지니고 있는 것이다.

둘째, 이러한 약점은 또 하나의 약점을 낳고 말았다. 그것은 다름 아닌 Umgreifende의 해석에 있어서의 사회적, 윤리적, 실천적 측면의 견식이 미약하다는 사실이다.

야스퍼스는 Umgreifende의 설명을 종래의 서구 신비가들의 인습인 신비적 황홀경에 대한 일방적 설명을 답습하여 시종일관 설명을 그 방향으로만 몰고 갔다. 이것은 원효가 삼매의 경지를 적극적으로 사회윤리적인 면으로까지 확대해석하여 인간과 인간, 인간과 자연 사이의 원만무애한 관계의 성취에로까지 이끌어가면서 현실적인 불국정토(佛國淨土) 실현을 이상으로 내세운 것과는 커다란 차이가 있다고 안 할 수가 없는 것이다. 요익유정(饒益有情)은 원효의 윤리이상의 최고목표이다. 원효에게 있어서 자타무이(自他無二)의 이상은 결코 자리(自利)로서 끝나는 것이 아니라, 반드시 이타(利他)로 실현될 때에만 온전한 것이 된다. 이러한 강한 실천성이 수반된 신비주의가 야스퍼스에게는 결여되는 결과가 나타난 것이다.

이상의 두 가지는 필자의 관견(管見)에 비친 가장 두드러진 야스퍼스 사상의 취약점으로 생각된다. 한 가지를 더 첨가한다면, 야스퍼스가 문제를 더 근본적으로 독자적으로 다루기 위해서는 일단 그 자신이 놓인 서구적인 문화유산 내지는 철학유산에서마저도 더욱 과감하게 탈피한 백지의 상태에서 인간과 그 사회, 그리고 자연의 문제까지를 그 있는 실상의 파악에서부터 출발했어야 했던 것이 아닐까 하는 것이다. 그것은 말을 바꾸어 말하자면 일단 기독교적인 사유방식에서마저도 벗어나 그 개념마저도 따라감이 없이 완전히 그 영향 밖에서 인간과 세계의 문제를 생각하는 편이 좋았던 것이 아닐까 하는 것이다.

그러나 이러한 요구는 무리한 요구가 될는지도 모른다. 사람이 그를 둘러싸고 있고 또 그를 둘러 쌓아온 역사적 분위기에서 초연해지기란 지극히 어려운 문제이기 때문이다. 다만 우리가 동양에 그리고 한국에 태어난 인간으로서 서양사상사 위에 이만큼 비서양적인 사유의 전기(轉機)를 도입한 야스퍼스 같은 사상가를 보게 되었다는 것은 그나마 경하(慶賀)해 마지않는 일이며, 지극히 다행으로 여기지 않을 수 없는 것이다. 우리는 그러한 점에서 이상의 몇 가지 불만에도 불구하고 야스퍼스의 용기와 지혜를 높이 평가하지 않으면 안 될 것이다.

•『東國思想』 9집(1970)에 게재

신라불교연구

신라불교의 성격과 그 현대적 의의

「화엄일승법계도」의 근본정신

상징적 표현을 통해서 본 7·8세기 신라 및 일본의 불국토 사상

명효의 『해인삼매론』에 대하여

신라불교의 성격과 그 현대적 의의

Ⅰ. 한국사상사(思想史)상에 있어서의 불교의 위치

불교는 한국역사상 가장 긴 기간에 가장 이른 시기로부터 가장 광범한 범위에 걸쳐 깊은 영향을 준 사상이다. 불교는 한민족이 아직 민족을 형성하기 이전에 도입되어 삼국의 통일과 민족 형성에 즈음하여 중요한 정신적 유대가 될 수 있었던 사상이다. 서기 6세기 중엽부터 14세기의 전반까지 약 8세기간에 걸쳐 불교는 국가의 공인을 받은 종교이었다. 그러한 사정은 일본의 경우와 매우 일치하고 있지만 다만 한국역사상에서는 14세기 이후, 유교의 대두에 의해 약 5세기에 걸쳐 그 세력이 위축되지 않을 수 없었다는 사정이 약간 다르다. 그러나 불교는 조선왕조 초기 및 중기에도 잠시 공인종교로서의 명맥을 유지했고, 조선조 배불정책 밑에서도 민중 속에서 그 생명을 유지한 뿌리 깊은 세력을 가진 사상이며 생활원리이었다.[1)]

한국에는 현금(現今)에 이르기까지 그 고유하고 소박한 사유형태가 남아 있다. 그 저류 위에 매우 강력한 정치압력과 함께 들어온 유교, 불교, 도교, 그리스도교, 마르크스주의, 민주주의 등의 외래사상이 서로 이어서 민중의 사고를 좌우해 왔다. 그 수많은 외래사상 중에서 불교가 가지는 의의는 먼저 그 기간이 길었다는 것과 다음으로 그것이 우연히 한국정치사상(上)의 일대사건인 신라의 삼국통일, 즉 민족국가의 형성에 제(際)해서 그 주도적 역할을 담당한 신라인의 신념을 구축한 사상이었다는 것, 그리고 한국역사상 가장 빛나는 예술적·문학적·철학적 업적을 남긴 사상이라는 점에서 실로 간과할 수 없는 위치를 점하는 것이다.

---

1) 高橋亨, 『李朝佛教』(1929); 忽滑谷快天, 『朝鮮禪教史』(1930); 李能和, 『朝鮮佛教通史』(1918) 참조.

Ⅱ. 삼국에 있어서의 불교 수용의 상위(相違)

고구려와 백제 및 신라의 삼국에 있어서의 불교 수용의 태도에는 몇몇 상이점이 보인다.[2] 결론적으로 말해 나는 고구려와 백제의 불교 수용태도와 신라의 그것과의 사이에는 대단히 다른 점이 있다고 생각하고 있다.

삼국정립(鼎立)의 당시, 고구려는 정치적, 군사적으로 가장 강력한 발전을 보이고 있던 나라이다. 신라는 다른 두 나라에 비하면 모든 면에 걸쳐 그 진보가 늦어져 있었던 것 같다. 지리적으로도 신라는 문명의 중심권을 이루고 있던 중국대륙으로부터 격리된 변방이었을 뿐만 아니라, 성격적으로 신라인은 고구려의 북방적 강인성, 전제성(專制性)과는 다른 남방적 유연성, 민주성을 갖고 있었다.

고구려와 백제에서는 모든 정책의 결정이 국왕 한 사람에 의해 이루어지고 있었다. 그리고 이 양국에 있어서는 중국에 대한 사대주의적 추종의 태도가 적어도 문화면에서 매우 강하게 부각되고 있었던 것도 부정하기 어렵다. 거기에는 국왕의 전단(專斷)에 의해 일조(一朝)에 불교가 금지 배격되고 도교가 도입되는 것과 같은 풍조가 있었다. 그런데 신라에서는 그렇지가 않았다. 527년 불교가 법흥왕에 의해 공인되지만 그것도 결코 전제주의적인, 독단적으로 선포된 것이 아니었다. 법흥왕은 그 정신(廷臣)이며 친족이었던 22세의 청년귀족 이차돈(異次頓)이 스스로 사서 맞이한 순교를 통해서 군신의 마음속에 싹튼 참회의 결과를 기다려 이 선포를 행한 것이다.

이 사건 이전부터 이미 불교는 일부 신라인들 사이에 은밀히 알려져 있었고, 국왕도 불교에 대해서는 매우 호의를 가지고 있었으나, 군신(群臣)의 반대 때문에 왕은 그 공인을 주저하지 않을 수가 없었다. 그때 이차돈은 스스로 죄를 사칭하여 군신 앞에서 참죄(斬罪)를 받게 되었다. 왕명이라고 사칭하여 절을 지으라고 한 것이다. 그 소문이 사방에 전해지자 군신은 분노하여 그를 단죄하라고 요구했다. 이차돈 자신의 계획대로 되어 갔다. 이차돈은 불교의 공덕을 마음으로부터 깊이 믿는 자이었으므로 반드시 기적이 일어나리라 확신하고 자기 한 사람이 희생이 되더라도 불교의 진리가 국민들에게 전파되지 않으면 안 된다고 마음먹고 있었다. 피 대신에 흰 젖이 베인 목에서 솟아나고 금강산 정상으로 목이 날아갔다. 군신은 놀라 떨면서 엎드려 국왕에게 전비(前非)를 뉘우치고 사죄를 바래고, 여기에 비로소 왕은 참괴(慚愧)하는 마음으로 불교를 공인하게 된다. 일본의 학자들 중에는 이 이야기를 단순한 후세의 날조된 전설이라고 추단(推斷)하는 자도 있었으나 나

---

2) 졸고, 「佛敎思想의 受容과 그 變貌」, 『韓國民族思想史大界』(亞細亞學術硏究會, 1978) 제1권 槪說篇 중 제3장.

는 그러한 비판정신은 약간 부정적 주관에 기울어진 느낌이 있다고 생각한다.[3] 법흥왕 자신은 그 이름도 '법흥(法興)'이지만 나중에 왕비와 함께 출가하여 그 위(位)를 연소한 태자 진흥왕에게 양보하고 참회의 여생을 보내는 것이다.

그러면 이러한 사정 밑에서 들어온 불교가 삼국에 있어서 실제로 사람의 사유방법에 어떠한 영향을 미칠 수 있었을까 하는 당면의 문제에 조금 깊이 들어가 생각해 보자.

일반적으로 말해 668년 신라가 반도를 통일하기까지의 삼국불교의 상황은 아직 경전의 이해와 소화의 기초적 단계에 머물러 있었다고 보는 것이 타당할 것이다. 현존사료에 의하면, 고구려에는 고원한 대승철학이 들어와 있었다. 보덕(普德)과 그 10인의 제자는 『열반경(涅槃經)』을 강(講)하고 있었고, 또 당시 고구려에는 유마사(維摩寺)라든가 대승사(大乘寺)라는 절이 있었고, 일승(一乘)이라는 승려의 이름도 보인다. 576년부터 591년까지 장안에 체재한 고구려의 승 의연(義淵)은 『십지경론(十地經論)』, 『대지도론(大智度論)』, 『보살지지경(菩薩地持經)』, 『금강반야론(金剛般若論)』 등을 가지고 돌아왔다. 첫 본은 412년 나집(羅什)이 번역한 것이지만 최후의 『금강반야론』은 576년에 새로 번역된 것이다. 후에 신라에 귀투(歸投)하고, 신라에서 최고의 불교지도자 승통(僧統)이 된 혜량(慧亮, 545-558)도 이러한 대승경전에 통효한 승려이었으리라 생각된다.

고구려에서는 643년 장군 연개소문의 제의로 당나라에서 『노자도덕경』을 얻었고, 도사(道士)를 초치(招致)하고 도교를 받아들였다. 그러나 고구려에서의 폐불적(廢佛的) 경향은 이미 6세기 후반으로부터 시작되었던 것은 아닌가 생각되는 점이 있다. 혜량의 신라 귀투, 도일승(渡日僧)의 출현 등이 이를 뒷받침하고 있다. 일본의 사료에 의하면 6세기의 말엽부터 7세기의 초반에 걸쳐 일본에 도래한 고구려승(僧) 중에는 다음과 같은 자들이 있다.

혜변(慧便, 548년 도래)……소아마자(蘇我馬子)와 접촉.
혜자(惠慈, 595년 도래)……성덕태자(聖德太子)의 사(師), 법흥사(法興寺)에 주(住)함.
승륭(僧隆, 602년 도래)……법동(法童), 승만(勝鬘), 유마(維摩)를 강함. 법륭사(法隆寺), 천왕사(天王寺)에 주함.
담징(曇徵, 610년 도래)……5경(五經)에 통하고 화(畵)를 잘함.
혜관(慧灌, 625년 도래)……삼론(三論)을 강(講)함, 원흥사(元興寺)에 삶.

---

3) 末松保和, 『新羅史の諸問題』(東京: 東洋文庫, 1954) 참조.

도등(道登, 627년 도래)……삼론(三論)을 강(講)함.

도순(道順, 668년 도래)……『일본세기(日本世紀)』를 만듦.

이 밖에 고구려에서 알려져 있던 학승의 이름에는 삼론(三論)의 대가 승랑(僧朗)이 있다. 그는 주로 중국에서 활약하고 귀국은 하지 않았다. 개략 이상과 같은 단편적 사실에 비추어 보더라도 우리는 고구려의 불교가 깊이 민중들 사이에 이해될 만한 단계에는 결코 도달해 있지 않은 기초적 이해의 단계에 있었던 것을 부정할 수가 없다. 고구려의 불교는 대승불교를 중심으로 하는 학문불교, 이론불교이었다고 말해야 온당할 것이다.

한편 백제의 불교는 어떠했을까 하면, 이것도 자료가 없어서 자세히는 알 수가 없으나 대체로 고구려와 같은 계통을 밟고 있었음에 틀림이 없다. 다만 백제의 경우에는 고구려에 비해 더욱 형식편중의 경향이 강하고, 이론연구의 방면에서는 고구려보다도 훨씬 뒤떨어졌던 것이 아닌가 하는 느낌이 든다. 기록에는 384년 마라난타(摩羅難陀)라는 외국인 승려에 의해 백제에 불교가 도입되었다고 하지만, 최근 발굴된 무녕왕(501-522)의 능에서는 아무 것도 불교의 흔적이 발견되지 않았다.[4] 거기에는 오히려 불교가 아닌 이질적인 종교신앙이 반영되어 있다.

백제에서의 불교 이해의 노력은 성명왕(聖明王, 523-553) 시대 이후에 이르러서야 겨우 나타나기 시작했다는 것이 나의 추정이다. 유명한 백제의 율승(律僧) 겸익(謙益)은 526년에 범본 아비담장(阿毘曇藏) 5부율문(五部律文)을 번역했다고 전해지고 있다. 그러나 그 5부율문이란 것이 과연 무엇이었는지, 그리고 그것이 백제에서 실제로 이용되었는지 아닌지 하는 문제에 대해서는 도무지 분명한 대답을 할 수가 없다. '5부율문'이라는 것은 『사분율(四分律)』, 『오분율(五分律)』, 『십송율(十誦律)』, 『마하승기율(摩訶僧祇律)』, 『살바다비니(薩婆多毘尼)』 등의 5부를 의미한다고 생각해도 좋을는지? 혹은 『오분율』의 이칭(異稱)일는지? 나는 그 어느 것도 아니라고 생각한다. 그 이유는 현존하는 고려대장경에도 혹은 의천의 『신편제종교장총록(新編諸宗敎藏總錄)』에도 겸익을 율(律)의 역자로 열거한 예가 없다. 혹은 전연 새로운 율이었다고 가정한다 해도 그것이 실제로는 아무런 역할을 못하고 만 것이다. 물론 고구려의 승려들이 백제로 망명한 예는 적지 않았을 것이다. 그러나 그들도 이 백제의 영토 안에서 충분한 활약을 할 수는 없었던 것이 현실이었던 것 같다. 백제와 고구려의 학승, 공장(工匠), 화사(畵師)가 다수 일본으로 건너간 주된 이유는 포교의 정열 때문이라고 하기 보다는 정치적 망명 때문이라고

4) 『百濟武寧王陵 出土遺物 特別展』(국립중앙박물관, 1971) 및 『韓』 창간호(1972)에 실린 黃壽永, 李基白 諸氏의 稿를 참조.

하는 쪽이 보다 적확하지 않은가 하는 생각도 든다.

이와 같은 방식으로 고구려와 백제의 불교는 그 나라의 멸망 이전, 즉 7세기 중엽까지는 아직 기초적인 학문적 탐구와 미숙한 종교생활의 단계에 머물러 있었다고 보는 것이 온당하리라 생각된다. 또 이 양국에서 승려가 간첩으로서 정치적, 군사적으로 이용되고 있는 것은 얼마나 불교의 이해와 실천면에서 정도가 낮았나 하는 것을 입증하는 것이다.

통일 이전 신라에 있어서의 불교의 이해와 실천도 거의 같은 경향을 띤 것으로 생각되나 약간 다른 양상이 나타나 있다. 즉 그 당시 이미 신라에는 탁월한 학승이 많이 배출되었고, 그들의 활약은 정치적 노동 때문에 제한이 가해지는 것과 같은 일은 결코 없고 그 일생을 통해 보장되어 있었던 것이다.

Ⅲ. 신라불교의 성격

신라의 불교에 나타난 몇몇 현저한 특징을 보면 다음과 같은 점이 드러난다.

(1) 신라의 국왕은 예외 없이 열심한 불교신자이었다. 그 중에는 치세 중도에 출가수행 생활에 들어간 경우까지 있었다.

(2) 신라에 있어서는 국사·왕사의 제도가 있고 승려의 사회적 지위는 높고 승려의 발언권은 정치, 국방, 사회, 교육의 다방면에 미치고 있었다. 신라에 있어서의 독특한 청년 엘리트집단인 화랑도는[5] 불승(佛僧)의 지대한 정신적 영향 하에 있었다.

(3) 신라에 있어서의 불교 도입 초기의 정치이상에는 불교의 정신이 깊이 침투해 있었다. 예컨대 국왕의 명호가 극히 농후한 불교적 색채를 띠고 있고, 연호, 지명, 국명에까지 불교적 명칭, 불교적 이념, 불전에 관련 있는 것이 즐겨 채용되고 있었다.[6]

(4) 668년 삼국정립의 정세가 종언을 고하는 그 때까지 수많은 경전의 주소(註

---

5) 花郎徒 혹은 花郎道에 관해서는 李瑄根, 『花郎道硏究』(東國文化社, 1954) 및 『新羅伽倻文化』 3집(1971) 등을 참조.

6) 法興, 眞興, 文武 등은 불교를 배경으로 한 名號이며 또 眞平王(579-631)은 그 두 왕자의 이름을 불전에 근거하여 金輪, 銅輪이라고 했고, 선덕여왕은 德鬘夫人이라 부르고 진덕여왕은 勝鬘夫人이라고 불렀다. 신라의 서울은 室羅伐 혹은 徐羅伐이라고 불렀으나, 나중에 新羅로 바뀌었다. 室羅伐은 인도의 Śrāvastī의 한자 음역이었다.

疏) 및 독창적 논저를 낼 수 있었던 것은 신라에서만 보이는 사실이다.[7]

(5) 통일 이전의 신라불교에서 특히 강조되고 존중된 실천윤리는 보살계의 정신에 따르고 있었다. 원광(圓光, ?-630)이 화랑에게 주었다는 이른바 '세속오계'인 사군이충(事君以忠), 사친이효(事親以孝), 교우이신(交友以信), 임전무퇴(臨戰無退), 살생유택(殺生有擇)은 그것을 입증한다. 계율을 특히 중시한 자장(慈藏, 590경-658)은 보살계를 중국에서 도입했고, 원효(元曉, 617-686)도 『범망경보살계본(梵網經菩薩戒本)』을 해설한 수종(數種)의 저술을 남기고 있다.[8]

(6) 신라의 불교 이해는 적어도 그 말기적 변모의 현상을 제외하면 극히 폭넓은 융통무애(融通無礙)의 성격을 띠고 있다. 그것은 회통을 모토로 하는 것으로 종파적 대립을 싫어한 것이다. 그와 같은 회통적인 성격은 불교의 중국 종파의 지양과 유교, 도교의 포용적 이해에까지 걸쳐 있었다. 화랑도가 그러하며 원효의 화쟁(和諍)사상이 그러했다.[9]

(7) 불교는 확실히 신라인의 막연한 이원적 세계관—현세와 내세의 대립적 설정을 깊고 철저한 철학적 통찰에 의해 정확히 이해하게 하는 구실을 하였다. 생사와 열반의 '공화(共和)적' 이해의 지반을 준 것이 신라불교이다.[10]

(8) 물론 불교에 의해서 영향을 입은 신라인의 사고방식, 생활방식은 결코 일정한 곳에 머물러 있었던 것은 아니었다. 어떤 일정한 시기까지는 거의 같은 유형을 유지하고 있으나, 그 시기가 지나면 매너리즘과 정체화의 과정을 거쳐 다른 것으로 바뀌어 갔다. 나는 그 시기를 대체로 다음과 같이 구분해 보고 있다.

① 초창기…법흥왕~문무왕의 전반까지
② 융성기…문무왕의 후반~혜공왕(779)
③ 쇠퇴기…그 이후 멸망까지

내가 지금까지 말한 몇 가지 특징은 초창기의 불교에서 특히 현저했으나, 융성기에 이르면 불교의 자력적인 해탈도(解脫道)인 보살수행의 생활태도가 퇴색하고, 기도·제례가 신비화하며, 교학을 진지하게 탐구하는 구도자의 모습은 보기 힘들게 되는 것이다.

---

7) 閔泳珪, 「新羅章疏錄」, 『白性郁博士頌壽記念 佛敎學論文集』(1959) 참조.

8) 졸고, 「元曉의 菩薩戒觀」, 『佛敎學報』 5(1967) 참조.

9) 「韓國的 思惟의 一典型, 특히 그 宗敎觀에 대하여」, 『東方學誌』 10(1969) 참조.

10) 의상의 「화엄일승법계도」 참조.

(9) 9세기의 초엽부터 중국불교의 조류에 따라 선종(禪宗)이 도입되었다. 이는 하나의 새로운 형태의 불교로서, 신라 말기의 불교는 선문구산(禪門九山)의 개종(開宗)에 의해 특징지어진다. 이것은 일종의 귀족취미의 발현이며, 대중이 접근하기 쉬운 것은 아니었다. 게다가 사회의 혼란은 정치 지도계급의 타락과 발맞춰 불교의 진리를 대중 사이에 올바로 실현되도록 작용하지는 않았다. 이것이 신라말기부터 고려조에 걸쳐 미신적, 기복적 불교신앙을 대중들 사이에 성하게 한 원인이다. 지배층은 이제 정신적, 사상적 지도의 힘을 잃은 것이다.

(10) 단적으로 말하여 불교의 건전한 이해는 신라의 흥륭을 가져온 원동력이 되었지만, 그 병적인 이해는 신라를 다시 일어나기 어려울 정도의 상태로까지 떨어뜨리는 원인이 된 것이다.

여기서 나는 신라불교의 정화(精華)라 해도 무방한 원효의 제 저작을[11] 통해서 본 사상적 특색을 간단히 소개하기로 한다.

원효는 주지하는 바와 같이 『대승기신론』의 사상에 심취해 『법화』, 『금광명』, 『대승동성』, 『열반』, 『화엄』, 『보살영락본업』, 『대반야』, 『대집』 등의 제 경 및 『중관』, 『십이문』, 『유가』, 『섭대승』 등 제 논의 사상을 종합적, 직관적, 실천적으로 이해한 탁월한 사상가이며 실천적 지도자이었다.[12] 나는 그 자신이 출가 전까지는 화랑이었으며 출가 후에는 화랑의 교사이었음을 의심치 않는다. 그는 문・무 겸비의 지도자이며, 승・속 불편(不偏)의 지도자이기도 하였다.

그는 결코 지도자연하지 않는 지도자이며 분방 자재한 무애인(無礙人)이었다.[13] 그는 당에의 유학을 마다하고 국사・왕사의 현직을 폐리(弊履)와 같이 생각한 민중의 벗이며, 문장가이고, 음악의 명인이며, 또 웅변가이기도 하였다. 그는 율에 구애됨이 없고, 경의 문구에 사로잡히지도 않으며, 의식이나 주문의 노예도 아니었다. 그는 정토왕생의 이상이나 미륵의 신앙, 혹은 관세음, 지장 등 제 대보살의 신앙을 높이 찬양은 하고 있으나, 결코 자력갱생의 길, 건전한 휴머니즘의 중요성을 제2의(第二義)적인 것이라고는 생각하지 않았다. 지옥이나 극락에 치우쳐 타계에

---

11) 『元曉大師全集』 전10권 및 졸저, 『元曉思想』 참조.

12) 원효의 『대승기신론별기』의 大意에 다음과 같은 示唆가 있다. "至如鵠林一味之宗 鷲山無二之趣 金鼓同性三身之極果 華嚴瓔珞四階之深因 大品大集曠蕩之至道 日藏月藏微密之玄門." 이 모두가 『기신론』에 수록되어 있다고 말하고 다음에 "中觀論 十二門論 等 徧破諸執 亦破於破 而不還許 能破所破 是謂往而不徧論也 其瑜伽論 攝大乘等 通立深淺判於法門 而不融遣自所立法 是謂與而不奪論也"라 하여 『기신론』만이 '無不立而還無不破'로서 '群諍之評主也'라 하고 있다.

13) 『宋高僧傳』의 元曉傳 및 『三國遺事』의 元曉不羈條 참조.

구하는 자를 남몰래 하품(下品)의 중생이라고 가르치는 것을 잊지 않았다.[14] 그의 최대의 염원은 지혜의 완성에 의해 '하나'(크다는 의미의 '한'과 하나란 의미의 '하나')를 달성하는 것이었다. 그의 이상을 다른 말로 말하면 '대아(大我)'(한 나)를 현실화하는 것이었다. 이것이 화엄의 '일(一)'과 '원(圓)' 및 『대승기신론』의 '대(大)'와 관련지어지고 있음은 두말할 필요가 없다. 이 '일', 즉 '하나', 혹은 '한'은 모든 힘과 지혜의 총괄이며, 불교적으로 말하면, 다라니(dhāraṇī)이다. 이것은 또 모든 가치의 원천(원효가 말하는 '一心之源')이며, 모든 투쟁의 지멸(止滅: 원효가 말하는 '화쟁')이다.

나는 이러한 원효의 이상을 통일 전(前) 신라의 사회정세로부터 분리시켜 생각해서는 안 된다고 생각하고 있다. 이 '일'에의 의지와 노력과 방법이 신라의 정치지도자와 사회중견의 청년엘리트 사이에 깊이 침투해 갔을 때, 삼국통일의 위업이 성취되고 평화와 번영이 달성될 수 있었다고 생각한다.

원효의 가까운 친구이며 당에 유학하고 후에 국사가 된 의상(義湘)은 지엄(智儼)의 제자이며, 「화엄일승법계도(華嚴一乘法界圖)」라는 것을 만들어 극히 명료하게 화엄일승의 정신을 신라인에게 가르친 고승이다. 「법계도」를 중심으로 전개한 그의 사상도 전적으로 원효의 정신에 일치하고 있다. '법(法)'과 '불(佛)'이란 불교적 세계관의 알파와 오메가를 각각 그 최초의 문자, 최후의 문자로 하는 7언30구(210자)의 시문(詩文)을 하나의 라인으로 54회 굴곡시켜 전체로서 하나의 사각(四角)을 구성하고, 그 알파와 오메가를 사각의 중심에 놓은 독특한 그의 「법계도」[15]는 '일중일체다중일(一中一切多中一) 일즉일체다즉일(一卽一切多卽一)'의 다라니를 굳게 붙잡고 인생의 정도를 갈 것을 가르친 것이다. 그의 이상은 다른 한 사람의 신라승 명효(明皛)에 의해 다시 계승되어, 「해인삼매도(海印三昧圖)」라는 것을 현재까지 남게 하고 있다.[16]

의상의 제자에 표훈(表訓)이라는 자가 있었는데, 그는 「오관석(五觀釋)」이란 게송을 만들어 연기(緣起)에 대한 자각을 촉구하고 있다.

아(我)는 제 연(諸緣)이 이룩하는 법.

14) 원효는 『阿彌陀經疏』의 大意에서 다음과 같이 말하고 있다. "夫衆生心之爲心也 離相離性如海如空 如空之故 無相不融 何有東西之處 如海之故 無性是守 豈無動靜之時 爾乃 或因染業 隨五濁而長流 或承淨緣 絶四流而永寂 若斯動靜 皆是大夢 以覺望之 無流無寂 穢土淨國本來一心 生死涅槃終無二際……"(이하 생략).

15) T.1887A 참조. (본서의 「화엄일승법계도의 근본정신」 참조 -편집자 주)

16) T.1889 참조.

제 연은 아로써 연이 되도다.
연으로써 아를 이루나, 아에는 체(體)가 없고,
아로써 연을 이루나, 연에는 성(性)이 없다.
제법의 유무는 원래 하나요.
유무의 제법은 본래 둘이 없다.
유(有)할 때에 유가 아니요, 도리어 무요,
무(無)할 때에 무가 아니요, 도리어 유다.
제법은 본래 이동하지 않는 것.
능관(能觀)의 심(心)도 또한 일어나지 않는다.[17]

한 사람의 개인이 결코 independent할 수 없고, 하나의 집단이 또 결코 independent 할 수 없는 협동체이며, 실존적 연관관계를 가지고 있음을 신라인은 이미 분명히 알게끔 교육받고 있었던 것이다. 원효나 의상이 강조하는 자타불이(自他不二)의 동체의식을 견지하고 실천에 옮기는 일이 신라에서는 국왕과 인민 사이에 같이 깊이 자각되고 있었다고 생각된다.

신라인이 배운 불교적 인간상에는 반야의 이상에 즉(卽)해서 '배해(俳諧)'[18]의 정신을 갖고 생활하는 너그러운 태도가 강조되고 있다. 그것은 신라의 서울, 경주 석굴암에 새겨진 십일면관음의 상에 잘 나타나 있다. 이 관음상은 일본의 학자에 의해 구면관음(九面觀音)이라고 불린 일이 있으나 과연 일시(一時) 두 개의 면이 절취된 시대가 있었으니 그것은 누군지 악의를 가진 자의 소행이었음이 틀림이 없다. 구면관음이란 원래 어디에도 없다.

『삼국유사』에 의하면 신라인은 십일면관음을 대단히 존숭한 사실을 잘 알 수 있는데, 일견 그로테스크하게 보이는 그 십일면은 불교적 인간 이상을 잘 나타내는 상징적 의미가 있다. 신라에서 유행한 『십일면신주심경(十一面神呪心經)』의 『의소(義疏)』[19]를 보면 십일면의 의의는 다음과 같다.

---

17) 我是諸緣所成法 諸緣以我得成緣
以緣成我我無體 以我成緣緣無性
諸法有無元來一 有無諸法本無二
有時非有還同無 無時非無還同有
諸法本來不移動 能觀之心亦不起

18) 『三國遺事』 권4 釋惠空條는 그 좋은 예이다.

19) 『十一面神呪心經義疏』(慧沼 撰)에는 慈相과 瞋怒相 및 기타의 相의 위치가 현 석굴암 관음상과 약간의 相違가 있으나 그것은 浮彫의 관계상 불가피했던 移動이라고 생각된다. 관련 부분만을 원전에서 발췌한다(『卍續藏經』 권37, pp. 173-175).

우측 삼면은 자상(慈相)이며 선량한 중생에 대한 수희(隨喜)의 상(相)이다. 그것에 셋이 있다. ①은 고(苦)만 있고 낙(樂)이 없는 유정(有情)으로 하여금 고를 떠나 낙을 얻도록 하려는 자(慈)이다. ②는 복이 있으나 지혜가 없는 유정으로 하여금 복과 지혜를 구족케 하려는 자(慈)이다. ③은 지혜는 있으나 신통(神通)이 없는 유정으로 하여금 신통과 지혜를 구비케 하려는 자(慈)이다.

좌측의 삼면은 진노상(瞋怒相), 비상(悲相)으로서 미혹된 자에 대한 진노(瞋怒)의 상(相)이다. 이것에도 셋이 있다. 그 ①은 고의 과보를 떠나려고 하면서 도리어 고업(苦業)을 가중시키는 미혹된 자에 대해 노하는 것이다. 그 ②는 낙의 과보를 구하려 하지만 낙의 원인을 모르는 자에 대해 노하는 것이다. 그 ③은 적정(寂靜)의 도리를 좋아하면서도 도리어 산란의 경(境)에 집착하는 자에 대해 노하는 것이라 한다.

『의소』에는 이 진노의 상이 '무(武)'를 나타내며, 저 자(慈)의 상(相)이 '문(文)'을 나타내는 것이라고 말하고 있다. 석굴암의 관음상에는 이 좌우 양 6면의 중간에 화불(化佛)의 상(相)이 있고, 이것은 대승의 근기를 갖고 수행하는 자에 대해 불도(佛道)의 구극(究極)을 설하는 것이라고 『의소』는 말하고 있다.

두상(頭上)에는 또 삼면(三面)이 있는데, 이는 『의소』에서 말하는 백아상출면(白牙上出面)으로서 정업(淨業)을 닦고 있는 자에 대한 칭찬, 수희(隨喜)의 상이

十一面者 前三面慈相 見善衆生而生慈心 大慈與樂
左三面瞋面 見惡衆生而生悲心 大悲救苦
右三面白牙上出面 見淨業者發希有讚勸進佛道
最後一面暴大笑面 見善惡雜穢衆生而怪咲故惡向道
頂上佛面或對習行大乘機者而說諸法究竟佛道故
是十一面中 前三面慈相 左三面瞋相 慈是文 瞋是武 謂是文武一雙也
慈面三者 慈不出三故三面也
一慈有苦無樂有情而令離苦得樂也
二慈有福無慧有情而令具福慧也
三慈有慧無通有情而令備神通智慧故慈面三也
瞋怒面三者
一怒欲離苦報 重迷苦業也
二怒欲求樂果 不知樂因也
三怒欣寂靜理 還著散亂境故 瞋面三也
白牙上出面三相者 爲讚三業淨故 有三面也
亦爲化三有故 有三三九面也
暴大咲一面 總噎 善惡雜穢有情故 有一面也
十一面者 實是十二面也
上佛面是果 下一菩薩面是因也 謂是因果 一雙也
亦上十一面是方便面 下一面眞實面也 謂是眞實 方便一雙也

다. 이 백아상출면의 뒤에 대폭소면(大爆笑面)이 있다. 반야의 광대한 지혜를 지닌 보살에게 있어서는 선인도 악인도 없다. 정(淨)도 부정(不淨)도 집착의 대상이 되지 못한다. 두루 모든 중생을 다 받아들이는 대도량(大度量)의 상이다. 이것이 곧 '배해'의 근거이며 화쟁의 근본이라 해도 과언은 아니다.

신라인이 삼국통일의 위업을 성취할 수 있었던 그 요인은 그들의 단결과 협력에 있었다. 그리고 그 단결과 협력은 불교의 사섭(四攝)인 보시(布施)·애어(愛語)·이행(利行)·동사(同事)의 가르침을 실천에 옮길 수 있었기 때문이다. 이 사섭의 정신은 원효의 모든 저술에 강조되어 있고, 또 의상의 「법계도」의 4면에도 표징(表徵)되어 거듭하여 강조된 바 있는 덕목이다.

이러한 확신과 실천에서 신라인에게는 대해(大海)와 같고 대공(大空)과 같은 자신이 충만해 있었다고 해도 좋을 것이다. 그들은 말하고 있다. "대해는 독약이 파괴할 수 있는 것이 아니며, 대공은 이검(利劍)이 손상시킬 수 있는 것이 아니다(大海非是毒藥所壞 大空非是利劍所傷)." 이 힘이야말로 신라인이 삼국의 통일을 성취할 수 있었던 원동력이었다.

Ⅳ. 그 현대적 의의

그러면 신라인이 알고 있었던 상술한 바와 같은 불교적 생활태도는 현대에 있어서도 어떤 긍정적 의의를 가지는 것일까?

한국은 현실적으로 민족분열의 비극적 상황에 있다. 또 한국과 일본의 관계를 보더라도 참된 우호라기보다는 아직 요원한 대립적 몰이해의 정황에 있다. 세계전체가 그러하다. 개인도 집단도 참된 근본적 일체성을 알지 못하여 차별적 연기(緣起)의 뒤에 숨어 있는 동체성을 알지 못한다. 주의주장의 노예가 되어 맹목적으로 고함을 지르고 있다. 집단적 미망이 있는가 하면 한편에는 천박한 물질적 인간관을 고집하여 자기만의 안락을 추구하며 자신의 묘혈을 파고 있는 개인도 있다. 양심보다는 관능을 앞세우는 풍조를 타고 인간의 윤리가 그 규제력을 잃고 있는 오늘, 인간은 이미 노를 잃은 난파선처럼 되어 가고 있다.

현대의 한반도에 있어서 지배적인 사상에 대해 생각해 보자. 북에서의 마르크스주의는 인간을 단순한 의식주의 노예로 보고 있다. 그들은 노동계급의 단결을 강조하지만 그것은 자연히 인류를 분열로 인도할 따름이다. 그들의 단결에는 고구려시대에 나타난 것과 같은 전제주의적인 색채가 농후하다. 그들에게는 자각보다는 맹종이 더욱 가치 있는 것이 되고 있다. 그들에게는 '배해'의 여유가 없다. 공산당의 얼굴에는 '십일면관음'의 어느 면도 정당하게는 나타나지 않는다. 모두가 비뚤어진 사이비의 것이다. 남쪽에서의 최대의 폐(弊)는 한편으로는 퓨리턴적인 결백성의 주장이며, 또 다른 한편에서는 몰사상적 관능주의, 이기주의의 생활이라고 할 수가 있을 것이다. 이들은 서양 사조의 흐름을 따르는 것이다. 북은 잘못된 도그마의 노예가 되어 있고, 남은 무원칙의 자유에 취하고 있거나 방황하는 상태이다. 나는 오늘의 우리들에게 신라불교는 다음과 같은 절실한 과제를 제시하고 있다고 생각한다.

(1) 다라니적인 생활태도, 총지적(總持的) 인간수행의 필요성을 가르치고 있다. '하나'에의 염원, '불편(不偏)'에의 염원, 대상물에의 방일한 산란이 아니라 '일심'에로의 환귀, 그것을 실천하라고 가르쳐 주고 있는 것이다.

(2) 우리들은 결코 개인으로서 독립자존하고 있는 것이 아니고, 집단으로서 독립자존하고 있는 것도 아니다. 우리들의 존재가 갖는 연기적(緣起的) 성격을 자각하라고 신라불교는 가르치고 있다. 오늘날 가난해진 사람은 반드시 부르주아나 지주의 착취 때문만은 아니다. 그들 자신의 태만과 어리석음도 잊어서는 안 된다. 또 오늘의 부가 영원히 보장된 행복이라고 생각하는 것도 너무나 순진한 이야기임을 몰라서는 안 될 것이다. 천국에의 단독입장이 허가되지 않는 것처럼 지옥에도 혼자서는 못갈 것이다. 끌려서 가게 될 것이다.

(3) 오늘의 인간은 신라인을 따라서 대폭소를 할 수 있는 여유를 가져야 할 것이다. 옛 화랑은 '유심안락(遊心安樂)'의 길을 알고 있었다. 문·무 겸전(兼全)의 교육을 통해서 집념 집착을 버리고, 또 당파주의적인 편협성을 내던지는 인간이 되는 것을 신라불교는 가르치고 있다.

(4) 만약 오늘의 한국인이 참으로 통일을 절원(切願)한다면 각자 '사신(捨身)'의 각오가 없으면 안 될 것이다. 기꺼이 자기를 대아(大我)를 위해 희생시키는 생활의 원칙이 보살계 속에 나타나 있다. 원효는 그의 명저『금강삼매경론』속에서 다음과 같은 네 문자를 가지고 보살계를 해설했다.

멸(滅)…모든 악을 멸하라.
생(生)…모든 선을 생하라.
섭(攝)…모든 중생을 섭하라.
이(離)…그리고 어떤 무엇에 대한 집착에서도 이(離)하라.

· 제1회 韓日文化 심포지엄(1969, 東京 經國連會館) 기조강연;
『韓』 2(東京 韓國研究院, 1972)에 日文으로 게재

「화엄일승법계도」의 근본정신

신라에는 두 개의 색다른 불교문헌이 있다. 중국에서도 일본에서도, 더 멀리는 인도에서도 티베트에서도 찾아볼 수 없는 독특한 도장 모양의 것이다. 하나는 『화엄경』에 정통했던 의상(義湘)대사가 지은 『화엄일승법계도(華嚴一乘法界圖)』요, 또 하나는 그보다 늦게 명효(明皛)스님이 지은 『해인삼매도(海印三昧圖)』이다. 뒤의 것은 의상대사의 법계도를 모범으로 하여 만들어진 것이며, 그 정신은 같다 하겠으나 그 표현의 방법과 말이 다르다.

이 두 개의 도인(圖印)과 그 안에 포함된 시문(詩文)의 깊은 뜻은 한마디로 말해서 『화엄경』에 기초한 해인삼매의 정신이라 하겠다. 우리는 이 법계도 속에 담긴 해인삼매의 사상이 유달리 한국에 고유한 독창적 사상이라고는 생각하지 않는다. 그러나 『화엄경』을 도입한 신라인들은 확실히 중국인의 『화엄경』 이해방식과는 다른 깊이와 요령을 보여주고 있음이 법계도를 통하여 나타난다. 그 신라적 특이성은 원효의 경우와 마찬가지로 핵심적이요 실천적이요 종합적이라고 할 수가 있을 것이다. 의상은 많은 문자를 낭비하지 않았다. 그는 따라서 위대한 정력적 저술가는 아니다. 그러나 그렇다고 의상이 대사상가가 못된다고 판단해서는 안 되는 것이다. 필자는 의상이나 명효의 그 해인삼매의 실천적 이해를 바탕으로 하여 비로소 신라인은 그 탁월한 통일과 평화달성의 위업을 성취시킬 수 있었다고 믿는 것이다.

이 글은 말이 불필요한 그 삼매의 이해를 돕는 서론으로서 엮어 보는 것이다. 이것은 종래의 의미의 학술논문처럼 국한된 특정한 문제에 대한 논의를 일삼으려는 것이 아니라, 필자자신의 학문(학적 질문)의 도정에서 피할 수 없었던 편력의 기록으로서 혹시 뜻을 같이 하는 이에게 도움이 될까하여 찍어내 보는 것이다.

Ⅰ. 「화엄일승법계도」 저술의 큰 뜻

현재 우리에게는 '화엄종 향상대사 말엽 비인 석제두법사(華嚴宗香象大師末葉非人釋題頭法師)라는 분이 집필했고 건력(建曆) 2년(1212, 고려 강종 1년) 3월 3일에 고산(高山) 법승사(法勝寺)에 있는 동본(同本)과 대교(對校)했다는 『화엄일승법계도』와 저자를 알 수 없는 『법계도기총수록(法界圖記叢髓錄)』 상하 2권 4책이 전해 내려오고 있다.

『대정신수대장경(大正新修大藏經)』 1887A에 수록된 『화엄일승법계도』의 말미를 보면, 이 「법계도」는 시(詩)와 인(印)을 합친 것이며, 『화엄경』과 『십지론(十地論)』에 의해 '원교(圓敎)의 종요(宗要)'를 표시한 것으로, 당나라 연호인 총장(總章) 원년 7월 15일에 지었다는 언급이 있다.[1] 총장 원년은 신라의 문무왕 8년, 서기 668년(무진)으로 신라가 고구려를 멸망시키고 삼국 통일의 위업을 달성한 해이다.

이와 같은 기록은 『삼국유사』의 저자 일연(一然)의 기록과도 일치하는 것으로 시대로 보거나 내용으로 보아 의상의 이 「법계도」가 얼마나 중요한 의의를 가지는가를 여실히 입증하는 것이다. 일연은 다음과 같이 말하고 있다.

> 又著法界圖書印幷畧疏 括盡一乘樞要 千載龜鏡 競所珍佩 餘無撰述 嘗鼎味一臠足矣 圖成總章元年戊辰 是年儼亦歸寂 如孔氏之絶筆於獲麟矣 世傳湘乃金山寶蓋之幻有也 徒弟悟眞 智通 表訓 眞定 眞藏 道融 良圓 相源 能仁 義寂等十大德爲領首 皆亞聖也[2]
>
> 또 법계도 서인(書印)과 약소(畧疏)를 지어 일승(一乘)의 가장 중요한 의의를 남김없이 망라하였다. 오래오래 거울로 삼을 만한 것으로 여겨 다투어 몸에 지니고 다녔다. 그 밖에는 다른 찬술이 없었으나, 솥 안의 국맛은 한 숟갈만

---

1) "一乘法界圖 合詩一印 依華嚴經及十地論 表圓教宗要 總章元年 七月十五日記", T.1887A, p. 716a. 『法界圖記叢髓錄』(T.1887B, p. 737a) 卷上의 2를 보면 "古記云 相和尙總章元年十月十一日 在淸禪寺般若院中問於儼師 受持普法軌則云何"라 하여 아직 이 해 10월 11일까지는 당에 체류 중임이 드러나 있다.

2) 『三國遺事』 권4, 義湘傳敎. 번역은 대체로 李丙燾譯을 그대로 썼으나 일부 모호한 곳이 있어 고쳤다.

맛보아도 능히 알 수 있는 것이다. 도(圖)는 총장 원년 무진에 이루어졌는데, 이 해에 또 의상의 스승 지엄(智儼)이 입적하였다. 마치 공자가 절필할 때에 기린(麒麟)을 얻은 것이나 비슷하다. 세상에서는 의상이 금산보개(金山寶蓋)의 현신이라고도 한다. 도제(徒弟)로서는 오진(悟眞), 지통(智通), 표훈(表訓), 진정(眞定), 진장(眞藏), 도융(道融), 양원(良圓), 상원(相源), 능인(能仁), 의적(義寂)등 열명의 대덕(大德)이 으뜸이었는데 모두 아성(亞聖)이었다.

이 기록과 현행(現行)하고 있는 의상의 귀국 연대를 믿는다면, 총장 원년에는 의상이 아직 당나라에 머무르고 있어 귀국하지 않았을 때이므로 「법계도」의 성립은 당나라에 있을 때의 일이라고 볼 수밖에 없다. 또 현재 남아 있는 문헌이 『삼국유사』에 기록된 약소(畧疏)냐 아니냐 하는 데 대해서도 속단할 수 없지만, 만약 그렇다면 향상(香象)대사 말엽(末葉) 비인(非人) 석제두(釋題頭)법사는 의상 자신이든가, 그렇지 않으면 의상의 말을 받아 쓴 제자 중의 한사람이든가 해야 할 것이다. 향상대사는 물론 의상의 스승 지엄(智儼)을 말한다.

의상은 이 「법계도」인(印)의 첫머리에 이것을 짓는 동기를 다음과 같이 천명하고 있다.

夫大聖善教는 無方이요 應機隨病하여 非一하니
迷者는 守迹하고 不知失體하리라.
懃而歸宗末日할새 故依理據教하여 略制槃詩하니
冀以執名之徒로 還歸無名眞源하노라.
讀詩之法은 宜從中法爲始하여 繁廻屈曲하고 乃至佛爲終하여 隨印道讀하라.[3)]

무릇 대성(大聖)의 선교(善教)에는 일정한 처방이 없고, 대하는 사람의 틀에 맞추어 그 병상에 따라 다르되 한결같지가 않다. 잘 깨닫지 못한 자는 그 남기신 말씀을 기록한 글자만을 소중히 여겨 자기가 알아야 할 근본도리를 알지 못하고 있으며, 자기가 모른다는 사실조차도 모르고 있다.
그러므로 이 이(理)에 의하고 교(教)에 근거하여 짤막하게 곡선으로 된 시를 지어 이름에 집착하고 있는 무리들로 하여금 이름을 초월한 참된 근원인 무명진원(無名眞源)으로 되돌아가게 하기를 바란다. 시를 읽는 법은 가운데에 있는 '法'자로부터 시작하여 굴곡을 돌아 '佛'자에서 끝나도록 줄을 따라 읽으면 된다.

3) T.1887A, p. 711a. 원문 중 '不知失體' 다음에 '懃而歸宗末日'이라는 한 句가 있으나, 本마다 글자가 다르고 혼잡해서 해석하지 않았다. 文意上으로는 그다지 중요한 부분이 아니다.

一	微	塵	中	含	十	初	發	心	時	便	正	覺	生	死
一	量	無	是	卽	方	成	益	寶	雨	議	思	不	意	涅
卽	劫	遠	劫	念	一	別	生	佛	普	賢	大	人	如	槃
多	九	量	卽	一	切	隔	滿	十	海	人	能	境	出	常
切	世	無	一	念	塵	亂	虛	別	印	三	昧	中	繁	共
一	十	是	如	亦	中	雜	空	分	無	然	冥	事	理	和
卽	世	互	相	卽	仍	不	衆	生	隨	器	得	利	益	是
一	相	二	無	融	圓	性	法	叵	際	本	還	者	行	故
一	諸	智	所	知	非	餘	佛	息	盡	寶	莊	嚴	法	界
中	法	證	甚	性	眞	境	爲	妄	無	隨	家	歸	意	實
多	不	切	深	極	微	妙	名	想	尼	分	得	資	如	寶
切	動	一	絶	相	無	不	動	必	羅	陀	以	糧	捉	殿
一	本	來	寂	無	名	守	不	不	得	無	緣	善	巧	窮
中	一	成	緣	隨	性	自	來	舊	床	道	中	際	實	坐

이 「법계도」는 우주의 진리를 고스란히 담아, 보는 이로 하여금 그 산란한 마음을 집중시켜 사도(邪道)에 떨어지지 않고 바른 길을 가도록 하는 깊고 넓은 의미를 지니고 있다.

이 세상은 우리 각자의 마음가짐이 비뚤어짐으로 말미암아 견디기 어렵고 참기 힘든 가지가지의 복잡한 양상을 띠지 않을 수 없게 되었다. 마음이 착한 이 앞에는 사람이 모두 착하게 보이고 마음이 악한 이 앞에는 사람이 모두 악하게만 보이는 것이 이 세상의 상례이다. 우리는 충분히 착하고 자비스런 마음을 지니지 못한 까닭에 자기자신을 못 믿고 또 남을 믿지 못하게 된 것이다. '삼계허망유심조(三界虛妄唯心造)'란 『화엄경』의 명구는 그 사정을 잘 말해 주고 있는 것이다.[4] 우리

---

4) 이 名句는 화엄철학의 테마이자, 불교철학 전체의 宗旨라고 볼 수도 있다. 범본 「十地品」 제6 現前地에는 다음과 같이 쓰여 있다. "이는 곧 三界가 唯心(cittamātram)이며 如來에 의해서 가지가지로 나누어 설명된 有의 十二支도 一心에 의존한다" (cittamātram idaṃ yad idaṃ traidhātukam/ yāny apimāni dvādaśa bhavāṅgāni tathāgatena prabhedaśo vyākhyātāny api sarvāṇy eka cittasmāśritāni/). J. Rahder, ed., Daśabhumikasūtra et Bodhisattvabhūmi (Paris, 1926), p. 49. 이것을 한역본에서는 각각 다음과 같이 번역했

각자를 둘러싸고 있는 세계는 모두 다 내 마음가짐 하나에 따라 달라지는 마음의 그림자와 같다. 그것은 마치 우리 각자의 마음에 매달린 실 끝의 연(鳶)이나 새와 같은 것이다. 마음은 본의 아니게 물들어 있다. 물든 마음은 마치 색안경을 낀 눈과 같이 저편의 물건을 올바로 보지 못하고 물든 모습으로 본다. 그렇게 보인 대상은 영원히 변하지 않는 진실한 것일 수가 없다.

그러나 지금 의상대사는 그 물든 마음의 눈으로 보는 세상의 잡다한 상(像)을 이 그림 속에 표시하려는 것이 아니다. 물든 마음의 눈에 보인 세계는 이 그림과 같이 통일과 조화와 일관성이 있을 수 없다. 각양각색으로 물든 마음을 통해서 본 세계는 서로 부딪치고 맞서서 각축하는 잡다한 개체의 난립으로 나타날 뿐이다.

의상이 그리고자 한 세계와 우주는 그 물듦이 깨끗이 사라진 진실한 지혜의 눈으로 본 세계의 상이다. 또 의상은 이 세계가 결국은 하나의 진실한 지혜를 핵심으로 통일되어 있음을 표시하려고 한 것이다. 많은 우여곡절이 있지만 그것은 사람의 지혜롭고 자비로운 하나의 마음을 바탕으로 할 때에 자연히 통일과 조화와 아름다움으로 나타난다는 사실을 보여주려고 하였다. 말씀으로 된 석가모니 부처님의 가르침, 아니 그 밖의 모든 성자의 가르침은 때와 장소, 듣는 사람의 알아듣는 정도에 따라 차이가 있지만, 그 차이는 결국 본질적인 것이 아니라 지엽말단적인 것에 불과하다는 의상 자신의 깨달음을 이 짤막한 글과 그림으로 표시하려 했던 것이다.

이 사실을 알아야만 사람은 그 병든 상태에서 헤어나 사람구실을 하고 진리다워질 수 있다고 그는 확신하기 때문에 집명(執名), 즉 명칭에 사로잡힌 무리들이 무명진원(無名眞源), 이름 없는 참된 근원으로 되돌아 갈 것을 간절히 염원한 것이다. 그리고 이 이름 없는 참된 근원으로 되돌아가는 길은 해인삼매(海印三昧)[5]에

던 것이다.

『十地經』: 所言三界 此唯是心 如來於此分別演說十二有支 皆依一心 如是立

『十住經』: 三界虛妄 但是心作 如來說 所有十二因緣分是皆依心

『漸備經』: 其三界心所爲 其斯計十二緣起五趣所歸

『十地經論』: 三界虛妄 但是一心作

『60華嚴』: 三界虛妄 但是心作 十二緣分 是皆依心

『80華嚴』: 三界所有 唯是一心 如來於此分別 演說十二有支 皆依一心 如是立

이 唯心說은 후세에 이르러 唯識學派에 의해서 더욱 세밀하게 체계화되어 갔다. 『반야경』과 『중론』 등 다른 불교철학에서는 이미 '空性'을 말하는 가운데에 같은 취지가 천명되어 왔다.

5) 범어는 Sāgaramudrāsamādhi이며, 海印定, 大海印三昧, 또는 海印三摩地라고도 한다. 佛說法의 앞에는 반드시 入定하여 法義를 사유하고 근기를 審察하는 법이다. 『법화경』을 설하실 때에 無量義三昧에 드셨고, 『반야경』을 설하실 때에는 等持王三昧에 드셨고, 『열반경』을 설하실 때에는 不動三昧에 드신 바 있다. 『화엄경』에는 7處8會의 1會마다 別定이 있다. 즉 제1회

드는 길임을 밝히려고 하였다.

이 인(印)은 이를테면 해인삼매의 심벌이며 사인이다. 이 인(印)은 현대의 심리학자 칼 융(C. G. Jung)의 말을 빌리면 원천의 모습(Archetypus)이며, 현대의 철학자 칼 야스퍼스(K. Jaspers)의 말을 빌리면 포괄자(包括者, das Umgreifende)의 기호(Chiffre)이다. 현대의 종교학자 미르체아 엘리아데(Mircea Eliade)가 말하는 심벌(Symbol)이 또한 그것이다.[6]

이 '법계도'는 달리 말하자면 그 이름 그대로 '가지가지의 꽃으로 장엄된 오직 하나의 길을 이루는 진리다운 세계의 상(像)'이다. 「화엄일승법계도」의 뜻이 그것이다. 그것은 누가 볼 수 있을까? 온전한 지혜의 소유자만이 볼 수 있다. 그 진실한 눈의 소유자가 누구냐? 그를 이름하여 불(佛), 부처라 하였다. 인도말로 붓다(Buddha)는 바로 지혜로워진 자를 의미한다. 그의 가르침을 불교라 한다. 불교에는 껍질과 알맹이가 있다. 말과 글과 이론과 형식은 그 껍질이며, 사심(私心) 없는 마음됨, 깨끗하고도 넓은 마음됨, 훌륭한 말과 행동이 저절로 뒤따르는 마음됨, 이러한 마음됨은 그 알맹이다. 전자를 또 불교에서는 삼승(三乘), 세 가지 가르침, 또는 세 가지 길이라고 하고, 후자를 삼매에서 나오는 일승(一乘)이라고 부르기도 했다.[7]

에는 如來藏三昧에 드셨고, 제8회에는 獅子奮迅三昧에 드셨는데, 이 해인삼매란 이 7處8會의 所依의 總定이다. 『華嚴經探玄記』 제4 에서 法藏(648-712)은 다음과 같이 말하고 있다. "海印者 從喩爲名 如修羅四兵 列在空中於大海內 印現其像 菩薩定心猶如大海 應機現異如彼兵像 故大集經第十四云 喩如閻浮提一切衆生身及餘外色 如是等色海中 皆有印像 以是故名大海印 菩薩亦復如是 得大海印三昧 已能分別 見一切衆生心行 於一切法門 皆得慧明 是爲菩薩得海印三昧 思一切衆生心行所趣" (『續藏經』 권4, p. 115).

6) 엘리아데의 sign이나 symbol에 관해서는 그의 저술 중에서 다음과 같은 章을 참조하라.
The Sacred and the Profane: the Nature of Religion, chapter 1, Sacred Space and Making the World Sacred (pp. 24-29), chapter 3, The Sacredness of Nature and Cosmic Religion (pp. 136-138).
야스퍼스의 '포괄자'에 대하여는 그의 『철학입문』에서 기본적인 개념을 얻을 수 있다. 국역판도 있으나 번역이 좋지 않으므로 차라리 영역판에 의존하는 편이 좋을 것이다.
Jaspers, *Way to Wisdom: An Introduction to Philosophy*, trans. Ralph Manhelm (New Haven: Yale University Press, 1954).

7) 三乘, 一乘說을 더 학문적으로 말하자면 여러 가지 논의가 필요하나, 의상의 스승 智儼의 해설만을 여기에 소개하기로 한다(『華嚴孔目章』 제1, T.1870, p. 538a-b).

一乘義者 分別有二 一者 正乘 二者 方便乘 正乘如華嚴經說 亦如前分別
方便乘者 分別有十
一 對三寶分別 佛寶是一乘法 僧是三乘 何以故 佛同無盡故 法僧則不定

진리를 배운다거나 종교를 믿는다거나 하는 것이 무슨 '주의자(主義者)'가 되어 자기를 내세우고 남을 헐뜯게 되라는 것은 아니다. 불교의 역사상에도 그러한 그릇된 신자들이 없었던 것은 아니지만, 적어도 우리 민족의 통일을 이룩한 신라 사람들 가운데에는 그러한 사람이 적었던 것이 분명하다. 그렇지 않고서는 신라인들이 삼국을 통일하는 대업을 성취할 수는 없었을 것이기 때문이다.

이제 의상의 말을 들어보자.

問 何以故依印

答 欲表釋迦如來教網所攝三種世間 從海印三昧 槃出現顯故 所謂三種世間 一器世間 二衆生世間 三智正覺世間 智正覺者 佛菩薩也 三種世間 攝盡法故 不論餘者 廣義者 如華嚴經說[8]

어째서 인(印)에 의하느냐?

그 까닭은 석가여래의 교망(教網)에 망라된 세 가지 세계가 모두 해인삼매로부터 번거롭게 나타나는 것이므로 그 뜻을 표시하고자 했기 때문이다. 그 세

二 對四諦分別 滅諦是一乘 三諦是三乘 何以故 滅同無盡故 三諦則不定

三 對二諦分別 第一義是一乘 世諦是三乘 何以故 第一義諦 同無盡故 世諦則不定

四 對過分別 無恐怖者 卽是一乘 有恐怖者 卽是三乘 何以故 如如來藏等 依則無過 卽同無盡故 六識及心法智 此之七法 刹那不住 不種衆苦 不得厭苦 樂求涅槃 由是俗諦故 依緣不自在故

五 對人及智分別 有三種人 成三種智 三種智者 一 若善男子善女人成就甚深法智 以爲一人 二 若男子女人 成就隨順法智爲第二人 三 若男子女人 於諸深法不自了知 仰推世尊 非我境界 唯佛所知 是第三人 前之一人 是一乘智 後之兩人 是三乘智 何以故 前第一智是證智 是證智同無盡故 後之二智 未證實法 是不定故 此依勝鬘經說

六 對所解 了法 虛妄契實無分別 隨文解義 是三乘法知 虛契無分別 是一乘法 何以故 契無分別 同無盡故 隨文取者 是則不定 此依楞伽經義說

七 對一乘三乘小乘分別 一乘是一乘 三乘等是三乘 何以故 一乘則無盡故 三乘等則不定

八 對大乘中乘小乘分別 大乘卽是一乘 何以故 大乘尊上卽無盡故 中乘小乘義則不定 如經會三歸一故

九 對世間出世間出出世間分別 出出世間則是一乘 餘則三乘 何以故 出出世間勝同無盡故餘二則不定 如法華經 界外露地別索車者 卽是其事

十 對譬喩分別 如王髻中明珠及大王等 卽是一乘寶珠 繫汝衣裏 及窮子等 卽是三乘 何以故 髻珠王秘 甚深故 餘則不定 此依法華經說

上來所辨 於眷屬經中 欲顯圓通無盡 法藏一乘教義故 於方便之處 示一乘名 令進入者易得解故 作如是說

8) T.1887A, p. 711a-b.

가지 세계란 기세간(器世間)과 중생세간(衆生世間)과 지정각세간(智正覺世間)이며, 지정각(智正覺)이란 불보살이다. 이 세 가지 세간 안에 법이 다 포함되는 까닭이다.

세간이란 말이나 세계란 말은 뉘앙스의 차이는 있지만 같은 뜻으로 이해해도 좋다. 둘 다 시간과 공간에 의해 한계지어진 상태를 의미한다. 세(世)는 시간이요, 간(間)과 계(界)는 공간이다. 인도말로는 세간이나 세계가 다 loka[9]로 통하지만, 특히 세계를 dhātu라고 표현할 때도 있다.

시간과 공간에 의해 한계지어지는 일에 두 가지 다른 원인이 있을 수 있다. 하나는 필연적인 원인이요, 또 하나는 순전히 자유로운 의사에 따른 원인이다. 필연적이라고 한 것은 인과응보의 법칙대로 어쩔 수 없는 업보로서 생기는 결과를 말

---

9) loka는 'free or open space, the wide space or world' 등의 뜻으로 멀리 『리그베다』 이래로 빈번히 사용된 말이고, dhātu는 'layer, stratum, constituent part' 등의 뜻으로 역시 베다시대부터 쓰인 말이지만, 이 말들이 불교철학의 술어로 채택된 이래 그 의미는 많은 변화를 가져왔다. 이 낱말들이 한문으로 번역될 때 그 뜻은 보다 불교적인 색채를 띠게 되었다고도 볼 수 있다. 앞서 말한 바와 같이 지금 여기에서는 세 가지 世間이 문제 되고 있지만 해인삼매에 들어 淨佛國土 중에 있는 자에게는 이 三種世間에 따라 세 종류의 自在行을 누린다는 것이 『화엄경』의 입장이다. 法藏이 그의 「孔目章」에서 말하는 三世間의 三種自在行은 다음과 같다(T.1870, pp. 568c-569a).

三世間者 於淨佛國土中 有三種自在行
一 器世間自在行
二 衆生世間自在行
三 智正覺世間自在行
器世間自在行者 有五種自在
一 隨心所欲 彼能現及不現
二 隨何欲 彼能現
三 隨時欲 彼卽時現
四 隨闊狹欲 彼能現
五 隨心幾許欲 彼能現 名器世間自在
云何衆生世間自在行
是菩薩隨衆生差別信 隨決定信差別 彼彼佛國土中 彼彼大會中 如是如是自身示現
是菩薩若於沙門衆中 示沙門形色 如是等彼彼國土中 如是自身差別示現
云何智正覺自在行
第一義諦智 世諦智等 經曰 是菩薩遠離一切身相分別 得身平等 是菩薩知衆生身 知國土身 知業報身 知聲聞身 知辟支佛身 知菩薩身 知如來身 知智身 知法身 知虛空身 是菩薩 如是知衆生深心起信樂 若以衆生身作自身 或以自身作衆生身 如是等九身如是 是菩薩 如是知衆牛深心起信樂 展轉自在成 廣如地論說

한다. 그러나 여기에 자유로운 의사에 따른 원인이라고 한 것은 한계지어질, 아무런 필연적인 원인 없이 이미 인과관계의 멍에를 벗어난 해탈의 경지에서 자연히 우러나오는 불가사의한 힘으로 방편상 한계를 짓는 것이다. 기세간과 중생세간은 전자에 속하고, 지정각세간은 후자에 속한다. 기세간이란 물질세계를, 그리고 중생세간이란 차별 많은 인간사회를 의미한다.

이제 「법계도」인(印)을 자세히 보자. 의상대사 자신이 말했듯이 이 인은 사각형을 이루고 있고, 중심의 '法'자에서 역시 같은 중심의 '佛'자에 이르기까지 54개의 각을 이루면서 210자의 시가 한 줄로 연결되어 있다. 의상은 말하기를 바탕은 희고 글자는 검고 줄은 붉다고 하였다.

> 어째서 인문(印文)이 외줄로 되어 있는가?
> 어째서 이 외줄로 된 길에는 시작과 끝이 없는가?
> 어째서 4면 4각으로 되어 있는가?
> 어찌하여 시의 글자에는 시작과 끝이 있는가? 그리고 그 시작하는 글자와 끝 글자가 왜 중앙에 위치하는가?
> 또 시의 끝에는 왜 굴곡이 많은가?

이것은 의상 자신이 내놓은 질문이지만, 우리 모두에게 흥미 있는 물음이 아닐 수 없다. 이제 우리는 그 자신의 대답을 함께 묶어 정리해 보자.

> 問 何故印文唯有一道
> 答 表如來一音故 所謂一善巧方便 何故多有繁廻屈曲 以隨衆生機欲不同故 卽是當三乘教 何故一道無有始終 顯示善巧無方 應稱法界 十世相應圓融滿足故 卽是義當圓教 何故有四面四角 彰四攝四無量故 此義依三乘 顯一乘
> 問 何故字中有始終耶
> 答 約修行方便 顯因果不同故 何故字中多屈曲 顯三乘根欲差別不同故 何故始終兩字安置當中 表因果兩位法性家內眞實德用 性在中道故[10]

인문(印文)이 다만 하나의 길로 되어 있는 것은 여래의 일음(一音)[11]을 표시하기 위한 것이다. 또 그 길이 번거롭게 많은 굴곡을 나타내고 있는 까닭은

10) T.1887A, p. 711b.

11) 一音과 圓音은 같이 병행해서 이해하여야 한다. 졸저, 『元曉思想』, pp. 85-91(불연전집 『원효사상』, pp. 95-102) 참조.

중생의 기욕(機欲)이 같지 않기 때문이니 삼승교(三乘敎)가 이에 해당한다. 그리고 이 하나의 길에 시작과 끝이 없는 것은 여래의 선교방편(善巧方便)에는 특정한 방법이 없고 대응하는 세계에 알맞게 융통성이 있음을 나타내는 것으로 이는 원교(圓敎)에 해당한다. 사면이 사각으로 되어 있는 것은 사섭(四攝), 사무량(四無量)[12]을 나타낸 것이다. 이 인문은 삼승에 의하여 일승(一乘)을 드러내는 의미를 가지고 있다.

또 시(詩)의 글에는 시작과 끝이 있는데, 그것은 수행방편에는 원인과 결과가 따로 있기 때문이다. 그리고 글이 많은 굴곡을 보이는 까닭은 역시 삼승의 근욕(根欲)이 꼭 같지 않고 차별이 있기 때문이다. 그리고 왜 첫 글자와 끝 글자가 중심에 와 있느냐 하면 인과(因果)의 양위(兩位)는 법성가(法性家) 안의 진실한 덕용(德用)으로서 그 성(性)이 중도(中道)에 있기 때문이다.

『화엄경』「입법계품초(入法界品抄)」에 보면 다음과 같은 말씀이 있다고 했다.[13]

若見諸法爲二爲三 卽犯八根本罪[14] 不得入於一乘法界 若於諸法不生二解

---

12) 四攝(布施, 愛語, 利行, 同事)과 四無量(慈・悲・喜・捨)은 원시불교 이래로 거듭 강조되어 온 교훈이나『화엄경』은 특히 이 교훈에 대하여 빈번히 언급하고 있다.
의상의 스승 지엄은 사무량에 관하여 다음과 같이 말하고 있다(「華嚴孔目章」, 권3, T.1870, p. 567a-b).
四無量者 一 慈 二 悲 三 喜 四 捨
無量緣三義 一 衆生緣 二 法緣 三 無緣
衆生緣者 緣衆生 起慈故
法緣者 緣蘊等法 起慈故
無緣者 緣法無我 起慈故
喜捨亦然 此義在三乘 小乘中卽無 但有衆生緣 一乘義具足 何以故 緣生無盡故 若出體 小乘等智性 初敎用後得智爲體 終敎用如理如量智爲體 何以故 無分別智爲菩薩體故 一乘義無盡故 所知無 邊故 曰無量.餘義如別章

13) 『法界圖記叢髓錄』 卷上의 1(T.1887B, p 717a)에 인용된 것을 근거로 하나,『화엄경』「입법계품」 자체에는 해당 문구가 없다.

14) 「入法界品抄」에 열거된 八根本罪란 다음의 여덟 가지 사항을 말한다(T.1887B, p. 717b).
① 一生五濁世有餘善根 近善知識 歸趣深法 發無上心 聞甚深法 讀誦受持 向小智人 讀誦解說 他人聞已驚疑怖畏 於菩提心而生退沒 樂聲聞乘 是第一重罪
② 唯須知根了心次第爲說從淺至深 又語人言 汝何能發大乘心 不如早向聲聞緣覺入於涅槃 是第二重罪
③ 又語人言 汝何用學戒威儀當速發大乘心 受持讀誦大乘經典 身口意業當得淸淨亦不受惡報 是第三重罪

卽得入於一乘法界故也

만약 이 우주와 인생의 모든 현상과 사물을 둘이다, 셋이다, 이렇게 쪼개서 생각한다면, 이는 곧 여덟 가지의 근본 죄를 범하는 결과가 되고 일승법계에 들 수가 없다. 이 삼라만상에 두 가지 이해(理解)가 생기게 하지 않아야만 일승법계(一乘法界)에 들 수가 있는 것이다.

의상은 위의 글에서 설명했듯이 이 『화엄경』의 깊은 도리를 그의 「일승법계도」를 통해 잘 나타내 주었다. 이제 우리는 그의 제자 법융(法融)[15]이 풀이하는 「일승법계도」에 대한 축자적(逐字的)인 해석을 아울러 들어 볼 필요가 있을 것이다. 법융은 일(一)·승(乘)·법(法)·계(界)·도(圖)의 다섯 글자의 의미를 매우 참신하고 깊이 있게 다음과 같이 말한다.

所言一者 無能所中且强分之 有能觀一有所觀一 謂若了自身心總攝諸法 無側無遺絶能所 則爲能觀一 卽此身心住處爲所觀一也 問於此一中 云何得入 答修止觀也 問云何止觀 答若依一乘修止觀者 以六相印印十普法不動各位融而爲一 了了分明者觀也 如印印物不擧不轉 如是觀智稱契於法 離能絶所一無分別而不動者止也 乘者於上一處能決定信名爲乘也 不如是信不名乘也 若三乘則聞眞如之法不能頓信 漸次信故 有十信 不能頓解 漸次解故 有十解 乃至不能頓證 漸次證故 有十證 如是漸次至佛果 故名爲乘也 乘如實道來成正覺者 是其義也 若一乘則於上一處 若起圓信卽是圓證 故名乘也 一運卽一切運者卽此義也 法者是我身心也 界者卽此身心統包絶待前後際斷 卽是法之究竟邊際義也 圖者像也 如爲不知象人畫作象像而示之 如是行者不知自之身心是法界佛 故畫作法界佛像而指示也[16]

---

④ 又語人言 汝不應讀誦聲聞經典 當覆聲聞經典 聲聞法中不能斷結使惑 當聽受淸淨大乘甚深經典 此能滅惡生菩提 善有信受者二人俱得 第四重罪

⑤ 又爲求利故說大乘法 見說大乘得利憎毁輕嫉 是第五重罪

⑥ 又爲求利故我解深法 不言從他聞得違負諸佛菩薩 是第六重罪

⑦ 又作旃陀羅行 取他善比丘物 及三寶物 賞上官人 及與大王 依王官力 輕善比丘 瞋嫌憎嫉 是第七重罪

⑧ 又作惡行 自恃王官勝力 及恃財施 輕善比丘 戱辱鬥亂 非法說法 捨正經律 違法立制 於善行比丘 及坐禪讀誦經典 無惱生惱 已惱增長 是第八重罪

15) 法融의 이름은 의상의 십대제자 이름 중에는 들어있지 않으나 智通, 表訓, 梵體, 道身 등 십대제자 이후에 나타난 후계자 중 한 사람인 것은 충분히 짐작이 간다. 法融과 眞秀 등의 전기를 밝히는 것은 아직 해결해야 할 문제다.

일(一): '하나'라고 하는 것은 능(能)과 소(所)[17]를 구태여 구분하여 능관(能觀) 하나가 있고, 또 소관(所觀) 하나가 있다고 하는 그러한 구분이 없는 것을 말한다. 말하자면, 자기의 신심(身心)이 제법을 총섭(總攝)하고 있다는 것을 깨달으면 능·소를 초월하여 어느 쪽에 기울어짐이 없다.

그러면 어떻게 하여 이 하나(一)에 득입(得入)[18]할 수 있는가? 지관(止觀)[19]을 닦으면 된다. 그 지관이란 무엇이냐? …… 요요(了了)하게 나누어 밝힘은 관(觀)이요, 능과 소를 떠나 오로지 분별함이 없이 부동(不動)함은 지(止)이다.

승(乘): '위의 한자리(一處)'를 능히 결정코 믿으면 이를 승(乘)이라 한다. 이와 같이 믿지 않으면 승이라 하지 않는다. 삼승(三乘)이라는 것은 진여의 법을 듣고도 능히 곧 믿지 못하고 점차로 믿으므로 십신(十信)이 있고,[20] 능히 곧 알아듣지 못하고 점차로 알아들으므로 십해(十解)[21]가 있고, 또 나아가 곧

---

16) T.1887B. p. 717a-b.

17) 能動을 能이라 하고 所動을 所라 함은 주지되어 있는 터이나, 이는 能造所造, 能依所依, 能化所化, 能立所立, 能入所入, 能修所修, 能行所行, 能歸所歸, 能詮所詮, 能住所住, 能取所取 등 그 용례가 많아 양자가 相關不離함을 나타낸다.

18) 得入은 달리 말하면 證悟, 現證, 體證이다. '入'은 어디에 들어간다는 뜻이지만 그 어디가 딴 객체가 아니라 自心이고 보면 사실 들어갈 곳이 따로 없는 것이다. 자기 안에 실현하는 것이 바로 入이다. 그와 마찬가지로 得도 무엇을 얻고 취득하고 또는 소유함을 의미하지 않고 그렇게 됨을 말하는 것이다.

19) 止觀에 관한 원효의 관점을 보기 위해서는 졸저, 『元曉思想』, pp. 374-398(불연전집 『원효사상』, pp. 415-444) 참조.

20) 『화엄경』에서 말하는 보살의 修道階位 52위 중 첫 10위를 말한다. 이에 관하여 『華嚴經通宗記』 권8(p. 266)에서는 다음과 같은 설명을 가하고 있다.

① 信心: 以一念淸淨心 諦信佛性之理名信心 如論云 心外有佛不名信心 心外見法不成信心佛心與自心無二故 方名信心
② 念心: 心得此信已 圓明無礙 憶念不忘 名念心
③ 進心: 又能妙圓通達 進趣眞淨 名進心
④ 慧心: 精進不息 慧性現前 名慧心
⑤ 定心: 從慧得定 湛寂不動 名定心
⑥ 不退心: 性定明淨 唯進無退 名不退心
⑦ 護法心: 安住於法 護念無失 名護法心
⑧ 回向心: 護久念淨 回光向佛 如鏡照鏡 名回向心
⑨ 戒心: 住佛光中 心淨無漏 名戒心
⑩ 願心: 遊行佛刹 心隨願住 名曰願心

또 『通宗記』의 저자는 信을 "夫信以自心慇實爲義又信爲佛果之始因也"라고도 하였다.

증(證)하지 못하고 점차로 증하므로 십증(十證)[22]이 있듯이, 이와 같이 점차로 불과(佛果)에 이르므로 승(乘)이라고 부르는 것이다. 여실도(如實道)[23]를 타고 와서 정각(正覺)을 이룬다는 것이 그 뜻이다. 일승(一乘)이라는 것은 위의 한 자리(一處)에 대해서란 말이고, 원신(圓信)[24]을 일으킨다는 것이 곧 원증(圓證)을 하는 것인 까닭에 승(乘)이라고 부른다. 하나를 움직이면 곧 일체가 움직여짐이 바로 이 뜻이다.

법(法): 법이란 바로 내 몸과 마음이다.

계(界): 계란 곧 이 몸과 마음이 모조리 포섭하고 상대(相待)가 끊겨 전후의 끝(際)이 없는[25] 이 법의 마지막 끝(究竟邊際)을 의미한다.

---

21) 十住를 또 十解라고도 부르는데, 『通宗記』는 十住에 관하여 다음과 같이 말하고 있다.
此十住 乃菩薩之智論 所謂依眞而住 住無所住也
① 發心住: 心依智發明 明入菩薩正位
② 地住: 增長大悲 治明心淨
③ 修行住: 觀一切法 修於般若
④ 生貴住: 於法成就 紹繼佛種
⑤ 方便具足住: 以漚和(方便善巧) 設化令衆離苦得樂
⑥ 正心住: 安住佛法中 讚毁不動
⑦ 不退住: 得不退轉 無生法忍 心正增進
⑧ 童眞住: 得廣大法 圓融無礙 含眞抱一
⑨ 法王子住: 善知出世間一切善法 習法王行業
⑩ 灌頂住: 就一切智 以增長諸佛智種
이는 『화엄경』「十住品」에 열거된 명칭에 따라 설한 것이다.

22) 여기서 十證이라 함은 十地로 보는 것이 타당할 것이다. 地는 바로 證悟의 계위를 말하는 것이기 때문이다. 智儼은 그 「孔目章」에서 ① 歡喜地, ② 離垢地, ③ 明焰地, ④ 燒然地, ⑤ 難勝地, ⑥ 現前地, ⑦ 遠行地, ⑧ 不動地, ⑨ 善慧地, ⑩ 法雲地 등의 이름을 열거한 후, "生成佛智住持故名地 地者位也"라 하고 있다(T.1870, p. 560b).

23) 如實道란 yathā-bhūta-mārgam인데, '도 아닌 도로서 여실도를 겸한다'는 것은 달리 말하자면 如實行을 한다는 뜻이다.

24) '若一乘則於上一處'라 할 때 그 一處가 어떤 유한한 一處가 아님은 물론이다. 또 起圓信이 곧 圓證이라는 것은 원래 信이 궁극적으로 어떤 객관적 대상에 대한 信이 아니라, 心澄淨의 길인 만큼 信卽證이 되는 것이요, 따라서 乘의 뜻이 또한 자명해질 것이다.
山口益, 『心清淨の道』(理想社, 1955), p. 58 이하 참조.

25) 佛敎가 無前後際라고 하는 표현은 『究竟一乘寶性論』 권2 「佛寶品」에서 특히 뚜렷이 천명되어 있고, 이 구절은 원효가 자주 언급하는 사실이다. 「佛寶品」에는, "佛體無前際 及無中間際 亦復無後際 寂靜自覺知 …… 非初非中後 自性無爲體 及法體寂靜故 自然應知"라 하고 이를 풀이하여 다음과 같이 논급하고 있다.
"此偈明何義 遠離有爲 名爲無爲 應知又有爲者生住滅法 無彼有爲 是故佛體 非初中後 故得名

도(圖): 도란 상(像)이다. 마치 코끼리를 모르는 사람에게 코끼리의 모양을 그려 보여주는 것과 같이, 행자(行者)는 자기의 신심이 곧 법계불(法界佛)인 줄을 모르고 있으므로 그에게 법계불상(法界佛像)[26]을 만들어 보여 주는 것이다.

우주와 세계를 내 안에 삼켜 버렸다. 이제 나는 그 우주와 세계와 맞서는 내가 아니다. 온 누리가 내 안에 있다. 미운 정 고운 정이 나를 정복하지 못한다. 천당과 지옥이 나를 유혹하거나 위협하지도 못한다. 원효대사가 그 글에서 언제나 표명하는 이러한 희열이 여기 이 「일승법계도」 안에 고스란히 그대로 나타나 있다.

Ⅱ. 『해인삼매론』의 정신

이제 의상대사의 「화엄일승법계도」 시문(詩文) 해석에 들어가기 전에 시대는 다소 뒤떨어지지만 같은 신라의 명효스님이 지은 「해인삼매도(海印三昧圖)」의 인상(印相)을 아울러 음미하는 것은 신라인의 정신을 이해하는 데 있어서 큰 도움이 될 것이다.

명효는 그 저술을 '해인삼매론 일권 병서 의대불광불화엄경(海印三昧論一卷幷序依大方廣佛華嚴經)'이라고 하였다.[27] 신라의 두 스님은 한결같이 『화엄경』에 의하여 해인삼매를 설하고 일승의 도리를 강조하고 있다. 명효는 그의 논에서 다음과 같이 말하였다.

爲無爲法身 應知偈言 佛體無前際及無中間際 亦復無後際故 云云"(T.1611, p. 822b-c).
여기서 말하는 初中後는 前中後나 마찬가지이지만, 범본에서는 이를 다음과 같이 말하고 있다.
yo buddhatvam an-ādi-madhya-nidhanaṃśāntaṃ vibuddhaḥ svayaṃ/
....
an-ādi-madhya-nidhana- prakṛitatvād asaṃskṛitam/
śānta-dharma-śarīratvād anābhogam iti smṛtam//
中村瑞隆, 『梵漢對照 究竟一乘寶性論硏究』(東京: 山喜房佛書林, 1961), pp. 11-13 참조.

26) 法界佛에 관해서 법융은 十佛을 설명하는 가운데에 다음과 같이 말한 바 있었다. "경에 법계불이란 無處不至인 까닭이라고 하였는데 어째서 그렇게 말하느냐 하면, 그 이유는 다음과 같다. 여기에 집 한 채가 있다. 그 위의 대들보에 올라가 그 서쪽 끝을 붙잡고 서방의 맨 끝을 찾으려고 애쓴다. 그러나 그것이 얻어 질 리 없다. 서쪽 끝이라고 붙잡고 있는 것이 여전히 동방의 허공위에 있다. 서방이라고 생각한 것이 바로 동방이다. 어떤 방향에서든지 마찬가지이다. 만사만물이 다 그러한 것이다."

27) 明晶의 『海印三昧論』은 T.1889, pp. 774a-775b를 참조.

有大三昧 名曰海印 速令行者至不退地 用小方便獲大利益 其印之內要義偈頌名陀羅尼 總持一切契經要義 普含一切諸佛功德

대삼매(大三昧)가 있다. 이름 하여 해인(海印)이라 하는데, 속히 행자(行者)로 하여금 불퇴지(不退地)[28]에 도달하게끔 한다. 작은 방편을 써서 큰 이익을 얻는 것이다. 그 인(印) 안의 중요한 의미를 담은 게송을 다라니라고 이름한다. 모든 계경(契經)의 요긴한 뜻을 모두 간직하고 있고 모든 부처님의 공덕이 두루 포함되어 있다.

의상이 그의 「법계도」를 '법계불의 상(像)'이라고 했는가 하면, 명효는 그의 인(印)을 다라니(dhāraṇī), 즉 모든 신비로운 힘을 모조리 섭지(攝持)하는 진언(眞言)이라고 말하고 있다.

의상의 「법계도」와 명효의 「해인삼매」의 형상은 약간의 차이가 있지만, 그 정신은 같은 것이다. 의상이 '法'과 '佛'을 도인(圖印)의 중심에서 출발시켜 그 중심에로 되돌아오게 한 것과 마찬가지로, 명효는 생사(生死)의 '生'과 열반(涅槃)의 '槃'자를 그 중심에 놓고 생사가 곧 열반임을 밝힌다. 이는 '法'과 '佛'이 둘이 아님을 말하는 의상의 뜻과 일치하는 것이다. 모든 현상적인 차별상 속을 꿰뚫고 그 본질의 공통성, 통일성을 발견했고, 또 그렇게 하려고 한 신라인의 정신을 드러내 보이는 것이다. 우리는 명효의 말을 들으면서 그것이 본질적으로는 의상의 말과 다름이 없음을 알게 된다.

명효는 또 이렇게 말한다.

云何印道無始終者 欲顯一道離三世際 前際後際不可攝故 云何印道有盤曲者 欲顯一道隨緣稱機 應三乘行現差別故[29]

어찌하여 인도(印道)에 시작과 끝이 없는가? 일도(一道)는 과거와 현재와 미래 삼세의 제한을 받지 않음을 나타내고자 함이다. 전후가 양극으로 떨어질 수 없는 까닭이다. 어찌하여 인도(印道)에는 반곡(盤曲)이 있는가? 일도는 연(緣)에 따라 기(機)에 맞추어 감을 드러내고자 하기 때문이다. 삼승(三乘)에 따라 행(行)에 차별이 나타나는 까닭이다.

---

28) 不退地란 범어로 Avaivartikabhūmi로서 음역하여 阿鞞跋致地 또는 阿惟越致地라고도 하였다. 退轉하지 않는 보살 수도의 계위를 말한다.

29) T.1889, p. 774c.

명효의 시문은 다음과 같다.

生死涅槃非異處　煩惱菩提體無二
涅槃親而無人識　菩提近而甚難見
身心本來無生滅　一切諸法亦如是
無生無滅無住處　則是菩提涅槃體
智者一中解一切　一切法中解於一
無量法則是一法　一法則是無量法
一佛土滿十方刹　一刹本形亦不大
一佛國容十方界　而諸世界不重累
一塵包含十方刹　一切塵中皆如是
不令一塵增曠大　諸刹本相恒如故
無量無數曠大劫　智者了知則一念
一念未曾演長遠　長劫亦不縮成促
遍詣十方求成佛　不知身心舊成佛
往昔精進捨生死　不知生死則涅槃

생사와 열반은 다른 곳이 아니요
번뇌와 보리는 체가 둘이 아니다.
열반이 옆에 있되 사람이 알지 못하고
보리가 가깝지만 매우 보기 힘드네.
몸과 맘이 본래 생멸하지 않는 것
모든 것이 또한 그와 같으니
생기고 없어지고 머무는 일 없는 곳
그것이 보리열반의 체(體)일세.
부처님은 하나 안에 일체를 알고
온갖 것 안에서 하나를 아네.
한량없는 법이 그 한 법이요
한 법이 그 한량없는 법이니
한 부처님 계신 곳에 모든 나라 꽉 차고
한 나라의 본 모양은 크지도 않네.
부처님의 한 나라에 시방세계 있으나
여러 세계 거듭되어 뒤섞이지 않도다.

하나의 티끌 속에 모든 나라 포함되고
모든 티끌에도 역시 그와 같지만
하나의 티끌인들 불어 날 수 있으랴
모든 나라 본 모습이 한결같기 때문일세.
한 없이 무수한 머나먼 옛적
부처님이 깨달은 것 오직 한 생각이나
그 한 생각 일찍이 길이 펴지 않았고
긴 세월도 줄이기를 서두르지 않고서
시방으로 좇아다녀 성불하기 바라고
자기 몸과 맘속에서 성불된 것 모르니
지난날 정진하며 이 세상 버렸지만
생사가 곧 열반임을 알지 못한 것일세.

*도인(圖印)은 본서 수록 「명효의 해인삼매론」에 실린 것을 참조 -편집자 주

다음에 인용하는 명효 자신의 말에 비추어 보면 이와 같이 번역을 한 것이 잘못된 짓일는지도 모른다. 원래 다라니는 번역을 하지 않는 것으로 되어 있다. 그러나 우리는 일단 대강 무슨 뜻이 담겨 있느냐 하는 것은 알고 가야하겠기에 한문 원문이 담고자한 풍부한 뜻이 드러나지 않는 아쉬움을 무릅쓰고 우리말 번역을 시도해 본 것이다.

의상의 「일승법계도」에 관해 소상히 검토하기 전에 명효의 이야기를 끝까지 듣고 가기로 하자. 명효의 해인삼매는 그 후반부에서 대략 다음과 같은 이야기를 하고 있다. 번거로우므로 원문은 주(註)로 넘기기로 하겠다.[30)]

---

30) 云何頌中縱橫同有十四字者 欲顯菩薩行雖無量種不離於十波羅蜜四攝行故 十方無邊一切世界諸菩薩等皆依此行爲根本故 云何頌中有始終者 爲欲安慰怯弱菩薩 佛道雖遠修行不絶終歸成佛勿退行故 云何頌首及與頌末俱處中者 欲顯初心所習正觀不異如來正觀智故 云何縱橫四圍循讀皆失句者 欲顯甚深陀羅尼義 非斷常見及邊見人所能知故 云何從中尋得句者 欲顯甚深陀羅尼義中道正觀乃能知故 云何印外更無頌者 欲顯佛教雖越塵沙不離一道 一道以外更無法故 云何不釋頌中義者 欲令行者於少文中多解義故 恐諸行者棄本逐末貪數文句失大益故 如經中言 寧以少聞多解義味 不願多聞於義不了 欲驗行者得利多少根機深淺行生熟故 欲令小見憍慢衆生於正法中生重心故 然此深義非九種人所知境界 何等爲九
一 非凡夫所知境界
二 非世智辨聰境界
三 非分別法相境界
四 非聲聞緣覺境界

어째서 시문 중에는 종횡으로 열 네 글자가 있느냐 하면 보살행에는 가지가지가 있지만 그 모두가 십바라밀(十波羅蜜), 사섭형(四攝行)을 떠날 수 없고 온 세계의 보살이 모두 이것을 근본으로 해야 함을 나타내려고 한 것이다.

게송 중에는 어째서 시작과 끝이 있느냐? 겁이 많고 마음이 약한 보살들에게, 불도(佛道)가 멀다 할지라도 수행을 끊지 아니하면 마침내 성불한다는 사실을 알려 용기를 내어 물러서지 않도록 권고하기 위해서이다.

또 게송의 첫 머리와 끝이 모두 가운데에 와 있는 까닭은 무엇이냐 하면, 초심자가 익히는 정관(正觀)은 여래의 정관지(正觀智)와 다를 바가 없음을 나타내려고 한 까닭이다.

또 인(印)의 둘레 4면의 글을 계속해서 읽어도 말이 안 되는 것은 심심(甚深)한 다라니의 의미는 단견이나 상견(常見), 또는 변견(邊見)을 가진 사람이 알 수 없음을 표시하기 위해서이다.31)

한편 중심으로부터 읽어 오면 말이 되게 한 것은 심오한 다라니의 의미는 중도정관(中道正觀)이라야 이해됨을 밝히려 한 것이다. 또 인(印) 밖에는 왜 시(詩)가 없느냐 하면, 부처님의 가르침에는 티끌이나 모래알의 수보다도 더 많은 가지가지의 것이 있지만 모두가 하나의 길(一道)을 떠나지 않고 있다. 이 하나의 길 이외에는 다른 진리가 없다는 사실을 나타내려고 한 것이다.

게송의 의미를 해석하지 않은 까닭은 행자들이 모두 적은 글에서 많은 것을 알아듣도록 하기 위해서이다. 행자들이 본(本)을 버리고 말(末)을 추구하여 문구나 헤아리고 큰 이익을 잊어버릴 것을 두려워했기 때문이다. 경에 말씀하

五 非空見行者境界
六 非散心多聞境界
七 非邊見衆生境界
八 非斷見衆生境界
九 非常見衆生境界
如是等輩互相嫌言 我智則勝彼智必弱 唯我獨能盡解佛法 如是等輩甚可憐愍 於五尺身起長大我將方寸意量虛空盡 亦如小兒蠡盃酌海 謂言唯我量大海盡 小見衆生度量佛法亦復如是 彼等若不破除我慢 不悔本心 難可敎示 設使口誦不會深理 縱使多聞唯長憍慢 徒勞無益 如經偈言 譬如貧窮人日夜數他寶 自無半錢分 多聞亦如是 有如是等種種衆生 欲護彼故更不釋義 恐彼惡見轉加增長 永沈苦海無出期故 如經偈言 破法不信故墜於三惡道 我寧不說法 疾入於涅槃 如上所說 陀羅尼義是無邊行等法界智所知境界 如經偈言 遊心法界如虛空 是人乃知佛境界

31) 斷見, 常見은 모두 극단적 견해를 말하는 것으로 邊見이다. 단견은 극단적인 부정론을, 상견은 극단적인 긍정론을 두고 한 말이다. 따라서 단견은 허무주의에 그리고 상견은 물질주의적인 실재론에 떨어진 사고방식이다. 그러므로 단견은 空見 또는 無論이라고 할 수 있고, 상견은 有論이라고도 볼 수 있다.

시기를 "차라리 적게 듣고 그 의미(義味)를[32] 풍부하게 알아들을지언정 듣기만 많이 듣고 그 의미를 모르는 일은 원치 않는 바이다(寧以少聞多解義味 不願多聞於義不了)"라고 하셨다. 그러므로 행자가 어떻게 이익을 얻나, 그리고 행자의 근기가 깊은가 낮은가를 보고 그들이 스스로 성숙하도록 기회를 주기 위해서 해석을 하지 않으며, 또 조금 안다는 교만한 중생이 정법을 중히 여기는 마음을 일으키도록 하기 위해서이다.

이 해인삼매인의 깊은 뜻은 다음과 같은 아홉 가지 부류의 사람들이 알아듣지 못하는 경계이다.

① 이 경계는 범부가 알 수 없는 경계이다.

② 이 경계는 세상의 지혜로써는 분명히 알기 힘든 경계이다.

③ 법상(法相)을 분별하는 자들이 모르는 경계이다.

④ 성문, 연각의 경계가 아니다.

⑤ 공견(空見)을 가진 행자들의 경계가 아니다.

⑥ 산란한 마음으로 많이 듣기만 한 자들의 경계가 아니다.

⑦ 변견(邊見)을 가진 중생들의 경계가 아니다.

⑧ 단견(斷見)을 가진 중생들의 경계가 아니다.

⑨ 상견(常見)을 가진 중생들의 경계가 아니다.

이와 같은 무리들은 서로 시기하면서 '내 지혜가 훌륭하고 네 지혜는 아직 멀었다. 나만이 불법을 남김없이 안다'고 지껄인다. 매우 가련한 무리들이다. 오척(五尺)밖에 안 되는 몸통아리를 대아(大我)라고 생각하고, 한 치밖에 안되는 생각으로 허공을 남김없이 잰다고 한다. 어린애가 술잔을 들고 와서 바닷물을 길으며 나만이 이 대해(大海)를 다 잰다고 하는 것과 같이, 쥐꼬리만한 소견을 가진 자가 불법을 재고 다루겠다는 것이 꼭 이와 같다. 그들이 만약 그 아만을 파(破)하고 제거하며 본심을 뉘우치지 않는다면 교시(敎示)할 수가 없는 것이다. 설사 입으로는 외운다 할지라도 깊은 도리를 회통(會通)할 수가 없고, 설사 많이 들어도 다만 교만을 더하게 할 뿐이며 도로무익(徒勞無益)이다. 경의 게송에 "비(譬)컨대 가난한 자가 밤낮으로 남의 집 보배를 헤아리지만 자기에게는 반전(半錢)도 없는 것과 같도다(譬如貧窮人 日夜數他寶 自無半錢分 多聞亦如是)" 하신 바와 같이 듣기만 많이 한 자가 이러한 것이다. 이러한 중생들을 보호하기 위하여 게송의 뜻을 풀이하지 않는 것이다. 그들은 풀이를

32) 현대의 우리가 通用하는 意味와 義味는 반드시 같은 뜻을 가졌다고 말할 수 없다. 義는 범어로 artha 또는 guṇa요, 味는 범어로 rasa이다. 이것은 단순한 언어상 해석을 말하는 것이 아니라 직관적인 이해의 경지를 지칭하는 말이다.

> 듣고 그들의 좋지 않은 견해를 오히려 더하여 영영 고해(苦海)에 가라앉아 헤어나지 못할 우려가 있다.
> 경의 게송에 "법을 깨고 믿지 않는 까닭에 삼악도에 떨어지네. 내 차라리 법을 설하지 말고 속히 열반에 들리라(破法不信故 墜於三惡道 我寧不說法 疾入於涅槃)"라고 하신 바 있다.[33] 위에 말한 바와 같이 다라니의 의미는 무변행(無邊行) 등 법계지(法界智)를 통해서만 알 수 있는 경계이다. 경의 게송에 "허공과 같이 법계를 노니는 마음, 이 사람은 불경계를 안다(遊心法界如虛空 是人乃知佛境界)"라고 하였다.

명효는 또 이렇게 말하고 있다.

> 以何義故存其本者 欲顯正法畢竟常住三世諸佛共所依故　譬如繩墨是常法則前匠後匠共所依故 復次欲令假名菩薩捨末尋本達本原故[34]

> 왜 이것을 책으로 남기는가? 정법은 필경 상주(常住)하는 것이며 삼세의 제불이 다같이 의거하는 바다. 마치 목수에게는 옛날 목수에게나 오늘 목수에게나 승묵(繩墨)이 변함없는 법칙이 되듯이, 아직 이름뿐인 보살들이 지엽말단의 것을 버리고 근본을 찾아 그 본원에 도달하기(捨末尋本達本原)를 바라는 마음에서 이 책을 짓는다.

누구를 향하여 하신 말씀일까?

Ⅲ.「화엄일승법계도」 게송의 의미

우리는 한편으로 의상의「화엄일승법계도」구성의 의의를 더욱 분명히 하고, 또 한편으로는 의상의 법계도와 명효의 해인삼매인을 비교 검토하면서 의상을 통해 건립된 신라의 정신적 전통의 위대성을 드러내기 위하여, 후대의 작품인 명효의 것을 먼저 다루어 보았다. 이제 명효가 한 번도 직접 만난 일은 없지만 마음속 깊이 공명과 공감의 대화를 나눈 스승 의상의 독창적인「일승법계도」의 게송을 토대

33) 출처 미상.

34) T.1889, p. 775b.

로 신라의 빛나는 정신에 깊이 젖어 보기로 하자. 먼저 그의 게송을 원문으로 적기하는 것으로부터 시작한다. 이 게송을 이러한 식으로 나열하는 것은 본래의 의상의 뜻이 아니지만 우리의 얕은 근기 때문에 이러한 절차를 취하는 것뿐이다.

명효의 게송이 7언(七言) 28구로 된 데 비해서 의상의 게송은 7언 30구로 되어 있다. 명효의 『해인삼매론』에 대하여는 앞서 보아온 바와 같이 저자 자신도 글의 해석을 가하지 않았고, 후학으로서도 해석을 가한 흔적이 안 보인다. 그러나 의상의 「일승법계도」의 경우에는 저자 자신도 해석을 가했고, 의상의 십대제자를 비롯한 많은 후학들이 해석을 시도한 풍부한 문학이 남아 있다. 『법계도기총수록(法界圖記叢髓錄)』 2권 4책이 그것이다. 이 책은 누군지 잘 알 수 없는 법융(法融), 진수(眞秀) 두 대덕이 중심이 되어, 그들이 들은 스승의 말씀과 표훈(表訓), 진정(眞定) 등의 말씀을 기록한 것이다. 표훈스님은 진정스님의 이름과 같이 앞서 인용한 『삼국유사』에도 그 이름이 자주 나오는 스님으로 의상의 중요한 제자 중의 하나이지만, 법융과 진수가 과연 누구인지는 잘 알 수가 없다. 이 두 사람은 매번 자기가 쓴 것마다 '법융대덕기(法融大德記)'니 '법융기' 또는 '법기(法記)', '융기(融記)', '진수기(眞秀記)', '진기(眞記)'라고 밝히고 있다. 그러나 자주 '대기(大記)'라는 것이 들어 있는데, 이것이 누구의 말인지는 잘 모르겠다.

이 책이 중국에서 만들어진 것이냐, 신라에서 만들어진 것이냐 하는 것도 좀 더 연구해 보아야 알겠지만, 문(文) 중에 의상이 귀국 후 부석사(浮石寺) 또는 황복사(皇福寺) 등 신라의 여러 곳에서 제자들과 법담(法談)을 나눈 광경과 연대가 자세히 기록되어 있는 것, 그리고 그 이야기들을 목격자처럼 하고 있는 점 등을 고려하면 아무래도 신라에서 만들어진 책임이 분명하다.[35] 그리고 그 저작연대도 의

---

35) 『법계도기총수록』(이하 『총수록』이라고 약칭)이 신라 찬술이라고 생각할 만한 이유로는 다음과 같은 몇 가지 사실들을 증거로 들 수가 있다.

(1) 『총수록』은 현재 『대정신수대장경』에 T.1887B로 수록되어 있으나, 그 출처는 高麗本이며, 그 밖의 다른 곳에서는 발견되지 않고 있다는 사실.

(2) 『총수록』 중에서는 의상이 ㉮ 그의 십대제자로 알려진 表訓, 眞定 등과 ㉯ 그의 畏友 원효 등과 신라 땅에서 나눈 대화와 그밖에 그들과 관련된 일화를 싣고 있으며, 또 ㉰ 道身, 神琳, 智通 등 신라 승의 말과 책을 다수 인용하고 있다는 사실.

㉮ ① 表訓眞定等十餘德從和尙所學此印時 問云 不動吾身卽是法身自體之義云何得見 於是和尙卽以四句偈子而答之云 (중략) 表訓德作五觀釋 (중략) 眞定德作三門釋 (중략) 上元元年在皇福寺說也 (p. 721a-b); ② 古記云 表訓德問 相和尙言 云何無住 和尙曰 (하략) (pp. 721c-722a); ③ 旨歸圓通鈔云……羅國僧智通乃相和尙十聖弟子之一也 居大白山彌理嵒穴修花嚴觀 忽一日見大豬過穴門 及通依常禮木刻尊像盡具誠懇 像語通曰 過穴之豬是汝過去之身 我卽是汝當果之佛也 通聞此語卽悟三世一際之旨 後詣相和尙敘之 和尙知其成器 遂以法界圖印授之也(p. 725a-b); ④ 古記云 一乘十地如何見耶 答浮石山四十日會和尙云 一乘十地橫也竪也

상과 거의 같은 시대거나 약간 후대의 것이 아니겠나 생각되는 것이다.

이 『총수록』과 앞서 말한 제두법사(題頭法師)의 해석을 근거로 이제 그 시문(詩文)의 내용을 살펴보기로 하자. 제두법사 지인은 이 7언 30구를 (1) 자리행(自利行), (2) 이타행(利他行), (3) 수행방편(修行方便)과 수행공덕(修行功德)의 세 부분으로 나누어 볼 수 있다고 말했다. 처음의 18구는 자리행, 즉 자기 자신의 수행 완성에 관한 것을 적었고, 다음 4구는 이타행, 즉 남의 수행을 어떻게 이룹게 하느냐 하는 것을 적었고, 마지막 8구는 수행방편과 수행공덕에 관한 것을 적었다고 했다.

특히 처음 18구의 자리행에 관하여는 더 상세한 구분을 하고 있는데 이는 다음에 표기하여 참고토록 한다.

1. 첫 18구…자리행 ………………………………………………………… 1-18
    가. 첫 4구…증득(證得)한 내용을 제시 ……………………………… 1 -4
    나. 다음 14구…연기(緣起)를 드러냄 ………………………………… 5-18
        (1) 첫 2구…연기의 체(體)를 지적 ………………………………… 5·6
        (2) 다음 2구…다라니의 이(理)와 용(用) ………………………… 7·8
        (3) 다음 2구…사물과의 관련 ……………………………………… 9·10
        (4) 다음 4구…시간과의 관련 ……………………………………… 11-14
        (5) 다음 2구…수도(修道)의 계위(階位)와의 관련 ……… 5·16
        (6) 다음 2구…결론 ………………………………………………… 7·18
2. 다음 4구…이타행 ………………………………………………………… 9-22
3. 다음 8구…수행방편 및 공덕[36] ……………………………………… 3-30

『총수록』 대기(大記)에 의하면 이 도인(圖印)은 여러 가지 뜻으로 해석이 되었던 모양이다. 원래 중국인들은 글을 많이 늘어놓기를 좋아하여 그 글의 핵심이 되

相元智通等 以謂已得和尙之意 及其會終各呈所領 和尙曰 並不得也 一乘十地者 依寂滅道場始成正覺佛心而見也 後林德釋云 (p. 742b)

㉯ ① 古辭云 曉師遇相和尙決疑有三 謂一始覺同本覺 爲凡爲聖之義 二濕過海種種心之義 三此能詮所詮皆在言中之處也 (p. 752b); ② 古記云 相和尙住大伯山大蘆房時 爲眞定智通等 說行人欲見十佛者 應先作眼目通等 問云何是眼目耶 和尙曰 以花嚴經爲自眼目 所謂文文句句皆是十佛…… (p. 758a)

㉰ ① 「道身章」의 인용(pp. 724b, 725c, 726a, 726b, 726c, 727a, 729c, 753b, 753c); ② 「智通記」의 인용 (p. 751b)

36) T.1887A, p. 712a-b.

는 내용을 실천하는 것을 잊어버리는 경향이 있음은 이미 우리 원효성사가 적절히 지적한 바 있다.37) 이 「법계도」에 대하여도 중국에서 약간 같은 방식으로 해석하려는 경향이 있었던 것 같다. 중국의 지엄법사는 앞서도 말한 바와 같이 의상대사의 스승이요 그 시대 화엄학계의 태두이지만, 그에게도 이러한 번쇄적 경향이 없지 않았다. 그는 오중해인(五重海印)이란 것을 내세워 해인삼매를 다시 세분하여 구분하였다. 그리하여 이 의상의 「법계도」를 그러한 규격에 맞추어 해석하려는 여러 가지 노력이 나타났던 것 같다. 아마도 바로 이러한 경향을 신라의 명효는 좋지 않은 폐단이라고 배격했음이 틀림없다.

그러나 의상의 제자 표훈, 진정 등 10여 명의 신라 스님들은 그 스승으로부터 이 「법계도」에 관해 배울 때 많은 대화를 나눈 사실이 있다. 이러한 대화의 내용은 이 시문을 이해하는 데 도움이 되므로 등한히 할 수가 없다.

때는 상원(上元) 원년, 서기 674년 황복사에서의 일이다. 표훈과 진정 등이 스승에게 물었다.

> 不動吾身 卽是法身自體之義 云何得見
>
> 부동하는 이 몸이 곧 법신 자체라 하셨는데, 그 뜻을 어떻게 알아들으면 좋습니까?

이 말을 듣고 의상화상은 4구로 된 게송을 지어 다음과 같이 답했다.

> 諸緣根本我　一切法源心
> 語言大要宗　眞實善知識
>
> 모든 연은 나를 근본으로 하고
> 일체법은 마음에 근원한다.
> 대요종(大要宗)을 말하면
> 진실한 선지식이다.

그러면서 "너희는 오직 마음을 잘 써야한다"고 말씀하셨다. 표훈스님이 이 말을 듣고 「오관석(五觀釋)」을 지어 스승에게 바쳤다. 오관이란 나와 세계를 보는 다섯

---

37) 졸저, 『元曉思想』, pp. 33-34 (불연전집 『원효사상』, pp. 40-41) 참조.

가지 관(觀)이란 말이다. 첫째는 실상관(實相觀)이요, 둘째는 무주관(無住觀), 셋째는 성기관(性起觀), 넷째는 연기관(緣起觀), 다섯째는 인연관(因緣觀)이 그것이다. 표훈은 이 오관을 풀이하는 한 시를 지었는데, 그 시는 7언 10구로 되어 있고 각 2구씩 인연관, 연기관, 성기관, 무주관, 실상관을 설명하는 내용이다.

我是諸緣所成法　諸緣以我得成緣

나는 연(緣)으로 이루어진 법이요
연은 나로써 연을 이루었네. (因緣觀)

以緣成我我無體　以我成緣緣無性

연으로써 이루어졌건만 내게 체(體)가 없고
나로써 연이 이루어졌건만 연에 성(性)이 없네. (緣起觀)

諸法有無元來一　有無諸法本無二

만물은 있고 없고 원래 하나며
있고 없는 만물은 본래 둘이 아니다. (性起觀)
有時非有還同無　無時非無還同有

있다지만 있는 게 아니라 오히려 없는 것이요
없다지만 없는 게 아니라 오히려 있는 것이다. (無住觀)

諸法本來不移動　能觀之心亦不起

만법은 본래 이동하지 않으니
관(觀)하는 마음조차 일어나지 않는다. (實相觀)38)

이것을 의상화상에게 보이자 의상은 됐다고 하였다. 그는 이 오관(五觀)을 30구에 적용시켜 설명하였다. 그는 증득한 내용을 제시하는 첫 4구는 실상관(實相觀)

38) T.1887B, p. 721a.

에 해당하고, 다음 14구는 무주관(無住觀), 그리고 다음 4구(이타행)는 성기관(性起觀)과 연기관(緣起觀)에 해당하며, 나머지 제구(諸句)는 연기관과 인연관에 해당한다고 말하였다. 이제 우리는 이러한 기초적인 지식을 가지고 「법계도」의 시문 내용을 검토하기로 하자.

1. 자리행(自利行) 18구

(1) 증득(證得)한 내용을 제시하는 첫 4구

1. 法性圓融無二相
2. 諸法不動本來寂
3. 無名無相絶一切
4. 證智所知非餘境

1. 마음됨 원융하여 두 모습 없고 2. 모든 것 동요 않고 마냥 고요해 3. 이름과 모양 다 끊어버리니 4. 깨달아 안 바라 다른 경지 아닐세.

앞서 우리는 법융스님이 법을 내 몸과 마음이라고 선언한 사실을 말하였다.[39] 법융은 또 법성(法性)을 풀이하면서 역시 같은 풀이를 적용한다. 법은 원래 '다르마(dharma)'로서 사물을 의미했고 또 거기에서 가르침이나 진리를 의미하기에까지 이르렀다. 그런데 일체의 만상(萬象)이 유심조(唯心造)이고 보니 따로 사물이나 관념 혹은 어떤 객관적 대상을 법이라고만 하고 앉아 있을 수가 없게 되었다. 법의 원인은 곧 내 마음이요, 네 마음이요, 그 마음 따라 움직이는 내 몸이요, 네 몸이라고 할 수 있다. 법성이 따로 있을 수 없음을 알게 되었다.

표훈의 오관석(五觀釋) 마지막 구절에서 말하듯이 "만법은 본래 이동하지 않으니 관하는 마음조차 일어나지 않는다"는 실상관이 여기에 표현된 것이다.

'무이상(無二相)'이란 하나란 말이다. 이 '하나'의 의미를 철저하게 체험적으로 실현하려고 한 사람이 바로 신라의 불교인이었다. '하나'라는 것은 둘이 아니라는 말인 동시에 '원융하다'는 말이다. '모든 것이 동요 없다(諸法不動)'는 것은 달리 말하

39) 본 논문 p. 569 참조.

면 '마음됨이 원융하다(法性圓融)'는 말이고 또 '마냥 고요하다(本來寂)'는 것은 '두 모습 없다(無二相)'는 말과 같은 말인 것이다.

(2) 연기(緣起)를 드러내는 14구

5. 眞性甚深極微妙
6. 不守自性隨緣成
7. 一中一切多中一
8. 一卽一切多卽一
9. 一微塵中含十方
10. 一切塵中亦如是
11. 無量遠劫卽一念
12. 一念卽是無量劫
13. 九世十世互相卽
14. 仍不雜亂隔別成
15. 初發心時便正覺
16. 生死涅槃常共和
17. 理事冥然無分別
18. 十佛普賢大人境

5. 참된 내 성품은 깊고도 미묘해. 6. 제 것이 어디 있나. 연 따라 이룩되지.

여기까지는 연기의 체(體)를 말하는 부분이다. 같은 법융의 주석을 들어보자.

여기 한 장님이 있다. 비단 짜는 법을 배우겠다고 한다. 그래 기술자가 "그럼 재료와 도구를 가지고 오시오" 했다. 그랬더니 이 장님이 풀과 새끼를 가지고 왔다. 앞서 말한 깨달음의 경계를 비단이라고 하자. 그 원융무애(圓融無二)한 법성을 분별, 차별, 아집, 망상이 가득한 8식(八識)으로 얻겠다는 것과 무슨 차이가 있으랴? 법성이 네 몸과 마음이라고는 했지만, 눈먼 장님과 같은 인간들은 그 지저분한 몸과 마음이 비단이 아니라 풀과 새끼인 줄을 모를 것 같아 진성(眞性)이라고 해 놓은 것이라 한다.

'깊다'는 것은 『화엄경』에 말씀하신 화장세계(花藏世界)[40]와 같이 깊다는 것이요,

미륵누각(彌勒樓閣)41)과 같이 깊다는 것이다. 화장세계에서는 하나하나의 티끌 안에서 법계를 볼 수 있고, 미륵누각에서는 선재동자가 과거, 현재, 미래, 삼세의 그 자신과 법과 좋은 벗들을 한꺼번에 볼 수 있었다. '깊고 미묘하다'는 말은 아무 것도 없다는 뜻이 아님을 암시하는 말이다. '미묘하다'는 것은 중도(中道)의 경지를 일컫는다.

표훈은 진성(眞性)을 다음과 같이 풀이 한다.

> 眞者 無住本法也 性者 本分種也
>
> 진(眞)이란 주(住)함이 없는 본법(本法)이요,
> 성(性)이란 본분(本分)의 씨이다.42)

그리고 이 본분의 씨(本分種)는 본식(本識) 또는 종성(種性), 행업(行業), 원선결정(願善決定) 등으로도 불린다고 덧붙였다. 원효를 비롯하여 신라 불교인의 가장 중요한 기본철학이었던 『기신론』의 용어를 빌리면, 진성은 진여한 일심의 경지

---

40) 花藏世界란 蓮華藏世界의 준말로서 『화엄경』에서 법신불의 異名인 비로자나불의 세계를 말한다. 『화엄경』 卷首에는 이 세계에 관한 다음과 같이 긴 묘사가 들어있다.
"一時佛在摩竭提國 阿蘭若法菩提場中 始成正覺 其地堅固 金剛所成 上妙寶輪 及衆寶華 清淨摩尼 以爲嚴飾 諸色相海 無邊顯現 摩尼爲幢 常放光明 恒出妙音 衆寶羅網 妙香華纓 周匝垂布 摩尼寶王 變現自在 雨無盡寶 及衆妙華 分散於地 寶樹行列 枝葉光茂. 佛神力故 令此道場 一切莊嚴 於中影現 其菩提樹 高顯殊特 金剛爲身 琉璃爲幹 衆雜妙寶 以爲枝條 寶葉扶疎 垂蔭如雲 寶華雜色 "分枝布影 復以摩尼而爲其果 含輝發焰 與華間列 其樹周圓 咸放光明 於光明中 雨摩尼寶 摩尼寶內 有諸菩薩 其衆如雲 俱時出現 又以如來 威神力故 其菩提樹 恒出妙音 說種種法 無有盡極 如來所處 宮殿樓閣 廣博嚴麗 充遍十方 衆色摩尼之所集成 種種寶華 以爲莊校 諸莊嚴具 流光如雲 從宮殿間 萃影成幢 無邊菩薩 道場衆會 咸集其所 以能出現 諸佛光明 不思議音 摩尼寶王而爲其網 如來自在 神通之力 所有境界 皆從中出 一切衆生 居處屋宅 皆於此中 現其影像 又以諸佛神力所加 一念之間 悉包法界 其師子座 高廣妙好 摩尼爲臺 蓮華爲網 清淨妙寶 以爲其輪 衆色雜華而作瓔珞 堂榭樓閣 階砌戶牖 凡諸物像 備體莊嚴 寶樹枝果 周廻間列 摩尼光雲 互相照耀 十方諸佛 化現珠玉 一切菩薩 髻中妙寶 悉放光明 而來瑩燭 云云" (實叉難陀 譯, 『大方廣佛華嚴經』 권1, 「世主妙嚴品」 제1의 1, T.279, p. 1b-c).

41) 『화엄경』 「입법계품」에는 선재동자가 53인의 선지식을 찾아 교훈을 받는다. 그는 마지막으로 미륵, 문수, 보현의 세 보살을 찾아 보살행에 필요한 마음가짐을 묻고 그 가르침을 듣는다. 그때 선재동자는 미륵보살에 대해 합장하고 "원컨대 大聖이시어, 樓觀의 문을 열고 나를 들어가게 하소서" 하고 발원을 한다. 미륵보살이 그때 오른 손가락을 彈하니 문이 자연히 열리고 백 천의 누각이 있는 아름다운 세계가 열렸다 한다.

42) T.1887B, p. 722c.

다.[43] 『금강삼매경론』의 논리로 하면 금강삼매의 마음 그 자체이다.[44] 본각(本覺)이 그것이요, 여래장이 그것이요, 아마라식(阿摩羅識)이 그것이다.

7. 하나 안에 일체요, 다(다)안에 하나 8. 하나가 곧 일체요, 다(다)가 곧 하나

이 구절을 '다라니'의 이용(理用)과 관련시키고 있는 것이 제두법사의 설명이었다. 이것은 흥미 있는 일이다. 앞서도 보아온 바와 같이 이 圖印(도인) 전체가 다라니라고 보아도 과언이 아닌데, 특히 이 두 구절을 다라니의 이(理)와 용(用)과 관련시켰다는 것은 이 문장 자체가 매우 짧으면서도 무궁무진한 의미, 특히 이치와 작용면에 있어서의 의미를 지니고 있음을 시사하는 것이다. 다른 문장들은 다분히 설명적이지만 이 두 문장은 암시적인 것이 특징이다. 물론 이 표현이 조금도 새로운 것은 아니지만 우리는 이 게송의 전체적 분위기 속에서 그 진하고 깊은 뜻을 새로 발견하게 된다.

이 말이 왜 연기(緣起)의 체를 말하는 구절 바로 다음에 와 있을까? 결국 이 글은 이 세상의 모든 것은 '불수자성수연성(不守自性隨緣成, 제 것이 어디 있나 연따라 되지)'이라는 사실을 더욱 강조하기 위해서이다.

진수는 이 두 구절이 각각 인과의 도리와 덕용(德用)의 자재(自在)를 나타내는 것이라고 한다. 앞서 말한 다라니의 이(理), 용(用)에 관한 설을 뒷받침하는 말이다. 진수에 의하면 첫 구절 '일중일체다중일(一中一切多中一)'은 인과도리문(因果道理門)인데 이에 대해 그는 다음과 같이 말한다.

> 初一句 因果道理門 謂得一而定得十 得十定得一 得因而卽得果 得果卽得因也 十緣是因 所成之一是果 此因果者卽一時中二位不動 故云因果道理門[45]

> 하나를 얻으면 반드시 열을 얻고, 열을 얻으면 반드시 하나를 얻으며, 또 인(因)을 얻으면 곧 과(果)를 얻고, 과를 얻으면 곧 인을 얻는다. 십연(十緣)이 인(因)이 되어 성취된 하나가 바로 과(果)다. 이 인과(因果)는 일시(一時) 중에 있지만 2위(二位)가 동하지는 않는다.

---

43) 『대승기신론』 全篇이 일심에 대한 설명으로 가득 차 있다.

44) 원효, 『금강삼매경론』 참조.

45) T1887b, p. 723c.

또 그는 둘째 구절 '일즉일체다즉일(一卽一切多卽一)'을 덕용자재문(德用自在門)이라고 하여 다음과 같이 말하고 있다.

次一句 德用自在門 謂此卽彼彼卽此 無礙無側 故云德用自在門[46]

이것이 곧 그것이요, 그것이 곧 이것이다. 장애가 되지 않을 뿐 아니라 치우치는 일도 없다(無側). 그러므로 덕용이 자재한 문이라고 한다.

이 두 구절의 의미가 달라진 것은 하나는 '안(中)'으로 되어 있고 또 다른 하나는 '곧(卽)'으로 되어 있다는 데 있다. 그래서 진수는 전자를 중문(中門), '안'으로 되어 있는 법문이요, 후자는 즉문(卽門), '곧'으로 되어 있는 법문이라고 하였다. 그리하여 중문에서는 용(用)의 문제, 능력의 문제가 다루어지고, 즉문에서는 체(體)의 문제가 다루어지고 있다고 본다.

필자가 보기로는 '하나(一)'란 곧 다라니이다. 일승의 일(一)이요, 일심의 일(一), 이것의 증득, 이것의 실현이 신라인의 이상이 되었고 신라인의 생존의미가 되었다고 한다면 과언일까?

'하나' 안에 일체가 그리고 '다(多)' 안에 '하나'가 '있다', 또는 '작용한다' 또는 '능력을 발휘한다'. 즉 '하나'를 모든 것 속에서 보려고 한 것이다. 앞서 진수는 '하나'를 결과라고만 말했지만, 하나는 원인이자 동시에 결과이다. 말이 다소 생략되었을 뿐이라고 알아야 할 것이다. '하나'와 '다(多)', 또는 일체가 '있다', '작용한다', '능력을 발휘한다' 등의 움직임을 통해 '원융무이(圓融無二)'한 모습을 드러내고 있는 것이다.

'나 하나'와 '온 백성'의 경우에 적용시켜 보라. 또 '나 하나'라는 잡다한 현상을 결과라고 볼 때 그 원인이 되는 '마음'과를 결부시켜 보라. 잡다한 나와 하나인 마음은 원융해져야만 하는 것이다. 그렇지 않을 경우에 파탄과 혼란이 오고야 만다. '한 나라'라고 하는 '다(多)'의 경우, 진정한 평화와 통일이 있으려면 '그 한 나라'를 구성하는 모든 사람의 마음이 '한결같은 통하는 마음'으로 승화되지 않으면 안 되는 도리를 신라인들은 절실히 자각하고 있었다고 보이는 것이다.

둘째 구절 '하나가 곧 일체요, 다(多)가 곧 하나(一卽一切多卽一)'를 진수는 덕용자재문이라고 하였다. '이것이 곧 그것이요, 그것이 곧 이것이다'라는 표현을 그는 썼다. '내가 곧 너요, 네가 곧 나다'라고 표현을 바꾸어 보라. '너는 너고, 나는 나

46) 同上.

다', '그것은 그것이고 이것은 이것이다' 하는 심사(心思)를 우리는 개인주의적인 사고방식, 개체주의적인 사고방식이라고 한다. 변견(邊見), 단견(斷見), 상견(常見)이 범하는 사고방식이다.

그것이 이것이 될 수 있고 이것이 그것이 될 수 있으며, 또 내가 네가 될 수 있고 네가 내가 될 수 있다는 사고방식을 철저히 성취시킴이 없이도 통일과 평화가 얻어진다고 생각하는 것은 중대한 오류이다. 이러한 바탕 위에서 내 것은 네 것이 될 수 있고, 네 것은 내 것이 될 수 있다. 원효나 의상이나 그 밖에 신라의 멋쟁이들이 내 것 네 것을 악착같이 가리고 너와 나를 끝까지 고집할 수 있는 사람들이 었던가를 한 번 생각해 볼 필요가 있을 것이다.

오늘 우리 시대의 인간들은 이른바 내 것은 물론 그 숱한 남의 것들마저 내 것으로 만들려고 발버둥치며 수단방법을 가리지 않는 의식의 소유자들이다. 나도 없거늘 어찌 내 것이 있으랴? 나도 너도 내 것이라는 것이나 네 것이라는 것이 모두 동풍파(東風波)요, 서풍파(西風波)이다. 한 물 위에 일어난 물결이다. 동풍이 일으킨 물결과 서풍이 일으킨 물결은 물론 그 형태가 같지 않다. 그러나 한 물결은 또 다른 물결 없이 물결일 수가 없는 것이다. 그 동풍파, 서풍파는 연(緣) 따라 생긴 것, 바람이 자면 물결도 자는 법이 아닌가? 동풍으로 인한 물결이건, 서풍으로 인한 물결이건, 그것이 모두 같은 물이라는 사실을 누가 부정할 수 있을까?[47]

9. 한 티끌 속에 시방세계가 포함돼 있고, 10. 모든 티끌 속에 역시 또 그러하다.

『총수록』이 인용하는 「도신장(道身章)」[48]에 의하면 의상은 이 구절을 설명하면서 다음과 같이 말하였다.

道身章云 相和尙曰 一微塵中含十方世界者 同是無住故爾[49]

47) "道身章云 問西風波 非東風波 東風波 非西風波 但約二波之水體 不二義 得言卽門 則約二波不得卽門 若爾但約此事彼事理體無二得言卽門 何得二事不除論相卽門耶 答若放二風 水無二波 旣無二波 以何卽何乎……云云" (T.1887B, p. 724a).

48) 의상의 십대제자 중에 道身의 이름은 안 끼어 있으나 『법계도기총수록』에 인용된 도신의 글 「道身章」의 설명을 보면 그는 의상과 직접 교섭을 가진 것이 분명하다.

49) T.1887B, p. 724b.

'일미진중함시방(一微塵中含十方世界)'이라는 것은 일미진(一微塵)이나 시방세계가 다 한결같이 주(住)하는 바 없기 때문에 그러한 것이다.

이 말은 주목할 만한 말이다. 그릇된 실재론적 사고방식에 젖은 우리들은 일미진(一微塵), 한 티끌과 시방세계를 다 실재하는 것으로 간주하고, 그 작은 티끌 속에 그 큰 세계가 어떻게 다 포함될까 하고 염려하게 된다. 우리는 항상 우리의 그릇된 사고방식을 타파하는 방향으로 노력하지 않으면 이 진리를 이해하지 못한다. 의상의 말은 그런 의미에서 우리의 졸린 눈을 다시 깜짝 놀라 새로 크게 뜨게 하는 대갈(大喝)이다. '주(住)하는 바 없다', 무주(無住)라는 말을 또 오해하는 것이 눈 어두운 자들의 짓이다. 원사(元師)가 누구인지 모르겠으나 이 의상의 말을 듣고 이렇게 물었다.

元師問云 微塵無住小、十方世界無住大耶
答 一量也
問 若爾何言塵小、十方世界大耶
答 微塵與十方世界各無自性唯無住耳 所言塵小世界大者 是須處須耳 非是小故云小、大故云大 所謂不知塵小、世界大 機中令知塵小世界大故 且說塵小世界大耳 非是一向塵小自性 世界大自性矣 亦得云 塵大世界小、道理齊一 無住實相也[50]

문. 그러면 미진(微塵)은 소(小)에 주하지 않고 시방세계는 대(大)에 주하지 않는다는 말씀입니까?
답. 대소의 차별 없이 한결같이 주함이 없는 것이다.
문. 만약 그렇다면 어째서 티끌은 작고 시방세계는 크다고 말합니까?
답. 미진과 시방세계는 각각 자성(自性)이 없고 오직 무주(無住)할 뿐이다.
티끌이 작고 세계가 크다고 말하는 것은 방편상 그래야 될 때에 한해, 그러는 것뿐이다. 실제로 작기 때문에 작다고 하고, 실제로 크기 때문에 크다고 말하는 것이 아니다. 겉보기에 티끌이 작고 세계가 크다는 것조차 모르는 그런 근기(根機)의 사람에게는 그것을 알려주어야 하기 때문에 티끌은 작고 세계는 크다고 하지만, 그렇다고 티끌이나 세계에 무슨 작고 큰 자성(自性), 그 스스로의 고유성이 있다는 것은 아니다. 그러므로 티끌이 크고 세계가 작다고도 말할 수 있는 것이다. 도리는 한결같이 어디 일정한 모양이나 크기에 주(住)

50) 同上.

함이 없는 것을 실상으로 한다.

『총수록』에는 수많은 티끌의 종류를 들어가며 상당히 복잡한 논의가 전개되고 있다. 비단 여기에서만이 아니라 총수록의 다른 곳에서도 이와 비슷한 상당히 기술적인 논의를 전개하는 곳이 눈에 띄는데, 이러한 점을 들어 나중에 명효는 해석의 해독을 이야기하게 되지 않았던가 하는 느낌이 든다.

11. 한량없이 먼 시간이 곧 한 생각이요. 12. 한 생각이 곧 한량없는 그 시간이니 13. 구세(九世)와 십세(十世)가 서로 부합하지만 14. 뒤섞이는 일없이 간격을 두고 따로 서 있네.

『총수록』에서 법융은 제11구 '무량원겁즉일념(無量遠劫卽一念)'을 다음과 같이 풀이한다.

無量遠劫卽一念者 竪析一髮爲十分乃至百分千分 以其一分置玉板上 擧利刀斷 約其利刀至板之時爲一念也[51]

머리카락 하나를 세워 놓고 열 등분 백 등분 또는 천 등분하라. 그리고 그 한 조각을 옥판위에 놓고 예리한 칼날을 들어 자르라. 그 예리한 칼날이 옥판위에 닿을 때, 그것을 일념, 한 생각이라고 한다.

제11에서 제14까지의 구절들은 시간에 관련지어 진리를 말하는 대목이다. 겁은 인도말 kalpa를 겁파(劫波)라고 음역했던 데에서 준 말로, 어마어마한 시간의 단위이다. 그 긴 시간을 우리는 토막토막 잘라서 과거라 하고 현재라 하고 미래라 하며, 또 일년이다, 일월이다 한다. 그 어느 한 단위에 살면서 우리는 한 생각으로 시간의 흐름을 잘라 버릴 수가 있다. 위의 말씀은 그러한 뜻으로 이해하면 좋을 것이다.

그 시간의 단위를 보통 과거, 현재, 미래의 셋으로 나눌 때에 우리는 삼세(三世)라고 하는데 여기에 특별히 구세(九世)라고 한 것은 과거에도 또 과거, 현재, 미래가 있었고, 현재에도 과거, 현재, 미래가 있고, 미래에도 과거, 현재, 미래가 있어

51) T.1887B, p. 725a.

서, 이를 종합하면 구세가 되므로 그렇게 말한 것이다. 즉 구세란 과거과거, 과거현재, 과거미래, 현재과거, 현재현재, 현재미래, 미래과거, 미래현재, 미래미래 등을 말하는 것이다.

「도신장(道身章)」에 의하면 하룻밤 꿈을 꾸었는데, 돌아가신 아버지와 아직 태어나지도 않은 아들 모습을 세 번이나 연거푸 보았다. 깨어서 곰곰이 생각해 보니 그 아버지나 아들이 실재하는 것도 아닌데, 다만 생각 속에 오고 갔을 뿐임을 알았다. 그리고 생각했다. 이 생각 속에 한 조각은 돌아가신 아버지가 되고, 또 한 조각은 내가 되고, 또 다른 한 조각은 태어나지도 않은 아들이 되어 있지 않은가? '아버지', '아들', '나' 하는 것들이 모두 마음속에 있음을 알았다. 꿈을 꿀 때마다 아버지와 아들과 같이 있었던 나나, 세 번씩 도합 여섯 번이나 나타났던 꿈속의 아버지와 아들이 도대체 누구인가? 한 생각(一念)위에 떠오른 물결이 아니냐? 돌아가신 아버지는 과거의 모습이고, 태어나지 않은 아들은 미래의 모습이고, 꿈꾼 나는 현재의 모습이다. 이렇게 구분은 되지만 깨닫고 보면 모두 그것은 허망한 것, 꿈꾸지 않은 것만 못했음을 알게 된다. 그 꿈에서 깨어난다는 것은 다시 말하면 영원에 산다는 이야기가 될 것이다.52)

의상의 스승 지엄은 의상에게 이 구세(九世)의 도리를 또 한 가지 다른 예를 들어 다음과 같이 설명한 일이 있다.

> 꿈속에 기와를 지붕위로 나른다. 내가 사다리를 타고 중간에 있는데, 지붕위에서 기와를 받는 사람은 아버지와 돌아가신 할아버지이고, 땅에서 기와를 날라다 나에게 주는 사람은 아들과 아직 태어나지 않은 손자가 아닌가?
> 할아버지는 '과거의 과거'이고, 아버지는 '과거의 현재'이자, 동시에 '현재의 과거'며, 중간에 있는 나는 '과거의 미래'이자, '현재의 현재'요, 또 '미래의 과거'이다. 또 아들은 '현재의 미래'이자, '미래의 현재'이고 손자는 아직 태어나지 않았으므로 '미래의 미래'이다.53)

이야기는 여기서 끝나 있지만 앞서 말한 「도신장」의 꿈 이야기와 마찬가지로 이 모든 것이 일념의 소치다.

우리는 '나'라는 존재의 불변성, 개체성, 독립성을 믿으려고 한다. 그러나 나는

---

52) 『법화경』의 탕아의 비유와 『금강삼매경』의 탕아의 비유는 이 비유와 내용상 약간의 차이가 있으나 같은 류의 것이다. 『妙法蓮華經』, 「信解品」 제4, T.262, pp. 16b-17b 및 『金剛三昧經』 「本覺利品」 제4, T.273, p.369a 참조.

53) T.1887B, p. 725c.

모든 다른 사람, 현재 살아 있는 사람이건, 죽은 사람이건, 아직 태어나지 않은 사람이건, 그 누구하고나 조금도 다름없이 절대로 따로 떨어진 독립적이며 불변한 개체가 아니라는 사실을 여기서 배우게 된다.

십세(十世)란 제십세(第十世)라고도 하며, 과거, 현재, 미래의 아홉 가지 차별을 넘어서 그 모든 시간을 일념을 통해 영원으로 파악할 때, 그 영원한 시간 아닌 시간을 십세 또는 제십세라고 부르는 것이다.[54] 그러므로 제13구의 '구세십세호상즉(九世十世互相卽)'이라는 구절의 뜻은 그 시간과 영원은 서로 떼려야 뗄 수 없는 관계에 있음을 말해 주고 있는 것이다.

『보살영락경(菩薩瓔珞經)』을 보면 부처님이 범마달왕(梵摩達王)에게 말씀하시기를 "네 앞에 누워 있는 개가 있지. 그것이 네 과거의 몸이야. 미래에는 나를 가져다가 네 부처의 몸으로 삼아라" 하신 기록이 있다.[55] 그와 비슷한 사실이 신라에서도 일어났다. 의상대사의 제자 지통(智通)이 태백산 미리암굴(彌理岩窟)에서 화엄관(華嚴觀)을 닦고 있었는데, 하루는 갑자기 큰 멧돼지가 굴 앞을 지나갔다. 지통은 다른 날이나 다름없이 목각(木刻)불상 앞에서 정성으로 예불을 올렸다. 그랬더니 부처님이 스님에게 말씀하시기를 "굴 앞을 지나간 멧돼지는 네 과거의 몸이다. 내가 네 미래의 과보의 몸이 되리라" 하셨다. 스님은 이 말을 듣고 바로 과거, 현재, 미래의 삼세가 하나(一際)라는 뜻을 깨달았다. 뒤에 스승 의상대사께 그 말씀을 여쭈었더니 지통이 이미 그릇이 다 된 것을 알고 법계도인(法界圖印)을 수여하였다.[56]

우리는 끝으로 또 한 가지 흥미 있는 『화엄경』적 사유방식을 소개해야 하겠다.

> 내 몸을 보라. 1년이 열두 달이니 내 몸이 열두 개는 된다. 아니 한달이 30일이니 내 몸이 30이다. 아니 하루는 12시이니 하루에도 내 몸이 열두 개나 있다. 아니 한 시가 8각(刻)이니 한시에도 내 몸이 여덟 개나 된다. 이와 같이 1년 360일을 하루 백각(百刻)으로 치면 내 몸이 3만 6천개나 된다.[57]

---

54) 華嚴十玄門의 十世隔法異成門은 이와 같은 도리를 말하는 것이다. 이 십현문은 처음에 智儼이 一乘十玄門이라고 하여 제창한 것을 나중에 우리 의상이나 당의 法藏 등이 계승한 것으로 十種의 玄妙한 緣起를 말하는 것이다. 지엄의 십현문은 다음과 같다.
① 同時具足相應門, ② 因陀羅網境界門, ③ 秘密隱顯俱成門, ④ 微細相容安立門
⑤ 十世隔法異成門, ⑥ 諸藏純雜具德門, ⑦ 一多相容不同門, ⑧ 諸法相卽自在門
⑨ 唯心廻轉善成門, ⑩ 託事顯法生解門

55) 『보살영락경』의 말이라고 하여 인용은 되어 있으나 아마 이것은 착각인 듯 하다. 실제로 현존하는 『보살영락본업경』에는 그러한 말이 없다.

56) T.1887B, p. 725a-b.

이 흩어진 '나', 이 흩어진 '시간', 즉 구세(九世)에 통일을 주는 계기, 그것은 영원을 인식하고 체득하는 일 밖에는 없다.

> 15. 초발심 때가 그냥 정각이니
> 16. 생사와 열반이 항상 함께 하네.

초발심이란 첫 발심이란 뜻이다. 그러면 발심이란 무엇이냐? 어떻게 정의를 내리느냐에 따라서 뜻은 크게 달라진다. 불도에 뜻을 두는 것을 발심이라고 할 수도 있다. 그러나 그럴 경우에 우리는 불도와 발심하는 마음을 분리해서 생각할 우려가 있다. 그렇게 되면 그 발심은 철저히 깊은 경지의 발심이 못되는 것이다. 그러한 발심을 곧 그냥 정각 최고의 경지라고 한다면 논리의 모순이 생기지 않느냐고 보는 것이 일반적인 견지다. 그래서 이 구절을 이해할 때에 인중설과(因中說果)라 해서 초발심은 인(因)이요, 정각(正覺)은 과(果)인데 그 인 안에 과가 들어 있다는 것을 설하는 것으로 알아듣기도 한다. 그러나 이러한 이해방식은 지금 일승의 도리를 내세우는 의상이나 그 제자들은 만족할 수 없는 해석일 뿐만 아니라 틀린 해석이라고 보는 것이다.

법융은 이렇게 말하고 있다.

> 問 何故九世十世互相卽之次說初發心時便成正覺之義耶
> 答 證分之法不可得故 或有行人於此無分故 爲此人以證分之法性轉示之云 一無自性以一切爲性 一塵無自性以十方爲性 無量劫無自性以一念爲性 一念無自性以無量劫爲性 如是名爲甚深眞性也 行人意謂 已知眞性如何得證 故復誨云 要當以此眞性爲心而發 於是行人如是而發 故發心卽滿果也 是故住涅槃時常遊生死 遊生死時常住涅槃 故云生死涅槃常共和也[58]

> 문. 어째서 '구세십세호상즉(九世十世互相卽)'이란 구절 다음에 '초발심시변정각(初發心時便正覺)'을 설하느냐? 그 뜻이 무엇이냐?
> 답. 증오(證悟)에는 대상이 없는 까닭이다. 이 상대 없는 증오의 길을 가는 수행자를 위해 법성(法性)이 어떤 것이냐 하는 것을 깨우쳐 주려는 것이다.
> 자성(自性), 그 스스로의 고유성, 그런 것이 없는 것이 일체법의 성(性)이다.

57) T.1887B, p. 725b.

58) T.1887B, p. 726a.

하나의 티끌, 일진(一塵)에는 자성이 없다. 시방세계를 그 성(性)으로 한다. 무량겁에는 자성이 없다. 일념을 그 성으로 한다. 일념에는 자성이 없다. 무량겁을 성으로 한다. 이를 이름하여 심심(甚深)한 진성(眞性)이라고 부르는 것이다. 수행자가 생각하기를 이미 진성을 알았으니 어떻게 증오를 할까 할 때, 또다시 가르치기를 마땅히 그 진성을 네 마음으로서 드러내라고 한다. 이에 수행자가 이와 같이 그 마음을 드러낸다. 그러므로 이 발심으로 결과가 충만하게 되는 것이다. 따라서 열반에 머무를 때 항상 생사에 노닐며, 생사에 노닐 때 항상 열반에 머무른다.
'생사열반상공화(生死涅槃常共和)'란 그러한 이유에서 나온 말이다.

진수는 또 다음과 같이 말하고 있다.

生死涅槃非本自有 在吾須緣 何者 須生死緣中卽具涅槃 須涅槃緣中卽具生死故也
問 何者生死何者涅槃
答 生死卽汝身 涅槃卽汝身[59)]

생사와 열반은 본래 그 자체로 존재하는 것이 아니다. 모름지기 연이 나에게 있는 것이다. 왜냐하면 생사를 연으로 하는 가운데에 열반이 갖추어지고 열반을 연으로 하는 가운데에 生死가 갖추어지는 까닭이다.
문. 그러면 무엇이 생사고 무엇이 열반이냐?
답. 생사는 곧 네 몸이요, 열반도 곧 네 몸이다.

여기서 진수가 '네 몸', '우리 몸'이라고 한 것은 몸과 마음을 다같이 말하고 있는 말임은 물론이다. 우리 각자와 유리된 개념으로서의, 아니 어떤 대상으로서의 생사나 열반은 없다.

從古是佛 而發心時 方知是佛耳 如夢走馳 自夢卽寂 而悟朝方知走卽臥耳[60)]

우리 인간은 태고 이래로 불(佛), 정각(正覺)이다. 그러나 발심 이전의 인간은 그 사실을 모르고 있다. 발심과 더불어 그 스스로 불이자 정각임을 깨닫게 되

59) T.1887B, p.726a.

60) T.1887B, p.726b-c.

는 것뿐이다. 마치 꿈속에 막 뛰어다니다 저절로 꿈이 사라졌다. 깨어보니 아침인데 꿈속에 뛰어다니던 것이 실은 누워 있었을 따름이더라.

17. 이(理)와 사(事)가 명연히 무분별하니
18. 십불(十佛)과 보현(普賢) 대인의 경지로다.

이 두 구절은 연기분(緣起分)의 결론부분이라고 했다. 무엇을 이(理)라 하고 무엇을 사(事)라고 하는가?[61] 법융은 이와 사에 관해 다음과 같이 설명한다.

生死無性以涅槃爲性 涅槃無性以生死爲性 則生死涅槃之無性爲理 無性之生死涅槃爲事 故古人云 緣起無性無性緣起也 緣起無性是理 無性緣起是事也 理亦眞性之理 事亦眞性之事 故云冥然無分別此是十佛普賢境也[62]

생사에는 성(性)이 없고, 열반을 가지고 성으로 삼는다. 열반에도 성이 없어 생사를 가지고 성으로 삼는다. 생사와 열반의 성 없음을 이(理)라 하고, 성 없는 생사와 열반을 사(事)라 한다. 그러므로 고인(古人)은 말하기를 연기는 무성(無性)이요 무성은 연기(緣起)라고 하였다. 연기가 무성이라는 것이 이(理)요, 무성한 연기가 바로 사(事)이다. 이(理)도 진성(眞性)의 이요, 사(事)도 진성의 사다. 그러므로 명연(冥然)히 무분별한 것, 이것이 십불(十佛)과 보현(普賢)의 경계라고 하는 것이다.

한편 진수는 위에서 말해온 모든 법이 이(理)와 사(事)를 벗어나지 못한다고 하였다. 원효도 물론 같은 용어를 쓰지만, 그는 더 즐겨 체(體)・상(相)・용(用) 세

61) 『俱舍論』제25에 의하면 '眞實의 諦理'를 理라 하고, '浮僞의 事相'을 事라 하고, 또 同 제6에는 無爲法을 無事, 有爲法을 有事라 하면서 無事를 理, 有事를 事로 보고 있다. 이 事, 理의 이론은 중국불교에서 강조된 것으로서 중국의 논서들 가운데에서 많이 거론되었다. 僧肇의 『寶藏論』에는 "理는 萬德을 합하고 事는 千巧를 出한다. 事는 無窮하다 하겠으나, 이는 一道다"라 하고 있다. 또 『摩訶止觀』 제1上에는 "만약 一法을 推하면, 印 法界를 洞하여 邊에 達하고 底에 到하여 橫竪를 究竟하여 事理具足한다"고 하였다. 또 『華嚴五敎止觀』에는 "무릇 事理의 兩門이 圓融一際하다 함에는 또 二門이 있으니, 1은 心眞如門, 2는 心生滅門이다. 심진여문이란 理, 생심멸이란 事이다. 則空有無二 自在圓融하여 隱顯不同하다. 하지만 마침내 障碍 없음을 말한다"고 하고 있다. 또 이理를 本으로 해석하고, 事를 迹으로 해석하는 경우도 있다.

62) T.1887A, p. 727a.

가지 관법(觀法)을 강조하였다.[63] 이(理)를 체로, 사(事)를 상과 용으로 보아도 무방하다. 진수는 이(理)를 부처님의 내향심(內向心)이라 하고 십불(十佛)을 이(理)의 상징이라고 보고, 사(事)를 불(佛)의 외향심(外向心), 즉 보현의 경계라고 보고 있다. 그러나 이(理)를 떠난 사(事), 사(事)를 떠난 이(理)란 있을 수가 없는 것이다. 마치 체 없는 상과 용이 있을 수 없고, 상과 용이 따르지 않는 체를 생각할 수 없는 것과 같다. 이와 사가 명연하게 무분별, 분별할 수 없고 무이(無二)라 하는 것은 증오(證悟)의 경지이다. 맨 처음 「법계도」 게송 제1, 제2, 제3, 제4에서 밝혀 놓은 경지가 그것이다. 아니 제1에서 제18까지 자리행(自利行)을 말하는 전부분이 그 증득의 대선언이라고도 볼 수 있다. 자리는 자기자신의 내면적 완성, 내면적 증오(證悟)를 말한다. 반면에 이타(利他)는 그 외향적인 작용을 말한다. 자리가 이루어짐이 없이 이타는 온전하게 일어날 수가 없고, 이타를 수반하지 않는 자리란 참된 자리일 수가 없다. 「법계도」의 게송(지금 이를 간략히 「법성게法性偈」라고도 한다)이 만약 이 자리행을 강조하는 것으로 끝났다면, 그것은 절름발이 표현밖에는 될 수 없었을 것이다.

『화엄경』의 십불(十佛)이란, 소승이나 삼승 등에서 보는 바와는 달리 불(佛)의 실상(實相)을 그 성(性) 없음, 거래(去來)하는 상(相) 없음에서 찾고, 차원 높은 견지에서 열 가지로 설명한 것이다.[64] 십불이라고 해서 각기 다른 이름으로 불려지는 부처가 열이 있다는 뜻이 아니다. '십(十)'이란 앞서도 일체를 표시하는 원만한 숫자로 썼듯이, 여기서도 구족(具足)된 수로 보고 있을 따름이다. 십불에 관한 『화엄경』의 말씀을 지엄이나 법장(法藏)의 설명을 곁들여 풀어 적어 보면 다음과 같다.

① 무착불(無着佛): 세간에 안주하여 정각을 이루었으므로 무착, 즉 집착하는 바 없음이라고 한다. 세상의 어떠한 일에건 장애를 받지 않는 공덕이 갖추어 있는 까닭이다.

② 원불(願佛): 경에는 '태어난 까닭에(出生故)'라고 했다. 부처는 사실 태어났으며, 또 태어난다. 원하는 대로의 공덕을 갖추고 새로 태어났다. 아니 생명에로 돌아왔다. 본래 그 광명한 자리로 되돌아왔다. 그렇지만 부처는 또 법

---

63) 體·相·用 三大에 관하여는 필자의 논문 「佛身에 관한 研究」(『佛教學報』 3·4합집) 및 졸저, 『元曉思想』, p. 277 (불연전집 『원효사상』, p. 307) 참조.

64) 원시불교 이래로 佛陀, 즉 覺者를 가리키는 말에 여러 가지 칭호가 쓰여 왔듯이, 여기에서도 十佛은 개체성을 드러내는 것이 아니라 그 相과 用을 修飾的으로 나타내는 것으로 보아야 한다.

장의 말대로 중생의 원(願)을 따라 또 가지가지로 태어나기도 한다.

③ 업보불(業報佛): 경에는 '믿은 까닭에(信故)'라고 되어 있다. 그 결정적인 믿음이라는 업의 과보가 부처이다.

④ 지불(持佛): 경에는 '수순(隨順)하므로'라고 되어 있다. 지(持)란 모든 해행(解行)을 주지(住持)한다는 말이다. 끊임없이 깨달음과 자비로운 행위가 간직된다는 뜻이겠다. 그렇게 주지하는 것이 곧 수순하는 것이다.

⑤ 열반불(涅槃佛): 경에는 '영원히 넘어가신 까닭에(永度故)'라고 되어 있다. 열반이란 바로 영도(永度)이다. 넘어가니 어떻게 된다는 말인가? 항상 고요하다. 동요와 산란, 흥분과 초조 등이 다 사라진 것이다.

⑥ 법계불(法界佛): 법계도인(法界圖印)을 법계불이라고 한 설명을 우리는 이미 들은 바 있다. 부처는 어디든지 이르지 않는 곳이 없다. 그래서 법계불이다. 경에 '무처부지(無處不至)'라 한다.

⑦ 심불(心佛): 경에는 '안주고(安住故)'라고 되어 있는데, 법장은 이를 심(心), 즉 부처님 마음이 불괴(不壞), 깨지지 않는 바이기 때문에 그렇게 말한 것이라고 한다.

⑧ 삼매불(三昧佛): 경에는 '한량없이 집착하지 않는 까닭에(無量無着故)'로 쓰여 있다. 삼매가 그러함은 두말할 필요도 없다.

⑨ 성불(性佛): 성(性)을 법성으로 해석한다. 법성은 결정성(決定性)이므로 경에 '결정된 까닭에(決定故)'라고 한다.

⑩ 여의불(如意佛): 경에는 '두루 덮는 까닭에(普覆故)'라고 하고 있다. 중생의 근기에 따라서 뜻대로 공덕을 베푸는 때문이다.

보현(普賢)보살[65]은 불(佛)의 외향심의 화현(化現)이다. 특히 의상이 원교(圓

65) Samantabhadra Bodhisattva(梵名), kunto-bzaṅpo(西藏名). 편길(遍吉)이라고도 번역한다.
보현보살이 나오는 경에는 다음과 같은 것들이 있다.
① 『三曼陀跋陀羅菩薩經』(문수보살의 물음에 대해서 十大願 等을 說했다고 한다).
② 『華嚴經』「普賢行願品」(十大願의 願主라고 하여 그 功德利益을 설하고, 또 賢劫의 一切證大菩薩 중 無垢普賢菩薩을 上首로 한다고 하였다).
③ 『華嚴經』 中 「十明」, 「十忍」, 「性起」, 「離世間」 等의 諸品(이 品들은 보현보살이 宣說한 바이다).
④ 『舊華嚴經』 제60 「입법계품」(보현보살 자신이 선재동자에 대해 過去所修의 보살행을 說示했다고 한다.)
⑤ 同上 제2 『盧舍那佛品』 偈(여기서는 보현이 두루 일체의 佛刹에 있어 寶蓮華師子座 위

敎)또는 일승(一乘)이라고 중시하는 『화엄경』「보현행원품(普賢行願品)」에서 보현보살은 52명의 선지식을 순방하고 마지막으로 그에게 왔을 때 십대행원(十大行願)을 발하고 성취해야 한다고 가르치셨다. 이 열 가지 실천의 대발원이란

① 모든 부처를 예배 공경하고(禮敬諸佛)
② 여래를 칭송 찬양하고(稱讚如來)
③ 널리 불보살을 공양하고(廣修供養)
④ 자기의 모든 과거의 잘못된 일들을 참회하고(懺悔業障)
⑤ 남 잘하는 일, 남 잘되는 일을 같이 기뻐하고(隨喜功德)
⑥ 언제나 진리를 펴주시도록 간청하고(請轉法輪)
⑦ 언제나 불보살이 세상에 머물러 계시도록 권청하고(請佛住世)
⑧ 언제나 부처님을 따라 공부하고(常隨佛學)

에 앉아, 無量無邊의 諸行에 들고 無量種의 몸을 示現하며 音化하여 시방세계에 충만하여 妙音이 和雅하여 설법이 무애하다고 설한다).
⑥『法華經』제28「普賢菩薩勸發品」(여기에서는 보현보살이 법화의 수행을 勸發한다고 되어 있다).
⑦『觀普賢菩薩行法經』(보현은 색상이 無邊하기 때문에 이 나라에 올 때에 몸을 작게 하여 六牙의 白象을 타고 온다고 하였다).
⑧『悲華經』4(이 보살을 無諍念王, 즉 아미타불의 因位의 第8子라고 한다).
⑨『金剛頂一切如來眞實攝大乘現證大敎王經』卷下(賢劫十六尊의 하나로 보현을 꼽는다).
⑩『대지도론』제9 (大月氏의 서쪽 佛肉髻住處國의 一佛圖中에 한 癩風病者가 있었는데, 이 보살상 옆에서 일심으로 염원하자 像이 右手로 그 몸을 만져 병이 나았다고 하였다).
보현이란 말의 뜻에 대하여는 다음과 같은 주해들이 있다.
① "덕이 법계에 周遍함으로 普라 하고 至順調善함을 賢이라 한다"(『華嚴經探玄記』제2).
② "보현보살이란 普는 遍一切處라는 뜻이요, 賢은 最妙善이란 뜻이다. 이를테면 菩提心所起의 願行 및 身口意가 모두 平等하여 一切處에 遍하고 純一妙善하여 衆德을 具備하므로 이렇게 말한다"(『大日經疏』제 1).
또『화엄경』「입법계품」에 의하면 문수보살과 보현보살의 관계는 매우 긴밀하여 문수가 선재동자를 보현에게 가게하고, 나중에 문수가 스스로 보현의 몸을 攝하였다고 하고 있다. 문수가 智로써 般若會上에서 활약하는 데 대해, 보현은 因行의 충실함을 대표하는 것으로서 華嚴會中에 인도된 것으로 보는 설도 있다(望月信亨). 또 문수와 보현과의 관계에 대하여는 『法華義疏』제12에 다음과 같은 구절이 있다.
"華嚴經七處八會普賢文殊善其始 入法界品流通之分 此二菩薩 又令其終 所以此二人 在彼經始終者 世相傳云 究竟普賢行 滿足文殊願故 普賢顯其行圓 文殊明其願滿 故於諸菩薩中 究竟具足顯華嚴是圓滿法門 今說法華 亦明文殊開其始 普賢通其終 亦顯法華是究竟法 所以二經皆明兩大士者 欲顯華嚴卽是法華 爲直往菩薩 說令入佛慧故名華嚴 爲廻小入大菩薩 說令入佛慧故名法華云云"(吉藏,『法華經義疏』권12,「普賢菩薩勸發品」제28,『卍續藏經』卷42, p. 496b).

⑨ 항상 중생에게 수순하고(恒順衆生)

⑩ 이 모든 일을 세계가 다하고 중생이 다할 때까지 계속 완수하는 방향으로 살기를(普皆廻向) 발원하는 것이다.

보현보살은 불(佛)의 외향심(外向心)으로 나타나시어 선재동자에게 이같이 가르친 것이다. 이 십대원을 십보법(十普法)이라고도 부른다.[66] 앞서 말한 십불(十佛)

66) 十普法이 十普門과 같은 것을 의미하는 말로 쓰였는지는 분명치 않으나, 『법화경』「觀世音菩薩普門品」에서는 "만약 중생이 이 관세음보살의 자재한 業, 普門示現의 신통력을 들으면 마땅히 알지어다. 이 사람의 공덕이 적지 않으리라"한 대목이 있고, 그것을 十門으로 나누어 十普門이라 한다 하였다.

普門의 梵語는 Samantha-mukha요, 티베트어는 kun-nas-sgro로서 '보편적인 門'이란 뜻이다. 여러 방향으로 面한 문이란 뜻이다. 『觀音玄義』 卷上에는 "普門이란 普는 遍의 義, 門은 能通이다. 一實相을 써서 열 개의 普門을 열매 장애가 없다. 그러므로 보문이라고 부른다"라고 하였고, 『法華經文句』 제10下에서는 다음과 같은 十普門을 열거하였다. ① 慈悲普, ② 弘誓普, ③ 修行普, ④ 斷惑普, ⑤ 入法門普, ⑥ 神通普, ⑦ 方便普, ⑧ 說法普, ⑨ 成就衆生普, ⑩ 供養諸佛普.

그러나 여기서는 『법화경』의 설을 인용할 자리가 아니라 『화엄경』의 설과 관련이 있을 것으로 생각되므로, 『화엄경탐현기』 제1에서 말하는 "初運에 十信에 이르고, 다음 轉하여 十住내지 佛果에 이르며, 次第로 相乘하여 彼岸에 오르는 것을 可思議라 한다. 만약 普門에 의하면 一位가 곧 一切位다. 그러므로 또 一運이 곧 一切運임을 不思議乘이라고 한다"라고 한 말씀과 관련이 있다고 보아야 할 것이다.

實叉難陀 驛, 『大方廣佛華嚴經』 권49, 「普賢行品」 제36(T.279, p. 258b-c)에는 보현보살이 다음과 같은 十種法을 가르치는 대목이 있다. 十普法을 이것과 관련되는 것으로 보는 것도 가능하다. 원문을 인용하면 다음과 같다.

"諸菩薩摩訶薩 欲疾滿足諸菩薩行 應勤修十種法 何等爲十 所謂 ① 心不棄捨一切衆生 ② 於諸菩薩 生如來想 ③ 永不誹謗一切佛法 ④ 知諸國土 無有窮盡 ⑤ 於菩薩行 深生信樂 ⑥ 不捨平等虛空法界 ⑦ 菩提之心 觀察菩提 ⑧ 入如來力 精勤修習 ⑨ 無礙辯才教化衆生 無有疲厭 ⑩ 住一切世界 心無所著 是爲十

佛子 菩薩摩訶薩 安住此十法已 則能具足十種淸淨 何等爲十 所謂 ① 通達甚深法淸淨 ② 親近善知識淸淨 ③ 護持諸佛法淸淨 ④ 了達虛空界淸淨 ⑤ 深入法界淸淨 ⑥ 觀察無邊心淸淨 ⑦ 與一切菩薩同善根淸淨 ⑧ 不著諸劫淸淨 ⑨ 觀察三世淸淨 ⑩ 修行一切諸佛法淸淨 是爲十

佛子 菩薩摩訶薩 住此十法已 則具足十種廣大智 何等爲十 所謂 ① 知一切衆生心行智 ② 知一切衆生業報智 ③ 知一切佛法智 ④ 知一切佛法深密理趣智 ⑤ 知一切陀羅尼門智 ⑥ 知一切文字辯才智 ⑦ 知一切衆生語言音聲辭辯善巧智 ⑧ 於一切世界中普現其身智 ⑨ 於一切衆會中普現影像智 ⑩ 於一切受生處中具一切智智 是爲十

佛子 菩薩摩訶薩 住此十智已 則得入十種普入 何等爲十 所謂 ① 一切世界入一毛道 一毛道入一切世界 ② 一切衆生身入一身 一身入一切衆生身 ③ 不可說劫入一念 一念入不可說劫 ④ 一切佛法入一法 一法入一切佛法 ⑤ 不可說處入一處 一處入不可說處 ⑥ 不可說根入一根 一根入不可說根 ⑦ 一切根入非根 非根入一切根 ⑧ 一切想入一想 一想入一切想 ⑨ 一切言音入一言音 一言音入一切

이 불의 내증심(內證心) 또는 내향심(內向心)이라면, 이 보현의 행원(行願)은 불의 와화심(外化心) 또는 외향심(外向心)이다.

2. 이타행(利他行) 4구

19. 能人[67]海印三昧中
20. 繁出如意不思議
21. 雨寶益生滿虛空
22. 衆生隨器得利益

19. 능력 있는 사람이 해인삼매 속에서 20. 마음대로 불가사의한 일을 내보내 21. 비 오듯 보배를 뿌려 중생을 돕고 허공을 채우니 22. 중생이 그릇 따라 이익을 얻네.

제자들은 고래로 각자(覺者) 붓다를 여러 가지 이름으로 불렀다. 그 대표적인 것이 불명십호(佛名十號)로 종합되어 있다. 여래(如來: 여여하게 오신 분. 여여란 진여란 말이며 크고 넓고 한결같은 경지이다), 응공(應供: 마땅히 공양 받아야 할 분), 정변지(正遍知: 틀림없이 두루 아시는 분), 명행족(明行足: 지혜의 광명과 자비의 실천력이 구족하신 분), 세간해(世間解: 세상을 아시는 분), 무상사조어장부(無上士調御丈夫: 위없는 대장부로서 모든 위험과 곤란을 다스리신 분), 천인사(天人師: 인간과 그리고 천상계의 존재들의 스승), 붓다(佛陀: 깨달으신 분), 세존(世尊: 높으신 어른)의 열이 그것이다.[68]

言音 ⑩ 一切三世入一世 一世入一切三世 是爲十(下卷)."

67) 能人을 能入으로 한 곳이 몇 군데 있고, 또 能人을 能仁으로 고쳐 읽는 일도 있으나, 『총수록』에 의하면 能人이 정확함을 알 수 있다. 언제나 能人으로 기록되어 있기 때문이다.

68) 『飜譯名義大集』에 나타난 것에 의하면 여래의 異名은 다음과 같은 61종이나 된다.
① Buddhaḥ 覺(覺者), ② Bhagavān 出有(有德), ③ Tathāgataḥ 如來
④ Arhan 應供, ⑤ Samyaksaṃbuddhaḥ 正遍知(正遍覺, 正等覺)
⑥ Vidyācaraṇasaṃpannaḥ 明行足, ⑦ Sugataḥ 善逝, ⑧ Lokavit 世間解
⑨ Anuttaraḥ 無上士, ⑩ Puruṣa damyasārathiḥ 調御丈夫, ⑪ Śāstā 天人師(師)
⑫ Jinaḥ 大覺(勝者), ⑬ Lokajyeṣṭhaḥ 世尊, ⑭ Sarvajñaḥ 一切智(一切知)

이 중에는 안 들어 있지만 '능인(能仁)' 또는 '능인(能人)'도 부처를 가리키는 다른 명호로 자주 사용되었다. 이러한 이름은 역사적 불타 석가모니(Śākyamuni)의 존칭에서 일반적인 불타의 호칭으로 바뀌어졌는데, 지금 이 게송에서 능인이라고 하면 해인삼매에 든 수행자 자신이다.

진수는 다음과 같이 말하고 있다.

> 能人者能化佛也 海印者淨藏定也 繁出如意者如意敎之朱印應機現現也 雨寶益生滿虛空者 雨十普法於正爲中全全而應 謂一道朱印圓滿現現也 衆生隨器得利益者於兼轉引遠爲之中分分而應 謂隨彼機宜各令得益 如大角則大曲 小角則小曲 隨字而屈曲也[69]

'능인(能人)'이란 능화불(能化佛: 능히 교화 제도하는 불)이다.

'해인(海印)'이란 정장정(淨藏定), 깨끗하게 간직된 선정(禪定)의 경지다.

'번출여의(繁出如意)'란 부처님 뜻대로 그 가르침이 중생의 근기에 수응(隨應)하여 도인(圖印)의 빨간 줄을 따라 나타남을 말한다.

'우보익생만허공(雨寶益生滿虛空)'이란 십보법(十普法), 즉 보현보살이 가르친 십대행원을 바르고 온전하게 가득히 비 오게 함을 말하는데, 그것은 도인 중에 하나의 길을 이루며 빨간 줄로 그어진 그 길이 원만하게 나타나고 있는 것으로 표시되어 있다.

---

⑮ Trāyī 善護(救度者, 救世者), ⑯ Devātidevaḥ 天中天, ⑰ Maharṣiḥ 金仙(大仙)
⑱ Dharmasvāmī 法王, ⑲ Ṛṣabhaḥ 超群 大牛王(牛王), ⑳ Nāyakaḥ 對師
㉑ Pariṇāyakaḥ 偏導師, ㉒ Vināyakaḥ 普導, ㉓ Advayavādī 不二語
㉔ Śauddhodaniḥ 淨飯王子, ㉕ Daśabalaḥ 十力, ㉖ Mārajit 降魔軍(降魔者)
㉗ Śākyapuṃgavaḥ 大釋子(釋種中 最勝者), ㉘ Goptā 護持(能護者)
㉙ Mahātmā 最第一, ㉚ Vijayī 導勝(勝者), ㉛ Vibhuḥ 偏主, ㉜ Viśvaṃtaraḥ 普護
㉝ Sarvadharmeśvaraḥ 一切法自在, ㉞ Virāṭ 微妙, 端華, ㉟ Dhīraḥ 堅固
㊱ Guṇasāgaraḥ 功德海, ㊲ Śaraṇyaḥ 堪歸, ㊳ śaraṇam 歸(歸依處)
㊴ Vādisisṃhaḥ 法師勝(無畏說者), ㊵ Narottamaḥ 至人(人中最者)
㊶ Māhābhibhūḥ 伏魔, ㊷ Aprātipudgalaḥ 無對補特伽羅, ㊸ Vāntadoṣaḥ 離遇
㊹ Hataviṣaḥ 除毒, ㊺ Anaṅgajit 調無形, ㊻ Ṣaḍabhijñāḥ 六神通(具大通)
㊼ Bhavāntakṛt 出三有(作有邊際), ㊽ Aghahantā 滅罪, ㊾ Siddhārthaḥ 悉達(義成) ㊿ Śākya- iṃhaḥ 釋師子, 51 Varāhaḥ 堪供, 52 Varada 施願(與願)
53 Vīraḥ 勇猛, 54 Śamitā 息(寂靜者), 55 Śāntapāpaḥ 滅惡者
56 Śītabhūtaḥ 得淸凉, 57 Śivamkaraḥ 吉祥(作吉者), 58 Nirdvandvaḥ 無諍
59 Nirmamaḥ 無我相, 60 Netā 導師, 61 Niravadyaḥ 無不善

69) T.1887B, p. 728a.

'중생수기득이익(衆生隨器得利益)'이란 먼데 있는 것을 돌리고 끌어다가 중심으로 가져올 때 산란함이 없이 맞아 들어가듯이, 중생이 그 근기에 따라 적당히 각각 이익을 얻는 것을 말한다. 도인에 큰 각은 크게 구부러지고, 작은 각은 작게 구부러지면서, 문자를 따라 굴곡 되는 것이 그 뜻을 표시한다.

좀더 깊은 경지에 들어가 볼까? 세상을 납작하게만 이해해서는 안 된다. 법융은 이런 말을 한다.

海印中眞自利利他 謂攝入三世間法是自利 現現三世間法是利他 然一乘中無利他也 何者 所化衆生是自內證五海之中衆生故 應機而起能被之 敎從自海印定中所起故也[70]

해인삼매 중에는 참으로 자리(自利)와 이타(利他)가 있다. 세상의 내면적 깊이를 깨닫는 것은 자리요, 세상으로 뛰쳐나가는 것은 이타다. 그러나 일승 중에는 이타가 없는 것이다. 왜 그러냐 하면 교화 제도해야 할 중생은 바로 남이 아니라 자기 자신이 내면적으로 증득한 그 세계 속에 있는 중생이기 때문이다. 기(機)에 따라 이타의 마음이 일어나 이를 덮어주는 것이다.

이제 해인삼매 중에 자리·이타가 있다는 것을 문자 그대로 이해하지 말아야 한다는 뜻이다. 해인삼매도 일승에 들어섰다. 나와 너가 이미 딴 개체가 아닌데 어떻게 자리·이타의 구별이 본질적으로 있을 수 있느냐? 그런 자타(自他)의 구별이 없어진 자리에 해인삼매를 모르는 타(他), 즉 중생이 있어 그 기(機)가 상이하다. 그 기로 말미암아 교화다, 제도다 하는 문제가 생긴다는 말이다.

진수도 같은 말을 하고 있다.

海印三昧者 自證離言 何故利他之初明耶
答 表利他緣起無別自體 但依十佛內證海印所起故也[71]

해인삼매란 스스로 증득 증오한 마음자리로서 언어를 초월하고 있다. 그런데 이타라는 것은 남을 보고 분별하는 것이다. 어째서 이타 이야기를 먼저 끄집어내느냐? 해인삼매에 든 자에게 있어서 이타연기(利他緣起)에는 무슨 별개의

70) T.1887B, p. 727c.

71) T.1887B, p. 727c.

자타가 있지 않음을 표시하려 한 것이다. 다만 십불(十佛)이 내증(內證)한 해인삼매, 바다와 같이 출렁이는 그 하나의 마음 안에서 일어나고 있는 것뿐이기 때문이다.

'번출여의부사의(繁出如意不思議)'를 우리는 '마음대로 불가사의한 일을 내보내'라고 옮겨 보았다. 여기의 역어(譯語)인 '마음'은 한자의 '의(意)'도 되지만 오히려 심'(心)'이라야 한다. 이미 원효가 잘 지적하고 강조했듯이, 인간의 마음은 여러 층이 있어 심(心), 의(意), 의식(意識), 전오식(前五識)의 차별이 나타난다.[72] 단 하나의 바닷물위에 생긴 물결에 지나지 않지만 거칠고 고요한 차이가 나타난다.

'마음대로'—우리 범부중생이 '마음대로만' 했다가는 세상과 내가 무슨 꼴이 될지 뻔하다. 그 범부중생의 마음은 대체로 가장 천박한 감관적(感官的)인 마음이기가 일쑤이며, 그것은 깊이 내 사리사욕만을 좇아가는 '생각', 즉 의(意), 제7식(識), 자아의식에 뿌리박고 있다. 그러나 부처님의 '마음대로'는 제9식의 마음, 넓고 크고 깊고 하나인 마음, 참되고 한결같은 마음이다. 그래서 바다에 비유했던 것이다. 인간은 누구나 다 이 '마음', 이 멋있는 마음을 그 깊은 곳에 간직하고 있다. 그런 의미에서 말하면 나도 너도 그도 그들도 없는 것이다. 이 멋있는 마음이 인간 누구에게나 고스란히 저절로 풍성하게 마련되고 있지 않아서 문제인 것이다.

이 멋있는 마음은 무수한 가치의 무궁무진한 원천이다. 거기서 중생의 마음의 정화, 본심의 구현을 위해 도움이 되는 가치를 비 오듯 뿌리는 것이다. 중생은 그 가치를 온전히 이해하고 소화하지 못한다. 제 그릇만큼만 받아먹고, 받아쓰고 할 뿐이다. 중생이 이 가치를 받아들이는 마음은 아직 더러움에 물들어 있다. 그들을 보고 이 가치를 '마음대로' 먹고 쓰고 하라고 해도 그 '마음대로'는 부처님의 그 '마음대로'처럼 자유롭고 순수하고 무한할 수가 없다. 그들은 그들 나름의 '생각 따라' 이를 먹고 쓰고 할 것이다. 종교의 문제는 그 중생의 '생각'을 부처의 '마음'으로 바꿔 버리는 데에 있다. 신라 사람들 가운데에서 그것을 해치울 만한 사람들이 확실히 많았던 것이 아닐까?

3. 수행방편 및 공덕 8구

23. 是故行者還本際

72) 졸저, 『元曉思想』, pp. 196-207 (불연전집 『원효사상』, pp. 218-231).

24. 叵息妄[73]想必不得
25. 無緣善巧捉如意
26. 歸家隨分得資糧
27. 以陀羅尼無盡寶
28. 莊嚴法界實寶殿
29. 窮坐實際中道床
30. 舊來不動名爲佛

23. 그러므로 행자는 본제에 되돌아가
24. 망상을 끊고 다시는 얻음이 없으니
25. 무조건 선교하게 뜻대로 되어
26. 집으로 돌아갈 때 차례로 자량을 얻고
27. 다라니의 무진보로써
28. 법계의 실보전을 장엄하여
29. 마침내 실제 중도의 자리에 앉으니
30. 이름 하여 불이라 하나 옛날부터 움직인 일 없도다.

행자(行者)란 일반적으로 수행하는 자를 일컫는다. 법융은 말하기를 행자란 십보법(十普法)을 믿고 그리로 향하는 사람을 가리킨다고 하였다. 이 수행방편 및 공덕을 말하는 8구 중에는 '본제(本際)'니 '실제(實際)'니 하는 낱말들이 나온다. 이 두 낱말의 산스크리트 원어는 다 마찬가지로 bhūtakoti이다. 존재의 궁극이라고나 할까. 앞서 보아온 「일승법계도」의 의미 중 법융이 말하는 '법계'의 뜻과 같은 뜻으로 이해하여야 한다. 즉 마음이 세계와 우주를 남김없이 하나로 파악한 그 궁극적인 경지를 의미한다고 해도 좋을 것이다. 본제나 실제는 따라서 시간의 선후, 또는 공간의 전후, 즉 전제(前際)나 후제(後際)에 얽매이지 않는 초월적인 '하나'의 시간, '하나'의 공간, 시간과 공간이 유리되지 않은 그 시원(始源), 그 중심을 말한다. 여기로부터 시간과 공간은 그 현상과 작용을 일으킨다.

법융은 말하기를 본제(本際)란 내면적으로 증득한 '해인'이라고 하였다(本際則內證海印也). 또 대기(大記)에는 '자기 몸과 마음의 노사나체(盧舍那體)'가 바로 본제라고 한다. '노사나불(Rocana)'이란 『화엄경』에서 법신불을 의미한다. 법신(dharma-kāya)은 대승불교 철학에서 말하는 부처님의 삼종신(三種身) 가운데서 다른 두 가

73) 妄想을 忘想으로 적은 곳이 있다. 그러나 『총수록(叢髓錄)』에 의하여 정정해 둔다.

지 불신(佛身), 즉 보신(報身)과 화신(化身)의 체(體)가 되는 반야지혜를 말한다.[74] 그것이 어디 다른 세계, 다른 하늘에 있는 것이 아니다. 내 몸과 마음의 근본 바탕이면서, 외면적 양상과 기능을 온전케 하며, 남과 나, 내 주위의 모든 것과 나를 하나의 조화로 이끌어 가는 본체이다.

우리 범용한 인간들, 즉 온전히 지혜롭지 못한 인간들은 '나'와 '내 것'에 대한 집착된 생각에서 벗어나지 못하고 있는 것이 실정이다. '나'에 대한 집착을 불교에서는 아집, 인아집(人我執) 또는 인집(人執)이라고 하며, 한편 내 주위의 모든 것에 대한 집착을 법집 또는 법아집(法我執)이라고 한다. 이 두 가지 집착을 묶어서 이아집(二我執)이라고도 한다.[75] 이러한 아집을 가지고 있는 우리의 마음가짐이 존아(存我)의 상태이다. 이러한 마음가짐이 없는 우리의 심경이 무아(無我)의 경지이며 그러한 사람을 무아인(無我人)이라고 한다.

무아의 경지에 있지 않고서는 우리가 해인삼매를 내증했다고 할 수가 없다. 법융은 다음과 같이 말하고 있다.

> 若存我則必不得至故也 如海邊井有海水故不得令渴
>
> 만약 존아(存我)면 반드시 해인삼매에 도달할 수가 없다. 그것은 마치 해변가의 우물에 바다물이 고이기 때문에 그것으로써 갈증을 가시게 할 수 없는 것과 같다.

법융은 이 사실을 심식설(心識說)에 결부시켜 다음과 같이 설명을 계속한다.

> 如是意識 人法二我 由彼末那及黎耶海藏而還起 何者 黎耶本識 是我之根 其末那識 是我之莖 六及前五 皆是二我出入之門故也[76]
>
> 이와 같이 인(人), 법(法), 이아(二我)를 의식하는 것은 그 마나스식(末那思識)과 알라야식(阿梨耶識)으로 말미암아 생긴다. 왜냐하면 알라야식은 소위 '나'의 뿌리(根)요, 마나스식은 소위 '나'의 줄기(莖)며, 제6식과 전5식(前五識)

---

74) 졸고, 「佛身에 관한 研究」, 『佛教學報』 3·4합(1966) 참조.

75) 원효는 『금강삼매경』의 '若有我者令觀十二因緣'이라고 한 구절을 논하여 有我者에게는 有見을 없애게 하고, 無我者에게는 無見을 없애게 하라고 詳論하고 있다. 『금강삼매경론』, 고려대장경 영인본, pp. 38-39 참조.

76) T.1887B, p. 728c.

은 모두 이 이아(二我)가 출입하는 문인 까닭이다.

이 말을 또 더 부연하여 설명할 필요가 있을까? 마나스식(manovijñāna)이란 제7식이라고도 불리는 것으로, 원효에 의하면 이는 아(我)의식 즉 '나'에 대한 망상을 내용으로 하는 것으로 아치(我癡), 아애(我愛), 아만(我慢), 아견(我見) 등 네 가지 면으로 나타나는 마음가짐이다.[77] 이것을 법융이 '나의 줄기(我莖)'라고 한 것은 극히 적절한 표현이라고 볼 수 있다. 그 마나스식의 밑바닥에 알라야식(藏識, ālayavijñāna)이 깔려 있다. 이를테면 이는 범용한 인간이나 그렇지 않으면 꽤 지각 있는 사람이라 할지라도 인간인 이상 완전히 언제나 초극하지 못하고 있는 마음의 심층을 이루고 있다. 이 알라야식은 완전히 어둠이 가시지 않은 마음의 바탕으로서 우리로 하여금 사물을 밝혀 보지 못하게 하는 어두운 힘(無明業力)이 항상 분별력을 나타나게 하는 특징을 지니고 있다. 이것을 법융은 '나의 뿌리(我根)'라고 한 것이다. 이 역시 매우 적절한 표현이 아닐 수 없다.

제6식은 제5식과 합쳐서 전육식(前六識)이라고도 불리는 우리 마음의 가장 피상적이요 가장 천박한 층으로서, 우리의 오관(五官)이 일으키는 분별심과 이를 개념화하고 식별 판단하는 의식(意識)을 말한다. 우리의 법집(法執)과 아집(我執)이 드나드는 문의 구실을 하기 때문에 법융의 이 말은 정확한 표현이 된다고 간주할 수 있다.

앞서 말한 본제(本際)나 실제(實際)는 이 심식설(心識說)에 맞추어 말하자면 알라야식에서 그 어두운 요소가 깨끗이 사라진 마음의 최심층부이다. 그것을 원효는 아말라식(阿摩羅識, amalavijñāna), 제9식이라고 했던 것이며, 금강삼매라고도 불렀던 것이다.[78]

그러므로 앞서 본 의상의 제23구, 24구의 의미는 망상(妄想)과 본제(本際)의 두 낱말의 이해를 통해 스스로 명백해 질 것이다. 망상이 사라져 본제에 돌아왔을 때, 행자는 이미 불(佛)이다. 분별없이 선교(善巧)하게 여의(如意)함을 얻게 된다.

무연(無緣)이란 어느 경계, 즉 대상에 의거함이 없다는 뜻이다. 전5식은 오진(五塵)의 경계에 의거하고 있다. 5진의 경계란 바로 색(色)·성(聲)·향(香)·미(味)·촉(觸)이다. 색(色), 즉 우리 주변의 시각적인 대상, 형태적인 것, 물질적인 것과, 성(聲), 즉 우리 주위의 청각적인 대상과, 향(香), 즉 우리 주위의 후각적인 대상과, 미(味), 즉 우리 주변의 미각적인 대상과, 촉(觸), 즉 우리 주변의 촉각적

---

77) 졸저, 『元曉思想』, pp. 152-158 (불연전집 『원효사상』, pp. 169-176).

78) 『금강삼매경론』, p. 10.

인 대상에 대한 예속적인 주관은 무연(無緣)한 것이 아니다. 의식(意識), 즉 제6식도 또한 마찬가지이다. 그러면 제7식, 즉 마나스식은 어떠한가? 이는 안으로 나를 보고 그 '나'에 집착하는 생각이므로 역시 무연한 것이 아니다. 알라야식, 즉 제8식은 무연한가? 아니다. 연(緣)을 찾는 근본적인 충동력이 거기에 있다. 그것은 항상 주객의 분열을 획책하는 힘으로 등장하기 때문에 결코 무연하지 못하다. 이러한 모든 마음가짐은 그 스스로의 한계성을 지니고 있다. 그러므로 여의할 수가 없는 것이다. 선교함은 모름지기 무연할 경우에만 나타날 수 있는 것이다.

관사(觀師), '관'이란 스님이 과연 누구인지는 잘 모르겠으나, 『총수록』에서 자주 그 스님의 말이 인용되고 있는데, 그의 다음 글은 무연선교(無緣善巧)함을 계(戒)에 관련시켜 설명하는 것으로 주목할 만하다.

> 觀釋云 小乘中戒有受有捨 大乘中戒有受無捨 一乘中戒無受無捨 …… 一乘之戒本無受捨離能所防[79]

> 소승에서는 계에 받아들여야 하는 것이 있고 버려야 하는 것이 있다. 그리고 대승에서는 계라면 하나도 버리지 않고 다 받아들인다. 그러나 일승에서는 받아들이는 것도 버리는 것도 없다. …… 일승의 계에는 본래 받아들이는 일이나 버리는 일이 없고 주관과 객관의 어느 쪽도 고수하지 않는다.

받아들인다(受), 버린다(捨)하는 것은 무엇을 긍정한다, 부정한다 하는 입장이며 관점이다. 어느 것은 옳고 어느 것은 틀리다고 하는 판단에만 사로잡히면 우리는 배본축말(背本逐末), 즉 근본을 배반하고 말단을 쫓아가는 행위가 될 것이다. 계를 우리는 부처님이 가르친 법으로 안다. 그러나 그 부처님의 법은 글로 쓰인 조문이나 권고나 이론이 아니다. 우리가 이러한 글이나 말에 사로잡힌다면 우리는 망상을 하고 있는 결과가 된다.

대기(大記)에는 망상에 관하여 다음과 같이 언급되어 있다.

> 所謂妄想者 凡自身心之外 希佛求法之心總爲妄想也[80]

> 망상이란 내 몸과 마음 밖에 부처를 그려보고 거기서 불법을 찾는 그러한 생

79) T.1887B, p. 728c.

80) T.1887B, p. 729b.

각을 모두 지칭하는 것이다.

또 대기에는 다음과 같은 비유가 있다.

言善巧捉如意等者 比如盲人由其盲故迷自寶所 長年貧困遠乞他鄕 有具眼人心生哀憫 爲持一索繫彼寶所 以其一末授盲人手而指誨云 汝若不失尋索而行 則返汝寶所 盲人聞已不失尋行得至寶所 其寶所中亦有靈藥 以藥氣力眼得開明 所有衆寶自在取用 行者亦爾 智眼盲故迷自內證法性寶所 無始時來窮乞於他 有大聖者起大悲願 垂一中一切多中一等陀羅尼索授於行者信心之手 以眞性甚深之一末繫彼證分寶所 而敎誡云 汝若不失勤行精進則必直返汝法性寶宅 行者信受得聖者意捉如意敎初發心時便開十眼 不動一步直入內證法性寶所 受用無盡自家珍寶 是故行人若欲還歸法性家者 要須善捉陀羅尼索持而勿失爲資糧也[81]

선교(善巧)하게 여의(如意)를 얻는다는 것은 보건대 이런 것이다. 여기에 한 장님이 있다. 눈이 멀었기 때문에 자기 보배가 있는 곳을 잘 모른다. 오랫동안 빈곤하게 살면서 먼 타향에서 구걸을 하고 있었다. 눈 밝은 사람이 불쌍한 생각을 내어 그 장님을 위해 밧줄을 가져다가 그 보배 있는 곳에 매놓고 그 밧줄의 일단을 손에 쥐어 준다. 그리고 말하기를 네가 만약 잊지 않고 이 밧줄을 좇아 따라가면 네 보배가 있는 곳으로 갈 수 있으리라 한다. 장님은 그 말을 듣고 잊지 않고 따라가 마침내 그 보배가 있는 곳에 다다른다. 거기에는 또 영약(靈藥)이 있어 그 약의 기력으로 멀었던 눈이 뜬다. 그리하여 그 많은 보배를 마음대로 가지고 쓴다. 행자도 또 이와 같은 것이다. 지혜의 눈이 멀었으므로 그 자신 안에 법성의 보배가 있음을 모르고 오래도록 다른 곳을 헤매며 가난하게 구걸을 해 왔다. 대성자(大聖者)가 대비원(大悲願)을 발하여 '일중일체다중일(一中一切多中一)' 등의 다라니의 밧줄을 그 행자의 신심 있는 손에 쥐어 준다. 지극하여 깊은 참 마음의 한끝을 그 보배 있는 곳에 매달고 네가 이 밧줄을 놓지 않고 잡고 부지런히 정진하면 반드시 네 법성 보택(寶宅)에 돌아갈 수 있으리라 하고 가르친다. 행자가 이 성자의 뜻을 믿고 받아들이고 그 성자의 여의한 가르침을 이해하고 처음으로 발심을 일으켰을 때, 그의 눈은 활짝 열린다. 한 걸음에 당장 그 법성의 보배가 있는 곳을 알고 자신의 진귀한 무궁무진한 보배를 마음대로 쓴다. 그러므로 행인이 만약 그 법성의

81) T.1887B, p. 729b-c.

집으로 되돌아가기를 원하거든, 모름지기 이 다라니의 밧줄을 꼭 잡고 놓치지 말아 이를 자량(資糧)으로 삼아야 하는 것이다.

우리는 이 글을 통하여 제26구의 '가(家)'가 바로 법성가(法性家), 법성의 집임을 알 수 있다. 진수는 이를 진원(眞源)이라 한다. 원효의 일심지원(一心之源)이 그것이다.

그 집이 바로 실보전(實寶殿)이요, 그 자리가 바로 중도상(中道床)이다. 실보전은 더 정확하게 말하면 법계실보전(法界實寶殿)이요, 중도상은 실제중도상(實際中道床)이다.

법융은 다음과 같이 말한다.

實寶殿者 約證分則法性處也 約緣起分則花藏世界離染眞性也[82)]

실보전이란 증분(證分)으로 말하면 법성처(法性處)이지만, 연기분(緣起分)으로 말하면 화장세계(花藏世界)로서 염오(染汚)되지 않은 진성(眞性)이다.

中道者 以三世間爲自身心 無有一物非身心者故也[83)]

중도라고 한 것은 삼세간(三世間)이 자기의 신심(身心)이며, 일물(一物)도 신심 아닌 것이 없기 때문이다.

이에 대해서 진수는 같은 말을 다른 말로써 설명하고 있다.

實寶殿者 世界海也 窮坐實際中道床者 徹到一乘究竟眞源也[84)]

실보전이란 세계해(世界海)이다. 마침내 실제의 중도상(床)에 앉는다는 것은 일승의 구경(究竟)된 진원(眞源)에 철저히 도달한다는 말이다.

세계해란 표현을 이해하기 쉽게 하는 또 하나의 설명을 인용해 보자.

---

82) T.1887B, p. 730a.

83) 同上.

84) 同上.

古記云 大海非是毒藥所壞 大空非是利劍所傷 緣起三毒亘三際 直得無分別耳[85]

고기(古記)에 말하기를 대해(大海)는 바로 독약으로도 파괴할 수 있는 곳이 아니요, 대공(大空)은 날카로운 칼로도 상처를 낼 수 있는 것이 아니다. 삼독(三毒)을 연기(緣起)로 하여 삼제(三際)에 걸쳐 있게 되었으나, 바로 무분별을 얻었을 뿐이다.

이렇게 되돌아와 보니 남들이 불(佛)이라 하지만 거기가 바로 내 본래의 자리며 내가 바로 내 본연의 나가 아닌가. 그래서 '구래부동명위불(舊來不動名爲佛)'인 것이다. 여기가 거기이고, 거기가 여기인 것이다.

대기(大記)에 의하면 의상대사는 이 사실을 가리켜 '행행본처(行行本處) 지지발처(至至發處)'라고 하셨다고 전한다.

가고 가도 본자리에 있고, 오고 또 와도 떠난 그 자리에 있다.[86]

같은 말을 법융은 다음과 같이 하고 있다.

比如有人在床入睡 夢中廻行三十餘驛 覺後方知不動在床 此中亦爾.從本法性經三十句還至法性只一不動故[87]

한 사람이 자리에서 잠이 들었다. 꿈속에서 30여 개의 정거장을 거쳐 돌아 다녔다. 깨어나서 보니 그냥 움직이지 않고 그 자리에 누워 있지 않은가? 이와 마찬가지로 근본인 법성으로부터 30구(句)를 거쳐서 다시 법성에 왔지만 결국은 부동(不動)한 그 한자리일 따름이다.

우리는 지금까지 「법계도」를 중심으로 의상의 사상을 더듬어 왔다. 의상의 「법계도」는 글자로 210자, 하나의 각을 이루는 작은 도인(圖印)에 불과하지만 광활하고 심오한 의미를 담은 상징이었음을 보았다.

그의 사상은 원효의 귀일심원(歸一心源)의 사상, 화쟁(和諍)의 사상과 그 근본

85) T.1887B, p. 730b.

86) 同上.

87) T.1887B, p. 730a.

정신에 있어서 추호도 위배됨이 없이 일치하는 것이다. 원효와 의상 두 분의 신라 사상가가 걸은 길의 겉모습과 이름은 달랐을망정, 마침내 하나로 귀착하는 아름다운 회통은 바로 일승의 현실화라고 볼 수 있을 것이다. 우리는 이러한 정신을 통일의 정신, 평화의 정신이라고 부를 수 있을 것이고, 그 실현과정이 종교의 길이라고 보아도 무방할 것 같다.

이러한 정신이 당시의 신라 위정자들에게 얼마나 깊이 이해되었으며, 또 당시의 신라 청년들에게 얼마나 널리 보급되었을까 하는 것은 아직 미지수이다. 무엇으로서 그것을 밝힐 수 있을까? 이는 역사학도의 하나의 과제가 될 것이다. 우리는 사상사의 분야에서 그 기본적 단계인 한 시대, 한 인물의 사상의 알맹이를 이해하는 과제가 아직 해결되어 있지 않은 우리 학계에 먼저 당시의 사상의 편린이나마 손쉽게 이해할 수 있는 길을 트려고 이 글을 썼고, 또 발표한다. 역사학도들 가운데에서는 이 글이 사실의 고증을 주요문제로 삼고 거기에 따르는 방법을 쓰지 않았다고 비난할 사람이 있을지도 모른다. 그러나 이 글은 신라 역사에 관한 한 연구이지만, 하나의 사상의 역사를 위한 기초작업인 까닭에 사상의 해명을 위주로 한 것이다. 다행이 의상의 제자들이 그 스승과의 대화, 또는 스승으로부터의 교시를 충실히 수록해 둔 『총수록』 같은 문헌이 남아 있어, 그것을 이용하여 그 당시 승려 엘리트들의 사상을 이해할 수 있게 되었다는 것은 필자가 가장 기쁘게 생각하는 바이다.

오늘 우리 시대와 비교해 볼 때 우리가 한 가지 확실히 유념해 두어야 할 것은, 이 시대의 우리들 사이에서는 조상의 이와 같은 유형의 사고방식이 너무나 잘 알려져 있지 않다는 사실이며, 특히 학자들 사이에서마저 이러한 사상의 몰이해 위에서 역사 연구가 진행되고 있는 것은 매우 불합리하다는 사실이다. 이러한 현상은 지금까지 역사 연구가 단순히 사실 중심으로 기울어졌고 사상의 추이 같은 것을 무시하거나 경시하는 경향이 지배적이었기 때문에 생긴 현상이 아닌가 한다.

하여간 이것은 앞으로의 한국사상사 연구에 있어서 하나의 기초작업으로 시도된 것인 만큼 계속적인 다방면의 연구가 진행되어야 할 것으로 필자는 생각하고 있다.

•『新羅伽倻文化』 4집(1972)에 게재

상징적 표현을 통해서 본 7·8세기 신라 및 일본의 불국토 사상

Ⅰ. 신라인의 산악숭배

신라인들은 일찍부터 산악을 숭배하는 습속을 가지고 있었다. 그 대표적인 숭배의 대상은 삼산(三山)·오악(五岳)인데 이에 대해서는 『삼국유사』나 『삼국사기』가 한결같이 그 중요성을 강조하고 있는 것이다. 이러한 습속은 적어도 신라의 전성기에 걸쳐 연면히 유지되어 온 것이 틀림없는 사실인 것 같다. 신라인의 산악숭배는 그들의 애니미즘적, 샤머니즘적인 신앙의 일환으로서, 결코 산악만을 특별히 더 존숭하는 태도였다고는 볼 수 없다. 그러나 신라인의 애니미즘에는 일정한 질서가 있어 가치부여에 차등이 있었던 것이요, 그 가치부여 방식에는 역사적인 변천이 있었음이 사실이다.[1)]

『삼국사기』는 나력(奈歷, 習比部), 골화(骨火, 切也火郡), 혈례(穴禮, 大城郡)의 삼산을 대사(大祀)의 대상으로 기록하면서, 토함산, 지리산, 계룡산, 태백산, 부악(父岳, 公山)의 오악을 중사(中祀)의 대상으로 기록하고, 이 외에 25개 산악을 소사(小祀)의 대상으로 기록했다.[2)]

『삼국유사』에 의하면 나림(奈林)·혈례·골화의 삼산에는 호국의 신이 있어 김유신이 적의 첩자의 꾐에 빠져 들어가는 것을 구출했다는 기록이 있다.[3)] 신라에서

1) 李基白, 「新羅 五岳의 成立과 그 意義」, 『震檀學報』 33(1972) 참조.

2) 『三國史記』 권32, 雜志 제1, 祭祀樂條.

3) 『三國遺事』 권1 金庾信條에 다음과 같이 적혀 있다. "年至十八壬申 修劍得術爲國仙 時有白石者 不知其所自來 屬於徒中有年 郎以伐麗濟之事 日夜深謀 白石知其謀 告於郎曰 僕請與公密先探於彼 然後圖之何如 郎喜親率白石夜出行 方憩於峴上 有二女隨郎而行 至骨火川留宿 又有一女

명산대천 등이 존숭을 받아온 이유는, 바로 이와 같이 명산이나 대천이 신인(神人)의 거처라고 생각되었기 때문이다. 다만 그 신인의 신령한 정도는 매양 시대에 따라 약간의 변천이 있었던 것이나, 사실은 모든 산천을 다소간 다 신비롭게 보아온 것도 거의 틀림없는 일이다.

나림・혈례・골화는 지금으로 말하면 각각 경주의 낭산(狼山), 청도(淸道)의 부산(鳧山, 오리산), 영천(永川)의 금강산(金剛山)을 가리키는 것으로 추정되고 있다.[4] 이에 비하면 오악의 지리상 범위는 훨씬 넓어지고 있다.

그리고 삼산과 오악 사이에는 숫자적인 열거방식의 차이도 있다. 명산영지(名山靈地)의 열거에는 3・4・5의 세 가지 방식이 드러나 있는데, 이 변화는 역사적이며 관념적인 배경이 있었다고 보아야 할 것이다. 일반적으로 3・4・5란 숫자는 물론 전체를 포괄함을 드러내는 의미를 가지고 있다고 볼 수가 있다. 이 숫자들 자체가 사실은 하나의 상징이라고 볼 수도 있다.

3이란 숫자가 고래로 인도의 신화시대로부터 '많은 것', '전체'를 의미했던 것은 이제 새삼스럽게 논의할 필요도 없을 줄 안다. 다만 4와 5는 3으로서는 표시할 수 없는 방위를 표시하는 데 의의가 있다는 사실에 유의해야 할 것이다. 4는 동・서・남・북을, 그리고 5에는 이 사방에다가 중앙 또는 중심을 하나 더 보탰다는 데에 차이점이 있다. 그리고 4와 5의 방위관념에는 『주역』이나 또는 불교의 영향이 적지 않게 작용하고 있는 것이 사실이다.

『삼국유사』를 보면 신라에서는 4영지(四靈地)라고 하여, 전기(前記)한 삼산이나 오악과는 다른 네 개의 산이 신성시된 일이 있다. 이 4영지는 첫째 동에 청송산(靑松山)이요, 둘째 남에 울지산(亐知山)이요, 셋째 서에 피전(皮田)이요, 넷째 북에 금강산이다. 나라의 대사를 의논할 때에는 대신들이 반드시 4영지에 모였다고 하며, 진덕여왕대(647-653)에는 유신공(庾信公) 등이 남산 울지암(亐知巖)에 모여서 국사를 의논했다고 한다.[5] 그러나 이 4영지는 진덕여왕대에 비로소 등장하게 된 것이 아니라 이미 훨씬 앞서부터 있어 온 것이라고 보아야 할 것이다.

忽然而至 公與三娘子喜話之時 娘等以美菓餽之 郎受而啖之 心諾相許 乃說其情 娘等告云 公之所言已聞命矣 願公謝白石而共入林中 更陳情實 乃與俱入 娘等便現神形曰 我等奈林穴禮骨火等三所護國之神 今敵國之人 誘郎引之 郎不知而進途 我欲留郎而至此矣 言訖而隱 云云"(T.2039, p. 969a-b).

4) 李丙燾 譯註, 『三國遺事』, p. 124.

5) 『三國遺事』 권1, 眞德王條. "王之代有閼川公 林宗公 述宗公 虎林公(慈藏之父) 廉長公 庾信公 會于南山亐知巖 議國事……新羅有四靈地 將議大事 則大臣必會其地謀之 則其事必成 一東曰靑松山 二曰南亐知山 三曰西皮田 四曰北金剛山 是王代始行正旦禮 始行侍郎號" (T.2039, p. 969a).

다만 이보다 더 앞서 오래 전부터 숭앙되어 온 것이 삼산이라는 것만은 염두에 두어야 할 것 같다. 삼산신앙은 이를테면, 사산·오악신앙에 앞서는 오랜 신앙이었다고 보이는 것이다. 실제로 삼산신앙은 백제에도 있었던 것이 『삼국유사』에 기록되어 있다. 즉 부여군에는 삼산이 있는데, 일산(日山), 오산(吳山), 부산(浮山)의 셋이고, 국가 전성기에는 각각 신인이 그 위에 살았으며, 조석으로 끊임없이 날아서 왕래했다고 한다.6)

이러한 고(古)신앙에 불교적 요소가 있었다고는 생각되지 않는다. 오히려 이 습속은 불교 도입 훨씬 이전부터 내려오는 오랜 것으로 암석신앙과도 관련이 있는 고유한 신앙형태가 아니었는지 모르겠다. 이 산들에서는 바위가 중요한 역할을 하고 있다는 것도 주목할 만한 것이다. 백제의 삼산을 말한 『삼국유사』의 바로 앞 구절에서는, 사비하변(泗沘河邊)에 한 바위가 있었는데, 소정방(蘇定方)이 이 위에 앉아 낚시를 하자 용이 물려 나왔었다. 그래서 바위 위에 용이 앉았던 자리가 있고, 이로 말미암아 이 바위를 용암(龍嵓)이라고 했다고 한다. 앞서 인용한 신라의 4영지의 하나인 남산은 울지암이란 바위이다. 나중에 다시 상세히 거론할 것이지만, 신라의 월성(月城) 동쪽에 용궁이 있고 그 남쪽에 전불(前佛)인 가섭불(迦葉佛)이 앉았던 돌, 즉 연좌석(宴坐石)이 있으며 여기에 황룡사(皇龍寺)를 세웠다는 것 등에는 하나의 공통된 의식기반이 있는 것이 아닌가 하는 생각도 해 볼 수가 있다. 또한 이러한 한반도의 고(古)신앙이 일본 상고의 고신앙과 밀접한 관계에 있었으리라는 것도 짐작이 된다.

백제와 신라문화의 영향을 가장 많이 받은 일본의 나라(奈良) 근방에서는 전술한 산악숭배, 암석숭배와 유사한 몇 가지 고신앙의 흔적을 발견할 수 있다. 아스카(飛鳥)의 서울을 둘러싼 우네비야마(畝傍山), 미미나시야마(耳梨山), 가구야마(香久山) 등의 삼산이 소위 야마토(大和) 삼산이라고 하여 존숭되었는데, 이 산들은 바로 일본 건국의 제신(諸神)들의 거처로 생각되어 왔다. 또 아스카의 돌이라고 불리는 석물에는 귀석(龜石)이라는 것이 있는데, 거북〔龜〕과 용이 자주 동일한 상징으로서 혼동하여 쓰였다는 사실을 감안하면 여기에도 어떤 신앙상의 공통점을 발견할 수 있으리라고 생각된다.7)

불교는 곧 소박한 고신앙 속에 습합해 들어갔다. 고신앙이 돌을 중요시하고 산을 중시할 때에 불교는 그냥 그 바탕 위에 그대로 서서 돌을 중시하고 산을 중시

---

6) 『三國遺事』 권2, 南扶餘·前百濟·北扶餘條. "又郡中有三山 曰日山 吳山 浮山 國家全盛之時 各有神人居其上 飛相往來 朝夕不絶" (T.2039, p. 979b).

7) 최근 한국의 한 젊은 학도는 龜=龍=男根의 상징으로 보는 흥미 있는 의견을 내놓았다. 周壘汗, 「거북신앙과 處容歌」, 『月刊文化財』 3-4(1973), p. 4 참조.

했다. 사실은 불교가 이미 신라에 들어오기 전 그 첫 출발부터 산을 중시하는 사고방식을 깊숙이 도입한 것이고 보면, 신라인의 산악숭배의 사상은 불교 발상지의 그것과는 다소 다른 뉘앙스를 가졌더라도 불교가 신라 땅에 토착하기는 매우 적당한 여건이 되었다고 볼 수도 있다.

Ⅱ. 불국토설의 프렐류드

『삼국유사』 권3 흥법(興法) 제3에 의하면 신라에 불교를 전래한 아도(我道)는 고구려인인 그 어머니로부터 신라의 서울에는 전(前)불교시대의 일곱 개의 가람터가 있으며, 앞으로 삼천여월(三千餘月)이 지나면 성왕(聖王)이 나와 크게 불교를 일으키게 될 것이니, 그곳에 가서 대교(大敎)를 전파하라는 당부를 받고 온다. 연대의 확정, 묵호자와의 관련 등 아도의 역사성에 대해서는 문제가 많으나, '京都內有七處伽藍之墟'라는 것은 신라 불교인들에게 하나의 확고한 신념이 되어 왔다고 보아도 좋을 것이다. 그 일곱 곳이란 다음과 같다.[8]

① 금교동천경림(金橋東天鏡林): 지금의 흥륜사(今興輪寺 金橋謂西川之橋 俗訛呼云松橋也 寺自我道始基 而中廢 至法興王 丁未草創 乙卯大開 眞興王畢成).
② 삼천기(三川歧): 지금의 영흥사(今永興寺 與興輪開同代).
③ 용궁남(龍宮南): 지금의 황룡사(今皇龍寺 眞興王癸酉始開).
④ 용궁북(龍宮北: 지금의 분황사(今芬皇寺 善德甲午始開).
⑤ 사천미(沙川尾 : 지금의 영묘사(今靈妙寺 善德王乙未始開).
⑥ 신유림(神遊林 : 지금의 천왕사(今天王寺 文武王己卯開).
⑦ 서청전(婿請田 : 지금의 담엄사(今曇嚴寺).

아도가 신라 땅에 들어온 것을 『삼국유사』는 미추왕 2년 계미(263)라고 한다. 그때부터 법흥왕의 불교 공인까지는 265년의 간격이 있으므로, '삼천여월'이라고 한 기간은 어지간히 맞는 셈이다. 그 연대가 후대의 조작이건 아니건 그것은 지금 우리의 큰 관심사가 못 된다. 다만 우리에게는 이러한 사실들이 불교 전성기인 7-8세기의 신라인들에 의해서 신봉되었다는 것이 중요한 것이다.

아마도 이러한 7가람의 옛 자리라는 전설은, 전성기 불교인들이 그들의 가람에

8) 『三國遺事』 권3, 興法 제3, 阿道綺羅條, T.2039, p. 986b.

신성성을 더하기 위하여 만들어낸 이야기일 수도 있다. 그러나 그러한 경우에도 사상사에 종사하는 사람들로서는 그 조작을 탓할 것이 아니라 이러한 불교 수용의 태도 자체를 흥미롭게 관찰하는 태도가 중요한 것이다.

전불시(前佛時)의 가람(伽藍) 자리가 일곱 군데나 있다는 이야기는 그것으로써 끝나 버리지 않았다. 7가람 터 중의 하나인 월성 동쪽의 용궁 남쪽에는 황룡사가 서게 되었는데, 여기에는 가섭불의 연좌석이 있다고 주장하는 것이다. 그리하여 이러한 주장은 한층 더 비약하여 화엄사상의 보급과 더불어 일약 신라불국토설을 의심할 수 없는 사실로 확인하려고 하는 움직임의 프렐류드적인 역할을 하기에 이른 것이다. 이제 여기에 『삼국유사』가 전하는 가섭불 연좌석의 기록을 음미해 보기로 하자.

A. 『옥룡집(玉龍集』과 「자장전(慈藏傳)」 및 제가(諸家)의 전기(傳記)에 모두 말하기를, "신라 월성의 동쪽 용궁의 남쪽에는 가섭불의 연좌석이 있다. 그곳은 전불(前佛)시대의 가람의 터이니, 지금 황룡사의 지역은 곧 7가람의 하나이다"라고 하였다.

『국사(國史)』를 보건대 진흥왕 즉위 14년인 개국(開國) 3년 계유(553) 2월에 신궁(新宮)을 월성의 동쪽에 지을 때 황룡(皇龍)이 그 땅에서 나타나므로 왕이 이를 의아하게 여겨 황룡사(皇龍寺)로 개조하였다. 연좌석은 불전(佛殿) 후면에 있었다. 전에 한 번 참배한 바 돌의 높이는 5-6자 가량이며, 그 둘레는 겨우 세 발이며 우뚝 섰는데 위는 평평하였다. 진흥왕이 절을 세운 이후, 두 번이나 화재를 겪어 돌에 갈라진 곳이 생겼으므로 사승(寺僧)이 철을 붙여 보호하였다.

"찬(讚)하노니, 혜일(惠日)의 가림과 빛남이 어느 때였는지 쓰여 있지 않으나 오직 연좌석만이 의연히 남아 있도다. 상전(桑田)이 몇 번이나 창해(滄海)가 되었던가, 가석(可惜)타, 우뚝 솟아 아직도 옮기지 않았도다. 몽고의 대병(大兵)이 있은 후 전탑(殿塔)이 타 버리고 이 돌도 파묻혀 겨우 땅과 평평하게 되어 있을 뿐이다."

玉龍集及 慈藏傳 與諸家傳紀皆云 新羅月城東 龍宮南 有迦葉佛宴坐石 其地卽前佛時伽藍之墟也 今皇龍寺之地 卽七伽藍之一也 按國史 眞興王卽位十四 開國三年癸酉二月 築新宮於月城東 有皇龍現其地 王疑之 改爲皇龍寺 宴坐石在佛殿後面 嘗一謁焉 石之高可五六尺 來圍僅三肘 幢立而平頂 眞興創寺已來 再經災火石有拆裂處 寺僧貼鐵爲護 乃有讚曰

惠日沈輝不記年 唯餘宴坐石依然
桑田幾度成滄海 可惜巍然尙未遷
旣而西山大兵已後 殿塔煨燼 而此石亦夷沒 而僅與地平矣9)

B. 신라 제24대 진흥왕 즉위 14년 계유(553) 2월에 새로 대궐을 용궁 남쪽에 지으려고 할 때에 그 땅에서 황룡(黃龍)이 나타났다. 그리하여 고쳐서 불사(佛寺)를 지었고 황룡사(黃龍寺)라고 불렀다. 기축년(569)에 담을 쌓아 17년 만에 끝났다. 얼마 아니하여 해남(海南)에 큰 배 한 척이 떠 와서 하곡현(河曲縣)의 사포(絲浦, 지금의 蔚州 曲浦)에 닿았는데, 조사해 보니 한 편지가 있어 다음과 같이 적혀 있었다.
"서축(西竺)의 아육왕(阿育王)이 황철 5만7천 근과 황금 3만 분(分)(별전에는 철 40만7천 근, 금 천 냥이라고 하나 잘못인 듯하다. 혹은 3만7천 근이라고도 한다)을 모아서 석가삼존상(釋迦三尊像)을 주성(鑄成)하려 하다가 끝내 이루지 못하고 배에 실어 바다에 띄운다. 축원하기를 인연 있는 국토에 도달하여 장육존용(丈六尊容)이 이루어지이다."
이런 글과 아울러 1불(佛)과 2 보살상(菩薩像)의 모양까지도 모두 같이 실려 보낸다는 것이었다.
현리(縣吏)가 문서로 그 사실을 자세히 아뢰니, 왕이 사신을 보내, 그 현성(縣城)의 동쪽 높고 바른 땅을 택하여 동축사(東竺寺)를 창건하여 그 삼존을 안치하고 그 철은 서울로 실어 와서 대건(大建) 6년 갑오(573) 3월(「寺中記」에는 계사 10월 17일이라 하였다)에 장육존상(丈六尊像)을 주조하여 잠깐 사이에 성취하였다. 무게는 3만5천7근으로 황금이 1만198분이 들었고, 두 보살은 철 1만2천 근과 황금 1만136분이 들었다.
황룡사(皇龍寺)에 안치하였더니 이듬해에 불상에서 눈물이 흘러 발꿈치까지 이르러 땅이 1자 가량이나 젖었다. 그것은 대왕이 돌아가실 조짐이었다. 혹설에는 불상이 진평왕대에 되었다 하나 잘못이다.
별본에는 다음과 같은 이야기가 있다. 아육왕이 서축(西竺) 대향화국(大香華國)에서 불멸(佛滅)후 백년 만에 태어나 진신(眞身)을 공양하지 못한 것을 한스럽게 여겨 금철 약간을 거두어 세 번씩이나 불상을 조성하려다가 성공하지 못하였다. 그때 왕의 태자만이 그 일에 참여하지 않으므로 왕이 그 까닭을 물으니 태자가 아뢰기를, "혼자 힘으로는 성공치 못할 일이라, 이미 안 될 줄을

9)『三國遺事』권3, 塔像 제4, 迦葉佛宴坐石條, T.2039, p. 989a-b.

알고 있었습니다'라고 하였다. 왕이 그렇게 여겨 그것을 배에 싣고 바다에 띄워 보냈다. 그 배는 남염부제(南閻浮提) 16대국과 500중국과 10천 소국과 8만의 촌락을 널리 돌지 않음이 없었으나, 어디에서도 성공하지 못하고 최후로 신라국에 도달, 진흥왕이 문잉림(文仍林)에서 그것을 주조하여 불상이 이루어지니 상호가 다 갖추어졌었다. '아육'을 의역(意譯)하면 무우(無憂)이다.

그 후에 대덕 자장(慈藏)이 서쪽으로 유학하기 위해 오대산(五臺山)에 이르렀을 때, 문수보살이 현신(現身)하여 수결(授訣)하심을 받았는데, 그때에 말씀하시기를, "너희 나라의 황룡사는 석가와 가섭불이 강연(講演)하던 땅이다. 연좌석이 아직 그대로 있다. 그러므로 천축의 무우왕이 황철 약간을 모아 바다에 띄웠더니 1천3백여 년이 지난 후에 너의 나라에 이르러, 그 절을 이룩하게 한 것이니, 대개 거룩한 인연이 그렇게 시킨 것이다"고 하였다(별기에 실린 것과 부합한다).

불상이 주성된 후 동축사(東竺寺)의 삼존불도 황룡사로 옮겨 봉안하였다.

『사기(寺記)』에 이르기를, "진평 5년 갑진(584)에 금당이 조성되고, 선덕여왕 때에 이 절의 초주(初主)는 진골 환희사(歡喜師)요, 제2주(主)로 자장국통, 다음은 국통 혜훈(惠訓), 그 다음으로는 상율사(廂律師)였다"라고 하였다.

지금은 병화(兵火)가 있은 이래, 대상(大像)과 두 보살이 모두 녹아 없어지고, 소석가(小釋迦)만이 남아 있다.

찬하여 가로되,

塵方何處匪眞鄕 香火因緣最我邦 不是育王難下手 月城來訪舊行藏.

新羅 第二十四眞興王卽位 十四年癸酉二月 將築紫宮於龍宮南 有黃龍現其地 乃改置爲佛寺 號黃龍寺 至己丑年 周圍墻宇 至十七年方畢 未幾 海南有一巨舫 來泊於河曲縣之絲浦(今蔚州谷浦也) 撿看有牒文云 西竺阿育王 聚黃鐵五萬七千斤 黃金三萬分(別傳云 鐵四十萬七千斤·金一千兩 恐誤 或云三萬七千斤) 將鑄釋迦三尊像 未就 載舡泛海而祝曰 願到有緣國土 成丈六尊容 幷載模樣一佛二菩薩像 縣吏具狀上聞 勅使卜其縣之城東爽塏之地 創東竺寺 邀安其三尊 輸其金鐵於京師 以大建六年甲午三月(寺中記云 癸巳十月十七日) 鑄成丈六尊像 一鼓而就 重三萬五千七斤 入黃金一萬一百九十八分 二菩薩入鐵一萬二千斤 黃金一萬一百三十六分 安於皇龍寺 明年像淚流至踵 沃地一尺 大王升遐之兆 或云像成在眞平之世者謬也 別本云 阿育王在西竺大香華國 生佛後一百年間 恨不得供養眞身 歛化金鐵若干斤 三度鑄成無功 時王之太子獨不預斯事 王使詰之 太子奏云 獨力非功 曾知不就 王然之 乃載舡泛海 南閻浮提十六大國 五百中國 十千小國 八萬聚落 靡不

周旋 皆鑄不成 最後到新羅國 眞興王鑄之於文仍林 像成 相好畢備 阿育此翻無憂 後大德慈藏西學到五臺山 感文殊現身授訣 仍囑云 汝國皇龍寺 乃釋迦與迦葉佛講演之地 宴坐石猶在 故天竺無憂王 聚黃鐵若干斤泛海 歷一千三百餘年 然後乃到而國 成安其寺 蓋威緣使然也(與別記所載不同) 像成後 東竺寺三尊亦移安寺中 寺記云 眞平五年甲辰 金堂造成 善德王代 寺初主眞骨歡喜師 第二主慈藏國統 次國統惠訓 次廂律師云 今兵火已來 大像與二菩薩皆融沒 而小釋迦猶存焉
讚曰 塵方何處匪眞鄕 香火因緣最我邦 不是育王難下手 月城來訪舊行藏[10]

위의 두 가지 기술은 단적으로 말하여 불교가 신라 땅에 본격적으로 뿌리박는 결정적인 시기에 신라 땅이 결코 불교와 무연무관(無緣無關)한 낯선 땅이 아니라 본래 불국토였다는 신념을 신라인들에게 불어넣어, 자부와 긍지를 가지고 불교에 귀의하게끔 하는 중요한 정지(整地)작업 구실을 하고 있는 것이다.

Ⅲ. 오대산 신앙의 이식과 개화

신라에 전불시(前佛時)에 7가람 터가 있다는 전승이 형성되는 데에 있어서는 여러 가지 이유로 자장의 역할이 크지 않았나 생각되는 것이다. 자장은 신라의 선덕여왕대인 당나라 정관(貞觀) 10년 병신(636) 또는 동 12년(638)[11]에 당으로 갔다가, 정관 17년 계묘(643)에 당제(唐帝)가 준 경상(經像), 가사(袈裟), 폐백(幣帛)을 가지고 귀국한 뒤, 분황사, 황룡사, 원녕사(元寧寺), 수다사(水多寺), 태백산 석남원(石南院) 등에 머무르면서 최초의 대국통(大國統)이 되어, 신라불교의 기강을 바로잡은 사람이다. 그에 의하여 비로소 신라의 승니(僧尼) 5부의 생활규범이 확립되었고, 신라의 경전이 구비되었으며, 불교생활의 내용과 형식이 갖추어지게끔 되었다고 볼 수가 있다.

『삼국유사』「자장전(慈藏傳)」이라고 할 수 있는 자장정율조(慈藏定律條)를 보면, 자장은 '구석진 나라에서 태어난 것을 스스로 탄식하여 서쪽으로 가서 크게 교화를 받기를 희구하였다(藏自嘆邊生 西希大化)'고 한다.[12] 그는 당에 들어가 청량산(淸凉山, 또는 오대산)의 문수(文殊)보살의 석상이 있는 곳에서 7일 동안 기도하고

10) 『三國遺事』 권3, 塔像 제4, 皇龍寺丈六條, T.2039, p. 990a-c.

11) 『三國遺事』 권3, 臺山五萬眞身條에 "初法師欲見中國五臺山文殊眞身 以善德王代貞觀十年丙申入唐"이라 하고, 註記에 "唐僧傳云十二年今從三國本史"라 하였다.

12) T.2039, p. 1005a.

문수보살로부터 범어로 된 게송[13]을 받았는데, 그때 또 문수가 이르기를, "너의 국왕은 천축 찰리(刹利)종족의 왕인데, 이미 불기(佛記)를 받았으므로 남다른 인연이 있으며, 동이공공(東夷共工)의 종족과는 같지가 않다.[14] 그러나 산천이 험악한 까닭에 인성이 거칠고 그릇되어 사견(邪見)을 많이 믿어서 간혹 천신이 화를 내리나, 다문(多聞)비구가 나라 안에 있으므로 군신(君臣)이 평안하고 만민이 화평하다"고 했다고 한다. 자장은 이 자리에서 외구(外寇)를 막기 위해 무엇을 하면 좋은가 하는 것을 문수에게 물었다. 문수는, "황룡사 호법룡(護法龍)은 내 장자(長子)로서 범왕(梵王)의 명을 받아 그 절을 보호하고 있으니 그 절에 구층탑을 이룩하면 좋을 것"이라고 분부를 하였다.[15] 또 자장은 같은 자리에서 문수로부터, "너의 나라의 동북방 명주계(溟州界)에는 오대산이 있는데, 1만의 문수가 항상 그곳에 거주하는 터이니 네가 가서 뵈어라"는 말까지 듣고 온 사람이다.

우리는 이상의 사실들을 통하여, 자장이 신라를 불국토로 보게 되고, 또 그렇게 주장하지 않을 수 없는 심경과 의도를 이해할 수 있다. 더욱이 자장은 율사로 알려져 있지만, 철학적으로는 화엄사상에 투철해 있던 사람인 만큼 신라의 불국토사상이 그에 의해서 더욱 강조되게 되었다고 보는 것은 무리가 아닐 것이다.[16]

위의 인용문 중 B에서 아육왕이 배에 띄워 보낸 금철을 가지고 장육삼존을 주성했다는 이야기는, 탈해왕이 용성국(龍城國)에서 알(卵)로 태어나자 칠보와 노비와 함께 배에 실려 '인연 있는 곳에 가 나라를 세우고 집을 이루라'는 축원을 받고 흘러와서 마침내 계림(鷄林) 동쪽 아진포(阿珍浦)에 이르렀다는 이야기와 매우 흡사한 줄거리이므로,[17] 그 줄거리만을 따서 변형시킨 것이라고도 볼 수 있을 것이다.

자장이 언제 태어나 언제 죽었느냐 하는 것은 알려진 바가 없다. 다만 그는 앞서 보아온 바와 같이 7세기 중엽 선덕여왕대에 활약한 사람인 것은 틀림없다. 그

---

13) 범어로 된 게송은 다음과 같다.
呵囉婆佐曩 是曰了知一切法 達嚇哆佉嘢 云自性無所有
曩伽呬伽曩 云如是解法性 達嚇盧舍那 云卽見盧舍那 (T.2039, p. 998b-c.)

14) 刹利種은 刹帝利種을 뜻하고, 共工이란 본래 舜代의 四凶의 하나이다. 여기서는 東夷野蠻의 뜻으로 쓰이고 있다.

15) 『三國遺事』 권3, 皇龍寺九層塔條, T.2039, p. 990c.

16) 자장이 화엄사상에 투철해 있었던 것은 우선 그가 공부한 곳이 바로 청량산이었다는 점, 그에게 聖莂을 준 보살이 文殊라는 점, 문수가 준 梵偈의 내용이 화엄사상을 반영하고 있다는 점, 그리고 그 자신이 元寧寺의 낙성회 때 「雜花萬偈」를 講한 사실 등을 들면 족할 것이다. 자장은 636년부터 643년까지의 사이에 終南山을 방문하였으니, 그 당시는 화엄종의 개조라고 불리는 杜順의 만년에 해당한다.

17) 상세한 것은 『三國遺事』 권1, 脫解王條, T.2039, p. 965c 참조.

는 문수보살로부터 들은 오대산의 이야기를 잊지 못하였다. 『삼국유사』의 '대산월정사(臺山月精寺) 오류성중(五類聖衆)'의 조(條)를 보면, 자장은 오대산에 이르러 문수진신을 보려고 산기슭에 모옥(茅屋)을 짓고 살았으나 7일 동안이나 나타나지 않으므로 다시 묘범산(妙梵山) 또는 태백산 갈반처(葛蟠處)로 가서 석남원을 세웠다. 마침내 노거사 차림의 문수의 내방을 받았으나 알아보지 못하고 푸대접했다가 뒤늦게 이를 알고 따라갔지만 끝내 만나지 못하고 쓰러져 돌아갔다. 이 유서 깊은 자리를 석남원이라고도 하고 정암사(淨岩寺)라고도 했는데, 이는 모두 돌과 관련이 있는 절임을 짐작하게 하는 것도 흥미롭다.

위의 인용문 B에 나오는 『사기(寺記)』의 말과 기타 황룡사에 대한 제 기록을 보면, 황룡사는 대국통제도가 생김과 동시에 신라의 가장 중요한 사찰 구실을 한 것이 확실하며, 그것은 일본에서 나라(奈良)의 동대사(東大寺)가 화엄종지(華嚴宗旨)에 따라 '일본국총국분사(日本國總國分寺)'로서 지방국분사(地方國分寺)의 중심이 되었던 것과 시대의 간격은 있지만 일맥 통하는 점이 있었다고 볼 수 있다.

앞서 말한 삼산·오악을 비롯한 신라의 산악숭배 신앙은 진평왕대에 이미 불교와 습합되고 있음이 드러나 있다. 『삼국유사』의 '선도산성모수희불사(仙桃聖母隨喜佛事)'가 이를 입증한다. 한 비구니가 꿈에 선도산 신모(神母)의 교시를 받아 불전(佛殿)을 수리하는데, 그 교시에는 다음과 같은 말이 있다. "내 자리 밑에서 금을 꺼내어 주존삼상(主尊三像)을 장식하고, 벽 위에는 53불과 육류성중(六類聖衆)과 여러 천신과 널리 오악의 신군(神君)을 그리고, 해마다 봄가을에 10일 동안 선남선녀를 모아 일체 중생을 위하여 점찰법회(占察法會)를 베풀되 항상 이것을 지켜라."

이와 같은 예는 당시 매우 널리 유행되었던 것으로 생각된다. 위의 글의 주기(註記)에도 "본조굴불지(本朝屈弗池)의 용이 제(帝)에게 현몽(現夢)하여 청하기를, 영취산(靈鷲山)에 약사도량을 길이 열어 해도(海途)를 평안케 하라"[18] 했다고 하니 같은 사고방식의 표현이다.

이리하여 7세기 중엽 이래 신라의 명산들에는 불보살의 존상이 하나씩 모셔지기 시작하였고, 그것은 때로는 독립된 석상이거나, 또 때로는 사찰을 수반하는 존상이 되기도 하였다. 오악만 하더라도 동의 토함산에는 불국사(佛國寺)와 석불사(石佛

18) 『三國遺事』 권5, 感通 제7, 仙桃聖母隨喜佛事條. "眞平王朝 有比丘尼名智惠 多賢行 住安興寺 擬新修佛殿而力未也 夢一女仙風儀婥約 珠翠飾鬟 來慰曰 我是仙桃山神母也 喜汝欲修佛殿 願施金十斤以助之 宜取金於予座下 粧點主尊三像壁上 繪五十三佛 六類聖衆 及諸天神 五岳神君(羅時五岳 謂東吐含山 南智異山 西雞龍 北太伯 中父岳 亦云公山也) 每春秋二季之十日 叢會善男善女 廣爲一切含靈 設占察法會 以爲恒規(本朝屈弗池龍 託夢於帝 請於靈鷲山長開藥師道場 平海途 其事亦同" (T.2039, p. 1011c).

寺, 석굴암)가, 북의 태백산에는 정암사(淨岩寺)와 부석사(浮石寺)가, 중악 공산(公山)에는 지장사(地藏寺)와 동화사(桐華寺)가, 서의 지리산에는 화엄사(華嚴寺)가, 남의 계룡산에는 갑사(甲寺) 등이 산의 신비성을 불교화하는 역할을 했다고 하겠다.

산의 신비가 불교화 된 가장 현저한 실례는 오대산의 경우이다. 『삼국유사』에 의하면, 이 산을 진성(眞聖)이 거주하는 곳으로 생각한 최초의 사람은 자장법사이다. 그러나 실제로 이 산을 불교적으로 신비화한 것은 정신대왕(淨神大王)과 그 두 태자, 보천(寶川)・효명(孝明) 형제에 의해서였다. 『유사』의 저자 일연은 이 삼부자(三父子)의 신분을 추정하여, 정신(淨神)을 신문왕(神武王)으로, 그리고 효명(孝明)을 효소왕(孝昭王)으로, 보천(寶川)을 성덕왕(聖德王)으로 보는 의견을 피력하였다.19)

보천과 효명이 오대산을 신비화하는 데 대한 『유사』의 기록에는 두 가지가 있다. A는 '대산오만진신(臺山五萬眞身)'이요, B는 '명주 오대산 보질도태자 전기(溟州五臺山寶叱徒太子傳記)'인데 그 서술은 A가 B보다 다소 상세하나 그 내용은 대동소이하다. 두 사람은 각각 속세를 버릴 뜻을 가지고 암자를 짓고 오대산에 머물렀는데, 그들은 여기서 오봉(五峯)을 첨례(瞻禮)하고 그 안에 있는 5만의 진신을 보았으며, 그 36형으로 변화하는 모습을 첨례할 수 있었다는 것이다. 그 오봉과 5만의 진신에 대한 기록은 지금 우리의 당면 관심사인 신라인의 발전된 불국토사상을 알게 하는 좋은 자료다. 이제 전술한 A, B 두 자료를 통해 오대와 그에 관련된 불보살의 이름 등을 적출(摘出)해 본다.

〈표 1〉

	A				B	
中台	風盧山 또는 地盧山	비로자나를 수위로 일만의 문수 진여원(眞如院)에는 문수대성이 매일 새벽 36의 형상으로 변함	黃	風爐山 또는 地爐山	비로자나를 수반으로 일만의 문수 진여원에는 문수대성이 매일 새벽 36의 형상으로 변함
東台	滿月山	일만 관음진신	青	滿月山	관음진신 일만

19) 『三國遺事』 권3, 臺山五萬眞身條. "按國史 新羅無淨神寶川孝明三父子明文 然此記下文云 神龍元年開土立寺 則神龍乃聖德王卽位四年乙巳也 王名興光 本名隆基 神文之第二子也 聖聖之兄孝照名理恭 一作洪 亦神文之子 神文政明字日照 則淨神恐政明神文之訛也 孝明 乃孝照一作昭之訛也 記云孝明卽位 而神龍年開土立寺云者 亦不細詳言之爾 神龍年立寺者乃聖德王也" (T.2039, p. 998c). 『삼국유사』 본문에 의하면 보천은 즉위를 하지 않은 것으로 되어 있는데 보천이 만약 성덕왕이라고 하면 어딘가 잘못이 있게 된다.

	A			B	
南台	麒麟山	팔대보살을 수위(首位)로 일만의 지장	赤	麒麟山	팔대보살을 수반으로 일만의 지장보살
西台	長靈山	무량수여래를 수위로 일만의 대세지	白	長嶺山	무량수여래를 수반으로 일만의 대세지보살
北台	象王山	석가여래를 수위로 오백의 대아라한	黑	相王山	석가여래를 수반으로 오백의 대아라한

두 자료 사이에는 거의 차이가 없다. 산의 이름들이 어디에서 왔는지는 알 수 없으나 동서남북의 사방에서 각각 관음·미타·지장·석가를 보고, 그 중심이 되는 중대(中臺)에서 비로자나와 문수를 본 것은 신라인의 눈에 비친 『화엄경』의 판테온이라고 볼 수밖에 없다. 그리고 동서남북의 사방을 청·백·적·흑으로 배색한 것은 청룡·백호·주작·현무로 상징되는 중국 고유의 사상의 영향이 이미 깊숙이 젖어든 도불(道佛) 습합적인 요소라고 할 수 있을 것이다.

보천은 임종시에 후일 산중에서 행할, 국가를 도울 행사로서 〈표 2〉와 같은 위치에 각기 지정된 불보살을 모시고 복전(福田)을 두어 주간에는 일정한 경을 독송하고, 야간에는 특정한 예참(禮懺)을 하는 공동체를 만들 것을 권한 바 있다.[20] 그리고 기록에 의하면, 보천은 그 임종 전에 중대에 진여원(眞如院)을 지었다고 한다.

〈표 2〉

靑	東台의 北角下 北台의 南麓末	觀音房	圓像觀音 靑地畵一萬觀音像	福田五員	晝讀 夜念	八卷金經·仁王· 般若·千手呪 觀音禮懺	圓通社
赤	南台南面	地藏房	圓像地藏 赤地畵八大菩薩 爲首一萬地藏像	福田五員	晝讀 夜念	地藏經·金剛· 般若 占察禮懺	金剛社
白	方西台南面	彌陀房	圓像無量壽 白地畵無量壽如 來爲首一萬大勢至	福田五員	晝讀 夜念	八卷法華 彌陀禮懺	水精社
黑	北台南面	羅漢房	圓像釋迦 黑地畵釋迦如來 爲首五百羅漢	福田五員	晝讀 夜念	佛報恩經·涅槃 經 涅槃禮懺	白蓮社
黃	中台	眞如院	泥像文殊 黃地畵毘盧遮那 爲首三十六化形	福田五員	晝讀 夜念 晝讀 夜念	華嚴經·六百般若 文殊禮懺 長門藏經 華嚴神衆 每年華嚴會一 百日	華嚴社 法輪社

20) 『三國遺事』 권3, 臺山五萬眞身條, T.2039, p. 999.

우리는 〈표 1〉과 〈표 2〉 사이에서 그 성격에 아무런 차이가 없음을 볼 수 있다. 그리고 이로써 우리는 신라인들이 4방위에 불보살을 비정하는 하나의 패턴을 본 셈이 되는 것이다. 중앙에 비로자나불(毘盧遮那佛)과 문수보살이 온다는 것에는 아무런 의문이 없다. 그리고 그곳을 황색으로 표현하는 것은 앞서 우리가 보아온 황룡사의 황룡(黃龍)과도 좋은 일치를 보여주고 있어, 황룡사의 지위를 새삼 재인식하게 되는 계기가 된다. 서방에 아미타불(阿彌陀佛)이 온다는 사실에도 이론의 여지가 없고, 북방 즉 현무에 해당하는 방위가 기본이 된다면 이 방위에 석가를 배위하는 것도 충분히 납득이 간다. 문제는 나머지 둘이다. 동방의 관음(觀音)과 남방의 지장(地藏)이 어째서 그 자리에 와야 하는가? 우리는 이 문제를 잠깐 숙제로 남겨둔 채 일단 신라인들이 가졌던 불국토관에 대한 개관(概觀)을 매듭지어야 하겠다.

'대산오만진신(臺山五萬眞身)'의 이야기에서 우리는 단순히 산악의 신비화만이 문제라고 생각해서는 안 될 것이다. 우리의 주목을 끄는 것은 산악이 신비롭다는 생각보다도 7-8세기의 신라인들에게는 동서남북의 사방과 그 중심에 10불(佛)이 변만(遍滿)하다고 하는 사고방식이 굳은 신념처럼 되어 있었다는 사실이다.

지금까지 보아온 바와 같이 7세기의 신라인들은 오랜 애니미즘적인 바탕을 불교 토착화의 적당한 토양으로 삼고 갖가지 윤식을 가해 왔다. 신라가 그대로 불교 발상지라는 이야기로까지 진전은 되지 않았더라도 전불(前佛)시대의 가람이 있었다는 이야기에서부터 가섭불 연좌석의 이야기, 신라의 국왕이 천축 찰제리(刹帝利)의 종(種)이라는 이야기, 아육왕이 띄워 보낸 동과 금이 신라 땅에 도착하여 여기서 비로소 장육불상의 조성이 가능했었다는 이야기 등은 국명 자체에까지 인도의 불교성지의 이름을 한역경전의 역어 그대로 '室羅筏'이라고 불렀던 것과 아울러, 불교 발상지와의 관련을 지으려는 끈질긴 시도였다고 볼 수 있는 것이다. 그러나 이와 같은 시도는 이를테면 불교 초전기(初傳期)의 제1단계적 시도라고 평해야 마땅할 것이고, 이러한 초보적인 단계는 점차 좀더 사변적・철학적인 단계로 발전하여 『화엄경』 법계연기(法界緣起)의 사상을 근거로 하여 보다 고차원적인 제2단계로 접어 들어갔다고 볼 수 있는 것이다. 물론 이와 같은 제1・제2 단계는 결코 단절되는 것이 아니지만, 제2단계에서는 제1단계에서의 직접적인 물적 연관을 강조하는 것을 지양하고 그러한 직접적 물적 연관들을 받아들이되, 그것을 상징적인 것으로 이해하려는 태도가 그 중심이 되었던 것이다.

Ⅳ. 금강산 보살주처 신앙의 형성

오대산 신앙과는 별도로 산과 관련된 신라의 불국토관에는 금강산을 법기보살(法起菩薩)의 주처(住處)라고 믿는 사고방식이 있었다. 이러한 생각이 어느 때부터 신라인들 사이에 친숙해지기 시작했는지에 대해서는 분명한 기록이 없으나, 징관(澄觀)의 『화엄경소(疏)』에는 거의 이러한 신앙이 중국과 신라의 어느 지역에서나 통용되는 확고한 것으로서 조금도 의심의 여지가 없는 것처럼 기록되고 있으므로 늦어도 징관의 시기(737년 출생, 776년 이래 오대산과 峨嵋山을 거쳐 終南山 大華嚴寺에서 활동, 833년 입적), 특히 776년까지는 신라인의 금강산신앙이 『화엄경』「제보살주처품(諸菩薩住處品)」을 토대로 하여 성립되어 있었음을 알 수 있다. 자장은 종남산(終南山)에서 신라의 오대산이 문수진신(文殊眞身)의 거처라고 하는 이야기를 듣고 왔으나, 금강산이 법기보살의 주처(住處)라고 하는 말을 들었다는 언급이 없다. 의상의 제자 표훈(表訓)도 금강산에 들어가 사찰을 창건한 흔적이 있다. 아마도 의상 멸후의 일이라고 짐작된다.[21] 그렇다면 표훈의 만년에는 어떤 경로를 통해서, 또 어떠한 과정을 밟아서 생겼든지 간에 금강산이 보살주처(住處)라는 신앙이 이미 나타났던 것이 아니겠나 하는 추측이 가능하다. 이제 좀더 구체적으로 자료를 들면서 이 추측을 뒷받침해 보기로 한다.

법기보살의 주처로서 금강산의 이름을 기록한 것은 실차난타(實叉難陀)가 번역한 『80화엄』에서의 일이다. 『80화엄』「제보살주처품」 제32를 보면 방위별로 산명을 열거하고 왕석(往昔)이래로 여러 보살들이 거기에 머물러 살았음을 이야기하고, 현재 어느 보살이 권속 얼마를 거느리고 어느 산에 머무르면서 법을 연설하고 있다는 언급이 있다. 이제 그 요지만을 표기해 보면 다음의 〈표 3〉과 같다.[22]

그런데 동진(東晋)의 불타발타라(佛馱跋陀羅)가 번역한 『60화엄』의 「보살주처품」 제27에 의하면 그 내용에는 약간의 차이가 있다. 특히 금강산이란 이름이 없고, 그에 해당하는 산명의 열거 순서와 보살의 권속 수에 차이가 있는 것은 주목을 요한다. 번거롭지만 다시 『60화엄』의 열거내용을 표기해 보면 다음의 〈표 4〉와 같다.[23]

---

21) 『삼국유사』에는 表訓이 神琳과 더불어 불국사·석불사(지금의 석굴암)에 머문 것을 말하고 있는데, 이와 전후해서 표훈이 금강산에서 一寺를 창건했을 공산이 크다. 『동국여지승람』에서는 表訓寺條에서 "諺云 新羅僧能仁神琳表訓創此寺"라 하고, 寺乘에서 "新羅文武王十年 表訓祖師初刱"이라 하고 있으나, 문무왕 10년이라면 아직 의상의 귀국 전이기 때문에, 아직은 표훈이 一寺를 창건할 만한 시기가 아니므로 그 만년의 일로 보는 것이 타당할 것이다.

22) T.279, p. 241b-c.

23) T.279, pp. 589c-590c.

〈표 3〉

	방위	산명	현존 보살	권속	설법
1	東方	仙人山	金剛勝	三百人	
2	南方	勝峰山	法慧	五百人	
3	西方	金剛焰山	精進無畏行	三百人	
4	北方	香積山	香象	三千人	
5	東北方	淸涼山	文殊師利	一萬人	
6	海中	金剛山	法起	千二百人	
7	東南方	支提山	天冠	一千人	
8	西南方	光明山	賢勝	三千人	
9	西北方	香風山	香光	五千人	
10	大海之中	莊嚴窟			常在其中而演說法
11	毘舍離南	善住根			
12	摩度羅城	滿足窟			從昔已來
13	俱珍那城	法座			諸菩薩衆
14	淸淨彼岸城	目眞隣陀窟			於中止住
15	摩蘭陀國	無礙龍王建立			
16	甘菩遮國	出生慈			
17	震旦國	那羅延窟			
18	疏勒國	牛頭山			
19	迦葉彌羅國	次第			
20	增長歡喜城	尊者窟			
21	菴浮梨摩國	見億藏光明			
22	乾陀羅國	苫婆羅窟			

〈표 4〉

	方位	住處名	菩薩名	眷屬數	其他
1	東方	仙人起山	金剛勝	三百	常爲說法
2	南方	勝樓閣山	法慧	五百	〃
3	西方	金剛焰山	無畏師子行	三百	〃
4	北方	香聚山	香象	三千	〃
5	東北方	淸涼山	文殊師利	一萬	〃
6	東南方	枝堅固	天冠	一千	〃
7	西南方	樹提光明山	賢首	三千	〃
8	西北方	香風山	香光明	五千	〃
9	四大海中	枳怛	曇無竭	萬二千	〃
10	海中	功德莊嚴窟			
11	毘舍離城南	善住			
12	巴連弗邑	金燈僧伽藍			
13	摩瑜羅國	長養功德			
14	拘陳那耶國	法座			
15	淸淨彼岸國	牟眞隣陀功德			
16	風地內	無礙龍王所造			
17	甘菩國	最上慈			
18	眞旦國	那羅延山			

19	邊夷國土	牛 頭 山			
20	罽賓國土	鬱提尸山			
21	難提拔檀那城	梯羅浮訶			
22	菴浮梨摩國	正治邪曲			
23	乾陀羅國	寂 靜 窟			

다 아는 바와 같이 『60화엄』은 불타발타라가 408년에서 429년 사이에 번역한 것이고, 『80화엄』은 실차난타가 695년에서 704년 사이에 번역한 것이다. 법장(法藏)은 그 유명한 『탐현기(探玄記』의 대본으로서 『60화엄』을 사용했다. 따라서 적어도 『탐현기』를 쓸 당시까지, 법장은 해동의 금강산이 보살주처라는 사실에는 무관심했다고 보아야 한다. 그가 643년에 태어나 712년에 입적한 점으로 보아 법장은 설사 만년에 『80화엄』을 알았더라도 그것을 이용할 수 없었을는지도 모른다. 702년에 입적한 의상이 그것을 알았을 리 없다. 이 80화엄을 십분 활용한 것은 징관(澄觀, 737-838)이다.

『60화엄』에는 금강산의 이름이 나오지 않고, 다만 청량산의 문수보살 이야기만이 기록되어 있었으므로, 자장, 의상, 그리고 그 제자들이 오대산만을 신성시했던 것은 이해할 수 있는 일이다. 신라인들에 있어서 실로 『80화엄』의 출현은 경이적인 것이었다고 볼 수 있을 것이다.

『80화엄』에는 동북방 청량산 다음에 '해중(海中) 금강산'이라 하고, 법기보살이 그곳에 거처하여 1,200인의 권속을 거느리고 지금도 설법을 한다고 했다. 우리는 이 열거방식에 약간의 의문을 품어 볼 수도 있다. 왜냐하면, 『60화엄』에서는 동·남·서·북·동북·동남·서남·서북의 팔방 다음에 아홉 번째로 '사대해중(四大海中)'이라 하여 담무갈(曇無竭)보살의 주처가 열거되는 데 반해, 『80화엄』에서는 바로 같은 보살이라 볼 수 있는 법기보살[24]의 주처, 금강산의 이름이 '동북방 청량산' 문수보살의 주처 다음에 여섯 번째로 병렬되어 있는 것은 아무래도 어색한 점이 없지 않기 때문이다. 혹 악의적으로 해석한다면, 이러한 나열은 청량산을 중심으로 한 당과 신라의 화엄학도들 사이에서 이루어진 조작이라고 주장할 사람이 있을는지도 모르겠다.

그러나 하여간 『80화엄』의 이와 같은 언급은 신라인들의 불국토사상에 대하여는 큰 활력소가 되었음이 틀림없다. 이 언급으로 말미암아 『60화엄』의 아홉 번째 주처는 새삼스럽게 클로즈업되게 되었다. 『탐현기』에서 법장은 이 주처에 관해 다

24) 澄觀은 그 『화엄경소』에서 曇無竭을 法生, 法勇, 法尙의 뜻이라고 보고 지금 이것을 法起라고 한다. 生勇과 뜻이 같다고 말한 바 있다. "曇無竭者 此云法生 亦云法勇 亦云法尙 今言法起 與生勇義同"(T.1735, p. 860a). 曇無竭은 Dharmodgata의 음역일 수도 있다.

음과 같이 말한 바가 있다.

> 사대해(四大海) 중에는 이주처(二住處)가 있는데, 하나는 지달(枳怛)이다. 다 갖추어 말하면 이지다(昵枳多)라고 한다. 이는 용출(踊出)이란 뜻이다. 즉 해도산(海島山)의 이름이다. 담무갈(曇無竭)이란 법생(法生)을 말하고 법용(法勇)을 말한다. 또 다른 하나는 굴인데 이 바다는 딴 곳이다. 범본(梵本)에 준하면 응당 간착장엄굴(間錯莊嚴窟)이라고 불러야 한다.
>
> 四大海中有二住處 一枳怛者具云昵枳多 此云踊出 卽海島山之名 曇無竭此云法生 亦云法勇 二窟是海別處 準梵本 應名間錯莊嚴窟[25)]

징관(澄觀)은 이 말을 받아 그의 소(疏) 제47에서 다음과 같이 말한다.

> 여섯 번째로는 금강산인데, 동해의 동쪽에 금강이란 산이 있다. 전체가 금은 아니지만 상하사주(上下四周)로부터 산간(山間)에 이르기까지 유수사중(流水砂中)에 모두 금이 있다. 멀리 바라다보면 곧 전체가 금이라 할 만하다. 또 해동인(海東人)은 옛날부터 서로 전하기를 이 산에 왕왕 성인이 출현한다고 한다. 그러나 진본(晋本)에는 이 처(處)가 아홉 번째에 열거된다. 제10 장엄굴(莊嚴窟)과 같이 해중(海中)에 있기 때문이다. 그런데 지금 이 책에 (여섯 번째로) 있는 것은 그 뜻이 팔방(八方) 안에서 동북방에 섭(攝)하는 까닭이다. 만약 그렇지 않다면 어찌하여 바로 팔방을 설하다가 별안간 해(海)를 말하겠는가. 또 진본의 해중(海中)에는 두 주처(住處)가 있다. 하나는 지달나(枳怛那)로서 현재 담무갈(曇無竭)이란 보살이 1만2천의 보살을 권속으로 하고 있다. 지달(枳怛)이라고 하는 것은 갖추어 말하자면 이지다(昵枳多)로서 용출(湧出)이란 뜻이다. 금강은 체(體)를 말하고, 용출은 상(狀)을 말한다. 담무갈이란 법생(法生)을 말하고, 또 법용(法勇)을 말하며, 또 법상(法尙)을 말한다. 지금 이를 법기(法起)라고 한다. 생용(生勇)과 뜻이 같다. 즉 상제(常啼)의 벗이다. 보살의 권속이 이 경에서는 10배로 늘어나 있다. 혹은 전역(前譯)의 잘못이 아닌지 모르겠다.
>
> 六金剛山 謂東海近東有山名爲金剛 雖非全體是金 而上下四周 乃至山間流水砂中

25)『華嚴經探玄記』권15,『卍續藏經』, 卷4, p. 315b.

皆悉有金 遠望卽謂全體是金 又海東人自古相傳 此山往往有聖人出現 然晋本此處當其第九 以與第十莊嚴窟俱在海中故 而今居此者 意是八方之內 東北方攝故 若不然者 何以正說八方忽然語海 又晋本海中有二住處 一名枳怛那 現有菩薩名曇無竭有萬二千菩薩眷屬 言枳怛者 具云昵枳多 此云涌出 金剛語體涌出語狀 曇無竭者此云法生 亦云法勇 亦云法尙 今言法起 與生勇義同 卽常啼之友也 菩薩眷屬十倍今經 或前譯之誤[26]

징관도 『60화엄』의 제9 주처가 『80화엄』에서 제6으로 옮겨진 데 대해 의심은 가졌으나 적당히 납득하고 있다. 그는 '지달'과 '금강'을 일치시키려고 애쓰고 있다. 이미 그는 해동인들의 증언과 주장을 듣고 그것에 동의를 표하고 있는 것 같은 인상이다.

위의 표들에서 제9 주처의 열(列)에 낀다는 것은 퍽이나 영광스럽게 생각됨직한 이유가 있다. 즉 제10 이하의 제12 내지 제13 주처는 인도 안의 제국(諸國)과 인도의 변강(邊疆)들의 이름이지만, 이 나라들은 현재 보살이 주(住)하는 곳이 아닌데 대하여, '해중 금강산'을 포함한 9처에는 현재 보살이 권속 다수를 이끌고 살고 있으며 설법 중에 있는 까닭이다. 특히 그 중에도 권속 수가 많은 것은 더욱 영예스러운 것으로 여겨질 것이 분명하다. 권속 수가 제일 많은 곳이 청량산이다. 청량산은 두말할 것도 없이 중국 화엄의 영산(靈山)이다. 그 다음을 차지하고 싶은 심정은 누구에게나 다 있을 수 있는 일이다. 그리하여 어느 것이건 수가 많은 쪽을 진실로 받아들이려는 심정은 이해할 수 있을 것 같다. 오늘 널리 유포된 속전(俗傳)에는 금강산에 1만2천 봉이 있다고 되어 있다. 또 민간에 전해지는 조선시대의 민화 〈금강산도〉를 보면 산봉우리 하나하나를 사람 모양으로 그린 것이 있다.[27] 이러한 것들의 오랜 기원은 역시 8세기 신라인들의 불토(佛土)신앙에까지 거슬러 올라가 찾아야 할 것 같다.

상술한 견해에 입각하여, 우리는 금강산 보살주처 신앙이, 이르면 표훈의 시대로부터 늦어도 징관의 시대에 이르기까지의 사이, 즉 8세기 전반에 『80화엄』을 토대로 굳건히 기반을 갖춘 신라인의 신앙이 되었다는 사실을 알게 되었다. 이 신앙은 신라인의 불국토신앙에 더욱 큰 자신과 자부를 안겨준 결과가 되었다.

이러한 신앙의 여파는 꽤 컸던 것 같다. 모치즈키 신코(望月信亨)에 의하면, 일찍

26) T.1735, p. 860a.

27) 趙子庸, 「韓畵 金剛山圖」, 『民學』 2(1973), p. 61 附圖 綬筆骨線體金剛山圖十幅 병풍(조선중기,
에밀레박물관 소장) 참조.

부터 한반도와 밀접한 관련을 가진 일본의 야마토(大和)에도 곤고산(金剛山)이 있는데, 가츠라기산(葛城山)라고도 불리는 이 산이 보살주처로 존숭되었던 사실을 알 수 있다.28)

『제사연기집(諸寺緣起集)』 '금강산'의 조(條)에는 다음과 같이 기록되어 있다.

> 야마토국(大和國) 금강산은 법희(法喜)보살이 반야를 설하는 곳이다. (중략) 엔노교자(役行者)가 일곱 생을 거치는 동안, 이 산에 올라 법희보살을 만난다.

또 『당초제사약록(唐招提寺略錄)』에도 다음과 같이 기록되어 있다.

> 다음에 가츠라기레이(葛城嶺)에 들어간다. 금강산이다. 이 산은 화엄의 회소(會所), 법기(法起)보살 출현의 영경(靈境)이다.

엔노교자(役行者)란 엔노오즈누(役小角)을 말하는 것으로, 슈겐도(修驗道)의 개조(開祖)로 불리는 사람인데, 그의 경력과 슈겐도의 내용을 보면 그곳에는 신라의 화랑도나, 화엄사상의 영향이 매우 짙게 미쳐 있음을 간취할 수 있다.

엔노교자의 전기에 대하여는 좀더 검토할 점이 많으나, 그는 야마토국 가츠라기군(葛城郡) 가야하라(茅原)의 사람으로서 役 또는 役이 성(姓)이다. 슈겐도의 경전 『목엽의(木葉衣)』 권상(卷上)에 의하면 役은 훈독(訓讀)으로 에다치(エダチ)이나 엔(エン)이라고 읽고, 小角은 오즈누(ヲヅヌ)라고 읽는다고 한다. 조메이(舒明)천황 6년(545)에 출생하여 32세, 즉 577년에 가츠라기잔에 올라가 금동 공작명왕(孔雀明王)의 상을 암굴 중에 안치하고 초의목식지주관법(草衣木食持呪觀法)을 하기 30여 년, 드디어 기이한 험술(驗術)을 증득했다고 한다. 그 후 오미네산(大峰山), 긴푸센(金峰山), 고야산(高野山), 우시타기야마(牛瀧山), 미노산(箕面山) 등을 답파(踏破)하며 제자들을 키웠는데, 그의 종교를 슈겐도라고 했다는 것이다.

여기에 나타난 그의 출생연대는 믿을 수 없다. 그 당시에는 아직 일본에 밀교가 알려져 있지 않은 시기이고, 또 그가 나중에 제자 중에 참주(讒奏)하는 자가 있어 몬무(文武)천황 3년(700)에 이즈(伊豆)로 유배되었다가 대보(大寶) 원년 68세로 사면되어 귀경했다는 기록이 있음에 비추어 볼 때, 대보 원년이 701년이므로 그의 출생은 633년의 일이라고 보는 것이 마땅할 것이다.

전설에 의하면 후지산(富士山)이 개척된 것도 이때의 일이라고 하며, 엔노자와 그

---

28) 이하에 인용하는 일본측 제 자료는 望月信亨, 『佛敎大辭典』의 「役小角」, 「修驗道」, 「葛城山」, 「大峯山」 등의 항을 참조하였을 뿐 원 자료를 일일이 대조하지 못한 것을 유감으로 생각한다.

의 슈겐도는 산악숭배의 근본 입장에 서 있음을 알 수 있다. 가츠라기산(葛城山)은 현재 가츠라기와 곤고(金剛)의 두 산으로 분별되고 있으나, 원래 하나로 총칭되었던 고산(高山)이다. 『일본서기(日本書記)』 제14에는 유랴쿠(雄略)천황이 이 산에 사냥 와서 일언주신(一言主神)를 알현했다고 했고, 또 『부상약기(扶桑略記)』 제5 몬무천황 3년 5월조에는 에다치노키미(役公, 엔노교자)가 여기에 머무르기 30여 년, 일언주신을 비롯한 귀신을 시켜 돌을 운반하게 했다는 이야기도 적혀 있다. 한편 『신황정통기(神皇正統記)』는 그 서설(序說)에서 『화엄경』에 말하는 동북 해중(海中)의 금강산이란 대왜(大倭)의 금강산을 두고 한 말이라고 지적한다. 엔노교자의 제자들이 편찬한 『역군징업록(役君徵業錄)』에는 그를 법기보살의 화신이라고까지 신격화하여 다음과 같이 말하고 있다.

> 공(公)은 가섭(迦葉)의 후신이다. 옛날 세존께서 『화엄』을 설하실 때에 가섭은 법희(法喜)보살로 현(現)하여 맹세해 말하기를, 내가 중생을 도(度)하기 위하여 저 동토(東土)에 태어나리라 하였는데, 과연 그 말과 같이 아방(我邦)에 태어나 역우바새(役優婆塞)라고 칭한다. (중략) 그러므로 금강산은 갈령(葛嶺)의 이명(異名)이며, 법희보살은 공의 밀호(密號)이다.[29]

현재도 일본의 금강산에는 전법륜사(轉法輪寺)라는 절이 있어 엔노교자가 개기(開基)한 것이라 하며 법기보살을 본존으로 하고 있다고 한다. 또 그가 개창하고 슈겐도 제1의 영지로 알려진 오미네야마(大峯山, 大和國 吉野郡)은 봉우리, 암굴, 유종(流宗) 하나하나가 신성하지 않은 곳이 없다시피 수도의 발자취로 덮여 있다. 신라의 금강산이 개골산(皆骨山)이라고 불려질 정도의 암산인 것과 비슷하게 이 산들에도 바위가 많다. 산악숭배와 암석숭배의 혼합 현상이 여기에도 뚜렷하다.

엔노교자의 슈겐도에는 직접간접으로 한반도의 영향이 적지 않았던 것 같다. 그의 제자에는 한국연광족(韓國連廣足, 가라쿠니노 무라지 히로타리)라는 도래인(渡來人)이 있었고, 오미네야마의 남쪽봉우리 하나는 '조선악(朝鮮嶽)'이라고도 불려지고 있다.

슈겐도의 내용 자체에서도 적지 않은 공통된 사고방식을 찾아 볼 수 있다. 앞서 언급한 바와 같은 산악숭배, 암석숭배 등 애니미즘적인 경향이 농후한 것은 신라인의 경우와 공통된 현상이며, 주술적 요소가 강조되고 있는 것도 상당히 유사한 성격이다. 일종의 슈겐도사(修驗道史)라고 볼 수 있는 『답운록사(踏雲錄事)』에는

29) 望月信亨, 『佛教大辭典』 5권, p. 4564.

'엔(役) 성자가 거룩하게도 이 비법을 전하여 신(神)을 부르고 귀(鬼)를 부려 현신신통경(現身神通境)에 독보(獨步)하며 불사장명(不死長命)의 선도(仙道)를 얻었다'고 되어 있는데, 여기의 불사장명의 선도를 이야기하는 대목은 화랑이 산천을 유오(遊娛)하면서 선도를 연마한 것과 동궤(同軌)의 종교성향이라고 볼 수 있다. 슈겐도에 있어서 교상담의(教相談義)는 오히려 경시된 것이 사실이지만, 점차 체계화되어 간 그들의 철학에는 화엄사상을 근간으로 『기신론』과 밀교의 사상이 조화되어 있음을 볼 수 있다. 밀교의 색채가 이 슈겐도에 더 농후하게 나타나 있는 것은 혹시 후대의 윤색일는지도 모르지만, 상술한 기본방향은 7-8세기 신라인, 특히 화랑의 인생관과 흡사한 점이 있다.

슈겐도에서는 비로자나를 '고조(高祖)'로 하고, 만법(萬法)의 당체(當體)에 본래 비로자나의 만덕(萬德)이 구족되어 있다고 보며, ① 즉신성불(卽身成佛), ② 즉신즉불(卽身卽佛), ③ 즉신즉신(卽身卽身)을 깨달아야 한다고 강조한다. 이 세 가지 중의 '즉신성불'은 시각(始覺)을, '즉신즉불'은 본각(本覺)을, '즉신즉신'은 시본불이(始本不二)의 뜻으로 해석된다. 일심진여해(一心眞如海) 중에서는 본래 미오(迷悟) 염정(染淨) 등 일체의 차별을 절(絶)함으로써 부모 소생의 육신에 즉해서 법신 비로(毘盧)의 체성(體性)을 나타내야 한다고 말하는 것이다. 이는 확실히 『기신론』과 화엄에 바탕을 둔 사상이다. 여기에 밀교적 부연이 이루어져 있으나, 그것은 밀교가 적어도 7-8세기 일본불교에서는 크게 유행될 수 없었던 만큼 후대의 가필이라고 보아야 좋을 것이다.

슈겐도에서 출가 체두(剃頭)의 의의를 강조하지 않는 점, 신(神)·불(佛)·도(道) 삼교 일치의 견해를 피력하고 있는 점 등도 역시 위에 열거한 몇 가지 경향과 아울러, 신라의 강한 영향을 짐작하게 하는 현상들이라고 할 수 있는 것이다.

Ⅴ. 사방불의 출현과 그 의미

우리는 앞서 신라인들이 오대산의 오봉(五峯)을, 각각 동에 관음, 남에 지장, 서에 미타, 북에 석가, 중앙에 비로자나 등 제불보살의 진신(眞身)의 주처(住處)로 보는 전승에 관해 이야기한 바 있다. 그리고 이것은 불교 도입 이전부터 신라인이 가졌던 오악숭배의 전통과 용이하게 습합될 수 있는 성격의 것이었음을 지적하였다.

신라인들은 『화엄경』의 이해를 통해서 그들이 그때까지 가지고 있었던 부분적·단편적인 불교 이해를 지양하고, 그 교설과 계율과 의례와 신앙의 다양한 측면들을 종합적으로 각각 그 본래의 자리에 위치지우며 실천적으로 이해하는 직관력을 배웠다. 그것을 우리는 원융무애한 회통력이라고 부를 수 있을 것이다. 그리하여 그들은 불보살에 대한 신앙이 단순한 타력신앙이 아니라, 법신불, 즉 비로자나불로 상징되며, 『기신론』의 용어로 말하면 진여한 일심, 시각(始覺)이자 본각(本覺)이며 대원경지(大圓鏡智)인 여래장 일심에로의 환귀 이외의 다른 아무 것도 아니라고 보는 입장에 서 있었다. 그러므로 그들은 다른 모든 불보살을 그 체(體)에서 비롯하는 상(相)과 용(用)인 보신과 화신으로서만 이해하는 까닭에, 앞서 배워 온 모든 단편적 불교 이해들을 모순 없이 받아들일 능력을 갖추게 되었던 것이다.

한때 산악이나 바위 등의 물체나 장소 자체가 어떤 신비로운 힘이라도 간직한 것처럼 믿어 온 경향이 있었다면, 그것은 서투른 주술신앙에 불과했던 것이요, 따라서 그와 같은 불국토관은 일종의 주력(呪力)신앙이라고밖에는 평가할 수가 없는 것이다. 『화엄경』의 이해는 그것을 극복할 수 있게 하는 힘을 부여하는 것이었으며, 이러한 바탕 위에 선 불국토관만이 사실은 보다 높이 평가받을 만한 불국토관이라고 볼 수 있었다. '삼계허망 단일심작(三界虛妄 但一心作)'이란 『화엄경』의 강한 명제 앞에서 그 허망한 삼계를 불국토로 만드는 것도 역시 일심이지만, 그 일심은 이미 주객분열의 심식(心識)이 아니라 자타무이(自他無二)의 해인삼매의 마음이어야 하는 것이다.

그런 의미에서 원효와 의상은 차원 높은 불국토관을 지닌 사람이었다고 해야 할 것이다. 의상이 지은 『화엄일승법계도』, 그 사각형의 도인(圖印)은 그야말로 그와 같은 차원 높은 불국토관의 상징이라고 보아 무방하다. 작자가 명효(明皛)로 적힌 또 하나의 도인, 즉 『해인삼매도』가 역시 같은 부류의 것이며, 필자는 그것이 원효 자신의 작(作)일지도 모른다는 견해를 피력한 바가 있다.[30] 이 두 가지 도인은 인상(人像)으로 표현된 불상이 아니지만 의상 자신이 말했듯이 하나의 법계불상이라고 함이 타당하다.[31]

필자는 신라의 고토(故土)에 수많이 산견(散見)되는 석탑에 나타난 사방불(四方佛) 역시 이와 같은 정신을 반영하는 것이라고 믿는다. 석탑에는 동·서·남·북을 가리키는 사방위에만 조형(造形) 또는 조상(造像)을 할 수 있다. 석탑에 있어서 중심은 탑심(塔心)에 위치하는 불사리(佛舍利)이고 보면, 외관은 사방불이지만 보이지 않는 곳에 법신불, 비로자나불을 상징적으로 내포한 하나의 불세계, 불국토의 표현이 되는 것이다.

한국 사료문헌에 나타난 사방불에 관한 최고(最古)의 언급은 『삼국유사』의 사불

30) 졸고, 「明皛의 海印三昧論에 대하여」, 鷺山 李殷相博士 古稀紀念論文集 『民族文化論叢』(1973) 참조.

31) 졸고, 「華嚴一乘法界圖의 根本精神」, 『新羅伽倻文化研究』 4(1972).

사(四佛寺)에 관한 기록이다. 이에 의하면 죽령(竹嶺) 동쪽 약 1백 리쯤 되는 곳에 높은 산이 우뚝 솟아 있는데, 진평왕 9년(587)에 별안간 4면이 방장(方丈)만하고 사방에 여래가 새겨진 하나의 대석(大石)이 하늘로부터 산정(山頂)에 떨어졌다고 한다. 그 사방여래는 홍사(紅紗)로 보호되어 있었는데, 왕이 이 말을 듣고 친히 첨경(瞻敬)한 후 바위 옆에 절을 창건하고 대승사(大乘寺)라고 사액(賜額)하였다. 『연경(蓮經)』(법화경)을 외는 한 비구가 절을 지켰는데, 향화(香火)가 끊이지를 않았다. 그 산을 역덕산(亦德山) 또는 사불산(四佛山)이라고 했다는 것이다.[32]

필자는 아직 이 사방불의 실재 여부를 탐사하지 못하였으므로 그것을 여기에 자료로 삼을 수는 없으나, 신라의 유적·유물 가운데에는 다음에 열거하는 몇 개의 예 이외에도 의외로 사방불이 많이 있어, 이 문제는 매우 흥미로운 연구과제가 될 것으로 생각한다. 필자는 지금 한국에서 산견되는 석탑 또는 석조물에서 사방불이 과연 상술한 신라인의 불국토사상, 특히 『화엄』을 알고 난 이후 신라인들의 불국토관과 무슨 연관이 없겠는가 하는 점을 알아보고자 하며, 그렇게 하는 과정에 7-8세기 일본의 탑과 사원 내의 회화 사방불과의 비교를 통해 무슨 도움을 받을 수 있음을 지적하는 데 그치려 한다.

경주 일대에는 뚜렷이 화엄불국토 사상을 표방하는 불국사[33]를 비롯한 신라의 유물이 많이 남아 있다. 그 중 사방불이 표현된 석탑 또는 석조물로는 다음과 같은 것들이 있다.

① 남산 칠불암 소재 사면석불
② 굴불사지 소재 사방불
③ 경주경찰서 앞뜰 소재 석탑사방불 A
④ 경주경찰서 앞뜰 소재 석탑사방불 B
⑤ 경주시 동천동 소재 석탑사방불
⑥ 경주박물관 소재 석탑사방불 A
⑦ 경주박물관 소재 석탑사방불 B

---

32) 『三國遺事』 권3, 四佛山條. "竹嶺東百許里 山屹然高峙 眞平王九年甲申忽有一大石 四面方丈彫 四方如來 皆以紅紗護之 自天墜其山頂 王聞之命駕瞻敬 遂創寺嵓側 額曰大乘寺 請比丘亡名誦蓮 經者主寺 洒掃供石香火不廢 號曰亦德山 或曰四佛山 比丘卒旣葬 塚上生蓮". 이 산을 경상북도 상주에 있는 것으로 간주하고 있다. 李能化, 『朝鮮佛敎通史』, 下卷, p. 747 참조.

33) 『佛國寺古今創記』에 의하면 현 불국사는 金大城이 창건한 것이 아니라, 그 이전에 華佛國寺, 華嚴法流寺란 이름으로 법흥왕의 母后 및 그 妃에 의하여 창건되어 그 후에는 의상과 그의 제자 悟眞, 表訓 등이 無說殿에서 『화엄경』을 강론했다고 한다. 이곳이 신라의 중요한 화엄 사찰이었던 것은 여러 가지로 입증이 된다.

⑧ 경주박물관 소재 석탑사방불 C
⑨ 경주박물관 소재 석탑사방불 D
⑩ 경주박물관 소재 석탑사방불 E

경주박물관 앞뜰에 산재해 있는 석탑의 사방불에 대하여는 그 원 위치가 대부분 시내 일원으로만 알려져 있을 뿐 자세하지 않고, 따로 명명할 만한 근거도 없으므로 편의상 A B C D E로 호칭하기로 한다.[34]

우리는 이 석탑 유물들의 정확한 성립 연대를 알지 못한다. 다만 굴불사지(掘佛寺址)의 사면석불만은 『삼국유사』에 언급이 있어서 대강 그 성립연대를 짐작할 수 있을 뿐, 그 나머지 것들에 대하여는 아무런 기록이 남아 있지 않아 유감이다.

굴불사지 사방불에 관하여는 앞서 이야기한 『삼국유사』의 사불사조((四佛寺條) 에 이어서 다음과 같이 적혀 있다.

> 경덕왕이 백율사(栢栗寺)에 유행(遊幸)을 하여 산 밑에 이르렀을 때 땅 속에서 불성(佛聲)을 노래하는 것이 들려 이를 파게 하였더니, 큰 돌이 나왔는데 사면에 사방불이 새겨 있었다. 그래서 절을 창건하고 굴불사라 이름하였다.[35]

이 기록을 믿는다면 굴불사지의 사방불은 늦어도 경덕왕대(742-764)의 것이 된다. 경덕왕은 매우 경신(敬神)·경불(敬佛)의 신앙이 깊은 위인이었다. 표훈으로 하여금 천제(天帝)에게 빌어 아들(혜공왕)을 얻었고, 선고(先考) 성덕왕을 위해 봉덕사의 종을 주조했으며, 또 황룡사 종의 주성(鑄成), 영묘사 장육불상의 개금(改金) 등에 시주를 아끼지 않았고, 대현(大賢)과 법해(法海) 등을 시켜 기우(祈雨)를 하게 하는 등 많은 불사가 그의 시대에 이루어졌다. 김대성이 발원한 불국사와 석불사를 완성한 것도 이 왕대의 일이다. 『삼국유사』를 믿는다면 경덕왕대를 절정으로 하여 신라의 국력은 불교의 교세와 더불어 급격히 하강의 길을 달리는 것 같다.[36]

---

34) 경주박물관(1960년대 말 - 1970년대 초의 구 경주박물관 -편집자 주) 정문으로 들어서면 그 정원에 석조물들이 전시되어 있는데, 우측으로부터 차례로 문제의 석탑 부분들을 A B C D E로 부르기로 하는 것이다.

35) 又景德王遊幸栢栗寺 至山下聞地中有唱佛聲 令掘之 得大石 四面刻四方佛 因創寺 以掘佛爲號 今訛云掘石. T.2039, p. 991b.

36) 일연은 표훈 이후 신라에는 聖人이 나지 않았다고 하고, 제36대 혜공왕대(765-779, 8세에 즉위)에는 王都 및 5道·州·郡의 도합 96角干이 서로 싸워 나라가 크게 어지러워졌다고 한

경덕왕의 상술한 바와 같은 타력신앙에는 상당히 주술적인 경향이 엿보인다. 화엄사상가인 표훈이 있고, 대현과 법해 등이 화엄을 강(講)하고, 『화엄경』의 정신이 깊이 민간에 보급되어 있는 듯한 징조는 있으나,[37] 일반 민중과 근기가 얕은 일부 지배층의 사람들에게는 화엄의 도리가 너무 고원(高遠)한 것처럼 보여 잘 이해되지 않았으리라는 것은 쉬이 짐작이 간다.

오늘날 우리들은 사방불이 어떻게 구성되었으며, 어떠한 의미를 가지는가에 대하여 전거를 따라 몇 가지 패턴을 찾아보는 것이 가능하다. 학자들은 대개 다음과 같은 전거를 드는 데 별로 이의가 없는 듯하다.[38]

A. 『금광명경(金光明經)』 및 『관불삼매해경(觀佛三昧海經)』의 설
동방……아촉(阿閦)
남방……보상(寶相)
서방……무량수(無量壽)
북방……천고음(天鼓音)
B. 『대보적경(大寶積經)』 제58 「문수사리수기회(文殊師利授記會)」
동방……집길상왕(集吉祥王)
남방……사자용맹분신(師子勇猛奮迅)
서방……마니적왕(摩尼積王)
북방……파라기왕(婆羅起王)
C. 『대승대방광불관경(大乘大方廣佛冠經)』
동방……정수최상길상여래(定手最上吉祥如來)
남방……무변보적여래(無邊寶跡如來)
서방……대광명조여래(大光明照如來)
북방……보개화보요길상여래(寶開花普曜吉祥如來)
D. 『지거다라니경(智炬陀羅尼經)』
동방……지거여래(智炬如來)
남방……금광취여래(金光聚如來)

다. 신라는 혜공왕을 끝으로, 그를 죽인 宣德王부터는 새로운 혈통의 왕계로 바뀐다. 제37대 선덕왕은 제17대 내물왕의 10세손이며 다음 원성왕은 내물왕의 12세손이다.

37) 忠談師는 경덕왕에게 〈安民歌〉를 지어 바쳤는데, 그 내용은 매우 화엄적인 것이다. 그가 남산의 三花嶺의 미륵세존에게 重三과 重九에 차를 다려 공양한 것을 『화엄경』 「입법계품」의 선재동자와 미륵보살의 관계에 비추어 이해하는 것도 무리는 아닐 것이다.

38) 望月信亨, 『佛敎大辭典』, '四佛'항 참조.

서방……실오여래(實悟如來)
북방……뇌음왕여래(雷音王如來)

E.『공작왕주경(孔雀王呪經)』
동방……약사유리광(藥師琉璃光)
남방……정방불(定方佛)
서방……무량수(無量壽)
북방……칠보당(七寶堂)

F.『금강정유가중략출념송경(金剛頂瑜伽中畧出念誦經)』 제1
동방……아촉비(阿閦鞞)
남방……보생(寶生)
서방……아미타(阿彌陀)
북방……불공성취(不空成就)

G.『대일경(大日經)』 제1
동방……보당(寶幢)
남방……대근용(大勤勇)
서방……무량수(無量壽)
북방……부동(不動)

H.『대일경(大日經)』 제5
동방……보당(寶幢)
남방……개부화왕(開敷華王)
서방……무량수(無量壽)
북방……고음(鼓音)

그러나 실제로 역사상에서는 반드시 이 패턴을 그대로 따르지만은 않았던 사례가 허다하다. 중국에서는 사방불이 동위(東魏, 534-550)·서위(西魏,535-556)대에 성행하여 북주(北周, 556-581)대까지 계속되었고 그 후에는 그 예가 많지 않은 것 같으며, 또 중국의 사방불은 탑과는 전혀 관계가 없고 일종의 비석의 성격을 띤 것이었다. 중국 하남성(河南省) 등봉현(登封縣) 소림사(少林寺) 소장 동위 효정제(孝靜帝) 천평(天平) 2년(535)의 조상비음(造像碑陰)에는 7층 6열의 불감(佛龕)을 새겼다. 제2층 및 제3층에

南方 寶相如來
東方 阿閦

北方 微妙聲
佛崔進合家西方無量壽

라고 새기고 있어, 앞서 이야기한 A『금광명경』의 패턴을 따른 것이 판명되었다. 그러나 일본 교토대 문학부 소장의 대통(大統) 17년(551) 사면불상의 명(銘)에 의하면, 여기에서는 정면 석가, 배면 정광, 좌방 미륵, 우방 보현으로 되어 있어, 이 경우에는 4면이 동등한 자격으로 간주되는 사방불로 되어 있다기보다는 일종의 석가삼존불 형식을 나타내고 있다.[39]

일본에서 사방불의 예가 발견되는 것은 7세기 내지 8세기의 일이라고 보아야 마땅하며, 일본의 경우에는 조각만이 아니라 벽화로서 탑 또는 금당의 내벽이 이용되어 표현된 것이 특징적이다. 이것은 신라의 탑이 대부분 석탑이었고 이 석탑의 신앙이 그대로 일본으로 이입(移入)하여 목탑으로 바뀌었을 뿐이라는 사실을 감안하면, 7-8세기 일본의 사방불신앙은 중국을 거쳐 도입된 것이라기보다는 신라로부터 직접 전수받은 것임이 틀림없다. 더욱이 중국의 탑은 원형(圓形)을 본뜬 다각형의 것이었음에 반하여, 백제와 신라에서는 사각정방형의 3층 내지 5층탑이었던 점에 비추어, 3중(重) 내지 5중으로 된 사각정방형의 일본 목조탑의 원류가 신라에 있음이 분명하다.

그런데 불행히 우리는 신라의 잔존 사방불들에 관한 아무런 기록을 가지고 있지 못하다. 다만 우리는 많은 신라시대 석탑의 유물들 자체의 표상(表象)들을 직접 연구 검토함으로써 적은 문헌사료가 충분히 밝혀주지 못하는 사상사적 진실을 추정하는 도리밖에는 없는 것이다.

실제로 현존하는 신라의 석탑을 보고 그 위에 표현된 조상(彫像)을 관찰하면 크게 다음과 같이 두 가지 분류가 가능하다. 물론 아무런 조상도 없는 것은 제외한다. 즉 하나는 (a) 사천왕[40]·팔부신중·십이지신상이 표현된 것이요, 다른 하나는 (b) 지금 문제로 삼고 있는 사방불만이 표현된 것이다. (a)에는 약간의 버라이어티가 있어서 그 중 어느 종류가 빠진 것이 있다.

필자는 이 두 가지 표현이 각각 상이한 의향을 반향한다고 보는 것이다. 물론 그 의향의 차이는 큰 것은 아니다. 그러나 (b)는 시방세계 전체를 불국토로 보는 세계관을 표명하고, 다른 하나 (a)는 보다 현실적인 의향, 즉 호국·양재(禳災)·기복의 뜻이 더 심각하게 담겨 있다는 것이다. 물론 탑의 본래 성격상 (a) (b) 어느

39) 鈴木敬·松原三郎,『東洋美術史要說』下卷(東京: 吉川弘文館, 1957), p. 249.

40) 그 가장 대표적인 것은 遠願寺 석탑이며, 그 밖에 南山里 석탑, 獐項寺 석탑, 昌林寺 석탑 등이 있다.

쪽에나 다소간 그 두 가지 의향은 다 간직되어 있었지만, 현실적으로는 상술한 두 경향 중 어느 하나에 더 역점이 주어졌던 것이 아닌가 하는 것이다.

우리는 앞서 오대산 오류성중(五類聖衆)에 관한 고찰을 하면서, 『화엄경』에 입각했을 때, 신라인은 동남서북의 각 방위에 어떠한 불보살을 비정(比定)하느냐 하는 물음에 대한 하나의 답변을 얻었었다. 즉 그 해답은,

동방……관음
남방……지장
서방……미타
북방……석가

이었다. 이것은 어디 『화엄경』의 어느 구절을 소의(所依)로 하는 것이 아니라, 신라인들 자신의 발명이요 발견이었다. 그런데 지금 남아 있는 사방불들, 앞서 제시한 실물들을 보면 아직 불선명한 곳이 있고 파괴된 부분이 있어 그 전모는 드러나지 않지만, 위의 신라인의 사방불상에는 변경이 불가피했던 것 같은 인상이다. 그 이유를 우리는 다음과 같이 요약할 수 있을 것 같다.

(1) 오대산의 '오류성중(五類聖衆)'에는 불과 보살이 혼입해 있으므로, 이를 피할 필요가 있다고 느꼈다는 사실,

(2) 시대는 이미 더 경과되었고 새로운 형의 신앙, 특히 약사여래 신앙이 조야(朝野)에서 크게 세력을 얻기 시작한 결과 신라인의 불교생활에서 도저히 제외할 수 없는 신앙 대상으로서의 사불(四佛)이 석가·미타·미륵·약사로 집약되게 되었다는 사실이다.

이 두 번째 이유에 관하여는 다소 해명이 필요할 것이다. 석가와 미타, 미륵의 삼불(三佛)이 신라에서 얼마나 중요한 존숭의 대상이 되었느냐 하는 데 대해서는 『삼국유사』를 다소라도 주의 깊게 보는 사람이라면, 그리고 그 수많은 조상들을 유물을 통해 보기만 한다면 이론의 여지가 있을 수 없다. 그러나 약사여래 신앙은 비교적 뒤늦게 수용된, 하지만 나중에는 큰 비중을 가진 신앙 형태이었다.

『삼국유사』에서 약사여래에 관한 언급은 선덕여왕대(632-646)에 밀본(密本)법사가 왕궁에 불려 들어가 왕 덕만(德曼)의 병을 치료하기 위해 『약사경(藥師經)』을 읽었다는 것이 그 효시이다.[41] 이것이 사실이라 하더라도 이 시기에는 아직 약사여래 신앙이 크게 유행할 만한 여건은 성숙되지 않았다고 보아야 한다. 원래 약

41) 『三國遺事』 권5, 神呪 제6, 密本摧邪條. T.2039, p. 1010b-c.

사신앙은 『약사여래본원경(藥師如來本願經)』, 『약사유리광여래본원공덕경(藥師琉璃光如來本願功德經)』을 소의로 하여 생긴 신앙 형태인데, 이 경의 한역에는 5본이 있어 그 중에서도 가장 많이 행해진 것이 650년에 번역된 현장(玄奘)역이다. 그러고 보면 밀본은 현장역본을 사용할 수는 없었을 것이고, 혜간(慧簡)역(457)이나 달마급다(達摩笈多)역(615)을 사용했으리라고 믿어진다. 일본에서 처음으로 약사여래상이 조성된 것은 하쿠호(白鳳) 9년(681) 또는 8년이라고 하는데, 그 진위도 문제이다. 또 하나 다른 참고 되는 사실이 있는데, 즉 신라 최대의 학승 원효(617-686)의 저작 리스트 가운데에는 『약사경』의 이름이 없다는 사실이다. 이러한 일련의 사실을 고려하면, 신라에서의 약사여래 신앙은 대체로 680년대에 시작되었거나, 아니면 더 내려가 8세기의 초엽경에 시작된 것이 아닐까 추정된다. 다만 경덕왕 14년(755)에 화엄대찰(華嚴大刹)인 분황사에 약사동상(藥師銅像)이 주성(鑄成)되어 봉불(奉佛)되었다는 기록[42]을 보면 그 당시에는 이미 상당히 현세이익적인 이 신앙이 성행했었음을 알 수 있다.

다시 본 논으로 되돌아와, 오늘 남아 있는 신라의 사방불들을 보면 그 인상(印相)으로 보아 분명히 약사여래가 틀림없는 경우가 ① 칠불암의 경우와 ② 굴불사지의 경우, ③ 경주경찰서 앞뜰 소재 사방불 A의 경우, ④ 동(同) B의 경우이고, 나머지 다른 사방불의 경우에도 불분명하나 그럴 수 있는 가능성이 있다. 이것은 신라의 사방불이 동에는 약사, 남에 미륵, 서에 미타, 북에 석가로 재구성되었음을 말하며, 그리하여 비로자나로서의 사리(舍利)를 중심으로 화엄세계를 상징하는 의미를 가지게 되었다는 결론이 된다.

과문한 탓으로 필자는 일본에 있는 7-8세기의 사방불의 실례를 많이 알지 못하나 모치즈키 신코(望月信亨)의 지적하는 바에 따르면,

① 호류지 금당(金堂) 내의 사방사불(四方四佛)의 변상(變相)
② 텐표(天平) 2년(730) 조립 고후쿠지(興福寺) 오중탑 내의 사방불
③ 강고지(元興寺) 오중탑 내의 사방불
④ 교토(京都) 기요미즈데라(淸水寺) 삼중탑 내의 사방불
⑤ 야마토(大和) 토노미네(多武峯) 13중탑 내의 사방불
⑥ 오미노쿠니(近江國) 시가군(志賀郡) 소후쿠지(崇福寺) 삼중보탑 내의 사방불협시2보살상
⑦ 시텐노지(四天王寺) 오중탑 내의 사방불

42) 『三國遺事』 권3, 塔像 제3, 皇龍寺鐘・芬皇寺藥師・奉德寺鐘條. T.2039, p.991b.

등이 있다.[43)]

일본의 경우에도 신라의 경우와 마찬가지로 두 가지 유형이 있는 것 같다. 즉 ⑦ 시텐노지 오중탑 내의 사방불은 사천왕이지 사방불이 아니다. 또 일본의 이 사방불들은 신라의 경우와 마찬가지로 앞서 열거한 전거의 패턴을 전혀 따르지 않고 있다.

최근 일본 학자들이 도달한 결론은 우리가 이미 신라의 사방불 구성의 새로운 형식에서 본 것과 매우 흡사한 점을 가지고 있다.

(1) 호류지 금당벽화의 경우, 많은 논쟁을 겪은 뒤에 후쿠이 리키치로(福井利吉郎)는 이른바 탑본사불설(塔本四佛說)을 내세워 호류지 금당의 사방에 해당하는 벽에 그려진 주인공들이 누구냐 하는 전거를 경전에서 찾지 않고 통상적으로 많이 존숭받아 온 석가·미타·약사·미륵의 4불로 비정하는 주장을 하였다.[44)] 다만 그 비정에 있어서 신라의 사방불에 대한 우리의 주장과 다른 점은 석가가 남으로 오고 미륵이 북으로 갔다는 점뿐이다.

(2) 고후쿠지 오중탑의 경우에는 『제사연기집(諸寺緣起集)』 안에 다음과 같은 언급이 있다.

동방……약사정토변(藥師淨土變)
남방……석가정토변(釋迦淨土變)
서방……아미타정토변(阿彌陀淨土變)
북방……미륵정토변(彌勒淨土變)

고후쿠지의 오중탑은 신구(神龜) 원년(724) 또는 천평(天平) 2년(730)의 성립이며, 호류지 금당의 벽화는 지토조(持統朝, 686-697)의 작이라고 추정되고 있고,[45)] 강고지(元興寺, 또는 法興寺) 오중탑의 조성이 완료한 것은 스이코(推古 4년 丙辰, 596년)이라고 알려져 있다. 강고지는 일본 최초의 대사(大寺)로서 588년에 한반도로부터 건너간 사공(寺工), 노반박사(鑪盤博士), 와박사(瓦博士), 화공(畵工 등에 의해 조성되어, 그 후 고구려의 혜자(慧慈), 혜총(慧聰, 602), 혜미(慧彌, 602), 혜관(慧灌, 625), 도등(道登, 627), 백제의 관륵(觀勒, 602), 신라의 혜제

43) 望月信亨, 『佛教大辭典』, '四佛'항.

44) 福井利吉郎, 「法隆寺壁畵の主題に就いて」, 『藝文』 8-2·3·6·7, 11(1917) (町田甲一, 『法隆寺』, 東京: 角川書店, 1967 所引, p. 150); 高崎富士彦, 「金堂壁畵について」, 『金堂壁畵 法隆寺』, pp. 31-35.

45) 町田甲一, 앞의 책, p. 156.

(慧濟, 623), 지봉(智鳳, 703) 등이 머무르며, 일본불교의 기초를 확립하는 데에 중심이 된 곳이다.[46] 『제사연기집』에 의하면, 고후쿠지의 오중탑에 묘사된 사방사불은 이 강고지 오중탑 내의 사방불을 그대로 모사한 것이라고 하므로, 만약 고후쿠지의 사방사불을 동에 약사, 남에 석가, 서에 미타, 북에 미륵으로 확정지을 수 있다면 강고지의 것도 그대로 되어 갈 것이다.

그러나 실은 문제가 아직 덜 해결되어 있는 것이다. 과연 7세기의 초엽 고구려・백제의 승려들이 강고지에 있던 시대에 이와 같은 사방불의 관념이 알려지고 있었을까?

앞항들에서 이미 논해 온 바와 같은 여러 가지 사실에 비추어, 필자는 아직 7세기의 전반에는 석가・미타・미륵・약사의 4불이 일체가 된 사방불의 구상은 나와 있지 않았다고 보는 것이다. 다시 한 번 이러한 주장을 뒷받침하기 위해서 주요한 연대에 대해 기억을 환기해 두자. 오대산에 관련한 불국토사상을 한반도에 이식하여 새로운 화엄적인 사방불의 구성으로의 가교를 놓으면서 자기자신은 이 새로운 사방불에 관해 알지 못했던 자장은 643년에 당으로부터 귀국하였다. 보천과 효명의 두 태자가 오대산신앙을 구체화하는 것은 그 아버지 신문왕의 생존 중(681-691)이라고 보아야 할 것이다. 그리고 또 약사여래 신앙이 신라에서 성행하기 시작한 것은 역시 7세기의 후반부터라고 추정한 사실을 상기해 주기 바란다. 한편 가장 중요한 화엄사상의 깊은 이해와 보급은 원효(617-686)와 의상(625-702)의 시대로부터 표훈, 신림 등 그 제자의 시대에 걸쳐서 이루어졌던 것이다. 이러한 사정으로 보아 강고지 오중탑의 사방불이 약사・석가・미타・미륵의 4불로서 그려지는 일이 있었다고 한다면, 그 시기는 일러도 7세기의 중엽 이전까지 거슬러 올라갈 수는 없다는 이야기가 된다. 실은 더 늦은 7세기 말이나 8세기 초가 아닐까 싶은 점도 있는 것이다.

우리는 새로운 형의 사방불이, 석탑 또는 석조물에 재현되어 화엄적인 불국토관이 표현되는 것이 대체로 어느 때의 일이겠는가 하는 데 대한 대강의 결론을 얻을 수가 있었다. 그것은 7세기 후반으로부터 8세기 초엽에 걸쳐 나타난 현상이라고 생각되는 것이다. 이 시기는 신라가 삼국을 통일한 후의 가장 영광된 시기에 상당한다. 그리고 이 불국토사상은 일본에까지 이입되어 적어도 예술적으로는 일본문화의 걸작을 낳는 계기가 되었다.

그러면 과연 일본의 사방불은 당시의 일본인에게 일본 불국토라는 신앙을 심고, 혹은 거꾸로 일본인들 사이에 일어난 그러한 신앙을 반영하는 것으로서의 기능을

---

46) 『日本書記』, 『元亨釋書』, 『本朝高僧傳』 참조. 李能和, 『朝鮮佛教通史』 상권, pp. 21-46, 205-210.

가지고 있었던 것일까? 결론적으로 말하여 필자는 일본의 사방불이 아직 그러한 기능을 다하기까지에는 이르지 못한 것이 당시의 현실이었으리라고 생각하는 것이다. 그 중요한 이유는 일본에 있어서의 화엄사상의 유포가 신라에 비하면 상당히 템포가 느렸다고 생각되기 때문이다. 기록에 의하면 일본에서『화엄경』이 최초로 강선(講宣)된 것은 텐표(天平) 12년(740) 10월 8일의 일이다. 그것은 신라의 승(僧) 심상(審祥)에 의해서 비로소 금종도량(金鐘道場: 東大寺 羂索堂)에서 이루어졌다.[47] 그 후 일본에서는 화엄의 집단이 형성되었으나, 일본에 있어서의 화엄사상은 다른 불교의 유파에 비해서 지배적인 인기를 얻기에까지 이르지 못하였던 것 같다. 일본불교는 일승원교(一乘圓敎)의 입장보다는 오히려 소위 선택(選擇)의 일종(一宗)[48]의 입장을 보다 더 좋아하는 방향으로 발전해 간 것이다.

이러한 사정은 사방불에 관련된 불국토사상이 일본에서의 경우와 신라에서의 경우와 다른 반향을 가지고 있었음을 의미한다. 일본의 경우는 그것이 일부 도래승의 견해에 멈추고 깊이 민중 사이에 침투해 들어가지 못한 것이 사실인 것같이 보인다. 그리고 사방불의 묘사 자체에 있어서도, 또 그 기록에 있어서도 신라로부터의 도래승(渡來僧)이 이미 세상을 떠난 후에는 얼마간의 착오가 있을 수도 있었던 것이 아닌지 상상되기도 한다. 남에 석가, 북에 미륵을 배치하는 것도 혹 그러한 착오에서 나온 것이 아닌가 하는 것도 생각할 만한 일이다.[49] 특히『제사연기집』등의 기록은 결코 당시의 기록이 아니라 상당히 후대의 것이라는 점을 고려하면 그러한 위험은 언제나 있다고 보아야 할 것이다.

우리는 지금까지 7-8세기의 신라와 일본 사이에 문화교류의 일단으로서 불국토의 사상에 관련된 산악숭배, 오대산신앙, 금강산법기보살주처(金剛山法起菩薩住處)신앙 및 사방불의 제 문제를 중심으로 그 추이와 전개에 있어서의 밀접한 연관성을 재확인하고, 또 그 수용에 있어서의 동질성과 이질성 등에 대하여 보다 명확한 견해를 얻으려고 노력하였다. 그러나 일본측의 자료와 현지답사의 부족으로 인하여 본의 아니게 범한 오류가 있을 것으로 생각한다. 전후(戰後) 최초의 이와 같은 기획이 금후에 더욱 좋은 성과를 얻을 수 있도록 질정(叱正)과 협력을 바라마지 않는 바이다.

•『宗敎史硏究』2집(1971)에 게재

---

47) 古田紹欽,『日本佛敎思想史』, pp. 64-66.

48) 古田紹欽, 앞의 책, 제 3, 4, 5장 참조.

49) 사방불의 문제는 고래의 방위관념과의 연관을 고려하고 연구할 필요가 있을 것이다. 고대 고분에 있어서의 四神圖와의 연관을 생각하여 북방이 항상 기본이 되었다는 사실을 지적할 수 있다.

명효의 『해인삼매론』에 대하여

『속장경(續藏經)』 제103책에는 의상의 「화엄일승법계도」와 나란히 신라 명효(明皛)의 저술이라고 적힌 『해인삼매론(海印三昧論)』 1권이 들어 있다. 근래 일본의 화엄 연구가들은 이 두 개의 저술에 관해 언급하면서, 신라의 화엄사상 연구에 있어서 이 두 가지 문헌을 연구할 필요성이 있음을 지적한 바가 있지만 아직 이에 대한 연구를 그들이 착수한 징조는 보이지 않는다.

나는 앞서 영남대학교 신라가야문화연구소 간(刊) 『신라가야문화』 제3집에 이 두 문헌에 대한 간략한 해설을 실은 바 있었으나, 당시 『해인삼매론』에 대하여는 자세한 언급을 하지 않았으므로 이에 그 내용을 좀 더 소상하게 소개하고 장차 연구에 보탬이 되는 한 디딤돌 구실을 하게 하고자 하여 이 글을 엮는다. 이는 또한 평소에 민족 문화 창달에 깊은 배려와 노력을 아끼지 않으신 노산 이은상(鷺山 李殷相) 선생의 고희를 축하하는 한 표시도 되며, 또한 그의 끊임없는 후의(厚意)에 대한 한 보답의 표시이기도 하다.

명효의 전기에 대하여는 아무런 역사적 근거가 없으므로 알 길이 없으나 다만 지금 다루고자 하는 이 저술의 성격을 통해서 그가 신라인임은 거의 의심할 바가 없고, 또 그가 『화엄경』을 신봉하는 화엄 계통의 승려로서 의상(義湘)의 종풍(宗風)을 따른 사람임도 의심할 여지가 없다. 다만 그의 연대를 어느 때로 추정해야 옳은가 하는 것이 문제이지만, 그 글의 간결 소박함과 그 내용이 의상의 『법계도』와 매우 흡사한 점 등으로 미루어 의상과 그리 멀리 떨어진 시대의 사람이라고는 보지 않는 것이 타당할 것 같다.

이제 『해인삼매론』의 내용을 보면 이 책은 현행 『속장경』의 약 3페이지 반가량밖에 안되는 짤막한 책인데, 이 책의 중심은 역시 7언 28구로 된 게송을 정사각형으로 표현한 도인(圖印)에 있다고 하겠다. 이것을 명효는 의상의 본을 따라 해인(海印)이라고 부르고 있다. 그것은 해인삼매의 상징인 것이다. 『화엄경』의 중요한 바탕이 되는 해인삼매를 이러한 도인으로 상징하여 그 방대한 『화엄경』에 담긴 정신을 남김없이 표현하고 자신의 수행과 아울러 민중의 교화에 도움을 주려고 한 것은 신라의 불교사에서만 찾아볼 수 있는 독창적인 문화유산으로서, 이러한 시도가 의상 한 사람에 그치지 않고 명효에 의해 다시 계승되었다는 것은 매우 중요한 의의를 가진다고 보아야 할 것이다. 이것은 원광(圓光), 원효(元曉) 등에 나타났던, 종요(宗要)를 중시하는 한국인의 사상적 특징이 다시 한번 의상과 명효에 의해서 증명된 것이라고도 할 수가 있을 것이다.

『해인삼매론』은 이 도인을 중심으로 그 전후에 논(論)의 형식을 갖추어 먼저 대의(大意)를 말하고 다음에 제목의 풀이라고도 할 수 있는, 해인삼매가 무엇인가 하는 데 대한 설명이 나온다. 이러한 일반적인 설명이 끝난 다음에는 다시 도인을 가지고 그것이 의미하는 바를 풀이하면서 『화엄경』의 중요한 내용을 하나하나 간추려 짤막하게 설명해가는 문답이 있다. 여기에는 조금도 현학적인 공리공론이 없다. 『해인삼매론』에는 의상의 「법계도」보다도 더 단순하고 소박한 실질적 교훈이 담겨 있다. 물론 의상이 당대의 일대 학승이었던 만큼 그러한 풍격이 자연히 그 글 속에 반영되는 것이 결코 무리가 아니겠지만, 명효는 그만큼 큰 학자는 아니었는지도 모른다. 그러나 그의 글을 통해 볼 때 명효는 분명히 한 진실한 수도자이었고, 이 글도 그러한 수도의 목적으로 엮어졌으며 전수되었던 것이 분명하다.

명효는 그 글의 첫 머리에서 다음과 같이 말하고 있다.

> 大道는 無邊하니 非隘行之能尋이요
> 至理는 深玄하니 非淺智之所識이라.
> 如以局情하고 入道하나 道는 非局入이요
> 執敎하고 求理하나 理는 非執求니라.
> 要以無方大行이라야 始可稱道요
> 虛空圓智라야 廻會理矣하니라.
>
> 큰 도(道)는 끝이 없다.
> 옹색한 걸음으로 능히 찾을 수 있는 바가 아니요
> 지극한 이치(理)는 깊고 아득하다.
> 얕은 지혜로써 알 수 있는 바가 아니다.
> 생각을 좇아 도에 들어간다 하나
> 도는 무엇을 쫓아 들어가는 것이 아니요
> 교(敎)를 붙들고 이(理)를 구한다 하나
> 그 이치는 무엇을 붙들고 구하는 것이 아니다.
> 일정한 방향에 매임이 없이 크게 갈 때
> 비로소 거기에 도라 할 수 있는 길이 있고
> 집착하는 마음을 비워 지혜가 원만해 질 때
> 그 때라야 마침내 이(理)에 합치하게 되는 것이다.

명효의 수도의 목표는 여기에 뚜렷이 드러나 있다. 그것은 크고 깊은 도리를 자기 안에 실현시키는 일이다. 도(道)는 행(行)하는 것이요, 이(理)는 지(智)하는 것이다. 도리를 실현한다는 것은 지행(智行)을 크고 원만하게 한다는 뜻이다. 도(道)는 찾아 행(行)해야 하고 이(理)는 알아 제 것으로 삼아야 한다(會)는 뜻이 이 짤막한 구절 안에 적절히 표현되어 있다.

'局情入道'라는 표현과 '執教求理'라는 표현은 이미 한국의 불교가 고려의 보조국사의 언명을 기다릴 필요도 없이 벌써 신라 때부터 선(禪)과 교(敎)가 일치되어야 한다는 올바른 수도의 자세를 천명한 것임을 알아야 한다. 사실 선・교 일치라는 주장은 불교에 있어서 조금도 새로운 주장이 아니다. 그 정도(正道)를 모르고 사도(邪道)를 걷고 있는 무리가 많다 보니까 정도를 이야기했을 따름인 그러한 언명이 마치 새로운 위대한 독창적 주장이기나 한 것처럼 요란스럽게 훤전(喧傳)되는 것뿐이다. '局情入道'란 마음공부, 즉 선을 말한 것이라면 '執教求理'란 경 공부, 즉 교를 말한 것이다. 그 어느 것도 국(局)하고 집(執)하는 것이라면 도리를 향한 옳은 자세가 못 됨을 밝히고 있는 것이다. 국도 집도 다 어느 한 가지, 한 곳에 군색하게 매달리고 있음을 뜻하는 말이다.

그리하여 '無方大行'이니, '孱空圓智'니 하는 말이 나왔다. 무방(無方)과 잔공(孱空)은 각각 부정(否定)을, 대행(大行)과 원지(圓智)는 각각 긍정(肯定)을 나타내는 말이다. 대행에는 어떤 방향이나 방편에 대한 집착이 있어서는 안 된다는 말이다. 원지에는 어떠한 개념이나 교리에 대한 집착도 있어서는 안 된다는 이야기이다.

그러한 전제 아래에 명효는 해인삼매가 가지는 중요한 의의를 해명해 간다. 해인삼매에 대한 그의 견해를 들어 보자.

> 해인삼매는 수행자로 하여금 물러섬이 없는 경지(不退地)에 속히 도달하게끔 하는 대삼매(大三昧)이다. 적은 방편을 써서 큰 이익을 얻게끔 하는 것이다. 그 삼매의 도인(圖印) 안에는 중요한 뜻이 게송으로 표시되어 있는데, 그것을 다라니(陀羅尼)라 부른다. 모든 경의 깊은 뜻이 다 간직되어 있고(總持), 모든 부처님의 공덕이 두루 다 포함되어 있다.

도인을 구성하는 게송, 즉 7언 28구의 시를 '다라니'라고 하는 것은 신라인 사고방식의 한 특징을 이루는 것이다. 이와 유사한 사고방식이 다른 나라, 다른 시대 사람들에게는 없었다는 이야기가 아니다. 다만 '다라니'라고 하면 단순히 그 뜻을 모르는 미신적인 주문, 주구(呪句)를 가리키는 것이 불교의 통념처럼 여겨져 왔으니, 신라인들은 바로 종요, 즉 으뜸되는 중심 사상이 담긴 글귀나, 그 상징적 표현이 지적하는 인간 각자의 정신력을 '다라니'라고 보아온 전통을 가지고 있다. 그러한 사정은 『삼국유사』 등을 통해서 보면 현저하게 눈에 띄는 현상이다. 나는 그것을 신라불교의 한 특징이라고 지적한 바가 있다.

명효는 계속하여 이 다라니를 두 가지 측면에서 설명하였다. 그 첫째는 이 다라니란 과연 무엇을 본체로 하고 있으며 그것은 어떻게 표현되며 어떠한 기능을 가지고 있는가 하는 것을 말하는 측면이요, 그 둘째는 그 다라니가 지니는 의미가 무엇이냐 하는 것을 말하는 측면이다.

우선 첫째에서의 설명을 들어 보자.

> 다라니를 체(體)와 지(智)와 용(用)의 세 가지로 나누어 보아야 한다. 다라니의 체(體)는 모든 중생의 근본이 되는 일심(一心)이다. 이 마음은 본래 그 본심이 청정(淸淨)하며, 증감(增減)하거나 생멸(生滅)하지 않으며, 광대무변하여 마치 넓은 하늘과 같다. 이 세상의 모든 것에 통용되는 법, 이 세상의 모든 어려움과 괴로움을 극복하는 법, 그 모든 법이 다 남김없이 그 마음속에 포괄되어 있다.
>
> 또 다라니는 지(智)이다. 이를 테면 여래의 경지에는 이지(理智)와 사지(事智)의 두 가지가 있는데, 이지란 근원적인 이치에 통달하지 않는 바 없음을 말하며, 사지란 파생적인 현상 또는 사물에 통달하지 않는 바가 없음을 말한다. 그리하여 모든 공덕을 남김없이 다 간직하고 있다.
>
> 또 다라니는 용(用)을 지니고 있다. 여래의 경지에서는 응신(應身)과 화신(化身)의 두 가지 몸으로 두루 이 세상 모든 사람, 모든 것에 수용(受用)하여 중생을 교화하되 그 교화의 기능을 멈추는 날이 없다.

여기서 말하는 체(體)·지(智)·용(用)이란, 원효가 『기신론』을 근거로 크게 부각시킨 체(體)·상(相)·용(用)의 이론을 계승한 것이다. 상을 지(智)라고 표시한 것은 명효의 비범한 창의를 보여주는 대목이다. 원효는 체·상·용의 이론을 불신론(佛身論)에 적용, 법(法)·응(應)·화(化) 삼신(三身)을 일심(一心)과 관련시켰었는데, 그러한 견해는 여기에서도 그대로 명효에 의해 계승되고 있다. 명효는 다라니의 의미에 대하여 대략 다음과 같은 내용의 말을 하고 있다.

> 이 다라니의 뜻은 마하야나 원교(圓敎)에서 밝히는 광대한 묘의(妙義)가 그것이며, 시방삼세(十方三世) 제불(諸佛)의 비밀법장(秘密法藏)을 남김없이 다 간직하고 있다(總持). 천하의 모든 강물이 다 대해(大海)에 흘러 들어가듯이

해인삼매도 그와 같아 모든 경의 물을 다 받아들인다.

명효의 해인삼매 도인은 다음과 같다.

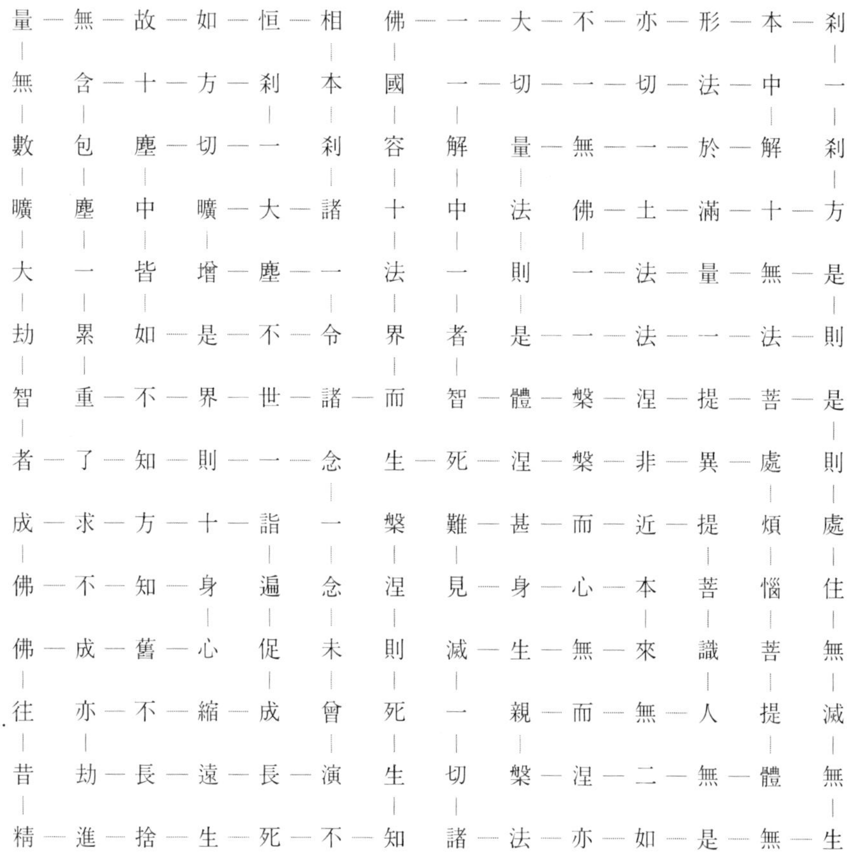

그 도인을 구성하는 게송을 원문과 더불어 번역으로 소개해 보기로 하자.

1 生死涅槃非異處	생사와 열반은 다른 곳이 아니요
2 煩惱菩提體無二	번뇌와 보리의 몸이 둘이 아니네.
3 涅槃親而無人識	열반이 가까이 있어도 아는 이 없고
4 菩提近而甚難見	보리가 가까이 있어도 매우 보기 어렵네.
5 身心本來無生滅	몸과 마음은 본디 생멸함이 없고
6 一切諸法亦如是	모든 법들이 또한 그와 같도다.
7 無生無滅無住處	생함도 멸함도 주함도 없는 곳

8	則是菩提涅槃體	이것이 곧 보리 열반의 몸일세.
9	智者一中解一切	지자(智者)는 하나 안에서 일체를 알고
10	一切法中解於一	일체의 법 안에서 하나를 아니,
11	無量法則是一法	무량한 법이 곧 그 하나의 법이요
12	一法則是無量法	하나의 법이 곧 그 무량한 법일세.
13	一佛土滿十方刹	하나의 불토(佛土)가 시방의 나라들을 가득 채우니
14	一刹本形亦不大	한 나라의 본형은 또한 크지도 않네.
15	一佛國容十方界	한 불국토에 시방세계 다 들어 있으나
16	而諸世界不重累	모든 세계들이 겹치는 일이 없고
17	一塵包含十方刹	한 티끌 속에 시방의 나라들이 들어 있고
18	一切塵中皆如是	모든 티끌 속에 모두 그와 같으나
19	不令一塵增曠大	한 티끌을 늘고 크게 하지도 않네.
20	諸刹本相恒如故	모든 나라의 본래 모습이 항상 여여한 까닭일새
21	無量無數曠大劫	헤아릴 수 없이 광대한 시간을
22	智者了知則一念	지자는 곧 한 생각이라고 깨달으니
23	一念未曾演長遠	한 생각이 일찍이 길게 늘어난 일이 없고
24	長劫亦不縮成促	긴 시간이 또한 조급히 줄어든 일도 없네.
25	遍詣十方求成佛	시방을 찾아다니며 성불하기를 구하였으나
26	不知身心舊成佛	몸과 마음이 옛날부터 성불되었음을 몰랐고
27	往昔精進捨生死	지난 날 정진하며 생사를 버렸으나
28	不知生死則涅槃	생사가 열반인 줄을 모른 것일세.

『해인삼매론』에서 이 도인과 게송을 제시한 후, 명효는 이 법문이 "능히 모든 보살의 혜안을 열고, 소원을 성취시키며, 정토에 태어나고자 하는 모든 행자들이 간단(間斷)없이 이 법을 타고 가면 속히 불과(佛果)를 얻는다"고 그 수행의 이익을 강조한다. 이 부분은 모든 논의 수행공덕분에 해당한다고 할 것이다.

그는 이 부분의 말을 다음과 같이 맺고 있다.

> 행자가 속히 무상보리로 나아가고자 하거든 먼저 크고 넓은 묘원(妙願)을 발해야 한다. 모든 중생에게는 대자심(大慈心)을 일으키고, 선지식(善知識)에게는 만나기 어려운 분을 만났다는 생각으로 대하고, 삼보(三寶)를 경중(敬重)히 여기며, 아만(我慢)을 없애고 대승경에 의하여 지심으로 모든 죄장(罪障)을 참회하고, 다시 대선지식(大善知識)을 찾아 법의 요점을 묻고 설법을 들은

> 다음에는 항상 명심하여 설법대로 수행하되 한시라도 중단하지 말아야 한다. 그렇게 하면 머지않아 다라니 문에 들어가게 될 것이다. 위에서 말한 해인삼매는『화엄경』「십지품(十地品)」중에 나와 있는 것이다.

의상의「법계도」의 경우에도 그러했지만 이『해인삼매론』의 도인에도 하나하나 세심한 의미의 부여가 이루어지고 있는 것을 간과해서는 안 될 것이다. 사실 이 도인의 구성 자체에서 우리는 신라인의 화엄정신 이해의 방식을 알게 되기 때문이다.

명효는 이렇게 말하고 있다.

> 그 인상(印象)은 뜻을 표현하는 것이다. 그 송문(頌文)은『화엄경』전체 중의 요의(要義)를 총괄해서 노래로 만들었을 뿐이다.

이와 같이 말하고 명효는 계속하여 다음과 같은 설명을 전개한다. 보는 바와 같이 인(印)의 줄, 즉 도(道)에는 시작과 끝이 없다. 그 까닭은 하나인 도(道)에는 과거·현재·미래 등의 삼세(三世)란 시간적 차별이나 전(前)·중(中)·후(後)와 같은 공간적 차별이 없음을 나타내기 위해서라는 것이다. 또 인(印)의 도에는 굴곡이 많다. 그것은 무슨 까닭인가? 이에 대해서는 진리란 연(緣) 따라, 기(機) 따라 삼승(三乘)이라고 불리는 바와 같은 차별상을 띠게 되기 때문이라는 것이다.

이러한 설명들은 의상이『법계도』에 관해서 언명한 설명과 별로 큰 차이가 없는 설명이다. 다음에 나오는 설명에는 의상의 설명보다 더 가다듬어진 설명이 엿보인다.

인(印)에는 56의 각(角)이 있어 이 인을 성립시키고 있다. 그 56의 각은 무엇을 의미하느냐.

> 이것은 지전(地前)의 40심위(心位)와 10지(地)와 등각(等覺)과 묘각(妙覺)의 52위(位)의 사람들이 모두 한 길(一道)에 의하여 사섭(四攝)을 닦아 중생을 제도하기 때문이다. 52각은 52종의 사람들을 표시하고 나머지 4각은 사섭을 표시한다.

지전(地前)의 40심위라는 것은 십신위(十信位), 십해위(十解位), 십행위(十行位), 십회향위(十廻向位)를 말하는 것인데, 이는 모두 보살의 수도 계위를 이루는 것으로 십지(十地)의 전단계라고 보므로 지전(地前)이라 한 것이다. 명효는『화엄경』에 기록된 대로, 그 어느 계위에서나 보살은 사섭법(四攝法)을 실천해야 한다고 강조한다. 사섭법이란 물론 보시(布施)·애어(愛語)·이행(利行)·동사(同事)

의 중생을 섭화(攝化)하는 윤리적 규범을 말하는 것이다.

이 인(印)의 사면은 각각 14자로 되어 있다. 그것은 왜 14이냐? 명효는 이것을 이번에는 십바라밀(十波羅蜜)과 사섭행(四攝行)을 떠나서는 보살행이 성립될 수가 없기 때문이라고 말한다. 우리는 『화엄경』의 윤리사상이 여기에 분명히 제시되어 있음을 본다.

앞서 우리는 인(印)의 줄이 한 줄로 되어 있고, 그 줄에는 시작과 끝이 없음을 보았다. 그러나 게송에는 시작과 끝이 있다. 그 이유를 명효는 겁 많고 힘 약한 보살들을 안심시키고 위로하기 위해서라고 한다. 불도(佛道)가 아무리 멀다 할지라도 끊임없이 수행하면 마침내 성불하고야 만다는 것을 말하기 위해서라는 것이다.

그런데 게송의 첫 머리와 그 끝 꼬리는 도인의 가운데에 와 있다. 그 까닭은 무엇이냐? 명효는 말하기를, "처음에 배우는 사람들이 익히는 정관(正觀)은 여래의 정관지(正觀智)와 다를 바가 없음을 나타내기 위해서이다"라고 한다.

또 명효는 도인의 둘레를 따라 글자를 읽어 보라고 권한다. 아무리 읽어 보아도 그 글자들은 말이 되지 않는다. 그것은 무엇을 말하느냐? 명효는 그 이유를, "깊은 다라니의 의미는 단견(斷見)이나 상견(常見)이나 변견(邊見)을 가진 사람이 도저히 알 수 있는 바가 아니기 때문이다"라고 하고 있다.

단견이란 허무주의적 사고방식을, 상견이란 관념론적이건 유물론적이건 실재론적인 사고방식을, 변견이란 중도(中道)를 모르는 어느 한편에 치우친 모든 생각을 말한다. 과연 도인의 둘레의 글자들은 일도(一道), 즉 일심(一心)의 바탕에서 벗어나 있다. 줄이 끊겨 있다. 줄을 떠난 글자들은 존재 가치를 잃은 것인데, 그것이 있다고 보니 잘못이라고 아니할 수 없다. 또 그 둘레의 글자들은 모두 네 개의 변(邊)에 치우쳐 있다. 이러한 형상은 충분히 명효의 설명을 낳을 바탕이 된다고 할 수 있을 것이다.

그러면서 명효는 그 글자들을 중심에서부터 읽어 나가면 말의 뜻이 통하는 까닭을 '깊은 다라니의 뜻은 중도정관(中道正觀)이라야만 능히 알 수 있음을 나타내기 위한 것'이라고 한다.

또 왜 인(印)밖에는 게송이 없느냐 하는 의문을 제기한다. "부처님의 가르침이 먼지나 모래알보다도 더 많은 것이 사실이지만, 그 불교는 일도(一道)를 떠나지 않으며, 일도를 벗어나서는 다시 법이 없는 까닭이다"라고 대답한다.

또 어째서 게송의 뜻을 구태여 길게 주석하지 않느냐 하면, 행자가 적은 글을 통해서 많은 뜻을 깨닫게 되기를 바라기 때문이라고 하면서, 행자들이 공연히 근본을 버리고 지말(枝末)을 좇아다니며 문구나 헤아리다가 큰 이익을 잃어버릴까 두렵기 때문이라고 한다.

우리는 이 말을 들으며 명효라는 이름이 사실은 원효 장본인의 별호나 가명이 아니었을까 하는 생각마저 하게 된다. 위의 주장은 사실 원효가 항상 그 일생 동안 공부하는 근본신조로 삼은 것으로서, 이러한 언명은『해인삼매론』의 버릴 데 없는 야무지고 알찬 설명과 더불어 원효의 필치와 저술 태도를 너무나 방불케 하는 언명이다. 명효는 계속하여 다음과 같이 말하고 있다.

> 경에서 말씀하신 바와 같이 차라리 적게 듣고, 많은 의미를 깨닫기를 바라되, 많이 듣고도 그 뜻을 깨닫지 못하는 일이 없기를 바란다. 행자가 이익을 적게 얻고 많이 얻고 하는 것은 근기의 깊고 얕음과, 행(行)이 설었느냐 익었느냐 하는 데에 따른다는 사실을 증명하고자 함이요, 또 적은 견식을 가지고 교만한 중생이 정법이 얼마나 중한가 하는 생각을 가지도록 하게 하기 위함이다.

그리고 명효는 이 다라니의 깊은 뜻을 다음의 아홉 가지 종류의 사람들이 알 수 있는 경계가 아니라 하며 잘못된 견해를 가진 사람들의 경계를 열거한다.

> ① 범부(凡夫)가 아는 경계가 아니다.
> ② 세속적인 지혜로 알 수 있는 경계가 아니다.
> ③ 법상(法相)을 분별하는 경계가 아니다.
> ④ 성문(聲聞)·연각(緣覺)의 경계가 아니다.
> ⑤ 공견(空見)을 가진 행자의 경계가 아니다.
> ⑥ 산란한 마음으로 많이 들었다고 하는 그러한 자가 알 수 있는 경계가 아니다.
> ⑦ 변견(邊見)을 가진 중생의 경계가 아니다.
> ⑧ 단견(斷見)을 가진 중생의 경계가 아니다.
> ⑨ 상견(常見)을 가진 중생의 경계가 아니다.
>
> 이러한 무리들은 서로서로 미워하며 말하기를, "내 지혜는 훌륭하고 네 지혜는 분명히 틀렸다. 오직 나만이 능히 불법을 남김없이 안다"고 말한다. 이러한 무리들은 매우 가련한 자들이다. 오척(五尺)밖에 안 되는 몸을 두고 대아(大我)란 생각을 일으키고, 한 되 한 치(方寸)밖에 안 되는 얕은 생각을 이끌고 허공을 다루고 재보겠다고 하니, 이는 어린아이가 술잔을 들고 와서 바닷물을 뜨면서 나만이 큰 바닷물을 다 잴 수가 있다고 하는 것이나 마찬가지다. 작은 견식의 중생이 불법을 재고 측량하는 것이 꼭 이와 같다. 그들이 만약 아만(我慢)을 없애고 본심을 뉘우치지 않으면 그러한 자들에게는 가르칠 수가 없

> 는 것이다. 설사 입으로 깊은 도리를 외고 또 설사 주워들은 것이 많다 할지라도 다만 교만만 더하게 할 뿐 아무 이익이 없는 헛수고가 될 뿐이다. 경(經)에 게송에 말씀하신 바와 같이 그들은 마치 밤낮으로 남의 집 보배만을 헤아릴 뿐 자기에게는 반푼〔半錢〕도 없는 가난뱅이와 같다. 많은 교훈을 주워듣기만 한 자들이 또한 이와 같은 것이다. 이러한 갖가지의 중생들이 있기 때문에 그들을 보호하기 위해서 더 긴 주석을 가하지 않는다. 그들이 좋지 않은 생각을 더욱 조장시켜 영원히 고해(苦海)에 빠져 헤어나지 못할까 두렵기 때문이다.

명효의 『해인삼매론』의 내용 설명을 끝마치면서 끝으로 다시 한번 의심나는 점을 지적해 두고자 한다. 게송의 끝부분 제27, 28구를 다시 한 번 읽어 보기 바란다.

> 往昔精進捨生死
> 不知生死則涅槃

> 지난 날 정진하며 생사를 버렸으나
> 생사가 열반인 줄을 모른 것일세.

이것은 그 앞의 25, 26 두 구절과 아울러 이 게송의 작자가 지난날의 자기 수도의 자세를 반성하는 뜻을 담고 있다. 혹시 원효가 지난날의 출가수도 행각을 돌이켜 보며 한 말이 아닐까? 명효는 원효의 별호일 수도 있다. 그리고 앞서 인용한 설명 마지막 부분에 나오는 비유와 이 논의 첫머리에 적은 대의(大意)의 문장형식은 원효의 문체를 너무나 방불케 하는 점이 있다. 명효란 스님의 존재가 역사적으로 단 한 번도 확인된 일이 없는 점에 비추어 이러한 부질없는 억측을 하게 되는지도 모르겠다. 그러한 문제를 굳이 문제시하지 않는다 하더라도, 나는 이 『해인삼매론』이 분명히 자랑스러운 우리의 민족문화 유산의 하나임을 믿어 의심치 않는다.

• 鷺山 李殷相博士 古稀紀念 『民族文化論叢』(1973)에 게재

불교사상의 현대적 조명

불교의 인간학적 기여

Ⅰ. 머리말

지금까지 불교는 불교교리학, 불교사학, 불교문헌학, 종학(宗學), 선학(禪學) 등의 입장에서만 연구되는 것이 일반적 경향이었다.[1] 그리하여 불교의 연구는 '불교

1) 때때로 서양학자들에 의해서 불교가 철학, 심리학 내지는 종교학의 일환으로서 연구되어 온 예가 없지는 않았다. 그 가장 대표적인 예는 칼 야스퍼스의 경우이다. 그는 『佛陀와 龍樹』라는 저술에서 불교를 철학적으로 해명하려는 시도를 보였다. 이것이 불교에 관한 일종의 철학적 해명이었다면, 그의 『哲學入門』 같은 것은 그가 불교사상을 원용하여 자기의 철학 이론을 전개한 좋은 실례라 하겠다. 야스퍼스는 『佛陀와 龍樹』 제6장 「불타와 불교는 우리들에게 어떠한 의의가 있는가?」에서 이런 말을 한다. "불타와 불교에 있어서는 우리(서양인)로서는 湧出시킬 수 없었던 하나의 샘이 솟아오르고 있다는 사실을, 그리고 거기에는 이해의 한계가 있다는 것을 결코 잊어서는 안 된다. 우리들은 보통이 아닌 엄연한 간격이 있음을 인정하고, 안이하고 성급한 접근은 삼가지 않으면 안 된다. 우리들이 佛陀가 말한 진리에 근본으로부터 관여하기 위해서는 우리의 현재 방식을 전적으로 바꾸는 것이 필요하게 될 것이다. 이러한 相違는 이론상 입장의 상위가 아니라, 생존방식 자체, 사유방식 자체의 상위이다. 그러나 이 거리 때문에 우리

학'의 범주에 머무르고, 그러한 연구의 성과는 불교의 고유한 술어, 사고방식 등에 소원(疎遠)한 일반철학자들에게는 접근하기 어려운 것으로 남거나, 또는 접근이 시도된다 하더라도 부정확하거나 불충분한 이해에 그치는 경향이 없지 않았다. 그 결과 많은 사람들이 철학을 논함에 있어서 불교적 사유의 엄청난 성과들을 무시 내지는 경시하기에 이르렀고, 간혹 불교에 관해 언급하는 사람이 있어도 대부분의 경우에는 불교적 사유의 성과들을 곡해하거나 폄하적으로 인용하는 데 그치는 이상한 풍토가 조성되어 왔다.

나는 철학에 어떤 고정불변한 정형이 있다고는 생각하지 않는다. 지금까지 인류의 역사상에 제기된 어떠한 철학사상도 영원히 그 유일무이한 절대적 가치를 주장하고 그 주장을 유지할 만큼 완벽한 사상으로 정립된 것은 없다. 플라톤은 플라톤대로, 아리스토텔레스는 아리스토텔레스대로, 데카르트는 데카르트대로 그 오류와 결함을 지녀 왔다. 철학은 때로 유물론적이기도 했지만 더 많이 관념론적이었고, 또 철학은 때로 경험적이요 실증적이기도 했지만 다분히 신비적, 직관적이기도 했고, 또 인생에 관한 과거의 철학적 논의들은 다분히 영육이원론적(靈肉二元論的)이기도 했지만 또 현대에 와서는 그것을 분리할 수 없는 것이라고 보는 이른바 철학적 인간학(Philosophical Anthropology)의 주장도 크게 대두되고 있다. 과거의 존재론은 현대에 와서 실존주의로 바뀌고 있고, 순수한 형식논리의 과정으로서 추상적이었던 철학적 풍토는 이제 점차 다방면의 인간행태를 알기 위한 많은 보조학(補助學)의 동원을 필요로 하는 광범한 방법론의 채택으로 이행해 가는 상태이다.

마치 한때 철학은 서양문화의 산물이기나 한 듯이 주장되었고, 동양에는 철학이 부재하며 동양의 인생관, 세계관, 우주관은 일고의 가치도 없는 미개한 문명의 소산인 듯이 선전되었고, 지금도 그러한 경향은 동양인들 사이에 있어서까지 그 여명(餘命)을 유지하고 있는 듯하다.

나는 여기에 인간을 보는 불교의 견해를 개진함에 있어서 불교 자체의 독특한 사고방식을 서구적 틀에 고쳐 넣어 불교 자체의 독특한 사상을 해체시키는 만행을 저지를 의사가 조금도 없다. 불교의 사상을 말함에 있어서 불교 자체의 독특한 사고방식을 해체한다는 것은 불교 자체를 해체하는 것이나 다름이 없을 것이기 때문이다. 내가 여기서 시도하려는 것은 불교의 독특한 사고방식과 그 사고방식에 의한 불교적 사유의 성과를 이해함에 있어서 가장 시급한 선행조건인 불교의 술어와

도 다 같은 인간이라는 생각까지도 상실해서는 안 된다. 어디에서나 다를 수 없는 똑같은 인간 생존의 문제가 제기된다. 여기의 佛陀에 의해서 하나의 위대한 해결이 발견되고 있다. 이것을 알고 힘닿는 데까지 이것을 이해하는 것이 우리들에게 부과될 과제이다. 야스퍼스, 『佛陀と龍樹』, 峰島旭雄 譯(東京: 理想社, 1960), p. 54.

표현 방식에 우원(迂遠)한 사람들에게 불교의 사상이 조금이라도 접근하기 쉬운 것이 되도록 표현을 달리하고 설명을 보태어 대화의 길을 튼다는 한 가지 목적밖에는 없다. 사실 이것은 나 자신이나 또 불교에 대한 자각적 이해가 있는 다른 사람들에게는 반드시 필요하고 긴급한 과제가 아니다. 그럼에도 불구하고 이와 같은 것이 요청되는 것은 오늘날 우리 한국의 철학자들에게 있어서는, 그 역사성 때문에 거의 서양인들에게 있어서 플라톤이나 아리스토텔레스 또는 기독교 일반에 관한 이해가 가지는 의의만큼이나 중요한, 그들 자신의 기본적 유산에 대한 이해의 소지를 제공한다는 이유에서이다.

나는 여기에 지난날 불교가 남긴 철학적 기여 및 철학적 통찰이 오늘날 우리에게 주는 조명이 어떤 것이냐를 말함에 있어서, 인간에 관한 몇 가지 문제만을 논의하여 불교의 전모를 다 드러낼 수 없음을 잘 알고 있다. 이것은 불교가 이룩한 철학적 통찰의 매우 중요한 부분이기는 하나 일부에 지나지 않는다는 사실을 지적해야 하겠다. 그리고 나는 지금 여기에 언급하는 인간에 관한 불교의 견해에 대하여도 이 정도의 해명이 충분한 것이 못 된다는 사실을 부정하지 않는다. 이것은 아직도 초보적 기본태도의 해명이란 범주를 벗어나지 못할 것이다. 이에 대한 후속적인 해명이 따르기 위해서는 많은 이의와 질의가 제기되는 것이 또한 바람직한 일이다. 철학이 대화의 방법을 취하지 않을 수 없다는 것이 여기서도 다시 한 번 부각된다. 어쩌면 나는 너무나 이러한 불교의 사고방식에 깊이 젖어 있는 까닭에 미처 반문의 여지가 어디에 있는가를 잘 모르는 상태에 머물러 있다고도 할 수가 있다.

이것은 불교적 사유에 너무나 무관심한 나의 서구철학 동료들에 대한 대화의 실마리를 여는 계기로서의 의미밖에는 가지지 못할 것이다. 나는 겸허한 심경으로 대화의 동지를 찾고 있다. 아마도 이것은 동시에 나의 유능한 서구철학 동료들에게 불교 공부를 촉구하는 권유로 간주될 수도 있을 것이다.

나는 이 글을 우리 사상사에서 혜성적 존재이었던 원효(元曉)와 의상(義湘), 지눌(知訥) 등의 소론(所論)을 토대로 전개한다. 물론 그들의 소론을 이해하는 주체는 나 자신이다. 그러므로 자연 이 소론은 원효나 의상, 지눌의 사상에 입각한 것이므로 불교사상사 위에 산견(散見)되는 다른 사상가들의 의견과는 반드시 일치하지 않으며, 더욱이 오늘날 유포되고 있는 상당히 이질적인 속론(俗論)과는 다른 것이 있을 수 있다는 사실을 분명히 해 두고자 한다.

그리고 한 가지 더 첨언하고자 하는 것은 원효와 의상, 그리고 지눌의 삼자(三者) 사이에도 시대의 차이, 개인적 견문의 차이 때문에 그 세부적 논의에 있어서 차이가 있음은 부인하지 않지만, 그러나 이 삼자 사이에는 그 근간에 있어서 결코 큰 차이가 없을 뿐만 아니라, 극히 공통적인 근본입장이 있기 때문에 나의 불교 이해는 저절로 이 삼자의 사상, 그리고 이 삼자의 사상을 형성하는 데 있어서 바탕이 되었던 중국 사상가들의 견해가 원용된다는 것을 이해해 주기 바란다.

Ⅱ. 인간, 그 자체

1. 인간이란 말

불교는 인간에 관한 불타(佛陀)의 교훈이다. 만약에 인간의 문제가 외면되었다면 불교란 가르침은 역사상에 출현했을 이유가 없고, 지금까지도 존속할 이유가 없었을 것이 분명하다. 그런 의미에서 불교는 하나의 인간학이며 철학적 인간학이라고 해도 크게 틀린 것은 아닐 것이다.

그런데 불교에서는 인간을 단순히 인간이라고만 호칭하지 않고 여러 가지 이름을 여러 가지 각도에서 붙인 흥미 있는 전통을 남겼다. 그것은 인도인들의 오랜 전통에 뿌리박은 인도적 사유방식의 소산이라고 생각되나, 어쨌든 그러한 사실은 불교가 인간을 어떻게 보아 왔던가 하는 문제를 이해하는 데 있어서 간과할 수 없는 중요한 시사를 준다.

인도에는 불교 출현 이전의 오랜 시기로부터 인간을 지칭하는 몇 가지 낱말이 있어왔다. manuṣa, puruṣa 또는 nara, jana, mānava 등의 말이 그것이다. 이러한 말들이 한자로 '인(人)' 또는 '인간(人間)'이라고 번역된 것이며, 그것이 오늘날 우리가 쓰는 인간을 지적하는 말이 되고 있다. 그러나 인도에서는 이 인간이란 말을 '모든 살아 있는 것'을 의미하는 sattva(한문으로 衆生 또는 有情이라고 번역)의 한 종류로 생각하면서, 오히려 인간을 보다 흔히 이 포괄적인 용어로 부르는 습관이 더 널리 보급되어 있었다는 것을 잊어서는 안 될 것이다.[2] 인도적 사유

---

2) 모든 불전에서 다루어진 인간의 문제는 인간이란 어휘를 쓰지 않고 '生'이라는 어휘, '菩薩'이라는 어휘, '佛'이라는 어휘로써 논급된다. 불전에서는 '人'이 六道衆生, 즉 六惡道라고 불리는 좋지 않은 생존의 길, 생활의 길, 생의 길의 비교적 좋은 한 양식으로서 언급된다. 중국의 註疏家들은 六道를 그 생의 길을 결정짓는 마음가짐과 관련시켜 다음과 같이 해석하는 전통을 낳았다.

① 天法界 修十善業, ② 人法界 持五戒業, ③ 修羅法界 行憍慢業

④ 畜生法界 造愚癡業, ⑤ 餓鬼法界 造慳貪業, ⑥ 地獄法界 造十惡業

⑦ 法聲聞法界 證四諦法, ⑧ 緣覺法界 悟十二因緣法, ⑨ 菩薩法界 行六度門

⑩ 佛法界 行平等一乘法

방식에 의하면 인간은 다른 '모든 살아 있는 것(중생)'의 일종으로 인식되는 경향이 농후했었다는 것이 여기서 지적되어야 할 것이다.

불교 출현 이전의 인도철학에 있어서 sattva는 sat에 대비되는 것으로서 그 자체가 파생적이며 불완전한 존재로 생각되어 왔다. 이것을 우리는 인간에 관한 불교적 견해를 이해하는 예비지식으로 알고 있을 필요가 있다. sat는 때로 '생명' 그 자체, 우주 창조의 근본원리로 생각되었다.3) 이러한 견해는 인도 고전철학자들 사이에 형이상학적 논의의 쟁점이 되기도 하여 언제나 이의 없이 받아들여진 주장은 아니었지만, 적어도 sattva란 어휘를 이해할 때에 sattva는 sat를 지닌 존재라는 뜻이어서 sat가 지니는 '생명 그 자체'로서의 의미는 무시되지 않는다.

이와 함께 sattva에서 나온 Bodhisattva와 불(佛)의 원어인 Buddha가 인간을 지칭하지 않는 것이 아니다. Bodhisattva는 한자로 음역될 때 보리살타(菩提薩埵), 줄여서 보살(菩薩)이라고 옮겨졌지만, 의역(意譯)으로 '각유정(覺有情)'이라고 번역되거나 또는 '대사(大士)', '대장부(大丈夫)'라고 옮겨지듯이 '깨달은 중생'이요 '깨달은 유정'이다. 물론 대승불교의 경전들은 여기에 쓰인 bodhi 즉 깨달음, 각(覺)의 의미를 Buddha의 경우의 '각'에 비해 정도의 차이가 있는 것으로 보지만, '각자(覺者)'라고 의역되고 '불타(佛陀)'라고 음역된 Buddha와 함께 이들은 모두 인간은 인간이지만 앞서 열거한 manuṣa나 puruṣa 등과는 다른, 보다 높은 인간(uttarapuruṣa), 보다 완성된 인간이라고 보아 평범한 sattva의 부류에서 제외되기는 했을망정 여전히 사람을 가리키는 말로 남는다. 이러한 중생과 보살과 불(佛)의 관계에 관해서는 다시 나중에 거론하겠지만,4) 지금 우리가 염두에 두고 넘어가야 할 것은 불교에서 '인간'이란 말은 오늘의 휴머니스트들이 생각하는 것처럼 결코 단순하게 생각되지 않고 있다는 사실이다.

우리는 위에서 열거한 인간을 의미하는 인도 말들을 어의학적(語義學的)으로 분석해 보고 불교의 인간학을 이해하는 데 있어서 적지 않은 도움을 얻을 수 있다. manuṣa(人), manu(人類), manuja(人), mānava(人)는 '생각한다' '측량한다'는

이상은 宋 延壽 述, 『注心賦』에서 十法界라고 하여 열거한 것인데, 위의 6종 법계는 六惡道를 말하는 것이다.

3) Uddālaka는 그 아들과의 대화에서 '절대자가 어떻게 하여 現象界의 差別相을 開發하는가?'라는 그 과정을 설명하면서, 우주는 태초에 sat뿐이며 오직 그것 하나일 뿐, 이에 대립하는 제2의 것은 없었다고 했다. 그는 당시 우주의 태초에는 다만 asat만이 있었다고 하는 반대론자의 주장을 배척하면서 이러한 설명을 했던 것이다. 이 sat는 정신성을 具有한 것으로서 神格으로 표상되고 있다. 漢譯佛典에서는 sat가 '有'로 옮겨지고 asat는 '非有'라고 번역되기도 했다.

4) 인간을 구성하는 것은 본 논문의 p. 660 참조.

뜻을 가진 √man이란 동사를 어간으로 하고 있다.[5] 우리는 여기에 인간을 '생각하는 존재'로 본 인도적 사유의 원류에 접한다. 이러한 사실은 앞으로 불교의 인간관 전체를 이해하는 데 있어서 매우 중요한 척도 내지는 바탕이 된다. puruṣa(人)는 같은 인도유럽어인 희랍어의 persona와 같은 어원을 가진 말이다. 영어·프랑스어의 person이 '생각하고 느끼는' 인간적 특성을 의미한다고 보는 서양철학자가 있듯이,[6]이 말에도 그러한 의미가 담겨 있음을 짐작하기 어렵지 않다. nara(人間住處), jana(태어난 자)라고 하는 말들은 각각 √nṛ(전개된다), √jan(태어난다)에서 파생한 명사이므로, 위의 것들과는 다른 기원을 가진 것이다.

나는 우리말의 '삶', '사람', '살'과 sat의 관계,[7] 또 우리말의 '나라'와 nara의 관계에 있는 유사성을 단순한 우연적인 사건으로서만 보려는 엄격주의가 언제까지나 그대로 묵수(墨守)되어야 하는지를 의아스럽게 생각하는 터이지만, 여기에도 하나의 숙제는 있다고 보는 것이 타당할 것이다.

2. 인간을 구성하는 것들

흔히 인간을 영혼과 육신의 두 가지 결합체로 보는 경향이 있어 왔다. 그러한 경향은 인도에도 있었다.[8] 그러나 불타가 인간을 색(色, rūpa)·수(受, vedanā)·상(想, saṃjñā)·행(行, saṃskāra)·식(識, vijñāna)의 오온(五蘊, pañcaskandha), 즉 다섯 가지 측면(five sides)[9]으로 구성된 것이라고 선언한 이래 불교는 인류

5) 현재 영어와 독어에 있어서의 man/Man은 manuṣa와 어간을 같이 한다.

6) Boethius는 "Persona est naturae rationalis individua substantia"라고 했고, Locke도 person을 "a thinking, intelligent being, that has reason and reflection, and can consider itself as itself, the same thinking thing, in different times and places; ……"라고 정의하고 있다. Arthur C. Danto, "Persons," in *The Encyclopaedia of Philosophy*, vol. 5.

7) 우리말 및 일본어의 어휘에는 상당히 기본적인 것들 속에 산스크리트 어휘와 매우 유사한 것이 발견된다. 일례를 들면 우리말의 경우에는 kṣama(『一切經音義』에는 이것을 '叉摩'라고 발음한다고 했고, 한문 의역은 '忍'이다)와 '참아'(忍)가 있고, pad(足)와 '발'(足)이 있고, ut-(上)와 '웃'(上) 등이 있으며, 지금 sat와 '살'(生)의 관계도 그 한 예가 된다. 우리말에서는 외래어의 어미 발음 t, d가 l로 바뀌는 음운법칙이 있다.

8) 자이나교의 교조 Nigantha Nātaputta는 우주를 구성하는 것을 크게 둘로 대별하여 영혼(jiva)과 비영혼(ajiva)이라고 했고, 또 Pakudha Kaccāyana는 인간의 각 개체를 구성하는 7요소를 들어 地·水·火·風의 4원소와 苦·樂·영혼(jiva)의 일곱이라고 했다.

9) pañcaskandha의 skandha를 constituent, element라고 번역하는 사람들이 있었고 agre-

의 철학사상에 인간을 보는 새로운 안목을 열어 주었다. 일찍이 영국의 리스 데이비즈(Rhys Davids) 부인[10]이나, 일본의 와츠지 데츠로(和辻哲郎) 등의 제씨(諸氏)가 서양철학적인 방법으로 천명하려 했듯이, 이 오온의 설은 전기(前記)한 바와 같은 인간을 보는 이원론적 견해를 타파하였고, 나아가 인간을 하나의 독립된 완결체로 보려는 태도에 연기설(緣起說)의 뒷받침으로 쐐기를 박고 말았다.

전항에서 보아 온 바와 같이 인간은 생각하는 존재(manuṣa)이며 또 인간은 생명을 지닌 존재(sattva)이다. 오온의 설은 이를테면 인간의 이 두 가지 기본성격을 더 세분해서 고찰한 결과라고 해도 좋다.

식(識, vijñāna)은 인간의 생각하는 기능이자 동시에 생명의 이명(異名)이다. 이 식(識)은 나중에 대승불교의 유식설(唯識說)에서 유식, 즉 '오직 식뿐(Vijñaptimātrata, Consciousness only, Rien que savoir)'이라고 불릴 정도로 인식과 창조의 근본기능이 되는 인간심성을 말한다. 그 식은 또 나중에 대승불교의 화엄철학에서 우주 만상의 생성 변화의 근본 원동력이라고 생각된 일심(一心)이 그것이다. 또 그 식(識)은 같은 대승의 『기신론(起信論)』 등 여래장(如來藏)사상 경론에서는 모든 중생(sattva)의 불성(佛性, buddhata, 즉 부처 될 씨앗)이나 여래장(tathāgata-garbha, germ of tathātaga, 여래의 모태), 그리고 일심과 다른 것이 없는 것이다.[11]

이 식(識)은 최초의 설법 당시에도 극히 소박하고 간략히 표현되었으므로 한동안 사람들은 식에 관한 초기불교의 교리와 발달된 대승불교의 이론을 연결시켜 종합적으로 이해하지 못하는 우(愚)를 저질러 왔다. 그러나 나는 인간을 설명한 불교의 오온설은 이제 그 베일을 벗고 새롭게 이해되지 않으면 안 된다고 생각한다.

---

gates라고 번역하는 사람이 있었으나, 범어 skandha, 팔리어 kandha에는 parts란 뜻이 있으므로 차라리 parts가 더 적당한 역어가 될 것 같다. 五蘊의 철학적 의미를 탐구한 和辻哲郎는 "오온이란 일체의 존재하는 것을 그 존재의 법의 이름으로 부른 것에 불과하다"고 하였다는데, 이때의 '법'이란 하나의 방법, 방식을 말한다. 그러한 주장은 색·수·상·행·식이 각각 독립적인 개체인 것이 아니라 존재의 양식이며, 그 양식들은 서로 뗄 수 없이 연결된 것으로서 인간 생존체의 다섯 가지 측면, 혹은 다섯 가지 생존방식이라고 보면 좋을 것이다. 和辻哲郎의 五蘊說은 『原始佛教の實踐哲學』(동경: 岩波書店, 1971), p. 177 이하를 참조하라.

10) C.A.F. Rhys Davids, *Buddhist Psychology, an Inquiry into the Analysis and Theory of Mind in Pāli Litierature*, 1914.

11) 佛性, 如來藏, 一心은 각각 『大般涅槃經』, 『如來藏經』, 『楞伽經』 등에서 크게 강조되는 대승불교의 개념이다. 이 세 가지의 개념은 각각 그 기원을 달리 하지만 후기 여래장 계통 문헌, 특히 『대승기신론』에서는 각도를 달리하여 본 일심의 다른 이름에 불과하다.
여래장 사상의 형성에 관해서는 최근 高崎直道의 종합적인 연구(『如來藏思想の形成』, 東京: 春秋社, 1974)가 있다.

위에서 말한 바와 같이 식은 인간의 생명의 근원이자 그 속성이다. 이 식에 나머지 사온(四蘊)은 불가분리의 관계를 가지고 따라 다닌다. 그 중에서도 수(受)와 상(想)은 식(識)에 가장 직결된 파생적 기능이며, 그것은 행(行)을 통해 색(色)으로 나타나고 색(色)을 통해 행으로 나타나는 불가분의 유대를 갖고 있다. 사람들은 행과 색을 통해 인간의 특징을 인식하면서 그것을 sattva의 측면에서 이해하였고, 수와 상을 통해 인간의 특징을 인식하면서 그것을 manuṣa 또는 puruṣa의 측면에서 이해했다고도 볼 수가 있다. 우리는 이 오온의 설명을 통해 인간이 하나의 살아 있는 존재이며, 그 살아 있는 존재는 동시에 생각하는 존재라는 사실을 알게 된다.

인간에게는 살아 있는 육체가 있다. 즉 살과 몸이 있다. 그것은 지(地)·수(水)·화(火)·풍(風)의 물질적 요소들의 유기적 복합체이며, 형상과 색채를 지니고 있다. 그것은 비록 생성 변천하는 과정에 있는 것이기는 할망정 일정한 기간 그 형상과 색채의 특이한 일관된 특징을 유지한다. 그 육체의 형상과 색채, 그 일정한 특징들과 차이들을 색(色)이라고 말한다. 안(眼)·이(耳)·비(鼻)·설(舌)·신(身)·의(意)의 이른바 여섯 가지 근(根, indriya)은 색의 전부를 그 가장 현저한 대외적 기능의 능동적 기관(器官)을 들어서 나타낸 표현이다. 그 능동적 기관들은 시각·청각·후각·미각·촉각이라고 구분되는 감수작용(感受作用)을 각각 그 대외적 기능으로 삼고 있다. 바로 이 대외적 감수기능을 수(受, vedanā)라고 하는 것이다. 이것은 인간에게만 고유한 기관이며 기능인 것이 아니라, 모든 중생(또는 有情)이 역시 공존하는 기관이다.

그 기능이나 발달의 차이, 능력의 차이 때문에 중생 안에는 여섯 가지 차별이 인정되지 않을 수 없었던 것이다. 동물도 식물도 중생이다. 지렁이도 나비도 새도 짐승도 물고기도 다 중생이다. 그들에게도 비록 형태와 능력의 차이는 있을망정 다 그 기관과 기능이 있다. 즉 색과 수가 있다. 색과 수는 반드시 그것이 가장 탁월한 것이라고 할 만한 상태에 있지는 않다. 인간이 그러하듯이 모든 중생은 다 그 자체로서 무한한 가능성을 지닌 색과 수를 가지고 있지는 못하다. 인간은 그 육체와 감각기관을 가지고 그냥 그대로 하늘을 날지 못하고 땅속에 살지도 못하며 물속에 머무르지도 못한다. 그리고 그 육체와 감각기관은 한 번 태어나면 일정한 기간을 살 뿐, 노쇠·파괴·사멸의 운명을 면할 길이 없는 특성을 지녔다. 그것은 어차피 죽어갈 운명을 지니고 있는 것이다. 이것이 인간을 포함한 모든 중생의 특징인 것이다.[12)]

---

12) 이러한 특징을 고타마 붓다는 無常(anitya), 苦(duhkha), 空(sūnya), 無我(an-ātman)라고 하였다.

그러나 인간이 다른 중생에 비해 우월한 위치를 차지하는 것은 바로 그 상(想)과 행(行)과 식(識)의 우월한 기능에 의거한다고 해야 할 것이다. 상은 추리요 억측이요 상상이요, 사상이요, 이상일 수가 있다. 그것은 유식설(唯識說)에서 변계소집(遍計所執) 또는 망분별(妄分別)이라고 번역되듯이, 인간심성, parikalpita(그릇 상상된)의 lakṣaṇa(모습)이다. 지금까지 인간이 빚은 숱한 상상과 억측과 사상과 심지어는 이상에 얼마나 많은 오류가 있었던가를 생각해 보면 상(想)의 부정확성, 부진실성(不眞實性)에 아연실색을 금할 수 없을 것이 틀림없는 사실이기는 하나, 그래도 그것은 인간에게 있어서 훨씬 현저한 발전이 간취되는 까닭에 그 우월성이 인정되지 않을 수 없는 것이다.

행(行)과 식(識)도 역시 그러하다. 행을 어떤 학자는 단순히 잠재적 행동능력으로만 이해하려고 한 사람도 있지만, 행은 더 나아가 인간의 행동작용의 전부를 포괄하는 말이다. 호모 파베르(homo faber, 工作人)의 특징이 이렇게 표현되었던 것이다. 그 행이 식의 뒷받침 없이 이루어지지 않는다는 것은 식의 뒷받침 없이 색과 수와 상이 이루어지지 않는 것과 마찬가지이다. 그런데 이 행은 saṃskāra인 것이다. 즉 어떠한 행도 saṃs(sam), '더불어, 무엇을 가지고' 어떤 대상과의 상대(相對)관계, 상의(相依)관계 아래에서 이루어지지 않는 행이 없다는 것은 또한 인간행위의 유한성을 말하는 근거가 되는 것이다. 그것은 doing(또는 making) with some- thing이요, doing with someone인 것이다. 그래서 이 행을 대승불교의 유식설에서는 의타기(依他起, para-tantra, entangled web)라고 표현했던 것이다. 현대의 실존철학자들이 인간을 Mit-Sein의 존재로 세계를 Mit-Welt로 말한 것은 바로 이러한 사실을 발견한 결과이었다.

오온의 중추가 되는 식(識)은 대승불교의 유식설에서 더욱 상세하게 분석적으로 해명되었다. 팔식설(八識說)이 바로 그것이다. 인간심성은 심층적으로 이해되었고 그것은 오늘날 융(C. G. Jung)이 도달한 결론을 그대로 카바하고 있다. 대승불교의 심식(心識)에 관한 통찰은 인간심성에 관한 모든 관념을 시정하지 않을 수 없게 만들어 버렸다. 의식은 무의식에로, 프로이드식 무의식은 융의 집단적 무의식에로 그보다 깊은 차원에로 연결지어져 고찰되지 않으면 안 되게 되었고, 인간의 심성은 나아가 우주 생성의 근본원리로까지 확대해석되지 않으면 안 되게 되었다. 특히 이 후자는 우리 원효의 예리한 이론적 추구와 직관적 예지의 소산이었고, 그 이후에는 조선조 초기 선사(禪師)들에 의해 실천적으로 입증되었던 사실이었다. 사실 인간이 중생의 우월한 생존양식인 범부의 차원에서 보살, 즉 '깨달은 중생'에로, 그리고 한 걸음 더 나아가 '온전히 깨달은 각자(無上正等覺者)', 즉 불(佛)로 그 생존양식을 바꿔 갈 수 있는 가능성이 이 식의 구명에서 열렸던 것이다.

식(識)은 vijñāna, 즉 주·객을 분별하는(vi-) 지(知, jñāna)로만 생각되어 왔지만, 이제 그것은 지(智), prajñā, 즉 주·객이 분별되지 않는 '온전한(pra-)' 지(知, jñāna), 무분별지로 바뀌어야 한다는 사실이 더욱 분명해졌다. 그리고 그 식의 지(智)로의 변혁은 오온 전체를 변혁시켜 인간을 아주 딴사람으로 만들 수 있다는 대원칙이 제시된 것이다.

우리는 석존(釋尊)이 최초의 설법에서 인간이 직면하고 있는 고통의 양상을 열거하는 가운데서 팔고(八苦)를 들면서, 맨 마지막에 '요컨대 오취온(五取蘊) 또는 오음성(五陰盛)이 고(苦)다' 이렇게 선언한 뜻을 분명히 이해하여야 하는 것이다. 그것은 흔히 생각하듯이 인간이 이 색·수·상·행·식을 가지는 한, 고통을 면할 길이 없으니, 그 오온의 소멸 내지는 파괴가 바람직스럽다는 이야기가 아니라, 대승불교적인 견해에 따르면 그 오온을 '취(取)하는' 것, 그 오음이 '성(盛)하는' 것이 고(苦)라는 주장이라고 이해해야 하는 것이다. '취한다', '성하다'하는 것은 집착하는 것이요, 정체(停滯)하는 것이요, 식의 변혁을 과감히 단행하지 않음을 의미하는 것이다. 불교가 일반적으로 현실생활을 부정하고 인간성을 경시하는 것처럼 오해된 모든 근원은 바로 이러한 인간의식의 불투명성, 인간의식의 저미(底迷)에 있었음을 알아야 할 것이다.

3. 인생, 그 허와 실

영국의 시인 셸리(Percy Bysshe Shelley)는 다음과 같이 영원과 현실을 노래하였다.

> '하나'가 남고, 많은 것이 변하고 또 간다.
> 하늘의 빛은 언제나 빛나고, 땅의 그림자 언제나 날아가네.
> 인생, 그것은 다색의 스테인드글라스 원천정(圓天井)처럼
> 영원의 흰 광선을 물들여 가네.
>
> The One remains, the many changes and pass;
> Heaven's light forever shines, Earth's shadows fly;
> Life, like a dome of many-colored glass,
> Stains the white radiance of Eternity.
>
> *Adonais*, LII[13)]

셸리는 인생의 허(虛)와 실(實)을 위의 한 구절에서 재치 있게 묘사하였다. 그는 인생을 허망하지만 또 영원히 진실한 것으로 파악하고 있다. 인생을 자연 속에서 달관할 수 있는 사람은 동서고금을 막론하고 같은 결론에 도달하고 있다고 나는 생각한다. 적어도 셸리의 이 견해는 고타마 붓다가 보았고 또 수많은 그의 제자들이 보았던 인생관에 일치하는 것이다.

불교는 단적으로 인생의 진실한 모습을 세 가지 집약적인 표현으로 특징지었다. "제법무아(諸法無我), 제행무상(諸行無常), 열반적정(涅槃寂靜), 모든 사물은 고정불변한 실체가 없는 것, 모든 행위는 덧없이 변해 가는 것, 그러나 거기에 또한 영원한 평화와 고요함이 있다."[14] 이것을 불교에서는 제법(諸法)이 지니는 진리의 특징, 즉 법인(法印)이라고 해 왔다. 인생은 그 법, 즉 사물 중의 하나요, 그 행, 즉 작위 중의 하나이다. 그러므로 그것은 무아하고 무상할 수밖에는 없는 것이지만, 또 그 인생은 깨닫고 보면 영원한 적정 그 자체이기도 하다는 것이 불교의 캐치프레이즈이다.

불교의 이 캐치프레이즈는 연기(緣起)의 도리(道理)를 이해함이 없이, 그리고 실상(實相)에 관한 직관을 경험함이 없이 이해되기가 쉽지 않다. 연기의 도리는 대승불교의 중관(中觀)철학이 이를 철저히 입증해 주었고, 실상의 직관 내용은 대승불교의 유식(唯識)철학이 이를 소상히 설명해 주었고, 또 그 밖에 『법화(法華)』, 『열반(涅槃)』, 『화엄(華嚴)』 등의 대경(大經)이 그것을 뒷받침해 주고 있다.

중관철학의 조술자(祖述者) 나가르주나(Nāgārjuna, 龍樹)는 유명한 「삼제게(三諦偈)」에서 다음과 같이 말하였다.

인연으로 생긴 법들

---

13) 원효는 『기신론』에서 일심을 설명하면서 "諸法中實 不同虛空 性自神解 故名爲心"이라 하였다. cf. 졸저, 『元曉思想』, p. 110 (불연전집 『원효사상』, p. 123).

14) 無我라고 할 때의 '我'는 ātman 또는 pudgala의 번역인데, 고타마 붓다가 이 무아를 특히 강조한 것은 그 당시 브라만 사회에서 ātman이 하나의 실체로 간주되고 body 또는 soul로서의 pudgala가 'separately existing individual'이라는 생각이 팽배했기 때문에 그 잘못을 고치려는 의도가 강하게 표명되지 않을 수 없었던 것이다. pudgala의 의미에 관하여 P. Tedesso의 연구가 있다(Journal of the American Oriental Society 67, 1947, pp. 172-177). 또 Edgerton, Buddhist Hybrid Sanskrit Dictionary, "pudgala"의 항 참조. 또 無我說의 전개상에 관하여는 中村元編, 『有我と無我』(1966) 중 「インド思想一般から見た無我思想」(pp. 1-142) 참조. 無我와 無常에 관한 이론은 緣起說과의 관련 아래 검토되어야 하며, 涅槃寂靜에 관한 이론은 『大般涅槃經』의 출현을 통해 상세한 전개가 이루어진다.

그것을 나는 공이라 말한다.
또 나는 그것을 가명이라 하노라.
이것이 또한 중도의 뜻이다.

因緣所生法 我說卽是空
亦爲是假名 亦是中道義[15]

이것은 이 세상의 모든 사물, 즉 현상으로서의 제 사건, 제 사물들이 세 가지 관점에서 인식되고 이해되어야 함을 말하는 것이다. 이 세 가지 인식과 이해의 방법을 공(空)・가(假)・중(中) 삼제(三諦)라고 한다. 인생을 포함하여 이 세상 모든 사람이 공(空), 즉 무아(無我)한 줄을 알고(空諦), 또 그것들이 가(假), 잠정적이요 일시적이어서 무상(無常)한 줄을 알고(假諦), 나아가 이 공(空)하고 가(假)한 현실을 '중실(中實)' 있는 것으로 '신해(神解)'하면서[16] 살면 그냥 그대로 적정(寂靜)한 줄을 알라(中諦)는 것이다.

제(諦, satya)는 앞서 말한 바 있는 식(識)이 지(智, 般若)로 바뀌어 이 지로써 깨달아지는 일을 뜻한다. 물론 식의 변혁, 식의 지화(智化, 또는 慧化, 般若化)는 자연히 나머지 사온(四蘊)의 변혁을 동시에 수반하는 것이 아니면 완전할 수가 없다.

인간과 인생이 이 삼제(三諦)의 어느 하나로써만 이해되고 설명된다면 그것은 온전한 이해가 되지 못한다. 지금까지 사람들은 철학사상에서 아무도 대승불교에서만큼 철저하고 치밀하게 이 삼제에 의한 인간 이해를 강조하거나 실현시켜 보지 못한 것이 사실인 것 같다.

공제로 이해된 인생은 허망하다 할 수밖에 없다. 만약에 누가 이 공제에만 의거해서 인생을 이해한다면 그는 허무주의에 빠질 가능성이 농후하다. 소승불교의 입장, 자이나교의 입장이 바로 그러하였다. 끊임없이 변화하는 인(因)과 연(緣)으로 생기(生起)하는 사물인 인생(緣起), 그것을 항구불변한 실재라고 오해하는 것은 큰 잘못이다.

그러나 동시에 그 연기인 인생을 전적으로 허무, 공무(空無)한 것이라고 이해하는 것 역시 이에 못지않은 큰 잘못인 것이다. 여기에 가제(假諦)의 필연성이 있게 되는 것이다. 우리는 흔히 이 '가(假)'라는 글자에 압도되어 연기로서의 인생, 한 사람이 다른 사람, 또는 다른 사건, 다른 사물과 맺는 상의상존(相依相存) 관계를

15) 『中論』.

16) 원효, 『대승기신론소』, 상권, 『元曉全集』, p. 216.

허술히 생각하고 설불리 경홀히 여기는 수가 많다. 이것은 언필칭 대승불교인을 자처하는 사람에게도 나타나는 매우 위험한 사고방식이다.

그러므로 원효도

유집(有執)을 제거하기 위해서
여래는 공을 설하셨는데
만약에 또 공에 집착한다면
제불(諸佛)도 또 이를 어찌할 수가 없느니라.

爲除有執故 如來說其空
若人復執空 諸佛所不化

라고 게송을 인용하여 후학을 타일렀고,

차라리 아견(我見)을 일으켜
수미산처럼 될지라도
추호도 공견(空見)을 일으키지 말라.

寧起我見 如須彌山
不起空見 如毫釐許

라는 게송을 들어 현실부정적인 도피주의자 및 공견을 우상처럼 섬기는 전통적 소승불교의 관념론자들에게 경고를 던지기를 서슴지 않았던 것이다.[17]

셸리의 시에 나오는 그 변하고 가버리는 많은 것들은 집착의 대상이 되지 못하는 것이다. 그러나 그는 스테인드글라스의 많은 빛깔을 그 영원한 흰 광선의 반영으로서 달게 받아 들이고 있다. 이것을 하나로 보고 있는 것이다. 이것이 중제(中諦)이다. 중제 또는 중도제(中道諦)가 없으면, 공제(空諦)도 가제(假諦)도 온전한 제(諦)가 못된다. 이 후자, 즉 가제를 속제(俗諦, samvṛti-satya), 세속제(世俗諦)라고도 하였고, 저 전자, 즉 공제를 진제(眞諦, paramārtha-satya)라고도 하였다.[18] 이 어느 한 쪽에 치우쳐 인간을 바라보고 인간을 말한다면 그것은 인간을

---

17) 원효, 『菩薩戒本持犯要記』, 『元曉全集』, p. 180.

18) samvṛti란 展轉하는 것이란 말이다. 즉 시간과 공간 속에서 展轉하는 것의 의미, 즉 緣起

똑바로 보는 제가 되지 못한다. 여기에 진속불이(眞俗不二)를 아는 지혜가 요청되며, 이에 따르는 자비행이 기대되고 있다.

인생을 잘못 알고 있는 사람들은 눈에 보이는 사상(事象)들, 마치 독립적이고 개체적인 것같이 보이는 일체의 사물, 인간 개인까지 포함하여 모든 인연소기(因緣所起)의 것(또는 依他起의 것)[19]을 절대불변의 개체로서 존재한다고 생각한다. 이것을 유견(有見, 실재론)이라고 한다. 또 그들은 이러한 현실 이외의 눈에 보이지 않고 손으로 만질 수 없는 일체의 비형상적인 것은 존재하지 않는다고 생각한다. 이것을 무견(無見, 허무론)이라고 한다.[20]

불교는 보이는 것, 연기의 사물들을 사(事)라 하였고, 보이지는 않지만 우주 만상을 질서짓는 이법을 이(理)라고 하였다. 속(俗)은 사(事)에 통하고 진(眞)은 이(理)에 통한다. 우주적 삼라만상에 속과 진, 사와 이가 있듯이, 인간에게도 속과 진, 사와 이가 있다. 그러나 우리는 그 삼라만상과 인간을 사나 이의 어느 일면에 치우쳐서 보면 그 삼라만상과 인간을 잘못 보는 결과가 되는 것이다. 이것을 잘 보는 비결이 반야지혜의 실현에 있다. 이 반야지혜는 바로 『대지도론』과 기타 대승경론에서 항상 불모(佛母, 부처를 낳는 어머니)라고[21] 강조되어 왔던 것이다. 보살은 또한 그 반야지혜가 처음으로 동(動)하기 시작하여(發心) 그 구경(究竟)에로 향해 전진하며, 자비행을 병진(併進)시키면서 불퇴전(不退轉)의 길을 가는 존재를 말하는 것이었다. 범부는 아직 반야지혜가 동하지 않고 있는 상태의 인간이며, 인간 이하의 제악도(諸惡道, 수라, 축생, 아귀, 지옥, 즉 좋지 않은 모든 생존양식)는 반야지혜에서 먼 식(識)의 낮은 단계를 왕래하는 생존양식이다.

원효는 이 반야지혜를 일심의 근원(一心之源)이라고 부르면서 모든 중생은 모름지기 이 일심의 근원으로 돌아가는 것을 그 생의 목표로 삼아야 한다고 강조하고 있다(歸一心源).[22] 생의 의미가 또한 거기에 있으며, 생의 성취가 그것을 통해 실현된다고 보았던 것이다. 다시 말하면 인간은 그 일심의 근원에 되돌아가지 않고

의 의미를 이해하는 일(satya)을 俗諦라 한다. paramārtha란 최상, 최고의 의미, 제일가는 의미란 뜻에서 第一義, 了義라고도 한다. 空하고 眞如한 사물의 실상을 깨닫는 일을 眞諦라 한 것이다.

19) pratityasamutpāda, '무엇 무엇에 대해서'(prati)라고 하는(iti) 상태에서(ya) 더불어(sam) 생기하는 연(utpāda), 이것을 因緣所起, 줄여서 緣起라고 옮긴 것이다.

20) 有見과 無見은 또 각각 常見, 斷見이라고도 불린다.

21) "般若波羅蜜是諸佛母 父母之中母之功最重 是故佛以般若有母", 『大智度論』 제 34; "摩訶般若波羅蜜 是諸菩薩摩訶薩母 能生諸佛 攝持菩薩", 『大品般若』 「薩陀波崙品」.

22) 원효의 현존 제 저술의 대의를 보면 어디에나 그것이 강조되어 있다.

서는 참된 인간 완성을 이룩할 수 없다는 이야기인 것이다.

그런데 여기에 또 한 가지 부언해 두어야 할 중대한 사실이 있다. 그것은 이 일심의 근원이 중생의 근원이며 중생과 불과 보살은 모두 이 일심을 바탕으로 하고 있는 까닭에,[23] 일심의 근원으로 되돌아가는 길은 중생을 동체(同體)로 보는 확신에 따라 대비심(大悲心)을 일으키고 중생을 널리 구제하려는 대원(大願, 弘濟之願) 없이는 그 목적을 달성할 길이 없다는 사실이다.[24] 그리고 그러한 확신과 능력을 함양하는 방법으로서 인간은 그 심성을 정화하는 지(止, śamatha)와 관(觀, vipa-śyana)의 수행을 쌓아야 한다는 것이다. 이렇게 하는 인생만이 실다운 인생이며 그렇지 않은 인생은 공허한 것일 수밖에는 없다는 것이다.

4. 인간, 그 생과 사

대승불교에 있어서 인생은 생사와 열반이란 두 가지 표현으로 설명되고 있다. 이 두 가지 표현을 고려하지 않고 불교에서의 생과 사를 논할 수 없다.

불교에 있어서 생사란 말에는 인도 사상 고유의 의미가 부여되어 있다. 생사란 윤회유전(輪廻流轉)을 의미하는 samsāra(흐름이란 뜻)의 의역이다. 그것은 생(birth)와 사(death)를 따로따로 지칭하는 용어가 아니다. 인생을 태어나 죽기까지의 변천 과정으로 보고, 자각 없이 망상에 의하여 타율적으로 시간과 공간 속을 부침하면서 유전하는 타락적인 한계상황을 말하는 것이다. 이러한 인생은 결코 긍정적으로 평가되지 않는 것이 사실이다. 불교는 이를테면 이러한 인생을 죽은 인생, 산송장의 인생으로밖에는 인정하지 않는다.

이에 대해서 그 반대의 의미로 찬양되는 것이 열반(nirvāṇa)이다. 열반의 소승적 의미는 대승불교에서 크게 심화 확장되었다. 대승불교에 의하면 열반은 앞서 전항에서 말한 근원에 되돌아간 일심의 상태, 그 이외의 다른 아무 것도 아니다.

『대승기신론』 및 『금강삼매경론』에서 이 일심은 '본각(本覺)' 또는 '시각(始覺)'이라고 불리고 있는데,[25] 원효는 그 『열반종요(涅槃宗要)』에서 분명히 "이 본각과 시각을 통틀어 일대열반(一大涅槃)의 체(體)로 한다"고 말하고, 이 본각과 시각이

---

23) "心佛衆生 是三無差別", 『華嚴經』.

24) "一心之外 更無別法 但有無明迷自一心 起諸波浪流轉六道 雖起六道之浪 不出一心之海 良由一心動作六道 故得發弘濟之願 六道不出一心 故能起同體大悲", 『大乘起信論疏』, 『元曉全集』, p. 215 중.

25) 원효, 『涅槃宗要』, 『元曉全集』, pp. 34-43.

야말로 대아(大我)이며 여래이며 이것이 바로 대열반이라고 불린다고 말하는 것이다. 대승불교도들이 이를 대열반이라고 특히 힘주어 강조하는 데에는 대승의 열반관이 이미 소승의 그것이 아님을 시사하고 있다.

원효는 『대열반경』의 논지에 따라 이 대열반을 법신(法身)과 반야(般若)와 해탈(解脫)을 그 체(體)로 한다고 했고, 또 상(常)·나(樂)·아(我)·정(淨)의 사덕(四德)이 대열반의 속성이라고 보고 있다.[26] 법신(dharmakāya)은 대승불교에서 발전된 불신설(佛身說)에서 영원한 각(覺)의 본체, 즉 언어나 명상을 초월한 진제(眞諦)로 이해된 불신이요, 이법이다. 원효는 법신에 관해 다음과 같이 말하고 있다.

> 법신의 체(體)는 불(佛)의 경지에 있는 모든 공덕을 말한다. 그 체는 무이(無二)하며 오직 하나의 법계(法界)일 뿐이다. 법계를 체로 하여 그것으로 만덕(萬德)을 성취하나 만덕의 모습이 다시 법계와 하나가 된다. 법계의 성(性)이 만덕과 다를 바 없고, 한 가지 덕을 듦에 따라 두루 미치지 않는 곳이 없다. 이와 같이 일체의 백법(白法, 청정무구한 법)이 원만하게 구족되어 그 자체에 집적(集積)되어 있으므로 법신이라고 부른다.[27]

법신은 보신(報身, sambhogakāya)과 화신(化身, nirmānakāya)과 더불어 불가분의 관계를 가진다.[28] 이것을 삼신(三身)이라고 하는데, 이 삼신설이 체(體)·상(相)·용(用)의 논리에 따라 체계화된 것은 『대승기신론』에서 비롯된다. 『대승기신론』은 이른바 인간과 모든 중생들을 여래장으로 보는 새로운 불교철학 이론의 으뜸가는 전거(典據)이다. 원효는 바로 이러한 철학이론을 도입하고 형성하고 굳건히 자리잡게 하였을 뿐만 아니라, 그렇게 실천한 사람이다.

이 여래장사상 계통의 경전들에서는 붓다(또는 여래)라고 하면 이미 고타마 붓다(Gautama Buddha) 한 사람만을 지적하는 것이 아니라, 모든 중생이 다 여래

---

26) 覺이란 우리 인간의 마음의 본체가 그릇된 생각들을 떠나 있음을 의미하는 말이다….
그것은 마치 虛空界와 같다. 모든 것에 미치지 않는 바 없고, 그 마음에는 차별적인 이 세계가 평등한 하나의 모습으로 이해된다. 여래의 법이 곧 覺이다. 이렇듯 우리 마음의 근본인 각을 本覺이라고 하나 그 마음이 어둠에 가려 不覺의 상태에 있다가 다시 覺을 향해 움직이기 시작하면 그것을 始覺이라고 이름을 바꾸어 불렀던 것이다. 그러나 그것이 우리 마음인 것에는 차이가 없다. 졸저, 『元曉思想』, pp. 141-174 (불연전집 『원효사상』, pp. 157-194) 참조.

27) 『涅槃宗要』, 『元曉全集』, pp. 34-43.

28) 졸저, 『元曉思想』, pp. 277-306 '보이는 것과 보이지 않는 것'(불연전집 『원효사상』, pp. 307-339) 참조.

장이다. 모든 중생의 마음(心·意·意識 또는 前6識·第7識·第8識)은 그냥 그대로 여래의 장(여래를 감추어 가짐, 여래의 씨알, 여래의 태)이라고 지적하고 있다. 앞서도 말한 바와 같이 실로 중생과 범부와 보살과 불의 차이는 그 식(識)이 어느 정도로 정화, 심화, 변혁되었느냐 하는 데에 달려 있는 것이다. 마음이니 식이니 하는 것이 모두 생명의 동의어이고 보면, 이 마음, 이 식의 정화, 심화, 변혁의 정도는 그 생명의 degree를 나타낸다고 보아 마땅하다.

열반이 바로 이 식의 완전한 정화, 심화, 변혁을 의미하는 귀일심원(歸一心原)의 경지일진대, 열반은 바로 온전한 생명이요 생이라고 하지 않을 수가 없다. 그러므로 원효는 "헛된 것은 일체 생사요, 헛되지 않은 것은 대열반이다"[29]라는 『열반경』의 말씀을 그의 사상의 일관된 바탕으로 깔고 있는 것이다. 열반된 몸, 그 자체가 바로 법신이다.

그런데 이 열반된 법신은 그냥 반야가 아닐 수 없고 해탈이 아닐 수 없다는 것이 『열반경』에 따른 원효의 주장이 아닌가? 그의 말을 조금 더 들어보자.

> 반야의 체(體)가 곧 이 법신이다. 법신의 성(性)은 자연히 광명의 극치에 달하여 비추지 않는 곳이 없다(無所不照). 그러므로 반야라 한다.
> 또 해탈의 체가 곧 이 법신이다. 모든 계박(繫縛)에서 벗어나 장애를 받는 바가 없으므로 이를 해탈이라고 한다.
> 이 세 가지 덕(법신·반야·해탈)은 실제로 각각 달라서 하나라고 말할 수가 없으나 그 상은 한 가지 맛(一味)이라 할 수 있으니 다르다고 말할 수도 없다.[30]

『대반열반경(大般涅槃經)』도 여래장사상 계통의 경전에 속한다. 이 대승경전은 사실 동명(同名)의 아함부(阿含部) 경전에서 다루어진 고타마 붓다의 죽음의 의미를 철학적으로 심화하여 새롭게 해석한 생과 사에 관한 철학을 담은 경이다. 과거에는 죽음을 의미하던 열반(nirvāṇa, 또는 nibbana)이란 말이 이제는 영원한 삶(법신), 모든 곳 모든 것을 조명하는(illuminate, 환하게 하는) 지혜의 광명(반야), 그리고 대자유, 대자재(大自在, 해탈)의 의미로 이해되게 되었다.

언제 태어나서 언제 죽는다 하는 색·수·상·행·식의 일생은 영원한 생명, 단절이 없는 열반의 바다에 생긴 물결과 같은 것이다. 이 근본진리를 알고 색·수·상·행·식의 반야화, 열반화, 해탈화를 진행해 가면, 오온신(五蘊身, 色身이라고

29) 空者一切生死 不空者大涅槃.

30) 『元曉全集』, p. 39 중.

도 한다. 육신)의 일생, 즉 생사는 단순한 유전(流轉)으로 끝나는 것이 아니다. 그 생사가 바로 곧 열반이 되고 만다. 여기에 우리는 생과 사를 초탈한 진정한 생, 영원한 생, 장애받지 않는 생, 그러면서도 그 천부(天賦)의 공덕을 발휘하며, 모든 곳 모든 것을 광명이 되게 하는 생의 출현을 보게 되는 것이다.

Ⅲ. 인간사회

1. 사회, 그 불교적 해석

어느 서양 철학자가 사회를 정의한 말을 보면 이렇게 적혀 있다. "한 사회(society)란 상호작용을 행하는 개인들의 한 집합체이다. 그 개인들의 관계는 그 개인 각자에게 역할을 부여하는 제 원칙과 그 실천에 의해 지배되며, 또 그 제 원칙과 실천은 그 개인들의 행동에 대해 각기 특징적인 의미를 갖게 한다."[31)]

이러한 '상호작용을 행하는 개인들의 집합체'(an aggregate of interacting indivi- duals)를 퇴니스(Ferdinand Tönnies)는 Gesellschaft(association)와 Gemeinschaft (community)의 두 가지 종류로 구분하였고, 파슨스(Talcott Parsons)는 polity와 society를 구분하기도 하였는데, 이러한 분류적인 의식(意識)은 아직도 기독교적 사유 속에서 Civitas Dei와 Civitas Terrena를 구분하는 형태로 남아 있을지 모른다. 가족과 촌락, 종족과 민족 또는 국민이 사회요, 사회와 공장, 협회와 학교 등도 역시 사회이다.

이러한 '사회'란 말에 꼭 부합하는 불교 고유의 술어는 없다. 억지로 비슷한 개념을 찾아본다면 '세간(世間)'이나 '세계(世界)', 또는 '국토(國土)', '법계(法界)' 등이 경우에 따라서는 사회라는 개념의 외연에 부분적으로 일치하는 수가 있다. 그 말이나 개념이야 어쨌든 불교에서도 '사람들이 모여 사는 공간과 시간'을 생각하지 않을 수 없었다. 그것이 사회이다. 세간(loka)이나 세계(lokadhatū)가 다 한결같이 그런 뜻을 가지고 있고, 국토(kṣetra)란 말, 법계(dharmadhatū)란 말에도 그런 뜻이 있다. '세(世)'는 시간을, '간(間)'과 '계(界)'는 공간을 의미하는 말이다. 국토도 역시 '계'와 마찬가지로 어떤 일이 벌어지는 장소의 의미이다. loka는 어원

---

31) Stanley I. Benn, "Society," in *The Encyclopaedia of Philosophy*: "A society is an aggregate of interacting individuals whose relations are governed by role-conferring rules and practices which give their actions their characteristic significance.

적으로 $\sqrt{}$luj=to destroy에서 나온 destroyable이란 뜻이다. 파괴될 운명에 있는 시간과 장소, 그 영역(dhatū) 속에 살고 있는 중생, 불교는 우리가 요새 쓰는 사회에 해당하는 세간이란 개념을 이러한 정도의 뜻으로 썼던 것 같다.

불교는 현실을 보고 말할 때 그것을 개념화해서 잘못 이해하게 되는 것을 정확한 인식을 방해하는 최대의 금기로 생각하고 있다. 따라서 대승불교는 인간도 사회도 그 밖의 갖가지 사물도 그것을 관념으로 받아들이는 것을 경계한다. '사회'란 말은 결국 서양인, 서양문화의 소산이다. 우리는 그들의 사회관 속에 불교의 세간관・세계관・법계관・국토관과는 다른 너무나 강한 개체의식, 개인의식, 그리고 실체관의 경향이 있음을 엿볼 수 있다. 불교는 이 사회를 하나의 연기(緣起)로 본다. 그것은 바꾸어 말하자면 실체가 없다는 말이다. 전변무상(轉變無常)하다는 말이다. 그것은 남과 더불어 상의상존(相依相存) 관계를 맺는 가운데에서 나타나는 현상이로되, 그 핵심적 동인(動因)은 사람들 각자의 심(心)작용에 있는 것, 그것이 사회이다. 앞서 서두에 인용한 서양 철학자의 정의에는 너무나 조직적인 집합체에 대한 의식이 강하게 작용하고 있는 것같이 보인다.[32] 그리고 서양인들의 고질적인 개인주의, 개체주의적(individualistic)인 사고성향은 사회를 말함에 있어서도 개인의 가치를 절대적으로 중요시하여 집합체(aggregate)보다는 개인에 더 무거운 비중을 두는 경향이 농후했던 것이다.

서양에서도 집합체에 더 큰 비중을 두는 사회관, 전체주의(holism)의 경향이 나타나지 않은 것은 아니다. 그러나 서양인들이 일반적으로 믿기에 동양인들은 보다 전체주의적인 성격이 농후해서 개인보다는 사회에 더 무거운 가치를 부여하고 있다고 보듯이, 불교적 사회관, 인생관에는 지나친 개인주의, 개체주의가 지양되는 특징이 있다.[33] 그렇다고 불교의 사회관이 전체주의적인 것은 아니다.

불교에서는 아마도 집합체라는 말보다도 공동체라는 말을 사회를 정의하는 말로 쓰고자 할 것이다.[34] 그것이 비록 Gesellschaft적인 영리단체가 되었다 하더라

---

32) 앞서 본 Stanley I. Benn의 정의를 보더라도 그는 상호작용 하는 개인을 결코 無常・無我한 존재라고는 보고 있지 않다. 또 우리가 集合體라고 번역한 원어가 aggregate인 것을 생각하면 여기에도 유기적 일체의식은 殆無한 형편이다.

33) holism은 사회적 사실을 한 개별적 사실로 축소시켜 버리지 않고, 사회의 전체(social wholes)를 그 역사적 발전과정을 통해 유기적으로 이해하려는 견해이다. 그러한 점에서 상당히 동양적 사고에 가까워져 있다고 할 수는 있다. 그러나 동양적 사고가 모두 다 똑같은 것이 아니고 유교의 경우에 그 사회관이 불교에 비해 차이가 있듯이, holism은 너무나 전체(wholes)를 강조하는 나머지 개체의 의의를 경시하는 경향을 띤다. 불교는 시간과 공간, 영원과 시간이라는 광대한 영역에서의 상관관계를 더욱 강조한다는 사실이 특징적이다.

34) 사회를 aggregate라고 볼 때 거기에는 和合을 의미하는 saṃgha(僧伽, community)의 정

도, 불교는 그것이 단순한 개인체의 이익 조정을 위한 타협적인 계약기관으로 남는 것을 사회, 즉 사람들이 함께 사는 시간과 공간의 운영에 있어서 최적의 방식이라고는 결코 판단하지 않을 것이다.[35] 불교는 모든 집합체가 공동체(Gemeinschaft)이기를 바란다. 불교 고유의 술어를 쓰면 그것은 화합체(和合體)가 되어야 한다고 보고 있다. 그러한 판단은 역시 앞서 말한 바와 같은 공(空)·가(假)·중(中) 삼제(三諦)의 이해방식, 진속불이(眞俗不二)의 이해방식이 인간 생존의 현실을 보는 안목이 되고 있기 때문이다. 개인은 공이요 가이다. 그 두 가지 관점은 중도적으로 조화되어 이해되어야 한다. 그 개인들이 서로 어울려 사는 사회도 역시 마찬가지로 공이요 가이다. 중세 기독교는 중도적 안목을 모르고 시저의 나라와 하나님의 나라를 분리하는 우(愚)를 범하였다. 사실 어떤 집합체는 Gesellschaft이고 또 다른 집합체는 Gemeinschaft다, 이렇게 분리하는 것 자체가 중세 기독교 세계관의 전철을 밟는 처사가 아닌가 한다.

Gemeinschaft를 말하는 사람들은 그 부류에 가족과 촌락과 민족 등을 포함시키고 있다. 그러나 불교적 관점에서는 인간의 어떠한 집합체 또는 집단이든 그것은 그 구성원들의 마음가짐 여하에 따라 Gesellschaft가 될 수도 있고 Gemeinschaft의 위치를 유지할 수도 있는 것이다. 결국 『화엄경』의 명구(名句) '삼계허망단일심작(三界虛妄但一心作)'— 즉 욕심으로 빚어진 세계(欲界), 물질적 형태를 나타내고 있는 세계(色界), 관념의 세계(無色界), 그 삼계(三界)는 다 본질적으로 말하면 허망한 것, 영원한 실재가 아닌 현상일 뿐(空諦, 假諦), 다만 일심(一心)만이 지은 것임을 알라(中道諦)—이라는 관찰의 입장에서 사회를 보아야 한다는 이야기다.[36]

신과는 다른 계약과 타협의 생태가 연상된다.

35) 만약에 불교의 정신이 그대로 경제사회에 적용되는 경우를 생각한다면, 불교의 정신은 Gesell-schaft的인 성격의 집합체를 처음부터 피할 것이다.

36) '三界虛妄'이라고 하면 곧 그것이 허무주의라고 생각하는 사람들이 많다. 우리나라 의상의 제자 表訓의 시구에 이런 것이 있다.

諸法有無元來一　有無諸法本無二
有時非有還同無　無時非無還同有
諸法本來不移動　能觀之心應不起

나타난 현상, 없어진 현상, 그런 有無의 현상이 되풀이되는 것이 삼계이다. 그러나 그런 것은 원래의 모습이 아니다. 있다, 있다 하지만 생각해 보라, 사실 그것은 없는 것이요, 없다, 없다 하지만 생각해 보라, 사실 그것은 있는 것이다. 모든 현상과 사물이 본래는 이동하지 않는 것이라는 사실을 알면 이것저것 눈에 보이는 것에 끌려 다니는 주관분별이 일지 않는다.

우리는 공동체를 말할 때, 혈연, 지연, 문화적 유대 등을 따진다. 그리하여 혈연 공동체인 가족·문벌·종족·민족을 생각하고, 지연 공동체인 마을·지방·지역사회 등을 생각한다. 여기서 말하는 연(緣)이 바로 연기(緣起)의 '연'이다. 인(因)을 각 개인의 심성, 의식, 감성, 이성, 오성, 잠재적 무의식, 갑자기 오는 직관적 예지 등에서 찾는다면, 연(緣)은 그것의 매인(媒因) 내지 촉매제가 되기도 하고 영향력, 조성력(助成力)으로 나타나기도 하고, 또 방해 내지는 저해요소가 되기도 하는 만남이다.

사실 불교적 관점에서 보면 혈(血)과 지(地)와 문화의 사이에는 엄격한 구분, 절대적 분리가 불가능한 것이다. 뒤에 더 자세히 논급할 것이지만 우리의 불교 대사상가들은 한결같이 천(天)·지(地)·인(人)의 동체관(同體觀)을 굳건히 유지해 왔다. 여기에는 사람이 만들어내는 물건까지도 포함된다. 지(地)·수(水)·화(火)·풍(風) 없이 인간이 인간일 수 있는가? 그것은 불가능하다. 그런 견지에서 말하자면 인간은 지·수·화·풍 그 모든 것을 연(緣)으로 하고 살아가는 존재이다. 그리고 농경을 의미하는 말에서 생긴 소위 culture, 문화라고 하는 인간의 모든 활동, 의(衣)와 식(食)과 주(住), 진(眞)과 선(善)과 미(美)와 성(聖)의 각 분야에서 추구된 활동은 결국 인간정신, 인간심성의 산물 아님이 없는 것이다. 그러므로 인간이 만들어냈고 또 만들어내고 있고 만들어내게 될 그 모든 것들이 역시 개인이건 사회이건 그 생활형태야 어떻든 인생의 연이 아님이 없는 것이다.

그러한 진리를 파악한 원효는 "擾擾四生僉歸無二之實性"(『열반종요』의 대의)이라 했으며,[37] 또 "穢土淨國本來一心 生死涅槃終無二際"(『무량수경종요』의 대의)라고 했고,[38] "方丈內乎衆星辰宇宙內於萬物也"(『화엄경소』의 대의)라고도 했던 것이다.[39] 사생(四生)은 중생의 갖가지 부류를 그 출생양식의 차이에 따라 구분하고 망라한 표현이다.[40] 세간에서는 그런 사생들이 시끄러운 잡음을 낸다. 그러므로 '요요(擾擾)'라고 한 것이다. 이 사회의 구성원들이 모두 무이(無二)의 실성(實性)에서 나왔고 그리로 돌아간다. 그 출입의 근원, 즉 본원(本源)을 열반이라 하고, 그로부터 출현한 다양한 현상계의 전변상을 생사라 하지만, 그것이 본래 두 가지 별개의 것(二際)이 아니다. 그것을 알고 그렇게 행하게 되면, 그 생사의 경계, 즉 사회는 정국(淨國)이 되지만, 그것을 모르고 그렇게 행하지 않으면 그 사회가 예토(穢土)가

37) 『元曉全集』, p. 34a.

38) 『元曉全集』, p. 58c.

39) 『元曉全集』, p. 73.

40) 濕生, 卵生, 胎生, 化生 등 그 출생의 형태에 따라 구분한다.

된다. 또 그것은 일심의 바탕 위에 나타난 물결에 불과하다. 방장(方丈)은 인간의 마음이다. 그것을 하나의 좁은 방에 비유했다. 방장 안에 중생의 근거가 있다. 그것이 일단 밖으로 나타난 것이 우주 안의 만물이다. 이것이 위에 인용한 원효의 마지막 구절의 뜻이다.

고려의 지눌은 그 『진심직설(眞心直說)』에서 "산하대지와 일월성신과 내 몸과 저 바깥 세계의 물건들, 그 모든 사물(法)이 진심(眞心)과 체(體)를 같이 한다(於山河大地 日月星辰 內外身器 一切諸法 同眞心體)"고 하였다.[41] 이는 중국의 승조(僧肇)가 "천지가 나와 동근이요, 만물이 나와 동체다(天地與我同根 萬物與我同體)" 라고 한 것과 같은 이해방식이다.

이러한 이해방식은 비단 사회를 구성하는 사람들 사이의 문제를 넘어서는 광범한 이해방식이다. 우리는 지금 합리주의, 자연과학적 분석지(分析知)를 중시하고 개인의 형이상학적 측면에만 눈을 돌렸던 근세 이래의 서구적 사고방식의 영향 아래에서 인간 사회를 너무나 좁게, 그리고 피상적으로만 보는 습관에 젖게 된 것이 아닌가 한다. 따라서 우리는 우주자연과 인간사회와의 관계, 인간과 그 소산물과의 관계 등에 관한 정확한 이해를 잃고 있으며, 나아가 개(個)와 전(全) 사이에 있어야 하는 일반적 규범과 같은 것에도 우원(迂遠)한 정신 상태에 빠져 있다. 우리는 이러한 문제에 대한 해명을 대승불교에서 얻을 수 있을 것이다.

2. 부분과 전체, 그 조화의 원리

인간은 하나의 개체를 이루고 있다. 그러나 그것은 수많은 상이한 형태, 상이한 기능을 가진 기관의 화합체이다. 그리고 또 그 기관의 하나하나는 역시 또 수많은 세포의 화합체이다. 그런데 그 세포는 또 결코 불변하는 독립적 실체가 아니라 항상 생성과 사멸을 거듭하는 생명력의 변상(變相)이다.

사회도 또한 그러한 것이다. 사회는 개인으로 구성되어 있지만 그 개인은 생과 사를 거듭한다. 그것은 하나의 세포와 같은 모습을 갖추고 있다. 세포는 짧은 생사의 과정을 겪지만 인간 개체는 보다 긴 생사의 과정을 경험한다. 사회와 인간의 관계, 사화와 자연의 관계도 그에 준하여 이해될 수가 있다. 여기서 생각될 수 있는 가장 큰 하나는 영원한 우주자연이 될 것이다. 우리는 그것을 전체라고 말할 수가 있다. 그러나 이 하나의 전체라는 것은 절대로 그 전체를 이루는 하나하나의

41) 『眞心直說』 7. 「眞心息妄」 중의 제7. 內外全體功夫.

작은 부분 없이 이루어지는 일을 생각할 수가 없다. 전체와 그 전체의 한 부분은 다 같이 불변의 독립적 개체가 아니다.

이러한 이치를 『화엄경』에서는 “일즉일체 일체즉일(一卽一切 一切卽一), 일중일체 일체중일(一中一切 一切中一)”이라는 짤막한 구절 속에 담아 표현하고 있다.[42] 원효나 의상, 의천, 지눌과 같은 우리의 위대한 불교사상가들은 다 이 화엄의 근본정신으로 인간과 사회, 세계와 자연을 이해하고 있었다. 그러한 이해가 단순히 이론적인 것으로 그치지 않고 실제 생활에 그대로 적용되었을 때, 그리고 이러한 원리가 사회생활을 율(律)하는 근본원칙으로 확립되고 나아가 정치・경제・교육・문화의 각 방면의 준칙이 이에 의해 설정되고 준수되었을 때, 우리 사상(史上)에는 괄목할 만한 성과들이 나타나곤 하였다.

위의 ‘一卽一切 一切卽一, 一中一切 一切中一’이란 도리는 다음과 같은 해명 등을 통해 체험적으로 직관(直觀)되기를 권고하고 있다. 그것은 필자가 이미 몇 번 다른 곳에서 그 중요성을 강조한 바가 있는 육상(六相)의 이론이다.[43] 육상이란 부분과 전체 사이의 상즉상중(相卽相中)의 이치를 총상(總相)과 별상(別相), 동상(同相)과 이상(異相), 성상(成相)과 괴상(壞相)의 세 쌍으로 설명하는 것이다. 그것은 하나의 공동체가 진실한 화합체가 될 때의 상황설명이다.

총상과 동상과 성상이 전체에 관한 제 양상이라면, 그 세 가지 전체의 상에 상응해서 상즉상중(相卽相中)의 관계에 들어가는 별상과 이상과 괴상은 부분의 제 양상이다. 우리는 총상을 전체의 총체적이요 총괄적인 모습(totality, wholeness)이라고 이해하면 좋겠고, 동상을 동질적인 모습(identity, integrity)으로, 또 성상을 성취된 모습(completion, satisfaction, full achievement)으로 이해하면 좋을 것이다. 우주건, 한 민족이건, 국가이건, 하나의 물건이건, 한 인간이건, 그것이 하나의 하자 없는 전체가 되자면, 이 세 가지 양상 중 어느 하나도 궐(闕)할 수가 없을 것이다. 예를 들어 생각해 보자. 여기에 한 채의 가옥이 있다. 총상(總相)은 그 내외의 전체적인 상(相)이다. 그 때 그 집이 동상(同相)을 갖추자면 그것이 집 아닌 다른 물건이 아니라, 전체로서 집이란 동질성이 유지되어야 할 것이다. 그것이 동상이다. 그와 동시에 그 집은 완성된 것, 완전히 성취된 것이 아니면 안 된다. 이것이 성상(成相)이다.

그런데 이러한 완성된 동질적인 전체는 그 전체를 구성하는 부분들이 각각 따로 살아 있고(異相, individuality), 그 개별적인 부분들이 그 나름대로의 특이성, 특

42) 이 구절에 관한 보다 상세한 설명은 졸고, 「華嚴一乘法界圖의 根本精神」(『新羅伽倻文化』 3) 또는 『韓國의 佛敎思想』에 실린 『華嚴一乘法界圖記叢髓錄』의 한글譯을 참조하기 바란다.

43) 졸고, 「調和의 原理」, 『國民倫理硏究』 4(1975).

수성(別相, particularity, speciality)을 간직하지 않으면 안 되고, 또 나아가 그 부분들이 전체의 완성을 위하여 자기를 죽이는, 다시 말하여 '아(我)'를 죽이는 자세(壞相, self-denial, renunciation)가 없으면 안 될 것이다. 즉 말을 바꾸어 표현하자면 어떤 사물이 온전한 조화를 이룩하자면 세 가지 연관관계가 있어야 한다는 것이다. 첫째로는 총상(總相)이 곧 별상(別相)이고, 별상이 곧 총상인 상즉(相卽) 관계가 있어야 하고, 또 총상 중에 별상이, 그리고 별상 중에 총상이 있는 상의(相依)관계(또는 相中관계)가 이루어져야 한다. 또 둘째로는 그 총상은 동상을 이루어야 하는데, 그러자면 동상이 곧 이상(異相)이요, 이상이 곧 동상이며, 나아가 동상 중에 이상이, 그리고 이상 중에 동상이 있어야 하는 것이다. 그리고 셋째로는 그 총상은 또 성상(成相)을 이루어야 하는데, 그러자면 성상과 괴상(壞相) 사이에 역시 상즉(相卽)·상의(相依) 관계가 이루어지지 않으면 안 된다는 것이다.

나는 이 원리가 부분과 전체의 조화를 달성시킬 수 있는 원리가 되며, 이러한 원리가 한 개인으로서의 인간의 건전한 발전과 행복을 위한 요체로 이해될 수 있고, 또 한 가정의 윤리에 적용될 수 있으며, 나아가 모든 레벨의 사회, 인간 공동체에 적용되는 화합발전의 원리가 되며, 궁극적으로는 우주자연의 조화를 위한 원리가 된다고 생각한다. 이것은 결코 불교 자체만의 특수한 교리에 그치는 것이 아니라, 불교가 전 인류에 보내는 평화의 메시지라고 나는 확신하고 있다. 나는 오늘의 정치·경제·사회·문화 제반의 이론은 이러한 근본원리에 따라 재음미되고 재평가되어야 하며, 이러한 토대 위에서 새로운 정치이론, 경제이론, 사회문화의 이론이 형성되어야 한다고 생각하고 있다. 그렇게 해서 형성되는 이론은 적어도 현대세계를 좌우하고 있는 마르크스주의 이론이나 자본주의 이론, 의회민주주의 이론, 대중문화 이론과는 다른 성격의 것이 되리라는 것을 예견하는 것이다.

Ⅳ. 인간과 물질

1. 물질이란 무엇인가?

우리는 상식적으로 우리 주변에 있는 형태와 용량이 있는 물건들을 물질(物質)이라고 부르는 습관에 젖어 있다. 사람들은 물질과 정신을 구분하며 곧잘 물질문화를 말하고 정신문화를 이야기한다. 그러나 과연 우리는 물질을 어떻게 정의해야 마땅한 것일까?

현내의 물리학자나 생물학자들의 견해에 비추어 보면, 물질(matter)을 하나의 본질적으로 변하지 않는 무기적(無機的)이요 피동적(被動的)인 덩어리로 보는 견해는 유지되기 어려운 상태에 이른 것 같다.[44] 물질이라고 불리는 하나의 mass는 이제 일종의 보다 광범한 energy의 범주에 속하는 것으로 간주되는 경향이 지배적이다. 따라서 이제는 물질과 생명, 그리고 마음간의 관계는 전적으로 다시 고려되어야 하는 단계에 이르렀다고 보아야 할 것이다. 나는 이러한 탐구의 성과는 불교의 물질관과 크게 위배되지 않을 뿐만 아니라 거의 일치하며, 그러므로 물질에 관한 불교의 이해방식을 아는 것은 흥미롭게도 앞으로의 이 방면 연구에 어떤 중요한 시사마저도 줄 수 있다고 생각한다.

우리는 우리 자신의 육체에서 물질적 성격을 인정해 왔다. 그리고 우리는 인간의 생활에 쓰이는 의·식·주의 갖가지 생활자구(資具)들과 돈과 그 밖의 재화를 물질이라고 보고 있다. 그런가 하면 또 우리를 둘러싸고 있는 자연의 구성물들, 하늘과 땅, 산과 강, 수목과 총림화초(叢林花草), 암석, 일월성신, 지수화풍 등을 물질이라고 생각하며 그렇게 불러 왔다.

그런데 불교에서는 그러한 것들을 총칭할 때 무엇이라고 불렀던 것일까? 이러한 착안 아래 불교의 술어를 검토해 볼 때, 조금이라도 우리가 말하는 물질을 지적하는 데 관련이 있는 술어들이라고 간주되는 것을 골라 보면 다음과 같은 것들이 열거된다.

(1) 가장 많이 쓰이는 것으로는 '색(色, rūpa)'이란 말이 있다. '형성된 것'이 어원이라고 하고, 또 '파괴되도록 되어 있는 것'이 그 어원이라고도 생각되어 온 rūpa는 서양 학자들에 의해 matter니 form이라고 옮겨져 왔다. rūpa를 '色'으로 한역한 것은 불교가 중국에 도입된 요람기부터의 일이다. 이 색은 색진(色塵, 물질과 형상을 갖춘 번뇌의 대상), 색법(色法, 물질과 형상을 갖춘 事象), 색경(色境, 물질과 형상을 갖춘 대상) 등으로 숙어화하여 사용되는 일이 많았다. 이 색은 '전변파괴(轉變破壞)'하는 성질을 가진 것으로 자주 설명되었고, 또 무엇인가 '형질이 있어서 다른 것과 서로 장애를 일으키는 것(有形質而互爲障礙)'이라고도 설명되어 왔다.[45] '색이 곧 헛된 것이다'라고 하는 '색즉시공(色卽是空)'이란 말에서도 그 뜻은 드러난다. 이와 아울러 '공즉시색(空卽是色)'이란 말이 있는데, 그것은 '그 헛되다는 관념, 즉 공(空)을 하나의 추상적이요 교조적인 관념으로 여기면 그것이 곧 색이 된다'는 뜻이다. 여기에서도 색의 다른 일면의 의미를 알 수 있게 될 것이다.

---

44) Stephen. E. Toulmin, "Matter," in *The Encyclopaedia of Philosophy*, vol. 5.

45) 「大乘義章」.

(2) 물질이라는 우리의 상식적 개념을 나타내는 불전(佛典)상의 용어에는 또 '법(法)'이 있다. 법의 산스크리트의 원어인 dharma는 어원적으로는 √dhṛ+ma로서 '의지하는 것', '지탱하는 것'이란 뜻을 가진 것으로 보고 있다. 거기에서부터 dharma는 things(사물들)라는 뜻으로 사용되는가 하면, 또 law(법칙 또는 궤범)의 뜻으로 쓰이기도 했으며, 또 나아가서는 truth(진리)의 뜻으로 사용되기도 하는 매우 다의적인 용어이다.

조금 불교를 넓게 공부한 사람이면 누구든지 일견 모순되는 것 같이 보이는 이러한 여러 가지 의미들이 왜 나오게 되었는가 하는 것을 쉽게 알 수가 있다. 줄여서 말하자면 모든 things는 다 그냥 그대로 하나의 진리, 하나의 법칙을 말해 주기 때문이다. 그 좋은 예가 '제법무아(諸法無我)'란 말이다. '모든 사물에는 고정불변의 실체가 없다'는 뜻이다. 이것은 하나하나의 사물이 가르쳐 주는 어김없는 법칙이기 때문이다.

(3) 물질은 때에 따라 '사(事)'라고도 불리고, 또 '경(境)'이라고 불리기도 하고, 또 '재(財)'라고도 '물(物)'이라고도 불린다. '사'라는 말은 하나의 event란 뜻이다. 그것은 물질의 이명(異名)이 아니라, 물질을 하나의 사상(事象) 내지는 형상(現象)으로 보고 붙인 이름이다. 우리의 신체가 생겨서 죽어간다는 것, 그것은 하나의 사상이다. '경'은 일반적으로 대상(對象)을 말하는 어휘이다. 이것 역시 물질의 이명일 수는 없고 물질이나 물건이 우리 인식의 대상이 된다는 뜻으로 쓰였을 뿐이다. '재'는 그 가치 있는 것, 즉 돈, 값나가는 물건들을 말한 것이다. 그러므로 재시(財施)는 돈이나 의·식·주의 물질을 보시하는 것을 말하고, 재욕(財欲)이라고 하면 인간의 오욕(五欲) 중의 하나로서 그러한 값나가는 것들을 가지고자 하는 소유욕을 말한다.

우리는 이러한 술어의 용례를 통해 불교에서는 우리의 상식적인 물질관을 완전히 분쇄해 버리고 있음을 알게 된다. 그것은 앞서 말한 체(體)·상(相)·용(用)의 논리로 따지면,[46] 상과 용의 세계에 속하는 것이다. 그래서 거기에는 형상이 있고 용도가 있다. 그러나 그것의 체는 불가시(不可視), 불가촉(不可觸), 불가설(不可說), 불가사의(不可思議)한 일심(一心)일 따름이다.

---

46) 佛身을 法身·報身·化身의 三身으로 본 것은 體·相·用 三大로 해석한 결론이다. 體는 진여한 일심의 근원, 眞心을 말한다. 근본이란 말이다. 그것은 우리 言說이 가서 닿지는 못하는 것이며 무궁무진한 공덕의 원천이다. 그 능력이 시간과 공간 속에 顯現된 형상이 相이라 불리며, 그 기능 작용이 用이라 불린다. 더 자세한 것은 졸저, 『元曉思想』 '보이는 것과 보이지 않는 것' 참조.

물질에는 명색(名色, nāmarūpa)이 있다. 즉 이름과 형상이 있으나, 그것은 결코 본질적인 것이 아니며 현상적인 것이다. 현상적이란 것은 연기(緣起), 즉 인연으로 생기하여 인연으로 소멸하는 형상을 갖추고 변천하는 것이라는 해석이 가능해진다. 불교는 어느 경우에든지 물질이 고정불변하다고 본 일이 없는 것이다.

2. 인간과 물질

인간은 색·수·상·행·식의 오온을 갖춘 중생의 한 부류라고 했다. 인간은 색온(色蘊)을 갖추고 있으므로 물질적인 존재라 할 수가 있다. 그러나 인간의 물질적 요소는 식과 수와 상 및 행과 유리된 것으로 간주되어서는 안 된다. 여기에서 우리는 한 가지 중대한 사실을 지적하지 않으면 안 된다. 그것은 다름 아니라 인간을 영(靈)과 육(肉)의 이원(二元)으로 보는 견해가 근본적으로 잘못된 견해라는 사실이다. 그 까닭은 영과 육이라는 것은 결국 오온을 두 가지 실체로 나누어 그 오온 사이의 불가분리의 연속적 관계를 무시했기 때문인 것이다. 이와 유사한 오류는 세계와 일심의 관계에서도 나타날 수가 있다. 물질과 정신을 각각 상이한 별개의 개체라고 보고 대립적으로 생각하는 경우에도 같은 오류가 나타난다.

이제 우리는 보조국사 지눌의 소론(所論)을 토대로 인간과 물질, 인간과 자연, 인간과 인간이 만든 물건 등의 상호관계에 관한 불교적 견해들을 간추려 설명해 보기로 하자.

(1) 지눌은 원효가 우주와 인생의 최고의 가치를 일심이라고 본 것과 동일한 입장을 취하면서, 다만 그 말을 바꾸어 일심을 진심(眞心)이라 부르고, 그것만이 영원한 생명의 본원이라 본다. 그것을 지눌은 '옛날 옛적부터의 주인 할아버지(舊日主人翁)'이라 하고, 또 '시간 이전의 자기(空劫前自己)'며, 또 '온갖 형태와 음성의 저편에 있는 사람(威音那畔人)'이라고도 하였다.[47] 그러면서 그는 "일체 산하대지와 초목총림과 삼라만상, 오염된 것 청정한 것, 일체의 법(즉 현상과 사물)이 다 그로부터 나온다"고 하였다. 그는 또 이렇게도 말한다. "진심의 본체는 일체 중생이 본래 간직하고 있는 개성이며, 바로 이것이 일체 세계를 생발(生發)케 하는 근원이다."[48] 이것은 앞서 인용한 산하대지와 일월성신과 그 밖의 일체의 제법이 진

47) 『眞心直說』, 2「眞心異名」.

48) "一切世界 生發之根源", 『眞心直說』, 3「眞心妙體」.

심과 동체라고 한 구절과 같은 의미인 것이다.

우리는 이 말들을 통해 인간과 물질, 인간과 자연이 서로 어떠한 관계를 가진다고 보는가 하는 것을 알 수 있다. 위의 말들을 통해 우리가 도달할 수 있는 이해의 내용을 우리 나름대로 말해 본다면, 이 우주, 온 누리(nṛ, nara)는 그냥 그대로 참된 나인 것이며, 진정한 자아인 것이다. 이를테면 이러한 자각에 도달하지 못하고, 아직도 왜소하고 변괴무상(變壞無常)한 나를 자아라고 생각하는 것은 허망한 분별이요 망상일 수밖에 없다는 것이다. 소아(小我)는 변혁되지 않은 오온의 존재일 뿐, 이 소아는 결정적으로 그 편협 고루한 식(識)을 변혁시켜 반야화(般若化)한 대아(大我)를 회복해 가져야 한다고 그는 강조한다.

(2) 다만 우리는 여기에서 지눌이 크게 강조하지 않았던 우리 인간이 만들어내는 물건들과의 관계에 대해서 약간의 부연을 하고 넘어갈 필요를 느낀다.

인간은 근래 산업문명을 발달시키면서 수없이 많은 종류와 분량의 물건들을 생산해내고 있다. 그리고 우리 현대인들은 인간이 생산해낸 것들의 혜택을 입기도 하지만, 또한 다른 한편에서는 그가 생산해낸 것들로부터 엄청난 위협을 당하고 있기도 한 것이 실정이다. 사람들은 이 시대를 소비문명의 시대라고 하여 낭비(浪費)와 남비(濫費)를 권장하기도 하고, 자연정복의 시대라 하여 마구 자연을 파괴하기도 하며, 또 대량살육무기의 시대라고 하여 가공할 살육무기의 등장을 두려워하기도 한다.

현대는 또한 배금주의의 시대이고 유물주의 전성의 시대이기도 하다.[49] 요컨대 현대는 가장 인간이 행복한 시대인 듯 보이지만, 가장 인간이 불행한 시대, 인간이 인간답지 않은 시대로 전락되어 가고 있다. 그 모두가 사실은 인간이 인간은 누구인가를 똑똑히 그리고 깊이 알지 못하고, 알려고 하지도 않는 데에 기인하지만, 또 한편으로는 인간이 물질의 의미를 모르고 물질을 인간이 어떻게 대할 것인가를 모르는 데에 기인한다고 보아야 할 것이다.

지눌은 '內外身器와 一切諸法이 同眞心體'라고 했다. 나는 여기에 이미 우리가 묻고 있는 우리 인간 자신의 생산물에 관한 언급이 되어 있다고 본다. 내외신기(內外身器)와 일체제법(一切諸法) 안에는 그러한 것들이 포함된다.

사실 우리가 만드는 각종의 물건들이 어찌 우리 마음의 소산이 아닌 것이 있겠는가? 다만 문제는 그 물건들이 진심 그 자체, 조금도 오염이 없는 진심 자체의

---

49) Lynn White, J, "The Historical Roots of Our Ecological Crisis," in *Earth Might Be Fair: Reflections on Ethics, lRcligion, and Ecology*, ed. Ian G. Barbour (Englewood Cliffs, NJ: Prentice Hall, 1972).

소산이냐, 그렇지 않으면 진심을 뒷전으로 밀어내고 무명(無明)의 훈습(熏習)[50]을 받아 타락한 염심(染心)의 소산이냐 하는 것이 문제가 되는 것이다.

원효도 지눌도 일심의 원천이나 진심 그 자체는 오염의 희생이 되지 않는다는 사실을 강조한다. 문제는 우리 인간들이 진심을 드러내어 그것이 안(眼)·이(耳)·비(鼻)·설(舌)·신(身)의 끝까지 진심의 지체(肢體)가 되고 진심의 기능을 하게 하여 무엇을 생산하고 작업하고 사업하는 것이 아니라, 다시 말해서 모든 일을 일심의 근원에로 돌아가는 행위로서 하는 것이 아니라, 진심을 배반하고 일심의 근원을 배반한 망심(妄心), 염심(染心)으로써 하는 행위로서 하기 때문에 문제가 큰 것이다.

진심은 무용(無用)의 물건, 해로운 물건, 반드시 필요하고 적당하지 않은 물건, 지나친 분량, 잘못된 생산의 방법, 잘못된 분배의 양식을 그리고 자연의 파괴를 허용하지 않는다.

지눌은 이렇게 말하고 있다.

> 진심에 통달하면 사람마다 다 옳고
> 물건마다 다 좋지만,
> 진심을 잃어버리면 곳곳마다 뒤집히며
> 생각마다 천치, 미치광이다.
>
> 達此心則 頭頭皆是 物物全彰
> 迷此心則 處處顚倒 念念痴狂[51]

그러므로 진심에 통달하는 일, 진심이 드러나서 작용하게 하는 일은 인간이 인간을 대하고, 인간이 갖가지 사물을 대하고, 인간이 자연을 대하고, 인간이 무엇을 생산하고 작업하는 어떤 경우에도 가장 중요한 과제로 제기되고 있다. 그것을 불교는 삼매(三昧)라 하고 지관(止觀)이라 하고 치심(治心, 마음 다스리는 일)이라 하는 것이다.

불교는 이를 테면 인간의 실상을 기술하고 설명하는 단순한 기술과학, 사변철학이 아니다. 철저하고 세밀한 분석을 배제하지 않고 모든 분야에 걸쳐 정확한 논리와 분석을 추진시켜 가지만, 그것이 토대가 되어 스스로 자신의 의식의 혁명을 체

50) 熏習이란 말은 오늘 우리가 말하는 영향 정도의 뜻이다. 졸저, 『元曉思想』, pp. 239-276 (불연전집 『원효사상』, pp. 265-306) 참조.

51) 『眞心直說』, 3「眞心妙體」.

험적으로 이룩하고, 그것을 통해 현실의 여건을 혼돈에서 질서로 변혁시켜 가지 않는 한, 그러한 지식은 한낱 죽은 지식으로 남을 수밖에 없다는 사실을 밝혀 준다. 나는 여기에서 불교가 현대철학에 기여할 수 있는 귀중한 가치를 발견한다.

Ⅴ. 맺는말

원래 계획은 본고의 본론을 전 6장으로 나누어 인간에 관한 여러 문제를 각도를 달리하여 검토할 예정이었으나, 도저히 제한된 매수를 더 이상 초과할 수가 없어 일단 나의 서술을 여기서 끊고, 기회를 보아 그 속편으로 4. 인간과 역사, 5. 인간과 자연, 6. 인간의 윤리 등을 거론하고자 한다.

필자는 본고에서 먼저 인간 그 자체는 어떤 존재라고 보아야 하는가, 그 불교적 견해를 말해 보려고 하였다. 그래서 필자는 제Ⅱ장에서 (1) 인간을 지칭하는 인도의 말들, 불교의 술어들에서 인간을 정의할 수 있는 의미가 추출될 수 있는가를 보았다. 그 결과 우리는 인간을 가리키는 인도의 말들은 인간의 특성을 생각과 생명의 두 가지로 보고 있음을 알았고, 그 생각 또는 생각하는 기능인 마음이 생명과 불가분의 관계를 가지고 있음을 알게 되었다. 또 불교는 인간을 중생 중의 하나로 보며, 인간의 긍정적 모습은 오히려 보살과 불(佛)이라는 명칭 아래 더 잘 현양되고 있음을 보았다. (2)에서 우리는 오온(五蘊)의 의미를 새로 해석하면서 그것을 통해 인간이 어떤 존재인가를 알아보려 했다. 여기서 나오는 오온이 무조건 부정되는 듯한 그릇된 해석을 시정하는 데 역점을 두었다. (3)에서는 인간의 허와 실을 따져 보았다. 인생이 그냥 그대로 구가되는 현대인들의 관능주의 무사상성(無思想性)을 나는 불교의 공(空)·가(假)·중(中)의 이해 방식으로 극복하도록 해야 할 것이라고 생각했다. (4)에서는 인간의 생과 사의 문제에 언급했다. 여기서는 지나치게 고답적인 대승의 이론만을 제시했다는 비난을 들을 수 있으나, 오히려 나는 단도직입적으로 대승만을 이야기하는 것이 혼동을 피할 수 있는 길이라고 생각했다.

제Ⅲ장에서는 인간과 사회와의 관계를 이야기해 보고 싶었다. 그러나 벌써 여기서부터 필자는 매수의 제한에 신경을 쓰기 시작하여 더 다루어야 할 문제가 많았으나 생략하고 말았다.

제Ⅳ장에서는 인간과 물질의 문제를 다루었다. 여기서도 마찬가지로 많은 문제가 빠져나갔다.

나는 이렇게 하는 과정에서 많은 것을 깨달았다. 이제 때늦은 감은 있지만 불교나 동양의 철학을 연구하는 사람들은 저 야스퍼스가 불교에 대해서 가지고 있는 솔직한 태도를 본받아 서양철학과, 그 밖의 철학 이외의 다른 분야의 학문성과에 항상 예민한 수용의 자세를 갖추어야 하겠다는 것이다. 나는 불교나 기타 모든 전통사상의 연구가 현대인의 현실적 상황과 밀접한 관련이 있는 것으로서 연구되어야 하겠다는 것을 다시 한번 절감했다. 그것은 오직 나의 연구가 미흡하기 짝이 없다는 말이 된다. 우리는 우리들에게 있어서 현재 그리고 따라서 미래에 무엇이 해명해야 할 가장 시급하고 중요한 문제인가 하는 중심과제를 망각하고 옆길에 빠지거나 지하에 잠겨 헛수고를 하지 말아야 하겠다는 것이다. 그러자면 그 문제 파악이 잘 되어 있어야 하는데, 그것이 되어 있다 하더라도 또 문제가 되는 것은 그 문제들에 대한 다른 회답은 무엇인가 하는 것을 광범하게 잘 알아야 하는데, 그것이 어렵다는 것이다. 이제까지 전통사상을 연구하는 사람들은 오로지 금광의 광부처럼 원광(原鑛)을 캐는 데에만 전념했지 제련을 해서 황금을 추출해낸 뒤, 다시 그것으로 무엇을 만드는 단계에까지는 이르지 못하고 있으니 안타까운 일이다.

혼자서 이 모든 작업을 다하는 것은 거의 불가능하지 않을까 한다. 그러나 서양인들은 동양의 원광을 가져다가 곧잘 제련을 하고 세공을 가해 활용을 하는 사람이 있는데, 우리라고 하지 못하란 법은 없다. 작업 과정에 분업이 원만하게 이루어지면 그처럼 다행한 일이 없을 것이라고 생각되었다.

머리말에서도 말했지만 많은 질정(叱正)과 교시 있기를 바란다.

•『韓國哲學硏究』 下卷(韓國哲學會, 1978)에 게재

불교의 현대적 의미

—특히 기독교의 현대적 갈등에 대한 불교적 해답—

Ⅰ. 머리말

불교가 현대사회의 인간생활에 대하여 어떠한 의미를 지니겠느냐 하는 물음에 대하여 우리는 여러 가지 각도에서 검토하는 것이 가능하고 또 그렇게 하는 것이 마땅하다. 그러나 필자가 여기에서 시도하고자 하는 것은 극히 부분적인 문제에 국한되며, 그것도 문제의 제기, 나아가서는 방향 제시에만 그치게 된다는 것은 매우 부끄러운 노릇이다. 필자는 이 글에서 주로 그리스도교가 부딪치고 있다고 생각하는 현대적 갈등의 몇 가지 문제점을 내가 이해하는 대로 불교를 통해서 해결해 보는 내 나름의 해답을 이야기하는 데 그치려 하는 것이다.

나는 솔직히 말해서 인간 역사 위에 흐르는 하나의 깊은 사색의 조류로서의 불교를 단순한 역사적 사실로서 이해하려는 학문적 탐구의 과정에서, 하나의 역사적 사실은 단순히 기술되고 설명되어질 객관적 대상이 아니라, 물어야 할 스스로의 사색의 과정임을 깨닫게 되었다. 그 과제들은 이미 나에게 주어진 바 있던 그리스도교적 소양의 자체 안에서 양성된 숨길 수 없는 의문에 연결되어 별개의 과제가 아니라 하나의 불가분리의 과제로서 제기되어 왔다. 그 물음은 나 자신에게 있어서 매우 절실한 문제이었다. 그리고 이 문제들은 바로 나 자신의 물음이었으며, 나 자신을 위해서 그 답은 튀어나오지 않으면 아니 되었던 것이다. 나는 나 자신의 물음에 대한 납득할 만한 대답을 얻는 것 이외에 다른 무엇에도 더 큰 충성을 바칠 생각이 없었고, 지금도 또한 그러하다. 어쩌면 이러한 태도 자체가 불교에 의해서 영향을 입은 결과라고 지적받을 성격의 것인지는 모르지만, 가만히 생각해 보면 나의 그와 같은 태도는 그리스도교만을 알고 불교를 모르던 그 어린 시절부터 간직되어 있던 사색의 자세이었음을 부정할 수가 없다.

나는 현대의 그리스도교가 직면하고 있는 제 문제(諸問題)에 대한 나 나름의 확고부동한 대답을 가지고 있다. 그것이 불교와 그리스도교를 어느 정도로 접근시킬 것이냐 하는 데 대해서는 큰 관심을 가지지 않기로 하고 있다. 그리스도교에서 제시된 몇몇 문제와 불교가 제시한 진리는 내 안에서는 하나로 겹치고 있지만, 그것을 모든 그리스도교인, 모든 불교인에게 똑같이 알아달라고 강요할 수는 없는 것이며, 그것은 제각기 알 사람만이 알면 족한 것이 틀림없기 때문이다.

나는 그리스도 교회는 그리스도교 교회대로 그 안에서 그리스도교가 직면한 현대적 갈등을 해소하려는 과감하고도 치밀한 연구의 노력을 계속시키고 있고, 어느 정도 그 성과에도 괄목할 만한 것이 나와 있는 것을 안다. 그러한 성과들의 일부가 이 책의 첫머리에 기라성 같이 나열될 예정이라는 것도 듣고 있다. 나는 그리스도교가 이미 하나의 고정된 사색의 패턴에만 얽매이지 않게 된 것이라면 매우 다행하고 고무적인 일이라고 생각한다. 나는 과문(寡聞)하기는 하지만 그리스도교 사상의 새로운 진전의 일부를 전혀 모르는 처지에는 있지 않다. 그러나 나는 그 진전이 아직은 어느 한계에 머물러 있으며 환히 내다보이는 그 논리적 귀결이 중도에 정지당하고 있거나 탈선상태에 있는 사실을 애석하게 생각하기도 하는 사람이다. 그러한 분위기가 사실은 이러한 의견을 내놓는 나의 기도를 무모한 짓으로 만들 우려가 없는 것도 아니지만, 이미 화살은 활을 떠난 느낌이다.

나는 이 글을 두 부분으로 나누었다. 사실 첫 부분은 불필요한 부분이기도 하지만 일반적으로 불교에 대한 그릇된 인식이 이 사회에 유포되어 있고, 특히 그리스도교인들 사이에서는 더욱 그러한 느낌이 있으므로 내가 의거하는 불교적 입장이 과연 어떤 것이냐 하는 것을 밝혀 둘 필요가 있다. Ⅱ장에서는 내가 이해하는 불교가 어떤 것인가 하는 것을 말하여 독자들이 자기의 편견에 사로잡혀 부당한 추측을 일삼지 않도록 하려는 것이다. Ⅲ장은 이 글의 본론이다. 나는 이 장을 '그리스도교의 현대적 갈등과 불교의 해답'이라는 제목으로 묶었다. 나 자신에게 있어서 문제가 되었고 일반적으로 현대의 지성이 문제 삼은 뜨거운 논의의 대상이 될 만한 열 가지 문제만을 골라 보았다. 하나님이란 누구인가? 그의 삼위일체란 무엇인가? 예수 그리스도는 다른 종교인에게 있어서 어떠한 위치를 차지하는가? 도그마를 어떻게 평가할 것인가? 교회를 어떻게 이해할 것인가? 구원은 무엇이며 부활은 무엇인가? 계명과 계율은 무엇이 다르며 무엇이 같은가? 예배의 의미는 무엇인가? 이러한 문제들을 나는 그리스도교 자체의 문제라기보다도 현대인의 문제라고 보고 싶다. 그리스도 교회 자체로 보아서는 이와 같은 것이 문제도 안 되는 자명의 것일는지도 알 수 없다. 그러나 확실히 현대는 그리스도교 문명의 단순한 맹종적인 분위기만을 유지하고 있는 것은 아니다. 현대는 이를테면 자명의 낡은 것에 대한 과감한 도전을 해오고 있다고 해도 과언이 아니다.

불교는 과연 이 문제들에 대한 자기 나름의 답을 가지고 있으며, 또 그 답을 현대인들은 납득할 수 있는 해답으로서 받아들일 수 있는 것이 될까, 그것이 문제이다. 적어도 필자 자신의 견해로서는 불교가 확실히 하나의 가장 새로운 해명을 줄 수 있다고 생각하기 때문에 감히 소신의 일단을 피력하려는 것이다.

Ⅱ. 불교란 무엇인가

1. 불교는 결코 단순한 사상이 아니다.

오늘날 불교를 말하는 많은 사람들, 특히 서구인들, 그리고 서구적 교육을 받은 동양인들의 불교 이해는 불교의 진면목과 핵심에서 벗어난 상당히 편협하고 불충분한 이해에 머물러 있는 경우를 자주 목격하게 된다. 그리스도교가 그 긴 역사 과정에서 사상적 변천을 겪은 것 이상으로 불교가 그 역사적 변천 속에서 엄청난 교리상 변화를 경험한 사실을 고려하지 않고 불교를 논한다는 것은 지극히 위험한 장난이 되고 만다. 더욱이 불교사의 변천을 무시하고 그 교리의 정통과 타락상을 식별하지 못하고서 어느 타락한 시기, 타락한 장소에 나타난 타락한 불교, 불교 아닌 불교를 마치 불교의 본래적 면모인 양 예시하며 논리를 전개시켜 나가는 것은 불교에 대한 올바른 평가를 불가능하게 할 뿐만 아니라, 그가 목적하는 어떤 다른 결론을 끌어내는 작업마저도 필연적으로 왜곡시키고 마는 결과를 초래한다. 비교종교적인 입장에서 그리스도교의 우위성을 논증하려던 수많은 시도들이 모두 다

이와 같은 오류를 범하였다.

불교를 크게 사상의 유형으로 구분하면 근본불교(또는 원시불교), 부파불교(혹은 소승불교), 대승불교의 세 가지 유형을 가릴 수가 있다. 그러나 이것은 인도에서 발전된 세 가지 유형이며, 일단 불교가 중국에 도입된 이후에는 문헌의 한역(漢譯)과 중국인의 수용환경의 차이에 따라 불교 이해에 적지 않은 변화가 온 것이 사실이다. 삼론종, 천태종, 화엄종, 법상종, 정토종, 선종, 밀교 등의 제 종파의 대두는 대개 인도에서 발생한 대승불교의 테두리 안에서 세분되고 독립된 것으로서, 이들 제 종파 내에 이루어진 수많은 새로운 중국적 해석학의 성과는 거의 인도불교의 면모와는 엄청난 차이를 보이는 새로운 불교를 낳았다고 해도 과언이 아니게끔 되었다. 특히 달마(達摩)대사를 매개로 인도불교와의 맥락은 이어진다. 하지만, 중국에서 육조 혜능(六祖慧能)에 의하여 창시되는 선종은 이제 이미 불교라는 이름마저도 포기하고 조도(祖道)를 표방하기에 이르렀고, 인도불교의 역사적 양상마저도 그의 주관으로 변화시키려는 태도를 보이기까지 하였다. 우리나라나 일본의 불교는 이와 같은 불교의 중국적 전개의 와중에 휩쓸려 들어간 경향이 농후하였으며, 따라서 적어도 9세기 이래는 혜능을 시조로 하는 선종의 강력한 영향 하에 놓이게 되었던 것이 사실이다.

사상적으로 말하여 이른바 원시불교 또는 근본불교라고 불리는 고타마 붓다 당시의 불교는 결코 논리적으로 세분화되고 체계화된 이론을 가지지 않고 있었던 것이 사실이다. 설사 후대의 발전된 이론이 나올 근원으로서의 함축성은 풍부하였다 하더라도 말이다. 그러나 이 시기 불교의 또 다른 한계는 역시 시대적인 것이어서 과잉상태에 있던 브라마니즘의 유신론적 종교성에 대한 심한 반발의 공기를 반영하고 있었고, 또 제사중심주의적 비도덕성에 대한 도덕적 반발의 색조가 짙은 것이 사실이었다.

거의 신격시(神格視) 되었던 고타마 붓다의 죽음은 그 제자들을 대개 두 가지 경향으로 달리게 하였다. 하나는 율법주의적인 조직생활의 강조였고, 또 다른 하나는 무신론적, 또는 불가지론적 번쇄철학(煩瑣哲學), 번쇄심리학의 구축이었다. 이것이 부파불교(소승불교)의 분위기이었다. 『구사론(俱舍論)』은 그 시대 사고방식의 전형이다. 수많은 부파로 갈라져 조직의 두꺼운 껍질의 보호를 받으며, 종교적 감격이나 헌신보다는 형식적 개념의 장난인 이론 추구에 급급하던 부파불교의 타성을 배격하고 나선 것이 대승불교 운동이다.

부파불교의 실재론적 경향을 배격하기 위하여 반야공(般若空)사상을 표방한 『반야경』의 출현을 필두로 새로운 경・논들이 출현하였고, 그 안에는 마음의 제일의성(第一義性)을 강조하는 유식(唯識)사상, 현실세계에서 그냥 이상세계를 보도록 권고하며 세계의 조화를 강조하는 화엄철학, 열반의 긍정적 성격을 강조하는 열반사상, 서방정토의 왕생을 희구하게 하는 타력신앙, 기타 여러 가지 주장이 각각 중점적으로 제시되어 있었다.

중국불교는 불행하게도 이 경전들을 동시에 수용하지 못하였고, 따라서 중국의 교가(敎家)들은 특정한 경전을 중심으로 그 교훈에만 따르는 종파를 구성하기에 이르렀던 것이다. 중국불교는 끝까지 이러한 폐단에서 헤어나지를 못하였다. 우리 신라의 원효가 위대한 것은 이와 같은 중국불교의 잘못을 통렬히 비판하면서 그 스스로는 불교의 진면목을 깨달아 치우침이 없이 다 포괄하되 적확하게 그 상이한 사상들의 가치를 판단하고, 원만하게 그 질서를 지우는 놀라운 회통(會通)의 솜씨를 보였다는 데에 있다. 우리 불교사의 표면에는 적지 않은 중국 영향이 깊이 새겨져 있지만, 그래도 그 깊은 저류에 원효의 회통적인 조류가 맥맥히 계승되고 있다는 것은 놀라운 일인 것이다. 원효는 중국의 선배들이 그렇게 여러 차례 시도해 보았지만 옳은 결론을 내리지 못하고 말았던 교상판석(敎相判釋)의 가장 정당한 결론을 낸 장본인이다. 나는 그의 교상판석은 복잡다기한 불교사상의 제 조류를 정당하게 위치를 확정짓는 데 있어서 가장 중요한 관건이 된다고 믿고 있다.

2. 불교를 어떻게 이해할 것인가

이제 나는 원효의 견해에 근거하면서 불교사상의 제 측면에 관한 정당한 가치체계를 간략히 기술해 두고자 한다.

앞서 잠깐 언급한 바 있듯이 일반적으로 소승불교라고 불리는 부파불교에서는 불교사상의 근본 저류인 무아(無我)·무상(無常)의 도리를 망각하여 주관에 집착하고 객관에 집착하는 잘못을 저질렀다. 그러므로 이 아비달마(Abhidharma)를 중심으로 하는 부파불교, 그 아류인 오늘날의 동남아시아 불교의 일반적 사고방식을 불교의 진정한 사고방식이라고 생각한다면 그처럼 큰 잘못은 없는 것이다. 서구의 많은 비평가들은 이른바 팔리(Pāli) 불전의 연구를 개척한 리스 데이비즈(Rhys Davids)의 뒤를 따라 이러한 각도에서만 불교에 접촉해 온 역사가 있다.

그러한 집착의 부당성을 강조하고 모든 종류의 실재론을 타파하려고 공(空)의 도리를 높이 쳐들고 나선 대승불교의 최초의 조류는 반야불교이다. 용수(龍樹, Nāgār- juna)의 팔불중도(八不中道)에 의해 체계지어진 반야불교는 결국 이 세상에 존재하는 모든 것들의 연기(緣起)를 강조하면서 고정불변한 아무 것도 이 세상에는 존재하시 않으니, 그 사물들이 마치 영원한 것이기나 한 것처럼 집착함으로써 나 자신과 남의 고통을 더하지 말 것을 가르친 것이었다. 중국의 삼론종(三論宗)은 반야공사상을 연구하는 일종의 이론불교이었다.

한편 선종(禪宗)은 시대적으로는 가장 늦게 대두했지만, 결국은 이 반야공사상대로 생활하려는 철저한 관조(觀照)적 실천불교이었다. 그러나 반야사상은 단순히 현존하는 사물의 공성(空性)만을 주장할 것이 아니라 동시에 불공성(不空性)도 주장했어야 하는데 전혀 그 면이 등한히 되어 있었던 것은 잘못이었다. 세상에 대한 태도에 있어서의 진지성의 결여는 마침내 윤리의 무시, 냉소적 시니시즘(cynicism)의 문학만을 낳았을 뿐 불교의 얼굴을 그 일그러진 일면으로만 소개한 잘못을 범한 것이다.

역시 오늘의 비평가들 가운데에는 불교를 이러한 측면에서만 알고 있는 경향이 적지 않다. 그것은 소위 일본의 젠〔Zen, 禪〕이 마치 불교의 알파이자 오메가이기나 한 것처럼 떠들어댄 선전에 힘입은 바도 적지 않다. 오늘날 우리나라의 승려불교, 산중불교는 적어도 표면상으로는 선(禪) 중심주의를 표방하지 않을 수 없는 족보에 얽매여 있다. 그러나 그 중국의 족보는 우리의 원효와는 아무런 관계도 없다.

불교에 있어서 선(禪)이 중요하지 않다는 것이 결코 아니다. 우리는 그만큼 선도 불교에 있어서 중요하다는 사실을 강조해야 하는 것이다. 마치 없어서는 안 되는 세 발 달린 솥의 발처럼 불교의 기본적 생활지표가 되는 계(戒)·정(定)·혜(慧) 삼학(三學) 중의 정(定)이 바로 선인 것이다. 계 없는 선, 혜 없는 선, 더 풀이하자면 인간관계의 정상화, 적극적 사회참여 없는 선이 무슨 정당한 선이며, 또 듣고 읽고(聞慧), 철저히 생각하고(思慧), 그런 후에 기대해 봄직한 실천의 지혜(修慧), 그것 없는 선이 무슨 정당한 선이란 말인가? 불교를 이 한 측면에서만 보았을 때 역시 그 불교는 현대에 살아남기 어려운 유산이 되고 마는 것이다.

그러나 정당한 선사상에서도 지적하듯이 인간과 그 인간이 만드는 현실사회의 궁극은 결코 허무한 것이 아니라, 일찍이 원시불교 당시에 이미 지적된 바 있었듯이 인간의 마음을 통해 마음 안에서 발견되는, 그리하여 발견하고나면 이미 내 것이 아닐 정도로 확대되는 불성(佛性)이라는 것이 지적되게 되었던 것이다. 이러한 주장을 내세우는 불교가 바로 이른바 유식사상이며, 여래장(如來藏)사상이며, 더 나아가 화엄사상이라고 불리는 것들이다. 이 세 개의 조류는 한결같이 사람의 마음의, 의식의 단계를 넘어선 무의식의 층에서도 가장 깊숙한 원형적 무의식을 최고의 가치로 존중하는 점에 있어서 공통성을 가지고 있다. 물론 다른 불교의 사조들에 그것이 표방되지 않았거나 무시되었다는 것은 아니다. 소승 제 부파에서는 그것을 존재로 보고 사변(思辯)에 젖어 들어간 잘못이 있었고, 반야공사상에서는 그 부정적인 측면만을 강조하다 보니까 미처 해야 할 긍정적 이야기를 하지 못하고 만 결함을 드러냈었다.

유식사상과 반야사상은 표리의 관계에 있다고 할 수가 있다. 반야를 이면(裏面)이라고 한다면 유식은 그 표면(表面)이다. 그러나 진리는 그 어느 한 면만이 아닌 것을 어느 한 면에만 치우쳐 이야기하다 보니 과장이 생긴 것이다. 그것을 잘 조화하여 인심(人心)과 천리(天理)의 묘체(妙諦)를 인심의 측면에서 강조하여, 드러나지 않은 영원한 마음을, 갖가지 더러움을 닦아내는 작업을 통해 고스란히 드러내기를 강조하고 권유하는 교훈이 여래장사상이다. 『대승기신론(大乘起信論)』, 『보성론(寶性論)』 등의 논서(論書)와 『능가경(楞伽經)』, 『승만경(勝鬘經)』 등의 경전은 단적으로 여래장으로서의 인간의 긍지를 높여준 전거들이다. 우리의 원효는 바로 이 사상이야말로 사리사욕으로 인해 오염된 인간관계 속에서 인간을 본연의 자리로 구출하고 그가 들어가는 관계를 정화시킬 수 있는 구체적 방안을 제시해 주는 것이라고 높이 평가하였다. 그러나 그는 결코 이 구체적 방안이 앞서 말한 반야와 유식의 기본적 뒷받침 없이 구성된 것이라고는 보지 않았다. 이를테면 그에 의해서 불교의 사상적 제 조류는 다 각기 그 차지해야 할 자리를 원만히 차지하게 된 셈이다.

원효는 여래장사상이 불교사상의 궁극적 절정이라고는 결코 보지 않았다. 여래장사상이 보다 실천적인 인간의 길을 제시한 것이라면, 그러한 인간의 수도가 완성한 그 때에 드러나는 세계의 이상적 경관이 바로 『화엄경』에 실려 있다고 본 것이다. 화엄은 사실상 말로써 형용키 어려운 언어도단의 피안인 그 궁극적 이상향에 대한, 말로써 된 최고의 표현이라고 본 것이다. 그러므로 만약 선의 길을 통하여 직관된 그 문자불립(文字不立)의 세계가 그 이상의 보이지 않는 이면이라면, 이 가지가지의 꽃으로 장엄된(華嚴의 뜻) 이 이상향은 그 보이는 표면이 되는 것이다.

원효는 불교사상에 나타났던 주술적 탈선의 몇몇 시도들을 또한 제대로 본 궤도상에 올려놓는 일도 간과하지는 않았다. 그는 진정한 힘은 삼매(三昧)에서 나오며 지계(持戒)와 지혜(智慧)에서 나온다는 사실을 가지고 그릇된 주술관에 대응하였다. 원효는 다라니에 관해 말하지만, 그가 말하는 다라니란 바로 이러한 마음의 힘인 것이며, 이 인심의 힘은 나아가 천리의 힘에 통하는 것이라고 보았던 것이다.

원효의 이와 같은 불교관은 한 마디로 통불교(通佛敎)적이라고 불리며, 오히려 그것은 불교이면서도 불교가 아닌 가장 보편적인 인간과 자연에 통하는 진리였다고 말하는 것이 좋을 것이다.

우리 한국불교는 대체로 이 전통을 존중해 왔으나 선문구산(禪門九山)의 성립, 선종의 수입 이래 그 안복이 지나치게 시세에 아부해 온 결함을 지니고 있다. 우리는 또한 잘 교육되지 못한 일반 부녀자 신도들 사이에 방임된 기복불교적 경향도 역시 불교의 정도를 벗어난 신앙 행위였음을 지적하는 바이다.

Ⅲ. 그리스도교 신앙의 현대적 갈등과 불교의 해답

1. 하나님과 일심

나는 이제 하나님에 관한 그리스도교 신앙을 『사도신경(使徒信經)』을 토대로 하면서 그 문제점을 파악, 이에 대한 불교적 해명을 시도하려고 한다.

하나님은 무엇보다도 '오직 하나의 님(unum Deum, un seul Dieu)'이다. 내가 알기로 원래 Deus, Dieu는 산스크리트어의 deva와 같은 어원을 가진 말로, 그것은 다신교적 개념으로 쓰였던 것으로 나중에 불교에서 채택되었다. 다시 한문으로 번역된 뒤에는 '천(天)' 또는 복수로 '제천(諸天)'이라고 번역된 육악취(六惡趣) 중의 하나이며, 중생의 여섯 가지 좋지 않은 길 중에서는 최상의 존재양식(manière d'être)으로 간주된 것을 지칭하는 낱말이다.

이미 보아온 바와 같이 그리스도교에서는 오직 하나만의 Deus를 인정하고 그것에 대한 명칭으로 이 말을 사용한 만큼 Deus를 소문자가 아니라 대문자 Deus로 기록하게 되었던 것이다. 그러나 그 분, 또는 그러한 존재를 Deus란 말로 표현하게 된 것은 상당히 불행한 결과를 초래하였다고 생각된다. 그 이유는 첫째로 그 존재를 어떤 하나의 실체 있는 귀신적인 존재의 거대한 형으로 생각하게 할 우려가 있었고, 둘째로 그 존재는 하나의 객관적 대상으로서 인도나 고대 그리이스·로마의 동일계의 신화에서 연상되는 어떤 형이하적 요소를 지닌 존재로 착각할 가능성을 본의 아니게 내포하기에 이르렀으며, 나아가 셋째로 그 존재는 마치 불교의 육욕천(六欲天)의 불완전한 생존방식처럼 아직도 욕심이 끊이지 않은, 그리고 또 비록 그 시간과 공간이 고원(高遠)한 것이라고는 할망정 그 시공(時空)의 제약 속에 머무르는 존재로 인식될 가능성을 내포하기에 이르렀던 것이다.

그 Deus를 오직 하나인 Deus라고 했을 때 중요한 것은 바로 이 하나라는 성격인데, 우리가 느끼기를 그리스도교인의 이 '하나'에 대한 이해는 너무나 수량적이었다는 사실을 지적하지 않을 수 없다. 나는 이 '하나'는 단순히 수량을 표시하는 것이 아니라 존재의 차원을 말하는 것이며, 그 광대한 포괄성, 그 유일한 근원성을 말하는 것이라고 보아야 한다고 믿는다. 이러한 유추는 바로 『대승기신론』 등에 나타나는 초월적이요, 동시에 내재적인 '일심(一心)'이라는 존재의 설명에서 얻어지는 것이요, 『화엄경』이 강조하는 '일(一)'의 성격에서 도출되는 것이다. '하나'란 주·객이 미분(未分)인 상태를 두고 하는 말이라고 『화엄경』에서는 지적했고, 『대승기신론』에서 '일심'이라고 할 때의 '일'이란 대승(大乘)의 '대(大)'의 뜻을 나타낸다. 이 '대'에도 무이(無二)의 뜻은 여전히 강조된다. 그리고 그 무이, 그 대(大)는 무소유이며 이언절려(離言絶慮)이다. 무소유이기 때문에 소유하지 못함이 없다. 어떠한 형상도 실체도 성격도 없다. 그러면서도 그 모든 것의 근원이다. 그것은 보이지 않지만 모든 보이는 것의 원천이다. un seul(오직 하나인)의 뜻이 여기에 있는 것이다. 그것은 'tu solus sanctus'의 solus이지만, 그것을 불교의 말로 바꾸자면 유아독존(唯我獨尊)의 뜻이다. 아(我)를 대자재(大自在)라는 뜻에서 해석해 보라. 그것은 『우파니샤드』의 범아일여(梵我一如)의 경지, Kaivalya(solitude)의 뜻이며, A- dvaita(不二, 또는 一如)의 뜻이 아닌가.

그런데 그 하나님은 un seul Seigneur(Unum Dominum)라고도 불리고 있는 것이다. 오히려 Dieu보다도 훨씬 적당한 어휘인 이 말을 나는 '일심'의 '심(心)'이 잘 나타내 준다고 생각한다. Seigneur는 '주(主)'며 님이지만, 그것은 심의 인격적 표현으로 보아야 한다. '아버지인 님', '신의 유일한 아들인 님', '성신(聖神)인 님', '예언자를 통해서 말하는 님', '예수 그리스도로 태어나는 님', 그 모든 성격이 바로 '심', 즉 마음을 토대로 하고 있다. 마음은 만물의 아버지이며, 이른바 성신 자체이며, 언설(言說)과 아들이 바로 이 마음을 아버지로 하여 태어난다. 그것은 반드시 아버지라고만 부를 이유가 없다. 그는 할아버지일 수도 있다. 선가(禪家)에서 말하는 인간 내실(內實)의 최심층(最深層)의 '일심'이 '자기(自己)' 또는 '주인 할아버지(主人翁)'라고 불리기도 한 것을 보면 납득이 갈 것이다.

원효는 이 마음을 찾아 깊숙이 들어가고 또 들어가 찾았다 싶을 때 그 마음은 이미 내 마음이 아니라, 모든 사람과 통하는 마음이더라고 술회한 바가 있다. 또 그는 『대승기신론』을 따라서 해석하면서 이 마음은 근본적으로 어둠(avidyā)의 낙인이 찍힌 제8식(識, ālayavijñāna)이 아니라, 차라리 제9식(amalavijñāna)이라고 부르는 편이 더 좋다고 말한 바도 있다. 하기야 이러한 마음을 원시불교에서는 깊이 분석적으로 세분함이 없이 단순히 반야(prajñā, 온전한 깨달음)라고 하는 것에 만족하고 있었던 것이다.

불교와 그리스도교의 차이는 불교가 보다 강한 액센트를 정신적인 면(spiritual)에 둔 데 비해, 그리스도교는 지나치게 인격적인 실재자(實在者)로서의 일면을 강조한 듯이 표현했다는 점이다. 우리는 이 두 가지 경향이 다 일장일단을 가지고 있다고 본다. 즉 전자는 종교의 자력적인 성격을 크게 부각시켰고, 후자는 종교의 타력적인 성격을 전면에 내세운 장점이 있었는가 하면, 이와 같은 장점은 오히려 단점으로 바뀌어, 전자의 자력신앙이 자칫 잘못하면 허무주의로 떨어질 가능성을 낳았고, 후자의 타력신앙이 자칫 잘못하면 객관적 실재론으로 떨어질 가능성을 낳은 것이다.

현대신학이 신의 죽음을 부르짖지 않을 수 없는 상황에까지 빠져들어 왔다는 것은 한편으로 보면 그리스도 신학의 한 발전이며, 그것은 객관적 실재론으로부터의 탈출을 의미하는 긍정적인 면을 가지고 있다고 보아도 무방할 것이다. 나는 이미 이와 같은 그리스도교적 사변의 발전이 불교라는 거울을 들여다 볼 수 있는 현대의 상황이 준비되어 있었기 때문에 가능하게 된 것이 아니었던가 하는 생각까지도 해보는 것이다.

그리스도교의 신조(信條, credo)를 보면 하나님은 삼위일체를 이루는 것으로 나타나 있지만, 많은 그리스도 교인들은 이른바 삼위일체가 무엇을 의미하는가에 대한 잘 소화된 이해와 신념을 가지지 못하고 있다. 우리는 이 문제에 대해서는 항(項)을 달리하여 말하려 하지만, 우리는 이제 『신경(信經)』에 나타나 있는 하나님의 속성에 대한 언급을 검토하면서 불교적 견해를 첨부하는 작업을 좀더 계속해 보고자 한다.

『신경』에 의하면 그리스도교의 하나님은 다음과 같은 다른 속성들을 지니고 있다.

(1) 그는 하나의 님이며 예수 그리스도이다.

(2) 전능한 아버지로서 하늘과 땅, 보이는 것과 보이지 않는 모든 것을 창조한 자이다.

(3) 그는 신의 유일한 아들(filium dei unigenitum)로서 모든 세기 이전에 태어났다.

(4) 그는 신에게서 태어난 신(deum de deo)이며, 빛에서 난 빛(lumen de lu mine)이며, 참 신에서 난 참 신(deum verum de deo vero)이다.

(5) 그는 잉태되었으며 만들어지지 않았으며(genitum, non factum) 아버지와 체(體)를 같이 하며(consubstantialem patri), 그에 의해서 모든 것이 만들어졌다(per quem omnia facta sunt).

(6) 그리스도교인은 주(또는 님)이시고, 생명을 주시며, 아버지(聖父)와 아들(聖子)에게서 나온 성신(聖神, spiritum sanctum)의 믿음을 고백해야 한다.

(7) 그 성신은 아버지(聖父)와 아들(聖子)과 더불어 같은 공경과 같은 영광을 받는다. 또 그 '성신은 예언자들을 통하여 말씀되었다(qui I ocutus est per prophetas)'고 한다.

(8) 그리고 그는 인간과 우리의 구제를 위해 하늘에서 내려와 십자가에 못 박

혀 죽으시고 다시 부활하는 존재로 묘사되어 있다.

나는 위에서 시도했듯이 이 항에서는 하나님과 일심과의 대조에만 관심을 집중시키려고 한다. 나머지 다른 문제들에 대하여는 다음 항에서 다시 취급할 것이기 때문이다. 위에 열거된 속성들 중에서 (2)항의 창조의 문제, 특히 하늘과 땅, 그 밖의 모든 것(omnium)의 창조는 (3)항의 모든 세기 이전에 태어났다는 언명과 (5)항의 제 사항과 특별히 관련해서 생각하지 않으면 안 될 것이다. 나는 이 창조의 문제를 다음 제4절 '피조물의 의미'에서 더 자세히 언급할 예정이지만, 일단 여기에서 일심과의 관련하에서 불교적 의미를 말한다 하면 다음과 같이 이야기할 수가 있을 것이다.

하나님이 모든 세기 이전에 태어난 존재라고 하는 말과 선가에서 말하는 '태고(太古)의 주인옹(主人翁)'이라고 하는 말에는 표현기술에 있어서도 일맥상통하는 점이 있는데, 이는 우리의 일심이 시공을 초월하는, 그러면서도 시공을 낳는 원인이라는 말과 조금도 다름이 없다고 보아야 할 것이다. 나아가 하나님이 만물의 창조자라고 하는 말은 『화엄경』에서 "이 세상의 세계들(즉 시공의 영역)이 허망한 것이로되 모두 일심이 지은 것이다"라고 하는 말씀과 같은 뜻으로 보아야 될 것이다.

그 하나님을 일심으로 이해할 수 있는 또 다른 이유는 그가 성신(聖神, spiritus sanctus)이라고 한 (6)항과 (7)항 및, 그를 빛이라 한 (4)항, 그리고 그는 잉태되었지, 만들어진 것이 아니라는 (5)항의 언급 등을 통해서도 분명해진다.

일심은 심(心)이다. 그러나 그 심은 주·객의 분별에 사로잡히지 않는 심이다. 그런 의미에서 그 일심은 심심(深心)이요 직심(直心)이요 대자비심(大慈悲心)이며 평등심(平等心)이며 무염심(無染心)이며 대지혜심(大智慧心)이다. '하나(一)'라는 말 가운데에 포함된 모든 속성은 성(聖, sanctus)의 뜻을 포괄해 가지고도 남음이 있다고 보아야 한다. 나는 spiritus(spirit)를 '신(神)'이라고 번역한 그 말이 잘된 번역이라고는 생각하지 않으며, 만약에 '영(靈)'이라고 번역했다면 더욱 잘못된 번역이 된다고 믿고 있다. spiritus는 마음이나 또는 심(心)이라고 번역하는 편이 훨씬 나았으리라는 것이 나의 견해이다. 왜냐하면 신과 영은 모두 인간 각자에게 있어서 그 자신의 주(主), 그 생활의 주로서 자신 안의 존재라고 생각하기보다는 오히려 인간 밖에 별도로 존재하는 어떤 귀신이나 혼백을 연상하게 할 공산이 크기 때문이다. 실제로 이 spiritus는 spiritus sanctus에 이르기까지 인간 각자와 별개의 다른 개체로서 파악되어서는 곤란한 것이다.

(5)항에서 "그는 잉태되었으며" 운운한 사실을 생각해 보자. 그는 바로 예수 그리스도이다. 그 예수 그리스도는 일심의 화신(化身)이자, 일심의 보신(報身)인 것

이다. 이에 대해서도 다시 논의할 것이기 때문에 지금은 길게 언급하지 않기로 하지만 다만 그 예수 그리스도가 아버지와 체(體)를 같이 한다는 말이 무엇을 의미하는가 하는 것만을 분명히 이해하고 가야 할 것이다. 예수 그리스도는 살과 피와 유한한 생명을 취한 인간이다. 그런데 그의 아버지가 누구란 말인가? 여기서 아버지란 의인적 상징적 표현을 문자 그대로 똑같은 피와 살, 유한한 생명의 인간이라고 본 천박한, 그러나 경건한 이해방법이 사실은 그리스도교를 곤경에 빠뜨린 원인이 되었던 것이라고 나는 생각한다. 여기서 말하는 아버지란 표현의 진의는 바로 근원이요 본체요, 그것으로부터 모든 형상과 작용이 나오는 근원을 의미하고 있는 것이다.

나는 그러한 관점에서 (5)항의 언명을 모순 없이 합리적으로 받아들일 수가 있게 되는 것이다. (6)항을 보라. 그 신조와 나의 일심에 대한 설명과를 연관지어 이해해 보라. 일심은 인격의 주(主)이다. 일심은 생명의 근원이다. 뭇 중생(sattva)이 일심을 생명으로 하고 있다. 일심은 근원, 즉 체(體)이자, 동시에 형상, 즉 상(相)이며, 중생심(衆生心), 즉 용(用)이다. 보이지 않고 말로서 형용할 수 없으며, 얼핏 보아서는 없는 것 같고 세상의 인간관계에 의해 변천하는 그러한 식으로 존재하지는 않지만, 그렇다고 비존재 또는 허무가 아닌, 그러면서도 불가사의한 업용(業用)을 가진 통찰(洞察)과 조견(照見), 그리고 생성(生成)과 제도(濟度)의 본체인 일심이 있다. 그것을 아버지라고 말한 것이다. 그 본체로서의 일심이 육화(肉化)된 인간의 전형을 아들이라고 불러 본 것이다. 이를테면 일심의 인간적 현현(顯現)은 차원이 달라져 물질적이요, 인과관계 속의 존재요, 따라서 생사고락을 겪는 유한한 존재가 되기는 하였지마는, 본체의 가장 원활한 표현이라는 점에서 체(體)의 상(相)이라고 할 수 있는 것이다. 그 인간화된 체의 중심이 바로 성신이라고 불렸던 것인데, 이는 바로 체의 용(用)인 것이다. 모든 인간, 아니 모든 중생은 정도의 차이는 있을망정 일심의 상과 용을 통해서만 인간이 되고 중생이 되고 있다.

(7)항에 말하기를 그 성신은 아버지요 아들과 더불어 같은 공경과 같은 영광을 받는다고 했다. 이것은 바꾸어 말하면 모든 인간, 나아가 모든 중생의 심성, 즉 일심의 성(性)은 바로 그 중생들 안의 아버지요, 그 중생들은 바로 그 아들이라는 점에서 공경과 영광을 받게끔 되어 있다는 이야기이다. '네 이웃을 사랑하기를 네 몸같이 하라'는 계명에 지적되어 있듯이 모든 이웃과 나는 불가분리의 유대 속에 있는 근본진리를 깨달아야 그리스도인의 사랑의 실천은 비로소 가능하게 되는 것이다. "일체중생이 모두 다 불성(佛性)을 가지고 있다(一切衆生悉有佛性)"는 『열반경』의 선언이 동체대비(同體大悲)를 가능케 하는 전제가 되는 것과 같다. (7)항의

말미에 "그 성신은 예언자들을 통하여 말씀되었다"라고 하였는데 그 프랑스어 번역은 "Il a parlé par les prophètes"라고 하여, 성신이 주어로 되어 있고, 그가 말했다는 동작은 과거로 되어 있다. 그러나 이 구절을 불교적 논리의 경로를 밟아 이야기하자면, 모든 중생은, 특히 인간은 일심에 근거하여 말을 하겠지만, 그 일심의 깊은 소리를 낼 수 있는 자가 바로 그리스도교의 이른바 예언자이며, 그 일심의 깊은 소리는 이미 말해진 뒤라 다시는 말해지는 일이 없는 그러한 것이 아니다. 그러므로 성신이 마치 한번 예언자들을 통해 말하는 일을 끝냈다고 해석하는 것은 이치에 맞지 않게 되는 것이다.

다시 한번 (5)항으로 되돌아와 genitum, non factum에 대한 우리의 견해를 이야기하고 넘어가자. 일심은 무작위의 법(法)이다. 산스크리트어로 asamskṛta이다. 이 말의 √kṛ는 to create, créer의 cr에 해당하는 동일어원의 동사 어근이다. sam이란 접두사는 with, together의 뜻과 entirely의 뜻이 있다. a는 부정을 표시하는 접두사요, ta는 상태를 말하는 접미사이다. 무엇을 가지고 만들어진 것이 아니라는 뜻이다. non factum을 나는 이와 같이 이해한다. 한편 genitum은 반드시 모태와 연결시켜서 생각할 필요가 없는 것이다. 일심의 심(心)과 육(肉)은 별개의 것이 아니라, 비록 심의 능동성을 인정하기는 해야 하지만 뗄 수 없는 일체로서 유기적 관계를 유지하고 태어나는 것임을 지적한 것이라고 보면 좋을 것이다.

앞서 우리는 그리스도교의 하나님을 인도유럽어족 공유의 신화적 신을 연상케 하는 표현과 파악 방법을 씀으로써 객관적 실재론이 나타날 우려가 있었음을 지적한 바 있지만, 고루한 그리스도인들은 아직도 하나님을 어느 하늘에 계신 수염 난 권위의 표상으로 이해하는 경향을 버리지 못하고 있는 듯하다. 그러나 그와 같은 하나님은 근래에 적절히 지적되듯이 이미 죽은 것이다. 아니 본래부터 없는 것이다. 그것은 마치 불교에서 서방에는 정토가 있고 거기에는 무량한 광명이요 생명이신 아미타불이 계시다고 믿는 신앙의 경우, 그것이 단지 하근기(下根機)의 사람들에게 잠정적으로 허용된 교화 방편의 의미밖에는 가지지 못하는 것과 다름없이 하나의 방편으로 그쳤어야 하는 것이었다.

그렇다고 불교나 그리스도교에서 타력신앙의 의미가 전연 성립될 지반(地盤)이 없다고 말하고자 하는 것은 아니다. 우리가 말하고자 하는 뜻은 부처님이건 하나님이건 특정한 개념으로서나 형상으로서, 또 하나의 객체로서 어느 특정한 공간과 시간에 위치한다고 보는 것은 잘못임을 말하려 하는 것뿐이다.

『화엄』에서는 말하기를 "산에 핀 이름 없는 꽃 한 송이에서 우주의 진리를 보라"고 한다. 또 그 경에서는 이 대자연이 그냥 그대로 불국토이며, 그 구석구석에서 불신(佛身)을 발견하게 되어야 한다고 강조하고 있다. 우리 신라인들은 이 강산 전체를 불국토로 보았다. 각자가 그 마음의 눈, 일심의 눈을 온전히 뜨고 보면 평범한 산천이 그냥 그대로 영겁의 불(佛)의 주처(住處)라는 것이다. 생사가 곧 열반이요, 산하대지가 실시진심(悉是眞心)이라고 했다. 진심이란 우리 고려의 지눌(知訥)이 일심을 부른 다른 명칭이다.

불교가 이를테면 주관적으로 자기 내면적 관조(觀照)를 심화시켜 마침내 그 구극(究極)을 드러내는 길을 갔다면, 그리스도교는 객관적으로 주어진 외부로부터의 계시에 순응하여 눈을 저 높고 먼 곳으로 돌려 향상(向上)의 길을 간 것이라고 할 수 있다. 위로 향하는 길이 철저하고, 또 밑으로 향하는 길이 철저하면 결국은 그 양자가 지향하는 상하가 없는 종극(終極), 따라서 극(極) 아닌 중(中), 현실의 완성을 달성할 수가 있게 된다고 하겠다. 그러나 앞에서도 지적한 바 있듯이 그 길을 잘못 들거나 그 걸음이 더디면 결국 두 길은 다 미로(迷路)가 되고 말 운명에 있다.

2. 삼위일체의 문제

우리는 위에서 이미 이 문제에 대한 기본적 의미에 관해 언급한 바가 있다. 그것을 다시 요약하여 도시(圖示)하면 다음과 같이 될 것이다.

Pater ………………… (體)…보이지 않는 근본, 일심, 법신
Filio …………………… (相)…일심의 가시적 현현, 원만구족의 상, 보신·화신
Spiritus …………… (用)…일심의 작용, 성소작지(成所作智), 화신

나는 위에서 불교의 삼신설(三身說), 즉 불신(佛身, Buddhakāya, body of Buddha)의 삼위(三位),

법신(法身, Dharmakāya, Svabhāvakāya, 自性身, Body of essence)
보신(報身, Sambhogakāya, 受用身, Body of bliss)
화신(化身, Nirmānakāya, 應化身, Body of transformation)

이 세 가지 불신의 의미에 관하여 언급을 하지 않았었다. 이러한 사상의 맹아는 이미 원시경전에도 나타나 있지만 그 체계적인 완성형태는 2, 3세기 일로 짐작 된

다. 『기신론』, 『섭대승론』 등의 대승 논서를 통해 이 사상을 안 원효는 이것을 체·상·용의 세 가지 면에서 고찰, 그 의미에 철(徹)함으로써 그 생활 전체를 새로운 궤도 위에 올려놓았다.

법신이란 앞에서 말한 바와 같은 체로서의 아버지, 즉 일심이다. 그것은 언어도단의 저편에 있고, 도달할 수 있는 극 아닌 극(度無極, pāramitā)이며, 인과로 인하여 생멸하지 않고, 거래(去來)하지 않으며, 개체로서 일(一, 同一全體)이 아닐 뿐더러 이(異, 各個別異)가 아니며, 상태로서 상(常, 固定不變)한 것이 아닐 뿐더러 단(斷, 一切虛無)한 것이 아닌, 따라서 세속의 인연은 공(空, śūnya)하나 항상 무량한 공덕이 구족된 불공(不空)한 일심의 본체이다. 이것이 이른바 그리스도교의 하나님 아버지에 대비된다.

아들에 대비되는 불신은 보신, 또는 수용신(受用身)이라고 불린다. 일심의 본체가 현상계, 생사의 세계의 인연관계 속에서 가장 바람직한 과보(果報)의 모습으로 현현(顯現)되는 것을 일컫는다. 좋은 과보, 그것을 받아 누리는 것이기 때문에 수용(sambhoga)이라고 한 것이다. 석가모니는 그 전생의 많은 선인(善因)의 축적으로 마지막 과보로서 인간 중의 최상무비의 지혜와 자비를 겸전(兼全)한 존재로서, 범용한 사람들이 남녀의 욕정에 의해서 태어나는 것과 같이 태어나지 않고 대원(大願)을 가지고 태어나 모든 훌륭한 공덕을 다 향유한다고 보는 것이다. 물론 석가모니는 보신의 일면뿐만 아니라 동시에 화신의 일면도 가지고 그러면서도 본질적으로는 법신 자체인 분이다. 결국 보신은 일심의 상(相)이다. 그러나 그 보신은 비단 석가모니에만 국한되는 것은 아니다. 그 특징이 구비된 자라면 누구든지 보신이라고 보아야 하는 것이다. 불교 자체에서 석가모니가 절대적 유일한 존재가 되지 않고 수많은 불(佛)의 출현이 가능하다고 보는 까닭이 여기에 있는 것이다.

그리스도교에서 예수 그리스도의 위치는 너무나 절대적이므로 그 종교가 그리스도교라 불리게 되는 것과는 달리, 불교는 결코 석가교가 될 수 없는 것이다. 만일 그리스도의 위치를 석가모니의 위치처럼 해석하는 길이 열린다면, 그리스도교는 차라리 '하나님의 교'라고 고쳐 불러야 할 것이다. 예수 그리스도를 절대 유일시하는 논리는 자연히 그리스도교 자체의 보편성을 송두리째 뒤흔드는 결과가 된다. 예수 그리스도를 독선적인 위치로 세우는 것은 결국 그 아버지 하나님을 편협하게 만드는 소치가 된다. 오늘 그리스도 교회의 문제는 많은 다른 종교와의 만남에 있어서 이 문제를 공정하고 솔직하게 해결하지 않고는 그 독재적 횡포와 위선에서 벗어나는 출구를 발견하기 어려울 것이다.

나는 여기에 감히 편협한 교회론자들의 반대를 예상하면서도 나의 소신을 밝히려고 한다. 예수 그리스도는 겸허하게 보신의 자리, 화신의 자리로 물러앉아야 한다. 그것이 바로 일심의 아들다운 모습이 되는 길이다.

화신을 나는 성신(聖神), 또는 성심(聖心)에 대비한다. Nirmānakāya란 Nir+mān으로 갖가지 것에 수응하여(nir) 바뀌어 감(mān)을 뜻하는 것이다. 다시 말하면 인간은 누구나 그가 가지고 있는 양심, 즉 일심의 작용으로 남을 가르치기도 하고, 남으로부터 배우기도 하며, 자기의 성취를 이룩해 간다. 그 일심이 작용하여 자각이나 제도가 이루어지는 경우라면 그 일심의 작용이 있는 그곳에서 우리는 화신을 보게 되는 것이다. 그러므로 우리는 이 마음을 구태여 성심이니 성신이니 말할 필요도 없는 것이다. '평상심시즉진심(平常心是卽眞心)'이다.

체(體)와 상(相)과 용(用)은 본질적인 의미에서, 다시 말하여 인간이 그 주인옹을 내면에 모시고 밖으로 그 몸을 드러내 보이고 작용하기만 하는 조건하에서라면 결코 별개의 것들이 아니다. 다만 우리 범부는, 즉 분열의 죄악으로 염오(染汚)된 자들은 그 체를 고스란히 내 안에 간직하고 안주케 하지 못하고 있는 까닭에 표면상 상과 용의 결합을 드러내고 마는 결과를 낳고 있다.

체는 이른바 진제(眞諦)·제일의제(第一義諦, paramārtha-satya)의 세계에, 그리고 상과 용은 이른바 속제(俗諦, samvṛti-satya)의 세계에 있다고 불교에서는 말한다. paramārthasatya란 최고최상의 의미, 최상의 가치의 요해(了解)란 뜻이고, sam -vṛtisatya란 인과관계 속에서 전변(轉變)하는 모습의 이해(世間解)란 뜻이다. 다시 이것을 그리스도교적으로 이야기한다면 전자는 천상의 것을, 후자는 지상의 것을 의미하는 것으로 바꾸어 말할 수도 있을 것이다.

따라서 삼위일체의 생활이란 단순히 천상적 혹은 영적인(이 어휘는 적당한 것이 아니지만) 생활만을 존중해도 안 되고, 또 단순히 지상적 혹은 육적인 생활만을 존중해도 안 된다는 이야기가 된다.

이것이 내가 이해하는 삼위일체이다.

3. 예수 그리스도와 석가

이 양자의 관계에 대하여 우리는 그 기본적인 동질성에 관해서 이미 위에서 그 개략을 이야기하였다. 나는 이 두 사람은 적어도 기록되었고, 또 그 제자들에 의하여 믿어지기를 부모의 욕정에 의하여 염오된 채 태어나지 않았고, 이 세상을 구하고자 하는 원(願)에 의하여 태어났다는 사실에 있어서 유례없는 공통성을 지니고 있다. 나는 이 사실을 매우 중시하고자 한다.

다음으로 이 두 사람에게 공통되는 것은 그들의 세속적 생애는 모든 인간들의 그것과 똑같은 인간의 생활이었다. 따라서 병과 슬픔과 괴로움과 박해 등의 사건이 있고 마침내 죽음에까지 이르지만, 그들 두 사람의 생애는 단순한 교화 제도(敎化濟度)의 방편이요, 인간생활의 전형을 제시하는 의미를 가졌을 뿐, 그 진제(眞諦), 즉 법신의 영원한 진리에까지 어떠한 하자가 미칠 수는 없었다는 점이다. 그리하여 그들 두 사람의 생활은 청정무염(淸淨無染)의 모범으로서 모든 인간들이 본받고 따라오게끔 손짓하는 화신의 능력으로 가득 찬 생활이었다는 것이다. 그들은 죽었지마는 결코 죽지 않고 영원히 살아있는 것으로 되어 있다. 여기에 부활의 그리스도교적 문제가 있다. 또 그들이 죽은 후 그 두 사람은 제자들에 의해 잊을 수 없는 스승으로서 받들어져 예배의 대상이 되었고, 이에 따라 예배의 의식이 발생되었다.

그 두 사람은 글을 써 남긴 일이 없으나 수시로 여러 가지 실생활에 관련된 교훈을 남겼는데, 그것은 그 제자들이 구성하는 교회에서 중요한 생활상의 준칙이 되었다. 그들은 둘 다 그 제자들을, 아니 모든 사람들을 구원 또는 구제할 것을 목표로 삼았는데, 그 구원과 구제의 지향하는 목표는 결코 다른 것이 아니었다. 그러나 방편과 수단은 반드시 일치하는 것 같이 보이지 않는 면도 없지 않다.

이제 우리는 그 하나하나의 문제를 모순 없이 이해하는 노력을 계속해 보기로 하자.

4. 피조물의 의미

불교에서는 피조물(被造物)이란 말을 모른다. 그러나 앞에서 보아 왔듯이 하나님은 보이는 것, 보이지 않는 것, 그 만물을 만들었다고 하였다. 그리고 나는 불교의 일체유심조(一切唯心造)의 선언이 이를 해석하는 데 도움이 되는 대응구(對應句)로서 유익함을 이야기한 바 있다. 불교에서 구태여 피조물이라는 말에 해당하는 용어를 찾는다면 그것은 sattva, 즉 중생(衆生) 또는 유정(有情)이라고 번역된 말이 이에 해당할 것이다.

『우파니샤드』에서부터 쓰여 온 이 sattva란 말은 조화주를 가리키는 Sat에서 파생한 말이다. Sat, 즉 생명·진리 등의 뜻을 가진 이 우주의 최고원리로 말미암았다는 뜻과 동시에 그 Sat의 입김이 들어 있는 것이라는 뜻이 있어, 이 낱말이 고타마 붓다에 의해 불교에서도 채택되어 마침내 한문으로 번역될 때에는 중생, 유정 등으로 옮겨지게 되었던 것이다.

그 sattva에는 여섯 가지 부류, 즉 ① 지옥(地獄, Naraka), ② 아귀(餓鬼,

Preta), ③축생(畜生, Tiryagyoni), ④수라(修羅, Asura), ⑤인(人, Manuṣa), ⑥천(天, Deva)의 좋지 않은 길(durgati, 惡趣 또는 惡道, bad direction)이 있는 것으로 불교 이전에 이미 브라마니즘의 세계관 속에 나타나 있었다. 위의 여섯 가지 순서는 나쁜 정도가 무거운 것에서부터 가벼운 것으로의 순차로 나타내는 것이나, 인간은 그 중 천(天)과 더불어 천보다는 못하지만 그 다음으로는 좋은 생존의 길이라고 설명되고 있는 것이다. 이 sattva들은 결국 애욕의 다과(多寡)와 경중(輕重)에 따라서 그 형태상 차등도 생기는 것으로 성격지어졌는데, 소승불교에서는 이 여섯 가지 악취가 실제로 이 우주의 어느 공간의 일정한 주처(住處)를 차지하는 것처럼 생각하였다.

그러나 그 잘못은 우리 원효에 의해 적절하게 지적, 시정되었고, 그의 해석에 따라 이 중생의 육악도는 '생존양식(manière d'être)'으로 이해하면 좋을 것이라고 알려졌다. 지옥과 천당이 어디에 따로 있는 것이 아니라는 이야기이다. 지옥과 천당은 우리 일심의 오염도 여하에 따라 나타나는 것이되, 필경 모든 sattva의 궁극적 이상은 이 육악도를 순환적으로 왕래하는 윤회의 굴레를 벗어나 그 악순환의 서클에서 벗어나는 것이라야만 한다고 강조되었다. 해탈(解脫, vimokṣa)이 바로 그것이다.

그런데 여기에서 문제되는 것은 저 자연의 나무와 산과 바위와 하늘과 땅을 어떻게 이해하면 좋은가 하는 것이다. 어떤 사람은 그것들은 마음이 없으니 중생이라 할 것이 없지 않느냐 하는 의견을 낼지도 모른다. 그러나 일심은 비단 인심(人心)에만 국한되는 것이 아니라 나아가 천리(天理)와 일치하는 것이다. 우리 인간이나 축생 등의 의식 또는 마음과 다른, 보다 청정한 모습보다 단순한 모습으로라도 그 마음이 있는 것이라고 알았으므로, 그것은 역시 모두 다 천(天)의 카테고리에 포함되는 것으로 보아야 하는 것이다. 나는 이 천을 자연, 단순한 기계적 물질적 자연이 아니라 일심의 주처(住處)로서의 자연으로서 받아들이고자 하고 있다. 천(天)은 천연(天然)의 천이라고 보아도 무방하기 때문이다. 그러므로 불교의 '삼계허망단일심조(三界虛妄但一心造)'란 주관에 사로잡혀서 해석하면 안 된다는 결론이 나오는 것이다.

5. 구원과 구제

그리스도교에서는 구원(救援)이라고 하고, 불교에서는 구제(救濟)라고 한다. 구원과 구제의 차이는 그리스도교의 예수 그리스도 중심주의와 불교의 일심위주 사상의 차이에서 나온다. 그리스도교는 그 신조(credo)에서 하나님이 '인간들과 우리의 구원을 위해서 하늘에서 내려오셨다(Qui propter nos Homines, et Propter Nostram Salutem, Descendit de C Elis)'고 하셨고, 또 우리를 위하여 십자가에 못 박혔고, 고난을 받아 무덤에 묻히셨다가 다시 살아나셨다고 한다. 그리하여 하늘에 올라가 하나님 오른편에 앉으시고, 다시 산 자와 죽은 자를 심판하기 위하여 영광 중에 오신다고 한다.

나는 이 대목의 첫 부분인 하늘에서 내려온다는 조항까지는 별로 문제가 되지 않음을 이미 언급한 바 있다. 다만 십자가에 못 박히고 죽으셨다가 다시 부활하시어 하나님 오른편에 좌정하셨다가 다시 산 자와 죽은 자를 심판하러 오신다는 대목에 이르러서는 이것을 사실로서 받아들여 믿고 안 믿고 하는 데에 따라 사람들의 향하는 길에 매우 중대한 갈림길이 생기는 줄로 안다. 이 이야기에는 역사적인 사실도 포함되어 있지만, 그 후반부에서는 매우 합리적이 아닌 상징적 표현이 들어 있다고 보아야 한다고 믿는다.

이 상징적 표현을 앞으로 있을 역사적 사실로 받아들이고자 할 때 부딪히는 장애는 한두 가지가 아니다.

첫째, 일체(一體)인 성자(聖子) 예수가 성부(聖父) 하나님 오른쪽 옆에 앉는다는 것을 어떻게 해석할 것인가?

둘째, 그의 부활을 말하는 기록과 그의 재림을 말하는 기록을 우리는 과연 어떻게 받아들여야 하는가?

나는 우선 이 두 가지 물음만을 제기하고 이에 대한 나 나름의 불교적 해석을 가해 보려고 한다. 위의 두 가지 문제되는 기록을 그냥 그대로 종교적 순종의 태도로 받아들이라고 해서 많은 사람들이 그렇게 한다면 문제는 매우 간단할 것이다. 그러나 현대인은 그렇게 신심 깊은 사람들이라고는 생각되지 않는다.

그들은 이렇게 반문할 것이다. 위의 불교적 해석에 입각해서 첫째 문제는 인간의 전형인 일심의 상(相)으로서의 보신이자 화신인 예수 그리스도가 일심의 본원인 체(體)로 환귀했다는 사실, 즉 법신으로서 그 영원한 생명력을 누리고 계시다는 말이 아니겠는가? 죄 없는 몸으로서 세상의 박해를 받는 그 험난한 길에서도 일심에의 충성을 저버리지 말아야 한다는 교훈이 여기에 제시되어 있는 것이 아니겠는가? 그리하여 둘째의 문제점이 되는 부활 승천의 기록에 대하여도 우리는 그것이 사실(史實) 그대로라기보다도 불교에서 해석하듯이, 보신이자 화신인 일심의 상(相)과 용(用)이 그 사명을 다하고 법신을 회복해서 다시 영원한 생명력인 법신으로서 우리들 사이에, 아니 전 우주에 머무르시다가 그 통찰과 조견(照見)의 지혜와 자비의 대력으로 언제든지 죽은 자와 산 자를 가려내며 우리를 가호(加護)한다는 그러한 뜻으로 이해하는 것이 타당하지는 않겠는가? 나는 이러한 해석이 사실은 표면상 덜 경건하고 비방적인 것 같이 들리고 보일지는 몰라도 더욱 설득력 있는 합리적 해석이라고 믿는다.

불교에서도 타력신앙은 전혀 그 자리가 없는 것이 아니다. 그리스도교의 예수 그리스도 신앙은 문자 그대로 믿는다면 매우 진한 타력신앙이며, 한편 매우 위험한 타력신앙이기도 하다. 불교적 입장에서는 그러한 타력신앙이 궁극적이요 최고의 것이며 최상의 것이요 절대적인 것이라는 편견만 제거한다면 훌륭한 존재의의를 부여하게 될 것이다. 그러나 불교적 입장에서는 한걸음 더 나아가 가능하면 그러한 타력을 자력 속에서 발견하고, 이 자력을 또한 저 타력 속에서 발견하는 자타불이(自他不二)의 이해로까지 끌어올려 구원과 구제가 별개의 것이 아닌 것으로 받아들여지게 되기를 희망할 것이다.

6. 도그마와 법

그리스도교는 도그마의 종교이다. 그러나 불교는 도그마가 배척되는 종교이다. 불교의 법이 도그마처럼 해석된 것은 순전히 잘못 이해한 사람들에 의해서뿐이었다. 법에 대한 집착(法執)은 두말 할 것도 없고, 아(我)에 대한 집착(我執)도 버리라고 가르치는 것이 불교이다. 내가 지금 여기에서 진행 중인 credo에 대한 자유로운 해석 자체가 그리스도교에서는 중대한 위범(違犯)으로 간주될 수도 있다.

불교의 법의 내용은 다음과 같은 몇 가지 사실로 특징 지워진다.

(1) 이 세상에는 아무 것도 고정 불변한 실체는 없다는 법
(2) 모든 것은 예외 없이 다른 것과의 상관관계 속에 있으므로 내 것이라고 내세울 만한 것이 없다는 사실
(3) 그러면서도 이 세상의 모든 것은 영원히 변하지 않는 진리를 말해 주고 있다는 사실

그리하여 불교에서는 그 많이 씌어진 교훈이 단순히 진리를 가리키는 손가락에 불과한 것이라고 강조하였다. 진리는 우리들 사이에 대우주자연 속에 살아 있는 것, 씌어진 어떠한 이론이나 교설이나 교조도 절대적이 아니라는 사실을 불교는 수없이 강조한다. 나는 이 말을 그리스도교 측에서 좀 더 진지하게 들어야 하지 않겠나 생각한다.

7. 부활의 문제

앞서 구원과 구제의 문제를 다루는 대목에서 나는 부활(復活)에 관한 불교적 견해를 피력하였다. 이제 여기에 다시 절을 바꾸어 단적으로 말한다면, 부활은 이 육신이 그 기능과 요구를 모두 그대로 간직한 채 죽었다가 되살아나는 것을 의미하지 않는다. 깨닫지 못하고, 따라서 그 지혜가 우둔하고 행동이 어리석고 결함투성이인 범부의 생을 불교에서는 온전히 살았다고는 보지 않는 것이다. 우리 범부는 완전히 산송장과 같은 경우를 허다히 경험한다. 이러한 생, 사심에 얽힌 생, 대립과 갈등, 분열 속의 생을 불교에서는 온전한 생이라고는 보지 않는다. 그러므로 우리 범부와 그만도 못한 모든 중생들을 산스크리트어로는 sattva라고 하여 생명을 온전히 지니지는 못한 자라고 불렀던 것이다.

물론 예수 그리스도나 석가모니의 경우에는 그 현실적 인생 자체가 완전했으므로 다시 새로운 생을 얻는 것이 부활이라고 불리어도 좋다. 그러나 범부의 경우에는 그가 온전한 생을 얻게 되는 경우, 부활이라는 이름으로는 부르기 어려울 것이다. 그것은 부활이 아니라 복귀(復歸)며 환귀(還歸)이다.

8. 교회와 상가(saṅgha)

나는 새로운 신학에서 하나님의 백성인 교회를 특별히 좁게 신도들의 공동체로만 인정하지 않고 널리 전 인류공동체까지를 포함시키는 획기적 견해에 도달한 것을 알고 있다. 불교의 신도공동체인 상가(saṅgha)가 한때 그리스도교의 좁은 교회관과 꼭 같이 폐쇄적인 집단을 가리킨 때가 없지 않았고, 지금도 그러한 편협한 이해가 없는 것이 아니다. 그러나 사실은 7세기 원효가 본 상가관은 이미 오늘의 진보적 신학자의 의견을 앞질러 보편적인 인류공동체에의 관심을 명백히 표시한 것이었다. 그는 모든 사람은 그가 형식적으로 불제자가 되었건 안 되었건 '이미 무량한 공덕의 씨앗(無量功德藏)'으로서 여여(如如)한 인간관계를 유지하며 인류 공동의 행복과 번영에 기여할 갖가지 능력을 발휘할 수 있는 존재로 보았다. 다만 그들에게는 수행의 과제가 남겨져 있었던 것이며, 그 수행의 성과에 따라 인간의 가치에는 차등이 생기는 것으로 보았던 것이다.

상가의 구성원이 가야 할 수행의 길을 그는 두 가지로 보았다. 즉 하나는 무장(無障)의 지혜를 닦는 출가(出家)의 길이요, 또 하나는 무애(無礙)의 지혜를 닦는 재가(在家)의 길이있다. 무장의 지혜(asaṅga-jñāna)는 세속의 사물에 대한 집착에서 벗어나는 지혜를 의미하며, 무애의 지혜(apratihata-jñāna)는 세속 속에서 어느 누구, 어떤 일, 어떤 물건도 그 생명을 손상하거나 파괴함이 없고, 또 그것들로부터 손상 받거나 파괴됨이 없이 무애한 관계를 유지하게 되는 지혜를 의미한다.

이렇게 깨달아 수행하는 중생들을 보디사트바(Bobhisattva, 菩薩)이라고 불렀다. 이 보살의 이상은 파라미타(pāramitā)라고 불리지만, 오늘의 그리스도 교회에서는 이 파라미타의 정신에서 신앙생활의 자력적인 의미를 깊어 배우게 될 것이다.

9. 계명과 계율

그리스도교의 십계명은 다음과 같이 구성되어 있다.

(1) 하나이신 하나님을 흠숭하라.
(2) 하나님의 이름을 헛되이 부르지 말라.
(3) 주일을 거룩하게 지내라.
(4) 부모에게 효도하라.
(5) 사람을 죽이지 말라.
(6) 간음하지 말라.
(7) 도둑질을 하지 말라.
(8) 거짓 증언을 하지 말라.
(9) 남의 아내를 탐내지 말라.
(10) 남의 재물을 탐내지 말라.

이것은 하나의 엄격한 명령의 형식으로 내려진 조항들이다. 그리스도교의 윤리가 이 열 개의 조항에만 국한되지 않는 것도 더 말할 필요는 없다. 그러나 이 십계명의 형식과 조항에서 받는 현대인의 저촉은 적지 않은 것이다. 첫째 이 열 개 조항 가운데에서 최초의 세 조항과 관련하여 생각해 보자. 하나님을 흠숭하고, 하나님의 이름을 헛되이 부르지 말고, 그의 날 주일을 거룩하게 지키라는 이 모든 요구를 하나님에 관한 확신 없이도 받아들일 수 있을까?

현대의 그리스도인이 불교에서 배워야 하는 것은 앞서도 말한 바 있듯이 하나님이 누구인가 하는 것을 깊이 이해하고 합리적으로 확신하게 되는 것이다. 불교에서는 믿음이란 바로 확실히 그렇다 하고 대답할 수 있는 일이라고 설명되어 있다. 그것은 이를테면 깨달음인 것이다. 하나님이 바로 내 안의 일심이요, 이웃 가슴 속의 일심이요, 온 누리의 만물 사이에 안주하는 일심이요. 이렇게 깨닫는다면 어찌 비단 사람만을 죽이지 않겠으며, 어찌 간음하고 도둑질하고 속이고, 음탕한 욕심을 내겠는가?

불교는 윤리가 단순히 윤리로만 끝나는 것이 아니요, 또 윤리가 단순히 외부적인 명령이나 조항으로만 강제될 것이 아니라, 인간의 윤리적 완성이 인간의 정신적 안정과 집중, 경솔함과 산만함의 제거를 병행시키고 인간의 실상에 대한 자각, 자비로운 마음의 함양이 병행되지 않고는 성취되지 않는다는 사실을 강하게 인식시켜 줄 것이다. 그리고 또 불교는 참된 의미의 선(善)이 과연 무엇을 의미하며, 최상의 윤리적 가치가 무엇인가를 가르쳐 줄 것이다.

불교의 여섯 가지 파라미타(pāramitā), 즉 완덕(完德)에 열거되는 조항들을 보라.

(1) 베풀어 주라〔布施〕.
무엇을? ① 진리를
② 재물을
③ 평화를
어떻게? 내가 누구에게 무엇을 준다는 생색을 내지 말고…….
(2) 몸을 단정히 가져라〔持戒〕.
어떻게? ① 율의(律儀)를 따라서
② 선법(善法)이 무엇인가를 찾아서
③ 중생을 남김없이 살리기 위해서
여기서 말하는 선(善)이란 피차의 대립을 없이 하는 것이다.
(3) 참고 용서하라〔忍辱〕.
어떻게? ① 억지로라도
② 기꺼이
③ 담담하게 언제나
(4) 부지런히 정진하라〔精進〕.
(5) 마음의 안정, 삼매에 들라〔禪定〕.
(6) 지혜로워져라〔智慧〕.

(4) (5) (6)은 내면적 자기 수련의 덕목이다. 이것을 수반하지 않은 외면적 사회참여나 봉사는 있을 수 없으며, 또 (1) (2) (3)의 대외적 실천의 수련 없이 내면적 자기완성은 있을 수가 없는 것이다.

10. 예배의 문제

타력적인 색채가 농후한 모든 종교에 있어서 예배(禮拜) 내지 예전(禮典)은 매우 중요한 의의를 띤다. 그리스도교는 신·구교를 막론하고 매우 짙은 타력신앙의 형태를 취하므로 예배가 차지하는 자리는 매우 크고 중요하다. 그러나 이것은 잘못하면 의례중심주의·형식주의로 떨어질 위험성을 가지고 있다. 서양 중세의 카톨리시즘이나 소승적이요 미신적인 일부 불교 교파에서는 실제로 이러한 의례상의 형식주의, 나아가서는 주술신앙의 색채가 현저하게 나타났던 사실이 있다. 그런가 하면 한편 순수한 자력 일변도에 치우친 선가(禪家)에서는 일체의 예전의 의미를 무시해 버리는 경향도 나타났다. 그러나 가장 바람직스러운 것은 앞서도 보아 온 바와 같이 자타불이(自他不二)의 수행인만큼, 그리스도교는 불교로부터 무엇이 본질적인 것이며, 무엇이 부수적인 것인가에 대한 반성의 자료를 얻을 수 있을 것이다.

불교적 견지에서 볼 때에 예배라는 행위는 하나의 상(相)이요, 용(用)의 기능을 하는 것이다. 예불(禮佛)이라고 불리는 불교의 예배의식의 골자는 대략 다음의 다섯 가지로 되어 있다.

① 찬탄삼보(讚嘆三寶): 일심 자체인 불·법·승 삼보에 대한 찬양
② 참회업장(懺悔業障): 잘못을 뉘우치고 용서를 청하는 일
③ 권청(勸請): 불보살께 가까이 보살펴 주기를 청하는 일
④ 수희(隨喜): 불살의 교시와 도움에 감사를 표하며 기뻐하는 일
⑤ 회향(廻向): 새로운 결심으로 수행의 길로 나서는 뜻을 표시함

모든 불교의 예불 의식에는 이 다섯 가지 구성부분이 포함되며, 이를 오회(五悔)라고 한다. 예배, 즉 오체(五體)를 땅에 던지는 경례(敬禮)는 매부분마다 거듭된다. 나는 이 예배를 우상숭배라고 말하는 그리스도인들을 많이 보았으나, 사실은 불교도의 예배는 불상 앞에서 행해졌지만 그 나무나 쇠붙이를 보고 한 것이라기보다는 자신의 가슴속의 일심에로의 환귀를 위한 목욕행위를 한 것이나 다름이 없는 것이다. 그것은 원래 비는 것이 아니라 스스로를 깨끗하게, 맑게 하는 행위인 것이다. 어떻게 보면 벽과 단상에는 아무 것도 없다손 치더라도 관념으로서의 하나님, 이미지로서의 하나님을 머릿속에 그리고, 그 무엇을 그리고 예배하는 것이야말로 우상에 대한 예배라 할 수 있는 것이다.

예배의 형식과 구성부분에 그리스도교와 불교간에 큰 차이는 없다. 그러나 한 가지 차이가 생기는 것은 그리스도교, 특히 카톨릭의 경우, 신비의 의식이라는 성

변화(聖變化)의 의식이 가지는 문제가 있다. 나는 불교적 입장에서 이야기하라고 하면, 차원 높은 경지에서 말하자면, 그것은 하나의 실체적 변화가 아니라, 그 변화의 심볼이라고 보아야 마땅하다고 말할 것이다. 그것은 네덜란드 교회가 취했던 입장에 가까운 것이다. 그러나 앞서 그리스도의 문제에서도 제기했듯이 순종을 미덕으로 아는 신도들이 그것을 그냥 받아들이고자 할 때, 구태여 나는 그 사람들에게 억지로 그 생각을 바꾸라고 권하지는 않는 것이 좋을지도 모른다고 믿고 있다. 그것은 진리가 그렇기 때문이 아니라, 교화의 방편상 요구가 그렇게 점진적이어야 하기 때문이다.

Ⅳ. 맺는말

나는 지금까지 현대인의 회의와 의문에 부딪친 그리스도교 신앙의 제 문제를 불교의 도움을 빌어 해결하는 방법은 없을까 하고 평소에 관심을 두었던 몇 가지 문제에 대한 극히 개괄적인 요약 비슷한 의견을 내놓고 나서, 공연히 파란을 일으키게 되는 것이 아닌가 하는 일말의 우려를 가져 본다. 실상 이 여러 가지 문제들은 보다 더 긴 기간에 걸쳐 신학자들과의 대화를 거쳐 시정받을 것은 시정받고, 더 전개시킬 것은 전개시켜 가야 하는 것인데, 일단 이러한 미숙한 형태로 원고를 초하게 된 사정을 양찰(諒察)하고 선배제위의 솔직한 비판과 충고 및 교시(敎示)가 있기를 빈다.

•『現代人의 思想』 제11권 『轉換期의 信仰』(태극출판사, 1974)에 게재

불교와 근대적 인간형

Ⅰ. 근대사회를 특징짓는 세 가지 기본적 요소

우리는 세계 역사상 근대적 사회의 전형을 르네상스 이후의 서양에서 찾는 것을 항례(恒例)로 삼고 있다. 르네상스의 휴머니즘은 인간성의 발견이란 구호 밑에 인간을 천상으로의 소외로부터 지상적 현실로 끌어내렸다. 서양인들은 이것을 발단으로 하여 산업혁명을 걸쳐 현대의 물질적 번영을 이룩한 근대적 사회를 건설하였다.

우리는 현실적으로 존재하는 이 근대적 사회를 다른 형의 사회와 근본적으로 구별하는 것에 다음과 같은 세 가지 요소가 있다고 생각한다. 그 하나는 과학기술의 발전이며, 그 둘째는 이와 같은 자연과학의 발전된 성과들을 응용한 기계공업의 발달이며, 그 셋째는 이것을 산업화한 자본주의적 생산 및 소비 질서의 확립이다. 근대 이래로 관용(慣用)되는 발전의 개념은 이와 같은 세 가지 업적의 성취 여부를 두고 논의되어 온 것이 틀림없다고 생각한다.

이와 같은 성과들은 또는 그 자체로서 이미 몇몇 특수한 인간성향의 편중적 발전을 그 토대로 하여 발달된 것이 사실이다. 그것은 인간의 합리주의, 주지주의적 성향 및 매우 이기주의적인 개인주의의 강조와 다분히 물질주의적인 인간중심주의의 앙양을 토대로 하고 있다고 하겠다.

Ⅱ. 이 근대적 요소들은 인간을 어떻게 변모시키고 있는가

나는 이와 같은 질문을 하기 전에 먼저 거꾸로 '인간 성향의 어떠한 발전이 이와 같은 근대 사회의 특징적 요소들을 현저하게 했는가?'를 생각해 보았다. 다시 열거하지만 나는 거기에 다음과 같은 몇 가지 경향이 그 어느 때보다도 더욱 강조되고 중시되고 있음을 말할 수가 있다.

(1) 합리주의—경제적 주지주의
(2) 인간중심주의
(3) 개인주의
(4) 물질적 향락의 성향

그리고 이와 같은 인간 의식의 방향전환은 전 주민에 관계된 것이 아니고 일부 소수인의 문제이었다고 하더라도 확실히 사회의 면모를 바꾸기에 충분한 구실을 할 수 있었음을 부인할 수 없다. 그러나 그와 같은 일부 엘리트의 의식구조의 변화와 관련이 있는 사회면모의 변화는 다시 그들 일부 엘리트들뿐만 아니라, 전체 사회의 성원에게 이르기까지 적지 않은 영향을 미치고 있는 것이 또한 사실이다.

합리주의, 경험주의와 밀접한 관계를 가진 자연과학의 발전, 기술의 향상은 인간에게 미지의 세계를 열어 주었고, 세계의 거리를 단축시켰으며, 인간의 일상생활에 막대한 편의와 안락을 제공해 주었다. 근대사회는 무엇보다도 기술인을 가장 값어치 있는 인간으로 생각하는 사회가 되었다. 기술인은 숨은 우주의 신비에 도전하여 그 베일을 벗기며, 우주자연이 간직한 그 위대한 원리에 구체적으로 우리 인간의 생활을 적응 조화시키는 역군이다. 그러나 인간이 기술인이 되는 것은 모든 인간에게 허락된 일반적 행운은 아니다.

과학적 기술이 발달되고 그것이 자본가들에 의해 산업화되었을 때 전체 사회의 구성원인 평범한 인간들에게는 적지 않은 변화가 왔다. 그것은 종래의 인간관계의 일대 전복(顚覆)이다. 기술인은 자본가의 고용인이 되었고, 새로운 기술발명의 산업화 주변에 모여든 적지 않은 인간들은 공장노동자로서 단순히 기계의 부분품화해 가는 미증유한 현상이 나타나기 시작하였다.

근대 사회의 특징이 과학과 기술의 발달에 있음에도 불구하고 근대사회의 주도권은 과학자나 기술인에게 있지 아니하다. 서구 근대사회 발전의 메커니즘은 그것을 충분히 설명해 주고 있다. 과학의 진흥과 기술의 개척이란 고귀한 인간 능력의 발휘가 전체 사회구성원의 이익보다도 오히려 개인적인 이윤 추구에 급급한 자본가를 위한 봉사로 변하고 있는 사실에서 우리는 근대적 인간관계의 좋지 못한 변모가 유래한다고 생각하는 것이다.

그리하여 적어도 서구의 경험에 비추어 말한다면 근대사회의 특유한 인간 군상은 ① 기술인, ② 대중이라고 불리는 노동자, ③ 기술인도 대중도 아니지만 이 사회의 주도권을 쥔 자본소유주, 이 셋으로 크게 구분될 수가 있는 것이다. 인문계 대학 또는 이른바 문화계에 속하면서 이 세 부류와는 본질적으로 동질적이 아닌 제4의 소수를 이루는 일군(一群)의 인텔리들은 본래 이 사회의 국외자이며 방관자이다. 그들은 시대적 제약 속에서 살면서도 그와 같은 제약을 초월하려고 노력하는 이상주의자들이기 때문이다. 그들은 근대적 사회의 실권자인 자본주의 입장에서 볼 때 기술자나 노동자와 마찬가지로 대수롭지 않은 존재들이다. 자본가는 그들을 기술자나 노동자와 마찬가지로 고용할 수가 있다. 그러나 그들의 이상주의가 살아 있는 한 근대적 사회 안에서 역사 발전의 전모를 투시하면서 독창적으로 미래를 개척하는 전망을 줄 수 있는 인간들은 그들뿐이라고 해야 할 것이다. 그럼에도 불구하고 현실적으로 근대사회의 메커니즘은 그들 인텔리로부터 그와 같은 가능성을 박탈하는 경향을 가지고 있다. 앞서 말한 근대사회의 제 특징들은 전형적 근대인을 현실주의자로 만들어 버렸다. 유일한 예외가 될 수 있는 인텔리들마저도 그 현실주의적 풍조에 휘감길 정도로 말이다.

근대적 사회에서는 인간이 이기주의자가 아니면 살 수 없다는 원칙이 진리가 되어 가고 있다. 그것은 자연히 사회를 그 어느 때보다도 치열한 생존경쟁의 각축장으로 만들었으며, 그 생존경쟁에서의 승리는 근면, 절약, 극기, 합리적 경영, 협조단결, 기술의 탁월성 등을 원인으로 하는 경우도 있지만, 적지 않게 기만, 사기, 약탈, 협잡, 요행 등에 힘입는 경우가 있다. 생존경쟁에서 승리하는 수단은 대다수의 경우, 이미 몇 세기에 걸쳐 동서간에 공통적으로 인정된 바 있는 윤리성에서 멀어져 가고 있다. 윤리의 껍질만이 있고 그 알맹이인 정신이 사라져 가고 있는 것이다.

산업사회에 있어서의 개인의 '매스(대중)'화, 산업사회에 있어서의 관능적 향락주의와 이에 따르는 책임의식의 상실 등은 인간을 원칙 없는 혼돈 속에 방치하거나 또는 출구 없는 미궁 속에서 방황케 하는 결과를 낳고 있다. 적어도 서구의 경험에 의한다면, 근대적 사회는 인간에게 물질적 번영을 가져다주었으나 그와 동시에 정신적 허탈상태를 또한 가져다 준 것이다. 더욱이 우리가 주의하지 않으면 안 되는 것은 17세기 이래의 근대화운동은 일방적으로 서양에서 전개되었다는 사실이며, 서양의 근대화가 적지 않게 동양을 희생으로 하면서 이룩되었다는 사실이다. '지리적 대발견'이라는 과학과 기술상의 발달이 가져 온 서양의 현실적 승리는 벌써 근대화 경쟁에 있어서 서구가 단연코 동양을 압도하게 되리라는 것을 선명하게 보여 준 것이다. 단순히 경쟁의 메커니즘에만 서서 말한다면 불찰이 동양 자체에 있음은 두말할 필요도 없다. 동양은 침략전쟁의 탁월한 수단이 된 나침반도 화약도 선박도 대포도 만들어 내지 못했으니 말이다.

압도적 승리로 시작한 서양의 근대화과정의 이슈가 무엇이었는가 하는 데 대해서 우리는 이미 앞서 여러 가지 이야기를 했다. 나는 그것을 전세계사적인 견지에서 부르주아적 국민과 프롤레타리아적 국민의 출현이란 현상으로 이해할 필요가 있음을 부언(附言)하고 싶다. 이러한 표현은 나 자신의 표현이 아니라, 현대 프랑스 지성인들이 즐겨 쓰는 표현이다. 세계사적인 견지에서 말하자면 앞서 일반적으로 열거한 몇 가지 근대적 인간형의 표현은 부르주아적 국민에 속하느냐, 프롤레타리아적 국민에 속하느냐를 다시 한 번 따진 뒤라야 보다 정확한 것이 될 것이다. 국제적으로 존재하는 빈부의 불균형, 물질적 번영을 위한 이기주의적 각축, 이것들을 고려해 넣지 않고 우리는 근대적 사회와 그 인간형의 특징을 말할 수는 없다. 이와 같은 각축의 직접적 책임은 우선 서구 근대화 작업의 당사자들에게로 돌려져야 하는 것이다.

Ⅲ. 우리나라 근대화운동이 요구하는 인간형

나는 서구 근대화과정에 나타난 사실에 근거하여 앞서 근대화운동의 바탕이 될 수 있는 인간적 성향을 일반적으로 말한 바 있다. 우리나라는 소위 근대화를 성취한 나라가 아니다. 우리는 그것을 이룩하려는 초보적 단계에 있다. 그러므로 우리는 앞서 경험된 서구 제국(諸國)의 근대화과정이 보여주는 여러 가지 결과들을 비판적으로 검토하면서 근대화의 참된 이상과 방안을 그릇된 것과 가려낼 줄 알아야 할 것이다. 그릇된 근대화와 참된 근대화의 구별이 되지 않는 한, 근대화운동이 요구하는 인간형은 그려 볼 수가 없는 것이다. 우리는 이 두 가지 문제를 동시에 관련지어 검토해 보는 것이 좋다고 생각한다.

나는 우리 민족의 지상과제가 현실적으로 보다 더 잘 살 수 있게 되는 것, 모든 사람이 다 자기 능력과 희망과 노력에 따라 자기의 행복한 생활을 영위할 수 있게 되는 것이라고 생각한다. 지리적 조건이나 인종적 제약이나 국적과 같은 객관적 조건 때문에 사람으로서의 희망과 위신과 기쁨이 제한받아야 한다는 기형적 현실에서 벗어나, 그 모든 참다운 인간성이 충분히 개화 결실할 수 있는 가능성을 개척 성취시키는 것, 이것이 우리가 우리의 민족이라는 단위, 국가라는 단위 안에서 이룩해야 하는 당면한 지상과제라고 생각하는 것이다. 나는 이 과제의 달성을 위하여, 서구가 그 물질적 번영을 이룩한 소위 근대화과정에서 많은 것을 배울 수 있다고 생각한다. 우리의 당면한 지상과제 중의 하나는 우선 경제적 빈곤을 극복하는 길이기 때문이다.

그러기 위하여 우리 민족의 젊은 엘리트들을 합리주의적 과학정신으로 무장시키고, 뒤떨어진 생산수단의 기계화와 그 운영의 합리화를 담당하는 능력을 부여하는 것은 우리의 급선무 중의 하나가 될 것이다. 서구는 이미 그 근대화과정에 있어서 그 같은 형의 기술적 엘리트들을 충분히 가지고 있었다. 그들의 합리주의적 사고방식을 본받으며, 그들의 인간 능력에 대한 낙관적 신뢰의 태도를 본받으며, 꾸준하고 불권(不倦)하며 필요에 따라 자신의 현실적 휴식과 안락을 무시하지 않는 조화 있는 노력을 본받는 것은 오늘날 우리나라 엘리트들에게 주어진 필요불가결의 과제이다.

나는 근대화운동이 수단방법이야 어떻게 되던 간에 우선 경제적 번영을 이룩해보자는 이기주의적 운동이 되어서는 안 된다고 생각한다. "근대화는 무엇보다도 물질적 번영을 목표로 하는 공업화다." 이렇게 이야기하는 경우, 그 목표를 위해서는 어떠한 악랄하고 교활한 방법도 다 용인될 수 있다는 생각이 있다. 나는 근대서구의 산업혁명과 그에 뒤따르는 자본주의적 성장이 결코 이와 같은 이기주의에서 먼 거리에 있다고는 생각지 않는다. 나는 또한 그에 못지않게 1차대전 후의 소련이나 2차대전 후의 중공과 기타 공산주의 제국(諸國)의 모든 근대화정책이 역시 이기주의적 관점에서 배태되었다는 사실을 지적하지 않을 수 없다. 이와 같은 사실을 입증하는 것은 허다하다. 그러나 전자에 대한 가장 강력한 증거는 그 식민지 쟁탈전이며 두 차례에 걸친 세계대전이다. 전쟁은 이기주의의 가장 격렬한 표현이기 때문이다. 소위 서구사회의 근대화과정에는 개인의 이기주의적 각축이 국제간의 이기주의적 각축으로 변하는 모습이 역력하다. 소련과 중공 등이 시도한 근대화의 이기주의적 성격에도 이와 같은 개인에서 집단에로의 이행이란 현상이 나타나고 있다. 이들의 움직임은 극히 객관적으로 말한다면, 이기주의자에 대한 이기주의자의 이기주의적 응수며 공격이다. 나는 이 두 이기주의자의 어느 쪽에도 정의와 진리가 있다고 하지 않는다. 이기주의란 정의와 진리와 조금도 닮은 점이 없기 때문이다.

그러므로 나는 이같이 인간의 탐욕을 바탕으로 하고 그에 따르는 시기와 질투와 분노, 그리고 기만과 중상과 욕설, 마침내는 살육과 약탈, 관능적 욕망에의 탐닉 등으로 발전하는 그릇된 근대화의 과정이 우리의 목표가 되어서는 안 된다고 생각한다. 우리는 또 다시 근대 서구가 범한 과오를 되풀이해서는 안 된다. 따라서 우리가 요구하는 근대화운동의 역군은 적어도 앞서 말한 두 가지 그릇된 근대화운동이 요구하는 그런 따위의 인간형으로 낙착되어서는 안 되는 것이다.

우리 민족은 이미 고립적으로 독자적으로 남의 간섭을 받음이 없이 참된 근대화의 길을 가기 어려운 실정에 놓여 있는 것이 사실이다. 그러나 근대화의 이상과 방법이 그릇된 것이면 것일수록 그 결과가 좋지 않다는 것은 부분적으로 이미 역사를 통해 증명되었고, 보다 더 충분히 논리적으로 증명되고 있다. 나는 근대화의 이상과 방안이 참된 것으로 이해되고 파악되는 것이 오늘날 우리 민족에게 가장 절실하게 요청되고 있다고 생각하는 것이다. 우리는 '무엇'을 위해서인지를 모르면서 '어떻게'를 말할 수가 없는 것이다.

나는 근대화의 의미를 좁게 해석하건 넓게 해석하건 간에, 그것이 모든 인간의 참다운 이상과 분리하여 생각될 수 없다고 생각한다. 그것은 실로 모든 인간이 인간답게 살 수 있는 길을 트는 작업이 되어야 한다. 따라서 근대화의 의미는 인간이 무엇이며, 어떻게 하는 것이 인간답게 사는 길인가 하는 것이 알려지지 않는 한, 명확하게 드러나지는 않을 것이다. 나는 여기에 근대화운동 자체의 철학적 바탕이 서야 할 필요성을 보는 것이다.

나는 오늘날 한국의 근대화 논의에서 그와 같은 철학적 반성이 가장 등한시되어 왔으며 또한 가장 부진한 상태에 있음이 우리 민족의 '근대화'의 방향을 어지럽게 할 원인이 된다고 생각하는 바이다. 특히 정치, 경제 분야의 실무적 근대화 방안을 논의하는 사람들 사이에 있어서 인간 자신에 관한 철학적 통찰은 더욱 긴요하게 제기되는 문제라고 생각하는 것이다.

Ⅳ. 불교는 참된 근대화의 도리이다

지나간 역사적 과정에 있어서 사람들은 적지 않게 불교 교학이 지닌 근본사상을 그릇 이해하거나 천박하게 이해한 실례를 남겨 놓았다. 내가 여기에서 참된 근대화의 도리로서 내놓는 불교란, 이 사람이 본 불교 교학의 근본사상을 두고 하는 말이다. 나는 이 논의의 바탕으로 인용하는 불전(佛典)의 말씀을 가능한 한 현대적으로 이해하려고 애썼다. 어떤 사람들은 그것이 역사적 문화재로서의 불교가 아니라는 이유로 이를 불교가 아니라고 할 사람이 있을지도 모르겠다. 그러나 실제로 불교 자체가 될 수 없는 것은 바로 그 죽은, 형해화(形骸化)된 역사적 문화재인 것이다.

나는 내가 이해하는 불교의 ABC를 여기에 처음부터 모두 다 털어 놓을 수가 없다. 다만 그 몇 가지 기본적인 것만을 지적하고, 그 다음 항에 가서 보다 상세히 그 이상적 인간형을 그리도록 노력하는 것을 관용해 주기 바란다. 앞서부터 논의해 온 참된 근대화의 이상을 다음과 같이 몇 가지 항목으로 적기(摘記)하는 것이 허락된다면, 불교의 근본사상은 완전히 이에 일치할 뿐더러 나아가 그것을 옳은 방향으로 이끌어 주는 사상이다. 나는 그것을 도리라고 했다. 원칙이 거기에 있으며, 방향 제시가 거기에 있으니까 말이다.

근대화의 목표는

(1) 궁극적으로 인간생활의 평화와 안녕복지를 달성하는 데로 돌려지고 있다.

(2) 그것은 인간 사이의 온갖 차별적 분열을 해소하고 평등한 의무와 권리를 인정하는 보편주의를 표방한다.

(3) 그것은 인간이성을 존중하며, 가능한 한 과학적으로 사유하며, 자연과 인간에 대한 분석적인 연구를 통하여 인간생활에 대한 물질적 편의를 증진시키려는 움직임이다.

(4) 그것은 인간사회의 조화와 발전을 위하여 법률을 제정하고 이에 따라 공동생활을 규제하는 사회제도를 채택한다.

나는 이와 같은 고상한 근대화의 이상이 그대로 불교의 근본이상 안에 들어 있음을 말하려 한다. 그러나 앞서 열거한 네 가지 이상은 너무나 추상적이고 막연히 표현된 일반론이기 때문에, 사람들이 그것을 구체적으로 정의하려 들자마자 숱한 의견의 대립과 차이는 다양하게 노출되고 만다. 나는 그와 같은 다양한 해석의 차이가 전적으로 주관의 차이에서 옴을 말하지 않을 수 없다. 생각하는 주관은 다소간 불완전하다. 그것은 생각하는 주체의 이기주의 때문인 것이다. 이제 실제로 앞서 열거한 근대화 이상의 여러 가지 표현이 가지는 그와 같은 결점을 불교에서 어떻게 교정하는가를 말해 보기로 하자. 앞서 열거한 목표 가운데서 다양한 해석의 차이를 나타낼 수 있는 개념을 적기하면 다음과 같은 것들이 있다.

(1) 인간이란 무엇이냐 하는 것.

(2) 평화와 안녕복지

(3) 평등한 의무와 권리

(4) 사유, 과학적 사유라는 것.

(5) 인간 이성, 분석적 연구

(6) 법률

(7) 인간사회

나는 이 용어들이 모두 인간과 관련된 것임을 말해야 하겠다. 이것은 요컨대 '인간이란 무엇이냐?' 하는 것을 다소 구체적으로 소묘하게 하는 용어들인 것이다.

불교는 단적으로 하나의 인간학이다. 그것은 인간에 관해서 똑똑히 알게 하는 것만을 목적으로 하는 학문이 아니라, 타락한 인간을 본래의 자리로 되돌아가게 하는 것을 염원하는 호소이며 교훈이기도 하다. 불교에 의하면 인간은 태어나자마자 불완전한 존재이다. 그는 불행하고 고통스러운 운명을 지니고 태어났다. 인간이 태어난 그 세상, 인간사회는 이미 역사적으로 누적된 인간의 공과로 말미암아 불평등하며 부조리하며 무질서한 양상을 드러내고 있는 것이 사실이다: 그것은 다분히 숙명적인 혼돈이며 고난이다. 이제 막 태어난 갓난아이를 이미 이와 같은 혼돈 속에서 성장한 어른과 구별하는 유일한 근거가 있다면, 그것은 갓난아이가 본질적으로 그와 같은 고난의 숙명성을 지니고 있지 않다는 것이 아니라, 그 고난의 숙명성이 아직 사회적 탁류 속에서 의식적으로 성장하지 않았다고 하는 사실에 있다.

근대화를 제창하는 사람들이 평화와 안녕복지를 바라고 평등한 의무와 권리를 주장하며 사회의 조화를 희구하는 것은 적어도 그들이 그 사회가 놓여 있는 혼돈과 고난의 상황을 인식하고 있음을 말하는 것이다. 평화 대신에 독립과 투쟁이, 안녕 복지 대신에 불안과 빈궁과 위협이, 평등 대신에 불평등한 수탈과 예속이, 이성적 법치주의 대신에 야만적 무법천하가 전개되는 그와 같은 사회를 개선하려는 근대화운동은 어떻게 말하면 이미 서력기원전 6세기의 인도에서, 그리고 그 이후에 동양 여러 곳에서 전개되어 왔다고 해도 과언이 아니다. 그러한 염원과 노력이 바로 석가모니의 것이었으며, 인도 및 중국 기타 지역의 그 제자들의 것이었기 때문이다. 그러나 일반적으로 과거의 불교사상가들에 비해 서구 근대화운동의 선구자들이 나타낸 특질은 그들이 인간 및 인간사회의 부정적 면만을 본 것이 아니라, 오히려 더욱 적극적으로 인간성의 긍정적 면을 발견하고 그것을 강조했다는 데에 있다. 그와 같은 경향은 인간이성을 절대시하고 과학을 만능시하며, 평화와 안녕복지를 단순히 물질적인 것으로서만 보려는 편파적 인간 이해로 타락하는 경우를 나타내기도 하였다. 서양에서 그것을 제어할 수 있는 힘을 가진 것은 크리스처니즘뿐이었지만, 체계화된 객관적 이론으로서의 신학이 크리스처니즘에 그와 같은 활력을 주지 못한 것은 애석한 일이라고 생각하는 것이다.

불교사를 보면 우리는 서기 3, 4세기경부터 5, 6세기에 걸쳐 일련의 후기 대승사상가들이 나타나 불교 기본사상에 활발한 논술들을 가한 것을 알 수 있다. 아쇼카 왕에서 벌써 그 전조(前兆)를 발견할 수 있었던 대승운동은 일종의 근대화운동이었다. 그것은 두 단계로 나누어 생각해 볼 수 있다. 전기 대승운동은 불교 안에서의 실재론적 영향을 제거하려는 것이었으며, 그것은 반야공(般若空)의 사상으로 형식주의・율법주의의 오해를 타파하는 것을 목적으로 삼았다. 그리고 후기 대승운동은 그로 인하여 생긴 허무주의적 오해를 시정하고 공(空)의 적극적 의미, 세계 속에서의 행동의 의미를 강조하는 데 주력하였다. 나는 이 후기 대승운동의 여러 가지 지침 속에서 보다 더 우리의 현대에 가까운 교훈을 발견할 수 있다고 생각하고 있다. 그러나 앞서도 말한 바와 같이 우리의 가장 긴급한 과제는 그 모든 지난날의 교훈과 지침의 문자를 통하여 그 뒤에 숨어 드러나지 않고 있는 현대적 의미를 발견하는 것이다.

서구 사상가들이 생각하는 평화나 복지가 '지리적 대발견' 이후에 있어서도 국지주의적인 것으로 생각되었다는 것은 또 하나 불행한 오해이었다. '지리적 대발견'이라는 객관적 여건 없이도 만민의 평등과 만민의 평화를 부르짖은 불교의 '동체대비(同體大悲)'의 이상이 실현성 희박한 위선적 이상주의라고 비꼬는 서구 사상가의 양심에서 우리는 감출 수 없는 불평등주의, 음험한 침략자의 우월감을 찾아 볼 수 있는 것이다. '평등(平等)'이란 한어(漢語)는 본래 불경(佛經)의 용어이다. 그것은 계급적 평등, 인종상의 평등, 남녀의 평등을 뜻하지만, 무엇보다도 그 인격성에 있어서의 평등, 즉 고상한 가능성과 동시에 그 비참한 가능성이 어느 누구에게나 다 있다는 점에서의 평등을 강조하는 통찰력은 불교사상가에 있어서 더욱 현저했다고 말할 수 있다.

'인간 이성'이란 말은 서구 사상계에 있어서 매우 다양한 의미로 해석되어 온 것으로 안다. 대승불교의 심식설(心識說)은 인간 이성의 그러한 막연한 설명을 체험에 근거해서 확실하게 바로잡아 준다. 『대승기신론』에 의하면 인간의 알맹이는 마음이다. 그 마음은 육체와 거기에 따르는 감관(感官)적·심리적 및 이성적 기능을 취하게 되었다. 그것은 이 '마음'이, 온전히 밝혀보며 지혜롭게 생각하지 못하는 '마음'으로부터 생겨난 결과이기 때문이다. 그러한 마음은 요컨대 동요하는 마음이다. 그것은 본래 모든 것을 욕심에 따르는 애증의 차별적 판단을 일삼음이 없이, 모든 사람과 사물들을 자비롭게 하나로 포용하는 지극히 선한 미덕의 원천이며 영원한 생명의 샘이지만, 동요하는 범부의 마음은 궁극적이며 본래적인 그 마음의 본체를 동요와 산란 때문에 보지 못하며 깨닫지 못하는 것이다.

동요와 산란은 '나'와 '남', '나'와 '내가 생각한 것들'이란 주관(主觀)과 객관(客觀)의 대립으로부터 시작된다. 『대승기신론』의 고유한 용어로 말한다면 주관은 능견(能見) 또는 전식(轉識)이요, 객관은 경계(境界) 또는 현식(現識)이다. 동요하는 마음의 타락적(墮落的) 모습을 『기신론』은 생(生)·주(住)·이(異)·멸(滅)의 네 가지 모습(四相)으로 설명하였고, 동요하는 마음의 향상적(向上的) 모습을 같은 저자는 불각(不覺)·상사각(相似覺)·수분각(隨分覺)·구경각(究竟覺)이라고 설명하였다. 생(生)의 상(相)의 기본적 요소는 앞서 말한 출생의 원인인 밝혀보지 못하는 마음의 힘, 즉 무명업력(無明業力)과 그로부터 생기는 능견과 경계의 세 가지이다. 그리하여 시작된 마음이 '생각'이라고 불리는 것이다. 그 생각은 '나'라는 의식을 우리 마음속에 깊이 도사리고 앉게 한다. 이것이 주(住)의 상(相)이다. '나'라는 의식은 우선 소위 '나'를 잘 모르는 소치이며(我癡), 그 '나'에 만심(慢心)을 가지는 것을 의미하며(我慢), 그 '나'에 애착함을 의미하며(我愛), 그 '나'를 고집하는 것을 의미(我見)한다. 이와 같은 '나'라는 의식은 이미 본 바와 같이 근본적으로 '나'를 모르는 데서 나온 것이지만 그 어리석음은 역시 '나'를 다시 탐욕과 시기, 질투, 분노의 도가니 속에 휘몰아 넣기도 하는 결과로 발전한다. 이것은 발전이 아니라 전락(轉落)이며 부패(腐敗)다. 이것을 일컬어 이(異)의 상(相)이라 하였다. 이와 같은 전락된 마음의 상태는 행위로서 나타난다. 살생과 도적질(偸盜)과 음행(淫行)과 그리고 말로써 저지르는 모든 잘못이 그 소생이다. 그때 이미 마음은 죽은 것이다. 이것을 일컬어 멸(滅)의 상(相)이라고 했다.

이와 같은 마음의 편력을 거쳐 복잡다단한 인생을 꾸며 온 것이 인간 역사의 일면인 것을 우리는 모르는 체 할 수가 없다. 그러나 인간 역사의 다른 일면은 동요하는 마음의 향상과정으로도 나타나 온 것이 사실이다. 즉 죄악적 행위에 대한 죄의 의식, 회한, 참회는 그 향상(向上)과정의 첫 단계(不覺)이다. 과오를 아는 것에는 물론 여러 가지 깊이가 있다. 따라서 그것은 단번에 본래의 청정한 마음에로의 복귀라는 향상과정의 마지막 단계(究竟覺)가 될 수도 있다. 그러나 그와 같은 과정을 일반화하여 『기신론』은 멸상(滅相)을 없애는 생각을 불각(不覺), 이상(異相)을 없애는 생각을 상사각(相似覺), 주상(住相)을 없애는 생각을 수분각(隨分覺), 생상(生相)을 없애는 생각을 구경각(究竟覺)이라고 하고 있다.

『대승기신론』은 이와 같은 생각의 본체를―설사 그것이 무명(無明)에 가려져 있다손 치더라도― 좁은 의미에서의 마음(心, 第8識)이라고 부르면서, 마음의 생상과 주상을 의(意, 第7識)라고 구별짓고, 심리적・감관적인 식별작용을 이(異)・멸상(滅相)과 관련시켜 식(識)이라고 이름붙이고 있다.

나는 서구 사상가들이 말해 온 '인간 이성'은 때로는 식(識)의 단계에 해당하는 수가 있고, 또 때로는 의(意)의 단계에 해당하는 수가 있다고 생각한다. 이성이란 개념이, 개념 아닌 마음, 즉 제8식을 의미하는지 여부에 대해서는 아직 상세한 연구를 못해 보았지만, 내가 아는 바로는 그와 같은 예는 거의 찾아보기 어려운 것이 아니겠는가 한다.

일반적으로 우리는 이성을 통해 인간이 과학적 사유를 하는 것으로 알고 있다. 그리고 흔히 불교는 그러한 과학적 사유를 싫어하거나 저해하는 것인 양 생각하는 사람들이 있다. 과거의 전통적 불교사상가들이 과학적 사유를 경시하거나 또는 등한시한 것과 같은 사실이 있었던 것은 부정하기 어렵다. 그러나 그것은 대승보살도(大乘菩薩道)의 정신에 비추어 본다면 불교의 일반적 원칙이 될 수 없는 것이다. 자비 없는 지혜(반야)는 지혜가 아니며, 지혜 없는 자비도 자비가 아니라는 진리는 불교의 상식에 속한다. 그러므로 옳게 불교를 아는 사람들은 현대에 있어서 과학적 사유가 차지하는 정당한 위치를 재인식하고, 그것이 완전히 지혜로운 것이 되기 위해서 자비롭게 활용되도록 다짐해야 할 것이다.

법(法)에 대해서도 마찬가지이다. 부파불교 당시 그렇게 계율주의가 성행했다는 사실은, 율법이 그 씌어진 문자 그대로 어디에서나 어느 때나 절대적 의의를 가지는 것이 못 됨에도 불구하고, 씌어지지 않은 제8식으로부터 얼마나 풍부한 구체적 행위규범을 끌어낼 수 있는가를 알게 하는 것이다. 시대와 장소에 따라 계율관의 변천을 보았다는 사실도 또한 이것을 증명해 준다. 근대화의 이상을 뒷받침하는 개인적 또는 사회적인 행위규범을 뚜렷하게 제시하는 과업이 현대의 불교사상가들에게는 절실하게 부하(負荷)되어 있으며, 그것은 또한 충분히 가능하다고 우리는 생각하는 것이다.

그러므로 나는 이제 불교가 참된 근대화를 위한 도리가 될 수 있음을 다시 한 번 주장하며, 이에 관한 보다 상세한 내용을 부연하는 단계로 넘어가고자 한다.

V. 불교에서 본 참된 근대화운동의 이상적 인간형

대승불교의 경·논에는 이 세계에서 참되고자 하는 인간이 마땅히 수행하는 덕목으로서 '바라밀다(波羅蜜多, pāramitā)'라고 불리는 원리가 제시되어 있다. 한자 음역에는 아무런 의미도 없다. 산스크리트 원어 '파라미타(pāramitā)'에 대해서는 여러 가지 어원적 해석이 있지만, 한역 장경에서는 '도피안(到彼岸)' 또는 '도(度)'라고 했다. 서구의 학자들은 이 말을 'transcendental virtue', 'perfect virtue', 'highest perfection', 'complete attainment', 'die Vollkommenheit' 등으로 옮기기도 하였다. 나는 이제 원어와 역어에 관한 상세한 논의를 일삼으려 하지 않는다.[1] 그 내용을 설명하는 과정에 그 뜻은 자명해지리라고 믿는 까닭이다.

파라미타 사상에는 역사적 변천이 있었다. 고타마 붓다 재세시(在世時)의 사상을 반영하는 원시경전에도 이 말은 나오지만, 그 내용은 후기 경전에서 열거하는 그것이 아니다. 불멸(佛滅)후 처음에 여섯 가지로 열거하는 사상이 나왔다가 그것은 다시 열 가지로 확대해서 설명하는 사상으로 발전했다.

---

1) 이러한 논의에 관해서는 Har Dayal *The Bodhisattva Doctrine*, Chapter V, "The pāramitās" (pp. 165-269) 등을 보라.

바라밀	분류	내용
1.布施(dāna) giving, generoity, liberality	財　　施	布施波羅蜜具足十法(寶雲經)
	法　　施	〔法施, 無畏施, 財施, 不望報施, 憐愍施, 不經心施,
	無 畏 施	尊敬施, 恭敬承事施, 不求有施, 淸淨施〕
2.持戒(śīla) virteous condact, morality, righteousness	攝 律 儀 戒	(守護戒, 止戒)
		十重禁(梵網經)
	攝 善 法 戒	〔殺戒, 盜戒, 婬戒, 妄語戒, 酤酒戒, 說四衆過戒, 自讚毁他戒, 慳惜加毁戒, 瞋心不受悔戒, 謗三寶戒〕
	攝 衆 生 戒	(饒益有情戒, 作利衆生戒, 攝利衆生戒, 作衆生益戒)
3.忍辱(kṣānti) forbearance, patience	耐 怨 害 忍	(受惡事忍, 他毁辱忍, 作惡忍, 不捨有情任持)
	安 受 苦 忍	(安苦忍, 忍苦忍, 捨不劣心任持)
	諦 察 法 忍	(法忍惟忍, 觀寶法忍, 無生法忍任持)
4.精進(vīrya) energy	被 甲 精 進	(被鎧精進, 勤勇精進, 勇猛精進)
	攝 善 精 進	(發行精進, 加行精進, 行精進)
	利 樂 精 進	(無怯弱無退轉無喜足精進, 不怯弱不瞋恨喜精進, 饒益有情精進
5.靜慮(dhyāna) rapt musing	安 任 靜 慮	(安樂住靜慮, 安樂住定)
	引 發 靜 慮	(出生靜慮, 引神通定)
	辨 事 靜 慮	(成所作事靜慮, 作所應作靜慮, 隨利他定)
6.般若(prajñā) wisdom	無分別加行慧	(無分別方便智, 無分別加行般若, 緣世俗慧)
	無 分 別 慧	(無分別智, 緣勝義慧)
	無分別後得慧	(無分別後得智, 緣有情慧)

바라밀	분류	
7.方便(upāya) skilfulness in the choice or adaptation of means for conversion or succour	迴向方便善巧 → 般若(樂求涅槃)	施·戒·忍을 위한 助伴
	拔濟方便善巧 → 大悲(不捨生死)	
8.願(pranidhāna) aspiration or resolution	求 菩 提 願	精進을 위한 助伴
	利 樂 他 願	
9.力(bala) strength, power	思　擇　力	靜慮를 위한 助伴
	修　習　力	
10.智(jñāna) knowledge	受用法樂智	慧를 위한 助伴
	成熟有情智	

- 十善
  〔不殺生, 不偸盜, 不妄語, 不惡口, 不兩舌,
  不邪淫, 不綺語, 不貪欲, 不瞋恚, 不邪見〕
  - 施(對治慳貪, 除去貧窮)
    攝受資具
- 菩薩十戒
  〔饒益戒, 不受戒, 無著戒, 安住戒, 不諍戒,
  不惱害戒, 不雜戒, 離邪命戒, 離惡戒, 淸淨戒〕
  - 戒(對治惡業, 身心淸凉)
    不行損害逼迫惱亂
- 十忍(寶雲經)
  〔內忍, 外忍, 隨佛敎忍, 無方所忍, 修處處忍,
  非所有忍, 不瞋恚忍, 非心忍, 誓願忍〕
- 九種忍(瑜伽師地論)
  〔自性忍, 一切忍, 難行忍, 一切門忍, 善士忍,
  一切種忍, 遂求忍, 此世他世樂忍, 淸淨忍〕
  - 忍(對治瞋恚, 其心安住)
    於彼損害逼迫惱亂能忍受之

施 · 戒 · 忍 — 增上戒學 — 福德資糧 — 饒益有情

- (大乘莊嚴經論)
  〔弘誓精進, 發行精進, 無下精進, 不動精進,
  無厭精進〕
  - 勤(對治懈怠) — 通於三學
    雖未承伏一切煩惱, 亦未永宣
    一切隨眠能修勇猛諸善品爲
    煩惱不爲傾動
- 九種相(瑜伽師地論)
  〔自性靜慮, 一切靜慮, 難行靜慮, 一切門靜慮,
  善士靜慮, 一切種靜慮, 遂求靜慮, 此世他世樂
  靜慮, 淸淨靜慮〕
  - 定(對治亂意, 攝持內意) — 增上心學
    永伏遍惱

勤 · 定 — 福智兩資糧

- 慧(對治愚癡, 曉了諸法實相) — 增上慧學 — 智慧資糧
  永害隨眠

福智兩資糧 · 智慧資糧 — 對治煩惱

나는 이제 여러 경전들에 나타난 파라미타에 관한 분류식의 설명들을 일단 종합적으로 표기하고 그것을 토대로 나의 자유로운 해석을 가하는 것이 지금 이와 같은 논의에는 적당한 것이 되리라고 믿는 바이다(별표 참조).

나는 이 파라미타에 관한 표를 여러 가지 대승 경론의 설명에 따라 작성하였다.[2] 각 파라미타의 영어역은 다얄(Har Dayal)의 것이다. 이 파라미타들을 다시 세분하여 설명한 용어들은 경론에 따라 다소의 차이가 있다. 나는 그 이역(異譯)들을 괄호 안에 넣어 표시했으며, 다시 그것을 여러 가지로 더 상세하게 구분하여 열거한 논자의 의견 중 몇 가지 전형적인 것을 각 파라미타의 난에 병기해 두었다. 그리고 이 파라미타들을 종합적으로 관련지어 해석하는 『해심밀경(解深密經)』의 교시[3]를 표(p. 723)에 적기하였다.

나는 우선 여러분이 표(p. 723)에 실린 회통적인 해석에 주의를 기울여 주기를 바란다. 『해심밀경』은 시(施)·계(戒)·인(忍) 세 '파라미타'를 '복덕을 얻기 위한 자량(資糧)'이라고 하였으며, 혜(慧)파라미타를 '지혜를 얻기 위한 자량'이라고 하였고, 그 '복덕과 지혜의 둘을 얻는 데 공통적으로 자량이 되는 것'으로 근(勤)·정(定) 두 파라미타를 성격지우고 있다. '모든 생명 있는 자들을 요익하는 것(饒益有情)'이 시·계·인이며, 인간각자가 자기 자신의 '번뇌를 없애는 것(對治煩惱)'이 근(勤)·정(定)·혜(慧)라고 한다. 이 세상에 행복과 번영과 평화를 가져다주는 일, 모든 인간으로 하여금 그 참된 모습을 알고 허망한 일체의 그릇된 생각(煩惱)을 없애고 참 인간의 자세로 되돌아가게 하는 것, 그것은 근대화의 원대한 이상 그대로가 아니라고 할 수 없다. 설사 근대화의 이상을 보다 기술적인, 다시 말하면 보다 방법론적인 의미로 축소시킨다고 하더라도 그것이 이 궁극적인 이상에서 멀어질 때, 나는 그것이 참된 의미의 근대화 이상은 될 수 없다고 생각하는 것이다.

다시 되풀이하지만 나는 서구 근대사회의 세 가지 기본적 특징을 ① 과학기술의 발전과, ② 기계공업의 발달, 그리고 ③ 자본주의적 생산 및 소비 질서의 확립이라고 했다. 그리고 이와 같은 사회의 특유한 인간상을 ① 기술인, ② 대중이라고 불리는 노동자, ③ 자본 소유주, ④ 인텔리겐차라고 보았다. 그러면서 나는 이와 같

---

2) 표 안에 지적된 것 이외에 다음과 같은 경전들을 참조하라. 『瑜伽師地論』 제39, 『金光明最勝王經』 제3, 『大智度論』 제14, 『菩薩持地經』 제4 「시품(施品)」, 『布施經』, 『舊華嚴經』 제12 「十無盡藏品」, 『新華嚴經』 제35, 『涅槃經』, 慧遠의 『大般涅槃經義記』 제5, 智顗의 『法華經玄義』 제3, 灌頂의 『大般涅槃經疏』 제14, 『摩訶止觀』 제4上, 『舊華嚴經』 제41, 『新華嚴經』 제58, 『新華嚴經』 제53, 『釋門歸敬儀)』 권上, 『解心密經』 제4, 『大乘莊嚴經論』 제8, 『成唯識論』 제9, 『倶舍論』 光記 제26, 『寶雲經』 제1, 『大乘理趣六波羅蜜多經』 제6, 『瑜伽師地論』 제42 忍品 등.

3) 『解深密經』 제4.

은 근대사회 및 근대적 인간형의 서구적 성격은 그냥 그대로 우리의 것이 되어서는 안 되며, 그것은 ① 궁극적으로 인간생활의 평화와 안녕복지를 달성하는 목표를 추구해야 하며, ② 인간 사이의 온갖 차별적 분열을 해소하고, 평등한 의무와 권리를 인정하는 보편주의를 실현해야 하며, ③ 또 인간 이성의 존중과 과학적 사유의 전개를 통하여 인간 생활에 대한 물질적 편의를 증진시켜야 하며, ④ 인간사회의 조화와 발전을 위하여 법치주의적인 공동생활의 운영을 원만히 해야 한다고 말하였다.

불교는 이 현실적 차안(此岸), 고통과 빈궁과 죄악적인 행위와 시기·질투·분노·대립·투쟁의 세계, 해이하고 태만하며, 산란하고 우매한 인간 군상의 각축장을 이상적 피안(彼岸)으로 만드는 길을 가르쳐 주고 있는 것이다. 이 피안에 도달하게 하는 요인을 불교는 어떤 개인의 내면적 과제로서는 근(勤)·정(定)·혜(慧)로, 그리고 그 외면적 과제로서는 시(施)·계(戒)·인(忍)으로 제시한 것이다. 이 6파라미타는 궁극적으로 말하면 피안 그 자체이지만, 범부의 의식 활동으로서는 그 피안에로의 길이기도 하다. 앞서 인용한 서구 불교학자들의 번역은 바로 이 궁극적 의미를 가리키는 것이다. 그것은 '마음'을 그 알맹이로 하는 인간들이 그 동요하는 '생각'을 통하여 온전히 청정한 마음을 실현시킨, 그 마음의 아름다운 개화 결실의 모습인 것이다. 진정한 평화, 진정한 행복, 진정한 평등, 진정한 지혜, 진정한 인류애가 여기에 꽃피는 것이다.

『해심밀경』은 위의 표에서 각 파라미타가 바로 이 현실의 상황을 극복하고 피안에 이르도록 하는 덕목임을 각각 다음과 같이 규정하였다.

시(施) ------ 대치간탐(對治慳貪) 제거빈궁(除去貧窮)
계(戒) ------ 대치악업(對治惡業) 신심청량(身心淸凉)
인(忍) ------ 대치진에(對治瞋恚) 기심안주(其心安住)
근(勤) ------ 대치해태(對治懈怠)
정(定) ------ 대치난의(對治亂意) 섭지내의(攝持內意)
혜(慧) ------ 대치우치(對治愚癡) 효료제법실상(曉了諸法實相)

나는 우리나라가 직면한 근대화의 가장 긴급한 과제가 어떻게 하면 빈궁을 제거할 수 있을까 하는 문제로 귀착된다고 생각한다. 과학기술의 발전이며 공업화며 생활의 합리화는 그러기 위하여 제기된 것이라고 생각한다. 그런데 그와 같은 빈궁을 제거할 수 있는 길을 불교는 시(施)라고 대답하는 것이다. 불교는 이 세계의 빈궁의 최대의 원인을 인간들의 간탐(慳貪)한 마음에서 찾고 있다. 간탐이란 곧 이기주의를 두고 하는 말이다. 우리 인간은 우선 언제 어디서나 물질적으로 가난을 면치 못하고 있지만, 그 궁핍은 재물에 있어서만 그러한 것이 아니다. 지혜와 용기에 있어서도 그러한 것이다. 불교는 이 사회의 빈궁이 정신적으로나 물질적으로나, 인간 상호간의 희생적 협조정신의 결여에서 옴을 강조한다. 물질적으로 말하면 재물은 탐욕에 봉사할 것이 아니라, 빈궁을 제거하는 데 쓰여야 할 것이며(財施), 정신적으로 말하자면 사람들이 일체의 재물이나 그 밖의 모든 인간현실에 관하여 지혜로워지며(法施), 그렇게 됨으로 말미암아 두려움 없는 안락을 누리도록 사람들의 마음은 정화되어야 한다(無畏施)는 것이다.

시(施)와 계(戒)와 인(忍)은 본질적으로 인간 상호관계를 규제하는 덕목이다. 그리고 그것은 서로 분리할 수 없는 하나의 마음가짐, 하나의 생활태도의 세 가지 면을 나누어 설명한 것일 뿐이다. 재시(財施)는 법시(法施) 및 무외시(無畏施)와 불가분리의 관계에 있으며, 또한 그것은 섭율의계(攝律儀戒)와 섭선법계(攝善法戒), 섭중생계(攝衆生戒)와 별개의 덕목이 아니며, 또 그것은 내원해인(耐怨害忍), 안수고인(安受苦忍), 제찰법인(諦察法忍)을 바탕으로 하지 않고 온전히 이루어질 수 없는 것이다. 이와 같이 세분하여 열거된 덕목들은 모두가 다 요익유정(饒益有情)하기를 목적으로 하는 '복덕(福德)의 자량(資糧)'이다. 이것은 인간행위의 더할 수 없는 규범이라는 점에서 증상계학(增上戒學)이라고 불렀던 것이다. 여섯 가지로 세분된 시·계·인의 덕목 중 그 어느 하나를 들어 말한다 할지라도, 이 여섯 가지가 완전히 하나의 마음가짐, 하나의 생활태도로서 이해되고 실천되지 않는다면 그것은 온전한 것이 되지 못하는 것이다.

더욱이 10파라미타를 열거하는 『화엄경』의 제7 방편(方便), 제8 원(願), 제9 역(力), 제10 지(智)파라미타 중 방편선교(方便善巧)파라미타는 시·계·인 세 가지를 돕는 것으로 역시 시·계·인을 고찰할 때에 잊어서는 안 되는 것이다. 요익유정의 이 세 가지 덕이 정진(精進, 勤), 정려(精慮, 定), 반야(般若, 慧)의 내면적 삼덕(三德)의 완성을 전제로 하고 있는 것은 두 말할 필요도 없다.

원시불전에 의하면 불타의 모든 교훈은 계(戒)·정(定)·혜(慧)의 세 가지 공부, 즉 삼학(三學)으로 종합되었다. 고타마 붓다가 처음에 설법한 내용 중의 팔정도(八正道)도 필경은 이 계·정·혜의 삼학으로 요약될 수 있는 것이었다. '6파라미타'를 주장한 것은 대승불교의 보살도(菩薩道)와 더불어 생긴 사상적 발전의 성과이다. 이타정신(利他精神)을 고창한 대승불교운동자들이 새로 추가하여 그 실천을 권장한 덕목들이 바로 시·인·근이다. 그리고 그것을 더욱 강력하게 시대와 인심에 적응시켜 강조한 것이 방편(方便)·원(願)·역(力)·지(智)의 넷인 것이다.

이러한 통일적 이해의 방식으로 우리는 이 시대에 요구되는 참된 인간의 이상적 덕목과 그 성격을 고찰하여야 하는 것이다. 우리는 앞서 재시(財施)의 예를 들어 이야기하기 시작하였으므로 이제 우리는 다시 그것을 더욱 깊이 생각해 보기로 하자.

앞서 말한 바와 같이 연기(緣起) 자체인 인간, '나'를 무아(無我)로 볼 만큼 지혜롭지 못한 '나'는 따라서 '나'에 고집하는 치(癡)의 존재가 되어 있다. 이러한 치를 고치도록 스스로 노력하는 것이 근(勤)・정(定)・혜(慧)와 병행한 시(施)・계(戒)・인(忍)의 수행이다. 그것은 안으로는 '완전한 지혜를 성취하려는 원(求菩提願)'과 밖으로는 '남을 이롭게 하며 뭇 중생에게 행복을 안겨다 주는 원(利樂他願)'을 발하여 태만함이 없이 정진하는 공부를 필요로 한다. 그렇게 하기 위하여 힘을 기르고 지식을 증대시키며, 산란해지기 쉬운 우리 마음을 조복(調伏)시키는 일은 극히 중요한 의의를 가진다. 법시(法施)는 그것을 사람들에게 가르치는 불교의 교육이상이며, 무외시(無畏施)는 그것을 사람들에게 보장하는 불교의 정치이상이며, 재시(財施)는 그것을 사람들에게 베푸는 경제이상이다.

무아를 아는 근본적 입장에서 말하면 이 세계의 일체의 사물로서 '내 것'이라고 할 것은 하나도 없다. '내 것'이라는 생각이 가장 집요하게 나타나 있는 관념 가운데에 사유재산이란 관념이 있다. 서구의 근대화는 그 '나'와 '내 것'이란 강한 의식을 바탕으로 하고 이루어졌다고 해도 과언이 아닐 것이다. 그것은 철저한 개인주의적 내지는 이기주의적 정신을 원리로 하고 있다. 그러나 불교는 이것을 부정한다. 개인(나)과 개인의 것(내 것)이 존재이유를 가지는 것은 오로지 전체 인류의 이익에 봉사한다는 조건하에서뿐이다. 따라서 사유재산(내 것)도 역시 그것이 자비이타(慈悲利他), 성숙유정(成熟有情), 섭중생(攝衆生, 作衆生益, 攝利衆生, 作利衆生, 饒益有情), 이락타(利樂他), 발제(拔濟)의 방편으로서, 다시 말하면 대비(大悲)의 수단으로서 '내 것'이기를 그치지 않는 한, 그것은 긍정될 수가 없는 것이다.

서구 근대사회의 자본주의 발전의 과정에 있어서 계(戒)파라미타의 한 구체적인 예(例)인 십중금(十重禁)의 정신이 어떠한 대접을 받을 수 있었을까 생각해 보라. 우리는 새삼스럽게 그 도덕적 오류의 중대성에 놀라움을 금할 수가 없을 것이다. 나는 십중금의 그 모든 것이 경우에 따라 다소의 차이는 있을망정 크게 유린되고 있는 사실을 알게 된다. 살생과 약탈 없는 국가 또는 민족간의 교섭이 없었으며, 거짓말 없는 통상교역이 없었으며, '자찬훼타(自讚毁他)'와 '간석가훼(慳惜加毁)'와 '진심불수회(瞋心不受悔)' 없는 인간관계, 사회관계가 없었음을 알고 있다. 그것은 결국 남에게 해를 주면서 자기의 이익만을 추구하는 이기주의적 탐(貪)・진(瞋)・치(癡)의 결과이었다. 우리가 그와 같은 자기중심적 탐욕만을 충족시키고자 원한다면, 사실은 소위 '근대화의 이념'과 같은 문제는 논의할 필요도 없는 것이다. 우리가 근대화의 이념 때문에 논의를 거듭한다는 것은, 흔히 본능이라고 규정하는 인간의 탐욕에만 우리 인간을 맡길 수가 없다는 건전한 고민이 우리에게 있는 까닭이다. 파라미타의 가르침에 의하면, 우리나라 근대화를 위해 치유되어야 할 현대사회의 병폐는 발전된 경제력을 지니고 물질적 번영을 누리는 소위 열강의 이기주의에 있으며, 참으로 우리는 그들이 이 시(施)파라미타의 정신을 이해하고 실천하여야 할 것이라고 확신하는 것이다. 이것은 세계의 평화와 인류의 복지를 위해 마련되어야 할 근본적 조건이다. 이러한 근본적 조건이 해결되지 않는 한, 후진국의 근대화운동은 필연적으로 왜곡된 양상을 띨 수밖에는 없다. 후진국에서의 공산주의운동의 대두는 불행하게도 그것을 입증하는 것이다.

서구 근대화의 전 과정은 고상한 이념을 추진력으로 하여 진행되었다기보다도 오히려 탐욕적 인간심성에 의해서 더욱 고무 충동되었다고 생각되는 역사이다. 그들의 말뿐인 인류애는 서구에 대한 불신을 자초하고 만 것이다. 동양인의 교육을 맡은 것으로 자처한 서구의 대표자들 중에는 법시(法施)의 참다운 깊은 의미를 아는 사람이 적었다. 그들에게는 참된 보편주의(universalism)가 이해되지 않았으며, 그 위정자들은 그들의 정치이상이 확대된 '나', 서방국가들 자체에만 관련되는 것인 양 거동하였다.

나는 서양을 통해 배울 수 있었던 복잡한 개념체계를 가진 사상들이 실은 진·선·미의 참모습을 보여주기보다는 오히려 그것을 왜곡시켜 왔다는 감회를 많은 동양의 인텔리들이 숨길 수가 없었던 것으로 안다. 서구적 도덕관은 기독교의 경우 다분히 고루하며 형식주의적이었다. 서구적 의미에서의 선(善)은 극복되어야 할 낮은 단계에 머물고 있었다. 그들의 인간관은 너무나 현실주의적이며 물질주의적인 경우가 많았다. 그들의 금욕주의는 진정한 무아관(無我觀)으로 빛을 발하는 동체대비(同體大悲)의 실천으로 발전하지 못하였다. 그들의 노력은 철두철미 에고이즘과 연결되어 있었다. 그들의 명상은 인간이 현실 속에서 자비의 불로 스스로를 연소시키면서 이룩하는 그 진정한 모습에까지 이르지 않았었다. 그들은 지식보다 더 중요한 지혜의 중요성을 알게 하지 못하였다. 나는 그와 같은 오류들이 극히 최근에 와서야 시정되기 시작한 것으로 안다.

나는 파라미타가 결코 현실도피가 아니라, 인간의 정신혁명을 통한 전 인간적 현실참여이며, 인류 공동생활의 질적 혁명의 달성이라고 말할 수 있다. 근대화의 길은 바로 이 방향으로 들어서야 하는 것이다.

그러기 위해서 가장 간요한 것은 전세계적 규모로 인간의 정신혁명이 이루어지도록 하는 진정한 인간교육이 선행되어야 한다는 것이다. 그것은 우리 스스로가 먼저 전세계적 안목으로, 우리 민족 자신의 교육을 올바르고 깊이 있는 방향으로 조직하고 정비하여 심화해야 할 것이다. 그것은 비단 학교교육에만 치중될 성격의 것이 아니다. 나는 정치하는 정신과 경제를 꾸미는 정신이 모두 한결같이 '마음의 정화(淨化)'란 정점(頂點)에 귀착되지 않으면 안 될 것이라고 생각하는 것이다.

• 『동국대학교 개교 60주년 기념 심포지움 논문집』(1969)에 게재

자비와 폭력

Ⅰ. 자비와 폭력, 그 용어의 문제

불교의 술어 자비(慈悲, maitri-karuṇā)를 compassion이라고 번역하고 또 폭력이란 한자어를 violence라고 번역한다면, 과연 영어로 읽는 사람과 한자로 읽는 사람 사이에서 과연 같은 상념이 떠오를 것인가? 이는 적이 의문이 아닐 수 없다. 자비는 보통 한 낱말로 이해되어 저러한 번역어가 통용되고 있지만, 사실상 불교의 자비는 그 원어가 말해주듯 두 개의 낱말이며, 그 두 낱말은 각각 상이한 의미를 내포하고 있다. 그리고 자비는 불교의 가장 기본적인 교리를 표현하며, 이것을 명확히 알고 실천하는 것은 모든 불교인의 당위인 만큼 그 뜻이 잘못 이해된다는 것은 큰 문제가 되지 않을 수 없다.

불교는 자비의 실천을 2500년 동안 전 인류를 향해 강조해 왔다. 그런데 현대에 격증된 폭력의 난무하에서 이 자비의 실천은 매우 어려운 상황에 빠져 있는 것처럼 느껴진다. 거기에는 여러 가지 원인이 있겠지만, 그 중 자비의 의미가 사람들에게 명료하지 않은 것도 하나의 원인이 된다.

우리가 현대세계에서 부딪치는 문제를 terrorism이라고 해도 좋고, 또는 violen- ce라고 해도 좋을 것이다. 그러나 그것은 극히 부분적인 내연(內延)밖에는 못 가지는 개념이다. terrorism이나 violence가 다 우리 불교인의 자비의 입장에서 문제가 되지 않는 것이 아니다. 그러나 우리가 여기서 폭력이라는 말을 썼을 때에는 인도말 ahiṃsā(비폭력)에 반대되는 개념으로 이해되어 한층 그 뜻이 광범하다고 볼 수가 있을 것이다.

하여간 지금 우리가 문제 삼는 것은 제1분과 토의의 큰 주제인 '현대 국제사회에 있어서의 이념적 혼돈 속에서의 불교의 위치'와 관련된 한 측면으로서 현대세계에 가득 찬 폭력적 행위의 만연과 이에 대한 불교의 자비로운 대책이 무엇인가 하는 것을 알아보는 문제이다.

Ⅱ. 현대세계에서 불교인이 부딪치는 문제

인간이 사는 곳에 폭력이 없어 본 예는 없다. 그것은 인간이 있은 태고 이래의 문제이다. 불교의 적정(寂靜, śānti)은 바로 그것의 종식을 목표로 삼았던 것이라고도 볼 수 있다. 아사세왕(阿闍世王, Ajataśatru)과 앙굴마라(鴦掘摩羅, Aṅgulimāla)와 제바달다(提婆達多, Devadatta)는 지난날 석가세존 앞에 대두했던 대표적 폭력의 표상이었다. 그리하여 자비는 폭력을 극복하는 방편이자 결과로서 높이 현양되었다.

그러나 우리 현대인은 분명히 그때보다도 더욱 심각한 폭력난무의 시대에 살고 있는 것이 문제라고 생각된다. 현대의 폭력은 조직화되고 집단화되며 격렬하고 또 합리화되고 찬양되고 있다. 무자비한 파괴와 살육을 합리화하고 찬양하는 레닌의 폭력이론은 모든 공산주의자 집단이 즐겨 쓰는 이른바 혁명의 이론이 되어 폭력의 행사가 장려되고 있다. 아랍 게릴라의 폭력행사가 있고 적군파(赤軍派)의 과격한 폭력행위가 잇달아 일어나고 있다. 국제정치의 외교무대는 막후에서의 폭력의 공갈과 협박이 중요한 뒷받침을 해 주고 있다. 폭력은 실력이라고 공언되고 있다. 노동자들이나 학생은 언필칭 실력행사라고 할 때 실력의 동의어로서 폭력, 완력을 들먹인다. 폭력스트라이크, 집단적 데모 이것이 실력행사이다. 돈 몇천 원을 위해서도 사람을 목 졸라 죽이기를 서슴지 않는 강도 살인 행위가 자행된다. 세계 각국에서 폭력범은 증가일로에 있다. 범죄를 보는 안목이 달라진 것도 사실이다. 겉으로 점잖은 대기업의 경제적 횡포가 없는 것도 아니다. 그것은 폭력의 다른 일면이다.

이러한 정세 하에서 불교의 자비정신은 어떻게 구체화되는 것이 마땅한가? 그것은 저 크메르나 라오스의 불교도처럼 나이브한 무분별 관용으로 나타나야 하는 것인지, 또 그것은 이른바 불교사회주의자를 자처하는 사람들처럼 폭력에 동조하는 방향으로 기울어도 좋은 것인지 우리 앞에는 이와 같은 문제들이 제기되고 있는 것이다.

Ⅲ. 폭력의 불교적 의미

우리는 이러한 문제를 해결하기 위하여 폭력 내지 폭력적 행위를 불교적 입장에서 분석하고 평가하는 과정을 먼저 거치지 않으면 안 될 것이다. 나는 『대승기신론』의 분석을 적용하여 현대사회의 폭력과 폭력행위를 다음과 같이 평가하는 것이 필요하다고 생각한다.[1)]

폭력은 요컨대 무명업식(無明業識) 그 자체요 그 소산이다. 그런 의미에서 폭력은 인간 누구에게나 내재하는 하나의 어두운 힘이라고 할 수가 있겠다. 그 어두운 힘은 잠재하기만 하는 것이 아니라 에고이즘(我癡, 我愛, 我慢, 我見)으로 나타나고 나아가 갖가지 이기주의적 상념으로 발전한다. 세계의 실상에 대한 무지, 이에 비롯하는 교만, 회의, 고집, 그리고 재물과 지위와 명예와 쾌락을 위한 한없는 욕망, 그 추구과정에서의 질시, 선망, 분노, 투쟁의 심리 등은 그 잠재적 어두운 힘, 잠재적 폭력의 심리적 측면이다. 서양의 낱말 violence는 violate, violer(위배한다. 유린한다)에서 파생한 말이다. 이 말은 이 잠재적 어두운 힘이 바로 있어야 할 마음의 실상을 유린한 마음가짐이라는 사실을 잘 나타내 준다. 이 내재적인 폭력은 마침내 표면화하고 행동화되어 나타난다. 입에 나타난 것이 공갈이요, 협박이요, 악담이요, 거짓말이요, 교언영색(巧言令色)이다. 행동으로 나타나는 것이 살해요, 약탈이요, 강간이다. 이 모든 행동과 말과 생각은 결국 원칙의 유린이요, 실상에 대한 배반이다. 우리는 불교의 입장에서 폭력을 이렇게 평가하는 것이 마땅하다고 생각한다.

앞서 열거한 바와 같은 현대사회의 폭력과 폭력행위의 그 모든 것은 하나도 이러한 범주에서 벗어날 수가 없다. 불교는 이것을 극복하는 방편이 곧 자비라고 했다. 그러면 자비는 구체적으로 어떠한 행위, 어떠한 말, 어떠한 생각을 우리에게 실천하라고 요구하는 것일까? 그 문제를 다음에 생각해 보기로 하자.

Ⅳ. 자비의 대승적 의미

자(慈)와 비(悲)에 대한 구별은 원시경전에도 없지는 않았지만 그것이 더욱 뚜렷해지는 것은 대승불교의 경전들에서라고 생각한다. 나는 우리 한국의 불교전통 속에 나타난 대승불교적인 자비관은 이 문제해결에 중요한 해답이 된다고 생각한다.

---

1) 『대승기신론』의 三細六麤를 상기하기를 바란다. Y.S. Hakeda, *The Awakening of Faith* (1967), pp. 44-45 참조.

한국인들은 대대로 수많은 폭력적 외침을 당하면서 살아왔다. 불교를 알게 된 격렬한 추종자인 왕과 대신과 장군과 승려와 신도들이 폭력의 횡포 앞에서 그 자비정신을 어떻게 발휘할 것인가 하는 데 대해 심각한 반성을 거듭하지 않을 수 없었으리라 하는 것은 지극히 납득이 가는 일이다. 그 반성의 결과들은 지금까지 여러 가지 역사적 사실에 드러나 있다.

이제 그 몇 가지 예만을 들어 보자.

(1) 신라인들은 십일면관음을 깊이 신앙했고, 석굴암 주존불 뒤에 그 조상(彫像)을 만들었는데, 그 십일면관음의 각 면에 부여된 자(慈)·비(悲)·희(喜)·사(捨)의 정신은 문무왕을 비롯한 당대 신라인들의 새 민족국가 건설의 생활지침이 되었다.

(2) 신라와 고려 두 시대에 걸친 『인왕호국반야경(仁王護國般若經)』의 신앙은 외적의 침입이란 폭력에 대처하여 반야(般若)의 힘을 믿어 온 증거이다.

(3) 고려에서의 대장경판의 조조(彫造)는 대장경을 조조하는 정성의 효험을 믿어 온, 폭력에 대한 또 다른 대응책의 한 표현이다.

(4) 왜란을 맞은 조선시대의 승군 궐기는 폭력에 대항한 조선 승려들의 자비관을 나타내 보이는 실례이다.

(5) 후대에 내려올수록 교학은 쇠퇴했지만 신라시대에 학승들 간에는 『승만경』의 자비사상이 존중되었다.

나는 이상 각항의 사실에 일관하는 한국 대승불교의 자비관은 불교적 문무관(文武觀)을 확립했으며, 자·비에 대한 이해를 심화시켰다고 생각한다.

십일면관음에 얽힌 사상이 혜소(慧沼)의 『십일면신주심경의소(十一面神呪心經義疏)』에 자세히 언급되어 있는 것은 주지의 사실이다.[2] 신라인들은 그 논의에 공감을 갖고 있었음이 분명하다. 혜소는 그 안에서 십일면을 설명하면서 좌·우의 각 3면을 각각 진노상(瞋怒相, 悲相)과 자상(慈相)이라 하고, 이를 무(武)와 문(文)에 배당하였다. 그리고 상층의 3면, 즉 백아상출상(白牙上出相)을 희(喜)를 상징하는 것으로 보았고, 그 뒤의 일면, 즉 폭대소상(暴大笑相)을 사(捨)의 정신을 상징하는 것으로 보았다. 전면 중앙의 불면(佛面)은 요컨대 반야지혜의 상징이었다. 그는 이 십면을 모두 방편면(方便面)으로 보았고, 본래의 얼굴 자체를 진실면(眞實面)이라고 했다.

혜소는 이와 같이 말했다.[3]

---

2) 慧沼, 『十一面神呪心經義疏』, 『卍續藏經』 권37, pp. 173-181.

3) 위의 책, pp. 174-175.

> 십일면 중의 자면(慈面)은 문(文)을 나타내며 진면(瞋面)은 무(武)를 나타내니, 여기에 문무(文武)가 쌍을 이루고 있다. …… 선(善)한 중생을 화(化)하기 위해서는 다만 자면으로써 하고, 악한 중생을 화하기 위해서는 진면으로써 한다. 그러나 선악에 뒤섞인 많은 중생들을 화하기 위해서는 폭대소면(暴大笑面)으로써 하고, 또 정업중생(淨業衆生)을 화하기 위해서는 백아상출면(白牙上出面)으로써 한다.

그는 계속하여 선한 중생이 적고 악한 중생이 많은 사바세계의 중생을 어떠한 방편으로 화할 것인가 하는데 대해서는 이러한 대답을 하였다.

> 먼저 진면(瞋面)으로써 화(化)하여 그들의 마음을 조복하여 그들로 하여금 선심(善心)을 이룩하게 하고, 그 때에 가서 그들을 자면(慈面)으로써 화(化)해야 한다. 진면으로써 능히 원적(怨敵)을 제거할 수가 있는 것이다.……
> 매번 교화를 함에 있어서 일정한 상(相)은 없는 것이다. 혹은 십일면이 다 드러날 때도 있고, 또 혹은 일면만이 드러날 때도 있다. 만약 좋지 않은 인연으로 남을 미워하고 시기하는 행위가 있으면, 관세음보살은 진면을 나타내어 이를 조복한다. ……

우리는 그의 긴 설명을 여기에 전부 다 인용할 수가 없다. 우리는 여기에 인용한 몇 개의 구절만을 통해서도 불교의 자비가 단순히 무분별하고 나이브한 맹목적인 '무기(無記)'로 이해되지 않고 있음을 알 수가 있다. 나는 이러한 뚜렷한 언명이 나온 것은 자비사상 이해에 있어서의 획기적 발전이라고 믿고 있다. 이것이 신라에서는 문무왕의 호국정성으로까지 구체화되었던 것이다. 무명(無明)의 힘, 폭력에서 나온 모든 행위를 용인하고 방임하는 것이 불타(佛陀)의 자(慈)요, 비(悲)는 아니다. 오늘날 세계의 여러 곳에서는 마치 불타의 자비를 무기력한 패배주의인 양 착각하는 경향이 있으나 이는 불타의 정법(正法)을 깊이 이해하지 못한 소치라고 해야 할 것이다.

『승만경(勝鬘經)』은 승만부인이 세운 십대서원(十大誓願)의 한 조항으로서 다음과 같은 말을 하고 있다.

> 내가 오늘부터 보리(菩提)에 이르는 날까지 만약 모든 악한 율의(律儀)를 가진 자와 계(戒)를 범하는 자를 보게 될 때에는 이들을 버리지 않고 내가 힘을 얻는 대로 여기저기에서 이 중생들 중 마땅히 절복(折伏)할 자는 절복하고 마

> 땅히 섭수(攝受)할 자는 섭수하겠나이다. 왜냐하면 절복과 섭수로 말미암아 법(法)을 오래오래 머무르게 할 수가 있기 때문입니다.[4]

여기의 섭수를 우리는 앞서의 십일면의 자상(慈相)과 백아상출상(白牙上出相), 폭대소상(暴大笑相)으로 이해하면 좋을 것이며, 여기의 절복을 우리는 앞서의 십일면의 진노상(瞋怒相), 비상(悲相)으로 보면 좋을 것이다. 혜소는 진노(瞋怒)로 교화되어야 할 대상을 첫째, 고(苦)의 과보를 떠나려는 욕심 때문에 오히려 고를 더하고 있는 자, 둘째, 낙(樂)의 과보를 구하려 하나 낙을 얻는 진정한 원인을 모르는 자, 셋째, 적정(寂靜)한 이치를 구하려 하건만 도리어 산란한 경계에 집착하고 있는 자들이라고 하였다. 오늘의 모든 폭력주의자들은 모두 다소간 이 세 부류의 사람과 동류의 사람들이라고 볼 수가 있을 것이다.

신라인들은 이 『승만경』의 적극적 사회윤리를 통해 많은 영향을 받고 있었다. 그리하여 그들은 자(慈)의 대상과 비(悲)의 대상을 분별, 이들에 알맞은 교화의 방편을 썼다. 그러나 그들은 근본적으로는 그 모든 중생이 일심에 있어서 동체(同體)인 것을 믿는 까닭에, 그러한 파사현정(破邪顯正)의 방편을 대립적인 분별의 행위로 남게 하지 않았다. 그들은 폭대소면의 형상으로 표현한 반야의 폭넓은 지혜로 모든 중생을 포용하는 여유를 보였던 것이다.

자·비의 방편은 결국 폭력의 의지를 혁명적으로 변혁하여 도력(道力)으로 화(化)하고 인간들의 에고티즘을 공평무사한 대아(大我)의 자각으로 바꾸어, 생각과 말과 행동의 인간생활 전반에 걸친 변혁을 기하는 데에 목적을 둔 것이라 하겠다. 『인왕경』의 '인왕(仁王)'은 바로 '인왕(忍往)'이라고 해석되기도 하였는데,[5] 이것은 저 절복과 섭수의 힘, 폭력을 초극하는 힘이 인간의 내면적인 마음의 정화 없이는 이루어지지 않음을 강조한 것이다. 이는 지나간 시대에만 유용한 교훈이 아니라 이 현대세계에 있어서도 여전히 변함없이 유용한 것이다.

• 동국대학교 개교 70주년기념 세계불교학술회의(1976) 주제발표;
同 논문집 『佛敎와 現代世界』(1977)에 게재

---

4) 『勝鬘師子吼一乘大方便方廣經』(求那跋陀羅 譯), 「十受章」 제2, "我從今日乃至菩提 若見捕養衆惡律儀及諸犯戒終不棄捨 我得力時 於彼彼處 見此衆生 應折伏者而折伏之, 應攝受者而攝受之, 何以故 以折伏攝受故, 令法久住……"

5) 智顗 및 圓測의 說. 졸고, 「仁王般若經과 護國佛敎」, 『東洋學』 5(1975) 참조.

개정판 편집 후기

이 책은 1982년 간행된 불연 이기영 선생의 『한국불교연구』를 선생의 10주기를 맞아 재간행하는 것입니다. 보시는 바와 같이 이 책은 「불신에 관한 연구」를 필두로 이때까지 나온 불연선생의 주요 논문들을 망라하고 있습니다.

20여 년 만에 이 책을 새로 간행하면서 불연전집의 다른 권들처럼 한자를 괄호 안에 넣는 것을 원칙으로 편집했습니다. 다만 주석에서는 번거로움과 어색함이 있어서 한글발음 없이 한자를 밖에 내놓았습니다. 재편집과정에서 가능한 한 초판의 오자를 바로잡고 현재 맞춤법에 맞지 않는 부분들을 수정했습니다. 이 밖에 표현상 수정이 반드시 필요하다고 판단되는 부분에 국한하여 최소한의 수정을 가했습니다. 주석의 경우에는 전거 표기방식을 통일하고 정보가 미진한 부분을 보완했습니다. 수록 논문들에서 주기(註記)로 언급된 불연선생의 논문들은 원래 발표된 학술지 외에 대부분 이 책에도 실려 있으나, 추가로 이 점을 언급하지는 않았으니 염두에 두시기 바랍니다. 자주 인용되는 『원효사상－세계관』의 경우에는 새로이 간행된 불연전집본이 참고에 편리할 것 같아, 그 책의 면수를 병기했습니다.

편집진 나름대로 최선을 다했습니다만, 10주기에 맞추어 서둘러 작업하다 보니, 또 작업자들의 능력이 모자라 미진한 점이 많을 줄 압니다. 또 교정과 수정이 불가피했으나, 불연선생의 옥고에 누가 되지 않았을까 두려운 마음입니다.

이 책에 실린, 1982년까지 씌어진 논문들을 세심히 읽어보면, 그 속에 불연선생의 사상적 윤곽이 이미 확연히 드러나 있음을 느끼게 됩니다. 이러한 사상은 뒤에 나온 『원효사상연구 I』(1994)과 『원효사상연구 II』(2001, 불연전집 제4권)를 통해 더 원숙하고 활달하며 자재로운 형태로 꽃을 피웠습니다. 이 책을 선생의 10주기에 상재하면서 다시금 선생이 한국불교계에 남기신 큰 뜻과 과제를 되새겨 봅니다.

2006년 11월

불연이기영전집 편집위원회 합장

한국불교연구

지은이 / 이기영
펴낸이 / 정병조
펴낸곳 / 사단법인 한국불교연구원

발행일 / 1991년 05월 15일 초판 1쇄
2006년 10월 31일 개정판 1쇄
등록 / 제1-500호(1972. 9. 12)
주소 / 서울시 종로구 익선동 55번지 현대뜨레비앙 1층
전화 / 762-5624, 전송 / 762-5627
편집위원 / 이주형·고홍순·서광구·이수경
표지디자인 / 이승윤

값 30,000원

ISBN 89-7554-047-2 04220
ISBN 89-7554-014-6 (전집)

불연 이기영 전집

불연 이기영 선생의 전(全) 저술을 모아 전집을 발간합니다. 1960년대 한국불교계에 혜성과 같이 나타나 한국불교 및 불교학의 현대화와 보살정신에 입각한 새로운 대승불교운동의 고취에 힘써 한국 현대불교사에 뚜렷한 족적을 남긴 불연선생은 생전에 정력적인 저술과 강의·강연 활동을 펼쳤습니다. 본 전집은 선생이 남긴 저서와 역서, 논문과 수필, 법문, 강의록 등을 총망라하여 선생의 업적을 일목요연하게 정리하고 후세에 전하는 의미가 있습니다. 아래와 같은 체제에 따라 각 권을 연차적으로 발간하여 앞으로 수년 내에 전집을 완간(完刊)하는 것을 목표로 하고 있습니다.

- •1. 『원효사상 —세계관—』(1967, 2002).
- •2. 『원효사상 70講 —새벽의 햇빛이 말하는 의미—』(1992, 2003).
- 3. 『원효사상연구 Ⅰ』(1994).
- •4. 『원효사상연구 Ⅱ』(2001).
- •5. 『한국불교연구』(1982, 2006).
- 6. 『한국의 불교』.
- 7. 『참회에 대한 연구』(1960).
- •8. 『석가』(1964, 1999).
- 9. 『종교사화』(1978).
- 10. 『불전해설』(1978).
- •11. 『불교와 사회』(1977, 1999).
- •12. 『사색인의 염주』(1977, 1999).
- •13. 『하나의 의미』(1977, 1999).
- 14. 『마음의 철학』(1987).
- 15. 『영원히 하나가 되는 길』(1987).
- 16. 『별처럼 달처럼 태양처럼』(1991).
- •17. 『내 걸음의 끝은 마음에 있나니 —이기영교수의 삶과 사색— 』(1997).

•18. 『다시 쓰는 한국불교유신론』 (1998).
19. 『금강삼매경론』 (1972, 1996).
20. 『한국의 불교사상』 (1976).
21. 『증도가·십우도』.
•22. 『진심직설 —역해 및 강의—』 (2001).
23. 『금강경·반야심경』 (1978, 1979, 1996).
•24. 『불교개론 강의』 상·하권 (1998).
•25. 『유마경 강의』 상·하권 (2000).
•26. 『승만경 강의』 (2002).
27. 『법화경 강의』.
•28. 『대승기신론 강의』 상·하권 (2004).
29. 『섭대승론 강의』.
•30. 『임제록 강의』 상·하권 (1999).
31. 『전등록 강의』.
•32. 『무문관 강의』 (2000).
•33. 『열반종요 강의』 (2005).
34. 『무량수경종요 강의』.
35. 『원효사상 강의 Ⅰ』.
36. 『원효사상 강의 Ⅱ』.
37. 『우파니샤드 강의』.
38. 『노장사상 강의』.

괄호 안의 연대는 초간 연도임.

•전집 체제로 旣출간.

진행 상황에 따라 구성에 다소 변동이 있을 수 있음.